Revisaço®

INSS

Técnico

Revisaço®

COORDENAÇÃO

FREDERICO AMADO
IVAN KERTZMAN

INSS
Técnico

8ª edição | Revista atualizada ampliada

QUESTÕES COMENTADAS
Alternativa por alternativa
por **autores especialistas**

2022

EDITORA JusPODIVM
www.editorajuspodivm.com.br

EDITORA *Jus*PODIVM
www.editorajuspodivm.com.br

Rua Canuto Saraiva, 131 – Mooca – CEP: 03113-010 – São Paulo – São Paulo
Tel: (11) 3582.5757
• Contato: https://www.editorajuspodivm.com.br/central-de-relacionamento

Copyright: Edições *Jus*PODIVM

Diagramação: SBNigri Artes e Textos Ltda. *(sbnigri@centroin.com.br)*

Capa: Ana Caquetti

R454 Revisaço - Técnico do INSS / coordenação Frederico Amado e Ivan Kertzman - 8. ed., rev., atual e ampl. – São Paulo: Editora JusPodivm, 2022
656 p. (Coleção Revisaço - Questões Comentadas)

Vários autores.
Inclui bibliografia.
ISBN 978-85-442-3908-7.

1. Concursos. 2. Provas de seleção. I. Amado, Frederico. II. Kertzman, Ivan. III. Título.

CDD 341.33312

8.ª ed., *2.ª tir.:* set./2022.

Apresentação da Coleção Revisaço

"REVISAÇO" é a consagrada coleção de questões comentadas da *Editora Juspodivm*.

Com cuidado, pensamos num formato que fosse além dos comentários das questões. Algo que realmente pudesse ajudar o aluno no estudo de concursos ou Exames de Ordem, principalmente na revisão final.

Para isso, estabelecemos a seguinte estrutura **didática**:

- **Questões divididas por matéria e assunto, comentadas assertiva por assertiva, item por item,** demonstrando tanto o que está certo como o que está errado na questão;
- Sempre que possível, há uma "nota do autor" em cada questão trazendo **comentários que vão além do assunto abordado no exercício**.

Ao final das disciplinas apresentamos:

- **Dicas de estudo**, funcionando como verdadeiro resumo da matéria;
- **Súmulas dos Tribunais Superiores;**
- **Orientações Jurisprudenciais.**

A ideia, portanto, é apresentar a **prática do concurso ou Exame da Ordem** (questões), a **doutrina para estudo** (dicas) e a **jurisprudência** (súmulas), formando a tríade necessária para uma revisão (verdadeiro REVISAÇO!) rumo ao sucesso na aprovação.

Vários livros compõem a coleção e, para todos, chamamos grandes nomes, professores experientes, profissionais de destaque e especialistas em cada área para que organizassem as obras e comentassem as questões.

Acreditamos que essa coleção será bastante útil aos candidatos de concursos públicos e Exame de Ordem.

EDITORA JUSPODIVM

www.editorajuspodivm.com.br

Sobre os autores

BRUNO VILLAR – ***RACIOCÍNIO LÓGICO***

Professor de matemática, lógica e matemática financeira. Autor de diversas obras para concursos.

DUDA NOGUEIRA – ***PORTUGUÊS***

Professora de Língua Portuguesa para concursos públicos. Autora de vários livros das Coleções Tribunais e MPU, Revisaço, Revisão Final, Carreiras Policiais, Sinopses Carreiras Fiscais, Como se Preparar, Simulaço, Ligadaço. Coordenadora Editorial Juspodivm. Pós-graduada em Linguística e Graduada em Letras. Telegram – t.me/DudaProfe; Twitter e Instagram – @DudaProfe; Facebook – ProfeDudaNogueira

FREDERICO AMADO – ***DIREITO PREVIDENCIÁRIO***

Procurador Federal. Coordenador e professor de Direito Ambiental e Previdenciário do ESPECCIAL JUS cursos on-line (www.especcialjus.com.br). Doutorando em Planejamento Territorial e Desenvolvimento Social pela Universidade Católica do Salvador – UCSAL. Mestre em Planejamento Ambiental pela UCSAL. Especialista em Direito do Estado pelo Instituto de Educação Superior Unyahna Salvador – IESUS.

IVAN KERTZMAN – ***DIREITO PREVIDENCIÁRIO***

Auditor-fiscal da Receita Federal do Brasil. Mestre em Direito Público – UFBA. Bacharel em Direito – Universidade Católica da Bahia. Administrador de Empresas – UFBA. Pós-graduado em Finanças Empresariais pela USP. Professor Coordenador das Especializações em Direito Previdenciário da Faculdade Baiana de Direito – Salvador/BA. Professor Coordenador da Especialização Online em Direito e Prática Previdenciária do CERD. Professor Coordenador das Especializações em Direito Previdenciário do IMADEC – Belém/PA. Professor Coordenador das Especializações em Direito Previdenciário do IBEN/OAB – Vitória da Conquista – BA. Professor Coordenador das Especializações em Direito do Trabalho e Previdenciário da Ciclo – Aracajú/SE. Professor Coordenador das Especializações em Direito do Trabalho e Previdenciário do IMADEC – São Luís. Professor Coordenador das Especializações em Direito e Planejamento Tributário da Faculdade Baiana de Direito.

JOÃO PAULO OLIVEIRA – ***ÉTICA NA ADMINISTRAÇÃO PÚBLICA***

Advogado. Sócio da banca Colossi Oliveira Advogados Associados e da banca Landulpho, Gallindo e Oliveira Advogados, mestrando em Direito Público pela Universidade Católica do Salvador, professor de Direito Eleitoral e Direito Administrativo, Autor de obras jurídicas, Palestrante e articulista.

LARISSA MERCÊS – ***DIREITO ADMINISTRATIVO***

Analista Legislativa da Câmara Municipal de Salvador. Advogada. Mestre em Políticas Públicas e Segurança Social pela Universidade Federal do Recôncavo da Bahia; Especialista em Direito do Estado pelo Instituto de Educação Superior Unyahna, em Direito do Estado pela Faculdade Baiana de Direito e em Direito pela Escola de Magistrados da Bahia; Professora de cursos de graduação e pós-graduação.

ORMAN RIBEIRO - *DIREITO CONSTITUCIONAL*

Professor de Direito Constitucional do CERS.

TALES FERREIRA DA COSTA - *INFORMÁTICA*

Gerente de Soluções de Integração e Tecnologia de Rede pelo SERPRO – Serviço Federal de Processamento de Dados. Analista de Sistemas, pós-graduado.

Sumário

NOÇÕES DE DIREITO ADMINISTRATIVO ... 487

Larissa Mercês

Seguridade Social

Ivan Kertzman e
Frederico Amado

✦ QUESTÕES

1. SEGURIDADE SOCIAL

1.1. TEMAS CONSTITUCIONAIS

01. (Cesgranrio – Técnico Previdenciário – INSS/2005) A seguridade social compreende um conjunto integrado de ações de iniciativa dos poderes públicos e da sociedade, destinado a assegurar os direitos relativos a:

I. saúde;

II. educação;

III. habitação;

IV. assistência social;

V. previdência social.

Estão corretos os itens:

a) IV e V, apenas.

b) I, II e V, apenas.

c) I, IV e V, apenas.

d) II, III e IV, apenas.

e) I, II, III e IV, apenas.

COMENTÁRIOS

✪ **Nota dos autores:** Vejamos o texto do art. 194, da Constituição Federal de 1988: "A seguridade social compreende um conjunto integrado de ações de iniciativa dos Poderes Públicos e da sociedade, destinadas a assegurar os direitos relativos à **saúde**, à **previdência** e à **assistência social**.

Item I: certo. A saúde é uma das áreas da seguridade social, definida no art. 194, da Constituição Federal.

Item II: errado. A educação não é uma das áreas da seguridade social, definida no art. 194, da Constituição Federal.

Item III: errado. A habitação não é uma das áreas da seguridade social, definida no art. 194, da Constituição Federal.

Item IV: certo. A assistência social é uma das áreas da seguridade social, definida no art. 194, da Constituição Federal.

Item V: certo. A previdência social é uma das áreas da seguridade social, definida no art. 194, da Constituição Federal.

Alternativa correta: letra "c".

---

02. (Cesgranrio – Técnico Previdenciário – INSS/2005) O artigo 201, parágrafo 3º da Constituição Federal de 1988 assim dispõe: "É assegurado o reajustamento dos benefícios para preservar-lhes, em caráter permanente, o valor real, conforme critérios definidos em lei". Tal dispositivo disciplina a manutenção do valor real dos benefícios previdenciários, que consiste em:

a) assegurar reajustamentos de modo que a renda mensal seja equivalente ao número de salários mínimos da renda mensal inicial, na data de início do benefício.

b) reajustar o benefício de acordo com a variação inflacionária, de modo a evitar diminuição injusta do seu poder de compra, variação esta que será fixada em lei.

c) corrigir, monetariamente, todos os salários-de-contribuição considerados no cálculo do benefício.

d) adotar critérios de reajustamento dos benefícios previdenciários fixados anualmente pelo Poder Judiciário.

e) aplicar o mesmo índice de reajustamento vigente na data de início do benefício a todo o período de reajuste, durante a existência do benefício.

COMENTÁRIOS

✪ **Nota dos autores:** Atualmente, o índice que é utilizado como parâmetro para os reajustes dos benefícios do RGPS é o INPC calculado pelo IBGE, levando-se em conta o rendimento das famílias que possuem renda entre um e cinco salários mínimos, sendo o chefe assalariado. A partir da Medida Provisória 316, convertida na Lei 11.430, de 26/12/06, o INPC passou a estar previsto no corpo da Lei 8.213/91 (art. 41-A), com a seguinte redação: "O valor dos benefícios em manutenção será reajustado, anualmente, na mesma data do reajuste do salário mínimo, pro rata, de acordo com suas respectivas datas de início ou do último reajustamento, com base no Índice Nacional de Preços ao Consumidor - INPC, apurado pela Fundação Instituto Brasileiro de Geografia e Estatística - IBGE".

Alternativa "a": Muitos segurados costumam pensar que o reajustamento deve ser efetuado de forma que se mantenha a proporcionalidade em relação ao número de salários mínimos recebidos na época da concessão do benefício. Tal relação não existe e nem seria possível, já que a Constituição Brasileira não permite a vinculação ao salário mínimo para qualquer fim (art. 7º, IV).

Alternativa "b": De fato, os benefícios previdenciários devem ser reajustados por um índice inflacionário que garanta a manutenção do poder de compra dos beneficiários. Atualmente, o índice utilizado é o INPC, previsto no art. 41-A, da Lei 8.213/91.

Alternativa "c": É o **valor do benefício** que deve ser reajustado para garantir o poder de compra dos beneficiários, e não os **salários-de-contribuição** considerados no cálculo do benefício.

Alternativa "d": O próprio enunciado da questão já demonstra que a reajuste deve ser efetuado a partir de um índice previsto em lei.

Alternativa "e": Não é necessário que seja aplicado sempre o mesmo índice de reajuste, mas, apenas, que o índice esteja definido em lei.

Alternativa correta: letra "b".

---

03. (FCC - Técnico do Seguro Social - INSS/2012) A Seguridade Social encontra-se inserida no título da Ordem Social da Constituição Federal e tem entre seus objetivos:

a) promover políticas sociais que visem à redução da doença.
b) uniformizar o atendimento nacional.
c) universalizar o atendimento da população.
d) melhorar o atendimento da população.
e) promover o desenvolvimento regional.

COMENTÁRIOS

✪ **Nota dos autores:** Os princípios constitucionais previstos no art. 194, parágrafo único, da Constituição Federal de 1988 é um dos assuntos mais indagados em provas de concurso público. O aluno deve memorizar os sete princípios constantes deste artigo.

Alternativa "a": A promoção de políticas sociais que visem à redução da doença é objetivo da saúde, previsto no art. 196, da Constituição Federal de 1988.

Alternativa "b": Não está listada entre os objetivos da seguridade a uniformização do atendimento nacional.

Alternativa "c": A questão indaga sobre os objetivos específicos da seguridade social, inseridos no parágrafo único, do art. 194, da Constituição Federal de 1988, conforme segue:

> Parágrafo único. Compete ao Poder Público, nos termos da lei, organizar a seguridade social, com base nos seguintes objetivos:
>
> **I - universalidade da cobertura e do atendimento;**
>
> II - uniformidade e equivalência dos benefícios e serviços às populações urbanas e rurais;
>
> III - seletividade e distributividade na prestação dos benefícios e serviços;
>
> IV - irredutibilidade do valor dos benefícios;
>
> V - equidade na forma de participação no custeio;
>
> VI - diversidade da base de financiamento, identificando-se, em rubricas contábeis específicas para cada área, as receitas e as despesas vinculadas a ações de saúde, previdência e assistência social, preservado o caráter contributivo da previdência social;
>
> VII - caráter democrático e descentralizado da administração, mediante gestão quadripartite, com participação dos trabalhadores, dos empregadores, dos aposentados e do Governo nos órgãos colegiados.

A única alternativa que reflete um dos princípios acima elencados é a alternativa C (vide inciso I, em destaque). As demais alternativas também trazem exemplos de objetivos da seguridade, mas que não foram listados no citado artigo da Constituição.

Alternativa "d": Apesar de a melhoria do atendimento à população ser fundamental para a seguridade social, este não foi um objetivo traçado pelo constituinte.

Alternativa "e": Não está listada entre os objetivos da seguridade a promoção do desenvolvimento regional.

Alternativa correta: letra "c".

---

04. (FCC - Técnico do Seguro Social - INSS/2012) Entre as fontes de financiamento da Seguridade Social encontra-se

a) o imposto de renda.

b) o imposto sobre circulação de mercadorias.

c) a contribuição do Fundo de Garantia do Tempo de Serviço.

d) a contribuição social sobre a folha de salários.

e) a contribuição de melhoria.

COMENTÁRIOS

✪ **Nota dos autores:** A seguridade social é financiada prioritariamente com recurso das contribuições sociais previstas no art. 195, da Constituição Federal de 1988. As contribuições sociais que têm como fato gerador o trabalho (art. 195, I, a e art. 195, II, da CF/1988) são destinadas exclusivamente ao pagamento de benefícios previdenciários, por força do art. 167, XI, da Constituição Federal de 1988.

Alternativas "a" e "e": O imposto de renda (alternativa A) e a contribuição de melhoria (alternativa E) são exemplos de tributos federais não destinados à seguridade social.

Alternativas "b" e "c": O imposto sobre a movimentação de mercadorias - ICMS (alternativa B) é um tributo estadual e o FGTS (alternativa C) é um direito trabalhista dos empregados, não constituindo receita pública.

Alternativa "d": De acordo com o artigo 195, da Constituição Federal:

> A seguridade social será financiada por toda a sociedade, de forma direta e indireta, nos termos da lei, mediante recursos provenientes dos orçamentos da União, dos Estados, do Distrito Federal e dos Municípios, e das seguintes contribuições sociais:
>
> I. do empregador, da empresa e da entidade a ela equiparada na forma da lei, incidentes sobre:
>
> a) **a folha de salários** e demais rendimentos do trabalho pagos ou creditados, a qualquer título, à pessoa física que lhe preste serviço, mesmo sem vínculo empregatício;
>
> b) a receita ou o faturamento;
>
> c) o lucro;
>
> II - do trabalhador e dos demais segurados da previdência social, não incidindo contribuição sobre aposentadoria e pensão concedidas pelo regime geral de previdência social de que trata o art. 201;
>
> III - sobre a receita de concursos de prognósticos.
>
> IV - do importador de bens ou serviços do exterior, ou de quem a lei a ele equiparar.

É fácil perceber que a única das alternativas que lista uma contribuição destinada à seguridade social é a D, que traz o exemplo da contribuição sobre a folha de salários, prevista no art. 195, I, a, da Constituição Federal de 1988.

Alternativa correta: letra "d".

---

05. (FCC - Técnico do Seguro Social - INSS/2012) É correto afirmar que a Seguridade Social compreende

a) a Assistência Social, a Saúde e a Previdência Social.

b) a Assistência Social, o Trabalho e a Saúde.

c) o Sistema Tributário, o Lazer e a Previdência Social.

d) a Educação, a Previdência Social e a Assistência Social.

e) a Cultura, a Previdência Social e a Saúde.

COMENTÁRIOS

✪ **Nota dos autores:** Este tipo de questão, que inclui outras áreas sociais no conceito de seguridade social, é muito recorrente em provas de concurso público. Para respondê-las basta saber o conceito elementar de seguridade social: ações nas áreas da saúde, previdência e assistência social.

Alternativa "a": A questão indaga sobre a estrutura da seguridade social, que, de acordo com o art. 194, da Constituição Federal de 1988, "compreende um conjunto integrado de ações de iniciativa dos Poderes Públicos e da sociedade, destinadas a assegurar os direitos relativos **à saúde, à previdência e à assistência social**". A alternativa A é a única que reúne os três subsistemas da seguridade social.

Alternativa "b": O trabalho não faz parte da seguridade social.

Alternativa "c": Nem o sistema tributário, nem o lazer fazem parte da seguridade social.

Alternativa "d": A educação não faz parte da seguridade social.

Alternativa "e":. A cultura não faz parte da seguridade social.

Alternativa correta: letra "a".

06. (FCC – Técnico do Seguro Social – INSS/2012) No tocante à Previdência Social, é correto afirmar que

a) é organizada sob a forma de regime especial e observa critérios que preservem o equilíbrio financeiro.

b) é descentralizada, de caráter facultativo.

c) tem caráter complementar e autônomo.

d) baseia-se na constituição de reservas que garantam o benefício contratado.

e) é contributiva, de caráter obrigatório.

COMENTÁRIOS

Alternativa "a": Menciona que a previdência é organizada sob a forma de regime especial e não geral como está na Constituição.

Alternativa "b": O Regime Geral é de filiação obrigatória (art. 201, CF/88).

Alternativas "c" e "d": As alternativas C e D estão erradas, pois as características arroladas nestas proposições pertencem ao Regime de Previdência Complementar previsto no art. 202 da CF/88.

Alternativa "e": A questão pode ser respondida a partir da leitura do texto do caput do art. 201, da Constituição Federal de 1988. Vejamos a análise comparativa do texto constitucional com o apresentado nas alternativas:

> "A previdência social será organizada sob a forma de **regime geral**, **de caráter contributivo e de filiação obrigatória**, observados critérios que preservem o equilíbrio financeiro e atuarial."

A alternativa E está correta, trazendo parte do texto do art. 201 da Constituição Federal.

Alternativa correta: letra "e".

07. (Cespe – Técnico do Seguro Social – INSS/2008) Acerca dos princípios da seguridade social, julgue os itens a seguir.

O Conselho Nacional da Previdência Social é um dos órgãos de deliberação coletiva da estrutura do Ministério da Previdência Social, cuja composição, obrigatoriamente, deve incluir pessoas indicadas pelo governo, pelos empregadores, pelos trabalhadores e pelos aposentados.

COMENTÁRIOS

✪ **Nota dos autores:** Apesar de o Princípio Constitucional da Gestão Quadripartite da Seguridade Social não abarcar os pensionistas na gestão da seguridade social, a Lei 8.213/91 os previu na composição do CNPS.

O Conselho Nacional da Previdência Social – CNPS, integrante da estrutura do Ministério da Previdência Social, constitui-se em órgão superior de deliberação colegiada, contando com composição que atende ao Princípio da Gestão Quadripartite da Seguridade Social, nos moldes do artigo 3º, da Lei 8.213/91: "I – seis representantes do Governo Federal; II – nove representantes da sociedade civil, sendo: a) três representantes dos aposentados e pensionistas; b) três representantes dos trabalhadores em atividade; c) três representantes dos empregadores".

Vale registrar que o órgão na atualidade se chama apenas Conselho Nacional da Previdência – CNP, estando vinculado desde o ano de 2019 ao Ministério da Economia (Lei 13.341/2016), embora essa informação não tenha sido incorporada ao texto da Lei 8.213/91.

Ou seja, o Poder Público não possui a maioria da composição do CNP, pois apenas seis dos quinze representantes serão indicados pela União, sendo nomeados pelo Presidente da República.

Os representantes titulares da sociedade civil terão mandato de dois anos, podendo ser reconduzidos, de imediato, uma única vez, ao passo que serão indicados pelas centrais sindicais e confederações nacionais.

Os membros do CNP em atividade gozarão de estabilidade no emprego, da nomeação até um ano após o término do mandato de representação, somente podendo ser demitidos por motivo de falta grave, regularmente comprovada através de processo judicial.

Gabarito: certo

08. (Cespe – Técnico do Seguro Social – INSS/2008) Um dos objetivos da seguridade social é a universalidade da cobertura e do atendimento, meta cumprida em relação à assistência social e à saúde, mas não à previdência.

COMENTÁRIOS

✪ **Nota dos autores:** Os objetivos da seguridade social se referem aos seus três campos (previdência, assistência social e saúde), sem exceção.

O Princípio da Universalidade da Cobertura e do Atendimento é um princípio e objetivo da seguridade social, na forma do artigo 194, parágrafo único, inciso I, da Constituição Federal, sendo obviamente aplicável à previdência social, a saúde e a assistência social, que integram o sistema de seguridade social.

A seguridade social deverá atender a todos os necessitados, especialmente através da assistência social e da saúde pública, que são gratuitas, pois independem do pagamento de contribuições diretas dos usuários (*subsistema não contributivo da seguridade social*).

Ao revés, a previdência terá a sua universalidade limitada por sua necessária contributividade (*subsistema contributivo da seguridade social*), vez que o gozo das prestações previdenciárias apenas será devido aos segurados (em regra, aqueles que exercem atividade laborativa remunerada) e aos seus dependentes, pois no Brasil o sistema previdenciário é contributivo direto. Logo, a universalidade previdenciária é mitigada, haja vista limitar-se aos beneficiários do seguro, não atingindo toda a população.

Por tudo isso, universalidade da cobertura e do atendimento também se aplica à previdência social, embora de forma mitigada, razão pela qual o enunciado é errado.

Gabarito: errado

---

09. (Cespe – Técnico do Seguro Social – INSS/2008) A seguridade social, em respeito ao princípio da solidariedade, permite a incidência de contribuição previdenciária sobre os valores pagos a título de aposentadoria e pensão concedidas pelo regime geral de previdência social

COMENTÁRIOS

✪ **Nota dos autores:** Apenas as aposentadorias e pensões pagas no âmbito do Regime Próprio de Previdência Social poderão ter desconto de contribuição previdenciária. No RGPS há imunidade.

De acordo com o artigo 195, inciso II, da Constituição Federal, não incidirá contribuição sobre aposentadoria e pensão concedidas pelo Regime Geral de Previdência Social.

Este inciso foi incluído pela Emenda 20/98. Logo, se criou uma imunidade para excluir o poder de tributar sobre as aposentadorias e pensões do RGPS, ao contrário do que ocorre com o regime de previdência dos servidores públicos, em que os inativos e pensionistas passaram a poder contribuir ante a polêmica permissão imposta pela Emenda 41/2003.

Gabarito: errado

---

10. (Cespe – Técnico do Seguro Social – INSS/2008) Acerca da seguridade social no Brasil, de suas características, contribuições e atuação, julgue os itens a seguir.

Em que pesem os inúmeros avanços alcançados após a promulgação da Constituição Federal de 1988, especialmente com a estruturação do modelo de seguridade social, o Brasil mantém, ainda, resquícios de desigualdade, que podem ser observados, por exemplo, pela existência de benefícios distintos para os trabalhadores urbanos em detrimento dos rurais.

COMENTÁRIOS

A seguridade social nasceu no Brasil apenas com a Constituição de 1988, formada por um complexo sistema que busca realizar os direitos fundamentais à saúde, à previdência e à assistência social. Contudo, é vedada constitucionalmente a discriminação negativa contra povos urbanos ou rurais.

De acordo com o Princípio da Uniformidade e Equivalência dos Benefícios e Serviços às Populações Urbanas e Rurais, a teor do artigo 194, parágrafo único, inciso II, da Constituição Federal, corolário do Princípio da Isonomia no sistema de seguridade social, é objetivo da seguridade social o tratamento isonômico entre povos urbanos e rurais na concessão das prestações da seguridade social. Enquanto os benefícios são obrigações de pagar quantia certa, os serviços são obrigações de fazer prestados no âmbito do sistema securitário.

Com efeito, não é mais possível a discriminação negativa em desfavor das populações rurais como ocorreu no passado, pois agora os benefícios e serviços da seguridade social deverão tratar isonomicamente os povos urbanos e rurais.

Isso não quer dizer que não possa existir tratamento diferenciado, desde que haja um fator de discrímen justificável diante de uma situação concreta, conforme ocorre em benefício das populações rurais por força do artigo 195, § 8º, da Constituição, que prevê uma forma especial de contribuição previdenciária baseada na produção comercializada, porquanto são consabidas as dificuldades e oscilações que assolam especialmente a vida dos rurícolas que labutam em regime de economia familiar para a subsistência.

Logo, em regra, os eventos cobertos pela seguridade social em favor dos povos urbanos e rurais deverão ser os mesmos, salvo algum tratamento diferenciado razoável, sob pena de discriminação negativa injustificável e consequente inconstitucionalidade material, razão pela qual o enunciado é errado.

Gabarito: errado

---

11. (Cespe – Técnico do Seguro Social – INSS/2008) A seguridade social brasileira, apesar de ser fortemente influenciada pelo modelo do Estado do bem-estar social, não abrange todas as políticas sociais do Estado brasileiro.

COMENTÁRIOS

✪ **Nota dos autores:** Por uma questão de decisão política, inúmeros direitos fundamentais sociais são realizados pelo Estado fora da seguridade social, a exemplo da educação e da cultura.

A Constituição Federal de 1988 foi a primeira a instituir no Brasil o sistema da seguridade social, que engloba as ações na área da previdência social, da assistência social e da saúde pública, estando prevista no Capítulo II, do Título VIII, nos artigos 194 a 204, que contará com um orçamento específico na lei orçamentária anual.

Gabarito: certo

---

12. (Cespe – Técnico do Seguro Social – INSS/2008) A instituição de alíquotas ou bases de cálculos diferentes, em razão da atividade econômica ou do porte da empresa, entre outras situações, apesar de, aparentemente, infringir o princípio tributário da isonomia, de fato atende ao comando constitucional da equidade na forma de participação no custeio da seguridade social.

COMENTÁRIOS

O custeio da seguridade social deverá ser o mais amplo possível, mas precisa ser isonômico, devendo contribuir de maneira mais acentuada aqueles que dispuserem de mais recursos financeiros, bem como os que mais provocarem a cobertura da seguridade social.

Além de ser corolário do Princípio da Isonomia, é possível concluir que o Princípio da Equidade no Custeio da Seguridade Social, previsto no artigo 194, parágrafo único, inciso V, da Constituição, também decorre do Princípio da Capacidade Contributiva, pois a exigência do pagamento das contribuições para a seguridade social deverá ser proporcional à riqueza manifestada pelos contribuintes desses tributos.

De seu turno, as empresas que desenvolvam atividade de risco contribuirão mais, pois haverá uma maior probabilidade de concessão de benefícios acidentários; já as pequenas e microempresas terão uma contribuição simplificada e de menor vulto.

Outrossim, realizando o Princípio da Equidade, é plenamente válida a progressividade das alíquotas das contribuições previdenciárias dos trabalhadores, proporcionalmente à sua remuneração, sendo de 7,5, 9, 12 ou 14% para alguns segurados do Regime Geral de Previdência Social – RGPS (art. 28, EC 103/2019).

As contribuições para a seguridade social a serem pagas pelas empresas também poderão ser progressivas em suas alíquotas e bases de cálculo, conforme autoriza o artigo 195, § 9º, da Constituição Federal, em razão da atividade econômica, da utilização intensiva de mão-de-obra, do porte da empresa ou da condição estrutural do mercado de trabalho, sendo outro consectário do Princípio da Equidade no Custeio.

Gabarito: certo

---

13. (Cespe – Técnico do Seguro Social – INSS/2008) A grande preocupação com os hipossuficientes tem sido característica marcante da seguridade social brasileira, como pode ser demonstrado pela recente alteração, no texto constitucional, de garantias para inclusão dos trabalhadores de baixa renda, bem como daqueles que se dediquem, exclusivamente, ao trabalho doméstico, sendo-lhes oferecido tempo de contribuição, alíquotas e prazos de carência inferiores.

COMENTÁRIOS

De acordo com o artigo 201, §§ 12 e 13, da Constituição de 1988, com redação dada pela Emenda 47/2005, vigente a época de realização desse concurso, lei disporá sobre sistema especial de inclusão previdenciária para atender aos trabalhadores de baixa renda e àqueles sem renda própria que se dediquem exclusivamente ao trabalho doméstico no âmbito de sua residência, desde que pertencentes a famílias de baixa renda, garantindo-lhes acesso a benefícios de valor igual a um salário-mínimo, bem como esse sistema especial de inclusão previdenciária terá alíquotas e carências inferiores às vigentes para os demais segurados do regime geral de previdência social.

Assim, o enunciado já estava errado na época do concurso, pois apenas existia autorização constitucional para a instituição de alíquotas e carências inferiores aos trabalhadores de baixa renda e àqueles sem renda própria que se dediquem exclusivamente ao trabalho doméstico no âmbito de sua residência, e não tempo de contribuição.

Atualmente, a redação desse dispositivo posterior a EC 103/2019, não inclui mais a possibilidade de carência diferenciada para os segurados de baixa renda, mantendo apenas a previsão para alíquotas diferenciadas. Assim, com a legislação atual a questão está mais errada ainda.

Gabarito: errado

---

14. (Cespe – Técnico do Seguro Social – INSS/2008) Acerca de princípios da seguridade social, julgue o item a seguir.

De acordo com recentes alterações constitucionais, as contribuições sociais que financiam a seguridade social somente poderão ser exigidas depois de decorridos noventa dias da publicação da lei que as houver instituído ou modificado. Essas alterações também acrescentaram, no que concerne a esse assunto, a exigência da anterioridade do exercício financeiro.

COMENTÁRIOS

✪ **Nota dos autores:** O Princípio da Anterioridade Nonagesimal decorre do Princípio da Segurança Jurídica, a fim de evitar a cobrança imediata de uma nova contribuição para a seguridade social ou a alteração de uma já existente, pois não se admite a tributação de surpresa.

As contribuições sociais seguem apenas a anterioridade nonagesimal ou anterioridade mitigada, ou seja, somente poderão ser exigidas depois de decorridos 90 dias da data da publicação da lei que as houver instituído ou modificado (art. 195, §6°, da Constituição Federal), não sendo necessário o cumprimento da anterioridade clássica do exercício financeiro. Tal dispositivo vigora desde o texto original da Carta Magna.

Gabarito: errado

---

15. (Cespe – Técnico do Seguro Social – INSS/2008) Acerca de princípios da seguridade social, julgue o item a seguir.

Pelo fato de serem concedidos independentemente de contribuição, os benefícios e serviços prestados na área de assistência social prescindem da respectiva fonte de custeio prévio.

COMENTÁRIOS

✪ **Nota dos autores:** As questões de concurso público costumam utilizar bastante a palavra "prescinde", que pode confundir os candidatos. Cuidado! Prescinde significa dispensa, ou seja, é dispensável.

De acordo com o artigo 195, § 5º, da Constituição, nenhum benefício ou serviço da **seguridade social** poderá ser criado, majorado ou estendido sem a correspondente fonte de custeio total. Percebe-se que o texto constitucional não exclui qualquer das áreas da seguridade social. Assim, qualquer benefício ou serviço criado, majorado ou estendido nas áreas da saúde, previdência ou assistência social devem possuir a correspondente fonte de custeio total.

Gabarito: errado

---

16. (Cespe – Técnico do Seguro Social – INSS/2016) A CF define seguridade social como um conjunto integrado de ações de iniciativa dos poderes públicos e da sociedade destinadas a assegurar direitos relativos à saúde, à previdência e à assistência social.

COMENTÁRIOS

✪ **Nota dos autores:** Algumas questões de concurso tentam confundir os candidatos, inserindo dentre as áreas da seguridade social a educação. Fiquem atentos!

A questão repete o texto do artigo 194, da Constituição Federal de 1988. Trata sobre o aprendizado inicial do Direito Previdenciário, copiando o texto constitucional.

Gabarito: certo

---

17. (Cespe – Técnico do Seguro Social – INSS/2016) De acordo com o princípio da universalidade da seguridade social, os estrangeiros no Brasil poderão receber atendimento da seguridade social.

COMENTÁRIOS

✪ **Nota dos autores:** De acordo com o artigo 7º, do Decreto 6.214/07, os benefícios da assistência social destinam-se apenas aos brasileiros natos e aos estrangeiros naturalizados e domiciliados no Brasil, desde que não estejam amparados pelo sistema previdenciário do país de origem. Esse é o entendimento do INSS.

Salientamos que em posição oposta à vedação de concessão de benefício assistencial aos estrangeiros, por unanimidade, o Supremo Tribunal Federal decidiu que a condição de estrangeiro residente no Brasil não impede o recebimento do Benefício de Prestação Continuada (BPC), pago pelo Instituto Nacional do Seguro Social às pessoas com deficiência e aos idosos. O recurso extraordinário RE 587970 teve repercussão geral reconhecida, ou seja, tal entendimento deve ser aplicado pelas demais instâncias do Poder Judiciário a processos semelhantes. A tese de repercussão geral aprovada foi: "Os estrangeiros residentes no país são beneficiários da assistência social prevista no artigo 203, inciso V, da Constituição Federal, uma vez atendidos os requisitos constitucionais e legais".

Os estrangeiros podem, de fato, receber atendimento da seguridade social, cumprindo o princípio da universalidade do atendimento, previsto no art. 194, parágrafo único, I, Constituição Federal de 1988.

Gabarito: certo

---

18. (Cespe – Técnico do Seguro Social – INSS/2016) Com relação ao conteúdo e à autonomia da legislação previdenciária, julgue o item abaixo.

Lei complementar editada pela União poderá autorizar os estados e o DF a legislar sobre questões específicas relacionadas à seguridade social.

COMENTÁRIOS

De fato, a competência constitucional privativa permite que lei complementar autorize os Estados e o Distrito Federal a legislar sobre questões específicas de matéria relacionada à seguridade social, de acordo com o art. 22, parágrafo único, da Constituição Federal de 1988. Vejamos:

> Art. 22. Compete privativamente à União legislar sobre:
>
> XXIII – seguridade social;

> **Parágrafo único. Lei complementar poderá autorizar os Estados a legislar sobre questões específicas das matérias relacionadas neste artigo.**

Gabarito: certo

---

19. (Cespe - Técnico do Seguro Social - INSS/2016) Os princípios que regem a previdência social incluem a uniformidade e a equivalência dos benefícios e serviços prestados às populações urbanas e rurais.

COMENTÁRIOS

✪ **Nota dos autores:** Os princípios específicos da previdência social estão listados no artigo 2º, da Lei 8.213/91, que possui algumas particularidades em relação aos princípios da seguridade social previstos no art. 194, parágrafo único da Constituição Feral de 1988. Fiquem atentos!

A questão trata do princípio da previdência social previsto no art. 2º, II, da Lei 8.213/91, estando correta.

Gabarito: certo

---

20. (Cespe - Técnico do Seguro Social - INSS/2016) Compõem o Conselho Nacional de Previdência Social representantes do governo federal e da sociedade civil, a qual é representada por aposentados e pensionistas, trabalhadores em atividade e empregadores.

COMENTÁRIOS

A composição do CNP está prevista no artigo 3º, da Lei 8.213/91, composto por representantes do governo federal e da sociedade civil, a qual é representada por aposentados e pensionistas, trabalhadores em atividade e empregadores. Vejamos:

> Art. 3º Fica instituído o Conselho Nacional de Previdência Social–CNPS, órgão superior de deliberação colegiada, que terá como membros:
>
> I – seis representantes do Governo Federal;
>
> II – nove representantes da sociedade civil, sendo:
>
> a) três representantes dos aposentados e pensionistas;
>
> b) três representantes dos trabalhadores em atividade;
>
> c) três representantes dos empregadores.

Vale registrar que o órgão na atualidade se chama apenas Conselho Nacional da Previdência – CNP, estando vinculado desde o ano de 2019 ao Ministério da Economia (Lei 13.341/2016), embora essa informação não tenha sido incorporada ao texto da Lei 8.213/91.

Gabarito: certo

---

21. (Cespe - Técnico do Seguro Social - INSS/2016) A universalidade da cobertura e do atendimento inclui-se entre os princípios que regem as ações dos poderes públicos e da sociedade destinadas a assegurar o direito relativo à saúde, à previdência e à assistência social.

COMENTÁRIOS

A questão trata do princípio da seguridade social da universalidade da cobertura e do atendimento, previsto no art. 194, parágrafo único, I da Constituição Federal de 1988 e, também, no art. 1º, parágrafo único, I, do Decreto 3.048/99.

Gabarito: certo

1.2. HISTÓRICO DA SEGURIDADE SOCIAL

---

22. (FCC - Técnico do Seguro Social - INSS/2012) O INSS, autarquia federal, resultou da fusão das seguintes autarquias:

a) INAMPS e SINPAS.

b) IAPAS e INPS.

c) FUNABEM e CEME.

d) DATAPREV e LBA.

e) IAPAS e INAMPS.

COMENTÁRIOS

✪ **Nota dos autores:** Esta mesma questão se repete em diversas outras provas de concurso público, mas, geralmente, consta ainda alternativa que afirma, equivocadamente, que o INSS nasceu da fusão do INPS com o INAMPS.

Alternativas "a", "c", "d" e "e": Estas alternativas não refletem o que acabamos de explicar sobre a criação do INSS.

Alternativa "b": No ano de 1977, foi instituído o SINPAS – Sistema Nacional de Previdência e Assistência Social, responsável pela integração das áreas de assistência social, previdência social, assistência médica e gestão das entidades ligadas ao Ministério da Previdência e Assistência Social. O SINPAS contava com os seguintes órgãos:

- **INPS** – Instituto Nacional de Previdência Social – autarquia responsável pela administração dos benefícios;
- **IAPAS** – Instituto de Administração Financeira da Previdência e Assistência Social – autarquia responsável pela arrecadação, fiscalização e cobrança de contribuições e demais recursos;

- **INAMPS** – Instituto Nacional de Assistência Médica da Previdência Social – autarquia responsável pela saúde;
- **LBA** – Fundação Legião Brasileira de Assistência – fundação responsável pela assistência social;
- **FUNABEM** – Fundação Nacional do Bem-Estar do Menor – fundação responsável pela promoção de política social em relação ao menor;
- **CEME** – Central de Medicamentos – órgão ministerial que distribuía medicamentos;
- **DATAPREV** – Empresa de Processamento de Dados da Previdência Social – empresa pública que gerencia os sistemas de informática previdenciários.

Em 1990, a Lei 8.029/90 criou o INSS – Instituto Nacional do Seguro Social, a partir da junção do **Instituto Nacional de Previdência e Assistência Social – INPS com o IAPAS – Instituto de Administração Financeira da Previdência Social**. Foi a junção do setor de arrecadação da Previdência Social (IAPAS) com o setor de benefícios (INPS) que originou o INSS.

Alternativa correta: letra "b".

---

23. (Cespe – Técnico do Seguro Social – INSS/2008) Em relação ao Instituto Nacional do Seguro Social, a seu histórico e estrutura, julgue o item a seguir.

As gerências executivas são órgãos descentralizados da estrutura administrativa do INSS; entretanto a escolha e a nomeação dos gerentes executivos são feitas diretamente pelo ministro da Previdência Social sem necessidade de observação a critérios especiais de seleção.

COMENTÁRIOS

✪ **Nota dos autores:** O Regimento Interno do INSS em vigor na época foi aprovado pelo Decreto 7.556/2011.

De acordo com o artigo 4º, § 1º, do Regimento Interno do INSS, "os Gerentes-Executivos serão escolhidos dentre os servidores ocupantes de cargos efetivos, pertencentes ao quadro de pessoal do INSS, a partir de processo de seleção interna que observará o mérito profissional e as competências requeridas para o exercício da gerência, mediante adesão espontânea dos servidores, observadas a forma, as condições e os requisitos definidos em portaria ministerial".

Na atualidade, a questão continua errada, pois o atual Regimento Interno do INSS prevê que os Superintendentes Regionais, os Gerentes-Executivos e os Gerentes de Agência da Previdência Social serão escolhidos entre os servidores ocupantes de cargos efetivos, pertencentes ao quadro de pessoal do INSS, observados o mérito profissional e as competências requeridas para o exercício de cargo em comissão ou função de confiança.

Gabarito: errado

---

24. (Cespe – Técnico do Seguro Social – INSS/2008) Em relação ao Instituto Nacional do Seguro Social, a seu histórico e estrutura, julgue o item a seguir.

A fusão da Secretaria da Receita Federal com a Secretaria da Receita Previdenciária centralizou em apenas um órgão a arrecadação da maioria dos tributos federais. Contudo, a fiscalização e a arrecadação das contribuições sociais destinadas aos chamados terceiros – SESC, SENAC, SESI, SENAI e outros – permanecem a cargo do INSS.

COMENTÁRIOS

Não apenas a arrecadação das contribuições para a seguridade social passou a ser competência da Secretaria da Receita Federal do Brasil, sendo extensível às contribuições devidas a terceiros, nos moldes do artigo 3º, da Lei 11.457/2007.

Gabarito: errado

---

25. (Cespe – Técnico do Seguro Social – INSS/2008) Em relação ao Instituto Nacional do Seguro Social, a seu histórico e estrutura, julgue o item a seguir.

O Instituto Nacional do Seguro Social, autarquia federal atualmente vinculada ao Ministério da Previdência Social, surgiu, em 1990, como resultado da fusão do Instituto Nacional de Assistência Médica da Previdência Social (INAMPS) e o Instituto de Administração Financeira da Previdência e Assistência Social (IAPAS).

COMENTÁRIOS

✪ **Nota dos autores:** Com o advento da Lei 11.457/2007, a principal função administrativa do INSS se reduziu a gerir o plano de benefícios e serviços do RGPS, pois a Autarquia Federal não mais detém a Dívida Ativa das contribuições previdenciárias, que atualmente é da União, através da Secretaria de Receita Federal do Brasil.

O INSS – Instituto Nacional do Seguro Social é uma autarquia federal criada pela Lei 8.029/90, fruto da fusão do IAPAS – Instituto de Administração Financeira da Previdência e Assistência Social com o INPS – Instituto Nacional de Previdência Social, a quem compete a administração do plano de benefícios e serviços do Regime Geral de Previdência Social.

Gabarito: errado

26. (Cespe – Técnico do Seguro Social – INSS/2016) A Lei Eloy Chaves, que criou em cada uma das empresas de estradas de ferro existentes no país uma caixa de aposentadoria e pensões para os respectivos empregados, foi o primeiro ato normativo a tratar de seguridade social no Brasil.

COMENTÁRIOS

A Lei Eloy Chaves é o marco da previdência social brasileira, mas não é o primeiro ato normativo a tratar de seguridade social no Brasil. Antes dela, por exemplo, a própria Constituição de 1824 já havia criado as casas de socorros públicos e em 1919 foi instituído o seguro obrigatório de acidente de trabalho pela Lei 3.724, além de uma indenização a ser paga, obrigatoriamente, pelos empregadores aos seus empregados acidentados.

Gabarito: errado

27. (Cespe – Técnico do Seguro Social – INSS/2016) Na década de 30 do século passado, as caixas de aposentadoria e pensões foram reunidas nos institutos de aposentadoria e pensão, organizados pelo Estado como autarquias federais. Em 1966, esses institutos foram transformados no INPS.

COMENTÁRIOS

Questão Anulada. Durante a década de 20, diversas Caixas de Aposentadoria e Pensão – CAPs foram criadas por empresa. A partir da década de 30, tais caixas foram sendo unificadas por setor econômico (ferroviários, bancários, comerciários etc.) em Institutos de Aposentadoria e Pensão, organizados pelo governo como Autarquias. A questão foi anulada porque o instrumento normativo que unificou os Institutos de Aposentadoria e Pensão – IAPs no INPS foi o Decreto-Lei 72 de 21 de novembro de 1966, vigente a partir de 01/01/1967. Como a vigência foi somente a partir de 1967 a o gabarito preliminar considerou a questão correta, a banca achou mais adequado o cancelamento da questão.

Gabarito: anulada

1.3. SEGURADOS DA PREVIDÊNCIA SOCIAL

28. (Cesgranrio – Técnico Previdenciário – INSS/2005) Antônio Walas, devido a sua notória experiência no mercado financeiro, recebeu proposta para ser diretor-empregado de um grande banco de investimentos, com direito a participação direta nos resultados da empresa. Caso Antônio aceite a proposta, sua inscrição no Regime Geral de Previdência Social será:

a) obrigatória, como empregado.
b) obrigatória, como contribuinte individual.
c) obrigatória, como segurado especial.
d) facultativa, por ter deixado de ser segurado obrigatório.
e) facultativa, como associado eleito para cargo de direção remunerada.

COMENTÁRIOS

Alternativa "a": Esta questão foi muito fácil, pois o seu próprio enunciado já a responde. É que afirma que Antônio Walas recebeu proposta para ser diretor **empregado**. Assim, como segurado empregado terá as características da relação de emprego previstas no art. 12, I, a, da Lei 8.212/91.

Alternativa "b": O próprio enunciado já afirmou que ele seria contratado com diretor empregado.

Alternativa "c": O segurado especial é o produtor rural ou assemelhado, que exerce atividade em regime de economia familiar, nos termos do art. 12, VII, da Lei 8.212/91.

Alternativas "d" e "e": Se ele exercer atividade remunerada, jamais poderá ser enquadrado como segurado facultativo, nos termos do art. 14, da Lei 8.212/91.

Alternativa correta: letra "a".

29. (Cesgranrio – Técnico Previdenciário – INSS/2005) Carlos Afonso foi contratado pela esposa de um fazendeiro para ser seu motorista. Sua função é transportá-la da propriedade rural onde mora para os locais que ela desejar, cumprindo jornada diária de 6 (seis) horas de trabalho, com uma folga semanal.

A inscrição de Carlos no Regime Geral de Previdência Social será obrigatória, na qualidade de:

a) empregado.
b) empregado doméstico.
c) trabalhador avulso.
d) contribuinte individual.
e) segurado especial.

COMENTÁRIOS

✪ **Nota dos autores:** Além dos tradicionais empregados domésticos, que todos nós conhecemos, como o caseiro e a cozinheira, existem outros que, apesar de não trabalharem dentro da casa do patrão, são assim considerados: o motorista particular, o marinheiro de barco de família e, até mesmo, em tese, o piloto de jatinho ou de helicóptero particular.

Alternativas "a", "c", "d" e "e": Estas alternativas não apresentam o correto enquadramento de Carlos Afonso.

Alternativa "b": De acordo com o disposto no art. 12, II, da Lei 8.212/91, empregado doméstico é o trabalhador que presta serviços de natureza **contí-**

nua, mediante remuneração, **à pessoa, à família ou à entidade familiar**, no **âmbito residencial** desta, em atividade **sem fins lucrativos**. Na situação relatada, o contrato de Carlos Afonso possui as características do emprego doméstico.

Ressaltamos que desde a publicação da Lei Complementar 150, de 01/06/2015, que regulamentou a EC 72/2013, conhecida como PEC das domésticas, para que a continuidade seja caracterizada e o trabalhador seja considerado empregado doméstico, é necessário que trabalhe **por mais de dois dias na semana para uma mesma casa ou família** (art. 1°). Caso preste serviço por até dois dias por semana, será considerado diarista, enquadrado na categoria dos contribuintes individuais.

Alternativa correta: letra "b".

---

30. (FCC - Técnico do Seguro Social - INSS/2012) João exerce individualmente atividade de pescador artesanal e possui embarcação com 5 toneladas de arqueação bruta, com parceiro eventual, que o auxilia. Nessa situação, João é

a) segurado facultativo.

b) segurado especial.

c) contribuinte individual.

d) trabalhador avulso.

e) não segurado da Previdência Social.

COMENTÁRIOS

✪ **Nota dos autores:** Diversas questões de concurso incluem o garimpeiro, equivocadamente, na categoria dos segurados especiais. Em verdade, o garimpeiro é contribuinte individual.

Alternativas "a", "c", "d" e "e": Estas alternativas não refletem a correta categoria do segurado descrito.

Alternativa "b": O Regulamento da Previdência Social, aprovado pelo Decreto 3.048/99 (art. 9°, § 14), definia o pescador artesanal, até a publicação do Decreto 8.424, de 31/03/2015, como aquele que, individualmente ou em regime de economia familiar, faz da pesca sua profissão habitual ou meio principal de vida, desde que:

> I - não utilize embarcação;
>
> II - utilize embarcação de até seis toneladas de arqueação bruta, ainda que com auxílio de parceiro;
>
> III - na condição, exclusivamente, de parceiro outorgado, utilize embarcação de até dez toneladas de arqueação bruta.

Ocorre que o citado Decreto 8.424, de 31/03/2015 alterou a definição do pescador artesanal (art. 9°, § 14, do Decreto 3.048/99), passando a defini-lo como aquele que, individualmente ou em regime de economia familiar, faz da pesca sua profissão habitual ou meio principal de vida, desde que:

> I - não utilize embarcação; ou
>
> II - utilize embarcação de pequeno porte, nos termos da Lei nº 11.959, de 29 de junho de 2009.

De acordo com o artigo 8°, I, a, da citada Lei 11.959/2009, pesca comercial artesanal é a "praticada diretamente por pescador profissional, de forma autônoma ou em regime de economia familiar, com meios de produção próprios ou mediante contrato de parceria, desembarcado, podendo utilizar embarcações de **pequeno porte**".

O artigo 10, §1°, I, desta mesma Lei classifica as embarcações que operam na pesca comercial em:

> **I - de pequeno porte: quando possui arqueação bruta - AB igual ou menor que 20;**
>
> II - de médio porte: quando possui arqueação bruta - AB maior que 20 e menor que 100;
>
> III - de grande porte: quando possui arqueação bruta - AB igual ou maior que 100.

Desta forma, o pescador artesanal pode, atualmente, utilizar embarcação que possuir arqueação bruta de até 20, sendo este segurado especial.

A redação anterior ao Decreto 8.424, de 31/03/2015 considerava pescador artesanal o trabalhador que não utilizava embarcação ou utilizava uma de até 6 toneladas de arqueação bruta, ainda que com auxílio de parceiro ou na condição, exclusivamente, de parceiro outorgado, utilizava embarcação de até 10 toneladas de arqueação bruta.

Com a mudança, então, para ser considerado segurado especial, o pescador pode utilizar uma embarcação de até 20 toneladas de arqueação bruta. Acima deste tamanho, o pescador será enquadrado na categoria dos contribuintes individuais, conforme art. 9°, §15, XI, da nova redação do Decreto 3.048/99.

Como João utilizou uma embarcação que está dentro dos limites exigidos para que ele seja considerado segurado especial, seja pela legislação antiga ou pela atualizada, a alternativa B está correta.

Alternativa correta: letra "b".

---

31. (FCC - Técnico do Seguro Social - INSS/2012) Márcio é administrador, não-empregado na sociedade por cotas de responsabilidade limitada XYZ, e recebe remuneração mensal pelos serviços prestados. Nessa situaçao, Márcio

a) não é segurado obrigatório da previdência social.

b) é segurado facultativo da previdência social.

c) é segurado especial da previdência social.

d) é contribuinte individual da previdência social.

e) é segurado eventual da previdência social.

COMENTÁRIOS

Alternativas "a" e "b": A questão indica que Márcio exerce atividade remunerada, e somente isso já afasta as alternativas A e B, pois todos que trabalham são segurados obrigatórios da previdência social.

Alternativa "c": A alternativa C pode ser eliminada, se conhecermos a característica básica dos segurados especiais: ele é um produtor rural que exerce a sua atividade individualmente ou em regime de economia familiar para a própria subsistência (art. 12, VII, da Lei 8,212/91).

Alternativa "d": O texto legal que dá suporte à resposta é o art. 9°, V, h, do Regulamento da Previdência Social, aprovado pelo Decreto 3.408/99, que elenca como contribuinte individual "o sócio gerente e o sócio cotista que recebam remuneração decorrente de seu trabalho e **o administrador não empregado na sociedade por cotas de responsabilidade limitada, urbana ou rural**".

Alternativa "e": A alternativa E também pode ser facilmente eliminada, uma vez que não existe a categoria dos segurados eventuais. Lembramos que as cinco categorias de segurados obrigatórios existentes são: empregados, domésticos, avulsos, contribuintes individuais e segurados especiais.

Alternativa correta: letra "d".

32. (Cespe - Técnico do Seguro Social - INSS/2008) Em cada um dos itens subsequentes, é apresentada uma situação hipotética acerca da identificação dos segurados da previdência social, seguida de uma assertiva a ser julgada.

Otávio, contador, é aposentado por regime próprio de previdência social e começou a prestar serviços de contabilidade em sua residência. Dada a qualidade de seus serviços, logo foi contratado para dar expediente em uma grande empresa da cidade. Nessa situação, Otávio não é segurado do regime geral, tanto por ter pertencido a um regime próprio, quanto por ser aposentado.

COMENTÁRIOS

Caso o servidor ou o militar venham a exercer, concomitantemente, uma ou mais atividades abrangidas pelo Regime Geral de Previdência Social, tornar-se-ão segurados obrigatórios em relação a essas atividades (art. 10, § 1°, do RPS). Desta forma, mesmo que Otávio ainda estivesse na ativa como servidor público e, concomitantemente, exercesse outra atividade de vinculação obrigatória ao RGPS, seria ele segurado obrigatório dos dois regimes.

No caso em questão, o fato de Otávio ser aposentado do regime próprio não o exclui da filiação obrigatória ao Regime Geral. Note-se que o art. 9°, § 12, do RPS dispõe que o exercício de atividade remunerada sujeita à filiação obrigatória ao Regime Geral de Previdência Social.

Gabarito: errado

33. (Cespe - Técnico do Seguro Social - INSS/2008) Em cada um dos itens subsequentes, é apresentada uma situação hipotética acerca da identificação dos segurados da previdência social, seguida de uma assertiva a ser julgada.

Miguel, civil, brasileiro nato que mora há muito tempo na Suíça, foi contratado em Genebra para trabalhar na Organização Mundial de Saúde. Seu objetivo é trabalhar nessa entidade por alguns anos e retornar ao Brasil, razão pela qual optou por não se filiar ao regime próprio daquela organização. Nessa situação, Miguel é segurado obrigatório da previdência social brasileira na qualidade de contribuinte individual.

COMENTÁRIOS

✪ **Nota dos autores:** As questões sobre os expatriados estão cada vez mais comuns. É importante que o candidato memorize as hipóteses previstas no art. 9°, V, d, do RPS e no art. 9°, I, c, d, f, do RPS.

O brasileiro civil que trabalha no exterior para organismo oficial internacional do qual o Brasil é membro efetivo, ainda que lá domiciliado e contratado, salvo quando coberto por regime próprio de previdência social, é enquadrado como contribuinte individual (art. 9°, V, d, do RPS).

Percebe-se que a situação proposta na questão se encaixa perfeitamente ao texto legal. O fato de Miguel morar há muito tempo na Suíça, tendo sido lá contratado, não exclui a sua filiação obrigatória ao RGPS brasileiro.

Gabarito: certo

34. (Cespe - Técnico do Seguro Social - INSS/2008) Em cada um dos itens subsequentes, é apresentada uma situação hipotética acerca da identificação dos segurados da previdência social, seguida de uma assertiva a ser julgada.

Claudionor tem uma pequena lavoura de feijão em seu sítio e exerce sua atividade rural apenas com o auxílio da família. Dos seus filhos, somente Aparecida trabalha fora do sítio. Embora ajude diariamente na manutenção da plantação, Aparecida também exerce atividade remunerada no grupo escolar próximo à propriedade da família. Nessa situação, Claudionor e toda a sua família são segurados especiais da previdência social.

COMENTÁRIOS

✪ **Nota dos autores:** O enquadramento previdenciário dos trabalhadores rurais foi significativamente alterado pela Lei 11.718, de 20/06/08. Antes desta Lei, o segurado especial não podia contar com o auxílio de empregados, mesmo que contratados apenas para o período da safra. Era permitido apenas o auxílio eventual de terceiros, entendido este como o regime de mútua colaboração, não remunerado. Observe-se que o texto constitucional não faz tal vedação, vez que proíbe apenas a contratação de empregados permanentes.

A Lei 11.718/2008 trouxe uma série de novas situações em que não é descaracterizada a condição de segurado especial. A legislação anterior era muito mais restritiva, vedando ao segurado especial a obtenção de qualquer outro meio de renda, exceto a proveniente de atividade de dirigente de sindicato representativo da categoria dos segurados especiais ou a pensão por morte deixada por cônjuge segurado especial. Com a alteração legislativa, o art. 12, § 9°, da Lei 8.212/91 prevê expressamente outras situações que não descaracterizam a condição de segurado especial.

De toda forma, a questão menciona que Aparecida exerce atividade remunerada no grupo escolar próximo à propriedade da família, o que exclui a sua condição de segurada especial (art. 12, § 11, I, b, da Lei 8.212/91), mesmo considerando a alteração promovida pela nova lei (posterior à data de realização da prova).

Gabarito: errado

---

35. (Cespe – Técnico do Seguro Social – INSS/2008) Em cada um dos itens subsequentes, é apresentada uma situação hipotética acerca da identificação dos segurados da previdência social, seguida de uma assertiva a ser julgada.

Nelson ocupa cargo em comissão, de livre nomeação e exoneração, na Secretaria de Saúde de uma prefeitura que instituiu regime próprio de previdência social. Nessa condição, apesar de trabalhar em município com regime próprio de previdência, Nelson é segurado empregado do regime geral.

COMENTÁRIOS

Questão anulada. O art. 9°, I, "i", do RPS considera empregado "o servidor da União, Estado, Distrito Federal ou Município, incluídas suas autarquias e fundações, ocupante, **exclusivamente**, de cargo em comissão declarado em lei de livre nomeação e exoneração".

A questão formulada menciona que Nelson ocupa cargo em comissão, de livre nomeação e exoneração, na Secretaria de Saúde de uma prefeitura que instituiu regime próprio de previdência social, sem, no entanto, mencionar se tal ocupação é exclusiva ou não. Explicando: Se Nelson fosse servidor público de cargo efetivo do município, em caso de nomeação no cargo de Secretário de Saúde (cargo de comissão), ele continuaria vinculado ao regime próprio municipal, não sendo considerado empregado do RGPS. Se ele não possuísse vínculo estatutário anterior com o município, seria enquadrado como empregado do RGPS.

Por tal dubiedade da proposição, esta questão foi alvo de anulação.

Gabarito: anulada

---

36. (Cespe – Técnico do Seguro Social – INSS/2008) Em cada um dos itens subsequentes, é apresentada uma situação hipotética acerca da identificação dos segurados da previdência social, seguida de uma assertiva a ser julgada.

Beatriz trabalha, em Brasília, na sucursal da Organização das Nações Unidas e não tem vinculação com regime de previdência estrangeiro. Nessa situação, Beatriz é segurada da previdência social brasileira na condição de contribuinte individual.

COMENTÁRIOS

O art. 9, I, q, do Regulamento da Previdência Social considera empregado o trabalhador de organismo oficial internacional ou estrangeiro em funcionamento no Brasil, salvo quando coberto por regime próprio de previdência social. A questão propõe, equivocadamente, que, em tal situação, o segurado seria enquadrado como contribuinte individual.

Gabarito: errado

---

37. (Cespe – Técnico do Seguro Social – INSS/2008) Ainda em relação à identificação dos segurados da previdência social, julgue os itens a seguir.

Para a previdência social, uma pessoa que administra a construção de uma casa, contratando pedreiros e auxiliares para edificação da obra, é considerada contribuinte individual.

COMENTÁRIOS

✪ **Nota dos autores:** O art. 15, parágrafo único, da Lei 8.212/91 dispõe que:

> Parágrafo único. Equiparam-se a empresa, para os efeitos desta Lei, o contribuinte individual e a pessoa física na condição de proprietário ou dono de obra de construção civil, em relação a segurado que lhe

presta serviço, bem como a cooperativa, a associação ou a entidade de qualquer natureza ou finalidade, a missão diplomática e a repartição consular de carreira estrangeiras. (Redação dada pela Lei nº 13.202, de 2015)

A pessoa física que edifica obra de construção civil é contribuinte individual, de acordo com o art. 9º, § 15, IX, do RPS. Note-se que neste caso será ainda equiparado à empresa em relação aos segurados que lhe prestem serviço (art. 12, parágrafo único, IV, do RPS).

Gabarito: certo

---

38. (Cespe – Técnico do Seguro Social – INSS/2008) Ainda em relação à identificação dos segurados da previdência social, julgue os itens a seguir.

Um síndico de condomínio que resida no condomínio que administra e receba remuneração por essa atividade é segurado da previdência social na qualidade de empregado.

COMENTÁRIOS

✪ **Nota dos autores:** O art. 70, da IN RFB 971/09 considera a isenção do pagamento da taxa condominial como remuneração. Este também é o posicionamento sedimentado do STJ[1]:

> "TRIBUTÁRIO. CONTRIBUIÇÃO SOCIAL SOBRE O PRÓ-LABORE E SOBRE A ISENÇÃO DA QUOTA CONDOMINIAL DOS SÍNDICOS. ART. 1º DA LEI COMPLEMENTAR Nº 84/96. CONDOMÍNIO. CARACTERIZAÇÃO. PESSOA JURÍDICA. LEI Nº 9.876/99. INCIDÊNCIA. I. É devida a contribuição social sobre o pagamento do pró-labore aos síndicos de condomínios imobiliários, assim como sobre a isenção da taxa condominial devida a eles, na vigência da Lei Complementar nº 84/96, porquanto a Instrução Normativa do INSS nº 06/96 não ampliou os seus conceitos, caracterizando-se o condomínio como pessoa jurídica, à semelhança das cooperativas, mormente não objetivar o lucro e não realizar exploração de atividade econômica. II – A partir da promulgação da Lei nº 9.876/99, a qual alterou a redação do art. 12, inciso V, alínea "f", da Lei nº 8.212/91, com as posteriores modificações advindas da MP nº 83/2002, transformada na Lei nº 10.666/2003, previu-se expressamente tal exação, confirmando a legalidade da cobrança da contribuição previdenciária".

De acordo com o art. 9º, V, i, do RPS o síndico ou administrador eleito para exercer atividade de direção condominial, desde que recebam remuneração, é contribuinte individual. A questão afirma, equivocadamente, que o síndico remunerado é empregado.

Gabarito: errado

---

39. (Cespe – Técnico do Seguro Social – INSS/2008) Ainda em relação à identificação dos segurados da previdência social, julgue os itens a seguir.

Um cidadão belga que seja domiciliado e contratado no Brasil por empresa nacional para trabalhar como engenheiro na construção de uma rodovia em Moçambique é segurado da previdência social brasileira na qualidade de empregado.

COMENTÁRIOS

A questão faz referência ao art. 9, I, c, do RPS, que considera empregado o **brasileiro ou o estrangeiro** domiciliado e contratado no Brasil para trabalhar como empregado no exterior, em sucursal ou agência de empresa constituída sob as leis brasileiras e que tenha sede e administração no País.

Gabarito: certo

---

40. (Cespe – Técnico do Seguro Social – INSS/2008) Ainda em relação à identificação dos segurados da previdência social, julgue os itens a seguir.

Um adolescente de 14 anos de idade, menor aprendiz, contratado de acordo com a Lei n.° 10.097/2000, apesar de ter menos de 16 anos de idade, que é o piso para inscrição na previdência social, é segurado empregado do regime geral.

COMENTÁRIOS

✪ **Nota dos autores: Cuidado!** Apesar de a idade mínima para filiação ao RGPS ser 16 anos, exceto para o aprendiz, o texto da Lei 8.212/91 ainda está desatualizado. Vejamos o artigo que trata do segurado facultativo: Art. 14. É segurado facultativo o maior de 14 (quatorze) anos de idade que se filiar ao Regime Geral de Previdência Social, mediante contribuição, na forma do art. 21, desde que não incluído nas disposições do art. 12.

De acordo com o artigo 6°, II, da IN RFB 971/2009, é segurado obrigatório, na qualidade de empregado, o aprendiz, maior de 14 e menor de 24 anos, ressalvado o portador de deficiência (ao qual não se aplica o limite máximo de idade), sujeito à formação técnica-profissional metódica, sob a orientação de entidade qualificada.

Gabarito: certo

1. REsp 411.832, de 18.10.2005.

41. (Cespe - Técnico do Seguro Social - INSS/2008) Ainda em relação à identificação dos segurados da previdência social, julgue os itens a seguir.

Um tabelião que seja titular do cartório de registro de imóveis em determinado município é vinculado ao respectivo regime de previdência estadual, pois a atividade que exerce é controlada pelo Poder Judiciário.

COMENTÁRIOS

É contribuinte individual, o notário ou tabelião e o oficial de registros ou registrador, titular de cartório, que detêm a delegação do exercício da atividade notarial e de registro, não remunerados pelos cofres públicos, admitidos a partir de 21 de novembro de 1994 (art. 9, § 15, VII, do RPS). Assim, a questão está errada ao afirmar que tal trabalhador é vinculado a regime de previdência estadual.

Gabarito: errado

42. (Cespe - Técnico do Seguro Social - INSS/2016) Com base no disposto na Lei n.º 8.213/1991, julgue o item a seguir, acerca dos segurados do RGPS.

Situação hipotética: Pedro trabalha como professor remunerado de uma escola particular e, concomitantemente, explora atividade econômica agropecuária em regime de economia familiar em uma chácara de dois módulos fiscais. Assertiva: Nessa situação, Pedro é segurado obrigatório do RGPS em relação a cada uma das atividades realizadas.

COMENTÁRIOS

Esta questão foi bastante complexa, exigindo uma minuciosa análise da legislação aplicável ao caso concreto. Pedro será enquadrado como empregado em relação à atividade de professor e como tal não poderá ser considerado como segurado especial. Ocorre que como trabalha em atividade rural com a impossibilidade de ser enquadrado como segurado especial, nesta atividade será enquadrado como contribuinte individual, mantendo a filiação nas duas atividades.

Vejam artigos:

> Lei 8212, artigo 12
>
> V - Contribuinte Individual
>
> a) a pessoa física, proprietária ou não, que explora atividade agropecuária, a qualquer título, em caráter permanente ou temporário, em área superior a 4 (quatro) módulos fiscais; ou, quando em área igual ou inferior a 4 (quatro) módulos fiscais ou atividade pesqueira, com auxílio de empregados ou por intermédio de prepostos; ou ainda nas hipóteses dos §§ 10 e 11 deste artigo;
>
> §10. Não é segurado especial o membro de grupo familiar que possuir outra fonte de rendimento, exceto se decorrente de:
>
> III - exercício de atividade remunerada em período não superior a 120 (cento e vinte) dias, corridos ou intercalados, no ano civil, observado o disposto no § 13 deste artigo;

Assim, ele será filiado ao RGPS como empregado e contribuinte individual. A CESPE considerou errada a questão, em nossa visão, equivocadamente, apenas pelo fato de Pedro não poder ser enquadrado como segurado especial. Como vimos, ele será enquadrado em cada uma das atividades, na de empregado e na de contribuinte individual, estando a questão certa, em nosso entendimento.

Gabarito: errado

43. (Cespe - Técnico do Seguro Social - INSS/2016) Brasileiro contratado pela Organização das Nações Unidas, da qual o Brasil faz parte como membro efetivo, é considerado segurado obrigatório do RGPS, mesmo que domiciliado e contratado no exterior, salvo se estiver coberto por regime próprio de previdência social.

COMENTÁRIOS

✪ **Nota dos autores:** O segurado exemplificado nesta questão é enquadrado como contribuinte individual. Note-se, todavia, que se o brasileiro for contratado **pela união** para trabalhar em organismos internacionais do qual o Brasil seja membro efetivo, ele será enquadrado como segurado empregado.

Questão Certa. A questão faz referência ao artigo 12, V, e, da Lei 8.21/91. Vejamos:

> e) o brasileiro civil que trabalha no exterior para organismo oficial internacional do qual o Brasil é membro efetivo, **ainda que lá domiciliado e contratado**, salvo quando coberto por regime próprio de previdência social;

Gabarito: certo

44. (Cespe - Técnico do Seguro Social - INSS/2016) Pastor evangélico que atue exclusivamente em sua atividade religiosa é considerado segurado facultativo do RGPS.

COMENTÁRIOS

A questão faz referência ao contribuinte individual tipificado no artigo 12, V, c, da Lei 8.212/91, que classifica como Contribuinte individual "o ministro de confissão religiosa e o membro de instituto de vida consagrada, de congregação ou de ordem religiosa".

Gabarito: errado

45. (Cespe - Técnico do Seguro Social - INSS/2016) É considerado segurado obrigatório do RGPS na qualidade de contribuinte individual o associado eleito para cargo de direção em cooperativa, associação ou entidade de qualquer natureza, mesmo que não receba remuneração.

COMENTÁRIOS

O segurado que não recebe remuneração pelo trabalho não pode ser considerado segurado obrigatório do RGPS. Veja que o artigo, 9°, V, i, do RPS dispõe que será contribuinte individual "o associado eleito para cargo de direção em cooperativa, associação ou entidade de qualquer natureza ou finalidade, bem como o síndico ou administrador eleito para exercer atividade de direção condominial, **desde que recebam remuneração**".

Gabarito: errado

46. (Cespe - Técnico do Seguro Social - INSS/2016) Síndica do condomínio predial em que resida e que receba como pró-labore a quantia equivalente a um salário mínimo será considerada segurada obrigatória do RGPS na qualidade de empregada.

COMENTÁRIOS

✪ **Nota dos autores:** O art. 70 da IN RFB 971/09 considera a isenção do pagamento da taxa condominial como remuneração, devendo o síndico de condomínio enquadrado nesta situação ser considerado contribuinte individual.

A síndica de condomínio remunerada será contribuinte individual do RGPS e não empregada, como afirmado equivocadamente na questão. Veja que o artigo, 9°, V, i, do RPS dispõe que será **contribuinte individual** "o associado eleito para cargo de direção em cooperativa, associação ou entidade de qualquer natureza ou finalidade, bem como **o síndico ou administrador eleito para exercer atividade de direção condominial**, desde que recebam remuneração".

Gabarito: errado

47. (Cespe - Técnico do Seguro Social - INSS/2016) O pescador que exerça essa atividade como principal meio de vida é considerado segurado especial mesmo que tenha empregados permanentes.

COMENTÁRIOS

O segurado especial não pode possuir empregados permanentes. Veja o artigo 195, §8°, da CF: § 8º O produtor, o parceiro, o meeiro e o arrendatário rurais e o pescador artesanal, bem como os respectivos cônjuges, que exerçam suas atividades em regime de economia familiar, **sem empregados permanentes**, contribuirão para a seguridade social mediante a aplicação de uma alíquota sobre o resultado da comercialização da produção e farão jus aos benefícios nos termos da lei.

Desta forma, o pescador que possui empregados permanentes deve ser enquadrado como contribuinte individual.

Gabarito: errado

48. (Cespe - Técnico do Seguro Social - INSS/2016) Com relação ao segurado especial e ao segurado facultativo, julgue os próximos itens à luz do Decreto n.º 3.048/1999.

Situação hipotética: Maria, com vinte e dois anos de idade, recebe bolsa de estudos para se dedicar em tempo integral a trabalho de pesquisa, não possuindo qualquer vinculação a regime de previdência. Assertiva: Nessa situação, Maria poderá filiar-se facultativamente ao RGPS.

COMENTÁRIOS

A questão trata de um exemplo de segurado que pode se filiar facultativamente ao RGPS, previsto no artigo 11, §1º, do Decreto 3048:

> §1º Podem filiar-se facultativamente, entre outros:
>
> VII – o **bolsista** e o estagiário que prestam serviços a empresa de acordo com a Lei nº 11.788, de 2008;

Gabarito: certo

49. (Cespe - Técnico do Seguro Social - INSS/2016) O recebimento de dinheiro decorrente de programa assistencial oficial do governo federal descaracteriza a condição de segurado especial.

COMENTÁRIOS

A assertiva está errada, contrariando o Decreto 3048/99, artigo 9º, §18, IV. Vejamos:

> §18. Não descaracteriza a condição de segurado especial:
>
> IV – a participação como beneficiário ou integrante de grupo familiar que tem algum componente que seja beneficiário de programa assistencial oficial de governo;

Gabarito: errado

50. (Cespe - Técnico do Seguro Social - INSS/2016) A respeito da inscrição e da filiação dos segurados obrigatórios e facultativos na forma do Decreto n.º 3.048/1999, julgue os itens a seguir.

A filiação do segurado obrigatório ao RGPS decorre automaticamente do exercício da atividade remunerada.

COMENTÁRIOS

De acordo com o artigo 20, §1º, do Regulamento da Previdência Social, aprovado pelo Decreto 3.048/99. Vejamos:

> §1º A filiação à previdência social **decorre automaticamente do exercício de atividade remunerada para os segurados obrigatórios**, observado o disposto no § 2º, e da inscrição formalizada com o pagamento da primeira contribuição para o segurado facultativo.

Gabarito: certo

---

51. (Cespe – Técnico do Seguro Social – INSS/2016) Desde que presentes os demais pressupostos da filiação, admite-se a inscrição post mortem do segurado especial.

COMENTÁRIOS

A assertiva se refere ao texto do artigo 18, §5º, Regulamento da Previdência Social, aprovado pelo Decreto 3.048/99. Vejamos:

> §5º Presentes os pressupostos da filiação, admite-se a inscrição post mortem do segurado especial.

Gabarito: certo

---

52. (Cespe – Técnico do Seguro Social – INSS/2016) A filiação ao RGPS na qualidade de segurado facultativo pode retroagir, permitindo-se o recolhimento das contribuições relativas a competências anteriores à data da inscrição.

COMENTÁRIOS

✪ **Nota dos autores:** A atividade remunerada dos segurados obrigatórios da previdência social o tornam automaticamente filiados à previdência social, podendo retroagir a data de sua inscrição.

A questão contraria o §1°, do artigo 20, do Regulamento da Previdência Social, aprovado pelo Decreto 3.048/99. Vejamos:

> Art. 20. Filiação é o vínculo que se estabelece entre pessoas que contribuem para a previdência social e esta, do qual decorrem direitos e obrigações.
>
> §1º A filiação à previdência social decorre automaticamente do exercício de atividade remunerada para os segurados obrigatórios, observado o disposto no § 2º, **e da inscrição formalizada com o pagamento da primeira contribuição para o segurado facultativo.**

Gabarito: errado

---

53. (Cespe – Técnico do Seguro Social – INSS/2016) Os dados constantes dos cadastros informatizados da previdência social, como o Cadastro Nacional de Informações Sociais (CNIS), valem como prova da filiação à previdência social, do tempo de contribuição e dos salários-de-contribuição, desde que acompanhados de outras provas documentais.

COMENTÁRIOS

A questão se refere ao artigo 19, do Regulamento da Previdência Social, aprovado pelo Decreto 3.048/99. Vejamos:

Art. 19. Os dados constantes do Cadastro Nacional de Informações Sociais – CNIS relativos a vínculos, remunerações e contribuições valem como prova de filiação à previdência social, tempo de contribuição e salários-de-contribuição.

A questão está errada, pois não há necessidade de que tais dados sejam acompanhados de provas documentais, podendo o INSS as pedir caso julgue necessário, conforme artigo 19-B, do RPS:

> Art. 19-B. Na hipótese de não constarem do CNIS as informações sobre atividade, vínculo, remunerações ou contribuições, ou de haver dúvida sobre a regularidade das informações existentes, o período somente será confirmado por meio da apresentação de documentos contemporâneos dos fatos a serem comprovados, com menção às datas de início e de término e, quando se tratar de trabalhador avulso, à duração do trabalho e à condição em que tiver sido prestada a atividade

Gabarito: errado

---

54. (Cespe – Técnico do Seguro Social – INSS/2016) Julgue os itens seguintes à luz do Decreto n.º 3.048/1999 e da CF.

O indivíduo que, não sendo detentor de cargo efetivo, for nomeado para um cargo em comissão no âmbito da União não será segurado obrigatório do RGPS.

COMENTÁRIOS

A questão faz referência ao artigo 9°, I, i, Regulamento da Previdência Social, aprovado pelo Decreto 3.048/99. Vejamos:

> Art. 9º São segurados obrigatórios da previdência social as seguintes pessoas físicas:
>
> I – como empregado:

i) o servidor da União, Estado, Distrito Federal ou Município, incluídas suas autarquias e fundações, ocupante, exclusivamente, de **cargo em comissão** declarado em lei de livre nomeação e exoneração;

Desta forma, quem exerce cargo de comissão, sem ser detentor de cargo efetivo, será empregado do RGPS

Gabarito: errado

---

55. (Cespe – Técnico do Seguro Social – INSS/2016) Situação hipotética: João exerce atividade econômica com finalidade lucrativa na sua própria residência. Recentemente, ele contratou Maria para fazer a limpeza de sua residência, de forma habitual e remunerada, e, inclusive, atender clientes. Assertiva: Nessa situação, João será considerado empregador doméstico com relação aos serviços prestados por Maria.

COMENTÁRIOS

✪ **Nota dos autores:** De acordo com o artigo 12, II, do Decreto 3.048/99, Empregador doméstico é a pessoa ou a família que admite, a seu serviço, mediante remuneração, empregado doméstico para auxiliar no desempenho das atividades residenciais, **sem finalidade lucrativa.**

Empregado doméstico é o trabalhador que presta serviços de natureza contínua, mediante remuneração, à pessoa, à família ou à entidade familiar, no âmbito residencial desta **em atividade sem fins lucrativos**. Maria não será enquadrada como empregada doméstica, pois exerce atividade com finalidade lucrativa, sendo enquadrada como empregada. Já João será equiparado a empresa nos termos do artigo 15, do Decreto 3048/99.

Gabarito: errado

---

56. (Cespe – Técnico do Seguro Social – INSS/2016) Equiparar-se-á a empresa, para os fins do RGPS, a pessoa física que, para fazer uma reforma na própria casa, contratar um mestre de obras e um ajudante.

COMENTÁRIOS

✪ **Nota dos autores:** A **reforma de pequeno valor**, assim entendida aquela de responsabilidade de pessoa jurídica, que possui escrituração contábil regular, em que não há alteração de área construída, cujo custo estimado total, incluindo material e mão de obra, não ultrapasse o valor de **20 vezes o limite máximo do salário-de-contribuição** vigente na data de início da obra, fica dispensada de matrícula.

A questão trata do dono de obra de construção, que se equipara à empresa nos termos do artigo 12, do RPS. Vejamos:

> Parágrafo único. Equiparam-se a empresa, para os efeitos deste Regulamento:
>
> IV – o proprietário ou dono de obra de construção civil, quando pessoa física, em relação a segurado que lhe presta serviço.

Assim, a questão está correta, pois o dono da obra se equipara a empresa para fins previdenciários.

Gabarito: certo

---

57. (Cespe – Técnico do Seguro Social – INSS/2016) Com base no disposto no Decreto n.º 3.048/1999, que aprovou o regulamento da previdência social, julgue os itens subsecutivos.

A dona de casa e o estudante podem filiar-se facultativamente ao RGPS mediante contribuição, desde que não estejam exercendo atividade remunerada que os enquadre como segurados obrigatórios da previdência social.

COMENTÁRIOS

A questão remete aos exemplos de segurado facultativo previstos no art. 11, §1º, do Decreto 3.048/99. De fato, a "dona de casa" (aquele que se dedique exclusivamente ao trabalho doméstico no âmbito de sua residência) e o estudante podem filiar-se facultativamente ao RGPS mediante contribuição, desde que não estejam exercendo atividade remunerada que os enquadre como segurados obrigatórios da previdência social.

Gabarito: certo

---

58. (Cespe – Técnico do Seguro Social – INSS/2016) Aquele que presta serviço de natureza contínua, mediante remuneração, a pessoa ou família, no âmbito residencial desta, em atividade sem fins lucrativos, é considerado contribuinte individual, segurado obrigatório da previdência social.

COMENTÁRIOS

✪ **Nota dos autores:** A Lei Complementar 150, de 01/06/2015, que regulamentou a EC 72/2013, conhecida como PEC das domésticas pôs fim à discussão sobre a continuidade do emprego doméstico, definindo que o empregado doméstico é quem trabalha por mais de dois dias na semana para uma mesma casa ou família (art. 1°).

De acordo com o art. 9º, II, do Decreto 3.048/99, aquele que presta serviço de natureza contínua, mediante remuneração, a pessoa ou família, no âmbito residencial desta, em atividade sem fins lucrativos, é considerado empregado doméstico, e não contribuinte individual como afirmado equivocadamente na assertiva.

Gabarito: errado

2. CUSTEIO DA SEGURIDADE SOCIAL

59. (FCC – Técnico do Seguro Social – INSS/2012) José exerce a atividade de garçom, na qualidade de empregado do Restaurante X, e recebeu no mês de dezembro, além do salário mensal, o décimo terceiro salário, gorjetas, vale-refeição, de acordo com o programa do Ministério do Trabalho, horas extras, vale-transporte, na forma da legislação própria, férias indenizadas e respectivo adicional constitucional. Nessa situação, integram o salário de contribuição de José

a) o salário mensal, o décimo terceiro salário, as gorjetas e as horas extras.

b) o salário mensal, o vale-transporte, o décimo terceiro salário e o vale-refeição.

c) o salário mensal, as férias indenizadas e respectivo adicional e o vale-refeição.

d) o salário mensal, o décimo terceiro salário, as gorjetas e o vale-refeição.

e) o décimo terceiro salário, as gorjetas, o vale-refeição, as férias indenizadas e o respectivo adicional.

COMENTÁRIOS

✪ **Nota dos autores:** Em regra, os pagamentos efetuados ao trabalhador destinados a retribuir o trabalho integram o salário-de-contribuição. O § 9°, do art. 28, da Lei 8.212/91, todavia, traz algumas exclusões da base de cálculo previdenciária. As parcelas destinadas a retribuir o trabalho, que não estiverem arroladas neste dispositivo, sujeitam-se à incidência previdenciária.

Alternativa "a": A alternativa A está correta, trazendo apenas parcelas sobre as quais há incidência de contribuição previdenciária, conforme disposto no art. 28, I, da Lei 8.212/91.

Alternativas "b" e "d": Sobre o vale refeição concedido conforme regras estabelecidas pelo programa do extinto Ministério do Trabalho (PAT – Programa de Alimentação do Trabalhador), não há incidência de contribuição, conforme previsão do art. 28, § 9°, "c", da Lei 8.212/91.

Alternativas "c" e "e": Trazem o mesmo erro das alternativas B e D (vale refeição) e, ainda, incluem as férias indenizadas, equivocadamente, no rol de parcelas incidentes de contribuição previdenciária. As parcelas indenizatórias não compõem o salário-de-contribuição do trabalhador.

Alternativa correta: letra "a".

60. (Cespe – Técnico do Seguro Social – INSS/2008) Em cada um dos itens seguintes, apresenta-se uma situação hipotética referente à aplicação do conceito de salário-de-contribuição, seguida de uma assertiva a ser julgada.

Rodrigo trabalha na gerência comercial de uma grande rede de supermercados e visita regularmente cada uma das lojas da rede. Para atendimento a necessidades do trabalho que faz durante as viagens, Rodrigo recebe diárias que excedem, todos os meses, 50% de sua remuneração normal.

Nessa situação, não incide contribuição previdenciária sobre os valores recebidos por Rodrigo a título dessas diárias.

COMENTÁRIOS

✪ **Nota do autor 1:** Sobre os gastos de viagem efetivamente comprovados, não há incidência de contribuição previdenciária, devido ao caráter ressarcitório desta parcela.

✪ **Nota do autor 2:** Até a vigência da reforma trabalhista, em 11/11/2017, aprovada pela Lei 13.467/2017, para se evitar que as diárias fossem utilizadas indevidamente, com escopo dissimulatório, faziam parte do salário-de-contribuição, caso ultrapassassem 50% do valor da remuneração mensal. Salientamos que os gastos de viagem comprovadamente realizados nunca foram sujeitos a qualquer limite para efeito de identificação como parcela ressarcitória.

As diárias de viagem independiam de comprovação até o limite de 50% do valor do salário mensal, pois as despesas eram presumidas pela legislação.

Caso as diárias, entretanto, ultrapassassem o percentual de 50% da remuneração mensal do trabalhador, seriam incluídas na base de tributação.

A reforma trabalhista, no entanto, alterou substancialmente a sistemática da tributação das diárias de viagem. É que a Lei 13.467/2017 revogou o parágrafo 8º do artigo 28, da Lei 8.212/91 e alterou a alínea h, do §9º, do mesmo artigo, dispondo que não incide contribuição previdenciária sobre as diárias de viagem, independentemente de qualquer valor pago ao empregado a este título.

Com a alteração, não mais incide contribuição previdenciária sobre os pagamentos de diárias de viagem ao empregado, mesmo que o valor supere 50% da sua remuneração.

Na época da realização da prova a questão estava errada. O artigo 214, § 9°, VIII, do Regulamento da Previdência Social, aprovado pelo Decreto 3.048/99, dispõe que não são consideradas salário-de-contribuição as diárias para viagens, desde que não excedam a 50% da remuneração mensal do empregado.

Na proposição, Rodrigo recebia diárias que excediam a 50% de sua remuneração mensal, devendo estas, assim, integrar a base de cálculo previdenciária, à época da prova. Atualmente, como visto na nota do autor 2, a questão está certa.

GABARITO DA ÉPOCA: ERRADO

GABARITO ATUAL: CERTO

---

61. (Cespe – Técnico do Seguro Social – INSS/2008) Em cada um dos itens seguintes, apresenta-se uma situação hipotética referente à aplicação do conceito de salário-de-contribuição, seguida de uma assertiva a ser julgada.

Maria, segurada empregada da previdência social, encontra-se afastada de suas atividades profissionais devido ao nascimento de seu filho, mas recebe salário-maternidade. Nessa situação, apesar de ser um benefício previdenciário, o salário-maternidade que Maria recebe é considerado salário-de-contribuição para efeito de incidência.

COMENTÁRIOS

✪ **Nota dos autores:** A incidência de contribuição previdenciária sobre o salário-maternidade é alvo de questionamento em diversas provas de concurso público.

O artigo 214, § 2°, do Regulamento da Previdência Social, aprovado pelo Decreto 3.048/99, dispõe que o salário-maternidade é considerado salário-de-contribuição. Saliente-se que este é o único benefício previdenciário sobre o qual incide contribuição, conforme dispõe o art. 214, § 9°, I, do RPS.

O STF, no entanto, concluiu o julgamento de recurso extraordinário, com repercussão geral reconhecida (Tema 72), em 04/08/2020, decidindo que é inconstitucional a incidência de contribuição previdenciária sobre o salário-maternidade. A Receita Federal reconheceu a inconstitucionalidade da contribuição sobre o salário-maternidade, parando de exigir tal tributo após a publicação do Parecer da PGFN SEI 18561/2020.

GABARITO DA ÉPOCA: CERTO

GABARITO ATUAL: ERRADO

---

62. (Cespe – Técnico do Seguro Social – INSS/2008) Em cada um dos itens seguintes, apresenta-se uma situação hipotética referente à aplicação do conceito de salário-de-contribuição, seguida de uma assertiva a ser julgada.

Mateus trabalha em uma empresa de informática e recebe o vale-transporte junto às demais rubricas que compõem sua remuneração, que é devidamente depositada em sua conta bancária. Nessa situação, incide contribuição previdenciária sobre os valores recebidos por Mateus a título de vale-transporte.

COMENTÁRIOS

✪ **Nota dos autores:** Fiquem atentos! Houve mudança de posicionamento da jurisprudência em relação ao pagamento de vale-transporte em dinheiro.

O artigo 214, § 9°, VI, do Regulamento da Previdência Social, aprovado pelo Decreto 3.048/99, dispunha na época de realização do concurso, que não é considerada salário-de-contribuição a parcela recebida a título de vale-transporte, na forma da legislação própria. A Lei que trata da matéria é a 7.418/85, que veda a substituição deste benefício por dinheiro. Desta forma, os vales-transportes, quando substituídos por dinheiro, integravam a base de cálculo da contribuição. A legislação apenas isenta os vales-transportes realmente entregues ao trabalhador.

Ressalte-se, entretanto, que o STF, destoando de toda a Jurisprudência anterior, decidiu no RE 478.410 (DJ 14/05/2010), que não incide contribuição previdenciária sobre os valores pagos em dinheiro a título de vale transporte. Na fundamentação, o STF entendeu ser inconstitucional a vedação ao pagamento de transporte em dinheiro. Esta decisão alterou jurisprudência dos tribunais, que passaram a se posicionar no sentido de que não incide contribuição previdenciária sobre o valor destinado ao transporte do trabalhador, mesmo que pago em pecúnia.

A própria AGU se curvou ao posicionamento jurisprudencial consolidado de que não há incidência de contribuição previdenciária sobre o valor do transporte pago em dinheiro para os trabalhadores, editando a Súmula 60, em 08/12/2011, com a seguinte redação: "Não há incidência de contribuição previdenciária sobre o vale transporte pago em pecúnia, considerando o caráter indenizatório da verba".

A Súmula 89 do CARF – Conselho Administrativo de Recursos Fiscais, de 16/12/2012 seguiu o entendimento já consolidado pelo STF e pela AGU, com a seguinte redação: "a contribuição social previdenciária não incide sobre valores pagos a título de vale-transporte, mesmo que em pecúnia".

Já há, inclusive, a Solução de Consulta 4021/2020, em que a Receita Federal do Brasil se curva ao entendimento, passando a indicar que não incide contribuição sobre o transporte pago em pecúnia.

Por fim, o próprio texto do artigo 214, § 9°, VI, do RPS foi alterado passando a dispor atualmente que não incide contribuição a parcela recebida a título de vale-transporte, ainda que paga em dinheiro, na forma da legislação própria.

GABARITO DA ÉPOCA: CERTO

GABARITO ATUAL: ERRADO

---

63. (Cespe – Técnico do Seguro Social – INSS/2008) Em cada um dos itens seguintes, apresenta-se uma situação hipotética referente à aplicação do conceito de salário-de-contribuição, seguida de uma assertiva a ser julgada.

Luís é vendedor em uma grande empresa que comercializa eletrodomésticos. A título de incentivo, essa empresa oferece aos empregados do setor de vendas um plano de previdência privada. Nessa situação, incide contribuição previdenciária sobre os valores pagos, pela empresa, a título de contribuição para a previdência privada, a Luís.

COMENTÁRIOS

O artigo 214, § 9°, XV, do Regulamento da Previdência Social, aprovado pelo Decreto 3.048/99, dispõe que não é considerado salário-de-contribuição o valor das contribuições efetivamente pago pela pessoa jurídica relativo a programa de previdência complementar privada, aberta ou fechada, **desde que disponível à totalidade de seus empregados e dirigentes**. Note-se que a empresa em que Luís trabalha somente oferece o benefício da previdência privada aos empregados **do setor de vendas**, descumprindo o requisito legal da disponibilidade à totalidade de empregados e dirigentes. Desta forma, incide contribuição previdenciária sobre os valores pagos a Luís a título de contribuição para a previdência privada.

Gabarito: certo

---

64. (Cespe – Técnico do Seguro Social – INSS/2008) Em cada um dos itens seguintes, apresenta-se uma situação hipotética referente à aplicação do conceito de salário-de-contribuição, seguida de uma assertiva a ser julgada.

Tendo sido demitido sem justa causa da empresa em que trabalhava, Vagner recebeu o aviso prévio indenizado, entre outras rubricas. Nessa situação, não incide contribuição previdenciária sobre o valor da indenização paga, pela empresa, a Vagner.

COMENTÁRIOS

✪ **Nota dos autores:** Fiquem atentos! Houve mudança legislativa em relação à incidência de contribuição previdenciária sobre o aviso prévio indenizado. A partir do Decreto 6.727/2009, a Receita passou a entender que incide contribuição previdenciária sobre esta parcela, apesar de a jurisprudência dominante manter o posicionamento de que esta parcela não integra o salário-de-contribuição. Em 26 de fevereiro de 2014, a 1ª Seção do STJ no julgamento em Recurso Especial 1.230.957 confirmou o entendimento de que **o aviso prévio indenizado não integra o salário de contribuição**:

> **"2.2 Aviso prévio indenizado.**
>
> A despeito da atual moldura legislativa (Lei 9.528/97 e Decreto 6.727/2009), as importâncias pagas a título de indenização, que não correspondam a serviços prestados nem a tempo à disposição do empregador, não ensejam a incidência de contribuição previdenciária.
>
> A CLT estabelece que, em se tratando de contrato de trabalho por prazo indeterminado, a parte que, sem justo motivo, quiser a sua rescisão, deverá comunicar a outra a sua intenção com a devida antecedência. Não concedido o aviso prévio pelo empregador, nasce para o empregado o direito aos salários correspondentes ao prazo do aviso, garantida sempre a integração desse período no seu tempo de serviço (art. 487, § 1º, da CLT). Desse modo, o pagamento decorrente da falta de aviso prévio, isto é, o aviso prévio indenizado, visa a reparar o dano causado ao trabalhador que não fora alertado sobre a futura rescisão contratual com a antecedência mínima estipulada na Constituição Federal (atualmente regulamentada pela Lei 12.506/2011).
>
> Dessarte, não há como se conferir à referida verba o caráter remuneratório pretendido pela Fazenda Nacional, por não retribuir o trabalho, mas sim reparar um dano. Ressalte-se que, "se o aviso prévio é indenizado, no período que lhe corresponderia o empregado não presta trabalho algum, nem fica à disposição do empregador. Assim, por ser ela estranha à hipótese de incidência, é irrelevante a circunstância de não haver previsão legal de isenção em relação a tal verba" (REsp 1.221.665/PR, 1ª Turma, Rel. Min. Teori Albino Zavascki, DJe de 23.2.2011).
>
> A corroborar a tese sobre a natureza indenizatória do aviso prévio indenizado, destacam-se, na doutrina, as lições de Maurício Godinho Delgado e Amauri Mascaro Nascimento. Precedentes: REsp 1.198.964/PR, 2ª Turma, Rel. Min. Mauro Campbell Marques, DJe de 4.10.2010;

REsp 1.213.133/SC, 2ª Turma, Rel. Min. Castro Meira, DJe de 1º.12.2010; AgRg no REsp 1.205.593/PR, 2ª Turma, Rel. Min. Herman Benjamin, DJe de 4.2.2011; AgRg no REsp 1.218.883/SC, 1ª Turma, Rel. Min. Benedito Gonçalves, DJe de 22.2.2011; AgRg no REsp 1.220.119/RS, 2ª Turma, Rel. Min. Cesar Asfor Rocha, DJe de 29.11.2011."

O artigo 214, § 9°, V, f, do Regulamento da Previdência Social, aprovado pelo Decreto 3.048/99, dispunha que não era considerada salário-de-contribuição, a parcela paga a título de aviso prévio indenizado. Saliente-se, todavia, que, após a publicação do Decreto 6.727, de 12/01/09, a Receita Federal do Brasil passou a entender que, mesmo **sobre o aviso prévio indenizado, há incidência de contribuição previdenciária**. Isso porque o mencionado Decreto revogou o dispositivo do Regulamento da Previdência Social que excluía expressamente da tributação previdenciária o aviso prévio indenizado (art. 214, § 9°, V, f). Atualmente, no entanto. Tantas foram as derrotas judiciais que a receita federal passou a se curvar ao entendimento dos tribunais superiores passando a entender que não deve mais autuar empresas por não recolher contribuições previdenciárias sobre o aviso prévio indenizado (nota PGFN 465/2016 e Solução de Consulta COSIT/RFB 99014/2016. Assim, **o atual posicionamento da Receita Federal é que não incide contribuição previdenciária sobre o aviso prévio indenizado, exceto sobre o reflexo do 13º salário sobre esta parcela que a RFB ainda entende, absurdamente, que deve incidir contribuição previdenciária.** Assim, hoje a questão também estaria certa, visto que a Receita alterou novamente o entendimento

Gabarito: certo

---

65. (Cespe – Técnico do Seguro Social – INSS/2008) Em cada um dos itens seguintes, apresenta-se uma situação hipotética referente à aplicação do conceito de salário-de-contribuição, seguida de uma assertiva a ser julgada.

Claudionor recebe da empresa onde trabalha alguns valores a título de décimo-terceiro salário. Nessa situação, os valores recebidos por Claudionor não são considerados para efeito do cálculo do salário-benefício, integrando-se apenas o cálculo do salário-de-contribuição.

COMENTÁRIOS

O artigo 214, § 6°, do Regulamento da Previdência Social, aprovado pelo Decreto 3.048/99, dispõe que a gratificação natalina – décimo terceiro salário – integra o salário-de-contribuição, exceto para o cálculo do salário-de-benefício.

Gabarito: certo

---

66. (Cespe – Técnico do Seguro Social – INSS/2008) Em cada um dos itens seguintes, apresenta-se uma situação hipotética referente à aplicação do conceito de salário-de-contribuição, seguida de uma assertiva a ser julgada.

A empresa em que Maurício trabalha paga a ele, a cada mês, um valor referente à participação nos lucros, que é apurado mensalmente. Nessa situação, incide contribuição previdenciária sobre o valor recebido mensalmente por Maurício a título de participação nos lucros.

COMENTÁRIOS

O artigo 214, § 9°, X, do Regulamento da Previdência Social, aprovado pelo Decreto 3.048/99, dispõe que não é considerado salário-de-contribuição, a participação do empregado nos lucros ou resultados da empresa, quando paga ou creditada de acordo com lei específica.

A lei específica que trata da matéria é a Lei 10.101/2000. De acordo com a redação antiga do seu artigo 3°, § 2°, era "vedado o pagamento de qualquer antecipação ou distribuição de valores, a título de participação nos lucros ou resultados da empresa, **em periodicidade inferior a um semestre civil, ou mais de duas vezes no mesmo ano**".

Observem que a Lei 12.832, de 20/06/2013 alterou a periodicidade nesses termos: "é vedado o pagamento de qualquer antecipação ou distribuição de valores a título de participação nos lucros ou resultados da empresa em **mais de 2 vezes no mesmo ano civil e em periodicidade inferior a 1 trimestre civil**." (art. 3, §2º, Lei 10.101/2000).

Gabarito: certo

---

67. (Cespe – Técnico do Seguro Social – INSS/2016) Bruna, empregada da empresa Vargas & Vargas Cia. Ltda., entrou em gozo de licença-maternidade. Nessa situação, haverá incidência da contribuição previdenciária sobre o valor recebido por Bruna a título de salário-maternidade.

COMENTÁRIOS

O artigo 214, § 2°, do Regulamento da Previdência Social, aprovado pelo Decreto 3.048/99, dispõe que o salário-maternidade é considerado salário-de-contribuição. Saliente-se que este é o único benefício previdenciário sobre o qual incide contribuição, conforme dispõe o art. 214, § 9°, I, do RPS.

O STF, no entanto, concluiu o julgamento de recurso extraordinário, com repercussão geral reconhecida (Tema 72), em 04/08/2020, decidindo que é inconstitucional a incidência de contribuição previdenciária sobre o salário-maternidade. A Receita Federal reconheceu a inconstitucionalidade da contribuição sobre o salário-maternidade, parando de exigir tal tributo após a publicação do Parecer da PGFN SEI 18561/2020.

GABARITO DA ÉPOCA: CERTO

GABARITO ATUAL: ERRADO

---

68. (Cespe – Técnico do Seguro Social – INSS/2016) Gustavo inscreveu-se na previdência social na condição de segurado facultativo. Nessa situação, o salário-de-contribuição de Gustavo deverá variar entre um salário mínimo e o teto máximo fixado em portaria interministerial.

COMENTÁRIOS

De acordo com o art. 28, IV, da Lei 8.212/91, o salário-de-contribuição para o segurado facultativo é o valor que ele declarar, sendo respeitados o limite mínimo previsto no §4º do mesmo artigo e o limite máximo previsto no §5º e reajustado anualmente por portaria ministerial.

Gabarito: certo

---

69. (Cespe – Técnico do Seguro Social – INSS/2016) Zilda mantém vínculo empregatício com a empresa Y e com a empresa Z, das quais recebe remuneração mensal equivalente a dois e três salários mínimos, respectivamente. Nessa situação, a contribuição previdenciária de Zilda deverá incidir sobre os valores recebidos de ambos os empregos.

COMENTÁRIOS

De acordo com o art. 28, I, da Lei 8.212/91, o salário-de-contribuição para o segurado empregado é **a remuneração auferida em uma ou mais empresas, assim entendida a totalidade dos rendimentos pagos, devidos ou creditados a qualquer título, durante o mês, destinados a retribuir o trabalho**. Assim, Zilda deve contribuir sobre o somatório das suas duas remunerações uma vez que não ultrapassa o teto do salário-de-contribuição.

Gabarito: certo

---

70. (Cespe – Técnico do Seguro Social – INSS/2016) O contrato de trabalho de Carlos, empregado da empresa L & M Ltda., foi rescindido antes que ele pudesse usufruir de férias vencidas. Nessa situação, haverá a incidência de contribuição previdenciária sobre a importância paga a título de indenização das férias vencidas e sobre o respectivo adicional constitucional.

COMENTÁRIOS

A questão contraria o disposto no artigo 28, §9º, d, da Lei 8.212/91, que exclui do salário-de-contribuição as importâncias recebidas a título de férias indenizadas e respectivo adicional constitucional.

Gabarito: errado

---

71. (FCC – Técnico do Seguro Social – INSS/2012) João montou seu próprio negócio em 2010, obteve receita bruta, no ano-calendário anterior, de R$ 30.000,00 (trinta mil reais) e é optante do Simples Nacional. João não pretende receber aposentadoria por tempo de contribuição. Nessa situação, a contribuição previdenciária a ser recolhida por João é de

a) 20% (vinte por cento) do limite mínimo do salário de contribuição.
b) 11% (onze por cento) do limite mínimo do salário de contribuição.
c) 8% (oito por cento) do limite mínimo do salário de contribuição.
d) 9% (nove por cento) do limite mínimo do salário de contribuição.
e) 5% (cinco por cento) do limite mínimo do salário de contribuição.

COMENTÁRIOS

✪ **Nota dos autores:** As questões de concurso sempre indagam os candidatos acerca das mais recentes alterações legislativas. Esta questão, por exemplo, tratou de uma alteração legislativa promovida pela Lei 12.470/2011, que alterou a alíquota de contribuição do MEI.

Alternativa "a", "b", "c" e "d": Estas alternativas contrariam o texto do art. 21, § 2°, II, "a", da Lei 8.212/91.

Alternativa "e": O § 1°, do art. 18-A, da Lei Complementar 123 define o Microempresário Individual – MEI como o empresário individual "que tenha auferido receita bruta, no ano-calendário anterior, de até R$ 81.000,00 (atualizado pela LC 155/2016), optante pelo Simples Nacional". A contribuição do MEI, prevista no art. 21, § 2°, II, "a", da Lei 8.212/91 (alterado pela Lei 12.470/2011) é **de 5% sobre o salário mínimo**, sendo, todavia, excluído **o benefício de aposentadoria por tempo de contribuição**, conforme disposto no art. 9°, § 1°, da Lei 8.213/91. Como João é um empresário que fatura apenas R$ 30.000,00 por ano e abre mão da aposentadoria por tempo de contribuição, ele poderá contribuir com a alíquota de 5% sobre o salário mínimo, estando a alternativa E correta.

Alternativa correta: letra "e".

72. (FCC – Técnico do Seguro Social – INSS/2012) Em relação às contribuições previdenciárias devidas pelos contribuintes da Previdência Social, é correto afirmar que

a) o segurado especial está dispensado de recolhê-las.
b) presume-se o recolhimento das contribuições do empregado.
c) presume-se o recolhimento das contribuições do trabalhador eventual.
d) o prazo de vencimento da contribuição das empresas é no dia 10 de cada mês.
e) o empregado doméstico deve recolher sua contribuição até o dia 10 de cada mês.

COMENTÁRIOS

Nota dos autores: A alíquota de contribuição do segurado especial sobre o valor bruto arrecadado com a comercialização da produção rural foi reduzida de 2% para 1,2%, pela Lei 13.606, de 09/01/2018, que alterou o art. 25 da Lei 8.212/91).

Alternativa "a": Existe previsão para contribuição dos segurados especiais incidente sobre a comercialização da produção rural, conforme disposto no art. 195, § 8°, da Constituição Federal de 1988.

Alternativa "b": O art. 33, § 5°, da lei 8.212/91 dispõe que os valores retidos pelas empresas se presumem recolhidos. Como os segurados empregados têm as suas contribuições retidas, o recolhimento destas é presumido, estando a alternativa B correta.

Alternativa "c": As contribuições dos trabalhadores que prestem serviços eventuais somente serão presumidas se estes prestarem serviços para pessoa jurídica. Caso prestem serviços para pessoas físicas, eles mesmos devem recolher as suas contribuições. A alternativa C está errada.

Alternativa "d": Em relação ao prazo de recolhimento das contribuições da empresa, este deve ocorrer até o dia 20 do mês subsequente à prestação de serviços (art. 30, I, b, da Lei 8.212/91).

Alternativa "e": Atualmente, o vencimento ocorre até o dia 20 do mês posterior ao da prestação de serviço (atual redação do art. 30, V. da Lei 8.212/91).

Alternativa correta: letra "b".

73. (FCC – Técnico do Seguro Social – INSS/2012) Entre as obrigações previdenciárias da empresa, assinale a alternativa INCORRETA.

a) Declarar à Secretaria da Receita Federal do Brasil e ao Conselho Curador do FGTS dados relacionados aos fatos geradores das contribuições previdenciárias.
b) Arrecadar as contribuições dos empregados que lhe prestam serviços.
c) Efetuar a retenção de 11% (onze por cento) sobre o valor bruto da nota fiscal quando contratar serviços a serem executados com cessão de mão de obra.
d) Preparar as folhas de pagamento das remunerações pagas ou creditadas a todos os segurados a serviço da empresa de acordo com as normas estabelecidas pelo órgão competente.
e) Repassar aos empregados os valores devidos a título de contribuição previdenciária para fins de recolhimento.

COMENTÁRIOS

Nota dos autores: Fiquem atentos quando a questão solicitar do candidato que marque a alternativa incorreta. Muitas vezes, este tipo de enunciado pode confundir o candidato.

Alternativa "a": A alternativa espelha o texto do art. 32, IV, da Lei 8.212/91. É a obrigação de entregar a GFIP, mensalmente.

Alternativa "b": A empresa é obrigada a arrecadar as contribuições dos empregados que lhe prestem serviços, repassando-as no mês seguinte à Receita Federal, conforme disposto no art. 30, I, a, da Lei 8.212/91.

Alternativa "c": Trata da obrigação de reter os 11% dos prestadores de serviço de cessão de mão de obra, previsto no art. 31, da Lei 8.212/91.

Alternativa "d": A empresa é obrigada a preparar as folhas de pagamento das remunerações pagas ou creditadas a todos os segurados a serviço da empresa, conforme determinado pelo art. 32, I, da Lei 8.212/91.

Alternativa "e": As empresas devem recolher as contribuições dos empregados e repassar **à Receita** (art. 30, I, a, da Lei 8.212/91). Notem que o texto da questão menciona, equivocadamente, que as empresas devem **repassar aos empregados** os valores devidos a título de contribuição previdenciária para fins de recolhimento.

Alternativa correta: letra "e".

74. (FCC – Técnico do Seguro Social – INSS/2012) Em relação à comprovação da inexistência de débito perante a Previdência Social, é correto afirmar que

a) a regularidade fiscal é indispensável para a contratação com o Poder Público.
b) é exigida para a lavratura de contrato que constitua retificação do contrato anterior para o qual já foi feita a prova.

c) não é exigida dos Municípios que tenham empregados lhe prestando serviços.

d) impede a cobrança de débitos previdenciários apurados posteriormente à emissão da Certidão Negativa de Débito.

e) não é exigida na alienação pela empresa, de bem imóvel ou direito a ele relativo.

COMENTÁRIOS

Alternativa "a": De acordo com o artigo 47, I, a, da Lei 8.212/91, exige-se Certidão Negativa de Débito – CND, para **contratação com o Poder Público** e no recebimento de benefícios ou incentivo fiscal ou creditício concedido por ele.

Alternativa "b": Para elucidar a alternativa B, vamos analisar o texto do § 6°, do art. 47, da Lei 8.212/91:

> **§ 6º Independe de prova de inexistência de débito:** a) a lavratura ou assinatura de instrumento, ato ou contrato que constitua retificação, ratificação ou efetivação de outro anterior para o qual já foi feita a prova – **alternativa B errada**;

Alternativa "c": De acordo com o art. 56, da Lei 8.212/91, a inexistência de débitos em relação às contribuições devidas ao Instituto Nacional do Seguro Social-INSS é condição necessária para que os Estados, o Distrito Federal e os Municípios possam receber as transferências dos recursos do Fundo de Participação dos Estados e do Distrito Federal-FPE e do Fundo de Participação dos Municípios-FPM, celebrar acordos, contratos, convênios ou ajustes, bem como receber empréstimos, financiamentos, avais e subvenções em geral de órgãos ou entidades da administração direta e indireta da União.

Alternativa "d": A CND – Certidão Negativa de Débito não garante nem mesmo que os débitos anteriores a sua emissão não possam ser lavrados pela Receita. Obviamente, os débitos posteriores à emissão da CND também podem ser apurados e constituídos pelo Fisco.

Alternativa "e": Se exige CND para alienação pela empresa, de bem imóvel ou direito a ele relativo, conforme previsto no art. 47, I, b, da Lei 8.212/91.

Alternativa correta: letra "a".

---

75. (FCC – Técnico do Seguro Social – INSS/2012) Em relação às contribuições previdenciárias, assinale a alternativa correta.

a) O pequeno produtor rural está isento de recolhimento da contribuição.

b) O empregado, em qualquer caso, recolhe o percentual de 11% (onze por cento) sobre o salário de contribuição.

c) O trabalhador autônomo não está obrigado a recolher contribuição.

d) O empregador doméstico recolhe o mesmo percentual de contribuição que as empresas em geral.

e) A contribuição da empresa para financiamento da aposentadoria especial tem alíquotas variáveis de doze, nove ou seis pontos percentuais.

COMENTÁRIOS

✪ **Nota dos autores:** A alíquota de contribuição do segurado especial sobre o valor bruto arrecadado com a comercialização da produção rural foi reduzida de 2% para 1,2%, pela Lei 13.606, de 09/01/2018, que alterou o art. 25 da Lei 8.212/91).

Alternativa "a": Há previsão de contribuição para o segurado especial, incidente sobre a comercialização da sua produção rural, no art. 25, da Lei 8.212/91.

Alternativa "b": Os segurados empregados, avulsos e domésticos contribuem para a previdência social com as alíquotas de 7,5%, 9%, 12% ou 14%, a depender do seu salário-de-contribuição, conforme tabela constante do art. 28, da EC 103/2019.

Alternativa "c": Há previsão de contribuição para o autônomo (contribuinte individual) no art. 21, da Lei 8.212/91.

Alternativa "d": A alíquota de contribuição do empregador doméstico era de 12% à época da realização desta prova (art. 24, da Lei 8.212/91), enquanto a contribuição básica da empresa é de 20% (art. 21, da Lei 8.212/91). Note-se que, atualmente, a alíquota de contribuição previdenciária do empregador doméstico passou para 8%, acrescido do adicional de 0,8% para o SAT, conforme art. 35, da LC 150/2015.

Alternativa "e": Esta alternativa encontra respaldo no art. 57, § 6°, da Lei 8.213/91. De fato, a empresa que expuser os trabalhadores a agentes nocivos, prejudiciais à saúde e à integridade física, deverá pagar um adicional de alíquota de 6%, 9% ou 12%, se o agente ensejar aposentadoria especial em 25, 20 ou 15 anos de contribuição, respectivamente.

Alternativa correta: letra "e".

---

76. (Cespe – Técnico do Seguro Social – INSS/2016) Em caso de eventuais insuficiências financeiras decorrentes do pagamento de benefícios de prestação continuada, a previdência social poderá elevar alíquotas das contribuições sociais de empregados e empregadores até o limite do débito apurado.

COMENTÁRIOS

Não há limitação para que as contribuições residuais sejam limitadas ao débito apurado na seguridade. Vejam que é possível até aumentar o financiamento da seguridade nos termos do artigo 195:

> § 4º A lei poderá instituir outras fontes destinadas a **garantir a manutenção ou expansão** da seguridade social, obedecido o disposto no art. 154, I.

Gabarito: errado

---

77. (Cespe – Técnico do Seguro Social – INSS/2016) Além da contribuição proveniente de empregados e empregadores, são fontes de custeio da seguridade social, de forma direta e indireta, os recursos oriundos dos orçamentos da União, dos estados, do DF e dos municípios.

COMENTÁRIOS

A doutrina se posiciona no sentido que a sociedade financia a seguridade social de forma direta, a partir do pagamento das contribuições sociais, e de forma indireta, a partir dos repasses governamentais, em caso de insuficiência de recursos obtidos com as contribuições. Note-se que em seus orçamentos, os entes federativos podem contribuir de forma direta, como empregadores e contratantes de segurados do RGPS, assim como indiretamente, com repasses para cobrir insuficiência de recursos.

Gabarito: certo

---

78. (Cespe – Técnico do Seguro Social – INSS/2016) Julgue os próximos itens, relativos às contribuições dos segurados empregados, dos empregados domésticos e dos segurados facultativos.

A alíquota de contribuição, para custeio da seguridade social, dos segurados facultativos e dos segurados empregados é a mesma e varia segundo o salário-de-contribuição.

COMENTÁRIOS

As alíquotas de contribuição dos empregados estão previstas no artigo 28, da EC 103/2019 e são de 7,5%, 9%, 12% ou 14%, a depender do salário de contribuição do trabalhador. Já a alíquota de contribuição do segurado facultativo, em regra, é de 20%, conforme art. 21, da Lei 8.212/91, 11% para segurados facultativos optantes pelo sistema especial ou 5% para o segurado facultativo sem renda própria que se dedique exclusivamente ao trabalho doméstico no âmbito de sua residência, desde que pertencente à família de baixa renda, de acordo com o §2º, II, do mesmo artigo.

Gabarito: errado

---

79. (Cespe – Técnico do Seguro Social – INSS/2016) A alíquota de contribuição do empregado doméstico para o custeio da seguridade social é inferior à alíquota aplicável aos demais empregados.

COMENTÁRIOS

De acordo com o art. 28, da EC 103/2019, a contribuição do **empregado, inclusive o doméstico,** e a do trabalhador avulso é calculada mediante a aplicação da correspondente alíquota sobre o seu salário de contribuição mensal, de forma não cumulativa, correspondente a 7,5%, 9%, 12% ou 14% do salário de contribuição. Percebe-se, então, que as alíquotas dos empregados e dos domésticos são exatamente as mesmas. **ERRADO**

---

80. (Cespe – Técnico do Seguro Social – INSS/2016) No que se refere à contribuição de empresas e empregadores domésticos para o financiamento da seguridade social, julgue os itens subsequentes.

A contribuição do empregador doméstico é de 20% e incide sobre o salário mínimo.

COMENTÁRIOS

De acordo com o artigo 34, da Lei Complementar 150/2015, que instituiu o Simples Doméstico, os empregadores domésticos devem recolher as seguintes contribuições para a previdência social:

> II – 8% (oito por cento) de contribuição patronal previdenciária para a seguridade social, a cargo do empregador doméstico, nos termos do art. 24 da Lei no 8.212, de 24 de julho de 1991;
>
> III – 0,8% (oito décimos por cento) de contribuição social para financiamento do seguro contra acidentes do trabalho;

Assim, no total, eles devem pagar 8,8% sobre o salário de contribuição do empregado doméstico para a previdência e não 20% sobre o salário mínimo como afirmado erroneamente na assertiva.

Gabarito: errado

---

81. (Cespe – Técnico do Seguro Social – INSS/2016) A contribuição empresarial de associação desportiva que mantenha equipe de futebol profissional distingue-se da contribuição exigida de outras empresas.

COMENTÁRIOS

✪ **Nota dos Autores:** As contribuições patronais das entidades desportivas que mantenham equipe de futebol profissional, de fato, são diferentes das empresas em geral que contribuem com alíquotas incidentes sobre a folha de pagamento.

De acordo com o § 6º, do art. 22, da Lei 8.212/91, os clubes de futebol contribuem com uma alíquota correspondente a 5% da receita bruta, decorrente dos espetáculos desportivos de que participem em todo território nacional em qualquer modalidade desportiva, inclusive jogos internacionais, e de qualquer forma de patrocínio, licenciamento de uso de marcas e símbolos, publicidade, propaganda e de transmissão de espetáculos desportivos.

Gabarito: certo

---

82. (Cespe – Técnico do Seguro Social – INSS/2016) A respeito do custeio da seguridade social, julgue os itens que se seguem.

Constitui fonte de receita da seguridade social um percentual incidente sobre os valores arrecadados com os resultados dos leilões de bens apreendidos pela Receita Federal do Brasil.

COMENTÁRIOS

A questão está de acordo com o artigo 27, VII, da Lei 8.212/91. Vejamos:

> Art. 27. Constituem outras receitas da Seguridade Social:
>
> VII – 40% do resultado dos leilões dos bens apreendidos pelo Departamento da Receita Federal;

Gabarito: certo

---

83. (Cespe – Técnico do Seguro Social – INSS/2016) Para efeito de custeio dos benefícios da aposentadoria especial e dos concedidos em razão do grau de incidência de incapacidade laborativa decorrente dos riscos ambientais do trabalho, as alíquotas aplicadas incidem exclusivamente sobre a remuneração do segurado sujeito a condições especiais que lhe prejudiquem a saúde ou a integridade física.

COMENTÁRIOS

Questão Anulada. A questão está realmente mal redigida, pois trata das alíquotas de GILRAT (SAT), que incidem sobre todos os trabalhadores da empresa e das alíquotas adicionais para cobertura da aposentadoria especial, estas incidentes apenas sobre a remuneração do segurado sujeito a condições especiais que lhe prejudiquem a saúde ou a integridade física. Vejamos o texto do Decreto 3.048/99:

> Art. 202. A contribuição da empresa, destinada ao financiamento da aposentadoria especial e dos benefícios concedidos em razão do grau de incidência de incapacidade laborativa decorrente dos riscos ambientais do trabalho corresponde à aplicação dos seguintes percentuais, incidentes sobre o total da remuneração paga, devida ou creditada a qualquer título, no decorrer do mês, ao segurado empregado e trabalhador avulso:
>
> I – 1% para a empresa em cuja atividade preponderante o risco de acidente do trabalho seja considerado leve;
>
> II – 2% para a empresa em cuja atividade preponderante o risco de acidente do trabalho seja considerado médio, ou;
>
> III – 3% para a empresa em cuja atividade preponderante o risco de acidente do trabalho seja considerado grave.
>
> § 1.º As alíquotas constantes do caput serão acrescidas de 12, 9 ou 6 pontos percentuais, respectivamente, se a atividade exercida pelo segurado a serviço da empresa ensejar a concessão de aposentadoria especial após 15, 20 ou 25 anos de contribuição.
>
> § 2.º O acréscimo de que trata o parágrafo anterior incide **EXCLUSIVAMENTE** sobre a remuneração do segurado sujeito às condições especiais que prejudiquem a saúde ou a integridade física.

Note-se que apenas os adicionais de 6%, 9% ou 12% incidem exclusivamente sobre a remuneração do segurado sujeito às condições especiais que prejudiquem a saúde ou a integridade física, mas o GILRAT de 1%, 2% ou 3% incide sobre toda a folha de pagamento. O CESPE entendeu que a questão deveria ser anulada, pois o enunciado ficou confuso.

Gabarito: anulada

---

84. (Cespe – Técnico do Seguro Social – INSS/2016) Parte dos valores arrecadados com concurso de prognósticos promovidos por órgãos do poder público ou por sociedades comerciais ou civis dentro do território nacional é destinada ao custeio da seguridade social.

COMENTÁRIOS

A questão está de acordo com o artigo 26, da Lei 8.212/91 que estabelece a contribuição incidente sobre os concursos de prognósticos, conforme previsto do art. 195, IV, da Constituição Federal de 1988.

✪ **Nota dos autores:** O gabarito desta questão, cujo enunciado é genérico, não foi alterado mesmo com a mudança perpetrada no texto do artigo 26 da Lei 8.212/91:

> Art. 26. Constitui receita da Seguridade Social a contribuição social sobre a receita de concursos de prognósticos a que se

refere o inciso III do caput do art. 195 da Constituição Federal. (Redação dada pela Lei nº 13.756, de 2018)

§ 1º (Revogado). (Redação dada pela Lei nº 13.756, de 2018)

§ 2º (Revogado). (Redação dada pela Lei nº 13.756, de 2018)

§ 3º (Revogado). (Redação dada pela Lei nº 13.756, de 2018)

§ 4º O produto da arrecadação da contribuição será destinado ao financiamento da Seguridade Social. (Incluído pela Lei nº 13.756, de 2018)

§ 5º A base de cálculo da contribuição equivale à receita auferida nos concursos de prognósticos, sorteios e loterias. (Incluído dada pela Lei nº 13.756, de 2018)

§ 6º A alíquota da contribuição corresponde ao percentual vinculado à Seguridade Social em cada modalidade lotérica, conforme previsto em lei. (Incluído pela Lei nº 13.756, de 2018)

Gabarito: certo

---

85. (Cespe – Técnico do Seguro Social – INSS/2016) As empresas são obrigadas a arrecadar a contribuição do segurado contribuinte individual a seu serviço, descontando-a da respectiva remuneração.

COMENTÁRIOS

A assertiva tem fundamento no artigo 216, I, a, do Regulamento da Previdência Social, aprovado pelo Decreto 3.048/99. De fato, desde a publicação da MP 83/2002, convertida na Lei 10.666/2003, as empresas têm obrigação de reter a contribuição dos contribuintes individuais e repassar a previdência social.

Gabarito: certo

---

86. (Cespe – Técnico do Seguro Social – INSS/2016) A isenção de contribuição previdenciária concedida às pessoas jurídicas de direito privado estende-se aos seus empregados e aos trabalhadores avulsos a seu serviço.

COMENTÁRIOS

De acordo com o artigo 216, §4º, do RPS, a pessoa jurídica de direito privado beneficiada pela isenção é obrigada a arrecadar a contribuição do segurado empregado e do trabalhador avulso a seu serviço, descontando-a da respectiva remuneração, e recolhê-la no prazo legal. Percebe-se, então, que a isenção das empresas não se estende aos seus empregados e avulsos.

Gabarito: errado

---

87. (Cespe – Técnico do Seguro Social – INSS/2016) Compete à Receita Federal do Brasil arrecadar e fiscalizar o recolhimento das contribuições sociais previstas na CF.

COMENTÁRIOS

De acordo com o artigo 33, da Lei 8.212/91, à Secretaria da Receita Federal do Brasil compete planejar, executar, acompanhar e avaliar as atividades relativas à tributação, à **fiscalização, à arrecadação**, à cobrança e ao recolhimento das contribuições sociais.

Gabarito: certo

---

88. (Cespe – Técnico do Seguro Social – INSS/2016) As contribuições devidas à seguridade social já descontadas dos segurados empregados e não recolhidas até seu vencimento poderão ser objeto de acordo para pagamento parcelado.

COMENTÁRIOS

Note que, de acordo com o art. 14, I, da Lei 10.522/2002, é vedada a concessão de parcelamento de débitos relativos a tributos passíveis de retenção na fonte, de desconto de terceiros ou de sub-rogação, independentemente da retenção ter sido efetuada. Logo, não é possível o parcelamento de débitos relativos a contribuições previdenciárias passíveis de retenção de segurados ou de outras empresas. Essa foi a grande inovação trazida pela MP 449/2008, convertida na lei 11.941 de 27/05/2009, já que, antes desse Diploma, era possível parcelar os débitos passíveis de retenção, quando ficasse demonstrado que o tributo não havia sido efetivamente retido.

Gabarito: errado

---

89. (Cespe – Técnico do Seguro Social – INSS/2016) As contribuições sociais incluídas ou não em notificação fiscal de lançamento ou inscritas em dívida ativa que forem pagas com atraso estarão sujeitas a atualização monetária, juros de mora e multa, a qual varia entre 8% e 20% sobre o crédito devido.

COMENTÁRIOS

✪ **Nota dos autores:** A sistemática de cálculo da multa por pagamento em atraso das contribuições previdenciárias e das devidas às outras entidades e fundos ("terceiros") foi alvo de profunda alteração, com a publicação da Medida Provisória 449, de 03/12/08, convertida na Lei nº 11.941, de 2009. A partir desta MP, que alterou o art. 35, da Lei 8.212/91, a multa passou a ser regulamentada pelo art. 61, da Lei 9.430/96, unificando a sistemática para todos os tributos arrecadados pela RFB – Receita Federal do Brasil.

De acordo com o art. 61, da Lei 9.430/96, os débitos para com a União, decorrentes de tributos e contribuições administrados pela Secretaria da Receita Federal, cujos fatos geradores ocorrerem a partir de 1º de janeiro de 1997, não pagos nos prazos previstos na legislação específica, serão acrescidos de multa de mora, calculada à taxa de 0,33% por dia de atraso.

Esta multa deve ser calculada, a partir do primeiro dia subsequente ao do vencimento do prazo previsto para o pagamento do tributo ou da contribuição, até o dia em que ocorrer o seu pagamento. O percentual de multa a ser aplicado fica limitado a 20%.

Gabarito: errado

---

90. (Cespe – Técnico do Seguro Social – INSS/2016) Maria, proprietária de uma sorveteria situada em uma cidade litorânea, adquiriu, de forma financiada, dois novos freezers para seu estabelecimento comercial. Em razão do período de baixa temporada, ocorreu considerável queda nas vendas da sorveteria, e o seu faturamento tornou-se insuficiente para arcar com todas as despesas. Diante dessa situação e visando honrar com o pagamento das prestações dos freezers, Maria deixou de repassar à previdência social as contribuições previdenciárias recolhidas dos cinco funcionários do estabelecimento, no prazo e na forma legal, tendo incorrido em crime contra seguridade social.

Tendo como referência essa situação hipotética e com base nas disposições legais a respeito dos crimes contra a seguridade social, julgue os próximos itens.

Iniciada ação fiscal em desfavor de Maria, o juiz responsável pelo processo não poderá deixar de aplicar pena, ainda que Maria efetue os pagamentos devidos, seja ré primária e goze de bons antecedentes.

COMENTÁRIOS

✪ **Nota dos autores:** A assertiva está em desacordo com o artigo 168, §3º, do Código Penal. Vejamos:

> § 3º. **É facultado ao juiz deixar de aplicar a pena ou aplicar somente a multa, se o agente for primário e de bons antecedentes**, desde que:
>
> I – tenha promovido, **após o início da ação fiscal e antes do recebimento da denúncia, o pagamento da contribuição social previdenciária**, inclusive acessórios;
>
> II – o valor das contribuições devidas, inclusive acessórios, seja igual ou inferior àquele estabelecido pela Previdência Social, administrativamente, como sendo o mínimo para o ajuizamento de suas ações fiscais.

Gabarito: errado

---

91. (Cespe – Técnico do Seguro Social – INSS/2016) A conduta de Maria configura crime de apropriação indébita previdenciária, para o qual a pena prevista é reclusão e multa.

COMENTÁRIOS

De fato, a conduta de Maria está tipificada no art. 168, do Código Penal como Apropriação Indébita Previdenciária. Vejamos:

> Art. 168-A. Deixar a empresa de repassar à Previdência Social as contribuições recolhidas dos contribuintes, no prazo ou forma legal ou convencional:
>
> Pena – **reclusão, de 2 a 5 anos e multa**.

Gabarito: certo

3. PLANO DE BENEFÍCIOS DA PREVIDÊNCIA SOCIAL

3.1. DEPENDENTES DOS SEGURADOS

---

92. (Cesgranrio – Técnico Previdenciário – INSS/2005) São dependentes do segurado do Regime Geral da Previdência Social:

a) todos aqueles que dependam economicamente do segurado, sendo irrelevante o vínculo conjugal ou consanguíneo.

b) todos aqueles indicados como dependentes, nos termos da legislação tributária do imposto de renda.

c) as pessoas designadas pelo segurado para serem dependentes.

d) cônjuge, companheiro(a), filho(a) não emancipado(a), de qualquer condição, menor de 21 (vinte e um) anos ou inválido(a), pais, irmão(ã) não emancipado(a), de qualquer condição, menor de 21 (vinte e um) anos ou inválido(a).

e) cônjuge, companheiro(a), filho(a) não emancipado(a), de qualquer condição, menor de 18 (dezoito) anos ou inválido(a), pais, irmão(ã) não emancipado(a), de qualquer condição, menor de 18 (dezoito) anos ou inválido(a).

COMENTÁRIOS

✪ **Nota dos autores:** A Lei 12.470, de 31 de agosto de 2011 alterou a redação do art. 16, I e III, da Lei 8.213/91, incluindo expressamente no rol de dependentes previdenciários o filho ou o irmão que tenha deficiência intelectual ou mental que o torne absoluta ou relativamente incapaz, assim declarado judicialmente, conforme mencionado. Com a alteração ficou claro que, mesmo que o filho ou irmão sejam apenas relativamente incapazes, terão direito a manter a qualidade mesmo após completar os 21 anos de idade.

Este dispositivo foi novamente alterado pelo Estatuto da Pessoa com Deficiência (Lei 13.146/2015), publicado em 07/07/2015, tendo excluído do rol de dependentes o filho que tenha deficiência intelectual ou mental que o torne absolutamente ou relativamente incapaz, passando a exigir a deficiência grave. Ressaltamos, no entanto, que a Lei 13.146/2015 só entra em vigor após 180 da data de sua publicação, ou seja, no dia 03/01/2016. Até lá está garantida a permanência destes no rol de dependentes.

Observe-se que, após a publicação da Lei 13.135, de 17/06/2015, que alterou a redação do art. 16, III, da Lei 8.213/91, o irmão menor de 21 anos é considerado dependente dos pais, mesmo que seja emancipado antes desta idade. A emancipação pode ocorrer pelo casamento, pela concessão dos pais, pela existência de relação de emprego que garanta o próprio sustento ou pela colação de grau em curso superior de ensino, a partir dos 16 anos.

Curioso notar, que esta alteração deveria ser aplicada também ao filho emancipado, pois o Projeto de Lei de Conversão aprovado pelo Congresso alterava também o inciso I, do artigo 16, da Lei 8.213/91. Absurdamente, no entanto, a Presidente Dilma vetou a alteração para o filho e manteve a alteração para o irmão, de forma ante isonômica, provavelmente por erro, uma vez que não há qualquer justificativa neste tratamento desigual.

A Lei 13.135, de 17/06/2015 alterou a definição do irmão como dependente. A partir desta Lei a redação do art. 16, III, da Lei 8.213/2015 passou a incluir no rol de dependentes "o irmão inválido ou que tenha deficiência intelectual ou mental ou **deficiência grave**, nos termos do regulamento, de qualquer idade", devendo a incapacidade ser atestada por perícia médica do INSS. A nova redação excluiu do rol de dependentes o irmão que tenha deficiência intelectual ou mental que o torne absolutamente ou relativamente incapaz, passando a exigir a deficiência grave. Ressaltamos, no entanto, que a própria Lei 13.135/2015 garantiu a permanência destes no rol de dependentes pelo prazo de 2 anos após a sua publicação. Já a inclusão dos irmãos com deficiência grave entra em vigor no prazo de 180 dias da publicação da Lei. Mais uma vez, por provável erro, a Presidente Dilma vetou esta alteração para o filho.

Alternativas "a", "b" e "c": Atualmente, o rol de dependentes é exaustivo, estando previsto na Lei 8.213/91. Não é mais possível a designação de dependente, que consistia na possibilidade de escolha de dependente efetuada pelo segurado.

Alternativa "d": A alternativa lista os dependentes previdenciários de primeira classe arrolados no art. 16, da Lei 8.213/91, conforme redação anterior à alteração promovida pelo Estatuto da Pessoa com Deficiência (vide nota do autor):

> I – o cônjuge, a companheira, o companheiro e o filho não emancipado, de qualquer condição, menor de 21 (vinte e um) anos ou inválido ou que tenha deficiência intelectual ou mental que o torne absoluta ou relativamente incapaz, assim declarado judicialmente.
>
> II – os pais;
>
> III – o irmão não emancipado, de qualquer condição, menor de 21 (vinte e um) anos ou inválido ou que tenha deficiência intelectual ou mental que o torne absoluta ou relativamente incapaz, assim declarado judicialmente;

Alternativa "e": A idade máxima do dependente é de 21 anos e não de 18 anos como afirmado equivocadamente na questão.

Alternativa correta: letra "d".

---

93. (Cesgranrio – Técnico Previdenciário – INSS/2005) A inscrição do(a) companheiro(a) do segurado no Regime Geral da Previdência Social será promovida, na qualidade de dependente, quando do requerimento do benefício a que tiver direito. Para a comprovação do vínculo e da dependência econômica do(a) companheiro(a), é suficiente a apresentação de:

a) certidão de nascimento de filho havido em comum.

b) prova testemunhal de que o segurado e o dependente mantêm ou mantiveram união estável.

c) disposições testamentárias, prova de mesmo domicílio e conta bancária conjunta.

d) declaração do(a) companheiro(a) de que viveu uma relação de companheirismo com o segurado, mesmo que esta tenha terminado anos antes do ato de inscrição

e) sentença homologatória em procedimento judicial de justificação que se presta a colher prova testemunhal, em juízo, da existência da união estável.

COMENTÁRIOS

✪ **Nota dos autores**: Embora em nada altere o gabarito desta questão, restou inserido no artigo 16 da Lei 8.213/91 um quinto parágrafo que aduz: "a prova de união estável e de dependência econômica exigem início de prova material contemporânea dos fatos, não admitida a prova exclusivamente testemunhal, exceto na ocorrência de motivo de força maior e ou caso fortuito, conforme disposto no Regulamento".

Assim, resta afastado o Princípio do Livre Convencimento Motivado e adotada a tarifação de prova para dar mais segurança jurídica, considerando a existência de casos habituais de falsos testemunhos e para preservar o Erário contra algumas situações de fraude.

Alternativa "a": Apesar de a certidão de nascimento de filho havido em comum ser um dos documentos que podem ser utilizados para comprovação do vínculo do companheiro, o § 3°, do art. 22, do RPS atualmente exige dois documentos para o reconhecimento da dependência. Na época do concurso eram exigidos três documentos.

Alternativas "b" e "d": Como visto no comentário da alternativa anterior, o § 3°, do art. 22, do RPS exige dois **documentos** para o reconhecimento do vínculo do companheiro. Desta forma, não é possível a comprovação perante o INSS **apenas** com prova testemunhal ou com declaração escrita do companheiro.

Alternativa "c": De acordo com o art. 22, § 3°, do RPS, para comprovação do vínculo e da dependência econômica, conforme o caso, devem ser apresentados **no mínimo dois dos seguintes documentos** (Na época do concurso eram exigidos três documentos):

I - certidão de nascimento de filho havido em comum;

II - certidão de casamento religioso;

III - declaração do imposto de renda do segurado, em que conste o interessado como seu dependente;

IV - **disposições testamentárias**;

V - (Revogado pelo Decreto nº 5.699, d, do art. 22, do Re 2006)

VI - declaração especial feita perante tabelião;

VII - **prova de mesmo domicílio**;

VIII - prova de encargos domésticos evidentes e existência de sociedade ou comunhão nos atos da vida civil;

IX - procuração ou fiança reciprocamente outorgada;

X - **conta bancária conjunta**;

XI - registro em associação de qualquer natureza, onde conste o interessado como dependente do segurado;

XII - anotação constante de ficha ou livro de registro de empregados;

XIII - apólice de seguro da qual conste o segurado como instituidor do seguro e a pessoa interessada como sua beneficiária;

XIV - ficha de tratamento em instituição de assistência médica, da qual conste o segurado como responsável;

XV - escritura de compra e venda de imóvel pelo segurado em nome de dependente;

XVI - declaração de não emancipação do dependente menor de vinte e um anos; ou

XVII - quaisquer outros que possam levar à convicção do fato a comprovar.

A alternativa "c" reúne os três documentos dos incisos IV, VII e X, grifados em negrito.

Alternativa "e": O INSS exige dois documentos para a comprovação da união. Caso o judiciário decida que a prova exclusivamente testemunhal pode ser utilizada para esta finalidade, deve condenar o INSS no reconhecimento da dependência e no consequente pagamento de benefício previdenciário. A sentença homologatória não se presta a esta finalidade, necessitando, então, de sentença condenatória.

Alternativa correta: letra "c".

---

94. (Cesgranrio - Técnico Previdenciário - INSS/2005) Caio, em maio de 2000, separou-se, judicialmente, de Maria. Na referida separação, acordou-se, judicialmente, que Caio não iria pagar pensão alimentícia à ex-esposa e que só iria pagar tal encargo para Ana, filha do casal, 19 anos. Em agosto de 2002, Caio conhece Teresa, com a qual vem a morar e manter união estável. Em agosto de 2004, Caio falece. Quem tem direito à pensão por morte, na qualidade de dependente de Caio?

a) Maria, Ana e Teresa.

b) Maria e Ana.

c) Ana e Teresa.

d) Ana.

e) Teresa.

COMENTÁRIOS

✪ **Nota do autor:** A Lei 13.135, de 17/06/2015 fez significativas alterações na legislação da pensão por morte. De acordo com o o art. 74, §1°, da Lei 8.213/81, perde o direito à pensão por morte o condenado criminalmente por sentença com trânsito em julgado, como autor, coautor ou partícipe de homicídio doloso, ou de tentativa desse crime, cometido contra a pessoa do segurado, ressalvados os absolutamente incapazes e os inimputáveis. Assim, o dependente que mata dolosamente o segurado, não fará jus à pensão por morte.

A Lei 13.135 instituiu prazo de duração da pensão por morte devida aos cônjuges ou companheiros(as), escalonado em função de suas idades, desde que o segurado tenha recolhido, ao menos, 18 contribuições mensais. Garantiu, também, para os cônjuges ou companheiros de segurados que não efetuaram as 18 contribuições mensais, um benefício por apenas 4 meses. Já para os demais dependentes (filhos ou equiparados, pais e irmãos), o número de contribuições vertidas pelo segurado não influencia o prazo de duração da pensão por morte. Assim, caso um filho de um ano de idade perca o pai que contribuía há apenas 6 meses para o INSS, este terá direito à pensão por morte até completar 21 anos de idade.

A Lei 13.135, de 17/06/2015 exigiu que para que o cônjuge, o companheiro ou a companheira faça jus à pensão por morte escalonada em função da idade, o casamento ou o início da união estável tenha ocorrido há, ao menos, dois anos da data do falecimento do instituidor do benefício, excetuando-se os casos em que o óbito do segurado tenha sido decorrente de acidente de qualquer natureza ou doença profissional ou do trabalho. Caso não conte com os 24 meses de união ou casamento, e o óbito não seja decorrente de acidente, a pensão por morte será concedida por um prazo de apenas quatro meses.

Antes deste ato normativo, não havia prazo de duração para o cônjuge ou companheiro(a) gozar do benefício de pensão por morte. Assim, bastava apenas uma contribuição do segurado para ensejar o direito do cônjuge ou companheiro(a) de usufruir deste benefício, vitaliciamente. No processo de conversão da MP, a Lei 13.135/2015 passou a exigir **18 contribuições mensais** para que o prazo da pensão por morte fosse escalonado (art. 77, §2°, V, c, da Lei 8.213/91).

Recapitulando: atualmente, então, é necessário que o segurado já tenha efetuado 18 contribuições mensais para garantir o direito do cônjuge ou companheiro(a) de gozar a pensão por morte, por prazo superior a 4 meses.

Se o segurado falecer sem ter cumprido as 18 contribuições mensais, deixará o benefício de pensão por morte para os seus dependentes pelo período de apenas 4 meses. No entanto, se o segurado tiver cumprido as 18 contribuições ou se o óbito for decorrente de acidente de qualquer natureza ou de doença profissional ou do trabalho, mesmo que o segurado não tenha cumprido as 18 contribuições necessárias, deixará a pensão por morte por período variável a depender da idade do cônjuge sobrevivente, de acordo com a seguinte tabela (art. 77, V, c, da Lei 8.213/91):

Idade do companheiro ou companheira	Duração do benefício
Menores que 22 anos	3 anos
A partir de 22 anos até 27 anos	6 anos
A partir de 28 anos até 30 anos	10 anos
A partir de 31 anos até 41 anos	15 anos
A partir de 42 anos até 44 anos	20 anos
A partir de 45 anos	Vitalícia

A pensão por morte, então, não exige carência, pois o prazo de 18 contribuições mensais não se confunde com este instituto, vez que não impede a concessão do benefício, mas, apenas, reduz a duração do benefício do cônjuge ou companheiro(a) para **quatro meses**. Para os demais dependentes, o escalonamento não é aplicável, ou seja, um filho de um ano de idade que perde o pai que contribuía há apenas 6 meses para o INSS, terá direito à pensão por morte até completar os 21 anos de idade.

Por fim, de acordo com o art. 74, §2°, da Lei 8.213/91, alterado pela Lei 13.135, de 17/06/2015, perde o direito à pensão por morte o cônjuge, o companheiro ou a companheira se comprovada, a qualquer tempo, simulação ou fraude no casamento ou na união estável, ou a formalização desses com o fim exclusivo de constituir benefício previdenciário, apuradas em processo judicial no qual será assegurado o direito ao contraditório e à ampla defesa.

Alternativas "a", "b", "c" e "d": Conforme exposto no comentário da alternativa "e", nem Ana, nem Maria são dependentes de Caio.

Alternativa "e": Teresa é dependente de Caio de primeira classe por ser sua companheira, conforme previsto no art. 16, I, do RPS, fazendo jus ao benefício deixado pelo segurado. Ana já possuía mais de 21 anos na data do óbito de seu pai, pois se em maio de 2000 tinha 19 anos, em agosto de 2004, mês do óbito de Caio, ela já tinha 23 anos, perdendo a qualidade de dependente, nos termos do art. 17, III, do Regulamento da Previdência Social. Maria, que se separou de Caio sem receber pensão alimentícia, também perdeu a qualidade de dependente, conforme art. 17, I, do RPS.

Alternativa correta: letra "e".

---

95. (FCC – Técnico do Seguro Social – INSS/2012) João fora casado com Maria, com quem teve três filhos, João Junior, de 22 anos e universitário; Marília, com 18 anos e Renato com 16 anos, na data do óbito de João, ocorrido em dezembro de 2011. João se divorciara de Maria que renunciou ao direito a alimentos para si. Posteriormente, João veio a contrair novas núpcias com Norma, com quem manteve união estável até a data de seu óbito. Norma possui uma filha, Miriam, que mora com a mãe e foi por João sustentada. Nessa situação, são dependentes de João, segundo a legislação previdenciária:

a) João Junior, Marília e Renato.
b) João Junior, Maria, Marília, Renato e Norma.
c) Marília, Renato, Miriam e Norma.
d) Maria, João Junior, Marília, Renato e Norma.
e) João Junior, Marília, Renato, Maria, Norma e Miriam.

COMENTÁRIOS

Alternativas "a", "b", "d" e "e": Júnior não é mais dependente de João desde que completou 21 anos, pois, no RGPS, o curso universitário não garante a prorrogação da idade para o dependente (entendimento do STJ e INSS – posição de prova). Maria não é mais dependente de João, pois se divorciou sem que lhe fosse garantida a pensão alimentícia, perdendo então a qualidade de segurada, nos termos do art. 17, do RPS.

Alternativa "c": A questão trata dos dependentes previdenciários de primeira classe arrolados no art. 16, da Lei 8.213/91:

> I – o cônjuge, a companheira, o companheiro e o filho não emancipado, de qualquer condição, menor de 21 (vinte e um) anos ou inválido ou que tenha deficiência intelectual ou mental que o torne absoluta ou relativamente incapaz, assim declarado judicialmente.
>
> § 2º. O enteado e o menor tutelado equiparam-se a filho mediante declaração do segurado e desde que comprovada a dependência econômica na forma estabelecida no Regulamento.

Assim, tanto Norma, sua **companheira** na data do óbito, quanto Marília, Renato, **seus filhos menores de 21 anos**, e Miriam, **enteada sustentada** por João são seus dependentes.

A Lei 13.135, de 17/06/2015 exigiu que para que o cônjuge, o companheiro ou a companheira faça jus à pensão por morte escalonada em função da idade (conforme tabela exibida na nota do autor da questão anterior), o casamento ou o início da união estável tenha ocorrido há, ao menos, dois anos da data do falecimento do instituidor do benefício, excetuando-se os casos em que o óbito do segurado tenha sido decorrente de acidente de qualquer natureza ou doença profissional ou do trabalho. Caso nao conte com os 24 meses de união ou casamento, e o óbito não seja decorrente de acidente, a pensão por morte será concedida por um prazo de apenas quatro meses.

Alternativa correta: letra "c".

---

96. (FCC – Técnico do Seguro Social – INSS/2012) João fora casado com Maria, com quem teve dois filhos, Artur e Lia de 6 e 8 anos respectivamente, na data do óbito de João, ocorrido em 2011. Maria já fora casada com Márcio, de quem teve uma filha, Rosa, de 10 anos, que era mantida por João, porque Márcio não tivera condições de prover seu sustento. O falecido ajudava financeiramente, também, sua mãe, Sebastiana e seu irmão, Antônio que era inválido. Nessa situação, a pensão por morte de João será concedida a:

a) Artur, Lia, Maria e Rosa.
b) Artur, Lia, Maria, Rosa e Sebastiana.
c) Artur, Lia, Rosa e Sebastiana.
d) Artur, Lia e Sebastiana.
e) Artur, Lia, Sebastiana e Antônio.

COMENTÁRIOS

Alternativa "a": De acordo com as regras da legislação previdenciária de repartição do benefício, os dependentes de uma classe superior têm prioridade no recebimento do benefício em relação ao das classes inferiores (art. 16, § 2°, do RPS). O art. 16 do RPS enumera os seguintes dependentes, de acordo com a redação vigente à época do concurso (vide notas das questões anteriores):

> Art. 16. São beneficiários do Regime Geral de Previdência Social, na condição de dependentes do segurado:
>
> I – o cônjuge, a companheira, o companheiro e o filho não emancipado de qualquer condição, menor de vinte e um anos ou inválido;
>
> II – os pais; ou
>
> III – o irmão não emancipado, de qualquer condição, menor de vinte e um anos ou inválido.

O parágrafo 2°, deste mesmo artigo equipara a filho o enteado que comprove dependência econômica do padrasto ou madrasta.

Desta forma, são dependentes de primeira classe de João, fazendo jus ao benefício de pensão por morte, Artur, Lia (filhos menores de 21), Maria (cônjuge) e Rosa (enteada dependente econômica), estando a alternativa A correta.

Ressalte-se que as alterações promovidas pela Lei 13.135, de 17/06/2015 em nada alteram a resposta desta questão.

Alternativas "b", "c", "d" e "e": Sebastiana e Antônio não têm direito ao benefício, pois são dependentes de segunda e terceira classe, respectivamente.

Alternativa correta: letra "a".

---

97. (Cespe – Técnico do Seguro Social – INSS/2008) Em cada um dos itens que se seguem, é apresentada uma situação hipotética, seguida de uma assertiva a ser julgada.

Fernanda foi casada com Lucas, ambos segurados da previdência social. Há muito tempo separados, resolveram formalizar o divórcio e, pelo fato de ambos trabalharem, não foi necessária a prestação de alimentos entre eles. Nessa situação, Fernanda e Lucas, após o divórcio, deixarão de ser dependentes um do outro junto à previdência social.

COMENTÁRIOS

✪ **Nota dos autores:** O § 1°, do art. 371, da IN 77/2015 equipara à percepção de pensão alimentícia, o recebimento de ajuda econômica ou financeira sob qualquer forma. Assim, qualquer comprovante de que o ex-cônjuge recebe ajuda financeira é suficiente para enquadrá-lo como dependente previdenciário.

A Lei 13.135, de 17/06/2015 alterou as hipóteses de perda da qualidade de dependente, conforme segue (art. 77, §2°, da Lei 8.213/91):

> I) Pela morte do pensionista;
>
> II) Para o filho, a pessoa a ele equiparada ou o irmão, de ambos os sexos, ao completar 21 anos de idade, salvo se for inválido ou com deficiência;
>
> III) Para o filho e o irmão inválido, pela cessação da invalidez;
>
> IV) Para o filho ou irmão que tenha deficiência intelectual ou mental ou deficiência grave, pelo afastamento da deficiência, nos termos do regulamento.
>
> V) Para o cônjuge ou companheiro:
>
> a) se inválido ou com deficiência, pela cessação da invalidez ou pelo afastamento da deficiência, respeitados os períodos mínimos de gozo do benefício da pensão.
>
> b) em quatro meses, se o óbito ocorrer sem que o segurado tenha vertido 18 contribuições mensais ou se o casamento ou união estável tiverem sido iniciados em menos de dois anos antes do óbito do segurado.
>
> c) transcorridos os seguintes períodos, estabelecidos de acordo com a idade do beneficiário na data do óbito do segurado, se o óbito ocorrer depois de vertidas 18 contribuições mensais e pelo menos dois anos após o início do casamento ou da união estável:
>
> 1. 3 anos, com menos de 21 anos de idade;
> 2. 6 anos, entre 21 e 26 anos de idade;
> 3. 10 anos, entre 27 e 29 anos de idade;
> 4. 15 anos, entre 30 e 40 anos de idade;
> 5. 20 anos, entre 41 e 43 anos de idade;
> 6. vitalícia, com 44 ou mais anos de idade.

Em caso de óbito do segurado decorrente de acidente de qualquer natureza ou doença profissional ou do trabalho, não é necessário o cumprimento da carência de 18 contribuições mensais para que seu cônjuge ou companheiro(a) tenha direito ao recebimento da pensão por morte escalonada em função da idade. Da mesma forma, os óbitos por acidente de qualquer natureza ou por doença profissional ou do trabalho dispensam a necessidade de 2 anos de união estável ou casamento para que seu cônjuge ou companheiro(a) faça jus à pensão por morte escalonada em função da idade.

Assim, os óbitos decorrentes dos acidentes e das doenças ocupacionais dispensam tanto o cumprimento da carência de 18 contribuições mensais, quanto a necessidade de 2 anos de união para que os cônjuges ou companheiros(as) tenham direito à pensão por morte pelos prazos previstos no inciso V, "c". Caso não cumpram alguma destas exigências, terão direito à pensão por morte pelo prazo de 4 meses, previsto no inciso V, b.

Para o cônjuge ou companheiro(a) inválido ou com deficiência, a pensão por morte será concedida até a duração desta condição. Se a cessação da invalidez ou da deficiência se der antes dos prazos de duração definidos para o dependente capaz, o deficiente gozará o benefício por este prazo mínimo.

De acordo com o art. 17, I, do Regulamento da Previdência Social, a perda da qualidade de dependente ocorre, para o cônjuge, para o cônjuge, pelo divórcio ou pela separação judicial ou de fato, enquanto não lhe for assegurada a prestação de alimentos, pela anulação do casamento, pelo óbito ou por sentença judicial transitada em julgado. Na questão proposta, como Fernanda e Lucas não ajustaram, no divórcio, o pagamento de pensão alimentícia, perderam a qualidade de dependentes.

Gabarito: certo

---

98. (Cespe – Técnico do Seguro Social – INSS/2008) É apresentada, em cada um dos itens que se seguem, uma situação hipotética relacionada a dependentes e a período de carência, seguida de uma assertiva a ser julgada.

Como ficou desempregado por mais de quatro anos, Mauro perdeu a qualidade de segurado. Recentemente, conseguiu emprego em um supermercado, mas ficou impossibilitado de receber o salário-família pelo fato de não poder contar com as contribuições anteriores para efeito de contagem do tempo de carência, que, para este benefício, é de doze meses. Nessa situação, Mauro poderá contar o prazo anterior à perda da qualidade de segurado depois de contribuir por quatro meses no novo emprego, prazo exigido pela legislação.

COMENTÁRIOS

Nota dos autores: Até a publicação da MP 767, de 06/01/2017, quando houvesse perda da qualidade de segurado, as contribuições anteriores a essa perda somente seriam computadas para efeito de carência depois que o segurado contasse, a partir da nova filiação, com, no mínimo, um terço do número de contribuições exigidas para o cumprimento da carência.

Com a publicação da citada MP, convertida na Lei 13.457, de 26/07/2017, havendo perda da qualidade de segurado para a concessão dos benefícios de auxílio-doença, de aposentadoria por invalidez e de salário-maternidade, o segurado deverá contribuir com metade do número de contribuições exigidas para o cumprimento da carência (6 contribuições para os dois primeiros e 5 para o último).

Esta exigência, contudo, não se aplica aos benefícios de aposentadoria por idade, especial e tempo de contribuição, pois, a partir de janeiro de 2003, a perda da qualidade de segurado passou a não ser considerada para a concessão destes benefícios.

Em síntese: havendo perda da qualidade de segurado, as contribuições anteriores a esta perda não contarão para efeito de carência a menos que o segurado contribua com metade dos meses exigidos de carência para a concessão de salário-maternidade, auxílio-doença, aposentadoria por invalidez. Para os benefícios de aposentadoria por idade, especial e tempo de contribuição, se houver perda da qualidade de segurado as contribuições anteriores contarão para efeito de carência.

O salário-família nunca exigirá carência para a sua concessão, nos termos do artigo 26, inciso I, da Lei 8.213/91, razão pela qual é errado o enunciado.

Gabarito: errado

---

99. (Cespe – Técnico do Seguro Social – INSS/2008) Célio, segurado empregado da previdência social, tem um filho, com 28 anos de idade, que sofre de doença degenerativa em estágio avançado, sendo, portanto, inválido. Nessa condição, o filho de Célio é considerado seu dependente, mesmo tendo idade superior a dezoito anos.

COMENTÁRIOS

O art. 16, I, do RPS dispõe que os filhos inválidos, de qualquer idade, são dependentes dos pais. Note-se, todavia, que a questão não menciona que idade tinha o filho de Célio quando ficou inválido. Esta informação deveria ter sido fornecida pela proposição, pois se a invalidez do filho de Célio tivesse se dado após ter completado 21 anos, não seria ele considerado dependente previdenciário, de acordo com o artigo 126, da IN 77/2015, INSS/PRES:

Mesmo com esta omissão, a questão foi considerada correta, não tendo sido anulada pela banca organizadora. Fica aqui o registro da falha na redação da questão.

Gabarito: certo

---

100. (Cespe – Técnico do Seguro Social – INSS/2008) Paulo é, de forma comprovada, dependente economicamente de seu filho, Juliano, que, em viagem a trabalho, sofreu um acidente e veio a falecer. Juliano à época do acidente era casado com Raquel. Nessa situação, Paulo e Raquel poderão requerer o benefício de pensão por morte, que deverá ser rateado entre ambos.

COMENTÁRIOS

Os dependentes previdenciários são divididos em três classes, de acordo com o art. 16, da Lei 8.213/91. Sabemos que o cônjuge está na primeira classe, enquanto o pai que comprova dependência econômica se encontra na segunda classe.

De acordo com o § 1°, do art. 16, da Lei 8.213/91, a existência de dependente de qualquer classe superior exclui do direito às prestações os das classes seguintes. Desta forma, a única beneficiária da pensão deixada por Juliano é a sua mulher, Raquel, ficando excluído do recebimento do benefício o seu pai, Paulo.

Gabarito: errado

---

101. (Cespe – Técnico do Seguro Social – INSS/2008) César, segurado da previdência social, vive com seus pais e com seu irmão, Getúlio, de 15 anos idade. Nessa situação, o falecimento de César somente determina o pagamento de benefícios previdenciários a seus pais e a seu irmão se estes comprovarem dependência econômica com relação a César.

COMENTÁRIOS

Conforme explicado nos Comentários da questão anterior, os dependentes previdenciários são divididos em três classes, de acordo com o art. 16, da Lei 8.213/91. Sabemos que o pai está na segunda classe, enquanto o irmão se encontra na terceira classe, desde que comprovem dependência econômica do segurado.

De acordo com o § 1°, do art. 16, da Lei 8.213/91, a existência de dependente de qualquer classe superior exclui do direito às prestações os das classes seguintes. Desta forma, o pagamento do benefício previdenciário jamais será efetuado para os pais e o irmão, concomitantemente, vez que a percepção do benefício pelos pais exclui o direito do irmão.

Reconhecemos, todavia, que a questão possui uma redação confusa, pois não deixa claro que o pagamento do benefício seria feito ao pai e ao irmão, concomitantemente.

Gabarito: errado

---

102. (Cespe – Técnico do Seguro Social – INSS/2008) Edson é menor de idade sob guarda de Coutinho, segurado da previdência social. Nessa situação, Coutinho não pode requerer o pagamento do salário-família em relação a Edson, já que este não é seu dependente.

COMENTÁRIOS

✪ **Nota dos autores:** O enquadramento do menor sob guarda como dependente previdenciário é alvo de inúmeros debates doutrinários e jurisprudenciais. Nos concursos para o cargo do INSS o candidato sempre deve observar o posicionamento da Autarquia, que, em relação a questão é o de não considerar o menor sob guarda como dependente previdenciário.

A questão do enquadramento do menor sob guarda como dependente previdenciário já foi alvo de inúmeras alterações. O INSS, até 07/06/06, não aceitava a inscrição do menor sob guarda judicial, por falta de previsão legal, salvo nos Estados de São Paulo, Minas Gerais, Tocantins e Sergipe, em virtude de Ações Civis Públicas (IN 106/04).

A decisão judicial proferida na Ação Civil Pública 97.0057902-6, em trâmite na 7ª Vara Federal de São Paulo/SP, todavia, ampliou liminarmente a obrigatoriedade de reconhecimento pelo INSS do menor sob guarda como dependente previdenciário, em todo o território nacional. Com isso, o INSS editou a IN 09 – INSS/PRES, de 08/08/06, regulando o reconhecimento do menor sob guarda, em âmbito nacional, retroagindo o início dos efeitos do ato para o dia 08/06/06.

A citada Instrução Normativa 09, no parágrafo único do seu art. 4°, suspendeu a aplicação do art. 23 da então vigente IN 118, que mencionava que o menor sob guarda não integrava a relação de dependentes.

Esta situação perdurou até 1°/10/2008, quando a decisão liminar proferida na ACP 97.0057902-6 foi caçada. Assim, a partir desta data, o menor sob guarda não mais possui o direito de ser enquadrado como dependente previdenciário. Observe-se, contudo, que, na época em que o certame foi realizado, o menor sob guarda tinha o direito de ser considerado dependente. Mesmo assim, a banca organizadora considerou, absurdamente, a questão correta, mantendo a resposta, a despeito dos inúmeros recursos que foram impetrados, inclusive anexando o texto da IN 09/06. Absurdos acontecem em concursos públicos!

OBS – Hoje o STJ considera o menor sob guarda com prova de dependência econômica como equiparado a filho: O menor sob guarda tem direito à concessão do benefício de pensão por morte do seu mantenedor, **comprovada sua dependência econômica**, nos termos do art. 33, § 3º do Estatuto da Criança e do Adolescente, ainda que o óbito do instituidor da pensão seja posterior à vigência da Medida Provisória 1.523/96, reeditada e convertida na Lei n. 9.528/97. Funda-se essa conclusão na qualidade de lei especial do Estatuto da Criança e do Adolescente (8.069/90), frente à legislação previdenciária. REsp 1.411.258-RS, Rel. Min. Napoleão Nunes Maia Filho, Primeira Seção, por unanimidade, julgado em 11/10/2017, DJe 21/02/2018. **(Tema 732).**

Com toda esta polêmica, o § 6º do art. 23 da EC 103/2019 dispõe que se equiparam a filho, para fins de recebimento da pensão por morte, exclusivamente o enteado e o menor tutelado, desde que comprovada a dependência econômica. Aqui, o texto deixa totalmente claro a exclusão do menor sob guarda do rol de dependentes previdenciários e, certamente, pacificará o tema no sentido da exclusão desse dependente.

As ADIs 5083 e 4878 foram julgadas pelo STF em 08/06/2021, que por 6 votos a 5 reconheceu o direito do menor sob guarda a ser considerado dependente previdenciário, mesmo após a exclusão promovida pela Lei 9.528/97, mas o período posterior a EC 103/2019 ainda não foi analisado pelo STF. O voto vencedor do Ministro Edson Fachin, no entanto, indica a possibilidade de mesmo após a EC 103/2021 o menor sob guarda ser considerado dependente previdenciário, apesar da decisão não tratar do tema, persistindo a polêmica em relação ao período posterior à Reforma da Previdência.

Para o concurso do INSS, todavia, recomendamos que o estudante considere sempre o entendimento da Autarquia de que o menor sob guarda não é dependente previdenciário.

Gabarito: certo

---

103. (Cespe – Técnico do Seguro Social – INSS/2008) Gilmar, inválido, e Solange são comprovadamente dependentes econômicos do filho Gilberto, segurado da previdência social, que, por sua vez, tem um filho. Nessa situação, Gilmar e Solange concorrem em igualdade de condições com o filho de Gilberto para efeito de recebimento eventual de benefícios.

COMENTÁRIOS

Conforme explicado nos Comentários de questões anteriores, os dependentes previdenciários são divididos em três classes, de acordo com o art. 16, da Lei 8.213/91. Sabemos que os pais estão na segunda classe, desde que comprovem dependência econômica do segurado, enquanto o filho se encontra na primeira classe.

De acordo com o § 1°, do art. 16, da Lei 8.213/91, a existência de dependente de qualquer classe superior exclui do direito às prestações os das classes seguintes. Desta forma, o pagamento do benefício previdenciário jamais será pago para os pais e para o filho, concomitantemente, vez que a percepção do benefício pelo filho exclui o direito dos pais.

Gabarito: errado

3.2. CONCEITOS INTRODUTÓRIOS DE BENEFÍCIOS - MANUTENÇÃO E PERDA DA QUALIDADE DE SEGURADO, CARÊNCIA, SALÁRIO-DE-BENEFÍCIO E RENDA MENSAL DO BENEFÍCIO

104. (Cespe - Técnico do Seguro Social - INSS/2008) Roberto, produtor rural, é segurado especial e não faz recolhimento para a previdência social como contribuinte individual. Nessa situação, para recebimento dos benefícios a que Roberto tem direito, não é necessário o recolhimento para a contagem dos prazos de carência, sendo suficiente a comprovação da atividade rural por igual período.

COMENTÁRIOS

O art. 28, § 1°, do RPS dispõe que, para o segurado especial que não contribui como contribuinte individual, o período de carência é contado a partir do efetivo exercício da atividade rural, mediante comprovação.

Gabarito: certo

105. (Cesgranrio - Técnico Previdenciário - INSS/2005) Período de Carência é o número de contribuições mensais indispensáveis para que o beneficiário faça jus ao benefício. O dia de início da contagem do período de carência é o(a):

a) primeiro dia do mês de filiação ao Regime Geral de Previdência Social, para o segurado empregado doméstico.
b) primeiro dia do mês de filiação ao Regime Geral da Previdência Social, para todos os segurados, obrigatórios ou facultativos.
c) primeiro dia do mês em que se iniciou a execução de atividade remunerada, como segurado empregado, sendo presumida a contribuição.
d) data do efetivo recolhimento da primeira contribuição sem atraso, para o trabalhador avulso.
e) data do efetivo recolhimento da primeira contribuição sem atraso, para todos os segurados, obrigatórios ou facultativos.

COMENTÁRIOS

✪ **Nota do autor 1:** O conceito de carência não pode ser confundido com o de tempo de contribuição. A carência é contada mês a mês, enquanto o tempo de contribuição é contado dia a dia. Se, por exemplo, a pessoa iniciou sua atividade, no dia 31/01/10, e foi despedido, no dia seguinte, 01/02/10, terá dois dias de contribuição e duas contribuições mensais para efeito de carência, não importando que tenha contribuído apenas um dia de cada mês.

✪ **Nota do autor 2:** A LC 150, de 01/06/2015 alterou o artigo 27, da Lei 8.213/91, mudando a contagem de prazo de carência para o doméstico, o igualando à forma de contagem do prazo para os empregados e avulsos. Vejamos a nova redação:

O período de carência é contado (art. 27, Lei 8.213/91):

> I - para o segurado empregado, **empregado doméstico** e trabalhador avulso, da data de filiação ao Regime Geral de Previdência Social; e
>
> II - para o contribuinte individual, especial que opte por recolher como contribuinte individual e facultativo, da data do efetivo recolhimento da primeira contribuição sem atraso.

Desta forma, a partir da publicação da Lei Complementar 150, de 01/06/2015, o trabalho do doméstico passou a contar para efeito de carência, mesmo que o empregador doméstico não efetue o recolhimento das contribuições devidas, ou seja, passou a ter o seu recolhimento presumido para fins de carência.

Alternativa "a": A época de realização do concurso a alternativa "a" estaria errada, pois somente após a LC 150/2015 é que o empregado doméstico passou a ter a sua contribuição presumida, tal como ocorre com o empregado (art. 27, I, da Lei 8.213/91). **Hoje está certa.**

Alternativa "b": A presunção de recolhimento somente é aplicável para os empregados e avulsos e, a partir da Lei 13.135/2015, para os empregados domésticos.

Alternativa "c": De acordo com o art. 27, da Lei 8.213/91, alterada pela LC 150/2015, o período de carência deve contar para o segurado empregado, empregado doméstico e trabalhador avulso, da data de filiação ao Regime Geral de Previdência Social.

Assim, a carência é contada a partir do mês de filiação do empregado ao RGPS, ao seja, a partir do mês que iniciou a sua atividade remunerada, independentemente do recolhimento. O período de carência é contado em número de meses, sendo irrelevante se o trabalhador trabalhou apenas um dia durante o mês ou se laborou durante todo o mês. A alternativa está correta.

Alternativas "d" e "e": A presunção de recolhimento somente é aplicável para os empregados e avulsos e, a partir da Lei 13.135/2015, para os empregados domésticos.

GABARITO DA ÉPOCA: C

GABARITO ATUAL: A e C

---

106. (Cesgranrio – Técnico Previdenciário – INSS/2005) 12 (doze) contribuições mensais, 180 (cento e oitenta) contribuições mensais e nenhuma contribuição são os períodos de carência, respectivamente, dos seguintes benefícios previdenciários:

a) auxílio-doença, aposentadoria por idade e pensão por morte.

b) auxílio-doença, aposentadoria por invalidez e pensão por morte.

c) auxílio-acidente, pensão por morte e serviço social.

d) auxílio-acidente, aposentadoria por idade e pensão por morte.

e) aposentadoria por invalidez, aposentadoria por tempo de contribuição e aposentadoria por idade.

COMENTÁRIOS

✪ **Nota do autor 1:** Com a EC 103/2019, os benefícios de auxílio-doença e de aposentadoria por invalidez passaram a ser chamados, respectivamente, de auxílio por incapacidade temporária e aposentadoria por incapacidade permanente.

✪ **Nota do autor 2:** A necessidade do cumprimento de carência para o benefício de pensão por morte e, reflexamente, do auxílio-reclusão foi inserido pela Medida Provisória 664, de 30/12/2014, prevendo um prazo de 24 meses. Ocorre que, no processo de conversão da MP na Lei 13.135/2015, foi excluída a necessidade de cumprimento de carência para a concessão destes benefícios, mas a Lei 13.846/2019 instituiu a carência de 24 contribuições mensais somente para o auxílio-reclusão (art. 25, IV, da Lei 8.213/91).

Para a pensão por morte, ao invés da carência, o legislador preferiu instituir um prazo escalonado para o pagamento do benefício de pensão por morte para os cônjuges ou companheiros, dependendo, no entanto, para a aplicação dos referidos prazos, que o segurado já contasse com 18 contribuições para a previdência social.

A Lei 13.135, de 17/06/2015 garantiu um benefício de apenas 4 meses para os cônjuges ou companheiros(as) dos segurados que não cumprirem 18 contribuições mensais. Já para os demais dependentes (filhos ou equiparados, pais e irmãos), o número de contribuições vertidas pelo segurado não influencia o prazo de duração da pensão por morte. Assim, caso um filho de um ano de idade perca o pai que contribuía há apenas 6 meses para o INSS, este terá direito à pensão por morte até completar 21 anos de idade.

Antes deste ato normativo, não havia prazo de duração para gozar o benefício de pensão por morte. Assim, bastava apenas uma contribuição do segurado para ensejar o direito ao seu cônjuge ou companheiro(a) de usufruir deste benefício, vitaliciamente. No processo de conversão da MP, a Lei 13.135/2015 passou a exigir 18 contribuições mensais para que o prazo à pensão por morte destes dependentes fosse escalonada (art. 77, §2°, V, c, da Lei 8.213/91).

Atualmente, então, é necessário que o segurado já tenha efetuado 18 contribuições mensais para garantir o direito de seu cônjuge ou companheiro(a) gozar da pensão por morte, por prazo superior a 4 meses.

Se o segurado falecer sem ter cumprido as 18 contribuições mensais, deixará o benefício de pensão por morte para seu cônjuge ou companheiro(a) pelo período de apenas 4 meses. No entanto, se o óbito for decorrente de acidente de qualquer natureza ou de doença profissional ou do trabalho, mesmo que o segurado não tenha cumprido as 18 contribuições necessárias, deixará a pensão por morte por período variável, a depender da idade do cônjuge sobrevivente.

A tabela de escalonamento do prazo de duração da pensão por morte do cônjuge, companheiro ou companheira está previsto no art. 77, V, c, da Lei 8.213/91, conforme segue:

Idade do companheiro ou companheira	Duração do benefício
Menores que 22 anos	3 anos
A partir de 22 anos até 27 anos	6 anos
A partir de 28 anos até 30 anos	10 anos
A partir de 31 anos até 41 anos	15 anos
A partir de 42 anos até 44 anos	20 anos
A partir de 45 anos	Vitalícia

No caso de cônjuge ou companheiro(a) inválido ou com deficiência, a pensão por morte será concedida até a duração desta condição. Se a cessação da invalidez ou da deficiência se der antes dos prazos de duração definidos para o dependente capaz, o deficiente gozará do benefício por este prazo mínimo.

Alternativa "a": Está correta pois, de acordo com o artigo 29, do RPS, a concessão das prestações pecuniárias do Regime Geral de Previdência Social, ressalvado o disposto no art. 30, depende dos seguintes períodos de carência:

> I – doze contribuições mensais, nos casos de auxílio por incapacidade temporária e aposentadoria por incapacidade permanente;
>
> II – cento e oitenta contribuições mensais, nos casos de aposentadoria programada (substituta da aposentadoria por idade e por tempo de contribuição), por idade do trabalhador rural e especial.
>
> III – dez contribuições mensais, no caso de salário-maternidade, para as seguradas contribuinte individual, especial e facultativa, respeitado o disposto no § 2º do art. 93 e no inciso II do art. 101.
>
> V - vinte e quatro contribuições mensais, no caso de auxílio-reclusão.

Já o artigo 30, do RPS dispõe que **independe de carência** a concessão das seguintes prestações:

> I – **pensão por morte**, salário-família e auxílio-acidente de qualquer natureza;

Alternativa "b": A carência para aposentadoria por invalidez (incapacidade permanente) é de 12 contribuições mensais, nos termos do art. 29, I, do RPS.

Alternativa "c": Os três benefícios arrolados nesta alternativa não exigem carência, nos termos do art. 30, do RPS.

Alternativa "d": Para gozo do auxílio-acidente e da pensão por morte não é exigida carência (art. 30, RPS) e para o gozo da aposentadoria por idade (atualmente, aposentadoria programada) são exigidas 180 contribuições mensais (art. 29, II, do RPS).

Alternativa "e": As aposentadorias por tempo de contribuição e por idade (atualmente, aposentadoria programada) exigem carência de 180 contribuições mensais, nos termos do art. 29, II, do RPS.

Alternativa correta: letra "a".

---

107. (Cesgranrio – Técnico Previdenciário – INSS/2005) A respeito do cálculo do valor do benefício previdenciário, assinale a afirmativa INCORRETA.

a) Atualmente, o salário-de-benefício da aposentadoria por idade consiste na média aritmética simples dos maiores salários-de-contribuição correspondentes a 80% de todo o período contributivo, multiplicado pelo fator previdenciário.

b) Atualmente, o salário-de-benefício da aposentadoria por tempo de contribuição consiste na média dos 36 (trinta e seis) últimos salários-de--contribuição, corrigidos monetariamente mês a mês.

c) O auxílio-doença tem como base de cálculo o salário – de-benefício do segurado.

d) Atualmente, o salário-de-benefício da aposentadoria por invalidez consiste na média aritmética simples dos maiores salários-de-contribuição correspondentes a 80% de todo o período contributivo.

e) O fator previdenciário será calculado considerando-se a idade, a expectativa de sobrevida e o tempo de contribuição do segurado.

COMENTÁRIOS

Alternativa "a": De fato, de acordo com a redação vigente a época da prova do art. 32, I, do RPS, o salário-de-benefício consistia, para as **aposentadorias por idade** e por tempo de contribuição, na **média aritmética simples dos maiores salários de contribuição correspondentes a oitenta por cento de todo o período contributivo**, multiplicada pelo fator previdenciário. A alternativa estava correta a época da prova, mas com a Reforma da Previdência, o art. 26, da EC 103/2019 não mais possibilita o descarte dos 20% menores salários de contribuição, devendo o cálculo ser feito considerando a média de todas as contribuições. Assim, atualmente essa alternativa está errada.

Alternativa "b": Na regra de cálculo da época do concurso, o salário-de-benefício estava previsto no art. 32, do RPS e consiste:

> I – para as aposentadorias por idade e por tempo de contribuição, na **média aritmética simples dos maiores salários-de-contribuição correspondentes a oitenta por cento de todo o período contributivo**, multiplicada pelo fator previdenciário;
>
> II – para as aposentadorias por invalidez e especial, auxílio-doença e auxílio-acidente na **média aritmética simples dos maiores salários-de-contribuição correspondentes a oitenta por cento de todo o período contributivo**;

Assim, a regra de cálculo do valor dos benefícios não considerava apenas os 36 últimos salário-de-contribuição, desde a publicação da Lei 9.876/99, que alterou a forma de cálculo dos benefícios previdenciários. Atualmente, esta alternativa está errada, pois, como mencionado, o art. 26, da EC 103/2019 não mais possibilita o descarte dos 20% menores salários de contribuição, devendo o cálculo ser feito considerando a média de todas as contribuições.

Alternativas "c": De fato o benefício do auxílio por incapacidade temporária utiliza como base para cálculo o valor do salário de benefício, de acordo com o art. 32, do RPS.

Alternativas "d": De fato o benefício da aposentadoria por invalidez utilizava como base para cálculo o valor do salário de benefício, calculado com base na média dos 80% maiores salários de contribuição, de acordo com o art. 32, II, do RPS. A alternativa era correta a época da prova, mas com a EC 103/2019, a alternativa, atualmente, está errada em relação à aposentadoria por incapacidade permanente, que não permite o descarte dos 20% menores salários de contribuição.

Alternativa "e": De acordo com o art. 188-E, do RPS, o fator previdenciário será calculado considerando-se **a idade, a expectativa de sobrevida e o tempo de contribuição** do segurado ao se aposentar.

GABARITO DA ÉPOCA: B

GABARITO ATUAL: A, B e D

---

108. (FCC – Técnico do Seguro Social – INSS/2012) Em relação ao valor da renda mensal dos benefícios, é correto afirmar que

a) o auxílio-doença corresponde a 100% (cem por cento) do salário de benefício.

b) a aposentadoria por invalidez corresponde a 91% (noventa e um) por cento do salário de benefício.

c) a aposentadoria por idade corresponde a 70% (setenta por cento) do salário de benefício.

d) a renda mensal da aposentadoria especial não está sujeita ao fator previdenciário.

e) a renda mensal da aposentadoria por tempo de contribuição não está sujeita ao fator previdenciário.

COMENTÁRIOS

✪ **Nota do autor:** A Lei 13.135/2015 criou um limitador de renda para o auxílio-doença. Desde então, o auxílio-doença não poderá exceder a média aritmética simples dos últimos doze salários-de-contribuição, inclusive no caso de remuneração variável, ou, se não alcançado o número de doze, a média aritmética simples dos salários-de-contribuição existentes.

Alternativas "a", "b" e "c": De acordo com o Regulamento da Previdência Social, a renda mensal do benefício de prestação continuada será calculada, aplicando-se sobre o salário-de-benefício os seguintes percentuais:

I – auxílio-doença – noventa e um por cento do salário-de-benefício (art. 72, RPS) **– alternativa A errada;**

II – aposentadoria por invalidez – cem por cento do salário-de-benefício, na época do concurso – **alternativa B errada; Atualmente a alternativa está errada também, mas o cálculo da aposentadoria por incapacidade permanente é: I - sessenta por cento, com acréscimo 2% para cada ano de contribuição que exceder o tempo de 20 anos de contribuição, para os homens, ou 15 anos de contribuição, para as mulheres; ou II - 100%, quando a aposentadoria decorrer de: a) acidente de trabalho; b) doença profissional; ou c) doença do trabalho.(art. 44, RPS)**

III – aposentadoria por idade – setenta por cento do salário-de-benefício, mais um por cento deste por grupo de doze contribuições mensais, até o máximo de trinta por cento – **alternativa C errada. Atualmente, a aposentadoria programada segue a mesma regra da aposentadoria por incapacidade permanente, que acabamos de citar.**

Alternativa "d": De acordo com o art. 67, do RPS, para o cálculo da aposentadoria especial não se utiliza o fator previdenciário. A alternativa está correta.

Alternativa "e": De acordo com o art. 32, II, do RPS, vigente a época do concurso (188-E, atualmente) para o cálculo da aposentadoria por tempo de contribuição, o fator previdenciário deve ser utilizado.

Alternativa correta: letra "d".

---

109. (FCC – Técnico do Seguro Social – INSS/2012) Maria trabalhou de 02 de janeiro de 1990 até 02 de fevereiro de 2005 como empregada de uma empresa, desligando-se do emprego para montar um salão de beleza. Apesar de ter passado à categoria de contribuinte individual, deixou de recolher contribuições para a Previdência Social durante dois anos, até fevereiro de 2007. Nessa situação, o período de graça de Maria é de

a) 12 (doze) meses.

b) 24 (vinte e quatro) meses.

c) 36 (trinta e seis) meses.

d) 48 (quarenta e oito) meses.

e) 60 (sessenta) meses.

COMENTÁRIOS

Alternativas "a", "c" "d" e "e": Apresentam prazos de manutenção da qualidade de segurado divergentes do que acabamos de explicar.

Alternativa "b": De acordo com o art. 15, II, da Lei 8.213/91, mantém a qualidade de segurado, independentemente de contribuições, até 12 meses após a cessação das contribuições, o segurado que deixar de exercer atividade remunerada abrangida pela Previdência Social. O § 1° deste mesmo artigo dispõe que este prazo pode ser prorrogado para até 24 meses, se o segurado já tiver pago mais de 120 contribuições mensais sem interrupção que acarrete a perda da qualidade de segurado. Na situação relatada na questão, Maria já possuía mais de 120 contribuições mensais, razão pela qual o seu período de graça é de 24 meses, estando a alternativa B correta.

Alternativa correta: letra "b".

---

110. (FCC – Técnico do Seguro Social – INSS/2012) Para fins de cálculo do salário de benefício, é correto afirmar que

a) o trabalhador doméstico está dispensado de provar os recolhimentos à Previdência Social.
b) poderão ser utilizados os salários de contribuição constantes do CNIS – Cadastro Nacional de Informações Sociais para os segurados em geral.
c) o empregado deve apresentar os recibos de pagamento para fins de cálculo do valor do benefício.
d) o contribuinte individual não poderá valer-se das informações constantes do CNIS – Cadastro Nacional de Informações Sociais.
e) o segurado especial deverá comprovar o recolhimento das contribuições para fins de cálculo do salário de benefício.

COMENTÁRIOS

✪ **Nota dos autores:** Até a publicação da **Lei Complementar 150, de 01/06/2015**, para o segurado empregado doméstico que, mesmo tendo satisfeito as condições exigidas para a concessão do benefício requerido, não pudesse comprovar o efetivo recolhimento das contribuições devidas, seria concedido o benefício de valor mínimo, devendo sua renda ser recalculada quando da **apresentação da prova do recolhimento das contribuições**. Atualmente, no entanto, o empregado doméstico está dispensado de comprovar o recolhimento de suas contribuições, sendo estas presumidas, de acordo com o art. 35, da Lei 8.213/91.

Alternativa "a": À época de realização desta prova, o empregado doméstico não tinha as suas contribuições presumidas. Atualmente, todavia, a questão estaria certa, pois a LC 150/2015 garantiu a presunção dos recolhimentos para estes segurados. **Questão certa hoje.**

Alternativa "b": O art. 29-A, da Lei 8.213/91 dispõe que "o INSS utilizará as informações constantes no Cadastro Nacional de Informações Sociais – CNIS **sobre os vínculos e as remunerações dos segurados, para fins de cálculo do salário-de-benefício**, comprovação de filiação ao Regime Geral de Previdência Social, tempo de contribuição e relação de emprego".

Alternativas "c" e "d": Estas alternativas contrariam o disposto no art. 29-A, da Lei 8.213/91, que acabamos de transcrever.

Alternativa "e": O segurado especial somente precisa comprovar o tempo de atividade rural para ter direito aos seus benefícios.

GABARITO DA ÉPOCA: B

GABARITO ATUAL: A e B

---

111. (Cespe – Técnico do Seguro Social – INSS/2008) Em cada um dos itens que se seguem, é apresentada uma situação hipotética, seguida de uma assertiva a ser julgada.

Ronaldo, afastado de suas atividades laborais, tem recebido auxílio doença. Nessa situação, a condição de segurado de Ronaldo será mantida sem limite de prazo, enquanto estiver no gozo do benefício, independentemente de contribuição para a previdência social.

COMENTÁRIOS

O artigo 15, I, da Lei 8.213/91 dispõe que o segurado que está em gozo de benefício mantém a qualidade de segurado, sem limite de prazo. Assim, Ronaldo manterá a qualidade de segurado enquanto estiver em gozo de auxílio-doença.

Gabarito: certo

---

112. (Cespe – Técnico do Seguro Social – INSS/2008) Em cada um dos itens que se seguem, é apresentada uma situação hipotética, seguida de uma assertiva a ser julgada.

Célia, professora de uma universidade, eventualmente, presta serviços de consultoria na área de educação. Por isso, Célia é segurada empregada pela atividade de docência e contribuinte individual quando presta consultoria. Nessa situação, Célia tem uma filiação para cada atividade.

COMENTÁRIOS

✪ **Nota dos autores:** Mesmo possuindo mais de uma atividade remunerada abrangida pelo RGPS o salário de contribuição do segurado, apurado a partir da soma de todas as remunerações do mês, limitadas ao teto.

De acordo com o § 13, do art. 9°, do RPS, aquele que exerce, concomitantemente, mais de uma atividade remunerada sujeita ao Regime Geral de Previdência Social – RGPS é obrigatoriamente filiado em relação a cada uma dessas atividades. No caso proposto, Célia possuía dupla filiação, sendo uma como empregada (professora universitária) e outra como contribuinte individual, por prestar atividade de consultora por conta própria.

Gabarito: certo

---

113. (Cespe – Técnico do Seguro Social – INSS/2008) Em cada um dos itens que se seguem, é apresentada uma situação hipotética, seguida de uma assertiva a ser julgada.

Osvaldo cumpriu pena de reclusão devido à prática de crime de fraude contra a empresa em que trabalhava. No período em que esteve na empresa, Osvaldo era segurado da previdência social. Nessa situação, Osvaldo tem direito de continuar como segurado da previdência social por até dezoito meses após o seu livramento.

COMENTÁRIOS

O artigo 15, IV, da Lei 8.213/91 dispõe que o segurado que está detido ou recluso mantém a qualidade de segurado até 12 meses após o livramento. A questão propõe. Equivocadamente, o prazo de 18 meses após o livramento.

Gabarito: errado

---

114. (Cespe – Técnico do Seguro Social – INSS/2008) Em cada um dos itens que se seguem, é apresentada uma situação hipotética, seguida de uma assertiva a ser julgada.

Alzira, estudante, filiou-se facultativamente ao regime geral de previdência social, passando a contribuir regularmente. Em razão de dificuldades financeiras, Alzira deixou de efetuar esse recolhimento por oito meses. Nessa situação, Alzira não deixou de ser segurada, uma vez que a condição de segurado permanece por até doze meses após a cessação das contribuições.

COMENTÁRIOS

O artigo 15, VI, da Lei 8.213/91 dispõe que o segurado facultativo mantém a qualidade de segurado, independentemente de contribuições, até **6 meses** após a cessação das contribuições. A questão propõe, equivocadamente, que o prazo de manutenção da qualidade de segurado, nesta hipótese, seria de **12 meses.**

Gabarito: errado

---

115. (Cespe – Técnico do Seguro Social – INSS/2008) Com relação a período de carência, julgue os itens a seguir.

Se uma empregada doméstica estiver devidamente inscrita na previdência social, será considerado, para efeito do início da contagem do período de carência dessa segurada, o dia em que sua carteira de trabalho tenha sido assinada.

COMENTÁRIOS

À época da realização deste concurso, o período de carência para o segurado empregado doméstico, contribuinte individual e facultativo era contado da data do efetivo recolhimento da primeira contribuição sem atraso. Com a publicação da LC 150, de 01/06/2015, a carência para o empregado doméstico passou a contar a partir da sua filiação. Desta forma, o início da carência para o empregado doméstico é a pactuação do labor, adquirindo a qualidade de segurado no momento que inicia o trabalho, independentemente da assinatura da CTPS.

Alternativa correta: letra "e".RRADO

---

116. (Cespe – Técnico do Seguro Social – INSS/2008) Com relação a período de carência, julgue os itens a seguir.

Uma profissional liberal que seja segurada contribuinte individual da previdência social há três meses e esteja grávida de seis meses terá direito ao salário-maternidade, caso recolha antecipadamente as sete contribuições que faltam para completar a carência.

COMENTÁRIOS

✪ **Nota dos autores:** As seguradas empregadas, empregados domésticas e trabalhadoras avulsas são dispensadas do cumprimento de carência para o gozo do salário-maternidade.

De fato, o período de carência necessário para a segurada contribuinte individual gozar do salário-maternidade é de 10 contribuições mensais (art. 29, III, do RPS). Ocorre que não existe possibilidade de antecipação das contribuições futuras na legislação previdenciária. Este procedimento seria contrário à própria razão de existir da carência: evitar que os segurados ingressem no sistema protetivo já tendo direito a alguma prestação.

Gabarito: errado

---

117. (Cespe – Técnico do Seguro Social – INSS/2008) Com relação a período de carência, julgue os itens a seguir.

Uma segurada empregada do regime de previdência social que tenha conseguido seu primeiro emprego e, logo na primeira semana, sofra um grave acidente que determine seu afastamento do trabalho por quatro meses não terá direito ao auxílio-doença pelo fato de não ter cumprido a carência de doze contribuições.

COMENTÁRIOS

✪ **Nota dos autores:** Para exclusão da carência, não é necessário que o acidente tenha ocorrido em decorrência do trabalho. Mesmo os acidentes comuns, não relacionados ao trabalho, excluem a necessidade de cumprimento da carência.

O artigo 26, II, da Lei 8.213/91 dispõe que independe de carência a concessão do auxílio-doença e da aposentadoria por invalidez, nos casos de acidente de qualquer natureza ou causa e de doença profissional ou do trabalho. Assim, como a questão menciona que o afastamento foi decorrente de acidente, não é necessário o cumprimento da carência de 12 contribuições mensais.

Gabarito: errado

---

118. (Cespe – Técnico do Seguro Social – INSS/2016) Em regra, o período de carência para a concessão do benefício de auxílio-doença é de doze contribuições mensais.

COMENTÁRIOS

✪ **Nota dos autores:** A Medida Provisória 767, convertida na Lei 13.457, de 26/06/2017, inseriu os parágrafos 10 a 13 no artigo 60 da Lei 8.213/91, dispondo que sempre que possível, o ato de concessão ou de reativação de auxílio-doença, judicial ou administrativo, deverá fixar o prazo estimado para a duração do benefício. Na ausência de fixação do prazo, o benefício cessará após 120 dias, contado da data de concessão ou de reativação, exceto se o segurado requerer a sua prorrogação junto ao INSS, na forma do regulamento.

Esta norma objetiva que a concessão judicial do auxílio-doença não se perpetue caso o Juiz não defina uma data de duração do benefício.

O segurado em gozo de auxílio-doença, concedido judicial ou administrativamente, poderá ser convocado a qualquer momento para avaliação das condições que ensejaram a concessão ou a manutenção.

A assertiva trata da regra geral para carência do auxílio-doença (atualmente, auxílio por incapacidade temporária), previsto no art. 25, I, da Lei 8.213/91, que, de fato, é de 12 meses. O artigo 26, II trata das exceções em que não se exige carência para a concessão deste benefício, sendo os casos de acidente de qualquer natureza ou causa e de doença profissional ou do trabalho, bem como nos casos de segurado que, após filiar-se ao RGPS, for acometido de alguma das doenças e afecções especificadas em lista elaborada pelos Ministérios da Saúde e da Previdência Social, atualizada a cada 3 anos, de acordo com os critérios de estigma, deformação, mutilação, deficiência ou outro fator que lhe confira especificidade e gravidade que mereçam tratamento particularizado.

Alternativa correta: letra "c".

3.3. BENEFÍCIOS E SERVIÇOS DA PREVIDÊNCIA SOCIAL

---

119. (Cesgranrio – Técnico Previdenciário – INSS/2005) Assinale o único benefício cuja percepção NÃO enseja o pagamento do abono anual.

a) Auxílio-doença.
b) Auxílio-acidente.
c) Auxílio-reclusão.
d) Salário-maternidade.
e) Salário-família.

COMENTÁRIOS

✪ **Nota dos autores:** No caso do salário-maternidade, o abono anual será pago, em cada exercício, juntamente com a última parcela do benefício nele devida. Assim, embora o artigo 40, da Lei 8.213/91, equivocadamente não tenha previsto o pagamento do abono anual para o salário-maternidade, o lapso foi corrigido pelo artigo 120, do Decreto 3.048/99. Esse artigo atualiza também a nomenclatura do auxílio-doença após a EC 103/2019. Vejamos:

> Art. 120. Será devido abono anual ao segurado e ao dependente que, durante o ano, receberam auxílio por incapacidade temporária, auxílio-acidente, aposentadoria, salário-maternidade, pensão por morte ou auxílio-reclusão.

O abono anual ou gratificação de Natal é o direito anual dos beneficiários da Previdência Social de perceber uma quantia correspondente ao respectivo benefício previdenciário, tomando por base o valor pago no mês de dezembro, sendo calculado, no que couber, da mesma forma que a gratificação natalina dos trabalhadores.

Todos os segurados e dependentes farão jus ao abono anual, exceto no que concerne ao salário-família, que não gera o seu pagamento, sendo o pagamento proporcional ao número de meses de percepção da aposentadoria, auxílio-acidente, auxílio por incapacidade temporária, auxílio-reclusão ou pensão por morte.

Alternativa correta: letra "e".

---

120. (Cesgranrio – Técnico Previdenciário – INSS/2005) Em novembro de 2004, Josué, segurado empregado de 60 (sessenta) anos, faz requerimento administrativo de aposentadoria em uma das Agências da Previdência Social. Em anexo ao referido pedido, apresenta cópia da Carteira de Trabalho e Previdência Social que comprova o vínculo empregatício com a empresa "Pães, Doces e Comidas Deliciosas Ltda.", como balconista, durante 30 (trinta) anos completos, na data de requerimento. Você, na qualidade de servidor do INSS responsável pela análise do ato de concessão de benefícios, deve decidir corretamente pela(o):

a) concessão de aposentadoria por idade.
b) concessão de aposentadoria proporcional.
c) concessão de aposentadoria por tempo de contribuição.
d) concessão de aposentadoria especial.
e) indeferimento do pedido de aposentadoria.

COMENTÁRIOS

A concessão da antiga aposentadoria por tempo de contribuição para os homens pressupunha o tempo mínimo de 35 anos de contribuição e a carência de 180 recolhimentos mensais.

A aposentadoria especial exige a efetiva exposição a agentes nocivos à saúde, durante 15, 20 ou 25 anos e carência de 180 recolhimentos mensais.

Já a aposentadoria por idade para os homens pressupõe idade mínima de 65 anos e carência de 180 recolhimentos mensais.

Logo, considerando que Josué não possuía 65 anos de idade na data do requerimento administrativo, muitos menos 35 anos de contribuição e nem trabalhava exposto a agentes nocivos à saúde, o pedido de concessão de qualquer das três aposentadorias deverá ser indeferido.

Alternativa correta: letra "e".

---

121. (Cesgranrio – Técnico Previdenciário – INSS/2005) Atualmente, para a concessão de aposentadoria especial, é IMPRESCINDÍVEL que o(a):

a) segurado comprove, além do tempo de contribuição, a exposição aos agentes nocivos químicos, físicos, biológicos ou associação de agentes prejudiciais à saúde ou à integridade física, de modo habitual, permanente e não intermitente.
b) segurado comprove que trabalhou durante 15 (quinze), 20 (vinte) ou 25 (vinte e cinco) anos sujeito a condições especiais, independente do período de exposição a agentes agressivos durante a jornada de trabalho.
c) segurado declare que executou atividades sob condições especiais, independente de a empresa empregadora emitir ou não laudo técnico.
d) segurado tenha, no mínimo, 50 (cinquenta) anos de idade.
e) atividade desempenhada pelo segurado se enquadre na categoria profissional presumida em lei como sujeita a condições insalubres, penosas ou perigosas.

COMENTÁRIOS

✪ **Nota dos autores:** A EC 103/2019, art. 19, § 1º, passou a exigir uma idade mínima, até que a lei complementar venha a tratar do tema. Vejamos:

> Art. 19.
>
> § 1º até que lei complementar disponha sobre a redução de idade mínima ou tempo de contribuição prevista nos §§ 1º e 8º do art. 201 da Constituição Federal, será concedida aposentadoria:
>
> I – aos segurados que comprovem o exercício de atividades com efetiva exposição a agentes nocivos químicos, físicos e biológicos prejudiciais à saúde, ou associação desses agentes, vedada a caracterização por categoria profissional ou ocupação, durante, no mínimo, 15, 20 ou 25 anos, nos termos do disposto nos arts. 57 e 58 da Lei 8.213, de 24 de julho de 1991, quando cumpridos:
>
> a) 55 anos de idade, quando se tratar de atividade especial de 15 anos de contribuição;
>
> b) 58 anos de idade, quando se tratar de atividade especial de 20 anos de contribuição; ou
>
> c) 60 anos de idade, quando se tratar de atividade especial de 25 anos de contribuição;

Alternativa "a": De acordo com o artigo 57, *caput* e § 3º, da Lei 8.213/91, a aposentadoria especial será devida, uma vez cumprida a carência exigida nesta Lei, ao segurado que tiver trabalhado sujeito a condições especiais que prejudiquem a saúde ou a integridade física, durante 15 (quinze), 20 (vinte) ou 25 (vinte e cinco) anos, conforme dispuser a lei, sendo que a concessão da aposentadoria especial dependerá de comprovação pelo segurado, perante o Instituto Nacional do Seguro Social – INSS, do tempo de trabalho permanente, não ocasional nem intermitente, em condições especiais que prejudiquem a saúde ou a integridade física, durante o período mínimo fixado. Por isso a letra "a" foi considerada verdadeira e a letra "b" falsa. Observe que o texto do art. 201, § 1º, da Constituição Federal excluiu a expressão integridade física, deixando apenas a aposentadoria especial para trabalhadores expostos a agentes nocivos prejudiciais à saúde.

Alternativa "b": Vide comentário anterior.

Alternativa "c": De acordo com o artigo 58, § 1º, da Lei 8.213/91, a comprovação da efetiva exposição do segurado aos agentes nocivos será feita mediante formulário, na forma estabelecida pelo Instituto Nacional do Seguro Social – INSS, emitido pela empresa ou seu preposto, com base em laudo técnico de condições ambientais do trabalho expedido por médico do trabalho ou engenheiro de segurança do trabalho nos termos da legislação trabalhista.

Alternativa "d": A concessão da aposentadoria especial inexigia idade mínima na época do concurso. Atualmente, é exigida idade de 55, 58 e 60 anos para 15, 20 e 25 anos de contribuição especial, respectivamente, conforme mencionado na nota dos autores.

Alternativa "e": Desde a Lei 9.032/95 a aposentadoria especial não mais é concedida apenas com o enquadramento do segurado por categoria profissional, sendo obrigatório desde então a exposição permanente a agente nocivo listado no Regulamento.

Alternativa correta: letra "a".

---

122. (FCC – Técnico do Seguro Social – INSS/2012) Lúcia exerce a atividade de professora do ensino fundamental desde dezembro de 1986, tem 56 anos de idade e pretende obter benefício previdenciário em dezembro de 2011. Nessa situação, segundo o INSS, Lúcia tem direito a

a) aposentadoria por idade.

b) auxílio-doença.

c) aposentadoria especial.

d) aposentadoria por invalidez.

e) aposentadoria por tempo de contribuição.

COMENTÁRIOS

Nota dos autores: Não havia idade mínima para gozo de aposentadoria por tempo de contribuição, seja para o professor, seja para qualquer outro segurado. Para a concessão deste benefício, apenas era necessária a comprovação do tempo de contribuição exigido pela legislação. Após a EC 103/2019, essa modalidade de aposentadoria foi extinta e criada a aposentadoria programada, exigindo-se as idades de 65 anos para homens e 62 anos para mulheres, com redução de 5 anos para professores.

Alternativa "a": Para ter direito à aposentadoria por idade, a mulher deveria ter 60 anos de idade, conforme previsto no art. 48, da Lei 8.213/91. Com a EC 103/2019, passou-se a exigir idade de 62 anos para as mulheres e 57 anos para as professoras do ensino básico. Em ambas as legislações a alternativa está errada, pois Lúcia só tinha 56 anos de idade.

Alternativas "b" e "d": O auxílio-doença (auxílio por incapacidade temporária) e a aposentadoria por invalidez (aposentadoria por incapacidade permanente) são benefícios por incapacidade. A questão em nenhum momento afirmou que Lúcia estava incapacitada para o trabalho.

Alternativa "c": A aposentadoria especial é devida para o empregado que estiver exposto a algum agente nocivo prejudicial à saúde e à integridade física, o que não ocorreu na situação proposta.

Alternativa "e": O art. 56, § 1°, do Regulamento da Previdência Social – RPS, aprovado pelo Decreto 3.048/99, na redação da época da prova dispunha que "**a aposentadoria por tempo de contribuição do professor** que comprove, exclusivamente, tempo de efetivo exercício em função de magistério na educação infantil, no ensino fundamental ou no ensino médio, será devida ao professor aos trinta anos de contribuição **e à professora aos vinte e cinco anos de contribuição** ". Veja que como ela preencheu os requisitos em 2011 teria direito adquirido a esse benefício, estando essa alternativa correta mesmo com a alteração posterior da norma. Pela legislação atual, que exige 25 anos de contribuição e 57 anos de idade para as professoras ela não poderia mais se aposentar.

De acordo com a questão, Lúcia já completou 25 anos de magistério (1986 a 2011), fazendo jus ao benefício de aposentadoria por tempo de contribuição, previsto na alternativa E.

Alternativa correta: letra "e".

---

123. (FCC – Técnico do Seguro Social – INSS/2012) João é carpinteiro, exerce atividade como empregado da empresa Carpintaria São José desde dezembro de 2010. Ele sofreu acidente não relacionado ao trabalho, ocasião em que teve limitada a flexão de seu membro superior direito, lesão esta já consolidada. João passou por reabilitação profissional e foi treinado para outra profissão e não se recolocou ainda no mercado de trabalho. Nessa situação, João tem direito a

a) auxílio-doença seguido de auxílio-acidente.

b) aposentadoria especial.

c) aposentadoria por invalidez.

d) aposentadoria especial.

e) aposentadoria por invalidez seguida de auxílio-acidente.

COMENTÁRIOS

Nota dos autores: Em caso de reabilitação profissional, não é de responsabilidade do INSS a recolocação do trabalhador no mercado de trabalho, conforme dispõe o art. 140, § 1°, do RPS, aprovado pelo Decreto 3.048/99.

Alternativa "a": O artigo 104, do Regulamento da Previdência Social dispõe que o auxílio-acidente será concedido, como indenização, ao segurado empregado, inclusive o doméstico, ao trabalhador avulso e ao segurado especial quando, após a consolidação das lesões decorrentes de acidente de qualquer natureza, resultar sequela definitiva que, a exemplo das situações discriminadas no Anexo III, implique redução da capacidade para o trabalho que habitualmente exercia.

Na situação narrada na questão, João ficou incapacitado para o trabalho por um determinado período, tendo, inicialmente, direito ao auxílio-doença. Após a consolidação da lesão, ele passou por processo de reabilitação profissional para uma atividade diversa da que exercia, uma vez que as sequelas deixadas pelo acidente o incapacitaram para o exercício da sua atividade habitual. Assim, a partir da cessação do auxílio-doença, passou a ter direito ao auxílio-acidente.

Alternativas "b", "c", "d" e "e": A situação narrada não gera a concessão dos benefícios propostos nestas alternativas. Observe que a questão utiliza a nomenclatura anterior dos benefícios.

Alternativa correta: letra "a".

---

124. (FCC – Técnico do Seguro Social – INSS/2012) Silvia trabalhou na empresa X, de janeiro de 2009 a janeiro de 2010, como digitadora, quando foi acometida de tendinite, por 30 dias, que a impedia de exercer suas atividades habituais. Submetida a tratamento médico, recuperou-se para suas atividades. Nessa situação, Silvia teve direito a receber

a) auxílio-acidente.

b) aposentadoria por invalidez.

c) auxílio-doença.

d) reabilitação profissional.

e) tratamento médico fornecido pelo INSS.

COMENTÁRIOS

Alternativas "a", "b", "d" e "e": A situação narrada não gera a concessão dos benefícios propostos nestas alternativas.

Alternativa "c": De acordo com o texto da questão, Silvia teve uma incapacidade temporária para o trabalho, que durou 30 dias. O benefício previsto pela legislação previdenciária para cobertura da incapacidade temporária para o trabalho superior a 15 dias de afastamento era o auxílio-doença, atualmente chamado de auxílio por incapacidade temporária. Vejamos o texto do artigo 59, da Lei 8.213/91:

> O auxílio-doença será devido ao segurado que, havendo cumprido, quando for o caso, o período de carência exigido nesta Lei, ficar **incapacitado para o seu trabalho ou para a sua atividade habitual por mais de 15 (quinze) dias consecutivos.**

Alternativa correta: letra "c".

---

125. (FCC – Técnico do Seguro Social – INSS/2012) Cláudio exerceu atividade de caldeireiro na fábrica X de 01 de janeiro de 2009 a 01 de julho de 2009 e sofreu acidente de trabalho que acarretou a perda de dois dedos da mão. Nessa situação, Cláudio

a) não terá direito a receber benefício previdenciário por ausência do cumprimento do período de carência.

b) receberá auxílio-doença e após a consolidação da perda dos dedos, auxílio-acidente.

c) terá direito à reabilitação profissional e aposentadoria por invalidez.

d) não terá direito a benefício.

e) terá direito a auxílio-acidente e aposentadoria por invalidez, após a consolidação da perda dos dedos.

COMENTÁRIOS

✪ **Nota dos autores:** Nesta questão, primeiramente, é necessário analisar a necessidade do cumprimento da carência para o gozo dos benefícios. Em regra, exige-se carência para a concessão do auxílio por incapacidade temporária (antigamente auxílio-doença) e da aposentadoria por incapacidade permanente (aposentadoria por invalidez), exceto quando decorrente de acidente de qualquer natureza ou causa e de doenças graves listadas pelos Ministérios da Saúde do Trabalho e da Previdência Social, conforme art. 26, II, da Lei 8.213/91. Também, para o gozo do benefício de auxílio acidente, não se exige carência (art. 26, I, da Lei 8.213/91).

Alternativas "a", "c", "d" e "e": Não será cabível o serviço previdenciário de reabilitação profissional, pois a questão não disse que o acidente impediu Cláudio de prosseguir na mesma profissão. Ademais, não há informação de incapacidade permanente laboral sem possibilidade de reabilitação profissional para fins de concessão de aposentadoria por invalidez.

Alternativa "b": Considerando que Cláudio sofreu acidente que gerou sequela para o seu trabalho e reduziu a sua capacidade funcional habitual, conclui-se que o benefício cabível é o auxílio-acidente, na forma do artigo 86, da Lei 8.213/91, que dispensa carência para a sua concessão, a teor do artigo 26, inciso I, da Lei de Benefícios.

Antes da consolidação da sequela, Cláudio terá direito ao auxílio por incapacidade temporária (auxílio-doença), que somente deverá ser convertido em auxílio-acidente quando ele puder retornar ao trabalho, lembrando que o auxílio dispensa a carência se decorrer de acidente de qualquer natureza, com base no artigo 26, inciso II, da Lei 8.213/91.

Vale frisar que a FCC deveria ter dito que Cláudio era empregado ou avulso, pois apenas estes segurados (juntamente com o segurado especial) terão direito ao auxílio-acidente, na forma do artigo 18, § 1º, da Lei 8.213/91, posto que os contribuintes individuais não receberão o auxílio-acidente.

Alternativa correta: letra "b".

---

126. (FCC – Técnico do Seguro Social – INSS/2012) Maria trabalhou de 02 de janeiro de 2006 a 02 de julho de 2006 como empregada de uma empresa, vindo a contrair moléstia não relacionada ao trabalho, com prejuízo do exercício de suas atividades habituais. Nessa situação, Maria

a) não terá direito ao recebimento do auxílio-doença, por ausência do cumprimento da carência.
b) terá direito à aposentadoria por invalidez, que independe do cumprimento de carência.
c) terá direito ao auxílio-acidente, que não exige carência.
d) terá direito ao auxílio-doença, que independe de carência.
e) poderá receber aposentadoria por invalidez, se recolher mais duas contribuições.

COMENTÁRIOS

✪ **Nota dos autores:** O regime jurídico do período de carência da aposentadoria por invalidez e do auxílio-doença são idênticos. A questão ainda traz os antigos nomes dos benefícios, anteriores a Reforma da Previdência promovida pela EC 103/2019. O auxílio-doença passou a se chamar auxílio por incapacidade temporária para o trabalho, a aposentadoria por invalidez agora é aposentadoria por incapacidade permanente e as aposentadorias por idade e tempo de contribuição é atualmente a aposentadoria programada.

Alternativa "a": A concessão da aposentadoria por invalidez e do auxílio-doença (aposentadoria por incapacidade permanente e auxílio por incapacidade temporária), em regra, reclamam carência de 12 contribuições mensais (artigo 25, inciso I, da Lei 8.213/91), salvo nos casos de acidente de qualquer natureza ou causa e de doença profissional ou do trabalho, bem como nos casos de segurado que, após filiar-se ao Regime Geral de Previdência Social, for acometido de alguma das doenças e afecções especificadas em lista elaborada pelos Ministérios do Trabalho e da Previdência Social, a cada três anos, de acordo com os critérios de estigma, deformação, mutilação, deficiência, ou outro fator que lhe confira especificidade e gravidade que mereçam tratamento particularizado (artigo 26, inciso II, da Lei 8.213/91), quando excepcionalmente a carência será dispensada.

No caso dado, Maria possui 07 contribuições mensais a título de carência. Considerando que a moléstia que acometeu Maria não consta da referida lista de doenças graves, conclui-se que a concessão do auxílio-doença e da aposentadoria por invalidez (aposentadoria por incapacidade permanente e auxílio por incapacidade temporária) exigem a carência de 12 contribuições mensais, não tendo Maria direito aos referidos benefícios por apenas contar com 07 recolhimentos.

Alternativas "b", "c", "d" e "e": A situação narrada não gera a concessão dos benefícios propostos nestas alternativas. Não há incapacidade permanente para o trabalho para a concessão da aposentadoria por invalidez e nem a carência (12 contribuições mensais). Não há sequela acidentária que reduza a capacidade funcional para o trabalho habitual para a concessão do auxílio-acidente.

Alternativa correta: letra "a".

---

127. (FCC – Técnico do Seguro Social – INSS/2012) O salário de benefício serve de base de cálculo da renda mensal do benefício. Para os segurados inscritos na Previdência Social, até 28/11/1999, calcula-se

a) o auxílio-doença, pela média aritmética simples dos maiores salários-de-contribuição, corrigidos mês a mês, correspondentes a oitenta por cento do período contributivo decorrido desde julho de 1994, multiplicada pelo fator previdenciário.
b) a aposentadoria especial, pela média aritmética simples dos maiores salários-de-contribuição, corrigidos mês a mês, correspondentes a oitenta por cento do período contributivo decorrido desde julho de 1994, multiplicada pelo fator previdenciário.
c) a aposentadoria por tempo de contribuição, pela média aritmética simples dos oitenta por cento maiores salários-de-contribuição, corrigidos mês a mês, de todo o período contributivo, decorrido desde julho de 1994, multiplicada pelo fator previdenciário.
d) as aposentadorias por idade e tempo de contribuição, inclusive de professor, pela média aritmética simples dos oitenta por cento maiores salários-de-contribuição, corrigidos mês a mês, de todo o período contributivo, decorrido desde julho de 1994.
e) o auxílio-doença, aposentadoria por invalidez, pela média aritmética simples dos maiores salários-de – contribuição corrigidos mês a mês, correspondentes a cem por cento do período contributivo, decorrido desde julho de 1994, multiplicada pelo fator previdenciário.

COMENTÁRIOS

✪ **Nota dos autores:** O fator previdenciário apenas incidia no cálculo do salário de benefício da aposentadoria por tempo de contribuição (obrigatório, salvo no caso de cumprimento das fórmulas 86/96, conforme previsto na MP 676, de 17/06/2015, convertida na Lei 13.183/2015), da aposentadoria por idade (facultativo – vide art. 7º da Lei 9.876/99) e da aposentadoria do deficiente (facultativo – vide LC 142/2013). Com a EC 103, não existe mais o descarte dos 20% menores salários de contribuição e o cálculo do benefício considera todos os salários de contribuição do período a partir de julho de 1994, nos termos do art. 26, da EC 103/2019.

Alternativa "a": O fator previdenciário apenas incidia no cálculo do salário de benefício da aposentadoria por idade (facultativo) e da aposentadoria por tempo de contribuição (obrigatório, salvo no caso de cumprimento das fórmulas 86 e 96, conforme previsto na MP 676, de 17/06/2015, convertida na Lei 13.183/2015), na forma do artigo 29, inciso I, da Lei 8.213/91, e não dos outros benefícios previdenciários.

Alternativa "b": O fator previdenciário apenas incidia no cálculo do salário de benefício da aposentadoria por idade (facultativo) e da aposentadoria por tempo de contribuição (obrigatório, salvo no caso de cumprimento das fórmulas 86 e 96, conforme previsto na MP 676, de 17/06/2015, convertida na Lei 13.183/2015), na forma do artigo 29, inciso I, da Lei 8.213/91, e não dos outros benefícios previdenciários.

Alternativa "c": Para os segurados inscritos antes da vigência da Lei 9.876/99 (até 28/11/1999), apenas eram considerados os salários de contribuição a partir do Plano Real (julho de 1994) no cálculo do salário de benefício da aposentadoria por tempo de contribuição. Nesse sentido, dispõe o artigo 3º, da Lei 9.876/99, que "para o segurado filiado à Previdência Social até o dia anterior à data de publicação desta Lei, que vier a cumprir as condições exigidas para a concessão dos benefícios do Regime Geral de Previdência Social, no cálculo do salário-de-benefício será considerada a média aritmética simples dos maiores salários-de-contribuição, correspondentes a, no mínimo, oitenta por cento de todo o período contributivo decorrido desde a competência julho de 1994, observado o disposto nos incisos I e II do caput do art. 29 da Lei no 8.213, de 1991, com a redação dada por esta Lei".

Alternativa "d": O item não previu a incidência no fator previdenciário no cálculo do salário de benefício das referidas aposentações, conforme determina o artigo 29, inciso I, da Lei 8.213/91.

Alternativa "e": Não há incidência do fator previdenciário no cálculo do salário de benefício do auxílio-doença e da aposentadoria por invalidez, com base no artigo 29, inciso II, da Lei 8.213/91.

GABARITO DA ÉPOCA: C

GABARITO ATUAL: ANULADA

---

128. (FCC – Técnico do Seguro Social – INSS/2012) João trabalhou na lavoura em sua pequena propriedade, sem o auxílio de terceiros, salvo de sua família, no período de janeiro de 1975 a 1990, sem contribuição, ocasião em que mudou-se para a cidade e passou a exercer a função de pedreiro, como empregado de uma construtora, até completar 60 anos, em janeiro de 2011. Nessa situação, João

a) terá direito a aposentar-se por idade em 2011.
b) terá direito a aposentar-se por tempo de contribuição em 2011.
c) terá direito à aposentadoria especial em 2011.
d) não terá direito a aposentar-se por idade em 2011.
e) não possui a carência exigida para aposentar-se por idade em 2011.

COMENTÁRIOS

Questão anulada. João possui 15 anos e 01 mês de tempo de serviço prestado à extinta Previdência Social Rural, regulada pela Lei Complementar 11/1971. De acordo com o artigo 55, § 2º, da Lei 8.213/91, "o tempo de serviço do segurado trabalhador rural, anterior à data de início de vigência desta Lei, será computado independentemente do recolhimento das contribuições a ele correspondentes, exceto para efeito de carência, conforme dispuser o Regulamento". Portanto, o tempo de serviço rural de João será considerado no RGPS, salvo para fins de carência.

Note-se que as alterações promovidas pela EC 103/2019 não afetaram o regramento das aposentadorias rurais.

Após janeiro de 1990 (a questão não informa exatamente quando, sendo esta certamente a causa da anulação), João passou a exercer atividade urbana de pedreiro na condição de segurado empregado até os seus 60 anos idade completados em janeiro de 2011.

Com relação ao período de atividade rural, João não poderá se aposentar por idade pelo RGPS, conquanto já tenha alcançado a idade mínima de 60 anos (artigo 201, § 7º, inciso II[2], da Constituição de 1988),

---

2. § 7º É assegurada aposentadoria no regime geral de previdência social, nos termos da lei, obedecidas as seguintes condições: II – sessenta e cinco anos de idade, se homem, e sessenta anos de idade, se mulher, reduzido em cinco anos o limite para os tra-

pois esse período não serve para comprovar a carência de 180 meses, exigida para este benefício por força do artigo 25, inciso III, da Lei 8.213/91.

Por sua vez, mesmo considerando o período urbano, João não poderá se aposentar por idade, pois não atingiu a idade mínima de 65 anos, tendo em vista que os trabalhadores urbanos do sexo masculino aposentar-se-ão apenas nessa idade, não tendo direito à redução de idade mesmo que some com tempo rural, a teor do artigo 48, § 3º[3], da Lei 8.213/91.

Dessa forma, a letra A é falsa e a letra D é verdadeira. Ademais, a letra C também é falsa, pois não se tratou neste caso da aposentadoria especial, tendo em vista inexiste qualquer informação que João tenha trabalhado exposto a agentes nocivos à saúde.

No que concerne à letra B, que certamente conduziu à correta anulação desta questão pela FCC, inexistem elementos para verificar se João possui direito à aposentadoria por tempo de contribuição.

Isso porque a banca examinadora não colocou o termo inicial do vínculo de João como pedreiro, não sendo possível a contagem do segundo período laborativo. Em tese, João poderia se aposentar por tempo de contribuição, caso ambos os vínculos somados alcançassem 35 anos de contribuição, uma vez realizada a carência de 180 recolhimentos.

Outrossim, também inexistem elementos para aferir se a letra E é falsa ou verdadeira, tendo em conta a impossibilidade de contar o segundo vínculo de João para fins de carência, vez que não se sabe ao certo quando se iniciou.

Gabarito: anulada

---

129. (FCC – Técnico do Seguro Social – INSS/2012) Maria adotou uma criança de 6 (seis) anos de idade, sendo que a mãe biológica da criança já havia recebido o salário-maternidade. Nessa situação, Maria

a) não tem direito ao salário-maternidade.

b) tem direito ao salário-maternidade por 120 (cento e vinte) dias a contar da data da adoção.

c) tem direito ao salário-maternidade por 60 (sessenta) dias a contar da data da adoção.

d) tem direito ao salário-maternidade por 90 (noventa) dias a contar da data da adoção.

e) tem direito ao salário-maternidade por 30 (trinta) dias a contar da data da adoção.

COMENTÁRIOS

✪ **Nota dos autores:** DECISÃO JUDICIAL: INSS publica sentença da ACP nº 5019632-23.2011.404.7200, sobre salário-maternidade para mães adotantes (01/06/2012 – 15:51:00). O INSTITUTO NACIONAL DO SEGURO SOCIAL – INSS torna público que, em cumprimento à sentença de procedência proferida na ACP nº 5019632-23.2011.404.7200, em trâmite perante a 1ª Vara Federal de Florianópolis/SC, os benefícios de salário-maternidade em manutenção ou concedidos com fundamento no art. 71-A da Lei nº 8.213/91 (casos de adoção ou obtenção de guarda judicial para fins de adoção), passarão a ser devidos pelo prazo de 120 (cento e vinte dias), independentemente da idade do adotado, desde que cumpridos os demais requisitos legais para a percepção do benefício. Nos casos de salário-maternidade em manutenção, a prorrogação do prazo para 120 dias será efetivada de ofício pelo INSS, independentemente de requerimento administrativo da segurada.

Por força da Lei 12.873/2013, ao segurado ou segurada da Previdência Social que adotar ou obtiver guarda judicial para fins de adoção de criança é devido salário-maternidade pelo período de 120 (cento e vinte) dias, tendo sido unificado o prazo de 120 dias na adoção de criança de qualquer idade, bem como o benefício foi estendido aos segurados do sexo masculino.

Alternativas "a", "b", "c" e "d": Foram previstos outros prazos. Atualmente a "b" é certa.

Alternativa "e": De acordo com o artigo 71-A, em sua redação anterior, da Lei 8.213/91, "à segurada da Previdência Social que adotar ou obtiver guarda judicial para fins de adoção de criança é devido salário-maternidade pelo período de 120 (cento e vinte) dias, se a criança tiver até 1(um) ano de idade, de 60 (sessenta) dias, se a criança tiver entre 1 (um) e 4 (quatro) anos de idade, e de 30 (trinta) dias, se a criança tiver de 4 (quatro) a 8 (oito) anos de idade". Correta a época do concurso, atualmente é falsa.

Logo, na época da aplicação da prova, a adoção de criança de 06 anos de idade dará direito ao salário-maternidade por apenas 30 dias. Na atualidade, por força da Lei 12.873/2013, paga-se por 120 dias na adoção de criança de qualquer idade.

GABARITO DA ÉPOCA: E

GABARITO ATUAL: B

---

130. (FCC – Técnico do Seguro Social – INSS/2012) Joana trabalhou como empregada rural de janeiro

---

balhadores rurais de ambos os sexos e para os que exerçam suas atividades em regime de economia familiar, nestes incluídos o produtor rural, o garimpeiro e o pescador artesanal.

3. § 3º Os trabalhadores rurais de que trata o § 1º deste artigo que não atendam ao disposto no § 2º deste artigo, mas que satisfaçam essa condição, se forem considerados períodos de contribuição sob outras categorias do segurado, farão jus ao benefício ao completarem 65 (sessenta e cinco) anos de idade, se homem, e 60 (sessenta) anos, se mulher.

de 1978 a dezembro de 1979. Ela foi, também, escrevente do Poder Judiciário do Estado de São Paulo de janeiro de 1980 a janeiro de 1982, com regime próprio de previdência social. De janeiro de 1983 até janeiro de 2011 trabalhou no serviço público federal ao mesmo tempo em que ministrava aulas como professora em faculdade particular, regida pela CLT. Joana completou 60 anos em janeiro de 2011. Nessa situação, Joana

a) poderá computar no Regime Geral de Previdência Social tanto o período exercido como professora como o do serviço público federal.
b) não poderá computar o tempo de serviço como escrevente do Poder Judiciário do Estado de São Paulo.
c) não poderá receber aposentadoria por dois regimes previdenciários.
d) poderá receber aposentadoria por idade no Regime Geral de Previdência Social e aposentadoria por outro regime previdenciário.
e) não poderá computar o tempo de contribuição como empregada rural.

COMENTÁRIOS

✪ **Nota dos autores:** A contagem recíproca do tempo de contribuição é regulamentada pelos artigos 94/98, da Lei 8213/91, existindo restrições à contagem recíproca.

Alternativa "a": O período exercido no serviço público federal não poderá ser computado no RGPS, pois nesse período Maria exerceu atividade concomitante.

Alternativa "b": O tempo de serviço no RPPS do Estado de São Paulo será considerado, pois inexiste qualquer vedação legal.

Alternativa "c": É possível a percepção de mais de uma aposentadoria por regimes previdenciários diversos, desde que preenchidos separadamente os pressupostos legais, o que aconteceu no caso concreto.

No caso, Maria possui a idade mínima exigida na época da aposentadoria(60 anos, atualmente seria 62 anos) e a carência (180 contribuições) para se aposentar por idade no RGPS, caso utilize apenas a contagem do item 04. Outrossim, possui a idade mínima para se aposentar no RPPS com proventos proporcionais (60 anos), tendo em vista que possui 10 anos no serviço público e 05 anos no cargo da aposentação, caso utilize a contagem dos itens 02 e 03, na forma do artigo 40, § 1º, III, letra B, da Constituição de 1988, com proventos integrais (30 anos e 02 meses). Por outro lado, não poderá ser feita a contagem recíproca como empregada rural, pois não há informações sobre o pagamento da indenização previdenciária.

Alternativa "d": A contagem recíproca do tempo de contribuição é garantida no artigo 201, § 9º, da Constituição: "para fins de aposentadoria, será assegurada a contagem recíproca do tempo de contribuição entre o Regime Geral de Previdência Social e os regimes próprios de previdência social, e destes entre si, observada a compensação financeira, de acordo com os critérios estabelecidos em lei".

Por força do artigo 96, inciso II, para efeito de contagem recíproca, "é vedada a contagem de tempo de serviço público com o de atividade privada, quando concomitantes".

No caso dado Joana possui os seguintes tempos de contribuição:

1) 01/1978 – 12/1979 (antiga previdência rural – empregada rural – 02 anos);
2) 01/1980 – 01.1982 (Regime Próprio de Previdência Social do Estado de São Paulo – escrevente – 02 anos e 01 mês);
3) 01/1983 – 01/2011 (Regime Próprio de Previdência Social da União – 28 anos e 01 mês);
4) 01/1983 – 01/2011 (Regime Geral de Previdência Social – professora – 28 anos e 01 mês);

O tempo de trabalho de Joana como empregada rural (1978/1979) poderá ser computado no RGPS, independentemente de indenização, na forma do artigo 55, § 2º, da Lei 8.213/91, exceto para fins de carência. Contudo, para efeito de contagem recíproca em RPPS, será necessário o recolhimento da indenização, conforme determina o artigo 123, parágrafo único, do Decreto 3.048/99.

O tempo de contribuição no RPPS de São Paulo (1980/1982) pode ser utilizado para contagem recíproca, inexistindo restrição no caso dado.

De 1983 até 2011 foram exercidas atividades concomitantes que geraram filiações simultâneas ao RGPS e ao RPPS da União, não sendo possível a contagem recíproca, por força do artigo 96, II, da Lei 8.213/91.

Assim, ela poderá se aposentar tanto no RGPS quanto no RPPS.

Alternativa "e": O tempo de trabalho de Joana como empregada rural (1978/1979), para efeito de contagem recíproca em RPPS, para ser computado precisa do recolhimento da indenização, conforme determina o artigo 123,[4] do Decreto 3.048/99, o que não foi noticiado na questão. Por outro lado, pode ser

4. Art. 123. Para fins de concessão dos benefícios deste Regulamento, o tempo de serviço prestado pelo trabalhador rural anteriormente à competência novembro de 1991 será reconhecido, desde que devidamente comprovado. Parágrafo único. Para fins de contagem recíproca, o tempo de serviço a que se refere o caput somente será reconhecido

considerado no RGPS, a teor do artigo 55, § 2º[5], da Lei 8.213/91, exceto para fins de carência.

Alternativa correta: letra "d".

131. (FCC – Técnico do Seguro Social – INSS/2012) Maria é advogada, empregada de uma empresa desde 1990 e, a caminho do Fórum, bateu seu automóvel por cruzar o farol vermelho, sofrendo ferimentos que se agravaram em razão de Maria ser portadora de diabetes e a incapacitaram para suas atividades habituais, por mais de 15 (quinze) dias. Nessa situação, Maria

a) não terá direito a receber benefício acidentário, em razão de o acidente não ter ocorrido no local de trabalho.
b) não terá direito a benefício acidentário em razão de a incapacidade decorrer da diabetes.
c) receberá aposentadoria por invalidez acidentária.
d) não receberá benefício acidentário por estar dirigindo veículo próprio e não da empresa.
e) receberá auxílio-doença acidentário.

COMENTÁRIOS

✪ **Nota dos autores:** Existem acidentes que mesmo fora do local e do horário trabalho se equiparam ao acidente de trabalho pela existência de nexo com o labor: a) na execução de ordem ou na realização de serviço sob a autoridade da empresa; b) na prestação espontânea de qualquer serviço à empresa para lhe evitar prejuízo ou proporcionar proveito; c) em viagem a serviço da empresa, inclusive para estudo quando financiada por esta dentro de seus planos para melhor capacitação da mão-de-obra, independentemente do meio de locomoção utilizado, inclusive veículo de propriedade do segurado; d) no percurso da residência para o local de trabalho ou deste para aquela, qualquer que seja o meio de locomoção, inclusive veículo de propriedade do segurado.

Alternativas "a" e "d": A questão trata do acidente de trajeto, que ocorre quando o empregado se desloca ao local de trabalho, previsto no art. 21, IV, "d", da Lei 8.213/91, que equipara ao acidente de trabalho o acidente ocorrido "no percurso da residência para o local de trabalho ou deste para aquela, qualquer que seja o meio de locomoção, inclusive veículo de propriedade do segurado".

Alternativa "b": Observem que o acidente sofrido por Maria foi agravado devido à sua diabetes. Isso, no entanto, não afasta a natureza acidentária do acidente, pois o art. 21, I, da Lei 8.213/91 equipara ao acidente do trabalho "o acidente ligado ao trabalho que, embora não tenha sido a causa única, haja contribuído diretamente para a morte do segurado, para redução ou perda da sua capacidade para o trabalho, ou produzido lesão que exija atenção médica para a sua recuperação".

Alternativa "c": A questão não noticiou a ocorrência de invalidez.

Alternativa "e": O segurado empregado, o trabalhador avulso e o segurado especial são os que possuirão direito aos benefícios por acidente de trabalho, caso caracterizado. De acordo com o artigo 21, inciso IV, letra A, da Lei 8.213/91, equipara-se também ao acidente do trabalho o acidente sofrido pelo segurado ainda que fora do local e horário de trabalho, na execução de ordem ou na realização de serviço sob a autoridade da empresa. Logo, como Maria era advogada empregada e estava indo trabalhar no Fórum, sofrendo acidente automobilístico que gerou incapacidade para o trabalho, será devido benefício previdenciário por acidente de trabalho, pois caracterizado o infortúnio laboral.

Considerando que o acidente apenas incapacitou Maria para as suas atividades habituais por mais de 15 (quinze) dias, não a tornando inválida de maneira permanente, conclui-se que o benefício adequado é o auxílio-doença por acidente de trabalho, atualmente auxílio por incapacidade temporária para o trabalho (código B 91), e não a aposentadoria por invalidez (aposentadoria por incapacidade temporária).

Por fim, vale frisar que Maria já é segurada desde o ano de 1990 e que a diabetes apenas agravou a sua condição clínica, não sendo a causa determinante da incapacidade laboral, razão pela qual não exclui o acidente de trabalho por equiparação.

Alternativa correta: letra "e".

132. (FCC – Técnico do Seguro Social – INSS/2012) José recebe aposentadoria especial no Regime Geral de Previdência Social. Nessa situação, José

a) não poderá retornar ao mercado de trabalho.
b) não poderá retornar à função que ocupava anteriormente à aposentadoria.
c) gozará de isenção da contribuição previdenciária se retornar ao mercado de trabalho.
d) está inválido para o exercício da atividade laborativa.

---

mediante a indenização de que trata o § 13 do art. 216, observado o disposto no § 8º do 239.

5. § 2º O tempo de serviço do segurado trabalhador rural, anterior à data de início de vigência desta Lei, será computado independentemente do recolhimento das contribuições a ele correspondentes, exceto para efeito de carência, conforme dispuser o Regulamento.

e) deve provar o nexo de causalidade entre o agente nocivo e o trabalho desempenhado.

COMENTÁRIOS

✪ **Nota dos autores:** A aposentadoria especial é devida ao segurado exposto permanentemente a agentes nocivos à saúde previstos no Regulamento, não sendo permitido que após a sua concessão o segurado se mantenha desenvolvendo a atividade nociva a fim de preservar a sua saúde.

Alternativas "a" e "d": Vale ressaltar que o aposentado especial poderá continuar no mercado de trabalho sem qualquer sustação do benefício, mas em uma atividade laboral não nociva à sua saúde (letra A falsa), ou seja, que não gera o tempo de contribuição especial, não presumindo se tratar de um inválido, estando falsa a letra "d".

Alternativa "b": Determina o artigo 57, § 8º, da Lei 8.213/91, que "aplica-se o disposto no art. 46 ao segurado aposentado nos termos deste artigo que continuar no exercício de atividade ou operação que o sujeite aos agentes nocivos constantes da relação referida no art. 58 desta Lei".

O artigo 46, por sua vez, dispõe que "o aposentado por invalidez que retornar voluntariamente à atividade terá sua aposentadoria automaticamente cancelada, a partir da data do retorno".

Por tudo isso, conclui-se que o aposentado especial que continuar no exercício de atividade ou operação que o sujeite aos agentes nocivos previstos do Regulamento da Previdência Social terá o seu benefício "cancelado" (na verdade é uma suspensão), razão pela qual a letra B foi considerada correta pela FCC.

Contudo, note-se que a banca examinadora não foi técnica. Isso porque o artigo 57, § 8º, da Lei 8.213/91, não chega a proibir o retorno do aposentado especial à função que ocupava anteriormente à aposentadoria, mas apenas comina uma espécie de sanção previdenciária consistente na sustação da aposentadoria especial com o objetivo de proteger a sua saúde.

Até a publicação do Decreto 8.123/2013, o aposentado especial que retornava ao exercício de atividade que o sujeitasse aos agentes nocivos, ou nele permanecer, tinha o benefício cessado (art. 69, parágrafo único, Dec. 3.048/99). Embora o texto legal falasse em cancelamento do benefício, na prática, ele era suspenso, pois, uma vez que o segurado se afastasse da atividade, o seu benefício era restabelecido.

Observem, ainda, que com a nova redação do parágrafo único, do art. 69, do RPS, o segurado que retornar ao exercício de atividade ou operação que o sujeite aos riscos e agentes nocivos, ou nele permanecer, na mesma ou em outra empresa, qualquer que seja a forma de prestação do serviço ou categoria de segurado, será imediatamente notificado da cessação do pagamento de sua aposentadoria especial, no prazo de sessenta dias contado da data de emissão da notificação, salvo comprovação, nesse prazo, de que o exercício dessa atividade ou operação foi encerrado.

Assim, o segurado que se aposenta pela especial e que continua exercendo atividade sujeita a agente nocivo deve ser notificado antes de ser cessado o seu benefício e, se comprovar que deixou de exercer a atividade que ensejou a notificação, o benefício deve ser mantido. O segurado aposentado especial pode, todavia, exercer atividade comum, sem qualquer prejuízo.

Alternativas "c" e "e": Demais disso, não existe qualquer isenção em favor do aposentado especial que retorne ao trabalho, muito menos há a necessidade de provar o nexo de causalidade entre o agente nocivo e o trabalho desempenhado, sendo falsas as letras "c" e "e".

Alternativa correta: letra "b".

---

133. (FCC – Técnico do Seguro Social – INSS/2012) José foi segurado da Previdência Social até janeiro de 2010 e recebia a título de auxílio-doença R$ 580,00 (quinhentos e oitenta) reais. Nessa ocasião, envolveu-se com drogas e foi recolhido à prisão em regime fechado, fugindo em julho de 2011. Ele foi casado com Lídia com quem teve dois filhos, menores de 21 anos, na data do recolhimento à prisão. Posteriormente à prisão, Lídia separou-se de José e casou-se com João, em janeiro de 2011. Nessa situação,

a) Lídia não poderá receber auxílio-reclusão.

b) nenhum dependente poderá receber o auxílio-reclusão.

c) o auxílio-reclusão será devido a todos os dependentes, da data do recolhimento à prisão até a data da fuga.

d) o auxílio-reclusão será devido à Lídia, desde a data da prisão até suas novas núpcias.

e) o auxílio-reclusão será devido aos filhos de José, desde o recolhimento à prisão até que completem 21 anos.

COMENTÁRIOS

✪ **Nota dos autores:** Com o advento da Emenda Constitucional 20/1998, somente os segurados de baixa renda presos passaram a instituir auxílio-reclusão aos seus dependentes.

As novidades inseridas pela **MP 871/2019**, convertida na Lei 13.846/2019, válidas para as prisões a partir de 18/1/2019 (a lei do tempo rege o ato jurídico), é que se o segurado preso estiver em gozo de **salário-maternidade** ou de **pensão por morte** o auxílio-reclusão não poderá ser instituído em favor dos seus dependentes.

> **Importante:**
> O regramento da **Lei 13.846/2019** deve ser aplicado às prisões a contar de 18/1/2019. A regulamentação da caracterização da baixa renda do segurado preso passou a constar do artigo 80 da Lei 8.213/91, modificando a sistemática do Decreto 3.048/99, restando abandonado o critério do último salário de contribuição antes da prisão e **adotando a média dos 12 últimos salários de contribuição antes do recolhimento prisional**.

Eis os dispositivos inseridos no artigo 80 da Lei 8.213/91:

> "§ 3º Para fins do disposto nesta Lei, **considera-se segurado de baixa renda** aquele que, no mês de competência de recolhimento à prisão tenha renda, apurada nos termos do disposto no § 4º, de valor igual ou inferior àquela prevista no art. 13 da Emenda Constitucional nº 20, de 15 de dezembro de 1998, corrigido pelos índices aplicados aos benefícios do RGPS.
>
> § 4º A aferição da renda mensal bruta para enquadramento do segurado como de baixa renda ocorrerá pela **média dos salários de contribuição apurados no período de doze meses anteriores ao mês do recolhimento à prisão**".

Embora o critério de aferição de baixa renda seja mais justo, pois reflete a média dos salários de contribuição dos últimos 12 meses antes da prisão, ainda existem brechas que permitem manter a citada jurisprudência do STJ, pois não restou regulada a situação do segurado que não possui 12 salários de contribuição antes da prisão.

Isso porque é possível que o segurado esteja no período de graça de 24 ou 36 meses no momento da prisão ou mesmo esteja em gozo de auxílio-doença por mais de 12 meses (com a segregação prisional, o auxílio-doença será suspenso) ou mesmo se auxílio-acidente e não tenha salário de contribuição registrado no último ano antes da prisão.

Daí que, acaso o STJ mantenha a linha jurisprudencial, em inexistindo salário de contribuição nos últimos 12 meses antes da segregação prisional, certamente vai considerar o segurado sem renda e determinará a concessão do benefício do auxílio-reclusão aos seus dependentes.

> **Importante:**
> Por força da Lei 13.846/2019, regramento que deve ser aplicado às prisões a contar de 18/1/2019, **o regime prisional semi-aberto não enseja a concessão do auxílio-reclusão** (regime aberto sempre gerou auxílio-reclusão).

> **Importante:**
> Alteração normativa promovida no artigo 74, inciso I, da Lei 8.213/91 por intermédio da MP 871/2019, convertida na Lei 13.846/2019: A pensão por morte será devida ao conjunto dos dependentes do segurado que falecer, aposentado ou não, a contar da data: I - do óbito, **quando requerida em até cento e oitenta dias após o óbito, para os filhos menores de dezesseis anos**, ou em até noventa dias após o óbito, para os demais dependentes. Essa regra se aplica ao auxílio-reclusão, que é pago nas mesmas condições da pensão por morte.

Dessa forma, para as prisões ocorridas a partir da vigência da MP 871 (18/1/2019), no caso de beneficiário absolutamente incapaz (menor de 16 anos de idade), acaso o seu representante legal não ofereça requerimento administrativo do auxílio-reclusão em até 180 dias do óbito, o INSS não pagará os atrasados, gerando efeitos financeiros somente a partir da data de entrada do requerimento administrativo.

> **Importante:**
> Outra novidade da **Lei 13.846/2019** (inseriu os §§ 3º e 4º no artigo 74 da Lei 8.213/91, **aplicável ao auxílio-reclusão, que é pago nas mesmas condições da pensão por morte**) é que, acaso ajuizada a ação judicial para reconhecimento da condição de dependente, este poderá requerer a sua habilitação provisória ao benefício de auxílio-reclusão, exclusivamente para fins de rateio dos valores com outros dependentes, **vedado o pagamento da respectiva cota até o trânsito em julgado da decisão judicial que reconhecer a qualidade de dependente do autor da ação.**

Se julgada improcedente a ação citada, o valor retido será corrigido pelos índices legais de reajustamento e será pago de forma proporcional aos demais dependentes, de acordo com as suas cotas e o tempo de duração de seus benefícios.

Suponha-se que um segurado tenha sido preso na pendência de ação estadual de investigação de paternidade no Juízo de Família ajuizada por um suposto filho menor. Neste caso, o infante poderá requerer a habilitação provisória no benefício de auxílio-reclusão, sendo reservada a sua cota-parte pelo INSS, evitando prejuízos ao Erário de pagamento em duplicidade acaso haja o reconhecimento da qualidade de dependente.

Acaso a dependência seja negada, serão liberados os valores reservados aos demais dependentes, com a incidência da correção monetária.

O mesmo se aplica na hipótese de ajuizamento de ação judicial para o reconhecimento de união estável perante o INSS como incidente processual, na hipótese em que o pedido principal da ação seja a concessão do auxílio-reclusão.

> **Importante:**
>
> **O auxílio-reclusão dispensava sempre a carência**, a teor do artigo 26, I, da Lei 8.213/91, tendo sido frustrada a tentativa da MP 664/2014 de inserir carência, pois não aprovada na Lei 13.135/2015. **No entanto, a inserção de período de carência de 24 contribuições mensais para o auxílio-reclusão é fruto da MP 871/2019, convertida na Lei 13.846/2019** (essa tentativa já foi feita pela MP 664/2014 e foi derrubada no Congresso Nacional no ano de 2015 na lei de conversão 13.135), **operando-se somente para prisões a contar de 18/1/2019 (lei do tempo rege o ato jurídico).**

Considerando que o auxílio-reclusão possui carência de 24 recolhimentos mensais para ser deferido (MP 871/2019 – prisões a partir de 18/1/2019), nota-se que sempre será realizado o requisito das 18 contribuições mensais, pois, por óbvio, todo segurado que cumpriu a carência de 24 recolhimentos mensais terá antes realizado o pressuposto do cumprimento das 18 contribuições.

> **Importante:**
>
> Uma importante novidade surgiu com o advento da Lei 13.846/2019 (art. 76, §3º, da Lei 8.213/91), aplicável ao auxílio-reclusão, que é pago nas mesmas condições da pensão por morte. **É que, na hipótese de o segurado preso estar, na data de seu falecimento, obrigado por determinação judicial a pagar alimentos temporários a ex-cônjuge, ex-companheiro ou ex-companheira, o auxílio-reclusão será devido pelo prazo remanescente na data do óbito, caso não incida outra hipótese de cancelamento anterior do benefício"** (para prisões a partir de 18/1/2019).

A certidão judicial e a prova de permanência na condição de presidiário poderão ser substituídas pelo acesso à base de dados, por meio eletrônico, a ser disponibilizada pelo Conselho Nacional de Justiça, com dados cadastrais que assegurem a identificação plena do segurado e da sua condição de presidiário (novidade da Lei 13.846/2019).

Alternativa "b": José era segurado do RGPS na data do recolhimento à prisão e estava recebendo auxílio-doença na data do encarceramento. De acordo com o artigo 80, da Lei 8.213/91, "o auxílio-reclusão será devido, nas condições da pensão por morte, aos dependentes do segurado de baixa renda recolhido à prisão em regime fechado que não receber remuneração da empresa nem estiver em gozo de auxílio-doença, de pensão por morte, de salário-maternidade, de aposentadoria ou de abono de permanência em serviço".

Logo, mesmo José possuindo dependentes e sendo de baixa renda (o limite máximo para a caracterização da baixa renda é de até R$ 1.319,18 para o ano de 2018), os dependentes de José não terão direito ao auxílio-reclusão enquanto o auxílio-doença estiver sendo pago. Então nenhum dependente teria direito a esse benefício.

Alternativas "a", "c" "d" e "e": Não será devido o benefício.

Alternativa correta: letra "b".

134. (FCC – Técnico do Seguro Social – INSS/2012) Luciana possuía em dezembro de 1998, 21 (vinte e um) anos de contribuição para a Previdência Social, e continuou trabalhando até julho de 2005, quando completou 48 (quarenta e oito) anos de idade. Nessa situação, Lucia terá direito a

a) aposentadoria integral por tempo de contribuição.

b) aposentadoria especial.

c) aposentadoria por idade.

d) aposentadoria proporcional por tempo de contribuição.

e) aposentadoria por invalidez.

COMENTÁRIOS

✪ **Nota dos autores:** Para os segurados que ingressaram no RGPS após a Emenda 20/1998, apenas será concedida aposentadoria por tempo de contribuição com proventos integrais. Essa questão é resolvida pelo Direito Adquirido, pois a aposentadoria de Luciana ocorreu no ano de 2005.

Alternativas "a", "b", "c" e "e": Como Luciana não alcançou a 30 anos de contribuição, não possui direito ao benefício integral. Não se há de falar em concessão de aposentadoria por idade, pois ela não possui 60 anos de idade, muito menos em aposentadoria especial, pois não foi noticiada qualquer exposição a agente nocivo à saúde.

Alternativa "d": Com o advento da Emenda 20/1998, foi extinta a aposentadoria proporcional por tempo de serviço, passando a existir apenas a aposentadoria por tempo de contribuição integral (35 anos de contribuição para os homens e 30 anos de contribuição para as mulheres, com redução em 05 anos para os professores exclusivos do ensino básico), com renda de 100% do salário de benefício.

Antes, era prevista a aposentadoria por tempo de serviço proporcional, que era devida aos homens com 30 anos de serviço, bem como às mulheres com 25 anos, com renda de 70% do salário de benefício, acrescida de 6% por cada ano completo adicional de atividade, até o máximo de 100% do salário de benefício.

Contudo, para as pessoas que eram seguradas do RGPS em 16.12.1998, data de vigência da Emenda 20, a aposentadoria por tempo de contribuição proporcional foi mantida em regra de transição, à razão de 70% do salário de benefício, somado a 5% por ano de contribuição que supere a soma de 30 anos (homem) ou 25 anos de contribuição (mulher) com o "pedágio", até o limite de 100% do salário de benefício.

Mas o artigo 9º, da Emenda 20/1998, exige dois pressupostos para a concessão da aposentadoria por tempo de contribuição proporcional para os antigos segurados:

a) contar no mínimo com 53 anos de idade, se homem, e 48 anos de idade, se mulher;

b) um período adicional de contribuição equivalente a 40% do tempo que, na data da publicação da Emenda, faltaria para atingir o limite de tempo constante da alínea anterior ("pedágio").

No caso dado, Luciana possuía em dezembro de 1998 exatamente 21 anos de contribuição. Para se aposentar de maneira proporcional pela regra de transição da Emenda 20/1998, ela precisou alcançar 48 anos de idade e pagar um tempo adicional de 40% do que faltava para integralizar 25 anos de serviço na data da vigência da referida reforma constitucional.

Portanto, 40% de 04 anos (25 anos subtraído de 21 anos) perfaz 19,2 meses. Considerando que Luciana trabalhou de dezembro de 1998 até julho de 2005 (cerca de 06 anos e 07 meses – muito mais do que o "pedágio" de 19,2 meses), tendo atingido a 48 anos, conclui-se que ela terá direito à aposentadoria proporcional por tempo de contribuição (cerca de 27 anos e 07 meses de contribuição), razão pela qual a letra "d" é a correta.

Alternativa correta: letra "d".

---

135. (FCC – Técnico do Seguro Social – INSS/2012) Em relação ao auxílio-acidente, assinale a resposta INCORRETA.

a) Tem caráter indenizatório.

b) Cessa com o advento de qualquer aposentadoria.

c) Corresponde a 50% (cinquenta por cento) do salário de benefício.

d) Somente é devido após a consolidação das lesões decorrentes de acidente.

e) É devido se não houver a concessão do auxílio – doença previamente.

COMENTÁRIOS

✪ **Nota dos autores:** O objetivo do auxílio-acidente não é substituir salário de contribuição, e sim indenizar o segurado que foi acometido de sequela acidentária que reduziu a sua capacidade funcional para o trabalho habitual.

Alternativa "a": O auxílio-acidente possui natureza indenizatória da sequela acidentária que prejudicou a sua capacidade funcional para o trabalho habitual, não tendo o objetivo de substituir a renda do segurado ou o seu salário de contribuição. Nesse sentido, pontifica o artigo 86, da Lei 8.213/91, que "o auxílio-acidente será concedido, como indenização, ao segurado quando, após consolidação das lesões decorrentes de acidente de qualquer natureza, resultarem sequelas que impliquem redução da capacidade para o trabalho que habitualmente exercia".

Alternativa "b": Conforme prevê o artigo 86, § 3º, da Lei 8.213/91, o recebimento de salário ou concessão de outro benefício, exceto de aposentadoria, devendo ser cessado por ocasião da concessão de qualquer espécie de aposentadoria.

Alternativa "c": O auxílio-acidente corresponderá a 50% do salário de benefício, a teor do artigo 86, § 1º, da Lei 8.213/91.

Alternativa "d": Essa é a inteligência do *caput* do artigo 86, caput e § 2º, da Lei 8.213/91. Até a consolidação da sequela o segurado receberá o auxílio-doença (atualmente, auxílio por incapacidade temporária), que será convertido em auxílio-acidente empós a referida consolidação.

Alternativa "e": Em regra, a concessão do auxílio-acidente pressupõe a percepção do auxílio-doença (atualmente, auxílio por incapacidade temporária) pelo segurado acidentado. Nesse sentido, obtempera o artigo 86, § 2º, da Lei 8.213/91, que "o auxílio-acidente será devido a partir do dia seguinte ao da cessação do auxílio-doença (atualmente, auxílio por incapacidade temporária), independentemente de qualquer remuneração ou rendimento auferido pelo acidentado, vedada sua acumulação com qualquer aposentadoria". Contudo, por exceção, é possível a concessão apenas do auxílio-acidente, embora incomum, a exemplo da ausência de requerimento do auxílio-doença, mas esta hipótese excepcional não torna a alternativa E verdadeira.

Alternativa correta: letra "e".

---

136. (FCC – Técnico do Seguro Social – INSS/2012) Em relação ao salário-maternidade e ao salário-família pagos às seguradas empregadas, é correto afirmar que são

a) pagos pela empresa que poderá compensá-los com as contribuições incidentes sobre a folha de salários.

b) pagos pelo INSS.

c) pagos pelas empresas sem direito à compensação.

d) pagos pela Assistência Social.

e) indevidos às seguradas autônomas.

COMENTÁRIOS

✪ **Nota dos autores:** Apenas no caso de adoção ou de empregada de microempreendedor individual, caberá ao INSS pagar diretamente o salário-maternidade da empregada.

Alternativa "a": De acordo com os artigos 68[6] e 72, § 1º[7], da Lei 8.213/91, os benefícios previdenciários (não são benefícios da assistência social) do salário família e do salário-maternidade serão pagos à empregada pela empresa, que será reembolsada pela Previdência Social mediante compensação tributária quando do pagamento das cotas de contribuição previdenciária patronal, razão pela qual a letra A é a correta.

Alternativas "b", "c" e "d": O salário-maternidade será pago pela empresa com direito a reembolso pela Previdência, sendo benefício previdenciário, e não assistencial.

Alternativas "e", errada. A alternativa E está errada, pois o salário-maternidade é devido a todas as seguradas da previdência social (vide art. 73, da Lei 8.213/91).

Alternativa correta: letra "a".

---

137. (FCC – Técnico do Seguro Social – INSS/2012) José trabalhou como empregado na empresa São João Ltda., no período de 01/09/2004 a 01/09/2007, quando pediu demissão do emprego. Voltou a trabalhar em julho de 2010 e no terceiro mês de trabalho, outubro de 2010, foi acometido de apendicite que o impedia de exercer suas atividades habituais. Nessa situação, José

a) terá direito ao auxílio-doença.

b) terá direito à aposentadoria por invalidez.

c) terá direito ao auxílio-acidente.

d) não terá direito à aposentadoria por invalidez.

e) não terá direito ao auxílio-doença.

COMENTÁRIOS

✪ **Nota dos autores: Questão anulada.** A questão ainda traz os nomes dos benefícios anteriores a EC 103/2019, mas isso não altera a análise das alternativas. A regra de 1/3 da carência foi substituída pela regra de 1/2 da carência: Lei 13.457/2017, que inseriu novo artigo na Lei 8.213/91:

> **Art. 27-A.** No caso de perda da qualidade de segurado, para efeito de carência para a concessão dos benefícios de que trata esta Lei, o segurado deverá contar, a partir da nova filiação à Previdência Social, com metade dos períodos previstos nos incisos I e III do *caput* do art. 25 desta Lei. (Incluído pela lei nº 13.457, de 2017).

José possui três anos de contribuição entre os anos de 2004 e de 2007, desligando-se do emprego por ato próprio em 01.09.2007. Voltou a trabalhar em julho de 2010, quando readquiriu a qualidade de segurado do RGPS, quando, em outubro de 2010, foi acometido de apendicite que o impedia de exercer as suas atividades habituais.

Considerando que a apendicite não é uma doença grave, não estando na listagem pela Previdência Social, a concessão do auxílio-doença e da aposentadoria por invalidez requer a carência de 12 contribuições mensais, na forma do artigo 25, inciso I, da Lei 8.213/91.

A questão possui problemas graves de conteúdo. Isso porque outubro de 2010 foi o quarto mês de trabalho de José (começou em julho), e não o terceiro, o que certamente induziu vários candidatos em erro (e a própria FCC também) e ajudou a levar à sua anulação.

Ultrapassado esse erro que, apesar de material, é essencial, nota-se que após a sua refiliação ao RGPS José aparentemente possui quatro contribuições previdenciárias mensais a título de carência (julho, agosto, setembro e outubro), pois esta retroage ao primeiro dia do mês, a teor do artigo 24, da Lei 8.213/91[8].

Assim, conquanto existam dados mais detalhados na questão – pois seria necessário saber se a data de início da incapacidade laboral foi anterior ou posterior ao quarto recolhimento (outubro) – quando foi acometido de apendicite e se tornou incapaz para o trabalho, José supostamente já havia realizado a regra do artigo 24, parágrafo único[9], da Lei 8.213/91 (vigente na época do concurso), tendo cumprido 04 quatro contribuições mensais na sua segunda filiação (1/3 de 12 contribuições), razão pela qual as contri-

---

6. Art. 68. As cotas do salário-família serão pagas pela empresa, mensalmente, junto com o salário, efetivando-se a compensação quando do recolhimento das contribuições, conforme dispuser o Regulamento.
7. § 1º Cabe à empresa pagar o salário-maternidade devido à respectiva empregada gestante, efetivando-se a compensação, observado o disposto no art. 248 da Constituição Federal, quando do recolhimento das contribuições incidentes sobre a folha de salários e demais rendimentos pagos ou creditados, a qualquer título, à pessoa física que lhe preste serviço.
8. Art. 24. Período de carência é o número mínimo de contribuições mensais indispensáveis para que o beneficiário faça jus ao benefício, consideradas a partir do transcurso do primeiro dia dos meses de suas competências.
9. Parágrafo único. Havendo perda da qualidade de segurado, as contribuições anteriores a essa data só serão computadas para efeito de carência depois que o segurado contar, a partir da nova filiação à Previdência Social, com, no mínimo, metade do número de contribuições exigidas para o cumprimento da carência definida para o benefício a ser requerido.

buições anteriores podem ser somadas às atuais para efeito de carência do auxílio-doença e/ou da aposentadoria por invalidez.

Vele registrar que o próprio examinador foi induzido em seu erro. Isso porque o gabarito oficial preliminar apontou como alternativa correta a letra E (não terá direito ao auxílio-doença), enquanto José aparentemente havia realizado 1/3 da carência de 12 contribuições (04 contribuições mensais) e não apenas 03.

E pior. Se a letra E fosse correta, a letra D também seria, pois José também não teria ao benefício de aposentadoria por invalidez (que possui a mesma carência), inclusive porque uma mera apendicite não gera a invalidez permanente do segurado.

Uma vez afastado o erro material acima demonstrado, entende-se que a alternativa correta é a letra A, mas a FCC (com razoabilidade) resolveu anular a questão, diante de tantas falhas da própria banca examinadora. De toda forma, atualmente a alternativa "a" estaria errada e a alternativa "e" estaria certa, pois necessitaria cumprir 6 meses de contribuição para que as contribuições anteriores contassem para efeito de carência, então o segurado não teria mais o direito ao auxílio por incapacidade temporária.

GABARITO DA ÉPOCA: ANULADA

GABARITO ATUAL: E

---

138. (Cespe – Técnico do Seguro Social – INSS/2008) Julgue a assertiva que se segue a cada uma das situações hipotéticas referentes ao salário-família apresentadas em cada um dos itens subsequentes.

Carmen é segurada do regime geral da previdência social e está em gozo de auxílio-doença. Nessa situação, Carmen também tem direito de receber o salário-família pago diretamente pela previdência social.

COMENTÁRIOS

✪ **Nota dos autores: Questão anulada.** O art. 86, do Regulamento da Previdência Social, aprovado pelo Dec. 3.048/99, dispõe que o salário-família correspondente ao mês de afastamento do trabalho será pago integralmente pela empresa, pelo empregador doméstico, pelo sindicato ou órgão gestor de mão de obra, conforme o caso, enquanto aquele relativo ao mês da cessação de benefício será pago pelo Instituto Nacional do Seguro Social. Durante os períodos intermediários, o INSS efetua o pagamento do benefício. Observe-se, no entanto, que a questão possui duas falhas:

1. Não é fornecida pela proposição a categoria previdenciária de Carmem, e, como sabemos, o salário-família somente é devido para os empregados, avulsos e, a partir da LC 150/2015, para os empregados domésticos;
2. No mês de afastamento, o salário-família é pago pela empresa.

Por conta destas omissões, principalmente em relação à primeira delas, a questão foi anulada pela banca.

Gabarito: anulada

---

139. (Cespe – Técnico do Seguro Social – INSS/2008) Julgue a assertiva que se segue a cada uma das situações hipotéticas referentes ao salário-família apresentadas em cada um dos itens subsequentes.

Rubens e sua esposa Amélia têm, juntos, dois filhos, trabalham e são segurados do regime geral da previdência social, além de serem considerados trabalhadores de baixa renda. Nessa situação, o salário-família somente será pago a um dos cônjuges.

COMENTÁRIOS

O art. 82, § 3°, do Regulamento da Previdência Social, aprovado pelo Decreto 3.048/99, dispõe que, quando o pai e a mãe são segurados empregados ou trabalhadores avulsos, ambos têm direito ao salário-família.

Gabarito: errado

---

140. (Cespe – Técnico do Seguro Social – INSS/2008) Julgue a assertiva que se segue a cada uma das situações hipotéticas referentes ao salário-família apresentadas em cada um dos itens subsequentes.

Dalila, que é empregada doméstica e segurada do regime geral da previdência social, tem três filhos, mas não recebe salário-família. Nessa situação, apesar de ser considerada trabalhadora de baixa renda, Dalila não tem o direito de receber esse benefício.

COMENTÁRIOS

✪ **Nota dos autores:** A empregada doméstica passou a fazer jus ao benefício de salário-família a partir da LC 150, de 01/06/2015. Fiquem atentos!

Na data de realização desta prova, o salário-família era devido, mensalmente, ao segurado empregado, exceto o doméstico, e ao trabalhador avulso de baixa renda, na proporção do respectivo número de filhos ou equiparados. Assim, o trabalhador empregado doméstico não fazia jus a este benefício. **Em 2008, era certa a questão. Questão errada na atualidade.**

GABARITO DA ÉPOCA: CERTO

GABARITO ATUAL: ERRADO

141. (Cespe - Técnico do Seguro Social - INSS/2008) Em cada um dos itens subsequentes, é apresentada uma situação hipotética a respeito da aposentadoria por tempo de contribuição, seguida de uma assertiva a ser julgada.

Firmino foi professor do ensino fundamental durante vinte anos e trabalhou mais doze anos como gerente financeiro em uma empresa de exportação. Nessa situação, excluindo-se as regras de transição, Firmino pode requerer o benefício integral de aposentadoria por tempo de contribuição, haja vista a possibilidade de computar o tempo em sala de aula em quantidade superior ao efetivamente trabalhado, dada a natureza especial da prestação de serviço.

COMENTÁRIOS

A partir da Emenda Constitucional nº 18, de 30 de junho de 1981, não é permitida a conversão do tempo de exercício de magistério para qualquer espécie de benefício, exceto se o segurado implementou todas as condições até 29 de junho de 1981.

De acordo com o Tribunal Regional Federal da 3ª Região, "é possível o enquadramento da atividade de professor como especial, para posterior conversão, apenas até a promulgação da Emenda 18/81, que estabeleceu normas específicas para a aposentação dessa categoria profissional"[10].

Outrossim, conforme decidido pelo Tribunal Regional Federal da 1ª Região, "a partir da EC 18/81, que disciplinou a aposentadoria dos professores e revogou neste pormenor o Decreto nº 53.831/64 (item 2.1.4), deixou de existir a possibilidade da conversão do tempo especial de serviço de magistério para tempo comum"[11].

Ou seja, desde 30.06.1981, o tempo de serviço ou de contribuição do professor não se caracteriza como especial, conquanto haja uma redução em 05 anos no tempo de contribuição para a sua aposentadoria (atuação exclusiva no ensino básico), razão pela qual não há direito a conversão.

Vale ressaltar que não é possível a utilização da conversão de tempo comum em especial para a aposentadoria do professor, que exige 30 anos de contribuição (homens) ou 25 anos de contribuição (mulheres) exclusivamente no ensino básico, inclusive direção escolar, coordenação e assessoramento pedagógico, conforme posicionamento da TNU:

> "EMENTA CONSTITUCIONAL E PREVIDENCIÁRIO. PROFESSOR. CONVERSÃO DO TEMPO DE SERVIÇO PRESTADO SOB A ÉGIDE DA CLT. OPÇÃO POR APOSENTADORIA COMUM DO SERVIÇO PÚBLICO. 1. O Supremo Tribunal Federal, em diversos precedentes, tem entendido de maneira favorável à conversão do tempo de serviço especial prestado por professor, sob a égide da CLT, em tempo de serviço comum. 2. Entretanto, veda-se ao interessado usar este tempo para se aposentar como professor, aos 30 anos de tempo de serviço, haja vista que tal implicaria a fruição de duas benesses, de regimes diversos. Ele poderá apenas se aposentar como servidor estatutário comum, aos 35 anos. 3. Pedido de Uniformização conhecido e provido, de modo a determinar ao Instituto réu a expedição de certidão de tempo de contribuição em que o tempo de serviço prestado como professor sob a égide da CLT seja convertido em comum, mediante multiplicação pelo fator de 1,4 (PEDIDO 200570530018690, de 16.02.2009)".

Logo, o enunciado é errado, pois Firmino não terá direito à redução em cinco anos na sua aposentadoria por tempo de contribuição de professor, pois não integralizou 30 anos de contribuição exclusivamente no ensino básico, também não tendo direito a qualquer tipo de contagem de tempo diferenciada, pois desde 1981 o tempo de serviço do professor deixou de ser especial.

Gabarito: errado

142. (Cespe - Técnico do Seguro Social - INSS/2008) Renato era servidor municipal vinculado a regime próprio de previdência social havia 16 anos, quando resolveu trabalhar na iniciativa privada, em 1999. Nessa situação, o tempo de serviço prestado por Renato em outro regime é contado como tempo de contribuição, desde que haja a devida comprovação, certificada pelo ente público instituidor do regime próprio.

COMENTÁRIOS

✪ **Nota dos autores:** Poderá ainda haver contagem recíproca entre Regimes Próprios de Previdência Social de entes políticos diversos, ou mesmo com regimes previdenciários estrangeiros, se houver tratado internacional autorizando.

O direito à contagem recíproca do tempo de serviço já era previsto na Lei 6.226/75, sendo estampado expressamente na Constituição Federal de 1988 no seu artigo 201, § 9º, ao dispor que, " para fins de aposentadoria, será assegurada a contagem recíproca do tempo de contribuição entre o Regime Geral de Previdência Social e os regimes próprios de previdência

10. Passagem do julgamento da APELAÇÃO/REEXAME NECESSÁRIO 1.025.428, de 20.10.2008.
11. Passagem do julgamento da AC 200138000372364, de 21.11.2007.

social, e destes entre si, observada a compensação financeira, de acordo com os critérios estabelecidos em lei. ".

Por conseguinte, a contagem recíproca é o direito de os segurados computarem esse tempo de contribuição do RGPS, se houver migração para o RPPS, caso o trabalhador seja investido em cargo público efetivo de ente político que tenha criado um regime previdenciário para os seus servidores públicos permanentes, e vice-versa.

A regulamentação é promovida pelo artigo 94, da Lei 8.213/91, que autoriza a contagem recíproca do tempo de serviço (antes da Emenda 20/98) ou de contribuição, assim considerada como o direito do segurado de computar o período de filiação ao RGPS se houver migração para RPPS da União, estados, Distrito Federal ou municípios, e vice-versa, para fins de obtenção de benefício previdenciário, vedada a contagem de qualquer período fictício.

Para fins de contagem recíproca, deverá ser fornecida ao segurado uma certidão de tempo de contribuição – CTC, a ser emitida pelo INSS (RGPS) ou pelo órgão gestor do respectivo RPPS.

De acordo com o art. 96, VI, da Lei 8.213/1991, a emissão da CTC pelos órgãos gestores dos Regimes Próprios só podendo ser expedida para ex-servidor.

Por tudo isso, Renato terá direito à contagem recíproca do tempo de contribuição, devendo solicitar a CTC pelo gestor do RPPS que pertencia.

Gabarito: certo

---

143. (Cespe – Técnico do Seguro Social – INSS/2008) Durval, inscrito na previdência social na qualidade de contribuinte individual, trabalha por conta própria, recolhendo 11% do valor mínimo mensal do salário de contribuição. Nessa situação, para Durval fazer jus ao benefício de aposentadoria por tempo de contribuição, deverá recolher mais 9% daquele valor, acrescidos de juros.

COMENTÁRIOS

O contribuinte individual que trabalhe por conta própria sem vinculação a pessoa jurídica e o segurado facultativo que optaram pelo regime simplificado de recolhimento, ou seja, arrecadaram 11% sobre o salário mínimo, ao invés de 20%, ou de 5% sobre um salário mínimo no caso do microempreendedor individual, não terão direito a se aposentar por tempo de contribuição, na forma do artigo 21, § 2º, da Lei 8.212/91.

Todavia, caso esses segurados se arrependam, poderão complementar o recolhimento dos 9% com os respectivos juros legais para que possam se aposentar por tempo de contribuição, sendo essa contribuição exigida a qualquer tempo, sob pena de indeferimento do benefício.

Gabarito: certo

---

144. (Cespe – Técnico do Seguro Social – INSS/2008) Mário, segurado inscrito na previdência social desde 1972, requereu sua aposentadoria por tempo de contribuição. Nessa situação, a renda inicial da aposentadoria de Mário corresponderá à média aritmética simples dos salários-de-contribuição desde 1972, multiplicada pelo fator previdenciário.

COMENTÁRIOS

✪ **Nota dos autores:** O salário de benefício é um instituto exclusivo do Direito Previdenciário, regulado pelos artigos 28 a 32 da Lei 8.213/91, sendo utilizado para o cálculo da maioria dos benefícios do RGPS.

De efeito, na forma do artigo 28, da Lei 8.213/91, o valor do benefício de prestação continuada, *inclusive o regido por norma especial e o decorrente de acidente do trabalho*, exceto o salário-família e o salário-maternidade, será calculado com base no salário de benefício.

De acordo com o artigo 29, da Lei 8.213/91, com redação dada pela Lei 9.876/99, em regra, o salário de benefício corresponderá à média aritmética simples dos maiores salários de contribuição correspondentes a 80% de todo o período contributivo. Atualmente, com a EC 103/2019 não mais se permite o descarte dos 20% menores salários de contribuição para cálculo de qualquer benefício previdenciário.

No caso da aposentadoria por tempo de contribuição, para o cálculo do salário de benefício, essa média aritmética dos 80% maiores salários de contribuição do PBC (período básico de cálculo) ainda será obrigatoriamente multiplicada pelo fator previdenciário (salvo nos casos de cumprimento das fórmulas 86 e 96), que é facultativo para o cálculo do salário de benefício da aposentadoria por idade e da aposentadoria do deficiente.

Entretanto, conforme regra de transição contida artigo 3º, da Lei 9.876/99, para os segurados com filiação anterior a 29.11.1999, no cálculo do salário de benefício, apenas serão utilizados os salários de contribuição a partir da competência de julho de 1994, ou seja, após a criação da atual moeda.

Esse dispositivo transitório considerou a dificuldade de conversão das moedas anteriores, mas em determinados casos concretos poderá gerar enormes prejuízos no cálculo das aposentadorias, na hipótese de o segurado possuir as maiores contribuições previdenciárias justamente antes de julho de 1994.

Logo, no caso dado, apenas as contribuições pagas por Mário a partir de julho de 1994 serão consideradas no cálculo do salário de benefício, razão pela qual o enunciado é falso. Mesmo após a Reforma da Previdência, a base de cálculo dos benefícios somente considera as contribuições a partir de julho de 1994.

Gabarito: errado

---

145. (Cespe - Técnico do Seguro Social - INSS/2008) Leonardo, segurado empregado, trabalhou em uma empresa cujo prédio foi destruído por um incêndio na década de 80 do século XX, situação evidenciada por meio de registro junto à autoridade policial que acompanhou os fatos. Nessa situação, Leonardo poderá comprovar, com auxílio de testemunhas, o tempo trabalhado na empresa cujo prédio foi destruído, averbando esse período em pedido de aposentadoria por tempo de contribuição.

COMENTÁRIOS

De acordo com o artigo 55, § 3º, da Lei 8.213/91, a comprovação do tempo de serviço (atual tempo de contribuição), inclusive mediante justificação administrativa ou judicial, só produzirá efeito quando baseada em início de prova material contemporânea aos fatos, não sendo admitida prova exclusivamente testemunhal, salvo na ocorrência de motivo de força maior ou caso fortuito, conforme disposto no Regulamento.

Assim, em regra, apenas com documentos (início de prova material) é possível a comprovação do tempo de serviço ou de contribuição, não se admitindo o meio de prova exclusivamente testemunhal, dada a sua fragilidade em razão das constantes inverdades declaradas nas audiências previdenciárias.

Por exceção, caracteriza motivo de força maior ou caso fortuito a verificação de ocorrência notória, tais como incêndio, inundação ou desmoronamento, que tenha atingido a empresa na qual o segurado alegue ter trabalhado, devendo ser comprovada mediante registro da ocorrência policial feito em época própria ou apresentação de documentos contemporâneos dos fatos, e verificada a correlação entre a atividade da empresa e a profissão do segurado[12].

Por tudo isso, Leonardo realizou a exceção, razão pela qual o enunciado foi considerado correto.

Gabarito: certo

---

146. (Cespe - Técnico do Seguro Social - INSS/2008) Em cada um dos próximos itens, é apresentada uma situação hipotética a respeito do auxílio-acidente, seguida de uma assertiva a ser julgada.

Marcela, empregada doméstica, após ter sofrido grave acidente enquanto limpava a vidraça da casa de sua patroa, recebeu auxílio-doença por três meses. Depois desse período, foi comprovadamente constatada a redução de sua capacidade laborativa. Nessa situação, Marcela terá direito ao auxílio-acidente correspondente a 50% do valor que recebia a título de auxílio-doença.

COMENTÁRIOS

✪ **Nota do autor:** Com a publicação da LC 150, de 01/06/2015, os empregados domésticos passaram a ter direito ao auxílio-acidente.

Antes da Lei Complementar 150/2015, por força do artigo 18, §1º, da Lei 8.213/91, apenas teriam direito à percepção do auxílio-acidente o segurado empregado (doméstico não), o trabalhador avulso e o segurado especial.

Essa restrição legal justificava-se na medida em que apenas para esses três segurados era prevista a contribuição para o custeio dos benefícios por incapacidade (chamada por parte da doutrina de contribuição SAT), a teor do artigo 22, II e 25, II, ambos da Lei 8.212/91. Atualmente, o empregador doméstico deve pagar o SAT de seu empregado (0,8%) e este tem direito aos benefícios acidentários.

Apesar de o empregado doméstico, após a LC 150/2015, ter passado a ter o direito ao recebimento do auxílio-acidente, o gabarito se mantém falso, pois a renda é de 50% do salário de benefício que deu origem ao auxílio-doença do segurado, e não de 50% do valor que recebia a título de auxílio-doença.

Gabarito: errado

---

147. (Cespe - Técnico do Seguro Social - INSS/2008) Tomás, segurado empregado do regime geral da previdência social, teve sua capacidade laborativa reduzida por sequelas decorrentes de grave acidente. Nessa situação, se não tiver cumprido a carência de doze meses, Tomás não poderá receber o auxílio-acidente.

COMENTÁRIOS

✪ **Nota dos autores:** Auxílio-acidente, salário-família e pensão por morte nunca exigirão carência para a sua concessão.

O auxílio-acidente nunca exigirá carência para a sua concessão, nos termos do artigo 26, inciso I, da Lei 8.213/91, razão pela qual é falso o enunciado.

Gabarito: errado

---

148. (Cespe - Técnico do Seguro Social - INSS/2008) Em cada um dos itens seguintes, é apresentada uma situação hipotética acerca do salário-maternidade, seguida de uma assertiva a ser julgada.

Item I: Rute, professora em uma escola particular, impossibilitada de ter filhos, adotou gêmeas recém-nascidas cuja mãe falecera logo após o parto e que

12. Artigo 143, § 2º, do RPS.

não tinham parentes que pudessem cuidar delas. Nessa situação, Rute terá direito a dois salários-maternidade.

COMENTÁRIOS

✪ **Nota dos autores:** Para um estudo sobre o salário-maternidade o candidato não deve se limitar à Lei 8.213/91, sendo necessário ler os artigos do Regulamento, especialmente os artigos 93, 98 e 103.

De acordo com o artigo 93-A, § 4º, do Regulamento, quando houver adoção ou guarda judicial para adoção de mais de uma criança, é devido um único salário-maternidade relativo à criança de menor idade.

Gabarito: errado

Item II: Helena, grávida de nove meses de seu primeiro filho, trabalha em duas empresas de telemarketing. Nessa situação, Helena terá direito ao salário-maternidade em relação a cada uma das empresas, mesmo que a soma desses valores seja superior ao teto dos benefícios da previdência social.

COMENTÁRIOS

De acordo com o artigo 98, do Regulamento, no caso de empregos concomitantes, a segurada fará jus ao salário-maternidade relativo a cada emprego, razão pela qual Helena deverá perceber dois benefícios.

Ademais, é possível que os benefícios somados ultrapassem o teto do Regime Geral de Previdência Social.

No caso da segurada empregada e da trabalhadora avulsa, o valor do salário-maternidade poderá superar o teto do RGPS para o pagamento dos demais benefícios previdenciários, por força de entendimento do STF, que aplicou o Princípio da Isonomia na época, a fim de excluir a referida prestação do teto de R$ 1.200,00, instituído pela Emenda 20/98, conforme trecho abaixo colacionado:

> [...] E, na verdade, se se entender que a Previdência Social, doravante, responderá apenas por R$1.200,00 (hum mil e duzentos reais) por mês, durante a licença da gestante, e que o empregador responderá, sozinho, pelo restante, ficará sobremaneira, facilitada e estimulada a opção deste pelo trabalhador masculino, ao invés da mulher trabalhadora. Estará, então, propiciada a discriminação que a Constituição buscou combater, quando proibiu diferença de salários, de exercício de funções e de critérios de admissão, por motivo de sexo (art. 7º, inc. XXX, da C.F./88), proibição, que, em substância, é um desdobramento do princípio da igualdade de direitos, entre homens e mulheres, previsto no inciso I do art. 5º da Constituição Federal. Estará, ainda, conclamado o empregador a oferecer à mulher trabalhadora, quaisquer que sejam suas aptidões, salário nunca superior a R$1.200,00, para não ter de responder pela diferença. Não é crível que o constituinte derivado, de 1998, tenha chegado a esse ponto na chamada Reforma da Previdência Social, desatento a tais consequências. Ao menos não é de se presumir que o tenha feito, sem o dizer expressamente, assumindo a grave responsabilidade" (Passagem do julgamento da ADI/MC 1.946, de 29.04.1999)[13].

Por outro lado, o salário-maternidade da segurada empregada e da trabalhadora avulsa não poderá superar o teto do funcionalismo público, que é o subsídio dos Ministros do STF, na forma do artigo 248, da Constituição[14], cabendo à empresa arcar com a eventual diferença.

Por tudo isso, o enunciado foi considerado correto pelo CESPE.

Gabarito: certo

---

149. (Cespe – Técnico do Seguro Social – INSS/2008) Há oito meses, Edna, profissional liberal, fez sua inscrição na previdência social, na qualidade de contribuinte individual, passando a recolher regularmente as suas contribuições mensais. Dois meses depois da inscrição, descobriu que estava grávida de 1 mês, vindo seu filho a nascer, prematuramente, com sete meses. Nessa situação, não há nada que impeça Edna de receber o salário-maternidade, pois a carência do benefício será reduzida na quantidade de meses em que o parto foi antecipado.

COMENTÁRIOS

✪ **Nota dos autores:** A exigência de carência de 10 contribuições mensais para a concessão do salário-maternidade para a contribuinte individual é evitar que a trabalhadora se filie já grávida ao RGPS.

O pagamento do salário-maternidade para a segurada contribuinte individual pressupõe a carência de 10 contribuições mensais em dia antes

---

13. Em 03.04.2003, a Suprema Corte confirmou a liminar, julgando parcialmente procedente o pedido.

14. Art. 248. Os benefícios pagos, a qualquer título, pelo órgão responsável pelo regime geral de previdência social, ainda que à conta do Tesouro Nacional, e os não sujeitos ao limite máximo de valor fixado para os benefícios concedidos por esse regime observarão os limites fixados no art. 37, XI.

do parto, nos termos do artigo 25, inciso III, da Lei 8.213/91.

De acordo com parágrafo único do referido artigo, em caso de parto antecipado, o período de carência será reduzido em número de contribuições equivalente ao número de meses em que o parto foi antecipado.

Logo, como Edna teve bebê aos sete meses de gestação, a carência foi antecipada em dois meses, razão pela qual foi de oito meses, tendo Edna direito ao salário-maternidade.

Gabarito: certo

---

150. (Cespe – Técnico do Seguro Social – INSS/2008) Cláudia está grávida e exerce atividade rural, sendo segurada especial da previdência. Nessa situação, ela tem direito ao salário-maternidade desde que comprove o exercício da atividade rural nos últimos dez meses imediatamente anteriores à data do parto ou do requerimento do benefício, quando solicitado antes do parto, mesmo que a atividade tenha sido realizada de forma descontínua.

COMENTÁRIOS

✪ **Nota dos autores:** Para o segurado especial, a carência se realiza apenas com o número de meses de atividade campesina ou pesqueira para a subsistência equivalente ao número de contribuições mensais.

O pagamento do salário-maternidade para a segurada especial pressupõe a carência de 10 meses antes do parto de exercício de atividade campesina ou pesqueira para a subsistência, nos termos do artigo 25, inciso III, da Lei 8.213/91.

Vale lembrar que para o segurado especial a carência será realizada pelo mero exercício da atividade campesina ou pesqueira artesanal para subsistência, no período equivalente ao número de contribuições mensais exigidas.

Nesse sentido, de acordo com o artigo 93, § 2º, do Regulamento, será devido o salário-maternidade à segur

ada especial, desde que comprove o exercício de atividade rural nos últimos dez meses imediatamente anteriores à data do parto ou do requerimento do benefício, quando requerido antes do parto, mesmo que de forma descontínua.

Gabarito: certo

---

151. (Cespe – Técnico do Seguro Social – INSS/2008) Adriana, segurada da previdência, adotou Paula, uma menina de 9 anos de idade. Nessa situação, Adriana não tem direito ao salário-maternidade.

COMENTÁRIOS

✪ **Nota dos autores:** Por força de decisão judicial tomada na ação civil pública 5019632-23.2011.404.7200, da lavra da Vara Federal da Seção Judiciária de Santa Catarina, com aplicação em âmbito nacional, o INSS foi obrigado a conceder o salário-maternidade na adoção por 120 dias, independentemente da idade da criança ou do adolescente adotando. A referida sentença declarou *incidenter tantum* a inconstitucionalidade do artigo 71 – A, caput, segunda parte da Lei 8.213/91, por ofensa aos princípios e regras insculpidos no artigo 6º, caput, no artigo 203, I, e no art. 227, caput e § 6º, todos da Constituição Federal (no que diz respeito ao fracionamento do salário-maternidade e sua previsão em período inferior a 120 (cento e vinte) dias.

Por força da Lei 12.873/2013, ao segurado ou segurada da Previdência Social que adotar ou obtiver guarda judicial para fins de adoção de criança é devido salário-maternidade pelo período de 120 (cento e vinte) dias, tendo sido unificado o prazo de 120 dias na adoção de criança de qualquer idade, bem como o benefício foi estendido aos segurados do sexo masculino.

Antes da Lei 12.873/2013 a adoção de crianças com mais de 08 anos de idade não dava direito ao benefício previdenciário salário-maternidade. Nesse sentido, dispunha o artigo 71-A na sua redação antiga, da Lei 8.213/91, que "à segurada da Previdência Social que adotar ou obtiver guarda judicial para fins de adoção de criança é devido salário-maternidade pelo período de 120 (cento e vinte) dias, se a criança tiver até 1(um) ano de idade, de 60 (sessenta) dias, se a criança tiver entre 1 (um) e 4 (quatro) anos de idade, e de 30 (trinta) dias, se a criança tiver de 4 (quatro) a 8 (oito) anos de idade". **Na época da prova (2008) era verdadeira.**

GABARITO DA ÉPOCA: CERTO

GABARITO ATUAL: ERRADO

---

152. (Cespe – Técnico do Seguro Social – INSS/2008) Em cada um dos itens que se seguem, apresenta-se uma situação hipotética relacionada à aposentadoria por invalidez, seguida de uma assertiva a ser julgada.

Moacir, aposentado por invalidez pelo regime geral de previdência social, recusa-se a submeter-se a tratamento cirúrgico por meio do qual poderá recuperar sua capacidade laborativa. Nessa situação, devido à recusa, Moacir terá seu benefício cancelado imediatamente.

COMENTÁRIOS

✪ **Nota dos autores:** O INSS não pode condicionar a concessão ou a manutenção de benefício à realização de cirurgia ou de transfusão de sangue. Estes procedimentos serão sempre facultativos, estando dentro da esfera de autonomia da vontade do segurado para a preservação da sua dignidade humana.

✪ **Nota dos autores 2:** O artigo 101 da Lei 8.213/91, alterado pela MP 1.113/2022 dispõe que o segurado em gozo de auxílio por incapacidade temporária, auxílio-acidente ou aposentadoria por incapacidade permanente e o pensionista inválido, cujos benefícios tenham sido concedidos judicial ou administrativamente, estão obrigados, sob pena de suspensão do benefício, a submeter-se a:

> I – exame médico a cargo da Previdência Social para avaliação das condições que ensejaram sua concessão ou manutenção;
>
> II – processo de reabilitação profissional por ela prescrito e custeado; e
>
> III – tratamento dispensado gratuitamente, exceto o cirúrgico e a transfusão de sangue, que são facultativos.
>
> § 1º O aposentado por invalidez e o pensionista inválido que não tenham retornado à atividade estarão isentos do exame de que trata o caput deste artigo: (Redação dada pela lei nº 13.457, de 2017)
>
> I – após completarem 55 anos ou mais de idade e quando decorridos 15 anos da data da concessão da aposentadoria por invalidez ou do auxílio-doença que a precedeu; ou
>
> II – após completarem 60 anos de idade.
>
> § 2º A isenção de que trata o § 1o não se aplica quando o exame tem as seguintes finalidades:
>
> I – verificar a necessidade de assistência permanente de outra pessoa para a concessão do acréscimo de 25% sobre o valor do benefício, conforme dispõe o art. 45;
>
> II – verificar a recuperação da capacidade de trabalho, mediante solicitação do aposentado ou pensionista que se julgar apto;
>
> III – subsidiar autoridade judiciária na concessão de curatela, conforme dispõe o art. 110.

Logo, Moacir não poderá ter o seu benefício cancelado ou suspenso, pois a cirurgia e a transfusão de sangue são procedimentos facultativos, conforme disposto no art. 101, III, da Lei 8.213/91.

Gabarito: errado

---

153. (Cespe – Técnico do Seguro Social – INSS/2008) Daniel, aposentado por invalidez, retornou à sua atividade laboral voluntariamente. Nessa situação, o benefício da aposentadoria por invalidez será cassado a partir da data desse retorno.

COMENTÁRIOS

✪ **Nota dos autores:** Em regra, o retorno do aposentado por invalidez ao trabalho gera o cancelamento automático do benefício, salvo nos casos das mensalidades de recuperação (artigo 47, da Lei 8.213/91).

Na forma do artigo 46, da Lei 8.213/91, "o aposentado por invalidez que retornar voluntariamente à atividade terá sua aposentadoria automaticamente cancelada, a partir da data do retorno".

Gabarito: certo

---

154. (Cespe – Técnico do Seguro Social – INSS/2008) Rui sofreu grave acidente que o deixou incapaz para o trabalho, não havendo qualquer condição de reabilitação, conforme exame médico pericial realizado pela previdência social. Nessa situação, Rui não poderá receber imediatamente o benefício de aposentadoria por invalidez, pois esta somente lhe será concedida após o período de doze meses relativo ao auxílio-doença que Rui já esteja recebendo.

COMENTÁRIOS

✪ **Nota dos autores:** A concessão da aposentadoria por invalidez independe do prévio deferimento do auxílio-doença.

De acordo com o artigo 42, da Lei 8.213/91, "a aposentadoria por invalidez, uma vez cumprida, quando for o caso, a carência exigida, será devida ao segurado que, estando ou não em gozo de auxílio-doença, for considerado incapaz e insusceptível de reabilitação para o exercício de atividade que lhe garanta a subsistência, e ser-lhe-á paga enquanto permanecer nesta condição".

Logo, o enunciado é errado, pois é possível a concessão da aposentadoria por invalidez (atualmente, aposentadoria por incapacidade permanente) sem a anterior percepção do auxílio-doença (atualmente, auxílio por incapacidade temporária) por Rui.

Gabarito: errado

---

155. (Cespe – Técnico do Seguro Social – INSS/2008) José perdeu a mão direita em grave acidente ocorrido na fábrica em que trabalhava, e, por isso, foi aposentado por invalidez. Nessa situação, José não tem o direito de receber o adicional de 25% pago aos segurados que necessitam de assistência permanente, já que ele pode cuidar de si apenas com uma das mãos.

COMENTÁRIOS

De acordo com o artigo 45, da Lei 8.213/91, o valor da aposentadoria por invalidez (atualmente, aposentadoria por incapacidade permanente) do segurado que necessitar da assistência permanente de outra pessoa será acrescido de 25%.

A dificuldade é aferir caso a caso as hipóteses de pagamento do auxílio acompanhante, quando o aposentado precisar constantemente de uma pessoa para a sua assistência.

Estatui o Anexo I do Regulamento da Previdência Social:

> "ANEXO I – RELAÇÃO DAS SITUAÇÕES EM QUE O APOSENTADO POR INVALIDEZ TERÁ DIREITO À MAJORAÇÃO DE VINTE E CINCO POR CENTO PREVISTA NO ART. 45 DESTE REGULAMENTO.
>
> 1 - Cegueira total.
>
> 2 – Perda de nove dedos das mãos ou superior a esta.
>
> 3 - Paralisia dos dois membros superiores ou inferiores.
>
> 4 – Perda dos membros inferiores, acima dos pés, quando a prótese for impossível.
>
> 5 - Perda de uma das mãos e de dois pés, ainda que a prótese seja possível.
>
> 6 - Perda de um membro superior e outro inferior, quando a prótese for impossível.
>
> 7 – Alteração das faculdades mentais com grave perturbação da vida orgânica e social.
>
> 8 - Doença que exija permanência contínua no leito.
>
> 9 - Incapacidade permanente para as atividades da vida diária".

Assim, de acordo com o Regulamento, como José conserva os dois pés, não há direito ao acréscimo de 25% sobre a renda da sua aposentadoria por incapacidade permanente, mesmo tendo perdido uma das mãos.

Gabarito: certo

---

156. (Cespe – Técnico do Seguro Social – INSS/2008) Em cada um dos itens que se seguem, é apresentada uma situação hipotética acerca da aposentadoria especial, seguida de uma assertiva a ser julgada.

Getúlio julga-se na condição de requerer aposentadoria especial. Nessa situação, ele deverá instruir seu pedido com o perfil profissiográfico previdenciário, documento emitido pela empresa em que trabalha e embasado no laudo técnico das condições ambientais do trabalho que comprove as condições para habilitação de benefícios previdenciários especiais.

COMENTÁRIOS

✪ **Nota dos autores:** O perfil profissiográfico previdenciário é o formulário utilizado desde janeiro de 2004.

Pontifica o artigo 58, da Lei 8.213/91, que trata da aposentadoria especial, que a comprovação da efetiva exposição do segurado aos agentes nocivos será feita mediante formulário, na forma estabelecida pelo Instituto Nacional do Seguro Social, emitido pela empresa ou seu preposto, com base em laudo técnico de condições ambientais do trabalho expedido por médico do trabalho ou engenheiro de segurança do trabalho nos termos da legislação trabalhista, assim como a empresa deverá elaborar e manter atualizado perfil profissiográfico abrangendo as atividades desenvolvidas pelo trabalhador e fornecer a este, quando da rescisão do contrato de trabalho, cópia autêntica desse documento.

Gabarito: certo

---

157. (Cespe – Técnico do Seguro Social – INSS/2008) Leandro, segurado da previdência social, recebe adicional de periculosidade da empresa em que trabalha. Nessa situação, a condição de Leandro é suficiente para que ele esteja habilitado ao recebimento de aposentadoria especial, cujo tempo de contribuição é mitigado.

COMENTÁRIOS

✪ **Nota dos autores:** O Direito Previdenciário é autônomo ao Direito do Trabalho.

O simples recebimento do adicional de insalubridade ou de periculosidade, verba trabalhista, não gera necessariamente a contagem do tempo especial, conforme entendimento do STJ[15], tendo em vista serem diversas as sistemáticas do direito trabalhista e previdenciário.

Para a percepção da aposentadoria especial, é curial a comprovação pelo segurado, perante o Instituto Nacional do Seguro Social, do tempo de trabalho permanente, não ocasional nem intermitente, em condições especiais que prejudiquem a saúde, durante o período mínimo fixado, nos termos do artigo 57, § 3º, da Lei 8.213/91, não bastando para tanto a mera percepção de adicional de periculosidade ou insalubridade.

Gabarito: errado

15. EARESP 200702630250, de 17.02.2009.

158. (Cespe - Técnico do Seguro Social - INSS/2008) João trabalha, há dez anos, exposto, de forma não-ocasional nem intermitente, a agentes químicos nocivos. Nessa situação, João terá direito a requerer, no futuro, aposentadoria especial, sendo-lhe possível, a fim de completar a carência, converter tempo comum trabalhado anteriormente, isto é, tempo em que não esteve exposto aos agentes nocivos, em tempo de contribuição para a aposentadoria do tipo especial.

COMENTÁRIOS

✪ **Nota dos autores:** O regramento para concessão das aposentadorias especiais foi alterado com a EC 103/2019. Vejamos o art. 19 dessa Emenda:

Art. 19.

§ 1º até que lei complementar disponha sobre a redução de idade mínima ou tempo de contribuição prevista nos §§ 1º e 8º do art. 201 da Constituição Federal, será concedida aposentadoria:

I – aos segurados que comprovem o exercício de atividades com efetiva exposição a agentes nocivos químicos, físicos e biológicos prejudiciais à saúde, ou associação desses agentes, vedada a caracterização por categoria profissional ou ocupação, durante, no mínimo, 15, 20 ou 25 anos, nos termos do disposto nos arts. 57 e 58 da Lei 8.213, de 24 de julho de 1991, quando cumpridos:

a) 55 anos de idade, quando se tratar de atividade especial de 15 anos de contribuição;

b) 58 anos de idade, quando se tratar de atividade especial de 20 anos de contribuição; ou

c) 60 anos de idade, quando se tratar de atividade especial de 25 anos de contribuição;

De acordo com o artigo 57, caput, da Lei 8.213/91, a aposentadoria especial será devida, uma vez cumprida a carência, ao segurado que tiver trabalhado sujeito a condições especiais que prejudiquem a saúde ou a integridade física, durante 15 (quinze), 20 (vinte) ou 25 (vinte e cinco) anos.

Será possível a conversão de tempo de atividade sob condições especiais em tempo de atividade comum, caso o segurado não tenha atingido o tempo para a aposentadoria especial, passando a desenvolver uma atividade comum, conforme a seguinte tabela[16]:

Tempo a converter	Multiplicadores	
	Mulher (para 30)	Homem (para 35)
De 15 anos	2,00	2,33
De 20 anos	1,50	1,75
De 25 anos	1,20	1,40

Suponha-se que *Pedro* tenha trabalhado por 10 anos em atividade sujeita à aposentadoria especial de 25 anos de contribuição, tendo deixado o seu emprego. Em seguida, passou a trabalhar em atividade comum, em que a aposentadoria por tempo de contribuição ocorrerá em 35 anos.

Neste caso, observada a tabela acima colacionada, os 10 anos de contribuição deverão ser multiplicados pelo fator 1,4, transformando-se em 14 anos de contribuição. Consequentemente, Pedro deverá trabalhar em atividade comum por mais 21 anos, e não por mais 25 anos.

Vale registrar que esses fatores são extraídos por uma regra de três simples. Por exemplo, como 35 anos é 40% maior que 55 anos de contribuição, o fator de conversão será de 1,4.

Saliente-se que não há mais previsão legal para a conversão do tempo comum em especial, que inclusive é proibida pela Instrução Normativa INSS 77/2015 e pela pacífica jurisprudência.

Até o advento da Lei 9.032/95, era possível a conversão de tempo comum em especial, devendo ser respeitado este regramento para o tempo de serviço prestado até a sua vigência, em respeito ao Princípio do *Tempus Regit Actum*.

Assim, João não poderá converter tempo comum em especial, sendo falso o enunciado.

Gabarito: errado

159. (Cespe - Técnico do Seguro Social - INSS/2008) Em cada um dos itens seguintes, é apresentada uma situação hipotética relacionada à pensão por morte, seguida de uma assertiva a ser julgada.

Alexandre, caminhoneiro, sempre trabalhou por conta própria e jamais se inscreveu no regime geral da previdência social. Após sofrer um grave acidente, resolveu filiar-se à previdência. Seis meses depois, sofreu novo acidente e veio a falecer, deixando esposa e três filhos. Nessa situação, os filhos e a esposa de Alexandre não receberão a pensão por morte pelo fato de não ter sido cumprida a carência de doze meses.

16. Artigo 70, do RPS.

COMENTÁRIOS

A concessão da pensão por morte não exige carência, nos termos da redação do artigo 26, inciso I, da Lei 8.213/91. Como Alexandre era segurado da Previdência Social no momento do óbito, os seus dependentes teriam direito à pensão, pois não se exige carência para a pensão por morte.

Gabarito: errado

---

160. (Cespe – Técnico do Seguro Social – INSS/2008) Ernani, segurado do regime geral da previdência social, faleceu, e sua esposa requereu pensão 60 dias após o óbito. Nessa situação, esse benefício será iniciado na data do requerimento apresentado pela esposa de Ernani, visto que o pedido foi feito após o prazo definido pela legislação que dá direito a esse benefício.

COMENTÁRIOS

✪ **Nota dos autores:** Em gabarito preliminar, o CESPE considerou este enunciado correto. Contudo, após os recursos, o gabarito foi alterado para errado.

Para a banca examinadora, "o item está errado. De acordo com o art. 105 do RPS, aprovado pelo Decreto nº 3.048/1999, a pensão por morte será devida ao conjunto dos dependentes do segurado que falecer, aposentado ou não, a contar da data: a) do óbito, quando requerido até trinta dias depois deste; b) do requerimento, quando requerida após o prazo previsto no prazo anterior. Contudo, o item traz como afirmativa a data inicial do benefício que, de acordo com o § 1º do mesmo artigo é a data do óbito. Por essa razão, o item está errado, pois há diferença entre ser devido (a partir do requerimento) e a data do início do benefício, que é o óbito".

Procede a argumentação do CESPE, mas os prazos para pagamento da pensão por morte foram alterados. Vejamos a atual redação do art. 74, da Lei 8.212/91, alterada pela Lei 3.846/2019:

> Art. 74. A pensão por morte será devida ao conjunto dos dependentes do segurado que falecer, aposentado ou não, a contar da data:
>
> I - do óbito, quando requerida em até 180 (cento e oitenta) dias após o óbito, para os filhos menores de 16 (dezesseis) anos, ou em até 90 (noventa) dias após o óbito, para os demais dependentes;
>
> II - do requerimento, quando requerida após o prazo previsto no inciso anterior;
>
> III - da decisão judicial, no caso de morte presumida.

Em regra, a pensão por morte será paga a partir do óbito do segurado. Contudo, se postulada administrativamente após 90 dias do falecimento pelo maior de 16 anos ou 180 dias pelos menores de 16 anos, será devida apenas a partir da data de entrada do requerimento administrativo.

Vale ressaltar que, mesmo nos casos em que o requerimento do benefício é protocolizado após os prazos citados, a data de início do benefício será o dia do falecimento, mas apenas serão devidas as parcelas a contar da data do requerimento.

É que no dia da morte é que nasce o direito, independentemente de quando foi requerido o benefício. Nesse sentido, dispõe o artigo 105, inciso II, do RPS, que no caso de requerimento após os citados prazos, a data de início do benefício será a data do óbito, aplicados os devidos reajustamentos até a data de início do pagamento, não sendo devida qualquer importância relativa ao período anterior à data de entrada do requerimento.

Gabarito: errado

---

161. (Cespe – Técnico do Seguro Social – INSS/2008) José tem 20 anos de idade e recebe a pensão decorrente do falecimento de seu pai, Silas, de quem é filho único. Nessa situação, quando José completar a idade de 21 anos, o benefício será extinto, haja vista a inexistência de outros dependentes da mesma classe.

COMENTÁRIOS

A maioridade previdenciária ocorrerá aos 21 anos de idade ou mesmo antes, nos casos de emancipação, na forma do artigo 16, inciso I, da Lei 8.213/91. Apenas na hipótese de invalidez para o trabalho, deficiência mental ou intelectual e deficiência grave é que o filho de segurado maior de 21 anos de idade manterá a condição de dependente.

Na forma do artigo 77, § 3º, da Lei 8.213/91, com a extinção da parte do último pensionista a pensão extinguir-se-á, razão pela qual o enunciado é correto.

Gabarito: certo

---

162. (Cespe – Técnico do Seguro Social – INSS/2008) Com relação ao auxílio-doença, julgue os próximos itens.

Um segurado empregado do regime geral que tenha sofrido acidente no trajeto de sua casa para o trabalho tem direito ao recebimento do auxílio-doença pela previdência social a partir do primeiro dia de afastamento do trabalho.

COMENTÁRIOS

Pontifica o artigo 60, da Lei 8.213/91, que o auxílio-doença (atualmente, auxílio por incapacidade temporária) será devido ao segurado empregado a contar do 16° dia do afastamento da atividade, e, no caso dos demais segurados, a contar da data do início da incapacidade e enquanto ele permanecer incapaz.

Logo, no caso do segurado empregado, a data de início do benefício não será o dia de início da incapacidade (DII) laboral, e sim o 16º dia após ele, razão pela qual o enunciado é errado.

Gabarito: errado

---

163. (Cespe – Técnico do Seguro Social – INSS/2008) Uma segurada empregada que tenha ficado afastada do serviço durante dezoito meses em virtude de um acidente de trabalho não pode ser demitida durante os primeiros doze meses após seu retorno às atividades laborais.

COMENTÁRIOS

De acordo com o artigo 118, da Lei 8.213/91, "o segurado que sofreu acidente do trabalho tem garantida, pelo prazo mínimo de doze meses, a manutenção do seu contrato de trabalho na empresa, após a cessação do auxílio-doença acidentário, independentemente de percepção de auxílio-acidente".

Inicialmente, o CESPE considerou correto o enunciado, alterando-o para errado com a seguinte justificativa: "item está errado. Em verdade, durante o prazo de doze meses previsto pelo art. 118 da L. 8.213, o segurado tem a garantia de manutenção do seu contrato de trabalho na empresa, contudo poderá ser demitido caso cometa falta grave. Nesse sentido, a afirmação de que não pode ser demitido é incorreta". **A Banca considerou errada por conta da exceção à regra**

Gabarito: errado

---

164. (Cespe – Técnico do Seguro Social – INSS/2008) Uma segurada da previdência que esteja recebendo auxílio-doença é obrigada a submeter-se a exame pelo médico perito da previdência social e a realizar o processo de reabilitação profissional para desenvolver novas competências.

COMENTÁRIOS

✪ **Nota dos autores:** A cirurgia e a transfusão de sangue são procedimentos facultativos.

De acordo com o artigo 101, da Lei 8.213/91, "o segurado em gozo de auxílio-doença, aposentadoria por invalidez e o pensionista inválido estão obrigados, sob pena de suspensão do benefício, a submeter-se a exame médico a cargo da Previdência Social, processo de reabilitação profissional por ela prescrito e custeado, e tratamento dispensado gratuitamente, exceto o cirúrgico e a transfusão de sangue, que são facultativos".

Gabarito: certo

---

165. (Cespe – Técnico do Seguro Social – INSS/2008) Uma segurada contribuinte individual que tenha sofrido algum acidente que tenha determinado sua incapacidade temporária para a atividade laboral tem direito a receber auxílio-doença, cujo termo inicial deve corresponder à data do início da incapacidade, desde que o requerimento seja apresentado junto à previdência antes de se esgotar o prazo de 30 dias.

COMENTÁRIOS

De acordo com o art. 101, da Lei 8.213/91 o segurado em gozo de auxílio por incapacidade temporária, auxílio-acidente ou aposentadoria por incapacidade permanente e o pensionista inválido, cujos benefícios tenham sido concedidos judicial ou administrativamente, estão obrigados, sob pena de suspensão do benefício, a submeter-se a:

> I – exame médico a cargo da Previdência Social para avaliação das condições que ensejaram sua concessão ou manutenção;
>
> II – processo de reabilitação profissional por ela prescrito e custeado; e
>
> III – tratamento dispensado gratuitamente, exceto o cirúrgico e a transfusão de sangue, que são facultativos.

Gabarito: certo

---

166. (Cespe – Técnico do Seguro Social – INSS/2008) Em cada um dos itens seguintes, é apresentada uma situação hipotética acerca do auxílio-reclusão, seguida de uma assertiva a ser julgada.

Fabiano, segurado do regime geral de previdência, encontra-se preso e participa de atividades laborais na prisão, fato que lhe permite manter suas contribuições para a previdência social na qualidade de contribuinte individual. Sua esposa, Catarina, recebe auxílio-reclusão, por serem, Fabiano e ela, considerados, respectivamente, segurado e dependente de baixa renda. Nessa situação, enquanto Catarina receber o auxílio-reclusão, Fabiano não terá direito a nenhum tipo de aposentadoria nem a auxílio-doença.

COMENTÁRIOS

✪ **Nota dos autores:** Apenas o segurado preso precisa ser de baixa renda para a concessão do auxílio-reclusão, e não o seu dependente. Observem, também, que à época da realização da prova, o segurado preso que laborava deveria contribuir na categoria de contribuinte individual. Na legislação atual, o preso que trabalha só pode contribuir como segurado facultativo.

De acordo com o artigo 80, da Lei 8.213/91, "o auxílio-reclusão será devido nas condições da pensão por morte, aos dependentes do segurado de baixa renda recolhido à prisão em regime fechado que não receber remuneração da empresa nem estiver em gozo de auxílio-doença, de pensão por morte, de salário-maternidade, de aposentadoria ou de abono de permanência em serviço".

As novidades inseridas pela Lei 13.846/2019, válidas para as prisões a partir de 18/1/2019 (a lei do tempo rege o ato jurídico), é que se o segurado preso estiver em gozo de **salário-maternidade** ou de **pensão por morte** o auxílio-reclusão não poderá ser instituído em favor dos seus dependentes. Mas isso não influiu no gabarito desta questão.

Assim, não será possível a acumulação do auxílio-reclusão do dependente com a aposentadoria do segurado preso, razão pela qual o enunciado foi considerado correto.

Gabarito: certo

---

167. (Cespe – Técnico do Seguro Social – INSS/2008) Hugo, segurado do regime geral de previdência há menos de 10 anos, desempregado há seis meses, envolveu-se em atividades ilícitas, o que determinou sua prisão em flagrante. Nessa condição, caso Hugo seja casado, sua esposa faz jus ao auxílio--reclusão junto à previdência social.

COMENTÁRIOS

Trata-se de prestação previdenciária devida aos dependentes de segurado recolhido à prisão, desde que o segregado não esteja recebendo remuneração da empresa, aposentadoria de qualquer espécie, abono de permanência em serviço, salário-maternidade, pensão por morte ou auxílio-doença.

Com o advento da Emenda 20/98, houve uma restrição da proteção social do auxílio-reclusão, passando a ser exigido que o segurado preso seja enquadrado como baixa renda, conforme nova redação do artigo 201, inciso IV, da Constituição.

Apesar da omissão regulamentar, será cabível o benefício nos casos de prisão cautelar (temporária, em flagrante e preventiva), pois o segurado baixa renda não poderá exercer atividade laborativa para sustentar os seus dependentes.

Por força da Lei 13.846/2019 (art. 59, § 8º, da Lei 8.213/91), regramento que deve ser aplicado às prisões a contar de 18/1/2019, **o regime prisional semiaberto não enseja a concessão do auxílio-reclusão** (regime aberto sempre gerou auxílio-reclusão).

No caso concreto, apesar de desempregado, é possível concluir que Hugo ainda era segurado do RGPS no momento da prisão, pois ainda se encontrava no período de graça (artigo 15, inciso II, da Lei 8.213/91), pois não se passaram mais de 12 meses após a cessação das contribuições, e sim apenas 06 meses.

Em tese, se Hugo for de baixa renda, a sua esposa terá direito ao auxílio-reclusão. Contudo, a questão não trouxe essa significativa informação, razão pela qual se entende que deveria ter sido anulada pelo CESPE. **Questão errada pelo gabarito oficial.**

Gabarito: errado

---

168. (Cespe – Técnico do Seguro Social – INSS/2008) Para fins de obtenção de salário-maternidade, Lúcia, segurada especial, comprovou o exercício de atividade rural, de forma descontínua, nos dez meses anteriores ao início do benefício. Nessa situação, Lúcia tem direito ao salário-maternidade no valor de um salário mínimo.

COMENTÁRIOS

✪ **Nota dos autores:** Vale lembrar que para o segurado especial a carência será realizada pelo mero exercício da atividade campesina ou pesqueira artesanal para subsistência, no período equivalente ao número de contribuições mensais exigidas.

O pagamento do salário-maternidade para a segurada especial pressupõe a carência de 10 meses antes do parto de exercício de atividade campesina ou pesqueira para a subsistência, nos termos do artigo 25, inciso III, da Lei 8.213/91.

Nesse sentido, de acordo com o artigo 93, § 2º, do Regulamento, será devido o salário-maternidade à segurada especial, desde que comprove o exercício de atividade rural nos últimos dez meses imediatamente anteriores à data do parto ou do requerimento do benefício, quando requerido antes do parto, mesmo que de forma descontínua.

Gabarito: certo

---

169. (Cespe – Técnico do Seguro Social – INSS/2008) Lucas é beneficiário de aposentadoria especial em razão de ter trabalhado exposto a agentes nocivos durante um período que, de acordo com a lei pertinente, lhe garantiu o referido direito. Nessa situação, as despesas relativas ao pagamento da aposentadoria de Lucas devem ser custeadas com recursos arrecadados pela cobrança do seguro de acidente de trabalho.

COMENTÁRIOS

A conhecida contribuição SAT (seguro de acidente de trabalho) é prevista no artigo 22, inciso II, da Lei 8.212/91.

> "II – para o financiamento do benefício previsto nos arts. 57 e 58 da Lei no 8.213, de 24 de julho de 1991, e daqueles concedidos em razão do grau de incidência de incapacidade laborativa decorrente dos riscos ambientais do trabalho, sobre

o total das remunerações pagas ou creditadas, no decorrer do mês, aos segurados empregados e trabalhadores avulsos:

a) 1% (um por cento) para as empresas em cuja atividade preponderante o risco de acidentes do trabalho seja considerado leve;

b) 2% (dois por cento) para as empresas em cuja atividade preponderante esse risco seja considerado médio;

c) 3% (três por cento) para as empresas em cuja atividade preponderante esse risco seja considerado grave".

Assim, a contribuição SAT se destina ao financiamento da aposentadoria especial (benefício previsto nos artigos 57 e 58, da Lei 8.213/91) e dos benefícios decorrentes de acidente de trabalho.

Ainda existe outra contribuição que também objetiva custear a aposentadoria especial, sendo denominada de adicional SAT. De acordo com o artigo 57, § 6º, da Lei 8.213/91, "o benefício previsto neste artigo será financiado com os recursos provenientes da contribuição de que trata o inciso II do art. 22 da Lei no 8.212, de 24 de julho de 1991, cujas alíquotas serão acrescidas de doze, nove ou seis pontos percentuais, conforme a atividade exercida pelo segurado a serviço da empresa permita a concessão de aposentadoria especial após quinze, vinte ou vinte e cinco anos de contribuição, respectivamente".

Por tudo isso, entende-se que o enunciado é correto, discordando-se da banca examinadora, que apresentou gabarito oficial definitivo contrariando claramente o texto legal.

Gabarito: errado

---

170. (Cespe – Técnico do Seguro Social – INSS/2016) Ronaldo, segurado contribuinte individual da previdência social, optou pela contribuição de alíquota reduzida, de 11%, que exclui o direito ao benefício de aposentadoria por tempo de contribuição. Nessa situação, caso pretenda obter aposentadoria por tempo de contribuição, Ronaldo poderá fazer a complementação da diferença entre o percentual pago e o percentual devido, acrescida de juros moratórios.

COMENTÁRIOS

A assertiva está de acordo com o artigo 21, §3º, da Lei 8.212/91. Vejamos:

§ 3º O segurado que tenha contribuído na forma do § 2º deste artigo e pretenda contar o tempo de contribuição correspondente para fins de obtenção da aposentadoria por tempo de contribuição ou da contagem recíproca do tempo de contribuição a que se refere o art. 94 da Lei no 8.213, de 24 de julho de 1991, deverá complementar a contribuição mensal mediante recolhimento, sobre o valor correspondente ao limite mínimo mensal do salário-de-contribuição em vigor na competência a ser complementada, da diferença entre o percentual pago e o de 20% (vinte por cento), acrescido dos juros moratórios de que trata o § 3º do art. 5º da Lei no 9.430, de 27 de dezembro de 1996.

Ocorre que atualmente o benefício da aposentadoria por tempo de contribuição não existe mais desde a Reforma da Previdência promovida pela EC 103/2019.

Gabarito: certo

---

171. (Cespe – Técnico do Seguro Social – INSS/2016) Com base no disposto na Lei n.º 8.213/1991, que trata dos planos de benefícios da previdência social e dá outras providências, julgue os itens seguintes.

Não é considerada doença do trabalho a doença endêmica adquirida por segurado habitante de região em que ela se desenvolva, mesmo que essa doença seja resultante de contato direto determinado pela natureza do trabalho.

COMENTÁRIOS

De acordo com o artigo 20, §1º, d, da Lei 8.213/91, não se considera acidente do trabalho a doença endêmica adquirida por segurado habitante de região em que ela se desenvolva, **salvo comprovação de que é resultante de exposição ou contato direto determinado pela natureza do trabalho.**

Gabarito: errado

---

172. (Cespe – Técnico do Seguro Social – INSS/2016) Equipara-se ao acidente do trabalho o acidente sofrido pelo segurado, no local e no horário do trabalho, em consequência de desabamento, inundação, incêndio e outros casos fortuitos ou decorrentes de força maior.

COMENTÁRIOS

O artigo 21, II, da Lei 8.213/91 elucida a questão, equiparando a acidente de trabalha algumas situações listadas. Vejamos:

II – o acidente sofrido pelo segurado no local e no horário do trabalho, em consequência de:

a) ato de agressão, sabotagem ou terrorismo praticado por terceiro ou companheiro de trabalho;

b) ofensa física intencional, inclusive de terceiro, por motivo de disputa relacionada ao trabalho;

c) ato de imprudência, de negligência ou de imperícia de terceiro ou de companheiro de trabalho;

d) ato de pessoa privada do uso da razão;

e) desabamento, inundação, incêndio e outros casos fortuitos ou decorrentes de força maior;

Gabarito: certo

---

173. (Cespe – Técnico do Seguro Social – INSS/2016) Em fevereiro de 2016, Valdemar, que era empregado pelo regime celetista e recebia um salário mínimo de sua empregadora, foi demitido e, 30 dias depois, condenado à pena de prisão em regime fechado. Ele é casado com Idalina, com quem tem dois filhos menores.

Considerando essa situação hipotética, julgue os itens que se seguem, com base nos regramentos previdenciários acerca do auxílio-reclusão.

Como Valdemar é segurado de baixa renda da previdência social, ele e seus dependentes fazem jus ao recebimento do valor correspondente ao auxílio-reclusão, que é de um salário mínimo, a ser rateado entre eles.

COMENTÁRIOS

✪ **Nota dos autores:** O artigo 382, §§ 4º e 5º da IN 77/2015, alterado pela IN 85/2016, dispõe que o cumprimento de pena em prisão domiciliar não impede o recebimento do benefício de auxílio-reclusão pelo dependente, se o regime previsto for o fechado ou semiaberto. A monitoração eletrônica do instituidor do benefício de auxílio-reclusão não interfere no direito do dependente ao recebimento do benefício, uma vez que tem a função de fiscalizar o preso, desde que mantido o regime semiaberto ou a prisão domiciliar.

Por força da Lei 13.846/2019, regramento que deve ser aplicado às prisões a contar de 18/1/2019, **o regime prisional semi-aberto não enseja a concessão do auxílio-reclusão** (regime aberto sempre gerou auxílio-reclusão).

De acordo com o art. 80, da Lei 8.213/91, o auxílio-reclusão será devido, nas mesmas condições da pensão por morte, **aos dependentes do segurado recolhido à prisão**, que não receber remuneração da empresa nem estiver em gozo de auxílio-doença, de aposentadoria ou de abono de permanência em serviço. Nota-se que tal benefício é devido apenas aos dependentes dos segurados, não podendo ser pago ao próprio segurado. Desta forma, a questão está errada ao afirmar que Valdemar também faz jus ao auxílio-reclusão.

Gabarito: errado

---

174. (Cespe – Técnico do Seguro Social – INSS/2016) Assim que terminar de cumprir a pena, Valdemar deixará de ser segurado da previdência social.

COMENTÁRIOS

De acordo com o art. 15, da Lei 8.213/91, mantém a qualidade de segurado independentemente de contribuição por até 12 meses após o livramento, o segurado retido ou recluso, logo Valdemar não perderá a qualidade de segurado assim que terminar de cumprir a pena.

Gabarito: errado

4. TEMAS DIVERSOS

---

175. (Cesgranrio – Técnico Previdenciário – INSS/2005) A Previdência Social é o segmento da Seguridade Social que visa a propiciar os meios indispensáveis à subsistência da pessoa humana, quando ocorrer certa contingência prevista em lei. São beneficiários das prestações previdenciárias:

a) somente os segurados.

b) segurados e seus dependentes.

c) toda e qualquer pessoa que já tiver contribuído para a Previdência Social, pelo menos com 01 (uma) contribuição mensal, sendo indiferente o período de tal recolhimento.

d) aqueles que sofrerem riscos sociais, tais como incapacidade laborativa e idade avançada, independente de contribuição à Previdência Social.

e) todos os brasileiros, independente de contribuição à Previdência Social.

COMENTÁRIOS

✪ **Nota dos autores:** Somente as pessoas naturais poderão se enquadrar como segurados e dependentes, jamais as pessoas jurídicas.

Alternativa "b" (responde também a alternativa "a"): Nos termos do artigo 10, da Lei 8.213/91, os beneficiários do Regime Geral de Previdência Social classificam-se como segurados e dependentes, razão pela qual a letra "b" é correta e a letra "a" é falsa.

Alternativa "c": os dependentes não pagam as contribuições previdenciárias e são beneficiários do RGPS. Ademais, existem benefícios previdenciários dos segurados que demandam carência para a sua concessão, não sendo devidos apenas com o recolhimento de uma contribuição previdenciária.

Alternativa "d" (responde também a alternativa "e"): pois a condição de segurado do RGPS (e por derivação a de dependente do segurado) pressupõe uma relação jurídico-tributária de custeio, consistente no recolhimento da contribuição previdenciária, **sendo também falsa a letra "e"**.

Alternativa correta: letra "b".

---

176. (FCC – Técnico do Seguro Social – INSS/2012) Em relação às fontes do direito previdenciário:

a) o memorando é fonte primária.

b) a orientação normativa é fonte primária.

c) a instrução normativa é fonte secundária

d) a lei delegada é fonte secundária.

e) a medida provisória é fonte secundária.

COMENTÁRIOS

✪ **Nota dos autores:** As fontes do Direito Previdenciário são as origens das normas-regra e normas principiológicas dessa disciplina jurídica.

Alternativa "a": O memorando é fonte secundária.

Alternativa "b": A orientação normativa é fonte secundária.

Alternativa "c": As fontes primárias são as que poderão inovar no mundo jurídico, desde que respeitada a Constituição Federal, criando direito e obrigações. São fontes primárias: leis complementares, leis ordinárias, leis delegadas e medidas provisórias.

Já as fontes secundárias não poderão contemplar novos direitos e obrigações, mas apenas regulamentar as fontes primárias para o seu fiel cumprimento. São fontes secundárias: decretos, instruções normativas, resoluções, portarias, memorandos, orientações internas e outras.

Por isso, apenas a letra C é correta.

Alternativa "d": A lei delegada é fonte primária.

Alternativa "e": A medida provisória é fonte primária.

Alternativa correta: letra "c".

---

177. (FCC – Técnico do Seguro Social – INSS/2012) A interpretação da legislação previdenciária deve observar

a) o costume, quando mais favorável ao segurado.

b) a Jurisprudência do Juizado Especial Federal.

c) a analogia, quando mais favorável ao segurado.

d) os princípios gerais de direito, na omissão legislativa.

e) o princípio do in dúbio pro societate em qualquer situação.

COMENTÁRIOS

Alternativa "a": Quando inexistir uma regra jurídica para determinado caso, o aplicador da lei deverá promover a sua integração. Nesse sentido, de acordo com o artigo 4º, da Lei de Introdução às Normas do Direito Brasileiro, "quando a lei for omissa, o juiz decidirá o caso de acordo com a analogia, os costumes e os princípios gerais de direito". Assim, os costumes são fontes de integração quando existir lacuna jurídica, independentemente de sua aplicação ser favorável ou não ao segurado, razão pela qual o item foi considerado errado.

Alternativa "b": A jurisprudência é formada com base na interpretação dos tribunais das normas jurídicas. Assim, em uma visão tradicional, a jurisprudência não é fonte do direito, pois não cria normas jurídicas.

Alternativa "c": De acordo com o artigo 4º, da Lei de Introdução às Normas do Direito Brasileiro, "quando a lei for omissa, o juiz decidirá o caso de acordo com a analogia, os costumes e os princípios gerais de direito". Assim, a analogia é fonte de integração quando existir lacuna jurídica, independentemente de sua aplicação ser favorável ou não ao segurado, razão pela qual o item foi considerado errado.

Alternativa "d": Os princípios gerais do direito são fontes de integração do direito na hipótese de omissão legislativa, a teor do artigo 4º, da Lei de Introdução às Normas do Direito Brasileiro.

Alternativa "e": A doutrina previdenciária não sustenta a aplicação do princípio do "in dubio pro societate" no Direito Previdenciário, e sim existe corrente que defende a aplicação do "in dubio pro misero".

Alternativa correta: letra "d".

---

178. (FCC – Técnico do Seguro Social – INSS/2012) Como regra, o beneficiário deve receber diretamente o benefício devido pelo INSS. Porém, admite-se a constituição de procurador. Nessa situação,

a) a procuração tem validade de 6 (seis) meses, podendo ser revalidada ou renovada pelo INSS.

b) a procuração poderá ser outorgada a parente de servidores públicos civis ativos até o terceiro grau.

c) pode ser outorgada procuração coletiva nos casos de representantes de asilos.

d) a procuração tem validade de 12 (doze) meses, não se admitindo a renovação.

e) pode ser outorgada procuração aos militares ativos, sem grau de parentesco com o beneficiário.

COMENTÁRIOS

Alternativa "a" (responde também a alternativa "d"): Pontifica o artigo 156, do Regulamento da

Previdência Social, que "o benefício será pago diretamente ao beneficiário, salvo em caso de ausência, moléstia contagiosa ou impossibilidade de locomoção, quando será pago a procurador, cujo mandato não terá prazo superior a doze meses, podendo ser renovado ou revalidado pelos setores de benefícios do Instituto Nacional do Seguro Social".

Logo, o prazo de validade da procuração previdenciária será de 12 meses, podendo ser revalidada pelo próprio INSS.

Alternativa letra "b" (responde também a alternativa "e"): Por sua vez, determina o artigo 160, do RPS:

> "Art. 160. Não poderão ser procuradores:
>
> I – os servidores públicos civis ativos e os militares ativos, salvo se parentes até o segundo grau; e
>
> II – os incapazes para os atos da vida civil, ressalvado o disposto no art. 666 do Código Civil."

Alternativa "c": Demais disso, na forma do artigo 159, do Regulamento, "somente será aceita a constituição de procurador com mais de uma procuração, ou procurações coletivas, nos casos de representantes credenciados de leprosários, sanatórios, asilos e outros estabelecimentos congêneres, nos casos de parentes de primeiro grau, ou, em outros casos, a critério do Instituto Nacional do Seguro Social", estando correta a letra "c".

Alternativa correta: letra "c".

---

179. (FCC – Técnico do Seguro Social – INSS/2012) José exerceu atividade rural em regime de parceria com João, não tinha empregados, contava com a ajuda de seus familiares para o cultivo de subsistência e pretende aposentar-se por idade, em 2011, no valor mínimo. Nessa situação, José deve

a) comprovar o exercício de atividade rural no período de 36 meses que antecedem o requerimento do benefício.

b) comprovar o exercício de atividade rural por contrato de parceria firmado em 2011, por seu parceiro, João.

c) comprovar o exercício de atividade rural no período de 180 meses que antecedem o benefício, por prova testemunhal.

d) requerer o processamento de justificação administrativa, acompanhada de início de prova documental.

e) apresentar declaração de duas testemunhas com firma reconhecida em cartório.

COMENTÁRIOS

Como a questão informa que José exerceu atividade rural em regime de economia familiar, sem empregados, contando apenas com a ajuda do seu parceiro (contrato de parceria) João, conclui-se que José é segurado especial da Previdência Social, a teor do artigo 11, inciso VII, letra A, da Lei 8.213/91[17].

Assim, para fazer jus ao benefício de aposentadoria por idade na condição de segurado especial em 2011, além da idade mínima de 60 anos de idade, José deverá comprovar o exercício da atividade campesina por 180 meses, ainda que de forma descontínua, com base no artigo 25, inciso II, da Lei 8.213/91, combinado com o artigo 26, § 1º[18], do Regulamento da Previdência Social (Decreto 3.048/99).

Contudo, a comprovação da atividade rural por 180 meses deverá ser feita pelo início de prova material, nos termos do artigo 55, § 3º[19], da Lei 8.213/91, não se admitindo prova exclusivamente testemunhal, salvo caso fortuito ou de forma maior[20].

---

17. VII – como segurado especial: a pessoa física residente no imóvel rural ou em aglomerado urbano ou rural próximo a ele que, individualmente ou em regime de economia familiar, ainda que com o auxílio eventual de terceiros, na condição de: (Redação dada pela Lei nº 11.718, de 2008) a) produtor, seja proprietário, usufrutuário, possuidor, assentado, parceiro ou meeiro outorgados, comodatário ou arrendatário rurais, que explore atividade: (Incluído pela Lei nº 11.718, de 2008) 1. agropecuária em área de até 4 (quatro) módulos fiscais; (Incluído pela Lei nº 11.718, de 2008) 2. de seringueiro ou extrativista vegetal que exerça suas atividades nos termos do inciso XII do caput do art. 2º da Lei nº 9.985, de 18 de julho de 2000, e faça dessas atividades o principal meio de vida.
18. § 1º – Para o segurado especial, considera-se período de carência o tempo mínimo de efetivo exercício de atividade rural, ainda que de forma descontínua, igual ao número de meses necessário à concessão do benefício requerido.
19. § 3º A comprovação do tempo de serviço para os efeitos desta Lei, inclusive mediante justificação administrativa ou judicial, conforme o disposto no art. 108, só produzirá efeito quando baseada em início de prova material, não sendo admitida prova exclusivamente testemunhal, salvo na ocorrência de motivo de força maior ou caso fortuito, conforme disposto no Regulamento.
20. Pontifica o artigo 143, § 2º, do Regulamento, que caracteriza motivo de força maior ou caso fortuito a verificação de ocorrência notória, tais como incêndio, inundação ou desmoronamento, que tenha atingido a empresa na qual o segurado alegue ter trabalhado, devendo ser comprovada mediante registro da ocorrência policial feito em época própria ou apresentação de documentos contemporâneos dos fatos, e verificada a correlação entre a atividade da empresa e a profissão do segurado.

Nesse sentido, pontifica a Súmula 149, do STJ, que "a prova exclusivamente testemunhal nas basta a comprovação da atividade rurícola, para efeito da obtenção de benefício previdenciário".

Contudo, é necessário que os documentos produzidos para suprir o início de prova material da condição de trabalhador rural sejam contemporâneos à carência. De acordo com a Súmula 34, da Turma Nacional de Uniformização de Jurisprudência dos Juizados Especiais Federais (TNU), "para fins de comprovação do tempo de labor rural, o início de prova material deve ser contemporâneo à época dos fatos a provar".

Desta forma, podem ser apresentados os documentos previstos no artigo 106, da Lei 8.213/91:

> "Art. 106. A comprovação do exercício de atividade rural será feita, complementarmente à autodeclaração de que trata o § 2º e ao cadastro de que trata o § 1º, ambos do art. 38-B desta Lei, por meio de, entre outros:
>
> ...
>
> II – contrato de arrendamento, parceria ou comodato rural;
>
> ...
>
> V - Declaração de Aptidão ao Programa Nacional de Fortalecimento da Agricultura Familiar, de que trata o inciso II do caput do art. 2º da Lei nº 12.188, de 11 de janeiro de 2010, ou por documento que a substitua;
>
> V – bloco de notas do produtor rural;
>
> VI – notas fiscais de entrada de mercadorias, de que trata o § 7º do art. 30 da Lei nº 8.212, de 24 de julho de 1991, emitidas pela empresa adquirente da produção, com indicação do nome do segurado como vendedor;
>
> VII – documentos fiscais relativos a entrega de produção rural à cooperativa agrícola, entreposto de pescado ou outros, com indicação do segurado como vendedor ou consignante;
>
> VIII – comprovantes de recolhimento de contribuição à Previdência Social decorrentes da comercialização da produção;
>
> IX – cópia da declaração de imposto de renda, com indicação de renda proveniente da comercialização de produção rural; ou
>
> X – licença de ocupação ou permissão outorgada pelo Incra.."

Alternativa "a": A carência é de 180 meses, e não de 36 meses.

Alternativa "b": Um contrato de parceria firmado apenas em 2011, ano do requerimento, não constitui início de prova material, pois não é contemporâneo à carência, sendo um documento novo que não será aceito pelo INSS.

Alternativa "c": Apenas a prova testemunhal não é suficiente, sendo necessário início de prova material.

Alternativa "d": José poderá justificar administrativamente a sua condição de segurado especial, apresentando início de prova material, com base no artigo 142[21], do RPS.

Alternativa "e": Apenas a prova testemunhal não é suficiente, sendo necessário início de prova material.

Alternativa correta: letra "d".

---

180. (FCC – Técnico do Seguro Social – INSS/2012) José pleiteou aposentadoria por tempo de contribuição perante o INSS, que foi deferida pela autarquia e pretende a revisão do ato de concessão do benefício para alterar o valor da renda mensal inicial. O prazo decadencial para o pedido de José é de

a) dez anos contados a partir do primeiro dia do mês seguinte ao do recebimento da primeira prestação.
b) cinco anos contados a partir do primeiro dia do mês seguinte ao do recebimento da primeira prestação.
c) três anos contados a partir do primeiro dia do mês seguinte ao do recebimento da primeira prestação.
d) cinco anos contados da ciência da decisão que deferiu o benefício.
e) dez anos contados da ciência da decisão que deferiu o benefício.

COMENTÁRIOS

✪ **Nota dos autores:** O direito de postular um benefício previdenciário não estará sujeito a prazos prescricionais ou decadenciais.

De acordo com o artigo 103-A, da Lei 8.213/91, "é de dez anos o prazo de decadência de todo e qualquer direito ou ação do segurado ou beneficiário para a revisão do ato de concessão de benefício, a contar do dia primeiro do mês seguinte ao do recebimento da primeira prestação ou, quando for o caso, do dia

21. Art. 142. A justificação administrativa constitui recurso utilizado para suprir a falta ou insuficiência de documento ou produzir prova de fato ou circunstância de interesse dos beneficiários, perante a previdência social.

em que tomar conhecimento da decisão indeferitória definitiva no âmbito administrativo", sendo falsas as alternativas "b", "c", "d" e "e".

Por força da **Lei 13.876/2019**, o artigo 103 da Lei 8.213/91 foi reformulado, passando a contar com a seguinte redação: "Art. 103. O prazo de decadência do direito ou da ação do segurado ou beneficiário para a revisão do ato de concessão, **indeferimento, cancelamento ou cessação de benefício**, do ato de deferimento, indeferimento ou não concessão de revisão de benefício é de dez anos, contado: I - do dia primeiro do mês subsequente ao do recebimento da primeira prestação **ou da data em que a prestação deveria ter sido paga com o valor revisto**; ou II - do dia em que o segurado tomar conhecimento da decisão de indeferimento, cancelamento ou cessação do seu pedido de benefício ou da decisão de deferimento ou indeferimento de revisão de benefício, no âmbito administrativo".

Alternativa correta: letra "a".

---

181. (FCC – Técnico do Seguro Social – INSS/2012) Maria requereu aposentadoria especial e teve seu pedido indeferido pela Agência da Previdência Social. Nessa situação, Maria poderá interpor recurso para:

a) Câmara de Julgamento.

b) Ministério da Previdência Social.

c) Junta de Recursos da Previdência Social.

d) Gerência Executiva.

e) Juizado Especial Federal.

COMENTÁRIOS

✪ **Nota dos autores:** Esta questão teve um maior grau de aprofundamento, pois demandou o conhecimento do Regimento Interno do CRPS.

Alternativa "a": Vale ressalvar que as Câmaras de Julgamento do CRPS apenas julgarão os recursos especiais, contra decisões das Juntas de Recursos

Alternativa "b": A letra B é falsa porque foi muito genérica, quando apontou o Ministério da Previdência Social – MPS, quando deveria ter indicado o órgão competente do MPS, no caso, uma das suas Juntas de Recursos. Em 2019, o CRPS passou para a estrutura do Ministério da Economia.

Alternativa "c": Da decisão tomada pelo INSS nos processos de interesse dos beneficiários, caberá recurso ordinário no prazo de 30 dias ao Conselho de Recursos da Previdência Social – CRPS, órgão colegiado integrante da estrutura do Ministério da Previdência Social, na forma do artigo 126, da Lei 8.213/91, que o julgará através de uma das suas 29 Juntas de Recursos, com eficácia suspensiva e devolutiva, se tempestivo, conforme previsto no Regimento Interno do CRPS (Letra C correta)

De acordo com o artigo 17, do Regimento Interno do CRPS, compete às Juntas de Recursos julgar os Recursos Ordinários interpostos contra as decisões do INSS nos processos de interesse dos beneficiários do Regime Geral de Previdência Social, nos processos referentes aos benefícios assistenciais de prestação continuada previstos no art. 20 da Lei nº 8.742, de 07 de dezembro de 1993 e, nos casos previstos na legislação, nos processos de interesse dos contribuintes do Regime Geral de Previdência Social.

Alternativa "d": As Gerências Executivas do INSS não possuem competência para julgar recursos, pois são órgãos do próprio INSS.

Alternativa "e": O Juizado Especial Federal é órgão do Poder Judiciário da União, não atuando no processo administrativo previdenciário, mas apenas nos processos judiciais.

Alternativa correta: letra "c".

---

182. (Cespe – Técnico do Seguro Social – INSS/2016) Mateus requereu ao órgão regional do INSS a conversão de auxílio-doença em aposentadoria por invalidez. O INSS indeferiu o pedido de Mateus por considerar que a doença que o acometera era curável, e que, por isso, ele era suscetível de reabilitação.

Acerca dessa situação hipotética e dos recursos nos processos administrativos de competência do INSS, julgue os itens que se seguem.

Caso seja interposto recurso contra a decisão que indeferiu o pedido de Mateus, o órgão regional do INSS que proferiu a decisão não poderá reformá-la, devendo encaminhar o recurso à instância competente.

COMENTÁRIOS

✪ **Nota dos autores:** com as alterações advindas da Lei nº. 13.457/2017, sempre que possível, o ato de concessão ou de reativação de auxílio-doença, judicial ou administrativo, deverá fixar o prazo estimado para a duração do benefício. Na ausência de fixação do prazo, o benefício cessará após 120 dias, contado da data de concessão ou de reativação do auxílio-doença, exceto se o segurado requerer a sua prorrogação perante o INSS. O segurado em gozo de auxílio-doença, concedido judicial ou administrativamente, poderá ser convocado a qualquer momento para avaliação das condições que ensejaram sua concessão ou manutenção.

A questão contraria o parágrafo 3º, do artigo 305, do Regulamento da Previdência Social. Vejamos:

> § 3º O INSS, a Secretaria Especial de Previdência e Trabalho do Ministério da Economia e, quando for o caso, na hipótese prevista no inciso IV do caput, os entes federativos poderão reformar suas decisões e

deixar de encaminhar, no caso de reforma favorável ao interessado, a contestação ou o recurso à instância competente ou de rever o ato para o não prosseguimento da contestação ou do recurso.

Gabarito: errado

---

183. (Cespe – Técnico do Seguro Social – INSS/2016) Contra a decisão do INSS pelo indeferimento, Mateus poderá interpor recurso administrativo, que será julgado, em primeira instância, pela Câmara de Julgamento da Previdência Social.

COMENTÁRIOS

Nota dos autores: O Conselho de Recursos da Previdência Social compreende os seguintes órgãos:

I – Juntas de Recursos

II – Câmaras de Julgamento;

III – Conselho Pleno;

De acordo com o artigo 303, §1º, do RPS, a competência para o julgamento dos recursos em primeira instância é da Junta de Recursos e não da Câmara de Julgamento.

Gabarito: errado

---

184. (Cespe – Técnico do Seguro Social – INSS/2016) Dagoberto obteve aposentadoria por tempo de contribuição concedida pelo INSS em junho de 2012. Entretanto, o INSS não efetuou o pagamento do abono anual proporcional do ano de 2012 nem o do ano de 2013. Nessa situação, atualmente, Dagoberto não mais tem direito a exigir o pagamento dos abonos anuais referentes aos anos de 2012 e 2013, visto que está prescrito o direito ao percebimento das referidas prestações.

COMENTÁRIOS

De acordo com o artigo 103, parágrafo único da Lei 8.213/91, **prescreve em cinco anos**, a contar da data em que deveriam ter sido pagas, toda e qualquer ação para haver prestações vencidas ou quaisquer restituições ou diferenças devidas pela Previdência Social, salvo o direito dos menores, incapazes e ausentes, na forma do Código Civil. Assim, como a prova ocorreu em 2016, as parcelas de abono anual que Dagoberto fazia jus relativas aos anos de 2012 e 2013 ainda não estavam prescritas.

Gabarito: errado

---

185. (Cespe – Técnico do Seguro Social – INSS/2008) Em cada um dos itens subsequentes, é apresentada uma situação hipotética que trata de cumulação de benefícios, seguida de uma assertiva a ser julgada.

Pedro recebe auxílio-acidente decorrente da consolidação de lesões que o deixaram com sequelas definitivas. Nessa condição, Pedro não poderá cumular o benefício que atualmente recebe com o de aposentadoria por invalidez que eventualmente venha a receber.

COMENTÁRIOS

Nota dos autores: Com o advento a Lei 9.528/97, que alterou o artigo 86, da Lei 8.213/91, passou a ser proibida a acumulação do auxílio-acidente com qualquer espécie de aposentadoria.

De acordo com o artigo 86, § 2º, da Lei 8.213/91, "o auxílio-acidente será devido a partir do dia seguinte ao da cessação do auxílio-doença, independentemente de qualquer remuneração ou rendimento auferido pelo acidentado, vedada sua acumulação com qualquer aposentadoria".

Gabarito: certo

---

186. (Cespe – Técnico do Seguro Social – INSS/2008) Tereza encontra-se afastada de suas atividades laborais e recebe o auxílio-doença. Nessa situação, caso engravide e tenha um filho, Tereza não poderá receber, ao mesmo tempo, o auxílio-doença e o salário-maternidade.

COMENTÁRIOS

Nota dos autores: Sobre a vedação de acumulação de benefícios, a esmagadora maioria das questões se fundamenta no artigo 124, da Lei 8.213/91.

Salvo no caso de direito adquirido, não é permitido o recebimento conjunto de salário-maternidade e auxílio-doença, na forma do artigo 124, inciso IV, da Lei 8.213/91.

De efeito, com fulcro no artigo 102, parágrafo único, do Regulamento, "quando ocorrer incapacidade em concomitância com o período de pagamento do salário-maternidade, o benefício por incapacidade, conforme o caso, deverá ser suspenso enquanto perdurar o referido pagamento, ou terá sua data de início adiada para o primeiro dia seguinte ao término do período de cento e vinte dias".

Gabarito: certo

---

187. (Cespe – Técnico do Seguro Social – INSS/2008) Sofia, pensionista da previdência social em decorrência da morte de seu primeiro marido, João, resolveu casar-se com Eduardo, segurado empregado. Seis meses após o casamento, Eduardo faleceu em trágico acidente. Nessa situação, Sofia poderá acumular as duas pensões, caso o total recebido não ultrapasse o teto determinado pela previdência social.

COMENTÁRIOS

✪ **Nota dos autores:** Não existe proibição de acumulação de mais de uma pensão deixada por cônjuge e filho, por cônjuge e irmão, pois mais de um irmão ou por mais de um filho. A única proibição que existe é que apenas será possível a percepção de uma única pensão deixada por cônjuge ou companheiro, havendo o direito de opção pela mais vantajosa. A partir da Lei 13.135, de 17/06/2015, o cônjuge, companheiro ou companheira terá direito ao benefício da pensão por morte por apenas 4 meses, se o casamento ou o início da união estável tiver ocorrido há menos de dois anos da data do óbito do instituidor do benefício, salvo nos casos em que o óbito do segurado seja decorrente de acidente.

Salvo no caso de direito adquirido, não é permitido o recebimento conjunto de mais de uma pensão deixada por cônjuge ou companheiro, ressalvado o direito de opção pela mais vantajosa, a teor do artigo 124, inciso VI, da Lei 8.213/91.

Logo, Sofia, a "viúva negra", deverá optar pela pensão mais vantajosa, não podendo acumular as duas. **Gabarito: errado**

---

188. (Cespe – Técnico do Seguro Social – INSS/2008) Fábio recebe auxílio-acidente decorrente da consolidação de lesões que o deixaram com sequelas definitivas. Nessa situação, Fábio poderá cumular o benefício que atualmente recebe com o auxílio-doença decorrente de outro evento.

COMENTÁRIOS

Não será possível a acumulação de auxílio-doença (atualmente, auxílio por incapacidade temporária) com auxílio-acidente, se a causa for a mesma (identidade de acidente), vez que a percepção do auxílio-acidente pressupõe a cessação do auxílio-doença (artigo 86, § 2º, da Lei 8.213/91).

Contudo, se o segurado for beneficiário de um auxílio-acidente, ficando posteriormente incapaz para o trabalho habitual (no caso do empregado por mais de 15 dias consecutivos) em razão de causa superveniente, é plenamente possível a acumulação, que não é obviamente vedada pelo artigo 124, da Lei 8.213/91.

Gabarito: certo

---

189. (Cespe – Técnico do Seguro Social – INSS/2008) As técnicas de financiamento dos gastos previdenciários podem ser classificadas em regime de repartição simples (benefício definido), regime de capitalização (contribuição definida) e regime de repartição de capitais.

COMENTÁRIOS

✪ **Nota dos autores:** Questão complicada elaborada com base na Portaria 403/2008, do Ministério da Previdência Social. A resposta foi extraída da seguinte fonte: **AMADO, Frederico. Direito e Processo Previdenciário Sistematizado. Juspodivm. 3ª ed. 2012.**

Esse tema é extremamente complexo, pois envolve conhecimentos das ciências atuariais, não sendo razoável a sua cobrança no concurso do INSS. A questão foi bem explicada pela Portaria 403/2008, do Ministério da Previdência Social, que apresenta normas aplicáveis às avaliações e reavaliações atuariais dos Regimes Próprios de Previdência Social:

> "Art. 4º Os RPPS poderão adotar os seguintes regimes de financiamento de seu plano de benefícios para observância do equilíbrio financeiro e atuarial: I – Regime Financeiro de Capitalização[22]; II – Regime Financeiro de Repartição de Capitais de Cobertura[23]; III – Regime Financeiro de Repartição Simples[24]".

Gabarito: certo

---

190. (Cespe – Técnico do Seguro Social – INSS/2008) O trabalho informal é fenômeno evidente nas grandes metrópoles brasileiras e a inserção previdenciária das pessoas nessa situação é um dos fatores que desequilibram as contas da previdência social.

COMENTÁRIOS

✪ **Nota dos autores:** Questão elaborada com base na publicação oficial do Ministério da Previdência Social intitulada "Previdência Social – Reflexão e Desafios", disponível gratuitamente para *download* no sítio da Previdência Social. A resposta foi extraída da seguinte fonte:

---

22. Regime em que as contribuições estabelecidas no plano de custeio, a serem pagas pelo ente federativo, pelos servidores ativos e inativos e pelos pensionistas, acrescidas ao patrimônio existente, às receitas por ele geradas e a outras espécies de aportes, sejam suficientes para a formação dos recursos garantidores a cobertura dos compromissos futuros do plano de benefícios e da taxa de administração.
23. Regime em que as contribuições estabelecidas no plano de custeio, a serem pagas pelo ente federativo, pelos servidores ativos e inativos e pelos pensionistas, em um determinado exercício, sejam suficientes para a constituição das reservas matemáticas dos benefícios iniciados por eventos que ocorram nesse mesmo exercício, admitindo-se a constituição de fundo previdencial para oscilação de risco.
24. Regime em que as contribuições estabelecidas no plano de custeio, a serem pagas pelo ente federativo, pelos servidores ativos e inativos e pelos pensionistas, em um determinado exercício, sejam suficientes para o pagamento dos benefícios nesse exercício, sem o propósito de acumulação de recursos, admitindo-se a constituição de fundo previdencial para oscilação de risco.

AMADO, Frederico. Direito e Processo Previdenciário Sistematizado. Juspodivm. 3 ed. 2012.

É justamente o contrário. A Previdência Social, para equilibrar as suas contas, precisa inserir os trabalhadores informais (que trabalham por conta própria sem vínculo com pessoa jurídica) no Regime Geral de Previdência Social, pois é necessário que paguem as contribuições previdenciárias, o que está sendo tentado especialmente com a criação do MEI – Microempreendedor Individual.

Sobre o tema, vale colacionar passagem de publicação oficial do Ministério da Previdência Social intitulada "Previdência Social – Reflexão e Desafios", pgs. 199/200:

> "O Governo Federal detectou a necessidade de implantação de um sistema especial de inclusão previdenciária para estender cidadania ao segmento de baixa renda, e, consequentemente, sua inclusão social. Com a Lei Complementar 128, de 19 de dezembro de 2008 criou-se uma nova figura jurídica, a do empreendedor individual, que começa a valer a partir de 1º de julho do presente ano, e motivou a Previdência Social a estimular a formalização do trabalhador que apresenta receita bruta anual de até R$ 36 mil (atualmente o valor é R$ 81 mil), com até um empregado.
>
> Segundo o Instituto Brasileiro de Geografia e Estatística (IBGE), existem no Brasil 20,8 milhões de microempresários que atuam na informalidade, sem a proteção do sistema previdenciário. Ao se filiarem ao novo sistema, por meio da adesão ao Simples Nacional, os empreendedores individuais obterão a cobertura previdenciária oferecida à sociedade, resultando em mais benefícios para o trabalhador e sua família.
>
> Com a lei, os empreendedores individuais ficam isentos de praticamente todos os tributos federais. Pagam ao INSS, para aposentadoria pessoal, apenas o valor fixo mensal de 11% do salário-mínimo, mais R$ 1 de ICMS (comércio e indústria) ou R$ 5,00 de ISS (serviços). Caso possua empregado, o empreendedor retém 8% do salário pago e complementa com mais 3% para o INSS do trabalhador. O tempo mínimo de contribuição é de 15 anos. Conforme afirmação do Ministro da Previdência Social, José Pimentel: "Esse sistema simplificado reduziu a carga tributária da União, dos estados e dos municípios, permitindo a formalização de milhares de empresas, a assinatura das carteiras de trabalho e a atualização salarial; e; em 18 meses de vigência do Simples Nacional, 3.119 milhões de micro e pequenas empresas foram inscritas no regime tributário".

Vale observar que o limite atual da receita bruta anual para que o segurado possa ser enquadrado com microempreendedor individual é de R$ 81 mil reais (LC 155/2016) e que a contribuição previdenciária deste segurado é de 11% sobre o salário-mínimo.

Gabarito: errado

---

191. (Cespe – Técnico do Seguro Social – INSS/2008) A Lei n.º 9.876/1999, ao restringir a concessão de aposentadorias com a aplicação do fator previdenciário, pode ter contribuído para o aumento de requerimentos de benefícios por incapacidade. Corrobora essa conclusão a evolução da quantidade de pedidos de auxílio-doença, que, no período de 1993 a 1999, manteve-se nos níveis históricos e, a partir de 2000, cresceu sensivelmente.

COMENTÁRIOS

✪ **Nota dos autores:** Esta questão não é propriamente jurídica, pois envolve os dados previdenciários. A resposta foi extraída da seguinte fonte: **AMADO, Frederico. Direito e Processo Previdenciário Sistematizado. Juspodivm. 3ª ed. 2012. Pgs. 715/716.**

Com o advento da criação do fator previdenciário pela Lei 9.876/99, as aposentadorias por tempo de contribuição das pessoas mais jovens (na casa dos 50 anos principalmente) tiveram a renda mensal inicial reduzida, pois nestes casos o fator normalmente é inferior que 1,0.

De efeito, ao contrário do que ocorreu nos Regimes Próprios de Previdência Social com o advento da promulgação da Emenda 20/98, no RGPS continua sendo possível a concessão de aposentadoria sem a exigência de idade mínima do segurado, a exemplo da aposentadoria por tempo de contribuição, vez que não restou aprovada a reforma constitucional integral pretendida no final dos anos 90.

A aposentadoria por tempo de contribuição que, em regra, será deferida ao homem com 35 anos de contribuição e à mulher com 30 anos de contribuição, observada a carência de 180 contribuições mensais, é um benefício que ameaça o equilíbrio financeiro e atuarial do sistema previdenciário, haja vista a possibilidade de os segurados se aposentarem muito cedo, inclusive abaixo dos cinquenta anos de idade.

Inclusive, nessas aposentações precoces, prega-se que inexiste risco social a ser coberto, pois antes dos sessenta anos de idade o segurado ainda não é sequer considerado idoso, havendo casos em que se percebe a aposentadoria por mais anos do que se verteu contribuições previdenciárias.

Esse fato é agravado com a maior expectativa de vida que progressivamente vem sendo alcançada diante das melhores condições sociais, que chegou à média de 73 anos de idade em 2008, girando em torno de 69 anos de idade para os homens e de 77 para as mulheres.

Diante desse preocupante quadro previdenciário, a Lei 9.876/99, publicada em 29.11.1999, instituiu o fator previdenciário, agora previsto no artigo 29, da Lei 8.213/91, que objetiva inibir aposentadorias precoces, sendo obrigatório no cálculo da aposentadoria por tempo de contribuição e facultativo para a definição da renda mensal inicial da aposentadoria por idade.

Trata-se de coeficiente que considera a idade da pessoa, o seu tempo de serviço/contribuição e a sua expectativa de vida, de acordo com a tábua completa de mortalidade do IBGE, considerando-se a média nacional para ambos os sexos.

Deveras, com a incidência do fator previdenciário, é comum que os segurados que se aposentem por tempo de contribuição muito jovens possam perder por volta de metade do benefício previdenciário, pois certamente ele será bem inferior a 1,0. Apenas as pessoas com idade mais avançada e com grande tempo de contribuição se favorecerão do fator previdenciário, pois neste caso ele tende a ser superior a 1,0.

Assim, por coincidência ou não, após o fator previdenciário, cresceu bastante o número de pedidos de benefícios por incapacidade laborativa (auxílio-doença e aposentadoria por invalidez), pois nestes casos não incidirá o fator previdenciário no cálculo da renda mensal, sendo possível que tenha havido uma interferência direta.

Com fulcro na tabela abaixo, colacionada em estudo do IPEA[25] e tomando como base números oficiais na Previdência Social, nota-se que em 2000 a concessão do auxílio-doença comum correspondia a 0,17% do PIB; em 2003 a 0,36% e em 2006 a 0,48% do PIB, o que demonstra a preocupação da Previdência Social.

TABELA 1 – Benefícios do RGPS e auxílio-doença – 2000 a 2006 (Em % do PIB)

Classe/grupos de espécies	2000	2001	2002	2003	2004	2005	2006
Benefícios previdenciários (STN)	5,60	5,80	6,00	6,30	6,50	6,80	7,10
Total (RGPS + assistenciais)	5,60	5,90	6,00	6,40	6,50	6,60	6,80
Benefícios do RGPS	5,33	5,56	5,66	6,02	6,13	6,19	6,31
Previdenciários	5,16	5,38	5,48	5,82	5,93	5,99	6,12
Aposentadorias	3,71	3,82	3,81	3,99	4,01	4,01	4,12
Tempo de contribuição	2,16	2,13	2,09	2,15	2,13	2,05	2,02
idade	1,06	1,14	1,16	1,24	1,25	1,30	1,39
Invalidez	0,50	0,54	0,56	0,61	0,63	0,66	0,71
Pensões por morte	1,24	1,32	1,35	1,43	1,44	1,44	1,50
Auxílios	0,17	0,20	0,27	0,37	0,47	0,53	0,49
Doença	0,17	0,20	0,27	0,36	0,46	0,53	0,48
Reclusão	0,00	0,00	0,00	0,00	0,00	0,00	0,00
Acidente	0,00	0,00	0,00	0,00	0,00	0,00	0,00
Salário-maternidade	0,04	0,04	0,04	0,04	0,01	0,01	0,01
Outros	0,00	0,00	0,00	0,00	0,00	0,00	0,00
Salário-família	0,00	0,00	0,00	0,00	0,00	0,00	0,00
Abono de permanência	0,00	0,00	0,00	0,00	0,00	0,00	0,00
Vantagem do servidor	0,00	0,00	0,00	0,00	0,00	0,00	0,00
Acidentários	0,17	0,18	0,19	0,20	0,21	0,20	0,19
Aposentadoria por invalidez	0,04	0,04	0,04	0,05	0,05	0,05	0,05
Pensão por morte	0,05	0,05	0,05	0,05	0,05	0,04	0,04
Auxílios	0,09	0,09	0,10	0,10	0,11	0,11	0,10
Doença	0,04	0,04	0,05	0,05	0,06	0,06	0,04
Acidente	0,04	0,05	0,05	0,05	0,05	0,05	0,05
Suplementar	0,01	0,01	0,01	0,01	0,00	0,00	0,00
Auxílio-doença/benefício do RGPS	3,20	3,60	4,80	6,00	7,50	8,50	7,60

Fontes: Dataprev e STN.

Nota: Os dados relativos a 2006 foram obtidos do boletim mensal de previdência social.

Gabarito: certo

25. Nota Técnica: AUXÍLIO-DOENÇA: CONTRIBUIÇÃO PARA UM DIAGNÓSTICO.

5. DIREITO ASSISTENCIAL

192. (Cesgranrio - Técnico Previdenciário - INSS/2005) A **assistência social** é a política social que provê o atendimento das necessidades básicas, traduzidas em proteção à família, à maternidade, à infância, à adolescência, à velhice e à pessoa portadora de deficiência. A esse respeito, pode-se afirmar corretamente que:

a) é exigida a comprovação de ao menos 1 (um) recolhimento à seguridade social para ter direito à assistência.
b) é aplicável em caráter exclusivo aos segurados e seus dependentes menores de 21 (vinte e um) anos ou maiores de 70 (setenta) anos.
c) é independente de qualquer contribuição à seguridade social.
d) são beneficiados apenas os dependentes de segurados que tenham cumprido o período de carência previsto em lei.
e) são beneficiados apenas os segurados em dia com as contribuições previdenciárias.

COMENTÁRIOS

Nota dos autores: Os benefícios pagos pela assistência social são gratuitos, ou seja, inexigem o pagamento de qualquer contribuição prévia pelo beneficiário, nos termos do artigo 203, *caput*, da Constituição, pois irão amparar pessoas necessitadas.

Alternativa "b": A idade mínima para a concessão do amparo assistencial ao idoso é de 65 anos de idade, nos termos dos artigos 20 e 21, da Lei 8.742/93.

Alternativa "c" (responde também a alternativa "a"): De acordo com o artigo 203, inciso V, da Constituição, a assistência social será prestada a quem dela necessitar, independentemente de contribuição à seguridade social, e tem por objetivo, dentre outros, a garantia de um salário mínimo de benefício mensal à pessoa portadora de deficiência e ao idoso que comprovem não possuir meios de prover à própria manutenção ou de tê-la provida por sua família, conforme dispuser a lei, sendo correta a letra "c" e falsa a letra "a", pois o benefício assistencial independe de contribuição.

Alternativa "d" e "e": Por se tratar de um benefício assistencial e não previdenciário, não se há de falar em segurados, dependentes, contribuição ou carência, sendo falsas as letras "d" e "e".

Alternativa correta: letra "c".

193. (Cespe - Técnico do Seguro Social - INSS/2016) Julgue os itens seguintes à luz do Decreto n.º 6.214/2007, que regulamenta o BPC da assistência social devido à pessoa com deficiência e ao idoso.

Um dos critérios para o idoso habilitar-se à concessão do BPC é não possuir outro benefício da seguridade social, excetuados o de assistência médica e a pensão especial de natureza indenizatória.

COMENTÁRIOS

A assertiva está correta, de acordo com o artigo 8º, III, do Decreto 6.214/2007. Vejamos:

> Art. 8º Para fazer jus ao Benefício de Prestação Continuada, o idoso deverá comprovar:
>
> III – não possuir outro benefício no âmbito da Seguridade Social ou de outro regime, inclusive o seguro-desemprego, salvo o de assistência médica e a pensão especial de natureza indenizatória, observado o disposto no inciso VI do caput e no § 2º do art. 4º.

Gabarito: certo

194. (Cespe - Técnico do Seguro Social - INSS/2016) O valor a ser pago ao beneficiário do BPC é de um salário mínimo mensal.

COMENTÁRIOS

De fato, o valor a ser pago ao beneficiário do BPC é de um salário mínimo mensal, de acordo com o texto do artigo 203, V, da Constituição Federal e do artigo 1º, do Decreto 6.214/2007.

Gabarito: certo

195. (Cespe - Técnico do Seguro Social - INSS/2016) É permitido ao beneficiário do BPC acumular o recebimento desse benefício com o do seguro-desemprego.

COMENTÁRIOS

De acordo com o artigo 5º, do Decreto 6.214/2007, o beneficiário não pode acumular o Benefício de Prestação Continuada com outro benefício no âmbito da Seguridade Social ou de outro regime, **inclusive o seguro-desemprego**, ressalvados o de assistência médica e a pensão especial de natureza indenizatória.

Gabarito: errado

196. (Cespe - Técnico do Seguro Social - INSS/2016) O BPC do idoso que se encontre na condição de acolhimento de longa permanência em hospital será suspenso até a data da sua alta.

COMENTÁRIOS

A assertiva está em desacordo com o artigo 6º, do Decreto 6.214/2007, que dispõe que a condição de acolhimento em instituições de longa permanência, como abrigo, hospital ou instituição congênere não prejudica o direito do idoso ou da pessoa com deficiência ao Benefício de Prestação Continuada.

Gabarito: errado

197. (Cespe – Técnico do Seguro Social – INSS/2016) A idade mínima para que um indivíduo passe a ter direito ao BPC do idoso é de sessenta anos.

COMENTÁRIOS

A questão contraria o texto do artigo 203, V, da Constituição Federal de 1988 e o do artigo 4º, I, do decreto 6.217/2007, que definem a idade de 65 anos do idoso para fins de percepção do benefício de prestação continuada.

Gabarito: errado

198. (Cespe – Técnico do Seguro Social – INSS/2016) No caso de morte do beneficiário do BPC, seus familiares são obrigados a informar tal fato ao INSS, situação em que o pagamento do benefício cessará.

COMENTÁRIOS

A questão está de acordo com o artigo 48, I e § 1º, do Decreto 6.214/2007. Assim, em caso de morte do beneficiário, seus familiares são obrigados a informar ao INSS, para que o BPC seja cessado. **Gabarito: certo**

199. (Cespe – Técnico do Seguro Social – INSS/2016) Julgue os próximos itens com base na Lei n.º 8.742/1993, que dispõe sobre a organização da assistência social.

O centro de referência de assistência social (CRAS) é uma unidade de base estadual e tem por finalidade atender a população de baixa renda e as pessoas que estejam submetidas ao cumprimento de pena de reclusão.

COMENTÁRIOS

✪ **Nota dos autores:** De acordo com o art. 6º-C., da Lei 8742/93, as proteções sociais, básica e especial, serão ofertadas precipuamente no Centro de Referência de Assistência Social (Cras) e no Centro de Referência Especializado de Assistência Social (Creas), respectivamente, e pelas entidades sem fins lucrativos de assistência social.

O § 1º, do artigo 6º-C define que o Cras é a unidade pública **municipal**, de base territorial, localizada em áreas com maiores índices de vulnerabilidade e risco social, destinada à articulação dos serviços socioassistenciais no seu território de abrangência e à prestação de serviços, programas e projetos socioassistenciais de proteção social básica às famílias. Percebe-se que a questão está totalmente errada.

Gabarito: errado

200. (Cespe – Técnico do Seguro Social – INSS/2016) O centro de referência especializado de assistência social (CREAS) constitui unidade que presta serviços a indivíduos e famílias que se encontrem em situação de risco pessoal ou social decorrente de violação de direitos.

COMENTÁRIOS

O § 1º, do artigo 6º-C, define que o Creas é a unidade pública de abrangência e gestão municipal, estadual ou regional, destinada à **prestação de serviços a indivíduos e famílias que se encontram em situação de risco pessoal ou social, por violação de direitos** ou contingência, que demandam intervenções especializadas da proteção social especial. Nota-se que a assertiva copia um trecho do citado artigo, estando correta.

Gabarito: certo

201. (Cespe – Técnico do Seguro Social – INSS/2016) A política de assistência social tem como objetivos, entre outros, a promoção da integração do cidadão ao mercado de trabalho e o amparo às crianças e aos adolescentes carentes.

COMENTÁRIOS

Vejamos o texto do artigo 2º, da Lei 8.742/93:

> Art. 2º A assistência social tem por objetivos:
>
> I – a proteção social, que visa à garantia da vida, à redução de danos e à prevenção da incidência de riscos, especialmente:
>
> a) a proteção à família, à maternidade, à infância, à adolescência e à velhice;
>
> b) **o amparo às crianças e aos adolescentes carentes;**
>
> c) **a promoção da integração ao mercado de trabalho**;
>
> d) a habilitação e reabilitação das pessoas com deficiência e a promoção de sua integração à vida comunitária; e
>
> e) a garantia de 1 (um) salário-mínimo de benefício mensal à pessoa com deficiência e ao idoso que comprovem não possuir meios de prover a própria manutenção ou de tê-la provida por sua família;
>
> II – a vigilância socioassistencial, que visa a analisar territorialmente a capacidade protetiva das famílias e nela a ocorrência de vulnerabilidades, de ameaças, de vitimizações e danos;

> III – a defesa de direitos, que visa a garantir o pleno acesso aos direitos no conjunto das provisões socioassistenciais.

Percebe-se que a questão se refere ao texto das alíneas "b" e "c" destacadas acima, estando correta a afirmativa.

Gabarito: certo

---

202. (Cespe – Técnico do Seguro Social – INSS/2016) A assistência social organiza-se por meio de um conjunto de serviços e programas que são estratificados em ações de proteção social básica, ações de proteção social secundária e ações de proteção social terciária, sendo essa última direcionada para pessoas em situação de violência.

COMENTÁRIOS

Vejamos o disposto no art. 6º-A, da Lei 8.742/93:

> Art. 6º-A. A assistência social organiza-se pelos seguintes tipos de proteção:
>
> I – **proteção social básica:** conjunto de serviços, programas, projetos e benefícios da assistência social que visa a prevenir situações de vulnerabilidade e risco social por meio do desenvolvimento de potencialidades e aquisições e do fortalecimento de vínculos familiares e comunitários;
>
> II – **proteção social especial:** conjunto de serviços, programas e projetos que tem por objetivo contribuir para a reconstrução de vínculos familiares e comunitários, a defesa de direito, o fortalecimento das potencialidades e aquisições e a proteção de famílias e indivíduos para o enfrentamento das situações de violação de direitos.
>
> Percebe-se que a questão está errada, pois a assistência organiza-se pelas proteção básica e especial.

Gabarito: errado

---

203. (Cespe – Técnico do Seguro Social – INSS/2016) Em relação às instâncias deliberativas do SUAS, julgue os itens a seguir à luz da Lei n.º 8.742/1993.

Situação hipotética: O CNAS, por decisão da maioria simples de seus membros, aprovou a proposição, ao Ministério do Planejamento, Orçamento e Gestão, de alteração dos limites de repasse mensal dos benefícios previstos em lei. Assertiva: Nessa situação, a aprovação da proposição ocorreu em conformidade com o que estabelece a Lei n.º 8.742/1993.

COMENTÁRIOS

✪ **Nota dos autores:** A prova do concurso do INSS de 2016 foi a primeira a cobrar detalhadamente o conteúdo da Lei Orgânica da Assistência Social. As anteriores só exigiam o conhecimento sobre o Benefício de Prestação Continuada do idoso e do deficiente. Desta forma, recomendamos a leitura atenta de todo o conteúdo desta Lei, uma vez que todas as questões foram retiradas do próprio texto legal.

De acordo com o artigo art. 39, da LOAS, o Conselho Nacional de Assistência Social (CNAS), **por decisão da maioria absoluta de seus membros**, respeitados o orçamento da seguridade social e a disponibilidade do Fundo Nacional de Assistência Social (FNAS), poderá propor ao Poder Executivo a alteração dos limites de renda mensal per capita dos benefícios assistenciais.

Gabarito: errado

---

204. (Cespe – Técnico do Seguro Social – INSS/2016) Os conselhos estaduais de assistência social e os conselhos municipais de assistência social, instâncias deliberativas do SUAS, têm caráter permanente e composição paritária entre governo e sociedade civil.

COMENTÁRIOS

Vejamos o texto do artigo 16, da Lei 8.742/93, que elucida a questão:

> Art. 16. As instâncias deliberativas do Suas, de **caráter permanente e composição paritária entre governo e sociedade civil**, são:
>
> I – o Conselho Nacional de Assistência Social;
>
> **II – os Conselhos Estaduais de Assistência Social;**
>
> III – o Conselho de Assistência Social do Distrito Federal;
>
> **IV – os Conselhos Municipais de Assistência Social.**

Gabarito: certo

---

205. (Cespe – Técnico do Seguro Social – INSS/2016) O CNAS, instância responsável pela coordenação da PNAS, é presidido alternadamente pelo(a) ministro(a) da previdência social e por um representante eleito da sociedade civil, sendo de dois anos o mandato do seu presidente, permitida a recondução.

COMENTÁRIOS

✪ **Nota dos autores:** De acordo com o artigo 17, da LOAS, fica instituído o Conselho Nacional de Assistência Social (CNAS), órgão superior de deliberação colegiada, vinculado à estrutura do órgão da Administração Pública Federal responsável pela coordenação da Política Nacional de Assistência Social, cujos membros, nomeados pelo Presidente da República, têm mandato de 2 (dois) anos, permitida uma única recondução por igual período.

> § 1º O Conselho Nacional de Assistência Social (CNAS) é composto por 18 (dezoito) membros e respectivos suplentes, cujos nomes são indicados ao órgão da Administração Pública Federal responsável pela coordenação da Política Nacional de Assistência Social, de acordo com os critérios seguintes:
>
> I – 9 (nove) representantes governamentais, incluindo 1 (um) representante dos Estados e 1 (um) dos Municípios;
>
> II – 9 (nove) representantes da sociedade civil, dentre representantes dos usuários ou de organizações de usuários, das entidades e organizações de assistência social e dos trabalhadores do setor, escolhidos em foro próprio sob fiscalização do Ministério Público Federal.

De acordo com o § 2º, do artigo 17, da Lei 8.742/93, o Conselho Nacional de Assistência Social (CNAS) **é presidido por um de seus integrantes**, eleito dentre seus membros, **para mandato de 1 (um) ano**, permitida uma única recondução por igual período.

Gabarito: errado

---

206. (Cespe – Técnico do Seguro Social – INSS/2016) O CNAS tem caráter paritário: metade dos seus membros são representantes governamentais e a outra metade é composta por representantes da sociedade civil.

COMENTÁRIOS

O §1º, do art. 17, da Lei 8.742/93 elucida a questão. Vejamos:

> § 1º O Conselho Nacional de Assistência Social (CNAS) é composto por 18 membros e respectivos suplentes, cujos nomes são indicados ao órgão da Administração Pública Federal responsável pela coordenação da Política Nacional de Assistência Social, de acordo com os critérios seguintes:
>
> I – 9 (nove) representantes governamentais, incluindo 1 (um) representante dos Estados e 1 (um) dos Municípios;
>
> II – 9 (nove) representantes da sociedade civil, dentre representantes dos usuários ou de organizações de usuários, das entidades e organizações de assistência social e dos trabalhadores do setor, escolhidos em foro próprio sob fiscalização do Ministério Público Federal.

Gabarito: certo

---

207. (Cespe – Técnico do Seguro Social – INSS/2016) Compete ao CNAS aprovar a PNAS, assim como convocar, ordinariamente, a cada quatro anos, a conferência nacional de assistência social, que terá a atribuição de avaliar a situação da assistência social e propor diretrizes para o aperfeiçoamento do sistema.

COMENTÁRIOS

A questão está de acordo com o artigo 18, da Lei 8.742/93, incisos VI e VIII, repetindo os textos legais citados.

Gabarito: certo

---

208. (Cespe – Técnico do Seguro Social – INSS/2016) Julgue o item abaixo à luz da Lei n.º 8.742/1993 (LOAS) e do Decreto n.º 6.214/2007, que regulamenta o BPC da assistência social devido à pessoa com deficiência e ao idoso.

Caso uma pessoa com deficiência que receba BPC passe a exercer atividade remunerada na qualidade de microempreendedor individual, o órgão concedente desse benefício deverá suspendê-lo.

COMENTÁRIOS

A questão está de acordo com o art. art. 47-A, do Decreto 6.214/2007 que dispõe que o Benefício de Prestação Continuada será suspenso em caráter especial quando a pessoa com deficiência exercer atividade remunerada, **inclusive na condição de microempreendedor individual**, mediante comprovação da relação trabalhista ou da atividade empreendedora.

Gabarito: certo

Seguridade Social

Frederico Amado

✦ DICAS

⊙ PARTE I – SEGURIDADE SOCIAL

▶ CAPÍTULO 1 – A SEGURIDADE SOCIAL NO BRASIL

1. EVOLUÇÃO HISTÓRICA E COMPOSIÇÃO

No Brasil, a seguridade social é um sistema instituído pela Constituição Federal de 1988 para a proteção do povo brasileiro (e estrangeiros em determinadas hipóteses) contra riscos sociais que podem gerar a miséria e a intranquilidade social, sendo uma conquista do Estado Social de Direito, que deverá intervir para realizar direitos fundamentais de 2ª dimensão.

Eventos como o desemprego, a prisão, a velhice, a infância, a doença, a maternidade, a invalidez ou mesmo a morte poderão impedir temporária ou definitivamente que as pessoas laborem para angariar recursos financeiros visando a atender às suas necessidades básicas e de seus dependentes, sendo dever do Estado Social de Direito intervir quando se fizer necessário na garantia de direitos sociais.

Mas nem sempre foi assim no Brasil e no mundo. No estado absolutista, ou mesmo no liberal, eram tímidas as medidas governamentais de providências positivas, porquanto, no primeiro, sequer exista um Estado de Direito, enquanto no segundo vigorava a doutrina da mínima intervenção estatal, sendo o Poder Público apenas garantidor das liberdades negativas (direitos civis e políticos), o que agravou a concentração de riquezas e a disseminação da miséria.

Nessa evolução natural entrou em crise o estado liberal, notadamente com as guerras mundiais, a Revolução Soviética de 1917 e a crise econômica mundial de 1929, ante a sua inércia em solucionar os dilemas básicos da população, como o trabalho, a saúde, a moradia e a educação, haja vista a inexistência de interesse regulatório da suposta mão livre do mercado, que de fato apenas visava agregar lucros cada vez maiores em suas operações mercantis.

Deveras, com o nascimento progressivo do Estado Social, o Poder Público se viu obrigado a sair da sua tradicional contumácia, passando a assumir gradativamente a responsabilidade pela efetivação das prestações positivas econômicas e sociais (direitos fundamentais de segunda dimensão), valendo destacar em nosso tema os direitos relativos à saúde, à assistência e à previdência social.

De efeito, **a Constituição Federal de 1988 foi a primeira a instituir no Brasil o *sistema da seguridade social***, que significa segurança social, englobando as ações na área da ***previdência social*, da *assistência social* e da *saúde pública***, estando prevista no Capítulo II, do Título VIII, nos artigos 194 a 204, que contará com um orçamento específico na lei orçamentária anual.

Esse conjunto de ações da seguridade social, abarcando as suas três áreas (previdência, assistência social e saúde) são tanto do setor público quanto do setor privado.

Entre os direitos sociais expressamente previstos no artigo 6º, da Lei Maior, encontram-se consignados a saúde, a previdência social, a proteção à maternidade e à infância, bem como a assistência aos desamparados, reafirmando a sua natureza de fundamentais.

Deveras, dentro da seguridade social coexistem dois subsistemas: de um lado o ***subsistema contributivo***, formado pela **previdência social**, que pressupõe o pagamento (real ou presumido) de contribuições previdenciárias dos segurados para a sua cobertura previdenciária e dos seus dependentes.

Do outro, o ***subsistema não contributivo***, integrado pela **saúde pública** e pela **assistência social**, pois ambas são custeadas pelos tributos em geral (especialmente as contribuições destinadas ao custeio da seguridade social) e disponíveis a todas as pessoas que delas necessitarem, inexistindo a exigência de pagamento de contribuições específicas dos usuários para o gozo dessas atividades públicas.

> **A previdência social é contributiva**, razão pela qual apenas terão direito aos benefícios e serviços previdenciários os segurados (aqueles que contribuem ao regime pagando as contribuições previdenciárias) e os seus dependentes. **Já a saúde pública e a assistência social são não contributivas**, pois para o pagamento dos seus benefícios e prestação de serviços não haverá o pagamento de contribuições específicas por parte das pessoas destinatárias.

Assim, como a saúde pública e a assistência social não são contributivas, não se há de falar em arrecadação de contribuições específicas dos beneficiários, ao contrário da previdência social.

2. DEFINIÇÃO E NATUREZA JURÍDICA

A seguridade social no Brasil consiste no *conjunto integrado de ações que visam a assegurar os direitos fundamentais à saúde, à assistência e à previdência social, de iniciativa do Poder Público e de toda a sociedade*, nos termos do artigo 194, da Constituição Federal.

Assim, não apenas o Estado atua no âmbito da seguridade social, pois é auxiliado pelas pessoas naturais e jurídicas de direito privado, a exemplo daqueles que fazem doações aos carentes e das entidades filantrópicas que prestam serviços de assistência social e de saúde gratuitamente.

Atualmente, ostenta simultaneamente a **natureza jurídica de direito fundamental de 2ª e 3ª dimensões**, vez que tem natureza prestacional positiva (direito social) e possui caráter universal (natureza coletiva).

3. COMPETÊNCIA LEGISLATIVA

Em regra, caberá privativamente à União legislar sobre seguridade social, na forma do artigo 22, inciso XXIII, da Constituição Federal:

> Art. 22. Compete privativamente à União legislar sobre:
>
> [...]
>
> XXIII – seguridade social.

Contudo, será competência concorrente entre as entidades políticas legislar sobre previdência social, proteção e defesa da saúde, dos portadores de deficiência, da infância e juventude, na forma do artigo 24, incisos XII, XIV e XV, da Lei Maior:

> Art. 24. Compete à União, aos Estados e ao Distrito Federal legislar concorrentemente sobre:
>
> [...]
>
> XII – previdência social, proteção e defesa da saúde;
>
> [...]
>
> XIV – proteção e integração social das pessoas portadoras de deficiência;
>
> XV – proteção à infância e à juventude.

Note-se que os municípios também entrarão na repartição dessas competências, pois aos mesmos caberá legislar sobre assuntos de interesse local, assim como suplementar a legislação estadual e federal no que couber, nos moldes do artigo 30, incisos I e II, da Constituição Federal.

Há uma aparente antinomia de dispositivos constitucionais, pois a seguridade social foi tema legiferante reservado à União pelo artigo 22, inciso XXIII, enquanto a previdência social, a saúde e temas assistenciais (todos inclusos na seguridade social) foram repartidos entre todas as pessoas políticas.

Essa aparente antinomia é solucionada da seguinte maneira: **apenas a União poderá legislar sobre previdência social, exceto no que concerne ao regime de previdência dos servidores públicos efetivos dos estados, do Distrito Federal e dos municípios, que poderão editar normas jurídicas para instituí-los e discipliná-los**, observadas as normas gerais editadas pela União e as já postas pela própria Constituição.

Outrossim, **os estados, o Distrito Federal e os municípios também poderão editar normas jurídicas acerca da previdência complementar dos seus servidores públicos**, a teor do artigo 40, §14, da Constituição Federal. Contudo, entende-se que apenas a União possui competência para legislar sobre a previdência complementar privada, pois o tema deve ser regulado por lei complementar federal, conforme se interpreta do artigo 202, da Constituição Federal, tendo sido promulgada pela União as Leis Complementares 108 e 109/2001.

> **Importante:**
>
> Por força da **Emenda 103/2019**, a competência para legislar sobre regras gerais de **inatividade remunerada** de policiais militares e bombeiros dos **estados e Distrito Federal** passou a ser **privativa da União**, tendo sido alterado o inciso XXI do artigo 22 da Constituição.

Dessa forma, analisando do ponto de vista previdenciário, busca-se uniformizar por lei federal as regras gerais da inativação remunerada e pensões por morte dos policiais militares e bombeiros dos estados da federação, a fim de que haja um único regramento a ser editado pelo ente central, deixando aos estados somente a suplementação de acordo com as peculiaridades locais.

Assim, caberá à União reger os requisitos gerais das inatividades remuneradas e pensões por morte das polícias militares e dos corpos de bombeiros militares, o que acarretará a ulterior suspensão das normas locais no que for contrário.

Entende-se que as regras locais permanecerão em vigor até a edição de lei geral por parte da União.

No que concerne à **saúde** e à **assistência social**, a competência acaba sendo concorrente, cabendo à União editar normas gerais a serem complementadas pelos demais entes políticos, conforme as suas peculiaridades regionais e locais, tendo em conta que todas as pessoas políticas devem atuar para realizar os direitos fundamentais na área da saúde e da assistência social.

Nesse sentido, as normas gerais sobre a saúde foram editadas pela União através da Lei 8.080/90, que dispõe sobre as condições para a promoção, proteção e recuperação da saúde, a organização e o funcionamento dos serviços correspondentes, e da assistência social pela Lei 8.742/93, que dispõe sobre a organização da assistência social no Brasil.

> Em provas objetivas orienta-se o avaliando a seguir a alternativa que expressar literalmente o texto da Constituição Federal neste tema, pois as bancas examinadoras têm seguido este padrão.

4. PRINCÍPIOS INFORMADORES

Com o advento do constitucionalismo pós-positivista, os princípios passaram à categoria de normas jurídicas ao lado das regras, não tendo mais apenas a função de integrar o sistema quando ausentes as regras regulatórias, sendo agora dotados de coercibilidade e servindo de alicerce para o ordenamento jurídico, pois axiologicamente inspiram a elaboração das normas-regras.

É possível definir os princípios como espécie de normas jurídicas com maior carga de abstração, generalidade e indeterminação que as regras, haja vista não disciplinarem por via direta as condutas humanas, dependendo de uma intermediação valorativa do exegeta para a sua aplicação.

Com propriedade, é prevalente que no atual patamar do constitucionalismo o conflito entre princípios não se resolve com o sacrifício abstrato de um deles, devendo ser equacionada a tensão de acordo com o caso concreto, observadas as suas peculiaridades, manejando-se o Princípio da Proporcionalidade.

Outrossim, é preciso destacar que muitas vezes o próprio legislador já operou a ponderação entre princípios ao elaborar as regras, não cabendo ao intérprete (juiz, administrador público e particulares) contrariar a decisão legislativa, salvo quando atentar contra a Constituição Federal.

De sua vez, **a maioria dos princípios informadores da seguridade social encontra-se arrolada no artigo 194, da Constituição Federal**, sendo tratados como objetivos do sistema pelo constituinte, destacando-se que a sua interpretação e grau de aplicação variará dentro da seguridade social, a depender do campo de incidência, se no subsistema contributivo (previdência social) ou no subsistema não contributivo (assistência social e saúde pública).

4.1. UNIVERSALIDADE DA COBERTURA E DO ATENDIMENTO

A seguridade social deverá atender a todos os necessitados, especialmente através da assistência social e da saúde pública, que são gratuitas, pois independem do pagamento de contribuições diretas dos usuários (*subsistema não contributivo da seguridade social*).

Ao revés, a previdência terá a sua universalidade limitada por sua necessária contributividade, vez que o gozo das prestações previdenciárias apenas será devido aos segurados (em regra, aqueles que exercem atividade laborativa remunerada) e aos seus dependentes, pois no Brasil o sistema previdenciário é contributivo direto.

Logo, **a universalidade previdenciária é mitigada**, haja vista limitar-se aos beneficiários do seguro, não atingindo toda a população.

Este princípio busca conferir a maior abrangência possível às ações da seguridade social no Brasil, de modo a englobar não apenas os nacionais, mas também os estrangeiros residentes, ou até mesmo os não residentes, a depender da situação concreta, a exemplo das ações indispensáveis de saúde, revelando a sua natureza de direito fundamental de efetivação coletiva.

Todavia, é preciso advertir que a universalidade de cobertura e do atendimento da seguridade social não têm condições de ser absoluta, vez que inexistem recursos financeiros disponíveis para o atendimento de todos os riscos sociais existentes, devendo se perpetrar a escolha dos mais relevantes, de acordo com o interesse público, observada a reserva do possível.

Segundo Marcelo Leonardo Tavares (2009, pg. 03), "a universalidade, além do aspecto subjetivo, também possui um viés objetivo e serve como princípio: a organização das prestações de seguridade deve procurar, na medida do possível, abranger ao máximo os riscos sociais".

Deveras, a **vertente subjetiva** deste princípio determina que a seguridade social alcance o maior número possível de pessoas que necessitem de cobertura, ao passo que a **objetiva** compele o legislador e o administrador a adotarem as medidas possíveis para cobrir o maior número de riscos sociais.

É exemplo de aplicação da acepção subjetiva do Princípio da Universalidade da Cobertura e do Atendimento no campo da Previdência Social, a progressiva celebração de tratados internacionais pelo Brasil, visando o reconhecimento do tempo de contribuição prestado por brasileiros no exterior para o pagamento de benefícios previdenciários por totalização, existindo tratados celebrados com países do MERCOSUL, Grécia, Itália, Portugal e Japão, dentre outras nações.

4.2. UNIFORMIDADE E EQUIVALÊNCIA DOS BENEFÍCIOS E SERVIÇOS ÀS POPULAÇÕES URBANAS E RURAIS

Cuida-se de corolário do Princípio da Isonomia no sistema de seguridade social, que objetiva o tratamento isonômico entre povos urbanos e rurais na concessão das prestações da seguridade social.

Enquanto os benefícios são obrigações de pagar quantia certa, os serviços são obrigações de fazer prestados no âmbito do sistema securitário.

Com efeito, não é mais possível a discriminação negativa em desfavor das populações rurais como ocorreu no passado, pois agora os benefícios e serviços da seguridade social deverão tratar isonomicamente os povos urbanos e rurais.

Isso não quer dizer que não possa existir um tratamento diferenciado, desde que haja um fator de discrímen justificável diante de uma situação concreta, conforme ocorre em benefício das populações rurais por força do artigo 195, §8º, da CRFB, que prevê uma forma especial de contribuição previdenciária baseada na produção comercializada, porquanto são consabidas as dificuldades e oscilações que assolam especialmente a vida dos rurícolas que labutam em regime de economia familiar para a subsistência.

Logo, em regra, os eventos cobertos pela seguridade social em favor dos povos urbanos e rurais deverão ser os mesmos, salvo algum tratamento diferenciado razoável, sob pena de discriminação negativa injustificável e consequente inconstitucionalidade material da norma.

4.3. SELETIVIDADE E DISTRIBUTIVIDADE NA PRESTAÇÃO DOS BENEFÍCIOS E SERVIÇOS

A *seletividade* deverá lastrear a escolha feita pelo legislador dos benefícios e serviços integrantes da seguridade social, bem como os requisitos para a sua concessão, conforme as necessidades sociais e a disponibilidade de recursos orçamentários, funcionando como **limitadora da universalidade da seguridade social**.

Deveras, como não há possibilidade financeira de se cobrir todos os eventos desejados, deverão ser selecionados para a cobertura os riscos sociais mais relevantes, visando à melhor otimização administrativa dos recursos, conforme o interesse público.

Na medida em que se operar o desenvolvimento econômico do país, deverá o Poder Público expandir proporcionalmente a cobertura da seguridade social, observado o orçamento público, notadamente nas áreas da saúde e da assistência social.

Demais disso, como base no Princípio da Seletividade, o legislador ainda irá escolher as pessoas destinatárias das prestações da seguridade social, consoante o interesse público, sempre observando as necessidades sociais.

Dessarte, se determinada pessoa necessite de uma prótese para suprir a carência de um membro inferior, existindo disponíveis no mercado um produto nacional de boa qualidade que custe R$ 1.000,00, e uma importada de excelente qualidade no importe de R$ 10.000,00, o sistema de saúde pública apenas deverá custear a nacional, pois é certo que inexiste dinheiro público em excesso, sendo a melhor opção beneficiar dez pessoas com a prótese nacional do que apenas uma com a importada.

Outro exemplo de aplicação do Princípio da Seletividade ocorreu na Emenda 20/1998, que restringiu a concessão do salário-família e do auxílio-reclusão para os dependentes dos segurados de baixa renda, conforme a atual redação do artigo 201, inciso IV, da Constituição Federal.

Por seu turno, a *distributividade* coloca a seguridade social como sistema realizador da justiça social, consectário do Princípio da Isonomia, sendo instrumento de desconcentração de riquezas, pois devem ser agraciados com as prestações da seguridade social especialmente os mais necessitados.

Assim, como exemplo, apenas farão jus ao benefício do amparo assistencial os idosos e os deficientes físicos que demonstrem estar em condição de miserabilidade, não sendo uma prestação devida aos demais que não se encontrem em situação de penúria.

Como muito bem afirmado por Sergio Pinto Martins (2010, pg. 55), "seleciona para poder distribuir". Considerando que a assistência social apenas irá amparar aos necessitados, nos termos do artigo 203, da Constituição, entende-se que é neste campo que o Princípio da Distributividade ganha a sua dimensão máxima, e não na saúde e na previdência social, pois redistribui as riquezas da nação apenas em favor dos miseráveis.

É que a saúde pública é gratuita para todos, podendo uma pessoa abastada se valer de atendimento pelo sistema único de saúde. Já a previdência social apenas protegerá os segurados e seus dependentes, não bastando ter necessidade de proteção social para fazer jus às prestações previdenciárias.

4.4. IRREDUTIBILIDADE DO VALOR DOS BENEFÍCIOS

Por este princípio, decorrente da segurança jurídica, não será possível a redução do *valor nominal* de benefício da seguridade social, vedando-se o retrocesso securitário.

Com propriedade, não é possível que o Poder Público reduza o valor das prestações mesmo durante períodos de crise econômica, como a enfrentada pelo mundo em 2008/2009, ao contrário do que poderia ocorrer com os salários dos trabalhadores, que excepcionalmente podem reduzidos se houver acordo coletivo permissivo, a teor do artigo 7º, inciso VI, da Constituição Federal.

No que concerne especificamente aos *benefícios previdenciários*, ainda é garantido constitucionalmente no artigo 201, §4º, o reajustamento para manter o seu *valor real*, conforme os índices definidos em lei, o que reflete uma *irredutibilidade material*.

Esta disposição é atualmente regulamentada pelo artigo 41-A, da Lei 8.213/91, que garante a manutenção do valor real dos benefícios pagos pelo INSS através da incidência anual de correção monetária pelo INPC, na mesma data de reajuste do salário mínimo.

Ou seja, os benefícios da saúde pública e da assistência social são apenas protegidos por uma irredutibilidade nominal, ao passo que os benefícios pagos pela previdência social gozam de uma irredutibilidade material, pois precisam ser reajustados anualmente pelo índice legal.

A justificativa da existência de determinação constitucional para o reajustamento anual apenas dos benefícios previdenciários para a manutenção do seu poder de compra é o caráter contributivo da previdência social, o que não ocorre nos demais campos da seguridade social.

Irredutibilidade pelo valor nominal	Saúde pública e assistência social
Irredutibilidade pelo valor nominal e real	Previdência social

4.5. EQUIDADE NA FORMA DE PARTICIPAÇÃO NO CUSTEIO

O custeio da seguridade social deverá ser o mais amplo possível, mas precisa ser isonômico, devendo contribuir de maneira mais acentuada para o sistema aqueles que dispuserem de mais recursos financeiros, bem como os que mais provocarem a cobertura da seguridade social.

Além de ser corolário do Princípio da Isonomia, é possível concluir que esta norma principiológica também decorre do Princípio da Capacidade Contributiva, pois a exigência do pagamento das contribuições para a seguridade social deverá ser proporcional à riqueza manifestada pelos contribuintes desses tributos.

Por conseguinte, a título de exemplo, algumas contribuições para a seguridade social devidas pelas instituições financeiras sofrerão um acréscimo de 2,5%, justamente porque a lucratividade e mecanização do setor é muito grande, que tem mais condições de contribuir para o sistema.

De seu turno, as empresas que desenvolvam atividade de risco contribuirão mais, pois haverá uma maior probabilidade de concessão de benefícios acidentários; já as pequenas e microempresas terão uma contribuição simplificada e de menor vulto.

Outrossim, realizando o Princípio da Equidade, é plenamente válida a progressividade das alíquotas das contribuições previdenciárias dos trabalhadores, proporcionalmente à sua remuneração.

As contribuições para a seguridade social a serem pagas pelas empresas também poderão ser progressivas em suas alíquotas, conforme autoriza o artigo 195, §9º, da Constituição Federal, em razão da atividade econômica, da utilização intensiva de mão de obra, do porte da empresa ou da condição estrutural do mercado de trabalho, sendo outro consectário do Princípio da Equidade no Custeio.

4.6. DIVERSIDADE DA BASE DE FINANCIAMENTO

O financiamento da seguridade social deverá ter múltiplas fontes, a fim de garantir a solvibilidade do sistema, para se evitar que a crise em determinados setores comprometa demasiadamente a arrecadação, com a participação de toda a sociedade, de forma direta e indireta.

Além do custeio da seguridade social com recursos da União, dos estados, do Distrito Federal e dos municípios, já há previsão das seguintes fontes no artigo 195, da Constituição Federal:

A) do empregador, da empresa e da entidade a ela equiparada na forma da lei;

B) do trabalhador e dos demais segurados da previdência social;

C) apostadores (receita de concursos de prognósticos);

D) importador de bens ou serviços do exterior, ou equiparados.

Em termos de previdência social, é tradicional no Brasil o **tríplice custeio** desde regimes constitucionais pretéritos (a partir da Constituição Federal de 1934), com a participação do Poder Público, das empresas e dos trabalhadores em geral.

Outrossim, é permitida a criação de novas fontes de custeio para a seguridade social, mas há exigência constitucional expressa de que seja feita por lei complementar, na forma do artigo 195, §4º, sob pena de inconstitucionalidade formal da lei ordinária.

> Por força da Emenda 103/2019, o artigo 194, parágrafo único, inciso VI da Constituição passou a prever a diversidade da base de financiamento, identificando-se, em rubricas contábeis específicas para cada área, as receitas e as despesas vinculadas a ações de saúde, previdência e assistência social, preservado o caráter contributivo da previdência social.

A inovação busca organizar o orçamento da seguridade social, pois agora há determinação constitucional para que as três áreas **identifiquem rubricas de despesas e receitas contábeis no orçamento**, lembrando que as contribuições previdenciárias são afetadas a esta área (artigo 167, XI, da Constituição).

4.7. GESTÃO QUADRIPARTITE

A gestão da seguridade social será quadripartite, de índole democrática e descentralizada, envolvendo os trabalhadores, os empregadores, os aposentados e o Poder Público, seguindo a tendência da moderna administração pública na inserção de membros do corpo social nos seus órgãos colegiados, a teor do artigo 194, parágrafo único, inciso VII, da Constituição Federal.

Na verdade, este princípio é decorrência da determinação contida no artigo 10, da Constituição, que assegura a participação dos trabalhadores e empregadores nos colegiados dos órgãos públicos em que seus interesses profissionais ou previdenciários sejam objeto de discussão e deliberação.

Como exemplo, pode-se citar a composição do CNPS – Conselho Nacional de Previdência Social, do Conselho Nacional da Assistência Social e do Conselho Nacional da Saúde, pois em sua composição todos possuem representantes do Governo e das demais categoriais referidas.

Com o advento da Lei 13.341/2016, o Conselho Nacional de Previdência Social passou a se chamar Conselho Nacional de Previdência, o que se afigura em indício de retirada do caráter social da Previdência, lastimável retrocesso.

Entretanto, nota-se que a referência aos aposentados é específica para a previdência social, tanto que na composição do Conselho Nacional da Saúde e do Conselho Nacional da Assistência Social não há assentos específicos para os aposentados.

Até o advento da MP 2.166-37/2001, existia o Conselho Nacional da Seguridade Social, com composição democrática, vez que existiam representantes do governo, dos trabalhadores, dos aposentados e dos empresários, a quem competia estabelecer as diretrizes gerais e políticas de integração entre a previdência, a assistência social e a saúde pública.

Lamentavelmente o CNSS foi extinto, deixando uma lacuna na integração dos subsistemas componentes da seguridade social, vez que a atuação dos Conselhos Nacionais da Saúde, da Previdência e da Assistência Social precisa ser harmonizada.

4.8. SOLIDARIEDADE

É um princípio fundamental previsto no artigo 3º, inciso I, da Constituição Federal, que tem enorme aplicabilidade no âmbito da seguridade social, sendo objetivo da República Federativa do Brasil construir uma sociedade livre, justa e solidária.

Essencialmente a seguridade social é solidária, pois visa a agasalhar as pessoas em momentos de necessidade, seja pela concessão de um benefício previdenciário ao segurado impossibilitado de trabalhar (*previdência*), seja pela disponibilização de um medicamento a uma pessoa enferma (*saúde*) ou pela doação de alimentos a uma pessoa em estado famélico (*assistência*).

Há uma verdadeira socialização dos riscos com toda a sociedade, pois os recursos mantenedores do sistema provêm dos orçamentos públicos e das contribuições sociais, onde aqueles que pagam tributos que auxiliam no custeio da seguridade social, mas hoje ainda não gozam dos seus benefícios e serviços, poderão no amanhã ser mais um dos agraciados, o que traz uma enorme estabilidade jurídica no seio da sociedade.

Essa norma principiológica fundamenta a criação de um fundo único de previdência social, socializando-se os riscos, com contribuições compulsórias, mesmo daquele que já se aposentou, mas persiste trabalhando, embora este egoisticamente normalmente faça queixas da previdência por continuar pagando as contribuições.

A regra constante do artigo 12, §4º[1], da Lei 8.212/91 também tem como lastro o Princípio da Solidariedade, pois o aposentado que continua no mercado de trabalho recebendo conjuntamente aposentadoria com remuneração terá a incidência de contribuição previdenciária sobre a remuneração, mesmo sem poder gozar de uma segunda aposentadoria, conforme será estudado nesta obra, haja vista que na previdência pública a contribuição se destina à coletividade, e não apenas ao segurado.

Por outro lado, o Princípio da Solidariedade justifica o fato jurígeno de um segurado que começou a trabalhar poder se aposentar no mesmo dia, mesmo sem ter vertido ainda nenhuma contribuição ao sistema, desde que após a filiação seja acometido de infortúnio que o torne inválido de maneira definitiva para o trabalho em geral.

Outrossim, a garantia de saúde pública gratuita a todos e de medidas assistenciais a quem delas necessitar também decorre diretamente deste princípio.

No âmbito do Regime Próprio de Previdência Social (previdência dos servidores públicos efetivos e militares), há expressa previsão do Princípio da Solidariedade no *caput* do artigo 40, da Constituição, ao prever que aos servidores titulares de cargos efetivos da União, dos Estados, do Distrito Federal e dos Municípios, incluídas suas autarquias e fundações, é **assegurado regime de previdência de caráter contributivo e solidário**, mediante contribuição do respectivo ente público, dos servidores ativos e inativos e dos pensionistas, observados critérios que preservem o equilíbrio financeiro e atuarial e o disposto neste artigo.

4.9. PRECEDÊNCIA DA FONTE DE CUSTEIO OU CONTRAPARTIDA

Por esse princípio, "**nenhum benefício ou serviço da seguridade social poderá ser criado, majorado ou estendido sem a correspondente fonte de**

1. § 4º O aposentado pelo Regime Geral de Previdência Social-RGPS que estiver exercendo ou que voltar a exercer atividade abrangida por este Regime é segurado obrigatório em relação a essa atividade, ficando sujeito às contribuições de que trata esta Lei, para fins de custeio da Seguridade Social.

custeio total", na forma do artigo 195, §5º, da Constituição Federal. É também conhecido como Princípio da Preexistência, Contrapartida ou Antecedência da Fonte de Custeio.

Este princípio surgiu no Brasil através da Emenda 11/1965, que alterou a Constituição de 1946, sendo aplicável naquela época aos benefícios da previdência e da assistência social.

De fato, o que essa norma busca é uma gestão responsável da seguridade social, pois a criação de prestações no âmbito da previdência, da assistência ou da saúde pressupõe a prévia existência de recursos públicos, sob pena de ser colocado em perigo todo o sistema com medidas irresponsáveis.

Por conseguinte, antes de criar um novo benefício da seguridade social ou majorar/estender os já existentes, deverá o ato de criação indicar expressamente a fonte de custeio respectiva, através da indicação da dotação orçamentária, a fim de se manter o equilíbrio entre as despesas e as receitas públicas. Este princípio não poderá ser excepcionado nem em hipóteses anormais, pois a Constituição é taxativa.

O Princípio da Precedência da Fonte de Custeio foi um dos fundamentos utilizados pela Suprema Corte para impedir a majoração das pensões por morte concedidas anteriormente à edição da Lei 9.032/95.

No julgamento do recurso extraordinário 415.454, de 08.02.2007, o STF decidiu que "a exigência constitucional de prévia estipulação da fonte de custeio total consiste em exigência operacional do sistema previdenciário que, dada a realidade atuarial disponível, não pode ser simplesmente ignorada", não sendo "possível dissociar as bases contributivas de arrecadação da prévia indicação legislativa da dotação orçamentária exigida".

Conquanto a previdência privada integre a previdência social, lhe sendo aplicável, no que couber, os princípios informadores da seguridade social, lamentavelmente o STF vem negando a incidência do Princípio da Precedência da Fonte de Custeio ao regime previdenciário privado.

Vale frisar que quando o benefício da seguridade social for previsto na própria Constituição Federal, não terá aplicação o Princípio da Precedência da Fonte de Custeio.

4.10. ORÇAMENTO DIFERENCIADO

Tem lastro no artigo 165, §5º, inciso III, da Constituição Federal de 1988. De efeito, o Sistema Nacional de Seguridade Social é um instrumento tão importante de realização da justiça social que o legislador constitucional criou uma peça orçamentária exclusiva para fazer frente às despesas no pagamento de benefícios e na prestação de serviços.

É que a lei orçamentária anual da União compreende, além do orçamento fiscal e o de investimento nas empresas estatais federais, o orçamento da seguridade social, abrangendo todas as entidades e órgãos a ela vinculados, da administração direta ou indireta, bem como os fundos e fundações instituídos e mantidos pelo Poder Público.

Assim, os recursos do orçamento da seguridade social são afetados ao custeio do referido sistema, não podendo ser utilizados para outras despesas da União, em regra.

Contudo, de acordo com o artigo 167, inciso VIII, da Constituição Federal, em situações deveras excepcionais, para a utilização de recursos dos orçamentos fiscal e da seguridade social para suprir necessidade ou cobrir déficit de empresas, fundações e fundos, é necessária autorização legislativa específica.

5. ASSISTÊNCIA SOCIAL

No Brasil, assim como na maioria dos países, o assistencialismo é anterior à criação da previdência social, sendo esta consequência da transição do estado absolutista ao social, passando pelo liberal, até chegar à seguridade social, com o advento da Constituição Federal de 1988, sistema tripartite que engloba a assistência, a previdência social e a saúde pública.

Nos estados liberais, a proteção estatal se dava especialmente através de tímidas medidas assistencialistas aos pobres, que figuravam mais como liberalidades governamentais do que como direito subjetivo do povo, uma postura típica do absenteísmo da época (liberdades negativas – direitos fundamentais de primeira dimensão). A Lei dos Pobres, na Inglaterra, em 1601, trouxe a primeira disciplina jurídica da assistência social ao criar o dever estatal aos necessitados.

Mas com o advento do estado providência, de meras liberalidades estatais, as medidas de assistência social passaram à categoria de mais um dever governamental, pois o Poder Público passou a obrigar-se a prestá-las a quem delas necessitar.

Na Constituição Federal de 1988, a assistência social vem disciplinada nos artigos 203 e 204, destacando-se, em termos infraconstitucionais, a Lei 8.742/93 (LOAS – Lei Orgânica da Assistência Social).

De acordo com o artigo 203, da Constituição, a assistência social será prestada a quem dela necessitar, **independentemente de contribuição à seguridade social**.

Importante tentativa de incrementar as medidas assistencialistas foi dada pela Emenda 42/2003 (inseriu o parágrafo único, no artigo 204, da Constituição Federal), que facultou aos estados e ao Distrito Federal vincular a programa de apoio à inclusão e promoção social até 0,5% de sua receita tributária líquida, vedada a aplicação desses recursos no pagamento despesas com pessoal, serviço da dívida ou outra despesa corrente não vinculada diretamente aos investimentos ou ações apoiados, mas que depende da vontade política legiferante desses entes federados.

Vale advertir que as medidas assistenciais devem ser aplicadas na medida certa pelo Estado, de acordo com os recursos públicos disponíveis e as necessidades sociais de época, sob pena de prejuízo ao interesse público primário, na hipótese de exagero ou timidez na atuação do Poder Público.

Realmente, se os benefícios e serviços assistenciais não forem suficientes para suprir as necessidades básicas dos carentes, é sinal de que urgem reformas nas políticas públicas, pois a crescente legião de desamparados sem dignidade humana porá em risco a paz social.

Ao revés, o pagamento prolongado e excessivo de prestações assistenciais poderá gerar a acomodação dos beneficiários, pois receberão recursos sem qualquer contraprestação à sociedade, em que muitos não sentirão necessidade de se integrar ao mercado de trabalho.

Por tudo isso, é preciso bom senso dos Poderes da República na instituição, revisão e efetivação das políticas assistenciais, para não se pecar pelo excesso ou pela negligência governamental.

É possível **definir a assistência social** como *as medidas públicas (dever estatal) ou privadas a serem prestadas a quem delas precisar, para o atendimento das necessidades humanas essenciais, de índole não contributiva direta, normalmente funcionando como um complemento ao regime de previdência social, quando este não puder ser aplicado ou se mostrar insuficiente para a consecução da dignidade humana.*

De acordo com o artigo 1º, da Lei 8.742/93, "a assistência social, direito do cidadão e dever do Estado, é Política de Seguridade Social não contributiva, que provê os mínimos sociais, realizada através de um conjunto integrado de ações de iniciativa pública e da sociedade, para garantir o atendimento às necessidades básicas".

Com arrimo no artigo 3º, da Lei 8.742/93, "consideram-se **entidades e organizações de assistência social** aquelas sem fins lucrativos que, isolada ou cumulativamente, prestam *atendimento* e *assessoramento* aos beneficiários abrangidos por esta Lei, bem como as que atuam *na defesa e garantia de direitos*".

> Em nosso país, um dos traços característicos da assistência social é o seu caráter não contributivo, bem como a sua função de suprir as necessidades básicas das pessoas, como alimentação, moradia básica e vestuário.

Em regra, apenas as pessoas não cobertas por um regime previdenciário ou pela família farão jus às medidas assistencialistas, justamente porque já gozam de uma proteção que ensejará o pagamento de prestações previdenciárias ou alimentares, salvo se também preencherem os requisitos para as benesses assistenciais, a exemplo do Programa Bolsa-família, que beneficia vários segurados da previdência com baixa renda.

6. SAÚDE

A saúde é certamente um dos direitos fundamentais mais difíceis de ser implementado com qualidade, justamente em razão dos seus altos custos de operacionalização. É tratada na Constituição de 1988, especialmente pelos artigos 196 a 200, com regulamentação dada pela Lei 8.080/90, sendo dever do Poder Público em todas as suas esferas prestá-la a todos os brasileiros, estrangeiros residentes e mesmo aos não residentes, havendo uma **solidariedade entre todos os entes políticos**.

Com o advento da Lei 8.689/93, foi extinto o INAMPS – Instituto Nacional de Assistência Médica da Previdência Social, autarquia federal vinculada ao Ministério da Saúde, que teve as funções, competências, atividades e atribuições absorvidas pelas instâncias federal, estadual e municipal gestoras do Sistema Único de Saúde.

De efeito, **a saúde é direito de todos e dever do Estado**, garantida mediante políticas sociais e econômicas que visem à redução do risco de doença e de outros agravos e ao acesso universal e igualitário às ações e serviços para sua promoção, proteção e recuperação, sendo atividade aberta à iniciativa privada.

Um exemplo de benefício pago no âmbito da saúde pública é o *auxílio-reabilitação psicossocial*, previsto na Lei 10.708/2003, integrante do Programa "De Volta para a Casa", para assistência, acompanhamento e integração social, fora de unidade hospitalar, de pacientes acometidos de transtornos mentais, internados em hospitais ou unidades psiquiátricas, consistindo em pagamento mensal de auxílio pecuniário no importe de R$ 240,00, com duração de um ano, podendo ser renovado quando necessário aos propósitos da reintegração social do paciente, sendo plenamente possível a sua acumulação com o amparo assistencial do idoso ou deficiente carente.

Na prestação de serviços privados de assistência à saúde, serão observados os princípios éticos e as normas expedidas pelo órgão de direção do Sistema Único de Saúde quanto às condições para seu funcionamento, cabendo à Agência Nacional de Saúde Suplementar exercer o poder normativo e fiscalizador do setor, através da promoção da defesa do interesse público na assistência suplementar à saúde, da regulação das operadoras setoriais – inclusive quanto às suas relações com prestadores e consumidores – e da contribuição para o desenvolvimento das ações de saúde no país.

Contudo, por se tratar de uma atividade possível de ser explorada pela iniciativa privada, desde que observados os pressupostos legais – exceto para as empresas estrangeiras, que apenas poderão participar da saúde brasileira nas hipóteses autorizadas pela Lei 13.097/2015.

Excepcionalmente, foi permitida a participação direta ou indireta, inclusive controle, de empresas ou de capital estrangeiro na assistência à saúde nos seguintes casos:

> I – doações de organismos internacionais vinculados à Organização das Nações Unidas, de entidades de cooperação técnica e de financiamento e empréstimos;
>
> II – pessoas jurídicas destinadas a instalar, operacionalizar ou explorar:
>
> a) hospital geral, inclusive filantrópico, hospital especializado, policlínica, clínica geral e clínica especializada; e
>
> b) ações e pesquisas de planejamento familiar;
>
> III – serviços de saúde mantidos, sem finalidade lucrativa, por empresas, para atendimento de seus empregados e dependentes, sem qualquer ônus para a seguridade social.

É plenamente possível o eventual controle judicial das políticas públicas na área da saúde, *mormente para garantir as medidas básicas e urgentes para a prosperidade da vida*, vez que se cuida de direito fundamental ligado ao mínimo existencial.

Mas é certo que inexistem recursos públicos disponíveis para a adoção de todos os procedimentos desejados na área da saúde, devendo a Administração Pública mirar nas ações mais importantes, dentro da *reserva do possível*, razão pela qual, em regra, deverá ser denegado o tratamento público de saúde no exterior, salvo se inexistente o procedimento no Brasil, havendo comprovação científica da eficácia clínica fora do país.

De efeito, a **saúde pública** *consiste no direito fundamental às medidas preventivas ou curativas de enfermidades, sendo dever estatal prestá-la adequadamente a todos, tendo a natureza jurídica de serviço público gratuito*, pois prestada diretamente pelo Poder Público ou por delegatários habilitados por contrato ou convênio, de maneira complementar, quando o setor público não tiver estrutura para dar cobertura a toda população.

Conforme previsão constitucional, as **instituições privadas** poderão participar de forma **complementar** do sistema único de saúde, segundo diretrizes deste, mediante contrato de direito público ou convênio, tendo preferência as entidades filantrópicas e as sem fins lucrativos, **vedada a destinação de recursos públicos para auxílios ou subvenções às instituições privadas com fins lucrativo**, razão pela qual é plenamente possível que as entidades filantrópicas sejam destinatárias de recursos públicos.

De acordo com o preâmbulo da Constituição da Organização Mundial da Saúde – OMS, que adota um conceito extensivo, a saúde é um estado de completo bem-estar físico, mental e social, e não apenas a ausência de doenças, definição recepcionada pelo ordenamento jurídico brasileiro, através do artigo 3º, da Lei 8.080/90.

Para a efetivação das ações da saúde pública, o artigo 198, da Lei Maior, instituiu um Sistema Único de Saúde – SUS, com atendimento integral, regionalizado, descentralizado e hierarquizado, no âmbito das três esferas de governo, que *prioriza a prevenção de doenças* e garante a participação da comunidade.

Na forma do artigo 200, da Constituição Federal, compete ao SUS:

> I – controlar e fiscalizar procedimentos, produtos e substâncias de interesse para a saúde e participar da produção de medicamentos, equipamentos, imunobiológicos, hemoderivados e outros insumos;
>
> II – executar as ações de vigilância sanitária e epidemiológica, bem como as de saúde do trabalhador;
>
> III – ordenar a formação de recursos humanos na área de saúde;
>
> IV – participar da formulação da política e da execução das ações de saneamento básico;
>
> V – incrementar, em sua área de atuação, o desenvolvimento científico e tecnológico e a inovação;
>
> VI – fiscalizar e inspecionar alimentos, compreendido o controle de seu teor nutricional, bem como bebidas e águas para consumo humano;
>
> VII – participar do controle e fiscalização da produção, transporte, guarda e utilização de substâncias e produtos psicoativos, tóxicos e radioativos;
>
> VIII – colaborar na proteção do meio ambiente, nele compreendido o do trabalho.

A União deverá aplicar na saúde os recursos mínimos fixados em lei complementar, que ainda não havia sido editada, razão pela qual o tema era regulado pelo artigo 77, do ADCT, da Constituição. Já nos casos dos demais entes políticos, a CRFB já prevê diretamente os recursos a serem aplicados, no artigo 198, §2º, incisos II e III[2].

Com a promulgação da Lei Complementar 141/2012, passou a ser previsto que a União aplicará, anualmente, em ações e serviços públicos de saúde, o montante correspondente ao valor empenhado no exercício financeiro anterior, apurado nos termos desta Lei Complementar, acrescido de, no mínimo, o percentual correspondente à variação nominal do Produto Interno Bruto (PIB) ocorrida no ano anterior ao da lei orçamentária anual.

A formulação e controle da execução da Política Nacional da Saúde é atribuição do **Conselho Nacional da Saúde - CNS**, órgão de caráter permanente e deliberativo, integrante da estrutura regimental do Ministério da Saúde e composto por representantes do governo, dos prestadores de serviços, dos profissionais de saúde e dos usuários.

Ainda prevê a Constituição que a lei disporá sobre as condições e os requisitos que facilitem a remoção de órgãos, tecidos e substâncias humanas para fins de transplante, pesquisa e tratamento, bem como a coleta, processamento e transfusão de sangue e seus derivados, sendo **vedado todo tipo de comercialização**.

7. PREVIDÊNCIA SOCIAL

7.1. NOÇÕES GERAIS

No Brasil, um dos grandes traços que diferenciam a previdência social da assistência social e da saúde pública é o seu ***caráter contributivo***, pois apenas terão cobertura previdenciária às pessoas que vertam contribuições ao regime que se filiaram, de maneira efetiva ou nas hipóteses presumidas por lei, sendo pressuposto para a concessão de benefícios e serviços aos segurados e seus dependentes.

Em termos objetivos, em sua acepção ampla, a "previdência social" abarca todos os regimes previdenciários existentes no Brasil (básicos e complementares, públicos e privados).

Entretanto, a expressão "Previdência Social" também é utilizada no sentido subjetivo, com iniciais maiúsculas, como sinônima dos órgãos e entidades responsáveis pela gestão previdenciária, a exemplo do extinto Ministério da Previdência Social e do INSS, bastando lembrar que as agências da referida autarquia federal estampam essa nomenclatura.

Com efeito, a sua disciplina constitucional é ditada em especial pelos seguintes artigos da Constituição Federal de 1988:

- **Artigo 40** (previdência dos servidores públicos efetivos e militares - Regime Próprio de Previdência Social);
- **Artigo 201** (previdência dos trabalhadores em geral - Regime Geral de Previdência Social);
- **Artigo 202** (previdência complementar privada).

7.2. EVOLUÇÃO HISTÓRICA MUNDIAL E BRASILEIRA

O nascimento da previdência social deve ser analisado à luz da evolução lenta e gradual dos direitos fundamentais sociais, pois inserta nesse rol de prestações positivas a serem adimplidas pelo Estado.

> Aponta-se majoritariamente como o marco inicial mundial da previdência social no mundo a edição da Lei dos Seguros Sociais, na Alemanha, em 1883, perpetrada pelo chanceler Otto Von Bismarck, que criou o seguro-doença, seguida por outras normas que instituíram o seguro de acidente de trabalho (1884), o de invalidez (1889) e o de velhice (1889), em decorrência de grandes pressões sociais de época.

Consoante as excelentes lições de Sergio Pinto Martins (2010, pg. 04) a respeito do tema, "as leis instituídas por Bismarck tornaram obrigatória a filiação às sociedades seguradoras ou entidades de socorros mútuos por parte de todos os trabalhadores que recebessem até 2.000 marcos anuais. A reforma tinha objetivo político: impedir movimentos socialistas fortalecidos com a crise industrial. Visava obter apoio popular, evitando tensões sociais".

Era um sistema equilibrado, de capitalização, compulsório e bastante restrito, pois se tratava de um seguro celebrado entre patrões e empregados por imposição do Estado, com contribuição de ambos, mas limitado a estes trabalhadores.

Ficou conhecido como *sistema de capitalização* ou *bismarckiano*, pois era custeado apenas com as contribuições dos trabalhadores e dos empregadores, exigindo-se cotizações durante certo prazo para que os beneficiários fizessem jus aos benefícios.

---

2. § 2º A União, os Estados, o Distrito Federal e os Municípios aplicarão, anualmente, em ações e serviços públicos de saúde recursos mínimos derivados da aplicação de percentuais calculados sobre: I - no caso da União, na forma definida nos termos da lei complementar prevista no § 3º; II - no caso dos Estados e do Distrito Federal, o produto da arrecadação dos impostos a que se refere o art. 155 e dos recursos de que tratam os arts. 157 e 159, inciso I, alínea a, e inciso II, deduzidas as parcelas que forem transferidas aos respectivos Municípios; III - no caso dos Municípios e do Distrito Federal, o produto da arrecadação dos impostos a que se refere o art. 156 e dos recursos de que tratam os arts. 158 e 159, inciso I, alínea b e § 3º.

Por sua vez, em termos constitucionais, destacam-se as Constituições do México (1917) e da Alemanha (1919) como as primeiras no mundo a preverem a proteção previdenciária dos trabalhadores.

Já em 1942, a Inglaterra chamou a atenção do mundo ao adotar um sistema previdenciário diverso do germânico, através da aprovação do *Plano Beveridge*, idealizado pelo economista Sir William Henry Beveridge, em que a previdência social era custeada primordialmente com recursos dos tributos em geral, inexistindo apenas contribuições específicas para a sua manutenção, a serem pagas pelas empresas e trabalhadores, efetivamente implantado em 1946.

Esse formato de previdência social tem a vantagem de ser verdadeiramente universal e solidário, pois inclui todo o povo, mas é de difícil equilíbrio financeiro e atuarial, ficando conhecido como *sistema inglês* ou *beveridgiano*.

Outros países têm planos previdenciários públicos e privados, a exemplo do Brasil, ao passo que o Chile adotou uma posição extremada de apenas oferecer ao seu povo a previdência privada, em adoção à política neoliberal sob o incentivo do Banco Mundial, para criar um *sistema previdenciário substitutivo*.

No Brasil, registre-se, inicialmente, que **a Constituição de 1891 foi a primeira brasileira a prever diretamente um benefício previdenciário, pois o seu artigo 75 garantia a aposentadoria por invalidez aos funcionários públicos que se tornaram inválidos a serviço na nação**, mesmo sem existir o pagamento de contribuições previdenciárias.

Deveras, a Constituição Imperial (1824) apenas garantiu formalmente os "socorros públicos" (artigo 179, inciso XXXI), de pouca regulamentação em razão da doutrina liberal de época.

Em *1821*, o Decreto de 1º de outubro concedeu aposentadoria aos mestres e professores após 30 anos de serviço. Já em *1888*, criou-se a Caixa de Socorros para os trabalhadores das estradas de ferro de propriedade do Estado (Lei 3.397) e o Decreto 9.912-A previu a aposentadoria dos empregados dos Correios, após 30 anos de serviço e 60 anos de idade.

Em *1919* foi editada a Lei de Acidentes de Trabalho (Lei 3.724), que criou o seguro de acidente de trabalho para todas as categorias, a cargo das empresas, introduzindo a noção do risco profissional.

> No Brasil, prevalece doutrinariamente que a previdência social nasceu com o advento da Lei Eloy Chaves, em 24 de janeiro de 1923 (Decreto-lei 4.682), que determinou a criação das caixas de aposentadorias e pensões para os ferroviários, mantidas pelas empresas, e não pelo Poder Público, tanto que o dia 24 de janeiro é considerado oficialmente como o dia da previdência social no Brasil.

Crê-se tratar-se de uma meia verdade. A Lei Eloy Chaves pode sim ser considerada como o marco inicial da previdência brasileira, mas do sistema privado, pois *as caixas dos ferroviários eram administradas pelas próprias empresas privadas e não pelo Poder Público, que apenas regulamentava e supervisionava a atividade.*

A Lei Eloy Chaves determinou a criação de uma Caixa de Aposentadoria e Pensões em cada uma das empresas ferroviárias, visando tutelar os seus empregados, assim considerados não só os que prestavam os seus serviços mediante ordenado mensal, como também os operários diaristas, de qualquer natureza, que executavam serviço de caráter permanente, desde que tivessem mais de seis meses de serviços contínuos em uma mesma empresa.

As principais receitas das CAP's dos ferroviários vinham de uma contribuição mensal dos empregados, correspondente a 3% dos respectivos vencimentos; de uma contribuição anual da empresa, correspondente a 1% de sua renda bruta e da soma que produzir um aumento de 1 1/2 % sobre as tarifas da estrada do ferro.

Os recursos arrecadados eram depositados mensalmente em banco escolhido pela gestão da CAP dos ferroviários, sendo de sua propriedade e afetados às finalidades da Caixa, sendo previstas as seguintes prestações:

A) Socorros médicos em casos de doença em sua pessoa ou pessoa de sua família, que habite sob o mesmo teto e sob a mesma economia;

B) Medicamentos obtidos por preço especial determinado pelo Conselho de Administração;

C) Aposentadoria (ordinária ou por invalidez);

D) Pensão para seus herdeiros em caso de morte.

Na realidade, a previdência pública brasileira apenas iniciou-se em 1933, através do Decreto 22.872, que criou o Instituto de Previdência dos Marítimos – IAPM, pois gerida pela Administração Pública, surgindo posteriormente os seguintes Institutos: dos comerciários e bancários (1934); dos industriários (1936); dos servidores do estado e dos empregados de transportes e cargas (1938).

De efeito, os Institutos, ao contrário das Caixas de Aposentadorias e Pensões, tinham maior abrangência, pois abarcavam categorias profissionais inteiras, e não apenas os empregados de determina empresa, além de estarem sujeitos ao controle e administração estatal.

A *Constituição de 1934* deu a sua contribuição ao prever o *tríplice custeio da previdência social*, mediante recursos do Poder Público, dos trabalhadores e das empresas, passando, em termos constitucionais, do plano apenas da assistência social para o seguro social, lançando mão da expressão "Previdência".

Por sua vez, a Constituição de 1946 contemplou pela primeira vez no país a expressão "Previdência Social", tratando da sua cobertura no artigo 157.

Em *1960*, foi promulgada a *Lei Orgânica da Previdência Social - LOPS* (Lei 3.807), que unificou o plano de benefícios dos Institutos.

Já em *1965*, a Emenda 11 alterou a Constituição de 1946 para criar o *Princípio da Precedência de Fonte de Custeio* para a instituição ou majoração dos benefícios previdenciários e assistenciais, existente até hoje e aplicável a toda a seguridade social.

Em *1967*, ocorreu à *unificação da previdência urbana brasileira*, vez que os Institutos foram fundidos, nascendo o INPS – Instituto Nacional de Previdência Social, através do Decreto-lei 72/1966, que também trouxe o seguro de acidente do trabalho para o âmbito da Previdência Pública.

Mais adiante, em *1971*, ocorreu a *inclusão previdenciária dos trabalhadores rurais*, que passaram a ser segurados previdenciários com regência pela Lei Complementar 11, que instituiu o Pró-Rural (Programa de Assistência ao Trabalhador Rural), mantido pelos recursos do Fundo de Assistência ao Trabalhador Rural - FUNRURAL, que ganhou natureza jurídica de autarquia federal.

Na previdência rural foram previstos os seguintes benefícios: I - aposentadoria por velhice; II - aposentadoria por invalidez; III - pensão; IV - auxílio-funeral, V - serviço de saúde; VI - serviço social.

As aposentadorias correspondiam à metade do salário mínimo vigente, ao passo que a pensão por morte a 30% do salário mínimo. Já o auxílio-funeral era no valor de um salário mínimo.

Ou seja, naquela época coexistiam dois regimes previdenciários em paralelo: o Programa de Assistência ao Trabalhador Rural (Lei Complementar 11/1971) e a Previdência Social Urbana (Lei 3.807/1960). Os *empregados domésticos* tiveram a sua vez em *1972*, passando a ser segurados da previdência por força da Lei 5.859.

Em *1977*, foi permitida a criação da *previdência complementar privada*, através das entidades abertas e fechadas, por intermédio da Lei 6.435, começando a nascer os grandes fundos de pensão das empresas estatais, a exemplo da PREVI (Banco do Brasil) e da PETROS (Petrobrás).

Ainda em *1977* foi instituído o *SINPAS – Sistema Nacional de Previdência e Assistência Social*, que abarcava as seguintes entidades:

A) **IAPAS** (Instituto de Administração Financeira da Previdência e Assistência Social – arrecadação e fiscalização das contribuições);

B) **INAMPS** (Instituto Nacional de Assistência Médica da Previdência Social);

C) **INPS** (Instituto Nacional de Previdência Social – responsável pela gestão dos benefícios previdenciários);

D) **LBA** (Fundação Legião Brasileira de Assistência – cuidava dos idosos e gestantes carentes);

E) **FUNABEM** (Fundação Nacional do Bem-Estar do Menor – responsável pelos menores carentes);

F) **CEME** (Central de Medicamentos – fabricação de medicamentos de baixo custo);

G) **DATAPREV** (Empresa de Tecnologia e Informações da Previdência Social – controle de dados).

Finalmente, **em 1988, a Constituição Cidadã evoluiu para a seguridade social**, que no Brasil engloba a assistência, a previdência social e a saúde pública (Título VIII, Capítulo II, artigos 194/204), contemplando as regras e princípios basilares que regulam a previdência brasileira.

É possível enumerar as principais conquistas sociais com o advento do atual ordenamento constitucional:

- A saúde pública passou a ser gratuita a todos os brasileiros, pois não mais depende do pagamento de contribuições específicas;
- Garantia de um salário mínimo ao idoso ou deficiente carente no campo da assistência social;
- Os benefícios previdenciários que substituem a remuneração dos trabalhadores passaram a ser de, pelo menos, um salário mínimo, o que beneficiou os povos rurais;
- Os trabalhadores rurais, os garimpeiros e o pescador artesanal passaram a ter direito a uma redução de 05 anos na idade para gozar do benefício da aposentadoria por idade;
- O homem passou a ter direito à pensão por morte, pois anteriormente apenas tinham direito os maridos inválidos.

Posteriormente, houve a necessidade política de alterar e inserir várias regras constitucionais na previdência social, tendo a **1ª reforma** sido aprovada pela **Emenda 20**, publicada em **16.12.1998**.

Dentre outras, podem ser destacadas as seguintes inovações:

- Exigência de idade mínima para a aposentadoria voluntária integral no serviço público (60 anos para os homens e 55 anos para as mulheres);

- Desconstitucionalização do cálculo da renda mensal inicial das aposentadorias, que passou a ser regido pela Lei 9.876/99;
- Concessão do salário-família e do auxílio-reclusão apenas aos beneficiários de baixa renda;
- Elevação do teto do Regime Geral de Previdência Social para R$ 1.200,00;
- Vedação de percepção de duas aposentadorias pelo regime previdenciário dos servidores públicos, salvo na hipótese de acumulação de cargos autorizada constitucionalmente;
- Extinção do tempo de serviço e criação do tempo de contribuição;
- Proibição de contagem de tempo de contribuição fictício;
- Extinção da aposentadoria por tempo de contribuição proporcional no RGPS para os novos segurados;
- Instituição de novas fontes de custeio para a seguridade social;
- Previsão de competência da Justiça do Trabalho para executar, de ofício, as contribuições previdenciárias decorrentes das sentenças que proferir;
- Proibição de trabalho noturno, perigoso ou insalubre a menores de dezoito e de qualquer trabalho a menores de dezesseis anos, salvo na condição de aprendiz, a partir de quatorze anos;
- Vedação de filiação ao Regime Geral de Previdência Social, na qualidade de segurado facultativo, de pessoa participante de regime próprio de previdência.

O Brasil não adotou uma reforma estrutural em seu regime previdenciário, ao contrário de vários países da América do Sul nas décadas de 1980 e 1990, que eliminaram o sistema público ou colocaram o sistema privado como regra geral.

De efeito, pela Emenda 20/98, inúmeras alterações foram perpetradas em nosso regime previdenciário, mas a sua essência foi mantida, pois os planos básicos brasileiros continuaram a ser públicos e com o regime de repartição (fundo único).

Já a **Emenda 41**, publicada em **31.12.2003**, aprovou a **2ª reforma** da previdência social, com foco no regime previdenciário dos servidores públicos efetivos e militares, destacando-se as seguintes previsões:

- Fim da paridade remuneratória entre ativos e inativos, prevendo regra de transição para os antigos servidores;
- Autorizou a cobrança de contribuições previdenciárias sobre aposentadorias e pensões pagas no serviço público, desde que em valor acima do teto dos benefícios pagos pelo INSS;
- Previsão de redutor da pensão por morte no serviço público equivalente a 30% sobre a quantia que exceder o valor máximo dos benefícios pagos pelo INSS;
- Criação do abono de permanência no serviço público para os servidores que preencheram os requisitos para a aposentadoria voluntária com proventos integrais, mas optaram em permanecer na ativa, equivalente ao valor da sua contribuição previdenciária;
- Vedação de existência de mais de um regime próprio de previdência social para os servidores titulares de cargos efetivos, e de mais de uma unidade gestora do respectivo regime em cada ente estatal.

Com o advento da **Emenda 103/2019**, restou inaugurada a maior reforma constitucional dentro do atual sistema previdenciário brasileiro, especialmente do Regime Geral e o Regime Próprio de Previdência Social, refletindo em alguns pontos no Regime de Previdência Complementar, conforme será estudado ao longo desta obra.

7.3. DEFINIÇÃO E ABRANGÊNCIA

Em sentido amplo e objetivo, especialmente visando abarcar todos os planos de previdência básicos e complementares disponíveis no Brasil, *a previdência social pode ser definida como um seguro com regime jurídico especial, pois regida por normas de Direito Público, sendo necessariamente contributiva, que disponibiliza benefícios e serviços aos segurados e seus dependentes, que variarão a depender do plano de cobertura.*

A relação previdenciária tem duas vertentes:

- **O custeio** (que envolve a obrigação de pagar as contribuições previdenciárias pelos segurados e pelas empresas, empregadores e equiparados, tendo natureza tributária);
- **O plano de benefícios e serviços** (pagamento de prestações pela Previdência Social aos segurados e seus dependentes, uma vez realizadas as hipóteses legais de concessão).

Vale salientar que a definição da previdência é jurídico-positiva, pois sofrerá modificações de acordo com a análise da legislação de cada nação, sendo necessariamente contributiva no Brasil.

7.4. CLASSIFICAÇÃO DOS SISTEMAS PREVIDENCIÁRIOS

Quanto à **contributividade**, os sistemas previdenciários serão classificados em:

A) Não contributivos: custeados com os tributos em geral, inexistindo contribuições específicas, como ocorre no primeiro pilar da previdência da Dinamarca;

B) Contributivos: custeados por contribuições previdenciárias:

- *Capitalização* – Exige a cotização durante certo prazo para fazer jus aos benefícios, em fundo individual ou coletivo, sendo os valores investidos pelos administradores (Previdência Privada no Brasil);
- *Repartição* – Em regra, a ausência de contribuição durante determinado tempo não retira o direito ao benefício, salvo os casos de carência, existindo um fundo único (Previdência Pública do Brasil).

Quanto ao **responsável pela gestão**, adota-se a seguinte classificação:

A) Pública: O Poder Público assume a responsabilidade da administração do regime previdenciário;

B) Privada: O gerenciamento é feito pela iniciativa privada, como no Chile, desde a reforma de 1981;

C) Mista: Adota-se uma gestão pública e privada, a depender do plano, como ocorre no Brasil, onde há planos públicos e privados.

7.5. PLANOS PREVIDENCIÁRIOS BRASILEIROS

Os planos de previdência no Brasil podem ser divididos em *básicos* e *complementares*, sendo os primeiros compulsórios para as pessoas que exerçam atividade laboral remunerada, ao contrário dos últimos, que visam apenas ofertar prestações complementares para a manutenção do padrão de vida do segurado e de seus dependentes.

De efeito, em regra, a adesão aos **planos básicos** independe da vontade do trabalhador, que é obrigado a filiar-se enquanto perceber remuneração decorrente do seu labor, razão pela qual ostenta a **natureza jurídica de seguro obrigatório legal**, não incidindo as regras do Código de Defesa do Consumidor, por não se tratar de contrato que veicule relação de consumo.

Ao revés, o ingresso em um dos **planos de previdência complementar** será sempre facultativo, razão pela qual há plena autonomia da vontade na filiação a esse sistema, conquanto haja normas jurídicas que limitem as regras do jogo após a avença, caracterizando-se como um **seguro contratual *sui generis***, incidindo o regramento do CDC na previdência privada aberta que possui fins lucrativos e não incidindo na previdência privada fechada que não possui fins lucrativos.

Entende-se que a expressão "previdência social" tanto engloba os planos básicos quanto os complementares, pois o Regime Geral de Previdência Social e a previdência complementar privada são regidos na Seção III – Da Previdência Social, artigos 201 e 202, dentro do Capítulo da Seguridade Social na Constituição Federal de 1988.

Aliás, a legislação previdenciária é expressa nesse sentido, ao prever que a previdência social, além do Regime Geral, engloba o regime facultativo complementar, nos moldes do artigo 9º, da Lei 8.213/91.

O fato de ser facultativa a adesão a um plano de previdência privada não retira em nada o seu caráter social, pois os contratos deverão primar por sua função social, sendo cada vez mais crescente a adesão dos brasileiros a esses programas que visam a manter o seu padrão de vida na inatividade.

Contudo, registre-se que há respeitáveis posições doutrinárias que limitam a previdência social aos planos básicos, a exemplo dos colegas procuradores federais Eduardo Rocha Dias e José Leandro Monteiro de Macêdo (2008, pg. 44), justamente pelo seu caráter não contratual.

Já Sergio Pinto Martins (2010, pg. 286) tem uma posição diversa, seguindo a literalidade da norma, pois para ele "a Previdência Social compreende: 1- o Regime Geral de Previdência Social; 2- o Regime Facultativo Complementar de Previdência Social (art. 9º da Lei 8.212)", sendo que a aparente opinião desse autor exclui o Regime Próprio de Previdência Social (previdência dos servidores públicos efetivos e militares).

7.5.1. PLANOS BÁSICOS

A) Regime Geral de Previdência Social – RGPS, obrigatório para os trabalhadores em geral, exceto para os titulares de cargos públicos efetivos e militares filiados a Regime Próprio de Previdência Social, de competência da União e administrado pelo Ministério do Trabalho e Previdência (reforma ministerial de 2021).

Isso porque com o advento da Lei 13.341/2016, a pasta previdenciária restou transferida para o Ministério da Fazenda, tendo sido o Ministério do Trabalho e Previdência Social transformado em Ministério do Trabalho. Posteriormente, em 2019, a área previdenciária passou a ser do novel Ministério da Economia, tendo sido criada uma Secretaria Especial de Previdência e Trabalho, com até duas secretarias.

No entanto, por força da Lei 14.261/2021, foi recriado o Ministério do Trabalho e Previdência (MTP), que voltou a ter a gestão da pasta previdenciária.

Já ao INSS – Instituto Nacional do Seguro Social, autarquia federal criada pela Lei 8.029/90, fruto da fusão do IAPAS – Instituto de Administração Financeira da Previdência e Assistência Social com o INPS – Instituto Nacional de Previdência Social, competirá a administração do plano de benefícios e serviços do RGPS. Após a Lei 13.341/2016, o Instituto Nacional do Seguro Social – INSS foi transferido do Ministério do Trabalho e Previdência Social para o Ministério do Desenvolvimento Social, que passou a exercer a supervisão ministerial da autarquia previdenciária. **Em 2019, a supervisão ministerial do INSS passou para o Ministério da Economia e, após a recriação do MPT, retorna a esta órgão assim que for publicado a decreto regulamentador.**

Com o advento da Lei 11.457/2007, a principal função administrativa do INSS se reduziu a gerir o plano de benefícios e serviços do RGPS, pois a autarquia federal não mais detém a Dívida Ativa das contribuições previdenciárias, que atualmente é da União, através da Secretaria de Receita Federal do Brasil.

Trata-se do maior plano previdenciário brasileiro, pois engloba cerca de 50 milhões de segurados, visando cobrir vários riscos sociais, tais como velhice, invalidez, doença, maternidade, prisão, acidente e morte.

O RGPS não visa manter o *status* social dos beneficiários, e sim conceder a cobertura necessária para a manutenção de uma vida digna, pois há um teto para o pagamento dos benefícios no valor de **7.087,22** (valor atualizado para **2022**), que só poderá ser ultrapassado em hipóteses excepcionais a serem vistas.

Em regra, a filiação ao Regime Geral é obrigatória para todas as pessoas que desenvolvam atividade remunerada no Brasil, exceto para os servidores públicos efetivos e militares cobertos por regime previdenciário próprio, podendo as pessoas que não trabalhem se filiar como segurados facultativos, permissivo que atende ao Princípio da Universalidade de Cobertura e do Atendimento.

É preciso advertir que muitas vezes a expressão "previdência social" é empregada pela legislação ou mesmo pela doutrina em sentido estrito, ou seja, como sinônimo de Regime Geral de Previdência Social, devendo o leitor estar atento para saber interpretar adequadamente a sua utilização no contexto da oração.

As suas regras gerais encontram-se insculpidas no artigo 201, da Constituição Federal, com as alterações promovidas especialmente pela Emenda 20/1998 (primeira reforma previdenciária), tendo o seu Plano de Custeio sido aprovado pela Lei 8.212/91 e o Plano de Benefícios e Serviços pela Lei 8.213/91, atualmente regulamentados pelo Decreto 3.048/99 (Regulamento da Previdência Social – RPS), já alterado em inúmeras oportunidades.

No exercício legítimo do seu poder regulamentar, o INSS editou a Instrução Normativa PRES 128/2022, que dispõe sobre a administração de informações dos segurados, o reconhecimento, a manutenção e a revisão de direitos dos beneficiários da Previdência Social e disciplina o processo administrativo previdenciário no âmbito da autarquia previdenciária.

B) Regimes Próprios de Previdência Social – RPPS's, obrigatórios para os servidores públicos efetivos da União, estados, Distrito Federal e municípios, bem como os militares, caso tenham sido criados pelas respectivas entidades políticas.

Ressalte-se que os servidores que são apenas titulares de cargo em comissão, temporários ou empregados públicos serão segurados obrigatórios do RGPS, na condição de segurados empregados, nos termos do artigo 40, §13, da Constituição Federal, bem como os titulares de mandato eletivo sem vínculo efetivo, pois o RPPS só abarca os servidores efetivos em todas as esferas de governo, desde a Emenda 20/98.

O regramento geral dos regimes previdenciários dos servidores públicos efetivos e militares está posto no artigo 40, da Constituição Federal, com as alterações das Emendas 20/1998, 41/2003 e 47/2005 e 88/2015, bem como nas Leis 9.717/98 e 10.887/04, cabendo a cada entidade política aprovar as suas leis criando e regulamentado os seus RPPS's, observada a regulação genérica federal.

A União, todos os estados e o Distrito Federal possuem os seus RPPS's instituídos, mas a esmagadora maioria dos municípios brasileiros ainda não os instituiu, justamente em razão da pequena estrutura administrativa que não comporta mais essa função administrativa, haja vista muitos entes políticos locais mal disponibilizarem os serviços públicos básicos.

Nestes casos, os servidores efetivos estarão automaticamente vinculados ao RGPS na condição de empregados, sendo o município considerado empresa para fins previdenciários, conforme interpretação do artigo 12, da Lei 8.213/91.

No que concerne aos militares, é curial lembrar que estes foram excluídos do rol dos servidores públicos pela Emenda Constitucional nº 18/1998, constituindo agora uma categoria autônoma, razão pela qual os militares dos estados e do Distrito Federal não poderão ser regidos pelo mesmo regime previdenciário dos servidores públicos, devendo ter regras próprias.

Nesse sentido, a Lei 9.717/98 consignou expressamente que as suas regras também serão aplicáveis aos regimes previdenciários dos militares dos estados e do Distrito Federal, o que evidencia a necessidade da regulação diferenciada, conforme se depreende da análise da sua introdução: "Dispõe sobre regras gerais para a organização e o funcionamento dos regimes próprios de previdência social dos servidores públicos da União, dos Estados, do Distrito Federal e dos Municípios, dos militares dos Estados e do Distrito Federal e dá outras providências".

O tratamento diferenciado se impõe pelo diverso regime jurídico dos militares em comparação aos servidores públicos, pois aqueles não se aposentam, e sim permanecem na reserva remunerada ou reforma, conquanto possam ser instituidores de pensão por morte aos seus dependentes.

No que concerne aos militares das Formas Armadas, o tema é regulado pela Lei 6.880/80, que aprovou o Estatuto dos Militares.

7.5.2. PLANOS COMPLEMENTARES

A) **Regime Complementar dos Servidores Públicos Efetivos,** a ser implementado pelas entidades políticas, de índole facultativo e de contribuição definida, previsto nos §§14, 15 e 16, do artigo 40, da Constituição Federal.

Ainda não se tinha notícia que alguma entidade política o tenha instituído, mas a partir da sua criação será possível fixar um limite máximo para as aposentadorias e pensões no serviço público, no valor máximo do RGPS, para os servidores que ingressarem após a sua criação.

A previdência pública complementar deverá ser regulamentada por lei de iniciativa do Chefe do Poder Executivo, através da criação de uma entidade de previdência pública, disponibilizando benefícios na modalidade contribuição definida, ou seja, o seu valor dependerá do rendimento dos valores aplicados, não sendo previamente fixado.

No âmbito da União, o regime de previdência complementar dos servidores federais efetivos foi criado por intermédio da Lei 12.618/2012.

B) **Regime Complementar Privado Aberto,** explorado por sociedades anônimas com autorização estatal, de índole facultativo e que tem por objetivo instituir e operar planos de benefícios de caráter previdenciário, concedidos em forma de renda continuada ou pagamento único, acessíveis a quaisquer pessoas físicas, regulamentado pelo artigo 202, da Constituição Federal e pelas Leis Complementares 108 e 109/2001.

C) **Regime Complementar Privado Fechado,** mantido por entidades fechadas de Previdência Complementar (associações ou fundações), facultativo, que oferecem planos de benefícios a todos os empregados dos patrocinadores ou associados dos instituidores, também regulado pelas normas acima referidas.

7.6. FONTES, AUTONOMIA, INTERPRETAÇÃO E APLICAÇÃO DO DIREITO PREVIDENCIÁRIO E SUA RELAÇÃO COM OS DEMAIS RAMOS JURÍDICOS

É certo que uma análise mais aprofundada e técnica do Direito ao longo dos anos na vida jurídica levará a conclusão que, no final das contas, a divisão da ciência jurídica em disciplinas é meramente para fins de estudo, pois todos os temas estão entrelaçados e não há como cindir o que é necessariamente uno.

Outrossim, entende-se também que a secular divisão do Direito em Público e Privado também carece de base científica, haja vista que as teses doutrinárias que buscaram diferenciar esses dois grandes campos sempre se depararam com questões que não conseguiram solucionar, a exemplo da Teoria do Interesse, da Qualidade dos Sujeitos e da Posição dos Sujeitos.

Logo, fala-se em autonomia de um ramo jurídico apenas para fins didáticos, sendo certo que toda a base do nosso ordenamento jurídico se encontra positivada na Constituição Federal de 1988, fundamento de validade e lastro de interpretação da legislação infraconstitucional.

Nesse sentido, o *Direito Constitucional Previdenciário* é composto pelas disposições constitucionais que regulam a previdência social, especialmente pelos artigos 40 (previdência dos servidores públicos efetivos), 201 (Regime Geral de Previdência Social) e 202 (previdência complementar).

O critério mais adotado doutrinariamente para a pronúncia da autonomia de uma disciplina jurídica é a existência de princípios peculiares que lhe informe, razão pela qual se crê na natureza autárquica do Direito Previdenciário, tendo em vista a presença de inúmeros princípios informadores que serão oportunamente estudados.

De efeito, **é possível definir o Direito Previdenciário como o *ramo do Direito composto por regras e princípios que disciplinam os planos básicos e complementares de previdência social no Brasil, assim como a atuação dos órgãos e entidades da Administração Pública e as pessoas jurídicas privadas que exerçam atividades previdenciárias.***

No passado, entendia-se estar a legislação previdenciária inserta no Direito do Trabalho. Contudo, começou-se a perceber que não se confunde a relação trabalhista com a previdenciária, conquanto normalmente a segunda seja derivada da primeira, pois, em regra, todos os que exercem atividade laboral remunerada no Brasil deverão se filiar a algum plano básico.

Assim, é clara a autonomia do Direito Previdenciário frente ao Direito do Trabalho, apesar de inúmeros institutos trabalhistas serem utilizados na esfera previdenciária, devendo ser muitas vezes adaptados após o traslado, como ocorre com a expressão "empregado", que é mais ampla na legislação previdenciária do que na trabalhista, que se refere apenas ao trabalhador com vínculo de emprego.

Outrossim, outro exemplo é o conceito de empresa trazido pela legislação previdenciária (art. 15, I, da Lei 8.212/91), que chega a englobar até entidades da Administração Pública Direta e outras equiparadas, mais extensivo que o trabalhista.

Há também uma proximidade muito grande do Direito Previdenciário com o **Tributário**, decorrente da natureza fiscal das contribuições previdenciárias, de modo que são plenamente aplicáveis a esses tributos as disposições do Código Tributário Nacional, observadas as peculiaridades da legislação previdenciária.

Com o **Direito Penal** o Direito Previdenciário também mantém estritas relações, vez que inúmeras fraudes contra a Previdência Social foram criminalizadas, a exemplo dos delitos de sonegação e de apropriação indébita de contribuição previdenciária.

Toda a base da legislação previdenciária se encontra esculpida na Constituição Federal de 1988, notadamente nos artigos 40, 201 e 202, o que demonstra a íntima relação com o **Direito Constitucional**.

Os órgãos e entes públicos previdenciários integram a Administração Pública, estando sujeitos ao regime jurídico administrativo e consequentemente à legislação respectiva, o que atesta a conexão direta do Direito Previdenciário com o **Direito Administrativo**, a exemplo da aplicação da Lei 9.784/99 (processo administrativo federal) aos processos previdenciários, no que for compatível.

Várias disposições do **Direito Civil** também poderão ser aplicáveis ao campo previdenciário, se compatíveis, notadamente o Livro das Obrigações, pois a relação entre a Previdência Social e os beneficiários no adimplemento das prestações previdenciárias é de natureza obrigacional, normalmente de trato sucessivo.

Comprovando essa conexão, o artigo 103, parágrafo único, da Lei 8.213/91, prevê que prescreve em cinco anos, a contar da data em que deveriam ter sido pagas, toda e qualquer ação para haver prestações vencidas ou quaisquer restituições ou diferenças devidas pela Previdência Social, salvo o direito dos menores, incapazes e ausentes, **na forma do Código Civil.**

As normas insertas no Código de Processo Civil também poderão ser aplicadas ao processo administrativo previdenciário, se compatíveis, o que denota a direta relação do Direito Previdenciário com o **Direito Processual Civil**.

Ademais, quando os pedidos dos segurados e dependentes não são atendidos na esfera administrativa, a questão algumas vezes é judicializada pelos beneficiários da Previdência Social, sendo que as disposições processuais civis regerão os processos judiciais.

Até com o **Direito Ambiental** o Direito Previdenciário mantém alguma relação imediata, pois o conceito de pesca e de extrativismo é fornecido pela legislação ambiental, para fins de identificação do segurado especial do RGPS.

Com o **Direito Internacional Público** o Direito Previdenciário vem se relacionando cada vez mais no Brasil, pois progressivamente o nosso país vem celebrando tratados internacionais para o reconhecimento do tempo de contribuição dos brasileiros residentes no exterior.

Ademais, através do Decreto Legislativo 269, de 19.09.2008, o Brasil aprovou o texto da Convenção nº 102 da Organização Internacional do Trabalho – OIT, relativa à fixação de normas mínimas de seguridade social, adotada em Genebra, em 28 de junho de 1952, sendo outro bom exemplo de relação entre os ramos jurídicos.

De logo, convém ressaltar que, com o advento do *pós-positivismo* -designação provisória e genérica de um ideário difuso, no qual se incluem a definição das relações entre valores, princípios e regras, aspectos da chamada *nova hermenêutica* e a teoria dos direitos fundamentais – os princípios passaram de meras fontes de integração a espécie de normas jurídicas, dotados, portanto, de conteúdo normativo.

Os princípios são normas jurídicas que fundamentam o sistema jurídico, com maior carga de abstração, generalidade e indeterminação que as regras, não regulando situações fáticas diretamente, carecendo de intermediação para a aplicação concreta. Devem ser pesados com outros princípios em cada caso concreto, à luz da ponderação casual (Princípio da Proporcionalidade). Ou seja, inexiste princípio absoluto.

Eles se diferenciam das regras por ter maior grau de abstração, de indeterminabilidade, pela condição de *standart* e função morfogenética.

Em que pese inexistir hierarquia jurídica entre princípios e regras, os primeiros são axiologicamente superiores, tendo as funções dimensional ou morfogenética (os princípios são fundamentos das regras), interpretativa, limitadora e integrativa.

O conflito entre regras se resolve com os critérios da hierarquia, especialidade e revogação, ao contrário dos princípios. Enquanto as regras valem ou não (tudo ou nada), os princípios pesam ou não.

Portanto, parte-se da premissa de que existem duas espécies de normas jurídicas: as principiológicas e as regras.

De seu turno, interpretar significa extrair o sentido e o alcance do ato normativo, existindo vários métodos tradicionais que o exegeta poderá se valer, que podem ser assim classificados:

A. Quanto à origem:

1. *Interpretação legislativa ou autêntica* – É efetuada pelo Poder Legislativo, quando aplica o processo legislativo para elaborar normas jurídicas;
2. *Interpretação judicial* – É efetivada pelos órgãos do Poder Judiciário no exercício da jurisdição;
3. *Interpretação administrativa* – É exteriorizada pelo Poder Executivo, quando exerce a função administrativa;
4. *Interpretação doutrinária* é exercitada pelos escritores jurídicos.

B. Quanto ao meio:

1. *Interpretação gramatical ou filológica, literal, semântica, textual ou verbal* – É um método que observa o sentido literal dos vocábulos;
2. *Interpretação histórica* – Leva em consideração os antecedentes históricos;
3. *Interpretação sistemática* – Estabelece relações de coordenação e subordinação no ordenamento jurídico;
4. *Interpretação lógica* – Leva em conta a compatibilidade ou concordância por meio de raciocínios lógicos;
5. *Interpretação teleológica* – Contempla a finalidade da norma, por meio dos valores tutelados por ela.

C. Quanto à finalidade:

1. *Interpretação declarativa ou estrita* – Há concordância entre o signo de linguagem e o significado a ela atribuído;
2. *Interpretação restritiva* – Na hipótese que não há essa concordância, sendo necessária uma redução do aparente significado do texto, pois o legislador escreveu mais do que pretendia;
3. *Interpretação extensiva* – Não há consonância entre o signo e o significado, sendo necessária uma extensão do significado do texto, pois o legislador escreveu menos do que pretendia.

Vale ressaltar que o enunciado normativo não se confunde com a norma jurídica. O enunciado é o texto "seco" esculpido na legislação previdenciária, dissociado dos fatos sociais. São meras palavras reunidas.

Já a norma jurídica é o texto legal interpretado a luz dos fatos sociais do momento, dotada de carga criativa do intérprete, ante o caráter geral e abstrato que marca o enunciado normativo.

A maior prova de que a interpretação tem dose criativa é que existem inúmeros textos legais plurissignificativos, muitas vezes com mais de duas interpretações distintas. Ademais, é comum que o enunciado normativo permaneça inalterado, intacto, mas a sua interpretação evolua (ou involua) ao longo do tempo, o que em termos constitucionais é denominado de mutação, um processo informal de reforma constitucional.

Deveras, muitas vezes não mudou o enunciado normativo, e sim a sua interpretação, tomando como parâmetro a evolução dos fatos sociais que exigem um novo sentido e alcance do texto legal, mais consentâneo com as novas necessidades jurídicas, políticas, econômicas e sociais.

Hoje prevalece no constitucionalismo contemporâneo que a interpretação não é mais um processo mecânico, uma mera subsunção, vez que não pode ser perpetrada de maneira dissociada da realidade, sendo constitutiva, e não meramente declaratória, máxime quando se tratam de princípios jurídicos.

Insta frisar que a interpretação não se confunde com a hermenêutica, sendo esta o precedente lógico da interpretação. Com base nas lições do saudoso Carlos Maximiliano, enquanto a hermenêutica jurídica tem por objeto o estudo dos processos e métodos de interpretação, fixando-os e sistematizando-os, a interpretação é a aplicação dos métodos buscando o sentido e o alcance da lei[3].

A interpretação da legislação previdenciária deverá seguir a hierarquia da pirâmide kelseniana, que pode ser assim sintetizada:

1º) Normas previdenciárias constitucionais – Por estarem no ápice do ordenamento jurídico, as normas previdenciárias constantes da Constituição Federal de 1988 constituem-se em fundamento de validade e lastro de interpretação das demais normas previdenciárias, que são hierarquicamente inferiores.

De acordo com o *Princípio da Supremacia da Constituição*, esta tem uma posição hierárquica superior a das demais normas jurídica do ordenamento. Logo, as leis e demais atos jurídicos normativos não poderão existir validamente se incompatíveis com alguma norma constitucional.

---

3. Hermenêutica e Aplicação do Direito. Rio de Janeiro: Forense, 2003.

Assim, a infringência das normas constitucionais, quer formal ou materialmente, culminará na invalidação do enunciado normativo inferior, exceto se este puder ser interpretado conforme a Constituição.

Logo, se o Estado da Bahia editar uma norma jurídica sobre o Regime Geral de Previdência Social, a lei estadual será pronunciada formalmente inconstitucional, pois apenas a União tem competência para normatizar esse regime previdenciário, cuja gestão é de sua competência.

Outrossim, uma lei federal que admita contagem de tempo de contribuição fictício será materialmente inconstitucional, por violação ao artigo 40, §10, da Constituição Federal, combinado com o artigo 4º, da Emenda 20/1998.

2º) **Leis complementares, leis ordinárias, leis delegadas e medidas provisórias** – Estes atos normativos estão na mesma hierarquia e abaixo da Constituição Federal, que devem necessariamente respeitar, sob pena de invalidade.

Destarte, uma vez respeitada a Norma Suprema, em regra, esses atos normativos poderão disciplinar todas as relações jurídicas previdenciárias, quer no campo do custeio, quer no plano das prestações previdenciárias, sendo consideradas como *fontes primárias*.

Vale salientar que a lei complementar está no mesmo patamar da lei ordinária[4], conquanto tenha um quórum qualificado de aprovação (maioria absoluta dos congressistas), sendo necessária a sua aprovação apenas nos casos exigidos pela Constituição Federal.

São exemplos de temas previdenciários que deverão ser tratados por lei complementar previstos na Constituição de 1988: aposentadoria especial no RGPS (artigo 201, §1º), aposentadoria especial no RPPS (artigo 40, §4º), previdência complementar privada (artigo 202), prescrição e decadência das contribuições previdenciárias (artigo 146, III, "b") e criação de novas fontes de custeio para o pagamento das contribuições para a seguridade social (artigo 195, §4º).

Se um tema reservado à lei complementar for regulado por uma lei ordinária (esta é aprovada com quórum de maioria simples), medida provisória ou lei delegada, haverá a sua pronúncia de inconstitucionalidade formal.

Por sua vez, as medidas provisórias poderão veicular todos os temas previdenciários, exceto os reservados às leis complementares e sobre matéria já disciplinada em projeto de lei aprovado pelo Congresso Nacional e pendente de sanção ou veto do Presidente da República.

Entretanto, por força da Emenda 32/2001, que alterou o artigo 246, da Constituição Federal, "é vedada a adoção de medida provisória na regulamentação de artigo da Constituição cuja redação tenha sido alterada por meio de emenda promulgada entre 1º de janeiro de 1995 até a promulgação desta emenda, inclusive".

Já as leis delegadas serão elaboradas pelo Presidente da República, que deverá solicitar a delegação ao Congresso Nacional, não podendo versar sobre os temas afetos às leis complementares.

Quando inexistir uma regra jurídica para determinado caso, o aplicador da lei deverá promover a sua integração. Nesse sentido, de acordo com o artigo 4º, da Lei de Introdução às Normas do Direito Brasileiro, "quando a lei for omissa, o juiz decidirá o caso de acordo com a analogia, os costumes e os princípios gerais de direito".

Nesse sentido, no âmbito da previdência privada, assim como nos planos previdenciários públicos, o Superior Tribunal de Justiça invocou a **analogia** e a **equidade** como forma de integração de lacuna normativa, estendendo aos parceiros homoafetivos a condição de dependentes previdenciários conferida à união estável entre homem e mulher.

3º) **Atos regulamentares secundários (decretos, instruções normativas, memorandos, resoluções, portarias e orientações internas)** – É tradicional o entendimento de que os atos regulamentares secundários não poderão inovar no mundo jurídico, salvo nas hipóteses expressamente autorizadas pela Constituição Federal. São as *fontes secundárias* do direito.

Dentre os atos regulamentares, o decreto será exclusivamente expedido pelo Chefe do Poder Executivo, sendo, portanto, hierarquicamente superior aos atos das demais autoridades administrativas.

Assim, no âmbito do RGPS, se houver um conflito inconciliável entre o Decreto 3.048/99 (Regulamento da Previdência Social) e a Instrução Normativa INSS PRES 128/2022 , deverá prevalecer o Decreto, pois o Presidente da República é hierarquicamente superior ao Presidente do INSS.

Por sua vez, se o Decreto 3.048/99 conflitar com as Leis 8.212/91 e 8.213/91, estas deverão prevalecer, pois são de hierarquia superior.

Os regulamentos deverão se destinar à fiel execução das leis, pormenorizando-as, não podendo criar direitos e obrigações, em regra, vez que são meros atos secundários. Entretanto, cada situação deverá ser ponderada casuisticamente.

4. Este é o entendimento do STF, a exemplo do julgamento do **RE 592148 ED / MG em 25.08.2009.**

É possível sustentar que em determinadas situações um mero ato regulamentar possa instituir deveres e obrigações, se ele regulamentar diretamente a Constituição Federal, conquanto o recomendável fosse que a lei regulamentasse diretamente a Norma Maior e o ato secundário o fizesse apenas com base na lei.

Nesse sentido, no julgamento da ADPF 101, em 24.06.2009, o STF validou vedação de importação de pneus usados de países que não integram o MERCOSUL, feita através de atos regulamentares do CONAMA e da Secretaria do Comércio Exterior, aplicando diretamente o direito fundamental ao meio ambiente ecologicamente equilibrado e à saúde.

Ou seja, mesmo sem a promulgação de uma lei que proibisse a referida importação, a Suprema Corte validou os referidos atos secundários.

Ademais disso, na prática previdenciária vem se admitindo a instituição de direitos por intermédio de meros atos regulamentares, como ocorre no artigo 103, Decreto 3.048/99, que deu o direito à segurada aposentada que voltar a trabalhar de perceber o salário-maternidade juntamente com a sua aposentadoria, conquanto o artigo 18, §2º, da Lei 8.213/91, diga expressamente que "o aposentado pelo Regime Geral de Previdência Social – RGPS que permanecer em atividade sujeita a este Regime, ou a ele retornar, não fará jus a prestação alguma da Previdência Social em decorrência do exercício dessa atividade, exceto ao salário-família e à reabilitação profissional, quando empregado".

De arremate, curial afirmar que diante da complexidade das atividades estatais, cada vez mais o legislador delega o complemento de leis ao Poder Executivo, o que não atenta contra o Princípio da Estrita Legalidade, desde que o ato delegatório fixe os parâmetros gerais para o exercício do legítimo poder regulamentar.

Exemplo desta delegação é o artigo 58, da Lei 8.213/91, que regula a aposentadoria especial, ao prever que "a relação dos agentes nocivos químicos, físicos e biológicos ou associação de agentes prejudiciais à saúde ou à integridade física considerados para fins de concessão da aposentadoria especial de que trata o artigo anterior será definida pelo Poder Executivo".

▶ CAPÍTULO 2 – CONTRIBUIÇÕES PARA O CUSTEIO DA SEGURIDADE SOCIAL

1. NOTAS INTRODUTÓRIAS

Além dos recursos provenientes dos orçamentos da União, dos estados, do Distrito Federal e dos municípios, a manutenção da seguridade social contará com as receitas decorrentes das **contribuições para a seguridade social**, que têm **aplicação vinculada ao sistema securitário**, por serem tributos afetados ao sistema.

Com propriedade, toda a sociedade deverá financiar a seguridade social brasileira, de maneira direta ou indireta, ante o seu caráter universal que objetiva a proteção do povo contra os riscos sociais selecionados pelo legislador, consoante o interesse público, através de prestações na área da saúde pública, assistência e previdência social.

Contudo, há uma exceção "temporária" no artigo 76, do ADCT, da Constituição, que criou a DRU – Desvinculação de Receitas da União, prorrogada até 31 de dezembro de 2015 pela Emenda Constitucional nº 68/2011, que permitiu que até 20% do montante arrecadado com as contribuições sociais tenham destinação diversa.

Coube à Emenda Constitucional 93/2016 prorrogar e ampliar a DRU, que agora abarca 30% da arrecadação da União relativa às contribuições sociais, sem prejuízo do pagamento das despesas do Regime Geral da Previdência Social, às contribuições de intervenção no domínio econômico e às taxas, já instituídas ou que vierem a ser criadas até a referida data até 31 de dezembro de 2023.

Ademais, foram inseridos os artigos 76-A e 76-B que instituíram a DRU em favor dos estados, Distrito Federal e municípios até 31 de dezembro de 2023 e no mesmo importe de 30% das receitas relativas a impostos, taxas e multas, já instituídos ou que vierem a ser criados até a referida data, seus adicionais e respectivos acréscimos legais, e outras receitas correntes, salvo recursos destinados ao financiamento das ações e serviços públicos de saúde e à manutenção e desenvolvimento do ensino (incisos II e III do § 2º do art. 198 e o art. 212 da Constituição Federal) e receitas de contribuições previdenciárias e de assistência à saúde dos servidores.

> Com o advento da **Emenda 103/2019** (art. 2º), **a DRU não mais se aplica às contribuições para a seguridade social**, tendo havido perda de interesse governamental na sua manutenção nesta área, pois desde o ano de 2016 as despesas da seguridade social passaram a superar as receitas, limitando-se o superávit ao ano de 2015.

Existe um **orçamento específico para a seguridade social**, ao lado do orçamento fiscal e do de investimentos nas empresas estatais, para onde são destinadas as contribuições, competindo à União cobrir a eventual falta de recursos financeiros para o pagamento dos benefícios previdenciários.

Apenas poderão os recursos do orçamento da seguridade social ser utilizados para suprir necessidade ou cobrir déficit de empresas, fundações e fundos, se aprovada autorização legislativa específica, nos termos da excepcional previsão do artigo 167, inciso VIII, da Constituição Federal.

Insta destacar que dentro da categoria tributária "contribuições sociais", existem duas espécies: *contribuições para a seguridade social* e *contribuições sociais gerais*, conforme já se pronunciou o STF no julgamento da ADI 2.556, de 09.10.2002, sendo que somente as primeiras se submetem ao regime jurídico do artigo 195, da Constituição.

Deveras, em regra, **apenas a União tem competência para instituir as contribuições para a seguridade social**, *salvo* no que concerne ao regime de previdência social dos servidores públicos efetivos dos estados, do Distrito Federal e dos municípios, pois há permissivo para que essas pessoas políticas criem contribuições para o custeio dos respectivos regimes previdenciários, a teor do artigo 149, §1º, da CRFB.

Conquanto exista no Brasil corrente doutrinária minoritária que sustente a natureza não fiscal dessas contribuições, especificamente as previdenciárias, é certo que é amplamente prevalente a sua natureza fiscal.

Ao contrário dos impostos, taxas e contribuições de melhoria, tributos tradicionais previstos expressamente no CTN, que são diferenciados pela natureza jurídica específica do seu fato gerador da respectiva obrigação, não se identifica a natureza jurídica de uma contribuição para a seguridade social através da delimitação da sua hipótese de incidência.

Deveras, é plenamente possível que uma contribuição securitária tenha o mesmo fato gerador de um imposto, como ocorre na tributação sobre o lucro das pessoas jurídicas, considerado fato imponível tanto do imposto de renda quanto da contribuição social sobre o lucro líquido.

Dentre as espécies tributárias, o que define uma contribuição para a seguridade social é a sua finalidade de custeio do sistema securitário, independentemente da natureza do fato gerador, pois são **tributos finalísticos**.

No mais, o artigo 27, da Lei 8.212/91, ainda aponta outras receitas para o custeio da seguridade social, tais como as multas, a atualização monetária e os juros moratórios; a remuneração recebida por serviços de arrecadação, fiscalização e cobrança prestados a terceiros; as doações, legados, subvenções e outras receitas eventuais; 50% dos valores obtidos e aplicados na forma do parágrafo único do art. 243 da Constituição Federal e 40% do resultado dos leilões dos bens apreendidos pelo Departamento da Receita Federal do Brasil.

> A arrecadação desses tributos é tão importante que há vedação no artigo 195, §3º, da Constituição Federal, para que o Poder Público contrate com as pessoas jurídicas em débito com a seguridade social, bem como lhes conceda incentivos fiscais ou creditícios.

2. A RELAÇÃO JURÍDICA DE CUSTEIO DA SEGURIDADE SOCIAL

A relação de custeio da seguridade social é nitidamente de índole tributária, porquanto as contribuições sociais são modalidade de tributos, uma vez superada a divisão tripartite do CTN, com o advento do atual ordenamento constitucional.

É possível *defini-la* como um **vínculo jurídico obrigacional público, em que o sujeito ativo (Estado) é credor do sujeito passivo (responsável ou contribuinte), que deverá promover o recolhimento de contribuição destinada ao custeio da seguridade social, acrescida de eventuais consectários legais (multas, juros de mora e correção monetária), uma vez realizada em concreto a hipótese de incidência prevista em lei *stricto sensu*, observada a base de cálculo, a alíquota e os prazos legais.**

De acordo com o artigo 121, parágrafo único, do CTN, *contribuinte* é a pessoa que tem relação pessoal e direta com a situação que constitua o respectivo fato gerador, enquanto o *responsável*, apesar de não revestir a condição de contribuinte, tem obrigação decorrente de expressa previsão legal.

A responsabilidade, por seu turno, poderá ser por *substituição* ou por *transferência*, a depender do momento em que ocorra. Conforme lições de Ricardo Alexandre (2008, pg. 209), "na responsabilidade por substituição, a sujeição passiva do responsável surge contemporaneamente à ocorrência do fato gerador. Já na responsabilidade por transferência, no momento do surgimento da obrigação, determinada pessoa figura como sujeito passivo, contudo, num momento posterior, um evento definido em lei causa a modificação da pessoa que ocupa o pólo passivo da obrigação, surgindo, assim, a figura do responsável, conforme definida em lei".

3. CONTRIBUIÇÕES PARA A SEGURIDADE SOCIAL EM ESPÉCIE

As contribuições para a seguridade social estão previstas no artigo 195, da Constituição Federal, a cargo de diversas fontes de custeio, cujo texto foi reformado pela Emenda 20/1998, **exigindo-se lei complementar para a criação de novas fontes não previstas no texto constitucional**.

Contudo, a despeito da exigência de lei complementar para a criação de novas contribuições para a seguridade social, a teor do artigo 195, §4º, da Constituição Federal, não lhes é aplicável o disposto no artigo 154, I, da CRFB, ou seja, é plenamente válida a instituição de novas contribuições sociais cumulativas e com mesmo fato gerador ou base de cálculo dos impostos, mas não de outras contribuições sociais.

De efeito, com base no artigo 195, incisos I/IV, serão analisadas as contribuições para a seguridade social pagas pelas empresas, empregadores e equiparados (contribuição previdenciária patronal, COFINS e CSLL), pelos trabalhadores e demais segurados do RGPS (contribuição previdenciária) e pelo importador de bens ou serviços do exterior (COFINS).

A receita dos concursos de prognósticos oriunda dos apostadores de jogos e loterias oficiais também será analisada, conquanto não goze de natureza tributária em razão da sua facultatividade.

3.1. CONTRIBUIÇÕES DO EMPREGADOR, DA EMPRESA E DA ENTIDADE A ELA EQUIPARADA NA FORMA DA LEI

A) *Incidentes sobre a folha de salários e demais rendimentos do trabalho pagos ou creditados, a qualquer título, à pessoa física que lhe preste serviço, mesmo sem vínculo empregatício;*

Trata-se da *contribuição previdenciária patronal* para o custeio do Regime Geral de Previdência Social, prevista no artigo 195, inciso I, "a", da Constituição Federal e regulamentada pelos artigos 22/24, da Lei 8.212/91, que instituiu o Plano de Custeio da Seguridade Social, bem como pelo artigo 1º, da Lei 10.666/2003.

Essa contribuição incidirá sobre o total da remuneração paga ou creditada pelas pessoas jurídicas aos trabalhadores que lhe prestam serviços, com ou sem vínculo empregatício, sendo a sua arrecadação afetada ao pagamento dos benefícios do RGPS, na forma do artigo 167, inciso XI, da Constituição Federal.

Por sua vez, estas contribuições destinar-se-ão diretamente ao Fundo do RGPS, previsto no artigo 250, da Constituição Federal e criado pela Lei Complementar 101/2000, cabendo ao INSS geri-lo.

Por se tratar de uma contribuição previdenciária, o seu estudo será aprofundado no *Capítulo 06 – Das Contribuições Previdenciárias*.

B) *Incidentes sobre a receita ou o faturamento;*

Trata-se da *contribuição para financiamento da seguridade social – COFINS*, incidente sobre a receita ou o faturamento das pessoas jurídicas, na forma do artigo 195, inciso I, "b", da Constituição, cuja alíquota é de 7,6%, incidente sobre os valores faturados mensalmente, assim considerados como a receita bruta das pessoas jurídicas, a teor do artigo 3º, da Lei 9.178/98.

C) *Incidentes sobre o lucro;*

Cuida- se da *CSLL – contribuição social sobre o lucro líquido*, prevista no artigo 195, inciso I, "c", da Constituição Federal e criada pela Lei 7.689/88, cuja base de cálculo é o valor do resultado do exercício das empresas, antes da provisão para o imposto de renda.

Em regra, a alíquota dessa exação será de 9%. Para as pessoas jurídicas de seguros privados, de capitalização e para determinadas instituições financeiras, a alíquota será de 15%, tendo sido elevada para 20% até 31 de dezembro de 2018 pela Lei 13.169/2015 e para 17% no caso das cooperativas de crédito. Com o advento do artigo 32 da EC 103/2019, houve a elevação de alíquota para 20% para as instituições financeiras.

3.2. CONTRIBUIÇÕES DO TRABALHADOR E DOS DEMAIS SEGURADOS DO RGPS

Esta é a *contribuição previdenciária* devida pelos trabalhadores e demais segurados do Regime Geral previdenciário, prevista no artigo 195, inciso II, da Constituição Federal, inclusive pelo aposentado que continua a desenvolver atividade laborativa e pela mulher que percebe o salário-maternidade.

> **STF**
>
> Em sede de Repercussão Geral, em 4 de agosto de 2020, no RE 576.967, **o STF declarou inconstitucional a incidência de contribuição previdenciária sobre o salário-maternidade**, não tendo havido modulação da eficácia da pronúncia de inconstitucionalidade, sendo possível a apresentação de embargos de declaração pela União.
>
> Restou fixada a seguinte tese: **"É inconstitucional a incidência da contribuição previdenciária a cargo do empregador sobre o salário-maternidade":**
>
> "69. Diante do exposto, considerando os argumentos formal e material, dou provimento ao recurso extraordinário, para declarar, incidentalmente, a **inconstitucionalidade da incidência de contribuição previdenciária sobre o salário maternidade, prevista no art. 28, §2º, da Lei nº 8.212/91, e a parte final do seu §9º, alínea a,** em que se lê " salvo o salário-maternidade", e proponho a fixação da seguinte tese: " É inconstitucional a incidência da contribuição previdenciária a cargo do empregador sobre o salário maternidade".
>
> A tese de aplica tanto à parte da empresa quanto à parte do segurado, conforme se depreende do voto vencedor acima transcrito, em que pese o fechamento tenha sido restritivo. A decisão é *inter partes*, pois não foi tomada em sede de ação abstrata, não tem efeitos erga omnes.

Este inciso foi incluído pela Emenda 20/98, **não incidindo contribuição sobre aposentadoria e pensão concedidas pelo Regime Geral de Previdência Social**.

> Criou-se uma **imunidade** para excluir o poder de tributar sobre as aposentadorias e pensões do RGPS, ao contrário do que ocorre com o regime de previdência dos servidores públicos, em que os inativos e pensionistas passaram a poder contribuir ante a polêmica permissão imposta pela Emenda 41/2003.

Com o advento da **Emenda 103/2019**, o texto do inciso II do artigo 195 da Constituição passou a prever expressamente a **progressividade de alíquotas das contribuições dos segurados**, que decorre do Princípio da Equidade no Custeio, que é corolário da Isonomia Fiscal e Capacidade Contributiva, pois quem possui maior remuneração tem maiores condições de contribuir com a previdência social com alíquotas mais elevadas.

Foi interessante positivar a progressividade para segurados no texto constitucional, embora implicitamente a Constituição já a permitisse.

A regulamentação da contribuição previdenciária dos trabalhadores foi promovida pelos artigos 20 e 21, da Lei 8.212/91, sendo também a sua arrecadação afetada ao pagamento dos benefícios do Regime Geral de Previdência Social - RGPS.

Por se tratar de uma contribuição previdenciária, o seu estudo será aprofundado no *Capítulo 06 – Das Contribuições Previdenciárias.*

3.3. CONCURSO DE PROGNÓSTICOS

Apesar de a Constituição tratá-la como contribuição para a seguridade social, pois prevista no artigo 195, inciso III, não se trata tecnicamente de um tributo, e sim de repasses de recursos financeiros arrecadados pelo Poder Público em decorrência das apostas oficiais.

O tema vem regulamentado pelos artigos 26 e 27, da Lei 8.212/91, sendo definidos os *concursos de prognósticos* como todos os concursos de sorteios de números, loterias, apostas, inclusive aquelas realizadas em reuniões hípicas, no âmbito federal, estadual, distrital e municipal.

De resto, frise-se que apenas a União poderá criar loterias, por se tratar de tema legiferante privativo do ente central, consoante previsto no artigo 22, inciso XX, da Constituição Federal.

3.4. CONTRIBUIÇÃO DO IMPORTADOR DE BENS OU SERVIÇOS DO EXTERIOR, OU DE QUEM A LEI A ELE EQUIPARAR

Essa novel fonte de custeio da seguridade social foi fruto da Emenda 42/2003, tendo sido publicada logo em seguida a Medida Provisória 164/2004, convertida na Lei 10.865/2004, que instituiu a COFINS importação, cuja hipótese de incidência é a entrada no Brasil de bens e serviços do exterior.

No caso de bens importados, a base de cálculo será o valor aduaneiro e, no caso de prestação de serviços por pessoas residentes no exterior, a quantia paga pela prestação.

Em regra, a alíquota da COFINS será de 7,6%, salvo as inúmeras exceções elencadas no artigo 8º, da Lei 10.865/2004, havendo autorização legal para a redução da alíquota para zero, em relação a vários produtos, por decreto presidencial, ante a natureza regulatória que também marca este tributo.

Há determinação constitucional ainda não regulamentada para que a lei defina os setores da atividade econômica onde a incidência da contribuição do importador não será cumulativa (artigo 195, §12), evitando-se a cobrança em cascata.

4. ARRECADAÇÃO

Nos termos do artigo 2º, da Lei 11.457/2007, compete à **Secretaria da Receita Federal do Brasil** planejar, executar, acompanhar e avaliar as atividades relativas **à** tributação, fiscalização, arrecadação, cobrança e recolhimento das **contribuições para a seguridade social**, tendo em conta a *revogação da capacidade tributária ativa delegada ao Instituto Nacional do Seguro Social – INSS para a fiscalização e cobrança das contribuições previdenciárias*, cabendo agora à autarquia federal apenas administrar o plano de benefícios do RGPS.

Na verdade, com o advento da Medida Provisória 222/2004, convertida na Lei 11.098/05, competia ao Ministério da Previdência Social, através da Secretaria de Receita Previdenciária, arrecadar, fiscalizar, lançar e normatizar o recolhimento, em nome do Instituto Nacional do Seguro Social - INSS, das contribuições previdenciárias.

Ou seja, após a Lei 11.457/2007, **o credor das contribuições previdenciárias não é mais o INSS, sendo agora a Dívida Ativa da União**, pois revogada a para fiscalidade, tendo a Lei 11.941/2009 alterado a redação do artigo 33, da Lei 8.212/91.

Deveras, compete à Secretaria da Receita Federal do Brasil planejar, executar, acompanhar e avaliar as atividades relativas à tributação, à fiscalização, à arrecadação, à cobrança e ao recolhimento das contribuições previdenciárias patronais e dos trabalhadores, das contribuições incidentes a título de substituição e das devidas a outras entidades e fundos.

Frise-se que a União tentou criar a Secretaria de Receita Federal do Brasil já no ano de 2005, através da MP 258, que acabou caducando no Senado da República por não ter sido apreciada em tempo hábil.

É prerrogativa dos Auditores Fiscais da Receita examinar a contabilidade das empresas, ficando obrigados a prestar todos os esclarecimentos e informações solicitados o segurado e os terceiros responsáveis pelo recolhimento das contribuições previdenciárias e das contribuições devidas a outras entidades e fundos, sendo que a omissão ou sonegação dos documentos ou informações autoriza o fiscal a lançar as contribuições sociais de ofício e por arbitramento, sem prejuízo das penalidades pecuniárias.

Destarte, as execuções judiciais dessas contribuições passaram a ser propostas pela União, através da Procuradoria-Geral da Fazenda Nacional, e não mais pelo INSS, por intermédio da Procuradoria-Geral Federal, que consequentemente não mais possui legitimidade passiva para figurar no polo passivo das ações de repetição do indébito previdenciário, observada a regra de transição da referida norma.

Com isso, o Brasil adotou um novo modelo de arrecadação centralizador, tendo sido extinta a Secretaria de Receita Previdenciária, órgão do Ministério da Previdência Social, que arrecadava as contribuições previdenciárias em nome do INSS, esperando-se agora uma melhor eficiência e otimização administrativa.

Além das contribuições para a seguridade social, a Secretaria de Receita Federal do Brasil também arrecada as contribuições sociais gerais em favor de várias entidades, a exemplo do SESI, SESC e SENAC, cobrando um percentual de 3,5% como retribuição.

Com o advento da Emenda 45/2004, a Justiça do Trabalho teve ratificada a sua competência para executar, de ofício, as contribuições previdenciárias do empregador, empresa ou equiparada, assim como do trabalhador, decorrentes das sentenças que proferir, na forma do artigo 114, inciso VIII, da CRFB.

Vale frisar que esta competência da Justiça do Trabalho surgiu originalmente com o advento da Lei 8.620/93, que alterou a redação do artigo 43, da Lei 8.212/91, tendo sido incluída da Constituição Federal pela Emenda 20/1998, vez que as competências da Justiça do Trabalho devem ter previsão constitucional.

5. IMUNIDADE

As entidades beneficentes de assistência social são **imunes** ao pagamento das **contribuições para a seguridade social**, desde que **atendidos os requisitos legais**, conforme estabelece o §7º, do artigo 195, da Constituição Federal, que atecnicamente se referiu a isenção, mas que de fato cuida de imunidade, ante a sua previsão constitucional.

As condições para o gozo da imunidade vinham estipuladas no revogado artigo 55, da Lei 8.212/91, alterado pela Lei 9.732/98, que exigia que a entidade promovesse gratuitamente e em caráter exclusivo a assistência social beneficente a pessoas carentes e, se atuante na área da saúde, prestasse serviços ao Sistema Único de Saúde equivalente a, pelo menos, 60% de sua capacidade, definindo assistência social beneficente como a prestação gratuita de benefícios e serviços a quem dela necessitar.

Sucede que esses requisitos para o enquadramento de uma entidade como assistencialista foram insertos pela Lei 9.732/98, tendo sido sua validade questionada no STF por intermédio da ADI-MC 2.028, sob o argumento de ter restringido demasiadamente o enquadramento das pessoas jurídicas como entidades assistencialistas, além de ser uma limitação ao poder de tributar, razão pela qual deveria ser regulamentada por lei complementar, conforme exigido pelo artigo 146, inciso II, da CRFB.

O STF, por sua vez, acatou os argumentos da ADI e deferiu medida cautelar, suspendendo a eficácia das alterações perpetradas pela Lei 9.732/98, sendo que o processo ainda aguarda desfecho final.

STF

Em 2 de março de 2017 o STF definiu que os requisitos para o gozo de imunidade hão de estar previstos em lei complementar. Com base nesse entendimento, o Plenário, por maioria, deu provimento ao recurso extraordinário para declarar a inconstitucionalidade formal do art. 55 da Lei 8.212/1991, que dispõe sobre as exigências para a concessão de imunidade tributária às entidades beneficentes de assistência social (v. Informativos 749 e 844).

Prevaleceu o voto do ministro Marco Aurélio (relator). Ele explicou que as normas de imunidade tributária constantes da Constituição Federal (CF) objetivam proteger valores políticos, morais, culturais e sociais essenciais e não permitem que os entes tributem certas pessoas, bens, serviços ou situações ligadas a esses valores. **Além disso, lembrou que o § 7º do art. 195 da CF traz dois requisitos para o gozo da imunidade: ser pessoa jurídica a desempenhar atividades beneficentes de assistência social e atender a parâmetros legais.**

No entanto, aspectos meramente procedimentais referentes à certificação, à fiscalização e ao controle administrativo continuam passíveis de definição em lei ordinária. A lei complementar é forma somente exigível para a definição do modo beneficente de atuação das entidades de assistência social contempladas pelo art. 195, § 7º, da CF, especialmente quanto às contrapartidas a serem observadas por elas **(Informativo 855 – ADI 2.028 e outras).**

Posteriormente, ao julgar o RE 566622 ED/RS, rel. orig. Min. Marco Aurélio, red. p/ o ac. Min. Rosa Weber, julgamento em 18.12.2019, **foi declarada a CONSTITUCIONALIDADE do inciso II do artigo 55 da Lei 8.212/91 e fixada a seguinte tese reformulada: Tema 32 em Repercussão Geral – "A lei complementar é forma exigível para a definição do modo beneficente de atuação das entidades de assistência social contempladas pelo art. 195, § 7º, da CF (1), especialmente no que se refere à instituição de contrapartidas a serem por elas observadas".**

Finalmente, foi publicada em 17.12.2021 a **Lei Complementar 187**, que regulamentou a certificação das entidades beneficentes e regula os procedimentos referentes à imunidade de contribuições à seguridade social de que trata o § 7º do art. 195 da Constituição Federal, **revogando por expresso a Lei 12.101/2009**.

Entidade beneficente, para os fins de cumprimento da LC 187, foi definida como a pessoa jurídica de direito privado, sem fins lucrativos, que presta serviço nas áreas de assistência social, de saúde e de educação, assim certificada.

Foram contempladas com a imunidade constitucional das contribuições para a seguridade social as entidades beneficentes que atuem nas **áreas da saúde**, **da educação** e **da assistência social**, certificadas nos termos da LC 1878, e que atendam, **cumulativamente**, aos seguintes requisitos:

> I – não percebam seus dirigentes estatutários, conselheiros, associados, instituidores ou benfeitores remuneração, vantagens ou benefícios, direta ou indiretamente, por qualquer forma ou título, em razão das competências, das funções ou das atividades que lhes sejam atribuídas pelos respectivos atos constitutivos[5];
>
> II – apliquem suas rendas, seus recursos e eventual superávit integralmente no território nacional, na manutenção e no desenvolvimento de seus objetivos institucionais;
>
> III – apresentem certidão negativa ou certidão positiva com efeito de negativa de débitos relativos aos tributos administrados pela Secretaria Especial da Receita Federal do Brasil e pela Procuradoria-Geral da Fazenda Nacional, bem como comprovação de regularidade do Fundo de Garantia do Tempo de Serviço (FGTS);
>
> IV – mantenham escrituração contábil regular que registre as receitas e as despesas, bem como o registro em gratuidade, de forma segregada, em consonância com as normas do Conselho Federal de Contabilidade e com a legislação fiscal em vigor;
>
> V – não distribuam a seus conselheiros, associados, instituidores ou benfeitores seus resultados, dividendos, bonificações, participações ou parcelas do seu patrimônio, sob qualquer forma ou pretexto, e, na hipótese de prestação de serviços a terceiros, públicos ou privados, com ou sem cessão de mão de obra, não transfiram a esses terceiros os benefícios relativos à imunidade prevista no § 7º do art. 195 da Constituição Federal;
>
> VI – conservem, pelo prazo de 10 (dez) anos, contado da data de emissão, os documentos que comprovem a origem e o registro de seus recursos e os relativos a atos ou a operações realizadas que impliquem modificação da situação patrimonial;
>
> VII – apresentem as demonstrações contábeis e financeiras devidamente auditadas por auditor independente legalmente habilitado nos Conselhos Regionais de Contabilidade, quando a receita bruta anual auferida for superior ao limite fixado pelo inciso II do caput do art. 3º da Lei Complementar nº 123, de 14 de dezembro de 2006; e
>
> VIII – prevejam, em seus atos constitutivos, em caso de dissolução ou extinção, a destinação do eventual patrimônio remanescente a entidades beneficentes certificadas ou a entidades públicas.

Os dirigentes, estatutários ou não, **não responderão**, direta ou subsidiariamente, pelas obrigações fiscais da entidade, **salvo se comprovada a ocorrência de dolo, fraude ou simulação.**

A imunidade abrange as contribuições sociais previstas nos incisos I, III e IV do caput do art. 195 e no art. 239 da Constituição Federal, relativas a entidade beneficente, a todas as suas atividades e aos empregados e demais segurados da previdência social, **mas não se estende a outra pessoa jurídica**, ainda que constituída e mantida pela entidade à qual a certificação foi concedida.

Ademais, as entidades beneficentes deverão obedecer ao princípio da universalidade do atendimento, **vedado dirigir suas atividades exclusivamente a seus associados ou categoria profissional.**

A certificação será concedida à entidade beneficente que demonstre, no exercício fiscal anterior ao do requerimento a que se refere o art. 34[6] da LC 187, observado o **período mínimo de 12 (doze) meses**

---

5 A exigência a que se refere o inciso I do caput deste artigo não impede: I – a remuneração aos dirigentes não estatutários; e II – a remuneração aos dirigentes estatutários, desde que recebam remuneração inferior, em seu valor bruto, a 70% (setenta por cento) do limite estabelecido para a remuneração de servidores do Poder Executivo federal, obedecidas as seguintes condições: a) nenhum dirigente remunerado poderá ser cônjuge ou parente até o terceiro grau, inclusive afim, de instituidores, de associados, de dirigentes, de conselheiros, de benfeitores ou equivalentes da entidade de que trata o caput deste artigo; e b) o total pago a título de remuneração para dirigentes pelo exercício das atribuições estatutárias deverá ser inferior a 5 (cinco) vezes o valor correspondente ao limite individual estabelecido para a remuneração dos servidores do Poder Executivo federal.

6 Art. 34. A entidade interessada na concessão ou na renovação da certificação deverá apresentar requerimento com os documentos necessários à comprovação dos requisitos de que trata esta Lei Complementar, na forma estabelecida em regulamento.

de constituição da entidade, o cumprimento da regras legais, de acordo com as respectivas áreas de atuação.

Excepcionalmente, o período mínimo de cumprimento dos requisitos de 12 meses poderá ser reduzido se a entidade for prestadora de serviços por meio de contrato, de convênio ou de instrumento congênere com o Sistema Único de Saúde (SUS), com o Sistema Único de Assistência Social (Suas) ou com o Sistema Nacional de Políticas Públicas sobre Drogas (Sisnad), em caso de necessidade local atestada pelo gestor do respectivo sistema.

Os **requerimentos de certificação** serão apreciados:

> I – pela autoridade executiva federal responsável pela área da saúde, para as entidades atuantes na área da saúde;
>
> II – pela autoridade executiva federal responsável pela área da educação, para as entidades atuantes na área da educação;
>
> III – pela autoridade executiva federal responsável pela área da assistência social, para:
>
> a) as entidades atuantes na área da assistência social;
>
> b) as comunidades terapêuticas e entidades de prevenção, de apoio, de mútua ajuda, de atendimento psicossocial e de ressocialização de dependentes do álcool e de outras drogas e seus familiares.

O **prazo de validade** da concessão da certificação será de **3 (três) anos**, contado da data da publicação da decisão de deferimento no Diário Oficial da União, e seus efeitos retroagirão à data de protocolo do requerimento para fins tributários.

Na hipótese de **renovação de certificação**, o efeito da decisão de deferimento será contado do término da validade da certificação anterior, **com validade de 3 (três) ou 5 (cinco) anos**, na forma de regulamento.

Será considerado **tempestivo** o requerimento de renovação da certificação protocolado no decorrer dos **360 (trezentos e sessenta) dias que antecedem a data final de validade** da certificação, permanecendo válida a certificação até a data da decisão administrativa definitiva sobre o requerimento de renovação tempestivamente apresentado.

A validade da certificação como entidade beneficente condiciona-se à manutenção do cumprimento das condições que a ensejaram, cabendo às autoridades executivas certificadoras supervisionar esse atendimento, as quais poderão, a qualquer tempo, determinar a apresentação de documentos, a realização de auditorias ou o cumprimento de diligências.

Para fazer jus à certificação, a **entidade de saúde** deverá, alternativamente:

> I – prestar serviços ao SUS;
>
> II – prestar serviços gratuitos;
>
> III – atuar na promoção à saúde;
>
> IV – ser de reconhecida excelência e realizar projetos de apoio ao desenvolvimento institucional do SUS; ou

Ademais, para ser certificada pela prestação de serviços ao SUS, a **entidade de saúde** deverá, nos termos de regulamento:

> I – celebrar contrato, convênio ou instrumento congênere com o gestor do SUS; e
>
> II – comprovar, anualmente, a prestação de seus serviços ao SUS no percentual mínimo de 60% (sessenta por cento), com base nas internações e nos atendimentos ambulatoriais realizados.

Para ser certificada pela aplicação de percentual de sua **receita em gratuidade** na área da saúde, a entidade deverá comprovar essa aplicação da seguinte forma:

> I – 20% (vinte por cento), quando não houver interesse de contratação pelo gestor local do SUS ou se o percentual de prestação de serviços ao SUS for inferior a 30% (trinta por cento);
>
> II – 10% (dez por cento), se o percentual de prestação de serviços ao SUS for igual ou superior a 30% (trinta por cento) e inferior a 50% (cinquenta por cento); ou
>
> III – 5% (cinco por cento), se o percentual de prestação de serviços ao SUS for igual ou superior a 50% (cinquenta por cento).

Será admitida a certificação de entidades que atuem exclusivamente na promoção da saúde sem exigência de contraprestação do usuário pelas ações e pelos serviços de saúde realizados e pactuados com o gestor do SUS, na forma prevista em regulamento, a exemplo das seguintes atividades:

> I – nutrição e alimentação saudável;
>
> II – prática corporal ou atividade física;
>
> III – prevenção e controle do tabagismo;
>
> IV – prevenção ao câncer;
>
> V – prevenção ao vírus da imunodeficiência humana (HIV) e às hepatites virais;
>
> VI – prevenção e controle da dengue;
>
> VII – prevenção à malária;
>
> VIII – ações de promoção à saúde relacionadas à tuberculose e à hanseníase;

> IX – redução da morbimortalidade em decorrência do uso abusivo de álcool e de outras drogas;
>
> X – redução da morbimortalidade por acidentes de trânsito;
>
> XI – redução da morbimortalidade nos diversos ciclos de vida;
>
> XII – prevenção da violência.

A entidade de saúde com reconhecida excelência poderá ser certificada como entidade beneficente pelo desenvolvimento de projetos no âmbito do Programa de Apoio ao Desenvolvimento Institucional do Sistema Único de Saúde (Proadi-SUS), nas seguintes áreas de atuação:

> I – estudos de avaliação e incorporação de tecnologias;
>
> II – capacitação de recursos humanos;
>
> III – pesquisas de interesse público em saúde; ou
>
> IV – desenvolvimento de técnicas e operação de gestão em serviços de saúde.

As entidades de saúde de reconhecida excelência que desenvolvam projetos no âmbito do Proadi-SUS poderão, após autorização da autoridade executiva federal competente, firmar pacto com o gestor local do SUS para a prestação de serviços ambulatoriais e hospitalares ao SUS não remunerados, observadas as seguintes condições:

> I – o gasto com a prestação de serviços ambulatoriais e hospitalares ao SUS não remunerados não poderá ultrapassar 30% (trinta por cento) do valor usufruído com imunidade das contribuições sociais;
>
> II – a entidade de saúde deverá apresentar a relação de serviços ambulatoriais e hospitalares a serem ofertados, com o respectivo demonstrativo da projeção das despesas e do referencial utilizado, os quais não poderão exceder o valor por ela efetivamente despendido;
>
> III – a comprovação dos custos a que se refere o inciso II deste caput poderá ser exigida a qualquer tempo, mediante apresentação dos documentos necessários;
>
> IV – a entidade de saúde deverá informar a produção na forma estabelecida em regulamento, com observação de não geração de créditos.

As entidades da área de saúde certificadas até o dia imediatamente anterior ao da publicação da Lei nº 12.101, de 27 de novembro de 2009, que prestem serviços assistenciais de saúde não remunerados pelo SUS a trabalhadores ativos e inativos e aos respectivos dependentes econômicos, decorrentes do estabelecido em lei ou Norma Coletiva de Trabalho, e desde que, simultaneamente, destinem no mínimo 20% (vinte por cento) do valor total das imunidades de suas contribuições sociais em serviços, com universalidade de atendimento, a beneficiários do SUS, mediante pacto do gestor do local, terão concedida ou renovada a certificação, na forma de regulamento.

Para fazer jus à imunidade, **a entidade com atuação na área da educação** cujas atividades sejam de oferta de educação básica, de educação superior ou de ambas deverá:

> I – obter autorização de funcionamento expedida pela autoridade executiva competente;
>
> II – informar anualmente os dados referentes à instituição ao Instituto Nacional de Estudos e Pesquisas Educacionais Anísio Teixeira (Inep); e
>
> III – atender a padrões mínimos de qualidade aferidos pelos processos de avaliação conduzidos pela autoridade executiva federal competente.

O atendimento ao princípio da universalidade na área da educação pressupõe a seleção de bolsistas segundo o perfil socioeconômico, sem qualquer forma de discriminação, segregação ou diferenciação, vedada a utilização de critérios étnicos, religiosos, corporativos, políticos ou quaisquer outros que afrontem esse perfil, ressalvados os estabelecidos na legislação vigente, em especial na Lei nº 12.711, de 29 de agosto de 2012.

As instituições que prestam serviços totalmente gratuitos e as que prestam serviços mediante convênio com órgãos ou entidades dos poderes públicos devem assegurar que os alunos a serem contabilizados no atendimento da proporcionalidade de bolsas sejam selecionados segundo o perfil socioeconômico definido na LC 187/2021.

As entidades que atuam na área da educação devem **comprovar a oferta de gratuidade na forma de bolsas de estudo e de benefícios** nos seguintes termos:

> I – bolsa de estudo integral a aluno cuja renda familiar bruta mensal per capita não exceda o valor de 1,5 (um inteiro e cinco décimos) salário mínimo;
>
> II – bolsa de estudo parcial com 50% (cinquenta por cento) de gratuidade a aluno cuja renda familiar bruta mensal per capita não exceda o valor de 3 (três) salários mínimos.

Consideram-se **benefícios** aqueles providos pela entidade a beneficiários cuja renda familiar bruta mensal per capita esteja enquadrada nos limites acima postos deste artigo, que tenham por objetivo promover ao estudante o acesso, a permanência, a aprendizagem e a conclusão do curso na instituição de ensino e estejam explicitamente orientados para o alcance das metas e estratégias do Plano Nacional de Educação (PNE).

Os benefícios são tipificados em:

> **I - tipo 1:** benefícios destinados exclusivamente ao aluno bolsista, tais como transporte escolar, uniforme, material didático, moradia e alimentação;
>
> **II - tipo 2:** ações e serviços destinados a alunos e a seu grupo familiar, com vistas a favorecer ao estudante o acesso, a permanência, a aprendizagem e a conclusão do curso na instituição de ensino; e
>
> **III - tipo 3:** projetos e atividades de educação em tempo integral destinados à ampliação da jornada escolar dos alunos da educação básica matriculados em escolas públicas que apresentem índice de nível socioeconômico baixo estabelecido nos termos da legislação.

A entidade que atua na educação básica deverá conceder, anualmente, bolsas de estudo na proporção de 1 (uma) bolsa de estudo integral para cada 5 (cinco) alunos pagantes.

A certificação ou sua renovação será concedida às **entidades beneficentes com atuação na área de assistência social** abrangidas pela Lei nº 8.742, de 7 de dezembro de 1993, que executem:

> I - serviços, programas ou projetos socioassistenciais de atendimento ou de assessoramento ou que atuem na defesa e na garantia dos direitos dos beneficiários da Lei nº 8.742, de 7 de dezembro de 1993;
>
> II - serviços, programas ou projetos socioassistenciais com o objetivo de habilitação e de reabilitação da pessoa com deficiência e de promoção da sua inclusão à vida comunitária, no enfrentamento dos limites existentes para as pessoas com deficiência, de forma articulada ou não com ações educacionais ou de saúde;
>
> III - programas de aprendizagem de adolescentes, de jovens ou de pessoas com deficiência, prestados com a finalidade de promover a sua integração ao mundo do trabalho nos termos da Lei nº 8.742, de 7 de dezembro de 1993, e do inciso II do caput do art. 430 da Consolidação das Leis do Trabalho (CLT), aprovada pelo Decreto-Lei nº 5.452, de 1º de maio de 1943, ou da legislação que lhe for superveniente, observadas as ações protetivas previstas na Lei nº 8.069, de 13 de julho de 1990 (Estatuto da Criança e do Adolescente);
>
> IV - serviço de acolhimento institucional provisório de pessoas e de seus acompanhantes que estejam em trânsito e sem condições de autossustento durante o tratamento de doenças graves fora da localidade de residência.

As entidades beneficentes de assistência social poderão desenvolver atividades que gerem recursos, inclusive por meio de filiais, com ou sem cessão de mão de obra, de modo a contribuir com as finalidades da LC 187, registradas segregadamente em sua contabilidade e destacadas em suas Notas Explicativas.

Constituem **requisitos para a certificação de entidade de assistência social**:

> I - ser constituída como pessoa jurídica de natureza privada e ter objetivos e públicos-alvo compatíveis com a Lei nº 8.742, de 7 de dezembro de 1993;
>
> II - comprovar inscrição no conselho municipal ou distrital de assistência social, nos termos do art. 9º da Lei nº 8.742, de 7 de dezembro de 1993;
>
> III - prestar e manter atualizado o cadastro de entidades e organizações de assistência social de que trata o inciso XI do caput do art. 19 da Lei nº 8.742, de 7 de dezembro de 1993;
>
> IV - manter escrituração contábil regular que registre os custos e as despesas em atendimento às Normas Brasileiras de Contabilidade;
>
> V - comprovar, cumulativamente, que, no ano anterior ao requerimento:
>
> a) destinou a maior parte de seus custos e despesas a serviços, a programas ou a projetos no âmbito da assistência social e a atividades certificáveis nas áreas de educação, de saúde ou em ambas, caso a entidade também atue nessas áreas;
>
> b) remunerou seus dirigentes de modo compatível com o seu resultado financeiro do exercício, na forma a ser definida em regulamento, observados os limites referidos nos §§ 1º e 2º do art. 3º da LC 187.

As **entidades de atendimento ao idoso de longa permanência, ou casas-lares**, poderão gozar da imunidade de que trata a LC 187/2021, desde que seja firmado contrato de prestação de serviços com a pessoa idosa abrigada e de que eventual cobrança de participação do idoso no custeio da entidade seja realizada no limite de 70% (setenta por cento) de qualquer benefício previdenciário ou de assistência social percebido pelo idoso.

A certificação de entidade beneficente será concedida ou renovada às instituições que atuem na **redução da demanda de drogas**, assim consideradas as comunidades terapêuticas e as entidades de cuidado, de prevenção, de apoio, de mútua ajuda, de atendimento psicossocial e de ressocialização de dependentes do álcool e de outras drogas e seus familiares.

Considera-se **comunidade terapêutica** o modelo terapêutico de atenção em regime residencial e transitório, mediante adesão e permanência voluntárias, a pessoas com problemas associados ao uso, ao abuso ou à dependência do álcool e de outras drogas acolhidas em ambiente protegido e técnica e eticamente orientado, que tem como objetivo promover o desenvolvimento pessoal e social, por meio da promoção da abstinência, bem como a reinserção social, buscando a melhora geral na qualidade de vida do indivíduo.

Considera-se entidade de cuidado, de prevenção, de apoio, de mútua ajuda, de atendimento psicossocial e de ressocialização de dependentes do álcool e de outras drogas e seus familiares a entidade que presta serviços intersetoriais, interdisciplinares, transversais e complementares da área do uso e da dependência do álcool e de outras drogas.

Para serem consideradas beneficentes e fazerem jus à certificação, as entidades que atuem na redução da demanda de drogas deverão:

> I – apresentar declaração emitida por autoridade federal, estadual, distrital ou municipal competente que ateste atuação na área de controle do uso de drogas ou atividade similar;
>
> II – manter cadastro atualizado na unidade unidade responsável pela política sobre drogas da autoridade executiva federal responsável pela área da assistência social;
>
> III – comprovar, anualmente, nos termos do regulamento, a prestação dos serviços referidos;
>
> IV – cadastrar todos os acolhidos em sistema de informação específico desenvolvido, nos termos do regulamento, no caso das comunidades terapêuticas;
>
> V – comprovar o registro de, no mínimo, 20% (vinte por cento) de sua capacidade em atendimentos gratuitos.

Por fim, insta destacar que **inexiste direito adquirido à imunidade**, devendo as entidades assistenciais cumprir novos requisitos instituídos em lei para o seu gozo.

Ademais, a concessão do CEBAS não constitui uma entidade como beneficente, ostentando natureza declaratória, o que permite a concessão da imunidade com efeitos retroativos.

Outra regra de imunidade é a existente no inciso I do § 2º do artigo 149 da Constituição Federal, alterado pela Emenda Constitucional nº 33, de 11 de dezembro de 2001, ao prever que **as contribuições sociais não incidirão sobre as receitas decorrentes de exportação**, o que obviamente inclui as contribuições para a seguridade social especialmente as contribuições previdenciárias incidentes sobre a produção rural comercializada de produtor rural pessoa física e pessoa jurídica.

6. PRINCÍPIO DA ANTERIORIDADE NONAGESIMAL OU NOVENTENA

Essa norma constitucional tributária decorre do Princípio da Segurança Jurídica, a fim de evitar a cobrança imediata de uma nova contribuição para a seguridade social ou a majoração de uma já existente, pois não se admite a tributação de surpresa ou inopino.

Pelo *Princípio da Anterioridade Nonagesimal*, também conhecido como *Noventena* ou *Anterioridade Mitigada*, previsto no artigo 195, §6º, da Constituição Federal, as contribuições para a seguridade social só poderão ser **exigidas** depois de **decorridos noventa dias** da data da publicação da lei que as houver **instituído ou modificado**.

De efeito, no caso de instituição ou majoração de alíquota de contribuição para a seguridade social por medida provisória, o prazo terá como termo inicial a data de publicação do referido ato, e não a da lei de conversão.

No entanto, se o texto da medida provisória não contemplar aumento da contribuição, mas a lei de conversão alterá-lo para majorar o tributo, neste caso a noventena será contada a partir da publicação da lei de conversão.

> Por outro lado, não é aplicável às contribuições para a seguridade social o Princípio da Anterioridade Anual, que proíbe a cobrança de tributos no mesmo exercício financeiro em que tenha sido publicada a lei que os instituiu ou majorou, razão pela qual uma contribuição para a seguridade social poderá ser cobrada no mesmo ano da sua instituição ou majoração, desde que respeitada a noventena.

Vale registrar que uma norma que apenas altera o prazo de recolhimento de uma contribuição para a seguridade social não estará sujeita ao Princípio da Noventena, haja vista não existir majoração do tributo.

7. CONSTITUIÇÃO DO CRÉDITO DA SEGURIDADE SOCIAL

Por gozar de natureza tributária, o crédito da seguridade social será constituído pelo **lançamento**, assim considerado como o procedimento administrativo tendente a verificar a ocorrência do fato gerador da obrigação correspondente, determinar a matéria tributável, calcular o montante do tributo devido, identificar o sujeito passivo e, sendo caso, propor a aplicação da penalidade cabível, na forma do artigo 142, do CTN, sendo vinculado e obrigatório, regido pela lei vigente no momento da ocorrência do fato gerador.

Em regra, **o lançamento das contribuições para a seguridade social se dará por homologação** (ou autolançamento), vez que normalmente é fixado por lei o dever de o sujeito passivo calcular e recolher por iniciativa própria as exações devidas, sem a prévia verificação da Secretaria de Receita Federal do Brasil, funcionando o pagamento como causa de extinção do crédito securitário, pois ocorrerá a aquiescência tácita do Tesouro se este não se pronunciar em até cinco anos após a ocorrência do fato gerador, salvo se verificado dolo, fraude ou simulação.

Excepcionalmente, caso não haja o regular recolhimento das contribuições para a seguridade social, caberá ao Fisco promover o lançamento de ofício, conforme determina o artigo 149, do CTN.

O lançamento de ofício poderá se dar por **aferição indireta**, assim considerado o procedimento de que dispõe a Secretaria de Receita Federal do Brasil para apuração indireta da base de cálculo das contribuições sociais.

De efeito, de acordo com o artigo 33, §5º, da Lei 8.212/91, se, no exame da escrituração contábil e de qualquer outro documento da empresa, a fiscalização constatar que a contabilidade não registra o movimento real de remuneração dos segurados a seu serviço, do faturamento e do lucro, serão apuradas, por aferição indireta, as contribuições efetivamente devidas, **cabendo à empresa o ônus da prova em contrário**.

De seu turno, a mera confissão de débito das contribuições para a seguridade social equivale ao lançamento por homologação, a exemplo do preenchimento da GFIP – Guia de Recolhimento do Fundo de Garantia por Tempo de Serviço e Informações à Previdência Social, prevista no artigo 32, IV, da Lei 8.212/91, podendo o Fisco proceder imediatamente à inscrição do seu crédito em Dívida Ativa.

Aliás, não é outra a previsão do §7º, do artigo 33, da Lei 8.212/91, alterado pela Lei 11.941/2009, onde resta consignado que "o crédito da seguridade social é constituído por meio de notificação de lançamento, de auto de infração e de confissão de valores devidos e não recolhidos pelo contribuinte".

Com o advento do regramento do artigo 25, da Lei 11.457/2007, o processo administrativo fiscal previdenciário também passou a ser regido pelo Decreto 70.235/72, que dispõe sobre o processo administrativo fiscal federal.

Importa ressaltar que a garantia prévia como condição de admissão do recurso administrativo não é mais admitida pelo STF, para quem é inconstitucional a exigência de depósito ou arrolamento prévios de dinheiro ou bens para a admissibilidade de recursos administrativos (Súmula vinculante 21).

Em regulamentação ao artigo 38, parágrafo único, da Lei 6.830/80, prevê o artigo 307, do RPS, que a propositura pelo beneficiário de ação judicial que tenha por objeto idêntico pedido sobre o qual versa o processo administrativo importa renúncia ao direito de recorrer na esfera administrativa e desistência do recurso interposto, pois resta demonstrado o desinteresse no curso do processo administrativo.

8. PROGRESSIVIDADE DAS CONTRIBUIÇÕES DAS EMPRESAS

As contribuições para a seguridade social devidas pelo empregador, empresa ou equiparado *(contribuições previdenciárias, COFINS e CSLL)* poderão ser **progressivas**, ou seja, **ter alíquotas e bases de cálculo diferenciadas**, em razão da atividade econômica, da utilização intensiva da mão de obra, do porte da empresa ou da condição estrutural do mercado de trabalho, na forma do artigo 195, §9º, da Constituição Federal.

Mas o dispositivo foi sutilmente alterado pela Emenda 103/2019. A modificação é que no caso das **contribuições previdenciárias das empresas** (incidentes sobre a folha de salários e demais rendimentos do trabalho pagos ou creditados, a qualquer título, à pessoa física que lhe preste serviço, mesmo sem vínculo empregatício), a progressividade fiscal somente poderá abarcar as alíquotas, **não mais englobando a base de cálculo do tributo**.

Mas há **regra de transição**. Nos termos do **artigo 30 da Emenda 103/2019**, a vedação de diferenciação ou substituição de base de cálculo decorrente do disposto no § 9º do artigo 195 da Constituição Federal **não se aplica** a contribuições que substituam a contribuição de que trata a alínea "a" do inciso I do caput do artigo 195 da Constituição Federal instituídas antes da data de entrada em vigor da Emenda Constitucional.

Cuida-se de disposição constitucional que realiza o Princípio da Isonomia, da Capacidade Contributiva e da Equidade na Forma de Participação no Custeio, que visa a beneficiar as micro e pequenas empresas e as geradoras de muitos postos de trabalho, podendo a tributação pesar para os setores da economia que aufiram grandes lucros, a exemplo dos bancos.

Com efeito, trata-se de norma constitucional que também tem natureza extrafiscal, pois autoriza um tratamento diferenciado para as empresas que desenvolvam atividades econômicas cujo fomento atenda ao interesse público, a exemplo de atividades poluidoras com baixo impacto ambiental.

9. MORATÓRIA, PARCELAMENTO, ANISTIA E REMISSÃO

A *anistia* é uma hipótese de exclusão do crédito tributário decorrente do cometimento de infrações administrativas, ocorrendo no lapso temporal entre a realização do fato gerador e o lançamento do crédito tributário. Já a *remissão* é umas das causas de extinção do crédito tributário como um todo, ocorrendo após a sua constituição.

O CTN exige lei para a ocorrência da anistia e da remissão, enquanto a Constituição Federal foi mais longe determinando que se operem apenas por *lei específica*, na forma do artigo 150, §6º. No que concerne a algumas contribuições para a seguridade social, a concessão de anistia ou remissão é ainda mais difícil, pois há previsão constitucional de um teto para a sua concessão, a ser fixado por lei complementar.

De efeito, a teor do artigo 195, §11 (redação antiga), da Constituição Federal, para as **contribuições previdenciárias patronais e dos trabalhadores, era vedada** a concessão de **anistia ou remissão** para débitos em montante superior fixado em lei complementar, justamente porque são tributos afetados ao pagamento dos benefícios previdenciários do RGPS.

No entanto, o dispositivo restou alterado pela reforma constitucional previdenciária. A remissão e a anistia das contribuições previdenciárias patronais e dos trabalhadores **será vedada apenas se houver lei complementar nesse sentido, não sendo mais imposta fixação de um valor limite**.

Ademais, restou inserido regramento com vigência imediata, **vedando moratória e o parcelamento em prazo superior a 60 meses.**

Contudo, há **regra de transição** no artigo **31 da Emenda 103/2019**, ao prever que o disposto no § 11 do artigo 195 da Constituição Federal **não se aplica** aos parcelamentos previstos na legislação vigente até a data de entrada em vigor da Emenda Constitucional, sendo vedadas a reabertura ou a prorrogação de prazo para adesão.

Ressalte-se que ainda não foi promulgada a referida lei complementar, o que teoricamente impediria a anistia e a remissão das citadas contribuições para a seguridade social, mas, na prática, a União vem concedendo remissões irrestritamente em relação a todos os seus créditos tributários, a exemplo da promovida pela Lei 11.941/2009.

10. DECADÊNCIA E PRESCRIÇÃO

A decadência e a prescrição são também causas de extinção do crédito tributário previstas no artigo 156, do CTN, decorrentes da inércia do Poder Público em constituí-lo mediante o procedimento de lançamento *(decadência)* e de cobrá-lo após a sua constituição definitiva *(prescrição)*, ambas operando-se em **cinco anos**.

O lustro decadencial inicia-se na data da ocorrência do fato gerador, no caso dos tributos sujeitos ao lançamento por homologação. Nos demais casos, o termo inicial do quinquênio da decadência será o primeiro dia do exercício seguinte àquele em que o lançamento poderia ter sido efetuado ou da data em que se tornar definitiva a decisão que houver anulado, por vício formal, o lançamento anteriormente efetuado.

Já o prazo prescricional de cinco anos começará a correr da constituição definitiva do crédito tributário, que se operará com o término do processo administrativo de lançamento, quando esgotados ou não mais cabíveis recursos administrativos, *ex vi* do artigo 174, do CTN.

Durante muitos anos a decadência e a prescrição das contribuições para a seguridade social sofreram regulamentação específica nos artigos 45 e 46, da Lei 8.212/91, que previam o lapso temporal de *dez anos* para a ocorrência de ambos.

Sucede que a tese da inconstitucionalidade formal desses dispositivos foi muito bem construída ao longo dos anos e encontrou acolhida dos principais tributaristas do Brasil, pois obrigação, crédito, lançamento, prescrição e decadência tributários são temas afetos à lei complementar, e não ordinária, na forma do quanto consignado expressamente no artigo 146, III, "b", da CRFB.

STF

Nesse sentido, o STF pronunciou a inconstitucionalidade formal dos artigos 45 e 46, da Lei 8.212/91, no julgamento do RE 560.626, de 12.06.2008, que previam o prazo de 10 anos para o lançamento e a cobrança das contribuições para a seguridade social. Contudo, provavelmente com receio do impacto financeiro em razão da restituição das contribuições securitárias já pagas, mas já fulminadas pela decadência ou prescrição, a Suprema Corte se valeu do instituto da **modulação da eficácia da declaração de inconstitucionalidade**, previsto no artigo 27, da Lei 9.868/99, **validando as arrecadações feitas até o dia 11.06.2008 e não impugnadas administrativa ou judicialmente até essa data (dia do julgamento)**. Posteriormente, o STF editou a Súmula vinculante 08: "São inconstitucionais o parágrafo único do artigo 5º do Decreto-Lei nº 1.569/1977 e os artigos 45 e 46 da Lei nº 8.212/1991, que tratam de prescrição e decadência de crédito tributário".

Em 19.12.2008, a União promulgou a Lei Complementar 128, que revogou expressamente os artigos 45 e 46, da Lei 8.212/91.

> Assim sendo, as regras sobre a prescrição e decadência das contribuições para a seguridade social serão as ditadas pelo CTN, especialmente observando o prazo de cinco anos para a sua ocorrência.

Nesse sentido, de acordo com o Decreto 3.048/99 (arts. 348 e 349), atualizado pelo Decreto 10.410/2020, o direito da seguridade social de apurar e constituir seus créditos extingue-se no prazo de cinco anos, contado:

> I – do primeiro dia do exercício seguinte àquele em que o crédito poderia ter sido constituído; ou
>
> II – da data em que se tornar definitiva a decisão que houver anulado, por vício formal, a constituição de crédito anteriormente efetuado.

Ademais, o direito da seguridade social de cobrar os seus créditos constituídos prescreverá no prazo de cinco anos, contado da data de sua constituição definitiva.

► CAPÍTULO 3 – DISPOSIÇÕES GERAIS E PRINCÍPIOS INFORMADORES DO REGIME GERAL DE PREVIDÊNCIA SOCIAL

1. COBERTURA E ADMINISTRAÇÃO

O Regime Geral de Previdência Social – RGPS é o grande plano previdenciário brasileiro, pois abarca a grande maioria dos trabalhadores, exceto os servidores públicos efetivos e militares vinculados a Regime Próprio de Previdência Social instituído por entidade política, tanto que muitas vezes a legislação, a doutrina, a Administração Pública e a jurisprudência tomam a expressão "previdência social" como sinônima de Regime Geral de Previdência Social.

No Brasil, quem exerce atividade laborativa remunerada será obrigado a se filiar ao RGPS e verter contribuições previdenciárias ao sistema, dever este justificado na solidariedade social e na miopia que assola muitas pessoas, que certamente não se vinculariam ao regime previdenciário se fosse apenas uma faculdade, o que traria enormes transtornos sociais em decorrência da velhice, doença, morte, invalidez e outros riscos sociais a serem cobertos.

Mas não só quem trabalha poderá se filiar ao RGPS. As pessoas que não trabalham poderão ingressar no regime na condição de segurados facultativos, a exemplo do estagiário (este recebe apenas ajuda de custo, e não remuneração) e da dona de casa, em atendimento ao Princípio da Universalidade de Cobertura e do Atendimento.

Os benefícios pagos pelo INSS constituem grande parte da economia dos municípios brasileiros mais pobres e menores, onde se têm verificado que as aposentadorias muitas vezes são as principais fontes de recursos dos lares, muitas vezes gerando um maior impacto positivo do que os recursos repassados através do Fundo de Participação dos Municípios.

Com o advento da Emenda 103/2019, o caput do artigo 201 da Constituição passou a consignar por expresso o nome do RGPS: "A previdência social será organizada sob a forma do **Regime Geral de Previdência Social**, de caráter contributivo e de filiação obrigatória, observados critérios que preservem o equilíbrio financeiro e atuarial".

De efeito, os eventos a serem cobertos pelo RGPS consignados no artigo 201, da Lei Maior são os seguintes:

a) Incapacidade temporária ou permanente para o trabalho (Emenda 103/2019) e idade avançada;
b) Proteção à maternidade, especialmente à gestante;
c) Proteção ao trabalhador em situação de desemprego involuntário;
d) Salário-família e auxílio-reclusão para os dependentes dos segurados de baixa renda;
e) Pensão por morte do segurado, homem ou mulher, ao cônjuge ou companheiro e dependentes.

Contudo, em desrespeito ao legislador constitucional, o desemprego involuntário não está coberto pelo RGPS, na forma do artigo 9º, §1º, da Lei 8.213/91, **não sendo o seguro-desemprego um benefício previdenciário**, que é regido pela Lei 7.998/90 e pago pela área trabalhista com recursos do Fundo de Amparo ao Trabalhador.

Mas frise-se que a natureza jurídica do seguro-desemprego é um tema polêmico na doutrina previdenciária brasileira, existindo abalizadas vozes que sustentam se tratar de um benefício previdenciário, como a posição do colega Procurador Federal Miguel Horvath Júnior[7].

A própria Advocacia-Geral da União, no Parecer CONJUR/MTE/Nº 256/2010, admitiu expressamente que o seguro-desemprego é um benefício previdenciário, justamente em razão de o artigo 201, III, da Constituição, elencar o desemprego involuntário como risco social a ser coberto pela Previdência Social.

Como se trata de um plano básico, o RGPS não objetiva pagar benefícios com valores altos aos seus

---

7. Direito Previdenciário, 8ª ed., Quartier Latin, pg. 350.

beneficiários, tendo como teto atualmente o valor de **R$ 7.087,22** (valor atualizado para **2022**), cabendo aos segurados que quiserem obter uma renda maior na inatividade contratar um plano complementar privado.

A administração do RGPS foi atribuída originalmente ao Ministério da Previdência Social, órgão que era integrante da União, sendo exercida pelos demais órgãos e entidades a ele vinculados, tendo sido criado pela Lei 8.029/90 o Instituto Nacional do Seguro Social - INSS, autarquia federal, fruto da fusão do IAPAS - Instituto de Administração Financeira da Previdência e Assistência Social com o INPS - Instituto Nacional de Previdência Social, com principal função administrativa na atualidade gerir o plano de benefícios e serviços do RGPS.

No entanto, com o advento da Lei 13.341/2016, a pasta previdenciária restou transferida para o Ministério da Fazenda, tendo sido o Ministério do Trabalho e Previdência Social redesignado para Ministério do Trabalho. Posteriormente, em 2019, a pasta previdenciária faz parte do **Ministério da Economia**, tendo sido criado em seu âmbito uma Secretaria Especial de Previdência e Trabalho.

Logo, a competência sobre Previdência e Previdência Complementar passou a ser exercida, de imediato, pelo Ministério da Economia, com apoio das estruturas que atualmente dão suporte a elas.

Após a reforma ministerial de 2019, o Instituto Nacional do Seguro Social - INSS passou a ser vinculado ao Ministério da Economia, assim como os seguintes órgãos previdenciários:

- o Conselho Nacional de Previdência Complementar;
- a Câmara de Recursos da Previdência Complementar;
- o Conselho Nacional de Previdência;
- o Conselho de Recursos da Previdência Social.

No entanto, por força da Lei 14.261/2021, foi recriado o Ministério do Trabalho e Previdência (MTP), que voltou a ter a gestão da pasta previdenciária. Após a recriração do **MTP, o controle finalístico retornou a esta órgão.**

2. LEGISLAÇÃO DE REGÊNCIA, SISTEMÁTICA E CARACTERÍSTICAS

As regras gerais do RGPS estão positivadas no artigo 201, da Constituição Federal de 1988, tendo o seu plano de custeio sido aprovado pela Lei 8.212/91 e o plano de benefícios e serviços pela Lei 8.213/91, atualmente regulamentados pelo Decreto 3.048/99 (RPS - Regulamento da Previdência Social).

Ademais, algumas regras importantes se encontram em normas esparsas, especialmente nas Leis 9.876/99 (criou o fator previdenciário e alterou as regras de cálculo do salário de benefício) e 10.666/03 (trouxe inovações sobre aposentadorias, auxílio-reclusão e custeio).

Por sua vez, os tratados, convenções e outros acordos internacionais de que Estado estrangeiro ou organismo internacional e o Brasil sejam partes, e que versem sobre matéria previdenciária, serão interpretados como **lei especial**, a teor do artigo 85-A, da Lei 8.212/91.

O RGPS é um sistema previdenciário parcialmente inspirado no modelo bismarckiano, vez que pressupõe contribuições específicas dos filiados e das empresas para que haja a cobertura securitária, ao contrário do modelo beveridgiano, que abarcava toda a população e era mantido pelos tributos em geral.

Contudo, trata-se de um **sistema contributivo de repartição** e não de capitalização, pois restou instituído um *fundo único para o pagamento dos benefícios previdenciários*, sendo possível que determinados benefícios sejam concedidos mesmo que ainda não haja uma contribuição sequer ao sistema, no interstício entre a filiação e o primeiro pagamento, a exemplo do salário-família e do auxílio-acidente, prestações que dispensam a carência.

O Fundo do RGPS está previsto no artigo 250, da Constituição Federal, sendo criado pelo artigo 68, da Lei Complementar 101/2000, vinculado ao Ministério do Trabalho e Previdência e gerido pelo INSS, cuja arrecadação está afetada exclusivamente ao pagamento dos benefícios, na forma do artigo 167, inciso XI, da Constituição Federal, cabendo a União complementar os recursos faltantes.

Caso fosse adotado um sistema de capitalização no RGPS, seria necessariamente exigido um número mínimo de contribuições para o gozo de todos os benefícios previdenciários, provavelmente em contas individuais, mas esta sistemática em nada atenderia ao Princípio da Solidariedade, razão pela qual não foi adotado nesse plano básico brasileiro.

Outrossim, o artigo 201 da Constituição Federal determina que o Regime Geral observe *critérios que preservem o seu equilíbrio financeiro e atuarial*, prestando o Estado cada vez mais serviços com melhor qualidade e eficiência aos segurados e seus dependentes.

O *equilíbrio financeiro* se refere às reservas monetárias que devem existir para o pagamento de benefícios e também por precaução, enquanto o *atuarial* são os cenários futuros que devem ser traçados para a manutenção ou alcance do equilíbrio financeiro, com o auxílio da matemática estatística, através do desenho dos prováveis cenários que advirão.

Hoje o RGPS funciona como o 1º pilar do Sistema de Proteção Social no Brasil, tendo as seguintes **características gerais**: *público, contributivo, prima pelo equilíbrio financeiro e atuarial, de filiação obrigatória para os trabalhadores em geral, de repartição* (fundo único), *solidário, de gestão quadripartite* (Poder Público, empregadores, trabalhadores e aposentados) e *de custeio tripartite* (Poder Público, trabalhadores e empresas/empregadores/equiparados).

O RGPS é um pacto político e social intra e intergeracional, haja vista que os inativos são sustentados pelos ativos na atualidade que, no futuro, serão mantidos pelas próximas gerações de trabalhadores.

3. ENTIDADES E ÓRGÃOS PREVIDENCIÁRIOS

3.1. CONSELHO NACIONAL DA PREVIDÊNCIA

O Conselho Nacional da Previdência Social – CNPS, integrante da estrutura do extinto Ministério da Previdência Social, constitui-se em órgão superior de deliberação colegiada, contando com composição que atende ao Princípio da Gestão Quadripartite da Seguridade Social, nos moldes do artigo 3º, da Lei 8.213/91: I- seis representantes do Governo Federal; II – nove representantes da sociedade civil (três representantes dos aposentados e pensionistas; três representantes dos trabalhadores em atividade; três representantes dos empregadores).

Com o advento da Lei 13.341/2016, o Conselho Nacional de Previdência Social passou a se chamar **Conselho Nacional de Previdência**. Atualmente é vinculado ao Ministério do Trabalho e Previdência.

Ou seja, o Poder Público não possui a maioria da composição do CNP, pois apenas seis dos quinze representantes serão indicados pela União, sendo nomeados pelo Presidente da República. É necessário destacar que a Lei 8.213/91, de maneira salutar, inovou em relação à Constituição de 1998. Isso porque, na gestão da seguridade social, o artigo 194, parágrafo único, da Lei Maior, não previu os pensionistas como integrantes dos órgãos colegiados da seguridade social, a exemplo do CNP.

Os representantes titulares da sociedade civil terão mandato de dois anos, podendo ser reconduzidos, de imediato, uma única vez, ao passo que serão indicados pelas centrais sindicais e confederações nacionais.

Os membros do CNP em atividade gozarão de estabilidade no emprego, da nomeação até um ano após o término do mandato de representação, somente podendo ser demitidos por motivo de falta grave, regularmente comprovada através de processo judicial.

Em regra, ocorrerá uma reunião ordinária mensal, podendo ser designada reunião extraordinária por decisão do Presidente do CNP ou por deliberação de 1/3 dos seus membros.

Compete ao CNP:

I. estabelecer diretrizes gerais e apreciar as decisões de políticas aplicáveis à Previdência Social;

II. participar, acompanhar e avaliar sistematicamente a gestão previdenciária;

III. apreciar e aprovar os planos e programas da Previdência Social;

IV. apreciar e aprovar as propostas orçamentárias da Previdência Social, antes de sua consolidação na proposta orçamentária da Seguridade Social;

V. acompanhar e apreciar, através de relatórios gerenciais por ele definidos, a execução dos planos, programas e orçamentos no âmbito da Previdência Social;

VI. acompanhar a aplicação da legislação pertinente à Previdência Social;

VII. apreciar a prestação de contas anual a ser remetida ao Tribunal de Contas da União, podendo, se for necessário, contratar auditoria externa;

VIII. estabelecer os valores mínimos em litígio, acima dos quais será exigida a anuência prévia do Procurador-Geral ou do Presidente do INSS para formalização de desistência ou transigência judiciais;

IX. elaborar e aprovar seu regimento interno.

3.2. INSTITUTO NACIONAL DO SEGURO SOCIAL

O INSS teve autorização de criação dada pela Lei 8.029/90, sendo uma autarquia federal inicialmente vinculada ao Ministério da Previdência Social, fruto da fusão do IAPAS – Instituto de Administração Financeira da Previdência e Assistência Social com o INPS – Instituto Nacional de Previdência Social.

No entanto, o INSS foi transferido do Ministério do Trabalho e Previdência Social para o Ministério do Desenvolvimento Social, que passou a exercer a supervisão ministerial. **Em 2019, após a reforma ministerial, a supervisão do INSS passou a ser do Ministério da Economia.**

No entanto, por força da Lei 14.261/2021, foi recriado o Ministério do Trabalho e Previdência (MTP), que voltou a ter a gestão da pasta previdenciária. Após a recriação do **MTP, o controle finalístico retornará a esta órgão assim que for publicado a decreto regulamentador**.

Atualmente, tendo em vista que não mais compete ao INSS arrecadar, fiscalizar e cobrar as contribuições previdenciárias, pois essa Dívida Ativa passou a ser da União com o advento da Lei 11.457/07 (criou a Secretaria de Receita Federal do Brasil), a sua principal função administrativa é gerir o plano de benefícios e serviços do RGPS.

O INSS hoje gerencia o Plano de Benefícios e Serviços do Regime Geral de Previdência Social; concede o BPC/LOAS e o seguro-desemprego do pescador artesanal.

Além destas funções principais, caberá ao INSS, ainda, nos termos do artigo 5º, da Lei 11.457/2007, emitir certidão relativa a tempo de contribuição, gerir o Fundo do Regime Geral de Previdência Social e calcular o montante das contribuições previdenciárias e emitir o correspondente documento de arrecadação, com vistas no atendimento conclusivo para concessão ou revisão de benefício requerido.

3.3. CONSELHO DE RECURSOS DA PREVIDÊNCIA SOCIAL

O Conselho de Recursos da Previdência Social – CRPS, colegiado integrante da estrutura do extinto Ministério da Previdência Social, é um órgão de controle "jurisdicional" das decisões do INSS, nos processos referentes a benefícios a cargo da autarquia previdenciária.

Com o advento da Lei 13.341/2016, o Conselho de Recursos da Previdência Social passou a se chamar Conselho de Recursos do Seguro Social, passando ainda para a estrutura do Ministério do Desenvolvimento Social. **No entanto, em 2019, com a reforma ministerial, voltou a se chamar Conselho de Recursos da Previdência Social - CRPS, agora integrante da estrutura do Ministério da Economia.**

No entanto, por força da Lei 14.261/2021, foi recriado o Ministério do Trabalho e Previdência (MTP), que voltou a ter a gestão da pasta previdenciária. Após a recriação do **MTP, o controle finalístico retornará a esta órgão assim que for publicado a decreto regulamentador.**

O CRPS é o órgão revisor das decisões administrativas do INSS, dispondo o artigo 126, da Lei 8.213/91, a quem compte julgar recursos das decisões do INSS nos processos de interesse dos beneficiários. Eis as competências do CRPS, ampliadas no ano de 2019:

> "Art. 126. Compete ao Conselho de Recursos da Previdência Social julgar, entre outras demandas, na forma do regulamento: (Redação dada pela Lei nº 13.876, de 2019)
>
> I – recursos das decisões do INSS nos processos de interesse dos beneficiários, exceto os recursos a que se refere o art. 126-A; (Redação dada pela Medida Provisória nº 1.113, de 2022)
>
> II – contestações e recursos relativos à atribuição, pelo Ministério da Economia, do Fator Acidentário de Prevenção aos estabelecimentos das empresas; (Incluído pela Lei nº 13.846, de 2019)
>
> III – recursos das decisões do INSS relacionados à comprovação de atividade rural de segurado especial de que tratam os arts. 38-A e 38-B, ou demais informações relacionadas ao CNIS de que trata o art. 29-A desta Lei. (Incluído pela Lei nº 13.846, de 2019)
>
> IV – recursos de processos relacionados à compensação financeira de que trata a Lei nº 9.796, de 5 de maio de 1999, e à supervisão e à fiscalização dos regimes próprios de previdência social de que trata a Lei nº 9.717, de 27 de novembro de 1998. (Incluído pela Lei nº 13.876, de 2019)"

IMPORTANTE!

Com o advento da **MP 1.113, de 20/04/2022**, restou inserido o artigo 126-A na Lei 8.213/91, dispondo competir à Secretaria de Previdência do Ministério do Trabalho e Previdência, por meio da Subsecretaria de **Perícia Médica Federal**, o julgamento dos **recursos das decisões constantes de parecer conclusivo quanto à incapacidade laboral e à caracterização da invalidez do dependente**, na forma do regulamento.

Até a edição do citado regulamento a regra não será aplicada, sendo a atribuição para o julgamento dos recursos dos integrantes da carreira de Perito Médico Federal e o julgador será autoridade superior, de acordo com a hierarquia administrativa do órgão, àquela que tenha realizado o exame médico pericial.

Vale ressaltar que é vedado ao INSS escusar-se de cumprir as diligências solicitadas pelo CRPS, bem como deixar de dar cumprimento às decisões definitivas daquele colegiado, reduzir ou ampliar o seu alcance ou executá-las de modo que contrarie ou prejudique seu evidente sentido.

O CRPS é formado pelos seguintes órgãos:

> **I.** *vinte e nove Juntas de Recursos*, com a competência para julgar, em primeira instância, os recursos interpostos contra as decisões prolatadas pelos órgãos regionais do INSS, em matéria de interesse de seus beneficiários, exceto o julgamento dos recursos das decisões constantes de parecer conclusivo quanto à incapacidade laboral e à caracterização da invalidez do dependente, na forma do regulamento **(MP 1.113/2022)**;
>
> **II.** *quatro Câmaras de Julgamento*, com sede em Brasília, com a competência para

julgar, em segunda instância, os recursos interpostos contra as decisões proferidas pelas Juntas de Recursos que infringirem lei, regulamento, enunciado ou ato normativo ministerial;

III. *Conselho Pleno*, com a competência para uniformizar a jurisprudência previdenciária mediante enunciados, podendo ter outras competências definidas no Regimento Interno do Conselho de Recursos do Seguro Social.

4. PRINCÍPIOS INFORMADORES

No Capítulo I foram estudados os princípios informadores do sistema de seguridade social, aplicáveis tanto ao subsistema não contributivo (assistência social e saúde), quanto ao subsistema contributivo (previdência social).

Nesta oportunidade serão analisados os princípios específicos da previdência social, aplicáveis diretamente ao Regime Geral de Previdência Social e, no que couber, aos Regimes Próprios de Previdência Social e aos planos privados, ressaltando que tecnicamente alguns são verdadeiros objetivos previdenciários e não princípios propriamente ditos.

Deveras, uma parte destes princípios já se encontra positivada no artigo 2º, da Lei 8.213/91, bem como no artigo 3º, da Lei 8.212/91, enquanto outros têm berço constitucional ou decorrem implicitamente da legislação previdenciária.

4.1. PRINCÍPIO DA CONTRIBUTIVIDADE

Pelo Princípio da Contributividade, a previdência social apenas concederá os seus benefícios e serviços aos segurados (e seus dependentes) que se filiarem previamente ao regime previdenciário, sendo exigido o pagamento de tributos classificados como contribuições previdenciárias, haja vista se tratar do único subsistema da seguridade social com natureza contributiva direta.

De efeito, determina a cabeça do artigo 201, da Constituição Federal de 1988, que a previdência social será organizada sob a forma de regime geral, **de caráter contributivo**, o que comprova a natureza constitucional deste princípio.

No Brasil, a previdência será necessariamente contributiva, ao contrário do ocorre em alguns países que adotam regimes previdenciários em que inexistem contribuições específicas para o seu custeio, que é realizado com os recursos dos tributos em geral, adotando-se nessas pontuais nações o modelo beveridgiano.

Vale frisar que a contributividade que marca a previdência social poderá ser real ou presumida. É que em muitas hipóteses a legislação previdenciária presume de maneira absoluta o recolhimento das contribuições previdenciárias em prol de determinados segurados, normalmente quando a responsabilidade tributária é transferida às empresas.

4.2. PRINCÍPIO DA OBRIGATORIEDADE DA FILIAÇÃO

O RGPS é de caráter compulsório para os trabalhadores em geral, na forma do quanto determinado pelo *caput* do artigo 201, da Constituição, exceto no que concerne aos servidores públicos efetivos e militares vinculados a algum RPPS.

Esta imposição constitucional se justifica pelo Princípio da Solidariedade, pois lamentavelmente grande parte das pessoas não programaria espontaneamente o seu futuro, de modo que, se a adesão ao regime fosse facultativa, certamente poucos trabalhadores se filiariam.

Dessa forma, na velhice, doença, maternidade, morte, acidente, desemprego ou na ocorrência de outros eventos programados ou não, as pessoas imprevidentes provavelmente iriam onerar o Estado com o pagamento de benefícios assistenciais e ainda aumentariam bastante a miséria brasileira.

Logo, como uma medida positiva e salutar de um Estado Social que deve intervir para a garantia de direitos sociais e econômicos, andou bem o legislador constitucional ao prever a obrigatoriedade de filiação ao RGPS dos trabalhadores em geral.

Este princípio é excepcionado para os segurados facultativos do RGPS, pois apenas se filiarão se manifestarem a sua vontade e recolherem as contribuições respectivas, haja vista não exercerem atividade laboral remunerada.

4.3. PRINCÍPIO DO EQUILÍBRIO FINANCEIRO E ATUARIAL

Este princípio está previsto na cabeça do artigo 201, da CRFB, sendo fruto da EC 20/1998, *determinando que a previdência social observe critérios que preservem o seu equilíbrio financeiro e atuarial*, a fim de assegurar a incolumidade das contas previdenciárias para as presentes e futuras gerações.

É certo que é preciso haver um equilíbrio entre as receitas que ingressam no fundo previdenciário e as despesas com o pagamento dos benefícios, que restou prejudicado com a utilização pretérita dos recursos da previdência para o custeio de outras diversas despesas da União, especialmente a construção de Brasília.

Todo regime previdenciário, quando começa, tende a arrecadar muito mais com as contribuições do que gastar com o pagamento de benefícios e a promoção de serviços, pois apenas as prestações não programadas serão devidas no início, o que permitirá a reunião de uma grande soma de recursos para o futuro, formando um *equilíbrio financeiro*.

Ao menos, a arrecadação deverá cobrir o pagamento dos benefícios previdenciários, sob pena de inexistência de equilíbrio financeiro, o que ocorre atualmente no RGPS, quando, somados os números urbanos e rurais, as receitas não fazem frente às despesas, conquanto o déficit tenha sido reduzido nos últimos anos.

Todavia, ante a dinâmica social, não basta a existência de boas reservas no presente para a garantia de uma previdência solvente no futuro, devendo ser monitoradas as novas tendências que possam afetar as contas da previdência, a exemplo da maior expectativa de vida das pessoas, a menor taxa de natalidade, o "efeito viagra" (os aposentados se casam com pessoas cada vez mais novas e instituem pensões por morte a serem pagas por décadas), o número de acidentes de trabalho e a aplicação aos benefícios no valor de um salário mínimo índices de reajuste anual acima da inflação.

Logo, uma previdência poderá estar equilibrada financeiramente no presente, mas com perspectivas de não estar no amanhã, sendo também imprescindível o seu *equilíbrio atuarial,* onde serão traçados cenários futuros para a manutenção ou alcance do equilíbrio financeiro, com o manejo da matemática estatística.

De resto, veja-se que o *Princípio da Precedência da Fonte de Custeio*, ao vedar a instituição, majoração ou extensão de benefício da seguridade social sem a prévia indicação da respectiva dotação orçamentária que bancará os gastos, busca também a concretização do Princípio do Equilíbrio Financeiro e Atuarial da previdência social.

4.4. PRINCÍPIO DA UNIVERSALIDADE DE PARTICIPAÇÃO NOS PLANOS PREVIDENCIÁRIOS

Esta norma previdenciária está consignada expressamente no artigo 2º, inciso I, da Lei 8.213/91, sendo corolário do Princípio Universalidade da Cobertura e do Atendimento da seguridade social.

Com propriedade, deverá o RGPS buscar sempre a sua expansão a fim de filiar cada vez mais segurados, inclusive facultando a adesão ao plano das pessoas que não exercem atividade laboral remunerada, na condição de segurados facultativos.

É preciso advertir que a universalidade na previdência social, no Brasil, é mais restrita do que na saúde e na assistência social, pois se limita aos segurados e seus dependentes, por ser necessariamente contributiva, ao passo que a saúde pública é direito de todos e dever do Estado e as medidas assistencialistas serão prestadas a quem delas necessitar, independentemente de contribuição específica ao Poder Público.

Com esse espírito, a Emenda 47/2005 alterou a redação do §12 e inseriu o §13 no artigo 201, da CRFB, determinando que a lei disponha sobre o **sistema especial de inclusão previdenciária** dos trabalhadores de baixa renda e domésticos, com a garantia de benefícios no valor de um salário mínimo, com alíquotas e carência inferiores aos demais segurados, tendo sido regulamentada pela Lei Complementar 123/2006 e pela Lei 12.470/2011, que alterou a redação do artigo 21, da Lei 8212/91, instituindo alíquotas inferiores aos segurados contribuintes individuais e facultativos de baixa renda, conforme ainda será estudado oportunamente.

A **redução do período de carência** nunca sofreu regulamentação, tendo sido **excluída do texto constitucional pela Emenda 103/2019.**

Realmente, cada vez mais o Poder Público busca a inclusão previdenciária dos trabalhadores informais, estimulando-os a verter contribuições ao RGPS, mesmo porque os autônomos que conseguem acumular um salário mínimo mensal com o seu trabalho estão em uma situação de clandestinidade previdenciária.

Em nada interessa ao Estado brasileiro e consequentemente ao interesse público que essas pessoas persistam na informalidade, pois futuramente acabarão engrossando as fileiras da assistência social, que não goza de contribuição direta dos beneficiários, sendo mantida com recursos de toda a coletividade.

4.5. PRINCÍPIO DA UNIFORMIDADE E EQUIVALÊNCIA DOS BENEFÍCIOS E SERVIÇOS ÀS POPULAÇÕES URBANAS E RURAIS

Trata-se de princípio constitucional da seguridade social que foi repetido pelo artigo 2º, inciso II, da Lei 8.213/91.

Conforme visto, o espírito da norma foi vedar a discriminação negativa dos povos rurais já ocorrida no passado, mas é possível o tratamento diferenciado em favor das populações urbanas ou campesinas se houver base constitucional para tanto, em aplicação ao Princípio da Igualdade Material.

Nesse sentido, os trabalhadores rurais que laboram em regime de economia familiar para a subsistência terão uma redução de cinco anos para se aposentarem por idade, na forma do artigo 201, §7º, II, da Constituição, justificável em razão do desgaste físico que a atividade campesina traz aos povos do campo.

Ressalte-se que antes do advento do atual ordenamento constitucional, o rurícola poderia se aposentar com um benefício equivalente a meio salário mínimo, o que não é mais possível na atualidade, porquanto as aposentadorias urbanas ou rurais não poderão ser inferiores a um salário mínimo, valor presumido como o mínimo para um benefício previdenciário que venha a substituir a remuneração do trabalhador.

Assim, não será válida a distinção de tratamento previdenciário entre pessoas que moram no campo ou nas cidades pelo simples critério geográfico, sendo necessário um fator de discrímen com berço constitucional para justificar eventual distinção.

4.6. PRINCÍPIO DA SELETIVIDADE E DISTRIBUTIVIDADE NA PRESTAÇÃO DOS BENEFÍCIOS

Trata-se de reprodução parcial do Princípio Constitucional da Seletividade e Distributividade na Prestação dos Benefícios e Serviços promovida pelo artigo 2º, inciso III, da Lei 8.213/91.

Desconhece-se a motivação que levou o legislador ordinário a suprimir a expressão "serviços" prevista no texto constitucional, mas certamente foi um descuido do Poder Legislativo, pois não se vislumbra fundamento técnico-jurídico para a referida omissão.

Deveras, a *seletividade* obriga o legislador a escolher os riscos sociais a serem cobertos pelo RGPS, respeitado o conteúdo mínimo constitucional, que determina a cobertura de inúmeros eventos nos cinco incisos do artigo 201.

Da mesma forma, entre o universo de segurados e de dependentes, serão selecionados pelo legislador os que apresentem maior necessidade social da prestação previdenciária, de acordo com o interesse público.

Considerando as limitações orçamentárias, os eventos mais importantes para os segurados e seus dependentes deverão gerar os benefícios e serviços da previdência social, que deverão ser progressivamente alvo de expansão na proporção permitida pelo orçamento previdenciário.

Um caso que se insere no campo de incidência do Princípio da Seletividade foi à restrição promovida pela Emenda Constitucional 20/1998 para o benefício do auxílio-reclusão, que desde então passou a se destinar "para os dependentes dos segurados de baixa renda", na forma do artigo 201, inciso IV, da Lei Maior. Isso porque, à luz do interesse coletivo, o poder constituinte derivado resolveu apenas conceder os referidos benefícios aos dependentes dos segurados de baixa renda.

STF

I – Segundo decorre do art. 201, IV, da Constituição, a renda do segurado preso é que a deve ser utilizada como parâmetro para a concessão do benefício e não a de seus dependentes. II – Tal compreensão se extrai da redação dada ao referido dispositivo pela EC 20/1998, que restringiu o universo daqueles alcançados pelo auxílio-reclusão, a qual adotou o critério da seletividade para apurar a efetiva necessidade dos beneficiários (RE 587.365, de 25.03.2009).

De sua vez, a *distributividade* torna a previdência social relevante instrumento de repartição de riquezas no Brasil, sendo responsável pela retirada de mais de 22 milhões de pessoas da pobreza, conforme noticiado por publicação do extinto Ministério da Previdência Social do ano de 2008.

4.7. PRINCÍPIO DOS SALÁRIOS DE CONTRIBUIÇÃO CORRIGIDOS MONETARIAMENTE

Determina o artigo 2º, inciso IV, da Lei 8.213/91, que o cálculo dos benefícios previdenciários deverá considerar os salários de contribuição corrigidos monetariamente, direito dos segurados reconhecido no §3º, do artigo 201, da CRFB.

Ainda não é o momento adequado para o estudo aprofundado do salário de contribuição. Por ora, para que o leitor entenda o conteúdo deste princípio, insta asseverar que se trata de instituto exclusivo do Direito Previdenciário, cujo valor é utilizado para o cálculo de quase todos os benefícios, sendo formado normalmente por parcelas remuneratórias decorrente do labor, observado o piso e o teto.

Assim, para que um segurado possa se aposentar com base na legislação atual, para o cálculo da renda mensal do seu benefício, todos os salários de contribuição deverão ser atualizados pelo índice legal (atualmente é o INPC), a fim de não defasar o valor da prestação previdenciária a ser recebida.

Parece óbvio, mas não era assim no passado. Na legislação previdenciária vigente no regime constitucional pretérito, nem todos os salários de contribuição eram corrigidos monetariamente (os dozes últimos salários se contribuição não sofriam correção monetária, nos termos do artigo 37, §1º, do Decreto 83.080/79), o que levava a uma acentuada defasagem da sua renda mensal inicial, especialmente em tempos de inflação galopante.

4.8. PRINCÍPIO DA IRREDUTIBILIDADE DO VALOR DOS BENEFÍCIOS

Na forma do artigo 2º, inciso V, da Lei 8.213/91, é direito dos segurados e dependentes que o valor do seu benefício previdenciário não seja reduzido nominalmente, bem como sofra os reajustes anuais a fim de preservar o seu poder aquisitivo.

Logo, não se cuida apenas de uma **irredutibilidade** nominal ou formal, e sim **material**, sendo direito subjetivo dos beneficiários do RGPS o reajuste pelo índice legal para a manutenção do seu **valor real**, conforme determinação do artigo 201, §4º, da Constituição Federal.

Desde o advento das Leis 8.212/91 e 8.213/91 os benefícios previdenciários passaram a ter reajustes desvinculados do salário mínimo, ocorrendo anualmente de acordo com o índice legal, razão pela qual é possível que uma pessoa que se aposentou com o equivalente a cinco salários mínimos perceba uma proporção menor hoje, haja vista que as políticas públicas de reajuste do salário mínimo vêm aplicando percentuais acima da inflação.

É comum que muitos segurados e dependentes ingressem com ações judiciais visando à aplicação do mesmo percentual do salário mínimo ou de outros índices de correção monetária mais vantajosos, mas a atual sistemática já foi validada inúmeras vezes pelo STF (a exemplo do AI 540956/AgR, de 14.03.2006).

Atualmente, em regra, os benefícios deverão ser reajustados na mesma data do reajuste do salário mínimo e de acordo com o INPC – Índice Nacional de Preços do Consumidor, nos termos do artigo 41-A, da Lei 8.213/91, inserto pela Lei 11.430/2006, elaborado pela Fundação IBGE, com base nos Índices de Preços ao Consumidor Regionais.

4.9. PRINCÍPIO DA GARANTIA DO BENEFÍCIO NÃO INFERIOR AO SALÁRIO MÍNIMO

É assegurado constitucionalmente (artigo 201, §2º) que nenhum benefício do RGPS que substitua o rendimento do trabalho tenha valor inferior a um salário mínimo, avanço que dobrou muitas aposentadorias rurais que tinham a renda equivalente a ½ salário mínimo no anterior regime.

Nessa trilha, o artigo 2º, inciso VI, da Lei 8.213/91, elevou esta norma à categoria de princípio da previdência social, fazendo com que apenas os benefícios que não venham a substituir a remuneração do trabalhador possam ser inferiores a um salário mínimo, como ocorre com o auxílio-acidente e o salário-família, conforme será visto no momento oportuno.

Todavia, essa garantia vem gerando uma situação inusitada e não isonômica para muitos segurados e dependentes do RGPS, porquanto ao longo dos anos os benefícios mínimos vêm sofrendo um reajuste maior que os demais, em decorrência dos maiores reajustes do salário mínimo ao longo das duas últimas décadas.

Mesmo após a EC 103/2019, no RGPS, a pensão por morte não poderá ser inferior a um salário mínimo, nos termos do artigo 201, §2º, da Constituição:

> "§ 2º Nenhum benefício que substitua o salário de contribuição ou o rendimento do trabalho do segurado terá valor mensal inferior ao salário mínimo. (Redação dada pela Emenda Constitucional nº 20, de 1998)"

No entanto, no RPPS, poderá, desde que o dependente seja titular de renda formal, como emprego ou benefício previdenciário. São dois pesos, com duas medidas, em regra manifestamente não isonômica e desproporcional ao dependente do servidor público efetivo falecido, nos termos do artigo 40 da Constituição:

> "§ 7º Observado o disposto no § 2º do art. 201, **quando se tratar da única fonte de renda formal auferida pelo dependente**, o benefício de pensão por morte será concedido nos termos de lei do respectivo ente federativo, a qual tratará de forma diferenciada a hipótese de morte dos servidores de que trata o § 4º-B decorrente de agressão sofrida no exercício ou em razão da função. (Redação dada pela Emenda Constitucional nº 103, de 2019)".

4.10. PRINCÍPIO DA PREVIDÊNCIA COMPLEMENTAR FACULTATIVA

Além dos tradicionais planos básicos públicos (RGPS para os trabalhadores em geral e RPPS's para os servidores públicos efetivos e militares), a previdência social brasileira ainda contempla os planos complementares na área pública (ainda pendentes de instituição pelas entidades políticas interessadas) e na área privada, estes repartidos em abertos e fechados.

Em todos os planos complementares, ao contrário dos planos básicos, a adesão será sempre facultativa, ante a natureza contratual que rege essa relação jurídica e a previsão expressa na cabeça do artigo 202, da Constituição de 1988 e no artigo 2º, inciso VII, da Lei 8.213/91.

4.11. PRINCÍPIO DA GESTÃO QUADRIPARTITE DA PREVIDÊNCIA SOCIAL

Este princípio é decorrência natural do Princípio da Gestão Quadripartite da Seguridade Social, na forma do artigo 2º, VIII, da Lei 8.213/91, pois a previdência social deverá contar com uma gestão democrática e descentralizada, com a participação de representantes do Poder Público, empregadores, trabalhadores e aposentados nos órgãos colegiados.

Nesse sentido, a composição do CNPS – Conselho Nacional de Previdência Social, órgão superior de deliberação colegiada, possui seis representantes do Governo federal e nove das demais categoriais referidas, o que demonstra que o Poder Público não detém a maioria dos membros, ainda inovando ao prever representantes dos pensionistas juntamente com os aposentados.

4.12. PRINCÍPIO DO TEMPUS REGIT ACTUM

Trata-se de um princípio geral do Direito que pontifica que os atos jurídicos deverão ser regulados pela lei vigente no momento da sua realização (a lei do tempo rege o ato), normalmente não se aplicando os novos regramentos que lhe são posteriores, salvo previsão expressa em sentido contrário.

É possível afirmar que tem berço constitucional por derivar do direito fundamental que proíbe a nova lei de prejudicar o direito adquirido, o ato jurídico perfeito e a coisa julgada, conforme previsão do artigo 5º, inciso XXXVI, da CRFB.

Conquanto não esteja explicitamente previsto na legislação da previdência social como seu princípio informador, entende-se que ele integra o rol, sendo muitas vezes usado para definir o regime jurídico dos benefícios previdenciários, pois deverá ser aplicada a lei vigente na data do nascimento do direito à prestação previdenciária.

É que o ato administrativo de concessão de um benefício pela Previdência Social classifica-se como ato jurídico perfeito, conquanto surta efeitos por dias, meses, anos ou décadas, pois a obrigação de pagamento das parcelas do benefício é mensal, configurando-se uma relação jurídica continuada ou de trato sucessivo.

O ato jurídico de concessão de um benefício se aperfeiçoa sob a vigência de uma lei, mas comumente continua gerando efeitos jurídicos sob a vigência de um ou mais regimes jurídicos instituídos por leis novas, o que não raro gera um conflito aparente intertemporal, especialmente quando o novel regime é mais benefício aos segurados e seus dependentes.

Assim, a rigor, a lei nova não se aplicará ao benefício concedido anteriormente, mesmo se melhor para o segurado, salvo previsão expressa em sentido contrário para favorecer os beneficiários.

Note-se que inexiste direito adquirido a novo regime jurídico criado por lei, devendo ser identificada a lei em vigor no momento em que o beneficiário faz jus ao benefício, pois antes do preenchimento de todos os requisitos legais há mera expectativa de direito.

Assim, se determinada pessoa busca a revisão judicial de uma aposentadoria concedida no ano de 1980, as normas vigentes à época é que deverão nortear a decisão do julgador (ultra atividade de normas já revogadas), e não as atuais, mesmo que mais favoráveis ao aposentado, salvo se houver expressa permissão legal em sentido contrário.

Registre-se que esse caráter intertemporal dificulta bastante a análise de processos que tratam de benefícios antigos, pois toda a apreciação deverá ser promovida à luz da legislação de época.

4.13. AUTOMATICIDADE DAS PRESTAÇÕES

Há, ainda, o Princípio da Automaticidade das Prestações, que estatui serem devidas as prestações previdenciárias mesmo na hipótese de não pagamento das contribuições previdenciárias, quando a responsabilidade tributária pelo recolhimento for das empresas tomadoras dos serviços, o que ocorre no Brasil com os segurados empregados, trabalhadores avulsos e contribuintes individuais prestadores de serviços à pessoa jurídica.

Assim, se uma empresa não recolhe as contribuições previdenciárias do seu empregado, o INSS deverá deferir o benefício, não podendo alegar a mora da empresa, devendo a Secretaria de Receita Federal do Brasil proceder a cobrança das contribuições em atraso, caso ainda não decaídas.

Este princípio não possui previsão expressa no ordenamento jurídico previdenciário do Brasil, mas é possível afirmar que implicitamente ele está consagrado. Na Itália, por exemplo, goza de previsão literal no artigo 67.°, do Decreto n.° 1.124, conforme aplicado pelo Tribunale di Vicenza no processo C-218/00, de 22.01.2002, no caso Cisal di Battistello Venanzio & C. Sas contra Istituto nazionale per l'assicurazione contro gli infortuni sul lavoro.

Vale frisar que o Princípio da Automaticidade das Prestações não se aplica às hipóteses em que o próprio segurado é responsável direto pelo pagamento das contribuições previdenciárias, conforme será visto.

No entanto, conforme será em breve estudado, a Reforma Constitucional de 2019 inseriu o §14 no artigo 195 da Constituição, que passou a prever que "o segurado somente terá reconhecida como tempo de contribuição ao Regime Geral de Previdência Social a **competência cuja contribuição seja igual ou superior à contribuição mínima mensal exigida para sua categoria**, assegurado o **agrupamento de contribuições"**, o que acaba restringindo este princípio.

► CAPÍTULO 4 – SEGURADOS OBRIGATÓRIOS E FACULTATIVOS, FILIAÇÃO E INSCRIÇÃO NO REGIME GERAL DE PREVIDÊNCIA SOCIAL

1. INTRODUÇÃO

No âmbito do RGPS, estão cobertos pelo sistema os segurados obrigatórios e os facultativos, formando dois grandes grupos de filiados, bem como as pessoas que se enquadrem como os seus dependentes.

De efeito, no grupo dos **segurados obrigatórios**, em regra, se enquadram as pessoas que exercem atividade laboral remunerada no Brasil, exceto os servidores públicos efetivos e militares já vinculados a Regime Próprio de Previdência Social, instituído pela entidade política que se encontrem vinculados.

Caso o servidor ou o militar venham a exercer, concomitantemente, uma ou mais atividades abrangidas pelo Regime Geral de Previdência Social, tornar-se-ão segurados obrigatórios em relação a essas atividades.

Logo, é possível que o servidor público efetivo que desenvolva uma atividade laborativa remunerada paralela ao serviço público seja abarcado simultaneamente pelo RPPS e RGPS, podendo receber nesta hipótese duas aposentadorias, observado o teto do funcionalismo público federal, a teor do artigo 40, §11, da Constituição Federal.

Esse grupo engloba cinco categorias de segurados que obrigatoriamente terão que se filiar ao sistema: ***empregado***, ***empregado doméstico***, ***trabalhador avulso***, ***segurado especial*** e ***contribuinte individual***.

É plenamente possível que uma pessoa seja filiada em mais de uma categoria na hipótese de desenvolvimento de atividades laborais concomitantes, a exemplo do segurado que mantém um vínculo empregatício (será filiado na condição de segurado empregado) e que nos fins de semana vende sorvete por conta própria em estádios de futebol (será filiado na condição de contribuinte individual).

De acordo com o artigo 12, §4º, da Lei 8.212/91, "o aposentado pelo Regime Geral de Previdência Social – RGPS que estiver exercendo ou que voltar a exercer atividade abrangida por este Regime é segurado obrigatório em relação a essa atividade, ficando sujeito às contribuições de que trata esta Lei, para fins de custeio da Seguridade Social".

> **STF**
> **Tese em repercussão geral**: É constitucional a contribuição previdenciária devida por aposentado pelo Regime Geral de Previdência Social (RGPS) que permaneça em atividade ou a essa retorne (ARE) 1224327/2019.

Logo, o aposentado que continua trabalhando será segurado obrigatório do RGPS, devendo pagar as contribuições previdenciárias, mesmo sem poder gozar de nova aposentadoria no Regime Geral.

Destaque-se que o *dirigente sindical* manterá, durante o exercício do mandato eletivo, o mesmo enquadramento no Regime Geral de Previdência Social de antes da sua investidura.

Por sua vez, as pessoas que não desenvolvam atividade laborativa no Brasil poderão se filiar na condição de **segurados facultativos** da previdência social, em atendimento ao Princípio da Universalidade de Cobertura, a exemplo do estagiário e da dona de casa.

2. SEGURADOS OBRIGATÓRIOS

Os segurados obrigatórios do RGPS estão listados no artigo 12, da Lei 8.212/91, sendo repetidos no artigo 11, da Lei 8.213/91, com regulamentação no artigo 9º, do Decreto 3.048/99 (Regulamento da Previdência Social).

Por óbvio, apenas poderão se filiar como segurados obrigatórios as pessoas naturais, inexistindo possibilidade jurígena de uma pessoa jurídica ser segurada do Regime Geral de Previdência Social.

Vale salientar que a regra é a adoção do ***Princípio da Territorialidade da Filiação***, ou seja, quem exercer atividade laborativa remunerada no território do Brasil e não for servidor público efetivo ou militar vinculado a RPPS, será segurado obrigatório do RGPS.

Contudo, há hipóteses legais excepcionais que serão vistas em que pessoas que trabalham no Brasil não serão seguradas do RGPS, bem como existirão segurados obrigatórios do RGPS trabalhando fora do país.

2.1. SEGURADO EMPREGADO

A legislação previdenciária enumera as hipóteses de enquadramento de um trabalhador como segurado empregado da previdência social, ressaltando que é uma categoria de segurados mais extensa do que os abarcados pela definição de relação de emprego fornecida pela legislação trabalhista, que exige remuneração, pessoalidade, subordinação e habitualidade para a configuração do vínculo de emprego.

> **Importante:**
> Vale ressaltar que o titular de cargo efetivo de ente político que não tenha regime próprio (ocorre com muitos municípios) estará vinculado automaticamente ao RGPS, a teor do artigo 12, da Lei 8.212/91 e do artigo 10, §1º, do Regulamento da Previdência Social, na condição de segurado empregado.

Serão analisados os casos de enquadramento das pessoas físicas como segurados empregados, à luz do artigo 12, inciso I, da Lei 8.212/91, bem como do artigo 9º, I, do RPS (Decreto 3.048/99):

A) Aquele que presta serviço de natureza urbana ou rural à empresa, em caráter não eventual, sob sua subordinação e mediante remuneração, inclusive como diretor empregado;

É conceito similar ao do artigo 3º, da CLT, ou seja, exige-se a remuneração, a habitualidade, a pessoalidade e a subordinação para a configuração do vínculo empregatício, inclusive o diretor empregado.

Logo, **o empregado da CLT será segurado empregado do RGPS**.

Com o veto parcial na Lei 11.457/2007, o vínculo empregatício continua podendo ser considerado pela fiscalização da Secretaria de Receita Federal do Brasil, independentemente de reconhecimento da Justiça do Trabalho.

O **menor aprendiz** é enquadrado como segurado empregado, sendo definido o *contrato de aprendizagem* como o contrato de trabalho especial, ajustado por escrito e por prazo determinado, em que o empregador se compromete a assegurar ao *maior de quatorze e menor de vinte e quatro anos*, inscrito em programa de aprendizagem, formação técnico-profissional metódica, compatível com o seu desenvolvimento físico, moral e psicológico, e o aprendiz, a executar, com zelo e diligência, as tarefas necessárias a essa formação, pelo prazo máximo de dois anos, exceto quando se tratar de aprendiz portador de deficiência, ao qual não se aplica o limite máximo de idade.

Também será segurado empregado, nos termos do Decreto 10.410/2020, aquele contratado como **trabalhador intermitente** para a prestação de serviços, com subordinação, de forma não contínua, com alternância de períodos de prestação de serviços e de inatividade, em conformidade com o disposto no § 3º do art. 443 da Consolidação das Leis do Trabalho, aprovada pelo Decreto-Lei nº 5.452, de 1º de maio de 1943, embora não haja continuidade na prestação do labor.

Da mesma forma, a jurisprudência dominante entende que o *aluno-aprendiz* será considerado como segurado empregado, desde que perceba remuneração, mesmo que indireta (valores recebidos a título de alimentação, fardamento, material escolar e parcela de renda auferida com a execução de encomendas para terceiros, entre outros).

B) Aquele que, contratado por empresa de trabalho temporário, definida em legislação específica, presta serviço para atender a necessidade transitória de substituição de pessoal regular e permanente ou a acréscimo extraordinário de serviços de outras empresas;

Trata-se do trabalhador temporário regido pela Lei 6.019/74, modificada pela Lei 13.429/2017, sendo o trabalho temporário definido como aquele prestado por pessoa física contratada por uma empresa de trabalho temporário que a coloca à disposição de uma empresa tomadora de serviços, para atender à necessidade de substituição transitória de pessoal permanente ou à demanda complementar de serviços.

O contrato de trabalho temporário, com relação ao mesmo empregador, não poderá exceder ao prazo de cento e oitenta dias, consecutivos ou não, podendo ser prorrogado por até noventa dias, consecutivos ou não, quando comprovada a manutenção das condições que o ensejaram.

Entende-se por empresa de trabalho temporário a pessoa física ou jurídica urbana, cuja atividade consiste em colocar à disposição de outras empresas, temporariamente, trabalhadores, devidamente qualificados, por elas remunerados e assistidos.

C) o brasileiro ou estrangeiro domiciliado e contratado no Brasil para trabalhar como empregado em sucursal ou agência de empresa nacional no exterior;

Enquadra-se como segurado empregado o nacional ou o estrangeiro contratado e domiciliado no Brasil por empresa brasileira para trabalhar no exterior em sua filial, a fim de conferir cobertura previdenciária a essas pessoas.

Frise-se que o conceito de empresa brasileira foi alterado pela Emenda 06/95, que revogou o artigo 171, da Constituição, pois agora basta que a pessoa jurídica seja constituída sob a égide da legislação brasileira e conte com sede e administração no Brasil, na forma do artigo 176, §1º, da Lei Maior.

Trata-se de uma exceção ao Princípio da Territorialidade da Filiação, pois neste caso um trabalhador laborará no exterior e será segurado obrigatório do RGPS.

A justificativa política desta hipótese de filiação obrigatória ao RGPS certamente foi o fato da empresa tomadora do serviço ser brasileira, sendo natural o retorno do empregado ao Brasil ao final da prestação do serviço ou mesmo antes, garantido o tempo de contribuição no regime previdenciário brasileiro, independentemente da existência de tratado internacional.

D) aquele que presta serviço no Brasil a missão diplomática ou a repartição consular de carreira estrangeira e a órgãos a ela subordinados, ou a membros dessas missões e repartições, excluídos o não-brasileiro sem residência permanente no Brasil e o brasileiro amparado pela legislação previdenciária do país da respectiva missão diplomática ou repartição consular;

Trata-se de norma supletiva do RGPS, que visa conferir cobertura à pessoa que presta serviços no Brasil à missão diplomática ou a consulado estrangeiro, que apenas incidirá se o brasileiro não estiver coberto pela previdência estrangeira ou se cuidar de estrangeiro com residência permanente no Brasil.

Caso o estrangeiro não tenha residência permanente no Brasil e o brasileiro tenha a cobertura previdenciária do país estrangeiro, não incidirá esta hipótese de filiação obrigatória ao RGPS na condição de empregado, o que se revela como uma exceção ao Princípio da Territorialidade da Filiação.

E) o brasileiro civil que trabalha para a União, no exterior, em organismos oficiais brasileiros ou internacionais dos quais o Brasil seja membro efetivo, ainda que lá domiciliado e contratado, salvo se segurado na forma da legislação vigente do país do domicílio;

Cuida-se de outra norma subsidiária do RGPS, sendo apenas aplicável caso o brasileiro que trabalhe para a União no exterior em organismos oficiais não esteja amparado pela legislação estrangeira.

Outrossim, obviamente esta norma não será aplicável se essa pessoa for segurada do RPPS da União, por se tratar de servidor público efetivo ou militar federal.

Aqui se tem mais uma exceção ao Princípio da Territorialidade da Filiação.

F) o brasileiro ou estrangeiro domiciliado e contratado no Brasil para trabalhar como empregado em empresa domiciliada no exterior, cuja maioria do capital votante pertença a empresa brasileira de capital nacional;

Neste caso, a pessoa que seja empregada de empresa com sede no exterior será considerada como segurada empregada do RGPS, desde que a maioria do capital votante seja pertencente à empresa brasileira, assim considerada a constituída sob a égide da legislação brasileira e que conte com sede e administração no Brasil.

Logo, cuida-se de outra exceção ao Princípio da Territorialidade da Filiação.

G) o servidor público ocupante de cargo em comissão, sem vínculo efetivo com a União, Autarquias, inclusive em regime especial, e Fundações Públicas Federais;

Este dispositivo está em consonância com o artigo 40, §13, da Constituição Federal, inserido pela EC 20/1998, que enquadrou os servidores titulares de cargos em comissão, empregos públicos ou outros vínculos temporários como segurados obrigatórios do RGPS.

Nesse rol estão insertos os ministros e secretários sem vínculo efetivo com a Administração Pública, na forma do artigo 12, §6º, da Lei 8.212/91.

Note-se que este dispositivo, posto pela Lei 8.647/93, só se refere aos titulares de cargos em comissão federais, razão pela qual os estaduais, distritais e municipais somente restaram vinculados ao RGPS com o advento da EC 20/1998, mesmo que suas respectivas entidades políticas tenham instituído RPPS.

Após a EC 20/1998, o mesmo posicionamento que já aplicado aos servidores comissionados federais desde a Lei 8.647/93 foi estendido aos exclusivamente comissionados dos estados, Distrito Federal e municípios.

H) o exercente de mandato eletivo federal, estadual ou municipal, desde que não vinculado a regime próprio de previdência social (Suspenso pela Resolução 26/2005 do Senado da República);

Este inciso foi inserto pela Lei 9.506/97, que acabou com o Instituto de Previdência dos Congressistas, que não tinha equilíbrio financeiro e atuarial. Entretanto, a Lei 9.506/97 criou o Plano de Seguridade Social dos Congressistas, a cargo da União, de filiação facultativa dos Deputados Federais e Senadores.

O objetivo do legislador foi vincular o titular de mandato eletivo sem vínculo efetivo com a Administração Pública ao RGPS, na condição de segurado empregado. Todavia, com base na redação do artigo 195 da Constituição Federal em 1997, não poderia o titular de mandato eletivo ter sido inserido como segurado do RGPS por lei ordinária, vez que inexistia essa fonte de custeio para o pagamento das contribuições previdenciárias.

É que a criação de novas fontes de custeio para o pagamento de contribuições para a seguridade social não previstas na Constituição Federal demanda a edição de lei complementar, nos moldes do artigo 195, §4º, da Lei Maior.

Note-se que a apreciação do STF tomou como parâmetro o texto do artigo 195, da Constituição, anteriormente à reforma da previdência social perpetrada pela Emenda 20/1998.

De seu turno, em razão do referido julgamento pela Suprema Corte, o Senado da República suspendeu a eficácia *erga omnes* lesta alínea "h" através da Resolução 26/2005.

Posteriormente, a questão foi constitucionalmente regularizada, vez que estão consignados como fonte de custeio da seguridade social o trabalhador e os demais segurados do RGPS, na forma da nova redação do inciso II, do artigo 195, da Lei Maior, pois antes apenas havia a previsão dos trabalhadores, categoria que a Suprema Corte entendeu não se enquadrarem os agentes políticos titulares de mandato eletivo.

Ademais, com a atual redação do artigo 195, I, "a", da Constituição Federal, dada pela EC 20/1998, a contribuição previdenciária das empresas e equiparados não incidirá apenas sobre a folha de salários, mas também sobre os demais rendimentos do trabalho pagos ou creditados, a qualquer título, à pessoa física que lhe preste serviço, mesmo sem vínculo empregatício, previsão genérica que poderá abarcar os titulares de mandato eletivo.

Como será visto no estudo da alínea "j", a questão se resolveu com a edição da Lei 10.887/2004, com redação idêntica a esta alínea "h".

I) o empregado de organismo oficial internacional ou estrangeiro em funcionamento no Brasil, salvo quando coberto por regime próprio de previdência social;

Trata-se de norma supletiva do RGPS, que busca a cobertura previdenciária do empregado de organismo oficial internacional ou estrangeiro, que apenas incidirá caso inexista a proteção previdenciária desse trabalhador.

Caso incida esta norma subsidiária, haverá mais uma exceção ao Princípio da Territorialidade da Filiação.

J) o exercente de mandato eletivo federal, estadual ou municipal, desde que não vinculado a regime próprio de previdência social.

Através da promulgação da Lei 10.887/2004, foi repetida a redação da alínea "h", pois, com o advento da Emenda 20/98, que alterou a redação do artigo 195, inciso I e II, da Constituição Federal.

Agora, o texto constitucional se refere ao trabalhador e demais segurados da Previdência Social, bem como à contribuição previdenciária patronal sobre os rendimentos do trabalho pagos ou creditados, a qualquer título, à pessoa física que lhe preste serviço, mesmo sem vínculo empregatício, não cabendo mais se falar em inconstitucionalidade formal desta previsão por ser tema afeto à lei complementar para a criação de nova fonte de custeio.

> **STF**
>
> Incide contribuição previdenciária sobre os rendimentos pagos aos exercentes de mandato eletivo, decorrentes da prestação de serviços à União, aos Estados e ao Distrito Federal ou aos Municípios, após o advento da Lei 10.887/2004, desde que não vinculados a regime próprio de previdência. Com base nessa orientação, o Supremo Tribunal Federal, ao apreciar o Tema 691 da repercussão geral, por unanimidade, negou provimento a recurso extraordinário em que se discutiu a submissão dos entes federativos ao pagamento de contribuição previdenciária patronal incidente sobre a remuneração dos agentes políticos não vinculados a regime próprio de previdência social, após o advento da Lei 10.887/2004, na forma do art. 22, I, da Lei 8.212/1991. A Corte entendeu que a Emenda Constitucional 20/1998 passou a determinar a incidência da contribuição sobre qualquer segurado obrigatório da previdência social, art. 195, I, "a" e II (2) e no art. 40, §13 (3), ambos da Constituição Federal, que submeteu todos os ocupantes de cargos temporários ao regime geral de previdência, o que alcança os exercentes de mandato eletivo. **RE 626837/GO, rel. Min. Dias Toffoli, julgamento em 25.5.2017**.

Esse posicionamento foi confirmado pela **Emenda 103/2019**, que alterou a redação do §13 do artigo 40 da Constituição: "aplica-se ao **agente público** ocupante, exclusivamente, de cargo em comissão declarado em lei de livre nomeação e exoneração, de outro cargo temporário, inclusive aos detentores de **mandato eletivo**, ou de emprego público, o Regime Geral de Previdência Social".

> Frise-se que apenas será filiado ao RGPS, na condição de empregado, o titular de mandato eletivo não vinculado a RPPS.

Insta ressaltar também que não será filiado ao RGPS o congressista federal que optar em se filiar ao Plano de Seguridade Social dos Congressistas, nos moldes dos artigos 2º e 16, da Lei 9.506/97.

2.2. SEGURADO EMPREGADO DOMÉSTICO

Enquadra-se como segurado empregado doméstico *aquele que presta serviço de natureza contínua a pessoa ou família, no âmbito da residência desta, em atividades sem fins lucrativos*, a teor do artigo 12, II, da Lei 8.212/91, a partir da competência de abril de 1973, por força do Decreto 71.785/73.

Deveras, o empregado doméstico é regido pela Lei Complementar 150/2015, sendo possível que haja atividades externas, desde que direcionadas à família e sem finalidades lucrativas, a exemplo do trabalho do caseiro, do motorista e do piloto particular.

É possível sintetizar as características do empregado doméstico:

I. Existência de vínculo empregatício;

II. Atividades desenvolvidas na residência ou em razão desta;

III. Atuação em atividades sem fins lucrativos.

A Lei Complementar 150/2015 previu expressamente que a formação de vínculo de emprego doméstico exige a prestação de serviços de forma contínua, subordinada, onerosa e pessoal e de finalidade não lucrativa à pessoa ou à família, no âmbito residencial destas, **por mais de 2 (dois) dias por semana.**

O Decreto 10.410/2020 atualizou o Regulamento da Previdência Social para definir o empregado doméstico como aquele que presta serviço de forma contínua, subordinada, onerosa e pessoal a pessoa ou família, no âmbito residencial desta, em atividade sem fins lucrativos, por mais de dois dias por semana.

> Com o advento da Lei 12.470/2011, que inseriu o parágrafo único no artigo 24, da Lei 8.212/91, o empregador doméstico não poderá contratar microempreendedor individual como empregado doméstico, sob pena de ficar sujeito a todas as obrigações dela decorrentes, inclusive trabalhistas, tributárias e previdenciárias.

Por sua vez, com o advento da Emenda 72/2013, a idade mínima constitucional para a admissão de um empregado doméstico passou a ser de 18 anos de idade, conforme já previsto no Decreto 6.481/2008, que regulamentou a Convenção 182 da Organização Internacional do Trabalho (OIT), que trata da proibição das piores formas de trabalho infantil e ação imediata para sua eliminação.

Por fim, é preciso esclarecer que os **empregados dos condomínios residenciais não são empregados domésticos**, a exemplo dos porteiros e zeladores, conforme o próprio entendimento do extinto

Ministério do Trabalho (Cartilha do Trabalho Doméstico), pois a atividade não é prestada especificamente a uma pessoa ou família, não sendo o condomínio um empregador doméstico.

2.3. SEGURADO TRABALHADOR AVULSO

É aquele que *presta serviços a diversas empresas, sem vínculo empregatício, de natureza urbana ou rural,* definidos no regulamento, conforme previsão do artigo 12, VI, da Lei 8.212/91.

De acordo com o artigo 9º, VI, do Decreto 3.048/99, é o trabalhador sindicalizado ou não, que presta serviço por intermédio de órgão gestor de mão de obra ou do sindicato da categoria.

Logo, a filiação do trabalhador avulso terá as seguintes características:

A) Prestação de serviços de natureza urbana ou rural a empresas sem vínculo empregatício;

B) Intermediação do trabalho por órgão gestor de mão de obra ou sindicato da categoria;

C) Não há necessidade de sindicalização.

Os trabalhadores avulsos podem ser repartidos em duas categorias: **não portuários e portuários.**

O *trabalhador avulso não portuário* é aquele que presta serviços de carga e descarga de mercadorias de qualquer natureza, inclusive carvão e minério, o trabalhador em alvarenga (embarcação para carga e descarga de navios), o amarrador de embarcação, o ensacador de café, cacau, sal e similares, aquele que trabalha na indústria de extração de sal, o carregador de bagagem em porto, o prático de barra em porto, o guindasteiro, o classificador, o movimentador e o empacotador de mercadorias em portos.

O *trabalhador avulso portuário* é aquele que presta serviços de capatazia, estiva, conferência de carga, conserto de carga, bloco e vigilância de embarcações na área dos portos organizados e de instalações portuárias de uso privativo, com intermediação obrigatória do OGMO, assim conceituados na alínea "a" do inciso VI do art. 9º do RPS, podendo ser segurado trabalhador avulso quando, sem vínculo empregatício, registrado ou cadastrado no OGMO, em conformidade com a Lei nº 8.630, de 1993, presta serviços a diversos operadores portuários ou segurado empregado quando, registrado no OGMO, contratado com vínculo empregatício e a prazo indeterminado, na forma do parágrafo único do art. 26 da Lei nº 8.630, de 1993, é cedido a operador portuário.

> De efeito, o trabalhador avulso não tem vínculo empregatício, diferenciando-se do contribuinte individual pela intermediação feita pelo órgão gestor de mão de obra ou sindicato da categoria, não se exigindo a sua inscrição sindical.

Outrossim, nos termos do Decreto 10.410/2020, é trabalhador avulso o segurado que exerça atividade de movimentação de mercadorias em geral, nos termos do disposto na Lei nº 12.023, de 27 de agosto de 2009, em áreas urbanas ou rurais, sem vínculo empregatício, com intermediação obrigatória do sindicato da categoria, por meio de acordo ou convenção coletiva de trabalho, nas atividades de:

1. cargas e descargas de mercadorias a granel e ensacados, costura, pesagem, embalagem, enlonamento, ensaque, arrasto, posicionamento, acomodação, reordenamento, reparação de carga, amostragem, arrumação, remoção, classificação, empilhamento, transporte com empilhadeiras, paletização, ova e desova de vagões, carga e descarga em feiras livres e abastecimento de lenha em secadores e caldeiras;
2. operação de equipamentos de carga e descarga; e
3. pré-limpeza e limpeza em locais necessários às operações ou à sua continuidade.

2.4. SEGURADO ESPECIAL

O segurado especial do RGPS está previsto no artigo 12, inciso VII, da Lei 8.212/91, dispositivo que sofreu inúmeras alterações e inserções com o advento da *Lei 11.718/2008*, sendo a aplicação retroativa do novo regramento apenas possível se houver benefício em prol dos segurados e dependentes.

Outrossim, as regras do segurado especial também foram alteradas pela Lei 12.873, de 24 de outubro de 2013, fruto da conversão da Medida Provisória 619, de 06 de junho de 2013.

É considerado **segurado especial** a pessoa física residente no imóvel rural ou em aglomerado urbano ou rural próximo a ele que, individualmente ou em regime de economia familiar, ainda que com o auxílio eventual de terceiros a título de mútua colaboração, na condição de:

A) produtor, seja proprietário, usufrutuário, possuidor, assentado, parceiro ou meeiro outorgados, comodatário ou arrendatário rurais, que explore atividade:

- *agropecuária* em área de até 4 (quatro) módulos fiscais; ou
- *de seringueiro ou extrativista vegetal* que exerça suas atividades nos termos do inciso XII do caput do art. 2º da Lei 9.985, de 18 de julho de 2000, e faça dessas atividades o principal meio de vida;

B) pescador artesanal ou a este assemelhado, que faça da pesca profissão habitual ou principal meio de vida; e

C) cônjuge ou companheiro, bem como filho maior de 16 (dezesseis) anos de idade ou a este equiparado, do segurado de que tratam as alíneas a e b deste inciso, que, comprovadamente, trabalhem com o grupo familiar respectivo.

Em síntese, cuida-se do pequeno produtor rural ou pescador artesanal, que trabalham individualmente ou em família para fins de subsistência, **sem a utilização de empregados permanentes**.

De acordo com o § 5º, do artigo 9º, do RPS, entende-se como **regime de economia familiar** a atividade em que o trabalho dos membros da família é indispensável à própria *subsistência* e ao desenvolvimento socioeconômico do núcleo familiar e é exercido em condições de mútua dependência e colaboração, *sem a utilização de empregados permanentes*.

No caso do **produtor rural que explore atividade agrícola ou pecuária**, apenas será considerado como segurado especial aquele cujo **prédio rústico** tenha área equivalente a **até 04 módulos fiscais**, pois a exploração em terra com dimensão maior afasta a caracterização da atividade familiar de subsistência.

Contudo, esta limitação de área apenas se aplica para o tempo rurícola após 23.06.2008, data da vigência da Lei 11.718/2008, nos termos da Instrução Normativa INSS 128/2022 , pois a lei nova material não poderá reger relações pretéritas em prejuízo do segurado, ante a inexistência de limites no regramento pretérito.

O módulo fiscal variará de acordo com a região do Brasil, conforme as instruções normativas especiais editadas pelo INCRA, sendo também utilizado para o cálculo do Imposto Territorial Rural.

Por seu turno, caso se trate de **atividade rural agroextrativista**, o enquadramento da pessoa natural como segurado especial **independerá da dimensão da área**, a exemplo da coleta da castanha do Pará.

Outrossim, será considerado como segurado especial o **pescador artesanal** que, de acordo com o artigo 9º, §14, do RPS, aquele que, individualmente ou em regime de economia familiar, faz da pesca sua profissão habitual ou meio principal de vida, desde que: I – não utilize embarcação; ou utilize embarcação de pequeno porte, nos termos da Lei nº 11.959, de 29 de junho de 2009, a teor do Decreto 8.424/2015.

> **Logo, tivemos uma modificação no enquadramento do segurado especial que utiliza embarcação.** Até então, o limite de peso do barco era de 6 toneladas de arqueação bruta (barco próprio) ou 10 toneladas (barco de parceiro outorgado exclusivamente). **Agora a dimensão da embarcação foi elevada para até 20 AB pelo Decreto 8.424/2015, que se refere à embarcação de pequeno porte, definida pela Lei de Pesca e Aquicultura (Lei 11.959/2009). Se a embarcação for de médio (acima de 20 AB) ou grande porte (igual ou superior a 100 AB), o pescador será contribuinte individual, e não segurado especial.**

Por força do Decreto 8.499, de 12 de agosto de 2015, passou a ser considerado **assemelhado "ao pescador artesanal** aquele que realiza atividade de apoio à pesca artesanal, exercendo trabalhos de confecção e de reparos de artes e petrechos de pesca e de reparos em embarcações de pequeno porte ou atuando no processamento do produto da pesca artesanal", tendo havido uma ampliação de enquadramento do segurado especial.

Para que sejam caracterizados como segurados especiais, o cônjuge, o companheiro ou o filho maior de 16 anos de idade deverão trabalhar comprovadamente nas atividades laborais do grupo familiar, conforme determinação inserta pela Lei 11.718/2008, pois o anterior regime era omisso a esse respeito.

> Caberá à FUNAI expedir a respectiva certidão de que o **índio** se enquadra como segurado especial, na forma do artigo 19-D, §§ 13 e 14 do RPS, conforme reconhecido administrativamente pelo INSS.

Até o advento a Lei 11.718/2008, a idade mínima para a filiação do segurado especial era de 14 anos, passando agora para 16 anos de idade. Antes do advento da Lei 8.213/91, a idade mínima do trabalhador rural era de 12 anos de idade.

No entanto, considerando que a idade mínima para o exercício do trabalho objetiva proteger o menor, e não o prejudicar, entende-se que o trabalhador rural que laborou em regime de economia familiar (segurado especial) poderá ter considerado o seu tempo de serviço, mesmo que com idade inferior aos 14 anos de idade.

> **STJ**
>
> **"DIREITO PREVIDENCIÁRIO. TEMPO DE SERVIÇO PRESTADO POR TRABALHADOR COM IDADE INFERIOR A 14 ANOS EM REGIME DE ECONOMIA FAMILIAR. O tempo de serviço em atividade rural realizada por trabalhador com idade inferior a 14 anos, ainda que não vinculado ao Regime de Previdência Social, pode ser averbado e utilizado para o fim de obtenção de benefício previdenciário.** Comprovada a atividade rural do trabalhador com idade inferior a 14 anos e realizada em regime de economia familiar, esse tempo deve ser computado para fins previdenciários. A proibição do trabalho às pessoas com menos de 14 anos de idade foi estabelecida em benefício dos menores e não deve ser arguida para prejudicá-los. Precedentes citados: AR 3.629-RS, DJe 9/9/2008, e EDcl no REsp 408.478-RS, DJ 5/2/2007. **AR 3.877-SP, Rel. Min. Marco Aurélio Bellizze, julgada em 28/11/2012" (Informativo 510).**

Será possível que o segurado especial contrate temporariamente terceiros para auxiliarem no trabalho, desde que não ultrapasse 120 pessoas/dia ano civil, de maneira contínua ou intercalada, ou por tempo equivalente em horas de trabalho.

Assim, é possível que um segurado especial contrate uma pessoa/ano por até 120 dias, duas pessoas/ano por até 60 dias, três por até 40 dias, e assim sucessivamente. Por outro lado, por força da Lei 12.873/2013, não será computado nesse prazo o eventual período de afastamento em decorrência da percepção de auxílio-doença.

> Desde o advento da Medida Provisória 619/2013, convertida na Lei 12.872/2013, por força do artigo 12, §14, da Lei 8.212/91, a participação do segurado especial em sociedade empresária, em sociedade simples, como empresário individual ou como titular de empresa individual de responsabilidade limitada de objeto ou âmbito agrícola, agroindustrial ou agroturístico, considerada microempresa nos termos da Lei Complementar no 123, de 14 de dezembro de 2006, não o exclui de tal categoria previdenciária, desde que, mantido o exercício da sua atividade rural em regime de subsistência, a pessoa jurídica componha-se apenas de segurados de igual natureza e sedie-se no mesmo Município ou em Município limítrofe àquele em que eles desenvolvam suas atividades.

Neste caso, embora conserve a qualidade de segurado especial por ficção jurídica durante o período em que desenvolver a citada atividade empresarial, as contribuições previdenciárias deverão ser recolhidas como se não se tratasse de segurado especial, na forma do §13 do artigo 12 da Lei 8.212/91.

Ademais, o artigo 12, §9º, da Lei 8.212/91, contempla uma série de hipóteses que não descaracterização a condição de segurado especial, a saber:

- **I.** **a outorga**, por meio de contrato escrito de parceria, meação ou comodato, **de até 50% (cinqüenta por cento) de imóvel rural** cuja área total não seja superior a 04 (quatro) módulos fiscais, desde que outorgante e outorgado continuem a exercer a respectiva atividade, individualmente ou em regime de economia familiar;
- **II.** a exploração da **atividade turística** da propriedade rural, inclusive com hospedagem, **por não mais de 120 (cento e vinte) dias ao ano;**
- **III.** a participação em **plano de previdência complementar instituído por entidade classista a que seja associado**, em razão da condição de trabalhador rural ou de produtor rural em regime de economia familiar;
- **IV.** ser beneficiário ou fazer parte de grupo familiar que tem algum componente que seja **beneficiário de programa assistencial oficial de governo;**
- **V.** a utilização pelo próprio grupo familiar, na exploração da atividade, **de processo de beneficiamento ou industrialização artesanal,** na forma do § 11 do art. 25 desta Lei;
- **VI.** a associação em cooperativa agropecuária ou de crédito rural (*parte final inserida pela Lei 13.183/2015*);
- **VII.** a incidência do Imposto Sobre Produtos Industrializados – IPI sobre o produto das atividades desenvolvidas nos termos do § 14;
- **VIII.** a participação em programas e ações de pagamento por serviços ambientais.

Assim, poderá o segurado especial outorgar até a metade do seu prédio rústico de até 04 módulos fiscais sem perder a sua condição, desde que ele persista em sua atividade campesina para a subsistência, devendo também o outorgado exercer a mesma atividade rurícola.

É possível se interpretar a *contrario sensu* o dispositivo, concluindo-se que se a outorga ultrapassar a metade do imóvel rural ou o outorgado não se enquadrar como segurado especial, o outorgante perderá a sua filiação como segurado especial.

Ademais, passou a ser possível que o segurado especial desenvolva paralelamente atividade turística em sua propriedade, inclusive com hospedagem, desde que não ultrapasse a 120 dias por ano, pois um período maior passa a caracterizar o turismo como atividade principal do rurícola, fazendo com que cesse a sua filiação como segurado especial.

Por sua vez, foi legalmente autorizado que o segurado especial seja participante de plano previdenciário privado de sua categoria, a exemplo do instituído por sindicato rural, ou se associe em uma cooperativa agropecuária ou de crédito rural, bem como receba benefícios assistenciais (a exemplo do Programa Bolsa Família), tudo isso sem perder o seu enquadramento.

Também é possível que o segurado especial mantenha em sua terra processo de beneficiamento ou industrialização artesanal (não sujeito ao IPI), a exemplo de casa de farinha, sem perder a sua filiação.

Por força da Lei 14.119/2020, que aprovou a Política Nacional de Pagamento do Serviços Ambientais, **não descaracteriza** a condição de segurado especial **a participação em programas e ações de pagamento por serviços ambientais**.

Os ***serviços ambientais*** foram definidos como as atividades individuais ou coletivas que favorecem a manutenção, a recuperação ou a melhoria dos serviços ecossistêmicos.

O **pagamento por serviços ambientais** é definido como a transação de natureza voluntária, mediante a qual um pagador de serviços ambientais transfere a um provedor desses serviços recursos financeiros ou outra forma de remuneração, nas condições acertadas, respeitadas as disposições legais e regulamentares pertinentes.

Com o advento da MP 619/2013, convertida na Lei 12.873/2013, no caso de o segurado especial participar em sociedade empresária, em sociedade simples, como empresário individual ou como titular de empresa individual de responsabilidade limitada de objeto ou âmbito agrícola, agroindustrial ou agroturístico, desde que, mantido o exercício da sua atividade rural em regime de subsistência, a pessoa jurídica componha-se apenas de segurados de igual natureza e sedie-se no mesmo Município ou em Município limítrofe àquele em que eles desenvolvam suas atividades, poderá haver incidência de IPI sobre o produto das atividades sem a perda da qualidade de segurado especial.

De seu turno, em regra, é defeso o enquadramento como segurado especial de membro do grupo familiar que possua outra fonte de rendimento, exceto as decorrentes:

I. benefício de **pensão por morte, auxílio-acidente ou auxílio-reclusão**, cujo valor **não supere o do menor benefício de prestação continuada da Previdência Social (01 salário mínimo);**

II. benefício previdenciário pela participação em plano de previdência complementar instituído por entidade classista a que seja associado, em razão da condição de trabalhador rural ou de produtor rural em regime de economia familiar;

III. exercício de atividade remunerada em período, não superior a 120 (cento e vinte) dias, corridos ou intercalados, no ano civil;

IV. exercício de **mandato eletivo de dirigente sindical de organização da categoria de trabalhadores rurais**;

V. exercício de **mandato de vereador** do município onde desenvolve a atividade rural, ou de dirigente de cooperativa rural constituída exclusivamente por segurados especiais, observado o disposto no § 13 deste artigo;

VI. parceria ou meação outorgada na forma e condições estabelecidas anteriormente;

VII. atividade artesanal desenvolvida com matéria-prima produzida pelo respectivo grupo familiar, podendo ser utilizada matéria-prima de outra origem, desde que a renda mensal obtida na atividade não exceda ao menor benefício de prestação continuada da Previdência Social; e

VIII. atividade artística, desde que em valor mensal inferior ao menor benefício de prestação continuada da Previdência Social (01 salário mínimo).

A regra geral diz que o segurado especial não poderá ter outra fonte de rendimento a não ser a atividade campesina ou pesqueira para a subsistência, salvo nos casos previstos na norma previdenciária.

Assim sendo, não será considerado segurado especial aquele que receber qualquer benefício previdenciário, exceto pensão por morte, auxílio-acidente ou auxílio-reclusão, desde que não ultrapassem a um salário mínimo mensal.

Por óbvio, o segurado especial que estiver recebendo aposentadoria por invalidez, auxílio-doença ou auxílio-acidente também não perderá a sua condição durante o pagamento das referidas prestações previdenciárias, que foram concedidas justamente pela incapacidade laboral ou sequela acidentária do segurado especial.

Da mesma forma, poderá o segurado especial, mantendo a sua condição, ser titular de benefício oriundo de previdência privada de sua categoria, sem que esta renda exclua a sua condição.

Também passou a ser possível que o segurado especial desenvolva atividade urbana por até 120 dias por ano sem perder o seu enquadramento.

Exigia-se que essa atividade urbana se desse no período de entressafra ou defeso, mas esta exigência foi suprimida pela MP 619/2013, convertida na Lei 12.873/2013, não sendo mais necessário investigar o motivo do desenvolvimento da atividade urbana por até 120 dias durante o ano.

Neste caso, embora conserve a qualidade de segurado especial por ficção jurídica durante o período em que desenvolver a atividade urbana, as contribuições previdenciárias deverão ser recolhidas como se não se tratasse de segurado especial, o mesmo ocorrendo durante o período em que exercício exercer mandato de vereador do município onde desenvolve a atividade rural, ou de dirigente de cooperativa rural constituída exclusivamente por segurados especiais, na forma do §13 do artigo 12 da Lei de Custeio.

Se a atividade urbana do segurado especial ultrapassar a 120 dias no ano, este perderá a sua filiação originária, devendo se enquadrar na categoria pertinente de segurado obrigatório.

Outra inovação da reforma perpetrada pela Lei 11.718/08 foi permitir expressamente que o segurado especial titularize o mandato de vereador ou de dirigente de cooperativa rural sem perder o seu enquadramento, caracterizando uma ficção legal.

A atividade artesanal do segurado especial também foi autorizada, desde que não se configure como labor principal, pois o segurado especial não poderá auferir mais de um salário mínimo por mês, sob pena de perder a sua filiação.

Da mesma forma, a atividade artística poderá ser exercida pelo segurado especial, mas este terá que receber menos de um salário mínimo mensal, senão deixará de ser filiado na condição especial

Por fim, vale ressaltar que nada obsta que o índio se enquadre como segurado especial, desde que preencha os pressupostos legais, a teor do artigo 14, do Estatuto do Índio, sendo, inclusive, admitido administrativamente pelo INSS.

2.5. SEGURADO CONTRIBUINTE INDIVIDUAL

As hipóteses de enquadramento da pessoa física como segurado contribuinte individual do RGPS estão previstas no artigo 12, inciso V, da Lei 8.212/91, sendo uma classe de segurados composta por trabalhadores não enquadrados nas anteriores, **tendo nítido caráter residual em muitos casos**.

Ou seja, se estivermos analisando o enquadramento de um trabalhador filiado ao RGPS e que não se enquadre nas categorias anteriores, certamente ele será considerado contribuinte individual, ante a generalidade que marca as alíneas "g" e "h" a serem estudadas.

Este rol de segurados é fruto da Lei 9.876/99, que unificou as categorias de empresário, trabalhador autônomo e equiparado, transformando-os em contribuintes individuais, conforme se segue:

A) a pessoa física, proprietária ou não, que explora atividade agropecuária, a qualquer título, em caráter permanente ou temporário, em área superior a 4 (quatro) módulos fiscais; ou, quando em área igual ou inferior a 4 (quatro) módulos fiscais ou atividade pesqueira, com auxílio de empregados ou por intermédio de prepostos; ou ainda nas hipóteses dos §§ 10 e 11 deste artigo;

Trata-se de **previsão residual ao segurado especial**, pois o produtor rural se filiará como contribuinte individual quando a área de exploração da atividade agropecuária for superior a 04 módulos fiscais, ou, quando inferior, houver a contratação de empregados por mais de 120 pessoas/dia por ano, conforme nova redação dada pela Lei 11.718/2008.

No caso do pescador, ele será enquadrado como contribuinte individual quando a contração de empregados se der por mais de 120 pessoas/dia por ano, bem como quando a arqueação bruta do barco extrapolar 20 toneladas.

A pessoa natural ainda será considerada como contribuinte individual, e não como segurado especial, nas hipóteses do §10 (ter outras fontes de rendimento, salvo as permitidas) e §11 (se enquadrar em outra categoria ou se filiar a outro regime), do artigo 12, da Lei 8.212/91.

B) a pessoa física, proprietária ou não, que explora atividade de extração mineral – garimpo, em caráter permanente ou temporário, diretamente ou por intermédio de prepostos, com ou sem o auxílio de empregados, utilizados a qualquer título, ainda que de forma não contínua;

O garimpeiro não é mais segurado especial desde o advento da Lei 8.398/92, sendo considerado contribuinte individual mesmo que não contrate empregados.

Com efeito, de acordo com o artigo 70 do Código de Mineração, a *garimpagem* é o trabalho individual de quem utilize instrumentos rudimentares, aparelhos manuais ou máquinas simples e portáveis, na extração de pedras preciosas, semipreciosas e minerais metálicos ou não metálicos, valiosos, em depósitos de eluvião ou aluvião, nos álveos de cursos d'água ou nas margens reservadas, bem como nos depósitos secundários ou chapadas (grupiaras), vertentes e altos de morros; depósitos esses genericamente denominados garimpos.

Por outro lado, se houver relação de emprego, o garimpeiro será considerado segurado empregado, pois a filiação do contribuinte individual é subsidiária com relação aos demais segurados.

É preciso a permissão de lavra garimpeira para o desenvolvimento lícito da atividade, conforme disposição constitucional regulamentada pela Lei 7.805/89, sob pena de a atividade ser considerada clandestina, o que, em tese, não impede a filiação, pois a contribuição previdenciária é um tributo e, portanto, não tem cheiro (*pecunia non olet*).

C) o ministro de confissão religiosa e o membro de instituto de vida consagrada, de congregação ou de ordem religiosa;

São os padres, pastores e assemelhados. Inclusive, os valores por eles recebidos são excluídos do conceito de remuneração, na forma do artigo 22, §13, da Lei 8.212/91, desde que fornecidos em condições que independam da natureza e da quantidade do trabalho executado.

Eles são enquadrados como contribuintes individuais por força da Lei 9.876/99, sendo anteriormente considerados como equiparados a trabalhadores autônomos, a teor da Lei 6.696/79. Antes, na vigência da Lei 5.890/73, eram considerados segurados facultativos, já sendo assim considerados desde o Decreto-lei 66, de 21.11.1966.

Os *ministros de confissão religiosa* **são aqueles que consagram sua vida a serviço de Deus e do próximo, com ou sem ordenação, dedicando-se ao anúncio de suas respectivas doutrinas e crenças, à celebração dos cultos próprios, à organização das comunidades e à promoção de observância das normas estabelecidas, desde que devidamente aprovados para o exercício de suas funções pela autoridade religiosa competente.**

Por sua vez, os *membros do instituto de vida religiosa* **são os que emitem voto determinado ou**

seu equivalente, devidamente aprovado pela autoridade religiosa competente. Já os *membros de ordem ou congregação religiosa* **são aqueles que emitem ou nelas professam os votos adotados.**

Inclusive, o tempo prestado como aspirante à vida religiosa (noviço, juvenista etc) é considerado pela jurisprudência para fins previdenciários.

D) o brasileiro civil que trabalha no exterior para organismo oficial internacional do qual o Brasil é membro efetivo, ainda que lá domiciliado e contratado, salvo quando coberto por regime próprio de previdência social;

O brasileiro civil que trabalha no exterior que trabalha diretamente em organismo oficial internacional do qual o Brasil é membro efetivo se filiará ao RGPS como contribuinte individual, em regra, salvo se coberto por RPPS.

> Se for contratado pela União para trabalhar no organismo oficial internacional, será considerado como empregado (artigo 12, I, 'e', da Lei 8.212/91), conforme visto anteriormente.

A justificativa deste dispositivo é que se a lei brasileira o colocasse como empregado, não teria força para exigir as contribuições do empregador estrangeiro, pois competirá ao próprio contribuinte individual a responsabilidade tributária de verter as suas contribuições previdenciárias ao sistema.

E) o titular de firma individual urbana ou rural, o diretor não empregado e o membro de conselho de administração de sociedade anônima, o sócio solidário, o sócio de indústria, o sócio gerente e o sócio cotista que recebam remuneração decorrente de seu trabalho em empresa urbana ou rural, e o associado eleito para cargo de direção em cooperativa, associação ou entidade de qualquer natureza ou finalidade, bem como o síndico ou administrador eleito para exercer atividade de direção condominial, desde que recebam remuneração;

Eram os **antigos segurados empresários**. Para este enquadramento, será preciso que o sócio exerça função de direção e receba remuneração por sua atividade, ressaltando que os **sócios não gestores que recebem participação no lucro não integram este rol**, pois não se trata de remuneração.

No caso do sócio-gerente de sociedade limitada, de firma individual, de diretor não empregado de sociedade por ações, de sócio solidário e de sócio de indústria já se presumem como contribuintes individuais, pois são responsáveis pela administração, não sendo curial se demonstrar a remuneração.

Frise-se que o diretor empregado da pessoa jurídica será segurado empregado, e não contribuinte individual.

O síndico ou gestor de condomínios edilícios estão incluídos neste rol, mesmo os que recebam remuneração indireta, ao não pagar as despesas condominiais.

F) quem presta serviço de natureza urbana ou rural, em caráter eventual, a uma ou mais empresas, sem relação de emprego;

Trata-se do trabalhador que presta serviços à pessoa jurídica sem relação de emprego, ou seja, sem pessoalidade, subordinação ou habitualidade, sendo muito comum que as empresas contratem as pessoas naturais como meros prestadores de serviços com a finalidade de sonegar tributos e direitos trabalhistas, havendo uma relação de emprego disfarçada.

Logo, para a previdência social, assim como na seara trabalhista, pouco importa o *nomen iuris* que intitula o contrato, devendo prevalecer a realidade fática.

Ademais, caso se trate de prestação de serviços portuários ou não portuários com a intermediação de órgão gestor de mão de obra ou sindicato, não haverá o enquadramento como contribuinte individual, e sim como trabalhador avulso, conforme visto anteriormente.

G) a pessoa física que exerce, por conta própria, atividade econômica de natureza urbana, com fins lucrativos ou não.

São os antigos trabalhadores autônomos, listados exemplificativamente no artigo 9º, §15, do RPS, que auferem remuneração ao trabalhar por conta própria, mesmo sem finalidade lucrativa, **sendo a hipótese de enquadramento mais aberta de todos os trabalhadores do RGPS**.

Além destas hipóteses genéricas de segurados contribuintes individuais, outras são contempladas especificamente no artigo 9º, inciso V e §15, ambos do RPS, a exemplo:

- do aposentado de qualquer regime previdenciário nomeado magistrado classista temporário da Justiça do Trabalho, na forma dos incisos II do §1º do art. 111 ou III do art. 115 ou do parágrafo único do art. 116 da Constituição Federal, ou nomeado magistrado da Justiça Eleitoral, na forma dos incisos II do art. 119 ou III do §1º do art. 120 da Constituição Federal;
- do cooperado de cooperativa de produção que, nesta condição, presta serviço à sociedade cooperativa mediante remuneração ajustada ao trabalho executado;
- do **Micro Empreendedor Individual – MEI** de que tratam os arts. 18-A e 18-C da Lei Complementar nº 123, de 14 de dezembro de 2006, que opte pelo recolhimento dos impostos e contribuições abrangidos pelo Simples Nacional em valores fixos mensais;

De acordo com o Decreto 9.792/2019, a inscrição como segurado contribuinte individual será feita diretamente pelo motorista de transporte remunerado privado individual de passageiros, preferencialmente pelos canais eletrônicos de atendimento do Instituto Nacional do Seguro Social – INSS, podendo o motorista optar pela inscrição como microempreendedor individual, desde que atenda aos requisitos de que trata o art. 18-A da Lei Complementar nº 123, de 14 de dezembro de 2006 (**motorista de UBER pode ser MEI**).

- do notário ou tabelião e o oficial de registros ou registrador, titular de cartório, que detêm a delegação do exercício da atividade notarial e de registro, não remunerados pelos cofres públicos, admitidos a partir de 21 de novembro de 1994;
- do **médico residente** de que trata a Lei nº 6.932, de 7 de julho de 1981.

Nos termos do artigo 18-A, da Lei Complementar 123/2006, alterado pela LC 155/2016, será contribuinte individual o **Microempreendedor Individual – MEI**, assim considerado o empresário individual a que se refere o artigo 966 do Código Civil, ou o empreendedor que exerça as atividades de industrialização, comercialização e prestação de serviços no âmbito rural, que tenha auferido receita bruta, no ano-calendário anterior, de até **R$ 81.000,00**, que seja optante pelo Simples Nacional e que não esteja impedido de optar pelo Simples Nacional.

Da mesma forma, nos termos do artigo 20, da Lei 12.871/2013, que instituiu o "Programa Mais Médicos", em regra, o médico participante enquadra-se como segurado obrigatório do Regime Geral de Previdência Social, na condição de contribuinte individual.

No entanto, são ressalvados da obrigatoriedade de filiação como contribuinte individual os médicos intercambistas:

> I – selecionados por meio de instrumentos de cooperação com organismos internacionais que prevejam cobertura securitária específica; ou
>
> II – filiados a regime de seguridade social em seu país de origem, o qual mantenha acordo internacional de seguridade social com a República Federativa do Brasil.

Logo, nestes dois casos excepcionais, ter-se-á mais uma exceção ao Princípio da Territorialidade de Filiação, pois os citados médicos intercambistas não serão segurados obrigatórios da Previdência Social, nem como contribuintes individuais, nem em outra categoria.

Considera-se médico intercambista aquele formado em instituição de educação superior estrangeira com habilitação para exercício da Medicina no exterior.

- do **bolsista da Fundação Nacional do Exército** contratado na forma da Lei 6.855/80;
- do árbitro e seus auxiliares que atuam em conformidade com a Lei nº 9.615, de 24 de março de 1998;
- do **membro de conselho tutelar** de que trata o art. 132 da Lei nº 8.069, de 13 de julho de 1990, quando remunerado.

3. SEGURADOS FACULTATIVOS

Objetivando conferir a maior cobertura possível, especificamente em favor das pessoas que não estão exercendo atividade laborativa remunerada, o artigo 14, da Lei 8.212/91, faculta aos maiores de 14 anos de idade a filiação ao RGPS na condição de segurados facultativos. No mesmo sentido o artigo 13, da Lei 8.213/91, que possui a mesma redação.

Entretanto, de acordo com o artigo 11, do RPS, a idade mínima para a filiação do segurado facultativo é de **16 anos de idade**, sendo este o posicionamento administrativo do INSS e **dominante da doutrina previdenciária**.

Eis um rol exemplificativo atualizado pelo Decreto 10.410/2020:

> I – aquele que se dedique exclusivamente ao trabalho doméstico no âmbito de sua residência;
>
> **II – o síndico de condomínio, quando não remunerado;**
>
> **III – o estudante;**
>
> IV – o brasileiro que acompanha cônjuge que presta serviço no exterior;
>
> V – aquele que deixou de ser segurado obrigatório da previdência social;
>
> VI – o membro de conselho tutelar de que trata o art. 132 da Lei nº 8.069, de 13 de julho de 1990, quando não esteja vinculado a qualquer regime de previdência social;
>
> VII – o estagiário que preste serviços a empresa nos termos do disposto na Lei nº 11.788, de 2008;
>
> VIII – o bolsista que se dedique em tempo integral a pesquisa, curso de especialização, pós-graduação, mestrado ou doutorado, no Brasil ou no exterior, desde que não esteja vinculado a qualquer regime de previdência social;
>
> IX – o presidiário que não exerce atividade remunerada nem esteja vinculado a qualquer regime de previdência social;
>
> X – o brasileiro residente ou domiciliado no exterior;

> **XI – o segurado recolhido à prisão sob regime fechado ou semiaberto, que, nesta condição, preste serviço, dentro ou fora da unidade penal, a uma ou mais empresas, com ou sem intermediação da organização carcerária ou entidade afim, ou que exerce atividade artesanal por conta própria (inserido pelo Decreto 7.054/2009);**
>
> XII – o atleta beneficiário da Bolsa-Atleta não filiado a regime próprio de previdência social ou não enquadrado em uma das hipóteses previstas no art. 9º.

A alteração do inciso X pelo Decreto 10.410/2020 permitiu que todos os brasileiros que residam no exterior possam recolher como segurados facultativos, mesmo os que morem em países que possuam acordo de previdência com o Brasil.

O Decreto 10.410/2020 ainda previu que o segurado poderá contribuir facultativamente durante os **períodos de afastamento ou de inatividade**, desde que não receba remuneração nesses períodos e não exerça outra atividade que o vincule ao RGPS ou a regime próprio de previdência social.

Dessa forma, por exemplo, um segurado em gozo de auxílio por incapacidade temporária poderá recolher contribuição facultativa ao RGPS se não estiver recebendo remuneração por atividade laborativa.

> Destaque-se que o servidor público participante de RPPS não poderá se filiar como segurado facultativo do RGPS, ante a vedação contida no §5º, do artigo 201, da CRFB, inserida pela Emenda 20/98, pois já existe uma proteção previdenciária.

Por exceção do Regulamento, se o servidor efetivo estiver afastado sem vencimentos do cargo e a lei do RPPS não permitida, nessa condição, a contribuição ao respectivo regime próprio, neste único caso poderá recolher como segurado facultativo do RGPS.

Por fim, com o advento do discutível Decreto 7.054/2009, o segurado preso passou a ser segurado facultativo em qualquer hipótese, independentemente de exercer ou não atividade laboral remunerada.

4. FILIAÇÃO AO REGIME GERAL DE PREVIDÊNCIA SOCIAL

A *filiação* é a relação jurídica que liga uma pessoa natural à União, através da Previdência Social, bem como ao Instituto Nacional do Seguro Social, que tem o condão de incluí-la no Regime Geral de Previdência Social na condição de segurada, tendo a eficácia de gerar obrigações (a exemplo do pagamento das contribuições previdenciárias) e direitos (como a percepção dos benefícios e serviços).

O artigo 20, do RPS, a define sinteticamente como o vínculo que se estabelece entre pessoas que contribuem para a previdência social e esta, do qual decorrem direitos e obrigações. Normalmente, a nacionalidade do trabalhador não tem relevância para fins de filiação, salvo as expressas exceções legais.

Trata-se de instituto de enorme importância no RGPS, pois é com a filiação que uma pessoa natural passará à condição de segurado e terá proteção previdenciária para si e seus dependentes.

O reconhecimento de filiação é o direito do segurado de ter reconhecido, em qualquer época, o tempo de exercício de atividade anteriormente abrangida pela Previdência Social, na forma do artigo 121, do Regulamento da Previdência Social.

> Em regra, para os *segurados obrigatórios*, **a filiação será automática e decorrerá do exercício de atividade laborativa remunerada, na forma do artigo 20, do Regulamento da Previdência Social**, realizando-se com o início do exercício do labor.

Entretanto, por exceção, para os *contribuintes individuais que trabalhem por conta própria*, não bastará o simples exercício de atividade laborativa remunerada para que ocorra a filiação, que é condicionada ao efetivo recolhimento das contribuições previdenciárias, pois inexiste empresa ou empregador para ser o responsável pela arrecadação, competindo aos próprios contribuintes individuais fazê-lo.

É que no caso do segurado empregado, do empregado doméstico, do trabalhador avulso e do contribuinte individual que presta serviço à pessoa jurídica a responsabilidade tributária pelo recolhimento das suas contribuições previdenciárias não é dos referidos segurados, e sim da empresa, do empregador ou equiparado na forma da lei, razão pela qual a sua filiação será automática e ocorrerá imediatamente com o exercício de atividade laboral remunerada.

> Por sua vez, a **idade mínima para a filiação dos segurados obrigatórios será de 16 anos de idade**, salvo atividades insalubres, perigosas ou noturnas, **ou excepcionalmente de 14 anos de idade, na condição de aprendiz**, a teor do artigo 7º, XXXIII, da Constituição Federal, com redação dada pela EC 20/1998, lembrando que a idade mínima para o empregado doméstico trabalhar é de 18 anos de idade.

A idade mínima para o exercício do trabalho e, consequentemente, para a filiação ao RGPS, visa proteger a criança e o adolescente. Assim, caso o empregador viole essa idade mínima, o trabalhador não poderá ser novamente prejudicado, devendo esse período ser computado para fins previdenciários.

> Por sua vez, para o **segurado facultativo, a filiação apenas ocorrerá com a inscrição formalizada** (mero cadastro de dados na Previdência Social) **e o efetivo pagamento da primeira contribuição previdenciária**, nos moldes do artigo 20, do RPS, decorrendo necessariamente da sua manifestação de vontade, pois não é compulsória.

A filiação na qualidade de segurado facultativo representa ato volitivo, gerando efeito somente a partir da inscrição e do primeiro recolhimento, não podendo retroagir e não permitindo o pagamento de contribuições relativas a competências anteriores à data da inscrição.

Ademais, após a inscrição, o segurado facultativo somente poderá recolher contribuições em atraso quando não tiver ocorrido perda da qualidade de segurado.

De acordo com o artigo 14, da Lei 8.212/91, a idade mínima para a filiação como segurado facultativo será de 14 anos de idade.

Contudo, o artigo 11 do RPS prevê a idade mínima de 16 anos de idade para a filiação como segurado facultativo, disposição regulamentar aparentemente desprovida de fundamento legal, vez que a Constituição Federal veda o trabalho do menor de 16 anos, em regra, dispositivo que não alcança o segurado facultativo, pois este não trabalha.

> Vale ressaltar que a doutrina majoritária e o próprio INSS entendem que a idade mínima para a filiação do segurado facultativo é de 16 anos de idade. Mas se tem observado que se a questão de prova exigir literalmente o texto da Lei 8.213 (artigo 13) ou da Lei 8.212 (artigo 14) as bancas consideram correta a alternativa que traz 14 anos de idade.

O servidor público de qualquer RPPS não poderá se vincular como facultativo, consoante determinação do artigo 201, §5º, da Constituição Federal, salvo se afastado sem vencimentos e desde que não permitida, nessa condição, contribuição ao respectivo regime próprio, a teor do artigo 11, §2º, do RPS.

Por fim, de acordo com a atual legislação previdenciária, inexiste idade máxima para a filiação ao RGPS.

5. INSCRIÇÃO NO REGIME GERAL DE PREVIDÊNCIA SOCIAL

A inscrição é apenas o cadastro do segurado ou do seu dependente no banco de dados da previdência social, não sendo um instituto tão importante quanto à filiação.

Considera-se **inscrição do segurado** para os efeitos da previdência social o *ato pelo qual o segurado é cadastrado no Regime Geral de Previdência Social, mediante comprovação dos dados pessoais e de outros elementos necessários e úteis a sua caracterização*, na forma do artigo 18, do RPS.

Atualmente a inscrição é feita no Cadastro Nacional de Informações Sociais – CNIS, um sistema responsável pelo controle das informações de todos os segurados e contribuintes da Previdência Social, criado em 1989.

A inscrição dos segurados é regulada pelo artigo 18 do Decreto 3048/99, atualizado pelo Decreto 10.410/2020:

> "Art. 18. Considera-se inscrição de segurado para os efeitos da previdência social o ato pelo qual o segurado é cadastrado no RGPS, por meio da comprovação dos dados pessoais, da seguinte forma: (Redação dada pelo Decreto nº 10.410, de 2020).
>
> I – empregado – pelo empregador, por meio da formalização do contrato de trabalho e, a partir da obrigatoriedade do uso do Sistema de Escrituração Digital das Obrigações Fiscais, Previdenciárias e Trabalhistas – eSocial, instituído pelo Decreto nº 8.373, de 11 de dezembro de 2014, ou do sistema que venha a substituí-lo, por meio do registro contratual eletrônico realizado nesse Sistema; (Redação dada pelo Decreto nº 10.410, de 2020).
>
> II – trabalhador avulso – pelo cadastramento e pelo registro no órgão gestor de mão de obra, no caso de trabalhador portuário, ou no sindicato, no caso de trabalhador não portuário, e a partir da obrigatoriedade do uso do eSocial, ou do sistema que venha a substituí-lo, por meio do cadastramento e do registro eletrônico realizado nesse Sistema; (Redação dada pelo Decreto nº 10.410, de 2020).
>
> III – empregado doméstico – pelo empregador, por meio do registro contratual eletrônico realizado no eSocial; (Redação dada pelo Decreto nº 10.410, de 2020).
>
> IV – contribuinte individual: (Redação dada pelo Decreto nº 10.410, de 2020).
>
> a) por ato próprio, por meio do cadastramento de informações para identificação e reconhecimento da atividade, hipótese em que o Instituto Nacional do Seguro Social – INSS poderá solicitar a apresentação de documento que comprove o exercício da atividade declarada; (Incluído pelo Decreto nº 10.410, de 2020)
>
> b) pela cooperativa de trabalho ou pela pessoa jurídica a quem preste serviço, no caso de cooperados ou contratados, respectivamente, se ainda não inscritos no RGPS; e (Incluído pelo Decreto nº 10.410, de 2020)

c) pelo MEI, por meio do sítio eletrônico do Portal do Empreendedor; (Incluído pelo Decreto nº 10.410, de 2020)

V - segurado especial - preferencialmente, pelo titular do grupo familiar que se enquadre em uma das condições previstas no inciso VII do **caput** do art. 9º, hipótese em que o INSS poderá solicitar a apresentação de documento que comprove o exercício da atividade declarada, observado o disposto no art. 19-D; e (Redação dada pelo Decreto nº 10.410, de 2020).

VI - segurado facultativo - por ato próprio, por meio do cadastramento de informações pessoais que permitam a sua identificação, desde que não exerça atividade que o enquadre na categoria de segurado obrigatório. (Redação dada pelo Decreto nº 10.410, de 2020)".

> Em regra, a inscrição ocorrerá após a filiação, exceto para o segurado facultativo, cuja filiação pressupõe a inscrição e o pagamento da primeira contribuição previdenciária.

Logo, para o **segurado obrigatório**, primeiro ocorrerá à filiação com o exercício da atividade laborativa remunerada para, em um segundo momento, ocorrer a sua inscrição. Já para o **segurado facultativo**, primeiro ocorrerá a sua inscrição para, depois, se efetivar a sua filiação com o recolhimento da contribuição previdenciária.

De efeito, no caso dos segurados obrigatórios, não há previsão na legislação previdenciária para que a inscrição ocorra concomitantemente à filiação, nos moldes do artigo 18, do RPS, pois a inscrição pressupõe a comprovação do exercício de trabalho remunerado.

Deveras, para a formalização da inscrição, é preciso que seja apresentado documento que comprove o exercício de trabalho remunerado, ocorrendo inicialmente a filiação e posteriormente a inscrição do segurado obrigatório.

Apenas no caso do segurado facultativo há inicialmente a inscrição, para, em seguida, ocorrer à sua filiação com o recolhimento da contribuição previdenciária.

O artigo 18, § 2º, do RPS, restringe indevidamente a inscrição dos menores de 16 anos, apesar de o aprendiz poder ter 14 anos de idade, conforme previsão constitucional, sendo considerado segurado empregado.

No caso do empregado, trabalhador avulso e contribuinte individual que trabalha para a pessoa jurídica, caberá à empresa promover a inscrição do segurado a seu serviço. Já no caso do contribuinte individual que trabalha por conta própria e o segurado facultativo, o próprio segurado deverá requerer a sua inscrição do INSS.

Por sua vez, caberá ao empregador doméstico promover a inscrição do empregado doméstico a seu serviço no e-social, nos termos do artigo 32 da Lei Complementar 150/2015.

Para o facultativo, a inscrição representa ato de vontade e é formalizada após o primeiro recolhimento no código específico, da seguinte forma:

> I – quando não possui cadastro no CNIS, mediante apresentação de documentos pessoais e de outros elementos necessários e úteis a sua caracterização, bem como a inclusão da ocupação;
>
> II – quando possui cadastro no CNIS, se não houver contribuição, poderá ser efetuada a inclusão da ocupação e havendo contribuições já recolhidas, deverá ser observado o primeiro pagamento em dia, não podendo retroagir e não permitindo o pagamento de contribuições relativas às competências anteriores ao início da opção de filiação de facultativo.

No caso do *segurado especial*, a sua inscrição será feita de forma a vinculá-lo ao seu respectivo grupo familiar e conterá, além das informações pessoais, a identificação da propriedade em que desenvolve a atividade e a que título, se nela reside ou o município onde reside e, quando for o caso, a identificação e inscrição da pessoa responsável pela unidade familiar.

Vale frisar que **não serão consideradas a inscrição *post mortem* e as contribuições vertidas após a extemporânea inscrição para efeito de manutenção da qualidade de segurado.**

Esta vedação se destina ao segurado contribuinte individual que trabalha por conta própria, pois a sua filiação é condicionada ao pagamento tempestivo da contribuição previdenciária.

Logo, se um contribuinte individual que trabalha por conta própria não recolhe as contribuições previdenciárias, não se filiará ao RGPS. Ao falecer, como não era segurado, os seus dependentes não terão direito à pensão por morte, pois não será possível o recolhimento das contribuições em atraso e a inscrição após a morte do segurado.

> Entretanto, será permitida a inscrição post mortem do segurado especial, desde que presentes os pressupostos da filiação, na forma do quanto expresso no artigo 18, §5º, do RPS, vez que a filiação dos segurados especiais ocorrerá com o exercício de atividade campesina ou pesqueira artesanal individualmente ou em regime de economia familiar para fins de subsistência, pois normalmente não há atividade laborativa com percepção de remuneração.

Para fins de **pensão por morte**, na hipótese de falecimento do segurado, os ajustes citados poderão ser solicitados por seus dependentes para fins de reconhecimento de direito para benefício a eles devidos até o dia quinze do mês de janeiro subsequente ao do ano civil correspondente.

Dessa forma, o Decreto 10.410/2020 permitiu a **complementação de contribuição após a morte**, desde que seja feita pelo dependente até o dia 15 de janeiro do ano seguinte.

Veja-se, nesse sentido, o §7º do artigo 19-E do Regulamento:

> "§ 7º Na hipótese de **falecimento do segurado**, os ajustes previstos no § 1º poderão ser solicitados por seus dependentes para fins de reconhecimento de direito para benefício a eles devidos **até o dia quinze do mês de janeiro subsequente ao do ano civil correspondente**, observado o disposto no § 4º. (Incluído pelo Decreto nº 10.410, de 2020)"

Note-se que a permissão regulamentar é apenas para o complemento de contribuição abaixo do mínimo legal, e não para filiação após a morte.

É muito comum a existência de segurados especiais na zona rural sem a inscrição no INSS, o que não irá gerar nenhum prejuízo, pois já se filiaram com a sua atividade laboral, apenas tomando a Previdência Social ciência da sua existência no momento da entrada do requerimento administrativo de aposentadoria, auxílio-doença ou pensão por morte normalmente.

Logo, se os dependentes comprovarem que o falecido era filiado ao RGPS como segurado especial, o INSS deverá promover a sua inscrição após a morte e pagar a pensão aos seus dependentes.

No caso do **dependente**, apenas ocorrerá a sua **inscrição quando houver requerimento administrativo de benefício previdenciário**, a teor do artigo 17, §1º, da Lei 8.213/91 e do artigo 22, do RPS, mediante a apresentação dos documentos comprobatórios, a exemplo da certidão de casamento para demonstrar o matrimônio, não cabendo mais ao segurado inscrever previamente o dependente desde o advento do Decreto 4.079, de 10.01.2002.

> Mas existe uma **exceção** criada pela **Emenda 103/2019** (art. 23) que passou a admitir a inscrição prévia de dependente. Isso porque, "para o dependente inválido ou com deficiência intelectual, mental ou grave, **a condição de deficiente pode ser reconhecida previamente ao óbito do segurado**, por meio de avaliação biopsicossocial realizada por equipe multiprofissional e interdisciplinar, observada revisão periódica na forma da legislação".

Evidente que tal condição deverá ser reavaliada de modo periódico pela Previdência Social, de modo a mensurar a persistência da invalidez ou deficiência.

CAPÍTULO 5 – SALÁRIO DE CONTRIBUIÇÃO

1. INTRODUÇÃO E DEFINIÇÃO

O salário de contribuição é um instituto exclusivo do Direito Previdenciário, regulado pelo artigo 28, da Lei 8.212/91, sendo utilizado para a fixação do salário de benefício e, por conseguinte, para o cálculo de todos os benefícios do RGPS, exceto o salário-família e o salário-maternidade, conforme será estudado no momento oportuno.

Outrossim, em algumas hipóteses previstas no artigo 73, da Lei 8.213/91, o salário-maternidade será calculado diretamente com base no salário de contribuição.

É um instituto imprescindível tanto para o Plano de Custeio quanto para o Plano de Benefícios do Regime Geral de Previdência Social, sendo estratégico para o bom estudo dominá-lo.

É uma parcela normalmente composta por **verbas remuneratórias do trabalho**, podendo também ser excepcionalmente formada por verbas teoricamente indenizatórias, apenas nos casos expressos previstos pela norma previdenciária, em que o legislador entendeu se tratar de remuneração disfarçada.

Logo, se um trabalhador filiado ao RGPS recebe mensalmente um salário de R$ 2.000,00, este valor será considerado como o salário de contribuição do segurado e será a base de cálculo para a incidência da sua contribuição previdenciária, mediante a aplicação da alíquota legal.

Entretanto, como o segurado facultativo não exerce trabalho remunerado, o seu salário de contribuição será o valor que ele declarar, observados os limites legais.

Deveras, todos os segurados da previdência social contribuirão com fundamento no salário de contribuição, **exceto o segurado especial**, pois neste caso o cálculo do tributo incidirá sobre a receita bruta proveniente da comercialização dos seus produtos, em regra, nos termos do artigo 25, da Lei 8.212/91.

> O salário-maternidade é o único benefício previdenciário considerado como salário de contribuição, pois sobre ele incidirá a contribuição previdenciária, o que não ocorrerá com os demais, previsão legal que não é tecnicamente justificável e decorre da herança trabalhista do benefício.

STF

Em sede de Repercussão Geral, em 4 de agosto de 2020, no RE 576.967, **o STF declarou inconstitucional a incidência de contribuição previdenciária sobre o salário-maternidade**, não tendo havido modulação da eficácia da pronúncia de inconstitucionalidade, sendo possível a apresentação de embargos de declaração pela União.

Restou fixada a seguinte tese: **"É inconstitucional a incidência da contribuição previdenciária a cargo do empregador sobre o salário-maternidade":**

"69. Diante do exposto, considerando os argumentos formal e material, dou provimento ao recurso extraordinário, para declarar, incidentalmente, a **inconstitucionalidade da incidência de contribuição previdenciária sobre o salário maternidade, prevista no art. 28, §2º, da Lei nº 8.212/91, e a parte final do seu §9º, alínea a**, em que se lê " salvo o salário-maternidade", e proponho a fixação da seguinte tese:" É inconstitucional a incidência da contribuição previdenciária a cargo do empregador sobre o salário maternidade".

A tese de aplica tanto à parte da empresa quanto à parte do segurado, conforme se depreende do voto vencedor acima transcrito, em que pese o fechamento tenha sido restritivo. A decisão é inter partes, pois não foi tomada em sede de ação abstrata, não tem efeitos erga omnes.

Outrossim, a contribuição previdenciária devida pelo empregador doméstico também tomará por base o salário de contribuição do empregado.

Dito isto, é possível definir o salário de contribuição como a base de cálculo sobre a qual incidirá a contribuição previdenciária do segurado empregado, empregado doméstico, trabalhador avulso, contribuinte individual e segurado facultativo, assim como da cota patronal do empregador doméstico e do microempreendedor individual, normalmente formado por parcelas remuneratórias do labor, ou, no caso do segurado facultativo, o valor por ele declarado, observados os limites mínimos e máximos legais.

Embora já fosse adotado pela Lei 8.212/91, a **Emenda 103/2019** passou a admitir expressamente a progressividade de alíquotas nas contribuições previdenciárias dos segurados do RGPS, ao modificar a redação do inciso II do artigo que passou a prever a contribuição "do trabalhador e dos demais segurados da previdência social, podendo ser adotadas **alíquotas progressivas** de acordo com o valor do salário de contribuição, não incidindo contribuição sobre aposentadoria e pensão concedidas pelo Regime Geral de Previdência Social".

2. LIMITE MÍNIMO E MÁXIMO

O **limite mínimo** do salário de contribuição corresponde ao *piso salarial, legal ou normativo, da categoria* ***ou, inexistindo este, ao salário mínimo***, tomado no seu valor mensal, diário ou horário, conforme o ajustado e o tempo de trabalho efetivo durante o mês.

Deveras, se determinada categoria de trabalhadores teve a sua remuneração mensal mínima fixada mensalmente em R$ 1.500,00 por acordo coletivo, o menor salário de contribuição corresponderá a esse valor, e não ao salário mínimo vigente.

Outrossim, de acordo com o artigo 1º, da Lei Complementar 103/2000, os estados e o Distrito Federal ficam autorizados a instituir, mediante lei de iniciativa do Poder Executivo, o piso salarial de que trata o inciso V, do artigo 7º, da Constituição Federal, para os empregados que não tenham piso salarial definido em lei federal, convenção ou acordo coletivo de trabalho, podendo abarcar os empregados domésticos.

Note-se que o salário mínimo se refere à jornada integral, podendo **(até o advento da Emenda 103/2019)** a remuneração mensal ser inferior a um salário mínimo para o segurado empregado e o avulso, a exemplo do pagamento referente a meio expediente ou parcela do mês.

Sucede que a Reforma Constitucional inseriu o §14 no artigo 195 da Constituição, que passou a prever que "o segurado somente terá reconhecida como tempo de contribuição ao Regime Geral de Previdência Social a **competência cuja contribuição seja igual ou superior à contribuição mínima mensal exigida para sua categoria, assegurado o agrupamento de contribuições"**.

Evidente que esta nova regra demanda regulamentação para surtir efeitos, pois não há elementos para a sua aplicação antes da regulamentação por lei federal.

Por certo, a ideia é não gerar efeitos previdenciários para todos os segurados quando o salário de contribuição mensal for inferior a um salário mínimo (não se aplica ao segurado especial, que recolhe sem piso sobre produção rural), devendo ocorrer complementação para tanto.

Até lá será aplicada a **regra de transição** contida no **artigo 29 da Emenda 103/2019**:

> Art. 29. Até que entre em vigor lei que disponha sobre o § 14 do art. 195 da Constituição Federal, o segurado que, no somatório de remunerações auferidas no período de um mês receber remuneração **inferior ao limite mínimo mensal do salário de contribuição**, PODERÁ:
>
> I – complementar a sua contribuição, de forma a alcançar o limite mínimo exigido;
>
> II – utilizar o valor da contribuição que exceder o limite mínimo de contribuição de uma competência em outra; ou
>
> III – agrupar contribuições inferiores ao limite mínimo de diferentes competências, para aproveitamento em contribuições mínimas mensais.

Parágrafo único. Os ajustes de complementação ou agrupamento de contribuições previstos nos incisos I, II e III do caput somente poderão ser feitos ao **longo do mesmo ano civil**.

A regra de transição não restringe, de modo que vai se aplicar a todos os segurados que contribuem sobre o salário de contribuição (inclusive empregados, trabalhadores avulsos e empregados domésticos) a partir da vigência da reforma constitucional.

Interessante notar que, além da **complementação da contribuição** sobre o valor mínimo, passou a ser permitido o agrupamento de contribuições de competências distintas para se atingir o limite mínimo, desde que no mesmo ano civil dos recolhimentos.

Assim, agrupamento ou complementação de contribuições referentes ao ano de 2020 não poderão ser efetuadas a partir de 2021, mas apenas até 31/12/2020.

Um pecado da regra de transição é que não trata dos benefícios não programados (auxílio-doença, aposentadoria por invalidez, pensão por morte e auxílio-reclusão) e do salário-maternidade.

Dessa forma, o texto abre brecha para complementações após a incapacidade, óbito, prisão em regime fechado ou parto/adoção, desde que feitos dentro do mesmo ano civil, o que atenta contra a razão de ser do seguro social, podendo ser corrigido por norma infraconstitucional.

Para o segurado contribuinte individual e o segurado facultativo o piso do salário de contribuição equivalerá ao salário mínimo.

Sobre o **limite mínimo** do salário de contribuição o tema pode ser assim sintetizado:

Segurados empregado e trabalhador avulso	ao piso salarial legal ou normativo da categoria ou ao piso estadual conforme definido na Lei Complementar nº 103, de 14 de julho de 2000, ou, inexistindo estes, ao salário mínimo, tomado no seu valor mensal, diário ou horário, conforme o ajustado, e o tempo de trabalho efetivo durante o mês, observado o limite mínimo de 1 salário mínimo após a Emenda 103/2019;
Empregado doméstico	ao piso estadual conforme definido na Lei Complementar nº 103, de 2000, ou, inexistindo este, ao salário mínimo, tomados nos seus valores mensal, diário ou horário, conforme o ajustado, e o tempo de trabalho efetivo durante o mês, observado o limite mínimo de 1 salário mínimo após a Emenda 103/2019;
Segurados contribuinte individual e facultativo	ao salário mínimo.

Originalmente, o artigo 28, § 5º, da Lei 8.212/91, previu a quantia de Cr$ 170.000,00 (cento e setenta mil cruzeiros) como o limite máximo do salário de contribuição, reajustado na mesma época e com os mesmos índices que os do reajustamento dos benefícios de prestação continuada da Previdência Social.

De acordo com o artigo 5º, da Lei 10.666/03, o contribuinte individual que prestar serviços à pessoa jurídica é **obrigado** a complementar, diretamente, a contribuição até o valor mínimo mensal do salário de contribuição, quando as remunerações recebidas no mês, por serviços prestados a pessoas jurídicas, forem inferiores a este, tendo em vista que o salário de contribuição desse segurado não poderá ser inferior a um salário mínimo. **Com a Emenda 103/2019, esse complemento passa a ser facultativo.**

O **limite máximo** fixado para o salário de contribuição pela Emenda 20/1998 foi de R$ 1.200,00, posteriormente majorado pela Emenda 41/2003 para R$ 2.400,00. Após alguns reajustes, para o ano de 2010, foi fixado em R$ 3.467,40 pela Lei 12.254, de 15.06.2010, a partir de 1º de janeiro de 2010.

Para o ano de 2020, o limite máximo do salário de contribuição foi reajustado para R$ 7.087,22 (valor atualizado para **2022**).

Assim, se um segurado empregado receber em um mês uma remuneração de R$ 20.000,00, o valor mensal do salário de contribuição não será desse valor, pois será limitado ao teto acima citado.

3. COMPLEMENTAÇÃO, AGRUPAMENTO E TRANSFERÊNCIA DO EXCEDENTE DOS SALÁRIOS DE CONTRIBUIÇÃO

Inicialmente, cumpre fazer uma distinção diante de enorme confusão que se verifica na prática profissional previdenciária. Existem duas espécies de complementações no que tange à contribuição previdenciária do segurado:

a) Complementação da base de cálculo do salário de contribuição para atingir ao mínimo legal, que pode ser o piso legal ou convencional da categoria ou ao salário mínimo;

b) Complementação da alíquota, a exemplo do contribuinte individual que recolheu à razão de 5% do salário mínimo e pretende complementar a alíquota para 11 ou mesmo para 20%.

Neste item trataremos da complementação da base de cálculo do salário de contribuição para atingir ao mínimo legal, que pode ser o piso legal ou convencional da categoria ou ao salário mínimo, consoante regulado pelo artigo 29 da EC 103/2019 e Decreto 10.410/2020.

Em decorrência do artigo 298 da EC 103/2019, a partir da competência 11/2019, o segurado empregado, trabalhador avulso e empregado doméstico que receber remuneração inferior ao limite mínimo mensal do salário de contribuição, somente manterá a qualidade de segurado se efetuar os ajustes de complementação, utilização e agrupamento de contribuições, nos termos do Decreto 10.410/2020, que regulamentou o artigo 29 da Emenda 103/2019, nos termos do § 1º do artigo 19-E e o § 27-A do artigo 216, ambos do Regulamento da Previdência Social.

A regulamentação sobre agrupamento de excedente ainda não foi editada pelo INSS, sendo que o citado ato também não regula a complementação de que trata o artigo 21, §3º[9], da Lei 8.212/91 (recolhimento simplificado de 5% e 11% sobre um salário mínimo), pois é feita por outra sistemática por se tratar de complementação de alíquota (para 20%), e não de base de cálculo (salário de contribuição).

Posteriormente, nos termos do artigo 19-E do RPS, introduzido pelo Decreto 10.410/2020, a partir de 13 de novembro de 2019, para fins de aquisição e manutenção da qualidade de segurado, de carência, de tempo de contribuição e de cálculo do salário de benefício exigidos para o reconhecimento do direito aos benefícios do RGPS e para fins de contagem recíproca, somente serão consideradas as competências cujo salário de contribuição seja igual ou superior ao limite mínimo mensal do salário de contribuição.

Nesse sentido, a contar da competência 11/2019, ao segurado que, no somatório de remunerações auferidas no período de um mês, receber remuneração inferior ao limite mínimo mensal do salário de contribuição será assegurado:

> I – complementar a contribuição das competências, de forma a alcançar o limite mínimo do salário de contribuição exigido **(COMPLEMENTAÇÃO);**
>
> II – utilizar o excedente do salário de contribuição superior ao limite mínimo de uma competência para completar o salário de contribuição de outra competência até atingir o limite mínimo **(EXCEDENTE TRANSFERÍVEL)**; ou
>
> III – agrupar os salários de contribuição inferiores ao limite mínimo de diferentes competências para aproveitamento em uma ou mais competências até que estas atinjam o limite mínimo **(AGRUPAMENTO)**.

Os ajustes de complementação, excedente transferível e agrupamento poderão ser efetivados, a qualquer tempo, por iniciativa do segurado, hipótese em que se tornarão **irreversíveis e irrenunciáveis após processados.**

A complementação citada poderá ser recolhida até o dia quinze do mês subsequente ao da prestação do serviço e, a partir dessa data, com os acréscimos de juros e multa previstos no artigo 35[10] da Lei nº 8.212, de 1991.

Os ajustes para o excedente transferível e o agrupamento de contribuições serão efetuados na forma indicada ou autorizada pelo segurado, **desde que utilizadas as competências do mesmo ano civil**, assim considerado o período de doze meses conta-

---

8. Art. 29. Até que entre em vigor lei que disponha sobre o § 14 do art. 195 da Constituição Federal, o segurado que, no somatório de remunerações auferidas no período de 1 (um) mês, receber remuneração inferior ao limite mínimo mensal do salário de contribuição poderá:

   I – complementar a sua contribuição, de forma a alcançar o limite mínimo exigido;

   II – utilizar o valor da contribuição que exceder o limite mínimo de contribuição de uma competência em outra; ou

   III – agrupar contribuições inferiores ao limite mínimo de diferentes competências, para aproveitamento em contribuições mínimas mensais.

   Parágrafo único. Os ajustes de complementação ou agrupamento de contribuições previstos nos incisos I, II e III do caput somente poderão ser feitos ao longo do mesmo ano civil.

9. § 3º O segurado que tenha contribuído na forma do § 2º deste artigo e pretenda contar o tempo de contribuição correspondente para fins de obtenção da aposentadoria por tempo de contribuição ou da contagem recíproca do tempo de contribuição a que se refere o art. 94 da Lei nº 8.213, de 24 de julho de 1991, deverá complementar a contribuição mensal mediante recolhimento, sobre o valor correspondente ao limite mínimo mensal do salário-de-contribuição em vigor na competência a ser complementada, da diferença entre o percentual pago e o de 20% (vinte por cento), acrescido dos juros moratórios de que trata o § 3º do art. 5º da Lei nº 9.430, de 27 de dezembro de 1996. (Redação dada pela Lei nº 12.470, de 2011)

10. Art. 35. Os débitos com a União decorrentes das contribuições sociais previstas nas alíneas *a*, *b* e *c* do parágrafo único do art. 11 desta Lei, das contribuições instituídas a título de substituição e das contribuições devidas a terceiros, assim entendidas outras entidades e fundos, não pagos nos prazos previstos em legislação, serão acrescidos de multa de mora e juros de mora, nos termos do art. 61 da Lei nº 9.430, de 27 de dezembro de 1996. (Redação dada pela Lei nº 11.941, de 2009).

dos de 1º de janeiro a 31 de dezembro do respectivo ano.

A efetivação do agrupamento não impede o recolhimento da contribuição referente à competência que tenha o salário de contribuição transferido, em todo ou em parte, para agrupamento com outra competência a fim de atingir o limite mínimo mensal do salário de contribuição.

Para complementação ou recolhimento da competência que tenha o salário de contribuição transferido, em todo ou em parte será observado o prazo de até o dia quinze do mês subsequente ao da prestação do serviço e, a partir dessa data, com os acréscimos previstos no art. 35 da Lei nº 8.212, de 1991.

Para fins de **pensão por morte**, na hipótese de falecimento do segurado, os ajustes citados poderão ser solicitados por seus dependentes para fins de reconhecimento de direito para benefício a eles devidos até o dia quinze do mês de janeiro subsequente ao do ano civil correspondente.

Dessa forma, o Decreto 10.410/2020 permitiu a **complementação de contribuição após a morte**, desde que seja feita pelo dependente até o dia 15 de janeiro do ano seguinte.

Veja-se, nesse sentido, o §7º do artigo 19-E do Regulamento:

> "§ 7º Na hipótese de **falecimento do segurado**, os ajustes previstos no § 1º poderão ser solicitados por seus dependentes para fins de reconhecimento de direito para benefício a eles devidos **até o dia quinze do mês de janeiro subsequente ao do ano civil correspondente**, observado o disposto no § 4º. (Incluído pelo Decreto nº 10.410, de 2020)"

Suponha-se que um segurado faleceu em setembro de 2020 e que possua salário de contribuição referente à competência abril de 2020 no valor de R$ 500,00, pois se tratou de contrato de emprego intermitente.

Suponha-se, ainda, que essa competência abril é necessária para a manutenção da qualidade de segurado na data do óbito. Nesta situação, o dependente poderá complementar a competência abril de 2020 até 15/01/2021 para fins de concessão da pensão por morte.

Curioso notar que para os demais benefícios não programados, a exemplo da aposentadoria por incapacidade permanente e do auxílio por incapacidade temporária, o Decreto 10.410/2020 parece permitir o pagamento do complemento após a ocorrência do risco social, pois prevê que o recolhimento da complementação deverá ser efetuado pelo próprio segurado até o dia quinze do mês seguinte ao da competência de referência e, após essa data, com incidência dos acréscimos legais de que tratam os art. 238 e art. 239 (juros e multa).

Por sua vez, eis o dispositivo do artigo 216 do RPS:

> "§ 27-A. O segurado que, no somatório de remunerações auferidas no período de um mês, receber remuneração inferior ao limite mínimo mensal do salário de contribuição poderá solicitar o ajuste das competências pertencentes ao mesmo ano civil, na forma por ele indicada, ou autorizar que os ajustes sejam feitos automaticamente, para que o limite mínimo mensal do salário de contribuição seja alcançado, por meio da opção por:
>
> **I – complementar a sua contribuição, observado que:**
>
> a) o recolhimento da complementação deverá ser efetuado pelo próprio segurado até o dia quinze do mês seguinte ao da competência de referência e, após essa data, com incidência dos acréscimos legais de que tratam os art. 238 e art. 239;
>
> b) para o empregado, o empregado doméstico e o trabalhador avulso, a complementação será efetuada por meio da aplicação da alíquota de sete inteiros e cinco décimos por cento, inclusive para o mês em que exista contribuição concomitante na condição de contribuinte individual; e
>
> c) para o contribuinte individual que preste serviço a empresa, de que trata o § 26, e que contribua exclusivamente nessa condição, a complementação será efetuada por meio da aplicação da alíquota de vinte por cento;
>
> **II – utilizar o valor da contribuição que exceder o limite mínimo de uma competência em outra, observado que:**
>
> a) para efeito de utilização da contribuição, serão considerados os salários de contribuição apurados por categoria, consolidados na competência de origem;
>
> b) o salário de contribuição poderá ser utilizado para complementar uma ou mais competências com valor inferior ao limite mínimo, mesmo que em categoria distinta;
>
> c) poderão ser utilizados valores excedentes ao limite mínimo do salário de contribuição de mais de uma competência para compor o salário de contribuição de apenas uma competência; e

d) utilizado o valor excedente, caso o salário de contribuição da competência favorecida ainda permaneça inferior ao limite mínimo, esse valor poderá ser complementado nos termos do disposto no inciso I; ou

III – agrupar contribuições inferiores ao limite mínimo de diferentes competências, para aproveitamento em contribuições mínimas mensais, observado que:

a) as competências que não atingirem o valor mínimo do salário de contribuição poderão ser agrupadas desde que o resultado do agrupamento não ultrapasse o valor mínimo do salário de contribuição;

b) na hipótese de o resultado do agrupamento ser inferior ao limite mínimo do salário de contribuição, o segurado poderá complementar na forma prevista no inciso I ou utilizar valores excedentes na forma prevista no inciso II; e

c) as competências em que tenha havido exercício de atividade e tenham sido zeradas em decorrência do agrupamento poderão ser objeto de recolhimento pelo segurado, respeitado o limite mínimo".

Registre-se que para o contribuinte individual e o segurado facultativo, mesmo antes da EC 103/2019, o valor nominal do salário de contribuição não poderia ser inferior a um salário mínimo e que já existia o instituto da complementação.

Nesse sentido, o artigo 5º da Lei 10.666/2003:

"Art. 5º O contribuinte individual a que se refere o art. 4º é **obrigado a complementar**, diretamente, a contribuição até o valor mínimo mensal do salário-de-contribuição, quando as remunerações recebidas no mês, por serviços prestados a pessoas jurídicas, forem inferiores a este".

Mas note-se que **de obrigatória a complementação passa a ser facultativa** com o advento do artigo 29 da EC 103/2019, pois ninguém pode ser compelido a recolher contribuição sobre salário de contribuição que não auferiu remuneração por labor, sob pena de confisco e violação ao Princípio da Capacidade Contributiva.

No entanto, se não o fizer, a competência não terá efeitos previdenciários para todos os segurados desde 13/11/2019, sendo que já não o tinha para contribuintes individuais e segurados facultativos antes da Reforma Constitucional de 2019.

4. COMPOSIÇÃO

Conforme afirmado, em regra o salário de contribuição será composto por parcelas remuneratórias decorrentes do labor, *observados os limites mínimos e máximos acima expostos*, da seguinte forma:

A) **Para o segurado empregado e o trabalhador avulso** – a remuneração auferida em uma ou mais empresas, assim entendida a totalidade dos rendimentos **pagos, devidos ou creditados** a qualquer título, durante o mês, destinados a retribuir o trabalho, qualquer que seja a sua forma, **inclusive as gorjetas, os ganhos habituais sob a forma de utilidades** e os adiantamentos decorrentes de reajuste salarial, quer pelos serviços efetivamente prestados, quer pelo tempo à disposição do empregador ou tomador de serviços nos termos da lei ou do contrato ou, ainda, de convenção ou acordo coletivo de trabalho ou sentença normativa.

Em regra, as utilidades habituais comporão o salário de contribuição, exceto se houver regra de isenção, como nas situações elencadas no §9º do artigo 28 da Lei 8.212/91. Como a moradia não se situa na regra de isenção, esta comporá o salário de contribuição.

Para o empregado e o avulso, o salário de contribuição será formado pela remuneração mensal total, devida ou creditada, pela empresa que preste serviço, incluindo-se na definição de remuneração as gorjetas, tal qual o faz o artigo 457, da CLT, bem como as utilidades habituais pagas ao trabalhador.

Na forma do artigo 458, da CLT, além do pagamento em dinheiro, compreende-se no salário, para todos os efeitos legais, a alimentação, habitação, vestuário ou outras prestações "in natura" que a empresa, por força do contrato ou do costume, fornecer habitualmente ao empregado (utilidades), não sendo permitido em caso algum o pagamento com bebidas alcoólicas ou drogas nocivas.

De efeito, mesmo que a pessoa jurídica não pague a remuneração no mês, a quantia devida será considerada como salário de contribuição e deverá ser paga a respectiva contribuição previdenciária.

Da mesma forma, o adiantamento de remuneração referente aos meses subsequentes também integrará o salário de contribuição, se creditado antecipadamente (popularmente conhecido como "vale").

Vale registrar que o **adicional noturno**, o **adicional de insalubridade** e de **periculosidade** pagos pela empresa são verbas que possuem natureza remuneratória em decorrência do trabalho à noite, nocivo à saúde e periculoso, devendo, destarte, incidir contribuição previdenciária.

A verba, conhecida como **Hora Repouso Alimentação (HRA)**, integrava a composição do salário de contribuição do segurado empregado pelo tempo que ficasse à disposição da empresa.

Ao que parece, a HRA é indenizatória por força da Lei 13.467/2017 (reforma trabalhista), que modificou o §4º do artigo 71 da CLT: "A não concessão ou a concessão parcial do intervalo intrajornada mínimo, para repouso e alimentação, a empregados urbanos e rurais, **implica o pagamento, de natureza indenizatória**, apenas do período suprimido, com acréscimo de 50% (cinquenta por cento) sobre o valor da remuneração da hora normal de trabalho".

No que concerne à verba trabalhista popularmente conhecida como "salário-paternidade", que não ostenta a natureza jurídica de benefício previdenciário, sendo na verdade o salário pago ao empregado pela empresa durante cinco dias após o nascimento de seu filho (artigo 10, §1º, do ADCT da Constituição de 1988), esta integra o salário de contribuição, devendo incidir contribuição previdenciária.

Incide contribuição previdenciária a cargo da empresa sobre os valores pagos a título de licença casamento (art. 473, II, da CLT) e de licença para prestação de serviço eleitoral (art. 98 da Lei 9.504/1997) por possuírem caráter salarial.

Para o empregado e o avulso, quando no mandato de dirigente sindical, o seu salário de contribuição será a remuneração paga pela entidade sindical ou empresa de origem.

B) **Para o empregado doméstico** – a remuneração registrada na Carteira de Trabalho e Previdência Social.

Conquanto haja esta previsão legal expressa, entende-se que no caso de a anotação feita pelo empregador doméstico constar um valor inferior ao realmente pago ao segurado, deverá prevalecer a importância real, apesar de normalmente ser exigida a literalidade do texto legal.

C) **Para o contribuinte individual** – a remuneração auferida em uma ou mais empresas ou pelo exercício de sua atividade por conta própria, durante o mês.

Antes da vigência da Lei 9.876/99, o contribuinte individual (na época eram chamados de empresários, autônomos e equiparados) recolhia a sua contribuição previdenciária sobre o antigo *salário-base*, ficção legal desvinculada da remuneração real, dividido em 10 classes, partindo de um salário mínimo, onde o segurado progredia com o transcorrer do tempo, se estivesse em dia com as suas contribuições, até chegar à última classe, no período estimado em 27 anos.

A Lei 9.876/99 ainda manteve o salário-base para os antigos segurados como regra de transição, tendo sido definitivamente extinto com o advento da Lei 10.666/2003, pois hoje os contribuintes individuais também recolherão sobre a sua remuneração real, sem a ficção legal do salário-base.

Por força do §11 do artigo 28 da Lei 8.212/91, inserido pela Lei 13.202, de 8/12/2015, considera-se remuneração do contribuinte individual que trabalha como condutor autônomo de veículo rodoviário, como auxiliar de condutor autônomo de veículo rodoviário, em automóvel cedido em regime de colaboração, nos termos da Lei 6.094, de 30 de agosto de 1974, como operador de trator, máquina de terraplenagem, colheitadeira e assemelhados, o montante correspondente a 20% (vinte por cento) do valor bruto do frete, carreto, transporte de passageiros ou do serviço prestado, observado o limite máximo do salário de contribuição (esta disposição já era prevista na IN RFB 971/2009, artigo 55, § 2º).

No caso do contribuinte individual, é necessário que o valor nominal do salário de contribuição seja, ao menos, de um salário mínimo, sob pena de não consideração.

Nesse sentido, nos termos do artigo 5º da Lei 10.666/2003, o contribuinte individual prestador de serviços à pessoa jurídica, é obrigado a complementar, diretamente, a contribuição até o valor mínimo mensal do salário-de-contribuição, quando as remunerações recebidas no mês, por serviços prestados a pessoas jurídicas, forem inferiores a este.

D) **Para o segurado facultativo** – o valor por ele declarado, tendo também sido adotado o salário-base antes da Lei 9.876/99, que se encontra **extinto, observado o limite mínimo e o limite máximo do salário de contribuição.**

5. PARCELAS INTEGRANTES E NÃO INTEGRANTES

Em regra, o salário de contribuição será composto pelas parcelas remuneratórias decorrentes do labor, inclusive **abarcando a gratificação natalina** (13º salário), por se tratar de verba remuneratória do empregado e doméstico, que apenas não será considerada para o cálculo do benefício.

> **STF**
>
> "Súmula 688 – É legítima a incidência da contribuição previdenciária sobre o 13º salário".

Inclusive, após a Lei 8.620/93, é válida a incidência da contribuição previdenciária em separado sobre a gratificação natalina, pois passou a existir autorização legal.

De acordo com o atual posicionamento do STJ, as férias gozadas também irão integrar a composição do salário de contribuição.

Vale ressaltar que deverá ser cobrada das empresas de seguro privado a contribuição previdenciária incidente sobre o valor da comissão que a seguradora paga aos corretores por prestarem serviços de intermediação no contrato de seguro, independentemente da inexistência de contrato de trabalho vinculando o corretor à Seguradora, pois essa quantia integra o salário de contribuição por ser remuneratória.

> **STJ**
>
> De acordo com a Súmula 458, do STJ, "a contribuição previdenciária incide sobre a comissão paga ao corretor de seguros".

Tradicionalmente entendia-se que o terço de férias gozadas fazia parte do salário de contribuição, pois se pregava a sua natureza remuneratória. Entretanto, começou a se difundir tese contrária, pois o aposentado não recebe terço de férias na inatividade, sendo este o posicionamento dos tribunais superiores.

O STF chegou a afastar a incidência de contribuição previdenciária do terço de férias gozadas no RGPS mas reverteu a sua posição em 2020.

> **STF**
>
> O tema ganhou uma reviravolta no STF em agosto de 2020 no julgamento do RE 1.072.485 **(Tema 985 em repercussão geral), posto que a Suprema Corte pronunciou a constitucionalidade da incidência de contribuição previdenciária sobre o terço de férias gozadas no RGPS:** "O Tribunal, por maioria, apreciando o tema 985 da repercussão geral, deu parcial provimento ao recurso extraordinário interposto pela União, assentando a incidência de contribuição previdenciária sobre valores pagos pelo empregador a título de terço constitucional de férias gozadas, nos termos do voto do Relator. Foi fixada a seguinte tese: "É legítima a incidência de contribuição social sobre o valor satisfeito a título de terço constitucional de férias", nos termos do voto do Relator, vencido o Ministro Edson Fachin, que conhecia do recurso da União apenas em relação ao capítulo do acórdão referente ao terço constitucional de férias, para negar provimento e fixava tese diversa. Falaram: pela recorrente, a Dra. Flávia Palmeira de Moura Coelho, Procuradora Geral da Fazenda Nacional; e, pela interessada, o Dr. Halley Henares Neto e Dr. Nelson Mannrich. Não participou deste julgamento, por motivo de licença médica, o Ministro Celso de Mello. Plenário, Sessão Virtual de **21.8.2020 a 28.8.2020"**.

Por sua vez, com base no artigo 28, §9º, da Lei 8.212/91, que presume a natureza indenizatória de inúmeras parcelas, ***não integram o salário de contribuição***:

A) Os benefícios da previdência social, exceto o salário maternidade;

Assim, não haverá desconto de contribuição previdenciária sobre nenhum benefício pago no âmbito do RGPS, **exceto o salário-maternidade**, único benefício considerado como salário de contribuição em razão de herança do tempo em que era uma prestação trabalhista.

> **STF**
>
> Em sede de Repercussão Geral, em 4 de agosto de 2020, no RE 576.967, **o STF declarou inconstitucional a incidência de contribuição previdenciária sobre o salário-maternidade**, não tendo havido modulação da eficácia da pronúncia de inconstitucionalidade, sendo possível a apresentação de embargos de declaração pela União.
>
> Restou fixada a seguinte tese: **"É inconstitucional a incidência da contribuição previdenciária a cargo do empregador sobre o salário-maternidade":**
>
> "69. Diante do exposto, considerando os argumentos formal e material, dou provimento ao recurso extraordinário, para declarar, incidentalmente, a **inconstitucionalidade da incidência de contribuição previdenciária sobre o salário maternidade, prevista no art. 28, §2º, da Lei nº 8.212/91, e a parte final do seu §9º, alínea a**, em que se lê " salvo o salário-maternidade", e proponho a fixação da seguinte tese:" É inconstitucional a incidência da contribuição previdenciária a cargo do empregador sobre o salário maternidade".
>
> A tese de aplica tanto à parte da empresa quanto à parte do segurado, conforme se depreende do voto vencedor acima transcrito, em que pese o fechamento tenha sido restritivo. A decisão é inter partes, pois não foi tomada em sede de ação abstrata, não tem efeitos erga omnes.

> Embora a **Lei 13.756, de 12/12/2018** tenha modificado a redação do artigo 28, §9º, letra A, da Lei 8.212/91, nada mudou a respeito. Dessa forma, à exceção do salário-maternidade (art. 28, §2º, da Lei 8.212/91), não incide contribuição previdenciária sobre os demais benefícios do RGPS, porque a incidência dependeria de expressão previsão legal, que não existe.

Dias depois, o site oficial www.planalto.gov.br deu um "jeitinho" não previsto originalmente na Lei 13.756/2018 (corrigindo o erro de alterar a letra A) e restabeleceu a redação da citada letra A, inserido a letra AA:

A) os benefícios da previdência social, nos termos e limites legais, salvo o salário-maternidade;

AA) os valores recebidos a título de bolsa-atleta, em conformidade com a Lei 10.891, de 9 de julho de 2004.

Inclusive, o artigo 195, inciso II, da Constituição Federal, instituiu uma imunidade, ao prever que as contribuições previdenciárias não incidirão sobre as aposentadorias e pensões pagas no Regime Geral de Previdência Social.

Insta salientar que **o auxílio-acidente não compõe o salário de contribuição para efeito de custeio da Previdência Social**, pois inexiste desconto de contribuição previdenciária sobre o seu valor.

Apenas para efeito do cálculo da aposentadoria é que o valor do auxílio-acidente é considerado como salário de contribuição, nos termos do artigo 31, da Lei 8.213/91, pois a partir da Lei 9.528/97 o auxílio-acidente não mais pôde ser acumulado com qualquer espécie de aposentadoria.

B) As ajudas de custo e o adicional mensal recebidos pelo aeronauta nos termos da Lei nº 5.929, de 30 de outubro de 1973 (hipóteses de transferência provisória ou permanente);

C) **A parcela "in natura"** recebida de acordo com os **programas de alimentação** aprovados pelo Ministério do Trabalho e Previdência , nos termos da Lei nº 6.321, de 14 de abril de 1976;

O Programa de Alimentação ao Trabalhador (PAT) é aquele aprovado e gerido pela área trabalhista, nos termos da Lei nº 6.321/1976. Não integra a remuneração, a parcela *in natura*, sob forma de utilidade alimentação, fornecida pela empresa regularmente inscrita no PAT aos trabalhadores por ela diretamente contratados, de conformidade com os requisitos estabelecidos pelo órgão gestor competente.

Vale registrar, inclusive, que a CLT veda que a empresa pague a verba de alimentação em dinheiro (art. 457, §2º, modificado pela Lei 13.467/2017).

D) As importâncias recebidas a guisa de **aviso prévio indenizado, férias e terço indenizados, licença-prêmio indenizada, incentivo à demissão e multa de 40% sobre o FGTS**, pois ostentam natureza indenizatória;

A Lei 8.212/91 é silente no que concerne ao **aviso prévio indenizado** integrar ou não o salário de contribuição. Até o advento do Decreto 6.727/2009, o Regulamento previa que o aviso prévio indenizado não compunha o salário de contribuição. No entanto, o citado dispositivo foi revogado (artigo 214, §9º, inciso V, **letra F**), passando o Regulamento a também silenciar a respeito, em uma tentativa frustrada de o Poder Executivo da União de fazer incidir contribuição previdenciária sobre o aviso prévio indenizado.

Vale frisar que o aviso prévio indenizado possui natureza não remuneratória, razão pela qual não comporá o salário de contribuição, não podendo o Regulamento da Previdência Social, por ser ato legal secundário, dispor em sentido contrário.

Finalmente, a Receita Federal passou a adotar a posição do STJ, no sentido da não incidência de contribuição previdenciária sobre o aviso prévio indenizado (Instrução Normativa RFB 1.730/2017 combinada com a Consulta COSIT 362/2017):

> SOLUÇÃO DE CONSULTA COSIT Nº 362, DE 10 DE AGOSTO DE 2017 CONSULTA N.º 137 - COSIT, DE 2 DE JUNHO DE 2014. CONTRIBUIÇÕES SOCIAIS PREVIDENCIÁRIAS. AVISO PRÉVIO INDENIZADO. Nos termos da NOTA PGFN/CRJ/Nº 485/2016, de 30 de maio de 2016 (aprovada em 2 de junho de 2016), e com esteio no artigo 19, inciso V, parágrafos 4º, 5º e 7º da Lei n.º 10.522, de 2002, e no artigo 3º, parágrafo 3º da Portaria Conjunta PGFN/RFB n.º 1, de 2014, o aviso prévio indenizado, **exceto seu reflexo no 13º salário,** não integra a base de cálculo para fins de incidência das contribuições sociais previdenciárias incidentes sobre a folha de salários.

Curiosamente, apenas a RFB irá cobrar a contribuição sobre o aviso prévio indenizado no que concerne ao seu reflexo no décimo terceiro salário, o que passou a ser admitida pelo STJ.

E) As importâncias referentes aos ganhos eventuais e os abonos expressamente desvinculados do salário; indenização por tempo de serviço, anterior a 05 de outubro de 1988, do empregado não optante pelo Fundo de Garantia do Tempo de Serviço - FGTS;

F) A parcela recebida a título de **vale-transporte**, na forma da **legislação própria;**

> **STF**
>
> De acordo como STF, "a cobrança de contribuição previdenciária sobre o valor pago, em dinheiro, a título de vales-transporte, pelo recorrente aos seus empregados afronta a Constituição, sim, em sua totalidade normativa". Entendeu que "pago o benefício de que se cuida neste recurso extraordinário em vale-transporte ou em moeda, isso não afeta o caráter não salarial do benefício "RE 478.410, de 10.03.2010).

G) A ajuda de custo, **em parcela única**, recebida exclusivamente em decorrência de mudança de local de trabalho do empregado, na forma do art. 470 da CLT;

> As importâncias, ainda que habituais, pagas a título de ajuda de custo, auxílio-alimentação, vedado seu pagamento em dinheiro, diárias para viagem, prêmios e abonos não integram a remuneração do empregado, não se incorporam ao contrato de trabalho e não constituem base de incidência de qualquer encargo trabalhista e previdenciário. (Redação dada pela Lei nº 13.467, de 2017)

H) As **diárias para viagens, no seu valor integral;**

Até o advento da Lei 13.467/2017, que alterou o artigo 457, §2º, da CLT, as diárias acima de 50% da remuneração mensal do empregado incidiam contribuição previdenciária. Com a mudança normativa, independentemente do valor, as diárias para a viagem não sofrem a incidência da contribuição previdenciária.

I) A importância recebida a título de bolsa de complementação educacional de estagiário, quando paga nos termos da Lei nº 6.494, de 07 de dezembro de 1977 (esta norma foi substituída pela Lei 11.788/08);

J) A **participação nos lucros** ou resultados da empresa, quando paga ou creditada de acordo com lei específica;

Vale ressaltar que o artigo 2º, da Lei 10.101/2000, exige que a participação nos lucros ou resultados seja objeto de negociação entre a empresa e seus empregados, através de comissão ou acordo/convenção coletiva.

Outrossim, é vedado o pagamento de qualquer antecipação ou distribuição de valores a título de participação nos lucros ou resultados da empresa em mais de 2 (duas) vezes no mesmo ano civil e em periodicidade inferior a 1 (um) trimestre civil (Lei 12.832/2013).

Ou seja, se os ditames da Lei 10.101/2000 forem desrespeitados, a quantia paga a título de participação nos lucros da empresa comporá o salário de contribuição.

K) O **abono** do Programa de Integração Social – **PIS** e do Programa de Assistência ao Servidor Público – **PASEP**;

L) Os valores correspondentes a transporte, alimentação e habitação fornecidos pela empresa ao empregado contratado para trabalhar em localidade distante de sua residência, em canteiro de obras ou local que, por força da atividade, exija deslocamento e estada, observadas as normas de proteção estabelecidas pelo antigo Ministério do Trabalho;

M) A importância paga ao empregado a título de **complementação ao valor do auxílio-doença**, desde que este direito seja extensivo à **totalidade dos empregados da empresa**;

É que, de acordo com o artigo 63, parágrafo único, da Lei 8.213/91, a empresa que garantir ao segurado licença remunerada ficará obrigada a pagar-lhe durante o período de auxílio-doença a eventual diferença entre o valor deste e a importância garantida pela licença.

N) As parcelas destinadas à assistência ao trabalhador da agroindústria canavieira, de que trata o art. 36 da Lei nº 4.870, de 1º de dezembro de 1965;

No entanto, essa parcela foi extinta desde o advento da Lei 12.865/2013, que expressamente revogou o artigo 36 da Lei 4.870/65 (mas pode cair em prova por eventual desconhecimento do examinador).

O) O valor das **contribuições efetivamente pago pela pessoa jurídica relativo a programa de previdência complementar**, aberto ou fechado, desde que **disponível à totalidade de seus empregados e dirigentes**, observados, no que couber, os arts. 9º e 468 da CLT;

Trata-se do patrocínio promovido voluntariamente pela empresa em favor dos seus empregados e dirigentes para entidade de previdência privada. De acordo com a Lei Complementar 109/2001 (art. 16), a normatização atual determina que esse direito seja oferecido pela empresa em favor de todos os seus empregados e dirigentes, sem restrições.

P) O valor relativo à assistência prestada por serviço médico ou odontológico, próprio da empresa ou por ela conveniado, inclusive o reembolso de despesas com medicamentos, óculos, aparelhos ortopédicos, próteses, órteses, despesas médico-hospitalares e outras similares;

Com o advento da Lei 13.467/2017, foram inseridos no texto as próteses e órteses, assim como foi retirada a necessidade de que a cobertura abranja a totalidade dos empregados e dirigentes da empresa para a exclusão do salário de contribuição.

Q) O valor correspondente a vestuários, equipamentos e outros acessórios fornecidos ao empregado e utilizados no local do trabalho para prestação dos respectivos serviços;

R) O ressarcimento de despesas pelo uso de veículo do empregado e o **reembolso creche** pago em conformidade com a legislação trabalhista, observado o limite máximo de seis anos de idade, quando devidamente comprovadas as despesas realizadas;

> **STJ**
>
> **"Súmula 310:** O auxílio-creche não integra o salário de contribuição".

S) O valor relativo a **plano educacional, ou bolsa de estudo,** que vise à educação básica de **empregados e seus dependentes** e, desde que vinculada às atividades desenvolvidas pela empresa, à educação profissional e tecnológica de empregados, nos termos da Lei 9.394, de 20 de dezembro de 1996, desde que não seja utilizado em substituição de parcela salarial.

Este dispositivo da Lei 8.212/91 (artigo 28, §9º, letra T) teve a sua redação alterada pela Lei 12.513/2011, pois, para ser excluído da composição do salário de contribuição, o valor mensal do plano educacional ou bolsa de estudo, considerado individualmente, não poderá agora ultrapassar a 5% da remuneração do segurado a que se destina ou o valor correspondente a uma vez e meia o valor do limite mínimo mensal do salário de contribuição, **valendo o que for maior**.

Antes da Lei 12.513/2011, não existia um valor máximo das despesas com o plano educacional para a sua exclusão do cômputo do salário de contribuição, bastando que não fosse utilizado como substituição de parcela salarial e acessível a todos os empregados e dirigentes da empresa.

Logo, atualmente não mais se exige que o plano educacional ou a bolsa de estudo seja acessível a todos os empregados e dirigentes da empresa para a exclusão dos seus valores do salário de contribuição.

Ademais, com o novo regramento, passou a ser previsto expressamente que as referidas despesas educacionais também podem aproveitar os dependentes dos segurados. Outrossim, também as despesas com as **bolsas de estudo** passaram a ser excluídas da composição do salário de contribuição, observadas as exigências acima referidas, vez que anteriormente eram previstos apenas os gastos com o plano educacional.

T) A importância recebida a título de **bolsa de aprendizagem** garantida ao adolescente até quatorze anos de idade, de acordo com o disposto no art. 64 da Lei nº 8.069, de 13 de julho de 1990;

Esta disposição que consta no artigo 28, §9º, letra U, da Lei 8.212/91, está em desacordo com a Emenda 20/1998, pois a idade mínima do menor aprendiz passou dos 12 para os 14 anos de idade, de acordo com a atual redação do artigo 7º, XXXIII, da Constituição. É que, antigamente, era assegurada bolsa de aprendizagem ao adolescente até quatorze anos de idade.

U) Os valores recebidos em decorrência da cessão de **direitos autorais**;

V) O valor da multa prevista no § 8º do art. 477 da CLT (inobservância do prazo legal para o pagamento das verbas rescisórias);

X) o valor correspondente ao vale-cultura;

Z) os prêmios e os abonos.

Z.1) bolsa-atleta

Outrossim, também não incide contribuição sobre os valores recebidos a título de bolsa-atleta, em conformidade com a Lei 10.891, de 9 de julho de 2004, por força da Lei 13.756/2018.

Trata-se de verba INDENIZATÓRIA destinada prioritariamente aos atletas praticantes do esporte de alto rendimento em modalidades olímpicas e paraolímpicas.

Por força da Lei 13.467/2017, os prêmios não sofrerão a incidência da contribuição previdenciária, o que não constitui nenhuma novidade.

Outrossim, não haverá a incidência de contribuição previdenciária sobre abonos. Os eventuais já não havia a incidência de contribuição previdenciária, sendo a novidade a não incidência de contribuição mesmo em abono habituais percebidos pelo empregado.

Isso porque, com a mudança do artigo 457 da CLT pela reforma trabalhista, os abonos mesmo que habituais não mais integram o salário do empregado, que a partir de agora é formado apenas pela importância fixa estipulada, as gratificações legais e de função e as comissões pagas pelo empregador.

O rol acima referenciado é meramente **exemplificativo**, podendo ser composto por outras parcelas indenizatórias não previstas no artigo 28, §9º, da Lei 8.212/91, pois a legislação não teria como prever todas as parcelas de cunho indenizatório percebidas pelos segurados.

Por fim, de acordo com o STJ, a parcela prevista no artigo 60, §3º, da Lei 8.213/91, que determina que a empresa arque com os 15 (quinze) primeiros dias de "salário" do empregado incapaz para o exercício do seu trabalho habitual possui natureza indenizatória, não devendo incidir contribuição previdenciária.

▶ CAPÍTULO 6 – CONTRIBUIÇÕES PREVIDENCIÁRIAS NO REGIME GERAL DE PREVIDÊNCIA SOCIAL

1. DESTINAÇÃO E ESPÉCIES

As contribuições previdenciárias constituem modalidade de contribuição para o custeio da seguridade social, afetadas ao pagamento dos benefícios do Regime Geral de Previdência Social, pois não poderão ter outra finalidade, conforme determina o artigo 167, inciso XI, da Constituição Federal.

De efeito, o pagamento das *contribuições previdenciárias* provém de duas fontes constitucionais:

1) **do trabalhador e demais segurados da previdência social**, não incidindo contribuição sobre as aposentadorias e pensões do RGPS (imunidade tributária), na forma do artigo 195, inciso II, da CRFB;

2) **do empregador, da empresa e da entidade equiparada na forma da lei**, incidente sobre a folha de salários, e demais rendimentos do trabalho pagos ou creditados, a qualquer título, à pessoa física que lhe preste serviço, mesmo sem vínculo empregatício, consoante previsão do artigo 195, inciso I, "a", da CRFB.

Esses recursos ingressarão no fundo previsto no artigo 250, da Constituição, instituído pelo artigo 68, da Lei Complementar 101/2000, sendo denominado de **Fundo do Regime Geral de Previdência Social**, vinculado ao Ministério do Trabalho e Previdência e gerido pelo INSS, com a finalidade de prover recursos para o pagamento dos benefícios desse regime previdenciário.

Ressalte-se que a União é a responsável pelo complemento dos recursos financeiros para o pagamento dos benefícios previdenciários do RGPS, na hipótese de insuficiência de fundos, na forma do artigo 16, parágrafo único, da Lei 8.212/91.

2. NATUREZA JURÍDICA E FATO GERADOR

É amplamente prevalente na doutrina a natureza tributária das contribuições para a seguridade social, inclusive as previdenciárias, sendo esta a posição adotada neste trabalho, pois se amolda perfeitamente à definição de tributo prevista no artigo 3º, do CTN, sendo toda prestação pecuniária compulsória, em moeda ou cujo valor nela se possa exprimir, que não constitua sanção de ato ilícito, instituída em lei e cobrada mediante atividade administrativa plenamente vinculada.

De acordo com artigo 43, §2º, da Lei 8.212/91, inserido pela Lei 11.941/2009, artigo que trata das contribuições previdenciárias a serem arrecadadas na Justiça do Trabalho, considera-se ocorrido o **fato gerador** das **contribuições sociais** na **data da prestação do serviço.**

Assim sendo, se ainda havia qualquer dúvida acerca do momento da ocorrência do fato gerador em concreto das contribuições previdenciárias patronais e dos trabalhadores em geral, agora é indene de dúvida que a hipótese de incidência tributária se realiza na data da prestação do serviço, e não do seu pagamento ou de outro marco qualquer.

O que ocorre é que a legislação previdenciária concede um prazo para o pagamento da contribuição previdenciária, após o nascimento da obrigação tributária verificado na data da prestação do serviço, normalmente no mês subsequente ao da respectiva competência.

> Assim sendo, o ***aspecto material*** da hipótese de incidência das contribuições previdenciárias é a prestação do serviço remunerado pelos trabalhadores (exceto para os segurados facultativos), enquanto o ***aspecto temporal*** se realiza na data da prestação da atividade, apuradas mês a mês, concedendo-se um prazo para pagamento.

3. CONTRIBUIÇÕES PREVIDENCIÁRIAS DOS TRABALHADORES E DEMAIS SEGURADOS

A contribuição previdenciária dos trabalhadores incidirá sobre o salário de contribuição, este considerado como a base de cálculo para o recolhimento do tributo, *exceto para o segurado especial*, pois neste caso a sua contribuição incidirá sobre a receita decorrente da comercialização dos seus produtos, sendo descabido se falar em salário de contribuição nesta hipótese, em regra.

Insta lembrar que o salário de contribuição terá como *limite mínimo* o piso salarial, legal ou normativo da categoria ou, inexistindo este, o salário mínimo, e como *teto* a quantia de **R$ 7.087,22** (valor atualizado para **2022**).

Vale frisar que, por força do Princípio da Solidariedade e da regra do artigo 12, §4º, da Lei 8.212/91, o aposentado pelo Regime Geral de Previdência Social que estiver exercendo ou que voltar a exercer atividade abrangida por este Regime é segurado obrigatório em relação a essa atividade, ficando sujeito às contribuições de que trata esta Lei, para fins de custeio da Seguridade Social, mesmo sem poder gozar de nova aposentadoria neste regime previdenciário.

3.1. SEGURADO EMPREGADO, TRABALHADOR AVULSO E EMPREGADO DOMÉSTICO

Na forma do quanto previsto no artigo 20, da Lei 8.212/91, a contribuição previdenciária desses segurados tinha *alíquotas progressivas*, que variavam em faixas de acordo com o salário de contribuição, *de forma não cumulativa*, conforme a seguinte tabela com valores atualizados para o ano de 2020:

SALÁRIO-DE-CONTRIBUIÇÃO (R$)	ALÍQUOTA NÃO CUMULATIVA PARA FINS DE RECOLHIMENTO AO INSS
até 1.830,29	8%
de 1.830,30 até 3.050,52	9%
de 3.050,53 até 6.101,06	11 %

Sucede que o artigo 28 da Emenda 103/2019 modificou a sistemática de contribuição previdenciária dos segurados empregados, trabalhadores avulsos e empregados domésticos, de modo que **o artigo 20 da Lei 8.212/91 não foi recebido pela Reforma Constitucional.**

Dessa forma, respeitado o Princípio da Anterioridade Nonagesimal nas situações em que houver elevação da carga tributária (para os maiores salários de contribuição), restaram abandonadas as alíquotas lineares de 8%, 9% e 11% do salário de contribuição, limitadas ao teto do RGPS.

O cálculo do valor das contribuições previdenciárias desses segurados deverá ser feito em faixas (valores 2022):

SALÁRIO-DE-CONTRIBUIÇÃO (R$)	ALÍQUOTA PROGRESSIVA PARA FINS DE RECOLHIMENTO AO INSS
até 1.212,00	7,5%
de 1,212,01 até 2.427,35	9%
de 2.427,36 até 3.641,03	12%
de 3.641,04 até 7.087,22	14%

Os valores das faixas serão reajustados anualmente pelo INPC, nos termos do artigo 41-A da Lei 8.213/91, respeitada a faixa mínima de um salário mínimo.

Nestes casos (segurado empregado, trabalhador avulso e empregado doméstico), a responsabilidade tributária pelo recolhimento da contribuição previdenciária não será dos segurados e sim das empresas, empregadores e equiparados, que deverão perpetrar os descontos e repassar à Secretaria de Receita Federal do Brasil as respectivas quantias, sendo uma hipótese de *substituição tributária originária*, na forma do artigo 30, incisos I e V, da Lei 8.212/91.

Excepcionalmente, durante o período de licença-maternidade da segurada empregada e da empregada doméstica, caberá ao empregador apenas recolher a parcela da contribuição a seu cargo, pois será a segurada a responsável pelo recolhimento de sua cota.

No entanto, no que concerne à segurada empregada, este dispositivo perdeu parcialmente a sua aplicabilidade desde o advento da Lei 10.710/2003, pois desde então a empresa passou a ser responsável pelo pagamento do salário-maternidade da sua empregada gestante, sendo a responsável tributária pelo desconto da contribuição previdenciária sobre o salário-maternidade e repassá-lo à Previdência Social, a exceção dos casos em que o INSS deverá pagar diretamente o benefício à empregada (empregada de microempreendedor individual, adoção de criança e salário-maternidade derivado).

> **STF**
>
> Em sede de Repercussão Geral, em 4 de agosto de 2020, no RE 576.967, **o STF declarou inconstitucional a incidência de contribuição previdenciária sobre o salário-maternidade**, não tendo havido modulação da eficácia da pronúncia de inconstitucionalidade, sendo possível a apresentação de embargos de declaração pela União.
>
> Restou fixada a seguinte tese: **"É inconstitucional a incidência da contribuição previdenciária a cargo do empregador sobre o salário-maternidade":**
>
> "69. Diante do exposto, considerando os argumentos formal e material, dou provimento ao recurso extraordinário, para declarar, incidentalmente, a **inconstitucionalidade da incidência de contribuição previdenciária sobre o salário maternidade, prevista no art. 28, §2º, da Lei nº 8.212/91, e a parte final do seu §9º, alínea a**, em que se lê " salvo o salário-maternidade", e proponho a fixação da seguinte tese: " É inconstitucional a incidência da contribuição previdenciária a cargo do empregador sobre o salário maternidade".
>
> A tese de aplica tanto à parte da empresa quanto à parte do segurado, conforme se depreende do voto vencedor acima transcrito, em que pese o fechamento tenha sido restritivo.

Com relação ao **segurado empregado e ao trabalhador avulso**, haverá *presunção absoluta de desconto* das suas contribuições previdenciárias pelo empregador, empresa ou equiparado, que deverá responder exclusivamente pelo pagamento, caso não tenha retido os valores ou não os repassado à União.

Deveras, prevê o artigo 33, §5º, da Lei 8.212/91, que "o **desconto de contribuição e de consignação legalmente autorizadas sempre se presume feito oportuna e regularmente pela empresa a isso obrigada**, não lhe sendo lícito alegar omissão para se eximir do recolhimento, ficando diretamente responsável pela importância que deixou de receber ou arrecadou em desacordo com o disposto nesta Lei".

Destarte, os segurados empregados e os trabalhadores avulsos não sofrerão prejuízo na concessão dos benefícios previdenciários nem poderão ser posteriormente cobrados pela União, caso a empresa não repasse ao Fisco as contribuições previdenciárias dos referidos trabalhadores, mesmo que não tenham sido descontadas, bastando aos segurados comprovar o vínculo laboral e o valor da remuneração percebida.

Nesse caminho, prevê a Súmula 18, do Conselho de Recursos da Previdência Social, que "não se indefere benefício sob fundamento de falta de recolhimento de contribuição previdenciária quando esta obrigação for devida pelo empregador".

Por força da Lei 13.189/2015, **irá incidir contribuição previdenciária sobre o valor da compensação pecuniária a ser paga no âmbito do Programa de Proteção ao Emprego (PPE).** Trata-se de compensação pecuniária equivalente a 50% do valor da redução salarial e limitada a 65% do valor máximo da parcela do seguro-desemprego, enquanto perdurar o período de redução temporária da jornada de trabalho, para as empresas que aderiram ao Programa de Proteção ao Emprego, que será custeada pelo Fundo de Amparo ao Trabalhador (FAP).

Nos termos do artigo 35, da Lei 8.213/91 (antiga redação), ao segurado empregado e ao trabalhador avulso que tenham cumprido todas as condições para a concessão do benefício pleiteado, mas não possam comprovar o valor dos seus salários de contribuição no período básico de cálculo, será concedido o benefício de valor mínimo, devendo esta renda ser recalculada, quando da apresentação de prova dos salários-de-contribuição.

O mesmo não ocorria com os empregados domésticos, que eram discriminados pela legislação previdenciária, pois não gozavam da mencionada presunção absoluta de recolhimento das suas contribuições previdenciárias, apesar de ser de responsabilidade dos empregadores domésticos.

Para compensar essa situação, por força do artigo 36, da Lei 8.213/91, se satisfeitas as condições para a concessão do benefício, caso não comprovado o recolhimento das contribuições previdenciárias pelo empregador doméstico, será concedido o benefício previdenciário no valor mínimo, o que poderá prejudicar os empregados domésticos que poderiam fazer jus a um benefício acima desse valor.

No entanto, com o advento da Lei Complementar 150/2015, entende-se que os empregados domésticos passaram a gozar de presunção de recolhimento da sua contribuição previdenciária, mesmo nos casos de salário de contribuição acima de um salário mínimo. Daí a desatualização do artigo 36 da Lei 8.213/91, tacitamente revogado.

Isso porque o artigo 35, da Lei 8.213/91, foi modificado, passando a prever que "o segurado empregado, **inclusive o doméstico**, e ao trabalhador avulso que tenham cumprido todas as condições para a concessão do benefício pleiteado, mas não possam comprovar o valor de seus salários de contribuição no período básico de cálculo, será concedido o benefício de valor mínimo, **devendo esta renda ser recalculada quando da apresentação de prova dos salários de contribuição**".

Ademais, o artigo 34, inciso I, da Lei 8.213/91, com a alteração da LC 150/2015, dispõe que para o "segurado empregado, **inclusive o doméstico**, e o trabalhador avulso, os salários de contribuição referentes aos meses de contribuições devidas, **ainda que não recolhidas** pela empresa ou **pelo empregador doméstico**, sem prejuízo da respectiva cobrança e da aplicação das penalidades cabíveis".

Logo, se o empregado doméstico demonstrar que possuía salários de contribuição de R$ 1.500,00, mas o seu empregador nunca recolheu a contribuição, após a LC 150/2015 deverá o INSS considerar os salários de contribuição de R$ 1.500,00 no cálculo do salário de benefício, e não mais conceder o benefício mínimo, tendo havido revogação tácita do artigo 36 da Lei 8.213/91.

No caso dos *empregados e avulsos*, as empresas deverão fazer os recolhimentos até o *dia 20* ao do mês subsequente ao da competência ou, se não for dia útil bancário, no imediatamente anterior, conforme inovação da Lei 11.933/2009, ao passo que o *empregador doméstico* terá até o ***dia* 7 (mudança da LC 150/2015)** do mês seguinte ao da competência para recolher a contribuição descontada do empregado doméstico, **ou o dia útil imediatamente anterior se no dia 7 não houver expediente bancário**, nos termos da Lei 13.202/2015. **Com o advento da MP 1.110/2022, o prazo de recolhimento foi alterado do dia 7 para o dia 20, devendo ser antecipado para o primeiro dia útil anterior, se no dia 20 não for expediente bancário.**

Por força da Lei 13.202, de 4/12/2015, foi expressamente revogado o §6º do artigo 30 da Lei 8.212/91, que autorizava o *empregador doméstico* a recolher a contribuição do segurado empregado a seu serviço e a parcela a seu cargo relativas à *competência novembro até o* ***dia 20 de dezembro***, juntamente com a contribuição referente à gratificação natalina – décimo terceiro salário – utilizando-se de um único documento de arrecadação. Esta exceção havia sido mantida pela Portaria Interministerial 822, de 30 de setembro de 2015 (art. 4º), mas diante da revogação da Lei 13.202/2015, **foi eliminada**.

3.2. SEGURADO CONTRIBUINTE INDIVIDUAL E FACULTATIVO

No caso destes segurados, **em regra**, a alíquota da contribuição previdenciária foi fixada em **20% sobre o salário de contribuição**, cabendo ao **próprio segurado** promover diretamente o **recolhimento** tempestivo do tributo, sob pena de não se filiar ao RGPS, até o **dia 15** ao do mês seguinte ao da competência, ou no dia útil imediatamente posterior.

Excepcionalmente, caso o salário de contribuição seja de um **salário mínimo**, será possível o recolhimento **trimestral** das contribuições previdenciárias, com vencimento no dia 15 do mês seguinte ao de cada trimestre civil.

O artigo 30, §4º, da Lei 8.212/91, incluído pela Lei 9.876/99, prevê que o contribuinte individual prestador de serviços à(s) empresa(s) poderá deduzir de sua contribuição mensal 45% da contribuição paga pela empresa, a fim de reduzir a contribuição do segurado para 11% do salário de contribuição, pois neste caso ainda existirá a contribuição previdenciária da pessoa jurídica.

> Posteriormente, por força do artigo 4º, da Medida Provisória 83/2002, convertida na Lei 10.666/03, a partir da competência de abril de 2003, o **contribuinte individual prestador de serviços à pessoa jurídica deixou de ser o responsável tributário pelo recolhimento da sua contribuição previdenciária**, que passou a ser de responsabilidade da pessoa jurídica tomadora do serviço, à razão de **11% sobre o salário de contribuição**, e não mais de 20%, conforme explicitado no artigo 216, §26, do RPS, dispositivo também aplicável às cooperativas de trabalho. Apenas nestes casos o contribuinte individual também gozará da presunção absoluta de recolhimento, tal qual o segurado empregado e o trabalhador avulso, devendo a pessoa jurídica responder exclusivamente pelo pagamento, caso não tenha retido os valores ou não os repassado à União, na forma do artigo 33, §5º, da Lei 8.212/91.

Estas disposições do **artigo 4º, da Lei 10.666/03, não se aplicam** *ao contribuinte individual, quando contratado por outro contribuinte individual equiparado a empresa*, por *produtor rural pessoa física*, ou ainda por *missão diplomática* e *repartição consular* de carreira estrangeiras, e nem ao brasileiro civil que trabalha no exterior para organismo oficial internacional do qual o Brasil é membro efetivo.

Logo, nestes casos, deverá o contribuinte individual continuar a se valer da autorização do artigo 30, §4º, da Lei 8.212/91, deduzindo de sua contribuição mensal 45% da contribuição paga pelo equiparado a empresa.

Com base no discutível artigo 5º, da Lei 10.666/03, caso o contribuinte individual contratado por pessoa jurídica obrigada a proceder à arrecadação e ao recolhimento da contribuição por ele devida, cuja remuneração recebida ou creditada no mês, por serviços prestados a ela, for inferior ao limite mínimo do salário de contribuição, é obrigado a complementar sua contribuição mensal, diretamente, à razão de 20% sobre o valor resultante da subtração do valor das remunerações recebidas das pessoas jurídicas do valor mínimo do salário de contribuição mensal.

Se o contribuinte individual prestar serviços a entidade beneficente de assistência social, a alíquota de retenção será de 20%, e não de 11%, ante a inexistência de cota patronal pela incidência da imunidade, na esteia do previsto no artigo 216, §26, do RPS, incluído pelo Decreto 4.729/03, dispositivo de duvidosa validade, pois um mero ato regulamentar acabou transferindo o ônus da imunidade ao contribuinte individual.

Na hipótese de o contribuinte individual prestar serviços a mais de uma pessoa jurídica e, uma vez somadas, as remunerações extrapolarem o teto do salário de contribuição, poderá o segurado escolher uma empresa para que esta faça a retenção e se responsabilize pessoalmente pelo recolhimento da quantia faltante, na forma do artigo 216, §29, do RPS, conquanto inexista previsão legal em sentido estrito.

Uma importante inovação foi promovida pela **Lei Complementar 123/2006**, em regulamentação aos §§12 e 13, do artigo 201, da Constituição Federal, insertos pela Emenda 47/2005, que tratam da *inclusão previdenciária dos trabalhadores de baixa renda.*

> A contribuição previdenciária do **contribuinte individual que trabalhe por conta própria sem relação de trabalho com empresa e equiparado**, bem como do segurado facultativo, poderá ser de **11% sobre o salário mínimo**, ao invés do tradicional desconto de 20%, mas esses segurados **não terão direito à aposentadoria por tempo de contribuição**, só podendo se aposentar por idade ou invalidez (art. 21, §2º, da Lei 8.212/91).

Nesta hipótese, caso queira se aposentar por tempo de contribuição posteriormente, ou levar o tempo de contribuição para algum Regime Próprio de Previdência Social (contagem recíproca), o contribuinte individual e o segurado facultativo deverão fazer o recolhimento retroativo dos 9% faltantes para integralizar os 20% sobre o salário de contribuição, com a incidência dos juros legais, sendo exigível o complemento a qualquer tempo (imprescritível), sob pena de indeferimento do benefício.

> No entanto, o artigo 21, da Lei 8.212/91, foi alterado pela Medida Provisória 529/2011, que veio facilitar a inclusão previdenciária do microempreendedor individual, pois a sua contribuição previdenciária simplificada passou a ser de apenas 5% sobre o salário mínimo, e não mais de 11%, sem direito à aposentadoria por tempo de contribuição.

Nos termos do artigo 18-A, da Lei Complementar 123/2006, alterado pela LC 155/2016, será contribuinte individual o **Microempreendedor Individual – MEI**, assim considerado o empresário individual a que se refere o artigo 966 do Código Civil[11], ou o empreendedor que exerça as atividades de industrialização, comercialização e prestação de serviços no âmbito rural, que tenha auferido receita bruta, no ano-calendário anterior, de até **R$ 81.000,00**, que seja optante pelo Simples Nacional e que não esteja impedido de optar pelo Simples Nacional.

Vale salientar que o MEI apenas poderá ter um único empregado que receba exclusivamente um salário mínimo ou o piso salarial da categoria profissional.

No caso do **MEI**, o prazo para o recolhimento da sua contribuição previdenciária será o **dia 20** do mês seguinte à respectiva competência, ou o primeiro dia útil **posterior**, se no dia 20 não houver expediente bancário.

É que o artigo 18-C, §3º, inciso II, da Lei Complementar 123/2006, prevê que o CGSN – Comitê Gestor do Simples Nacional poderá determinar, com relação ao MEI, a forma, a periodicidade e o prazo do recolhimento da sua contribuição previdenciária na condição de contribuinte individual.

Nesse sentido, de acordo com o artigo 18, da Resolução CGSN 51/2008, alterada pela Resolução CGSN 56/2009, o prazo para o recolhimento da contribuição previdenciária do MEI passou para o dia 20, sendo prorrogado para o primeiro dia útil seguinte se não for dia útil. **No mesmo sentido, o artigo 38, da Resolução CGSN 94/2011**.

> Com a conversão da MP 529/2011 na Lei 12.470, de 31/08/2011, o segurado facultativo sem renda própria que se dedique exclusivamente ao trabalho doméstico no âmbito de sua residência, desde que pertencente à família de baixa renda, também passou a ser beneficiário do regime "simplificadíssimo" de arrecadação de apenas 5% sobre o salário de contribuição no valor de um salário mínimo.

É considerada como baixa renda, neste caso, a família inscrita no Cadastro Único para Programas Sociais do Governo Federal (CadÚnico), cuja renda mensal seja de até 02 salários mínimos.

3.3. SEGURADO ESPECIAL

A contribuição do segurado especial é diferenciada por força do artigo 195, §8º, da Constituição Federal, que determina que "o produtor, o parceiro,

11. Art. 966. Considera-se empresário quem exerce profissionalmente atividade econômica organizada para a produção ou a circulação de bens ou de serviços.

o meeiro e o arrendatário rurais e o pescador artesanal, bem como os respectivos cônjuges, que exerçam suas atividades em regime de economia familiar, sem empregados permanentes, **contribuirão para a seguridade social mediante a aplicação de uma alíquota sobre o resultado da comercialização da produção** e farão jus aos benefícios nos termos da lei".

De efeito, a matéria foi regulamentada pelo artigo 25, da Lei 8.212/91, que **determinava** que a contribuição previdenciária do segurado especial terá a alíquota total de **2,1%** sobre a **receita proveniente da comercialização de sua produção**, sendo 2,0% de contribuição básica e 0,1% para o custeio dos benefícios decorrentes dos acidentes de trabalho.

No entanto, coube à **Lei 13.606/2018** reduzir a alíquota da contribuição previdenciária do **segurado especial**, inserindo a seguinte redação ao artigo 25 da Lei 8.212/91:

> **I – 1,2% (um inteiro e dois décimos por cento) da receita bruta proveniente da comercialização da sua produção (redação dada pela Lei 13.606/2018);**
>
> II – 0,1% da receita bruta proveniente da comercialização da sua produção para financiamento das prestações por acidente do trabalho.

Assim, a alíquota total da contribuição previdenciária do segurado especial (básica + SAT) foi reduzida de 2,1% para **1,3%** da produção rural comercializada.

Ou seja, em regra, os segurados especiais **não contribuem com base no salário de contribuição** e sim sobre a receita proveniente da comercialização de sua produção.

Em regra, não caberá ao segurado especial a responsabilidade pelo recolhimento da sua contribuição previdenciária, e sim ao adquirente da produção, salvo se comercializada no exterior, diretamente no varejo a pessoa física, a produtor rural pessoa física ou a outro segurado especial, até o dia 20 do mês subsequente ao da competência ou no dia útil imediatamente anterior se não houver expediente bancário.

Outrossim, será o segurado especial responsável pelo recolhimento da contribuição previdenciária incidente sobre a receita bruta da comercialização dos artigos de artesanato elaborados com matéria-prima produzida pelo respectivo grupo familiar, de atividade artística, bem como de serviços prestados, de equipamentos utilizados e de produtos comercializados no imóvel rural, desde que em atividades turística e de entretenimento desenvolvidas no próprio imóvel, inclusive hospedagem, alimentação, recepção, recreação e atividades pedagógicas, bem como taxa de visitação e serviços especiais.

> Além da contribuição acima referida, **o segurado especial terá a faculdade de contribuir como contribuinte individual sem perder o seu enquadramento,** na forma do artigo 25, §1º, da Lei 8.212/91, caso queira usufruir de um benefício com valor acima de um salário mínimo ou ter direito à aposentadoria por tempo de contribuição.

Conforme facultado pela Lei 11.718/2008, se o segurado especial contratar trabalhadores até 120 dias pessoas/dia no ano civil, será obrigado a recolher as contribuições previdenciárias dessas pessoas até o dia 20 do mês subsequente ao da competência. Após a Lei 12.873/2013 (art. 32-C, §3º, da Lei 8.212/91), o prazo passou para o dia 7. **Com o advento da MP 1.110/2022, o prazo de recolhimento foi alterado do dia 7 para o dia 20, devendo ser antecipado para o primeiro dia útil anterior, se no dia 20 não for expediente bancário.**

No mais, se o segurado especial laborar por até 120 dias por ano, conforme facultado pela Lei 11.718/2008, ou exercer mandato de vereador, esta atividade não provocará a alteração da sua qualidade de segurado especial, mas deverão ser vertidas as contribuições como se estivesse enquadrado em outra categoria, na forma do §13, do artigo 12, da Lei 8.212/91.

4. CONTRIBUIÇÕES PREVIDENCIÁRIAS DAS EMPRESAS E EQUIPARADOS A EMPRESA

Inicialmente, deverão ser analisados os conceitos legais de empresa e de equiparado a empresa para fins previdenciários, contemplados no artigo 15, da Lei 8.212/91.

Considera-se **empresa** a firma individual ou sociedade que assume o risco de atividade econômica urbana ou rural, com fins lucrativos ou não, bem como os órgãos e entidades da administração pública direta, indireta e fundacional.

Com propriedade, se cuida de definição bastante abrangente, pois abarca as pessoas jurídicas com ou sem finalidades lucrativas, a firma individual ou mesmo os entes da Administração Pública Direta e Indireta, a exemplo dos municípios que não instituíram RPPS em favor dos seus servidores públicos efetivos e das empresas estatais.

Ademais, **equipara-se a empresa** o contribuinte individual em relação a segurado que lhe presta serviço, bem como a cooperativa, *a associação ou entidade de qualquer natureza ou finalidade*, a missão diplomática e a repartição consular de carreira estrangeiras.

Outrossim, equipara-se a empresa para fins previdenciários a pessoa física na condição de proprietário ou dono de obra de construção civil, em relação a segurado que lhe presta serviço. Esta previsão já constava do Decreto 3.048/99 (art. 12, parágrafo único, IV) e foi inserida no artigo 15, parágrafo único, da Lei 8.212/91 pela Lei 13.202, de 8/12/2015.

Ou seja, mesmo os contribuintes individuais, se contratarem a prestação de serviços de outro segurado, serão tratados pela legislação previdenciária como equiparados à empresa, a exemplo do dentista que trabalha por conta própria e emprega uma atendente.

Sequer escaparam as missões diplomáticas e as repartições consulares, que deverão arcar com o pagamento das contribuições previdenciárias que forem devidas, não gozando de qualquer imunidade ou isenção.

Essa contribuição previdenciária, em regra, é *incidente sobre a folha de salários, e demais rendimentos do trabalho* ***pagos ou creditados****, a qualquer título, à pessoa física que lhe preste serviço, mesmo sem vínculo empregatício*, na forma da previsão do artigo 195, I, "a", da Constituição Federal.

O *aspecto material do fato gerador* é realizado pelo *crédito jurídico* decorrente do labor dos prestadores de serviço, com ou sem vínculo empregatício, *e não o crédito contábil*, pois independe do efetivo pagamento das verbas.

Incluem-se na base de cálculo da contribuição previdenciária da empresa e equiparada as parcelas remuneratórias do trabalho, excluindo-se as de cunho indenizatório, a exemplo das listadas no §9º, do artigo 28, da Lei 8.212/91.

Ao contrário da contribuição dos segurados, com base de cálculo limitada ao teto do salário de contribuição, a contribuição previdenciária das empresas não possui um limitador, pois incidente sobre o total das remunerações das pessoas físicas que lhe prestam serviços.

Por sua vez, não se considera como remuneração direta ou indireta, os valores despendidos pelas entidades religiosas e instituições de ensino vocacional com ministro de confissão religiosa, membros de instituto de vida consagrada, de congregação ou de ordem religiosa em face do seu mister religioso ou para sua subsistência *desde que fornecidos em condições que independam da natureza e da quantidade do trabalho executado.*

Assim, por exemplo, a quantia paga por uma entidade religiosa a um pastor não será considerada remuneração e, por conseguinte, não incidirá a contribuição previdenciária patronal sobre essa quantia.

Contudo, se a quantia puder sofrer variação de acordo com a natureza e quantidade de trabalho, é possível que seja considerada como remuneração, a exemplo da igreja que vincule essa quantia proporcionalmente ao montante total dos dízimos arrecadados no mês.

Por força da Lei 13.137/2015, os critérios informadores dos valores despendidos pelas entidades religiosas e instituições de ensino vocacional aos ministros de confissão religiosa, membros de vida consagrada, de congregação ou de ordem religiosa não são taxativos e sim exemplificativos. Por sua vez, os valores despendidos, ainda que pagos de forma e montante diferenciados, em pecúnia ou a título de ajuda de custo de moradia, transporte, formação educacional, vinculados exclusivamente à atividade religiosa não configuram remuneração direta ou indireta.

Em seguida, ainda adveio um novo parágrafo introduzido pela Lei 14.057/2020 para beneficiar as igrejas retroagindo a aplicação do §14: "§ 16. Conforme previsto nos arts. 106 e 110 da Lei nº 5.172, de 25 de outubro de 1966 (Código Tributário Nacional), o disposto no § 14 deste artigo aplica-se aos fatos geradores anteriores à data de vigência da Lei nº 13.137, de 19 de junho de 2015, consideradas nulas as autuações emitidas em desrespeito ao previsto no respectivo diploma legal".

4.1. INCIDENTES SOBRE AS REMUNERAÇÕES DOS EMPREGADOS E AVULSOS

Conforme previsto no artigo 22, I, da Lei 8.212/91, será de **20%** sobre o **total** das **remunerações** ***pagas*** **mensalmente**, inclusive as gorjetas (remuneração variável) e as utilidades na forma de ganhos habituais, assim como sobre as ***devidas*** (dívidas) ***ou creditadas*** (adiantamentos) aos segurados **empregados** e **trabalhadores avulsos** pelos serviços prestados durante o mês.

Note-se que a Lei 8.212/91 foi mais longe do que o artigo 195, I, "a", da CRFB, ao prever não apenas a incidência da contribuição previdenciária patronal sobre as remunerações pagas ou creditadas pelas empresas, mas também as *devidas*.

Ou seja, se a empresa não pagar as remunerações mensais ou adiantá-las, mesmo assim incidirá a contribuição previdenciária patronal, pois se realiza a sua hipótese de incidência não só com as parcelas pagas, mas também com as devidas ou creditadas.

> Por força da Medida Provisória 680, publicada em 7 de julho de 2015, convertida na Lei 13.189/2015, **irá incidir contribuição previdenciária sobre o valor da compensação pecuniária a ser paga no âmbito do Programa de Proteção ao Emprego (PPE)**. Trata-se de compensação pecuniária equivalente a 50% do valor da redução salarial e limitada a 65% do valor máximo da parcela do seguro-desemprego, enquanto perdurar o período de redução temporária da jornada de trabalho, para as empresas que aderiram ao Programa de Proteção ao Emprego, que será custeada pelo Fundo de Amparo ao Trabalhador (FAP). Por força do Princípio da Noventena, esta disposição entra em vigor a partir de 1º de novembro de 2015.

De seu turno, ao contrário do que ocorre com o salário de contribuição, que limita o valor das contribuições previdenciárias dos segurados do RGPS, **inexiste teto** para o pagamento das contribuições previdenciárias devidas pelas empresas e equiparadas.

As *instituições financeiras* deverão ainda pagar um *adicional de 2,5%*, perfazendo um total de 22,5%, em razão do maior lucro e automação do setor, na forma do artigo 22, §1º, da Lei 8.212/91, discrímen que realiza o Princípio da Equidade na Forma de Participação no Custeio da Seguridade Social.

Deverá a empresa promover o recolhimento **até o dia 20** do mês subsequente ao da competência respectiva, conforme inovação da Lei 11.933/2009, ou no **dia útil imediatamente anterior**, se não houver expediente bancário, pois antes o prazo era até o dia 10 (Lei 11.488/2007) ou o dia 02 (Lei 9.063/95) no regime mais antigo.

Por força do artigo 60, §3º, da Lei 8.213/91, que regula o benefício do auxílio-doença, durante os primeiros quinze dias consecutivos ao do afastamento da atividade por motivo de doença, incumbirá à empresa pagar ao segurado empregado o seu salário integral.

Entretanto, pelo fato de inexistir efetivo trabalho nesses 15 dias, a jurisprudência vem reconhecendo a natureza indenizatória do pagamento, razão pela qual não deverá a empresa pagar contribuição previdenciária sobre a quantia.

Frise-se que as contribuições previdenciárias descontadas pela massa falida, dos salários dos empregados, e não repassadas aos cofres previdenciários, devem ser restituídas antes do pagamento de qualquer crédito, ainda que trabalhista, porque se trata de bens que não integram o patrimônio do falido, e sim da Previdência Social.

Com base no inciso II, do artigo 22, da Lei 8.212/91, sobre o total das remunerações pagas, devidas ou creditadas aos segurados empregados e trabalhadores avulsos, ainda incidirá um **adicional de 1%, 2% ou 3% para o custeio da aposentadoria especial e dos benefícios decorrentes de acidente de trabalho**.

Deveras, esses percentuais variarão a depender do nível de risco de acidentes de trabalho cuja atividade da empresa se enquadrar, sendo classificado em leve (1%), médio (2%) ou grave (3%), o que atende ao Princípio na Equidade na Forma de Participação no Custeio, pois o percentual é proporcional à probabilidade de acidentes de trabalho.

Conquanto atualmente não se destine apenas ao custeio do seguro de acidentes de trabalho (SAT), esta exação previdenciária adicional é tradicionalmente conhecida na doutrina e jurisprudência como **contribuição SAT.**

Ressalte-se que a Constituição assegura aos trabalhadores um seguro contra acidentes de trabalho, a cargo do empregador (artigo 7º, inciso XXVIII), atividade que foi aberta à iniciativa privada pela Emenda 20/1998, que inseriu o §10, no artigo 201, da Constituição Federal, ainda pendente de regulamentação.

O enquadramento do risco será de acordo com a *atividade preponderante da empresa*, assim considerada a que ocupa na empresa o maior número de segurados empregados e trabalhadores avulsos, devendo-se verificar os graus de risco constantes do anexo V, do RPS, delegação ao Poder Executivo que não viola a Constituição Federal de 1998, pois não foi incondicionada.

Assim, suponha-se que uma pessoa jurídica possua dois estabelecimentos (cada um terá o seu CNPJ). O primeiro gera o enquadramento da contribuição SAT em 2%. Já o segundo, por desenvolver outra atividade, tem o enquadramento de 3%. De acordo com o STJ, não haverá a soma dos empregados e avulsos dos dois estabelecimentos, para se enquadrar a pessoa jurídica em 2% ou 3%, devendo ser feito o enquadramento em separado, em cada estabelecimento da empresa.

Entretanto, frise-se que a Secretaria de Receita Federal do Brasil matinha posicionamento contrário ao do Superior Tribunal de Justiça, pois pontificava que "a empresa com mais de 1 (um) estabelecimento e diversas atividades econômicas deverá somar o número de segurados alocados na mesma atividade em todos os estabelecimentos, prevalecendo como preponderante a atividade que ocupa o maior número de segurados empregados e trabalhadores avulsos, considerados todos os estabelecimentos". Mas, por força da Instrução Normativa RFB nº 1.453, de 24 de fevereiro de 2014, a Receita Federal aderiu ao posicionamento do STJ, aduzindo que "a empresa com mais de 1 (um) estabelecimento e com mais de 1 (uma) atividade econômica deverá apurar a atividade preponderante em cada estabelecimento".

Posteriormente, por força do artigo 10, da Lei 10.666/2003, tornou-se possível que a **alíquota de 1%, 2% ou 3% da contribuição SAT sofra redução de até 50% ou majoração de até 100%**, em razão do desempenho da empresa em relação à respectiva atividade econômica, apurado em conformidade com os resultados obtidos a partir dos índices de frequência, gravidade e custo, calculados segundo metodologia aprovada pelo Conselho Nacional de Previdência Social.

A matéria vem regulada pelo *artigo 202-A, do RPS*, com redação alterada pelo Decreto 6.957/2009 e pelo Decreto 10.410/2020, que criou o **FAP – Fator Acidentário de Prevenção**, consistente em multiplicador variável (entre 0,5000 e 2,0000) que procederá à discriminação do desempenho da empresa, dentro da respectiva atividade econômica, a partir da criação de um índice composto pelos índices de gravidade, de frequência e de custo dos valores dos benefícios acidentários.

Na realidade, o que se busca é estimular as empresas a investirem em prevenção a acidentes de trabalho, através da extrafiscalidade, pois as que apresentarem um maior número de eventos dessa natureza pagarão um acréscimo à contribuição SAT, sendo também considerada a gravidade do acidente e o custo do pagamento dos benefícios previdenciários.

O Ministério da Economia publicará anualmente, sempre no mesmo mês, no Diário Oficial da União, a lista dos percentuais de frequência, gravidade e custo por Subclasse da Classificação Nacional de Atividades Econômicas – CNAE **e divulgará na rede mundial de computadores o FAP de cada empresa**, com as respectivas ordens de frequência, gravidade, custo e demais elementos que possibilitem a esta verificar o respectivo desempenho dentro da sua CNAE – Subclasse.

A teor do artigo 57, §6º, da Lei 8.213/91, **as alíquotas da contribuição SAT ainda poderão ser acrescidas de 6%, 9% ou 12% (adicional SAT), se o segurado empregado ou trabalhador avulso desenvolver atividade enquadrada como *especial*, que leva a uma aposentadoria diferenciada com apenas 25, 20 ou 15 anos de contribuição, respectivamente.**

Logo, se o empregado ou avulso se encontra exposto a agentes físicos, químicos, biológicos ou outros prejudiciais à sua saúde ou integridade física, ele fará jus ao benefício denominado de aposentadoria especial, que exige um menor tempo de contribuição para a aposentação, a depender do enquadramento regulamentar.

A justificativa para o adicional SAT é que o segurado empregado e o trabalhador avulso se aposentarão mais cedo e naturalmente permanecerão recebendo aposentadoria por mais tempo que os demais segurados, o que gerará um maior ônus à previdência social.

Excepcionalmente, **caso o empregador seja um microempreendedor individual**, que é equiparado à empresa para fins previdenciários, a sua cota previdenciária patronal será de apenas **3% (três por cento) sobre o salário de contribuição** do seu empregado, a teor do artigo 18-C, §1º, III, da Lei Complementar 123/2006, inserido pela Lei Complementar 139/2011. Vale salientar que o MEI apenas poderá ter um único empregado que receba exclusivamente um salário mínimo ou o piso salarial da categoria profissional.

4.2. INCIDENTES SOBRE AS REMUNERAÇÕES DOS CONTRIBUINTES INDIVIDUAIS

Esta contribuição previdenciária das empresas será de **20%** sobre o **total** das **remunerações pagas ou creditadas** a qualquer título, no decorrer do mês, **aos segurados contribuintes individuais** que lhe prestem serviços, na forma do artigo 22, inciso III, da Lei 8.212/91, inserido pela Lei 9.876/99, até o **dia 20** do mês subsequente ao da competência, ou, se não for dia útil, no imediatamente anterior.

Atualmente, esta previsão legal é válida, pois a Emenda 20/1998 alterou a redação do artigo 195, I, "a", da CRFB, que agora prevê a incidência da contribuição previdenciária patronal sobre todas as remunerações pagas pelas empresas, não mais se limitando aos pagamentos dos trabalhadores com vínculo empregatício.

Por esse motivo, no passado, o STF chegou a pronunciar a inconstitucionalidade do artigo 3º, I, da Lei 7.787/89, que estendeu a contribuição previdenciária das empresas sobre as remunerações pagas aos antigos autônomos, cuja fonte de custeio não contava com previsão constitucional, o que demandaria lei complementar (RE 177.296, de 15.09.1994), vício que posteriormente foi solucionado com a promulgação da Lei Complementar 84/1996.

Também neste caso as instituições financeiras deverão ainda pagar um adicional de 2,5%, em razão do maior lucro e automação, com base no artigo 22, §1º, da Lei 8.212/91.

No caso das **cooperativas de produção**, estas deverão recolher uma **contribuição adicional de 6%, 9%, ou 12% (adicional SAT)** para o custeio da aposentadoria especial de **25, 20 ou 15** anos, respectivamente, caso se trate de atividade enquadrada como especial desenvolvida pelo cooperado (contribuinte individual) e que gere a citada aposentadoria com menos anos de contribuição, como prevê o artigo 1º, §2º, da Lei 10.666/2003.

Vale salientar que a bolsa de estudos paga ou creditada ao médico-residente participante do programa de residência médica de que trata o **artigo 4º, da Lei nº 6.932/81**, é considerada remuneração, incidindo a contribuição previdenciária, haja vista o enquadramento do residente como contribuinte individual.

Por força do artigo 22, §15, da Lei 8.212/91, inserido pela Lei 13.202, de 8/11/2015, na contratação de serviços de transporte rodoviário de carga ou de passageiro, de serviços prestados com a utilização de trator, máquina de terraplenagem, colheitadeira e assemelhados, **a base de cálculo da contribuição da empresa corresponde a 20% (vinte por cento) do valor da nota fiscal, fatura ou recibo**, quando esses serviços forem prestados por condutor autônomo de veículo rodoviário, auxiliar de condutor autônomo de veículo rodoviário, bem como por operador de máquinas (esta disposição já era prevista na IN RFB 971/2009, artigo 55, §2º).

4.3. INCIDENTES SOBRE O VALOR BRUTO DA NOTA FISCAL OU FATURA DA PRESTAÇÃO DE SERVIÇOS DAS COOPERATIVAS DE TRABALHO (ESTUDO HISTÓRICO)

No caso das empresas que contratavam **trabalhadores cooperados** por **intermédio de cooperativa de trabalho**, a contribuição previdenciária patronal era de **15%** sobre o **valor bruto da nota fiscal ou fatura** de prestação de serviços, na forma do extinto artigo 22, IV, da Lei 8.212/91, disposição que afasta a regra geral dos 20% sobre o total das remunerações pagas ou creditadas, na forma do artigo 201, §19, do RPS.

> **STF**
>
> No entanto, a posição se inverteu em 2014. **É que o Supremo Tribunal Federal, em 23 de abril, pronunciou a inconstitucionalidade do inciso IV do artigo 22 da Lei 8.212/91**, com base em quatro fundamentos: desconsideração inconstitucional da personalidade jurídica das cooperativas de trabalho, que deveriam ser as responsáveis tributárias pelo recolhimento da contribuição, e não o terceiro (tomador de serviços); ausência de lei complementar, pois a base de cálculo desta contribuição não é prevista no artigo 195, da Constituição Federal; afronta ao Princípio da Capacidade Contributiva, vez que os pagamentos efetuados por terceiros às cooperativas de trabalho, em face de serviços prestados por seus associados, não se confundiriam com os valores efetivamente pagos ou creditados aos cooperados; ocorrência de *bis in idem* na tributação do faturamento da cooperativa de trabalho (RE 595.838).

No entanto, em razão da decisão tomada pelo STF no RE 595.838, que afastou a contribuição de 15% da cooperativa de trabalho sobre o valor bruto da nota fiscal ou fatura de prestação de serviços, a Secretaria da Receita Federal do Brasil editou o Ato Declaratório Interpretativo 5, de 25 de maio de 2015, **elevando a contribuição do cooperado do trabalho para 20% do salário de contribuição a ser descontada e repassada pela cooperativa**, haja vista a inexistência de contribuição da cooperativa, pronunciada inconstitucional.

Ademais, a Receita Federal deixou de cobrar a contribuição da empresa contratante, ficando o custeio somente a cargo do **cooperado do trabalho com alíquota de 20% do salário de contribuição**, cabendo à cooperativa promover os descontos.

> Posteriormente, o Senado suspendeu a execução do inciso IV do artigo 22, da Lei 8.212/91, dando eficácia erga omnes à decisão do STF: "RESOLUÇÃO Nº 10, DE 2016 - Art. 1º. É suspensa, nos termos do art. 52, inciso X, da Constituição Federal, a execução do inciso IV do art. 22 da Lei nº 8.212, de 24 de julho de 1991, declarado inconstitucional por decisão definitiva proferida pelo Supremo Tribunal Federal nos autos do Recurso Extraordinário nº 595.838. Senado Federal, em 30 de março de 2016".

5. CONTRIBUIÇÃO PREVIDENCIÁRIA DO EMPREGADOR DOMÉSTICO

Será enquadrado como **empregador doméstico** *a pessoa ou família que admite a seu serviço, sem finalidade lucrativa, empregado doméstico*, na forma do artigo 15, inciso II, da Lei 8.212/91.

A legislação acerca dos empregados domésticos foi renovada. Em 2 de junho de 2015 foi publicada a Lei Complementar 150, sendo previsto expressamente que a configuração do vínculo de emprego doméstico é configurado quando se presta serviços de forma contínua, subordinada, onerosa e pessoal e de finalidade não lucrativa à pessoa ou à família, no âmbito residencial destas, **por mais dois dias por semana**.

Ademais, houve redução da contribuição previdenciária do empregador doméstico e do dia do recolhimento por força dos artigos 35 e 36 da LC 150/2015. Antes, a contribuição era de 12% do salário de contribuição do empregado doméstico e o dia para recolhimento era 15.

> Agora, a contribuição previdenciária patronal do empregador doméstico será no total de **8,8% do salário de contribuição**, sendo 8% de contribuição patronal previdenciária para a seguridade social, a cargo do empregador doméstico, nos termos do art. 24 da Lei nº 8.212, de 24 de julho de 1991 e 0,8% de contribuição social para financiamento do seguro contra acidentes do trabalho (contribuição SAT).

Isso porque pontifica o artigo 34 da LC 150/2015 que o Simples Doméstico assegurará o recolhimento mensal, mediante documento único de arrecadação, dos seguintes valores:

> **I - 8% (oito por cento) a 11% (onze por cento) de contribuição previdenciária, a cargo do segurado empregado doméstico, nos termos do art. 20 da Lei nº 8.212, de 24 de julho de 1991;**
>
> **II - 8% (oito por cento) de contribuição patronal previdenciária para a seguridade social, a cargo do empregador doméstico, nos termos do art. 24 da Lei nº 8.212, de 24 de julho de 1991;**
>
> **III - 0,8% (oito décimos por cento) de contribuição social para financiamento do seguro contra acidentes do trabalho;**
>
> IV – 8% (oito por cento) de recolhimento para o FGTS;
>
> V – 3,2% (três inteiros e dois décimos por cento), na forma do art. 22 desta Lei; e
>
> VI – imposto sobre a renda retido na fonte de que trata o inciso I do art. 7º da Lei nº 7.713, de 22 de dezembro de 1988, se incidente.

A aplicabilidade do Simples Doméstico se deu a partir da competência Outubro de 2015, com recolhimento até 7 de novembro (POR PROBLEMA DO E-SOCIAL PRORROGOU ATÉ 30/11/2015, EXCEPCIONALMENTE, NESTE MÊS). Acaso o dia 7 não seja dia útil, **será antecipado para o primeiro dia útil anterior, e não posterior. Com o advento da MP 1.110/2022, o prazo de recolhimento foi alterado do dia 7 para o dia 20, devendo ser antecipado para o primeiro dia útil anterior, se no dia 20 não for expediente bancário.**

A inscrição do empregador e a entrada única de dados cadastrais e de informações trabalhistas, previdenciárias e fiscais no âmbito do Simples Doméstico dar-se-á mediante registro no Sistema de Escrituração Digital das Obrigações Fiscais, Previdenciárias e Trabalhistas - eSocial, instituído pelo Decreto 8.373, de 11 de dezembro de 2014.

Esta contribuição de 8,8% sobre o **salário de contribuição** do empregado doméstico, que agora deverá ser recolhida até o **dia 7** (atualmente dia 20) do mês subsequente ao da competência, ou, se não for dia útil, **no primeiro imediatamente anterior** (Portaria Interministerial 822, de 30 de setembro de 2015 e Lei 13.202/2015 nesse sentido), juntamente com a contribuição descontada do salário do empregado, valendo ressaltar que se cuida da única contribuição patronal que incidirá sobre o salário de contribuição, tendo, destarte, um **teto**, assim como ocorre com a empresa enquadrada como MEI.

Foi criado o regime unificado de pagamento de tributos, de contribuições e dos demais encargos do empregador doméstico (Simples Doméstico), com inscrição do empregador e entrada única de dados cadastrais e de informações trabalhistas, previdenciárias e fiscais no âmbito do Simples Doméstico dando-se mediante registro em sistema eletrônico a ser disponibilizado em portal na internet, conforme regulamento.

Para espancar qualquer dúvida, a Lei 13.202, de 8/12/2015 ainda alterou o artigo 24 da Lei 8.212/91 que passou a sem compatibilizar com a LC 150/2015, passando a prever que "A contribuição do empregador doméstico incidente sobre o **salário de contribuição** do empregado doméstico a seu serviço é de: I – **8%** (oito por cento); e II – **0,8%** (oito décimos por cento) para o financiamento do seguro contra acidentes de trabalho".

Por força da Lei 13.202, de 4/12/2015, foi expressamente revogado o §6º do artigo 30 da Lei 8.212/91, que autorizava o *empregador doméstico* a recolher a contribuição do segurado empregado a seu serviço e a parcela a seu cargo relativas à *competência novembro até o **dia 20 de dezembro***, juntamente com a contribuição referente à gratificação natalina – décimo terceiro salário – utilizando-se de um único documento de arrecadação. Esta exceção havia sido mantida pela Portaria Interministerial 822, de 30 de setembro de 2015 (art. 4º), mas diante da revogação da Lei 13.202/2015, **foi eliminada**.

Logo, desde 9 de dezembro de 2015 caiu o recolhimento da competência novembro até o dia 20 de dezembro, passando para o dia 7 de dezembro (somente aplicável para o ano de 2016, pois a alteração se deu tardiamente). **Com o advento da MP 1.110/2022, o prazo de recolhimento foi alterado do dia 7 para o dia 20, devendo ser antecipado para o primeiro dia útil anterior, se no dia 20 não for expediente bancário.**

Era possível o **recolhimento trimestral** das contribuições previdenciárias pelo empregador doméstico, caso o salário de contribuição seja de um salário mínimo (art. 216, §16, do Decreto 3.048/99), disposição que parece ter sido revogada, antes a não reprodução na LC 150/2015. Vale frisar que a Portaria Interministerial 822, de 30 de setembro de 2015, que disciplina o Simples Doméstico, não prevê o recolhimento trimestral.

De acordo com o artigo 216, §1º, do RPS, o desconto da contribuição do segurado incidente sobre o valor bruto da gratificação natalina – décimo terceiro salário – é devido quando do pagamento **ou crédito da última parcela** e deverá ser calculado em separado.

Vale frisar que a **Emenda Constitucional 72/2013** previu o pagamento da contribuição SAT pelos **empregadores domésticos**, sendo exigível somente com a regulamentação legal dada pela LC 150, o que permitiu a percepção de benefícios por acidente de trabalho pelos empregados domésticos. Esta regulamentação somente se operou em junho de 2015 com a publicação da LC 150.

6. CONTRIBUIÇÕES SUBSTITUTIVAS DA COTA PATRONAL

6.1. ASSOCIAÇÕES DESPORTIVAS QUE MANTÊM EQUIPE DE FUTEBOL PROFISSIONAL

Em substituição à contribuição previdenciária de 20% incidente sobre o total das remunerações pagas, devidas ou creditadas aos **segurados empregados** e **avulsos** que lhe prestam serviços, bem como à contribuição SAT de 1, 2 ou 3%, a legislação instituiu em favor das associações desportivas que mantém times de futebol profissional uma contribuição substitutiva para beneficiá-las.

Com efeito, essa contribuição corresponderá a **5% da receita bruta decorrente dos espetáculos desportivos** de que participem em todo *território nacional* em qualquer modalidade desportiva, inclusive jogos internacionais, e de qualquer forma de **patrocínio, licenciamento** de uso de marcas e símbolos, **publicidade, propaganda e de transmissão de espetáculos desportivos**.

Contudo, *esta forma diferenciada de contribuição previdenciária apenas será aplicada às atividades diretamente relacionadas com a manutenção e adminis-*

tração de equipe profissional de futebol, não se estendendo às outras atividades econômicas exercidas pelas referidas pessoas jurídicas.

Frise-se que esta contribuição não substituirá a incidente sobre as remunerações dos contribuintes individuais prestadores de serviços à associação desportiva, mas apenas no que concerne aos empregados e avulsos.

Por sua vez, caberá a entidade promotora do espetáculo a responsabilidade tributária de efetuar os descontos e repassar à União os recursos até 02 dias úteis após a realização do evento esportivo.

No caso de a associação desportiva receber recursos a título de patrocínio, licenciamento de uso de marcas e símbolos, publicidade, propaganda e transmissão de espetáculos, caberá à empresa pagadora a responsabilidade de reter e recolher o percentual de 5% da receita bruta decorrente do evento, inadmitida qualquer dedução, até o dia 20 do mês subsequente ao da competência.

De acordo com o atual regramento, esta contribuição substitutiva beneficiará as associações desportivas que mantenham equipe de futebol profissional e atividade econômica organizada para a produção e circulação de bens e serviços e que se organize regularmente, segundo um dos tipos disciplinados nos artigos 1.039 a 1.092, do Código Civil.

Antes, por força da Medida Provisória 358/2007, que alterou a redação do §11, do artigo 22, da Lei 8.212/91, era preciso que se tratasse de sociedade empresarial para gozar desta contribuição substitutiva, mas este dispositivo foi excluído da Lei de conversão (11.505/2007).

6.2. PRODUTOR RURAL PESSOA FÍSICA

Em favor dos produtores rurais pessoas físicas, que são equiparados a empresa para fins previdenciários, para substituir a contribuição previdenciária sobre as remunerações dos seus empregados e avulsos e a respectiva contribuição SAT, a legislação previdência instituiu uma forma substitutiva de custeio.

Considera-se *produtor rural pessoa física* o **segurado especial** que contrate empregados ou avulsos de maneira não permanente (até 120 pessoas/dias/ano civil) e o **contribuinte individual rural.**

Com propriedade, a alíquota da contribuição era de 2,0% sobre a receita bruta proveniente da comercialização da sua produção, sofrendo um acréscimo de 0,1% para financiamento das prestações por acidente do trabalho (contribuição SAT), **o que perfazia um total de 2,1%.**

No entanto, coube à **Lei 13.606/2018** reduzir a alíquota da contribuição previdenciária do empregador rural pessoa física, inserindo a seguinte redação ao artigo 25 da Lei 8.212/91:

> **I – 1,2% (um inteiro e dois décimos por cento) da receita bruta proveniente da comercialização da sua produção (redação dada pela Lei 13.606/2018);**
>
> II – 0,1% da receita bruta proveniente da comercialização da sua produção para financiamento das prestações por acidente do trabalho.

Assim, a alíquota total da contribuição previdenciária do produtor rural pessoa física (básica + SAT) foi reduzida de 2,1% para **1,3%** da produção rural comercializada.

Vale registrar que, com o advento da Lei 13.606/2018, o **empregador rural pessoa física** poderá escolher a forma de contribuição previdenciária patronal, podendo optar entre o recolhimento sobre produção (art. 25, Lei 8.212/91) ou seguinte a contribuição sobre a folha de remuneração (art. 22, I e II, da Lei 8.212/91), considerando o novel §13[12] inserido ao artigo 25 da Lei 8.212/91 **(esta regra iniciou a vigência em 1/1/2019).**

A opção será manifestada mediante o pagamento da contribuição incidente sobre a folha de salários relativa a janeiro de cada ano, ou à primeira competência subsequente ao início da atividade rural, e será irretratável para todo o ano-calendário.

Por força da Lei 13.606/2018, não integra a base de cálculo da contribuição a produção rural destinada ao plantio ou reflorestamento, nem o produto animal destinado à reprodução ou criação pecuária ou granjeira e à utilização como cobaia para fins de pesquisas científicas, quando vendido pelo próprio produtor e por quem a utilize diretamente com essas finalidades e, no caso de produto vegetal, por pessoa ou entidade registrada no Ministério da Agricultura, Pecuária e Abastecimento que se dedique ao comércio de sementes e mudas no País.

Em regra, a responsabilidade tributária pelo recolhimento desta contribuição será do adquirente da produção, e não do produtor rural pessoa física, exceto nas hipóteses do artigo 30, incisos X e XII, da Lei 8.212/91, até o dia 20 do mês subsequente ao da operação ou consignação, ou, se não for dia útil bancário, no imediatamente anterior.

No entanto, quando o segurado especial contratar trabalhadores temporários na condição de produtor rural pessoa física, por força do artigo 32-C, §3º, da Lei

12. § 13. O produtor rural pessoa física poderá optar por contribuir na forma prevista no caput deste artigo ou na forma dos incisos I e II do caput do art. 22 desta Lei, manifestando sua opção mediante o pagamento da contribuição incidente sobre a folha de salários relativa a janeiro de cada ano, ou à primeira competência subsequente ao início da atividade rural, e será irretratável para todo o ano-calendário.

8.212/91, inserido pela Lei 12.873/2013, está obrigado a arrecadar as contribuições previstas nos incisos X, XII e XIII do caput do artigo 30 da Lei 8.212/91, os valores referentes ao FGTS e os encargos trabalhistas sob sua responsabilidade, **até o dia 7 (sete) do mês seguinte ao da competência**, ou no dia útil imediatamente anterior, se no dia 07 não houver expediente bancário, sendo uma regra especial que afasta o recolhimento até o dia 20 enquanto contribuição na condição de segurado. **Com o advento da MP 1.110/2022, o prazo de recolhimento foi alterado do dia 7 para o dia 20, devendo ser antecipado para o primeiro dia útil anterior, se no dia 20 não for expediente bancário.**

Na hipótese do produtor rural pessoa física **contribuinte individual**, além da sua contribuição patronal substitutiva, ainda será preciso que pague mensalmente a sua contribuição previdenciária como segurado obrigatório do RGPS, no valor de 20% sobre o salário de contribuição.

Outrossim, o **segurado especial** também se enquadra como produtor rural pessoa física, mas neste caso a contribuição será única (como segurado e como patrão), diferentemente do que ocorre com o contribuinte individual também enquadrado como produtor rural, sendo de 1,3% sobre a receita decorrente da comercialização da sua produção.

Esta contribuição substitutiva está prevista no artigo 25, da Lei 8.212/91, com redação dada pelo artigo 1º, da Lei 8.540/92. Ou seja, foi editada antes da reforma constitucional promovida pela Emenda 20/98, que apenas previa o faturamento como fonte de custeio, e não a receita bruta (expressão mais ampla), a teor do artigo 195, I, da CRFB, em sua redação originária.

> **STF**
>
> **Com o falecimento do Ministro Teori e a entrada do Ministro Alexandre de Moraes, a Suprema Corte reviu o seu posicionamento, adotando a tese por 6 x 5 da constitucionalidade do artigo 25 da Lei 8212/91: (RE 718874/RS, rel. orig. Min. Edson Fachin, red. p/ o ac. Min. Alexandre de Moraes, julgamento em 29 e 30.3.2017:**
>
> "TRIBUTÁRIO. EC 20/98. NOVA REDAÇÃO AO ARTIGO 195, I DA CF. POSSIBILIDADE DE EDIÇÃO DE LEI ORDINÁRIA PARA INSTITUIÇÃO DE CONTRIBUIÇÃO DE EMPREGADORES RURAIS PESSOAS FÍSICAS INCIDENTE SOBRE A COMERCIALIZAÇÃO DA PRODUÇÃO RURAL. CONSTITUCIONALIDADE DA LEI 10.256/2001. 1.A declaração incidental de inconstitucionalidade no julgamento do RE 596.177 aplica-se, por força do regime de repercussão geral, a todos os casos idênticos para aquela determinada situação, não retirando do ordenamento jurídico, entretanto, o texto legal do artigo 25, que, manteve vigência e eficácia para as demais hipóteses. 2.A Lei 10.256, de 9 de julho de 2001 alterou o artigo 25 da Lei 8.212/91, reintroduziu o empregador rural como sujeito passivo da contribuição, com a alíquota de 2% da receita bruta proveniente da comercialização da sua produção; espécie da base de cálculo receita, autorizada pelo novo texto da EC 20/98. 3. **Recurso extraordinário provido, com afirmação de tese segundo a qual É constitucional formal e materialmente a contribuição social do empregador rural pessoa física, instituída pela Lei 10.256/01, incidente sobre a receita bruta obtida com a comercialização de sua produção".**

No mais, **equipara-se ao empregador rural pessoa física o consórcio simplificado de produtores rurais**, formado pela união de produtores rurais pessoas físicas, que outorgar a um deles poderes para contratar, gerir e demitir trabalhadores para prestação de serviços, exclusivamente, aos seus integrantes, mediante documento registrado em cartório de títulos e documentos.

6.3. PRODUTOR RURAL PESSOA JURÍDICA

De acordo com o artigo 25, da Lei 8.870/94, o empregador rural pessoa jurídica terá também uma contribuição previdenciária patronal substitutiva à incidente sobre as remunerações dos empregados e avulsos que contrate e a respectiva contribuição SAT.

A alíquota da contribuição era **2,5%** sobre a receita bruta proveniente da comercialização da sua produção, sofrendo um acréscimo de 0,1% para financiamento das prestações por acidente do trabalho (contribuição SAT), **o que perfazia um total de 2,6%**, sendo do próprio produtor rural pessoa jurídica a responsabilidade pelo seu recolhimento.

No entanto, a Lei 13.606/2018 alterou o artigo 25, da Lei 8.870/94. Após veto presidencial à alteração, o Congresso Nacional derrubou o veto e reduziu a contribuição do empregador rural pessoa jurídica de 2,6% para 1,8% no total:

> Art. 25. A contribuição devida à seguridade social pelo empregador, pessoa jurídica, que se dedique à produção rural, em substituição à prevista nos incisos I e II do art. 22 da Lei nº 8.212, de 24 de julho de 1991, passa a ser a seguinte: (Redação dada pela Lei nº 10.256, de 9.7.2001)
>
> **I – 1,7% (um inteiro e sete décimos por cento) da receita bruta proveniente da comercialização da sua produção; (Redação dada pela Lei nº 13.606, de 2018)**
>
> II – um décimo por cento da receita bruta proveniente da comercialização de sua produção, para o financiamento da complementação das prestações por acidente de trabalho.

Ademais, não integra a base de cálculo da contribuição citada a produção rural destinada ao plantio ou reflorestamento, nem o produto animal destinado à reprodução ou criação pecuária ou granjeira e à utilização como cobaia para fins de pesquisas científicas, quando vendido pelo próprio produtor e por quem a utilize diretamente com essas finalidades e, no caso de produto vegetal, por pessoa ou entidade registrada no Ministério da Agricultura, Pecuária e Abastecimento que se dedique ao comércio de sementes e mudas no País.

Tal qual o produtor rural pessoa física, o empregador rural pessoa jurídica enquadra-se como **contribuinte individual**, devendo também verter as suas contribuições previdenciárias como segurado obrigatório do RGPS.

Vale registrar que, com o advento da Lei 13.606/2018, o **empregador rural pessoa jurídica** poderá escolher a forma de contribuição previdenciária patronal, podendo optar entre o recolhimento sobre produção (art. 25, Lei 8.212/91) ou seguinte a contribuição sobre a folha de remuneração (art. 22, I e II, da Lei 8.212/91), considerando o novel §7º[13] inserido ao artigo 15 da Lei 8.870/94 **(esta regra iniciou a vigência em 1/1/2019).**

A opção será manifestada mediante o pagamento da contribuição incidente sobre a folha de salários relativa a janeiro de cada ano, ou à primeira competência subsequente ao início da atividade rural, e será irretratável para todo o ano-calendário.

Por sua vez, por força do artigo 22-A, da Lei 8.212/91, essa contribuição de 2,6% também beneficiará a **agroindústria**, considerada como o produtor rural pessoa jurídica cuja atividade econômica seja a industrialização de produção própria ou de produção própria e adquirida de terceiros, *não se aplicando às operações relativas à prestação de serviços a terceiros, bem como às sociedades cooperativas e às agroindústrias de piscicultura, carcinicultura, suinocultura e avicultura.*

Este dispositivo não foi atualizado pela Lei 13.606/2018, mas está tacitamente modificado para 1,8%, podendo dar problema no concurso por desconhecimento do examinador (anulação da questão).

Outrossim, este regime substitutivo não se aplica à pessoa jurídica que, relativamente à atividade rural, se dedique apenas ao florestamento e reflorestamento como fonte de matéria-prima para industrialização própria, mediante a utilização de processo industrial que modifique a natureza química da madeira ou a transforme em pasta celulósica.

7. A RETENÇÃO FEITA PELO CONTRATANTE DE SERVIÇOS DE CESSÃO DE MÃO DE OBRA

Com o intuito de otimizar a arrecadação das contribuições previdenciárias, inibindo a sonegação fiscal, o artigo 31, da Lei 8.212/91, prevê que a **empresa que contrate outra para a prestação de serviços de cessão de mão de obra**, mesmo que em regime de trabalho temporário, terá a responsabilidade tributária de **reter** a quantia equivalente a **11%** do valor bruto da nota fiscal ou fatura de prestação de serviços em nome da pessoa jurídica cedente de mão de obra ("RETENÇÃO PARA A PREVIDÊNCIA SOCIAL"), até o dia 20 do mês subsequente ao da emissão da nota ou fatura, ou no dia útil imediatamente anterior, se não houver expediente bancário, a partir da competência 02.1999.

Não se trata diretamente de pagamento das contribuições previdenciárias patronais, e sim da técnica legal da **antecipação compensável**, pois posteriormente a quantia retida será utilizada para o pagamento das contribuições previdenciárias devidas pela prestadora de serviços de mão de obra.

Posteriormente, será feito um confronto entre o valor retido e o devido pela empresa prestadora de serviços de mão de obra à guisa de contribuição previdenciária patronal, operando-se uma **compensação**, que poderá gerar o direito à restituição do que eventualmente sobre ou o pagamento do remanescente pela pessoa jurídica.

O **desconto se presume feito** pela empresa tomadora dos serviços de cessão de mão de obra, de modo que, se esta for omissa e não promover o desconto destacado na nota fiscal, será responsabilizada exclusivamente pelo pagamento.

As hipóteses de aplicação desta regra constam em um rol enunciado no artigo 219, §2º, do RPS, sendo também prevista a retenção nas hipóteses dos incisos I ao V, quando a prestação se der sob o regime de empreitada.

Será considerada como **cessão de mão de obra** a colocação à disposição do contratante, **em suas dependências ou nas de terceiros**, de segurados que realizem serviços contínuos, relacionados ou não com a atividade-fim da empresa, quaisquer que sejam a natureza e a forma de contratação.

Entrementes, **no contrato de empreitada de mão de obra**, após a Lei 9.711/98, mesmo não havendo tecnicamente cessão de mão de obra, aplica-se a retenção do artigo 31, da Lei 8.212/91, por força de expressa previsão do inciso III, do §4º, do referido artigo.

Ou seja, em regra, para a caracterização da cessão de mão de obra, **a legislação previdenciária exige efetivo deslocamento dos trabalhadores que prestam serviços**, seja para as instalações do tomador, seja para a de terceiros, a exemplo dos serviços de telemarketing.

Vale ressaltar que a retenção em comento não se aplica às empresas de pequeno porte prestadoras

---

13. § 7º O empregador pessoa jurídica poderá optar por contribuir na forma prevista no caput deste artigo ou na forma dos incisos I e II do caput do art. 22 da Lei no 8.212, de 24 de julho de 1991, manifestando sua opção mediante o pagamento da contribuição incidente sobre a folha de salários relativa a janeiro de cada ano, ou à primeira competência subsequente ao início da atividade rural, e será irretratável para todo o ano- calendário.

de serviços de cessão de mão de obra, pois há uma incompatibilidade lógica com o seu regime simplificado tributário.

> **STJ**
> **Súmula: 425** – A retenção da contribuição para a seguridade social pelo tomador do serviço não se aplica às empresas optantes pelo Simples.

Por força do artigo 224-A, do RPS, esta antecipação compensável não se aplica à contratação de serviços por intermédio de cooperativa de trabalho, justamente porque neste caso já existe uma contribuição previdenciária patronal diferenciada, consistente em 15% sobre o valor bruto da nota fiscal ou fatura de prestação de serviços.

O RPS ainda prevê que a retenção de 11% será acrescida de quatro, três ou dois pontos percentuais, relativamente aos serviços prestados pelos segurados empregado, cuja atividade permita a concessão de aposentadoria especial, após quinze, vinte ou vinte e cinco anos de contribuição, respectivamente, na forma do seu §12, do artigo 219, em regulamentação ao artigo 6º, da Lei 10.666/2003.

8. HIPÓTESES DE RESPONSABILIZAÇÃO SOLIDÁRIA

Com o desiderato de aumentar as possibilidades de arrecadação das contribuições previdenciárias, alguns casos de responsabilidade solidária por seu adimplemento foram instituídos pela legislação.

De efeito, a solidariedade tributária não comporta benefício de ordem, respondendo cada devedor pela totalidade do débito perante a Secretaria de Receita Federal do Brasil.

Vale salientar que o artigo 13, da Lei 8.620/93, **previa a solidariedade** do *titular de firma individual* e dos *sócios das empresas com cotas de responsabilidade limitada* pelos débitos à seguridade social da pessoa jurídica, tendo sido **revogado** pela Lei 11.941/2009.

8.1. CONSTRUÇÃO CIVIL

No ramo da **construção civil**, o artigo 30, inciso VI, da Lei 8.212/91 coloca o *proprietário*, o *incorporador*, o *dono da obra* ou *condômino da unidade imobiliária*, qualquer que seja a forma de contratação da construção, reforma ou acréscimo que *não envolva cessão de mão de obra*, como **responsáveis solidários com o construtor, e estes com a subempreiteira**, pelo cumprimento das obrigações para com a seguridade social.

Posteriormente, restou ressalvado o seu *direito regressivo* contra o executor ou contratante da obra e *admitida à retenção* de importância a este devida para garantia do cumprimento dessas obrigações, não se aplicando, em qualquer hipótese, o benefício de ordem.

Esta hipótese de responsabilidade solidária apenas terá aplicabilidade quando não ocorrer cessão ou empreitada de mão de obra, conforme previsto no artigo 220, do RPS, pois nestes casos incidirá a retenção de 11% sobre o valor bruto da nota fiscal ou fatura de prestação de serviços em nome da pessoa jurídica cedente de mão de obra, na forma do artigo 31, da Lei 8.212/91.

> Restou excluído da responsabilidade solidária perante a seguridade social o adquirente de prédio ou unidade imobiliária que realizar a operação com empresa de comercialização ou incorporador de imóveis, ficando estes solidariamente responsáveis com o construtor.

Por fim, frise-se que a legislação previdenciária instituiu uma hipótese de não incidência das contribuições para a seguridade social, no caso de **construção residencial unifamiliar**, desde que destinada ao uso próprio, do tipo econômico, se executada sem mão de obra assalariada, se a área total não superar 70 metros quadrados.

8.2. EMPRESAS DO MESMO GRUPO ECONÔMICO

As empresas que integram o mesmo grupo econômico são solidariamente responsáveis pelo pagamento das contribuições para a seguridade social, a teor do artigo 30, inciso IX, da Lei 8.212/91.

Na forma do artigo 2º, §2º, da CLT, "sempre que uma ou mais empresas, tendo, embora, cada uma delas, personalidade jurídica própria, estiverem sob a direção, controle ou administração de outra, constituindo grupo industrial, comercial ou de qualquer outra atividade econômica, serão, para os efeitos da relação de emprego, solidariamente responsáveis a empresa principal e cada uma das subordinadas", sendo essa definição compatível com o Direito Previdenciário.

8.3. GESTORES DOS ENTES DA ADMINISTRAÇÃO PÚBLICA INDIRETA

Na forma do artigo 42, da Lei 8.212/91, os administradores das autarquias, fundações públicas, empresas públicas e sociedades de economia mista de todas as esferas poderão ser responsabilizados solidariamente pelo pagamento das contribuições para a seguridade social, caso se encontrem em mora por mais de 30 dias no seu recolhimento, limitado ao período em que já tinham poder de gestão, pois se cuida de responsabilidade pessoal.

Ante a ausência de previsão legal, esse dispositivo não poderá ser aplicado aos gestores públicos dos entes políticos, pois limitado à Administração Pública Indireta.

8.4. ADMINISTRAÇÃO PÚBLICA

De acordo com o artigo 71, §2º, da Lei 8.666/93, com redação dada pela Lei 9.032/95, **a Administração Pública responde solidariamente com o contratado pelos encargos previdenciários resultantes da execução do contrato**, nos termos do artigo 31 da Lei nº 8.212, de 24 de julho de 1991.

Logo, a responsabilidade solidária do Poder Público será elidida se ele efetuou a retenção de 11% sobre o valor bruto da nota ou fatura de prestação de serviços, conforme determina o artigo 31, da Lei 8.212/91.

Vale destacar que o artigo 71, §2º, da Lei 8.666/93, apenas atribui responsabilidade solidária ao Poder Público para o pagamento das contribuições previdenciárias juntamente com o contratado no caso de cessão de mão de obra, pois o dispositivo faz remissão ao artigo 31, da Lei 8.212/91.

Por outro lado, após o advento da Nova Lei de Licitações (art. 120, *caput*), **somente o contratado** será responsável pelos encargos trabalhistas, **previdenciários**, fiscais e comerciais resultantes da execução do contrato.

Excepcionalmente, (art. 121, §2º e §5º), na forma da Lei 14.133/2021, **exclusivamente nas contratações de serviços contínuos com regime de dedicação exclusiva de mão de obra**, a Administração responderá **solidariamente pelos encargos previdenciários** e subsidiariamente pelos encargos trabalhistas se comprovada falha na fiscalização do cumprimento das obrigações do contratado, observada a regra do artigo 321 da Lei 8.212/91.

8.5. OPERADOR PORTUÁRIO E ÓRGÃO GESTOR DE MÃO DE OBRA

O artigo 2º, §4º, da Lei 9.719/98, determina que o *operador portuário* e o órgão gestor de mão de obra são **responsáveis solidários pelo pagamento das contribuições para a seguridade social**, relativas à requisição de mão de obra dos trabalhadores avulsos, vedada a invocação do benefício de ordem.

Contudo, na hipótese do órgão gestor de mão de obra não elaborar a escalação dos trabalhadores avulsos, o operador portuário restará excluído da responsabilização solidária, devendo o OGMO responder sozinho pelo cumprimento das obrigações previdenciárias, pois inviabilizou a fiscalização a ser exercida pelo operador portuário.

8.6. PRODUTORES RURAIS INTEGRANTES DE CONSÓRCIOS SIMPLIFICADOS

O artigo 25-A, da Lei 8.212/91, prevê o consórcio simplificado de produtores rurais, que é equiparado ao produtor rural pessoa física, formado pela união de produtores rurais pessoas físicas, que outorgar a um deles poderes para contratar, gerir e demitir trabalhadores para prestação de serviços, exclusivamente, aos seus integrantes, mediante documento registrado em cartório de títulos e documentos.

De efeito, os produtores rurais integrantes do referido consórcio serão responsáveis solidários em relação às obrigações previdenciárias.

8.7. TRABALHO TEMPORÁRIO

Nos termos da Lei 6.019/74, trabalho temporário é aquele prestado por pessoa física contratada por uma empresa de trabalho temporário que a coloca à disposição de uma empresa tomadora de serviços, para atender à necessidade de substituição transitória de pessoal permanente ou à demanda complementar de serviços.

O contrato de trabalho temporário, com relação ao mesmo empregador, não poderá exceder ao prazo de cento e oitenta dias, consecutivos ou não, podendo ser prorrogado por até noventa dias, consecutivos ou não, quando comprovada a manutenção das condições que o ensejaram.

Por força do artigo 16, da Lei 6.019/74, no caso de **falência da empresa de trabalho temporário**, a empresa tomadora ou cliente é **solidariamente responsável** pelo recolhimento das contribuições previdenciárias, no tocante ao tempo em que o trabalhador esteve sob suas ordens.

8.8. OFICIAL DE CARTÓRIO E CONTRATANTES

Caso o Oficial de Cartório lavrar ou registrar instrumento para o qual se exige Certidão Negativa de Débito da Seguridade Social em descumprimento ao artigo 47, da Lei 8.212/91, o ato é nulo para todos os efeitos, acarretando a **responsabilidade solidária dos contratantes e do oficial**, nos termos do artigo 48, da Lei 8.212/91.

9. ARRECADAÇÃO

Desde o advento da Lei 11.457/2007, a tributação, a fiscalização, a arrecadação, a cobrança e o recolhimento de todas as contribuições para a seguridade social passaram a ser da competência da Secretaria da Receita Federal do Brasil, órgão da União, integrante da estrutura do Ministério da Economia, nova denominação dada à antiga Secretaria da Receita Federal, após a extinção da Secretaria de Receita Previdenciária, que integrava o Ministério da Previdência Social (atualmente extinto), na forma do artigo 39, da Lei 8.212/91, na antiga redação dada pela Lei 11.098/2005.

Vale frisar que a Secretaria de Receita Federal do Brasil ainda tem competência para arrecadar, tributar, cobrar e fiscalizar contribuições sociais gerais em favor de terceiros, a exemplo de entidades privadas de serviço social e de formação profissional a que se refere o artigo 240 da Constituição Federal de 1988, criadas por lei federal e vinculadas ao sistema sindical; do Fundo Aeroviário; do Fundo de Desenvolvimento do Ensino Profissional Marítimo; do INCRA e do Fundo Nacional de Desenvolvimento da Educação.

Antes, as contribuições previdenciárias eram arrecadadas pela Secretaria de Receita Previdenciária em nome do INSS, integrando a Dívida Ativa da autarquia previdenciária. Com o advento do novo regramento, observada a regra de transição do artigo 16, da Lei 11.457/2007, **a Dívida Ativa passou a ser da União**, pois revogada a capacidade tributária ativa delegada ao INSS, encerrando a para fiscalidade, cabendo à Procuradoria-Geral da Fazenda Nacional a representação judicial da União na cobrança desses créditos.

Felizmente, em razão do veto presidencial do texto que buscava inserir o §4º, no artigo 6º, da Lei no 10.593/02, acrescentado pelo artigo 9º, do projeto de lei que ensejou a promulgação da Lei 11.457/2007, **a fiscalização tributária continua podendo desconsiderar pessoa, ato ou negócio jurídico que implique reconhecimento de relação de trabalho, com ou sem vínculo empregatício, independentemente de decisão judicial**.

Logo, se o Auditor Fiscal da Receita Federal do Brasil constatar que o segurado contratado como contribuinte individual, trabalhador avulso, ou sob qualquer outra denominação, de fato tem relação de emprego ou outra prevista no artigo 9º, inciso I, do RPS, deverá desconsiderar o vínculo pactuado e efetuar o enquadramento como segurado empregado.

De seu turno, é facultado à União, antes de ajuizar a cobrança dos débitos previdenciários inscritos em Dívida Ativa, promover o **protesto do título dado em garantia**, que será recebido *pro solvendo.*

Ademais, com a promulgação da Emenda 20/98 e posteriormente da Emenda 45/2004, que incluiu o inciso VIII, no artigo 114, da CRFB, **a Justiça do Trabalho passou a ter competência para executar, de ofício, as contribuições previdenciárias patronais e dos trabalhadores**, inclusive os respectivos acréscimos legais, **decorrentes das sentenças que proferir.**

Evidentemente, a competência da Justiça do Trabalho também abarca a contribuição SAT (artigo 22, inciso II, da Lei 8.212/91) em razão da sua nítida natureza previdenciária.

O tema vem regulamentado pelo artigo 43, da Lei 8.212/91, que determina a atuação do juiz trabalhista de ofício visando o recolhimento das contribuições previdenciárias, que deverão obrigatoriamente ter o seu valor fixado na sentença, sob pena de responsabilidade funcional do magistrado, *regramento também aplicável às Comissões de Conciliação Prévia.*

Caso a sentença trabalhista seja omissa e não discrimine as parcelas devidas à guisa de contribuição previdenciária, mesmo assim deverão ser perpetrados os descontos em favor da União.

No caso de condenação de empresa ao pagamento de verbas trabalhistas devidas ao prestador de serviços sem vínculo de emprego (contribuinte individual), a condenação deverá ser de 20% referente à cota da empresa e de 11% da parte do segurado.

As parcelas a título de contribuição previdenciária do trabalhador e do empregador, empresa ou equiparado, deverão ser **discriminadas na sentença ou no acordo a ser homologado, sob pena de incidência sobre o valor total apurado na liquidação ou da avença**, devendo o recolhimento ser efetuado no mesmo prazo em que devam ser pagos os créditos encontrados em liquidação de sentença ou em acordo homologado, sendo que neste último caso o recolhimento será feito em tantas parcelas quantas as previstas no acordo, nas mesmas datas em que sejam exigíveis e proporcionalmente a cada uma delas.

> Por força da **Lei 13.876/2019**, que inseriu o §3º-A no artigo 392 da CLT, a parcela referente às verbas de natureza remuneratória nas decisões trabalhistas não poderá ter como base de cálculo valor inferior: I – **ao salário-mínimo**, para as competências que integram o vínculo empregatício reconhecido na decisão cognitiva ou homologatória; ou II – à diferença entre a remuneração reconhecida como devida na decisão cognitiva ou homologatória e a efetivamente paga pelo empregador, cujo valor total referente a cada competência ***não será inferior ao salário-mínimo***.

Dessa forma, desde 23 de setembro de 2019, o menor valor do salário de contribuição para fins de arrecadação de contribuição previdência no âmbito da Justiça do Trabalho é de 1 salário mínimo, inclusive no caso do segurado empregado.

O valor calculado deverá ainda ter a incidência de correção monetária e juros, sendo devidos desde o inadimplemento após a Lei 11.941/2009 (observada a noventena), que tornou clara a adoção do regime de competência, pois o fato gerador da contribuição previdenciária dar-se-á como o exercício do labor remunerado, e não com o pagamento da remuneração.

> Na hipótese de o acordo ter sido celebrado depois de proferida a decisão de mérito, a contribuição será calculada com base no **valor do acordo**, a teor do artigo 43, §5º, da Lei 8.212/91, incluído pela Lei 11.941/2009.

Suponha-se que a sentença trabalhista condenou a empresa a pagar R$ 200.000,00 ao empregado, sendo R$ 100.000,00 de parcelas remuneratórias (sobre as quais incidem as contribuições previdenciárias) e R$ 100.000,00 de parcelas indenizatórias (que não integram o salário de contribuição). Neste caso, a proporcionalidade foi de 50% de verbas remuneratórias e de 50% de indenizatórias.

Posteriormente, na execução, as partes entram em acordo para acelerar o processo e obtém homologação judicial da avença. O valor foi reduzido de R$ 200.000,00 para R$ 150.000,00. Neste caso, deverá ser mantida a proporção da sentença condenatória, incidindo a contribuição previdenciária sobre 50% do valor do acordo ulterior (R$ 75.000,00).

Contudo, neste caso, o termo que for lavrado não valerá como decisão irrecorrível para a Previdência Social quanto às contribuições que lhe forem devidas, na forma do artigo 831, parágrafo único, da CLT, pois os créditos tributários não poderão ser transacionados livremente por particulares à margem da primazia do interesse público.

A União será intimada pessoalmente (mediante a entrega dos autos com vista) das decisões homologatórias de acordos que contenham **parcela indenizatória**, facultada a interposição de recurso relativo aos tributos que lhe forem devidos, sendo representada pela Procuradoria-Geral Federal, órgão vinculado à Advocacia-Geral da União, que será intimado dos cálculos para concordância, impugnação ou recurso no prazo de 10 dias, sob pena de preclusão, a teor do artigo 879, §3º, da CLT**, não sendo necessária a inscrição do crédito em Dívida Ativa.**

Caso a sentença trabalhista tenha discriminado o recolhimento de contribuições previdenciárias indevidas ou além do valor correto, a Justiça Laboral não detém competência para julgar a ação de repetição do indébito tributário, e sim a Justiça Federal.

Apesar da omissão legal, é possível que a sentença trabalhista fixe o pagamento de contribuições previdenciárias já objeto de cobrança pela Secretaria de Receita Federal no Brasil em sede administrativa, ou mesmo em executivo fiscal ajuizado pela União na Justiça Federal, devendo naturalmente se operar o respectivo abatimento das parcelas pagas na Justiça do Trabalho.

Frise-se que a arrecadação trabalhista das contribuições previdenciárias, por si só, não vinculará o INSS a reconhecer o tempo de contribuição respectivo, pois algumas vezes trata-se de acordo fruto de lide simulada homologado em Juízo, com o propósito de gerar a concessão de benefícios previdenciários irregulares.

Ademais, a coisa julgada é ineficaz perante o INSS, que não foi parte no processo, sendo necessário o início de prova material não suprível com meros testemunhos, razão pela qual a sentença trabalhista apenas valerá como começo de prova para o INSS quando fundamentada em documentos, conforme determina o artigo 55, §3º, da Lei 8.213/91.

Vale salientar que inexiste competência para a Justiça do Trabalho determinar que o INSS averbe tempo de serviço ou de contribuição, ante a atual redação do artigo 114, da Constituição Federal.

10. ENCARGOS DECORRENTES DO ATRASO E REGRAS DE PARCELAMENTO

O tema era tratado pelo artigo 34, da Lei 8.212/91, que foi revogado pela Lei 11.941/2009, sendo disciplinado atualmente pelo artigo 30, da Lei 10.522/02.

Com efeito, sobre os débitos vencidos e não pagos incidirão juros de mora equivalentes à **taxa** referencial do Sistema Especial de Liquidação e de Custódia – **SELIC** para títulos federais, acumulada mensalmente, até o último dia do mês anterior ao do pagamento, e de **1% no mês de pagamento.**

Na hipótese de restituição judicial mediante uma ação de repetição do indébito tributário, o termo inicial dos juros de mora será a coisa julgada.

Anteriormente, havia a incidência de 1% de juros no mês do vencimento e de 1% no mês do pagamento do débito, ao passo que agora somente será cobrado no mês do pagamento.

Por sua vez, as multas decorrentes do inadimplemento eram fixadas pelo artigo 35, da Lei 8.212/91, também revogado pela Lei 11.941/2009, sendo aplicável agora o artigo 61, da Lei 9.430/96, que fixa a **multa de mora à razão de 0,33% por dia de atraso, limitada a 20% ao mês.**

Entretanto, nas hipóteses de lançamento de ofício, as multas serão mais pesadas, devendo ser observado o regramento do artigo 44, da Lei 9.430/96.

Vale advertir que o artigo 41, da Lei 8.212/91, previa a responsabilidade pessoal dos gestores públicos pelo pagamento de multa aplicada por infrações aos dispositivos da Lei de Custeio, inclusive prevendo a obrigatoriedade do desconto na folha de pagamento, tendo sido revogado pela Lei 11.941/2009.

De seu turno, as regras de parcelamento das contribuições previdenciárias (e das contribuições para a seguridade social como um todo) constavam do artigo 38, da Lei 8.212/91, que foi revogado pela Lei 11.941/2009.

Agora, incidirão as regras gerais para os tributos da União trazidas pelos artigos 10 a 16, da Lei 10.522/2002, sendo possível o parcelamento em **até 60 parcelas mensais**, condicionado *ao pagamento da primeira parcela*, com previsão de garantia real ou fidejussória, caso o débito esteja inscrito em Dívida Ativa, sendo admitida a fiança bancária.

O pedido de parcelamento deferido constitui **confissão de dívida** e instrumento hábil e suficiente para a exigência do crédito tributário, podendo a exatidão dos valores parcelados ser objeto de verificação, cabendo ao devedor, enquanto o pedido estiver pendente de deferimento, recolher, a cada mês, como antecipação, valor correspondente a uma parcela.

O valor de cada prestação mensal, por ocasião do pagamento, será acrescido de **juros** equivalentes à taxa referencial do Sistema Especial de Liquidação e de Custódia - **SELIC** para títulos federais, acumulada mensalmente, calculados a partir do mês subsequente ao da consolidação até o mês anterior ao do pagamento, e de **1%** relativamente ao mês em que o **pagamento** estiver sendo efetuado.

É **proibido o parcelamento** das contribuições previdenciárias passíveis de retenção na fonte, de desconto de terceiros ou de sub-rogação, assim como os valores recebidos pelos agentes arrecadadores não recolhidos aos cofres públicos.

Outrossim, a pessoa jurídica com **falência** ou com **insolvência civil decretada não poderá parcelar** o pagamento das contribuições previdenciárias devidas à União.

Será possível o reparcelamento dos débitos, condicionado ao pagamento da primeira parcela, no valor equivalente a 10% do total dos débitos consolidados ou de 20% do total dos débitos consolidados, caso haja débito com histórico de reparcelamentos anteriores.

Da mesma forma, as contribuições dos segurados e das empresas passíveis de **retenção na fonte, se esta não for perpetrada, também não mais poderão ser parceladas**, pois a legislação revogada apenas vedava o parcelamento das contribuições retidas de terceiros e não repassadas ao Fisco, o que inclusive poderá configurar o delito de apropriação indébita previdenciária.

Por fim, permanece em vigor o artigo 7º, da Lei 10.666/03, que preceitua que **não poderão ser objeto de parcelamento** as contribuições descontadas dos empregados, inclusive dos domésticos, dos trabalhadores avulsos, dos contribuintes individuais, as decorrentes da sub-rogação e as demais importâncias descontadas na forma da legislação previdenciária.

11. RESTITUIÇÃO E COMPENSAÇÃO DAS CONTRIBUIÇÕES PREVIDENCIÁRIAS

De acordo com o artigo 89, da Lei 8.212/91, com redação dada pela Lei 11.941/2009, o pagamento **indevido ou a maior** das contribuições previdenciárias faz com que o sujeito passivo da obrigação tributária tenha o direito à restituição do indébito perante a União, através da Secretaria de Receita Federal do Brasil, sendo aplicáveis as disposições do Decreto 70.235/72.

A quantia a ser restituída será acrescida de juros pela **taxa SELIC** acumulada mensalmente até o mês anterior à restituição, bem como de **1% no mês da sua efetivação**. Na hipótese de restituição judicial mediante uma ação de repetição do indébito tributário, o termo inicial dos juros de mora será a coisa julgada.

Outrossim, caso o titular do direito de restituição possua débitos exigíveis perante a União, o valor a ser restituído será compensado total ou parcialmente, a fim de extingui-lo.

De seu turno, o **prazo prescricional** para a postulação da restituição será **de cinco anos**, a contar do pagamento, ou então da data em que se tornar definitiva a decisão administrativa ou passar em julgado a sentença judicial que tenha reformado, anulado ou revogado a decisão condenatória, a teor do artigo 253, do RPS, que não correrá contra os absolutamente incapazes e ausentes elencados no Código Civil, na forma do artigo 103, parágrafo único, da Lei 8.213/91.

O artigo 248, do RPS, em consonância com o artigo 166, do CTN, pontifica que a restituição de contribuição ou de outra importância recolhida indevidamente, que comporte, por sua natureza, a transferência de encargo financeiro, somente será feita àquele que provar ter assumido esse encargo ou, no caso de tê-lo transferido a terceiro, estar por este expressamente autorizado a recebê-la.

> Com o advento da Lei 11.941/2009, foi revogada a regra constante do §3º, do artigo 89, da Lei 8.212/91, que limitava a compensação das contribuições previdenciárias a 30% do valor a ser recolhido em cada competência.
>
> Outrossim, para a compensação de créditos decorrentes de pagamento a maior de contribuições previdenciárias, entende-se não ser mais obrigatório que se trate de contribuições da mesma espécie, ou seja, passou a ser possível compensar créditos de contribuições previdenciárias com débitos de outros tributos devidos à União. Ressalte-se que é um de tema polêmico!
>
> A empresa será **reembolsada** pelo pagamento do valor bruto do **salário-maternidade**, até o valor do subsídio dos Ministros do STF, incluída a gratificação natalina proporcional ao período da correspondente licença e das cotas do **salário-família** pagas aos segurados a seu serviço, mediante dedução do respectivo valor, no ato do recolhimento das contribuições devidas.

12. OBRIGAÇÕES ACESSÓRIAS DAS EMPRESAS

Além da previsão do cumprimento da obrigação tributária principal consistente na arrecadação das contribuições previdenciárias e respectivos consectários, a legislação previdenciária cominou às empresas obrigações acessórias, cujo objeto são prestações positivas e negativas em prol da arrecadação e fiscalização dos referidos tributos.

De acordo com o artigo 32, da Lei 8.212/91, a empresa é também obrigada a **preparar folhas de pagamento das remunerações pagas ou creditadas a todos os segurados a seu serviço**, de acordo com os padrões e normas estabelecidos pelo órgão competente da seguridade social.

Esta obrigação acessória visa quantificar todas as remunerações pagas pela empresa a fim de calcular a contribuição previdenciária patronal que incidirá à razão de 20 % sobre o total pago aos empregados, avulsos e contribuintes individuais prestadores de serviços.

Da mesma forma, **caberá à empresa lançar mensalmente em títulos próprios de sua contabilidade**, de forma discriminada, os **fatos geradores** de todas as contribuições, o **montante** das quantias descontadas, as **contribuições da empresa e os totais recolhidos**, devendo prestar à Secretaria da Receita Federal do Brasil todas as informações cadastrais, financeiras e contábeis de seu interesse, na forma por ela estabelecida, bem como os esclarecimentos necessários à fiscalização.

Excepcionalmente, estão dispensados da apresentação de escrituração contábil o pequeno comerciante, a pessoa jurídica tributada com base no lucro presumido, bem como a pessoa jurídica optante do sistema simplificado de arrecadação de tributos, desde que mantenha a escrituração do Livro Caixa e do Livro de Registro de Inventário.

Ademais, a empresa é obrigada a declarar à Secretaria da Receita Federal do Brasil e ao Conselho Curador do Fundo de Garantia do Tempo de Serviço – FGTS, na forma, prazo e condições estabelecidos por esses órgãos, dados relacionados a fatos geradores, base de cálculo e valores devidos da contribuição previdenciária e outras informações de interesse do INSS ou do Conselho Curador do FGTS.

De efeito, essa declaração se realiza através da GFIP – **Guia de Recolhimento do Fundo de Garantia por Tempo de Serviço e Informações à Previdência Social**, introduzida no nosso ordenamento jurídico por intermédio da Lei 9.528/97, obrigatória para todas as pessoas físicas ou jurídicas sujeitas ao recolhimento do FGTS, bem como às contribuições e/ou informações à Previdência Social.

Mesmo que não tenha se concretizado a hipótese de incidência de contribuições previdenciárias em determinado mês, a empresa será obrigada a apresentar a GFIP, sendo denominada de "GFIP sem movimento".

A GFIP deverá ser entregue na rede bancária até o dia 7 do mês seguinte àquele em que a remuneração foi paga, creditada ou se tornou devida ao trabalhador e/ou tenha ocorrido outro fato gerador de contribuição previdenciária.

Por se tratar de uma confissão de débito, caso a empresa declare a ocorrência da obrigação tributária principal, **a GFIP equivale ao lançamento por homologação e constitui instrumento hábil e suficiente para a exigência do crédito tributário**.

Ademais, as suas informações comporão a base de dados para fins de cálculo e concessão dos benefícios previdenciários do RGPS.

Estão desobrigados da apresentação da GFIP: o contribuinte individual sem segurado que lhe preste serviço; o segurado especial; os órgãos públicos em relação aos servidores estatutários filiados a regime próprio de previdência social; o empregador doméstico e o segurado facultativo.

Vale salientar que a não apresentação da GFIP ou a declaração com incorreções sujeitará a empresa às penalidades pecuniárias previstas no artigo 32-A, da Lei 8.212/91.

Também se enquadra como acessória a obrigação de fornecimento, pelos **municípios**, à Secretaria de Receita Federal do Brasil, da **relação de alvarás para construção civil** e documentos de "habite-se" concedidos, visando auxiliar na fiscalização.

Por força da **Lei 13.846/2019**, que modificou o artigo 68 da Lei 8.212/91, o **Titular do Cartório de Registro Civil de Pessoas Naturais** remeterá ao **INSS, em até 1 dia útil**, pelo Sistema Nacional de Informações de Registro Civil (Sirc) ou por outro meio que venha a substituí-lo, a relação dos nascimentos, dos natimortos, dos casamentos, dos óbitos, das averbações, das anotações e das retificações registradas na serventia (para os Municípios que não dispõem de provedor de conexão à internet ou de qualquer meio de acesso à internet, fica autorizada a remessa da relação em até 5dias úteis), sob pena de incidência da sanção penalidade prevista no artigo 92 (multa) e à ação regressiva proposta pelo INSS, em razão dos danos sofridos.

Uma nova obrigação acessória para as empresas restou instituída pela **Lei 12.692/2012**, que inseriu o inciso VI, no artigo 32, da Lei 8.212/91. **Passou a ser dever das empresas comunicar, mensalmente, aos empregados, por intermédio de documento a ser definido em regulamento, os valores recolhidos sobre o total de sua remuneração ao INSS**.

O objetivo desta nova obrigação acessória é facilitar a fiscalização do recolhimento das contribuições previdenciárias, pois os empregados terão acesso mensal aos valores recolhidos sobre as suas remunerações, que se inexistir ou for inferior ao devido certamente ensejará uma atuação do próprio segurado perante a Receita Federal do Brasil, além de inibir a sonegação das contribuições previdenciárias pelas empresas.

Por sua vez, a Medida Provisória 589, de 13 de novembro de 2012, convertida na Lei 12.810/2013, inseriu o artigo 32-B na Lei 8.212/91, passando a exigir que os órgãos da administração direta, autarquias, fundações e empresas públicas da União, dos Estados, do Distrito Federal e dos Municípios, na forma estabelecida pela Secretaria da Receita Federal do Brasil do Ministério da Economia, apresentem a folha de pagamento até o dia 30 de abril do ano seguinte ao encerramento do exercício.

Este dispositivo objetiva controlar o recolhimento das contribuições para a seguridade social devidas pelo Poder Público, sendo mais um instrumento de fiscalização que a Receita Federal irá dispor. Na prática previdenciária, infelizmente, é comum que principalmente os municípios não recolham as contribuições previdenciárias do RGPS.

Por força do artigo 125-A, da Lei 8.213/91, ao INSS caberá a fiscalização do cumprimento das obrigações previdenciárias não tributárias, possuindo os seus agentes o poder de multar pelo descumprimento. No exercício doa fiscalização, a empresa deverá apresentar a documentação exigida pelo fiscal do INSS.

O artigo 126, por sua vez, que prevê que caberá recurso para o Conselho de Recursos da Previdência Social das decisões do INSS aplicar-se-á a este artigo.

No entanto, frise-se que constituir, mediante lançamento, o crédito tributário e de contribuições previdenciária é ato privativo da União, através dos Auditores da Receita.

De acordo com a exposição de motivos da MP 449/2008, convertida na Lei 11.941/09, "o art. 25 acrescenta o art. 125-A à Lei nº 8.213, de 1991, para possibilitar ao INSS efetuar diligências a fim de verificar o atendimento das obrigações não-tributárias impostas pela legislação previdenciária e impor multa por seu eventual descumprimento. Essa medida visa dotar o INSS de instrumentos necessários ao regular reconhecimento, manutenção, revisão ou extinção de direitos previdenciários, a exemplo das diligências destinadas à comprovação de vínculo empregatício".

13. CERTIDÃO NEGATIVA DE DÉBITO

A Certidão Negativa de Débito – CND da seguridade social é um ato administrativo que comprova a inexistência de débitos perante a União, com prazo de validade de até 180 dias, tendo sido unificada para todos os tributos federais arrecadados pela Secretaria da Receita Federal do Brasil.

De acordo com a **Lei 14.128/2021**, o prazo de validade da certidão expedida conjuntamente pela Secretaria Especial da Receita Federal do Brasil e pela Procuradoria-Geral da Fazenda Nacional do Ministério da Economia, referente aos tributos federais e à dívida ativa da União por elas administrados, será de até 180 (cento e oitenta) dias, contado da data de emissão da certidão, prorrogável, excepcionalmente, pelo prazo determinado em ato conjunto dos referidos órgãos.

A CND era disciplinada pelo Decreto 3.048/99 (Regulamento da Previdência Social) até o advento do Decreto 8.302/2014, que revogou os dispositivos a respeito do tema. Desde então, coube à Portaria Conjunta RFB/PGFN nº 1.751, de 2 de outubro de 2014 disciplinar a Certidão Negativa de Débito.

De efeito, a prova de regularidade fiscal perante a Fazenda Nacional será efetuada mediante apresentação de certidão expedida conjuntamente pela Secretaria da Receita Federal do Brasil (RFB) e pela Procuradoria-Geral da Fazenda Nacional (PGFN), referente a todos os créditos tributários federais e à Dívida Ativa da União (DAU) por elas administrados, tendo prazo de validade de 180 dias, contado a partir da sua emissão.

Na forma do artigo 47, da Lei 8.212/91, a CND será exigível da empresa na contratação com o Poder Público e no recebimento de benefícios ou incentivo fiscal ou creditício concedido por ele; na alienação ou oneração, a qualquer título, de bem imóvel ou direito a ele relativo; na alienação ou oneração, a qualquer título, de bem móvel de valor superior a R$ 73.161,88 (valor atualizado para ao ano de 2022) incorporado ao ativo permanente da empresa; no registro ou arquivamento, no órgão próprio, de ato relativo a baixa ou redução de capital de firma individual, redução de capital social, cisão total ou parcial, transformação ou extinção de entidade ou sociedade comercial ou civil e transferência de controle de cotas de sociedades de responsabilidade limitada.

Por sua vez, o proprietário, pessoa física ou jurídica, deverá exibir a CND na hipótese de obra de construção civil, quando de sua averbação no registro de imóveis, salvo no caso de constrição de residência unifamiliar.

> Vale lembrar que a própria Constituição Federal proíbe o Poder Público de contratar ou conceder benefícios e incentivos fiscais ou creditícios à pessoa jurídica em débito com o sistema da seguridade social, a teor do seu artigo 195, §3º.

Deverá ser expedida *CND positiva com efeitos de negativa* quando o débito não esteja constituído em decisão definitiva; haja garantia do depósito integral ou parcelamento; tenha sido operada penhora suficiente para a satisfação do débito ou ocorrido outra forma de suspensão da exigibilidade do crédito securitário.

Caso o negócio jurídico celebrado exija a prévia apresentação da certidão negativa de débito e seja violado o artigo 47, da Lei 8.212/91, o ato praticado ou o seu registro acarretará a **responsabilidade solidária** dos contratantes e do oficial que lavrar ou registrar o instrumento, sendo o **ato nulo para todos os efeitos**.

No entanto, a Receita Federal do Brasil poderá autorizar a prática do ato, desde que o débito seja pago no ato ou o seu pagamento fique assegurado mediante confissão de dívida fiscal com o oferecimento de garantias reais suficientes.

Da mesma forma, o servidor, o serventuário da Justiça, o titular de serventia extrajudicial e a autoridade ou órgão que infringirem o disposto no artigo anterior incorrerão em multa calculada com base no artigo 92, da Lei 8.212/91.

A regularidade fiscal do Distrito Federal, dos estados e dos municípios é comprovada pela *CRP – Certificado de Regularidade Previdenciária*, regido pelo Decreto 3.788/2001, a ser emitido pelo Ministério do Trabalho e Previdência , sendo exigível para a realização de transferências voluntárias de recursos da União e celebração de ajustes, empréstimos e financiamentos, conforme exigência do artigo 56, da Lei 8.212/91.

Por sua vez, ante a revogação parcial do artigo 52, da Lei 8.212/91, pela Lei 11.941/2009, aplica-se às contribuições para a seguridade social o disposto no artigo 32, da Lei 4.357/64, que determina que *as empresas em débito não garantido com a União por falta de recolhimento tempestivo de tributo, não poderão distribuir quaisquer bonificações a seus acionistas.*

Outrossim, não poderão dar ou atribuir participação de lucros a seus sócios ou quotistas, bem como a seus diretores e demais membros de órgãos dirigentes, fiscais ou consultivos, sob pena de multa.

> Por fim, insta afirmar que **a não apresentação da GFIP** – Guia de Recolhimento do FGTS e de Informações Previdenciárias pelas **empresas impede a expedição da CND**, na forma do §10, do artigo 32, da Lei 8.212/91, inserto pela Lei 11.941/2009.

Por outro lado, nos termos do artigo 47, §6º, da Lei 8.212/91, **independe de prova de inexistência de débito perante a seguridade social** a prática dos seguintes atos jurídicos:

a) a lavratura ou assinatura de instrumento, ato ou contrato que constitua retificação, ratificação ou efetivação de outro anterior para o qual já foi feita a prova;

b) a constituição de garantia para concessão de crédito rural, em qualquer de suas modalidades, por instituição de crédito pública ou privada, desde que o contribuinte referido no art. 25 (segurado especial), não seja responsável direto pelo recolhimento de contribuições sobre a sua produção para a Seguridade Social;

c) a averbação do proprietário, pessoa física ou jurídica, de obra de construção civil, quando de sua averbação no registro de imóveis, relativa a imóvel cuja construção tenha sido concluída antes de 22 de novembro de 1966;

d) **o recebimento pelos Municípios de transferência de recursos destinados a ações de assistência social, educação, saúde e em caso de calamidade pública**;

e) **a averbação da construção civil localizada em área objeto de regularização fundiária de interesse social**, na forma da Lei no 11.977, de 7 de julho de 2009.

▶ CAPÍTULO 7 – ACIDENTE DE TRABALHO, MOLÉSTIAS OCUPACIONAIS E EVENTOS EQUIPARADOS

1. INTRODUÇÃO

Não é de hoje que a sociedade se preocupa em editar normas jurídicas que assegurem a incolumidade física e mental das pessoas no exercício do labor, sendo direito dos trabalhadores desenvolverem a sua atividade com segurança, pois a empresa é responsável pela adoção e uso das medidas coletivas e individuais de proteção e segurança da saúde do trabalhador, ante o reconhecimento constitucional da existência do meio ambiente do trabalho.

Já em 1919 foi aprovada a Lei 3.724, a primeira norma geral sobre acidentes de trabalho no Brasil, que apenas considerava como acidente de trabalho "o produzido por uma causa subita, violenta, externa e involuntaria no exercicio do trabalho, determinado lesões corporaes ou perturbações funccionaes, que constituam a causa unica da morte ou perda total, ou parcial, permanente ou temporaria, da capacidade para o trabalho ou a molestia contrahida exclusivamente pelo exercicio do trabalho, quando este fôr de natureza a só por si causal-a, e desde que determine a morte do operario, ou perda total, ou parcial, permanente ou temporaria, da capacidade para o trabalho".

O enquadramento do acidente de trabalho era bem restrito, pois a legislação de época exigia que o evento ou a moléstia decorressem do exercício do trabalho, este como a única causa da incapacidade laboral ou da morte.

Naquele tempo, uma vez ocorrido um acidente de trabalho, o patrão obrigava-se a pagar uma indenização tarifada ao trabalhador ou à sua família, excetuados apenas os casos de força maior, dolo da própria vítima ou de estranhos, sendo um direito trabalhista à época, adotando-se a responsabilidade objetiva pelo risco profissional.

Com o advento da **Lei 5.316/67, a proteção acidentária saiu da esfera trabalhista e adentrou a previdência social**, operando-se a estatização do seguro de acidentes de trabalho, onde se mantém até hoje, na forma no artigo 201, inciso I, da CRFB, que prevê a cobertura nos casos de doença, invalidez e morte, sendo a responsabilidade estatal objetiva.

Destarte, passou a se adotar o seguro social para proteger o trabalhador contra acidentes de trabalho, passando o INPS (atual INSS) a pagar as prestações previdenciárias em decorrência de acidente de trabalho, cabendo às empresas o pagamento de contribuição denominada "seguro de acidente de trabalho" para fazer frente às despesas, saindo de cena as seguradoras privadas.

Vale frisar que, com o advento da **Emenda 20/1998**, passou a existir **autorização constitucional** no §10, do artigo 201 (ainda não regulamentada), para a **cobertura do risco de acidente de trabalho** *concorrentemente* pelo Regime Geral de Previdência Social e pelo **setor privado**.

O parágrafo 10 do artigo 201 da Constituição havia sido inserido pela **Emenda 20/98**. Buscava abrir ao setor de seguros privados o risco do acidente de trabalho, a exemplo de benefícios por incapacidade, mas nunca chegou a ser regulamentado.

> Com a **Emenda 103/2019**, teve a redação ampliada, pois a Constituição passou a permitir a cobertura concorrente entre RGPS e setor privado de **todos os benefícios não programados**, o que abarca, além dos benefícios por incapacidade laboral, a pensão por morte e o auxílio-reclusão.

Outra novidade é que a regulamentação deve ser feita por **lei complementar**, e não mais por lei ordinária.

De acordo com o artigo 19, §§ 1º e 2º, da Lei 8.213/91, a empresa é responsável pela adoção e uso das medidas coletivas e individuais de proteção e segurança da saúde do trabalhador, constituindo **contravenção penal**, punível com multa, deixar a empresa de cumprir as normas de segurança e higiene do trabalho, devendo o Ministério do Trabalho e Previdência exercer a fiscalização.

2. DEFINIÇÃO DE ACIDENTE DE TRABALHO

A matéria atualmente é regulada pelos artigos 19 a 23 da Lei 8.213/91, tendo sido alvo de reforma pela Lei Complementar 150/2015, que passou a prever os benefícios previdenciários por acidente do trabalho em favor do empregado doméstico, pois foi criada a contribuição SAT a ser paga pelo empregador doméstico, no importe de 0,8% do salário de contribuição do empregado doméstico a seu serviço.

Por conseguinte, a LC 150/2015 modificou a redação dos artigos 19, 21-A e 22, todos da Lei 8.213/91, a fim de inserir a proteção acidentária em favor do empregado doméstico.

Desde então, passou a ser considerado legalmente como **acidente de trabalho** *o que ocorre pelo exercício do trabalho a serviço da empresa* ***ou de empregador doméstico*** *ou pelo exercício do trabalho dos segurados especiais, provocando lesão corporal ou perturbação funcional que cause a morte ou a perda ou redução, permanente ou temporária, da capacidade para o trabalho* (artigo 19).

De efeito, do referido conceito legal, agora ampliado para abarcar o empregado doméstico, é possível extrair os elementos caracterizadores do típico acidente de trabalho:

- Evento decorrente de trabalho a serviço da empresa ou do empregador doméstico, de atividade campesina ou pesqueira artesanal individualmente ou em regime de economia familiar para a subsistência, desenvolvida pelo segurado especial;
- Causação de lesão corporal ou funcional (psíquica);
- Ocorrência de morte do segurado, redução ou perda temporária ou definitiva da capacidade laboral.

Destarte, para a caracterização de um acidente de trabalho, é imprescindível que haja um nexo entre o exercício do trabalho e o evento que cause lesão física ou psicológica ao trabalhador.

A prevenção aos acidentes de trabalho é dever legal das empresas, que são responsáveis pela adoção e uso das medidas coletivas e individuais de proteção e segurança da saúde do trabalhador, sendo obrigatória a constituição de Comissão Interna de Prevenção de Acidentes (CIPA), de conformidade com instruções expedidas pelo Ministério do Trabalho e Previdência , nos estabelecimentos ou locais de obra nelas especificadas, na forma do artigo 163, da CLT.

3. DOENÇAS OCUPACIONAIS (EQUIPARADAS)

As *doenças ocupacionais* também são **consideradas** pela legislação **como acidente de trabalho**, assim consideradas as que guardam nexo com o exercício da atividade laborativa.

As doenças ocupacionais se dividem em:

A) Doença profissional ou tecnopatia – a produzida ou desencadeada pelo exercício do trabalho peculiar a determinada atividade e constante da respectiva relação elaborada pelo Ministério da Previdência Social (competência atualmente exercida pelo Ministério do Trabalho e Previdência);

B) Doença do trabalho ou mesopatia – a adquirida ou desencadeada em função de condições especiais em que o trabalho é realizado e com ele se relacione diretamente, constante da relação acima mencionada.

As **doenças profissionais** (doenças ocupacionais típicas) são aquelas típicas do exercício de determinadas atividades laborativas (profissões), a exemplo da silicose, que normalmente assola os mineiros, que contraem esta espécie de pneumoconiose através da inalação da sílica nos túneis que trabalham, prejudicando o pulmão do trabalhador.

Por outro lado, as **doenças do trabalho** são compostas por enfermidades que também se fazem presentes em atividades que não guardam nexo com o trabalho, como a disacusia (surdez), que poderá decorrer ou não do exercício do trabalho (doenças ocupacionais atípicas).

De acordo com Hermes Arrais Alencar (2009, pg. 135), "nessa ordem de considerações, as moléstias típicas (tecnopatias) prescindem da demonstração do nexo de causalidade, porque se presume oriunda da atividade profissional (conforme visto supra, é o nexo causal um dos requisitos indispensáveis à configuração do acidente do trabalho). No que se reporta às mesopatias (doenças atípicas), não ocorre a mesma presunção, carecendo seja comprovado que a entidade mórbida adquirida é decorrência lógica do trabalho realizado pelo obreiro".

As *doenças ocupacionais* estão listadas no anexo II do RPS, que formam um **rol exemplificativo**, pois, excepcionalmente, se o INSS constatar que a enfermidade não listada resultou das condições especiais em que o trabalho é executado e com ele se relaciona diretamente, deverá considerá-la como acidente do trabalho.

Atualmente, o anexo II do Regulamento da Previdência Social tem redação dada pelo Decreto 6.957/2009, onde consta um rol de agentes patogênicos que poderão causar doenças ocupacionais, assim como as Listas A, B e C.

É considerado como **dia do acidente, no caso de doença profissional ou do trabalho**, a data do início da incapacidade laborativa para o exercício da atividade habitual, o dia da segregação compulsória, ou o dia em que for realizado o diagnóstico, valendo para este efeito **o que ocorrer primeiro.**

> De acordo com a legislação previdenciária, **não serão consideradas como doença do trabalho**: a) a doença degenerativa; b) a inerente a grupo etário; c) a que não produza incapacidade laborativa; d) a doença endêmica adquirida por segurado habitante de região em que ela se desenvolva, salvo comprovação de que é resultante de exposição ou contato direto determinado pela natureza do trabalho.

Com o advento da LC 150/2015, o empregado doméstico passou a ser vítima das doenças ocupacionais, pois anteriormente não sofria acidente do trabalho.

4. ACIDENTE DE TRABALHO POR EQUIPARAÇÃO

Por sua vez, conforme listagem do artigo 21, da Lei 8.213/91, **determinados eventos são equiparados a acidente de trabalho**, pois o exercício da atividade laboral é considerado uma concausa para a sua ocorrência (causalidade indireta), concorrendo com outras alheias ao trabalho:

> Art. 21. **Equiparam-se também ao acidente do trabalho**, para efeitos desta Lei:
>
> I – **o acidente ligado ao trabalho que, embora não tenha sido a causa única, haja contribuído diretamente para a morte do segurado, para redução ou perda da sua capacidade para o trabalho, ou produzido lesão que exija atenção médica para a sua recuperação**;
>
> II – **o acidente sofrido pelo segurado no local e no horário do trabalho**, em conseqüência de:
>
> a) ato de agressão, sabotagem ou terrorismo praticado por terceiro ou companheiro de trabalho;
>
> b) ofensa física intencional, inclusive de terceiro, por motivo de disputa relacionada ao trabalho;
>
> c) ato de imprudência, de negligência ou de imperícia de terceiro ou de companheiro de trabalho;
>
> d) ato de pessoa privada do uso da razão;
>
> e) desabamento, inundação, incêndio e outros casos fortuitos ou decorrentes de força maior;
>
> III – **a doença proveniente de contaminação acidental do empregado no exercício de sua atividade**;
>
> IV – **o acidente sofrido pelo segurado ainda que fora do local e horário de trabalho**:
>
> a) na **execução de ordem ou na realização de serviço** sob a autoridade da empresa;
>
> b) na **prestação espontânea de qualquer serviço à empresa para lhe evitar prejuízo ou proporcionar proveito**;
>
> c) **em viagem a serviço da empresa**, inclusive para estudo quando financiada por esta dentro de seus planos para melhor capacitação da mão-de-obra, independentemente do meio de locomoção utilizado, inclusive veículo de propriedade do segurado;

d) no **percurso da residência para o local de trabalho ou deste para aquela**, qualquer que seja o meio de locomoção, inclusive veículo de propriedade do segurado.

O artigo 21, inciso I, da Lei 8.213/91, constitui uma hipótese aberta, razão pela qual a listagem deste dispositivo é meramente exemplificativa, pois equiparou a acidente de trabalho o acidente ligado ao trabalho que, embora não tenha sido a causa única, haja contribuído diretamente para a morte do segurado, para redução ou perda da sua capacidade para o trabalho, ou produzido lesão que exija atenção médica para a sua recuperação.

Logo, se um empregado se acidenta no exercício do labor, potencializando a sua lesão pelo fato de ser hemofílico, enfermidade que somada ao acidente gera a incapacidade laboral, configurado está o acidente de trabalho por equiparação.

Por outro lado, conforme dispõe expressamente o artigo 21, §2º, da Lei 8.213/91, **não é considerada agravação ou complicação de acidente do trabalho a lesão que, resultante de acidente de outra origem, se associe ou se superponha às consequências do anterior.**

Destarte, suponha-se que um empregado sofre uma torção de tornozelo no exercício do trabalho e fica incapacitado, configurando um acidente de trabalho. Contudo, quando ele está em casa se recuperando, a televisão cai sobre o seu pé e quebra os ossos do seu tornozelo. Neste caso, a segunda lesão não se configura como agravação ou complicação do acidente de trabalho, pois se superpôs à torção, lesão bem mais leve.

Ressalva o artigo 337, §2º, do RPS, que será considerado agravamento do acidente aquele sofrido pelo acidentado quanto estiver sob a responsabilidade da reabilitação profissional, vez que o segurado está sob a proteção da Previdência Social.

Impende salientar que nos **períodos destinados a refeição ou descanso**, ou por ocasião da satisfação de outras necessidades fisiológicas, no local do trabalho ou durante este, **o empregado é considerado no exercício do trabalho**.

Também é considerado como acidente de trabalho o infortúnio sofrido pelo segurado no local e horário de trabalho, tais como agressão, ofensa intencional ligada ao trabalho e atos decorrentes de fortuito ou força maior que gerem a incapacidade laboral ou a morte do trabalhador.

Ademais, em algumas situações acidentes ocorridos fora do local e horário de trabalho são equiparados a acidente de trabalho, pois existe um nexo com a atividade laboral, tais como na prestação de serviço espontâneo que objetiva trazer benefício para a empresa ou em viagem de trabalho.

É ainda acidente equiparado ao de trabalho o ocorrido no percurso da residência para o local de trabalho ou deste para aquela, qualquer que seja o meio de locomoção, inclusive veículo de propriedade do segurado (acidente em trânsito). A tentativa de revogação desta hipótese pela MP 905/2019 foi revogada pela MP 955/2020.

Conquanto a LC 150/2015 não tenha modificado a redação do artigo 21, da Lei 8.213/91, entende-se pela sua aplicabilidade integral ao empregado doméstico, pois inexiste motivo para deixar desprotegido o empregado doméstico dos acidentes equiparados ao de trabalho.

5. RECONHECIMENTO

No que concerne ao *segurado empregado*, empregado doméstico (LC 150/2015) e ao *trabalhador avulso*, caberá à empresa e ao empregador doméstico expedir a CAT – Comunicação de Acidente de Trabalho ao INSS até o primeiro dia útil seguinte ao da ocorrência e, em caso de morte, de imediato, sob pena de multa administrativa.

A multa será variável entre o limite mínimo e o limite máximo do salário de contribuição, sucessivamente aumentada nas reincidências, sendo atualmente de competência da Secretaria da Receita Federal do Brasil.

Em caso de omissão da empresa ou do empregador doméstico, poderão promover a comunicação o próprio acidentado, seus dependentes, a entidade sindical competente, o médico que o assistiu ou qualquer autoridade pública, o que não exclui a multa a ser importa à empresa negligente.

Na hipótese do *segurado especial*, o acidente deverá ser comunicado pelo próprio, seus dependentes, a entidade sindical competente, o médico que o assistiu ou qualquer autoridade pública.

Deverá a CAT ser preenchida em 04 vias: primeira via ao INSS; segunda via ao segurado ou dependente; terceira via ao sindicato dos trabalhadores; quarta via à empresa.

Contudo, é comum que as empresas não expeçam a CAT visando encobrir a ocorrência do acidente de trabalho, razão pela qual foi editada a Medida Provisória 306/2006, convertida na Lei 11.430/2006, que inseriu o artigo 21-A na Lei 8.213/91, criando o **NTEP – Nexo Técnico Epidemiológico**.

> Com propriedade, **a perícia médica do INSS considerará caracterizada a natureza acidentária da incapacidade quando constatar ocorrência de nexo técnico epidemiológico entre o trabalho e o agravo**, decorrente da relação entre a atividade da empresa e a entidade mórbida motivadora da incapacidade elencada na Classificação Internacional de Doenças – CID, conforme a lista C, do Decreto 3.048/99, alterado pelo Decreto 6.957/2009, sendo **dispensável a emissão da CAT**.

A empresa ou o segurado poderão requerer a não aplicação do nexo técnico epidemiológico, de cuja decisão caberá recurso com efeito suspensivo ao Conselho de Recursos da Previdência Social.

Para a identificação do nexo entre o trabalho e o agravo, que caracteriza o acidente do trabalho, a perícia médica do INSS, se necessário, poderá ouvir testemunhas, efetuar pesquisa ou realizar vistoria do local de trabalho ou solicitar o perfil profissiográfico previdenciário diretamente ao empregador para o esclarecimento dos fatos.

Com o advento da LC 150/2015, o artigo 21-A da Lei 8.213/91 também foi modificado, passando a prever que a perícia médica do Instituto Nacional do Seguro Social (INSS) considerará caracterizada a natureza acidentária da incapacidade quando constatar ocorrência de nexo técnico epidemiológico entre o trabalho e o agravo, decorrente da relação entre a atividade da empresa **ou do empregado doméstico** e a entidade mórbida motivadora da incapacidade elencada na Classificação Internacional de Doenças (CID), em conformidade com o que dispuser o regulamento.

6. SEGURADOS COM COBERTURA PREVIDENCIÁRIA

O médico-residente, que se enquadra como contribuinte individual, também tinha direito aos benefícios acidentários por determinação expressa da Lei 8.138/90, que restou revogada pela Lei 10.405/2002.

Assim, antes do advento da LC 150/2015, *de acordo com a doutrina prevalente*, **apenas o segurado empregado, o trabalhador avulso e o segurado especial fazem jus aos benefícios por acidente de trabalho**, pois nestes casos a empresa paga a contribuição SAT de 1, 2 ou 3% sobre as remunerações dos empregados e avulsos e o segurado especial é contribuinte de 0,1% sobre a receita decorrente da comercialização de sua produção.

Nesse sentido, conforme restringia o artigo 18, §1º, da Lei 8.213/91, apenas os segurados empregados, trabalhadores avulsos e segurados especiais farão jus ao auxílio-acidente, o mais típico benefício por acidente de trabalho, em que pese ter sido estendido aos acidentes em geral.

> Com o advento da Emenda Constitucional 72/2013 passou a existir previsão na Lei Maior para que os empregadores domésticos pagassem contribuição SAT, o que foi regulamentado pela LC 150/2015 (0,8% do salário de contribuição), **razão pela qual os empregados domésticos passaram a ter direito aos benefícios previdenciários por acidente do trabalho, inclusive ao auxílio-acidente.**

Os benefícios pagos por acidente de trabalho ao empregado, empregado doméstico, ao trabalhador avulso e ao segurado especial, bem como aos dependentes, são os seguintes: pensão por morte por acidente de trabalho; auxílio-acidente por acidente de trabalho; auxílio-doença por acidente de trabalho e aposentadoria por invalidez por acidente de trabalho.

Vale frisar que o INSS somente concede benefícios com código de acidente do trabalho aos segurados que possuem o pagamento da contribuição SAT em seu favor: empregado, empregado doméstico (este após a LC 150/2015), trabalhador avulso e segurado especial.

7. PRESCRIÇÃO DOS BENEFÍCIOS ACIDENTÁRIOS

De acordo com o artigo 104, da Lei 8.213/91, as ações referentes à prestação por acidente do trabalho prescrevem em cinco anos, contados da data:

I. do acidente, quando dele resultar a morte ou a incapacidade temporária, verificada esta em perícia médica a cargo da Previdência Social; ou

II. em que for reconhecida pela Previdência Social, a incapacidade permanente ou o agravamento das seqüelas do acidente.

Note-se que, em se tratando de benefícios previdenciários, ocorre a prescrição progressiva e não a do fundo do direito, pois apenas as parcelas vencidas antes do quinquênio anterior ao ajuizamento da demanda ou do pedido administrativo restarão fulminadas pelo lustro prescricional.

8. PRINCIPAIS CONSECTÁRIOS DO RECONHECIMENTO DO ACIDENTE DE TRABALHO

O reconhecimento de um acidente de trabalho ou equiparado, e, por consequência, a concessão de benefício previdenciário acidentário, tem como principais consequências:

A) O evento entrará na estatística da empresa para majoração em até 100% da contribuição de 1, 2 ou 3% sobre as remunerações dos segurados empregados e avulsos (contribuição SAT), na forma do artigo 10, da Lei 10.666/03;

B) O empregado, após a cessação do auxílio-doença acidentário, tem garantida a estabilidade provisória no emprego por ao menos doze meses, na forma do artigo 118, da Lei 8.213/91, dispositivo legal validado pelo STF no julgamento da ADI 639, em 02/06/2005;

C) O empregador obriga-se a depositar a importância a título de FGTS, conforme previsto no artigo 15, §5º, da Lei 8.036/90;

D) Dispensa-se a carência para a concessão da aposentadoria por incapacidade permanente e do auxílio por incapacidade temporária;

E) A renda da aposentadoria por incapacidade permanente e da pensão por morte não precedida de aposentadoria será de 100% do salário de benefício;

F) A ação judicial eventualmente proposta contra o INSS será da competência originária da Justiça Estadual, por força do artigo 109, I, parte final, da CRFB, e não da Justiça Federal, mesmo em se tratando de acidente por equiparação ou doença ocupacional, bem como as respectivas ações revisionais.

Ressalte-se que com o advento da Lei 9.032/95 o cálculo dos benefícios acidentários passou a ser o mesmo dos benefícios previdenciários comuns, inexistindo diferenciação para a definição da sua renda mensal inicial. No entanto isto foi modificado com a Emenda 103/2019 no caso da aposentadoria por incapacidade permanente (antiga invalidez), conforme será estudado na parte dos benefícios previdenciários.

9. RESPONSABILIDADE CIVIL DA EMPRESA PERANTE A JUSTIÇA DO TRABALHO

Nas hipóteses de dolo ou culpa, a teor do artigo 7º, XXVIII, da CRFB, o empregador responderá civilmente nas hipóteses de acidente de trabalho, em demanda a ser proposta pelo empregado na Justiça do Trabalho.

> **STF**
>
> O Plenário do Supremo Tribunal Federal (STF) decidiu, nesta quinta-feira (5), que o trabalhador que atua em atividade de risco tem direito à indenização em razão de danos decorrentes de acidente de trabalho, **independentemente da comprovação de culpa ou dolo do empregador**. Por maioria de votos, os ministros entenderam que **é constitucional a imputação da responsabilidade civil objetiva do empregador por danos decorrentes de acidentes de trabalho em atividades de risco.** RE 828040, de 5/9/2019.

10. AÇÃO REGRESSIVA DO INSS CONTRA A EMPRESA NEGLIGENTE

De acordo com o artigo 120, da Lei 8.213/91, nos casos de **negligência** quanto às normas padrão de segurança e higiene do trabalho indicados para a proteção individual e coletiva, **a Previdência Social proporá ação regressiva contra os responsáveis**, pois o pagamento das prestações previdenciárias por acidente do trabalho não exclui a responsabilidade civil da empresa ou de outrem, nos termos do artigo 121, da Lei 8.213/91.

Ou seja, os acidentes de trabalho e eventos equiparados ocorridos por **culpa do empregador** em não seguir as normas vigentes sobre proteção do trabalhador gerarão a responsabilidade deste em ressarcir a Previdência Social o valor que for gasto no pagamento dos benefícios acidentários, até que ocorra a sua cessação, devendo ser aferida casuisticamente a ocorrência da culpa, especialmente com a perícia a ser realizada pela pasta trabalhista.

> **Importante:**
>
> Vale salientar que o pagamento da contribuição previdenciária para custeio dos acidentes de trabalho (contribuição SAT) não tem o condão de excluir a responsabilidade civil da empresa perante a Previdência Social, conforme entendimento jurisprudencial majoritário (TRF 1ª Região, AC 2000.01.00.069642-0, de 16.10.2006).

Apesar de inexistir previsão expressa na Lei 8.213/91, as ações regressivas passaram a serem propostas também contra os causadores de acidentes de trânsito imprudentes e agentes que praticaram violência doméstica (a exemplo de maridos que agridem esposas), a fim de ressarcir os gastos com os benefícios previdenciários pagos pelo INSS.

Os juros de mora e a correção monetária observarão a taxa SELIC, incidindo desde a ocorrência do acidente.

> **O artigo 120 da Lei 8.213/91 foi alterado pela Lei 13.846/2019, que passou a prever expressamente a propositura da ação regressiva previdenciária na hipótese de violência doméstica e familiar contra a mulher, nos termos da Lei nº 11.340, de 7 de agosto de 2006.**

▶ CAPÍTULO 8 – REGRAS GERAIS DO PLANO DE BENEFÍCIOS E SERVIÇOS DO REGIME GERAL DE PREVIDÊNCIA SOCIAL

1. ESPÉCIES DE PRESTAÇÕES PREVIDENCIÁRIAS

As **prestações previdenciárias** abarcam os *benefícios* e os *serviços* devidos aos beneficiários do Regime Geral (segurados e seus dependentes), uma vez realizadas as hipóteses legais para a sua concessão.

Enquanto os benefícios previdenciários constituem obrigações de pagar quantia certa, os serviços são obrigações de fazer devidas pela Previdência Social.

O plano de prestações do RGPS aprovado pela Lei 8.213/91 prevê **oito benefícios** previdenciários em prol dos **segurados**: *aposentadoria por invalidez, aposentadoria por idade, aposentadoria por tempo de contribuição, aposentadoria especial, auxílio-doença, salário-família, salário-maternidade e auxílio-acidente.*

Mas tivemos a reforma previdenciária implementada pela **Emenda 103/2019**, que extinguiu a aposentadoria por tempo de contribuição sem idade mínima, assim como redesignou a aposentadoria por invalidez para aposentadoria por incapacidade permanente.

Isso porque o artigo 201, inciso I, da Constituição não mais se refere à invalidez e doença, e sim à incapacidade temporária ou permanente para o trabalho.

> Dessa forma, o artigo 18 da Lei 8.213/91 deve ser interpretado conforme a **Emenda 103/2019** apresentando os seguintes benefícios dos segurados: *aposentadoria por incapacidade permanente, aposentadoria por idade e tempo de contribuição, aposentadoria especial, auxílio por incapacidade temporária (antigo auxílio-doença), salário-família, salário-maternidade e auxílio-acidente.*

O artigo 25 do Decreto 3.048/99 foi atualizado pelo Decreto 10.410/2020:

> Art. 25. O Regime Geral de Previdência Social compreende as seguintes prestações, expressas em benefícios e serviços:
>
> **I - quanto ao segurado:**
>
> a) aposentadoria por incapacidade permanente; (Redação dada pelo Decreto nº 10.410, de 2020).
>
> b) aposentadoria programada; (Redação dada pelo Decreto nº 10.410, de 2020).
>
> c) aposentadoria por idade do trabalhador rural; (Redação dada pelo Decreto nº 10.410, de 2020).
>
> d) aposentadoria especial;
>
> e) auxílio por incapacidade temporária; (Redação dada pelo Decreto nº 10.410, de 2020).
>
> f) salário-família;
>
> g) salário-maternidade; e
>
> h) auxílio-acidente;
>
> **II - quanto ao dependente:**
>
> a) pensão por morte; e
>
> b) auxílio-reclusão; e
>
> **III - quanto ao segurado e dependente: reabilitação profissional.**

Por um lapso, faltou a inserção do serviço social, que voltou a ser um serviço previdenciário após a revogação da MP 905/2019.

A aposentadoria por tempo de contribuição sem idade mínima foi extinta pela EC 103/2019, respeitado o direito adquirido formado até 13/11/2019. Por sua vez, para quem era segurado do RGPS em 13/11/2019, a EC 103/2019 constituiu quatro regras de transição, nos termos da Portaria INSS 450/2020:

> "Subseção II Aposentadoria por tempo de contribuição
>
> Art. 10. A aposentadoria por tempo de contribuição, ressalvado o direito adquirido, poderá ser concedida aos segurados filiados ao RGPS até 13 de novembro de 2019, mediante os requisitos fixados em quatro regras distintas de transição:
>
> I - aposentadoria por tempo de contribuição com pontuação, conforme art. 15 da EC nº 103, de 2019;
>
> II - aposentadoria por tempo de contribuição com idade mínima, conforme art. 16 da EC nº 103, de 2019;
>
> III - aposentadoria por tempo de contribuição com período adicional de 50% (cinquenta por cento), conforme art. 17 da EC nº 103, de 2019; e
>
> IV - aposentadoria por tempo de contribuição com idade mínima e período adicional de 100% (cem por cento), conforme art. 20 da EC nº 103, de 2019".

A aposentadoria por idade, que apenas exigia idade mínima e período de carência, foi substituída pela **aposentadoria programada**, que exige idade mínima (65 anos para os homens e 62 anos para as mulheres em regra permanente, ressalvado o regramento de transição), tempo de contribuição e período de carência, que se subdivide em comum e do professor do ensino básico.

Nesse sentido, a Portaria INSS 450/2020:

> "Seção I Da aposentadoria programada (art. 201 da Constituição Federal)
>
> Art. 6º A aposentadoria programada é devida aos segurados filiados ao RGPS a partir de 13 de novembro de 2019, ou, se mais vantajosa, aos demais.
>
> Art. 7º São requisitos para concessão da aposentadoria programada, cumulativamente:
>
> I - 62 (sessenta e dois) anos de idade, se mulher, e 65 (sessenta e cinco) anos, se homem;
>
> II - 15 (quinze) anos de tempo de contribuição, se mulher, e 20 (vinte) anos, se homem; e
>
> III - 180 (cento e oitenta) contribuições mensais de carência. (Redação do inciso dada pela Portaria INSS Nº 528 DE 22/04/2020).
>
> Seção II Das Regras de Transição da Aposentadoria por Idade e da aposentadoria por tempo de contribuição
>
> Subseção I Aposentadoria por idade (art. 18 da EC nº 103, de 2019)
>
> Art. 8º Para a concessão da aposentadoria por idade, conforme regra de transição fixada pela EC nº 103, de 2019, exige-se, cumulativamente:
>
> I - 60 (sessenta) anos de idade da mulher e 65 (sessenta e cinco) do homem;

II – 15 (quinze) anos de tempo de contribuição; e

III – 180 (cento e oitenta) meses de carência".

Uma crítica é que a aposentadoria do trabalhador rural e a aposentadoria especial também são aposentadorias programadas, pois não decorrem de infortúnio.

No entanto, a **aposentadoria por idade dos trabalhadores rurais**, garimpeiros e pescadores artesanais foi preservada, pois o Congresso Nacional rejeitou a sua reforma constitucional, mantendo os requisitos de idade mínima (60 anos para os homens e 55 para as mulheres).

Uma outra crítica é a utilização da expressão "auxílio por incapacidade temporária" em substituição ao "auxílio-doença", pois a incapacidade permanente também é fato gerador do benefício, nos termos do artigo 62 da Lei 8.213/91, quando cabível a reabilitação profissional.

Por certo, teria sido mais adequada a expressão "auxílio temporário por incapacidade", pois demonstraria o caráter temporário do benefício e abarcaria tanto a incapacidade temporária quanto a permanente.

Ao longo da obra, o benefício continuará sendo chamado de auxílio-doença em muitas situações, tanto por uma questão histórica em respeito ao *Tempus Regit Actum* quanto pelos atos normativos e decisões judiciais ainda citarem essa expressão.

De sua vez, os **dependentes** farão jus a **dois benefícios**: *pensão por morte e auxílio-reclusão.*

Demais disso, existiam **dois serviços** devidos tanto aos segurados quanto aos seus dependentes: *serviço social e reabilitação profissional.*

2. DEPENDENTES DOS SEGURADOS

Os beneficiários das prestações previdenciárias são os segurados e os seus dependentes. Como estudado anteriormente, são segurados obrigatórios do RGPS o empregado, o trabalhador avulso, o segurado especial, o empregado doméstico e o contribuinte individual, conforme o artigo 12, da Lei 8.212/91.

Ademais, existe ainda a classe dos segurados facultativos, formada por aquelas pessoas que não exercem atividade laborativa remunerada, mas optaram em se filiar mediante a sua inscrição formalizada e o pagamento das contribuições previdenciárias (art. 14, Lei 8.212/91).

Neste momento, serão vistos os dependentes dos segurados do Regime Geral, previstos no **artigo 16, da Lei 8.213/91**, que farão jus à pensão por morte, ao auxílio-reclusão e a reabilitação profissional.

Deveras, a *inscrição do dependente* ocorrerá no momento do requerimento da prestação previdenciária, mediante a apresentação dos documentos listados no artigo 22, do RPS.

Por óbvio, para que uma pessoa natural seja dependente no RGPS, é preciso que o falecido ou o preso seja segurado da Previdência Social para instituir a pensão por morte ou o auxílio-reclusão respectivamente, salvo na situação excepcional prevista na Súmula 416, do STJ (pensão por morte), que será estudada oportunamente. Isso porque a relação do dependente do segurado com a Previdência Social é derivada da relação jurídica entre o segurado e o Regime Geral de Previdência Social, não possuindo autonomia, em um primeiro momento.

De efeito, a legislação previdenciária instituiu **três classes** de dependentes de segurados que possuíam a seguinte redação:

I. o cônjuge, a companheira, o companheiro e o filho não emancipado, de qualquer condição, menor de 21 (vinte e um) anos ou inválido ou que tenha deficiência intelectual ou mental que o torne absoluta ou relativamente incapaz, assim declarado judicialmente;

II. os pais;

III. o irmão não emancipado, de qualquer condição, menor de 21 (vinte e um) anos ou inválido ou que tenha deficiência intelectual ou mental que o torne absoluta ou relativamente incapaz, assim declarado judicialmente.

No entanto, houve mais de uma modificação na classe III com o advento da Lei 13.135/2015, mas nem todas entraram em vigor no dia da sua publicação operada em 18/6/2015 (art. 6º, da Lei 13.135). Nota-se que foi retirada a emancipação como causa de antecipação da maioridade previdenciária **(vigência em 18/6/2015)**; foi retirada a exigência de incapacidade civil do irmão com deficiência mensal ou intelectual, e excluída a necessidade de interdição judicial **(vigência em 18/6/2017)**; foi inserido como dependente o irmão com deficiência grave, nos termos do regulamento **(vigência em 180 dias, a contar de 18/6/2015)**.

Tentou se fazer a mesma modificação com a classe I, mas houve veto presidencial às mencionadas alterações na classe preferencial, que permanece com a sua redação anterior.

> Posteriormente, por incrível que pareça, nova modificação legal foi feita. Por força da Lei 13.146, publicada em 7 de julho de 2015, que aprovou o Estatuto da Pessoa com Deficiência e entrou em vigor em 180 dias após a sua publicação (início de janeiro de 2016 – em 3 de janeiro), houve a alteração do artigo 16, inciso III, da Lei 8.213/91, pois a classe III passou a ter a conseguinte redação: "o irmão **não emancipado**, de qualquer condição, menor de 21 (vinte e um) anos ou inválido ou que tenha deficiência intelectual ou mental ou deficiência grave". Logo, **em 3 de janeiro de 2016, a emancipação voltou a ser causa de antecipação da maioridade previdenciária do irmão do segurado.** O Estatuto do Deficiente ainda modificou o texto do inciso I do artigo 16 da Lei 8.213/91.

Logo, para os óbitos e prisões ocorridos a partir de 3 de janeiro de 2016, à luz do Princípio do *Tempus Regit Actum* (aplica-se a lei em vigor no dia da morte ou prisão do segurado para definir as regras da pensão por morte e do auxílio-reclusão), deve ser considerada a seguinte redação para o rol dos dependentes dos segurados de classe I e III, pois inexiste modificação na classe II:

> **I – o cônjuge, a companheira, o companheiro e o filho não emancipado, de qualquer condição, menor de 21 (vinte e um) anos ou inválido ou que tenha deficiência intelectual ou mental ou deficiência grave;**
>
> **III – o irmão não emancipado, de qualquer condição, menor de 21 (vinte e um) anos ou inválido ou que tenha deficiência intelectual ou mental ou deficiência grave.**

Existia uma quarta classe composta pelo menor de 21 anos de idade designado ou maior de 60 anos ou inválido, que foi revogada pela Lei 9.032/95.

De acordo com o parágrafo sétimo do artigo 16 da Lei 8.213/91, introduzido pela Lei 13.846/2019, "será excluído definitivamente da condição de dependente quem tiver sido condenado criminalmente por sentença com **trânsito em julgado**, como autor, coautor ou partícipe de **homicídio doloso, ou de tentativa desse crime**, cometido contra a pessoa do segurado, ressalvados os absolutamente incapazes e os inimputáveis".

Dessa forma, o cônjuge poderá até perdoar o crime, caso sobreviva à tentativa de homicídio doloso. Mas a previdência social jamais perdoará (discutível essa opção do legislador), havendo definitiva exclusão da qualidade de pendente do segurado sobrevivente.

Evidente que o dispositivo não se aplica aos menores de 18 anos e pessoa sem discernimento mental, pois inimputáveis pela lei penal e por essa razão não cometem crimes.

2.1. CLASSE I

Os dependentes da classe I gozam de *presunção absoluta de dependência econômica*, ou seja, mesmo que o segurado instituidor da pensão por morte ou do auxílio-reclusão não provisse o seu sustento, mesmo assim farão jus a esses benefícios.

Deveras, o artigo 16, §4º, da Lei 8.213/91, fala apenas em presunção, sem especificar a sua natureza. Entretanto, é remansoso o entendimento de que se cuida de presunção absoluta, inclusive no âmbito do INSS.

Ademais, os dependentes da classe I são *preferenciais*, afastando em caso de concurso os da classe II e III, não havendo posterior transferência de direito para as classes inferiores.

Além do cônjuge ou companheiro(a) do segurado, o *ex-cônjuge e o ex-companheiro(a)* também serão considerados como dependentes, desde que haja a *percepção de alimentos* por ocasião da separação judicial ou do divórcio.

Na hipótese de *separação de fato*, resta afastada a presunção de dependência econômica, devendo o cônjuge ou companheiro(a) que postular benefício comprová-la, na forma do artigo 76, §1º, da Lei 8.213/91.

O conceito de união estável adotado no §3º, do artigo 16, da Lei 8.213/91, é mais restritivo do que a definição do Código Civil, pois "considera-se companheira ou companheiro a pessoa que, sem ser casada, mantém união estável com o segurado ou com a segurada, de acordo com o § 3º do art. 226 da Constituição Federal".

Deveras, para a legislação previdenciária, apenas estaria configurada a união estável na hipótese de as pessoas de sexos diversos não serem casadas, ao passo que o artigo 1.723 do Código Civil permite a união estável entre pessoas casadas, desde que separadas de fato.

Na prática, vem se adotando a definição do Código Civil, pois é irrazoável a restrição imposta pela legislação previdenciária, razão pela qual o artigo 16, §6º, do RPS, manda observar a definição civilista. O próprio INSS não mais adota a definição de união estável §3º, do artigo 16, da Lei 8.213/91, pois foi tacitamente revogada pelo Código Civil de 2002.

De acordo com a interpretação do Código Civil pelo INSS, não é possível o reconhecimento da união estável, bem como dos efeitos previdenciários correspondentes, quando um ou ambos os pretensos companheiros forem menores de dezesseis anos, sendo que, em se tratando de companheiro (a) maior de dezesseis e menor de dezoito anos, dada a incapacidade relativa, o reconhecimento da união estável está condicionado à apresentação de declaração expressa dos pais ou representantes legais, atestando que conheciam e autorizavam a convivência marital do menor (Instrução Normativa 85/2016).

A jurisprudência do STJ e TNU admitiam a prova da união estável apenas por prova testemunhal. Isto foi modificado com o advento da **Lei 13.846/2019**, tornando a posição Regulamentar (Decreto 3.048/99) válida e **afastando a jurisprudência citada**. Isso porque restou inserido no artigo 16 da Lei 8.213/91 um quinto parágrafo com tarifação de prova com marca de temporariedade de 24 meses antes do fato gerador da pensão por morte ou do auxílio-reclusão.

> De efeito, dispõe o novel §5º do artigo 16 da Lei 8.213/91 que "as provas de **união estável** e de **dependência econômica exigem início de prova material contemporânea dos fatos, produzido em período não superior a 24 (vinte e quatro) meses anterior à data do óbito ou do recolhimento à prisão do segurado**, não admitida a prova exclusivamente testemunhal, exceto na ocorrência de motivo de força maior ou caso fortuito, conforme disposto no regulamento".

Dessa forma, se o segurado morreu em 8 de setembro de 2019, a sua companheira não poderá provar a união estável apenas com testemunhos, devendo apresentar ao menos um documento que indique a união estável produzido entre 8 de setembro de 2017 e 8 de setembro de 2019, exceto fortuito e força maior ainda não regulamentados.

Assim, resta afastando o Princípio do Livre Convencimento Motivado e adotada a tarifação de prova para dar mais segurança jurídica, considerando a existência de casos habituais de falsos testemunhos e para preservar o Erário contra algumas situações de fraude.

No entanto, acredito que a exigência temporal do documento foi excessiva nos últimos 24 meses antes do fato gerador do benefício, a exemplo da certidão de nascimento de dois filhos em comum de 3 e 4 anos de idade no dia da morte do segurado, pois a certidões foram emitidas há mais de 24 meses do dia do óbito.

No que concerne ao concubinato, assim considerada a relação que se desenvolve paralelamente ao casamento sem a separação dos cônjuges, quer de fato, quer judicialmente, tanto o STF quanto o STJ vem afastando sumariamente a condição de dependente do(a) concubino(a).

> **STF**
>
> "A titularidade da pensão decorrente do falecimento de servidor público pressupõe vínculo agasalhado pelo ordenamento jurídico, mostrando-se impróprio o implemento de divisão a beneficiar, em detrimento da família, a concubina"(STF, RE 590.779, de 10.02.2009), entendimento aplicável ao RGPS.
>
> Em 18/12/2020, ao julgar o RE 1.045.273 em **Repercussão Geral**, por 6 votos a 5, o STF reafirmou a sua tradicional jurisprudência no sentido de **negar a concessão de pensão por morte ao(a) concubino(a)**, fixando a seguinte tese:
>
> ***"A preexistência de casamento ou de união estável de um dos conviventes, ressalvada a exceção do artigo 1723, §1º do Código Civil, impede o reconhecimento de novo vínculo referente ao mesmo período, inclusive para fins previdenciários, em virtude da consagração do dever de fidelidade e da monogamia pelo ordenamento jurídico--constitucional brasileiro".***

> **STJ**
>
> "1. A jurisprudência do STJ prestigia o entendimento de que uma Existência de impedimento para o matrimônio, por Parte de um dos Companheiros pretensos, embaraça uma constituição da união estável, inclusive para fins previdenciários.
>
> 2. Afigura-se inviável, desse modo, reconhecer à recorrida o Direito à percepção da Pensão por morte em concurso com uma viúva, Haja vista que o de cujus, à época do óbito, casado com uma permanecia recorrente" (STJ, REsp 1.114.490, 5ª Turma, de 19.11.2009).

Por questões de isonomia, **o parceiro homoafetivo também é considerado como dependente de segurado**, inclusive com **presunção de dependência econômica**, tendo em conta que essa relação afetiva entre pessoas do mesmo sexo também é apta a instituir uma entidade familiar.

Nesse sentido, o INSS passou a ser compelido a reconhecer o parceiro homoafetivo por força de liminar concedida na **ação civil pública 2000.71.00.009347-0**, proposta na Seção Judiciária de Porto Alegre – RS.

Finalmente, em 01.06.2010, o Advogado-Geral da União homologou o Parecer 38/2009, da lavra do Departamento de Análise de Atos Normativos, órgão da Consultoria-Geral da União, que reconheceu o parceiro homoafetivo como dependente previdenciário, em razão da instituição de entidade familiar por essa união.

Vale ressaltar que o entendimento do Advogado-Geral da União vincula a interpretação de toda a Administração Pública federal, de modo que no âmbito do Regime Geral de Previdência Social, do Regime Próprio de Previdência Social dos servidores da União e do regime previdenciário dos militares federais deverá ser reconhecida a parceria homoafetiva, interpretando-se extensivamente os dispositivos que se referem à união estável para abarcá-la.

São também dependentes os menores de **21 anos de idade, exceto se emancipados pelas causas previstas no artigo 5º, do Código Civil**, que contemplam hipóteses de emancipação voluntária e *ex lege*, quando a dependência cessará anteriormente aos 21 anos de idade (entre 16 e 18 anos de idade).

Por falta de previsão legal, ao contrário do que ocorre com o casamento, frise-se que a união estável não é causa de emancipação, sendo este, inclusive, o entendimento administrativo do INSS.

Com o advento do Decreto 10.410/2020, não existe mais a ressalva da colação de grau em curso superior antes dos 21 anos de idade no artigo 114 do Decreto 3.048/99. No entanto, o artigo 17 não arrolou essa hipótese de emancipação para antecipar a maioridade previdenciária:

> "Art. 17. A perda da qualidade de dependente ocorre:
>
> III – ao completar vinte e um anos de idade, para o filho, o irmão, o enteado ou o menor tutelado, ou nas seguintes hipóteses, se ocorridas anteriormente a essa

idade: (Redação dada pelo Decreto nº 10.410, de 2020).

a) casamento; (Redação dada pelo Decreto nº 10.410, de 2020).

b) início do exercício de emprego público efetivo; (Redação dada pelo Decreto nº 10.410, de 2020).

c) constituição de estabelecimento civil ou comercial ou pela existência de relação de emprego, desde que, em função deles, o menor com dezesseis anos completos tenha economia própria; ou (Redação dada pelo Decreto nº 10.410, de 2020).

d) concessão de emancipação, pelos pais, ou por um deles na falta do outro, por meio de instrumento público, independentemente de homologação judicial, ou por sentença judicial, ouvido o tutor, se o menor tiver dezesseis anos completos; e (Redação dada pelo Decreto nº 10.410, de 2020)".

> Logo, de acordo com a atual redação do artigo 17, do RPS, dada pelo Decreto 6.939/09, para se enquadrar como dependente do segurado, é indispensável que a invalidez tenha ocorrido antes dos 21 anos de idade ou, se houver, antes das causas de emancipação, sendo este o posicionamento adotado majoritariamente pelas bancas examinadoras até o momento, a exemplo do CESPE.

Essa sistemática foi mantida pelo Decreto 10.410/2020 no artigo 17 do Regulamento:

"§ 1º O filho, o irmão, o enteado e o menor tutelado, desde que comprovada a dependência econômica dos três últimos, se inválidos ou se tiverem deficiência intelectual, mental ou grave, não perderão a qualidade de dependentes **desde que a invalidez ou a deficiência intelectual, mental ou grave tenha ocorrido antes de uma das hipóteses previstas no inciso III do caput**. (Incluído pelo Decreto nº 10.410, de 2020)".

A condição do dependente inválido independe de qualquer ato judicial de interdição, bastando a manifestação positiva da perícia do INSS. Por outro lado, a interdição judicial não dispensa o exame médico a cargo da Previdência Social, pois o INSS sequer foi parte no processo que tramitou na Justiça Estadual, sendo-lhe ineficaz a coisa julgada.

Ademais, nem sempre as causas de interdição previstas no artigo 1.767 do Código Civil configuram hipóteses de invalidez, a exemplo do pródigo e do ébrio habitual, este a depender do grau de sua dependência.

Por outro lado, há forte **jurisprudência majoritária** que sustenta que a sentença de interdição prolatada pela Justiça Estadual vincula o INSS a reconhecer a invalidez do dependente.

Por força de inovação inaugurada pela Lei 12.470/2011, havia sido inserido como dependente do segurado o filho do segurado que tenha deficiência intelectual ou mental que o torne absoluta ou relativamente incapaz, assim declarado judicialmente, também manterá a sua qualidade mesmo após completar os 21 anos de idade.

Com propriedade, nos moldes dos artigos 3º e 4º, do Código Civil, modificados pela Lei 13.146/2015, são **absolutamente incapazes** para prática dos atos da vida civil os menores de 16 (dezesseis) anos de idade.

De sua vez, após a alteração perpetrada pela Lei 13.146/2045, são incapazes, **relativamente** a certos atos, ou à maneira de os exercer:

I – os maiores de dezesseis e menores de dezoito anos;

II – os ébrios habituais, os viciados em tóxicos, e os que, por deficiência mental, tenham o discernimento reduzido;

III – os excepcionais, sem desenvolvimento mental completo;

IV – os pródigos.

Assim, com a Lei 12.470/2011, perpetrou-se uma elevação da proteção previdenciária aos filhos dos segurados, pois os que possuam mais de 21 anos de idade e que não sejam inválidos para o trabalho, irão manter a condição de dependentes em razão de ostentar incapacidade civil relativa ou absoluta em decorrência de deficiência intelectual ou mental.

> No entanto, com o advento da Lei 13.146/2015, a redação foi alterada, passando a ser dependente do segurado "o filho não emancipado, de qualquer condição, menor de 21 (vinte e um) anos ou inválido ou que tenha deficiência intelectual ou mental ou deficiência grave". **Foram perpetradas três alterações: 1- não se exige mais que a deficiência intelectual ou mental do filho gere incapacidade para a prática de atos da vida civil; 2- não se exige mais a sentença de interdição e 3- foi inserido o deficiente grave como dependente.**

Caberá ao Regulamento definir quais as situações de deficiência intelectual ou mental que gerarão a proteção previdenciária do filho maior de 21 do segurado, assim como qual o critério para enquadramento do deficiente grave, pois o texto tornou-se genérico e impreciso.

Ademais, o artigo 110-A da Lei 8.213/91, inserido pela Lei 13.146/2016, passou a prever que, no ato de requerimento de benefícios operacionalizados pelo INSS, não será exigida apresentação de termo de curatela de titular ou de beneficiário com deficiência, observados os procedimentos a serem estabelecidos em regulamento.

Ainda são **equiparados a filhos** pelo §2º, do artigo 16, da Lei 8.213/91, o ***enteado e o menor tutelado*, mas não milita em seu favor a presunção de dependência econômica, que deverá ser comprovada**. Neste caso, é preciso a comprovação da inexistência de bens suficientes para o próprio sustento e educação, na forma do artigo 16, §3º, do RPS.

Até o advento da Medida Provisória 1.523, de 11.10.1996, convertida na Lei 9.528/97, **o *menor sob guarda* também era considerado dependente, tendo sido excluído desse rol no texto da Lei 8.213/91** em razão do elevado número de avós que colocavam os seus netos sob guarda apenas para instituir eventual pensão por morte previdenciária.

Muito ainda se discute sobre a prevalência do Estatuto da Criança e do Adolescente sobre a legislação previdenciária, pois o seu artigo 33, §3º, prevê que a guarda confere à criança ou adolescente a condição de dependente, para todos os fins e efeitos de direito, inclusive previdenciários.

STJ

Após divergência interna, o STJ referendou a exclusão do menor sob guarda da lista dos dependentes do RGPS: **"Pensão por morte. Regime Geral de Previdência Social. Menor sob guarda. Incidência da lei previdenciária vigente ao tempo do óbito do instituidor do benefício. Inaplicabilidade do Estatuto da Criança e do Adolescente. Precedentes da Terceira Seção. Embargos de divergência conhecidos e recebidos"** (3ª Seção, EREsp 801.214, de 28.05.2008).

Após certa divergência, a Corte Especial do STJ EXCLUIU O MENOR SOB GUARDA no rol de equiparados a filho no julgamento do AgRg na SLS 1988, de 4/3/2015: "II – Hipótese em que a decisão cujos efeitos foram aqui suspensos discrepa da jurisprudência do Superior Tribunal de Justiça "no sentido de ser indevida pensão por morte a menor sob guarda se o óbito do segurado tiver ocorrido sob a vigência da MP nº 1.523/96, posteriormente convertida a na Lei nº 9.528/97" (AgRg nos EDcl no REsp n. 1.104.494/RS, Relator o Ministro Nefi Cordeiro, DJ de 16/12/2014). III – Efeito multiplicador reconhecido, tendo em conta a probabilidade de que a decisão impugnada estimule o ajuizamento de novas ações com o mesmo objeto, e lesão à economia pública demonstrada pela irrepetibilidade dos proventos eventualmente pagos, considerando a natureza alimentícia do benefício de **pensão** por **morte**".

O TEMA TEVE MAIS UMA REVORAVOLTA EM **7 DE DEZEMBRO DE 2016**. É QUE A CORTE ESPECIAL DO STJ DEU PREVALÊNCIA AO ESTATUTO DA CRIANÇA E DO ADOLESCENTE, GARANTINDO A MANUTENÇÃO DO MENOR SOB GUARDA NO ROL DE EQUIPARADOS A FILHOS MESMO APÓS A LEI 9.528/97:

PREVIDENCIÁRIO. PENSÃO POR MORTE. MENOR SOB GUARDA. ALTERAÇÕES LEGISLATIVAS. ART. 16 DA LEI N. 8.213/90. MODIFICAÇÃO PELA MP N. 1.523/96, CONVERTIDA NA LEI N. 9.528/97. CONFRONTO COM O ART. 33, § 3º, DO ECA. ART. 227 DA CONSTITUIÇÃO. INTERPRETAÇÃO CONFORME. PRINCÍPIO DA PROTEÇÃO INTEGRAL E PREFERENCIAL DA CRIANÇA E DO ADOLESCENTE. 1. Ao menor sob guarda deve ser assegurado o direito ao benefício da pensão por morte mesmo se o falecimento se deu após a modificação legislativa promovida pela Lei n. 9.528/97 na Lei n. 8.213/90. 2. O art. 33, § 3º da Lei n. 8.069/90 deve prevalecer sobre a modificação legislativa promovida na lei geral da previdência social porquanto, nos termos do art. 227 da Constituição, é norma fundamental o princípio da proteção integral e preferência da criança e do adolescente (EMBARGOS DE DIVERGÊNCIA EM RESP Nº 1 141.788 RS, julgado em 7/12/2016).

Embora a Corte Especial não tenha tratado do tema, é necessário que o menor sob guarda demonstre a dependência econômica e que haja a concessão de guarda jurídica. E isto foi dito posteriormente pela 1ª Seção em tese repetitiva:

STJ

O menor sob guarda tem direito à concessão do benefício de pensão por morte do seu mantenedor, **comprovada sua dependência econômica**, nos termos do art. 33, § 3º do Estatuto da Criança e do Adolescente, ainda que o óbito do instituidor da pensão seja posterior à vigência da Medida Provisória 1.523/96, reeditada e convertida na Lei n. 9.528/97. Funda-se essa conclusão na qualidade de lei especial do Estatuto da Criança e do Adolescente (8.069/90), frente à legislação previdenciária. REsp 1.411.258-RS, Rel. Min. Napoleão Nunes Maia Filho, Primeira Seção, por unanimidade, julgado em 11/10/2017, DJe 21/02/2018. **(Tema 732)**.

De acordo com o artigo 23, §6º, da **Emenda 103/2019**, equiparam-se a filho, para fins de recebimento da pensão por morte, **exclusivamente** o enteado e o menor tutelado, desde que comprovada a dependência econômica.

O objetivo da reforma constitucional foi afastar a jurisprudência que amplia o rol legal dos equiparados a filho. Em tese, a Emenda 103 derruba toda a jurisprudência do STJ para óbitos após a sua vigência (*Tempus Regit Actum*).

STF

Em 8 de junho de 2021, por 6 x 5, no julgamento das **ADI's 4.878 e 5.083** o Tribunal, por maioria, julgou procedente a ação, de modo a **conferir interpretação conforme ao § 2º do art. 16 da Lei nº 8.213/1991, para contemplar, em seu âmbito de proteção, o "menor sob guarda"**, nos termos do voto do Ministro Edson Fachin, Redator para o acórdão, vencidos os Ministros Gilmar Mendes (Relator), Alexandre de Moraes, Marco Aurélio, Nunes Marques e Luiz Fux (Presidente), que julgavam improcedente a ação. Falaram: pelo interessado Presidente da República, a Dra. Izabel Vinchon Nogueira de Andrade, Secretária-Geral de Contencioso da Advocacia-Geral da União; pelo amicus curiae Associação Nacional de Entidades de Previdência dos Estados e Municípios – ANEPREM, o Dr. Bruno Sá Freire Martins; pelo amicus curiae Defensoria Pública da União – DPU, o Dr. Antonio Ezequiel Inácio Barbosa, Defensor Público Federal; e, pelo amicus curiae Instituto Nacional do Seguro Social – INSS, a Dra. Bruna Maria Palhano Medeiros, Procuradora Federal. Plenário, Sessão Virtual de 28.5.2021 a 7.6.2021.

Dessa forma, **para os óbitos até a vigência da Emenda 103 (13/11/2019)** a decisão do STF vincula o INSS (controle abstrato de constitucionalidade com eficácia vinculante perante a Administração Pública), garantindo a inserção do menor sob guarda como equiparado a filho, desde que provada a dependência econômica, prevalecendo o ECA sobre a exclusão perpetrada pela Lei 9.528/97.

Por outro lado, considerando que o STF rejeitou a aferição de constitucionalidade do artigo 23, §6º, da EC 103/2019, conquanto em *obiter dictum* o Ministro Fachin aduziu que os mesmos argumentos seriam válidos para a extensão da tese, **a decisão não vincula o INSS para os óbitos a contar de 14/11/2019.**

Considerando a amplitude da regra do artigo 33, §3º, do ECA, a decisão da Suprema Corte também se aplica aos Regimes Próprios de Previdência Social, sendo que no RPPS federal se limita às mortes até 13/11/2019, considerando que o artigo 23 da EC 103/2019 não se aplica ao RPPS dos estados, Distrito Federal e municípios, sendo que nestes regimes locais a aplicação da decisão do STF é temporalmente irrestrita.

Demais disso, inexiste previsão legal para incluir o curatelado na condição de dependente do segurado, sendo incabível interpretação extensiva para inseri-lo, conforme pronunciamento do TRF da 3ª Região (AC 719.556, de 27.03.2007).

É comum que filhos dependentes de segurado que completem 21 anos e ainda cursem universidade ingressem com ação judicial contra o INSS para manter normalmente a pensão por morte até completarem os 24 anos de idade.

A legislação previdenciária é taxativa a respeito, apenas sendo manutenida a condição de dependente de filho de segurado após os 21 anos de idade na hipótese de invalidez preexistente, sendo o tema pacífico na jurisprudência.

> **STJ**
>
> A pensão pela morte do pai será devida até o limite de vinte e um anos de idade, salvo se inválido, não se podendo estender até os 24 anos para os estudantes universitários, pois não há amparo legal para tanto. Recurso provido (REsp 639.487, de 11.10.2005). Esta posição foi firmada em tese repetitiva pelo STJ no ano de 2013 (REsp 1.369.832-SP, Rel. Min. Arnaldo Esteves Lima, julgado em 12/6/2013).
>
> **Importante:**
>
> Por fim, por força da Lei 13.146, publicada em 7 de julho de 2015, que aprovou o Estatuto da Pessoa com Deficiência e **entrou em vigor em 180 dias após a sua publicação (3 de janeiro de 2016)**, houve a alteração do artigo 16, inciso I, da Lei 8.213/91, pois a classe I passou a ter a conseguinte redação: o cônjuge, a companheira, o companheiro e o filho não emancipado, de qualquer condição, menor de 21 (vinte e um) anos ou inválido ou que tenha deficiência intelectual ou mental ou deficiência grave. Logo, **em janeiro de 2016, o filho do segurado com deficiência grave passou a integrar a classe preferencial, cabendo ao Regulamento da Previdência Social definir futuramente o que é deficiência grave.**

Logo, desde 3 de janeiro de 2016, o filho do segurado com deficiência grave passou a integrar a classe preferencial, cabendo ao Regulamento da Previdência Social definir futuramente o que é deficiência grave, assim como foi excluída a necessidade de incapacidade civil da deficiência intelectual ou mental e consequente sentença de interdição.

2.2. CLASSE II

Na segunda classe se encontram os pais do segurado, que **apenas farão jus aos benefícios previdenciários caso inexista algum dependente preferencial**. Vale salientar que um benefício percebido por um dependente preferencial, uma vez cessado, não será transferido aos dependentes das classes inferiores (II e III).

Além disso, é preciso que **os pais demonstrem que dependiam economicamente do filho falecido ou preso**, sendo seu o ônus da prova.

A dependência econômica não é definida pela legislação previdenciária, mas certamente é mais do que um simples auxílio financeiro, pois é comum que os filhos que convivam com os genitores os auxiliem no pagamento das despesas domésticas.

É preciso mais do que mera colaboração financeira para a configuração da dependência econômica. De acordo com o Enunciado 13, do Conselho de Recursos da Previdência Social, a dependência econômica pode ser parcial, devendo, no entanto, representar um auxílio substancial, permanente e necessário, cuja falta acarretaria desequilíbrio dos meios de subsistência do dependente.

De acordo com o artigo 143, do RPS, a justificação administrativa ou judicial, no caso de dependência econômica, identidade e de relação de parentesco, somente produzirá efeito quando baseada em início de prova material, não sendo admitida prova exclusivamente testemunhal, salvo as hipóteses de caso fortuito ou força maior.

Contudo, ao que parecia, essa exigência regulamentar se afigurava ilegal, pois o artigo 55, §3º, da Lei 8.213/91, apenas exigia início de prova material para a comprovação de tempo de serviço, e não de dependência econômica ou parentesco.

Isto foi modificado com o advento da **Lei 13.846/2019**, tornando a posição Regulamentar válida e **afastando a jurisprudência citada**. Isso porque restou inserido no artigo 16 da Lei 8.213/91 um quinto parágrafo com tarifação de prova com marca de temporariedade de 24 meses antes do fato gerador da pensão por morte ou do auxílio-reclusão.

De efeito, dispõe o novel §5º do artigo 16 da Lei 8.213/91 que "as provas de **união estável e de dependência econômica** exigem **início de prova material contemporânea dos fatos, produzido em período não superior a 24 (vinte e quatro) meses anterior à data do óbito ou do recolhimento à prisão do segurado**, não admitida a prova exclusivamente testemunhal, exceto na ocorrência de motivo de força maior ou caso fortuito, conforme disposto no regulamento".

Assim, resta afastando o Princípio do Livre Convencimento Motivado e adotada a tarifação de prova para dar mais segurança jurídica, considerando a existência de casos habituais de falsos testemunhos e para preservar o Erário contra algumas situações de fraude.

Vale registrar que se cuida de regra processual inerente à prova da condição de dependente, de modo que possui aplicação imediata a todos os processos pendentes de decisão para óbitos anteriores à vigência da alteração normativa, pois somente regras de direito material não possuem retroação.

A percepção pelos pais do segurado falecido de remuneração ou de benefício previdenciário anterior já constituem indícios contrários à comprovação de dependência econômica, máxime quando os valores são superiores a um salário mínimo.

Desta forma, para que o pai do segurado, a mãe ou ambos percebam uma pensão por morte ou auxílio-reclusão de filho segurado morto ou preso, são necessários que dois requisitos sejam preenchidos simultaneamente: 1- ausência de dependente de classe preferencial e 2- prova de dependência econômica.

Mesmo que haja dependência econômica, o benefício será negado acaso exista ao menos um dependente de classe 1, que é preferencial.

2.3. CLASSE III

Nesta terceira e última classe se encontra o irmão do segurado. Para receber o benefício, é curial que **inexistam dependentes nas classes superiores, assim como se demonstre a concreta dependência econômica.**

Mas, conforme visto, as **provas de dependência econômica** exigem **início de prova material contemporânea dos fatos, produzido em período não superior a 24 (vinte e quatro) meses anterior à data do óbito ou do recolhimento à prisão do segurado**, não admitida a prova exclusivamente testemunhal, exceto na ocorrência de motivo de força maior ou caso fortuito, conforme disposto no regulamento.

Desta forma, para que o irmão do segurado perceba uma pensão por morte ou auxílio-reclusão, são necessários que dois requisitos sejam preenchidos simultaneamente: 1- ausência de dependente de classe um ou dois e 2- prova de dependência econômica.

Este inciso III do artigo 16, da Lei 8.213/91, sofreu mais de uma modificação com o advento da Lei 13.135/2015, mas nem todas entraram em vigor no dia da sua publicação operada em 18/6/2015 (art. 6º, da Lei 13.135), que passará a ter a seguinte redação no futuro:

> **III – o irmão de qualquer condição menor de 21 (vinte e um) anos ou inválido ou que tenha deficiência intelectual ou mental ou deficiência grave, nos termos do regulamento.**

Nota-se que foi retirada a emancipação como causa de antecipação da maioridade previdenciária **(vigência em 18/6/2015)**; foi retirada a exigência de incapacidade civil do irmão com deficiência mensal ou intelectual, e excluída a necessidade de interdição judicial **(vigência em 18/6/2017)**; foi inserido como dependente o irmão com deficiência grave, nos termos do regulamento **(vigência em 180 dias, a contar de 18/6/2015)**.

Posteriormente, nova modificação legal foi feita. Por força da Lei 13.146, publicada em 7 de julho de 2015, que aprovou o Estatuto da Pessoa com Deficiência e entrou em vigor em 180 dias após a sua publicação (3 de janeiro de 2016), houve a alteração do artigo 16, inciso III, da Lei 8.213/91, pois a classe III passará a ter a conseguinte redação: "o irmão **não emancipado**, de qualquer condição, menor de 21 (vinte e um) anos ou inválido ou que tenha deficiência intelectual ou mental ou deficiência grave". Logo, desde 3 de **janeiro de 2016, a emancipação voltou a ser causa de antecipação da maioridade previdenciária do irmão do segurado.**

3. TEMPO DE SERVIÇO E DE CONTRIBUIÇÃO, CONTAGEM RECÍPROCA E INDENIZAÇÃO AO INSS

Até o advento da Emenda 20/98, a legislação previdenciária se referia a tempo de serviço, assim considerado o período de exercício de atividade laborativa remunerada considerado para a concessão dos benefícios previdenciários, em especial das aposentadorias.

Entrementes, após a primeira reforma da previdência social, foi **extinto** o **tempo de serviço** e **criado** o **tempo de contribuição**, pois não mais basta o mero exercício do trabalho, e sim a existência de contribuições previdenciárias efetivamente pagas, ou, ao menos, com presunção de pagamento nas hipóteses de responsabilização tributária das empresas.

> **Importante**:
> Frise-se que, por força do *artigo 4º, da Emenda 20*, **exceto no que concerne às contagens fictícias** (a exemplo do cômputo em dobro), o tempo de serviço considerado pela legislação vigente para efeito de aposentadoria, cumprido até que a lei discipline a matéria, será contado como tempo de contribuição, não tendo sido editada até hoje a referida norma jurídica.

Para reforçar este entendimento, a **Emenda 103/2019** inseriu o §14 no artigo 201 da Constituição prevendo que "é vedada a contagem de tempo de contribuição fictício para efeito de concessão dos benefícios previdenciários e de contagem recíproca".

Entende-se como **tempo fictício** aquele considerado em lei como tempo de contribuição para fins de concessão de aposentadoria sem que tenha havido, por parte do servidor, a prestação de serviço ou a correspondente contribuição[14].

De acordo com o artigo 25 da Emenda 103/2019, "será assegurada a contagem de tempo de contribuição fictício no Regime Geral de Previdência Social decorrente de hipóteses descritas na legislação vigente até a data de entrada em vigor desta Emenda Constitucional, para fins de concessão de aposentadoria, observado, a partir da sua entrada em vigor, o disposto no § 14 do art. 201 da Constituição Federal".

Certamente quem escreveu esse dispositivo não tinha conhecimento de que a Emenda 20/1998 já havia vedado o cômputo do tempo de contribuição fictício. Trata-se de um dos maiores erros técnicos da Reforma Constitucional.

Esse artigo constitucional simplesmente permite em sua literalidade que cerca de 21 anos de tempo de contribuição fictícios prestados entre 16/12/1998 e a data da publicação da Emenda 103/2019 sejam considerados no RGPS, inclusive vindos do RPPS via contagem recíproca com a emissão de CTC (Certidão de Tempo de Contribuição).

De acordo com o revogado artigo 59, do RPS, considerava-se **tempo de contribuição** o tempo, contado de data a data, desde o início até a data do requerimento ou do desligamento de atividade abrangida pela previdência social, descontados os períodos legalmente estabelecidos como de suspensão de contrato de trabalho, de interrupção de exercício e de desligamento da atividade.

Essa definição persiste para o tempo de contribuição prestado até 13/11/2019. Após essa data, poderá ser em dias ou por competência mensal, a depender do valor da remuneração mensal percebida atingir ou não o piso legal do salário de contribuição.

> Uma mudança evidente foi o modo de cômputo do tempo de contribuição após a EC 103/2019, que não mais será computado de data a data, e sim por competência mensal, tal qual o período de carência, desde que o valor mensal da remuneração percebida atinja o piso legal ou convencional da categoria ou, se inexistente, ao salário mínimo nacional.

Dessa forma, eis a nova fórmula de cômputo do tempo de contribuição:

Até 13/11/2019	Sempre em dias
A partir de 14/11/2019	Por competência, se o valor mensal do salário de contribuição atingiu ao mínimo mensal

14. Artigo 11, §1º, da Portaria MPS 154/2008.

Suponha-se que um segurado empregado com salário mensal de R$ 4.500,00 tenha laborado apenas 10 dias no mês de junho de 2020, tendo faltas injustificadas nos demais dias.

Nessa situação, embora possua apenas 10 dias laborados, todos os 30 dias do mês de junho/2020 serão considerados como tempo de contribuição, pois a sua remuneração mensal *pro rata* foi de R$ 1.500,00 equivalentes a 10 dias de laborar, atingindo ao piso do salário de contribuição.

Logo, o segurado terá um extra de 20 dias de tempo de contribuição, sendo um **caso clássico de tempo de contribuição ficto** criado pelo Decreto 10.410/2020, em clara **inconstitucionalidade chapada**.

> **Em decorrência do artigo 29[15] da EC 103/2019, a partir da competência 11/2019, o segurado empregado, trabalhador avulso e empregado doméstico** que receber remuneração inferior ao limite mínimo mensal do salário de contribuição, somente considerará o período para fins previdenciários se efetuar os ajustes de complementação, utilização e agrupamento de contribuições, nos termos do Decreto 10.410/2020, que regulamentou o artigo 29 da Emenda 103/2019, nos termos do § 1º do artigo 19-E e o § 27-A do artigo 216, ambos do Regulamento da Previdência Social.

Em termos de contagem recíproca, eis o §4º do artigo 125 do RPS, introduzido pelo Decreto 10.410/2020:

> "§ 4º-A Para efeito de contagem recíproca, **a partir de 14 de novembro de 2019**, somente serão consideradas as competências cujos salários de contribuição tenham valor igual ou superior ao limite mínimo mensal do salário de contribuição para o RGPS, observado o disposto no art.

15. Art. 29. Até que entre em vigor lei que disponha sobre o § 14 do art. 195 da Constituição Federal, o segurado que, no somatório de remunerações auferidas no período de 1 (um) mês, receber remuneração inferior ao limite mínimo mensal do salário de contribuição poderá:

    I – complementar a sua contribuição, de forma a alcançar o limite mínimo exigido;

    II – utilizar o valor da contribuição que exceder o limite mínimo de contribuição de uma competência em outra; ou

    III – agrupar contribuições inferiores ao limite mínimo de diferentes competências, para aproveitamento em contribuições mínimas mensais.

    Parágrafo único. Os ajustes de complementação ou agrupamento de contribuições previstos nos incisos I, II e III do caput somente poderão ser feitos ao longo do mesmo ano civil.

19-E. (Incluído pelo Decreto nº 10.410, de 2020)".

Por óbvio, essa regra se volta aos empregados, trabalhadores avulsos e empregados domésticos, cujo salário de contribuição tem validade previdenciária antes da EC 103/2019 para todos os fins, mesmo que inferior ao piso legal, convencional ou salário mínimo, se se referir a período até 13/11/2019.

Isso porque, para os demais segurados (contribuinte individual, segurado facultativo e segurado especial), o valor nominal do salário de contribuição antes da Emenda 103/2019 já não poderia ser inferior a um salário mínimo, não se prestando para fins de contagem recíproca mesmo antes da Reforma Constitucional, salvo se feito o devido complemento.

Por sua vez, o direito à contagem recíproca do tempo de serviço já era previsto na Lei 6.226/75, sendo estampado expressamente na Constituição Federal de 1988 no seu artigo 201, §9º, ao dispor que, *"para efeito de aposentadoria, é assegurada a contagem recíproca do tempo de contribuição na administração pública e na atividade privada, rural e urbana, hipótese em que os diversos regimes de previdência social se compensarão financeiramente, segundo critérios estabelecidos em lei".*

Posteriormente, com o advento da Emenda 103/2019, o §9º foi levemente modificado e restou inserido o §9º-A no artigo 201 da Constituição:

> **§ 9º** Para fins de aposentadoria, será assegurada a contagem recíproca do tempo de contribuição entre o Regime Geral de Previdência Social e os regimes próprios de previdência social, e destes entre si, observada a compensação financeira, de acordo com os critérios estabelecidos em lei.
>
> **§ 9º-A** O tempo de serviço militar exercido nas atividades de que tratam os arts. 42, 142 e 143 e o tempo de contribuição ao Regime Geral de Previdência Social ou a regime próprio de previdência social terão contagem recíproca para fins de inativação militar ou aposentadoria e a compensação financeira será devida entre as receitas de contribuição referentes aos militares e as receitas de contribuição aos demais regimes.

O parágrafo nono foi ajustado para citar o *nomen iuris* do RGPS e do RPPS na contagem recíproca do tempo de contribuição, observada a compensação financeira, para fins de aposentadoria.

Não destaco nenhuma inovação jurídica. Na verdade, perdeu a chance de ampliar o texto para a contagem recíproca para outros benefícios, como já prevê o artigo 94, *caput*[16], da Lei 8.213/91, o que ocorre na pensão por morte do RGPS (Lei 8.213/91, art. 77, §5º[17]) e RPPS federal (art. 222, §4º[18], da Lei 8.112/90).

Por sua vez, restou inserido o parágrafo 9º-A para deixar claro que o tempo de serviço militar também se presta para a aposentadoria em RPPS e RGPS via contagem recíproca.

Por conseguinte, a **contagem recíproca** é o direito de os segurados computarem esse tempo de contribuição do RGPS, se houver migração para o RPPS, caso o trabalhador seja investido em cargo público efetivo de ente político que tenha criado um regime previdenciário para os seus servidores públicos permanentes, e vice-versa, inclusive regime militar.

Poderá ainda haver contagem recíproca entre Regimes Próprios de Previdência Social de entes políticos diversos, ou mesmo com regimes previdenciários estrangeiros, se houver tratado internacional autorizando.

A regulamentação é promovida pelo artigo 94, da Lei 8.213/91, que autoriza a contagem recíproca do tempo de serviço (antes da Emenda 20/98) ou de contribuição, assim considerada como o direito do segurado de computar o período de filiação ao RGPS se houver migração para RPPS da União, estados, Distrito Federal ou municípios, e vice-versa, **para fins de obtenção de benefício previdenciário**, vedada a contagem de qualquer período fictício.

Vale salientar que a legislação previdenciária foi além da Constituição Federal, pois garante a contagem recíproca não apenas para a aposentadoria, mas para todos os benefícios previdenciários, observadas as suas exigências.

---

16. Art. 94. Para **efeito dos benefícios** previstos no Regime Geral de Previdência Social ou no serviço público é assegurada a contagem recíproca do tempo de contribuição na atividade privada, rural e urbana, e do tempo de contribuição ou de serviço na administração pública, hipótese em que os diferentes sistemas de previdência social se compensarão financeiramente. (Redação dada pela Lei nº 9.711, de 20.11.98)
17. § 5 O tempo de contribuição a Regime Próprio de Previdência Social (RPPS) será considerado na contagem das 18 (dezoito) contribuições mensais de que tratam as alíneas "b" e "c" do inciso V do § 2º. (Incluído pela Lei nº 13.135, de 2015)
18. § 4º O tempo de contribuição a Regime Próprio de Previdência Social (RPPS) ou ao Regime Geral de Previdência Social (RGPS) será considerado na contagem das 18 (dezoito) contribuições mensais referidas nas alíneas "a" e "b" do inciso VII do **caput**. (Incluído pela Lei nº 13.135, de 2015)

Logo, na hipótese de uma pessoa que tenha contribuído por 10 anos ao RGPS na condição de segurado obrigatório, caso logre êxito em concurso público e seja empossado em cargo público efetivo de ente político que tenha instituído RPPS, esse período será aproveitado no serviço público, sendo a recíproca também verdadeira.

Nas hipóteses de contagem recíproca, caberá aos diferentes regimes previdenciários se *compensarem financeiramente*, sendo feita ao sistema a que o interessado estiver vinculado ao requerer o benefício, consoante critérios aprovados pela Lei 9.796/99 e pelo Decreto 10.188/2019, **não sendo essa compensação condição para a contagem recíproca**.

A compensação financeira funciona como um acerto de contas, sendo paga pelo regime de origem ao regime instituidor e calculada proporcionalmente ao período de serviço/contribuição objeto da contagem recíproca.

Para fins de contagem recíproca, deverá ser fornecida ao segurado uma *certidão de tempo de contribuição – CTC*, a ser emitida pelo INSS (RGPS) ou pelo órgão gestor do respectivo RPPS.

Contudo, excepcionalmente, **não será admitida a contagem recíproca do tempo de contribuição do segurado facultativo e do contribuinte individual que optem por recolher 11% sobre o salário de contribuição de um salário mínimo, ou 5% sobre um salário mínimo no caso do contribuinte individual enquadrado como MEI que fizer o recolhimento simplificado ou o segurado facultativo de baixa renda com atividades domésticas em sua residência**, conforme faculta § 2º, do artigo 21, da Lei nº 8.212/91, *exceto se recolhida retroativamente a qualquer tempo a complementação de 9% ou de 15%, com os respectivos encargos legais*.

Já **no âmbito do RGPS**, o tempo de serviço do segurado **trabalhador rural** prestado antes da vigência da Lei 8.213/91 **será computado independentemente do recolhimento das contribuições a ele correspondentes**, *exceto para efeito de carência*, nos termos do artigo 55, §2º, da Lei 8.213/91.

Ademais, em termos de contagem recíproca, com base no artigo 96, da Lei 8.213/91 e no artigo 127, do RPS:

A) **é vedada a contagem de tempo de contribuição no serviço público com o de contribuição na atividade privada, quando concomitantes** (salvo nas hipóteses constitucionais que admitem a acumulação de cargos, empregos ou funções públicas a teor do artigo 130, §12, do Decreto 3.048/99)**;**

B) não será contado por um regime o tempo de contribuição utilizado para concessão de aposentadoria por outro regime;

C) não será admitida a contagem em dobro ou em outras condições especiais (as atividades que conduzem à aposentadoria especial em 15, 20 ou 25 anos).

STJ

1. Conforme orientação consolidada no julgamento do EREsp 524.267/PB, não se admite, por expressa proibição legal (artigo 96, I, da Lei 8.213/1991), a conversão de tempo especial em comum, para fins contagem recíproca. AgRg no REsp 1555436, de 18/2/2016.

STJ

Todavia, ***antes da instituição do regime jurídico único*, que ocorreu na esfera federal com a Lei 8.112/90, entende o STF que o tempo celetista prestado em condições especiais pelo servidor público** (federal, estadual, distrital ou municipal) **será contado com a respectiva conversão prevista na legislação previdenciária** (RE 255.827, de 25.10.2005). Este também é o posicionamento do STJ: "Os servidores públicos federais que trabalhavam em condições consideradas insalubres antes da edição da Lei 8.112/90 têm direito à contagem especial de tempo de serviço prestado nessa situação, nos termos da legislação vigente à época" (AGREsp 963.475, de 06.05.2008).

A contagem recíproca do tempo de contribuição pressupõe o cômputo de um período contributivo de um regime previdenciário básico em outro regime previdenciário básico (RGPS em RPPS ou vice-versa) **prestado em épocas diversas**.

Em regra, se uma pessoa é segurada do RGPS e do RPPS na mesma época, exercendo atividade laboral no serviço público efetivo e na iniciativa privada simultaneamente, é evidente que descabe a contagem recíproca do tempo de contribuição.

Esta regra apenas é excepcionada nos casos de acumulação de cargos ou empregos públicos admitidos pela Constituição, a teor do artigo 130, §12, do Decreto 3.048/99. Isso porque, neste caso, a contagem recíproca objetivará apenas a consideração das remunerações prestadas em um regime previdenciário em outro para elevar a renda da aposentadoria.

Demais disso, se um segurado do RGPS utilizou o tempo de contribuição para se aposentar no RGPS, esse mesmo período contributivo não poderá ser levado ao RPPS, porquanto já considerado.

Também não se admite para fins contagem recíproca a contagem em dobro ou em outras condições especiais, razão pela qual mesmo que o segurado exerça atividades nocivas à saúde este período contributivo não será computado de maneira diferenciada em outro regime previdenciário básico.

Com o advento da Lei 13.846/2019, o artigo 96 da Lei 8.213/91 foi ampliado com as seguintes regras:

a) é vedada a emissão de Certidão de Tempo de Contribuição (CTC) com o registro exclusivo de tempo de serviço, sem a comprovação de contribuição efetiva, exceto para o segurado empregado, empregado doméstico, trabalhador avulso e, a partir de 1º de abril de 2003, para o contribuinte individual que presta serviço a empresa obrigada a arrecadar a contribuição a seu cargo, observado o disposto no § 5º do art. 4º da Lei nº 10.666, de 8 de maio de 2003;

b) a CTC somente poderá ser emitida por regime próprio de previdência social para ex-servidor;

c) é vedada a contagem recíproca de tempo de contribuição do RGPS por regime próprio de previdência social sem a emissão da CTC correspondente, ainda que o tempo de contribuição RGPS tenha sido prestado pelo servidor público ao próprio ente instituidor;

d) é vedada a desaverbação de tempo em regime próprio de previdência social quando o tempo averbado tenha gerado a concessão de vantagens remuneratórias ao servidor público em atividade;

e) para fins de elegibilidade às aposentadorias especiais referidas no § 4º do art. 40 e no § 1º do art. 201 da Constituição Federal, os períodos reconhecidos pelo regime previdenciário de origem como de tempo especial, sem conversão em tempo comum, deverão estar incluídos nos períodos de contribuição compreendidos na CTC e discriminados de data a data.

A hipóteses inseridas no artigo 96 da Lei 8.213/91 já constavam da Portaria MPS 154/2008 (art. 2º, 11, 12 e 15), tendo sido inseridas na Lei 8.213/91 para respeitar o Princípio da Legalidade, afastando o argumento de inovação regulamentar indevida.

A vedação da letra A atinge apenas aos segurados que precisam efetivamente recolher sobre salário de contribuição para ter direito à contagem recíproca (contribuinte individual autônomo, segurado facultativo e segurado especial), não atingindo aos demais segurados que possuem presunção de recolhimento da contribuição previdenciária, pois o responsável tributário é o tomador do serviço.

Não se emite CTC em RPPS para o servidor ativo, pois este precisa estar ocupando o cargo para ter aposentadoria deferida em RPPS, sendo curial a vacância do cargo para a sua emissão.

O cancelamento da averbação (desaverbação) de tempo de contribuição do RGPS no RPPS é possível antes da concessão da aposentadoria pela autoridade administrativa, exceto se o servidor obtiver alguma vantagem remuneratória decorrente da aludida averbação.

Somente é possível a contagem recíproca com a emissão da CTC, pois é necessário um largo controle para prevenir fraudes (uso em duplicidade) e para calcular a compensação financeira de um regime ao outro.

A vedação da letra E apenas reforça o inciso I do artigo 96 da Lei 8.213/91, no sentido de que, para fins de contagem recíproca, inexiste conversão de tempo especial em comum.

Por força da Lei 13.135/2015, conforme será visto no próximo Capítulo, em regra, a pensão por morte vitalícia ou temporária para ser deferida ao cônjuge, companheiro ou companheira pressupõe o recolhimento de 18 contribuições mensais. Acaso inexistam 18 contribuições mensais vertidas pelo falecido segurado, a pensão por morte será paga por apenas 4 meses.

Nesse sentido, de acordo com o novel artigo 77, §5º, da Lei 8.213/91, inserido pela Lei 13.135/2015, o tempo de contribuição a Regime Próprio de Previdência Social (RPPS) será considerado na contagem das 18 (dezoito) contribuições mensais.

De sua vez, pontifica o artigo 98, da Lei 8.213/91, que quando a soma dos tempos de contribuição ultrapassar a 30 trinta anos, se do sexo feminino, e a 35 anos, se do sexo masculino, o excesso não será considerado para qualquer efeito.

Entende-se que o artigo 98, da Lei 8.213/91, carece de fundamento constitucional de validade, pois afronta de maneira irrazoável o artigo 201, §9º, da Lei Maior, limitando indevidamente a contagem recíproca do tempo de contribuição, pois não permite que o período contributivo excedente seja computado em outro regime previdenciário.

É plenamente possível que um segurado obtenha mais de uma aposentadoria por *regimes diversos*, desde que preencha os requisitos de cada uma e sem a utilização simultânea de tempo de serviço ou de contribuição da mesma atividade, observado o teto do subsídio dos Ministros do STF, por força do artigo 40, §11, da CRFB.

Outrossim, é possível que determinada categoria, conquanto desenvolvesse trabalho remunerado no período a ser reconhecido, não era enquadrada como segurada obrigatória da Previdência Social, sendo a adesão apenas facultativa na época, a exemplo dos empregados domésticos antes da edição do Decreto 71.785/73.

Entende-se como **reconhecimento de filiação** o direito de o segurado ter reconhecido, em qualquer época, o tempo de exercício de atividade anteriormente abrangida pela previdência social, na forma do artigo 121, do RPS.

O tema vem disciplinado genericamente pelo artigo 96, inciso IV, da Lei 8.213/91, ao dispor que o tempo de serviço anterior ou posterior à obrigatoriedade de filiação à Previdência Social *só será contado mediante indenização da contribuição correspondente ao período respectivo*, com acréscimo de juros moratórios de 0,5% ao mês, capitalizados anualmente, e multa de 10%.

Vale destacar que a indenização ao INSS é uma espécie de ressarcimento pelo não pagamento da contribuição previdenciária, tendo necessariamente **caráter subsidiário**, ou seja, se ainda for juridicamente possível o adimplemento da contribuição previdenciária, não se admitirá a indenização previdenciária.

A filiação ao RGPS de contribuinte individual que trabalhe por conta própria é condicionada ao recolhimento tempestivo das contribuições previdenciárias, que se forem sonegadas pelo trabalhador forçarão a Secretaria da Receita Federal do Brasil a lançá-las de ofício, aplicando as penalidades respectivas e os juros de mora.

Caso o segurado contribuinte individual manifeste interesse em recolher contribuições relativas a período anterior à sua inscrição, a retroação da data do início das contribuições será autorizada, desde que comprovado o exercício de atividade remunerada no respectivo período.

Todavia, é comum que não haja essa atuação do órgão de arrecadação, em razão das dificuldades de fiscalização desses segurados, operando-se a decadência quinquenal para o lançamento das contribuições previdenciárias.

Logo, **uma vez consumada a decadência**, o contribuinte individual apenas contará esse tempo de serviço ou de contribuição para a percepção de benefício previdenciário se indenizar o INSS (retroação da data de início das contribuições), **exceto para fins de carência**, pois esta pressupõe o recolhimento tempestivo do tributo, conforme previsto no artigo 45-A, da Lei 8.212/91, inserido pela Lei Complementar 128/2008.

Essa indenização, que poderá ter pagamento facilitado em até 60 parcelas, observado o disposto no artigo 244, do RPS, também será necessária para a contagem recíproca do tempo de contribuição, ou seja, quando o segurado quiser aproveitar o período de filiação do RGPS no RPPS, e vice-versa.

Outrossim, há hipóteses de pessoas que hoje estão enquadradas como contribuintes individuais ou outras categorias, mas, no passado, não eram consideradas como segurados obrigatórios do RGPS, a exemplo dos ministros de confissão religiosa (antes da Lei 6.696/79), devendo indenizar o INSS para o cômputo desse período, na forma do artigo 96, inciso IV, da Lei 8.213/91.

O valor dessa indenização corresponderá a **20%** (por mês a ser reconhecido):

I. da média aritmética simples dos maiores salários-de-contribuição, reajustados, correspondentes a 80% (oitenta por cento) de todo o período contributivo decorrido desde a competência julho de 1994; ou

II. da remuneração sobre a qual incidem as contribuições para o regime próprio de previdência social a que estiver filiado o interessado, no caso de indenização para fins da contagem recíproca de que tratam os arts. 94 a 99 da Lei no 8.213, de 24 de julho de 1991, observados o limite máximo previsto no art. 28 e o disposto em regulamento.

Destarte, quando cabível, a indenização ao INSS é condição inafastável ao reconhecimento do tempo de serviço ou de contribuição. De acordo com o TRF da 3ª Região, "a ocorrência de decadência do prazo para o INSS apurar e constituir o crédito tributário, ou de prescrição, não liberam o segurado do ônus de recolher contribuições caso queira ver reconhecida a contagem recíproca do tempo de serviço. – O INSS não é obrigado a reconhecer tempo de serviço àqueles que não contribuíram. – Indenização necessária de modo a repor o patrimônio da autarquia, na exata dimensão do que deixou de receber na época própria" (AMS 283.954, de 18.02.2008).

Sobre a indenização ainda incidirão **juros moratórios de 0,5% ao mês, capitalizados anualmente, limitados ao percentual máximo de 50%, e multa de 10%**, não sendo exigíveis esses encargos nos períodos anteriores a 11.10.1996, ante a inexistência de previsão legal.

Com o advento do Decreto 10.410/2020, finalmente a jurisprudência do STJ pela vedação da aplicação de encargos antes da MP 1.523/1996 (que os criou) restou inserida no Regulamento da Previdência Social no artigo 239:

> "§ 8º Sobre as contribuições devidas e apuradas com fundamento no inciso IV[19] do **caput** do art. 127 e no § 1º do art. 348 incidirão juros moratórios de cinco décimos por cento ao mês, capitalizados anualmente, limitados ao percentual máximo de cinquenta por cento, e multa de dez por cento. (Redação dada pelo Decreto nº 10.410, de 2020)
>
> **§ 8º-A A incidência de juros moratórios e multa de que trata o § 8º será estabelecida para fatos geradores ocorridos a partir de 14 de outubro de 1996.** (Incluído pelo Decreto nº 10.410, de 2020)"

> **Qual o entendimento do STJ sobre o assunto?**
> **Tese jurídica firmada/Tema 1.113:** "As contribuições previdenciárias não recolhidas no momento oportuno sofrerão o acréscimo de multa e de juros apenas quando o período a ser indenizado for posterior à edição da Medida Provisória n.º 1.523/1996 (convertida na Lei n.º 9.528/1997).

19. IV – o tempo de contribuição anterior ou posterior à obrigatoriedade de filiação à previdência social só será contado por meio de indenização da contribuição correspondente ao período respectivo, com acréscimo de juros moratórios de cinco décimos por cento ao mês, capitalizados anualmente, e multa de dez por cento, observado o disposto nos § 8º e § 8º-A do art. 239; (Redação dada pelo Decreto nº 10.410, de 2020)

Nesse sentido, para fins de concessão dos benefícios do RGPS, **o tempo de serviço prestado pelo trabalhador rural anteriormente à competência novembro de 1991 será reconhecido, desde que devidamente comprovado, independentemente de indenização**, pois é respeitado o regramento da época, **salvo para fins de carência**, a teor do §2º, do artigo 55, da Lei 8.213/91:

> "2º O tempo de serviço do segurado trabalhador rural, anterior à data de início de vigência desta Lei, será computado independentemente do recolhimento das contribuições a ele correspondentes, **exceto para efeito de carência**, conforme dispuser o Regulamento".

Isto porque se trata do tempo de serviço prestado à Previdência Social Rural, regulada pela revogada Lei Complementar 11/1971, em que não era necessário o efetivo recolhimento da contribuição ao FUNRURAL, optando o legislador em considerar esse período como tempo de serviço para fins de concessão da aposentadoria por tempo de contribuição, ressalvada a sua não contagem no período de carência.

> Entretanto, na forma do artigo 123, parágrafo único, combinado com o artigo 127, V, ambos do RPS, para fins de *contagem recíproca*, ou seja, de consideração em RPPS, **o tempo de serviço prestado pelo trabalhador rural anteriormente à competência novembro de 1991 será reconhecido apenas se houver indenização ao INSS**.

É importante ressaltar que a indenização era tratada nos §§3º, 4º e 5º, do artigo 45, da Lei 8.212/91, que foi declarado inconstitucional pelo STF juntamente com o artigo 46, por preverem a decadência e a prescrição em 10 anos, tema afeto apenas à lei complementar (súmula vinculante 08).

Ao que parece, ele foi reputado inconstitucional por indevido arrastamento, pois não se exige que a indenização seja tema tratado por lei complementar, vez que a Suprema Corte não apreciou expressamente a sua incompatibilidade vertical, mas apenas dos prazos decenais de prescrição para cobrança e de decadência para o lançamento das contribuições para a seguridade social.

Por isso, plenamente válido é o novel artigo 45-A, da Lei 8.212/91, trazido, por cautela, pela Lei Complementar 128/2008, que grosso modo manteve as mesmas regras de antes.

> De arremate, impende aduzir que a indenização não será devida pelo contribuinte individual que preste serviço à pessoa jurídica a partir da competência 04/2003, pois desde então a responsabilidade pelo recolhimento da sua contribuição previdenciária passou a ser exclusivamente da empresa tomadora, por força do artigo 4º, da Lei 10.666/2003.

> Pelo exposto, fica fácil definir a *indenização de tempo de serviço ou contribuição* como a quantia devida ao INSS como condição inafastável para o cômputo de período de exercício de atividade laborativa remunerada, exceto para fins de carência, visando à concessão de benefício do RGPS ou consideração em outro regime previdenciário (contagem recíproca), quer pelo não pagamento de contribuições previdenciárias já decaídas, quer pela atividade na época não se enquadrar como de filiação obrigatória.

4. MANUTENÇÃO DA QUALIDADE DE SEGURADO NO PERÍODO DE GRAÇA

É certo que a previdência social brasileira é contributiva, exigindo o pagamento das contribuições previdenciárias para a ocorrência e manutenção da filiação. Contudo, em observância ao Princípio da Solidariedade, pedra fundamental do nosso regime previdenciário, não seria justo que após a cessação das contribuições a pessoa perdesse imediatamente a condição de segurada, deixando de estar coberta pelo seguro social, justamente no momento em que enfrenta grandes dificuldades, em especial por não mais desenvolver atividade laborativa remunerada.

Por isso, o artigo 15, da Lei 8.213/91, prevê **lapsos temporais** *em que a pessoa mantém a qualidade de segurada, mesmo sem verter contribuições ao fundo previdenciário*, sendo esse período intitulado doutrinariamente de **período de graça**.

Para o **segurado obrigatório** do RGPS, o **período de graça básico** será de até **12 meses** após a cessação das contribuições previdenciárias. Neste caso, será possível uma prorrogação de 12 meses, caso o segurado tenha pagado mais de 120 contribuições mensais sem interrupção que acarrete a perda da qualidade de segurado.

Outrossim, poderá ocorrer mais uma **prorrogação de 12 meses** para o segurado **desempregado**, desde que comprovada essa situação por **registro no órgão próprio da Secretaria Especial de Previdência e Trabalho,** a exemplo da percepção do seguro-desemprego, que o pressupõe, independentemente da prorrogação referida anteriormente.

Questão tormentosa é saber se o desemprego poderá ser comprovado por outros meios de prova que não o registro no Ministério do Trabalho. O INSS não vem aceitando outra comprovação na esfera administrativa.

> **STJ**
>
> Em 10.03.2010, a divergência interna que existia foi uniformizada pela 3ª Seção do STJ, no julgamento da Pet 7.115, aderindo o STJ ao posicionamento da TNU: "Esse registro não deve ser tido como o único meio de prova da condição de desempregado do segurado, especialmente considerando que, em âmbito judicial, prevalece o livre convencimento motivado do Juiz e não o sistema de tarifação legal de provas. Assim, o registro perante o Ministério do Trabalho e da Previdência Social poderá ser suprido quando for comprovada tal situação por outras provas constantes dos autos, inclusive a testemunhal".

> Assim, **com as duas prorrogações de 12 meses**, é possível que o período de graça do segurado obrigatório chegue a **36 meses**.

Por outro lado, para o **segurado facultativo**, o **período de graça** será de até **06 meses**, *sem direito a qualquer prorrogação*.

Ainda são previstos prazos e termos iniciais específicos para o cômputo do período de graça em hipóteses especiais:

A) até 12 (doze) meses após cessar a segregação, o segurado acometido por doença de segregação compulsória;

B) até 12 (doze) meses após o livramento, o segurado retido ou recluso;

C) até 3 (três) meses após o licenciamento, o segurado incorporado às Forças Armadas para prestar serviço militar.

Insta salientar que **não correrá o período de graça para os segurados em gozo de benefício previdenciário (exceto o auxílio-acidente)** ou, caso tenha se iniciado a sua contagem, haverá a suspensão do prazo, que voltará a correr após a cessação do benefício.

Por isso, na forma da Súmula 26, da Advocacia-Geral da União, "para a concessão de benefício por incapacidade, não será considerada a perda da qualidade de segurado decorrente da própria moléstia incapacitante".

Logo, o importante é fixar a data de início da incapacidade (DII), para ver se nessa data a pessoa ainda era ou não segurada da Previdência Social.

No entanto, bondosamente, o INSS possui uma posição administrativa muito favorável ao segurado em gozo de benefício por incapacidade laboral ou salário-maternidade, havendo a interrupção do período de graça, e não a sua suspensão, caso já transcorrido algum período.

Isso porque pontifica o artigo 13 do RPS que manterá a qualidade de segurado, independentemente de contribuição, até doze meses após a cessação de benefícios por incapacidade, salário maternidade ou após a cessação das contribuições, o segurado que deixar de exercer atividade remunerada abrangida pela Previdência Social ou estiver suspenso ou licenciado sem remuneração, observado que o salário maternidade deve ser considerado como período de contribuição.

Assim, se o segurado estiver no fim do período de graça sem ter contribuído, mas obtiver o direito ao benefício por incapacidade ainda com a qualidade de segurado, será reaberto novo período de graça de 12 meses após a cessação do auxílio-doença ou aposentadoria por invalidez.

Excepcionalmente, por força da Lei 13.846/2019, que modificou a redação do artigo 15, inciso I, da Lei 8.213/91, desde 18/6/2019, a percepção do **auxílio-acidente** por si só **não mais conservará a qualidade de segurado da Previdência Social**, tendo em vista se tratar de benefício de natureza indenizatória que não impede o exercício de labor remunerado com o respectivo recolhimento de contribuição como segurado obrigatório ou facultativo do RGPS.

No caso de fuga do recolhido à prisão, será descontado do prazo de manutenção da qualidade de segurado a partir da data da fuga, o período de graça já usufruído anteriormente ao recolhimento.

Insta salientar que se houver exercício de atividade dentro do período de fuga, o mesmo será considerado para a verificação da perda ou não da qualidade de segurado, nos termos do artigo 117, §3º, do Regulamento da Previdência Social.

O início do prazo para definir o momento da perda da qualidade ocorrerá no dia seguinte ao término do prazo do recolhimento da competência do mês anterior. O RPS, no seu artigo 14, fixou uma data única para todos os segurados, que é o dia seguinte à data final de recolhimento do contribuinte individual, que se operará até o dia 15 do mês seguinte ao da competência, ou, se não houver expediente bancário, no dia útil posterior, na forma do artigo 30, inciso II, da Lei 8.212/91.

> Logo, o **termo inicial do período de graça não será a data de cessação do exercício de atividade laborativa remunerada**, e sim o dia seguinte à data máxima de recolhimento de contribuição previdenciária não promovida, entendimento mais favorável aos segurados, inclusive.
>
> Contudo, as questões de prova até o momento não vêm sendo técnicas neste ponto, pois realmente é um tema ligado à prática previdenciária e constante em normas internas do INSS. Por exemplo, a questão do CESPE abaixo colacionada considerou que o período de graça começará a ser contado a partir do dia em que o segurado deixa de exercer atividade laboral remunerada.

Como exemplo, suponha-se o caso de um segurado contribuinte individual que tenha deixado de trabalhar em 31.03.2007. Nesta hipótese, partindo da premissa que a competência de março foi recolhida até o dia 15 de abril, conforme determina a legislação previdenciária, o *diesa quo* do período de graça será 16 de maio, pois a competência de abril não foi recolhida até o dia 15 de maio.

Abaixo se colaciona parte da tabela de cálculo do período de graça, que reflete o posicionamento administrativo do INSS , que referenda o nosso entendimento:

SITUAÇÃO	A PARTIR DE 6/3/1997 (DECRETO Nº 2.172, DE 5 DE MARÇO DE 1997)
Até 120 contribuições	Dia 16 do 14º mês.
Mais de 120 contribuições	Dia 16 do 26º mês.
Em gozo de benefício	Dia 16 do 14º ou 26º mês.
Recluso	Dia 16 do 14º mês.
Facultativo (a partir da Lei nº 8.213/91)	Dia 16 do 8º mês
Segurado Especial	Dia 16 do 14º mês
Serviço Militar	Dia 16 do 5º mês

Contudo, no ano de 2010, no concurso para o provimento dos cargos de Perito-médico do INSS, o CESPE foi técnico e seguiu o regramento da autarquia previdenciária para calcular o período de graça, que, inclusive, é mais benéfico ao segurado.

Na questão de prova referida, Denise era segura empregada do RGPS, pois titular de cargo em comissão, sendo a responsabilidade tributária pelo recolhimento da contribuição previdenciária da empresa. A cessação do vínculo deu-se em 16/11/2009. Logo, a competência 11/2009 foi paga no mês de dezembro de 2009 pela empresa. Já a competência de dezembro de 2009 não foi paga para Denise em janeiro de 2010, pois em dezembro ela não mais trabalhava. Logo, considerando que o RPS fixou o dia 15 como prazo final para o recolhimento, a partir de 16/01/2010 começou a correr o período de graça de Denise por 12 meses.

Por tudo isso, tecnicamente o enunciado foi considerado errado pelo CEPSE, pois até o dia 15/01/2011 Denise estava dentro do período de graça, tendo direito ao benefício, pois o acidente ocorreu antes (em 27/12/2010).

Durante o **período de graça** o segurado **conservará todos os direitos perante a Previdência Social**, na forma do artigo 15, §3º, da Lei 8.213/91 e, por consequência, também os seus dependentes.

Assim sendo, qualquer previsão do Regulamento que restrinja ou retire a concessão de benefícios previdenciários no período de graça será ilegal, como aconteceu no passado com o auxílio-acidente e o salário-maternidade, corrigidos, respectivamente, com a publicação dos Decretos 6.722/2008 e 6.122/2007.

Porém, o artigo 88, inciso IV, do RPS, ainda prevê que o salário-família cessará pelo desemprego do segurado, carecendo, portanto, de fundamento de validade, enquanto o segurado desempregado estiver dentro do período de graça.

Excepcionalmente, a concessão da aposentadoria por idade, especial ou por tempo de contribuição não mais exige a manutenção da qualidade de segurado, desde que o segurado preencha todos os requisitos legais, mesmo que não simultaneamente, a teor do artigo 3º, da Lei 10.666/2003 (ATUAL APOSENTADORIA PROGRAMADA).

A partir da competência 11/2019, o segurado empregado, trabalhador avulso e empregado doméstico que receber remuneração inferior ao limite mínimo mensal do salário de contribuição, **somente manterá a qualidade de segurado** se efetuar os ajustes de complementação, utilização e agrupamento de contribuições, nos termos do Decreto 10.410/2020, que regulamentou o artigo 29 da Emenda 103/2019, nos termos do § 1º do artigo 19-E e o § 27-A do artigo 216, ambos do Regulamento da Previdência Social. **Registre-se que para o contribuinte individual e o segurado facultativo, mesmo antes da EC 103/2019, o valor nominal do salário de contribuição não poderia ser inferior a um salário mínimo.**

5. PERÍODO DE CARÊNCIA

Com o intuito de resguardar o equilíbrio financeiro e atuarial do sistema, bem como prevenir a ocorrência de fraudes, a concessão de alguns benefícios previdenciários depende do prévio pagamento de um número mínimo contribuições previdenciárias em dia, o que se intitula de carência.

A definição legal de carência, conforme capitulado no artigo 24, da Lei 8.213/91, é posta como *o número mínimo de contribuições mensais indispensáveis para que o beneficiário faça jus ao benefício, consideradas a partir do transcurso do primeiro dia dos meses de suas competências.*

Todavia, esse conceito legal é incompleto, pois ainda será preciso que as contribuições previdenciárias sejam pagas tempestivamente para fins de carência, sendo imprestáveis as recolhidas com atraso. **Ou seja, a carência se realizará não apenas como o pagamento das contribuições previdenciárias, mas também com o seu recolhimento em dia**.

Nos termos do artigo 26 do RPS, atualizado pelo Decreto 10.410/2020, o período de carência é o tempo correspondente ao número mínimo de contribuições mensais indispensáveis para que o beneficiário faça jus ao benefício, **consideradas as competências cujo salário de contribuição seja igual ou superior ao seu limite mínimo mensal.**

Isso porque, a partir da competência 11/2019, o segurado empregado, trabalhador avulso e empregado doméstico que receber remuneração inferior ao limite mínimo mensal do salário de contribuição, somente considerará o período para fins de carência se efetuar os ajustes de complementação, utilização e agrupamento de contribuições, nos termos do Decreto 10.410/2020, que regulamentou o artigo 29 da Emenda 103/2019, na forma do § 1º do artigo 19-E e o § 27-A do artigo 216, ambos do Regulamento da Previdência Social.

Por outro lado, para fins de carência, as contribuições anteriores à data de publicação da Emenda à Constituição nº 103, de 12 de novembro de 2019, serão consideradas em conformidade com a legislação vigente à época.

Outrossim, registre-se que para o contribuinte individual e o segurado facultativo, mesmo antes da EC 103/2019, o valor nominal do salário de contribuição não poderia ser inferior a um salário mínimo.

Para os segurados que possuem presunção de recolhimento da contribuição previdenciária não se há de falar de recolhimento em atraso, devendo a carência ser computada a contar do mês da filiação, independentemente do recolhimento, a saber: empregado, empregado doméstico, trabalhador avulso e contribuinte individual que presta serviços à empresa.

A inserção do empregado doméstico neste rol se deu apenas por força da Lei Complementar 150/2015, que modificou o artigo 27, da Lei 8.213/91.

Já o contribuinte individual que trabalha por conta própria e o segurado facultativo, por serem os responsáveis tributários pelo recolhimento da sua contribuição não possuem presunção de recolhimento, de modo que o período de carência será contado apenas da data de efetivo pagamento da primeira contribuição sem atraso, não sendo consideradas para este fim as contribuições recolhidas com atraso referentes a competências anteriores.

Nesse sentido, de acordo com o artigo 18-A, §15, da Lei Complementar 123/2006, inserido pela Lei Complementar 139/2011, no caso do contribuinte individual filiado como microempreendedor individual, a inadimplência do recolhimento do valor da sua contribuição previdenciária tem como consequência a não contagem da competência em atraso para fins de carência para obtenção dos benefícios previdenciários respectivos.

Logo, o pagamento de contribuições previdenciárias em atraso pelo contribuinte individual e pelo segurado facultativo não servirá para fins de carência, mas apenas serão computadas como tempo de contribuição.

No entanto, é certo que o artigo 27, II, da Lei 8.213/91 possui uma redação dúbia, ao estatuir que para cômputo do período de carência, **serão consideradas as contribuições realizadas a contar da data do efetivo pagamento da primeira contribuição sem atraso, não sendo consideradas para este fim as contribuições recolhidas com atraso referentes a competências anteriores**, no caso dos segurados contribuinte individual, especial (que recolhe sobre o salário de contribuição) e facultativo.

Com o advento do Decreto 10.410/2020, esse posicionamento passou a constar expressamente do texto do artigo 28, §4º, do RPS: *Para os segurados a que se refere o inciso II do caput* **(contribuintes individuais autônomos)**, *na hipótese de perda da qualidade de segurado, somente serão consideradas, para fins de carência, as contribuições efetivadas após novo recolhimento sem atraso, observado o disposto no art. 19-E.*

Para o **segurado especial**, considera-se período de carência, para fins de concessão dos benefícios a que faz jus pela contribuição sobre produção rural, o **tempo mínimo de efetivo exercício de atividade rural**, **ainda que de forma descontínua**, igual à quantidade de meses necessária à concessão do benefício requerido, nos termos do artigo 26, §1º, do RPS, atualizado pelo Decreto 10.410/2020.

Deveras, note-se que **o termo inicial** da carência será o **primeiro dia** da competência recolhida. Logo, se um contribuinte individual recolhe a competência de fevereiro até o dia 15 de março, será considerado o dia 1º de fevereiro como o *dies a quo* do cálculo da carência, mesmo que o exercício do trabalho tenha se operado no fim do mês.

> **Importante**:
> Não será computado para efeito de carência o tempo de atividade do trabalhador rural anterior à competência novembro de 1991, por expressa exclusão do artigo 26, §3º, do RPS.

O período de carência será computado:

I. para o segurado empregado, o empregado doméstico, o trabalhador avulso e o contribuinte individual que presta serviços a pessoa jurídica (este a partir da competência 04/2003), da data de filiação ao Regime Geral de Previdência Social, ou seja, a partir do exercício de atividade laborativa remunerada;

II. para o segurado contribuinte individual que não presta serviços à pessoa jurídica, o facultativo e o segurado especial que contribui facultativamente (20% salário de contribuição), da data do efetivo recolhimento da primeira contribuição sem atraso, não sendo consideradas para esse fim as contribuições recolhidas com atraso referentes a competências anteriores;

III. para o segurado especial, a partir do efetivo exercício da atividade rural ou pesqueira artesanal para fins de subsistência sem o auxílio de empregados permanentes.

Ou seja, para o segurado empregado, o empregado doméstico (LC 150/2015), o trabalhador avulso e o contribuinte individual prestador de serviços à pessoa jurídica (este a partir da competência de 04.2003), basta o exercício da atividade remunerada para se iniciar o cômputo da carência, vez que a responsabilidade tributária pelo pagamento das contribuições previdenciárias é exclusiva da empresa, a teor do artigo 33, §5º, da Lei 8.212/91 combinado com o artigo 34 da Lei 8.213/91, presumindo-se de maneira absoluta o pagamento.

Por outro lado, o contribuinte individual que trabalha por conta própria (autônomo) e o segurado facultativo deverão comprovar o recolhimento tempestivo das contribuições previdenciárias para integralização da carência.

No caso do segurado facultativo e do contribuinte individual que trabalha por conta própria a justificativa dessa regra é que é deles a responsabilidade tributária pelo pagamento, pois inexiste empresa a ser responsabilizada.

Já para o segurado especial, para a realização da carência, bastará a demonstração do efetivo exercício da atividade rural ou pesqueira artesanal para fins de subsistência sem o auxílio de empregados permanentes.

> **Importante**:
>
> **Depende de carência nos termos do artigo 25 da Lei 8.213/91** a concessão dos seguintes benefícios previdenciários:
>
> **I. 10 contribuições mensais** – salário-maternidade, para as seguradas contribuinte individual, especial e facultativa;
>
> **II. 12 contribuições mensais** – auxílio-doença (auxílio por incapacidade temporária) e (aposentadoria por incapacidade permanente) (aposentadoria por invalidez) (em regra);
>
> **III. 24 contribuições mensais** – auxílio-reclusão (Lei 13.846/20199);
>
> **IV. 180 contribuições mensais** – aposentadoria por idade, tempo de contribuição e especial.

Mas tivemos a reforma previdenciária implementada pela **Emenda 103/2019**, que extinguiu a aposentadoria por tempo de contribuição sem idade mínima, assim como redesignou a aposentadoria por invalidez para aposentadoria por incapacidade permanente.

Dessa forma, o regramento do artigo 25 da Lei 8.213/91 deve ser interpretado à luz da Reforma Previdenciária Constitucional de 2019. Logo, **depende de carência** a concessão dos seguintes benefícios previdenciários:

I. 10 contribuições mensais – salário-maternidade, para as seguradas contribuinte individual, especial e facultativa;

II. 12 contribuições mensais – auxílio-doença (auxílio-incapacidade) e aposentadoria por incapacidade permanente (em regra);

III. 24 contribuições mensais – auxílio-reclusão (Lei 13.846/20199);

IV. 180 contribuições mensais – aposentadoria programada, aposentadorias especiais e aposentadoria por idade rural.

Essa aposentadoria por idade e tempo de contribuição, que também exige período de carência de 180 contribuições mensais, passou a ser chamar de aposentadoria programada, nos termos do artigo 26 do RPS, atualizado pelo Decreto 10.410/2020:

> "Art. 29. A concessão das prestações pecuniárias do Regime Geral de Previdência Social, ressalvado o disposto no art. 30, depende dos seguintes períodos de carência:
>
> I – doze contribuições mensais, nos casos de auxílio por incapacidade temporária e aposentadoria por incapacidade permanente; e (Redação dada pelo Decreto nº 10.410, de 2020).
>
> **II – cento e oitenta contribuições mensais, nos casos de aposentadoria programada, por idade do trabalhador rural e especial; (Redação dada pelo Decreto nº 10.410, de 2020).**
>
> III – dez contribuições mensais, no caso de salário-maternidade, para as seguradas contribuinte individual, especial e facultativa, respeitado o disposto no § 2º do art. 93 e no inciso II do art. 101. (Redação dada pelo Decreto nº 3.452, de 2000)
>
> IV – vinte e quatro contribuições mensais, no caso de auxílio-reclusão. (Incluído pelo Decreto nº 10.410, de 2020)".

A inserção de período de carência de 24 contribuições mensais para o auxílio-reclusão é fruto da MP 871/2019 (essa tentativa já foi feita pela MP 664/2014 e foi derrubada no Congresso Nacional no ano de 2015 na lei de conversão 13.135), **mantida na Lei 13.846/19, operando-se somente para prisões a contar de 18/1/2019 (lei do tempo rege o ato jurídico)**.

Assim, em regra, a concessão dos benefícios por incapacidade laborativa (auxílio-doença e aposentadoria por incapacidade permanente) dependerá da integralização de 12 contribuições mensais a título de período de carência, salvo nas três exceções que serão vistas.

Em caso de parto antecipado, o período de carência para o salário-maternidade será reduzido em número de contribuições equivalente ao número de meses em que o parto foi antecipado.

Portanto, se uma segurada especial, contribuinte individual ou facultativa tiver bebê com apenas 07 meses de gestação, a carência será de 08 contribuições mensais, e não de 10 recolhimentos.

Contudo, nas hipóteses das aposentadorias por idade, tempo de contribuição e especial, para os filiados ao RGPS até 24.07.1991, existe uma regra de transição para a integralização da carência, pois no regime anterior exigia-se apenas 60 contribuições mensais.

Assim, levando-se em conta o ano em que o segurado implementar todas as condições necessárias à obtenção do benefício, será obedecida a seguinte tabela, inserta no artigo 142, da Lei 8.213/91:

ANO DE IMPLEMENTAÇÃO DAS CONDIÇÕES	MESES DE CONTRIBUIÇÃO EXIGIDOS
1991	60 meses
1992	60 meses
1993	66 meses
1994	72 meses
1995	78 meses
1996	90 meses
1997	96 meses
1998	102 meses
1999	108 meses
2000	114 meses
2001	120 meses
2002	126 meses
2003	132 meses
2004	138 meses
2005	144 meses
2006	150 meses
2007	156 meses
2008	162 meses
2009	168 meses
2010	174 meses
2011	180 meses

Note-se que a regra de transição incidiu até o ano de 2010, pois os segurados antigos que preencheram os requisitos em 2011 em diante terão que realizar a carência de 180 contribuições mensais.

A atual jurisprudência dominante do STJ passou a adotar um posicionamento mais favorável ao segurado, no sentido de que, para os inscritos na mudança do regime, mesmo que tenha havido a perda e a reaquisição da qualidade de segurado após o advento da Lei 8.213/91, há de se aplicar a tabela do artigo 142 da Lei 8.213/91.

Qual o entendimento do STJ sobre o assunto?

Informativo 539 – "O inscrito no RGPS até 24/7/1991, mesmo que nessa data não mais apresente condição de segurado, caso restabeleça relação jurídica com o INSS e volte a ostentar a condição de segurado após a Lei 8.213/1991, tem direito à aplicação da regra de transição prevista no art. 142 do mencionado diploma, devendo o requisito da carência, para a concessão de aposentadoria urbana por idade, ser definido de acordo com o ano em que o segurado implementou apenas o requisito etário – e não conforme o ano em que ele tenha preenchido, simultaneamente, tanto o requisito da carência quanto o requisito etário". **REsp 1.412.566-RS, Rel. Min. Mauro Campbell Marques, 2ª Turma, julgado em 27/3/2014".**

Para a concessão da aposentadoria por idade, vale ressaltar que o entendimento da Previdência Social para a incidência da transcrita tabela tem sido mais favorável aos segurados, pois está sendo considerado o ano em que o segurado completou a idade mínima para o deferimento do benefício, mesmo que a carência tenha sido integralizada posteriormente **("congelamento" da carência)**, conforme explicitado na questão 21, do Parecer CONJUR/MPS 616/2010.

Logo, como a aposentadoria por idade para os homens será concedida aos 65 anos de idade (idade mantida pela Emenda 103/2019), em regra, se um segurado completou essa idade em 1993 terá que realizar a carência de 66 contribuições mensais, mesmo que apenas em 1995 integralize a carência, não sendo necessário atingir 78 contribuições mensais.

Importante:

Independe de carência a concessão das seguintes prestações:

I – pensão por morte, salário-família e auxílio-acidente;

II – salário-maternidade, para as seguradas empregada, empregada doméstica e trabalhadora avulsa;

III – auxílio-doença e aposentadoria por incapacidade permanente nos casos de acidente de qualquer natureza ou causa, doença profissional ou do trabalho, bem como nas hipóteses de doenças ou afecções graves especificadas em lista elaborada pelos Ministérios da Saúde e da Previdência Social, atualizada a cada 3 (três) anos, de acordo com os critérios de estigma, deformação, mutilação, deficiência ou outro fator que lhe confira especificidade e gravidade que mereçam tratamento particularizado;

IV – serviço social e reabilitação profissional.

A aposentadoria por incapacidade permanente e o auxílio-doença terão, em regra, carência de 12 contribuições mensais, salvo as exceções legais.

Dessarte, excepcionalmente, o deferimento da aposentadoria por incapacidade permanente e do auxílio-doença dispensarão a carência quando decorrente de acidente de qualquer natureza ou causa, de acidente de trabalho (típico, por equiparação e nos casos das doenças profissionais e do trabalho) ou oriundo de doença grave listada em Portaria do Ministério da Saúde.

A Portaria Ministerial MPAS/MS nº 2.998, de 23-08-2001, listava as doenças graves que dispensam a carência para a concessão da aposentadoria por invalidez e do auxílio-doença:

> "Art. 1º As doenças ou afecções abaixo indicadas excluem a exigência de carência para a concessão de auxílio-doença ou de aposentadoria por invalidez aos segurados do Regime Geral de Previdência Social - RGPS:
>
> I - tuberculose ativa;
>
> II - hanseníase;
>
> III - alienação mental;
>
> IV - neoplasia maligna;
>
> V - cegueira
>
> VI - paralisia irreversível e incapacitante;
>
> VII - cardiopatia grave;
>
> VIII - doença de Parkinson;
>
> IX - espondiloartrose anquilosante;
>
> X - nefropatia grave;
>
> XI - estado avançado da doença de Paget (osteíte deformante);
>
> XII - síndrome da deficiência imunológica adquirida - Aids;
>
> XIII - contaminação por radiação, com base em conclusão da medicina especializada; e
>
> XIV - hepatopatia grave.
>
> Art. 2º O disposto no artigo 1º só é aplicável ao segurado que for acometido da doença ou afecção após a sua filiação ao RGPS".

No entanto, com a Lei 13.135/2015, o artigo 151 da Lei 8.213/91 foi restaurado, passando a inserir uma nova doença grave para dispensar a carência dos benefícios por incapacidade, qual seja, a **esclerose múltipla**:

> Art. 151. Até que seja elaborada a lista de doenças mencionada no inciso II do art. 26, independe de carência a concessão de auxílio-doença e de aposentadoria por invalidez ao segurado que, após filiar-se ao RGPS, for acometido das seguintes doenças: tuberculose ativa, hanseníase, alienação mental, **esclerose múltipla**, hepatopatia grave, neoplasia maligna, cegueira, paralisia irreversível e incapacitante, cardiopatia grave, doença de Parkinson, espondiloartrose anquilosante, nefropatia grave, estado avançado da doença de Paget (osteíte deformante), síndrome da deficiência imunológica adquirida (aids) ou contaminação por radiação, com base em conclusão da medicina especializada.

Existe um precedente do Colegiado da 1ª Turma do STJ apontando que o rol de doenças graves do artigo 151 da Lei 8.213/91 é taxativo:

> ***Qual o entendimento do STJ sobre o assunto?***
>
> **2. A tese de que a doença que acomete o Segurado está elencada no art. 151 da Lei 8.213/1991, o que dispensaria a comprovação da carência, não foi analisada pela instância de origem, nem mesmo a parte autora buscou opor Embargos de Declaração, a fim de provocar a discussão do tema, carecendo, portanto, de prequestionamento, requisito indispensável à análise da matéria em sede de Recurso Especial. 3. Ainda que assim não fosse, o autor relata sofrer de transtorno de ansiedade, moléstia não elencada no art. 151 da Lei 8.213/1991.** (AgInt no AREsp 664855 / SP AGRAVO INTERNO NO AGRAVO EM RECURSO ESPECIAL, de 12/08/2019)

Já o salário-maternidade poderá ou não ter carência de 10 contribuições mensais, a depender do enquadramento da segurada. Para a empregada, a trabalhadora avulsa e para a empregada doméstica a carência foi legalmente dispensada.

Vale ressaltar que até o advento da Lei 9.876/99, a carência do salário-maternidade da segurada especial era de 12 meses, não se aplicando mais a previsão do artigo 39, parágrafo único, da Lei 8.213/91, por força da nova redação do artigo 25, III, da Lei 8.213/91.

Conquanto inexista previsão legal ou regulamentar expressa, de acordo com a **jurisprudência dominante, o período em que o segurado percebeu benefício por incapacidade será considerado para fins de carência**, em que pese inexistir o pagamento de contribuição previdenciária, pois o filiado esteve impedido de desenvolver atividade laboral, conforme entendimento do TRF da 2ª Região (AMS 37037, de 21.09.2004), 3ª Região (AMS 272378, de 12.08.2008) e da 4ª Região (AC 2001.04.01.075498-6, de 29.07.2008).

> **STJ**
>
> **Na atualidade, a jurisprudência do STJ se firmou no sentido de que é possível a consideração dos períodos em que o segurado esteve em gozo de auxílio-doença ou de aposentadoria por invalidez como carência para a concessão de aposentadoria por idade, se intercalados com períodos contributivos** (2ª Turma, REsp 1422081, de 24/04/2014 - 6ª Turma, AgRg no REsp 1271928, de 16/10/2014).

STF

"Nesse sentido: ARE 802.877, Rel. Min. Teori Zavascki, DJe 1º.4.2014 e ARE 746.835-AgR, Rel. Min. Dias Toffoli, 1ª Turma, DJe 07.10.2014, com a seguinte ementa: "Agravo regimental no recurso extraordinário com agravo. Previdenciário. Aposentadoria por invalidez. Cômputo do tempo de gozo de auxílio-doença para fins de carência. Possibilidade. Precedentes. 1. **O Supremo Tribunal Federal decidiu nos autos do RE nº 583.834/PR-RG, com repercussão geral reconhecida, que devem ser computados, para fins de concessão de aposentadoria por invalidez, os períodos em que o segurado tenha usufruído do benefício de auxílio-doença, desde que intercalados com atividade laborativa. 2. A Suprema Corte vem-se pronunciando no sentido de que o referido entendimento se aplica, inclusive, para fins de cômputo da carência, e não apenas para cálculo do tempo de contribuição.** Precedentes: ARE 802.877/RS, Min. Teori Zavascki, DJe de 1/4/14; ARE 771.133/RS, Min. Luiz Fux, DJe de 21/2/2014; ARE 824.328/SC, Min. Gilmar Mendes, DJe de 8/8/14; e ARE 822.483/RS, Min. Cármem Lúcia, DJe de 8/8/14. 3. Agravo regimental não provido."

No **Tema em Repercussão Geral 1.125**, publicado em 25/02/2021, o STF reafirmou a sua própria jurisprudência ao admitir que o período de percepção de benefício por incapacidade laborativa também deva ser computado para fins de carência, desde que intercalado por atividades laborais: ***"É constitucional o cômputo, para fins de carência, do período no qual o segurado esteve em gozo do benefício de auxílio-doença, desde que intercalado com atividade laborativa."***

TNU

Súmula 73 – "O tempo de gozo de auxílio-doença ou de aposentadoria por invalidez não decorrentes de acidente de trabalho só pode ser computado como tempo de contribuição ou para fins de carência quando intercalado entre períodos nos quais houve recolhimento de contribuições para a previdência social".

Vale registrar que a TNU vem diferenciando os benefícios por incapacidade por acidente de trabalho dos não acidentários. Nessa linha de raciocínio, para a aposentadoria por invalidez e o auxílio-doença por acidente de trabalho serem computados para fins de carência, é desnecessário que sejam intercalados por períodos contributivos.

Isso porque a TNU vem estendendo o artigo 60, inciso IX, do Decreto 3.048/99, para fins de carência. Esse dispositivo previa que será contado como tempo de contribuição o período em que o segurado esteve recebendo benefício por incapacidade por acidente do trabalho, intercalado ou não.

No entanto, **o artigo 60 do Decreto 3.048/99 foi revogado pelo Decreto 10.410/2020**, sendo o tema regulado pelo novel artigo 19-C:

> "§ 1º Será computado o **tempo intercalado** de recebimento de benefício por incapacidade, na forma do disposto no inciso II do caput do art. 55 da Lei nº 8.213, de 24 de julho de 1991, **exceto para efeito de carência.** Incluído pelo Decreto nº 10.410, de 2020)"

Note-se que o ato presidencial manteve a posição anterior em não considerar o gozo de benefício por incapacidade para fins de período de carência, mas apenas como tempo de contribuição.

Outrossim, a ilegalidade regulamentar que afrontava o artigo 55, inciso II, da Lei 8.213/91 foi corrigida, **sendo exigido desde 1/7/2020 que mesmo o benefício por incapacidade por acidente de trabalho seja intercalado por contribuições para ser considerado como tempo de contribuição.**

Evidente que **a nova regulamentação não poderá ter efeitos retroativos**, devendo ser aplicada à percepção de benefícios por incapacidade a contar de 1º de julho de 2020, de modo que **os benefícios acidentários cessados até 30/06/2020 não precisarão ser intercalados para serem computados como tempo de contribuição.**

Aliás, mesmo com a EC 103/2019 reforçando a vedação ao tempo de contribuição ficto, o novo Regulamento optou por conservar o cômputo dos benefícios por incapacidade como tempo de contribuição, embora não haja o recolhimento real ou presumido de contribuição previdenciária, haja vista não comporem o salário de contribuição, o que indica que a regra constitucional continuará sendo retórica.

Na forma do **REVOGADO** parágrafo único, do artigo 24, da Lei 8.213/91, havendo **perda da qualidade de segurado**, as **contribuições anteriores** a essa perda **somente serão computadas** para efeito de **carência** depois que o segurado contar, a partir da nova filiação ao Regime Geral de Previdência Social, com, no mínimo, **um terço** do número de contribuições exigidas para o cumprimento da carência definida para o benefício a ser requerido. No entanto, este dispositivo foi expressamente revogado pela Lei 13.457/2017, fruto da conversão da MP 767, de 6 de janeiro de 2017, gerando a extinção da regra de 1/3, após uma tentativa frustrada de revogação pela MP 739/2016, que havia caducado sem votação no Congresso Nacional.

Pelo regramento extinto, suponha-se que um trabalhador tenha 100 contribuições previdenciárias pagas tempestivamente e que, posteriormente, tenha perdido a qualidade de segurado, pois não mais contribuiu e deixou transcorrer em aberto o período de graça.

Neste caso, considerando que a carência do auxílio-doença é de 12 contribuições mensais, em regra, seria preciso o recolhimento tempestivo de 04 novas contribuições previdenciárias (valor equivalente a 1/3 de 12) para que as anteriores sejam consideradas e se integralize a carência.

Entende-se que esta regra de 1/3 acabou se tornando parcialmente inócua para as aposentadorias por idade, tempo de contribuição e especial, pois, excepcionalmente, o artigo 3º, da Lei 10.666/2003, dispensa a qualidade de segurado para a concessão desses benefícios, bastando a realização dos demais pressupostos legais, que não precisará ser simultânea.

Logo, a aplicabilidade da "regra de 1/3" dava-se somente para a aposentadoria por invalidez (4 contribuições), o auxílio-doença (4 contribuições) e o salário-maternidade (3 contribuições – aproximação feita pelo INSS para baixo), restrita aos casos de exigência de carência, por óbvio, sendo afastada para as demais aposentadorias, que dispensam a manutenção da qualidade de segurado para o seu deferimento pelo INSS.

> Mas apesar de ter extinto a regra de 1/3 da carência, a Lei 13.457/2017 instituiu na Lei 8.213/91 **a regra de ½ da carência** para compensar, adotando uma posição intermediária entre a disputa do Governo com os segurados: "art. 27-A. No caso de perda da qualidade de segurado, para efeito de carência para a concessão dos benefícios de que trata esta Lei, o segurado deverá contar, a partir da nova filiação à Previdência Social, com metade dos períodos previstos nos incisos I e III do caput do art. 25 desta Lei".

Assim sendo, na hipótese de concessão de auxílio-doença e de aposentadoria por invalidez que recaiam na regra da carência de 12 recolhimentos mensais, caso haja perda da qualidade de segurado com posterior refiliação previdenciária, será necessário que ao menos ½ do período de carência (6 contribuições) se realize na segunda filiação para que as contribuições vertidas na primeira filiação sejam consideradas para fins de carência.

No caso de concessão de salário-maternidade que recaia na regra da carência de 10 recolhimentos mensais (contribuinte individual, segurado especial e segurado facultativo), caso haja perda da qualidade de segurado com posterior refiliação previdenciária, será necessário que ao menos ½ do período de carência (5 contribuições) se realize na segunda filiação para que as contribuições vertidas na primeira filiação sejam consideradas para fins de carência.

> Com o advento da **MP 871/2019**, operou-se a **revogação da regra de ½ da carência**. Isso porque restou modificado o artigo 27-A da Lei 8.213/91, que passou a contar com a seguinte redação: "Na hipótese de perda da qualidade de segurado, para fins da concessão dos benefícios de **auxílio-doença, de aposentadoria por invalidez, de salário-maternidade e de auxílio-reclusão**, o segurado deverá contar, a partir da data da nova filiação à Previdência Social, com os períodos integrais de carência previstos nos incisos I, III e IV do caput do art. 25".
>
> **NO ENTANTO, ISSO DUROU POUCO, POIS A LEI 13.846/2019 RESTAUROU A REGRA DE ½ DE CARÊNCIA:** "ART. 27-A. Na hipótese de perda da qualidade de segurado, para fins da concessão dos benefícios de auxílio-doença, de aposentadoria por invalidez, de salário-maternidade e de auxílio-reclusão, o segurado deverá contar, a partir da data da nova filiação à Previdência Social, **com metade** dos períodos previstos nos incisos I, III e IV do **caput** do art. 25 desta Lei".

Logo, a regra de ½ se aplica aos seguintes benefícios:

A) Aposentadoria por invalidez (1/2 de 12 = 6);

B) Auxílio-doença (1/2 de 12 = 6);

C) Salário-maternidade da segurada especial, contribuinte individual e segurada facultativa (1/2 de 10 = 5);

D) Auxílio-reclusão (1/2 de 24 = 12).

> É muito comum no meio previdenciário que se confundam os institutos do período de carência e do tempo de contribuição que, embora possuam similitudes, podem ser claramente diferenciados a partir de uma análise técnica.

O principal traço comum é que o recolhimento da contribuição previdenciária tempestivamente realiza tanto o tempo de contribuição quanto o período de carência.

No entanto, é possível apontar as seguintes diferenças:

A) No caso dos segurados que são responsáveis pelo recolhimento da sua contribuição previdenciária (segurado facultativo e contribuinte individual que trabalha por conta própria), o recolhimento em atraso é computado como tempo de contribuição, mas não será considerado para efeitos de carência, referentes às competências anteriores à primeira paga em dia e as posteriores se houver perda da qualidade de segurado (art. 27, inciso II, da Lei 8.213/91);

B) O período de carência sempre será contado a partir do dia 1º da respetiva competência. Já o tempo de contribuição inicia o seu cômputo somente a contar do dia da filiação, não retroagindo ao dia primeiro (até 13/11/2019)[20];

C) Existem benefícios previdenciários que exigem a carência, mas não o tempo de contribuição, a exemplo do auxílio-reclusão. Já outros exigem simultaneamente a carência e um tempo mínimo de contribuição, como a aposentadoria por idade e tempo de contribuição. Há também os benefícios que dispensam a carência, como o auxílio-acidente e o salário-família;

---

20. De acordo com o Decreto 10.410/2020, uma mudança evidente foi o modo de cômputo do tempo de contribuição após a EC 103/2019, que não mais será computado de data a data, e sim por competência mensal, tal qual o período de carência, desde que o valor mensal da remuneração percebida atinja o piso legal ou convencional da categoria ou, se inexistente, ao salário mínimo nacional.

D) A conversão de tempo especial em comum somente é prevista normativamente para o tempo de contribuição (até o advento da Emenda 103/2019), e não para o período de carência, conforme será visto (art. 57, §5º, da Lei 8.213/91);

E) O período rural anterior à Lei 8.213/91 é computado para fins de tempo de contribuição, mas não é considerado para fins de período de carência (art. 55, §2º, da Lei 8.213/91);

F) A regra de ½ se aplica à carência, mas não tem previsão legal para aplicação ao tempo de contribuição;

G) A indenização previdenciária é considerada como tempo de contribuição, mas não será computada para fins de período de carência.

Suponha-se que Odorico seja um contribuinte individual que trabalhe por conta própria e que tenha recolhido 35 anos de contribuições previdenciárias. No entanto, por ser uma pessoa relapsa, todos os recolhimentos foram intempestivos, pois efetuados fora do prazo legal (até o dia 15 do mês seguinte de cada competência ou dia útil posterior se no dia 15 não houver expediente bancário).

Nesta situação hipotética, na visão do INSS, Odorico não fará jus à aposentadoria por tempo de contribuição (regramento anterior à EC 103/2019), pois conquanto possua o equivalente a 35 anos de contribuição, não terá realizado a carência, haja vista que nenhuma contribuição foi arrecadada no prazo.

Outro caso para ilustrar. Larissa é contribuinte individual que trabalha por conta própria e há um ano não recolhe nenhuma contribuição previdenciária. Se ela recolher de vez as 12 contribuições em atraso, estas serão consideradas como um ano de contribuição, mas não servirão para a integralização do período de carência.

6. FATOR PREVIDENCIÁRIO

Ao contrário do que ocorreu nos Regimes Próprios de Previdência Social com o advento da promulgação da Emenda 20/98, no RGPS continuou sendo possível à concessão de aposentadoria sem a exigência de idade mínima do segurado, a exemplo da aposentadoria por tempo de contribuição, vez que não restou aprovada a reforma constitucional integral pretendida no final dos anos 90. Isto só foi modificado com a Emenda 103/2019, que extinguiu a aposentadoria apenas por tempo de contribuição sem idade mínima.

Até a EC 103/2019, a aposentadoria por tempo de contribuição que, em regra, era deferida ao homem com 35 anos de contribuição e à mulher com 30 anos de contribuição, observada a carência de 180 contribuições mensais, era um benefício que ameaça o equilíbrio financeiro e atuarial do sistema previdenciário, haja vista a possibilidade de os segurados se aposentarem muito cedo, inclusive abaixo dos cinquenta anos de idade.

Inclusive, nessas aposentações precoces, pregava-se que inexistia risco social a ser coberto, pois antes dos sessenta anos de idade o segurado ainda não é sequer considerado idoso, havendo casos em que se percebia a aposentadoria por mais anos do que se verteu contribuições previdenciárias.

Esse fato é agravado com a maior expectativa de vida que progressivamente vem sendo alcançada diante das melhores condições sociais, que chegou à média de 73 anos de idade em 2008, girando em torno de 69 anos de idade para os homens e de 77 para as mulheres, sendo atualmente bem maior.

Diante desse preocupante quadro previdenciário, a Lei 9.876/99, publicada em 29.11.1999, instituiu o fator previdenciário, agora previsto no artigo 29, da Lei 8.213/91, que objetivava inibir aposentadorias precoces, sendo **obrigatório no cálculo da aposentadoria por tempo de contribuição** e **facultativo** para a definição da renda mensal inicial da **aposentadoria por idade no regime anterior à EC 103/2019.**

Ou seja, fora a aposentadoria por tempo de contribuição (obrigatório) e por idade (facultativo), o fator previdenciário não era utilizado diretamente no cálculo da renda de nenhum outro benefício previdenciário. Contudo, indiretamente, a pensão por morte poderia ter a sua renda mensal calculada com base no fator previdenciário, se na apuração da renda da aposentadoria do instituidor da pensão o fator tivesse sido aplicado.

Importante:

Pelas regras anteriores à EC 103/2019 , existia apenas um caso em que o fator previdenciário era facultativo no cálculo do salário de benefício da aposentadoria por tempo de contribuição. Tratava-se da "regra 85/95" (86/96 desde 31/12/2018) para mulheres e homens, respectivamente, atualmente disciplinada pela Lei 13.183, de 4/11/2015.

Vale registrar que, por força da LC 142/2013, que aprovou as regras para a aposentadoria do segurado deficiente, para este benefício será possível a incidência do fator previdenciário, desde que seja favorável ao segurado.

Veja-se o **mapa do fator previdenciário NA SISTEMÁTICA VIGENTE ATÉ A EMENDA 103/2019** nos benefícios do RGPS:

A) Obrigatório na aposentadoria por tempo de contribuição comum e de professor, salvo regra 85/95 (86/96);

B) Facultativo na aposentadoria por tempo de contribuição do deficiente;

C) Facultativo na aposentadoria por idade;

D) Jamais incidirá na aposentadoria especial (agentes nocivos);

E) Jamais incidirá na aposentadoria por invalidez;

F) Poderá incidir de modo reflexo na pensão por morte, quando o segurado morre em gozo de aposentadoria que incidiu o fator previdenciário, haja vista que, nesta hipótese, a pensão por morte terá a mesma renda da aposentadoria;

G) Jamais incidirá no auxílio-doença, auxílio-acidente, salário-família e salário-maternidade;

H) Jamais incidirá no auxílio-reclusão, cuja renda mensal é calculada da mesma maneira que a aposentadoria por invalidez.

O fator previdenciário se trata de coeficiente que considera a **idade da pessoa, o seu tempo de serviço/contribuição e a sua expectativa de vida**, de acordo com a tábua completa de mortalidade do IBGE, considerando-se a média nacional para ambos os sexos, a fim de ser utilizado no cálculo da renda mensal inicial da aposentadoria por tempo de contribuição e por idade.

Ou seja, mesmo as mulheres tendo uma maior expectativa de vida, não haverá nenhum prejuízo para elas, porquanto será considerada a média entre homens e mulheres.

Compete ao IBGE publicar, anualmente, até o dia primeiro de dezembro, no Diário Oficial da União, a tábua completa de mortalidade para o total da população brasileira referente ao ano anterior. Uma vez publicada a tábua de mortalidade, os benefícios previdenciários requeridos a partir dessa data considerarão a nova expectativa de sobrevida.

Deveras, com a incidência do fator previdenciário, é comum que os segurados que se aposentem por tempo de contribuição muito jovens possam perder por volta de metade do benefício previdenciário, pois certamente ele será bem inferior a 1,0.

Apenas as pessoas com idade mais avançada e com grande tempo de contribuição se favorecerão do fator previdenciário, pois neste caso ele tende a ser superior a 1,0.

Eis a fórmula para o cálculo do fator previdenciário:

$$f = \frac{Tc \times a}{Es} \times 1 + \frac{(Id + Tc \times a)}{100}$$

onde:

f = fator previdenciário;

Es = expectativa de sobrevida no momento da aposentadoria;

Tc = tempo de contribuição até o momento da aposentadoria;

Id = idade no momento da aposentadoria; e

a = alíquota de contribuição correspondente a 0,31.

Para efeito da aplicação do fator previdenciário ao tempo de contribuição do segurado serão adicionados:

I. cinco anos, quando se tratar de mulher; ou

II. cinco ou dez anos, quando se tratar, respectivamente, de professor ou professora, que comprovem exclusivamente tempo de efetivo exercício das funções de magistério na educação infantil e no ensino fundamental e médio.

Quanto maior o fator previdenciário melhor para o segurado. O fator superior a 1,0 irá aumentar o salário de benefício, ao passo que o fator inferior a 1,0 irá reduzi-lo. Ademais, quanto maior a idade e o tempo de contribuição maior será o fator previdenciário.

Tomando por base a tabela de 2011 do fator previdenciário, um homem que conte com 35 anos de contribuição e 53 anos de idade terá um fator previdenciário de 0,668, ou seja, o seu salário de benefício sofrerá uma redução de 33,2%.

Já outro segurado com 65 anos de idade e 35 anos de contribuição terá um fator previdenciário de 1,072, tendo um acréscimo de 7,2% no cálculo do seu salário de benefício.

Por força do artigo 5º, da Lei 9.876/99, observando o Princípio da Segurança Jurídica, a aplicação do fator previdenciário foi progressiva ao longo de cinco anos, incidindo sobre um sessenta avos por mês que se seguir à sua publicação, expirando-se para os benefícios com data de início a partir de 01.12.2004.

Foi assegurado o **direito adquirido** de todos os segurados que preencheram os requisitos para a aposentadoria por tempo de contribuição até 28.11.1999, dia anterior ao da publicação da Lei 9.876/99, ao cálculo da sua aposentadoria por tempo de contribuição sem a incidência do fator previdenciário.

Cuida-se de instituto que é concretização do Princípio do Equilíbrio Financeiro e Atuarial da Previdência Social, na medida em que inibe aposentadorias precoces, pois inexistente risco social a ser coberto.

STF

Em 4 de junho de 2020, ao julgar o tema 1.091 (RE 1221630), o Plenário do STF reafirmou a constitucionalidade do fator previdenciário, inclusive no salário de benefício da aposentadoria do professor de ensino básico:

Vale registrar que **a Emenda 103/2019 não extinguiu o fator previdenciário**. Ao revés, o **constitucionalizou** na regra de transição do artigo 17, parágrafo único[21].

21. Parágrafo único. O benefício concedido nos termos deste artigo terá seu valor apurado de acordo com a média aritmética simples dos salários de contribuição e das remunerações calculada na forma da lei, multiplicada pelo fator previdenciário, calculado na forma do disposto nos **§§ 7º a 9º do art. 29 da Lei nº 8.213, de 24 de julho de 1991.**

O que ocorre é que a aposentadoria por idade e tempo de contribuição (estudada no próximo capítulo), bem como a aposentadoria por incapacidade permanente terão outra fórmula de cálculo (art. 26 da Emenda) que não utilizará o artigo 29 da Lei 8.213/91, que somente será aplicado com o fator previdenciário na regra de transição do artigo 17, parágrafo único da Emenda 103/2019 e na aposentadoria por tempo de contribuição da pessoa com deficiência, neste caso se benéfico ao segurado.

Isso porque o artigo 22 da Emenda 103/2019 previu que, "até que lei discipline o § 4º-A do art. 40 e o inciso I do § 1° do art. 201 da Constituição Federal, a aposentadoria da **pessoa com deficiência segurada do Regime Geral de Previdência Social** ou do servidor público federal com deficiência vinculado a regime próprio de previdência social, desde que cumpridos, no caso do servidor, o tempo mínimo de dez anos de efetivo exercício no serviço público e de cinco anos no cargo efetivo em que for concedida a aposentadoria, será concedida na forma da **Lei Complementar n° 142, de 8 de maio de 2013, inclusive quanto aos critérios de cálculo dos benefícios"**.

Dessa forma, as regras de fator previdenciário continuam em vigor após a EC 103/2019, mas agora com aplicação restrita às duas situações acima apontadas (regras de transição dos artigos 17 e 22 da Emenda 103/2019).

7. SALÁRIO DE BENEFÍCIO E CADASTRO NACIONAL DE INFORMAÇÕES SOCIAIS

O salário de benefício é um instituto exclusivo do Direito Previdenciário, regulado pelos artigos 28 a 32 da Lei 8.213/91, sendo utilizado para o cálculo da maioria dos benefícios do RGPS. Mesmo após a EC 103/2019, ele continuará em vigor, pois existem benefícios previstos na Lei 8.213/91 que não foram modificados pela Emenda 103/2019, a exemplo do auxílio-doença e do auxílio-acidente.

No entanto, veremos no item seguinte que essa não é a posição do Governo federal, que estendeu a regra do artigo 26 da Emenda 103/2019 para todo o Plano de Benefícios.

> De efeito, na forma do artigo 28, da Lei 8.213/91, o valor do benefício de prestação continuada, *inclusive o regido por norma especial e o decorrente de acidente do trabalho*, **exceto o salário-família e o salário-maternidade**, será calculado com base no salário de benefício.
>
> No entanto, essa regra não mais se aplica aos benefícios de aposentadorias e pensão por morte calculados pelo artigo 26 da Emenda 103/2019, conforme será estudado no próximo capítulo.

Conforme dito, esses dois benefícios serão calculados sem o manejo do salário de benefício, haja vista o **salário-família** possuir dois valores fixos (artigo 66, da Lei 8.213/91), bem como o **salário-maternidade** tomar como base de cálculo o salário de contribuição, a remuneração ou a receita proveniente da comercialização da produção, a depender do enquadramento da segurada (artigo 72 e 73, da Lei 8.213/91).

Ademais, as aposentadorias e pensão por morte calculadas pelo artigo 26 da Emenda 103/2019 terão outra sistemática de renda mensal.

Equivocadamente, aduz o artigo 31, do RPS, que a pensão por morte não é calculada com o manejo do salário de benefício. Conforme será visto mais adiante, a renda mensal inicial da pensão por morte será de cem por cento do valor da aposentadoria que o segurado recebia ou daquela a que teria direito se estivesse aposentado por invalidez na data de seu falecimento.

Assim, **indiretamente, a renda da pensão por morte também era calculada com a utilização do salário de benefício,** pois este instituto será utilizado para o cálculo da aposentadoria, até o advento da EC 103/2019.

Outrossim, o artigo 31 do RPS pontifica que os benefícios regidos por norma especial não serão calculados com base no salário de benefício, afrontando o artigo 28, da Lei 8.213/91, em que pese a lei especial poder dispor de maneira diversa sem qualquer invalidade.

Mas fiquem atentos. Se a questão de prova pedir a resposta com base no RPS deve ser considerado este artigo: *"Art. 31. Salário de benefício é o valor básico utilizado para o cálculo da renda mensal dos benefícios de prestação continuada, inclusive aqueles regidos por normas especiais, exceto: I – o salário-família; II – a pensão por morte; III – o salário-maternidade; IV – o auxílio-reclusão; e V – os demais benefícios previstos em legislação especial".*

> De acordo com o artigo 29, da Lei 8.213/91, com redação dada pela Lei 9.876/99, em regra, **o salário de benefício corresponderá à média aritmética simples dos maiores salários de contribuição correspondentes a 80% de todo o período contributivo**.
>
> No caso da **extinta (EC 103/2019) aposentadoria por tempo de contribuição**, para o cálculo do salário de benefício, essa média aritmética dos 80% maiores salários de contribuição do PBC (período básico de cálculo) ainda era **obrigatoriamente multiplicada pelo fator previdenciário (salvo no caso da regra 85/95) ou 86/96 a contar de 31/12/2018, que era facultativo** para o cálculo do salário de benefício da aposentadoria por idade, pois neste caso só incidiria se benéfico ao segurado a se aposentar por idade, na forma do artigo 7º, da Lei 9.876/99. O mesmo ocorre com a **aposentadoria do deficiente**, por força da Lei Complementar 142/2013, sendo facultativa a incidência do fator previdenciário, sendo esta regra recepcionada pelo artigo 22 da EC 103/2019.

Logo, no cálculo da extinta aposentadoria por tempo de contribuição necessariamente era manejado o fator previdenciário salvo no caso da regra 85/95 (vide próximo Capítulo), que tinha aplicação facultativa na aposentadoria por idade e do deficiente, pois só incidiria se fosse mais vantajoso para o segurado.

Por conseguinte, o fator previdenciário apenas era utilizado no cálculo da renda mensal da aposentadoria por tempo de contribuição (incidência obrigatória, salvo regra 85/95 - 86/96) e da aposentadoria por idade e do deficiente (incidência facultativa).

Ademais, indiretamente, até a EC 103/2019, o fator previdenciário também tinha influência na renda da pensão por morte, se o segurado instituidor estivesse aposentado por tempo de contribuição ou por idade, pois o valor da pensão era de cem por cento do valor da aposentadoria que o segurado recebia ou daquela a que teria direito se estivesse aposentado por invalidez na data de seu falecimento.

Toda essa nova sistemática de cálculo dos benefícios previdenciários de aposentadorias e pensão por morte inaugura pela Emenda 103/2019 será estudada em detalhes no capítulo seguinte.

Conforme regra de transição contida artigo 3º, da Lei 9.876/99, para os segurados com filiação anterior a 29.11.1999, apenas serão utilizados os salários de contribuição a partir da competência de **julho de 1994**, ou seja, após a criação da atual moeda, sistemática conservada pela EC 103/2019.

O artigo 26 da Emenda 103/2019 trouxe regra transitória para regular o cálculo da renda mensal dos benefícios que regulou, até a ulterior edição de lei federal para reger o tema:

> "Art. 26. **Até que lei discipline o cálculo dos benefícios do** regime próprio de previdência social da União e do **Regime Geral de Previdência Social**, será utilizada a média aritmética simples dos salários de contribuição e das remunerações adotados como base para contribuições a regime próprio de previdência social e ao Regime Geral de Previdência Social, ou como base para contribuições decorrentes das atividades militares de que tratam os arts. 42 e 142 da Constituição Federal, atualizados monetariamente, **correspondentes a 100% (cem por cento) do período contributivo desde a competência julho de 1994 ou desde o início da contribuição, se posterior àquela competência.**
>
> § 1º A média a que se refere o **caput** será limitada ao valor máximo do salário de contribuição do Regime Geral de Previdência Social para os segurados desse regime e para o servidor que ingressou no serviço público em cargo efetivo após a implantação do regime de previdência complementar ou que tenha exercido a opção correspondente, nos termos do disposto nos §§ 14 a 16 do art. 40 da Constituição Federal.
>
> § 2º O valor do benefício de aposentadoria corresponderá a **60% (sessenta por cento)** da média aritmética definida na forma prevista no **caput** e no § 1º, com **acréscimo de 2 (dois) pontos percentuais para cada ano de contribuição que exceder o tempo de 20 (vinte) anos de contribuição nos casos:**
>
> I - do inciso II do § 6º do art. 4º, do § 4º do art. 15, do § 3º do art. 16 e do § 2º do art. 18;
>
> II - do § 4º do art. 10, ressalvado o disposto no inciso II do § 3º e no § 4º deste artigo;
>
> III - de aposentadoria por incapacidade permanente aos segurados do Regime Geral de Previdência Social, ressalvado o disposto no inciso II do § 3º deste artigo; e
>
> IV - do § 2º do art. 19 e do § 2º do art. 21, ressalvado o disposto no § 5º deste artigo.
>
> § 3º O valor do benefício de aposentadoria corresponderá a **100% (cem por cento) da média aritmética** definida na forma prevista no **caput** e no § 1º:
>
> I - no caso do inciso II do § 2º do art. 20;
>
> II - no caso de aposentadoria por incapacidade permanente, quando decorrer de acidente de trabalho, de doença profissional e de doença do trabalho.
>
> § 4º O valor do benefício da aposentadoria de que trata o inciso III do § 1º do art. 10 corresponderá ao resultado do tempo de contribuição dividido por 20 (vinte) anos, limitado a um inteiro, multiplicado pelo valor apurado na forma do **caput** do § 2º deste artigo, ressalvado o caso de cumprimento de critérios de acesso para aposentadoria voluntária que resulte em situação mais favorável.
>
> § 5º O acréscimo a que se refere o **caput** do § 2º será aplicado para cada ano que **exceder 15 (quinze) anos de tempo de contribuição** para os segurados de que tratam a alínea "a" do inciso I do § 1º do art. 19 e o inciso I do art. 21 e para as **mulheres** filiadas ao Regime Geral de Previdência Social.
>
> § 6º **Poderão ser excluídas da média as contribuições que resultem em redução do valor do benefício, desde que**

> **mantido o tempo mínimo de contribuição exigido**, vedada a utilização do tempo excluído para qualquer finalidade, inclusive para o acréscimo a que se referem os §§ 2º e 5º, para a averbação em outro regime previdenciário ou para a obtenção dos proventos de inatividade das atividades de que tratam os arts. 42 e 142 da Constituição Federal.
>
> § 7º Os benefícios calculados nos termos do disposto neste artigo serão reajustados nos termos estabelecidos para o Regime Geral de Previdência Social".

A nosso ver, esse dispositivo apenas deveria regular a renda mensal dos benefícios trazidos pela EC 103/2019, não podendo ser ampliado para todos os benefícios previdenciários com renda calculada com arrimo no salário de benefício.

Contudo, o INSS, através da Portaria 450/2020, com o nosso "voto vencido" registrado, aplicou a fórmula do artigo 26 da Emenda 103 para todos os salários de benefício, mesmo situações não reguladas pela Reforma Constitucional, como auxílio por incapacidade temporária, benefícios rurais e auxílio-acidente.

No mesmo sentido o Decreto 3.048/99, atualizado pelo Decreto 10.410/2020:

> "Art. 32. O salário de benefício a ser utilizado para o cálculo dos benefícios de que trata este Regulamento, inclusive aqueles previstos em acordo internacional, consiste no resultado da média aritmética simples dos salários de contribuição e das remunerações adotadas como base para contribuições a regime próprio de previdência social ou como base para contribuições decorrentes das atividades militares de que tratam os art. 42 e art. 142 da Constituição, considerados para a concessão do benefício, atualizados monetariamente, correspondentes a cem por cento do período contributivo desde a competência julho de 1994 ou desde o início da contribuição, se posterior a essa competência". (Redação dada pelo Decreto nº 10.410, de 2020).

Dessa forma, na visão do Poder Executivo da União, posição que deve ser seguida nos concursos públicos, para direitos formados a partir de 14/11/2019, o salário de benefício de todos (100% deles a contar de 7/1994) os benefícios do RGPS deverá ser apurado pelo média de todos os salários de contribuição a contar do Plano Real, com a incidência de correção monetária pelo INPC.

Ademais, apontamos as seguintes inovações:

a) Não incidência do fator previdenciária no cálculo de artigo com o artigo 26 da EC 103/2019;

b) Inexistência de divisor mínimo no período básico de cálculo;

c) Possibilidade de descarte de salários de contribuição para benefícios programados, acaso seja favorável ao segurado e haja tempo de contribuição excedente ao mínimo legal.

Por outro lado, para direito adquirido formado até 13/11/2019, garante-se a aplicação da antiga fórmula do salário de benefício, desde que seja mais favorável ao segurado.

Por uma falha inescusável do artigo 26 da Emenda 103/2019, não restou inserido um divisor mínimo no período básico de cálculo, não sendo compatível a aplicação do divisor de 60% de que trata o artigo 3º, §2º, da Lei 9.876/99, pois é vinculado à fórmula de 80%.

Coube à **Lei 14.331/2022** inserir o artigo 135-A na Lei 8.213/91, suprindo omissão do artigo 26 da Emenda 103/2019 que se esqueceu de constituir divisor mínimo no cálculo do salário de benefício, o que oportunizou a concretização de brecha constitucional que permitiu o "milagre da contribuição única" até 03 de maio de 2022, véspera da sua publicação:

> *"Art. 135-A. Para o segurado filiado à Previdência Social até julho de 1994, no cálculo do salário de benefício das aposentadorias, exceto a aposentadoria por incapacidade permanente, o divisor considerado no cálculo da média dos salários de contribuição não poderá ser inferior a **108 (cento e oito) meses**."*

Dessa forma, para os segurados que possuam salários de contribuição antes do Plano Real (Julho/1994), o divisor mínimo no cálculo do salário de benefício calculado com lastro no artigo 26 da EC 103/2019 será de 108 salários de contribuição.

Suponha-se que um segurado possua apenas 80 salários de contribuição a contar de 7/1994. Neste caso, teremos a soma dos 80 salários divididos por 108, o que reduzirá o valor do salário de benefício.

Com efeito, 108 salários de contribuição correspondem a 9 anos. Desse modo, todos os segurados que não possuam ao menos 9 anos de salários de contribuição registrados a partir da competência Julho/1994 terão uma redução no salário de benefício.

Por outro lado, se cabível e proveitoso ao segurado, **segue em vigor a regra de descarte** contemplada no §6º do artigo 26 da Emenda 103/2019, não afetada pela criação do divisor mínimo inaugurado pela Lei 14.331/2022.

Para as situações de direito adquirido formado até 03 de maio de 2022, o cálculo do salário de benefício à luz do artigo 26 da Emenda 103/2019 deverá ser feito sem a incidência de divisor mínimo, em respeito ao *Tempus Regit Actum*.

Na hipótese de segurado em gozo do auxílio-acidente, desde o advento da Lei 9.528/97, o valor do referido benefício integrará o salário de contribuição para o cálculo do salário de benefício da aposentadoria. No regime anterior, era possível a percepção conjunta da aposentadoria com o auxílio-acidente, restando apenas resguardados os direitos adquiridos.

Os **salários de contribuição** considerados no cálculo do valor do benefício serão **corrigidos** mês a mês de acordo com a variação integral do Índice Nacional de Preços ao Consumidor – INPC, calculado pela Fundação Instituto Brasileiro de Geografia e Estatística – IBGE, **até o mês anterior ao do início do benefício**.

Trata-se de conquista do atual ordenamento constitucional, na forma do previsto no artigo 201, §3º, pois anteriormente nem todos os salários de contribuição eram atualizados, o que gerava uma defasagem na renda mensal inicial em tempos de altíssima inflação.

Com fulcro no artigo 29-A, da Lei 8.213/91, o INSS utilizará as informações constantes no Cadastro Nacional de Informações Sociais – CNIS sobre os vínculos e as remunerações dos segurados, para fins de cálculo do salário de benefício, comprovação de filiação ao Regime Geral de Previdência Social, tempo de contribuição e relação de emprego.

O CNIS é um banco de dados previdenciários mantidos pela DATAPREV, sendo abastecido pela GFIP – Guia de Recolhimento do FGTS e de Informações Previdenciárias e pelo RAIS – Relatório Anual de Informações Sociais, dentre outras fontes. É uma ferramenta indispensável para boa representação judicial do INSS promovida pelos Procuradores Federais, pois traz subsídios para a defesa.

Havendo dúvida sobre a regularidade do vínculo incluído no CNIS e inexistência de informações sobre remunerações e contribuições, o INSS exigirá a apresentação dos documentos que serviram de base à anotação, sob pena de exclusão do período.

> O salário de benefício possui **limites mínimos e máximos, não podendo ser inferior a um salário mínimo** nem superior ao teto do salário de contribuição da data de início do benefício,

> No entanto, caso o salário de benefício seja limitado em um caso concreto ao teto legal, na hipótese de a média aritmética dos salários de contribuição superar o limite máximo, deverá ser promovida a sua readequação no primeiro reajuste pelo INSS, observado o novo valor máximo, como ocorreu com os novos tetos inaugurados pelas Emendas 20/1998 (R$ 1.200,00) e 41/2003 (teto de R$ 7.087,22, desde 01.01.2022).

> **STF**
>
> De acordo com a Suprema Corte, no julgamento do recurso extraordinário 564.354, de 08.09.2010, "não ofende o ato jurídico perfeito a aplicação imediata do art. 14 da Emenda Constitucional n. 20/1998 e do art. 5º da Emenda Constitucional n. 41/2003 aos benefícios previdenciários limitados a teto do regime geral de previdência estabelecido antes da vigência dessas normas, de modo a que passem a observar o novo teto constitucional".

A Lei 13.846/2019 previu que o Ministério do Trabalho e Previdência manterá sistema de cadastro dos segurados especiais no Cadastro Nacional de Informações Sociais – CNIS e poderá firmar acordo de cooperação com o Ministério da Agricultura, Pecuária e Abastecimento e com outros órgãos da administração pública federal, estadual, distrital e municipal para a manutenção e a gestão do sistema de cadastro (inserção do art. 38-A e 38-B na Lei 8.213/91).

> A novidade é que o sistema preverá a manutenção e a atualização **anual** do cadastro do **segurado especial** e conterá as informações necessárias à caracterização da condição de segurado especial, devendo ser feita **até 30 de junho do ano subsequente, vedada a atualização após 5 anos, exceto se** o segurado especial demonstrar em época própria a comercialização da produção e o recolhimento da contribuição efetivo da contribuição prevista no art. 25 da Lei 8.212/91.

No entanto, essa sistemática de atualização anual cadastral do segurado especial no CNIS só será aplicada a partir de 1/1/2033.

> Mas existe uma novidade inaugurada pela Emenda 103/2019. É que, para **fins de comprovação de atividade rural** exercida até a data de entrada em vigor da Emenda Constitucional, o prazo de que tratam os §§ 1º e 2º do art. 38-B da Lei nº 8.213, de 24 de julho de 1991, será **prorrogado** até a data em que o Cadastro Nacional de Informações Sociais – **CNIS atingir a cobertura mínima de 50% dos trabalhadores** de que trata o § 8º do art. 195 da Constituição Federal, apurada conforme quantitativo da **Pesquisa Nacional por Amostra de Domicílios Contínua – PNAD**.

Para o período anterior a 1º de janeiro de 2023, o segurado especial comprovará o tempo de exercício da atividade rural por meio de **autodeclaração** ratificada por entidades públicas credenciadas, nos termos do art. 13 da Lei nº 12.188, de 11 de janeiro de 2010, e por outros órgãos públicos, na forma prevista no regulamento.

São entidades públicas credenciadas para ratificar a autodeclaração do segurado especial as **Enti-**

dades Executoras do Pronater ou órgãos públicos, inclusive o INSS. Na hipótese de haver divergência de informações, para fins de reconhecimento de direito com vistas à concessão de benefício, o INSS poderá exigir a apresentação dos documentos que atestem o exercício da atividade rural ou pesqueira.

No caso do **segurado especial**, desde a vigência da Lei 11.718/2008, **o salário de benefício é fixado em um salário mínimo**, exceto se ele adotou o regime de recolhimento do contribuinte individual, consoante facultado pelo artigo 25, §1º, da Lei 8.212/91, ou ainda se recolheu durante o prazo de até 120 dias por ano que pôde trabalhar durante a entressafra ou o defeso, ou sobre a remuneração que auferiu com o artesanato ou atividade artística, rendimentos permitidos pelo artigo 11, §9º, da Lei 8.213/91.

Ademais, lembrando das parcelas integrantes do salário de contribuição, serão considerados para cálculo do salário de benefício os ganhos habituais do segurado empregado, a qualquer título, sob forma de moeda corrente ou de utilidades, sobre os quais tenha incidido contribuições previdenciárias, **exceto o décimo terceiro salário (gratificação natalina).**

> Ou seja, apesar de incidir contribuição previdenciária em separado sobre a parcela paga a título de décimo terceiro salário, a legislação previdenciária (desde a Lei 8.870/1994) excluiu essa verba do cálculo do salário de benefício.

Na hipótese do segurado que contribui em razão de **atividades concomitantes**, o salário de benefício será calculado com base na soma dos salários de contribuição das atividades exercidas até a data do requerimento ou do óbito ou no período básico de cálculo.

De efeito, quando o segurado satisfizer, em relação a cada atividade, as condições para obtenção do benefício requerido, o salário de benefício será calculado com base na soma dos respectivos salários de contribuição.

Ao revés, quando não se verificava a hipótese anterior, o salário de benefício correspondia à soma das seguintes parcelas:

A) o salário de benefício calculado com base nos salários de contribuição das atividades em relação às quais são atendidas as condições do benefício requerido; e

B) um percentual da média do salário de contribuição de cada uma das demais atividades, equivalente à relação entre o número de meses completos de contribuição e os do período da carência do benefício requerido; e, quando se tratar de benefício por tempo de contribuição, este percentual será o resultante da relação entre os anos completos de atividade e o número de anos de contribuição considerado para a concessão do benefício.

Neste caso, o segurado possui atividades concomitantes, mas apenas em uma delas preencheu os requisitos legais para o gozo de benefício previdenciário. Aqui o cálculo do salário de benefício não será alcançado com a soma dos salários de contribuição de ambas as atividades, porque em apenas uma delas o segurado preencheu os pressupostos para o gozo do benefício.

Essa regra era obsoleta porque desde a Lei 9.876/99 o salário de benefício equivale à média dos 80% maiores salários de contribuição do segurado desde Julho de 1994, e não mais pela média dos últimos 36 salários de contribuição em até 48 meses antes do requerimento.

Por isso o artigo 32 da Lei 8.213 foi modificado pela Lei 13.846/2019, que agora prevê sempre a soma dos salários de contribuição de atividades concomitantes, mesmo quando o segurado só tenha preenchido os requisitos do benefício em apenas uma atividade.

De efeito, o salário de benefício do segurado que contribuir em razão de atividades concomitantes será calculado com base na soma dos salários de contribuição das atividades exercidas na data do requerimento ou do óbito, ou no período básico de cálculo, observado o disposto no artigo 29 da Lei 8.213/91, **exceto se o segurado contribuiu apenas por uma das atividades concomitantes em razão do teto do salário de contribuição.**

Demais disso, não serão perpetradas as somas acima referidas quando o segurado, em obediência ao limite máximo do salário de contribuição, contribuiu apenas para uma das atividades concomitantes.

A atual redação do artigo 32 da Lei 8.213/91 perdeu a sua razão de ser, pois em 1991 o salário de benefício correspondia à média dos 36 últimos salários de contribuição em período não superior a 48 meses.

Já com o advento da Lei 9.876/99, com o alargamento do período básico de cálculo, passou a ser a média aritmética simples dos 80% maiores salários de contribuição do segurado.

Como o objetivo do artigo 32 da Lei 8.213/91 era evitar que o segurado recolhesse pelos últimos 36 meses na atividade concomitante secundária e aumentasse o valor do salário de benefício, este artigo estabeleceu uma regra de proporção, que, após a Lei 9.876/99, não mais se justifica.

Em todas as hipóteses, deverá ser observado o teto do RGPS, pois a soma não poderá ultrapassar esta quantia.

Qual o entendimento do STJ sobre o assunto?

Ao julgar o **Tema 1.070**, o STJ aderiu ao posicionamento da TNU, no sentido que a alteração do artigo 32 da Lei 8.213/91 ocorreu tacitamente com o advento da Lei 9.876/99, sendo a alteração da Lei 13.846/2019 meramente declaratória: TESE: **"Após o advento da Lei 9.876/99, e para fins de cálculo do benefício de aposentadoria, no caso do exercício de atividades concomitantes pelo segurado, o salário-de-contribuição deverá ser composto da soma de todas as contribuições previdenciárias por ele vertidas ao sistema, respeitado o teto previdenciário".**

Antes do advento da Emenda 20/1998 e da Lei 9.876/99, o salário de benefício consistia na média aritmética simples de todos os últimos salários de contribuição dos meses imediatamente anteriores ao do afastamento da atividade ou data de entrada do requerimento, até o máximo de 36, apurados em período não superior a 48 meses.

No caso da aposentadoria por tempo de serviço, especial ou por idade, caso o segurado contasse com menos de 24 contribuições no referido período, o salário de benefício correspondia a 1/24 da soma dos salários de contribuição apurados.

Outrossim, antes da Lei 9.032/95, o cálculo dos benefícios decorrentes de acidente de trabalho era diferenciado, se mais vantajoso ao segurado, pois era considerado o salário de contribuição do dia do acidente.

Essas regras, apesar de revogadas, são ultra-ativas, pois em razão do Princípio do *Tempus Regit Actum* os benefícios concedidos na sua vigência deverão ser revisados de acordo com essas regras, caso caiba alguma majoração.

8. RENDA MENSAL INICIAL DOS BENEFÍCIOS PREVIDENCIÁRIOS

Exceto o salário-família e o salário-maternidade, que têm outras fórmulas de cálculo, **todos os benefícios do RGPS eram cálculos através da aplicação de um percentual sobre o salário de benefício**. No entanto, essa regra não mais se aplica aos benefícios de aposentadorias e pensão por morte calculados pelo artigo 26 da Emenda 103/2019, conforme será estudado no próximo capítulo.

Apenas para ilustrar, pois os benefícios previdenciários em espécie serão estudados no próximo Capítulo, eis o valor das rendas mensais iniciais que ainda conservam o salário de benefício no seu cálculo:

A) Aposentadoria por tempo de contribuição da pessoa com deficiência: 100% do salário de benefício;

B) Auxílio-doença: 91% do salário de benefício, limitada à média dos 12 últimos salários de contribuição.

Importante:

A **renda mensal** do benefício de prestação continuada que **substituir o salário de contribuição ou o rendimento do trabalho** do segurado **não terá valor inferior ao do salário mínimo**, consoante determinação do artigo 201, §2º, da Constituição de 1988, que contempla um enorme avanço de proteção social no Brasil.

Assim sendo, apenas o **auxílio-acidente e o salário-família**, que não se destinam a substituir o rendimento do trabalho, **poderão ter valor inferior a um salário mínimo**.

Excepcionalmente, o auxílio-doença poderá ser inferior a um salário mínimo, mas apenas na hipótese de segurado com atividades concomitantes. Nesse sentido, dispõe o artigo 73, §4º, do Decreto 3.048/99, que no caso de incapacidade para apenas uma atividade, o valor do auxílio-doença poderá ser inferior ao salário mínimo desde que somado às demais remunerações recebidas resultar valor superior a este.

Da mesma forma, **a renda mensal dos benefícios por totalização**, concedidos com base em acordos internacionais celebrados pelo Brasil no âmbito do RGPS, **poderá ter valor inferior ao do salário mínimo**, na forma do artigo 35, §1º, do RPS.

Por outro lado, **em regra, os benefícios do RGPS não poderão ter valor superior ao teto do salário de contribuição**, fixado originariamente em R$ 2.400,00 pelo artigo 5º, da Emenda 41/2003.

Contudo, **esta regra comporta exceções**. A primeira se refere à **aposentadoria por incapacidade permanente (antiga invalidez),** vez que, se o aposentado necessitar de assistência permanente de outra pessoa, ele terá direito a um **acréscimo fixo de 25%** sobre a renda mensal inicial do benefício, podendo esse *plus* superar o teto, a teor do artigo 45, da Lei 8.213/91.

Também poderá superar o teto do salário de contribuição o **salário-maternidade pago às seguradas empregadas e trabalhadoras avulsas**, desde que não ultrapasse o teto do funcionalismo público, a teor do artigo 248, da CRFB, que é o subsídio dos Ministros do STF.

STF

Este entendimento decorre do julgamento da ADI/MC 1.946, de 29.04.99, confirmado em 03.04.2003, em aplicação ao Princípio da Isonomia, haja vista que a limitação ao teto do RGPS geraria a discriminação negativa das mulheres no mercado de trabalho, porquanto os empregadores não iriam admitir trabalhadoras que ganhassem acima do teto do salário de contribuição, pois ficariam responsáveis pelo pagamento da diferença entre o limite máximo e a sua remuneração.

Também poderão ultrapassar o teto do RGPS **benefícios previstos em legislação especial**, como os pagos aos anistiados e ex-combatentes da 2ª Guerra Mundial.

Vale salientar que o segurado empregado, o trabalhador avulso e o contribuinte individual que preste serviço à pessoa jurídica (este a partir da competência 04.2003) têm a seu favor a presunção absoluta de recolhimento das suas contribuições previdenciárias pela empresa, que é a responsável tributária originária. O mesmo se aplica ao empregado doméstico após a LC 150/2015.

Neste caso, em não havendo recolhimento, basta que esses segurados comprovem o vínculo e o valor da sua remuneração para serem considerados no cálculo da renda mensal inicial dos benefícios.

Todavia, se não puderem comprovar o valor dos seus salários de contribuição no período básico de cálculo, será concedido o benefício de valor mínimo, devendo esta renda ser recalculada, quando da apresentação de prova dos salários de contribuição, com base no artigo 35 da Lei 8.213/91.

Por fim, para a definição das regras de cálculo da renda mensal inicial dos benefícios incidirá o Princípio do *Tempus Regit Actum*, sendo aplicáveis as normas em vigor na data do preenchimento de todos os requisitos.

▶ CAPÍTULO 9 – BENEFÍCIOS E SERVIÇOS DO REGIME GERAL DE PREVIDÊNCIA SOCIAL

1. INTRODUÇÃO

Neste Capítulo serão estudadas as **prestações previdenciárias**, formadas pelos ***benefícios*** (obrigações de pagar quantia certa) e pelos ***serviços*** (obrigações de fazer) do RGPS devidos aos segurados e aos seus dependentes.

Com relação aos **segurados**, são previstos *oito benefícios previdenciários*:

Benefícios dos segurados
Aposentadoria por incapacidade permanente
Aposentadoria por idade e tempo de contribuição (programada – EC 103/2019): comum e professor do ensino básico
Aposentadoria por idade dos trabalhadores rurais, garimpeiros e pescadores artesanais
Aposentadorias especiais (agentes nocivos e pessoas com deficiência)
Auxílio-doença (auxílio por incapacidade temporária)
Salário-família
Salário-maternidade
Auxílio-acidente

Já para os **dependentes** dos segurados são previstos *apenas dois benefícios*:

Benefícios dos dependentes
Pensão por morte
Auxílio-reclusão

Vale ressaltar que **o seguro-desemprego não é um benefício previdenciário**, pois foi excluído expressamente pelo artigo 9º, §1º, da Lei 8.213/91, sendo gerenciado no âmbito da área trabalhista, e não da Previdência Social, conquanto o risco social "desemprego involuntário" esteja previsto no artigo 201, inciso III, da Constituição Federal, como tutelável pelo RGPS. **Contudo, frise-se se tratar de tema deveras polêmico e que ultimamente não vem sendo cobrado em prova.**

De seu turno, vários benefícios previstos na Lei 8.213/91 foram posteriormente **extintos**, como o auxílio-natalidade, o auxílio-funeral, o pecúlio, do abono de permanência em serviço e as aposentadorias especiais do jornalista profissional, do jogador de futebol profissional, do telefonista, do juiz classista e do aeronauta.

Outrossim, **a Emenda 103/2019 extinguiu a aposentadoria por tempo de contribuição sem idade mínima**.

No que tange aos *serviços previdenciários*, eram listados **apenas dois**, que poderiam ser prestados tanto aos segurados quanto aos seus dependentes.

2. APOSENTADORIA E CONTRATO DE TRABALHO

De logo, vale registrar que a concessão de aposentadoria espontânea não tem o condão de extinguir o contrato de trabalho, não mais prevalecendo a redação do artigo 453, da CLT, pois seria uma hipótese de despedida arbitrária, o que atenta contra o artigo 7º, inciso I, da Constituição Federal.

> **STF**
> Este é o entendimento pacificado pela Suprema Corte, desde o julgamento da ADI/MC 1.721, em 19.12.1997, que se mantém até a atualidade.

No entanto, **há uma exceção inaugurada pela EC 103/2019**. É que restou inserido no artigo 201 da Constituição o novel §14, ao dispor que "a aposentadoria concedida com a utilização de tempo de contribuição decorrente de cargo, emprego ou função pública, inclusive do **Regime Geral** de Previdência Social, acarretará o **rompimento do vínculo** que gerou o referido tempo de contribuição".

A concessão de aposentadoria no RPPS já gerava o rompimento da relação jurídica estatutária antes da reforma constitucional com a vacância do cargo efetivo.

A novidade agora é que a concessão de aposentadoria no RGPS passa a gerar a **extinção da relação de trabalho com a Administração Pública**, quer celetista ou mesmo estatutária, o que atinge servidores efetivos de municípios que não criaram RPPS.

Dessa forma, mesmo os **empregados públicos das estatais** que se aposentarem pelo RGPS terão a **extinção do contrato de trabalho com a Administração Pública**.

Pela abertura do texto, embora seja até absurdo, tal regra chega a atingir os servidores que apenas ocupem cargo em comissão e que se aposentem pelo RGPS, embora neste caso nada impede nova nomeação após a exoneração decorrente da concessão da aposentadoria.

Para a aplicabilidade do dispositivo, será necessário criar um canal de comunicação entre o INSS e as entidades da Administração Pública para estas tomarem conhecimento da concessão de aposentadoria pelo RGPS.

Entende-se que os agentes públicos que adquiriram direito a se aposentar no RGPS antes da alteração constitucional possuem direito adquirido a permanecer com o vínculo ativo com a Administração Pública, embora a Emenda Constitucional 103/2019 silencie a respeito e a regra de transição trate de modo diverso.

Há, no entanto, fórmula de transição esdrúxula do artigo 6º da Emenda:

> *"Art. 6º O disposto no § 14 do art. 37 da Constituição Federal não se aplica a **aposentadorias concedidas** pelo Regime Geral de Previdência Social até a data de entrada em vigor desta Emenda Constitucional".*

Trata-se de regra infeliz, que utilizou como recorte intertemporal a data da concessão da aposentadoria pelo RGPS, e não a data do implemento dos requisitos da aposentadoria.

Daí que, se aplicável na literalidade, os segurados que requereram o benefício antes da promulgação da reforma constitucional serão prejudicados, acaso o INSS demore na concessão administrativa e só o faça após vigente o novo regime jurídico.

Entende-se que o dispositivo deve ser interpretado conforme a Constituição, que deve ser uma unidade normativa, de modo que o direito adquirido se forma pela implementação dos requisitos a uma aposentadoria, e não no momento da concessão administrativa.

Ao menos deve ser considerada a data do requerimento administrativo como divisor do regime jurídico, e não a data da concessão da aposentadoria.

O posicionamento esposado nessa obra foi seguido pelo Decreto 10.410/2020, que inseriu o artigo 153-A no Decreto 3.048/99:

> "Art. 153-A. A concessão de aposentadoria **requerida a partir de 14 de novembro de 2019** com utilização de tempo de contribuição decorrente de cargo, emprego ou função pública acarretará o rompimento do vínculo que gerou o referido tempo de contribuição. (Incluído pelo Decreto nº 10.410, de 2020)
>
> Parágrafo único. Para fins do disposto no **caput**, após a consolidação da aposentadoria, nos termos do disposto no art. 181-B, o INSS **notificará a empresa responsável sobre a aposentadoria do segurado e constarão da notificação as datas de concessão e de início do benefício**. (Incluído pelo Decreto nº 10.410, de 2020)".

Logo, somente os empregados de estatais que requereram ao INSS aposentadoria voluntária a partir de 14/11/2019 terão o rompimento do vínculo de emprego, devendo a autarquia notificar o ente empresarial quando conceder o benefício previdenciário.

> Uma **dica** para o estudo das prestações previdenciárias é a similitude de direitos entre o segurado empregado e o trabalhador avulso, que normalmente são os mesmos. Na verdade, a Lei 8.213/91 nada mais fez do que concretizar a Constituição Federal, que prevê no artigo 7º, inciso XXXIV, a igualdade de direitos entre o trabalhador com vínculo empregatício permanente e o trabalhador avulso.

3. APOSENTADORIA POR INCAPACIDADE PERMANENTE

Regulamentação básica: artigos 42/47, da Lei 8.213/91; artigos 43/50, do RPS (Decreto 3.048/99).

Códigos de concessão: 92 – Aposentadoria por incapacidade permanente por acidente do trabalho e 32 – Aposentadoria por incapacidade permanente invalidez previdenciária (não decorrente de acidente de trabalho).

Este benefício passou a se chamar **aposentadoria por incapacidade permanente**, nos termos da Emenda 103/2019, a exemplo da citação feita no seu artigo 26 "aposentadoria por incapacidade permanente aos segurados do Regime Geral de Previdência Social".

Outrossim, a modificação no **inciso I** no artigo 201 da Constituição perpetrada pela EC 103/2019 é para se alinhar ao *nomen iuris* da **aposentadoria por incapacidade permanente,** antiga aposentadoria por invalidez.

Dessa forma, a Lei 8.213/91 deve ser reinterpretada à luz da novel terminologia constitucional para este benefício.

Outro ponto alterado foi a sua **renda mensal**, tendo em vista que **o artigo 44 da Lei 8.213/91 não restou recebido pela Emenda 103/2019**.

REGRA GERAL – Para os **homens**, a teor do artigo 26 da Emenda 103/2019, o valor do benefício de aposentadoria por incapacidade permanente corresponderá a **sessenta por cento da média aritmética das 100% das remunerações/salários de contribuição, com acréscimo de 2% para cada ano que ultrapassar os 20 anos de contribuição:**

HOMENS TEMPO DE CONTRIBUIÇÃO	COEFICIENTE
Até 20 Anos	60%
21 Anos	62%
22 Anos	64%
23 Anos	66%
24 Anos	68%
25 Anos	70%
26 Anos	72%
27 Anos	74%
28 Anos	76%
29 Anos	78%
30 Anos	80%
31 Anos	82%
32 Anos	84%
33 Anos	86%
34 Anos	88%
35 Anos	90%
36 Anos	92%
37 Anos	94%
38 Anos	96%
39 Anos	98%
40 Anos	100%

Assim, se um segurado (homem) do RGPS ficar incapacitado de modo permanente com até 20 anos de tempo de contribuição, o valor da aposentadoria por incapacidade permanente será de 60% da média de todas as remunerações desde Julho de 1994, observada a renda mínima de um salário mínimo.

Curioso notar que, **intencionalmente**, o artigo 26 da Emenda 103/2019 não limita a média de todos os salários de contribuição do segurado a 100%, de modo que o segurado incapacitado de modo permanente que possuir mais de 40 anos de tempo de contribuição poderá fazer jus a uma aposentadoria por incapacidade que ultrapasse a 100% da média de salários de contribuição desde o Plano Real (competência 7/1994), a exemplo:

HOMENS TEMPO DE CONTRIBUIÇÃO	COEFICIENTE
41 Anos	102%
42 Anos	104%
43 Anos	106%
44 Anos	108%
45 Anos	110%
E assim sucessivamente	**E assim sucessivamente**

Para **a aposentadoria por incapacidade da mulher** existe uma regra especial de cálculo da renda mensal no artigo 26, §5º, da Emenda 103/2019, que prevê a **progressão a contar de 15 anos**, e não de 20 anos de contribuição:

MULHERES TEMPO DE CONTRIBUIÇÃO	COEFICIENTE
15 Anos	60%
16 Anos	62%
17 Anos	64%
18 Anos	66%
19 Anos	68%
20 Anos	70%
21 Anos	72%
22 Anos	74%
23 Anos	76%
24 Anos	78%
25 Anos	80%
26 Anos	82%
27 Anos	84%
28 Anos	86%
29 Anos	88%
30 Anos	90%
31 Anos	92%
32 Anos	94%
33 Anos	96%
34 Anos	98%
35 Anos	100%
E assim sucessivamente	**E assim sucessivamente**

Suponha-se que uma mulher segurada no RGPS ficou incapacitada com 21 anos de tempo de contribuição. Neste caso, a renda do benefício será de 72% da média de todos os salários de contribuição desde o Plano Real, somente chegando a 100% se a segurada tiver 35 anos de tempo de contribuição.

Dessa forma, o coeficiente mínimo será de 60% e o máximo não está limitado pela legislação constitucional transitória.

Como se trata de benefício não programado e que exige carência (salvo casos de dispensa), não se aplica a regra de destarte de que trata o artigo 26 da EC 103/2019, que se limita às aposentadorias programadas.

Assim, NÃO poderão ser **excluídas da média as contribuições que resultem em redução do valor do benefício**, desde que mantido o tempo mínimo de contribuição exigido, vedada a utilização do tempo excluído para qualquer finalidade, para a averbação em outro regime previdenciário ou para a obtenção dos proventos de inatividade dos militares.

No mesmo sentido o artigo 32, §24, do Regulamento:

> "§ 24. Para fins do cálculo das **aposentadorias programadas** para as quais seja exigido tempo mínimo de contribuição, poderão ser excluídas do cálculo da média dos salários de contribuição e das remunerações adotadas como base para contribuições a regime próprio de previdência social ou como base para contribuições decorrentes das atividades militares de que tratam os art. 42 e art. 142 da Constituição, utilizado para definição do salário de benefício, as contribuições que resultem em redução do valor do benefício, observado o disposto nos § 25 e § 26. (Redação dada pelo Decreto nº 10.410, de 2020)".

Forçoso concluir que o artigo 44 da Lei 8.213/91 não foi recebido pela Emenda para as novas incapacidades:

> *"Art. 44. A aposentadoria por invalidez, inclusive a decorrente de acidente do trabalho, consistirá numa renda mensal correspondente a 100% (cem por cento) do salário-de-benefício, observado o disposto na Seção III, especialmente no art. 33 desta Lei. (Redação dada pela Lei nº 9.032, de 1995)"*

Achei ruim esta alteração, pois se trata de um benefício não programado, podendo ter uma perda de até 40% de coeficiente (era sempre de 100% e pode cair para até 60%) em uma situação de infortúnio. Ninguém em sã consciência pretende ficar inválido (agora chamada de incapacidade permanente).

Ademais, há também perda de valor na base de cálculo, pois não mais teremos a exclusão dos 20% menores salários de contribuição quando for feita a média aritmética simples desde o Plano Real.

Uma situação esdrúxula é que **a Emenda 103/2019 não alterou a renda do auxílio-doença**, que continua sendo de 91% do salário de benefício, limitado à média dos 12 últimos salários de contribuição, nos termos dos artigos 61 e 29, §10, da Lei 8.213/91.

Isso porque o artigo 26, *caput*, da Emenda 103/2019somente se aplica aos benefícios com regulação constitucional de requisitos enquanto não há lei de regulamentação ("até que lei discipline o cálculo dos benefícios do Regime Geral de Previdência Social"), o que não ocorre com o auxílio-doença, não regulado pela reforma constitucional.

Ademais, o parágrafo segundo do artigo 26 da Emenda 103/2019 somente se refere às aposentadorias ("o valor do benefício de aposentadoria corresponderá a sessenta por cento da média aritmética"), não abarcando o auxílio-doença.

Dessa forma, será comum ver a renda do auxílio-doença superior à renda da aposentadoria por invalidez dos segurados que não possuírem largo tempo de contribuição, o que é um contrassenso, até que haja uma possível alteração na Lei 8.213/91.

REGRA ESPECIAL – Ao menos no caso de aposentadoria por incapacidade permanente quando decorrer de **acidente de trabalho**, de doença profissional e de doença do trabalho (artigos 19, 20 e 21 da Lei 8.213/91), os proventos da aposentadoria por incapacidade permanente serão integrais, correspondendo a **100% da média de todos os salários de contribuição do segurado desde o Plano Real**, independentemente do tempo de contribuição vertido ao RGPS.

Nesse sentido o artigo 44 do Regulamento da Previdência Social:

> "Art. 44. A aposentadoria por incapacidade permanente será devida a partir do dia imediato ao da cessação do auxílio por incapacidade temporária, ressalvado o disposto no § 1º, e consistirá em renda mensal decorrente da aplicação dos seguintes percentuais incidentes sobre o salário de benefício, definido na forma do disposto no art. 32: (Redação dada pelo Decreto nº 10.410, de 2020).
>
> I – sessenta por cento, com acréscimo de dois pontos percentuais para cada ano de contribuição que exceder o tempo de vinte anos de contribuição, para os homens, ou quinze anos de contribuição, para as mulheres; ou (Incluído pelo Decreto nº 10.410, de 2020)
>
> II – cem por cento, quando a aposentadoria decorrer de: (Incluído pelo Decreto nº 10.410, de 2020)

a) acidente de trabalho; (Incluído pelo Decreto nº 10.410, de 2020)

b) doença profissional; ou (Incluído pelo Decreto nº 10.410, de 2020)

c) doença do trabalho. (Incluído pelo Decreto nº 10.410, de 2020)"

Desta forma, de modo lastimável se volta a uma sistemática anterior à Lei 9.032/95, em que os benefícios por incapacidade laboral por acidente do trabalho possuíam uma sistemática de cálculo mais favorável.

Há previsão de concessão da aposentadoria por incapacidade permanente a **todas as classes de segurados** do RGPS, uma vez realizados os requisitos legais.

A aposentadoria por incapacidade permanente será devida **ao segurado incapaz e insuscetível de reabilitação para o exercício de atividade que lhe garanta a subsistência**, e ser-lhe-á paga enquanto permanecer nesta condição.

Deveras, o pagamento da aposentadoria incapacidade permanente é condicionada ao afastamento de todas as atividades laborativas do segurado.

Em regra, para a concessão deste benefício, será imprescindível que o segurado esteja incapacitado de maneira total e permanente para o exercício do trabalho, bem como não haja possibilidade plausível de ser reabilitado para outra atividade laborativa, compatível com as suas restrições físicas ou psíquicas decorrentes do acidente ou enfermidade.

Essa análise normalmente é bastante difícil e casuística. Além das condições clínicas do segurado, será preciso analisar a sua idade e condições sociais, pois em alguns casos a baixa escolaridade e a idade avançada tornam inviável a reabilitação profissional, sendo necessário se conceder a aposentadoria por invalidez ao segurado.

A incapacidade permanente pode ser definida como a incapacidade laborativa total, indefinida e multiprofissional, insuscetível de recuperação ou reabilitação profissional, que corresponde à incapacidade geral de ganho, em consequência de doença ou acidente.

Contudo, excepcionalmente, especialmente no caso de condições sociais desfavoráveis, a exemplo da elevada idade, baixa escolaridade e precárias condições financeiras, a jurisprudência tem admitido a concessão da aposentadoria por incapacidade permanente no caso de incapacidade permanente e **parcial** para o trabalho.

Assim sendo, a apreciação das condições pessoais e sociais do segurado somente será cabível quando houver o prévio reconhecimento de incapacidade laborativa para avaliar qual o benefício por incapacidade cabível (aposentadoria por incapacidade permanente ou auxílio-doença) na situação concreta. Destarte, caso a perícia médica aponte a capacidade laboral para o trabalho habitual será impertinente que o julgador avalie as condições pessoais e sociais do segurado, pois, de todo modo, o benefício por incapacidade será negado.

Em regra, a concessão da aposentadoria por incapacidade permanente pressupõe a realização de **carência de 12 contribuições mensais**, que será *excepcionalmente dispensada* nas hipóteses de invalidez decorrente de acidente de qualquer natureza, doença profissional, do trabalho ou das moléstias graves listadas em ato regulamentar.

De acordo com o artigo 151, da Lei 8.213/91, com redação dada pela Lei 13.135/2015, "até que seja elaborada a lista de doenças mencionada no inciso II do art. 26, independe de carência a concessão de auxílio-doença e de aposentadoria por invalidez ao segurado que, após filiar-se ao RGPS, for acometido das seguintes doenças: tuberculose ativa, hanseníase, alienação mental, **esclerose múltipla**, hepatopatia grave, neoplasia maligna, cegueira, paralisia irreversível e incapacitante, cardiopatia grave, doença de Parkinson, espondiloartrose anquilosante, nefropatia grave, estado avançado da doença de Paget (osteíte deformante), síndrome da deficiência imunológica adquirida (aids) ou contaminação por radiação, com base em conclusão da medicina especializada", **tendo a novidade sido a inserção de esclerose múltipla.**

No entanto, para que haja a dispensa de carência, é necessário que o segurado seja acometido da doença ou afecção após a sua filiação ao Regime Geral de Previdência Social.

Insta lembrar que para o **segurado especial** a carência será integralizada com a comprovação do exercício da atividade campesina ou pesqueira artesanal para fins de subsistência, sem a utilização de empregados permanentes, no período imediatamente anterior ao infortúnio que o tornou inválido.

A condição de inválido dependerá de apreciação da perícia médica do INSS, sendo **obrigado** o segurado a se submeter a **exames médicos periódicos** (a cada dois anos), **reabilitação profissional e tratamento dispensado gratuitamente**, na forma do artigo 101, da Lei 8.213/91.

Neste ponto a Lei 8.213/91 é aparentemente contraditória. O artigo 42 coloca a impossibilidade de reabilitação profissional como condição para a concessão da aposentadoria por incapacidade permanente , ao passo que o artigo 101 determina que o aposentado por incapacidade permanente se submeta a processo de reabilitação profissional, sob pena de suspensão do benefício.

Com o advento da Lei 13.063, de 30 de dezembro de 2014, que modificou o artigo 101 da Lei 8.213/91,

o aposentado por incapacidade permanente estará isento do exame pericial a cargo do INSS após completar 60 anos de idade, salvo nas seguintes hipóteses:

I – verificar a necessidade de assistência permanente de outra pessoa para a concessão do acréscimo de 25% (vinte e cinco por cento) sobre o valor do benefício, conforme dispõe o art. 45 da Lei 8.213/91;

II – verificar a recuperação da capacidade de trabalho, mediante solicitação do aposentado que se julgar apto;

III – subsidiar autoridade judiciária na concessão de curatela.

Logo, com a acertada alteração normativa, pois era irrazoável o cancelamento de uma aposentadoria por incapacidade permanente de um idoso, **o benefício deixou de ser precário após o segurado completar 60 anos de idade**, somente podendo ser cancelado se o aposentado por incapacidade permanente requerer expressamente por se julgar apto ao trabalho.

Por outro lado, a perícia poderá ser feita no aposentado maior de 60 anos para fins de prova no processo judicial de curatela ou para avaliação do auxílio-acompanhante de 25% sobre a renda da aposentadoria, se o segurado necessitar da assistência permanente de terceira pessoa, podendo este acréscimo ser cancelado se cessado o pressuposto legal mesmo após o segurado ter atingido 60 anos de idade.

No entanto, a isenção de perícia do aposentado por incapacidade permanente após este ter completado 60 anos de idade presume o não retorno ao trabalho, pois a percepção deste benefício com remuneração é incompatível.

Embora seja óbvio, coube à Lei 13.457/2017 expressar isso ao modificar o §1º do artigo 101 da Lei 8.213/1991, passando a gozar de previsão normativa expressa que a mencionada isenção de perícia do sexagenário aposentado por invalidez é condicionada ao não retorno ao trabalho.

Outrossim, a Lei 13.457/2017 criou outra situação de isenção de perícia para os aposentados por invalidez, após estes completarem **cinquenta e cinco anos ou mais de idade** e quando decorridos **quinze anos** da data da concessão da **aposentadoria por incapacidade permanente ou do auxílio-doença** que a precedeu.

Logo, unificou-se a idade de 60 anos para a isenção perícia do aposentado por incapacidade permanente que não retornou ao labor ou 55 anos de idade com 15 anos de percepção do benefício, exceto nas seguintes hipóteses:

I – verificar a necessidade de assistência permanente de outra pessoa para a concessão do acréscimo de 25% (vinte e cinco por cento) sobre o valor do benefício, conforme dispõe o art. 45;

II – verificar a recuperação da capacidade de trabalho, mediante solicitação do aposentado ou pensionista que se julgar apto;

III – subsidiar autoridade judiciária na concessão de curatela.

Ademais, coube à Lei 13.847/2019 isentar de perícia médica de revisão o **aposentado por invalidez com HIV/AIDS**, desde que obviamente não haja o retorno ao labor remunerado, independentemente da sua idade.

A perícia referida terá acesso aos prontuários médicos do periciado no Sistema Único de Saúde (SUS), desde que haja a prévia anuência do periciado e seja garantido o sigilo sobre os dados dele.

Ademais, é assegurado o atendimento domiciliar e hospitalar pela perícia médica e social do INSS ao segurado com dificuldades de locomoção, quando seu deslocamento, em razão de sua limitação funcional e de condições de acessibilidade, imponha-lhe ônus desproporcional e indevido, nos termos do regulamento.

Constatada a capacidade para o trabalho, o segurado ou seu representante legal deverá ser notificado por escrito para, se não concordar com a decisão, requerer novo exame médico-pericial no prazo de trinta dias, que será realizado por profissional diferente daquele que efetuou o último exame.

Todavia, **a realização de cirurgia e de transfusão de sangue é facultativa**, sendo defeso que o INSS condicione o pagamento do benefício à sujeição a esses procedimentos.

> Vale ressaltar que **a aposentadoria por incapacidade permanente não é definitiva (salvo para os maiores de 60 anos de idade e demais isentos de perícia , desde que não voltem a exercer atividade remunerada)**, devendo cessar a qualquer tempo caso o segurado recupere a sua capacidade laborativa, a exemplo de cura após tratamento cirúrgico que se submeteu espontaneamente.

Caberá a cessação do benefício pela mera recuperação da capacidade laboral do segurado, constada por perícia médica do INSS, não sendo nem necessário que ele volte a trabalhar.

Ademais, dispõe o artigo 46 da Lei 8.213/91 que o aposentado por incapacidade permanente que retornar voluntariamente à atividade terá sua aposentadoria automaticamente cancelada, a partir da data do retorno.

Isso porque a concessão deste benefício pressupõe a incapacidade laborativa total e permanente para o exercício do trabalho. Se há exercício de atividade laboral pelo segurado, significa que a manutenção da aposentadoria por incapacidade permanente é indevida.

Entende-se que mesmo que a concessão da aposentadoria por incapacidade permanente seja judicial, poderá a Previdência Social revê-la na via administrativa, caso se constate a recuperação da capacidade laboral por perícia médica, pois a decisão judicial está sujeita à cláusula *rebus sic stantibus* (enquanto as coisas estão assim).

> Com o advento da **Lei 13.457/2017**, foi inserida regra no artigo 43 da Lei 8.213/1991 prevendo que o segurado aposentado por incapacidade permanente poderá ser convocado a qualquer momento para avaliação das condições que ensejaram o afastamento ou a aposentadoria, concedida **judicial** ou administrativamente, observado o disposto no artigo 101 da Lei 8.213/1991.

Desta forma, o cancelamento administrativo de aposentadoria por incapacidade permanente concedida judicialmente passou a ser previsto na Lei 8.213/1991, após a submissão ao procedimento de perícia médica, ressalvadas as situações de isenção de perícia aos maiores de 60 anos de idade, com 55 anos (com percepção do benefício por 15 anos ao menos) e ao portador do HIV, nos termos do artigo 101 e 43, §5º, da Lei 8.213/91, acima estudado.

Outrossim, a anterior percepção de auxílio-doença não é condição para a concessão da aposentadoria por incapacidade permanente, pois poderá este benefício ser concedido diretamente, quando o INSS constatar que a enfermidade ou o acidente é tão grave que já tornou o segurado inválido, sem possibilidade de reabilitação profissional.

Na hipótese de o segurado ter se filiado ao RGPS já inválido não haverá cobertura securitária, inexistindo direito à percepção da aposentadoria por incapacidade permanente, pois a lesão ou enfermidade preexistiam à cobertura securitária.

Todavia, caso a lesão ou enfermidade preexistiam à filiação, mas não ao ponto de tornar o segurado incapaz para o trabalho, tendo a invalidez se realizado após a filiação e em decorrência da progressão da doença ou lesão, fará jus o segurado à percepção da aposentadoria por invalidez, uma vez realizada a carência de 12 contribuições mensais, exceto nas hipóteses em que esta é dispensada.

Diz o texto legal que a doença ou lesão de que o segurado já era portador ao filiar-se ao Regime Geral de Previdência Social não lhe conferirá direito à aposentadoria por incapacidade permanente, **salvo** quando a incapacidade sobrevier por motivo de progressão ou agravamento dessa doença ou lesão.

Em regra, a data de início do benefício (DIB) será a data da incapacidade, marco inicial do pagamento a ser promovido pelo INSS. Contudo, se entre a data da incapacidade e a data de entrada do requerimento (DER) se passar mais de 30 dias, a data de início do benefício será a data de entrada do requerimento na Previdência Social.

> Apenas no caso do segurado empregado a regra será diferente, tendo em vista a obrigação legal da empresa de pagar ao segurado o seu salário durante os 15 primeiros dias do afastamento.

Logo, para o segurado empregado, a data de início do benefício não será a data da incapacidade, e sim o 16º dia seguinte. Excepcionalmente, se entre a data da incapacidade e a data de entrada do requerimento se passar mais de 30 dias, a data de início do benefício também será a data de entrada do requerimento na Previdência Social.

> O valor da aposentadoria por incapacidade permanente do segurado que necessitar da assistência permanente de outra pessoa será **acrescido de 25% (auxílio-acompanhante)**, se assim comprovado em perícia médica do INSS. Entende-se que esse acréscimo é compatível com a Emenda 103/2019.

> **STJ**
>
> Inicialmente, o STJ rejeitava a extensão do auxílio-acompanhante à aposentadoria por idade e tempo de contribuição (REsp 1.533.402-SC, Rel. Min. Sérgio Kukina, julgado em 1º/9/2015, DJe 14/9/2015 e REsp 1475512, de 15/12/2015) em ambas as Turmas da 1ª Seção.
>
> **No entanto, o tema obteve uma enorme reviravolta na 1ª Seção do STJ que acolheu a tese em sede de recurso repetitivo (tema 982):** Comprovadas a invalidez e a necessidade de assistência permanente de terceiro, é devido o acréscimo de 25% (vinte e cinco por cento), previsto no art. 45 da Lei n. 8.213/1991, a todos os aposentados pelo RGPS, independentemente da modalidade de aposentadoria. REsp 1.648.305-RS, Rel. Min. Assusete Magalhães, Rel. Acd. Min. Regina Helena Costa, Primeira Seção, por maioria, julgado em 22/08/2018, DJe 26/09/2018 (Tema 982).

> **STF**
>
> **A Primeira Turma do Supremo Tribunal Federal (STF) suspendeu o trâmite, em todo o território nacional, de ações judiciais individuais ou coletivas e em qualquer fase processual, que tratam sobre a extensão do pagamento do adicional de 25% não relacionada às aposentadorias por invalidez.** O benefício que foi mantido, previsto no artigo 45, da Lei 8.213/1991, é direcionado aos segurados que necessitam de assistência permanente de outra pessoa e contempla apenas as aposentadorias por invalidez. Por unanimidade dos votos, os ministros deram provimento a um recurso (agravo regimental) interposto pelo Instituto Nacional do Seguro Social (INSS) contra decisão do relator, ministro Luiz Fux, que havia negado pedido na Petição (Pet) 8002 para que fosse suspenso o pagamento do adicional a uma aposentada por idade. O Instituto solicitava a atribuição de efeito suspensivo cautelar a recurso extraordinário a ser remetido ao Supremo. Na ocasião, o ministro entendeu que a controvérsia implicaria a análise de legislação infraconstitucional, inviabilizando a discussão por meio de RE. **Pet 8.002, de 12/3/2019.**
>
> Em 19/06/2021, julgando o Tema 1.095 em Repercussão Geral (placar de 9 x 2), foi fixada a seguinte tese:

> **a) declarar a impossibilidade de concessão e extensão do "auxílio-acompanhante" para todas as espécies de aposentadoria, sugerindo a fixação da seguinte tese: "No âmbito do Regime Geral de Previdência Social (RGPS), somente lei pode criar ou ampliar benefícios e vantagens previdenciárias, não havendo, por ora, previsão de extensão do auxílio da grande invalidez a todas às espécies de aposentadoria";**
>
> **b) modular os efeitos da tese de repercussão geral, de forma a se preservarem os direitos dos segurados cujo reconhecimento judicial tenha se dado por decisão transitada em julgado até a data deste julgamento;**
>
> **c) declarar a irrepetibilidade dos valores alimentares recebidos de boa-fé por força de decisão judicial ou administrativa até a proclamação do resultado deste julgamento.**

Vale lembrar que esse acréscimo poderá extrapolar o teto de pagamento dos benefícios do RGPS, sendo um valor fixo recalculado juntamente com o reajuste da aposentadoria por incapacidade permanente , tendo índole personalíssima, vez que o seu valor não será incorporado na pensão por morte eventualmente instituída pelo aposentado.

Esse acréscimo deverá ser pago desde a data de início do benefício, caso o aposentado por incapacidade permanente já necessitasse do auxílio permanente de outra pessoa naquele momento ou, sendo superveniente, a partir da data de entrada do requerimento administrativo, não gerando efeitos financeiros antes da provação administrativa.

O anexo I, do RPS, traz um rol das situações que ensejam o acréscimo:

1. Cegueira total.
2. Perda de nove dedos das mãos ou superior a esta.
3. Paralisia dos dois membros superiores ou inferiores.
4. Perda dos membros inferiores, acima dos pés, quando a prótese for impossível.
5. Perda de uma das mãos e de dois pés, ainda que a prótese seja possível.
6. Perda de um membro superior e outro inferior, quando a prótese for impossível.
7. Alteração das faculdades mentais com grave perturbação da vida orgânica e social.
8. Doença que exija permanência contínua no leito.
9. Incapacidade permanente para as atividades da vida diária.

Impende ressaltar que o auxílio-acompanhante poderá ser cancelado mesmo após o aposentado por incapacidade permanente atingir os 60 anos de idade ou 55 anos com 15 anos de percepção do benefício, sendo possível a realização de perícia médica para esse fim por força do artigo 103, §2º, inciso I, da Lei 8.213/91, alterada pela Lei 13.063/2014.

Considerando que o artigo 45, da Lei 8.213/91, não lista as hipóteses em que o aposentado por incapacidade permanente fará jus ao acréscimo, entende-se que o referido rol é exemplificativo, pois não poderá o Regulamento prever todas as hipóteses que ensejem a necessidade de assistência permanente de outra pessoa.

A recuperação da capacidade laborativa pelo aposentado por incapacidade permanente poderá gerar o pagamento de um "prêmio" por seu esforço, pois o segurado ainda receberá algumas parcelas do benefício por alguns meses, sendo intitulado pela doutrina de **mensalidades de recuperação**.

De efeito, **quando a recuperação ocorrer dentro de 05 anos**, contado da data do início da aposentadoria por incapacidade permanente ou do auxílio-doença que a antecedeu sem interrupção, o benefício cessará após tantos meses quantos forem os anos de duração do auxílio-doença ou da aposentadoria por incapacidade permanente, para segurado empregado doméstico, trabalhador avulso, segurado especial, contribuinte individual e segurado facultativo.

No caso do segurado empregado, a cessação do pagamento será imediata, caso ele tenha direito a retornar à função que desempenhava na empresa quando se aposentou, na forma da legislação trabalhista.

Por outro lado, quando a recuperação ocorrer após os referidos 05 anos, ou, mesmo antes, se for parcial ou se o segurado for declarado apto para o exercício de trabalho diverso do qual habitualmente exercia, a aposentadoria será mantida, sem prejuízo da volta à atividade, da seguinte forma:

A) no seu valor integral, durante 06 meses contados da data em que for verificada a recuperação da capacidade;

B) com redução de 50%, no período seguinte de 06 meses;

C) com redução de 75%, também por igual período de 06 meses, ao término do qual cessará definitivamente.

Saliente-se que o empregado que for aposentado por incapacidade permanente terá suspenso o seu contrato de trabalho durante o prazo fixado pelas leis de previdência social para a efetivação do benefício, assegurado o direito à função que ocupava ao tempo da aposentadoria, facultado, porém, ao empregador, o direito de indenizá-lo por rescisão do contrato de trabalho, a teor do artigo 475, da CLT.

4. APOSENTADORIAS VOLUNTÁRIAS

Até o advento da Emenda 103/2019, o artigo 201, §7º da Constituição previa duas aposentadorias distintas:

a) **Por tempo de contribuição (inciso I);**

b) **Por idade (inciso II).**

Na época da votação da Emenda 20/1998, por apenas um voto, não restou aprovada a extinção de aposentadoria comum sem idade mínima do RGPS, conquanto tenha sido aprovada no RPPS.

Trata-se de modificação necessária, pois não existe risco social a ser tutelado com o tempo de contribuição sem a inserção de uma idade mínima, devendo ser compensado o largo tempo de contribuição com a majoração da renda mensal, e não com a dispensa da idade mínima.

Ademais, a expectativa média de sobrevida no Brasil cresce a cada ano, fazendo com que as aposentadorias fiquem ativas por mais tempo, o que eleva os gastos previdenciários.

Esta é a regra permanente que deverá ser aplicada aos novos segurados do RGPS, filiados após a publicação da Emenda 103/2019. Extinguiu-se a aposentadoria sem idade mínima, vinculando-se idade e tempo de contribuição mínimos:

> *§ 7º ....*
>
> ***I – 65 (sessenta e cinco) anos de idade, se homem, e 62 (sessenta e dois) anos de idade, se mulher, observado tempo mínimo de contribuição;***
>
> ***II – 60 (sessenta) anos de idade, se homem, e 55 (cinquenta e cinco) anos de idade, se mulher, para os trabalhadores rurais e para os que exerçam suas atividades em regime de economia familiar, nestes incluídos o produtor rural, o garimpeiro e o pescador artesanal.***
>
> *§ 8º O requisito de idade a que se refere o inciso I do § 7º será* ***reduzido em 5 (cinco) anos****, para o* ***professor*** *que comprove tempo de efetivo exercício das funções de magistério na educação infantil e no ensino fundamental e médio fixado em* ***lei complementar****.*

Há previsão de concessão da aposentadoria por idade e tempo de contribuição a todas as classes de segurados do RGPS, uma vez realizados os requisitos legais.

O Congresso Nacional não aceitou as alterações propostas pelo Governo para a aposentadoria voluntária dos trabalhadores rurais, pescadores artesanais e garimpeiros.

Daí acabou gerando **duas aposentadorias programadas:**

a) **Aposentadoria programada por idade, tempo de contribuição e período de carência para trabalhadores urbanos, se subdividindo em comum e professor do ensino básico;**

b) **Aposentadoria por idade com período de carência para trabalhadores rurais, pescadores artesanais e garimpeiros, sem a exigência de tempo de contribuição.**

Buscou-se a elevação da idade mínima para a aposentadoria e a inserção de um modelo contributivo efetivo com redução de alíquota, que o Congresso Nacional se negou em aprovar forçando a retirada destes pontos em negociação com o Governo.

Desta forma, o único ponto em que a Emenda 103/2019 abordou a aposentadoria voluntária dos trabalhadores rurais e similares foi para a manutenção da idade mínima de 60 anos para os homens e 55 anos para as mulheres (art. 201, §7º, inciso II, da Constituição).

O dispositivo não cita período de carência, que pode ser inserido pela legislação infraconstitucional com a aplicação do artigo 25 da Lei 8.213/91, se referindo apenas a "tempo mínimo de contribuição".

Vale registrar que para período de carência não são consideradas contribuições em atraso antes da primeira paga em dia ou após perda da qualidade de segurado, nos termos do artigo 27, inciso II[22], da Lei 8.213/91, para os segurados sem presunção de recolhimento de contribuição previdenciária, vedação que inexiste atualmente para cômputo do tempo de contribuição.

Acredita-se que as regras de carência de 180 contribuições mensais do artigo 25 da lei 8.213/91 foram recebidas pela Emenda 103/2019.

Conforme determinação constitucional mantida na EC 103/2019, haverá redução de idade em 05 anos para os trabalhadores rurais de ambos os sexos e para os que exerçam suas atividades em regime de economia familiar, nestes incluídos o produtor rural, o garimpeiro e o pescador artesanal.

---

22. Art. 27. Para cômputo do período de carência, serão consideradas as contribuições: (Redação dada pela Lei Complementar nº 150, de 2015) II – realizadas a contar da data de efetivo pagamento da primeira contribuição sem atraso, não sendo consideradas para este fim as contribuições recolhidas com atraso referentes a competências anteriores, no caso dos segurados contribuinte individual, especial e facultativo, referidos, respectivamente, nos incisos V e VII do art. 11 e no art. 13. (Redação dada pela Lei Complementar nº 150, de 2015)

A regulamentação é dada pelo artigo 48, §1º, da Lei 8.213/91, com redação dada pela Lei 9.876/99:

> "§ 1º Os limites fixados no *caput* são reduzidos para sessenta e cinqüenta e cinco anos no caso de trabalhadores rurais, respectivamente homens e mulheres, referidos na alínea *a* do inciso I, na alínea *g* do inciso V e nos incisos VI e VII do art. 11".

Assim, pelo texto legal, são agraciados pela redução os seguintes segurados:

A) (art. 11, I, letra A – empregado rural): **a) aquele que presta serviço de natureza urbana ou rural à empresa, em caráter não eventual, sob sua subordinação e mediante remuneração, inclusive como diretor empregado;**

B) (art. 11, V, letra G – contribuinte individual rural): **g) quem presta serviço de natureza urbana ou rural, em caráter eventual, a uma ou mais empresas, sem relação de emprego;**

C) (art. 11, VI – trabalhador avulso rural): **VI – como trabalhador avulso: quem presta, a diversas empresas, sem vínculo empregatício, serviço de natureza urbana ou rural definidos no Regulamento (intermediação do sindicato rural);**

D) (art. 11, VII – segurado especial): **VII – como segurado especial: a pessoa física residente no imóvel rural ou em aglomerado urbano ou rural próximo a ele que, individualmente ou em regime de economia familiar, ainda que com o auxílio eventual de terceiros, na condição de: a) produtor, seja proprietário, usufrutuário, possuidor, assentado, parceiro ou meeiro outorgados, comodatário ou arrendatário rurais, que explore atividade: 1. agropecuária em área de até 4 (quatro) módulos fiscais; 2. de seringueiro ou extrativista vegetal que exerça suas atividades nos termos do inciso XII do caput do art. 2º da Lei nº 9.985, de 18 de julho de 2000, e faça dessas atividades o principal meio de vida; b) pescador artesanal ou a este assemelhado que faça da pesca profissão habitual ou principal meio de vida; e c) cônjuge ou companheiro, bem como filho maior de 16 (dezesseis) anos de idade ou a este equiparado, do segurado de que tratam as alíneas a e *b* deste inciso, que, comprovadamente, trabalhem com o grupo familiar respectivo.**

Curioso notar que a regulamentação dada pelo artigo 48 da Lei 8.213/91 não contemplou o produtor rural contribuinte individual para a redução em cinco anos na redução da idade para o benefício da aposentadoria por idade, pois não há referência ao artigo 11, V, letra A, da Lei 8.213/91:

> a) a pessoa física, proprietária ou não, que explora atividade agropecuária, a qualquer título, em caráter permanente ou temporário, em área superior a 4 (quatro) módulos fiscais; ou, quando em área igual ou inferior a 4 (quatro) módulos fiscais ou atividade pesqueira, com auxílio de empregados ou por intermédio de prepostos; ou ainda nas hipóteses dos §§ 9º e 10 deste artigo.

Acredita-se que pela generalidade do texto constitucional na primeira parte do artigo 201, §7º, II, que aduz "reduzido em cinco anos o limite para os trabalhadores rurais de ambos os sexos e para os que exerçam suas atividades em regime de economia familiar, nestes incluídos o produtor rural, o garimpeiro e o pescador artesanal", deveria a Lei 8.213/91 ter abarcado todos os trabalhadores rurais com a redução na idade, e não deixado de fora o produtor rural contribuinte individual.

Isso porque o objetivo da redução da idade constitucional foi compensar o trabalhador rural, o garimpeiro e o pescador artesanal com uma regra de aposentadoria precoce, decorrente do nítido desgaste físico gerado por essas atividades. Mas é certo que o texto constitucional é deveras confuso e deveria ter uma melhor redação.

> Vale registrar que na aposentadoria por idade dos trabalhadores rurais, garimpeiros e pescadores artesanais, somente será exigida a idade mínima e o período de carência, não havendo exigência de tempo de contribuição, sendo uma espécie de aposentadoria programada *lato sensu*.

Nesse sentido o RPS:

> **"Subseção II**
>
> **Da aposentadoria programada**
>
> (Redação dada pelo Decreto nº 10.410, de 2020).
>
> Art. 51. A aposentadoria programada, **uma vez cumprido o período de carência exigido**, será devida ao segurado que cumprir, cumulativamente, os seguintes requisitos: (Redação dada pelo Decreto nº 10.410, de 2020).
>
> I – sessenta e dois anos de idade, se mulher, e sessenta e cinco anos de idade, se homem; e (Incluído pelo Decreto nº 10.410, de 2020)
>
> II – quinze anos de **tempo de contribuição**, se mulher, e vinte anos de **tempo de contribuição**, se homem. (Incluído pelo Decreto nº 10.410, de 2020)

Subseção III

Da aposentadoria por idade do trabalhador rural

(Redação dada pelo Decreto nº 10.410, de 2020).

Art. 56. A aposentadoria por idade do trabalhador rural, **uma vez cumprido o período de carência exigido**, será devida aos segurados a que se referem a alínea "a" do inciso I, a alínea "j" do inciso V e os incisos VI e VII do caput do art. 9º e aos segurados garimpeiros que trabalhem, comprovadamente, em regime de economia familiar, conforme definido no § 5º do art. 9º, quando completarem cinquenta e cinco anos de idade, se mulher, e sessenta anos de idade, se homem. (Redação dada pelo Decreto nº 10.410, de 2020)."

> **IMPORTANTE:**
> Trabalhadores rurais, garimpeiros e pescadores artesanais: idade mínima e período de carência;
> Segurados urbanos (em regra): idade mínima, tempo de contribuição e período de carência.

4.1. APOSENTADORIA PROGRAMADA URBANA: COMUM E PROFESSOR DO ENSINO BÁSICO

Em regra, restou fixada pela Emenda 103/2019 a seguinte idade mínima para a aposentadoria por idade e tempo de contribuição:

a) Homens: 65 anos;

b) Mulheres: 62 anos.

Embora as mulheres vivam cerca de 7 anos a mais que os homens, a discriminação positiva se justifica pela discriminação negativa no mercado de trabalho, especialmente por receberem menos que os homens para exercer a mesma função e terem em média maior escolaridade.

Outro motivo que justifica a redução para as meninas é a dupla jornada e a maternidade. Mas note-se que essa redução caiu de 5 para apenas 3 anos.

Vale registrar que os contribuintes individuais e segurados facultativos que recolheram contribuições simplificadas com alíquota de 11% ou de 5% sobre salário mínimo, na forma do artigo 21, §2º, da Lei 8.212/91, fazem jus à aposentadoria programada por idade, tempo de contribuição e carência.

Isso porque o impedimento normativo infraconstitucional se refere à aposentadoria por tempo de contribuição sem idade mínima que existiu no regime anterior à EC 103/2019, não havendo restrição no texto constitucional ou mesmo no Decreto 10.410/2020 para a novel aposentadoria programada.

Aliás, jamais poderia se pensar em vedar o acesso a este benefício, por se tratar da única aposentadoria programada que eles têm acesso após a Emenda 103/2019.

De seu turno, para o professor do ensino básico, garantiu-se apenas a redução em 5 anos na idade:

a) Homens: 60 anos;

b) Mulheres: 57 anos.

Não há garantia constitucional na regra permanente de redução do tempo de contribuição, sendo os requisitos afetados a uma lei complementar que deve ser futuramente editada.

O **tempo de serviço ou de contribuição não poderá ser livremente comprovado através do meio de prova testemunhal**, por força do artigo 55, § 3º, da Lei 8.213/91, salvo configuração concreta de força maior, sendo uma exceção ao Princípio do Livre Convencimento Motivado, se constituindo em resquício do sistema da tarifação da prova, diante do elevado número de testemunhos falsos que lamentavelmente ocorrem na prática administrativa e judicial previdenciária.

Tendo em vista que o regime jurídico anterior previa a carência de apenas 60 contribuições mensais, há uma regra de transição esculpida no artigo 142, da Lei 8.213/91, para o segurado "inscrito" na Previdência Social Urbana até 24 de julho de 1991, bem como para o trabalhador e o empregador rural cobertos pela Previdência Social Rural, pontificando que a carência da aposentadoria por idade obedecerá à seguinte tabela, levando-se em conta o ano em que o segurado implementou todas as condições necessárias à obtenção do benefício:

Ano de implementação das condições	Meses de contribuição exigidos
1991	60 meses
1992	60 meses
1993	66 meses
1994	72 meses
1995	78 meses
1996	90 meses
1997	96 meses
1998	102 meses
1999	108 meses
2000	114 meses
2001	120 meses
2002	126 meses

Ano de implementação das condições	Meses de contribuição exigidos
2003	132 meses
2004	138 meses
2005	144 meses
2006	150 meses
2007	156 meses
2008	162 meses
2009	168 meses
2010	174 meses
2011	180 meses

O artigo 19 da Emenda 103/2019 trouxe uma regra de transição ao regramento permanente a que se refere o inciso I do § 7º do art. 201 da Constituição Federal, enquanto não editada lei de regulação do tempo de contribuição mínimo para a aposentadoria no RGPS, sendo aplicável a todos os novos segurados:

> **Art. 19. Até que lei disponha sobre o tempo de contribuição a que se refere o inciso I do § 7º do art. 201 da Constituição Federal, o segurado filiado ao Regime Geral de Previdência Social** após a data de entrada em vigor desta Emenda Constitucional **será aposentado aos 62 (sessenta e dois) anos de idade**, se mulher, **65 (sessenta e cinco) anos de idade**, se homem, **15 (quinze) anos de tempo de contribuição**, se mulher, **e 20 (vinte) anos de tempo de contribuição**, se homem.
>
> **§ 1º Até que lei complementar disponha sobre a redução de idade mínima ou tempo de contribuição prevista nos §§ 1º e 8º do art. 201 da Constituição Federal, será concedida aposentadoria:**
>
> **(...)**
>
> **II – ao professor que comprove 25 (vinte e cinco) anos de contribuição exclusivamente em efetivo exercício das funções de magistério na educação infantil e no ensino fundamental e médio e possua 57 (cinquenta e sete) anos de idade**, se mulher, **e 60 (sessenta) anos de idade**, se homem.
>
> **§ 2º O valor das aposentadorias de que trata este artigo corresponderá ao valor apurado na forma da lei.**

Para os segurados filiados ao RGPS após a reforma constitucional em comento, devem ser observados os seguintes requisitos:

a) HOMENS: 65 anos de idade e tempo mínimo de contribuição de 20 anos;

b) MULHERES: 62 anos de idade e tempo mínimo de contribuição de 15 anos.

O dispositivo não cita período de carência, se referindo apenas a "tempo de contribuição".

Vale registrar que para período de carência não são consideradas contribuições em atraso antes da primeira paga em dia ou após perda da qualidade de segurado, nos termos do artigo 27, inciso II[23], da Lei 8.213/91, para os segurados sem presunção de recolhimento de contribuição previdenciária, vedação que inexiste atualmente para cômputo do tempo de contribuição.

Considera-se tempo de contribuição o tempo, contado de data a data, desde o início até a data do requerimento ou do desligamento de atividade abrangida pela previdência social, descontados os períodos legalmente estabelecidos como de suspensão de contrato de trabalho, de interrupção de exercício e de desligamento da atividade.

Ademais, não será computado como tempo de contribuição o já considerado para concessão de qualquer aposentadoria prevista no RGPS ou por outro regime de previdência social.

Com o advento da EC 103/2019, agregou-se ao tempo de contribuição a exigência de idade mínima para a concessão. Desde a Emenda 20/1998, veda-se o cômputo de tempo de contribuição fictício. Por outro lado, em respeito ao direito adquirido, o tempo de serviço considerado pela legislação vigente para efeito de aposentadoria, cumprido até que a lei discipline a matéria, será contado como tempo de contribuição, exceto as contagens de tempo fictícias, a exemplo daquelas em dobro perpetradas no passado[24].

Apesar da ressalva feita pelo artigo 4º, da Emenda 20, a jurisprudência do STJ e o próprio INSS admitem o direito adquirido às contagens de tempo de serviço fictícias até o seu advento, a exemplo da decisão tomada no ROMS 20.855, de 14/06/2007.

De sua vez, a EC 103/2019 novamente vedou o tempo de contribuição fictício ao inserir dispositivo no artigo 201 da Constituição:

> **§ 14. É vedada a contagem de tempo de contribuição fictício para efeito de concessão dos benefícios previdenciários e de contagem recíproca.**

Não se trata de novidade constitucional. A vedação ao tempo de contribuição fictício foi introduzida no RGPS e RPPS pela Emenda 20/1998 (16/12/1998):

---

23. Art. 27. Para cômputo do período de carência, serão consideradas as contribuições: (Redação dada pela Lei Complementar nº 150, de 2015) II – realizadas a contar da data de efetivo pagamento da primeira contribuição sem atraso, não sendo consideradas para este fim as contribuições recolhidas com atraso referentes a competências anteriores, no caso dos segurados contribuinte individual, especial e facultativo, referidos, respectivamente, nos incisos V e VII do art. 11 e no art. 13. (Redação dada pela Lei Complementar nº 150, de 2015)

24. Artigo 4º, da Emenda 20/1998.

"Art. 4º da EC 20/98 – Observado o disposto no art. 40, § 10, da Constituição Federal, o tempo de serviço considerado pela legislação vigente para efeito de aposentadoria, cumprido até que a lei discipline a matéria, será contado como tempo de contribuição".

"Art. 40, CF: § 10 – A lei não poderá estabelecer qualquer forma de contagem de tempo de contribuição fictício. (Incluído pela Emenda Constitucional nº 20, de 15/12/98)"

A inovação foi a inserção da proibição dentro do texto permanente do artigo 201 da Constituição, seguindo o que já havia no artigo 40 da Constituição.

Aliás, a própria Portaria MPS 154/2008 (artigo 11, inciso III) admite a expedição de certidão de tempo de contribuição com tempo de serviço fictício prestado até o advento da Emenda 20/1998.

Entende-se como tempo fictício aquele considerado em lei como tempo de contribuição para fins de concessão de aposentadoria sem que tenha havido, por parte do servidor, a prestação de serviço ou a correspondente contribuição[25].

O primeiro problema jurídico é que esta é uma zona cinzenta no Direito Previdenciário, pois nenhuma lei até hoje foi editada para enunciar o que se caracteriza como tempo de contribuição fictício, especialmente no RGPS.

Por certo, o artigo 55, II, da Lei 8.213/91 consagra uma ficção de cômputo de tempo de contribuição, pois permite contar como tempo de contribuição o período de gozo de auxílio-doença e aposentadoria por invalidez, mesmo não havendo recolhimento efetivo ou presumido da contribuição previdenciária, se intercalados por recolhimentos.

É no RPPS que se concentram os exemplos de ficção, como a vedação do cômputo e dobro de licença prêmio não gozada adquirida após 16/12/1998.

Outrossim, é forçoso reconhecer que o artigo 103, §2º, da Lei 8.112/90, ao dispor que "será contado em dobro o tempo de serviço prestado às Forças Armadas em operações de guerra" não foi recepcionado pela EC 20/1998, não podendo ser aplicado para a contagem de tempo de contribuição em dobro em razão da participação do militar da União em potenciais, futuras e indesejáveis guerras.

O segundo problema (e bem maior) é o texto do artigo 25 da Emenda 103/2019:

"Art. 25. Será assegurada a contagem de tempo de contribuição fictício no Regime Geral de Previdência Social decorrente de hipóteses descritas na legislação vigente até a data de entrada em vigor desta Emenda Constitucional, para fins de concessão de aposentadoria, observado, a partir da sua entrada em vigor, o disposto no § 14 do art. 201 da Constituição Federal".

Certamente quem escreveu esse dispositivo não tinha conhecimento de que a Emenda 20/1998 já havia vedado o cômputo do tempo de contribuição fictício.

Esse artigo constitucional simplesmente permite em sua literalidade que cerca de 21 anos de tempo de contribuição fictícios prestados entre 16/12/1998 e a data da publicação da Emenda 103/2019 sejam considerados no RGPS, inclusive vindos do RPPS via contagem recíproca com a emissão de CTC (Certidão de Tempo de Contribuição).

Dentre outros períodos previstos no artigo 55, da Lei 8.213/91, assim como no artigo 60, do RPS (este artigo vigorou até 30/06/2020, tendo sido revogado pelo Decreto 10.410/2020). Contudo, o artigo 60 do Decreto 3.048/99 foi expressamente revogado pelo Decreto 10.410/2020 que passou a reger o tema no artigo 19-C e 188-G:

"Art. 19-C. Considera-se tempo de contribuição o tempo correspondente aos períodos para os quais tenha havido contribuição obrigatória ou facultativa ao RGPS, dentre outros, o período:

I – de contribuição efetuada por segurado que tenha deixado de exercer atividade remunerada que o enquadrasse como segurado obrigatório da previdência social;

II – em que a segurada tenha recebido salário-maternidade;

III – de licença remunerada, desde que tenha havido desconto de contribuições;

IV – em que o segurado tenha sido colocado em disponibilidade remunerada pela empresa, desde que tenha havido desconto de contribuições;

V – de atividade patronal ou autônoma, exercida anteriormente à vigência da Lei nº 3.807, de 26 de agosto de 1960, desde que tenha sido indenizado conforme o disposto no art. 122;

VI – de atividade na condição de empregador rural, desde que tenha havido contribuição na forma prevista na Lei nº 6.260, de 6 de novembro de 1975, e indenização do período anterior, conforme o disposto no art. 122;

25. Artigo 11, §1º, da Portaria MPS 154/2008.

VII – de exercício de mandato eletivo federal, estadual, distrital ou municipal, desde que tenha havido contribuição na época apropriada e este não tenha sido contado para fins de aposentadoria por outro regime de previdência social;

VIII – de licença, afastamento ou inatividade sem remuneração do segurado empregado, inclusive o doméstico e o intermitente, desde que tenha havido contribuição na forma prevista no § 5º do art. 11; e

IX – em que o segurado contribuinte individual e o segurado facultativo tenham contribuído na forma prevista no art. 199-A, observado o disposto em seu § 2º.

§ 1º Será computado o tempo intercalado de recebimento de benefício por incapacidade, na forma do disposto no inciso II do caput do art. 55 da Lei nº 8.213, de 24 de julho de 1991, exceto para efeito de carência.

§ 2º As competências em que o salário de contribuição mensal tenha sido igual ou superior ao limite mínimo serão computadas integralmente como tempo de contribuição, independentemente da quantidade de dias trabalhados.

§ 3º Na hipótese de o débito ser objeto de parcelamento, o período correspondente ao parcelamento somente será computado para fins de concessão de benefício no RGPS e de emissão de certidão de tempo de contribuição para fins de contagem recíproca após a comprovação da quitação dos valores devidos.

Art. 188-G. O tempo de contribuição até 13 de novembro de 2019 será contado de data a data, desde o início da atividade até a data do desligamento, considerados, além daqueles referidos no art. 19-C, os seguintes períodos:

I – o **tempo de serviço militar**, exceto se já contado para inatividade remunerada nas Forças Armadas ou auxiliares ou para aposentadoria no serviço público federal, estadual, distrital ou municipal, ainda que anterior à filiação ao RGPS, obrigatório, voluntário ou alternativo, assim considerado o tempo atribuído pelas Forças Armadas àqueles que, após o alistamento, alegaram imperativo de consciência, entendido como tal aquele decorrente de crença religiosa ou de convicção filosófica ou política, para se eximirem de atividades de caráter militar;

II – o tempo em que o **anistiado político** esteve compelido ao afastamento de suas atividades profissionais, em decorrência de punição ou de fundada ameaça de punição, por motivo exclusivamente político, situação que será comprovada nos termos do disposto na Lei nº 10.559, de 13 de novembro de 2002;

III – o **tempo de serviço público federal, estadual, distrital ou municipal**, inclusive aquele prestado a autarquia, sociedade de economia mista ou fundação instituída pelo Poder Público, regularmente certificado na forma prevista na Lei nº 3.841, de 15 de dezembro de 1960, desde que a certidão tenha sido requerida na entidade para a qual o serviço tenha sido prestado até 30 de setembro de 1975, data imediatamente anterior ao início da vigência da Lei nº 6.226, de 14 de junho de 1975;

IV – o tempo de serviço do segurado trabalhador rural anterior à competência novembro de 1991;

V – o tempo de exercício de mandato classista junto a órgão de deliberação coletiva em que, nessa qualidade, tenha havido contribuição para a previdência social;

VI – o tempo de serviço prestado à Justiça dos Estados, às serventias extrajudiciais e às escrivanias judiciais, desde que não tenha havido remuneração pelo erário e que a atividade não estivesse, à época, vinculada a regime próprio de previdência social;

VII – o tempo de atividade dos auxiliares locais de nacionalidade brasileira no exterior amparados pela Lei nº 8.745, de 9 de dezembro de 1993, anteriormente a 1º de janeiro de 1994, desde que a sua situação previdenciária esteja regularizada no INSS;

VIII – o tempo de contribuição efetuado pelo servidor público de que tratam as alíneas "i", "j" e "l" do inciso I do **caput** do art. 9º e o § 2º do art. 26, com fundamento do disposto nos art. 8º e art. 9º da Lei nº 8.162, de 8 de janeiro de 1991, e no art. 2º da Lei nº 8.688, de 21 de julho de 1993; e

IX – o tempo exercido na condição de aluno-aprendiz referente ao período de aprendizado profissional realizado em escola técnica, desde que comprovados a remuneração pelo erário, mesmo que indireta, e o vínculo empregatício.

Parágrafo único. O tempo de contribuição de que trata este artigo será considerado para fins de cálculo do valor da renda mensal de qualquer benefício."

Trata-se na verdade de uma reorganização do tema, pois somente a lei pode regular o tema de modo a criar direitos e obrigações.

STF

Em sede de Repercussão Geral, em 4 de agosto de 2020, no RE 576.967, **o STF declarou inconstitucional a incidência de contribuição previdenciária sobre o salário-maternidade**, não tendo havido modulação da eficácia da pronúncia de inconstitucionalidade, sendo possível a apresentação de embargos de declaração pela União.

Restou fixada a seguinte tese: **"É inconstitucional a incidência da contribuição previdenciária a cargo do empregador sobre o salário-maternidade":**

"69. Diante do exposto, considerando os argumentos formal e material, dou provimento ao recurso extraordinário, para declarar, incidentalmente, a inconstitucionalidade da incidência de contribuição previdenciária sobre o salário maternidade, prevista no art. 28, §2º, da Lei nº 8.212/91, e a parte final do seu §9º, alínea a, em que se lê " salvo o salário-maternidade" , e proponho a fixação da seguinte tese: " É inconstitucional a incidência da contribuição previdenciária a cargo do empregador sobre o salário maternidade".

A tese de aplica tanto à parte da empresa quanto à parte do segurado, conforme se depreende do voto vencedor acima transcrito, em que pese o fechamento tenha sido restritivo.

De fato, desde que passou a ser benefício previdenciário desde a Lei 6.136/74, não havia sentido em apenas o salário-maternidade sofrer a incidência da contribuição previdenciária em detrimento dos demais benefícios previdenciários.

Aduziu ainda o Ministro Relator, Roberto Barroso, que haveria discriminação contra as mulheres e que seria necessária uma lei complementar para criar esta contribuição, não prevista no artigo 195 da Constituição Federal, se constituindo em nova fonte de custeio para a seguridade social.

Com isso, observada a prescrição quinquenal, é pertinente o pedido de restituição da contribuição pelos segurados e empresas a partir de agora e a busca por tutela judicial que impeça os descontos perante a União.

Entrementes, por certo, o(a) segurado(a) que optar pelo pedido de restituição da contribuição previdenciária incidente sobre o salário-maternidade não terá o período considerado para fins previdenciários, por ausência voluntária de contributividade.

É necessário aguardar o posicionamento da União e, em seguida, do INSS, mas por certo a decisão do STF será internalizada pelo Poder Executivo da União.

Para o segurado seria uma via de mão dupla, pois não havendo incidência de contribuição previdenciária o salário-maternidade não deveria ser considerado para fins previdenciários, pois passa a não mais compor o salário de contribuição.

No entanto, o STF determinou a consideração do salário-maternidade para fins previdenciários mesmo sem a incidência de contribuição previdenciária:

> "66. Afirmo, ainda, que o tempo de afastamento da mulher no período da licença maternidade não pode ser deduzido da **contagem do seu tempo de serviço para fins de cômputo para a aposentadoria**. Essa observação, mais que pertinente, serve para, de fato, efetivar o princípio da isonomia sobre o qual fundamento o presente voto. Ressalta-se que se trata de benefício previdenciário e, assim, o período de afastamento em que se recebe o benefício deve ser computado como tempo de serviço, do mesmo modo como ocorre no auxílio doença acidentário (art. 29, §5º, da Lei nº 8.213/91). Uma eventual dedução dos períodos de afastamento por licença maternidade, além de atingir frontalmente o núcleo do direito fundamental aqui debatido, de modo a, mais uma vez, colocar a mulher em situação de desvantagem por questões estritamente biológicas, consistiria em verdadeira intervenção inadequada do Estado na autonomia da vontade da mulher e na unidade familiar, sendo certo que serviria como desestímulo à opção pela gestação, posto que, a cada gravidez, a profissional teria que permanecer quatro meses a mais no mercado de trabalho para alcançar a aposentadoria".

Não obstante isto, note-se que o ato presidencial manteve a posição anterior em não considerar o gozo de benefício por incapacidade para fins de período de carência, mas apenas como tempo de contribuição.

Outrossim, a ilegalidade regulamentar que afrontava o artigo 55, inciso II, da Lei 8.213/91 foi corrigida, **sendo exigido desde 1/7/2020 que mesmo o benefício por incapacidade por acidente de trabalho seja intercalado por contribuições para ser considerado como tempo de contribuição**.

Evidente que a nova regulamentação não poderá ter efeitos retroativos, devendo ser aplicada à percepção de benefícios por incapacidade a contar de 1º de julho de 2020, de modo que **os benefícios acidentários cessados até 30/06/2020 não precisarão ser**

intercalados para serem computados como tempo de contribuição.

Aliás, mesmo com a EC 103/2019 reforçando a vedação ao tempo de contribuição ficto, o novo Regulamento optou por conservar o cômputo dos benefícios por incapacidade como tempo de contribuição, embora não haja o recolhimento real ou presumido de contribuição previdenciária, haja vista não comporem o salário de contribuição, o que indica que a regra constitucional continuará sendo retórica.

Uma mudança evidente foi o modo de cômputo do tempo de contribuição após a EC 103/2019, que não mais será computado de data a data, e sim por competência mensal, tal qual o período de carência, desde que o valor mensal da remuneração percebida atinja o piso legal ou convencional da categoria ou, se inexistente, ao salário mínimo nacional.

Dessa forma, eis a nova fórmula de computo do tempo de contribuição:

Até 13/11/2019	Sempre em dias
A partir de 14/11/2019	Por competência, se o valor mensal do salário de contribuição atingiu ao mínimo mensal

Suponha-se que um segurado empregado com salário mensal de R$ 4.500,00 tenha laborado apenas 10 dias no mês de junho de 2020, tendo faltas injustificadas nos demais dias.

Nessa situação, embora possua apenas 10 dias laborados, todos os 30 dias do mês de junho/2020 serão considerados como tempo de contribuição, pois a sua remuneração mensal *pro rata* foi de R$ 1.500,00 equivalentes a 10 dias de laborar, atingindo ao piso do salário de contribuição.

Logo, o segurado terá um extra de 20 dias de tempo de contribuição, sendo um **caso clássico de tempo de contribuição ficto** criado pelo Decreto 10.410/2020, em clara **inconstitucionalidade chapada**.

Em decorrência do artigo 29[26] da EC 103/2019, a partir da competência 11/2019, o segurado empregado, trabalhador avulso e empregado doméstico que receber remuneração inferior ao limite mínimo mensal do salário de contribuição, somente terá o período considerado para fins previdenciários se efetuar os ajustes de complementação, utilização e agrupamento de contribuições, nos termos do Decreto 10.410/2020, que regulamentou o artigo 29 da Emenda 103/2019, nos termos do § 1º do artigo 19-E e o § 27-A do artigo 216, ambos do Regulamento da Previdência Social.

De efeito, nos termos do artigo 19-E do RPS, introduzido pelo Decreto 10.410/2020, a partir de 13 de novembro de 2019, para fins de aquisição e manutenção da qualidade de segurado, de carência, de tempo de contribuição e de cálculo do salário de benefício exigidos para o reconhecimento do direito aos benefícios do RGPS e para fins de contagem recíproca, somente serão consideradas as competências cujo salário de contribuição seja igual ou superior ao limite mínimo mensal do salário de contribuição.

Nesse sentido, a contar da competência 11/2019, ao segurado que, no somatório de remunerações auferidas no período de um mês, receber remuneração inferior ao limite mínimo mensal do salário de contribuição será assegurado:

I – complementar a contribuição das competências, de forma a alcançar o limite mínimo do salário de contribuição exigido **(COMPLEMENTAÇÃO);**

II – utilizar o excedente do salário de contribuição superior ao limite mínimo de uma competência para completar o salário de contribuição de outra competência até atingir o limite mínimo **(EXCEDENTE TRANSFERÍVEL)**; ou

III – agrupar os salários de contribuição inferiores ao limite mínimo de diferentes competências para aproveitamento em uma ou mais competências até que estas atinjam o limite mínimo **(AGRUPAMENTO)**.

Os ajustes de complementação, excedente transferível e agrupamento poderão ser efetivados, a qualquer tempo, por iniciativa do segurado, hipótese em que se tornarão **irreversíveis e irrenunciáveis após processados**.

A complementação citada poderá ser recolhida até o dia quinze do mês subsequente ao da prestação do serviço e, a partir dessa data, com os acréscimos

---

26. Art. 29. Até que entre em vigor lei que disponha sobre o § 14 do art. 195 da Constituição Federal, o segurado que, no somatório de remunerações auferidas no período de 1 (um) mês, receber remuneração inferior ao limite mínimo mensal do salário de contribuição poderá:

I – complementar a sua contribuição, de forma a alcançar o limite mínimo exigido;

II – utilizar o valor da contribuição que exceder o limite mínimo de contribuição de uma competência em outra; ou

III – agrupar contribuições inferiores ao limite mínimo de diferentes competências, para aproveitamento em contribuições mínimas mensais.

Parágrafo único. Os ajustes de complementação ou agrupamento de contribuições previstos nos incisos I, II e III do caput somente poderão ser feitos ao longo do mesmo ano civil.

de juros e multa previstos no artigo 35[27] da Lei nº 8.212, de 1991.

Os ajustes para o excedente transferível e o agrupamento de contribuições serão efetuados na forma indicada ou autorizada pelo segurado, **desde que utilizadas as competências do mesmo ano** civil, assim considerado o período de doze meses contados de 1º de janeiro a 31 de dezembro do respectivo ano.

A efetivação do agrupamento não impede o recolhimento da contribuição referente à competência que tenha o salário de contribuição transferido, em todo ou em parte, para agrupamento com outra competência a fim de atingir o limite mínimo mensal do salário de contribuição.

Para complementação ou recolhimento da competência que tenha o salário de contribuição transferido, em todo ou em parte será observado o prazo de até o dia quinze do mês subsequente ao da prestação do serviço e, a partir dessa data, com os acréscimos previstos no art. 35 da Lei nº 8.212, de 1991.

Para fins de pensão por morte, na hipótese de falecimento do segurado, os ajustes citados poderão ser solicitados por seus dependentes para fins de reconhecimento de direito para benefício a eles devidos até o dia quinze do mês de janeiro subsequente ao do ano civil correspondente.

Dessa forma, o Decreto 10.410/2020 permitiu a **complementação de contribuição após a morte**, desde que seja feita pelo dependente até o dia 15 de janeiro do ano seguinte.

Veja-se, nesse sentido, o §7º do artigo 19-E do Regulamento:

> "§ 7º Na hipótese de **falecimento do segurado**, os ajustes previstos no § 1º poderão ser solicitados por seus dependentes para fins de reconhecimento de direito para benefício a eles devidos **até o dia quinze do mês de janeiro subsequente ao do ano civil correspondente**, observado o disposto no § 4º. (Incluído pelo Decreto nº 10.410, de 2020)"

Suponha-se que um segurado faleceu em setembro de 2020 e que possua salário de contribuição referente à competência abril de 2020 no valor de R$ 500,00, pois se tratou de contrato de emprego intermitente.

Suponha-se, ainda, que essa competência abril é necessária para a manutenção da qualidade de segurado na data do óbito. Nesta situação, o dependente poderá complementar a competência abril de 2020 até 15/01/2021 para fins de concessão da pensão por morte.

Curioso notar que para os demais benefícios não programados, a exemplo da aposentadoria por incapacidade permanente e do auxílio por incapacidade temporária, o Decreto 10.410/2020 parece permitir o pagamento do complemento após a ocorrência do risco social, pois prevê que o recolhimento da complementação deverá ser efetuado pelo próprio segurado até o dia quinze do mês seguinte ao da competência de referência e, após essa data, com incidência dos acréscimos legais de que tratam os art. 238 e art. 239 (juros e multa).

Por sua vez, eis o dispositivo do artigo 216 do RPS:

> "§ 27-A. O segurado que, no somatório de remunerações auferidas no período de um mês, receber remuneração inferior ao limite mínimo mensal do salário de contribuição poderá solicitar o ajuste das competências pertencentes ao mesmo ano civil, na forma por ele indicada, ou autorizar que os ajustes sejam feitos automaticamente, para que o limite mínimo mensal do salário de contribuição seja alcançado, por meio da opção por:
>
> **I – complementar a sua contribuição, observado que:**
>
> a) o recolhimento da complementação deverá ser efetuado pelo próprio segurado até o dia quinze do mês seguinte ao da competência de referência e, após essa data, com incidência dos acréscimos legais de que tratam os art. 238 e art. 239;
>
> b) para o empregado, o empregado doméstico e o trabalhador avulso, a complementação será efetuada por meio da aplicação da alíquota de sete inteiros e cinco décimos por cento, inclusive para o mês em que exista contribuição concomitante na condição de contribuinte individual; e
>
> c) para o contribuinte individual que preste serviço a empresa, de que trata o § 26, e que contribua exclusivamente nessa condição, a complementação será efetuada por meio da aplicação da alíquota de vinte por cento;

27. Art. 35. Os débitos com a União decorrentes das contribuições sociais previstas nas alíneas a, b e c do parágrafo único do art. 11 desta Lei, das contribuições instituídas a título de substituição e das contribuições devidas a terceiros, assim entendidas outras entidades e fundos, não pagos nos prazos previstos em legislação, serão acrescidos de multa de mora e juros de mora, nos termos do art. 61 da Lei nº 9.430, de 27 de dezembro de 1996. (Redação dada pela Lei nº 11.941, de 2009).

II – utilizar o valor da contribuição que exceder o limite mínimo de uma competência em outra, observado que:

a) para efeito de utilização da contribuição, serão considerados os salários de contribuição apurados por categoria, consolidados na competência de origem;

b) o salário de contribuição poderá ser utilizado para complementar uma ou mais competências com valor inferior ao limite mínimo, mesmo que em categoria distinta;

c) poderão ser utilizados valores excedentes ao limite mínimo do salário de contribuição de mais de uma competência para compor o salário de contribuição de apenas uma competência; e

d) utilizado o valor excedente, caso o salário de contribuição da competência favorecida ainda permaneça inferior ao limite mínimo, esse valor poderá ser complementado nos termos do disposto no inciso I; ou

III – agrupar contribuições inferiores ao limite mínimo de diferentes competências, para aproveitamento em contribuições mínimas mensais, observado que:

a) as competências que não atingirem o valor mínimo do salário de contribuição poderão ser agrupadas desde que o resultado do agrupamento não ultrapasse o valor mínimo do salário de contribuição;

b) na hipótese de o resultado do agrupamento ser inferior ao limite mínimo do salário de contribuição, o segurado poderá complementar na forma prevista no inciso I ou utilizar valores excedentes na forma prevista no inciso II; e

c) as competências em que tenha havido exercício de atividade e tenham sido zeradas em decorrência do agrupamento poderão ser objeto de recolhimento pelo segurado, respeitado o limite mínimo".

Registre-se que para o contribuinte individual e o segurado facultativo, mesmo antes da EC 103/2019, o valor nominal do salário de contribuição não poderia ser inferior a um salário mínimo e que já existia o instituto da complementação.

Nesse sentido, o artigo 5º da Lei 10.666/2003:

"Art. 5º O contribuinte individual a que se refere o art. 4º **é obrigado a complementar**, diretamente, a contribuição até o valor mínimo mensal do salário-de-contribuição, quando as remunerações recebidas no mês, por serviços prestados a pessoas jurídicas, forem inferiores a este".

Mas note-se que **de obrigatória a complementação passa a ser facultativa** com o advento do artigo 29 da EC 103/2019, pois ninguém pode ser compelido a recolher contribuição sobre salário de contribuição que não auferiu remuneração por labor, sob pena de confisco e violação ao Princípio da Capacidade Contributiva.

No entanto, se não o fizer, a competência não terá efeitos previdenciários para todos os segurados desde 13/11/2019, sendo que já não o tinha para contribuintes individuais e segurados facultativos antes da Reforma Constitucional de 2019.

De acordo com o artigo 55, II, da Lei 8.213/91, será considerado como tempo de serviço o tempo intercalado em que o segurado esteve em gozo de auxílio-doença ou de aposentadoria por incapacidade permanente, razão pela qual o período de percepção de benefício previdenciário por incapacidade apenas será considerado como tempo de contribuição se intercalado como períodos contributivos.

> **STJ**
>
> **1. Ação civil pública que tem como objetivo obrigar o INSS a computar, como período de carência, o tempo em que os segurados estão no gozo de benefício por incapacidade (auxílio-doença ou aposentadoria por invalidez). 2. É possível considerar o período em que o segurado esteve no gozo de benefício por incapacidade (auxílio-doença ou aposentadoria por invalidez) para fins de carência, desde que intercalados com períodos contributivos. 3. Se o período em que o segurado esteve no gozo de benefício por incapacidade é excepcionalmente considerado como tempo ficto de contribuição, não se justifica interpretar a norma de maneira distinta para fins de carência, desde que intercalado com atividade laborativa (AgRg no REsp 1271928, de 16/10/2014).**

De acordo com o artigo 55, II, da Lei 8.213/91, será considerado como tempo de serviço o tempo intercalado em que o segurado esteve em gozo de auxílio-doença ou de aposentadoria por incapacidade permanente, razão pela qual o período de percepção de benefício previdenciário por incapacidade apenas será considerado se intercalado por períodos contributivos.

Vale registrar, como de costume, que a lei do tempo deve reger o ato jurídico. Desse modo, as regras insertas no artigo 55 da Lei 8.213/91 devem lastrear o enquadramento do tempo de contribuição prestado sob a sua vigência, não possuindo efeitos retroativos.

A comprovação do tempo de serviço ou de contribuição, inclusive mediante justificação administrativa ou judicial, só produzirá efeito quando baseada em início de prova material, não

sendo admitida prova exclusivamente testemunhal, salvo na ocorrência de motivo de força maior ou caso fortuito, conforme previsão do artigo 55, §3º, da Lei 8.213/91.

Embora já se entendesse que a prova material precisava ser contemporânea ao período probando, a Lei 13.846/19 inseriu a expressão em negrito: "§ 3º A comprovação do tempo de serviço para fins do disposto nesta Lei, inclusive mediante justificativa administrativa ou judicial, observado o disposto no art. 108, só produzirá efeito quando for baseada em início de prova material contemporânea dos fatos, não admitida a prova exclusivamente testemunhal, exceto na ocorrência de motivo de força maior ou caso fortuito, na forma prevista no Regulamento".

Caracteriza *motivo de força maior ou caso fortuito* a verificação de ocorrência notória, tais como incêndio, inundação ou desmoronamento, que tenha atingido a empresa na qual o segurado alegue ter trabalhado, devendo ser comprovada mediante registro da ocorrência policial feito em época própria ou apresentação de documentos contemporâneos dos fatos, e verificada a correlação entre a atividade da empresa e a profissão do segurado, na forma do artigo 143, §2º, do RPS.

STJ

Frise-se que, de acordo com a Súmula 242, "cabe ação declaratória para reconhecimento de tempo de serviço para fins previdenciários".

É possível a comprovação do tempo de serviço ou de contribuição do segurado empregado com a apresentação da Carteira de Trabalho assinada na época do vínculo e sem rasuras, pois a prova documental precisa ser contemporânea.

Entretanto, o registro na CTPS não gera presunção absoluta de veracidade do registro, mas sim relativa, podendo ser desconstituída pela Previdência Social na hipótese de erro de preenchimento, fraude ou anotação extemporânea.

STF

Outrossim, diz a *Súmula 225, do STF*, que "não é absoluto o valor probatório das anotações da carteira profissional".

Nos termos do artigo 19 da Emenda 103/2019, para os professores do ensino básico que possuam tempo de contribuição exclusivo nesta condição, deve ser observado o seguinte regramento:

a) HOMENS: 60 anos de idade e tempo mínimo de contribuição de 25 anos como professor do ensino básico;

b) MULHERES: 57 anos de idade e tempo mínimo de contribuição de 25 anos como professora do ensino básico.

Também serão beneficiados os professores do ensino infantil, fundamental e médio que estejam exercendo atividades de direção de unidade escolar, coordenação e assessoramento pedagógico, a teor do artigo 1º, da Lei 11.301/2006.

Contra a Lei 11.301/2006 foi proposta a ADI 3.772 pelo Procurador-Geral da República, sob o argumento de violação ao artigo 201, §8º, da Constituição Federal.

STF

Por sua vez, em 29.10.2008, o STF declarou a validade da referida norma, mas determinou a sua interpretação conforme a Constituição: "I – A função de magistério não se circunscreve apenas ao trabalho em sala de aula, abrangendo também a preparação de aulas, a correção de provas, o atendimento aos pais e alunos, a coordenação e o assessoramento pedagógico e, ainda, a direção de unidade escolar. **II – As funções de direção, coordenação e assessoramento pedagógico integram a carreira do magistério, desde que exercidos, em estabelecimentos de ensino básico, por professores de carreira, excluídos os especialistas em educação**, fazendo jus aqueles que as desempenham ao regime especial de aposentadoria estabelecido nos arts. 40, § 5º, e 201, § 8º, da Constituição Federal. III – Ação direta julgada parcialmente procedente, com interpretação conforme, nos termos supra" (g.n.)

Logo, para as atividades de direção de unidade escolar, coordenação e assessoramento pedagógico desenvolvidas por professor de carreira não têm mais aplicabilidade a Súmula 726, do STF: **"Súmula 726 – Para efeito de aposentadoria especial de professores, não se computa o tempo de serviço prestado fora da sala de aula".**

Registre-se que o STF excluiu os especialistas em educação do direito à redução, pois não se tratam de professores, pois não habilitados a ministrar aulas, sendo uma espécie de carreira de apoio ao magistério ou mesmo gestores da atuação dos professore caracterizando-se como profissionais de educação para administração, planejamento, inspeção, supervisão e orientação para a educação básica.

O Supremo Tribunal Federal possui o mesmo entendimento do INSS pela vedação da referida conversão por não mais se tratar de atividade especial desde a EC 18/1981.

STF

"AGRAVO REGIMENTAL NO RECURSO EXTRAORDINÁRIO. ADMINISTRATIVO. CONTAGEM PROPORCIONAL DE TEMPO DE SERVIÇO EXERCIDO NO MAGISTÉRIO PARA FINS DE APOSENTADORIA COMUM. IMPOSSIBILIDADE. AGRAVO REGIMENTAL IMPROVIDO.

I – Consoante a jurisprudência do STF, é vedada a contagem proporcional de tempo de serviço no magistério para fins de aposentadoria comum. II – Agravo regimental improvido" (RE nº 486.155/MG-AgR, Primeira Turma, Relator o Ministro Ricardo Lewandowski, DJe de 1º/2/2011).

"AGRAVO REGIMENTAL. APOSENTADORIA COMUM. REGIME PRÓPRIO. **APROVEITAMENTO DE TEMPO DE SERVIÇO PRESTADO NO MAGISTÉRIO, MEDIANTE FATOR DE CONVERSÃO. IMPOSSIBILIDADE. PRECEDENTES.** É pacífica a jurisprudência desta Corte no sentido de que não é possível "fundir normas que regem a contagem do tempo de serviço para as aposentadorias normal e especial, contando proporcionalmente o tempo de serviço exercido em funções diversas", pois "a aposentadoria especial é a exceção, e, como tal, sua interpretação só pode ser restritiva" (ADI 178, rel. min. Maurício Corrêa, Tribunal Pleno, DJ 26.04.1996). Agravo regimental a que se nega provimento" (RE 288640 AgR, 1ª Turma, de 06.12.2011).

"Agravo regimental no recurso extraordinário. Previdenciário. **Magistério. Reconhecimento da aposentadoria de professor como especial após a EC nº 18/81. Impossibilidade.** Fator previdenciário. Constitucionalidade. Incidência do fator previdenciário no cálculo da renda mensal inicial de aposentadoria por tempo de contribuição de professor. Legislação infraconstitucional. Ofensa reflexa. Ausência de repercussão geral. Precedentes. 1. A jurisprudência da Corte é assente em que, a partir da Emenda Constitucional nº 18/81, a aposentadoria de professor passou a ser espécie de benefício por tempo de contribuição, com o requisito etário reduzido, e não mais uma aposentadoria especial. 2. O Supremo Tribunal Federal, no julgamento da ADI nº 2.111/DF-MC, Relator o Ministro Sydney Sanches, concluiu pela constitucionalidade do fator previdenciário. 3. A Corte assentou a ausência de repercussão geral do tema relativo à incidência do fator previdenciário no cálculo da renda mensal inicial de aposentadoria por tempo de contribuição de professor quando reunidos os requisitos após a edição da Lei nº 9.876/1999, dado o caráter infraconstitucional da matéria. (RE nº 1.029.608/RS, Relator o Ministro Edson Fachin, DJe de 31/8/17 – Tema 960). 4. Agravo regimental não provido. 5. Majoração da verba honorária em valor equivalente a 10% (dez por cento) do total daquela já fixada (art. 85, §§ 2º, 3º e 11, do CPC), observada a eventual concessão do benefício da gratuidade da justiça" (RE 1038116 AgR/RS – RIO GRANDE DO SUL, de 29/9/2017).

STJ

"3. O Supremo Tribunal Federal, em julgado que se realizou sob o regime da repercussão geral, assentou a inexistência do direito à conversão do tempo de serviço especial em comum, prestado por professor, após a Emenda 18/1981: "Recurso extraordinário com agravo. Repercussão geral da questão constitucional reconhecida. Reafirmação de jurisprudência. 2. Direito Previdenciário. Magistério. Conversão do tempo de serviço especial em comum. 3. Impossibilidade da conversão após a EC 18/81. Recurso extraordinário provido." (ARE 703.550 RG, Relator: Min. Gilmar Mendes, julgado em 2/10/2014, Repercussão Geral – Mérito, p. 21-10-2014") – **(STJ, AR 4712 / RN, 1ª Seção, de 12/9/2018)**.

De acordo com o entendimento do INSS, a aposentadoria do professor é uma espécie de aposentadoria por tempo de contribuição com redução em 05 anos no tempo de contribuição, não sendo uma espécie de aposentadoria especial, pois não se trata de exposição a agentes nocivos à saúde e nem de segurado deficiente (artigo 201, §1º, da Constituição Federal).

Logo, por força do artigo 29, inciso I, da Lei 8.213/91, com redação dada pela Lei 9.876/99, a Previdência Social faz incidir obrigatoriamente o fator previdenciário no cálculo do salário de benefício da aposentadoria do professor (sistemática antes da EC 103/2019).

STJ

Posteriormente, as Turmas da 1ª Seção do STJ pacificaram o entendimento pela aplicação do fator previdenciário na aposentadoria do professor:

"A jurisprudência desta Corte firmou-se no sentido da incidência do fator previdenciário no cálculo do salário de benefício da aposentadoria por tempo de contribuição de professor nas situações em que o docente não completar o tempo suficiente para a concessão do benefício anteriormente à edição da Lei n. 9.876/1999 (1ª Turma, AgInt no REsp 1743040 / PR, de 4/10/2018).

"1. O STJ firmou entendimento pela aplicação do fator previdenciário no cálculo do salário de benefício da aposentadoria por tempo de serviço/contribuição de professor, quando o segurado não tiver tempo suficiente para a concessão do benefício anteriormente à edição da Lei 9.876, de 1999, como no presente caso **(2ª Turma, RE 1038116 AgR/RS – RIO GRANDE DO SUL, de 29/9/2017)**.

Em 4 de junho de 2020, ao julgar o tema 1.091 (RE 1221630), o Plenário do STF reafirmou a constitucionalidade do fator previdenciário, inclusive no salário de benefício da aposentadoria do professor de ensino básico:

STF

1091 – Constitucionalidade do fator previdenciário, previsto no art. 29, caput, incisos e parágrafos, da Lei nº 8.213/91, com a redação dada pelo art. 2º da Lei nº 9.876/99.

Relator: **MINISTRO PRESIDENTE**

Leading Case: **RE 1221630**

Há Repercussão?

Sim

Ver descrição [+]

Recurso extraordinário em que se discute, à luz dos arts. 5º, caput; 6º; 102, § 2º; 195, § 5º; e 201, §§ 1º, 7º e 8º, da Constituição Federal, a constitucionalidade do fator previdenciário, previsto no art. 29, caput, incisos e parágrafos, da Lei nº 8.213/91, com a redação dada pelo art. 2º da Lei nº 9.876/99, bem como se é devida sua incidência no cálculo dos proventos de aposentadoria de professor. [-]

Ver tese [+]

É constitucional o fator previdenciário previsto no art. 29, caput, incisos e parágrafos, da Lei nº 8.213/91, com a redação dada pelo art. 2º da Lei nº 9.876/99.[-]

Posição do STJ

Em seguida, em tese repetitiva (Tema 1011), o STJ definiu que a aposentadoria do professor na sistemática entre a Lei 9.876/99 e a Emenda 103/2019 terá a incidência compulsória do fator previdenciário (salvo regra do artigo 29-C da Lei 8.213/91):

Tema 1011: *"Incide o fator previdenciário no cálculo da renda mensal inicial de aposentadoria por tempo de contribuição de professor vinculado ao Regime Geral de Previdência Social, independente da data de sua concessão, quando a implementação dos requisitos necessários à obtenção do benefício* ***se der após o início da vigência da Lei 9.876/1999, ou seja, a partir de 29/11/1999"*** (26/03/2021).

No que concerne à renda mensal, enquanto não editada a lei de regulamentação, deve ser aplicado o regramento do artigo 26 da Emenda 103/2019.

Para os HOMENS, o valor do benefício de aposentadoria corresponderá a sessenta por cento da média aritmética das 100% das remunerações/salários de contribuição, com acréscimo de 2% para cada ano que ultrapassar os 20 anos de contribuição:

HOMENS TEMPO DE CONTRIBUIÇÃO	COEFICIENTE
20 anos	60%
21 anos	62%
22 anos	64%
23 anos	66%
24 anos	68%
25 anos	70%
26 anos	72%
27 anos	74%
28 anos	76%
29 anos	78%
30 anos	80%
31 anos	82%
32 anos	84%
33 anos	86%
34 anos	88%
35 anos	90%
36 anos	92%
37 anos	94%
38 anos	96%
39 anos	98%
40 anos	100%

Assim, se um segurado (homem) do RGPS tiver apenas 25 anos de tempo de contribuição, a renda do benefício será de 70% da média de todos os salários de contribuição desde o Plano Real (7/1994), respeitada a idade mínima referida e a renda não inferior a um salário mínimo.

Curioso notar que, intencionalmente, o artigo 26 da Emenda 103/2019 não limita a média de todos os salários de contribuição do segurado a 100%, de modo que o segurado que possuir mais de 40 anos de tempo de contribuição poderá fazer jus a uma aposentadoria por idade e tempo de contribuição que ultrapasse a 100% da média de salários de contribuição desde o Plano Real (competência 7/1994), a exemplo:

HOMENS TEMPO DE CONTRIBUIÇÃO	COEFICIENTE
41 anos	102%
42 anos	104%
43 anos	106%
44 anos	108%
45 anos	110%
E assim sucessivamente	E assim sucessivamente

Para a aposentadoria da MULHER existe uma regra diferenciada de cálculo da renda mensal no artigo 26, §5º[28], da Emenda 103/2019, que prevê a progressão a contar de 15 anos, e não de 20 anos de contribuição em todos os casos:

MULHERES TEMPO DE CONTRIBUIÇÃO	COEFICIENTE
15 anos	60%
16 anos	62%
17 anos	64%
18 anos	66%
19 anos	68%
20 anos	70%
21 anos	72%
22 anos	74%
23 anos	76%
24 anos	78%
25 anos	80%
26 anos	82%
27 anos	84%
28 anos	86%
29 anos	88%
30 anos	90%
31 anos	92%
32 anos	94%
33 anos	96%
34 anos	98%
35 anos	100%
E assim sucessivamente	E assim sucessivamente

28. § 5º O acréscimo a que se refere o caput do § 2º será aplicado para cada ano que exceder quinze anos de tempo de contribuição para os segurados de que tratam a alínea "a" do inciso I do art. 19 e do inciso I do art. 21 e para as mulheres filiadas ao Regime Geral de Previdência Social.

Dessa forma, o coeficiente mínimo será de 60% e o máximo não está limitado pela legislação constitucional transitória.

Poderão ser excluídas da média as contribuições que resultem em redução do valor do benefício, desde que mantido o tempo mínimo de contribuição exigido, vedada a utilização do tempo excluído para qualquer finalidade, para a averbação em outro regime previdenciário ou para a obtenção dos proventos de inatividade dos militares.

Até o advento da Lei 13.183/2015, o fator previdenciário era sempre compulsório no cálculo do salário de benefício da aposentadoria por tempo de contribuição.

Após essa regra, foi criada uma exceção consistente no sistema de pontuação 85/95 (mulheres/homens), que progrediu na pontuação 86/96 em 31.12.2018.

No entanto, com a extinção da aposentadoria por tempo de contribuição sem idade mínima pela *Emenda 103/2019*, regra de pontuação 86/96, que consta(va) do artigo 29-C da Lei 8.213/91, tornando flexível o fator previdenciário no cálculo da aposentadoria por tempo de contribuição, não foi recebida pela reforma constitucional, que extinguiu a regra permanente da aposentadoria por tempo de contribuição sem idade mínima que consta(va) da Lei 8.213/91, ressalvada a formação do *direito adquirido* à mencionada pontuação até o dia da publicação da Emenda.

Daí que para os antigos segurados que no dia da publicação da Emenda 103/2019 não tinham ainda adquirido o direito à pontuação do artigo 29-C da Lei 8.213/91, resta o enquadramento nas regras de transição constitucionais.

No que concerne ao segurado especial, o valor da aposentadoria por idade é fixado em um salário mínimo pela Lei 8.213/91, exceto se ele fez os recolhimentos facultativos como se fosse contribuinte individual, conforme faculdade do artigo 25, §1º, da Lei 8.212/91, quando haverá o cálculo de acordo com o artigo 29 da Lei 8.213/91, pois acreditamos que o artigo 26 da Emenda 103/2019 não se aplica aos trabalhadores rurais.

Por força do artigo 3º, §1º, da Lei 10.666/2003, a perda da qualidade de segurado não será considerada para a concessão da aposentadoria por idade, desde que o segurado conte com, no mínimo, o tempo de contribuição correspondente ao exigido para efeito de carência na data do requerimento do benefício. Essa regra é plenamente compatível com a EC 103/2019.

Logo, não é preciso que uma pessoa mantenha a qualidade de segurada para se aposentar por idade e tempo de contribuição, desde que preencha os demais requisitos legais.

Uma vez realizada a idade mínima, tempo de contribuição e a carência, o benefício será devido desde a data de entrada do requerimento no INSS. **No caso do segurado empregado, a data de início do benefício será a do desligamento do emprego, se requerida até 90 dias**.

Caso não haja desligamento do emprego ou se requerida depois de transcorridos 90 dias da extinção do vínculo empregatício, o benefício será devido desde o requerimento administrativo.

A Emenda 103/2019 passou a prever a aposentadoria compulsória por idade dos empregados públicos.

É que o artigo 201 da Constituição Federal passou a contar com o §16, que previu que "os empregados dos consórcios públicos, das empresas públicas, das sociedades de economia mista e das suas subsidiárias serão aposentados compulsoriamente, observado o cumprimento do tempo mínimo de contribuição, ao atingir a idade máxima de que trata o inciso II do § 1º do art. 40, na forma estabelecida em lei".

Após prever que a aposentadoria no RGPS é causa de extinção do contrato de trabalho para o ocupante de emprego ou função pública, nos termos do artigo 37, §14[29], da Constituição, a Emenda 103/2019 ainda instituiu a aposentadoria compulsória dos empregados públicos dos entes da Administração Pública, na forma estabelecida em lei.

É feita remissão ao inciso II do § 1º do art. 40, que prevê aposentadoria por idade compulsória no RPPS "aos 70 (setenta) anos de idade, ou aos 75 (setenta e cinco) anos de idade, na forma de lei complementar".

Entende-se que esta regra não possui aplicação imediata, pois não possui todos os elementos de aplicação para a vigência imediata, não sendo bastante em si mesma (eficácia limitada).

Tanto que o dispositivo aduz *"na forma estabelecida em lei"*, que deve fixar a idade em 70 ou 75 anos, bem como o tempo mínimo de contribuição que deverá ser cumprido para o deferimento da aposentadoria compulsória por idade, além dos demais requisitos para a concessão do benefício pelo INSS no RGPS.

A tese desta obra foi adotada pelo Decreto 10.410/2020, que atualizou o Regulamento da Previdência Social (Decreto 3.048/99), que não regulamentou a aposentadoria por idade compulsória das estatais, visto que é necessário que seja editada lei de regulamentação.

29. § 14. A aposentadoria concedida com a utilização de tempo de contribuição decorrente de cargo, emprego ou função pública, inclusive do Regime Geral de Previdência Social, acarretará o rompimento do vínculo que gerou o referido tempo de contribuição.

O Regulamento da Previdência Social foi atualizado pelo Decreto 10.410/2020, apresentando uma síntese de todos os requisitos acimas expostos a respeitos das aposentadorias programadas:

> **Subseção II**
>
> **Da aposentadoria programada (COMUM)**
>
> **(Redação dada pelo Decreto nº 10.410, de 2020).**
>
> Art. 51. A aposentadoria programada, uma vez cumprido o período de carência exigido, será devida ao segurado que cumprir, cumulativamente, os seguintes requisitos: (Redação dada pelo Decreto nº 10.410, de 2020).
>
> I – sessenta e dois anos de idade, se mulher, e sessenta e cinco anos de idade, se homem; e (Incluído pelo Decreto nº 10.410, de 2020)
>
> II – quinze anos de tempo de contribuição, se mulher, e vinte anos de tempo de contribuição, se homem. (Incluído pelo Decreto nº 10.410, de 2020)
>
> § 1º Para fins de apuração do tempo de contribuição a que se refere o inciso II do **caput**, é vedada a inclusão de tempo fictício. (Redação dada pelo Decreto nº 10.410, de 2020).
>
> § 2º O período pelo qual os segurados contribuinte individual e facultativo tiverem contribuído na forma prevista no art. 199-A será considerado como tempo de contribuição, observada a restrição estabelecida em seu § 2º. (Redação dada pelo Decreto nº 10.410, de 2020).
>
> **Subseção II-A**
>
> **Da aposentadoria programada do professor**
>
> (Redação dada pelo Decreto nº 10.410, de 2020).
>
> Art. 54. Para o professor que comprove, exclusivamente, tempo de efetivo exercício em função de magistério na educação infantil, no ensino fundamental ou no ensino médio, desde que cumprido o período de carência exigido, será concedida a aposentadoria de que trata esta Subseção quando cumprir, cumulativamente, os seguintes requisitos: (Redação dada pelo Decreto nº 10.410, de 2020).
>
> I – cinquenta e sete anos de idade, se mulher, e sessenta anos de idade, se homem; e (Incluído pelo Decreto nº 10.410, de 2020)
>
> II – vinte e cinco anos de contribuição, para ambos os sexos, em efetivo exercício na função a que se refere o **caput**. (Incluído pelo Decreto nº 10.410, de 2020)
>
> **Subseção III**
>
> **Da aposentadoria por idade do trabalhador rural**
>
> **(Redação dada pelo Decreto nº 10.410, de 2020).**
>
> Art. 56. A aposentadoria por idade do trabalhador rural, uma vez cumprido o período de carência exigido, será devida aos segurados a que se referem a alínea "a" do inciso I, a alínea "j" do inciso V e os incisos VI e VII do **caput** do art. 9º e aos segurados garimpeiros que trabalhem, comprovadamente, em regime de economia familiar, conforme definido no § 5º do art. 9º, quando completarem cinquenta e cinco anos de idade, se mulher, e sessenta anos de idade, se homem. (Redação dada pelo Decreto nº 10.410, de 2020).
>
> § 1º Para fins do disposto no **caput**, o segurado a que se refere o inciso VII do **caput** do art. 9º comprovará o efetivo exercício de atividade rural, ainda que de forma descontínua, no período imediatamente anterior ao requerimento do benefício ou, conforme o caso, ao mês em que tiver cumprido o requisito etário, por tempo igual ao número de meses de contribuição correspondente à carência do benefício pretendido, computados os períodos pelos quais o segurado especial tenha recebido os rendimentos a que se referem os incisos III ao VIII do § 8º do art. 9º. (Redação dada pelo Decreto nº 10.410, de 2020).
>
> § 2º O valor da renda mensal da aposentadoria de que trata este artigo para os trabalhadores rurais a que se referem a alínea "a" do inciso I, a alínea "j" do inciso V e o inciso VI do caput do art. 9º, para o garimpeiro e para o segurado especial que contribua facultativamente corresponderá a setenta por cento do salário de benefício definido na forma prevista no art. 32, com acréscimo de um ponto percentual para cada ano de contribuição. (Redação dada pelo Decreto nº 10.410, de 2020).

4.2. APOSENTADORIA POR IDADE DOS TRABALHADORES RURAIS

Para os trabalhadores rurais de ambos os sexos, garimpeiros e pescadores artesanais restou mantida a mesma idade anterior à reforma sem a exigência de tempo de contribuição:

a) **Homens: 60 anos;**

b) **Mulheres: 55 anos.**

Note-se que a diferença de idade mínima entre mulheres ficou ampla em 7 anos, comparando a regra geral com a regra especial (mulher urbana 62 anos e mulher rural 55 anos de idade).

Esta aposentadoria a regra do artigo 50 da Lei 8.213/91 foi recebida pela Emenda 103/2019, pois a reforma constitucional não tratou com inovação a aposentadoria rural:

> "Art. 50. A aposentadoria por idade, observado o disposto na Seção III deste Capítulo, especialmente no art. 33, consistirá numa renda mensal de 70% (setenta por cento) do salário-de-benefício, mais 1% (um por cento) deste, por grupo de 12 (doze) contribuições, não podendo ultrapassar 100% (cem por cento) do salário-de-benefício".

Nesse sentido o artigo 56, §2º, do RPS:

> "§ 2º O valor da renda mensal da aposentadoria de que trata este artigo para os trabalhadores rurais a que se referem a alínea "a" do inciso I, a alínea "j" do inciso V e o inciso VI do caput do art. 9º, para o garimpeiro e para o segurado especial que contribua facultativamente corresponderá a setenta por cento do salário de benefício definido na forma prevista no art. 32, com acréscimo de um ponto percentual para cada ano de contribuição. **(Redação dada pelo Decreto nº 10.410, de 2020)".**

Logo, o valor base é de 70% do salário de benefício, limitado a 100% na hipótese de 30 anos ou mais de recolhimentos.

Para o segurado especial será automaticamente de 1 salário mínimo, na situação de contribuição sobre produção rural, pois o artigo 29 da Lei 8.213/91 fixa em 1 salário mínimo o salário de benefício.

A carência para os trabalhadores rurais de 180 contribuições mensais, mormente para os enquadrados como segurados especiais, será demonstrada pelo exercício da atividade campesina em regime de economia familiar para a subsistência, observada a tabela de transição.

De efeito, essa atividade deverá ser comprovada através do **início de prova material (documentos) produzido contemporaneamente ao período probando, mesmo que de maneira descontínua**, no período de 180 meses imediatamente anterior ao requerimento do benefício ou à data do implemento da idade mínima.

Por outro lado, não se exige que o trabalhador rural tenha documentos correspondentes a todo o período de carência.

No caso do segurado especial trabalhador rural, o exercício de curtos períodos de trabalho urbano intercalados com o serviço campesino não irá descaracterizar a sua condição, especialmente porque desde a Lei 11.718/2008 a *lex* previdenciária passou a permitir literalmente que durante a entressafra o segurado especial pode trabalhar em outra atividade por até 120 dia no ano, sem perder a sua filiação.

O **tempo de serviço ou de contribuição não poderá ser livremente comprovado através do meio de prova testemunhal**, por força do artigo 55, § 3º, da Lei 8.213/91, salvo configuração concreta de força maior, sendo uma exceção ao Princípio do Livre Convencimento Motivado, se constituindo em resquício do sistema da tarifação da prova, diante do elevado número de testemunhos falsos que lamentavelmente ocorrem na prática administrativa e judicial previdenciária.

STJ

De acordo com a Súmula 149, "a prova exclusivamente testemunhal não basta à comprovação da atividade rurícola, para efeito da obtenção de benefício previdenciário". Por sua vez, em termos de aposentadoria por idade do trabalhador rural, "é prescindível que o início de prova material se refira a todo período de carência legalmente exigido, se prova testemunhal for capaz de ampliar sua eficácia probatória"(AGREsp 1.117.709, de 25.05.2010). Ademais, a jurisprudência do STJ vem admitindo documentos em nome de terceiros para a comprovação da carência para a concessão da aposentadoria por idade do segurado especial: "É sedimentado o entendimento das Turmas que integram a Egrégia Terceira Seção no sentido de que as atividades desenvolvidas em regime de economia familiar, podem ser comprovadas através de documentos em nome do pai de família, que conta com a colaboração efetiva da esposa e filhos no trabalho rural." (REsp 386.538/RS, Quinta Turma, DJ de 07/04/2003).

Com propriedade, de acordo com o artigo 106, da Lei 8.213/91, a comprovação do exercício de atividade rural será feita, alternativamente, por meio de:

> I – contrato individual de trabalho ou Carteira de Trabalho e Previdência Social;
>
> II – contrato de arrendamento, parceria ou comodato rural;
>
> III – declaração fundamentada de sindicato que represente o trabalhador rural ou, quando for o caso, de sindicato ou colônia de pescadores, desde que homologada pelo Instituto Nacional do

Seguro Social – INSS **(revogado pela Lei 13.846/2019)**;

IV – Declaração de Aptidão ao Programa Nacional de Fortalecimento da Agricultura Familiar, de que trata o inciso II do caput do art. 2º da Lei nº 12.188, de 11 de janeiro de 2010, ou por documento que a substitua, emitidas apenas por instituições ou organizações públicas (redação dada pela Lei 13.846/2019);

V – bloco de notas do produtor rural;

VI – notas fiscais de entrada de mercadorias, de que trata o § 7º do art. 30 da Lei no 8.212, de 24 de julho de 1991, emitidas pela empresa adquirente da produção, com indicação do nome do segurado como vendedor;

VII – documentos fiscais relativos a entrega de produção rural à cooperativa agrícola, entreposto de pescado ou outros, com indicação do segurado como vendedor ou consignante;

VIII – comprovantes de recolhimento de contribuição à Previdência Social decorrentes da comercialização da produção;

IX – cópia da declaração de imposto de renda, com indicação de renda proveniente da comercialização de produção rural; ou

X – licença de ocupação ou permissão outorgada pelo Incra.

Considera-se início de prova material, para fins de comprovação da atividade rural, documentos que contêm a profissão ou qualquer outro dado que evidencie o exercício da atividade rurícola **e seja contemporâneo ao fato nele declarado**.

Na prática previdenciária, o mais comum é a certidão de casamento em que conste a profissão de lavrador; atestado de frequência escolar em que conste a profissão e o endereço rural; declaração do Tribunal Regional Eleitoral; declaração de ITR; contrato de comodato etc.

Não é necessária a plena prova documental da condição de rurícola, mas apenas o início de prova material em boa parte do período de carência, que poderá ser complementada pelo meio de prova testemunhal.

A certidão de óbito é um documento extemporâneo emitido já após a concretização do risco social (morte do suposto segurado especial) para fins de início de prova material da condição de segurado especial, podendo a declaração ser viciada com o fim de produzir documento com declaração falsa para efeitos de prova perante o INSS.

Conforme transcrito no artigo 106, inciso III (atualmente revogado pela Lei 13.846/2019), da Lei 8.213/91, a declaração sindical de atividade rural homologada pelo INSS era utilizada para a comprovação da condição de rurícola. Todavia, essa declaração, por si só, não dispensava o início de prova material por documentos contemporâneos à carência, máxime quando a declaração sindical havia sido produzida ao final da carência do benefício.

O objetivo normativo foi retirar a atribuição dos sindicatos rurais de declarar a condição de segurado especial, passando a tarefa a ser desempenhada pelas instituições do PRONATER, mediante declaração de aptidão ao Programa Nacional de Fortalecimento da Agricultura Familiar.

A Declaração de Aptidão ao Programa Nacional de Fortalecimento da Agricultura Familiar (DAP) é o documento que identifica os beneficiários do Programa Nacional de Fortalecimento da Agricultura Familiar (PRONAF).

O INSS também fazia uma entrevista para verificar a condição de rurícola, sendo elemento indispensável à comprovação do exercício da atividade rural e da forma como ela foi exercida, inclusive para confirmação dos dados contidos em declarações sindicais e de autoridades, com vistas ao reconhecimento ou não do direito ao benefício pleiteado, sendo obrigatória a sua realização, independente dos documentos apresentados.

> **Chama a atenção a revogação do inciso III do artigo 106 da Lei 8.213/91 pela Lei 13.846/2019, dando a entender que o INSS não aceitará mais a declaração sindical para a prova de atividade rural (e não aceita mesmo), e sim a declaração de aptidão ao PRONAF.**

Na prática previdenciária, o mais comum é a certidão de casamento em que conste a profissão de lavrador; atestado de frequência escolar em que conste a profissão e o endereço rural; declaração do Tribunal Regional Eleitoral; declaração de ITR; contrato de comodato etc.

> **STJ**
>
> **"Para fins previdenciários, embora seja admissível a comprovação de atividade rural mediante a qualificação de lavrador do marido na certidão de casamento, é inaceitável a utilização desse documento como início de prova material quando se constata, como no caso em apreço, que o cônjuge, apontado como rurícola, vem a exercer posteriormente atividade urbana aposentando-se, inclusive, nessa condição" (AgRg no REsp 947.379/SP, STJ, Min. LAURITA VAZ, Quinta Turma, DJ 26.11.2007).**

A novidade é que o sistema preverá a manutenção e a atualização anual do cadastro do segurado especial **e conterá as informações necessárias à caracterização da condição de segurado especial, devendo ser feita** até 30 de junho do ano subsequente, vedada a atualização após 5 anos, exceto se **o segurado especial demonstrar em época própria a comercialização da produção e o recolhimento da contribuição efetivo da contribuição prevista no art. 25 da Lei 8.212/91.**

No entanto, essa sistemática de atualização anual cadastral do segurado especial no CNIS só será aplicada a partir de 1/1/2033.

Mas existe uma novidade inaugurada pela Emenda 103/2019. **É que, para** fins de comprovação de atividade rural **exercida até a data de entrada em vigor da Emenda Constitucional, o prazo de que tratam os §§ 1º e 2º do art. 38-B da Lei nº 8.213, de 24 de julho de 1991, será prorrogado até a data em que o Cadastro Nacional de Informações Sociais** – CNIS atingir a cobertura mínima de 50% dos trabalhadores **de que trata o § 8º do art. 195 da Constituição Federal, apurada conforme quantitativo da** Pesquisa Nacional por Amostra de Domicílios Contínua – PNAD.

Para o período anterior a 1º de janeiro de 2023, o segurado especial comprovará o tempo de exercício da atividade rural por meio de autodeclaração ratificada por entidades públicas credenciadas, nos termos do art. 13 da Lei nº 12.188, de 11 de janeiro de 2010, e por outros órgãos públicos, na forma prevista no regulamento.

São entidades públicas credenciadas para ratificar a autodeclaração do segurado especial as **Entidades Executoras do Pronater** ou órgãos públicos, inclusive o INSS. Na hipótese de haver divergência de informações, para fins de reconhecimento de direito com vistas à concessão de benefício, o INSS poderá exigir a apresentação dos documentos que atestem o exercício da atividade rural ou pesqueira.

Contudo, para a integralização da carência, caso o trabalhador rural tenha que computar período no qual se enquadrava em outra categoria, não será aplicada a redução de idade em 05 anos, na forma do artigo 48, §3º, da Lei 8.213/91. Trata-se da popular aposentadoria por idade híbrida, em que se permite a soma da carência rural com urbana.
Esta regra tem plena compatibilidade com a Emenda 103/2019, que não as regras de aposentadorias dos trabalhadores rurais, observada a elevação da idade mínima da mulher de 60 para 62 anos, ressalvada regra de transição a ser estudada.

Após o advento da LC 142/2013, acaso se aposente por idade, o deficiente também fará jus à redução em 5 anos na idade neste benefício.

Contudo, para a integralização da carência, caso o trabalhador rural tenha que computar período no qual se enquadrava em outra categoria, não será aplicada a redução de idade em 05 anos, na forma do artigo 48, §3º[30], da Lei 8.213/91.

Trata-se da chamada aposentadoria por idade híbrida, que passou a ser prevista com o advento da Lei 11.718/2008, com a soma de carência urbana e rural, mas sem o redutor de 05 anos na idade.

Neste caso, para calcular a renda mensal inicial do benefício, o período de carência como segurado especial irá considerar o salário de contribuição no valor de um salário mínimo.

STJ
Em 14/8/2019 (tema 1.007), **o STJ firmou tese repetitiva admitindo o direito à aposentadoria por idade híbrida também em favor do segurado urbano na data do requerimento, inclusive com cômputo de período rural remoto e descontínuo anterior à vigência da Lei 8.213/91:** Tese firmada – **O tempo de serviço rural, ainda que remoto e descontínuo, anterior ao advento da Lei 8.213/1991, pode ser computado para fins da carência necessária à obtenção da aposentadoria híbrida por idade, ainda que não tenha sido efetivado o recolhimento das contribuições, nos termos do art. 48, § 3º. da Lei 8.213/1991, seja qual for a predominância do labor misto exercido no período de carência ou o tipo de trabalho exercido no momento do implemento do requisito etário ou do requerimento administrativo.**

Registre-se que o INSS interpôs recurso extraordinário no tema 1.007, admitido pelo STJ com determinação de **suspensão de todos os processos em grau de recurso**. Eis a determinação da Ministra Maria Thereza Moura, Vice-presidente do STJ:

"Assim, presentes os pressupostos de admissibilidade, nos termos do artigo 1.036, § 1º, do Código de Processo Civil, admito o recurso extraordinário como representativo de controvérsia, **determinando a manutenção da suspensão de todos os processos que versem sobre a mesma controvérsia somente em grau recursal**, em trâmite no âmbito dos Tribunais e das Turmas Recursais dos Juizados Especiais Federais".

No entanto, por maioria, o Recurso Extraordinário do INSS não foi admitido pelo STF por ausência de tema constitucional, confirmando o Tema 1.007 STJ.

Tendo em vista que o regime jurídico anterior previa a carência de apenas 60 contribuições mensais, há uma regra de transição esculpida no artigo 142, da Lei 8.213/91, para o segurado "inscrito" na Previdência Social Urbana até 24 de julho de 1991,

30. § 3º Os trabalhadores rurais de que trata o § 1º deste artigo que não atendam ao disposto no § 2º deste artigo, mas que satisfaçam essa condição, se forem considerados períodos de contribuição sob outras categorias do segurado, farão jus ao benefício ao completarem 65 (sessenta e cinco) anos de idade, se homem, e 60 (sessenta) anos, se mulher.

bem como para o trabalhador e o empregador rural cobertos pela Previdência Social Rural, pontificando que a carência da aposentadoria por idade obedecerá à seguinte tabela, levando-se em conta o ano em que o segurado implementou todas as condições necessárias à obtenção do benefício:

Ano de implementação das condições	Meses de contribuição exigidos
1991	60 meses
1992	60 meses
1993	66 meses
1994	72 meses
1995	78 meses
1996	90 meses
1997	96 meses
1998	102 meses
1999	108 meses
2000	114 meses
2001	120 meses
2002	126 meses
2003	132 meses
2004	138 meses
2005	144 meses
2006	150 meses
2007	156 meses
2008	162 meses
2009	168 meses
2010	174 meses
2011	180 meses

A regra de transição do artigo 142, da Lei 8.213/91, é imperfeita. Ao se referir à inscrição, quis o legislador tratar da filiação, pois é com este instituto que a condição de segurado ocorrerá, vez que a inscrição é o mero ato de cadastro do segurado ou dependente no INSS.

Logo, para a incidência da tabela de transição, valerá a data da filiação, pois esse dispositivo deverá ser interpretado sistematicamente, consoante todo o ordenamento previdenciário.

Todavia, para a concessão da aposentadoria por idade, vale ressaltar que o entendimento da Previdência Social para a incidência da transcrita tabela tem sido mais favorável aos segurados, pois está sendo considerado o ano em que o segurado completou a idade mínima para o deferimento do benefício, mesmo que a carência tenha sido integralizada posteriormente ("congelamento" da carência), conforme explicitado na questão 21, do Parecer CONJUR/MPS 616/2010.

Logo, como a aposentadoria por idade para os homens será concedida aos 65 anos de idade, em regra, se um segurado completou essa idade em 1993 terá que realizar a carência de 66 contribuições mensais, mesmo que apenas em 1995 integralize a carência, não sendo necessário atingir 78 contribuições mensais.

Convém advertir que mesmo para os segurados filiados até o dia 24.07.1991, caso tenham perdido posteriormente a sua condição e se refiliado posteriormente, incidirá o novo regramento, que exige a carência de 180 contribuições mensais, vez que houve a extinção da relação jurídico-previdenciária, conforme já decidiu o próprio STJ[31].

A carência para os trabalhadores rurais de 180 contribuições mensais, mormente para os enquadrados como segurados especiais, será demonstrada pelo exercício da atividade campesina em regime de economia familiar para a subsistência, observada a tabela de transição.

Com propriedade, de acordo com o artigo 106, da Lei 8.213/91, a comprovação do exercício de atividade rural será feita, alternativamente, por meio de diversos documentos, tendo sido alterado o inciso IV e revogado o inciso III:

> "III – declaração fundamentada de sindicato que represente o trabalhador rural ou, quando for o caso, de sindicato ou colônia de pescadores, desde que homologada pelo Instituto Nacional do Seguro Social – INSS **(revogado pela Lei 13.846/19)**;
>
> IV – Declaração de Aptidão ao Programa Nacional de Fortalecimento da Agricultura Familiar, de que trata o inciso II do caput do art. 2º da Lei nº 12.188, de 11 de janeiro de 2010, ou por documento que a substitua, emitidas apenas por instituições ou organizações públicas (redação dada pela Lei 13.846/19)";

O objetivo normativo foi retirar a atribuição dos sindicatos rurais de declarar a condição de segurado especial, passando a tarefa a ser desempenhada pelas instituições do PRONATER, mediante declaração de aptidão ao Programa Nacional de Fortalecimento da Agricultura Familiar.

Enquanto não editada a lei de regulamentação, deve ser aplicado o regramento para os novos segurados do RGPS do artigo 19 da Emenda 103/2019.

31. AGREsp 794.128, de 21.03.2006.

Vale registrar que ainda permanece válida a regra de redução da aposentadoria por idade da pessoa com deficiência (LC 142/2013, art. 3º), por força da manutenção deste regramento pelo artigo 22[32] da Emenda 103/2019 até a edição de nova lei complementar para regular o tema:

> Art. 3º É assegurada a concessão de aposentadoria pelo RGPS ao segurado com deficiência, observadas as seguintes condições:
>
> (...)
>
> IV – aos 60 (sessenta) anos de idade, se homem, e 55 (cinquenta e cinco) anos de idade, se mulher, independentemente do grau de deficiência, desde que cumprido tempo mínimo de contribuição de 15 (quinze) anos e comprovada a existência de deficiência durante igual período.

Por força do artigo 3º, §1º, da Lei 10.666/2003, a perda da qualidade de segurado não será considerada para a concessão da aposentadoria por idade, desde que o segurado conte com, no mínimo, o tempo de contribuição correspondente ao exigido para efeito de carência na data do requerimento do benefício. Essa regra é plenamente compatível com a EC 103/2019.

Logo, não é preciso que uma pessoa mantenha a qualidade de segurada para se aposentar por idade e tempo de contribuição, desde que preencha os demais requisitos legais.

No caso do segurado especial é diferente, pois a regra do artigo 3º, §1º, da Lei 10.666/2003 é incompatível com o seu regime jurídico, sendo necessária a manutenção da qualidade de segurado especial quando do implemento do requisito etário (60 e 55 anos de idade, homem e mulher, respectivamente) juntamente com a carência de 15 anos para a formação do direito à aposentadoria por idade.

Esse entendimento foi referendado pela 3ª Seção do STJ no dia 13.12.2010, no julgamento da PET 7.476. Esta jurisprudência foi confirmada em outubro de 2015 pelo STJ, em sede de Recurso Especial Repetitivo (REsp 1354908), julgado pela 1ª Seção do STJ. Salvo direito adquirido (preenchimento anterior e simultâneo da idade e da carência), é necessária a manutenção da qualidade de segurado especial quando do implemento da idade de 60 anos para os homens e 55 anos para as mulheres, sob pena de indeferimento da aposentadoria por idade do segurado especial:

STJ

Eis a tese repetitiva firmada pelo STJ através da 1ª Seção: "tese delimitada em sede de representativo da controvérsia, sob a exegese do artigo 55, § 3º combinado com o artigo 143 da Lei 8.213/1991, no sentido de que o segurado especial tem que estar laborando no campo, quando completar a idade mínima para se aposentar por idade rural, momento em que poderá requerer seu benefício. Se, ao alcançar a faixa etária exigida no artigo 48, § 1º, da Lei 8.213/1991, o segurado especial deixar de exercer atividade rural, sem ter atendido a regra transitória da carência, não fará jus à aposentadoria por idade rural pelo descumprimento de um dos dois únicos critérios legalmente previstos para a aquisição do direito. Ressalvada a hipótese do direito adquirido em que o segurado especial preencheu ambos os requisitos de forma concomitante, mas não requereu o benefício".

Por sua vez, para fins de concessão dos benefícios do RGPS, o tempo de serviço prestado pelo trabalhador rural anteriormente à competência novembro de 1991 será reconhecido, desde que devidamente comprovado[33], independentemente de indenização, pois é respeitado o regramento da época, salvo para fins de carência, a teor do §2º, do artigo 55, da Lei 8.213/91:

> "2º O tempo de serviço do segurado trabalhador rural, anterior à data de início de vigência desta Lei, será computado independentemente do recolhimento das contribuições a ele correspondentes, **exceto para efeito de carência**, conforme dispuser o Regulamento".

De acordo com a regra de transição do artigo 143, da Lei 8.213/91, o trabalhador rural enquadrado como segurado especial, empregado rural ou contribuinte individual rural (antigo autônomo) terá direito à aposentadoria por idade, no valor de um salário mínimo, durante quinze anos, contados a partir da data de vigência desta Lei, desde que comprove o exercício de atividade rural, ainda que descontínua, no período imediatamente anterior ao requerimento do benefício, em número de meses idêntico à carência do referido benefício.

Trata-se de regra de transição que veio beneficiar os trabalhadores rurais em geral enquadrados nas referidas classes, vez que a aposentadoria por velhice rural independia de contribuição efetiva, na

32. Art. 22. Até que lei discipline o § 4º-A do art. 40 e o inciso I do § 1° do art. 201 da Constituição Federal, a aposentadoria da pessoa com deficiência segurada do Regime Geral de Previdência Social ou do servidor público federal com deficiência vinculado a regime próprio de previdência social, desde que cumpridos, no caso do servidor, o tempo mínimo de dez anos de efetivo exercício no serviço público e de cinco anos no cargo efetivo em que for concedida a aposentadoria, será concedida na forma da Lei Complementar n° 142, de 8 de maio de 2013, inclusive quanto aos critérios de cálculo dos benefícios.

33. Artigo 123, do RPS.

forma da Lei Complementar 11/1971, que instituiu no Programa de Assistência ao Trabalhador Rural (PRO-RURAL), sendo similar ao atual regime de custeio do segurado especial.

Esse prazo foi prorrogado por mais 02 anos pela Medida Provisória 312/2006, convertida na Lei 11.368/2006 e, posteriormente, até o dia 31.12.2010, pelo artigo 2º, da Lei 11.718/2008.

Demais disso, não será considerada a perda da qualidade de segurado os intervalos entre as atividades rurícolas, devendo, entretanto, estar o segurado exercendo a atividade rural ou em período de graça na data de entrada do requerimento ou na data em que implementou todas as condições exigidas para o benefício.

A partir de 2011, o empregado rural e o contribuinte individual rural deverão observar a seguinte regra de transição, contida no artigo 3º, da Lei 11.718/2008:

> "II – de janeiro de 2011 a dezembro de 2015, cada mês comprovado de emprego, multiplicado por 3 (três), limitado a 12 (doze) meses, dentro do respectivo ano civil; e
>
> III – de janeiro de 2016 a dezembro de 2020, cada mês comprovado de emprego, multiplicado por 2 (dois), limitado a 12 (doze) meses dentro do respectivo ano civil".

Ou seja, a partir de 2011, serão adotadas as seguintes regras para a aposentadoria por idade do empregado rural e contribuinte individual rural: de 2011 até 2015, terão que recolher 04 contribuições por ano; de 2016 até 2020, terão que comprovar o recolhimento de 06 contribuições por ano; a contar de 2021, segue-se a regra geral de 12 contribuições por ano.

5. APOSENTADORIAS ESPECIAIS

De acordo com o §1º, do artigo 201, da CRFB, com redação dada pela Emenda 20/98 e posteriormente alterada pela Emenda 47/05, "é vedada a adoção de requisitos e critérios diferenciados para a concessão de aposentadoria aos beneficiários do regime geral de previdência social, **ressalvados** os casos de **atividades exercidas sob condições especiais que prejudiquem a saúde ou a integridade física** e quando se tratar de **segurados portadores de deficiência**, nos termos definidos em **lei complementar**".

Assim, em regra, o legislador constituinte reformador proibiu a adoção de requisitos diferenciados para a aposentadoria, salvo as atividades especiais prejudiciais à saúde ou integridade física do segurado, bem como no caso do trabalho prestado pelos portadores de deficiência física, em aplicação ao Princípio da Isonomia, pois se cuidam de situações diferenciadas que merecem um tratamento privilegiado.

Mas esse dispositivo foi reformado pela **EC 103/2019**, que passou a contar com a seguinte redação:

> § 1º É **vedada** a adoção de requisitos ou critérios diferenciados para concessão de benefícios, ressalvado, nos termos de **lei complementar**, a possibilidade de previsão de idade e tempo de contribuição distintos da regra geral para concessão de aposentadoria exclusivamente em favor dos segurados:
>
> I – com **deficiência**, previamente submetidos à avaliação biopsicossocial realizada por equipe multiprofissional e interdisciplinar;
>
> II – cujas atividades sejam exercidas com efetiva exposição a agentes químicos, físicos e biológicos prejudiciais à saúde, ou associação desses agentes, vedada a caracterização por categoria profissional ou ocupação.

Este parágrafo foi modificado para restringir as situações de concessão da aposentadoria especial por agentes nocivos à saúde, mantida a regulamentação por lei complementar.

Agora há **vedação constitucional** expressa à caracterização por **categoria profissional** ou ocupação.

O enquadramento por categoria profissional já não era mais possível desde 28/4/1995, por força da Lei 9.032/95, que alterou o artigo 57[34] da Lei 8.213/91, passando a exigir exposição permanente a agentes nocivos para a concessão da aposentadoria especial, sendo novidade a constitucionalização da vedação.

Um ponto a destacar é a restrição do novo texto constitucional:

Após um acordo no Senado na votação em segundo turno, a vedação de enquadramento de tempo especial por periculosidade foi retirada do texto da Emenda 103/2019, o que, em tese, conserva a jurisprudência do STJ pelo enquadramento.

Ficou acordado que haverá uma lei complementar para regulamentar o tema, a fim de beneficiar os

34. § 3º A concessão da aposentadoria especial dependerá de comprovação pelo segurado, perante o Instituto Nacional do Seguro Social–INSS, do tempo de trabalho **permanente, não ocasional nem intermitente**, em condições especiais que prejudiquem a saúde ou a integridade física, durante o período mínimo fixado. (Redação dada pela Lei nº 9.032, de 1995)

vigilantes que laboram com o uso de arma de fogo. Não se sabe, por hora, se outras categorias que laboram com atividades de risco serão inseridas no texto final da citada lei complementar, a exemplo dos eletricitários com labor em altas tensões.

A) **Texto anterior:** "atividades exercidas sob condições especiais que prejudiquem a saúde ou a integridade física".

B) **Texto atual:** "cujas atividades sejam exercidas com efetiva exposição a agentes nocivos químicos, físicos e biológicos prejudiciais à saúde, ou associação destes agentes".

O texto da Emenda 103/2019 é mais restritivo, pois fecha a aposentadoria especial somente para a efetiva exposição a agentes nocivos químicos, físicos e biológicos.

Já o texto anterior tinha grande amplitude, não se restringindo a agentes nocivos, pois citada atividades especiais que prejudicassem a saúde ou integridade física, o que ultrapassa as situações de nocividade por exposição a agentes físicos, químicos ou biológicos, abarcando qualquer atividade laboral com possibilidade de prejudicar a saúde ou a integridade física, a exemplo de trabalhos periculosos.

Restou mantida a previsão de aposentadoria especial para a **pessoa com deficiência**, previamente submetidos à avaliação biopsicossocial realizada por equipe multiprofissional e interdisciplinar, modelo pericial que já era previsto na LC 142/2013, mas que agora foi constitucionalizado.

O texto da Emenda traz uma sutileza: "a possibilidade de previsão de idade e tempo de contribuição distintos da regra geral para concessão de aposentadoria exclusivamente em favor dos segurados..."

Logo, tal qual foi feito no RPPS, **a regra permanente da aposentadoria especial não gera direito a regras diferenciadas**, deixando de modo discricionário ao legislador a aprovação de uma lei complementar de regulamentação para redução de idade e tempo de contribuição em favor.

Logo, de um direito subjetivo dos segurados que laboram expostos a agentes nocivos e pessoas com deficiência, passou a natureza jurídica de ato discricionário do legislador, o que é lastimável.

5.1. APOSENTADORIA ESPECIAL POR EXPOSIÇÃO AOS AGENTES NOCIVOS

Regulamentação básica: artigos 57/58, da Lei 8.213/91; artigos 64/70, do RPS (Decreto 3.048/99).

Código de concessão: 46 – Aposentadoria especial.

> **Art. 19...**
>
> § 1º Até que lei complementar disponha sobre a redução de idade mínima ou tempo de contribuição prevista nos §§ 1º e 8º do art. 201 da Constituição Federal, será concedida aposentadoria:
>
> I – aos segurados que comprovem o exercício de atividades com efetiva exposição a agentes químicos, físicos e biológicos prejudiciais à saúde, ou associação desses agentes, vedada a caracterização por categoria profissional ou ocupação, durante, no mínimo, 15 (quinze), 20 (vinte) ou 25 (vinte e cinco) anos, nos termos do disposto nos arts. 57 e 58 da Lei nº 8.213, de 24 de julho de 1991, quando cumpridos:
>
> **a) 55 (cinquenta e cinco) anos de idade, quando se tratar de atividade especial de 15 (quinze) anos de contribuição;**
>
> **b) 58 (cinquenta e oito) anos de idade, quando se tratar de atividade especial de 20 (vinte) anos de contribuição; ou**
>
> **c) 60 (sessenta) anos de idade, quando se tratar de atividade especial de 25 (vinte e cinco) anos de contribuição;**
>
> ...
>
> § 2º O valor das aposentadorias de que trata este artigo corresponderá ao valor apurado na forma da lei.

Esta é uma **regra de transição ao regramento permanente**, enquanto não editada a lei complementar de que trata do artigo 201, §1º, da Constituição, sendo aplicável aos antigos e aos novos segurados.

Restou provisoriamente inserida uma idade mínima, conforme a espécie de aposentadoria especial:

ESPÉCIE DE APOSENTADORIA ESPECIAL	IDADE MÍNIMA
15 anos	55 anos
20 anos	58 anos
25 anos	60 anos

Assim como na regra permanente, vedou-se o enquadramento por categoria profissional.

A preocupação é para os casos em que há efetivamente um dano à saúde, a exemplo do mineiro, em que o segurado deverá deixar o emprego antes de se aposentar em razão das idades elevadas postas, ou então entrar em gozo de benefício por incapacidade para complementar o tempo especial.

Dessa forma, exceto direito adquirido formado até o dia da publicação da Emenda 103/2019, forçoso concluir que o artigo 57, *caput*, da Lei 8.213/91 perdeu a vigência ao menos neste ponto, diante da necessidade de cumprimento de idade mínima:

"Art. 57. A aposentadoria especial será devida, uma vez cumprida a carência exigida nesta Lei, ao segurado que tiver trabalhado sujeito a condições especiais que prejudiquem a saúde ou a integridade física, durante 15 (quinze), 20 (vinte) ou 25 (vinte e cinco) anos, conforme dispuser a lei. (Redação dada pela Lei nº 9.032, de 1995)"

A renda da aposentadoria especial deverá ser calculada com base no artigo 26 da Emenda 103/2019 até a edição de lei de regulamentação.

Para os **homens com aposentadoria especial de 20 ou 25 anos**, o valor do benefício de aposentadoria corresponderá a **sessenta por cento da média aritmética das 100% das remunerações/salários de contribuição, com acréscimo de 2% para cada ano que ultrapassar os 20 anos de contribuição:**

HOMENS TEMPO DE CONTRIBUIÇÃO APOSENTADORIA ESPECIAL DE 20 OU 25 ANOS	COEFICIENTE
Até 20 Anos	60%
21 Anos	62%
22 Anos	64%
23 Anos	66%
24 Anos	68%
25 Anos	70%
26 Anos	72%
27 Anos	74%
28 Anos	76%
29 Anos	78%
30 Anos	80%
31 Anos	82%
32 Anos	84%
33 Anos	86%
34 Anos	88%
35 Anos	90%
36 Anos	92%
37 Anos	94%
38 Anos	96%
39 Anos	98%
40 Anos	100%

Assim, se um segurado (homem) do RGPS tiver apenas 25 anos de tempo especial, a renda do benefício será de 70% da média de todos os salários de contribuição desde o Plano Real (7/1994), respeitada a idade mínima referida e a renda não inferior a um salário mínimo.

Curioso notar que, **intencionalmente**, o artigo 26 da Emenda 103/2019 não limita a média de todos os salários de contribuição do segurado a 100%, de modo que o segurado incapacitado de modo permanente que possuir mais de 40 anos de tempo de contribuição poderá fazer jus a uma aposentadoria por incapacidade que ultrapasse a 100% da média de salários de contribuição desde o Plano Real (competência 7/1994), a exemplo:

HOMENS TEMPO DE CONTRIBUIÇÃO APOSENTADORIA ESPECIAL DE 20 OU 25 ANOS	COEFICIENTE
41 Anos	102%
42 Anos	104%
43 Anos	106%
44 Anos	108%
45 Anos	110%
E assim sucessivamente	**E assim sucessivamente**

No entanto, para **a aposentadoria especial que exige apenas 15 anos de nocividade**, existem uma regra especial de cálculo da renda mensal no artigo 26, §5º[35], da Emenda 103/2019, que prevê a **progressão a contar de 15 anos**, e não de 20 anos de contribuição:

TEMPO DE CONTRIBUIÇÃO APOSENTADORIA ESPECIAL DE 15 ANOS	COEFICIENTE
15 Anos	60%
16 Anos	62%
17 Anos	64%
18 Anos	66%
19 Anos	68%
20 Anos	70%
21 Anos	72%
22 Anos	74%
23 Anos	76%
24 Anos	78%

35. § 5º O acréscimo a que se refere o caput do § 2º será aplicado para cada ano que **exceder quinze anos** de tempo de contribuição para os segurados de que tratam a **alínea "a" do inciso I do art. 19** e do inciso I do art. 21 e para as mulheres filiadas ao Regime Geral de Previdência Social.

TEMPO DE CONTRIBUIÇÃO APOSENTADORIA ESPECIAL DE 15 ANOS	COEFICIENTE
25 Anos	80%
26 Anos	82%
27 Anos	84%
28 Anos	86%
29 Anos	88%
30 Anos	90%
31 Anos	92%
32 Anos	94%
33 Anos	96%
34 Anos	98%
35 Anos	100%

Destarte, caso um segurado com aposentadoria especial de 15 anos (mineração dentro da mina) tenha apenas 15 anos de tempo especial, observada a idade mínima de 55 anos, a renda mensal será de 60% da média dos salários de contribuição.

Para **a aposentadoria especial da MULHER** existe uma regra diferenciada de cálculo da renda mensal no artigo 26, §5º, da Emenda 103/2019, que prevê a **progressão a contar de 15 anos**, e não de 20 anos de contribuição em todos os casos:

MULHERES TEMPO DE CONTRIBUIÇÃO APOSENTADORIA ESPECIAL DE 15, 20 OU 25 ANOS	COEFICIENTE
15 Anos	60%
16 Anos	62%
17 Anos	64%
18 Anos	66%
19 Anos	68%
20 Anos	70%
21 Anos	72%
22 Anos	74%
23 Anos	76%
24 Anos	78%
25 Anos	80%
26 Anos	82%
27 Anos	84%
28 Anos	86%
29 Anos	88%
30 Anos	90%
31 Anos	92%
32 Anos	94%
33 Anos	96%
34 Anos	98%
35 Anos	100%
E assim sucessivamente	**E assim sucessivamente**

Dessa forma, o coeficiente mínimo será de 60% e o máximo não está limitado pela legislação constitucional transitória.

Poderão ser **excluídas da média as contribuições que resultem em redução do valor do benefício**, desde que mantido o tempo mínimo de contribuição exigido, vedada a utilização do tempo excluído para qualquer finalidade, para a averbação em outro regime previdenciário ou para a obtenção dos proventos de inatividade dos militares.

Vale registrar que este novo regramento somente será aplicável para direitos formados após a data da publicação da Emenda 103/2019 (*tempus regit actum* e direito adquirido), devendo ser aplicado o artigo 57, §1º, da Lei 8.213/91 aos casos antigos.

Forçoso concluir que o artigo 57, §1º, da Lei 8.213/91 não foi recebido pela Emenda para o direito à aposentadoria especial formado após a data da publicação da Emenda 103/2019:

> *"§ 1º A aposentadoria especial, observado o disposto no art. 33 desta Lei, consistirá numa renda mensal equivalente a 100% (cem por cento) do salário-de-benefício. (Redação dada pela Lei nº 9.032, de 1995)"*

O enquadramento das atividades especiais é feito pelo **anexo IV, do RPS**, que enumera os casos de aposentadoria especial com 15, 20 ou 25 anos de contribuição, conforme os agentes nocivos a que estão expostos os segurados.

O agente nocivo poderá ser *apenas qualitativo*, sendo a nocividade presumida e independente de mensuração, constatada pela simples presença do agente no ambiente de trabalho, conforme constante nos Anexos 6, 13, 13-A e 14 da Norma Regulamentadora nº 15 – NR-15 do MTE, e no Anexo IV do RPS, para os agentes iodo e níquel.

Poderá também o agente nocivo ser *quantitativo*, sendo a nocividade considerada pela ultrapassagem dos limites de tolerância ou doses, dispostos nos Anexos 1, 2, 3, 5, 8, 11 e 12 da NR-15 do MTE, por meio da mensuração da intensidade ou da concentração, consideradas no tempo efetivo da exposição no ambiente de trabalho.

Nesse sentido, o Decreto 8.123/2013 previu que se consideram condições especiais que prejudiquem a saúde e a integridade física aquelas nas quais a exposição ao agente nocivo ou associação de agentes presentes no ambiente de trabalho esteja acima dos limites de tolerância estabelecidos segundo critérios **quantitativos** ou esteja caracterizada segundo os critérios da avaliação **qualitativa**.

Ainda por força do Decreto 8.123/2013, a presença no ambiente de trabalho de agentes nocivos reconhecidamente **cancerígenos em humanos**, listados pela Secretaria Especial de Previdência e Trabalho, será suficiente para a comprovação de efetiva exposição do trabalhador.

Mas o tema sofreu uma reviravolta bem controvertida com o advento do Decreto 10.410/2020, que modificou a redação do artigo 68, §4º, do Regulamento da Previdência Social:

> "§ 4º A presença no ambiente de trabalho, com possibilidade de exposição a ser apurada na forma dos §§ 2º e 3º, de agentes nocivos reconhecidamente cancerígenos em humanos, listados pelo Ministério do Trabalho e Emprego, será suficiente para a comprovação de efetiva exposição do trabalhador. (Redação dada pelo Decreto nº 8.123, de 2013)
>
> § 4º Os agentes reconhecidamente **cancerígenos** para humanos, listados pela Secretaria Especial de Previdência e Trabalho do Ministério da Economia '(atualmente MPT)', serão avaliados em conformidade com o disposto nos § 2º e § 3º deste artigo e no **caput** do art. 64 e, **caso sejam adotadas as medidas de controle previstas na legislação trabalhista que eliminem a nocividade, será descaracterizada a efetiva exposição**. (Redação dada pelo Decreto nº 10.410, de 2020)".

Deste modo, **o Regulamento da Previdência Social desde 1/7/2020 passou a admitir, em tese, a possibilidade de eficácia de EPI em agente cancerígeno, cabendo agora uma reapreciação da normatização ministerial e da autarquia, sempre como lastro a não retroação de nova posição administrativa desfavorável ao segurado, que ainda não ocorreu.**

A esmagadora maioria das atividades especiais prevê a aposentadoria com 25 anos de contribuição. Apenas tem previsão de 20 anos o tempo especial de mineração subterrânea cujas atividades sejam exercidas afastadas das frentes de produção (item 4.0.1), assim como a exposição aos asbestos ou amianto (item 1.0.2), enquanto os trabalhos em atividades permanentes no subsolo de minerações subterrâneas em frentes de produção farão com que os segurados se aposentem com apenas 15 anos de contribuição, em razão da enorme lesividade à saúde (item 4.0.2).

Na hipótese de atividades concomitantes sob condições especiais, no mesmo ou em outro vínculo empregatício, será considerada aquela que exigir menor tempo para a aposentadoria especial.

Na forma do quanto previsto no próprio anexo IV, do Decreto 3.048/99, o que determina o direito ao benefício é a exposição do trabalhador ao agente nocivo presente no ambiente de trabalho e no processo produtivo, **em nível de concentração superior aos limites de tolerância estabelecidos.**

De acordo com o Decreto 10.410/2020, a Secretaria Especial de Previdência e Trabalho promoverá a elaboração de estudos com base em critérios técnicos e científicos para atualização periódica do disposto no Anexo IV do Decreto 3.048/99.

No entanto, por força da Lei 14.261/2021, foi recriado o Ministério do Trabalho e Previdência (MTP), que voltou a ter a gestão da pasta previdenciária. Após a reciração do **MTP, o controle finalístico retornará a esta órgão assim que for publicado a decreto regulamentador.**

> O rol de agentes nocivos é exaustivo, enquanto que as atividades listadas, nas quais poderá haver a exposição, são exemplificativas, sendo este o entendimento da Previdência Social. Ao contrário do que acontecia antes da promulgação da Lei 9.032/95, **o enquadramento de uma atividade como especial não mais é feita presumidamente por categoria profissional**, exigindo-se a efetiva demonstração em concreto da exposição do segurado aos agentes nocivos à saúde.

Portanto, de acordo com o atual regramento, apenas a exposição permanente a um agente nocivo à saúde previsto no RPS dá direito à aposentadoria especial, cujo rol forma um *numerus clausus* (fechado).

> **STJ**
>
> No entanto, o atual posicionamento do STJ é contrário ao da Previdência Social, pois a Corte Superior considera como **exemplificativo** o rol de agentes nocivos listados pelo Anexo IV do Regulamento da Previdência Social:
>
> O tema foi julgado como repetitivo pelo STJ (tema 534):
>
> 1. Trata-se de Recurso Especial interposto pela autarquia previdenciária com o escopo de prevalecer a tese de que a supressão do agente eletricidade do rol de agentes nocivos pelo Decreto 2.172/1997 (Anexo IV) culmina na impossibilidade de configuração como tempo especial (arts. 57 e 58 da Lei 8.213/1991) de tal hipótese a partir da vigência do citado ato normativo.
>
> 2. À luz da interpretação sistemática, as normas regulamentadoras que estabelecem os casos de agentes e atividades nocivos à saúde do trabalhador são exemplificativas, podendo ser tido como distinto o labor que a técnica médica e a legislação correlata considerarem como prejudiciais ao obreiro, desde que o trabalho seja permanente, não ocasional, nem intermitente, em condições especiais (art. 57, § 3º, da Lei 8.213/1991). Precedentes do STJ.
>
> **Posição do STJ**
>
> O STJ também entende que é possível a concessão da aposentadoria especial no RGPS pelo risco da atividade laboral. Confirmando os precedentes anteriores, o STJ reconheceu o tempo especial do labor do **vigilante**, inclusive sem o uso de arma de fogo, de acordo com a atual legislação previdenciária, ao julgar o **Tema Repetitivo 1.031** em 09/12/2020:

Tema 1.031: *"É admissível o reconhecimento da atividade especial de vigilante, com ou sem arma de fogo, em data posterior à edição da Lei 9.032/95 e do Decreto 2.172/97, desde que haja comprovação da efetiva nocividade da atividade por qualquer meio de prova até 05.03.1997 e, após essa data, mediante apresentação de laudo técnico ou elemento material equivalente, para a comprovar a permanente, não ocasional, nem intermitente, exposição a agente nocivo que coloque em risco a integridade física do segurado".*

No regime anterior, bastava para algumas categorias profissionais estarem listadas em regulamento (Decretos 53.831/64 e 83.080/79) para que o seu trabalho fosse considerado como especial, com presunção absoluta de exposição, a exemplo das telefonistas nas atividades prestadas até 28 de abril de 1995.

De acordo com a **Emenda Constitucional 120, de 5 de maio de 2022**, *"os agentes comunitários de saúde e os agentes de combate às endemias terão também, em razão dos riscos inerentes às funções desempenhadas,* ***aposentadoria especial*** *e, somado aos seus vencimentos, adicional de insalubridade".*

Trata-se de regra constitucional que **determina** a concessão de aposentadoria especial aos citados agentes de saúde por presunção de nocividade por exposição aos agentes biológicos, que diante da sua generalidade abarca o **RGPS** (empregados públicos) e **RPPS** (servidores com cargo efetivo).

Não possui aplicação imediata, pois não detém elementos mínimos de concretização sem a devida regulamentação por **lei complementar**, conforme exige o artigo 201, §4º, combinado com o artigo 40, §4º-C, ambos da Constituição, tais como tempo de contribuição e idade.

Registre-se que, no âmbito do RPPS dos estados, Distrito Federal e municípios, caberá aos respectivos entes políticos a sua regulamentação através de lei complementar.

Demais disso, **parece ser uma concessão excepcional de aposentadoria especial por categoria profissional**, posto que não exige exposição permanente aos agentes biológicos, trazendo uma presunção constitucional absoluta de especialidade por profissão, sistemática que havia sido extinta pela Lei 9.032/95 e reforçada pela Emenda 103/2019, sendo neste ponto um retrocesso no modelo de concessão do benefício, que desde 29/04/1995 havia abandonado a concessão por categoria profissional para focar na exposição permanente aos agentes nocivos, independentemente da profissão desempenhada.

Desse modo, somente após a sua regulamentação por intermédio de leis complementares teremos a efetiva aplicação desse novo dispositivo, sem prejuízo da concessão do benefício pelas regras anteriores por exposição permanente aos agentes biológicos com risco anormal de exposição em decorrência da natureza da atividade desempenhada, à luz dos artigos 19 e 21 da EC 103/2019 combinado com o artigo 57 da Lei 8.213/91.

Por força do artigo 3º, da Lei 10.666/2003, a perda da qualidade de segurado não será considerada para a concessão da aposentadoria especial, bastando que a pessoa tenha o necessário tempo de contribuição enquadrado como especial e a carência de 180 contribuições pagas tempestivamente.

O aposentado especial que retornar a atividade especial terá o benefício suspenso, mas a lei não veda o retorno à atividade comum com perda da aposentadoria. Entretanto, a cessação do benefício deverá ser precedida de procedimento que garanta o contraditório e a ampla defesa do segurado.

STF

No início de junho de 2020, o STF acolheu a tese do INSS no **tema 709**:

"i) É constitucional a vedação de continuidade da percepção de aposentadoria especial se o beneficiário permanece laborando em atividade especial ou a ela retorna, seja essa atividade especial aquela que ensejou a aposentação precoce ou não.

ii) Nas hipóteses em que o segurado solicitar a aposentadoria e continuar a exercer o labor especial, a data de início do benefício será a data de entrada do requerimento, remontando a esse marco, inclusive, os efeitos financeiros. Efetivada, contudo, seja na via administrativa, seja na judicial a implantação do benefício, uma vez verificado o retorno ao labor nocivo ou sua continuidade, cessará o benefício previdenciário em questão".

No entanto, no julgamento dos Embargos de Declaração em fevereiro de 2021, o STF promoveu a modulação da decisão no Tema 709:

Decisão: O Tribunal, por maioria, acolheu parcialmente os embargos de declaração, para:

a) esclarecer que não há falar em inconstitucionalidade do § 8º do art. 57 da Lei nº 8.213/91, em razão da alegada ausência dos requisitos autorizadores da edição da Medida Provisória que o originou, pois referida MP foi editada com a finalidade de se promoverem ajustes necessários na Previdência Social à época, cumprindo, portanto, as exigências devidas;

b) alterar a redação da tese de repercussão geral fixada, para evitar qualquer contradição entre os termos utilizados no acórdão ora embargado, devendo ficar assim redigida: "4. Foi fixada a seguinte tese de repercussão geral: '(i) [é] constitucional a vedação de continuidade da percepção de aposentadoria especial se o beneficiário permanece laborando em atividade especial ou a ela retorna, seja essa atividade especial aquela que ensejou a aposentação precoce ou não; (ii) nas hipóteses em que o segurado solicitar a aposentadoria e continuar a exercer o labor especial, a data de início do benefício será a data de entrada do requerimento, remontando a esse marco, inclusive, os efeitos financeiros; efetivada, contudo, seja na via administrativa, seja na judicial, a implantação do benefício, uma vez verificada a continuidade ou o retorno ao labor nocivo, cessará o pagamento do benefício previdenciário em questão'";

c) **modular os efeitos do acórdão embargado e da tese de repercussão geral, de forma a preservar os segurados que tiveram o direito reconhecido por decisão judicial transitada em julgado até a data deste julgamento; e**

d) **declarar a irrepetibilidade dos valores alimentares recebidos de boa-fé, por força de decisão judicial ou administrativa, até a proclamação do resultado deste julgamento, nos termos do voto do Relator, vencido parcialmente o Ministro Marco Aurélio, que divergia apenas quanto à modulação. Plenário, Sessão Virtual de 12.2.2021 a 23.2.2021.**

Considerando que a proclamação do julgamento se deu em 24/02/2021 no site do STF, não cabe ao INSS de acordo com o Tema 709 em Repercussão Geral a cobrança das parcelas recebidas conjuntamente de aposentadoria especial e salário decorrente de atividade nociva até este dia, quer se a implantação se deu por decisão judicial, quer por concessão administrativa voluntária.

Desta forma, se trata de modulação ampla da decisão, pois mesmo os processos administrativos concessórios foram alcançados com a vedação da Suprema Corte de devolução das parcelas recebidas até 24/02/2021.

Excepcionalmente, na situação rara e improvável de o INSS comprovar a má-fé do beneficiário, pois é princípio geral do Direito a presunção relativa de boa-fé, é que a Autarquia de Previdência poderá cobrar as parcelas recebidas conjuntamente de aposentadoria especial e salário decorrente de atividade nociva anteriores à 25/02/2021.

Considerando que a proclamação do julgamento se deu em 24/02/2021 no site do STF, não cabe ao INSS de acordo com o Tema 709 em Repercussão Geral a cobrança das parcelas recebidas conjuntamente de aposentadoria especial e salário decorrente de atividade nociva até este dia, quer se a implantação se deu por decisão judicial, quer por concessão administrativa voluntária.

Desta forma, se trata de modulação ampla da decisão, pois mesmo os processos administrativos concessórios foram alcançados com a vedação da Suprema Corte de devolução das parcelas recebidas até 24/02/2021.

Excepcionalmente, na situação rara e improvável de o INSS comprovar a má-fé do beneficiário, pois é princípio geral do Direito a presunção relativa de boa-fé, é que a Autarquia de Previdência poderá cobrar as parcelas recebidas conjuntamente de aposentadoria especial e salário decorrente de atividade nociva anteriores à 25/02/2021.

Demais disso, a Suprema Corte ainda preservou a intangibilidade da coisa julgada material formada até a data do julgamento (finalizado em 23/02/2021 no Plenário Virtual), de modo a indicar o descabimento de ação rescisória e demais instrumentos de desfazimento da *res judiciata*, que somente serão cabíveis para trânsitos em julgado a contar de 24/02/2021.

Posteriormente, **o PGR interpôs embargos de declaração** aduzindo que "referido acórdão padece de omissão, uma vez, que, "considerada a situação de grave emergência planetária em que nos inserimos hoje, há a necessidade de fazer a distinção e modulação dos efeitos em relação aos profissionais de saúde essenciais ao controle de doenças e à manutenção da ordem pública, listados no art. 3ºJ da Lei nº 13.979/2020, que estejam trabalhando diretamente no combate à epidemia do novo coronavírus ou colaborando com serviços de atendimento daqueles atingidos por ela em hospitais ou instituições congêneres, públicas ou particulares". Acrescentou que, em não ocorrendo essa modulação, podem advir inúmeros pedidos de demissão, em massa, desses profissionais, a acarretar sérios problemas à gestão da saúde pública, que já se encontra extremamente sobrecarregada, nestes tempos de pandemia. Postulou, assim, liminarmente, nos termos do art. 1.026, § 1º, do CPC, a suspensão dos efeitos do acórdão embargado, até o julgamento do recurso, ou o fim da declaração da situação de emergência, em relação aos profissionais de saúde listados no art. 3º-J, da Lei nº 13.979/2020, que estejam trabalhando diretamente no combate à epidemia do novo coronavírus ou colaborando com serviços de atendimento de pessoas atingidas pela doença em hospitais ou instituições congêneres, públicos ou particulares e, por fim, o acolhimento dos embargos, para modular os efeitos do acórdão recorrido, dessa mesma maneira".

O Ministro Dias Toffoli deferiu monocraticamente o pedido: "Previamente à análise dos novos embargos de declaração interpostos nos autos, dada a gravidade da situação aqui descrita e, ainda, em vista da expressa concordância do embargado, acolho o pedido apresentado pelo Procurador-Geral da República e, nos termos do art. 1.026, § 1º, do CPC, **suspendo, liminarmente, e em relação aos profissionais de saúde constantes do rol do art. 3º-J, da Lei nº 13.979/2020, e que estejam trabalhando diretamente no combate à epidemia do COVID-19, ou prestando serviços de atendimento a pessoas atingidas pela doença em hospitais ou instituições congêneres, públicos ou privados, os efeitos do acórdão proferido nos autos**, que apreciou os anteriores recursos de embargos de declaração aqui opostos".

Dessa forma, a suspensão da aposentadoria especial com a aplicação da regra do artigo 57, §8º, da Lei 8.213/91 restou suspensa durante o período da pandemia de COVID-19 **exclusivamente para os seguintes profissionais essenciais ao controle de doenças e à manutenção da ordem pública.**

Prevê o artigo 64, do RPS, que apenas o *segurado empregado, o trabalhador avulso e o contribuinte individual cooperado filiado à cooperativa de trabalho ou de produção* fazem jus à aposentadoria especial, pois apenas nestes casos há prévia fonte de custeio específica, consistente nas contribuições previdenciárias pagas pelas empresas, na forma do artigo 57, §6º, da Lei 8.213/91 e do artigo 1º, da Lei 10.666/2003.

Porém, inexiste esta restrição na Lei 8.213/91, razão pela qual é discutível a validade da referida restrição regulamentar, já tendo sido pronunciada a sua ilegalidade pelo TRF da 2ª Região, ao afirmar que, "no que concerne ao fato de ser o proprietário do estabelecimento comercial, ressalte-se que o Plano de Benefícios não distinguiu espécies de segurado, para efeito da concessão de aposentadoria especial, pelo que se infere ser esta devida tanto ao trabalhador que ostenta a condição de empregado quanto àquele que se insere na categoria de contribuinte individual" (AC 309.759, de 04.02.2004).

Favoravelmente ao artigo 64, do RPS, pode-se invocar o **Princípio da Precedência da Fonte de Custeio**, tendo em conta que apenas a aposentadoria especial do empregado, do avulso e do contribuinte individual filiado à cooperativa de trabalho ou de produção possui o prévio pagamento de contribuições previdenciárias específicas.

STJ

Em 17 de setembro de 2015, a 2ª Turma do STJ pronunciou a ilegalidade do artigo 64 do Decreto 3.048/99, no julgamento do Recurso Especial 1.436.794:"o artigo 64 do Decreto 3.048/1999, ao limitar a concessão do benefício aposentadoria especial ao segurado empregado, trabalhador avulso e contribuinte individual cooperado, extrapola os limites da Lei de Benefícios que se propôs regulamentar, razão pela qual deve ser reconhecida sua ilegalidade".

Uma vez realizado o tempo de contribuição especial, pontuação fixada na Emenda 103/2019 e a carência, o benefício será devido desde a data de entrada do requerimento no INSS. No caso do segurado empregado, a data de início do benefício será a do desligamento do emprego, se requerida até 90 dias.

Caso não haja desligamento do emprego ou se requerida depois de transcorridos 90 dias da extinção do vínculo empregatício, o benefício será devido desde o requerimento administrativo.

Para fazer jus ao benefício, a atividade deverá se enquadrar como especial, assim considerado o **tempo de trabalho permanente, não ocasional nem intermitente, em condições especiais que prejudiquem a saúde ou a integridade física do segurado**, a ser comprovado perante o INSS.

Vale registrar que a exposição permanente ao agente nocivo previsto no Regulamento surgiu com a Lei 9.032/95, não sendo aplicado ao tempo especial anterior.

Mesmo sem nocividade em razão do afastamento, o artigo 65 do Decreto 3.048/1999 permitia que o auxílio-doença por acidente de trabalho fosse computado como tempo especial por agentes nocivos, existindo jurisprudência que estende esta regra ao auxílio-doença comum (sem acidente de trabalho).

STJ

Tema 998 (26/6/2019) – O Segurado que exerce atividades em condições especiais, quando em gozo de auxílio-doença, seja acidentário ou previdenciário, faz jus ao cômputo desse mesmo período como tempo de serviço especial.

No entanto, o Decreto 10.410/2020 modificou o artigo 65, parágrafo único, do Decreto 3.048/99:

> "Art. 65. Considera-se tempo de trabalho permanente aquele que é exercido de forma não ocasional nem intermitente, no qual a exposição do empregado, do trabalhador avulso ou do cooperado ao agente nocivo seja indissociável da produção do bem ou da prestação do serviço. (Redação dada pelo Decreto nº 8.123, de 2013)
>
> **Parágrafo único. Aplica-se o disposto no caput aos períodos de descanso determinados pela legislação trabalhista, inclusive ao período de férias, e aos de percepção de salário-maternidade, desde que, à data do afastamento, o segurado estivesse exposto aos fatores de risco de que trata o art. 68. (Redação dada pelo Decreto nº 10.410, de 2020)".**

Dessa forma, desde 1/7/2020, os benefícios previdenciários por acidente de trabalho não mais serão considerados como tempo especial por ausência de nocividade durante o afastamento do labor, restando apenas o cômputo do salário-maternidade como tempo especial, que se configura tecnicamente uma ilegalidade regulamentar não corrigida.

Por outro até, até 30/6/2020 devem os benefícios por incapacidade laboral acidentários serem considerados como tempo especial, pois é vedada a aplicação retroativa de novel interpretação governamental à luz do Princípio da Segurança Jurídica.

Cabe agora ao STJ reapreciar o Tema 998 à luz da alteração regulamentar.

A atividade especial pressupõe a exposição aos agentes nocivos químicos, físicos, biológicos ou associação de agentes prejudiciais à saúde ou à integridade física, pelo período equivalente ao exigido para a concessão do benefício.

A comprovação da efetiva exposição do segurado aos agentes nocivos será feita mediante **formulário** emitido pela empresa ou seu preposto, com base em **laudo técnico de condições ambientais do trabalho**, expedido por médico do trabalho ou engenheiro de segurança do trabalho, nos termos da legislação trabalhista.

Desde 01.01.2004, o formulário utilizado pela legislação previdenciária é o **PPP – Perfil Profissiográfico Previdenciário**, por força da IN INSS DC 95/2003,assim considerado o documento histórico-laboral do trabalhador, segundo modelo instituído pelo Instituto Nacional do Seguro Social, que, entre outras informações, deve conter registros ambientais, resultados de monitoração biológica e dados administrativos, que deverá sofrer atualização sempre que houver informações que impliquem na mudança do seu conteúdo, a ser feita pelo menos uma vez ao ano.

A legislação previdenciária não exige que o formulário e o laudo técnico de condições ambientais sejam produzidos contemporaneamente ao tempo de contribuição especial a ser comprovado.

Vale frisar que, a princípio, basta a apresentação do PPP, não sendo exigível o LTCAT, salvo se houver incorreção, contradição ou obscuridade no PPP, hipótese na qual deve ser o segurado instado a apresentar o laudo.

STJ

O STJ fixou tese repetitiva nesse mesmo sentido no julgamento da PETIÇÃO Nº 10.262 – RS (2013/0404814-0), de 8/2/2017: PEDIDO DE UNIFORMIZAÇÃO DE JURISPRUDÊNCIA. PREVIDENCIÁRIO. COMPROVAÇÃO DE TEMPO DE SERVIÇO ESPECIAL. RUÍDO. PERFIL PROFISSIOGRÁFICO PREVIDENCIÁRIO (PPP). APRESENTAÇÃO SIMULTÂNEA DO RESPECTIVO LAUDO TÉCNICO DE CONDIÇÕES AMBIENTAIS DE TRABALHO (LTCAT). DESNECESSIDADE QUANDO AUSENTE IDÔNEA IMPUGNAÇÃO AO CONTEÚDO DO PPP. 1. Em regra, trazido aos autos o Perfil Profissiográfico

Previdenciário (PPP), dispensável se faz, para o reconhecimento e contagem do tempo de serviço especial do segurado, a juntada do respectivo Laudo Técnico de Condições Ambientais de Trabalho (LTCAT), na medida que o PPP já é elaborado com base nos dados existentes no LTCAT, ressalvando-se, entretanto, a necessidade da também apresentação desse laudo quando idoneamente impugnado o conteúdo do PPP. 2. No caso concreto, conforme destacado no escorreito acórdão da TNU, assim como no bem lançado pronunciamento do Parquet, não foi suscitada pelo órgão previdenciário nenhuma objeção específica às informações técnicas constantes do PPP anexado aos autos, não se podendo, por isso, recusar-lhe validade como meio de prova apto à comprovação da exposição do trabalhador ao agente nocivo "ruído". 3. Pedido de uniformização de jurisprudência improcedente.

O PPP deverá ser emitido pela empresa empregadora, no caso de empregado; pela cooperativa de trabalho ou de produção, no caso de cooperado filiado; pelo órgão gestor de mão de obra, no caso de trabalhador avulso portuário e pelo sindicato da categoria, no caso de trabalhador avulso não portuário.

Deverá ser impresso por ocasião da rescisão do contrato de trabalho ou da desfiliação da cooperativa, sindicato ou órgão gestor de mão de obra, em duas vias, com fornecimento de uma das vias para o trabalhador, mediante recibo.

Para as atividades exercidas até 31 de dezembro de 2003, serão aceitos os antigos formulários, desde que emitidos até essa data, observando as normas de regência vigentes nas respectivas datas de emissão.

Vale destacar que a empresa deverá elaborar e manter atualizado perfil profissiográfico previdenciário, abrangendo as atividades desenvolvidas pelo trabalhador e fornecer a este, quando da rescisão do contrato de trabalho ou do desligamento do cooperado, cópia autêntica deste documento, sob pena de multa.

Com propriedade, as **avaliações ambientais** deverão considerar a classificação dos agentes nocivos e os limites de tolerância estabelecidos pela legislação trabalhista, bem como a **metodologia** e os procedimentos de avaliação estabelecidos pela Fundação Jorge Duprat Figueiredo de Segurança e Medicina do Trabalho – **FUNDACENTRO** e os limites de tolerância estabelecidos pela NR-15, do MTE.

Frise-se que o PPP e o laudo técnico emitidos em data anterior ou posterior ao exercício da atividade do segurado poderão ser aceitos para garantir direito relativo ao enquadramento de tempo especial, após avaliação por parte do INSS.

Caso a empresa não forneça o PPP ou o apresente com incorreções, o segurado poderá ajuizar ação contra a empresa na Justiça do Trabalho cominatória de obrigação de fazer, a fim de disponibilizar o formulário que é imprescindível à concessão da aposentadoria especial.

Questão polêmica é saber se o fornecimento de equipamento de proteção individual pela empresa ao segurado exclui ou não o enquadramento da atividade especial.

Logo, nota-se que é preciso a análise de cada situação concreta a fim de verificar se a utilização do EPI reduziu ou não a exposição do segurado aos agentes nocivos para níveis abaixo dos padrões de tolerância, pois uma atividade apenas se enquadrará como especial se houver lesividade à saúde ou integridade física do trabalhador, a fim de justificar a concessão antecipada da proteção previdenciária.

O meu entendimento sobre essa polêmica é o seguinte: se o agente nocivo for *apenas qualitativo*, sendo a nocividade presumida e independente de mensuração, o uso de EPI não descaracteriza o tempo especial; se o agente nocivo for *quantitativo*, sendo a nocividade considerada pela ultrapassagem dos limites de tolerância ou doses, a concessão de EPI eficaz que reduza a exposição para aquém dos limites de tolerância, não haverá atividade especial a ser considerada.

STF

No julgamento do Recurso Extraordinário com Agravo (ARE) 664335 concluído em 04 de dezembro de 2014, decidiu a Suprema Corte que "o direito à aposentadoria especial pressupõe a efetiva exposição do trabalhador a agente nocivo a sua saúde, de modo que se o Equipamento de Proteção Individual (EPI) for realmente capaz de neutralizar a nocividade, não haverá respaldo à concessão constitucional de aposentadoria especial". Esta foi a primeira tese aprovada.

No entanto, no caso do agente nocivo ruído, "na hipótese de exposição do trabalhador a ruído acima dos limites legais de tolerância, a declaração do empregador no âmbito do Perfil Profissiográfico Previdenciário (PPP), no sentido da eficácia do Equipamento de Proteção Individual (EPI), não descaracteriza o tempo de serviço especial para a aposentadoria". Esta foi a segunda tese aprovada.

Assim sendo, o STF admitiu em abstrato a tese de que o EPI realmente eficaz afastará a concessão da aposentadoria especial. No entanto, no caso do ruído, por não admitir a eficácia real do EPI (tema cientificamente controverso), o seu uso não irá descaracterizar o tempo especial prestado, adotando-se o mesmo entendimento da Súmula 09 da TNU.

De acordo com o Manual da Aposentadoria Especial do INSS, no que concerne ao agente ruído, **deve-se observar se consta informação sobre**

EPC a partir de 14.10.1996 e sobre EPI a partir de 3.12.1998, não devendo ser considerada a informação sobre EPI para os períodos laborados anteriores a 3.12.1998 (data da publicação da MP nº 1.729/1998 convertida da Lei nº 9.732/1998).

Para o segurado que houver exercido sucessivamente duas ou mais atividades sujeitas a condições especiais prejudiciais à saúde ou à integridade física, sem completar em qualquer delas o prazo mínimo exigido para a aposentadoria especial, os respectivos períodos serão somados após conversão, conforme tabela abaixo, extraída do artigo 66, do RPS, considerada a atividade preponderante:

	MULTIPLICADORES		
Tempo a converter	**Para 15**	**Para 20**	**Para 25**
De 15 anos	-	1,33	1,67
De 20 anos	0,75	-	1,25
De 25 anos	0,60	0,80	-

Suponha-se que Allan tenha trabalho por 10 anos em uma atividade especial sujeita à aposentadoria especial com 20 anos de contribuição. Posteriormente, ele se desligou desse emprego e passou a trabalhar em atividade especial que conduz à aposentadoria com 25 anos de contribuição.

Neste caso, conforme a tabela acima, os 10 anos trabalhados serão multiplicados pelo fator 1,25, sendo transformados em 12,5 anos. Logo, Allan precisará trabalhar mais 12,5 anos na atividade especial sujeita à aposentadoria com 25 anos de contribuição, e não mais 15 anos.

Outrossim, **era possível até a EMENDA 103/2019 a conversão de tempo de atividade sob condições especiais em tempo de atividade comum**, conforme a seguinte tabela do artigo 70, do RPS:

	MULTIPLICADORES	
Tempo a converter	**Mulher (para 30)**	**Homem (para 35)**
De 15 anos	2,00	2,33
De 20 anos	1,50	1,75
De 25 anos	1,20	1,40

A conversão do tempo especial em comum era garantida pelo artigo 57, §6º, da Lei 8.213/91:

> "§ 5° O tempo de trabalho exercido sob condições especiais que sejam ou venham a ser consideradas prejudiciais à saúde ou à integridade física será somado, **após a respectiva conversão ao tempo de trabalho exercido em atividade comum**, segundo critérios estabelecidos pelo Ministério da Previdência e Assistência Social, para efeito de concessão de qualquer benefício. (Parágrafo acrescentado pela Lei n° 9.032, de 28.4.95)".

Com a vedação do artigo 26, §2º, da Emenda 103/2019, apenas dar-se-á a **conversão do tempo especial em comum prestado até o dia da sua publicação**, não tendo o §5º do artigo 57 da Lei 8.213/91 sido recebido pela novel reforma constitucional.

Logo, é VEDADA A CONVERSÃO DO TEMPO ESPECIAL EM COMUM prestado após a data da publicação da reforma previdenciária, sendo um duro golpe nos segurados que REALMENTE exercem atividades nocivas, que não mais poderão ter cômputo diferenciado para uma aposentadoria comum acaso não preencham os requisitos para a aposentadoria especial.

5.2. APOSENTADORIA DOS DEFICIENTES

Regulamentação básica: Lei Complementar 142/2013.

A aposentadoria com regras especiais em favor dos segurados deficientes passou a ter previsão na Constituição de 1988 somente com o advento da Emenda 47/2005. Coube à **Lei Complementar 142, de 08 de maio de 2013**, regulamentar a concessão de aposentadoria com critérios especiais aos referidos segurados, mas que apenas entrou em vigor após transcorridos seis meses da sua publicação, perpetrada no dia 09/05/2013.

De acordo com o **artigo 22 da Emenda 103/2019**, até que lei discipline o inciso I do § 1° do art. 201 da Constituição Federal, a aposentadoria da **pessoa com deficiência segurada do Regime Geral de Previdência Social** será concedida na forma da **Lei Complementar n° 142, de 8 de maio de 2013**, inclusive quanto aos critérios de cálculo dos benefícios.

Desta forma, conservamos as informações deste item da obra, pois as regras foram recebidas pela Emenda 103/2019.

O Decreto 8.145, de 03 de dezembro de 2013, publicado nesse mesmo dia, promoveu a sua regulamentação. Esta regra designou este benefício de aposentadoria por tempo de contribuição das pessoas com deficiência.

A aposentadoria especial do deficiente dependerá do **grau de deficiência** (grave, moderada ou leve), cabendo ao Regulamento da Previdência Social defini-las e ao INSS atestar o grau de deficiência por sua perícia médica, observada a seguinte tabela:

	DEFICIÊNCIA GRAVE	DEFICIÊNCIA MODERADA	DEFICIÊNCIA LEVE
HOMENS	25 anos de contribuição	29 anos de contribuição	33 anos de contribuição
MULHERES	20 anos de contribuição	24 anos de contribuição	28 anos de contribuição

É possível que o grau de deficiência seja alterado ao longo do tempo. Uma deficiência leve pode progredir e se tornar moderada ou grave, ou vice-versa.

Neste caso, se o segurado, após a filiação ao RGPS, tornar-se pessoa com deficiência, ou tiver seu grau de deficiência alterado, os parâmetros serão proporcionalmente ajustados, considerando-se o número de anos em que o segurado exerceu atividade laboral sem deficiência e com deficiência, observado o grau de deficiência correspondente.

Certamente por um lapso do legislador, a norma não previu expressamente o período de carência da aposentadoria especial do deficiente, que deve ser considerada em 180 recolhimentos mensais por analogia às demais aposentadorias.

A existência de deficiência anterior à data da vigência da LC 142/2013 deverá ser certificada, inclusive quanto ao seu grau, por ocasião da **primeira avaliação no INSS**, sendo obrigatória a fixação da data provável do início da deficiência.

No entanto, a norma não fixa até quando terá efeitos retroativos. Uma primeira possibilidade seria reconhecer o tempo contributivo especial do segurado deficiente desde a Emenda 47/2005.

Mas certamente essa retroação não será limitada, fazendo jus o segurado deficiente ao reconhecimento do seu tempo de contribuição especial independentemente da época da prestação.

De seu turno, a comprovação de tempo de contribuição na condição de segurado com deficiência em período anterior à entrada em vigor da LC 142/2013 não será admitida por meio de prova exclusivamente testemunhal, sendo excepcionado o Princípio do Livre Convencimento Motivado.

Para efeito de concessão da aposentadoria da pessoa com deficiência, compete à perícia própria do INSS, nos termos de ato conjunto do Ministro de Estado Chefe da Secretaria de Direitos Humanos da Presidência da República, dos Ministros de Estado da Previdência Social, da Fazenda, do Planejamento, Orçamento e Gestão e do Advogado-Geral da União:

I. avaliar o segurado e fixar a data provável do início da deficiência e o seu grau; e
II. identificar a ocorrência de variação no grau de deficiência e indicar os respectivos períodos em cada grau.

> Esta aposentadoria especial terá a renda de 100% do salário de benefício, apenas havendo a incidência do fator previdenciário se for benéfico ao segurado.

Logo, ao contrário do que ocorre na aposentadoria especial por agentes nocivos, em que não há a aplicação do fator previdenciário em nenhuma hipótese, na aposentadoria especial dos deficientes será possível a sua incidência, desde que superior a 1,0, pois somente assim haverá elevação no valor do salário de benefício.

A aposentadoria especial do deficiente é devida ao **empregado, trabalhador avulso, empregado doméstico, contribuinte individual e segurado facultativo.** Por sua vez, o **segurado especial** apenas terá direito se fizer recolhimentos sobre o salário de contribuição, na forma do Decreto 8.145/2013, pois a contribuição de 2,1% sobre a receita da produção não dá direito a este benefício.

Considera-se como **pessoa com deficiência** aquela que tem impedimentos de longo prazo de natureza física, mental, intelectual ou sensorial, os quais, em interação com diversas barreiras, podem obstruir sua participação plena e efetiva na sociedade em igualdade de condições com as demais pessoas, sendo adotada a mesma definição da Lei 8.742/93, alterada pela Lei 12.470/2011.

> Por sua vez, a Lei Complementar 142/2013 abriu outro regramento diferenciado para os segurados deficientes, consistente na **redução em cinco anos na idade para o deferimento do benefício de aposentadoria por idade.**

Logo, independentemente do grau de deficiência, observada a carência de 180 recolhimentos mensais, o homem deficiente se aposentará por idade aos 60 anos e a mulher aos 55 anos de idade, com renda de 70% do salário de benefício, mais 1% por grupo de 12 contribuições mensais, até o máximo de 30%, sendo facultativa a incidência do fator previdenciário, que apenas será aplicado se benéfico ao segurado.

Vale registar que a LC 142/2013 não previu nenhuma contribuição previdenciária adicional para custear a aposentadoria especial dos deficientes, sendo forçoso concluir que foi violado o Princípio da Precedência da Fonte de Custeio.

Contudo, como se trata de norma negociada entre os Poderes Legislativo e Executivo da União, é certo que inexiste vontade política na sua pronúncia de inconstitucionalidade, pois teve uma excelente recepção social e veio a regulamentar uma determinação constitucional.

A Lei 8.213/91 terá aplicação à aposentadoria especial do segurado deficiente no que for compatível, sendo-lhe garantida a percepção de qualquer outra espécie de aposentadoria estabelecida na **Lei nº 8.213, de 24 de julho de 1991**, que lhe seja mais vantajosa do que as opções apresentadas na LC 142/2013.

Importante:

Não é possível ao segurado deficiente se valer, cumulativamente, das regras do artigo 57, da Lei 8.213/91 e da LC 142/2013.

É que determina o seu artigo 10 que "a redução do tempo de contribuição prevista nesta Lei Complementar não poderá ser acumulada, no tocante ao mesmo período contributivo, com a redução assegurada aos casos de atividades exercidas sob condições especiais que prejudiquem a saúde ou a integridade física".

Logo, caso o segurado deficiente possua período contributivo especial por exposição aos agentes nocivos à saúde previstos no Regulamento, deverá optar pela sistemática que lhe for mais favorável, não podendo acumular as regras especiais de ambos os diplomas referidos.

De acordo com o Decreto 8.145/2013, será observada a carência de 180 recolhimentos mensais para a aposentadoria especial por tempo de contribuição do segurado deficiente. Para o segurado que, após a filiação ao RGPS, tornar-se pessoa com deficiência, ou tiver seu grau alterado, os parâmetros serão proporcionalmente ajustados e os respectivos períodos serão somados após conversão, conforme as tabelas abaixo, considerando o grau de deficiência preponderante:

MULHER				
TEMPO A CONVERTER	**MULTIPLICADORES**			
	Para 20	**Para 24**	**Para 28**	**Para 30**
De 20 anos	1,00	1,20	1,40	1,50
De 24 anos	0,83	1,00	1,17	1,25
De 28 anos	0,71	0,86	1,00	1,07
De 30 anos	0,67	0,80	0,93	1,00
HOMEM				
TEMPO A CONVERTER	**MULTIPLICADORES**			
	Para 25	**Para 29**	**Para 33**	**Para 35**
De 25 anos	1,00	1,16	1,32	1,40
De 29 anos	0,86	1,00	1,14	1,21
De 33 anos	0,76	0,88	1,00	1,06
De 35 anos	0,71	0,83	0,94	1,00

Assim, suponha-se que um segurado **homem sem deficiência** conte com 10 anos de contribuição, considerando que a aposentadoria por tempo de contribuição do homem se dá aos 35 anos de contribuição.

Posteriormente, esse segurado teve um acidente e passa para a condição de deficiente grave, com aposentadoria especial com 25 anos. Neste caso, os 10 anos serão convertidos pelo fator 0,71, equivalendo a 17,75 anos de contribuição para uma aposentadoria especial de 25 anos.

É garantida a conversão do tempo de contribuição cumprido em condições especiais que prejudiquem a saúde ou a integridade física do segurado, inclusive da pessoa com deficiência, para fins da aposentadoria especial do deficiente, se resultar mais favorável ao segurado, conforme tabela abaixo:

MULHER					
TEMPO A CONVERTER	**MULTIPLICADORES**				
	Para 15	**Para 20**	**Para 24**	**Para 25**	**Para 28**
De 15 anos	1,00	1,33	1,60	1,67	1,87
De 20 anos	0,75	1,00	1,20	1,25	1,40
De 24 anos	0,63	0,83	1,00	1,04	1,17
De 25 anos	0,60	0,80	0,96	1,00	1,12
De 28 anos	0,54	0,71	0,86	0,89	1,00
HOMEM					
TEMPO A CONVERTER	**MULTIPLICADORES**				
	Para 15	**Para 20**	**Para 25**	**Para 29**	**Para 33**
De 15 anos	1,00	1,33	1,67	1,93	2,20
De 20 anos	0,75	1,00	1,25	1,45	1,65
De 25 anos	0,60	0,80	1,00	1,16	1,32
De 29 anos	0,52	0,69	0,86	1,00	1,14
De 33 anos	0,45	0,61	0,76	0,88	1,00

Essa regra foi manutenida pelo Decreto 10.410/2020 (art. 70-F, §1º, do RPS), mesmo após o advento da Emenda 103/2019, pois as regras das aposentadorias das pessoas com deficiência foram conservadas pela Reforma Constitucional Previdenciária.

No entanto, é vedada a conversão do tempo de contribuição da pessoa com deficiência para fins de concessão da aposentadoria especial por exposição aos agentes nocivos à saúde.

Assim sendo, tempo de contribuição especial por exposição a agentes nocivos à saúde converte-se em tempo de contribuição do deficiente. Todavia, a recíproca não é verdadeira.

Até 13/11/2019, é possível fins da aposentadoria por idade da pessoa com deficiência a conversão do período de exercício de atividade sujeita a condições especiais que prejudiquem a saúde ou a integridade física, cumprido na condição de pessoa com deficiência, **exclusivamente para efeito de cálculo do valor da renda mensal**, vedado o cômputo do tempo convertido para fins de carência.

> O Decreto 8.145/2013 instituiu uma espécie de regra de transição sem previsão na LC 142/2013. Isso porque o seu artigo 2º previu que a pessoa com deficiência poderá, a partir de 03 de dezembro de 2013 (data da publicação do citado decreto), solicitar o agendamento de avaliação médica e funcional, a ser realizada por perícia própria do INSS, para o reconhecimento do direito às aposentadorias por tempo de contribuição ou por idade.
>
> Até dois anos após a entrada em vigor do Decreto 8.145/2013 será realizada a avaliação pericial para o segurado que requerer o benefício de aposentadoria e contar com os seguintes requisitos: **no mínimo vinte anos de contribuição, se mulher, e vinte e cinco anos de contribuição, se homem.**
>
> Assim, para quem requerer o benefício até 03 de dezembro de 2015, independentemente do grau de deficiência, que não é exigido do artigo 2º, é assegurada a concessão da aposentadoria especial ao deficiente com o cumprimento de 20 anos de contribuição (mulheres) e 25 anos de contribuição (homens).

6. AUXÍLIO-DOENÇA (AUXÍLIO POR INCAPACIDADE TEMPORÁRIA)

Regulamentação básica: artigos 59/63, da Lei 8.213/91; artigos 71/80, do RPS (Decreto 3.048/99).

Códigos de concessão: 91 – Auxílio-doença por acidente do trabalho e 31 – Auxílio-doença previdenciário (sem decorrer de acidente de trabalho).

Considerando que a **Emenda 103/2019** promoveu a exclusão da expressão "doença" do inciso I do artigo 201 da Constituição e inseriu a necessidade de incapacidade temporária ou permanente, posto que não basta estar doente para receber um benefício previdenciário por incapacidade laboral

Uma crítica ao **Decreto 10.410/2020** é a utilização da expressão **"auxílio por incapacidade temporária"** em substituição ao "auxílio-doença", pois a incapacidade permanente também é fato gerador do benefício, nos termos do artigo 62[36] da Lei 8.213/91, quando cabível a reabilitação profissional.

Por certo, teria sido mais adequada a expressão "auxílio temporário por incapacidade" ou simplesmente "auxílio-incapacidade", pois demonstraria o caráter temporário do benefício e abarcaria tanto a incapacidade temporária quanto a permanente.

Ao longo do texto manteremos a expressão auxílio-doença por questões históricas e em razão de a normatização (Lei 8.213/91 e Lei 8.212/91) e a jurisprudência citar essa nomenclatura, que progressivamente ao longo dos anos será substituída por auxílio por incapacidade temporária.

> Trata-se de benefício não programado devido ao segurado que **ficar incapacitado para o seu trabalho ou para a sua atividade habitual por mais de 15 dias consecutivos.** O segurado em gozo de auxílio-doença, **insusceptível de recuperação para sua atividade habitual, se possível, deverá submeter-se a processo de reabilitação profissional para o exercício de outra atividade**, exceto o tratamento cirúrgico e a transfusão de sangue, que são facultativos.

Não cessará o benefício até que seja dado como habilitado para o desempenho de nova atividade que lhe garanta a subsistência ou, quando considerado não recuperável, for aposentado por invalidez.

Com o advento da Medida Provisória 664, de 30 de dezembro de 2014, algumas regras do auxílio-doença foram alteradas, mas as modificações foram retiradas da Lei 13.135/2015, retornando-se ao texto anterior.

Insta afirmar que mesmo a **incapacidade laborativa parcial** para o trabalho habitual enseja a concessão do auxílio-doença, *ex vi* da Súmula 25 da Advocacia-Geral da União: "Será concedido auxílio-doença ao segurado considerado **temporariamente** incapaz para o trabalho ou sua atividade habitual, de forma total **ou parcial**, atendidos os demais requisitos legais, **entendendo-se por incapacidade parcial aquela que permita sua reabilitação para outras atividades laborais**".

> **STJ**
>
> "RECURSO ESPECIAL. PREVIDENCIÁRIO. LEI 8.213/91. CONCESSÃO. AUXÍLIO-DOENÇA. INCAPACIDADE. TOTAL. PARCIAL. **A Lei 8.213/91 não faz distinção quanto à incapacidade, se deve ser total ou parcial; assim, não é possível restringir o benefício ao segurado, deferindo-o, tão-somente, quando a desventurada incapacidade for parcial.** Recurso desprovido" (REsp 699920/SP, de 17/02/2005).

36. Art. 62. O segurado em gozo de auxílio-doença, insuscetível de recuperação para sua atividade habitual, deverá submeter-se a processo de reabilitação profissional para o exercício de outra atividade. (Redação dada pela Lei nº 13.457, de 2017)

De acordo com o Manual de Perícia Médica da Previdência Social, "a **incapacidade laborativa** é a impossibilidade de desempenho das funções específicas de uma atividade ou ocupação, em consequência de alterações morfopsicofisiológicas provocadas por doença ou acidente".

De efeito, entende-se que **incapacidade parcial** é aquela que prejudica o desenvolvimento de algumas atividades laborativas habituais do segurado, mas não de todas, sem risco de vida do segurado ou agravamento maior.

Por tudo isto, crê-se que é possível a concessão do auxílio-doença em duas hipóteses:

A) ***Incapacidade temporária parcial ou total para o trabalho habitual por mais de 15 dias consecutivos***, sendo plenamente possível a recuperação do segurado para desenvolver a mesma atividade;

B) ***Incapacidade permanente parcial ou total do segurado para o trabalho habitual por mais de 15 dias consecutivos***, não sendo possível a recuperação do segurado para continuar desenvolvendo o trabalho habitual, mas plenamente viável a reabilitação profissional para outra atividade que lhe garanta a subsistência.

Na primeira hipótese, considere-se que um segurado do RGPS tenha contraído a gripe H1N1, ficando impossibilitado de exercer o seu trabalho habitual por 30 dias. Neste caso, é plenamente possível a sua recuperação clínica, não sendo cabível a reabilitação profissional.

No segundo caso, enquadra-se a situação de um estivador que apresenta problema em sua coluna, não sendo possível a sua recuperação para o trabalho habitual, que exige o levantamento de muito peso.

Logo, trata-se de incapacidade permanente para o trabalho habitual, devendo o segurado receber o auxílio-doença e ser encaminhado ao serviço de reabilitação profissional, caso seja possível desenvolver outra atividade laborativa que lhe garanta a subsistência, respeitadas as suas limitações clínicas.

Por tudo isso, é possível promover as seguintes classificações da incapacidade laborativa:

A) Quanto ao grau, poderá ser *total* ou *parcial*;

B) Quanto à duração, será *temporária* (prazo previsível para a recuperação) ou de *duração indefinida* (prazo imprevisível).

Ainda é possível realizar uma classificação da incapacidade laboral de acordo com a **profissão desenvolvida**:

A) uniprofissional: aquela em que o impedimento alcança apenas uma atividade específica;

B) multiprofissional: aquela em que o impedimento abrange diversas atividades profissionais;

C) omniprofissional: aquela que implica a impossibilidade do desempenho de toda e qualquer atividade laborativa, sendo conceito essencialmente teórico, salvo quando em caráter transitório.

> De efeito, **a incapacidade laborativa por até 15 dias não ensejará o pagamento do auxílio-doença**, pois se cuida de risco social não coberto pelo Plano de Benefícios do RGPS, em observância ao Princípio da Seletividade (art. 59, da Lei 8.213/91), restaurado pela Lei 13.135/2015.
>
> Também não será devido o auxílio-doença ao segurado que se filiar ao Regime Geral de Previdência Social já portador da doença ou da lesão invocada como causa para o benefício, **salvo quando a incapacidade sobrevier por motivo de progressão ou agravamento dessa doença ou lesão**.

Suponha-se que Cornélio trabalhe por conta própria sem nunca ter recolhido contribuição previdenciária. Após se acidentar e se tornar incapaz para o trabalho temporariamente, Cornélio se filiou ao RGPS como contribuinte individual mediante o recolhimento de contribuição previdenciária.

Neste caso, deverá o INSS indeferir o benefício de auxílio-doença, vez que a incapacidade laboral é preexistente à filiação de Cornélio.

Por outro lado, suponha-se que Maria seja portadora de câncer no momento da sua filiação ao RGPS. Conquanto portadora da referida patologia, no momento em que se filiou ao regime previdenciário, Maria ainda gozava de plenas condições laborais.

Contudo, um ano após a filiação, o mal se agravou e Maria passou a ser incapaz para o trabalho de maneira parcial. Neste caso, o INSS deverá deferir o auxílio-doença, pois a incapacidade laboral decorreu de progressão da enfermidade verificada após a filiação.

Vale ressaltar que o período de graça não correrá ou, se já iniciado, será suspenso durante o período de incapacidade laboral do segurado, com base no artigo 15, I, da Lei 8.213/91.

> Logo, é necessário avaliar se na data do início da incapacidade laborativa ainda havia a manutenção da qualidade de segurado. Se havia, o auxílio-doença será deferido. Caso contrário, será negado.

Isso porque nos casos em que o segurado deixa de recolher a contribuição por estar incapacitado, não haverá a perda da sua qualidade, pois a partir do momento em que houver a incapacidade para o trabalho habitual, já nascerá o direito ao auxílio-doença, mesmo que este só será requerido muito posteriormente.

Vamos supor que Rosângela é contribuinte individual que trabalha por conta própria. Ela possui 20 contribuições previdenciárias vertidas mensalmente em dia. A partir de janeiro de 2012, torna-se incapaz para o seu trabalho habitual por largo período, deixando de recolher as contribuições.

Por desconhecimento da legislação previdenciária, Rosângela apenas requereu o benefício em abril de 2013, quando ainda estava impossibilitada de exercer o seu trabalho habitual, época em que já não contribuía há mais de 12 meses.

Conquanto na data do requerimento administrativa ela aparentemente já tenha perdido a qualidade de segurada (se passou o período de graça de 12 meses sem novos recolhimentos), se a perícia médica do INSS apontar o início da incapacidade em janeiro de 2012, o benefício deverá ser concedido, pois naquele mês havia a manutenção da condição de segurada.

É que, de acordo com o STJ, o INSS e a AGU, o segurado que deixar de contribuir para a Previdência Social, por estar incapacitado para o labor, não perde a sua qualidade.

É curial que seja feito um elo entre a enfermidade ou lesão que acomete o segurado e o seu trabalho ou atividade habitual, pois o mesmo infortúnio poderá gerar o pagamento do benefício para um segurado, mas não para outro, desde que atue em atividade laborativa diversa.

Suponha-se que dois segurados da mesma idade possuam uma idêntica lesão lombar. O primeiro é trabalhador avulso, atuando na função de estivador, ao passo que o segundo é segurado empregado, exercendo a função de porteiro de edifício.

É plenamente possível que o primeiro perceba o auxílio-doença e o segundo não, caso este possa compatibilizar a sua enfermidade com o exercício do seu trabalho, desde que não haja vedação clínica de que o tratamento seja processado sem a interrupção do labor.

Apenas no caso do **segurado empregado**, durante os **primeiros 15 dias** consecutivos ao do afastamento da atividade por motivo de doença, **incumbirá à empresa pagar o seu salário integral.**

Logo, a DIB (data de início do benefício) do auxílio-doença para o **empregado** será o décimo sexto dia após o afastamento, se o benefício for requerido em até 30 dias. Para os demais segurados, a DIB será a data do afastamento, se requerido em até 30 dias deste.

Para todos os segurados, a DIB será a data do requerimento administrativo, se entre o afastamento e o requerimento se passaram mais de 30 dias.

Contudo, se concedido novo benefício decorrente da mesma doença dentro de 60 dias contados da cessação do benefício anterior, a empresa fica desobrigada do pagamento relativo aos quinze primeiros dias de afastamento, prorrogando-se o benefício anterior e descontando-se os dias trabalhados, se for o caso.

Se o segurado empregado, por motivo de doença, afastar-se do trabalho durante 15 dias, retornando à atividade no décimo sexto dia, e se dela voltar a se afastar dentro de 60 dias desse retorno, em decorrência da mesma doença, fará jus ao auxílio-doença a partir da data do novo afastamento.

O auxílio-doença é um benefício previsto para todos os segurados, tendo a renda mensal inicial de **91% do salário de benefício**, não podendo ser inferior a um salário mínimo, pois visa substituir a remuneração do beneficiário. Em regra, o auxílio-doença pressupõe a realização de **carência de 12 contribuições mensais**, que será excepcionalmente dispensada nas hipóteses de invalidez decorrente de acidente de qualquer natureza, doença profissional, do trabalho ou das moléstias graves listadas em ato regulamentar. No entanto, a Lei 13.135/2015 instituiu um novo teto para o valor do auxílio-doença, ao inserir o §10 no artigo 29 da Lei 8.213/91, que determina que **"o auxílio-doença não poderá exceder a média aritmética simples dos últimos doze salários-de-contribuição, inclusive no caso de remuneração variável, ou, se não alcançado o número de doze, a média aritmética simples dos salários-de-contribuição existentes".**

Isto posto, o auxílio-doença não poderá superar a média aritmética simples dos 12 últimos salários de contribuição do segurado ou, se inexistentes 12 salários de contribuição no período básico de cálculo (a partir de julho de 1994), deverá ser feita a média aritmética simples de todos os salários de contribuição existentes, sempre com a óbvia incidência da correção monetária.

Certamente o motivo desta nova regra é aproximar o valor do auxílio-doença da remuneração percebida pelo segurado nos 12 últimos meses, a fim de evitar que o benefício fique com renda superior se o segurado possuir altos salários de contribuição no passado, o que poderá gerar a acomodação do segurado, se o auxílio-doença superar a sua remuneração mensal habitual.

Uma situação esdrúxula é que **a Emenda 103/2019 não alterou a renda do auxílio-doença**, que continua sendo de 91% do salário de benefício, limitado à média dos 12 últimos salários de contribuição, nos termos dos artigos 61[37] e 29, §10[38], da Lei 8.213/91.

---

37. Art. 61. O auxílio-doença, inclusive o decorrente de acidente do trabalho, consistirá numa renda mensal correspondente a 91% (noventa e um por cento) do salário-de-benefício, observado o disposto na Seção III, especialmente no art. 33 desta Lei. (Redação dada pela Lei nº 9.032, de 1995)
38. § 10. O auxílio-doença não poderá exceder a média aritmética simples dos últimos 12 (doze) salários-de-contribuição, inclusive em caso de remuneração

Isso porque o artigo 26, *caput*, da Emenda 103/2019 somente se aplica aos benefícios com regulação constitucional de requisitos enquanto não há lei de regulamentação ("até que lei discipline o cálculo dos benefícios do Regime Geral de Previdência Social"), o que não ocorre com o auxílio-doença, não regulado pela reforma constitucional.

Ademais, o parágrafo segundo do artigo 26 da Emenda 103/2019 somente se refere às aposentadorias ("o valor do benefício de aposentadoria corresponderá a sessenta por cento da média aritmética"), não abarcando o auxílio-doença.

Dessa forma, será comum ver a renda do auxílio-doença superior à renda da aposentadoria por invalidez dos segurados que não possuírem largo tempo de contribuição, o que é um contrassenso, até que haja uma possível alteração na Lei 8.213/91.

A legislação previdenciária não fixa um prazo máximo para a manutenção do auxílio-doença, mas é certo que não deverá permanecer ativo por muito tempo, visto que é precário por natureza.

De efeito, o auxílio-doença cessará com o retorno do segurado ao trabalho ou, caso necessite, com a sua reabilitação profissional. Caso contrário, a depender do caso concreto, deverá ser convertido em auxílio-acidente ou aposentadoria por invalidez, podendo, ainda, ser transformado em outra aposentadoria, caso o segurado já tenha preenchido os requisitos para tanto.

A alteração das atribuições e responsabilidades do segurado compatíveis com a limitação que tenha sofrido em sua capacidade física ou mental **não configura desvio de cargo ou função** do segurado reabilitado ou que estiver em processo de reabilitação profissional a cargo do INSS, nos termos da Lei 13.846/19.

Vale salientar que ao segurado que exercer mais de uma atividade abrangida pela Previdência Social, e estando incapacitado para uma ou mais atividades, inclusive em decorrência de acidente do trabalho, **será concedido um único benefício**.

Em regra, a data de início do benefício (DIB) será a data da incapacidade, marco inicial do pagamento a ser promovido pelo INSS. Contudo, se entre a data da incapacidade e a data de entrada do requerimento (DER) se passar mais de 30 dias, a data de início do benefício será a data de entrada do requerimento na Previdência Social.

variável, ou, se não alcançado o número de 12 (doze), a média aritmética simples dos salários-de-contribuição existentes. (Incluído pela Lei nº 13.135, de 2015)

Importante:
Apenas no caso do segurado empregado a regra será diferente, tendo em vista a obrigação legal da empresa de pagar ao segurado o seu salário durante os 15 primeiros dias do afastamento. Logo, para o segurado empregado, a data de início do benefício não será a data da incapacidade, e sim o 16º dia seguinte. Excepcionalmente, se entre a data da incapacidade e a data de entrada do requerimento se passar mais de 30 dias, a data de início do benefício será a data de entrada do requerimento na Previdência Social.

No caso de concessão judicial, em decorrência do INSS ter negado o benefício na esfera administrativa, se por questões clínicas a perícia judicial não conseguir definir a data de início da incapacidade, era a data de início do benefício será a data de juntada do laudo pericial.

A Previdência Social deverá **processar de ofício o benefício**, quando tiver ciência da incapacidade do segurado sem que este tenha requerido auxílio-doença, na forma do artigo 76, do RPS.

O segurado empregado em gozo de auxílio-doença será considerado pela empresa como licenciado, nos termos do artigo 476, da CLT. O mesmo entendimento foi estendido ao empregado doméstico por força da LC 150/2015.

Ademais, a empresa que garantir ao segurado licença remunerada ficará obrigada a pagar-lhe durante o período de auxílio-doença a eventual diferença entre o valor deste e a importância garantida pela licença (**complemento de auxílio-doença**).

O auxílio-doença poderá ser comum (código B 31) ou acidentário (B 91), se decorrer de acidente de trabalho, doença profissional, do trabalho ou evento equiparado, uma vez emitida a Comunicação de Acidente de Trabalho ou reconhecido o nexo técnico epidemiológico entre a enfermidade e o exercício do labor.

Neste caso, após a cessação do benefício acidentário, o segurado **(empregado)** terá garantido, pelo prazo mínimo de doze meses, a manuten ção do seu contrato de trabalho na empresa, independentemente de percepção de auxílio-acidente, na forma do artigo 118, da Lei 8.213/91. **Este direito não foi estendido expressamente ao empregado doméstico pela LC 150/2015.**

O auxílio-doença do segurado que exercer mais de uma atividade abrangida pela previdência social será devido mesmo no caso de incapacidade apenas para o exercício de uma delas, devendo a perícia médica ser conhecedora de todas as atividades que o mesmo estiver exercendo, podendo ser inferior a um salário mínimo, desde que somado às demais remunerações recebidas resultar valor superior a este.

Quando o segurado que **exercer mais de uma atividade** se incapacitar definitivamente para uma delas, **deverá o auxílio-doença ser mantido inde-**

finidamente, não cabendo sua transformação em aposentadoria por invalidez, enquanto essa incapacidade não se estender às demais atividades.

O artigo 78, do RPS, com redação dada pelo Decreto 5.844/06, prevê o polêmico instituto da **alta programada ou COPES – Cobertura Previdenciária Estimada**, em que o INSS poderá estabelecer, mediante avaliação médico-pericial, o prazo que entender suficiente para a recuperação da capacidade para o trabalho do segurado, **dispensada nessa hipótese a realização de nova perícia.**

Caso o prazo concedido para a recuperação se revele insuficiente, o segurado poderá solicitar a realização de nova perícia médica, perpetrando pedido de prorrogação (PP) do benefício, nos 15 dias anteriores a alta programada.

Vale frisar que a **Medida Provisória 739/2016** chegou a positivar a COPES administrativa no artigo 60 da Lei 8.213/91, assim como constituiu a COPES judicial, dispondo que, sempre que possível, o ato de concessão ou de reativação de auxílio-doença, judicial ou administrativo, deveria fixar o prazo estimado para a duração do benefício, sendo que, na ausência de fixação do prazo, o benefício cessaria após o prazo de cento e vinte dias, contado da data de concessão ou de reativação, exceto se o segurado requerer a sua prorrogação junto ao INSS, na forma do regulamento.

Mas a MP 739/2016 caducou por ausência de votação no Congresso Nacional no dia 4/11/2016, sendo conservados os seus efeitos jurídicos até esta data, salvo a edição de decreto legislativo dispondo em sendo contrário.

Posteriormente, foi editada a Medida Provisória 767, de 6 de janeiro de 2017, restabelecendo parte do regramento da MP 739/2016, tendo positivado a COPES administrativa e constituído a COPES judicial. A Lei 13.457/2017 confirmou a MP 767.

Desta forma, consta agora do texto do artigo 60 da Lei 8.213/91 que, sempre que possível, o ato de concessão ou de reativação de auxílio-doença, **judicial ou administrativo**, deverá fixar o prazo estimado para a duração do benefício.

Caso a decisão judicial não fixe a data de cessação automática do auxílio-doença, o benefício cessará após o prazo de **cento e vinte dias**, contado da data de concessão ou de reativação, exceto se o segurado requerer a sua prorrogação junto ao INSS, conforme regulamento da previdência social (pedido de prorrogação).

A COPES somente é compatível com a incapacidade laboral temporária, em que é possível estimar prazo de recuperação, sendo incompatível com a incapacidade laboral permanente, pois neste caso o auxílio-doença somente será cessado com a reabilitação profissional bem-sucedida, nos termos do artigo 62 da Lei 8.213/91.

Também restou consignado pela Lei 13.457/2017 que o segurado em gozo de auxílio-doença, concedido judicial ou administrativamente, poderá ser convocado a qualquer momento para avaliação das condições que ensejaram a concessão ou a manutenção.

O segurado que não concordar com o resultado da avaliação que ensejar o cancelamento do auxílio-doença, poderá apresentar, no prazo máximo de trinta dias, recurso da decisão da administração perante o Conselho de Recursos da Previdência Social, cuja análise médica pericial, se necessária, será feita pelo assistente técnico médico da junta de recursos do seguro social, perito diverso daquele que indeferiu o benefício.

STJ

O sistema de alta programada estabelecido pelo INSS apresenta como justificativa principal a desburocratização do procedimento de concessão de benefícios por incapacidade. Todavia, não é possível que um sistema previdenciário, cujo pressuposto é a proteção social, se abstenha de acompanhar a recuperação da capacidade laborativa dos segurados incapazes, atribuindo-lhes o ônus de um autoexame clínico, a pretexto da diminuição das filas de atendimento na autarquia. 6. Cabe ao INSS proporcionar um acompanhamento do segurado incapaz até a sua total capacidade, reabilitação profissional, auxílio-acidente ou aposentadoria por invalidez, não podendo a autarquia focar apenas no aspecto da contraprestação pecuniária.7. Na forma do art. 62 da Lei 8.213/1991, "o segurado em gozo de auxílio-doença, insusceptível de recuperação para sua atividade habitual, deverá submeter-se a processo de reabilitação profissional para o exercício de outra atividade", e "não cessará o benefício até que seja dado como habilitado para o desempenho de nova atividade que lhe garanta a subsistência ou, quando considerado não-recuperável, for aposentado por invalidez". Transferir essa avaliação ao próprio segurado fere gravemente o princípio da dignidade da pessoa humana. 8. Além disso, a jurisprudência que vem se firmando no âmbito do STJ é no sentido de que não se pode proceder ao cancelamento automático do benefício previdenciário, ainda que diante de desídia do segurado em proceder à nova perícia perante o INSS, sem que haja prévio procedimento administrativo, sob pena de ofensa aos princípios da ampla defesa e do contraditório. **(AgInt no AREsp 1049440/MT, Rel. Ministro HERMAN BENJAMIN, SEGUNDA TURMA, julgado em 27/06/2017, DJe 30/06/2017).**

Durante a percepção do auxílio-doença, o segurado deverá se afastar do exercício da atividade laboral para a qual se encontra incapacitado a fim de se recuperar, ou para ser reabilitado para outra profissão, se for o caso.

No entanto, no caso de indeferimento irregular do benefício pelo INSS, não raro muitos segurados persistem trabalhando mesmo não possuindo condições de fazê-lo, inclusive com prejuízo da sua saúde, a fim de manter o seu sustento e da família.

Excepcionalmente, nestes casos de erro administrativo da autarquia previdenciária, quando o segurado obtém a condenação judicial do benefício por incapacidade, é possível que durante um interstício haja a cumulação de percepção de remuneração com benefício por incapacidade.

> **STJ**
>
> Tema 1013- No período entre o indeferimento administrativo e a efetiva implantação de auxílio-doença ou de aposentadoria por invalidez, mediante decisão judicial, o segurado do RPGS tem direito ao recebimento conjunto das rendas do trabalho exercido, ainda que incompatível com sua incapacidade laboral, e do respectivo benefício previdenciário pago retroativamente.

Desta forma, na situação de erro administrativo da autarquia consistente no indeferimento indevido de benefício por incapacidade laboral quando o segurado estiver inapto ao labor, no interstício "**entre o indeferimento administrativo e a efetiva implantação de auxílio-doença ou de aposentadoria por invalidez, mediante decisão judicial, o segurado do RPGS tem direito ao recebimento conjunto das rendas do trabalho exercido, ainda que incompatível com sua incapacidade laboral, e do respectivo benefício previdenciário pago retroativamente**".

> Com razoabilidade, a **Medida Provisória 871/2019** (regra mantida na Lei 13.846/2019) previu que **não será devido o auxílio-doença para o segurado recluso em regime FECHADO** (esta regra não engloba regime aberto ou semiaberto), tendo em vista que o preso estará sob a proteção do Estado, que deverá atender às suas necessidades básicas e tem custos que a sociedade já arca.
>
> Ademais, acaso o segurado esteja em gozo de auxílio-doença no momento da segregação prisional, o benefício deverá ser **suspenso por até sessenta dias**. Vencidos os sessenta dias, se o segurado ainda estiver preso, o auxílio-doença será cancelado.
>
> Em caso de prisão declarada ilegal, o segurado terá direito à percepção do benefício por todo o período devido.
>
> O segurado recluso em cumprimento de pena em regime aberto ou semiaberto terá direito ao auxílio-doença.

A **Lei 14.131/2021** autorizou o INSS a conceder o benefício de auxílio por incapacidade temporária mediante apresentação pelo requerente de **atestado médico** e de **documentos complementares** (foi dispensada a perícia médica no segurado) que comprovem a doença informada no atestado como causa da incapacidade **até 31/12/2021**, observado o seguinte regramento:

A) Concessão por até 90 dias;

B) Impossibilidade de prorrogação;

C) Renda do benefício pelo valor devido (não se confunde com a antecipação de um salário mínimo do ano de 2020).

Coube à **Lei 14.331/2022** inserir o artigo **129-A na Lei 8.213/91**, constituindo novos **requisitos da petição inicial** para a legítima propositura de ação contra o INSS que verse a respeito dos benefícios por incapacidade laboral, quer decorrentes ou não de acidente de trabalho.

De efeito, quando o fundamento da ação for a discussão de ato praticado pela perícia médica federal, a petição inicial deverá conter, em complemento aos requisitos previstos no art. 319 da Lei nº 13.105, de 16 de março de 2015 (Código de Processo Civil):

a) **descrição clara da doença e das limitações que ela impõe;**

b) **indicação da atividade para a qual o autor alega estar incapacitado;**

c) **possíveis inconsistências da avaliação médico-pericial discutida; e**

d) **declaração quanto à existência de ação judicial anterior com o objeto de que trata este artigo, esclarecendo os motivos pelos quais se entende não haver litispendência ou coisa julgada, quando for o caso;**

Outrossim, para atendimento do disposto no art. 320 da Lei nº 13.105, de 16 de março de 2015 (Código de Processo Civil), a petição inicial, qualquer que seja o rito ou procedimento adotado, deverá ser instruída pelo autor com os seguintes documentos:

a) **comprovante de indeferimento do benefício ou de sua não prorrogação, quando for o caso, pela administração pública;**

b) **comprovante da ocorrência do acidente de qualquer natureza ou do acidente do trabalho, sempre que houver um acidente apontado como causa da incapacidade;**

c) **documentação médica de que dispuser relativa à doença alegada como a causa da incapacidade discutida na via administrativa.**

Determinada pelo juízo a realização de exame médico-pericial por perito do juízo, este deverá, no caso de divergência com as conclusões do laudo administrativo, indicar em seu laudo de forma fundamentada as razões técnicas e científicas que amparam o dissenso, especialmente no que se refere à comprovação da incapacidade, sua data de início e a sua correlação com a atividade laboral do periciando.

Quando a conclusão do exame médico pericial realizado por perito designado pelo juízo mantiver o resultado da decisão proferida pela perícia realizada na via administrativa, poderá o juízo, após a oitiva da parte autora, julgar improcedente o pedido. Se a controvérsia versar sobre outros pontos além do que exige exame médico-pericial, o juízo dará seguimento ao processo, com a citação do réu, **indicando a positivação do procedimento da perícia prévia (antes da citação), em regra**, que otimiza o procedimento e viabiliza acordos em situações de laudos favoráveis aos segurados.

> **IMPORTANTE!**
>
> Com o advento da **MP 1.113, de 20/04/2022**, restou inserido o §14 no artigo 60 da Lei 8.213/91:
>
> *"§ 14. Ato do Ministro de Estado do Trabalho e Previdência poderá estabelecer as condições de* ***dispensa da emissão de parecer conclusivo da perícia médica federal quanto à incapacidade laboral****, hipótese na qual a concessão do benefício de que trata este artigo será feita por meio de* ***análise documental****, incluídos atestados ou laudos médicos,* ***realizada pelo INSS****."*
>
> Esse dispositivo, que depende de regulamentação, permite que os servidores do INSS (e não os peritos médicos federais) concedam o benefício por incapacidade temporária com lastro em análise documental, a exemplo de atestados médicos privados, dispensando a emissão de parecer médico da lavra da Perícia Médica Federal. Trata-se de dispositivo polêmico, posto que é sabido que analistas e técnicos do seguro social não possuem conhecimentos técnicos em medicina para avaliar enfermidades e atestar incapacidades laborais.

7. SALÁRIO-FAMÍLIA

Regulamentação básica: artigos 65/70, da Lei 8.213/91; artigos 81/92, do RPS (Decreto 3.048/99).

> **Importante:**
>
> Cuida-se de benefício previdenciário que não visa substituir a remuneração dos segurados, mas apenas complementar as despesas domésticas com os **filhos menores de 14 anos de idade ou inválidos de qualquer idade.**

Ou seja, é benefício de segurado pago em razão da existência dos referidos dependentes, **na respectiva proporção**.

Também será devido o benefício se o segurado possuir como dependente um **enteado ou tutelado** menor de 14 anos ou inválido, pois equiparados a filho, sendo necessária a comprovação de dependência econômica que não é presumida, na forma do artigo 16, §2º, da Lei 8.213/91.

> Não serão todos os segurados que farão jus ao salário-família, mas apenas o empregado, o trabalhador avulso, o aposentado por invalidez ou por idade e os demais aposentados com 65 anos ou mais de idade, se do sexo masculino, ou com 60 anos ou mais, se do feminino. **Por força da Lei Complementar 150/2015, o empregado doméstico passou a ter direito ao salário-família, regulamentando a Emenda Constitucional 72/2013.**

Impende esclarecer que a legislação previdenciária não deixa claro se apenas os aposentados que se filiaram como empregados e trabalhadores avulsos terão direito ao salário-família, ou se todas as categorias terão direito.

Contudo, a despeito da obscuridade do artigo 65, da Lei 8.213/91, é forçoso concluir que apenas os aposentados na condição de empregados, empregados domésticos (LC 150/2015) e trabalhadores avulsos recebem o salário-família, que, inclusive, é pago durante a percepção do auxílio-doença e do salário-maternidade.

Dessa forma, o segurado especial, o contribuinte individual e o segurado facultativo não foram selecionados pelo legislador para a percepção do salário-família.

Mas não basta ser segurado empregado, empregado doméstico, trabalhador avulso ou aposentado (observada à espécie de aposentadoria ou idade mínima) e ter filhos ou equiparados menores de 14 anos ou inválidos de qualquer idade para a percepção do salário-família.

> **Por força da Emenda 20/1998, apenas os segurados enquadrados como baixa renda perceberão o salário-família**, a teor da nova redação do inciso IV, do artigo 201, da Constituição Federal.

De maneira transitória, o artigo 13, da Emenda 20/98, fixou a caracterização de baixa renda com a percepção de até R$ 360,00 por mês de remuneração bruta, quantia que vem sendo atualizada anualmente, fixada em **R$ 1.655,98** a partir de 01.01.2022.

Deveras, já com a atualização para este ano, **o benefício tinha dois valores fixos, pago por filho ou equiparado menor de 14 anos de idade ou inválido de qualquer idade**, de acordo com as referidas faixas de renda.

Com o advento do artigo 27 da **Emenda 103/2019**, a **cota menor 80** foi **extinta** ao menos até a edição de lei de regulação, **sendo unificada em R$ 56,47** (VALOR 2022) por filho ou equiparado menor de 14 anos ou inválido de qualquer idade, sendo uma elevação de proteção previdenciária, mesmo que pequena.

Logo, o cálculo da renda mensal inicial do salário-família não é feito com base no salário de benefício do segurado, ao tempo em que **inexiste carência**.

Vale salientar que é **possível a percepção de dois salários-família em razão do mesmo filho,** desde que ambos os pais sejam responsáveis pelo infante e se caracterizem separadamente como baixa renda.

Da mesma forma, o terceiro responsável pelo menor poderá receber o salário-família, uma vez realizados os pressupostos legais, a exemplo do tutor.

O salário-família poderá ser pago diretamente pela empresa, na hipótese de beneficiar o segurado empregado, proporcionalmente ao número de dias trabalhados no mês, efetivando-se o reembolso mediante a compensação no recolhimento das contribuições previdenciárias patronais.

Quando o pagamento do salário não for mensal, o salário-família será pago juntamente com o último pagamento relativo ao mês.

Por força da LC 150/2015, as cotas do salário-família serão pagas pelo empregador doméstico, mensalmente, junto com o salário, efetivando-se a compensação quando do recolhimento das contribuições, conforme dispuser o Regulamento.

No caso do trabalhador avulso, mediante convênio, poderá ser recebido pelo sindicato de classe respectivo, que se incumbirá de elaborar as folhas correspondentes e de distribuí-lo, independentemente do número de dias trabalhados no mês, devendo o seu pagamento corresponder ao valor integral da cota.

Deverá o segurado firmar termo de responsabilidade, no qual se comprometa a comunicar à empresa ou ao INSS qualquer fato ou circunstância que determine a perda do direito ao benefício, ficando sujeito, em caso do não cumprimento, às sanções penais e trabalhistas.

A **data de início do benefício** será a data da apresentação da certidão de nascimento à Previdência Social, empregador doméstico, empresa ou sindicato.

O pagamento do benefício será condicionado à apresentação anual de atestado de vacinação obrigatória, **no caso de crianças de até 06 anos de idade, e de** comprovação semestral de frequência à escola do filho ou equiparado, **a partir dos 04 (quatro) anos de idade, sob pena de suspensão, até que a documentação seja apresentada. No entanto, no caso do empregado doméstico a LC 150/2015 apenas exige a apresentação da certidão de nascimento ao seu empregador, não devendo ser exigidos os aludidos atestados.**

A idade do atestado semestral de frequência escolar foi reduzida de sete para quatro anos de idade por força do Decreto 10.410/2020.

A caderneta anual de vacinação deverá ser apresentada no mês de novembro, ao passo que o atestado de comprovação semestral de frequência escolar nos meses de maio e novembro.

Não será devido o pagamento do salário-família no período entre a suspensão do benefício motivada pela falta de comprovação da frequência escolar e o seu reativamento, salvo se provada a frequência escolar regular no período.

Se após a suspensão do pagamento do salário-família, o segurado comprovar a vacinação do filho, ainda que fora de prazo, caberá o pagamento das cotas relativas ao período suspenso.

De seu turno, tendo havido divórcio, separação judicial ou de fato dos pais, ou em caso de abandono legalmente caracterizado ou perda do poder familiar, o salário-família passará a ser pago diretamente àquele a cujo cargo ficar o sustento do menor, ou a outra pessoa, se houver determinação judicial nesse sentido, na forma do artigo 87, do RPS.

Deveria o RPS ter previsto expressamente que, no caso de separação ou divórcio com fixação de alimentos em favor do menor, o pai ou mãe devedor dos alimentos continuasse a perceber o salário-família, pois persistiria colaborando para o seu sustento.

A despeito da omissão legal, entende-se que na hipótese de rompimento da relação conjugal e sendo fixada a guarda compartilhada do infante, o salário-família deverá ser pago a ambos os pais, se preenchidos os pressupostos legais.

Deverá cessar automaticamente o benefício nas seguintes hipóteses:

I. por morte do filho ou equiparado, a contar do mês seguinte ao do óbito;

II. quando o filho ou equiparado completar quatorze anos de idade, salvo se inválido, a contar do mês seguinte ao da data do aniversário;

III. pela recuperação da capacidade do filho ou equiparado inválido, a contar do mês seguinte ao da cessação da incapacidade.

De acordo com o artigo 88, IV, do RPS, o desemprego involuntário é causa de cessação do salário-família. Contudo, considerando que durante o período de graça o segurado mantém todos os direitos perante a Previdência Social, à luz do artigo 15, §3º, da Lei 8.213/91, entende-se que essa previsão regulamentar carece de fundamento legal enquanto o empregado mantiver a sua condição de segurado.

Por fim, ressalte-se que as cotas do salário-família não serão incorporadas, para qualquer efeito, ao salário ou ao benefício. Este dispositivo reflete o caráter provisório do pagamento do salário-família. Como se trata de benefício previdenciário, não se confunde com a remuneração do segurado.

Ademais, o segurado não possuirá direito à percepção permanente do salário-família, devendo ser cancelado o benefício quando os pressupostos legais cessarem, a exemplo do segurado que não mais possuir filhos ou equiparados menores de 14 anos ou inválidos, ou então deixar de ser de baixa renda.

8. SALÁRIO-MATERNIDADE

Regulamentação básica: artigos 71/73, da Lei 8.213/91; artigos 93/103, do RPS (Decreto 3.048/99).

Código de concessão: 80 – Salário-maternidade.

O salário-maternidade é um benefício previdenciário **devido a todas as seguradas do RGPS, sem exceção**, que visa a substituir a sua remuneração em razão do **nascimento do seu filho ou da adoção de uma criança**, pois nesse período é preciso que a mulher volte toda a sua atenção ao infante, sendo presumida legalmente a sua incapacidade temporária de trabalhar.

Por ausência de previsão legal, o INSS não pagava o salário-maternidade aos homens, mesmo no caso de falecimento das suas esposas por ocasião do parto. Nesses casos extremos, entendia-se que a legislação previdenciária deve ser alterada, a fim de conceder o benefício ao segurado do sexo masculino, pois a criança precisa ser amparada em tempo integral por seu genitor, o que somente foi feito com o advento da Lei 12.873/2013, conforme será visto.

De acordo com o artigo 103, do RPS, **a segurada aposentada que retornar à atividade fará jus ao pagamento do salário-maternidade**, o que é bem factível na hipótese de adoção. Ou seja, será possível a acumulação da aposentadoria com o salário-maternidade.

No caso de empregos concomitantes, a segurada fará jus ao salário-maternidade relativo a cada emprego.

> Deveras, **em regra, o salário-maternidade será pago pelo período de 120 dias**, com data de início no 28º dia que anteceda o parto, até 91 dias após o referido evento.

Contudo, entende o INSS que o parto (e não o 28º dia anterior ao parto) é o fato gerador do salário maternidade, sendo a data de início do benefício.

Apesar disso, é preciso que a segurada demonstre a sua condição no 28º dia antes do parto, e não na data do parto, sendo irrelevante a perda posterior da qualidade de segurada, conforme reconhecido pelo extinto Ministério da Previdência Social (Parecer/CONJUR/MPS 616/2010).

Em casos excepcionais, é possível que o salário-maternidade seja pago por mais de 120 dias. Mediante atestado médico específico, os períodos de repouso anterior e posterior ao parto podem ser aumentados de **mais duas semanas**.

Insta salientar que a prorrogação dos períodos de repouso anterior e posterior ao parto consiste em excepcionalidade, compreendendo as situações em que exista algum risco para a vida do feto ou criança ou da mãe, devendo o atestado médico ser apreciado pela Perícia Médica do INSS, exceto nos casos de segurada empregada, que é pago diretamente pela empresa.

Logo, é possível que o período de pagamento do salário-maternidade alcance 148 dias, caso haja as suas prorrogações previstas no RPS.

> **STF**
>
> No dia 12 de março de 2020, no julgamento monocrático preliminar da ADI 6.327, o Ministro Fachin concedeu medida "liminar a fim de conferir interpretação conforme à Constituição ao artigo 392, §1º, da CLT, assim como ao artigo 71 da Lei n.º 8.213/91 e, por arrastamento, ao artigo 93 do seu Regulamento (Decreto n.º 3.048/99), ***e assim assentar (com fundamento no bloco constitucional e convencional de normas protetivas constante das razões sistemáticas antes explicitadas) a necessidade de prorrogar o benefício, bem como considerar como termo inicial da licença-maternidade e do respectivo salário-maternidade a alta hospitalar do recém-nascido e/ou de sua mãe, o que ocorrer por último***, *quando o período de internação exceder as duas semanas previstas no art. 392, §2º, da CLT, e no art. 93, §3º, do Decreto n.º 3.048/99".*
>
> Posteriormente, a liminar foi referendada pela maioria do Plenário do STF: "**Decisão:** O Tribunal, por maioria, preliminarmente, conheceu da presente Ação Direta de Inconstitucionalidade como Arguição de Descumprimento de Preceito Fundamental e, no mérito, presentes o *fumus boni iuris* e o *periculum in mora*, referendou a liminar deferida a fim de conferir interpretação conforme à Constituição ao artigo 392, § 1º, da CLT, assim como ao artigo 71 da Lei n.º 8.213/91 e, por arrastamento, ao artigo 93 do seu Regulamento (Decreto n.º 3.048/99), e assim assentar a necessidade de prorrogar o benefício, bem como considerar como termo inicial da licença-maternidade e do respectivo salário-maternidade a alta hospitalar do recém-nascido e/ou de sua mãe, o que ocorrer por último, quando o período de internação exceder as duas semanas previstas no art. 392, § 2º, da CLT, e no art. 93, § 3º, do Decreto n.º 3.048/99, nos termos do voto do Relator, vencido o Ministro Marco Aurélio, que indeferia a liminar. O Ministro Gilmar Mendes acompanhou o Relator com ressalvas. Não participou deste julgamento, por motivo de licença médica, o Ministro Celso de Mello. Plenário, Sessão Virtual de 27.3.2020 a 02.04.2020".

Há uma regra especial no artigo 18, §§ 3º e 4º, da Lei 13.301/2016 para o salário-maternidade na gestação de crianças vítimas de microcefalia em decorrência de sequelas neurológicas decorrentes de doenças transmitidas pelo **Aedes aegypti**. Neste caso, **a duração do salário-maternidade será de 180 dias.**

Essa regra foi sucedida pelo artigo 5º da Lei 13.985/2020:

> "Art. 5º No caso de mães de crianças nascidas até 31 de dezembro de 2019 acometidas por sequelas neurológicas decorrentes da Síndrome Congênita do Zika Vírus, será observado o seguinte:
>
> I – a licença-maternidade de que trata o art. 392 da Consolidação das Leis do Trabalho (CLT), aprovada pelo Decreto-Lei nº 5.452, de 1º de maio de 1943, será de 180 (cento e oitenta) dias;
>
> **II – o salário-maternidade de que trata o art. 71 da Lei nº 8.213, de 24 de julho de 1991, será devido por 180 (cento e oitenta) dias."**

O salário-maternidade pode ser requerido no prazo de cinco anos, a contar da data do parto, haja vista **a ausência de fixação de prazo máximo para o seu requerimento**, pois após esse período começará a se operar a prescrição quinquenal progressiva das parcelas. O mesmo se aplica à adoção ou guarda para fins de adoção.

Outrossim, o salário-maternidade também será pago nas hipóteses de **adoção ou de guarda judicial para fins de adoção da criança.**

Por força da Medida Provisória 619/2013, a redação do artigo 71-A foi alterada, sendo garantido o salário-maternidade na adoção ou na guarda judicial para fins de adoção por 120 dias, independentemente da idade da criança. **Em seguida, com a conversão da referida MP da Lei 12.873/2013, foi estendida a concessão do salário-maternidade aos homens segurados da Previdência Social.**

Logo, desde a Lei 12.873/2013, ao **segurado** ou segurada da Previdência Social que adotar ou obtiver guarda judicial para fins de adoção de **criança** (menor de 12 anos de idade) é devido salário-maternidade pelo período de 120 (cento e vinte) dias, benefício a ser pago diretamente pelo INSS, mesmo em se tratando de segurado(a) empregado(a).

A Lei 8.213/91 não prevê a concessão do salário-maternidade pela adoção ou guarda para fins de adoção de adolescente (a partir de 12 e abaixo de 18 anos de idade), o que é lastimável, pois dificulta ainda mais a adoção de adolescentes.

Embora a Lei 13.509/2017 (art. 392-A, CLT) tenha estendido a licença-maternidade para a adoção ou guarda para fins de adolescente em favor da empregada, o benefício previdenciário salário-maternidade ainda não foi estendido, ônus que certamente ficará a cargo da empresa.

No entanto, ressalvado o pagamento do salário-maternidade à mãe biológica, não poderá ser concedido o benefício a mais de um segurado, decorrente do mesmo processo de adoção ou guarda, ainda que os cônjuges ou companheiros estejam submetidos a Regime Próprio de Previdência Social.

Portanto, será concedido apenas um salário-maternidade por adoção, cabendo ao casal a escolha de quem irá perceber o benefício, caso ambos os adotantes sejam segurados do RGPS.

Na hipótese de um adotante ser um segurado do RGPS e o outro do RPPS, somente poderá ser concedido um benefício de salário-maternidade.

Por sua vez, a Lei 12.873/2013 ainda inseriu os artigos 71-B e 71-C na Lei 8.213/91, com período de vacância de 90 dias após a sua publicação operada em 25/10/2013.

O artigo 71-B garante que, no caso de falecimento da segurada ou segurado que fizer jus ao recebimento do salário-maternidade, o benefício será pago, por todo o período ou pelo tempo restante a que teria direito, ao cônjuge ou companheiro sobrevivente que tenha a qualidade de segurado, exceto no caso do falecimento do filho ou de seu abandono, observadas as normas aplicáveis ao salário-maternidade.

Este disposto também se aplicação ao segurado que adotar ou obtiver guarda judicial para fins de adoção. Todavia, o pagamento do benefício deverá ser requerido até o último dia do prazo previsto para o término do salário-maternidade originário.

Assim sendo, podemos apontar os seguintes requisitos cumulativos para a concessão de **salário-maternidade derivado**:

A) Falecimento de um segurado ou uma segurada do RGPS que tenha direito ao salário-maternidade, estando ou não em gozo do mesmo;

B) Existência de cônjuge, companheiro ou companheira que tenha a qualidade de segurado no dia da morte;

C) Manutenção da vida do filho, que não foi abandonado pelo cônjuge, companheiro ou companheira;

D) Apresentação de requerimento ao INSS do salário-maternidade derivado até o último dia do prazo previsto para o término do salário-maternidade originário.

Vale registrar que o salário-maternidade derivado não será do mesmo valor do originário. Isso porque a Lei 12.873/2013 previu um novo cálculo, sendo pago diretamente pela Previdência Social durante o período entre a data do óbito e o último dia do término do salário-maternidade originário, que será da seguinte forma:

> I – a remuneração integral, para o empregado e trabalhador avulso;
>
> II – o último salário-de-contribuição, para o empregado doméstico;
>
> III – 1/12 (um doze avos) da soma dos 12 (doze) últimos salários de contribuição, apurados em um período não superior a 15 (quinze) meses, para o contribuinte individual, facultativo e desempregado; e
>
> IV – o valor do salário mínimo, para o segurado especial.

Ademais, o novel artigo 71-C da Lei 8.213/91 determina que a percepção do salário-maternidade, inclusive o derivado, **está condicionada ao afastamento do segurado do trabalho ou da atividade desempenhada**, sob pena de suspensão do benefício.

Vale ressaltar que a licença-maternidade é um instituto trabalhista e não se confunde com o salário-maternidade, benefício previdenciário, razão pela qual as suas eventuais alterações não afetarão o prazo de pagamento do salário-maternidade.

Importante:

O salário-maternidade poderá ou não exigir carência, a depender do enquadramento da segurada. Para a *empregada, empregada doméstica* e *trabalhadora avulsa* não haverá carência. Ao revés, a *contribuinte individual*, a *segurada especial* e a *facultativa* **deverão comprovar a carência de 10 contribuições mensais anteriormente ao parto**, que se for antecipado será reduzido em número de contribuições equivalente ao número de meses do nascimento prematuro.

Logo, uma contribuinte individual que teve criança aos sete meses de gestação deverá cumprir a carência de 08 contribuições previdenciárias mensais, e não de 10 contribuições, em razão da antecipação em 02 meses.

Destaque-se mais uma vez que a carência da segurada especial se realiza com o desenvolvimento da atividade campesina ou pesqueira artesanal em regime de subsistência pelo prazo de 10 meses antes do parto, **ainda que de maneira descontínua**.

Considerando que o salário-maternidade é um benefício substitutivo da remuneração, não poderá ter valor inferior a um salário mínimo. É importante ressaltar que a renda mensal inicial do salário-maternidade, da mesma forma que o salário-família, **não é calculada com espeque no salário de benefício**.

Com propriedade, o cálculo variará de acordo com o enquadramento da segurada:

SEGURADA	FÓRMULA DE CÁLCULO
Empregada e avulsa	O valor da sua remuneração mensal
Empregada intermitente	Média aritmética simples das remunerações apuradas no período referente aos doze meses que antecederem o parto, a adoção ou a obtenção da guarda para fins de adoção.
Empregada doméstica	O valor correspondente ao do seu último salário de contribuição
Segurada especial	Um doze avos do valor sobre o qual incidiu sua última contribuição anual, garantido, ao menos, um salário mínimo mensal
Contribuinte individual, segurada desempregada e segurada facultativa	Um doze avos da soma dos doze últimos salários de contribuição, apurados em um período não superior a quinze meses

STF

No caso da **segurada empregada** e da **trabalhadora avulsa,** ***o valor do salário-maternidade* poderá superar o teto do RGPS** para o pagamento dos demais benefícios previdenciários, por força de entendimento do STF, que aplicou o Princípio da Isonomia na época, a fim de excluir a referida prestação do teto de R$ 1.200,00, instituído pela Emenda 20/98, conforme trecho abaixo colacionado (ADI/MC 1.946, de 29.04.1999, com liminar confirmada em 03.04.2003).

Excepcionalmente, por força do Decreto 10.410/2020, no caso da **empregada com contrato de trabalho intermitente** o salário-maternidade consistirá na média aritmética simples das remunerações apuradas no período referente aos doze meses que antecederem o parto, a adoção ou a obtenção da guarda para fins de adoção, observada a renda mínima de um salário mínimo nacional.

Por outro lado, o salário-maternidade da segurada empregada e da trabalhadora avulsa não poderá superar o teto do funcionalismo público, que é o subsídio dos Ministros do STF, na forma do artigo 248, da Constituição Federal, cabendo à empresa arcar com a eventual diferença.

Deverá ser adotada para a segurada empregada uma renda mensal igual à sua remuneração no mês do seu afastamento, ou se for o caso de salário total ou parcialmente variável, na igualdade da média aritmética simples dos seus seis últimos salários, apurada de acordo com a lei salarial ou o dissídio coletivo da categoria, excetuando-se o décimo terceiro-salário, adiantamento de férias e as rubricas constantes do § 9º do art. 214 do RPS.

Para a trabalhadora avulsa o salário-maternidade corresponderá ao valor de sua última remuneração integral equivalente a um mês de trabalho.

Considera-se **parto** na tradicional normatização do INSS (art. 421 da Portaria INSS/DIRBEN 991/2022) o evento ocorrido a partir da 23ª semana de gestação, **inclusive natimorto, salvo interrupção criminosa.**

Em caso de **aborto não criminoso**, comprovado mediante atestado médico, a segurada terá direito ao salário-maternidade correspondente a **duas semanas.**

O salário-maternidade é devido à segurada independentemente de a mãe biológica ter recebido o mesmo benefício quando do nascimento da criança.

Vale lembrar que **o salário-maternidade é o único benefício previdenciário considerado como salário de contribuição**, incidindo sobre ele a contribuição previdenciária da segurada e da empresa.

STF

Em sede de Repercussão Geral, em 4 de agosto de 2020, no RE 576.967, **o STF declarou inconstitucional a incidência de contribuição previdenciária sobre o salário-maternidade**. Restou fixada a seguinte tese: **"É inconstitucional a incidência da contribuição previdenciária a cargo do empregador sobre o salário-maternidade":**

"69. Diante do exposto, considerando os argumentos formal e material, dou provimento ao recurso extraordinário, para declarar, incidentalmente, a **inconstitucionalidade da incidência de contribuição previdenciária sobre o salário maternidade, prevista no art. 28, §2º, da Lei nº 8.212/91, e a parte final do seu §9º, alínea a**, em que se lê " salvo o salário-maternidade", e proponho a fixação da seguinte tese:" É inconstitucional a incidência da contribuição previdenciária a cargo do empregador sobre o salário maternidade".

A tese de aplica tanto à parte da empresa quanto à parte do segurado, conforme se depreende do voto vencedor acima transcrito, em que pese o fechamento tenha sido restritivo.

Caberá à empresa pagar diretamente o salário-maternidade da segurada empregada gestante, que posteriormente será reembolsada através da compensação da quantia no pagamento de suas contribuições previdenciárias à União.

Inclusive, essa obrigação da empresa subsiste mesmo se ocorrida à extinção do contrato de trabalho temporário durante o pagamento do salário-maternidade, salvo se o termo final do contrato for anterior à data de início do benefício, bem como no caso de demissão no curso da estabilidade gestacional, cabível neste caso a reintegração ao emprego ou indenização correspondente.

STJ

No entanto, com razoabilidade, para de logo amparar a segurada demitida sem justa causa durante a gestão, evitando-se um longo litígio contra a empresa, já decidiu a Corte Superior que **é do INSS — e não do empregador — a responsabilidade pelo pagamento do salário-maternidade à segurada demitida sem justa causa durante a gestação.** Isso porque, ainda que o pagamento de salário-maternidade, no caso de segurada empregada, constitua atribuição do empregador, essa circunstância não afasta a natureza de benefício previdenciário da referida prestação. Com efeito, embora seja do empregador a responsabilidade, de forma direta, pelo pagamento dos valores correspondentes ao benefício, deve-se considerar que, nessa hipótese, o empregador tem direito a efetuar a compensação dos referidos valores com aqueles correspondentes às contribuições incidentes sobre a folha de salários e demais rendimentos (Informativo 524 – REsp 1.309.251-RS, Rel. Min. Mauro Campbell Marques, julgado em 21/5/2013).

O tema foi finalmente pacificado com o advento do Decreto 10.410/2020, que alterou o parágrafo único do artigo 97 do Decreto 3.048/99:

> "Art. 97. O salário-maternidade da segurada empregada será devido pela previdência social enquanto existir relação de emprego, observadas as regras quanto ao pagamento desse benefício pela empresa. (Redação dada pelo Decreto nº 6.122, de 2007)
>
> **Parágrafo único. Durante o período de graça a que se refere o art. 13, a segurada desempregada fará jus ao recebimento do salário-maternidade, situação em que o benefício será pago diretamente pela previdência social".** *(Redação dada pelo Decreto nº 10.410, de 2020)*

O texto do dispositivo foi alargado, passando a abarcar a obrigação de o INSS pagar o salário-maternidade da empregada gestante mesmo nas situações de despedida ilegal dentro do período da estabilidade gestacional.

Entretanto, por força da Lei 12.470/2011, com o objetivo de aliviar o MEI (equiparado a empresa), o salário-maternidade da segurada empregada gestante do microempreendedor individual passou a ser pago diretamente pelo INSS.

Embora se trate de matéria pertinente ao domínio legal, coube ao Decreto 10.410/2020 atribuir ao INSS o pagamento direto do salário-maternidade da empregada gestante com contrato de trabalho intermitente (art. 100-B do Decreto 3.048/99).

Em teoria, como se cuida de responsabilidade pelo pagamento de benefício previdenciário e regendo inclusive nova fórmula de renda mensal pela média das 12 últimas remunerações antes do fato gerador do benefício, observada a renda mínima de um salário mínimo, deveria ter sido veiculado por lei e não por decreto presidencial.

Outrossim, **a empregada gestante com contrato de trabalho com jornada parcial cujo valor do salário de contribuição seja inferior ao limite mínimo mensal** também passou a receber o salário-maternidade diretamente pago pelo INSS após o advento do Decreto 10.410/2020 (art. 100-C do Decreto 3.048/99).

Neste caso a renda será de um salário mínimo, pois se cuida de benefício previdenciário com a função de substituição de renda mensal, nos termos da garantia estabelecida pelo artigo 201, §2º, da Constituição.

De outro vértice, na hipótese de empregada gestante com contrato de trabalho com jornada parcial cujo valor do salário de contribuição atinja ao limite mínimo mensal, persiste a obrigação de a empresa tomadora do serviço pagar o benefício para ulterior reembolso via compensação tributária.

Tal qual o artigo 100-B, esse novel artigo 100-C do Decreto 3.048/99 deveria ter sido veiculado por lei e não por decreto presidencial, por se cuidar de manifesta inovação jurídica que excepciona o texto da Lei 8.213/91.

Em ambas as situações, as novas disposições regulamentares aplicar-se-ão aos partos e adoções ocorridos a contar de 1/7/2020, data da publicação do Decreto 10.410/2020.

No caso de adoção por segurada empregada, competirá ao INSS pagar diretamente o benefício, e não a empresa.

Com o advento da Lei 11.718/2008, a partir de 24.06.2008, a idade mínima para a realização da carência para a segurada especial perceber o salário-maternidade passou para 16 anos de idade, pois essa norma previu expressamente a referida idade mínima para a filiação.

STJ

O não preenchimento do requisito etário exigido para a filiação ao RGPS como segurado especial não constitui óbice à concessão de salário-maternidade a jovem menor de dezesseis anos impelida a exercer trabalho rural em regime de economia familiar (art. 11, VII, "c" e § 6º da Lei 8.213/1991). Realmente, a Lei 8.213/1991 fixou a idade mínima de dezesseis anos para que se ostente a condição de segurado especial a que se refere o art. 11, VII, "c" e § 6º, desse mesmo diploma legal. Além disso, a idade mínima de dezesseis anos constitui o limite constitucional para o trabalho (art. 7º, XXXIII, da CF) e o marco etário para filiação ao RGPS. Apesar disso, não se pode admitir, na hipótese, que o não preenchimento do requisito etário para filiação ao RGPS prejudique o acesso ao benefício previdenciário do salário-maternidade. REsp 1.440.024-RS, Rel. Min. Napoleão Nunes Maia Filho, julgado em 18/8/2015, DJe 28/8/2015" (Informativo 567).

O salário-maternidade não poderá ser acumulado com benefício por incapacidade, devendo este último ser suspenso, ou então ter a sua data de início protelada, devendo ser restabelecido no dia seguinte ao da cessação do salário-maternidade.

Em razão do artigo 15, §3º, da Lei 8.213/91, assegurar aos segurados todos os direitos previdenciários durante o período de graça, o artigo 97, do RPS, foi alterado pelo Decreto 6.122/2007, assegurando à segurada empregada o pagamento do salário-maternidade diretamente pelo INSS nas hipóteses de demissão antes da gravidez, ou, durante a gestação, nas hipóteses de dispensa por justa causa ou a pedido.

9. AUXÍLIO-ACIDENTE

Regulamentação básica: artigo 86, da Lei 8.213/91; artigo 104, do RPS (Decreto 3.048/99).

Códigos de concessão: 94 – Auxílio-acidente por acidente do trabalho e 36 – Auxílio-acidente previdenciário.

Por força do artigo 18, §1º, da Lei 8.213/91, apenas terão direito à percepção do auxílio-acidente o segurado **empregado, o trabalhador avulso e o segurado especial. Por força da LC 150/2015, o empregado doméstico passou a ter direito ao auxílio-acidente.**

O auxílio-acidente é o único benefício previdenciário com **natureza exclusivamente indenizatória**, não se destinando a substituir a remuneração do segurado, e sim servir de acréscimo aos seus rendimentos, em decorrência de um infortúnio que reduziu a sua capacidade laborativa.

Com efeito, será concedido ao segurado quando, após **consolidação das lesões** decorrentes de **acidente de qualquer natureza**, resultarem sequelas que impliquem **redução da capacidade para o trabalho que habitualmente exercia ou mesmo impossibilidade de desempenho dessa atividade**, uma vez possível a reabilitação profissional para outra que garanta a subsistência do segurado.

Assim, para o pagamento do auxílio-acidente, será preciso que:

A) Ocorra um acidente de qualquer natureza, independentemente de ser decorrente do trabalho;

B) Haja sequela;

C) Ocorra perda funcional para o trabalho que o segurado habitualmente desenvolvia **ou** impossibilidade de desempenho da atividade que exercia a época do acidente, porém permita o desempenho de outra, após processo de reabilitação profissional, nos casos indicados pela perícia médica do INSS.

Ocorre que com o advento do Decreto 10.410/2020 os incisos do artigo 104 do RPS foram revogados:

> "Art. 104. O auxílio-acidente será concedido, como indenização, ao segurado empregado, inclusive o doméstico, ao trabalhador avulso e ao segurado especial quando, após a consolidação das lesões decorrentes de acidente de qualquer natureza, resultar sequela definitiva que, a exemplo das situações discriminadas no Anexo III, implique redução da capacidade para o trabalho que habitualmente exercia. <u>(Redação dada pelo Decreto nº 10.410, de 2020)</u>
>
> I – <u>(Revogado pelo Decreto nº 10.410, de 2020)</u>
>
> II – <u>(Revogado pelo Decreto nº 10.410, de 2020)</u>
>
> III – <u>(Revogado pelo Decreto nº 10.410, de 2020)</u>"

Creio que a revogação regulamentar não teve o objetivo de eliminar esta segunda hipótese concessora de auxílio-acidente, pois muito mais gravosa (impedimento do labor habitual) que a situação descrita no artigo 86 da Lei 8.213/91 (redução da capacidade para o labor habitual), sendo razoável a proporcional a sua manutenção com lastro em ampliação interpretativa do artigo 86 da Lei 8.213/91.

No entanto, **para a prova de concurso**, vale o texto do artigo 104 do RPS, que apenas prevê o benefício na situação de consolidação das lesões decorrentes de acidente de qualquer natureza, resultar sequela definitiva que, a exemplo das situações discriminadas no Anexo III, implique redução da capacidade para o trabalho que habitualmente exercia.

Uma questão tormentosa é a **delimitação do conceito de acidente de qualquer natureza**, cuja caracterização é um pressuposto para a concessão do auxílio-acidente. Teremos que construir uma definição à luz do bom senso e do artigo 30 do Decreto 3.048/99:

"Parágrafo único. Entende-se como **acidente de qualquer natureza ou causa** aquele de origem traumática e por exposição a agentes exógenos (físicos, químicos e biológicos), que acarrete lesão corporal ou perturbação funcional que cause a morte, a perda, ou a redução permanente ou temporária da capacidade laborativa".

Logo, a definição considera dois elementos cumulativos à configuração do acidente de qualquer natureza:

a) acidente com origem traumática;

b) Acidente decorrente de fatores externos (exógenos).

Evidente que o acidente é um acontecimento inesperado ou fortuito, que é danoso ao segurado da previdência social, pois poderá causar lesões com incapacitação ou mesmo a morte em casos mais graves.

Mesmo que a lesão seja mínima, é devido o benefício mesmo que haja redução da capacidade funcional para o labor habitual em decorrência de acidente.

STJ

RECURSO REPETITIVO

Pesquisa de Temas Repetitivos: Tema 416

Pesquisa de Repetitivos por Assunto

Processo **REsp 1109591 / SC, de 25/8/2010**

1. Conforme o disposto no art. 86, caput, da Lei 8.213/91, exige-se, para concessão do auxílio-acidente, a existência de lesão, decorrente de acidente do trabalho, que implique redução da capacidade para o labor habitualmente exercido. 2. O nível do dano e, em consequência, o grau do maior esforço, não interferem na concessão do benefício, o qual será devido ainda que mínima a lesão.

Na forma do artigo 30, parágrafo único, do RPS, entende-se como **acidente de qualquer natureza ou causa** aquele de origem traumática e por exposição a agentes exógenos (físicos, químicos e biológicos), que acarrete lesão corporal ou perturbação funcional que cause a morte, a perda, ou a redução permanente ou temporária da capacidade laborativa.

Até o advento da Lei 9.032/95, o auxílio-acidente só era devido em razão de acidente de trabalho ou eventos equiparados, sendo estendido aos acidentes de qualquer natureza.

STJ

Conforme já se posicionou a Corte Superior (AGA 585.768, de 16.09.2004), também será devido o auxílio-acidente se a sequela que acometer o segurado empregado, avulso ou especial decorrer de **moléstia ocupacional** (doença do trabalho ou profissional), pois equiparada legalmente ao acidente de trabalho, haja vista a existência de nexo causal entre a enfermidade e o labor.

De acordo com o Dicionário Aurélio da Língua Portuguesa, **sequela** é qualquer lesão anatômica ou funcional que permaneça depois de encerrada a evolução clínica de uma doença, inclusive de um traumatismo. Logo, a sequela pressupõe lesão permanente, a exemplo da perda de um dedo.

STJ

Entretanto, o STJ tem se posicionado pelo pagamento do auxílio-acidente mesmo que seja reversível a lesão acidentária, a exemplo do julgamento do AGA 1.108.738, de 16.04.2009, pois entende a Corte Superior que a irreversibilidade da moléstia não constitui requisito legal para a concessão de auxílio-acidente. Este posicionamento do STJ foi consolidado em julgamento de Recurso Especial repetitivo (tese 156 – REsp 1112886, de 25/11/2009), firmando a tese que "será devido o auxílio-acidente quando demonstrado o nexo de causalidade entre a redução de natureza permanente da capacidade laborativa e a atividade profissional desenvolvida, sendo irrelevante a possibilidade de reversibilidade da doença".

É preciso que, em decorrência do acidente, haja perda funcional para o trabalho habitual ou mesmo impossibilidade total de desempenhar a mesma função, desde que possível a reabilitação profissional para outra atividade.

Destarte, o segurado empregado que desempenhe a função de digitador de textos, se for acidentado e perder um dos dedos da mão, certamente receberá o auxílio-acidente, vez que perdeu parte de sua capacidade funcional para o trabalho habitual.

Ao revés, se esse mesmo segurado acidentou-se e perdeu um dedo do pé, é provável que o benefício seja negado pelo INSS, pois não se afigura redução de capacidade funcional para o trabalho de digitador.

De acordo com o artigo 104, §4º, inciso II, do RPS, o auxílio-acidente não será devido na hipótese de mudança de função, mediante readaptação profissional promovida pela empresa, como medida preventiva, em decorrência de inadequação do local de trabalho.

Entende-se que essa previsão regulamentar é desprovida de base legal, pois em nenhum momento o artigo 86, da Lei 8.213/91, autorizou a exclusão do pagamento do auxílio-acidente nesta hipótese.

Em caráter excepcional, na hipótese de **perda de audição**, a legislação previdenciária foi bem mais rígida para o pagamento do auxílio-acidente. Neste caso, em qualquer grau de deficiência auditiva, só será devido o benefício quando a redução ou perda da capacidade para o trabalho que o segurado habitualmente exercia tenha **nexo causal entre o trabalho e a doença**.

Logo, **não será qualquer acidente que ensejará o pagamento do auxílio-acidente em razão**

da perda de audição, mas apenas os decorrentes de acidente de trabalho e equipados, como as doenças ocupacionais (profissionais e do trabalho).

Trata-se de benefício que **independe de carência**, tendo renda mensal inicial fixada em 50% do salário de benefício pela Lei 9.032/95, **podendo ter valor inferior a um salário mínimo**, pois não objetiva substituir a remuneração do empregado, empregado doméstico, trabalhador avulso ou segurado especial.

A legislação previdenciária pressupõe o pagamento do auxílio-doença antes do auxílio-acidente, sendo este devido no dia seguinte ao da cessação do auxílio-doença, uma vez consolidada a lesão que acarretou perda funcional para o trabalho habitual, sendo benefícios que não poderão ser acumulados pela mesma causa.

No caso de reabertura de auxílio-doença por acidente de qualquer natureza que tenha dado origem a auxílio-acidente, este será suspenso até a cessação do auxílio-doença reaberto, quando será reativado.

O artigo 124, inciso V, da Lei 8.213/91, **veda o recebimento conjunto de mais de um auxílio-acidente**. Assim, quando o segurado em gozo de auxílio-acidente fizer jus a um novo auxílio-acidente, em decorrência de outro acidente ou de doença, serão comparadas as rendas mensais dos dois benefícios e mantido o benefício mais vantajoso.

Desde o advento da Medida Provisória 1.596-14, convertida na Lei 9.528/97, **o auxílio-acidente não mais será acumulado com a aposentadoria do segurado**, passando a integrar o salário de contribuição para fins do cálculo do salário de benefício da aposentadoria, na forma do artigo 31, da Lei 8.213/91, salvo direito adquirido.

Essa inovação prejudica os segurados que tenham o salário de benefício atingido o teto, após a soma do valor do auxílio-acidente com os salários de contribuição do segurado, pois antes eles podiam receber a aposentadoria até o teto e o auxílio-acidente separadamente.

Contudo, conforme o entendimento administrativo da Previdência Social, em respeito ao direito adquirido e ao Princípio do *Tempus Regit Actum*, para a acumulação do auxílio-acidente com proventos de aposentadoria, a consolidação das lesões decorrentes de acidentes de qualquer natureza, que resulte sequelas definitivas, nos termos do art. 86 da Lei nº 8.213/91, e a concessão da aposentadoria devem ser anteriores às alterações inseridas no art. 86, § 2º da Lei nº 8.213/91, pela Medida Provisória nº 1.596-14, convertida na Lei nº 9.528/97, nos termos da Súmula 75 da AGU.

STJ

"A jurisprudência do STJ firmou-se no sentido de que a possibilidade de acumulação do auxílio-acidente com proventos de aposentadoria requer que a lesão incapacitante e a concessão da aposentadoria sejam anteriores às alterações promovidas pela Lei n. 9.528/97" (Recurso Especial 1.244.257, de 13.03.2012). Posteriormente, foi editada a **Súmula 507: "A acumulação de auxílio-acidente com aposentadoria pressupõe que a lesão incapacitante e a aposentadoria sejam anteriores a 11/11/1997, observado o critério do artigo 23 da Lei 8.213/91 para definição do momento da lesão nos casos de doença profissional ou do trabalho"**.

O anexo III, do RPS, traz um rol de hipóteses aptas a ensejar o pagamento do auxílio-acidente, entendendo-se ser uma listagem exemplificativa.

Deverá ser pago o auxílio-acidente durante o período de graça, haja vista que o segurado mantém todos os direitos previdenciários. Para se adaptar a essa determinação legal, o §7º, do artigo 104, do RPS, foi corretamente modificado por intermédio do Decreto 6.722/2008.

É comum que os alunos confundam o auxílio-acidente com o auxílio-doença. No entanto, existem diversas diferenças entre os citados benefícios, sendo as principais apontadas no quadro abaixo:

AUXÍLIO-ACIDENTE	AUXÍLIO-DOENÇA
– É indenizatório	– Substitui o salário de contribuição ou a remuneração do segurado
– É recebido junto com a remuneração pelo labor do segurado (não exige afastamento do trabalho)	– Exige incapacidade laboral para o trabalho habitual por mais de 15 dias seguidos (afastamento do trabalho)
– É de 50% do salário de benefício.	– É de 91% do salário de benefício
– Pode ser inferior a um salário mínimo	– Não pode ser inferior a um salário mínimo, salvo no caso de atividades concomitantes
– Dispensa sempre a carência	– Exige, em regra, carência de 12 contribuições mensais

10. PENSÃO POR MORTE

Regulamentação básica: artigos 74/79, da Lei 8.213/91; artigos 105/115, do RPS (Decreto 3.048/99).

Códigos de concessão: 93 – Pensão por morte por acidente do trabalho e 21 – Pensão por morte previdenciária.

A pensão por morte é um benefício previdenciário dos dependentes dos segurados, assim consideradas as pessoas listadas no artigo 16, da Lei 8.213/91, devendo a condição de dependente ser aferida no momento do óbito do instituidor, e não em outro marco, pois é com o falecimento que nasce o direito.

> Todos os segurados poderão instituir pensão por morte se deixarem dependentes, sendo que o benefício **independe sempre de carência**. Frise-se que a MP 664/2014 chegou a inserir carência de 24 recolhimentos mensais, mas a Lei 13.135/2015 restabeleceu a dispensa de carência para a pensão por morte (art. 26, I, da Lei 8.213/91).

Vale relembrar que os dependentes da **classe I** (artigo 16, da Lei 8.213/91) são preferenciais e possuem presunção absoluta de dependência econômica: "o cônjuge, a companheira, o companheiro e o filho não emancipado, de qualquer condição, menor de 21 (vinte e um) anos ou inválido ou que tenha deficiência intelectual ou mental que o torne absoluta ou relativamente incapaz, assim declarado judicialmente" (*redação com efeitos a partir de 3 de janeiro de 2016 – Lei 13.146/2015).*

> STJ
> Consoante densamente comentado anteriormente entende o STJ que **"a mulher que renunciou aos alimentos na separação judicial tem direito à pensão previdenciária por morte do ex-marido, comprovada a necessidade econômica superveniente" (Súmula 336).**

Também serão dependentes preferenciais o parceiro homoafetivo e o ex-cônjuge ou companheiro(a) que perceba alimentos, assim como os equiparados a filho (enteado e tutelado), estes dois sem presunção de dependência econômica.

O cônjuge separado de fato apenas fará jus à pensão por morte se demonstrar a dependência econômica, inclusive em concorrência com eventual companheiro(a).

A Lei 8.213/91 não exigia que a comprovação da união estável se desse através do início de prova material, podendo ser comprovada antigamente apenas por testemunhos, vigorando o Princípio do Livre Convencimento Motivado, razão pela qual a previsão do artigo 143 do Regulamento da Previdência Social era ilegal neste ponto.

Isto foi modificado com o advento da **Lei 13.846/2019**, tornando a posição Regulamentar (Decreto 3.048/99) válida e **afastando a jurisprudência citada**. Isso porque restou inserido no artigo 16 da Lei 8.213/91 um quinto parágrafo **com tarifação de prova com marca de temporariedade de 24 meses** antes do fato gerador da pensão por morte ou do auxílio-reclusão.

De efeito, dispõe o novel §5º do artigo 16 da Lei 8.213/91 que "as provas de **união estável** e de **dependência econômica** exigem **início de prova material contemporânea dos fatos, produzido em período não superior a 24 (vinte e quatro) meses anterior à data do óbito ou do recolhimento à prisão do segurado**, não admitida a prova exclusivamente testemunhal, exceto na ocorrência de motivo de força maior ou caso fortuito, conforme disposto no regulamento".

Dessa forma, se o segurado morreu em 8 de setembro de 2019, a sua companheira não poderá provar a união estável apenas com testemunhos, devendo apresentar ao menos um documento que indique a união estável produzido entre 8 de setembro de 2017 e 8 de setembro de 2019, exceto fortuito e força maior ainda não regulamentados.

Assim, resta afastando o Princípio do Livre Convencimento Motivado e adotada a tarifação de prova para dar mais segurança jurídica, considerando a existência de casos habituais de falsos testemunhos e para preservar o Erário contra algumas situações de fraude.

No entanto, acredito que a exigência temporal do documento foi excessiva nos últimos 24 meses antes do fato gerador do benefício, a exemplo da certidão de nascimento de dois filhos em comum de 3 e 4 anos de idade no dia da morte do segurado, pois a certidões foram emitidas há mais de 24 meses do dia do óbito.

Vale registrar que se cuida de regra processual inerente à prova da condição de dependente, de modo que possui aplicação imediata a todos os processos pendentes de decisão para óbitos anteriores à vigência da alteração normativa, pois somente regras de direito material não possuem retroação.

A pensão por morte somente será devida ao filho e ao irmão cuja invalidez tenha ocorrido antes da emancipação ou de completar a idade de vinte e um anos, nos termos do Regulamento da Previdência Social, desde que reconhecida ou comprovada, pela perícia médica do INSS, a continuidade da invalidez até a data do óbito do segurado. Mas essa previsão do Decreto 3.048/99 é repelida pela jurisprudência. Essa posição se conservou mesmo com o Decreto 10.410/2020.

> **STJ**
> "É irrelevante o fato de a invalidez ter sido após a maioridade do postulante, uma vez que, nos termos do artigo 16, III c/c parágrafo 4º, da Lei 8.213/91, é devida a pensão por morte, comprovada a dependência econômica, ao irmão inválido ou que tenha deficiência intelectual ou mental que o torne absoluta ou relativamente incapaz, assim declarado judicialmente. Alinhado a esse entendimento, há precedentes do STJ no sentido de que, em se tratando de dependente maior inválido, basta a comprovação de que a invalidez é anterior ao óbito do segurado. Nesse sentido: AgRg no AREsp 551.951/SP, Rel. Ministra Assusete Magalhães, Segunda Turma, DJe 24/4/2015, e AgRg no Ag 1.427.186/PE, Rel. Ministro Napoleão Nunes Maia Filho, Primeira Turma, DJe 14/9/2012".

É obrigatório que o pensionista inválido se submeta a exame médico a cargo da previdência social, processo de reabilitação profissional por ela prescrito e custeado e tratamento dispensado gratuitamente, exceto o cirúrgico e a transfusão de sangue, que são facultativos, independentemente de sua idade, sob pena de suspensão do benefício.

No entanto, desde o advento da Lei 13.063, de 30 de dezembro de 2014, que alterou o artigo 101 da Lei 8.213/91, o pensionista inválido estará isento do exame pericial após completar 60 (sessenta) anos de idade, salvo se o próprio pensionista solicitar a realização do exame para verificar a recuperação da sua capacidade de trabalho, caso se julgue apto.

No entanto, a isenção de perícia do pensionista inválido após este ter completado 60 anos de idade presume o não retorno ao trabalho, pois a percepção deste benefício com remuneração é incompatível.

Embora seja óbvio, coube à Lei 13.457/2017 expressar isto ao modificar o §1º do artigo 101 da Lei 8.213/91, passando a gozar de previsão normativa expressa que a mencionada isenção de perícia do sexagenário pensionista inválido é condicionada ao não retorno ao trabalho.

Destaque-se que o posicionamento do STF e do STJ é pela ausência da condição de dependente de segurado do(a) concubino(a), pois se cuida de relação paralela ao matrimônio, conforme visto anteriormente.

STF

Em 18/12/2020, ao julgar o RE 1.045.273 em **Repercussão Geral**, por 6 votos a 5, o STF reafirmou a sua tradicional jurisprudência no sentido de **negar a concessão de pensão por morte ao(a) concubino(a)**, fixando a seguinte tese:

"A preexistência de casamento ou de união estável de um dos conviventes, ressalvada a exceção do artigo 1723, §1º do Código Civil, impede o reconhecimento de novo vínculo referente ao mesmo período, inclusive para fins previdenciários, em virtude da consagração do dever de fidelidade e da monogamia pelo ordenamento jurídico-constitucional brasileiro".

Conforme já estudado anteriormente, a pendência em curso universitário após os 21 anos de idade não é causa de prorrogação da pensão por morte no RGPS, sendo esta a posição do STJ e da TNU.

Já na **classe II** figuram os pais, ao passo que na **classe III** estão os irmãos do segurado, conforme detidamente explicado no Capítulo 8.

Caso haja mais de um dependente dentro da mesma classe, haverá o rateio em partes iguais da pensão por morte e, na medida em que cesse a dependência de algum, os remanescentes irão acrescendo proporcionalmente as suas cotas (após a Emenda 103/2019, a cota individual de 10% não mais será revertida).

Outrossim, não haverá transferência de benefício entre as classes, de modo que um filho menor de 21 anos que alcance a maioridade previdenciária não fará com que os dependentes da classe II ou III sejam beneficiários da prestação.

Por força do §6º do artigo 77 da Lei 8.213/91, inserido pela Lei 13.183/2015, o exercício de atividade remunerada, inclusive na condição de microempreendedor individual, não impede a concessão ou manutenção da parte individual da pensão do dependente com deficiência intelectual ou mental ou com deficiência grave.

No caso de pensão por morte paga a mais de um dependente, cada cota poderá ser inferior a um salário mínimo, mas o benefício, no valor total, será de um salário mínimo ao menos, pois substitui o salário de contribuição.

A pensão por morte ERA paga no **mesmo valor da aposentadoria que o segurado recebia ou daquela a que teria direito se estivesse aposentado por invalidez na data de seu falecimento** (100% do salário de benefício), **inexistindo carência.** A MP 664/2014 chegou a reduzi-la, mas a Lei 13.135/2015 restabeleceu a redação do artigo 75, da Lei 8.213/91, voltando a pensão por morte a ser integral. **MAS TUDO RESTOU MODIFICADO PELA EMENDA 103/2019.**

De acordo com o ***artigo 23 da Emenda 103/2019***, a **pensão por morte concedida a dependente de segurado do Regime Geral de Previdência Social** será equivalente a uma cota familiar de **cinquenta por cento** do valor da aposentadoria recebida pelo segurado ou servidor ou daquela a que teriam direito se fossem aposentados por incapacidade permanente na data do óbito, acrescida de **cotas de dez pontos** percentuais por dependente, **até o máximo de cem por cento**.

Trata-se de regra que veio reger a pensão por morte dos segurados do RGPS para **óbitos a partir do dia seguinte à data de publicação da Emenda** 103/2019. Isso porque as mortes até o dia da publicação da Emenda serão regidas pela legislação anterior prevista na Lei 8.213/91, nos termos do artigo 3º da Emenda.[39]

---

39. Art. 3º A concessão de aposentadoria ao servidor público federal vinculado a regime próprio de previdência social e ao segurado do Regime Geral de Previdência Social e de pensão por morte aos respectivos dependentes será assegurada, a qualquer tempo, desde que tenham sido cumpridos os requisitos para obtenção destes benefícios até a data de entrada em vigor desta Emenda Constitucional, observados os critérios da legislação vigente na data em que foram atendidos os requisitos para a concessão da aposentadoria ou da pensão por morte.

§ 1º Os proventos de aposentadoria a serem concedidos ao servidor público a que se refere o *caput* e as pensões por morte devidas aos seus dependen-

Por sua vez, a renda mensal da pensão por morte do segurado do RGPS cujo óbito foi posterior ao advento da Emenda 103/2019 será calculada com arrimo no artigo 23, observada a renda se ao menos um salário mínimo.

Em regra, haverá um valor básico de 50% da aposentadoria recebida pelo inativo ou 50% da aposentadoria por incapacidade que teria direito na data do óbito, acrescido de 10% por dependente até o limite de 100%:

COEFICIENTE	DEPENDENTES
60%	1 dependente
70%	2 dependentes
80%	3 dependentes
90%	4 dependentes
100%	5 ou mais dependentes

Dessa forma, para o segurado ativo que vem a óbito, será necessário calcular os proventos da aposentadoria por incapacidade permanente para em seguida calcular o valor da pensão por morte.

Nos termos do Decreto 10.410/2020, o valor da pensão por morte, no caso de morte de segurado recluso que tenha contribuído para a previdência social durante o período de reclusão, será calculado de modo a considerar o tempo de contribuição adicional e os correspondentes salários de contribuição.

Considerando que a pensão por morte é um benefício não programado e que não exige tempo de contribuição mínimo para a sua concessão, não será aplicada a regra de descarte de contribuições de que trata o artigo 26, §6º[40], da EC 103/2019. No mesmo sentido o artigo 32 do Regulamento.

Para os **homens**, a teor do artigo 26[41] da Emenda 103/2019, o valor do benefício de aposentadoria por incapacidade permanente corresponderá a **sessenta por cento da média aritmética das 100% das remunerações/salários de contribuição, com acréscimo de 2% para cada ano que ultrapassar os 20 anos de contribuição:**

HOMENS TEMPO DE CONTRIBUIÇÃO	COEFICIENTE
Até 20 Anos	60%
21 Anos	62%
22 Anos	64%
23 Anos	66%
24 Anos	68%
25 Anos	70%
26 Anos	72%
27 Anos	74%
28 Anos	76%
29 Anos	78%
30 Anos	80%
31 Anos	82%
32 Anos	84%
33 Anos	86%
34 Anos	88%
35 Anos	90%
36 Anos	92%
37 Anos	94%
38 Anos	96%
39 Anos	98%
40 Anos	100%

tes serão calculados e reajustados de acordo com a legislação em vigor à época em que foram atendidos os requisitos nela estabelecidos para a concessão destes benefícios.

40. § 6º Poderão ser excluídas da média as contribuições que resultem em redução do valor do benefício, desde que mantido o tempo mínimo de contribuição exigido, vedada a utilização do tempo excluído para qualquer finalidade, inclusive para o acréscimo a que se referem os §§ 2º e 5º, para a averbação em outro regime previdenciário ou para a obtenção dos proventos de inatividade das atividades de que tratam os arts. 42 e 142 da Constituição Federal.

41. Art. 26. Até que lei discipline o cálculo dos benefícios do regime próprio de previdência social da União e do Regime Geral de Previdência Social, será utilizada a média aritmética simples dos salários de contribuição e das remunerações adotados como base para contribuições a regime próprio de previdência social e ao Regime Geral de Previdência Social, ou como base para contribuições decorrentes das atividades militares de que tratam os arts. 42 e 142 da Constituição Federal, atualizados monetariamente, correspondentes a cem por cento do período contributivo desde a competência julho de 1994 ou desde o início da contribuição, se posterior àquela competência.

§ 1° A média a que se refere o *caput* será limitada ao valor máximo do salário de contribuição do Regime Geral de Previdência Social para os segurados deste regime e para o servidor que ingressou no serviço público em cargo efetivo após a implantação do regime de previdência complementar ou que tenha exercido a opção correspondente, nos termos do disposto nos §§ 14 a 16 do art. 40 da Constituição Federal.

Assim, se um segurado (homem) do RGPS morrer com 30 anos de tempo de contribuição, o valor da aposentadoria por incapacidade permanente será de 80% da média de todas as remunerações desde Julho de 1994, sendo este o valor base para o cálculo da pensão por morte que será incidirá à razão de 60, 70, 80, 90 ou 100% sobre 80% de toda a média contributiva do servidor federal.

Suponha-se que um segurado do RGPS tenha morrido com 30 anos de tempo de contribuição, de modo que os proventos de aposentadoria por incapacidade que ele teria direito seriam de 80% da média das remunerações.

Se ele possuir dois dependentes habilitados, o valor da pensão por morte será de 70% multiplicado por 80% da média dos salários de contribuição a partir de 7/1994 (7 x 8 = 56) chegando a apenas 56% da média de todos os salários de contribuição desde o Plano Real (Julho/1994).

A renda mensal da pensão por mrte não poderá ser inferior a um salário mínimo.

Curioso notar que, **intencionalmente**, o artigo 26 da Emenda 103/2019 não limita a média de todos os salários de contribuição do segurado a 100%, de modo que o segurado falecido que possuir mais de 40 anos de tempo de contribuição poderá gerar pensão por morte com base de cálculo que ultrapasse a 100% da média de salários de contribuição desde o Plano Real (competência 7/1994), a exemplo:

41 Anos	102%
42 Anos	104%
43 Anos	106%
44 Anos	108%
45 Anos	110%
E assim sucessivamente	E assim sucessivamente

No entanto, para **a aposentadoria por incapacidade da mulher** existe uma regra especial de cálculo da renda mensal no artigo 26, §5º[42], da Emenda 103/2019, que prevê a **progressão a contar de 15 anos**, e não de 20 anos de contribuição:

MULHERES TEMPO DE CONTRIBUIÇÃO	COEFICIENTE
15 Anos	60%
16 Anos	62%
17 Anos	64%
18 Anos	66%
19 Anos	68%
20 Anos	70%
21 Anos	72%
22 Anos	74%
23 Anos	76%
24 Anos	78%
25 Anos	80%
26 Anos	82%
27 Anos	84%
28 Anos	86%
29 Anos	88%
30 Anos	90%
31 Anos	92%
32 Anos	94%
33 Anos	96%
34 Anos	98%
35 Anos	100%
E assim sucessivamente	**E assim sucessivamente**

Suponha-se que uma mulher segurada no RGPS faleceu sem estar aposentada após a vigência da Emenda 103/2019. Ela possuía 22 anos de tempo de contribuição no dia do óbito.

Neste caso, a base de cálculo da sua pensão por morte será de 74% da média de todos os salários de contribuição desde o Plano Real, multiplicado pelo coeficiente do número de dependentes habilitados:

COEFICIENTE	DEPENDENTES
60%	1 dependente
70%	2 dependentes
80%	3 dependentes
90%	4 dependentes
100%	5 ou mais dependentes

Se ela possuir apenas um dependente (74 x 60 = 44,4%), a renda da pensão por morte que vier a instituir será de 44,4% da média de todos os salários de contribuição desde o Plano Real, não podendo ser inferior a um salário mínimo.

42. § 5º O acréscimo a que se refere o caput do § 2º será aplicado para cada ano que **exceder quinze anos** de tempo de contribuição para os segurados de que tratam a alínea "a" do inciso I do art. 19 e do inciso I do art. 21 **e para as mulheres filiadas ao Regime Geral de Previdência Social.**

> Por outro lado, existe uma regra especial muito justa em favor do dependente inválido ou com deficiência intelectual, mental ou grave (filhos, cônjuges/companheiros, pais e irmãos), pois neste caso a renda da pensão por morte será equivalente a:
>
> I – 100% da aposentadoria recebida pelo segurado ou daquela a que teriam direito se fossem aposentados por incapacidade permanente na data do óbito, **até o limite máximo de benefícios do Regime Geral de Previdência Social**.

Quando não houver mais dependente inválido ou com deficiência intelectual, mental ou grave, o valor da pensão será recalculado na forma da regra geral. Para o dependente inválido ou com deficiência intelectual, mental ou grave, a condição de deficiente pode ser reconhecida previamente ao óbito do segurado, por meio de avaliação biopsicossocial realizada por equipe multiprofissional e interdisciplinar, observada revisão periódica na forma da legislação.

> **Importante!**
>
> Excepcionalmente, no caso de morte por acidente de trabalho do empregado, trabalhador avulso, empregado doméstico e segurado especial, se o segurado falecido não estava aposentado, o salário de benefício deve ser 100% da média, pois esse seria o salário de benefício da aposentadoria por incapacidade permanente decorrente de acidente de trabalho.

Essa regra não se aplica aos contribuintes individuais e segurados facultativos, pois não fazem jus a benefício decorrente do acidente de trabalho.

De sua vez, **o artigo 75 da Lei 8.213/91** (que cuida da renda da pensão por morte) **não foi recebido pela Emenda 103/2019** para novos óbitos:

> *"Art. 75. O valor mensal da pensão por morte será de cem por cento do valor da aposentadoria que o segurado recebia ou daquela a que teria direito se estivesse aposentado por invalidez na data de seu falecimento, observado o disposto no art. 33 desta lei. (Redação dada pela Lei nº 9.528, de 1997)"*

A sua aplicação será limitada no tempo, incidindo apenas para as mortes ocorridas até o dia da publicação da Emenda.

Ademais, **é vedada a reversão de cotas de pensão entre dependentes**. Dessa forma, o §1º do artigo 77 da Lei 8.213/91 não foi recebido pela Emenda 103/2019 para os novos óbitos:

> *"§ 1º Reverterá em favor dos demais a parte daquele cujo direito à pensão cessar. (Redação dada pela Lei nº 9.032, de 1995)"*

Para óbitos a contar de 14/11/2019, por força do artigo 23 da Emenda 103/2019, a cota individual de 10% será extinta após a cessação de qualidade de dependente, revertendo-se apenas a cota familiar fixa de 50%.

Regra de grande impacto na Emenda 103/2019 é a que prevê que se equiparam a filho, para fins de recebimento da pensão por morte, exclusivamente o enteado e o menor tutelado, desde que comprovada a dependência econômica.

O objetivo desta regra foi reverter a posição repetitiva do STJ (tema 732) que equipara ao filho o menor sob guarda, nos termos do artigo 33, §3º, do ECA. É aguardar para ver a reação da jurisprudência ao novel dispositivo, que corre o risco de ser afastado por inconstitucionalidade.

> Em regra, a pensão por morte será paga a partir do óbito do segurado. Contudo, se postulada administrativamente **após 90 (noventa) dias do falecimento**, será devida apenas a partir da data de entrada do requerimento administrativo, nos termos do artigo 74 da Lei 8.213/91, modificado pela Lei 13.183/2015. Antes, para os efeitos financeiros retroagirem ao óbito, o prazo era de 30 dias.
>
> Mas o tema foi alvo de alteração normativa promovida no artigo 74, inciso I, da Lei 8.213/91 promovida pela Lei 13.846/2019: A pensão por morte será devida ao conjunto dos dependentes do segurado que falecer, aposentado ou não, a contar da data: I - do óbito, **quando requerida em até 180 (cento e oitenta) dias após o óbito, para os filhos menores de dezesseis anos**, ou em até noventa dias após o óbito, para os demais dependentes.

Dessa forma, para os óbitos ocorridos a partir da vigência da MP 871 (18/1/2019 - 18/1/2019), convertida na Lei 13.846/2019, no caso de beneficiário absolutamente incapaz (menor de 16 anos de idade), acaso o seu representante legal não ofereça requerimento administrativo em até 180 dias do óbito, o INSS não pagará os atrasados, gerando efeitos financeiros somente a partir da data de entrada do requerimento administrativo.

Na hipótese de morte presumida, a pensão por morte será devida desde a prolação da respectiva decisão judicial, valendo ressaltar que "o reconhecimento da morte presumida, com o fito de concessão de pensão previdenciária, não se confunde com a declaração de ausência regida pelos diplomas cível e processual. *In casu*, obedece-se ao disposto no artigo 78, da Lei 8.213/91" (STJ, REsp 232.893, de 23.05.2000).

> **STJ**
>
> O art. 78 da Lei 8.213/91 dispõe que a concessão da pensão provisória pela morte presumida do segurado decorre tão somente da declaração emanada da autoridade judicial, depois do transcurso de 6 meses da ausência. **Dispensa-se pedido administrativo para recebimento do benefício**. (AgRg no REsp 1309733, de 2/8/2012).

Por outro lado, se comprovado o desaparecimento do segurado em consequência de acidente, desastre ou catástrofe, seus dependentes farão jus à pensão provisória independentemente da declaração de ausência, pois se presume a morte do segurado, sendo devido o benefício desde a data da ocorrência do evento, se requerida em até noventa dias.

Vale ressaltar que a ação judicial para reconhecer a morte presumida para fins de percepção da pensão será de competência da Justiça Federal.

A morte presumida será declarada pela autoridade judicial competente, depois de 06 meses de ausência, sendo concedida pensão provisória e pago o benefício a contar da data de prolação da sentença declaratória.

Contudo, se o desaparecimento do segurado decorrer de acidente, desastre ou catástrofe, seus dependentes farão jus à pensão provisória independentemente da declaração, a partir da data do desaparecimento.

Caso o segurado reapareça, o pagamento da pensão cessará imediatamente, desobrigados os dependentes da reposição dos valores recebidos, salvo comprovada má-fé.

Ademais, **a concessão da pensão por morte não será protelada pela falta de habilitação de outro possível dependente**, e qualquer inscrição ou habilitação posterior que importe em exclusão ou inclusão de dependente só produzirá efeito a contar da data da inscrição ou habilitação.

Isso quer dizer que o INSS não poderá aguardar a habilitação de todos os dependentes para conceder o benefício, devendo, de logo, deferir ao primeiro que se habilitar, promovendo a inserção posterior de outros eventuais dependentes que requerem o benefício.

> Outra novidade da **Lei 13.846/19** (inseriu os §§ 3º e 4º no artigo 74 da Lei 8.213/91,) é que, acaso ajuizada a ação judicial para reconhecimento da condição de dependente, este poderá requerer a sua habilitação provisória ao benefício de pensão por morte, exclusivamente para fins de rateio dos valores com outros dependentes, **vedado o pagamento da respectiva cota até o trânsito em julgado da decisão judicial que reconhecer a qualidade de dependente do autor da ação**, ressalvada a existência de decisão judicial em contrário.

Ademais, ainda à luz da Lei 13.846/2019, nas ações em que o INSS for parte, este poderá **proceder de ofício à habilitação excepcional da referida pensão**, apenas para efeitos de rateio, descontando-se os valores referentes a esta habilitação das demais cotas, vedado o pagamento da respectiva cota até o trânsito em julgado da respectiva ação, ressalvada a existência de decisão judicial em contrário, assegurando-se, em qualquer caso, a **cobrança pelo INSS dos valores indevidamente pagos em função de nova habilitação**.

Se julgada improcedente a ação citada, o valor retido será corrigido pelos índices legais de reajustamento e será pago de forma proporcional aos demais dependentes, de acordo com as suas cotas e o tempo de duração de seus benefícios.

Suponha-se que um segurado tenha falecido na pendência de ação estadual de investigação de paternidade no Juízo de Família ajuizada por um suposto filho menor. Neste caso, o infante poderá requerer a habilitação provisória no benefício de pensão, sendo reservada a sua cota-parte pelo INSS, evitando prejuízos ao Erário de pagamento em duplicidade acaso haja o reconhecimento da qualidade de dependente.

Acaso a dependência seja negada, serão liberados os valores reservados aos demais dependentes, com a incidência da correção monetária.

O mesmo se aplica na hipótese de ajuizamento de ação judicial para o reconhecimento de união estável perante o INSS como incidente processual, na hipótese em que o pedido principal da ação seja a concessão da pensão por morte.

De acordo com o artigo 77, §2º, da Lei 8.213/91, modificado pela Lei 13.135/2015, a pensão por morte cessará:

> I – pela morte do pensionista;
>
> II – para o filho, a pessoa a ele equiparada ou o irmão, de ambos os sexos, pela emancipação ou ao completar 21 (vinte e um) anos de idade, salvo se for inválido ou tiver deficiência intelectual ou mental ou deficiência grave *(redação dada pela Lei 13.146/2015)*;
>
> III – para filho ou irmão inválido, pela cessação da invalidez;
>
> IV – para filho ou irmão que tenha deficiência intelectual ou mental ou deficiência grave, pelo afastamento da deficiência, nos termos do regulamento.

> No entanto, o inciso II foi modificado pela Lei 13.183/2015, que passou a seguinte redação: *"para o filho, a pessoa a ele equiparada ou o irmão, de ambos os sexos, ao completar vinte e um anos de idade, salvo se for inválido ou tiver deficiência intelectual ou mental ou deficiência grave"*. Logo, embora a emancipação seja considerada na concessão do benefício (a mudança no artigo 16 foi vetada), pela última alteração normativa a emancipação não será considerada para o seu cancelamento, o que acaba sendo uma antinomia e incongruência.
>
> Após a publicação da Medida Provisória 664/2014, convertida na Lei 13.135/2015, a pensão por morte no Regime Geral de Previdência Social para **cônjuges, companheiros e companheiras** passou a ser **temporária ou vitalícia**, a depender da idade do pensionista no dia do óbito do segurado.

Anteriormente, para os citados dependentes, a pensão por morte era vitalícia, vedada a acumulação de mais de uma pensão deixada por cônjuge ou companheiro, ressalvada a opção pela mais vantajosa.

A Lei 13.135/2015 em muito modificou a MP 664/2014, tendo as novas regras entrado em vigor em 18 de junho de 2015. As alterações sobre o prazo para percepção da pensão por morte alcançaram os cônjuges, companheiros e companheiras, e não os demais dependentes, nada mudando para o filho, os pais e os irmãos.

No entanto, a criação da pensão temporária de deu para os óbitos a contar de 1/3/2015 (MP 664) e a exigência dos 2 anos de casamento ou de união estável para os óbitos a partir de 14/1/2015 (MP 664).

> Em regra, se o óbito ocorrer sem que o segurado tenha vertido **18 (dezoito) contribuições mensais** ou se o casamento ou a união estável tiverem sido iniciados em **menos de 2 (dois)** anos antes do óbito do segurado, a pensão por morte será paga por apenas **4 (quatro) meses** ao cônjuge, companheiro ou companheira, salvo se o óbito do segurado decorrer de acidente de qualquer natureza ou de doença profissional ou do trabalho.

Logo, se o segurado morreu com apenas 5 contribuições vertidas ou com menos de 2 anos de casamento ou união estável, a pensão por morte durará por apenas 4 meses, a não ser que a morte decorra de acidente de qualquer natureza ou de doença profissional ou do trabalho, hipótese na qual serão aplicados os prazos a seguir vistos.

A Lei 13.135/2015 admitiu expressamente que o tempo de contribuição a Regime Próprio de Previdência Social (RPPS) será considerado na contagem das 18 (dezoito) contribuições mensais, acaso o segurado não possua 18 recolhimentos no Regime Geral de Previdência Social.

Por sua vez, transcorridos os seguintes períodos, estabelecidos de acordo com a idade do beneficiário na data de óbito do segurado, **se o óbito ocorrer depois de vertidas 18 (dezoito) contribuições mensais e pelo menos 2 (dois) anos após o início do casamento ou da união estável, ou se então o óbito do segurado decorrer de acidente de qualquer natureza ou de doença profissional ou do trabalho,** a pensão terá a seguinte duração, sendo vitalícia apenas se o pensionista tiver 44 anos de idade no dia da morte:

1) **3 (três) anos**, com menos de 21 (vinte e um) anos de idade;
2) **6 (seis) anos**, entre 21 (vinte e um) e 26 (vinte e seis) anos de idade;
3) **10 (dez) anos**, entre 27 (vinte e sete) e 29 (vinte e nove) anos de idade;
4) **15 (quinze) anos**, entre 30 (trinta) e 40 (quarenta) anos de idade;
5) **20 (vinte) anos**, entre 41 (quarenta e um) e 43 (quarenta e três) anos de idade;
6) **vitalícia**, com 44 (quarenta e quatro) ou mais anos de idade.

> No entanto, há uma regra especial para o pensionista inválido ou com deficiência cônjuge ou companheiro(a), pois neste caso a pensão por morte apenas será cancelada pela cessação da invalidez ou pelo afastamento da deficiência. Se não houver recuperação do pensionista, portanto, será vitalícia, mesmo que **o segurado não tenha vertido 18 (dezoito) contribuições mensais ou se o casamento ou a união estável tiverem menos de 2 (dois) anos antes do óbito do segurado.** Caso o pensionista inválido ou deficiente se recupere, serão respeitados, ao menos, os prazos anteriores apresentados.

Vale frisar que a partir de junho de 2018 existe a possibilidade de mudanças nas faixas da pensão temporária e vitalícia, por ato do Ministro da Economia, desde que haja o incremento mínimo de um ano inteiro na média nacional única, para ambos os sexos, correspondente à expectativa de sobrevida da população brasileira ao nascer, limitado o acréscimo na comparação com as idades anteriores ao referido incremento.

Notem, queridos alunos, que o assunto ficou bem mais complexo do que antes e que o texto do artigo 77, da Lei 8.213/91 não ajuda muito, pois é bastante confuso. Por tudo isto, vamos sintetizar as novas regras na tabela abaixo:

Regra 1	– Se o óbito ocorrer sem que o segurado tenha vertido 18 (dezoito) contribuições mensais ou se o casamento ou a união estável tiverem sido iniciados em menos de 2 (dois) anos antes do óbito do segurado, a pensão por morte será paga por apenas 4 (quatro) meses **(regra geral)**.
Regra 2	– Se o óbito ocorrer depois de vertidas 18 (dezoito) contribuições mensais e pelo menos 2 (dois) anos após o início do casamento ou da união estável, a pensão terá a seguinte duração, sendo vitalícia apenas se o pensionista tiver 44 anos de idade no dia da morte: 1) 3 (três) anos, com menos de 21 (vinte e um) anos de idade; 2) 6 (seis) anos, entre 21 (vinte e um) e 26 (vinte e seis) anos de idade; 3) 10 (dez) anos, entre 27 (vinte e sete) e 29 (vinte e nove) anos de idade; 4) 15 (quinze) anos, entre 30 (trinta) e 40 (quarenta) anos de idade; 5) 20 (vinte) anos, entre 41 (quarenta e um) e 43 (quarenta e três) anos de idade; 6) vitalícia, com 44 (quarenta e quatro) ou mais anos de idade **(regra geral)**.
Regra 3	– Se o óbito decorrer de acidente de qualquer natureza ou de doença profissional ou do trabalho, mesmo que não haja 2 anos de casamento ou união estável ou não tenham sido recolhidas 18 (dezoito) contribuições mensais pelo segurado até o dia da morte, a pensão terá a seguinte duração, sendo vitalícia apenas se o pensionista tiver 44 anos de idade no dia da morte: 1) 3 (três) anos, com menos de 21 (vinte e um) anos de idade; 2) 6 (seis) anos, entre 21 (vinte e um) e 26 (vinte e seis) anos de idade; 3) 10 (dez) anos, entre 27 (vinte e sete) e 29 (vinte e nove) anos de idade; 4) 15 (quinze) anos, entre 30 (trinta) e 40 (quarenta) anos de idade; 5) 20 (vinte) anos, entre 41 (quarenta e um) e 43 (quarenta e três) anos de idade; 6) vitalícia, com 44 (quarenta e quatro) ou mais anos de idade. Logo, neste caso especial, a pensão não durará apenas 4 meses **(regra especial)**.

Regra 4	- Para o pensionista inválido ou com deficiência, a pensão por morte apenas será cancelada pela cessação da invalidez ou pelo afastamento da deficiência. Se não houver recuperação do pensionista, portanto, será vitalícia, mesmo que o segurado não tenha vertido 18 (dezoito) contribuições mensais ou se o casamento ou a união estável tiverem menos de 2 (dois) anos antes do óbito do segurado. Caso o pensionista inválido ou deficiente se recupere, serão respeitados, ao menos, os prazos anteriores apresentados **(regra especial)**.

Tivemos entre 2015 e 2020 uma elevação na expectativa de sobrevida ao nascer que atingiu 1,7 ano:

- Tábua do IBGE publicada em 01/12/2014 (referente ao de 2013) que vigorava quando do advento da Lei 13.135/2015: expectativa de sobrevida do brasileiro ao nascer em **74,9 ANOS**.
- Tábua do IBGE publicada em 01/12/2020 (referente ao ano de 2019) quando do advento da Portaria ME 424/2020: expectativa de sobrevida do brasileiro ao nascer em **76,6 ANOS**.

Nesse sentido, PARA ÓBITOS OCORRIDOS A PARTIR DE 1/1/2021, as faixas etárias foram elevadas em 1 ano pela Portaria ME 424, de 29/12/2020:

> **"PORTARIA ME Nº 424, DE 29 DE DEZEMBRO DE 2020**
>
> Fixa as novas idades de que tratam a alínea "b" do inciso VII do art. 222 da Lei nº 8.112, de 11 de dezembro de 1990, e a alínea "c" do inciso V do § 2º do art. 77 da Lei nº 8.213, de 24 de julho de 1991.
>
> O MINISTRO DE ESTADO DA ECONOMIA, SUBSTITUTO, no uso da atribuição que lhe foi conferida pelo § 3º do art. 222 da Lei nº 8.112, de 11 de dezembro de 1990, e pelo § 2º-B do art. 77 da Lei nº 8.213, de 24 de julho de 1991, resolve:
>
> Art. 1º O direito à percepção de cada cota individual da pensão por morte, nas hipóteses de que tratam a alínea "b" do inciso VII do art. 222 da Lei nº 8.112, de 11 de dezembro de 1990, e a alínea "c" do inciso V do § 2º do art. 77 da Lei nº 8.213, de 24 de julho de 1991, cessará, para o cônjuge ou companheiro, com o transcurso dos seguintes períodos, estabelecidos de acordo com a idade do beneficiário na data de óbito do segurado, se o óbito ocorrer depois de vertidas dezoito contribuições mensais e pelo menos dois anos após o início do casamento ou da união estável:
>
> **I - três anos, com menos de vinte e dois anos de idade;**
>
> **II - seis anos, entre vinte e dois e vinte e sete anos de idade;**
>
> **III - dez anos, entre vinte e oito e trinta anos de idade;**
>
> **IV - quinze anos, entre trinta e um e quarenta e um anos de idade;**
>
> **V - vinte anos, entre quarenta e dois e quarenta e quatro anos de idade;**
>
> **VI - vitalícia, com quarenta e cinco ou mais anos de idade.**
>
> **Art. 2º Esta Portaria entra em vigor em 1º de janeiro de 2021".**

Logo, para fins de cumprimento da regra do **artigo 77, §2º-B, da Lei 8.213/91**, houve uma elevação de 1,7 ano na expectativa de sobrevida do brasileiro ao nascer comparado as tábuas do IBGE em vigor na data de publicação da Lei 13.135/2018 e da Portaria ME 424/2020.

Dessa forma, a concessão de pensão por morte vitalícia aos cônjuges e companheiros para a exigir deste a idade mínima de 45 anos de idade do dia do óbito do segurado, para as mortes ocorridas as partir do ano de 2021, conservando a idade de 44 anos apenas para os óbitos até 31/12/2020.

> Uma importante novidade surgiu com o advento da Lei 13.846/2019 (art. 76, §3º, da Lei 8.213/91). **É que, na hipótese de o segurado falecido estar, na data de seu falecimento, obrigado por determinação judicial a pagar alimentos temporários a ex-cônjuge, ex-companheiro ou ex-companheira, a pensão por morte será devida pelo prazo remanescente na data do óbito, caso não incida outra hipótese de cancelamento anterior do benefício"** (para óbitos a partir de 18/1/2019).

Dessa forma, na hipótese de sentença do juiz estadual que fixou alimentos de família com caráter temporário para cônjuges e companheiros, o período de pagamento da pensão por morte não ultrapassará o lapso final fixado na aludida decisão judicial.

> É sabido que no Brasil existem simulações e fraudes envolvendo casamentos e uniões estáveis apenas com o objetivo de instituir a pensão por morte. Por força da Lei 13.135/2015, **perde o direito à pensão por morte o cônjuge, o companheiro ou a companheira se comprovada, a qualquer tempo, simulação ou fraude no casamento ou na união estável, ou a formalização desses com o fim exclusivo de constituir benefício previdenciário, apuradas em processo judicial no qual será assegurado o direito ao contraditório e à ampla defesa.**

É de se notar que esta hipótese de cancelamento da pensão por morte está sob o crivo exclusivo do

Poder Judiciário, não podendo ser exercitada na via administrativa pelo INSS no juízo de autotutela, sendo imprescindível a propositura de ação judicial, sendo possível, inclusive, a antecipação de tutela na sentença em favor do INSS, pois a lei não exige a coisa julgada.

Trata-se de importante novidade para desconstituir concessões ilícitas de pensão por morte com casamentos sob encomenda para fins exclusivamente previdenciários ou mesmo se situações de fraude ou simulação, a exemplo do reconhecimento indevido de união estável com cuidador de idosos.

Vale registrar que o dependente que perde o direito à pensão por morte nesta hipótese não poderá representar outro dependente para fins de recebimento e percepção do benefício (art. 110, Lei 8213/91, com redação dada pela Lei 13.846/19).

De acordo com a atual legislação, **o novo casamento do pensionista não fará cessar a pensão por morte**, como ocorria no regramento pretérito, em que o casamento do pensionista do sexo feminino extinguia a pensão. Aliás, antigamente apenas o marido inválido tinha direito à pensão por morte, o que foi alterado com a nova legislação.

Em obediência ao Princípio do *Tempus Regit Actum*, tendo em vista que é no momento do óbito que nasce o direito ao benefício, a lei em vigor na data da morte definirá o regime jurídico da pensão por morte, pouco importando a data de entrada do requerimento administrativo ou outro marco qualquer.

> **STJ**
>
> **Súmula 340** – A lei aplicável à concessão de pensão previdenciária por morte é aquela vigente na data do óbito do segurado.

Ademais, considerando que a concessão da aposentadoria por idade/tempo de contribuição e especial independente da manutenção da condição de segurado, a teor do artigo 3º, da Lei 10.666/2003, desde que o segurado já preenchesse os requisitos para se aposentar, os seus dependentes terão direito à pensão por morte.

> **STJ**
>
> **Súmula 416**- É devida a pensão por morte aos dependentes do segurado que, apesar de ter perdido essa qualidade, preencheu os requisitos legais para a obtenção de aposentadoria até a data do seu óbito.

Para exemplificar o caso, suponha-se que Alex tenha completado 65 anos de idade e já tenha a carência e o tempo de contribuição para se aposentar por idade. Contudo, como não estava mais trabalhando há muitos anos e por desconhecimento da legislação previdenciária, ele faleceu sem sequer sonhar que tinha direito ao benefício.

Neste caso, se tiver deixado dependentes, estes terão direito à pensão por morte, pois passou a ser irrelevante o fato de Alex não mais ser segurado do RGPS, bastando o preenchimento dos pressupostos para a aposentação, como ocorreu na hipótese.

No que concerne ao contribuinte individual que trabalha por conta própria, a sua filiação não ocorre tão somente com o exercício de atividade laborativa remunerada, sendo condicionada ao recolhimento da contribuição previdenciária, não sendo válidos recolhimentos após a morte para a regularização da sua condição de segurado para fins de deferimento da pensão por morte aos seus dependentes (vedação à inscrição *post mortem* do contribuinte individual que trabalha por conta própria).

> **STJ**
>
> "Em relação ao recolhimento *post mortem* das contribuições previdenciária, esta Corte vem firmando orientação no sentido de que é imprescindível o recolhimento das contribuições respectivas pelo próprio segurado quando em vida para que seus dependentes possam receber o benefício de pensão por morte. Desta forma, não há base legal para uma inscrição *post mortem* ou para que sejam regularizadas as contribuições pretéritas, não recolhidas em vida pelo de cujus." (REsp1.346.852, de 21/05/2013).
>
> **REsp Repetitivo nº 1.110.565/SE**, no sentido de que: **"é devida a pensão por morte aos dependentes do segurado que, apesar de ter perdido essa qualidade, preencheu os requisitos legais para a obtenção de aposentadoria antes de seu falecimento, mas não se admite, para o preenchimento dos respectivos requisitos legais, o recolhimento *post mortem* de contribuições previdenciárias".**

Para espancar qualquer dúvida, coube à Lei 13.846/2019 inserir o §7º no 17 artigo da Lei 8.213/91: **"não será admitida a inscrição *post mortem* de segurado contribuinte individual e de segurado facultativo"**.

O dispositivo, no entanto, somente se aplica ao contribuinte individual autônomo, não possuindo aplicabilidade ao contribuinte individual que labora para pessoa jurídica a contar de abril de 2003 (Lei 10.666/03, art. 4º), pois este passou a ter presunção normativa de dependência econômica. No entanto, **Regulamento da Previdência Social alterado pelo Decreto 10.410/2020 no artigo 19-E, §7º, permitiu a complementação *post mortem* até o dia 15 de janeiro do ano subsequente ao óbito**:

> "§ 7º Na hipótese de falecimento do segurado, os ajustes previstos no § 1º poderão ser solicitados por seus dependentes para fins de reconhecimento de direito para benefício a eles devidos até o dia quinze do mês de janeiro subsequente ao do ano civil correspondente, observado o

disposto no § 4º (Incluído pelo Decreto nº 10.410, de 2020)".

Questão que traz polêmica é saber se o segurado em gozo de auxílio-acidente, benefício exclusivamente indenizatório, que não mais desenvolve atividade laborativa remunerada, poderá ou não instituir pensão por morte pelo seu falecimento.

O INSS, na via administrativa, vinha concedendo a pensão por morte. A Lei 8.213/91 não trazia qualquer restrição, pois o segurado em gozo de auxílio-acidente mantinha a qualidade de segurado, mesmo sem verter contribuições previdenciárias, a teor do artigo 15, I, da Lei 8.213/91.

No entanto, isto foi alterado. Por força da Lei 13.846/2019, que modificou a redação do artigo 15, inciso I, da Lei 8.213/91, desde 18/6/2019, a percepção do **auxílio-acidente** por si só **não mais conservará a qualidade de segurado da Previdência Social**, tendo em vista se tratar de benefício de natureza indenizatória que não impede o exercício de labor remunerado com o respectivo recolhimento de contribuição como segurado obrigatório ou facultativo do RGPS.

Há uma regra especial de sucessão na legislação previdenciária que afasta os dispositivos do Código Civil por sua especialidade. Deveras, de acordo com o artigo 112, da Lei 8.213/91, o valor não recebido em vida pelo segurado só será pago aos seus dependentes habilitados à pensão por morte ou, na falta deles, aos seus sucessores na forma da lei civil, independentemente de inventário ou arrolamento.

> Posteriormente, aduziu a Lei 13.135/2015 que perde o direito à pensão por morte, **após o trânsito em julgado**, o condenado pela prática de crime de que tenha **dolosamente** resultado a morte do segurado.
>
> **No entanto, esta regra que consta do artigo 74, §1º, da Lei 8.213/91 restou alterada pela Lei 13.846/2019:** "§ 1º Perde o direito à pensão por morte o condenado criminalmente por sentença com trânsito em julgado, como autor, coautor ou partícipe de homicídio doloso, **ou de tentativa desse crime**, cometido contra a pessoa do segurado, ressalvados os absolutamente incapazes e os inimputáveis".

Vale registrar que o dependente que perde o direito à pensão por morte nesta hipótese não poderá representar outro dependente para fins de recebimento e percepção do benefício (art. 110, Lei 8213/91, com redação dada pela Lei 13.846/19).

A **Lei 13.846/2019** ainda inseriu uma regra no **artigo 77 da Lei 8.213 (§7º),** prevendo que se houver fundados indícios de autoria, coautoria ou participação de dependente, ressalvados os absolutamente incapazes e os inimputáveis, em **homicídio**, ou em **tentativa** desse crime, cometido contra a pessoa do segurado, **será possível a suspensão provisória de sua parte no benefício de pensão por morte,** mediante processo administrativo próprio, respeitados a ampla defesa e o contraditório, e serão devidas, em caso de absolvição, todas as parcelas corrigidas desde a data da suspensão, bem como a reativação imediata do benefício.

Trata-se de caso excepcional com manifestos indícios de autoria e materialidade delitiva, a exemplo da confissão espontânea do agente do crime que possui imputabilidade criminal (maior de 18 anos com vontade livre e consciente), pois é uma cautelar administrativa que desde já permite a suspensão do pagamento da pensão por morte antes da condenação criminal transitada em julgado em homicídio ou tentativa deste contra o segurado.

Entende-se que é curial se tratar de homicídio doloso ou tentativa deste contra o segurado, não se aplicando ao homicídio culposo, em que não há a intenção de matar, devendo a Lei 8.213/91 ser interpretada como um todo normativo, já que existem outras regras similares de cancelamento da pensão por morte que mencionam por expresso o homicídio doloso (intencional).

11. AUXÍLIO-RECLUSÃO

Regulamentação básica: artigo 80, da Lei 8.213/91; artigo 2º, da Lei 10.666/2003; artigos 116/119, do RPS (Decreto 3.048/99).

Código de concessão: 25 – Auxílio-reclusão.

> Trata-se de benefício previdenciário devido aos dependentes de segurado recolhido à prisão, **desde que o segregado não esteja recebendo remuneração da empresa, aposentadoria de qualquer espécie, salário-maternidade, pensão por morte e abono de permanência em serviço ou auxílio-doença.**
>
> Com o advento da Emenda 20/98, houve uma restrição da proteção social do auxílio-reclusão, passando a ser exigido que **o segurado preso seja enquadrado como baixa renda**, conforme nova redação do artigo 201, inciso IV, da Constituição Federal.

As novidades inseridas pela **MP 871/2019**, convertida na **Lei 13.846/2019,** válidas para as prisões a partir de 18/1/2019 (a lei do tempo rege o ato jurídico), é que se o segurado preso estiver em gozo de **salário-maternidade** ou de **pensão por morte,** o auxílio-reclusão não poderá ser instituído em favor dos seus dependentes.

> **STF**
>
> Vale ressaltar que o STF ratificou que para a instituição deste benefício, **o baixa renda deverá ser o segurado, e não os seus dependentes**, no julgamento do recurso extraordinário RE 587.365, de 25.03.2009.

Conforme atualização feita para o ano de **2022** pela Portaria Interministerial do Ministério da Economia/MTP, será instituidor do auxílio-reclusão o segurado que receber remuneração mensal de até **R$ 1.655,98**, na forma do artigo 13, da Emenda 20/1998, sendo considerado o seu último salário de contribuição antes do encarceramento **antes do advento da MP 871/2019, convertida na Lei 13.846/2019.**

STJ

No entanto, o **STJ já flexibilizou o limite constitucional de baixa renda** no julgamento do Recurso Especial 1479564 pela 1ª Turma, julgado em 06/11/2014. No caso concreto, a segurada reclusa teve como último salário de contribuição uma remuneração de **R$ 10, 82** acima do limite da baixa renda. Argumentou o STJ que a semelhança do caso com a jurisprudência firmada pelo STJ em relação ao Benefício de Prestação Continuada permite ao julgador flexibilizar também o critério econômico para deferimento do auxílio-reclusão, ainda que o salário de contribuição do segurado supere o valor legalmente fixado para configurar baixa renda.

Na hipótese de inexistir salário de contribuição na data do recolhimento à prisão, era considerado o último salário de contribuição do segurado de acordo com o texto do Regulamento da Previdência Social.

STJ

No entanto, o STJ entende que "na análise de concessão do auxílio-reclusão a que se refere o art. 80 da Lei 8.213/1991, o fato de o recluso que mantenha a condição de segurado pelo RGPS (art. 15 da Lei 8.213/1991) estar desempregado ou sem renda no momento do recolhimento à prisão indica o atendimento ao requisito econômico da baixa renda, independentemente do valor do último salário de contribuição" (Informativo 550 – REsp 1.480.461-SP, Rel. Min. Herman Benjamin, julgado em 23/9/2014.

TESE REPETITIVA – REsp 1.485.417-MS, Rel. Min. Herman Benjamin, Primeira Seção, por unanimidade, julgado em 22/11/2017, DJe 02/02/2018 – Para a concessão de auxílio-reclusão (art. 80 da Lei n. 8.213/1991), o critério de aferição de renda do segurado que não exerce atividade laboral remunerada no momento do recolhimento à prisão é a ausência de renda, e não o último salário de contribuição.

Daí notava-se uma divergência entre o INSS e o STJ. A autarquia considerada o último salário de contribuição antes da prisão, se o segurado estivesse no período de graça sem recolher. Já o STJ o considerava sem renda, pois sem exercer labor remunerado no momento da prisão, determinado a concessão do auxílio-reclusão aos seus dependentes.

Mas tudo isso foi modificado pela **MP 871/2019 (convertida na Lei 13.846/2019)**, regramento que deve ser aplicado às prisões a contar de 18/1/2019. A regulamentação da caracterização da baixa renda do segurado preso passou a constar do artigo 80 da Lei 8.213/91, modificando a sistemática do Decreto 3.048/99, restando abandonado o critério do último salário de contribuição antes da prisão e **adotando a média dos 12 últimos salários de contribuição antes do recolhimento prisional.**

Eis os dispositivos inseridos no artigo 80 da Lei 8.213/91:

"§ 3º Para fins do disposto nesta Lei, **considera-se segurado de baixa renda** aquele que, no mês de competência de recolhimento à prisão, tenha renda, apurada nos termos do disposto no § 4º, de valor igual ou inferior àquela prevista no art. 13 da Emenda Constitucional nº 20, de 15 de dezembro de 1998, corrigido pelos índices aplicados aos benefícios do RGPS.

§ 4º A aferição da renda mensal bruta para enquadramento do segurado como de baixa renda ocorrerá pela **média dos salários de contribuição apurados no período de doze meses anteriores ao mês do recolhimento à prisão**".

Embora o critério de aferição de baixa renda seja mais justo, pois reflete a média dos salários de contribuição dos últimos 12 meses antes da prisão, ainda existem brechas que permitem manter a citada jurisprudência do STJ, pois não restou regulada a situação do segurado que não possui 12 salários de contribuição antes da prisão.

Isso porque é possível que o segurado esteja no período de graça de 24 ou 36 meses no momento da prisão ou mesmo esteja em gozo de auxílio-doença por mais de 12 meses (com a segregação prisional, o auxílio-doença será suspenso) ou mesmo se auxílio-acidente e não tenha salário de contribuição registrado no último ano antes da prisão.

Daí que, acaso o STJ mantenha a linha jurisprudencial, em inexistindo salário de contribuição nos últimos 12 meses antes da segregação prisional, certamente vai considerar o segurado sem renda e determinará a concessão do benefício do auxílio-reclusão aos seus dependentes. Não vai gerar judicialização porque o INSS está concedendo neste caso.

Se o segurado tiver recebido benefícios por incapacidade no período citado de 12 meses (auxílio-doença ou aposentadoria por invalidez), sua duração será contada considerando-se como salário de contribuição no período o salário de benefício que serviu de base para o cálculo da renda mensal, reajustado na mesma época e com a mesma base dos benefícios em geral, não podendo ser inferior ao valor de um salário mínimo.

Vale ressaltar que o auxílio-reclusão apenas será pago nas condenações impostas sob **regime fechado**, pouco importando a natureza do delito, **não sendo devido o benefício na hipótese de regime aberto**, na forma do artigo 116, §5º, do RPS, haja vista a determinação do detento trabalhar fora do estabelecimento prisional, consoante o artigo 36, do Código Penal, apenas sendo recolhido no período noturno e durante os dias de folga. Por força da MP 871/2019, convertida na Lei 13.846/2019, regramento que deve ser aplicado às prisões a contar de 18/1/2019, **o regime prisional semiaberto não mais enseja a concessão do auxílio-reclusão.**

> **Importante:**
> Por força da MP 871/2019, convertida na Lei 13.846/201, regramento que deve ser aplicado às prisões a contar de 18/1/2019, **o regime prisional semiaberto não enseja a concessão do auxílio-reclusão** (regime aberto NUNCA gerou auxílio-reclusão).

Apesar da omissão regulamentar, **será cabível o benefício nos casos de prisão cautelar** (temporária, em flagrante e preventiva), **que adotam um regime fechado de segregação prisional**, pois o segurado baixa renda não poderá exercer atividade laborativa para sustentar os seus dependentes, conforme se pronuncia a jurisprudência (TRF 3ª Região, APELREE 1.262.920, de 09.06.2008). O INSS defere na via administrativa.

Também **deverá ser pago** o benefício na hipótese de **medida sócio-educativa de internação do adolescente** enquadrado como segurado de baixa renda **em regime fechado**, conforme entendimento administrativo do INSS, previsto no artigo 112, inciso VI, da Lei 8.069/90, pois se equipara à situação de recolhimento à prisão.

Por outro lado, na hipótese de prisão civil por dívida decorrente de prestação alimentícia, não será pago o auxílio-reclusão, pois esta segregação é um meio de coerção para o pagamento dos alimentos, não sendo punitiva, embora a normatização do INSS seja omissa a respeito e exista certa controvérsia doutrinária.

Por sua vez, o cumprimento de pena em prisão domiciliar não impede o recebimento do benefício de auxílio-reclusão pelo(s) dependente (s), se o regime previsto for o fechado, assim como a monitoração eletrônica do instituidor do benefício de auxílio-reclusão não interfere no direito do dependente ao recebimento do benefício, uma vez que tem a função de fiscalizar o preso, desde que mantido o regime fechado (IN INSS 85/2016, que adaptamos à luz da Lei 13.846/2019).

> **STJ**
> Auxílio-reclusão. Prisão domiciliar. Reconhecimento administrativo. Instrução normativa n. 85/2016: Os dependentes de segurado preso em regime fechado ou semiaberto (DESATUALIZADO) fazem jus ao auxílio-reclusão ainda que o condenado passe a cumprir a pena em prisão domiciliar. 1ª Turma, REsp 1.672.295-RS, Rel. Min. Gurgel de Faria, por unanimidade, julgado em 17/10/2017, DJe 26/10/2017.

> A mudança do termo inicial dos efeitos financeiros da pensão por morte promovida pela Lei 13.183/2015 repercutiu por derivação do auxílio-reclusão, que é pago nas mesmas condições da pensão por morte. Assim, se o requerimento for promovido em até noventa dias da prisão, o INSS pagará o benefício de maneira retroativa, não se aplicando mais o prazo de 30 dias.

> Mas o tema foi alvo de alteração normativa promovida no artigo 74, inciso I, da Lei 8.213/91 por intermédio da Lei 13.846/2019: A pensão por morte será devida ao conjunto dos dependentes do segurado que falecer, aposentado ou não, a contar da data: I – do óbito, **quando requerida em até cento e oitenta dias após o óbito, para os filhos menores de dezesseis anos**, ou em até noventa dias após o óbito, para os demais dependentes. Essa regra se aplica ao auxílio-reclusão, que é pago nas mesmas condições da pensão por morte.

Dessa forma, para as prisões ocorridas a partir da vigência da MP 871 (18/1/2019), convertida na Lei 13.846/2019, no caso de beneficiário **absolutamente incapaz** (menor de 16 anos de idade), acaso o seu representante legal não ofereça requerimento administrativo do auxílio-reclusão em até **180 dias do óbito**, o INSS não pagará os atrasados, gerando efeitos financeiros somente a partir da data de entrada do requerimento administrativo.

Nesse sentido, o artigo 116, §4º, do RPS, atualizado pelo Decreto 10.410/2020:

> "§ 4º A data de início do benefício será: (Redação dada pelo Decreto nº 10.410, de 2020)
>
> I – a do efetivo recolhimento do segurado à prisão, se o benefício for requerido no prazo de cento e oitenta dias, para os filhos menores de dezesseis anos, ou de noventa dias, para os demais dependentes; ou (Incluído pelo Decreto nº 10.410, de 2020)
>
> II – a do requerimento, se o benefício for requerido após os prazos a que se refere o inciso I. (Incluído pelo Decreto nº 10.410, de 2020)".

> Outra novidade da **Lei 13.846/19** (inseriu os §§ 3º e 4º no artigo 74 da Lei 8.213/91) é que, acaso ajuizada a ação judicial para reconhecimento da condição de dependente, este poderá requerer a sua habilitação provisória ao benefício de auxílio-reclusão, exclusivamente para fins de rateio dos valores com outros dependentes, **vedado o pagamento da respectiva cota até o trânsito em julgado da decisão judicial que reconhecer a qualidade de dependente do autor da ação**, ressalvada a existência de decisão judicial em contrário.

Ademais, ainda à luz da Lei 13.846/2019, nas ações em que o INSS for parte, este poderá **proceder de ofício à habilitação excepcional do referido auxílio-reclusão**, apenas para efeitos de rateio, descontando-se os valores referentes a esta habilitação das demais cotas, vedado o pagamento da respectiva cota até o trânsito em julgado da respectiva ação, ressalvada a existência de decisão judicial em contrário, assegurando-se, em qualquer caso, a **cobrança pelo INSS dos valores indevidamente pagos em função de nova habilitação**.

Se julgada improcedente a ação citada, o valor retido será corrigido pelos índices legais de reajustamento e será pago de forma proporcional aos demais dependentes, de acordo com as suas cotas e o tempo de duração de seus benefícios.

Suponha-se que um segurado tenha sido preso na pendência de ação estadual de investigação de paternidade no Juízo de Família ajuizada por um suposto filho menor. Neste caso, o infante poderá requerer a habilitação provisória no benefício de auxílio-reclusão, sendo reservada a sua cota-parte pelo INSS, evitando prejuízos ao Erário de pagamento em duplicidade acaso haja o reconhecimento da qualidade de dependente.

Acaso a dependência seja negada, serão liberados os valores reservados aos demais dependentes, com a incidência da correção monetária.

O mesmo se aplica na hipótese de ajuizamento de ação judicial para o reconhecimento de união estável perante o INSS como incidente processual, na hipótese em que o pedido principal da ação seja a concessão do auxílio-reclusão.

Ademais, ainda à luz da Lei 13.846/2019, nas ações em que o INSS for parte, este poderá **proceder de ofício à habilitação excepcional do auxílio-reclusão**, apenas para efeitos de rateio, descontando-se os valores referentes a esta habilitação das demais cotas, vedado o pagamento da respectiva cota até o trânsito em julgado da respectiva ação, ressalvada a existência de decisão judicial em contrário, assegurando-se, em qualquer caso, a **cobrança pelo INSS dos valores indevidamente pagos em função de nova habilitação**.

Preceitua o artigo 119, do RPS, ser vedada a concessão do auxílio-reclusão após a soltura do segurado. Contudo, esse dispositivo regulamentar aparentemente carece de base legal, pois o que importa é a data de entrada do requerimento administrativo ou judicial do benefício. Nessa trilha, o correto entendimento da jurisprudência (TRF da 3ª Região, AC 282.942, de 28.08.2001 – TRF da 4ª Região, AC 2003.04.01.027618-0, de 28.02.2007).

> **A renda mensal inicial do auxílio-reclusão ERA a mesma da pensão por morte.** Isso porque as regras da pensão por morte aplicam-se ao auxílio-reclusão, no que couber, vez que o artigo 80 da Lei 8.213/91 dispõe que o auxílio-reclusão será pago nas mesmas condições da pensão por morte. **Logo, o auxílio-reclusão será sempre de 100% do salário de benefício, mesmo valor da aposentadoria por invalidez, tendo em vista que a redução instituída pela MP 664/2014 foi rejeitada pela Lei 13.135/2015.**
>
> No entanto, o artigo 27, §1º, da Emenda 103/2019 acabou **limitando a um salário mínimo** (não pode ser menor que este valor) o valor do auxílio-reclusão: "Até que lei discipline o valor do auxílio-reclusão de que trata o inciso IV do art. 201 da Constituição Federal, seu cálculo se dará na forma da pensão por morte, **não podendo exceder o valor de um salário mínimo**".

> **O auxílio-reclusão dispensava sempre a carência**, a teor do artigo 26, I, da Lei 8.213/91, tendo sido frustrada a tentativa da MP 664/2014 de inserir carência, pois não aprovada na Lei 13.135/2015. **No entanto, a inserção de período de carência de 24 contribuições mensais para o auxílio-reclusão é fruto da MP 871/2019, convertida na Lei 13.846/19** (essa tentativa já foi feita pela MP 664/2014 e foi derrubada no Congresso Nacional no ano de 2015 na lei de conversão 13.135), **operando-se somente para prisões a contar de 18/1/2019 (lei do tempo rege o ato jurídico)**.

> Considerando que o auxílio-reclusão é pago nas mesmas condições da pensão por morte, conclui-se que, **no que couber**, as mudanças promovidas pela Lei 13.135/2015 na pensão por morte se estenderam ao auxílio-reclusão.

A Lei 13.135/2015 em muito modificou a MP 664/2014, tendo as novas regras entrado em vigor em 18 de junho de 2015. As alterações sobre o prazo para percepção da pensão por morte alcançaram os cônjuges, companheiros e companheiras, e não os demais dependentes, nada mudando para o filho, os pais e os irmãos. **Estas mudanças são aplicáveis ao auxílio-reclusão, devendo ser devidamente adaptadas.**

> Em regra, se a prisão ocorrer sem que o segurado tenha vertido 18 (dezoito) contribuições mensais ou se o casamento ou a união estável tiverem sido iniciados em menos de 2 (dois) anos antes do óbito do segurado, o auxílio-reclusão será pago por apenas 4 (quatro) meses ao cônjuge, companheiro ou companheira.

Logo, se o segurado foi preso com apenas 5 contribuições vertidas ou com menos de 2 anos de casamento ou união estável, o auxílio-reclusão durará, no máximo, por apenas 4 meses, podendo ser cessado antes pela soltura do preso.

A Lei 13.135/2015 admitiu expressamente que o tempo de contribuição a Regime Próprio de Previdência Social (RPPS) será considerado na contagem das 18 (dezoito) contribuições mensais, acaso o segurado não possua 18 recolhimentos no Regime Geral de Previdência Social no dia da prisão.

Por sua vez, transcorridos os seguintes períodos, estabelecidos de acordo com a idade do dependente na data da prisão do segurado, **se a segregação prisional ocorrer depois de vertidas 18 (dezoito) contribuições mensais e pelo menos 2 (dois) anos após o início do casamento ou da união estável,** o auxílio-reclusão terá a seguinte duração máxima (pode ser menor se o segurado for solto antes, obviamente), sendo de prazo indefinido apenas se o dependente tiver 44 anos de idade ou mais no dia da prisão do segurado:

1) até **3 (três) anos**, com menos de 21 (vinte e um) anos de idade;

2) até **6 (seis) anos**, entre 21 (vinte e um) e 26 (vinte e seis) anos de idade;
3) até **10 (dez) anos**, entre 27 (vinte e sete) e 29 (vinte e nove) anos de idade;
4) até **15 (quinze) anos**, entre 30 (trinta) e 40 (quarenta) anos de idade;
5) até **20 (vinte) anos**, entre 41 (quarenta e um) e 43 (quarenta e três) anos de idade;
6) **prazo indefinido**, com 44 (quarenta e quatro) ou mais anos de idade.

Tivemos entre 2015 e 2020 uma elevação na expectativa de sobrevida ao nascer que atingiu 1,7 ano:

- Tábua do IBGE publicada em 01/12/2014 (referente ao de 2013) que vigorava quando do advento da Lei 13.135/2015: expectativa de sobrevida do brasileiro ao nascer em **74,9 ANOS**.
- Tábua do IBGE publicada em 01/12/2020 (referente ao ano de 2019) quando do advento da Portaria ME 424/2020: expectativa de sobrevida do brasileiro ao nascer em **76,6 ANOS**.

PARA AS PRISÕES EM REGIME FECHADO OCORRIDAS A PARTIR DE 1/1/2021, as faixas etárias foram elevadas em 1 ano pela Portaria ME 424, de 29/12/2020:

> **"PORTARIA ME Nº 424, DE 29 DE DEZEMBRO DE 2020**
>
> Fixa as novas idades de que tratam a alínea "b" do inciso VII do art. 222 da Lei nº 8.112, de 11 de dezembro de 1990, e a alínea "c" do inciso V do § 2º do art. 77 da Lei nº 8.213, de 24 de julho de 1991.
>
> O MINISTRO DE ESTADO DA ECONOMIA, SUBSTITUTO, no uso da atribuição que lhe foi conferida pelo § 3º do art. 222 da Lei nº 8.112, de 11 de dezembro de 1990, e pelo § 2º-B do art. 77 da Lei nº 8.213, de 24 de julho de 1991, resolve:
>
> Art. 1º O direito à percepção de cada cota individual da pensão por morte, nas hipóteses de que tratam a alínea "b" do inciso VII do art. 222 da Lei nº 8.112, de 11 de dezembro de 1990, e a alínea "c" do inciso V do § 2º do art. 77 da Lei nº 8.213, de 24 de julho de 1991, cessará, para o cônjuge ou companheiro, com o transcurso dos seguintes períodos, estabelecidos de acordo com a idade do beneficiário na data de óbito do segurado, se o óbito ocorrer depois de vertidas dezoito contribuições mensais e pelo menos dois anos após o início do casamento ou da união estável:
>
> **I – três anos, com menos de vinte e dois anos de idade;**
>
> **II – seis anos, entre vinte e dois e vinte e sete anos de idade;**
>
> **III – dez anos, entre vinte e oito e trinta anos de idade;**
>
> **IV – quinze anos, entre trinta e um e quarenta e um anos de idade;**
>
> **V – vinte anos, entre quarenta e dois e quarenta e quatro anos de idade;**
>
> **VI – vitalícia, com quarenta e cinco ou mais anos de idade.**
>
> **Art. 2º Esta Portaria entra em vigor em 1º de janeiro de 2021".**

No entanto, há uma regra especial para o dependente cônjuge ou companheiro(a) inválido ou com deficiência, pois neste caso o auxílio-reclusão apenas será cancelado pela cessação da invalidez ou pelo afastamento da deficiência, salvo se houver soltura anterior. Se não houver recuperação do dependente, portanto, será de prazo indefinido o auxílio-reclusão enquanto perdurar a prisão, mesmo que **o segurado não tenha vertido 18 (dezoito) contribuições mensais ou se o casamento ou a união estável tiverem menos de 2 (dois) anos antes da prisão do segurado.** Caso o dependente inválido ou deficiente se recupere, serão respeitados, ao menos, os prazos anteriores apresentados, salvo se a soltura ocorrer primeiro.

Considerando que o auxílio-reclusão possui carência de 24 recolhimentos mensais para ser deferido (MP 871/2019 – prisões a partir de 18/1/2019, convertida na Lei 13.846/2019), nota-se que sempre será realizado o requisito das 18 contribuições mensais, pois, por óbvio, todo segurado que cumpriu a carência de 24 recolhimentos mensais terá antes realizado o pressuposto do cumprimento das 18 contribuições.

Uma importante novidade surgiu com o advento da MP 871/2019 (art. 76, §3º, da Lei 8.213/91), aplicável ao auxílio-reclusão, que é pago nas mesmas condições da pensão por morte. **É que, na hipótese de o segurado preso estar, na data de seu falecimento, obrigado por determinação judicial a pagar alimentos temporários a ex-cônjuge, ex-companheiro ou ex-companheira, o auxílio-reclusão será devido pelo prazo remanescente na data do óbito, caso não incida outra hipótese de cancelamento anterior do benefício"** (para prisões a partir de 18/1/2019).

O requerimento do auxílio-reclusão deverá ser instruído com a **certidão do efetivo recolhimento à prisão**, sendo obrigatória, para a manutenção do pagamento do benefício, a apresentação de declaração de permanência na condição de presidiário (**atestado trimestral**), sob pena de suspensão.

A certidão judicial e a prova de permanência na condição de presidiário poderão ser substituídas pelo acesso à base de dados, por meio eletrônico, a ser disponibilizada pelo Conselho Nacional de Justiça, com dados cadastrais que assegurem a identificação plena do segurado e da sua condição de presidiário (novidade da Lei 13.846/2019).

Para que os dependentes do segurado façam jus ao benefício, será naturalmente preciso que o preso seja segurado, ou seja, esteja contribuindo ao fundo do RGPS ou, ao menos, se encontre durante o período de graça.

Vale salientar que o exercício de atividade remunerada do segurado recluso em cumprimento de pena em regime fechado, não acarreta a perda do direito ao recebimento do auxílio-reclusão para seus dependentes.

Entretanto, neste caso, o segurado recluso não terá direito ao benefício de aposentadoria durante a percepção, pelos dependentes, do auxílio-reclusão, ainda que, nessa condição, contribua como facultativo, permitida a opção, desde que manifestada, também, pelos dependentes, ao benefício mais vantajoso.

> Com razoabilidade, a **Lei 13.846/2019** previu que **não será devido o auxílio-doença para o segurado recluso em regime FECHADO** (esta regra não engloba regime aberto ou semiaberto), tendo em vista que o preso estará sob a proteção do Estado, que deverá atender às suas necessidades básicas e tem custos que a sociedade já arca.

Se o detento tiver recolhido contribuições previdenciárias na condição de segurado facultativo ou contribuinte individual, na hipótese de sua morte, o valor da pensão devida a seus dependentes será obtido mediante a realização de cálculo, com base nos novos tempos de contribuição e salários de contribuição correspondentes, nele incluídas as contribuições recolhidas enquanto recluso, facultada a opção pelo valor do auxílio-reclusão.

Em caso de morte de segurado recluso que tenha contribuído para a previdência social durante o período de reclusão, o valor da pensão por morte será calculado levando-se em consideração o tempo de contribuição adicional e os correspondentes salários de contribuição, facultada a opção pelo valor do auxílio-reclusão.

Destaque-se que a atual redação do RPS prevê que o preso apenas poderá se filiar ao RGPS como segurado facultativo, mesmo que exerça atividade remunerada, o que aparentemente violava o artigo 2º, da Lei 10.666/03, conforme anteriormente estudado no capítulo que versou sobre os segurados da Previdência Social. No entanto, coube à Lei 13.846/2019 revogar expressamente o artigo 2º da Lei 10.666/2003.

> Na hipótese de fuga, o benefício será suspenso e, se houver a recaptura do segurado, será restabelecido a contar da data em que esta ocorrer, desde que esteja ainda mantida a qualidade de segurado.

Ou seja, com a fuga será iniciado o período de graça e se a recaptura se efetivar após a perda da condição de segurado, não mais será devido o auxílio-reclusão aos dependentes, lembrando que o período de graça será de 12 meses após o livramento, a teor do artigo 15, IV, da Lei 8.213/91.

De acordo com o entendimento administrativo do INSS, que se afigura tecnicamente correto, se for realizado casamento durante o recolhimento do segurado à prisão, o auxílio-reclusão não será devido ao cônjuge que não está preso, pois a dependência foi superveniente ao fato gerador do benefício, sendo este o posicionamento atual do TRF da 3ª Região (AC 1.330.685, de 13.10.2008).

Com efeito, é comum que o casamento ocorra com detentos apenas para o pagamento do auxílio-reclusão, o que atenta contra o Princípio do Equilíbrio Financeiro e Atuarial da Previdência Social, prejudicando os demais segurados, dependentes e toda a sociedade, pois caberá à União arcar supletivamente com a insuficiência de recursos do fundo do RGPS.

Vale frisar que o filho nascido durante o recolhimento do segurado à prisão terá direito ao benefício de auxílio-reclusão a partir da data do seu nascimento.

Destaque-se que na hipótese de falecimento do preso, **deverá o INSS converter automaticamente o auxílio-reclusão em pensão por morte**, assim que for apresentada a respectiva certidão de óbito.

12. ABONO ANUAL

Regulamentação básica: artigo 40, da Lei 8.213/91; artigo 120, do RPS (Decreto 3.048/99).

Conquanto a Lei de Benefícios não o faça expressamente, o Regulamento da Previdência Social colocou o abono anual no rol dos benefícios previdenciários (Seção VI – Dos Benefícios – Subseção XI).

Trata-se do **direito anual** dos beneficiários da Previdência Social de perceber uma **quantia correspondente ao respectivo benefício previdenciário, tomando por base o valor pago no mês de dezembro**, sendo calculado, no que couber, da mesma forma que a gratificação natalina dos trabalhadores.

Todos os segurados e dependentes farão jus ao abono anual, **exceto no que concerne ao salário-família, que não gera o seu pagamento**, sendo o pagamento proporcional ao número de meses de percepção da aposentadoria, auxílio-acidente, auxílio-doença, auxílio-reclusão ou pensão por morte.

No caso do salário-maternidade, o abono anual será pago, em cada exercício, juntamente com a última parcela do benefício nele devida.

Assim, embora o artigo 40, da Lei 8.213/91, equivocadamente não tenha previsto o pagamento do abono anual para o salário-maternidade, o lapso foi corrigido pelo artigo 120, do RPS.

Caso a aposentadoria por invalidez sofra o acréscimo de 25%, se o segurado necessitar da assistência permanente de outra pessoa, o abono anual será calculado considerando o valor do auxílio-acompanhante.

O período igual ou superior a quinze dias, dentro do mês, será considerado como mês integral para efeito de cálculo do abono anual.

13. SERVIÇO SOCIAL

Regulamentação básica: artigo 88, da Lei 8.213/91; artigo 161, do RPS (Decreto 3.048/99).

É um serviço previdenciário devido aos segurados e seus dependentes, **não se exigindo carência para o seu gozo**, constituindo-se como atividade auxiliar do seguro social.

Tem por **objetivo** esclarecer junto aos beneficiários seus direitos sociais e os meios de exercê-los e estabelecer conjuntamente com eles o processo de solução dos problemas que emergirem da sua relação com a Previdência Social, tanto no âmbito interno da instituição como na dinâmica da sociedade.

Terá prioridade neste serviço os segurados em benefício por incapacidade temporária e atenção especial os aposentados e pensionistas, tendo como diretriz a participação do beneficiário na implementação e fortalecimento da política previdenciária, em articulação com associações e entidades de classes.

São colocados como instrumentos de operacionalização do serviço social a intervenção técnica, a assistência de natureza jurídica, a ajuda material, os recursos sociais, o intercâmbio com empresas e a pesquisa social, inclusive mediante a celebração de convênios, acordos ou contratos.

Os recursos técnicos utilizados pelo Assistente Social são, entre outros, o parecer social, a pesquisa social, o cadastro das organizações da sociedade e a avaliação social da pessoa com deficiência aos requerentes do Benefício de Prestação Continuada – BPC/LOAS, estabelecida pelo Decreto 6.214, de 26 de dezembro de 2007.

14. HABILITAÇÃO E REABILITAÇÃO PROFISSIONAL

Regulamentação básica: artigo 89/93, da Lei 8.213/91; artigos 136/141, do RPS (Decreto 3.048/99).

Importante:

É um serviço previdenciário devido aos **segurados e seus dependentes** de maneira **obrigatória, independentemente de carência**, desde que incapacitados parcial ou totalmente para o trabalho.

Logo, ante a compulsoriedade deste serviço previdenciário, um segurado em gozo do auxílio-doença que se recuse a se submeter aos processos de habilitação ou reabilitação profissional, terá o pagamento do benefício suspenso.

Ademais, não sendo possível a recuperação do segurado em gozo do auxílio-doença para desenvolver a sua atividade laborativa habitual, não cessará o benefício enquanto não reabilitado o segurado.

Serão encaminhados para o Programa de Reabilitação Profissional, por ordem de prioridade:

> I – o segurado em gozo de auxílio-doença, acidentário ou previdenciário;
>
> II – o segurado sem carência para a concessão de auxílio-doença previdenciário, incapaz para o trabalho;
>
> III – o segurado em gozo de aposentadoria por invalidez;
>
> IV – o segurado em gozo de aposentadoria especial, por tempo de contribuição ou idade que, em atividade laborativa, tenha reduzida sua capacidade funcional em decorrência de doença ou acidente de qualquer natureza ou causa;
>
> V – o dependente do segurado; e
>
> VI – as Pessoas com Deficiência – PcD.

Será obrigatório o atendimento pela Reabilitação Profissional aos beneficiários descritos nos incisos I, II, III e IV, ficando condicionado às possibilidades administrativas, técnicas, financeiras e às características locais, o atendimento aos beneficiários relacionados aos incisos V, VI e VII acima arrolados.

Consiste o serviço em assistência (re)educativa e de (re)adaptação profissional aos beneficiários do RGPS incapazes, objetivando fornecer os meios indicados para proporcionar o reingresso no mercado de trabalho e no contexto em que vivem, a exemplo da participação de cursos e treinamentos.

Compete ao INSS promover a sua prestação aos segurados, inclusive aposentados, e, de acordo com as possibilidades administrativas, técnicas, financeiras e as condições locais do órgão, aos seus dependentes, preferencialmente mediante a contratação de serviços especializados.

Quando indispensáveis ao desenvolvimento do processo de reabilitação profissional, o INSS fornecerá aos segurados, inclusive aposentados, em caráter obrigatório, **prótese e órtese**, seu reparo ou substituição, instrumentos de auxílio para locomoção, bem como equipamentos necessários à habilitação e à reabilitação profissional, transporte urbano e alimentação e, na medida das possibilidades da autarquia, aos seus dependentes.

> **STJ**
>
> Informativo 566- **"O INSS é parte legítima para figurar no polo passivo de demanda cujo escopo seja o fornecimento de órteses e próteses a segurado incapacitado parcial ou totalmente para o trabalho, não apenas quando esses aparelhos médicos sejam necessários à sua habilitação ou reabilitação profissional, mas, também, quando sejam essenciais à habilitação social.** Isso porque, em conformidade com o Princípio Fundamental da Dignidade da Pessoa Humana e com os valores sociais buscados pela República Federativa do Brasil, a norma jurídica que exsurge do texto legal (art. 89, parágrafo único, "a", da Lei 8.213/1991) exige que a habilitação e a reabilitação não se resumam ao mercado de trabalho, mas que também abarquem a vida em sociedade com dignidade. **REsp 1.528.410-PR, Rel. Min. Herman Benjamin, julgado em 2/6/2015, DJe 12/8/2015".**

Após a conclusão do processo de habilitação ou reabilitação social e profissional, o INSS emitirá **certificado individual**, indicando as atividades que poderão ser exercidas pelo beneficiário, nada impedindo que este exerça outra atividade para a qual se capacitar.

> Vale salientar que **não constitui obrigação do INSS a manutenção do segurado no mesmo emprego ou a sua colocação em outro para o qual foi reabilitado**, cessando o processo de reabilitação profissional com a emissão do certificado.

Frise-se que este serviço, além de ter natureza previdenciária, possui forte carga assistencialista, pois também é devido aos portadores de deficiência física, mesmo que não sejam beneficiários do RGPS.

O artigo 91 da Lei 8.213/91 garante, no caso de habilitação e reabilitação profissional, auxílio para tratamento ou exame fora do domicílio do beneficiário (diária).

Por fim, **a empresa com 100 ou mais empregados está obrigada a preencher de 2% a 5% dos seus cargos com beneficiários reabilitados ou pessoas portadoras de deficiência, habilitadas**, na seguinte proporção:

	2%	3%	4%	5%
Empregados	até 200	de 201 a 500	de 501 a 1.000	de 1.001 em diante

Por força da Lei 13.146, publicada em 7 de julho de 2015, que aprovou o Estatuto da Pessoa com Deficiência e entrou em vigor em 180 dias após a sua publicação (**3 de janeiro de 2016**), o artigo 93 da Lei 8.213/91 teve a sua redação modificada, passando a prever que a dispensa de **pessoa com deficiência ou de beneficiário reabilitado** da Previdência Social ao final de contrato por prazo determinado de mais de 90 (noventa) dias e a dispensa imotivada em contrato por prazo indeterminado somente poderão ocorrer após a contratação de outro **trabalhador com deficiência ou beneficiário reabilitado da Previdência Social, assim como incumbirá ao** Ministério do Trabalho estabelecer a sistemática de fiscalização, bem como gerar dados e estatísticas sobre o total de empregados e as vagas preenchidas por pessoas com deficiência e por beneficiários reabilitados da Previdência Social, fornecendo-os, quando solicitados, aos sindicatos, às entidades representativas dos empregados ou aos cidadãos interessados, sedo que, para a reserva de cargos será considerada somente a contratação direta de pessoa com deficiência, excluído o aprendiz com deficiência de que trata a Consolidação das Leis do Trabalho (CLT), aprovada pelo Decreto-Lei nº 5.452, de 1º de maio de 1943.

15. ACUMULAÇÃO DE BENEFÍCIOS

A Emenda 103/2019 inseriu o §15 no artigo 201 da Constituição, rezando que "**lei complementar** estabelecerá vedações, regras e condições para a acumulação de benefícios previdenciários".

A meu ver, os dispositivos da Lei 8.213/91 que tratam sobre acumulação de benefícios previdenciários foram recebidos pela **Emenda 103/2019** com o ***status* de lei complementar.**

O tema é tratado de maneira não exauriente pelo artigo 124, da Lei 8.213/91, pois existem outros dispositivos legais que precisam ser analisados.

> Em regra, é possível a acumulação de benefícios previdenciários pelo mesmo segurado ou dependente, salvo nas hipóteses proibidas pela legislação previdenciária de maneira expressa ou implícita.

Todavia, **deverá ser respeitado o direito adquirido à acumulação**, na hipótese de o segurado ou dependente ter acumulado benefícios que, posteriormente, passaram a não mais poder ser acumulados.

Logo, a possibilidade ou não de acumulação de benefícios deverá ser aferida à luz da lei em vigor no momento da sua ocorrência, em respeito ao Princípio do *Tempus Regit Actum*.

Conforme expressa proibição do referido dispositivo, **não poderão ser acumulados no âmbito do RGPS**:

A) aposentadoria e auxílio-doença;

B) mais de uma aposentadoria (exceto com data de início anterior a janeiro de 1967, de acordo com o Decreto-Lei nº 72, de 21 de novembro de 1966, pois respeitado o direito adquirido);

C) **salário-maternidade e auxílio-doença**;

D) **mais de um auxílio-acidente**;

E) **mais de uma pensão deixada por cônjuge ou companheiro**, ressalvado o direito de opção pela mais vantajosa (exceto se o óbito tenha ocorrido até 28 de abril de 1995, véspera da publicação da Lei nº 9.032, de 1995, período em que era permitida a acumulação), proibição reforçada pelo caput do artigo 24 da Emenda 103/2019;

F) **o recebimento conjunto do seguro-desemprego com qualquer benefício de prestação continuada da Previdência Social**, exceto pensão por morte ou auxílio-acidente;

G) **Aposentadoria com abono de permanência em serviço**

Vale ressaltar a inovação do artigo 167, §2º, do RPS, que permite a acumulação do seguro-desemprego com o auxílio-reclusão.

Apenas é proibida a acumulação de mais de uma pensão deixada por cônjuge ou companheiro. Logo, nada impede a acumulação de mais de uma pensão em outros casos, a exemplo da instituída por cônjuge e por filho do segurado.

Caso a segurada esteja em gozo de auxílio-doença, este deverá ser suspenso durante a percepção do salário-maternidade, pois os benefícios são inacumuláveis, devendo ser reativado ulteriormente, caso a segurada ainda se encontre incapaz para o trabalho por causas alheias à gravidez.

Outrossim, **ainda não poderão ser acumulados**:

A) **Auxílio-acidente com aposentadoria** (após a Lei 9.528/97);

> **STJ**
>
> **Súmula 507: "A acumulação de auxílio-acidente com aposentadoria pressupõe que a lesão incapacitante e a aposentadoria sejam anteriores a 11/11/1997, observado o critério do artigo 23 da Lei 8.213/91 para definição do momento da lesão nos casos de doença profissional ou do trabalho".**

B) **Amparo assistencial do idoso ou deficiente com benefício previdenciário** (artigo 20, §4º, da Lei 8.742/93), exceto com as pensões especiais indenizatórias (artigo 5º, do Decreto 6.214/2007);

C) **Auxílio-doença com auxílio-acidente, se a causa for a mesma**, vez que a percepção do auxílio-acidente pressupõe a cessação do auxílio-doença (artigo 86, §2º, da Lei 8.213/91);

D) **Aposentadoria, pensão por morte, salário-maternidade, abono de permanência em serviço ou auxílio-doença do segurado baixa renda recluso com o auxílio-reclusão dos seus dependentes** (artigo 80, da Lei 8.213/91);

E) **Mais de um auxílio-doença**, mesmo que o segurado mantenha vínculos concomitantes, devendo haver a soma dos salários de contribuição para o cálculo da renda mensal inicial;

F) **Renda mensal vitalícia com qualquer outra espécie de benefício da Previdência Social**;

G) **Mais de um auxílio-reclusão de instituidor cônjuge ou companheiro**, para evento ocorrido a partir de 29 de abril de 1995, data da publicação da Lei nº 9.032, de 1995, facultado o direito de opção pelo mais vantajoso;

H) **Benefício assistencial (BPC/LOAS) com benefício da Previdência Social ou de qualquer outro regime previdenciário**, exceto pensões especiais com natureza indenizatória;

I) **Auxílio-suplementar com aposentadoria ou auxílio-doença**;

J) Auxilio-inclusão com BPC/LOAS;

K) Auxílio-inclusão com seguro-desemprego;

L) Auxílio-inclusão com prestações a título de aposentadoria, de pensões ou de benefícios por incapacidade pagos por qualquer regime de previdência social.

Vale ressaltar que **não há mais proibição de acumulação de aposentadoria rural e pensão por morte de trabalhador rural**, como ocorria quando vigorava o artigo 6º, §2º, da Lei Complementar 16/1973, que proibia a acumulação de benefícios do FUNRURAL, devendo se aplicar o Princípio do *Tempus Regit Actum*, conforme correta compreensão do TRF da 1ª Região (AR 5.525, de 11.02.2010).

Aliás, no âmbito do RGPS, não há nenhum impedimento legal de acumulação de qualquer espécie de aposentadoria com a pensão por morte.

Também é plenamente possível a acumulação de salários-maternidade, no caso de empregos concomitantes, fazendo jus a segurada ao salário-maternidade relativo a cada emprego, a teor do artigo 98, do RPS.

É permitida a acumulação dos benefícios previstos no RGPS com o benefício de que trata a Lei nº 7.070, de 20 de dezembro de 1982, concedido aos portadores da deficiência física conhecida como "Síndrome da Talidomida", não sendo possível a acumulação com o amparo assistencial do idoso ou deficiente físico e com a renda mensal vitalícia, pois pagos com recursos da União.

Ademais, o **artigo 24 da Emenda 103/2019** traz regras de vedação ou com restrição de acumulação entre pensões e aposentadoria com pensão, se aplicando de imediato a todos os regimes público de previdência, inclusive dos **estados, Distrito Federal e municípios**, determinado a **redução em faixas do menor benefício**.

Restou **vedada a acumulação de mais de uma pensão por morte deixada por cônjuge ou companheiro**, no âmbito do mesmo regime de previdência social, **ressalvadas** as pensões do mesmo instituidor decorrentes do exercício de **cargos acumuláveis** na forma do art. 37 da Constituição Federal, o que já existia no RGPS e RPPS federal, mas não existia em alguns estados e municípios por falta de previsão da lei local.

Admitiu-se a acumulação com a redução em faixas do menor benefício nos seguintes casos:

a) **pensão por morte** deixada por cônjuge ou companheiro de um regime de previdência social com **pensão por morte** concedida por outro regime de previdência social ou com pensões decorrentes das atividades militares;

b) **pensão por morte** deixada por cônjuge ou companheiro de um regime de previdência social com **aposentadoria** concedida no âmbito do Regime Geral de Previdência Social ou de regime próprio de previdência social ou com proventos de inatividade decorrentes das atividades militares;

c) de **aposentadoria** concedida no âmbito do Regime Geral de Previdência Social ou de regime próprio de previdência social com **pensões decorrentes das atividades militares.**

Neste caso, é assegurada a percepção do valor integral do benefício mais vantajoso e de uma parte de cada um dos demais benefícios, apurada cumulativamente de acordo com as **seguintes faixas**:

PERCENTUAL PAGO	FAIXA DO BENEFÍCIO	REDUTOR
100%	Até 1 salário-mínimo	–
60%	Acima de 1 até 2 salários mínimos	40%
40%	Acima de 2 até 3 salários mínimos	60%
20%	Acima de 3 até 4 salários mínimos	80%
10%	Acima de 4 salários mínimos	90%

Cabe pedido de revisão a qualquer tempo, caso o melhor benefício se torne o pior benefício, a exemplo do fracionamento ulterior de pensão por morte.

Vamos simular uma situação considerando o salário mínimo de R$ 998,00 em 2019 e uma pensão por morte no valor de **R$ 5.000,00** que será reduzida por ser o menor benefício.

Vamos simular uma situação considerando o salário mínimo de **R$ 998,00** em 2019 e uma pensão por morte no valor de **R$ 5.000,00** que será reduzida por ser o menor benefício.

PERCENTUAL PAGO	FAIXA DO BENEFÍCIO	VALOR DEVIDO
100%	Até R$ 998,00	R$ 998,00
60%	Acima de R$ 998,00 até R$ 1.996,00	R$ 598,80
40%	R$ 1.996,00 até R$ 2.994,00	R$ 399,20
20%	Acima de R$ 2.994,00 até R$ 3.992,00	R$ 199,60
10%	Acima de R$ 3.992,00 até R$ 5.000,00	R$ 100,80
–	–	Total de R$ 2.296,40

Destarte, no caso simulado, a pensão por morte será reduzida de **R$ 5.000,00** para **R$ 2.296,40.**

Um ponto que não é tratado é se essas faixas deverão ou não ser modificadas anualmente, pois o salário mínimo sofre atualização monetária todo ano e, se a correção monetária do salário mínimo forma acima da variação do INPC (índice dos benefícios previdenciários), o recálculo irá majorar a renda do benefício.

Não há restrição para a acumulação de aposentadorias em mais de um regime público de previdência, de modo que é possível **acumular sem redução**, por exemplo, duas aposentadorias do RPPS (cargos legitimamente permitidos na Constituição) e uma aposentadoria no RGPS.

Vale registrar que o novo regramento preserva o **direito adquirido**, quando o fato gerador da aposentadoria ou pensão por morte ocorreu **até a data da publicação da Emenda 103/2019** (morte e requisitos para aposentar), mesmo que o requerimento seja ofertado ulteriormente.

▶ CAPÍTULO 10 – TEMAS FINAIS SOBRE BENEFÍCIOS DO REGIME GERAL DE PREVIDÊNCIA SOCIAL

1. PROCESSO ADMINISTRATIVO PREVIDENCIÁRIO

De acordo com o INSS, considera-se **processo administrativo previdenciário** o conjunto de atos administrativos praticados através dos Canais de Atendimento da Previdência Social, iniciado em razão de requerimento formulado pelo interessado, de ofício pela Administração ou por terceiro legitimado, e concluído com a decisão definitiva no âmbito administrativo.

Ainda com base na normatização da autarquia previdenciária, o processo administrativo previdenciário será dividido nas seguintes fases:

A) Fase inicial;

B) Fase instrutória;

C) Fase decisória;

D) Fase recursal;

E) Fase de cumprimento das decisões administrativas.

Em regra, caberá ao segurado ou ao seu dependente requerer ao INSS a concessão da prestação previdenciária que entenda fazer jus, juntando a respectiva documentação pertinente, bem como prestando todos os esclarecimentos solicitados pela Previdência Social.

O requerimento administrativo poderá ser feito diretamente em umas das agências do INSS, pela internet (www.previdencia.gov.br) ou por telefone (135), quando será feito um agendamento para o atendimento, sendo considerada como data de entrada do requerimento a data do agendamento.

Nos termos do artigo 18, §4º, da Lei 8.213/91, introduzido pela Lei 13.846/19, os benefícios previdenciários poderão ser solicitados, pelos interessados, aos **Oficiais de Registro Civil das Pessoas Naturais,** que encaminharão, eletronicamente, requerimento e respectiva documentação comprobatória de seu direito para deliberação e análise do INSS, nos termos do regulamento.

Em caráter excepcional**,** o artigo 76 do RPS determina que **o INSS processe de ofício o auxílio--doença**, na hipótese de a autarquia federal tomar conhecimento da incapacidade laboral de segurado sem que este tenha requerido.

Outrossim, o artigo 118, do RPS, **obriga o INSS a converter automaticamente o auxílio-reclusão em pensão por morte**, na hipótese de falecimento do segurado segregado.

> Com efeito, **não poderá o INSS se recusar a receber requerimento de benefício previdenciário, caso a documentação oferecida se revele incompleta**, na forma do artigo 105, da Lei 8.213/91.

Caso se trate de benefício por incapacidade, deverá o postulante se sujeitar ao exame pericial a ser promovido por médico habilitado, que deverá ser servidor público integrante dos quadros da Previdência Social, na forma do artigo 2º, da Lei 10.876/04.

Deveras, todos os meios de prova lícitos são admitidos no processo administrativo previdenciário, exceto nas hipóteses em que a legislação previdenciária exigir forma especial, a exemplo da comprovação do tempo de serviço e de contribuição, que demanda início de prova material, com espeque no artigo 55, §3º, da Lei 8.213/91.

Para o cálculo do salário de benefício, da comprovação de filiação ao Regime Geral de Previdência Social, do tempo de contribuição e da relação de emprego, o INSS utilizará as informações constantes no **Cadastro Nacional de Informações Sociais – CNIS** sobre os vínculos e as remunerações dos segurados.

Caso não apresentada toda a documentação indispensável ao processamento do benefício ou do serviço, o servidor deverá emitir uma **carta de exigências**, com prazo mínimo de trinta dias para cumprimento, com o registro da exigência no sistema corporativo de benefícios, devendo ser proferida a decisão pela autoridade administrativa com ou sem o atendimento.

> A Previdência Social deve conceder o melhor benefício a que o segurado fizer jus, cabendo ao servidor orientá-lo nesse sentido,"

Logo, se um segurado requereu a aposentadoria por idade, mas também tinha direito à aposentadoria por tempo de contribuição com melhor renda mensal, o INSS deverá deferir este último benefício.

A decisão administrativa deverá ser fundamentada, sob pena de nulidade, com indicação dos documentos e dos elementos que levaram à concessão ou ao indeferimento do benefício ou serviço.

Por força da Lei 13.846/2019, que inseriu quatro artigos na Lei 8.213/91 (124, de A até D), o INSS implementará processo administrativo eletrônico para requerimento de benefícios e serviços e disponibilizará canais eletrônicos de atendimento (INSS "digital"), facilitando o atendimento, o requerimento, a concessão, a manutenção e a revisão de benefícios por meio eletrônico e implementará procedimentos automatizados, de atendimento e prestação de serviços por meio de atendimento telefônico ou de canais remotos, podendo ainda ser celebrados acordos de cooperação, na modalidade de adesão, com órgãos e entidades da União, dos Estados, do Distrito Federal e dos Municípios para a recepção de documentos e apoio administrativo às atividades do INSS que demandem serviços presenciais.

Ademais, para o exercício de suas competências, o INSS terá acesso a todos os dados de interesse para a recepção, a análise, a concessão, a revisão e a manutenção de benefícios por ele administrados, em especial: I vetado; II – os dados dos registros e dos prontuários eletrônicos do Sistema Único de Saúde – SUS, administrados pelo Ministério da Saúde; III – os dados dos documentos médicos mantidos por entidades públicas e privadas, sendo necessário, no caso destas últimas, a celebração de convênio para garantir o acesso; e IV – os dados de movimentação das contas do Fundo de Garantia por Tempo de Serviço – FGTS, instituído pela Lei nº 5.107, de 13 de setembro de 1966, mantidas pela Caixa Econômica Federal.

A administração pública federal desenvolverá ações de segurança da informação e comunicações, incluídas as de segurança cibernética, de segurança das infraestruturas, da qualidade dos dados e da segurança de interoperabilidade de bases governamentais, e efetuará a sua integração, inclusive com as bases de dados e informações dos Estados, dos Municípios e do Distrito Federal, com o objetivo de atenuar riscos e inconformidades em pagamentos de benefícios sociais.

A Lei 13.846/2019 trouxe uma proteção ao servidor de boa-fé do INSS. É que o servidor responsável pela análise dos pedidos dos benefícios Lei motivará suas decisões ou opiniões técnicas **e responderá pessoalmente apenas na hipótese de dolo ou erro grosseiro**.

Da decisão tomada pelo INSS nos processos de interesse dos beneficiários, caberá **recurso ordinário** no prazo de 30 dias ao Conselho de Recursos da Previdência Social – CRPS , órgão colegiado integrante da estrutura do Ministério do Trabalho e Previdência , na forma do artigo 126, da Lei 8.213/91, que o julgará através de uma das suas **29 Juntas de Recursos**, com eficácia suspensiva e devolutiva, se tempestivo.

Também competirá às Juntas de Recursos do CRPS apreciar recurso contra decisão do INSS acerca da configuração do Nexo Técnico Epidemiológico Previdenciário – NTEP. Após a interposição do recurso pelo segurado ou seu dependente, o INSS apresentará razões de contrariedade, também no prazo de 30 dias.

Eis uma competência atribuída ao CRPS pela Lei 13.846/2019: **julgar as contestações e recursos relativos à atribuição, pelo Ministério da Economia, do Fator Acidentário de Prevenção aos estabelecimentos das empresas.**

Outrossim, por força da Lei 13.876/2019, também competirá ao **CRPS** julgar os **recursos** de processos relacionados à **compensação financeira** de que trata a Lei nº 9.796, de 5 de maio de 1999, e à supervisão e à fiscalização dos regimes próprios de previdência social de que trata a Lei nº 9.717, de 27 de novembro de 1998.

Todavia, após a análise das razões recursais, caso o INSS se convença de que assiste razão ao recorrente, deverá exercer o **juízo de retratação**, revendo o seu ato administrativo e deixando de encaminhar o recurso a uma das Juntas do CRPS.

> **IMPORTANTE!**
>
> Com o advento da **MP 1.113, de 20/04/2022**, restou inserido o artigo 126-A na Lei 8.213/91, dispondo competir à Secretaria de Previdência do Ministério do Trabalho e Previdência, por meio da Subsecretaria de **Perícia Médica Federal**, o julgamento dos **recursos das decisões constantes de parecer conclusivo quanto à incapacidade laboral e à caracterização da invalidez do dependente**, na forma do regulamento.
>
> **Até a edição do citado regulamento a regra não será aplicada**, sendo a atribuição para o julgamento dos recursos dos integrantes da carreira de Perito Médico Federal e o julgador será autoridade superior, de acordo com a hierarquia administrativa do órgão, àquela que tenha realizado o exame médico pericial.

Frise-se que o não conhecimento do recurso pela intempestividade não impede a revisão de ofício pelo INSS, quando verificada a incorreção da decisão administrativa.

Ademais, em determinadas hipóteses, as decisões tomadas pelas Juntas de Recursos poderão ser impugnadas através de **recurso especial** dirigido a umas das **04 Câmaras de Julgamento do CRPS**, que funcionará como órgão de 3ª instância.

As Juntas e as Câmaras, presididas por representante do Governo, são compostas por quatro membros, denominados conselheiros, nomeados pelo Ministro do Trabalho e Previdência , sendo dois representantes do Governo, um das empresas e um dos trabalhadores, com mandato de 02 anos, permitida a recondução.

Entende-se que deveria também existir um representante dos aposentados, em aplicação ao Princípio da Gestão Quadripartite da Seguridade Social, devendo futuramente ser modificada a legislação previdenciária para se adaptar a essa importante norma constitucional.

Todavia, na forma do artigo 30, do atual Regimento Interno do CRPS, o recurso especial a ser interposto pelo INSS a uma das Câmaras de Julgamento contra decisão de Junta de Recursos tem causa de pedir tarifada, sob pena de não conhecimento, devendo versar sobre decisões que:

I - violarem disposição de lei, de decreto ou de portaria ministerial;

I - divergirem de Súmula ou de Parecer do Advogado Geral da União, editado na forma da Lei Complementar nº 73, de 10 de fevereiro de 1993.

III - divergirem de pareceres da Consultoria Jurídica do MDSA, dos extintos MTPS e MPS ou da Procuradoria Federal Especializada - INSS, aprovado pelo Procurador-Chefe.

IV - divergirem de enunciados editados pelo Conselho Pleno do CRSS e do antigo CRPS;

V - tiverem sido fundamentadas em laudos ou pareceres médicos divergentes emitidos pela Assessoria Técnico-Médica no âmbito do CRSS (atual CRPS) e pelos médicos peritos do INSS, ressalvados os benefícios de auxílio-doença;

VI - contiverem vício insanável.

Determinadas decisões tomadas pelas Juntas de Recursos não poderão ser revistas em 3ª instância recursal, **não cabendo recurso especial para uma das Câmaras de Julgamento nas seguintes hipóteses**[43]:

I - fundamentada exclusivamente em matéria médica, relativa aos benefícios de auxílio-doença;

II - proferida sobre reajustamento de benefício em manutenção, em consonância com os índices estabelecidos em lei, exceto quando a diferença na Renda Mensal Atual - RMA decorrer de alteração da Renda Mensal Inicial - RMI.

> Na forma do artigo 126, §3º, da Lei 8.213/91, a propositura, pelo beneficiário , de ação que tenha por objeto idêntico pedido sobre o qual versa o processo administrativo, importa em renúncia ao direito de recorrer na esfera administrativa e desistência do recurso interposto.

Considera-se idêntica a ação judicial que tenha as mesmas partes, a mesma causa de pedir e o mesmo pedido do processo administrativo, devendo o INSS dar ciência ao interessado ou seu representante legal para que se manifeste no prazo de trinta dias.

Se houver decisão judicial transitada em julgado com o mesmo objeto do processo administrativo, conforme orientação da Procuradoria Federal Especializada, a coisa julgada prevalecerá sobre a decisão administrativa.

Por outro lado, sendo a decisão administrativa definitiva favorável ao interessado e não existindo decisão judicial transitada em julgado, o INSS comunicará o fato à Procuradoria Federal Especializada para:

I - orientar como proceder em relação ao cumprimento da decisão administrativa; e

II - se for o caso, estabelecer entendimento com o autor da ação judicial objetivando a extinção do litígio.

As inexatidões materiais constantes de decisões proferidas pelos órgãos "jurisdicionais" do CRPS, decorrentes de erros de grafia, numéricos, de cálculos ou, ainda, de outros equívocos semelhantes, serão saneadas pelo respectivo Presidente da unidade julgadora ou pelo Presidente do CRPS, de ofício ou a requerimento das partes.

Caberá ao INSS efetuar o **primeiro pagamento** do benefício até **45 dias** após a data da apresentação, pelo segurado, da documentação necessária à sua concessão, podendo ser creditado diretamente na conta corrente do beneficiário.

Ademais, **as decisões do CRPS vinculam o INSS**, sendo vedado à autarquia federal escusar-se de cumprir as diligências solicitadas pelo CRPS, bem como deixar de dar cumprimento às decisões definitivas daquele colegiado, reduzir ou ampliar o seu alcance ou executá-las de modo que contrarie ou prejudique seu evidente sentido, na forma do artigo 308, §2º, do RPS, **sob pena de reclamação**.

A decisão do CRPS deverá ser cumprida pelo INSS em até 30 dias, contados do recebimento do processo, sob pena de responsabilização funcional do servidor que der causa ao retardamento.

Contudo, a decisão da instância recursal excepcionalmente poderá deixar de ser cumprida no prazo estipulado, se após o julgamento pela Junta ou Câmara, for demonstrado pelo INSS que ao beneficiário foi deferido outro benefício mais vantajoso, desde que haja opção expressa do interessado, dando-se ciência ao órgão julgador.

O INSS poderá suscitar junto ao Conselho Pleno do CRPS a uniformização em tese da jurisprudência administrativa previdenciária, mediante a prévia apresentação de estudo fundamentado sobre a matéria a ser uniformizada, no qual deverá ser demonstrada a existência de relevante divergência jurisprudencial ou de jurisprudência convergente reiterada, nos termos do Regimento Interno do CRPS.

Por fim, conclui-se o processo administrativo com a decisão administrativa não mais passível de recurso, ressalvado o direito de o requerente pedir a revisão da decisão no prazo decadencial previsto na lei de benefícios.

43. Artigo 30, §2º, do Regimento Interno do CRPS.

1.1. PROGRAMA PERMANENTE DE REVISÃO DA CONCESSÃO E DA MANUTENÇÃO DOS BENEFÍCIOS GERIDOS PELO INSS

Coube à Lei 13.846/2019 instituir um **programa permanente** de revisão da concessão e da manutenção dos benefícios geridos pelo INSS, a fim de apurar **irregularidades ou erros materiais**, em decorrência do dever-poder de autotutela, modificando o artigo 69 da Lei 8.212/91.

O objetivo é identificar erros e fraudes passíveis de revisão administrativa em respeito ao Princípio da Legalidade, respeitado o prazo decadencial de 10 anos (art. 103-A da Lei 8.213/91), salvo comprovada má-fé do beneficiário.

Eis o procedimento a ser observados pelos agentes do INSS:

a) Na hipótese de haver indícios de irregularidade ou erros materiais na concessão, na manutenção ou na revisão do benefício, o INSS notificará o beneficiário, o seu representante legal ou o seu procurador para, no prazo de **30 dias se for trabalhador urbano ou 60 de dias se for trabalhador rural** , apresentar defesa, provas ou documentos dos quais dispuser, preferencialmente por rede bancária ou notificação por meio eletrônico ou por via postal, por carta simples, considerado o endereço constante do cadastro do benefício, hipótese em que o aviso de recebimento será considerado prova suficiente da notificação;

b) A defesa poderá ser apresentada por canais de atendimento eletrônico definidos pelo INSS, podendo o benefício ser suspenso na hipótese de não apresentação da defesa nos prazos acima citados;

c) O benefício será suspenso na hipótese de a defesa ser considerada insuficiente ou improcedente pelo INSS, que deverá notificar o beneficiário quanto à suspensão do benefício e lhe conceder prazo de trinta dias para interposição de recurso ordinário perante a Junta do CRPS, que não terá efeito suspensivo;

d) Decorrido o prazo de trinta dias após a suspensão do benefício sem que o beneficiário, o seu representante legal ou o seu procurador apresente recurso administrativo junto aos canais de atendimento do INSS ou a outros canais autorizados, o benefício será cessado.

De efeito, apurada irregularidade recorrente ou fragilidade nos procedimentos reconhecidas pelo INSS ou pelos órgãos de controle (a exemplo do TCU), os procedimentos de análise e concessão de benefícios serão revistos, de modo a reduzir o risco de fraude e concessão irregular.

Com as alterações da Lei 14.199/2021, aquele que receber benefício realizará anualmente, no mês de aniversário do titular do benefício, a comprovação de vida, preferencialmente por meio de atendimento eletrônico com uso de biometria, ou outro meio definido pelo INSS que assegure a identificação inequívoca do beneficiário, implementado pelas instituições financeiras pagadoras dos benefícios, observadas as seguintes disposições:

> I – a prova de vida e a renovação de senha serão efetuadas pelo beneficiário, preferencialmente no mesmo ato, mediante identificação por funcionário da instituição financeira responsável pelo pagamento, quando não realizadas por atendimento eletrônico com uso de biometria;
>
> II – a prova de vida poderá ser realizada por representante legal ou por procurador do beneficiário, legalmente cadastrado no INSS;
>
> III – os órgãos competentes deverão dispor de meios alternativos que garantam a realização da prova de vida do beneficiário com idade igual ou superior a 80 (oitenta) anos ou com dificuldade de locomoção, inclusive por meio de atendimento domiciliar quando necessário;
>
> IV – as instituições financeiras deverão, obrigatoriamente, envidar esforços a fim de facilitar e auxiliar o beneficiário com idade igual ou superior a 80 (oitenta) anos ou com dificuldade de locomoção, de forma a evitar ao máximo o seu deslocamento até a agência bancária e, caso isso ocorra, dar-lhe preferência máxima de atendimento, para diminuir o tempo de permanência do idoso no recinto e evitar sua exposição a aglomeração;
>
> V – a instituição financeira, quando a prova de vida for nela realizada, deverá enviar as informações ao INSS, bem como divulgar aos beneficiários, de forma ampla, todos os meios existentes para efetuar o procedimento, especialmente os remotos, a fim de evitar o deslocamento dos beneficiários; e
>
> VI – o INSS poderá bloquear o pagamento do benefício encaminhado às instituições financeiras até que o beneficiário realize a prova de vida, permitida a liberação do pagamento automaticamente pela instituição financeira.

2. JUSTIFICAÇÃO ADMINISTRATIVA

Mediante justificação processada perante a Previdência Social, poderá ser suprida a falta de documento ou provado ato do interesse de beneficiário ou empresa, salvo no que se refere a registro público.

Com propriedade, deverá o interessado protocolar requerimento expondo clara e minuciosamente os pontos que pretende justificar, indicando testemunhas idôneas, em número não inferior a três nem superior a seis, cujos depoimentos possam levar à convicção da veracidade do que se pretende comprovar.

Entrementes, **em regra, não será cabível a justificação para a comprovação de tempo de serviço ou de contribuição**, pois o artigo 55, §3º, da Lei 8.213/91, exige início de prova material (documentos), apenas dispensável em hipóteses comprovadas de caso fortuito ou de força maior.

Embora já se entendesse que a prova material precisava ser contemporânea ao período probando, a Lei 13.846/2019 inseriu a expressão em negrito: "§ 3º A comprovação do tempo de serviço para fins do disposto nesta Lei, inclusive mediante justificativa administrativa ou judicial, observado o disposto no art. 108, só produzirá efeito quando for baseada em início de prova material **contemporânea dos fatos**, não admitida a prova exclusivamente testemunhal, exceto na ocorrência de motivo de força maior ou caso fortuito, na forma prevista no Regulamento".

Da mesma forma, **não será admitida a justificação** nas demais hipóteses em que houver qualquer exigência de **forma especial probatória** pela legislação previdenciária, a exemplo do casamento, que se comprova com a certidão cartorial.

Caracteriza motivo de força maior ou caso fortuito a verificação de ocorrência notória, tais como incêndio, inundação ou desmoronamento, que tenha atingido a empresa na qual o segurado alegue ter trabalhado, devendo ser comprovada mediante registro da ocorrência policial feito em época própria ou apresentação de documentos contemporâneos dos fatos, verificada a correlação entre a atividade da empresa e a profissão do segurado.

Somente será admitido o processamento de justificação administrativa na hipótese de ficar evidenciada a inexistência de outro meio capaz de configurar a verdade do fato alegado, e o início de prova material apresentado levar à convicção do que se pretende comprovar.

Nesse sentido, nos termos do artigo 151 do RPS, alterado pelo Decreto 10.410/2020, somente será admitido o processamento de justificação administrativa quando necessário para corroborar o início de prova material apto a demonstrar a plausibilidade do que se pretende comprovar.

Ressalte-se que o artigo 143 , do RPS, determina que a justificação administrativa ou judicial, no caso de dependência econômica, identidade e de relação de parentesco, somente produzirá efeito quando baseada em início de prova material contemporânea, não sendo admitida prova exclusivamente testemunhal.

Sucede que esta previsão regulamentar era desprovida de base legal, pois apenas se exigia início de prova material para a comprovação de tempo de serviço ou de contribuição, razão pela qual a dependência, a identidade ou relação de parentesco poderiam ser comprovadas por todos os meios de prova não proibidos em Direito, em aplicação ao Princípio do Livre Convencimento Motivado.

Isto foi modificado com o advento da **Lei 13.846/2019**, tornando a posição Regulamentar (Decreto 3.048/99) válida e **afastando a jurisprudência citada**. Isso porque restou inserido no artigo 16 da Lei 8.213/91 um quinto parágrafo com tarifação de prova com marca de temporariedade de 24 meses antes do fato gerador da pensão por morte ou do auxílio-reclusão.

De efeito, dispõe o novel §5º do artigo 16 da Lei 8.213/91 que "as provas de **união estável** e de **dependência econômica** exigem **início de prova material contemporânea dos fatos, produzido em período não superior a 24 (vinte e quatro) meses anterior à data do óbito ou do recolhimento à prisão do segurado**, não admitida a prova exclusivamente testemunhal, exceto na ocorrência de motivo de força maior ou caso fortuito, conforme disposto no regulamento".

Dessa forma, se o segurado morreu em 8 de setembro de 2019, a sua companheira não poderá provar a união estável apenas com testemunhos, devendo apresentar ao menos um documento que indique a união estável produzido entre 8 de setembro de 2017 e 8 de setembro de 2019, exceto fortuito e força maior ainda não regulamentados.

Assim, resta afastado o Princípio do Livre Convencimento Motivado e adotada a tarifação de prova para dar mais segurança jurídica, considerando a existência de casos habituais de falsos testemunhos e para preservar o Erário contra algumas situações de fraude.

Vale registrar que se cuida de regra processual inerente à prova da condição de dependente, de modo que possui aplicação imediata a todos os processos pendentes de decisão para óbitos anteriores à vigência da alteração normativa, pois somente regras de direito material não possuem retroação.

De acordo com o Regulamento da Previdência Social, modificado pelo Decreto 10.410/2020, para comprovação do vínculo e da dependência econômica (quando couber), conforme o caso, deverão ser apresentados, **no mínimo, dois documentos**, e poderão ser aceitos, **dentre outros**:

I – certidão de nascimento de filho havido em comum;

II – certidão de casamento religioso;

III – declaração do imposto de renda do segurado, em que conste o interessado como seu dependente;

IV – disposições testamentárias;

V – (Revogado pelo Decreto nº 5.699, de 2006)

VI – declaração especial feita perante tabelião;

VII – prova de mesmo domicílio;

VIII – prova de encargos domésticos evidentes e existência de sociedade ou comunhão nos atos da vida civil;

IX – procuração ou fiança reciprocamente outorgada;

X – conta bancária conjunta;

XI – registro em associação de qualquer natureza, onde conste o interessado como dependente do segurado;

XII – anotação constante de ficha ou livro de registro de empregados;

XIII – apólice de seguro da qual conste o segurado como instituidor do seguro e a pessoa interessada como sua beneficiária;

XIV – ficha de tratamento em instituição de assistência médica, da qual conste o segurado como responsável;

XV – escritura de compra e venda de imóvel pelo segurado em nome de dependente;

XVI – declaração de não emancipação do dependente menor de vinte e um anos; ou

XVII – quaisquer outros que possam levar à convicção do fato a comprovar.

Caso o dependente só possua um dos documentos produzido em período não superior a vinte e quatro meses anteriores à data do óbito ou do recolhimento à prisão, a comprovação de vínculo ou de dependência econômica para esse período poderá ser suprida por justificação administrativa.

De acordo com o artigo 142, do RPS, o processo de justificação administrativa é parte de processo antecedente, **vedada sua tramitação na condição de processo autônomo.** Contudo, deve-se admitir o processamento da justificação administrativa, sem ônus para o interessado, de forma autônoma para efeito de inclusão ou retificação de vínculos no CNIS.

Justamente por isso o Decreto 10.410/2020 alterou o artigo 142, §2º, do RPS, passando a prever que a justificação administrativa é parte do processo de atualização de dados do CNIS ou de reconhecimento de direitos, vedada a sua tramitação na condição de processo autônomo.

Quando a concessão do benefício depender de documento ou de prova de ato ao qual o segurado não tenha acesso, exceto quanto a registro público ou início de prova material, a justificação administrativa será oportunizada.

Com propriedade, deverá o interessado protocolar requerimento expondo clara e minuciosamente os pontos que pretende justificar, indicando testemunhas[44] idôneas, em número não inferior a duas nem superior a seis, cujos depoimentos possam levar à convicção da veracidade do que se pretende comprovar.

O rol mínimo de testemunhas era composto por três, tendo sido reduzido para duas testemunhas por intermédio do Decreto 10.410/2020.

Saliente-se que a homologação da justificação judicial processada com base em prova exclusivamente testemunhal dispensa a justificação administrativa, **se complementada com início razoável de prova material.**

Vale ressaltar que **não caberá recurso** da decisão da autoridade competente do INSS que considerar eficaz ou ineficaz a justificação administrativa.

Por fim, é possível que o processo de justificação contra o INSS corra na Justiça Estadual, investida de jurisdição federal, se na localidade não funcionar Vara Federal, conforme autoriza o artigo 15, II, da Lei 5.010/66.

Restará encerrado o processo administrativo com a decisão administrativa não mais passível de recurso, ressalvado o direito de o requerente pedir a revisão da decisão no prazo decadencial previsto na Lei de Benefícios (10 anos).

3. CANCELAMENTO E SUSPENSÃO DE BENEFÍCIOS

A legislação previdenciária prevê hipóteses específicas que autorizam o INSS a suspender ou mesmo cancelar benefícios previdenciários, uma vez observado o devido processo legal administrativo, em especial o Princípio do Contraditório.

De efeito, o segurado em gozo de auxílio-doença, aposentadoria por invalidez e o pensionista inválido

44. Na hipótese de a testemunha residir em localidade distante ou em localidade de abrangência de outra APS, o processo será encaminhado para essa Agência, a fim de convocar a testemunha e realizar a oitiva, devendo ser observada a competência para efetuar o relatório.

estão obrigados, **sob pena de suspensão do benefício**, a submeter-se a exame médico a cargo da Previdência Social, processo de reabilitação profissional por ela prescrito e custeado e tratamento dispensado gratuitamente, **exceto o cirúrgico e a transfusão de sangue, que são facultativos**, na forma do artigo 101, da Lei 8.213/91, exceto nas situações de isenção de perícia já estudadas.

> **IMPORTANTE!**
>
> Com o advento da **MP 1.113, de 20/04/2022**, restou alterado o artigo 101 da Lei 8.213/91 que conta agora com a seguinte redação:
>
> *"Art. 101. O segurado em gozo de auxílio por incapacidade temporária, **auxílio-acidente** ou aposentadoria por incapacidade permanente e o pensionista inválido, cujos benefícios tenham sido concedidos **judicial** ou administrativamente, estão obrigados, sob pena de suspensão do benefício, a submeter-se a:*
>
> *I – exame médico a cargo da Previdência Social para avaliação das condições que ensejaram sua concessão ou manutenção;*
>
> *II – processo de reabilitação profissional por ela prescrito e custeado; e*
>
> *III – tratamento dispensado gratuitamente, exceto o cirúrgico e a transfusão de sangue, que são facultativos".*
>
> A inovação foi a previsão de **revisão periódica das concessões de auxílio-acidente**, quer por decisão administrativa ou judicial, pois antes a Lei 8.213/91 era omissa a respeito, embora eu já sustentasse o cabimento nas situações comprovadas e excepcionais de reversão total da sequela decorrente de acidente.

Outrossim, o aposentado especial que retornar à atividade especial deverá ter o seu benefício suspenso, assim como o aposentado por incapacidade que volte a desempenhar trabalho remunerado, a teor do artigo 57, §8º, da Lei 8.213/91, sendo neste caso cancelado.

Demais disso, deverá o auxílio-reclusão ter o seu pagamento suspenso na hipótese de não apresentação do atestado trimestral de encarceramento, ou no caso de fuga do detento, voltando a ser pago na hipótese de recaptura, se ainda houver a manutenção da condição de segurado (artigo 117, do RPS).

Entretanto, o exercício de atividade remunerada do segurado recluso em cumprimento de pena em regime fechado não acarreta a perda do direito ao recebimento do auxílio-reclusão para seus dependentes.

Também será suspenso o pagamento do salário-família se o segurado não apresentar o atesto de vacinação (anual) ou de frequência escolar (semestral) do filho ou menor equiparado de 14 anos ou inválido de qualquer idade (salvo empregado doméstico).

Da mesma forma, deverá ser cessado o pagamento da pensão por morte na hipótese de reaparecimento do segurado presumidamente morto, na forma do artigo 78, §2º, da Lei 8.213/91.

Por sua vez, o exercício de atividade laboral remunerada durante o recebimento do salário-maternidade implica na suspensão do benefício, tanto na gestação, na adoção de criança ou o salário-maternidade derivado, nos termos do artigo 71-C, da Lei 8.213/1991.

Isso porque o benefício substituiu a remuneração do(a) segurado(a), em razão de ficção legal de incapacidade laboral temporária para cuidar da criança recém nascida ou adotada durante o prazo do benefício por 120 dias.

Outrossim, a pensão por morte será cessada pelo decurso do prazo após a Lei 13.135/2015, acaso o cônjuge ou companheiro não possua 44 anos de idade no dia da morte do segurado, sendo temporária.

Salvo direito adquirido formado antes do advento da Lei 9.528/97, o auxílio-acidente deverá ser cancelado quando da concessão de aposentadoria ao segurado, independentemente de sua espécie, nos moldes do artigo 86, §2º, da Lei 8.213/91.

Se houver indício de irregularidade na concessão ou na manutenção de benefício, a Previdência Social notificará o beneficiário para apresentar defesa, provas ou documentos de que dispuser. Caso o beneficiário não compareça nem apresente defesa, será suspenso o benefício, com notificação ao beneficiário.

Posteriormente, decorrido o prazo concedido pela notificação postal, sem que tenha havido resposta, ou caso seja considerada pela Previdência Social como insuficiente ou improcedente a defesa apresentada, o benefício será cancelado, dando-se conhecimento da decisão ao beneficiário.

4. AUTOTUTELA DA PREVIDÊNCIA SOCIAL

É certo que a Administração Pública tem o dever de anular os seus próprios atos quando eivados de vícios legais não passíveis de convalidação, em atenção ao interesse público primário, independentemente de provocação, aplicando de ofício o Princípio da Legalidade, na forma da Súmula 473, do STF.

Entrementes, caso a retirada do ato administrativo do mundo jurídico interfira na esfera patrimonial de terceiros, é curial o exercício prévio do contraditório antes da autotutela pelo Poder Público.

Atualmente há regra especial de prazo para o exercício da autotutela pela Previdência Social, esculpida no artigo 103-A, da Lei 8.213/91, inserido pela Lei 10.839/2004, fruto da conversão da Medida Provisória 138/2003:

> **"Art. 103-A. O direito da Previdência Social de anular os atos administrativos de que decorram efeitos favoráveis para os seus beneficiários decai em dez**

anos, contados da data em que foram praticados, salvo comprovada má-fé.

§1º No caso de efeitos patrimoniais contínuos, o prazo decadencial **contar-se-á da percepção do primeiro pagamento.**

§2º Considera-se exercício do direito de anular qualquer medida de autoridade administrativa que importe impugnação à validade do ato".

Destarte, o INSS terá o prazo decadencial de 10 anos, a partir do primeiro pagamento, para anular atos administrativos ilegais (a exemplo da concessão de benefícios previdenciários indevidos ou com renda a maior) com efeitos continuados com eficácia favorável aos administrados, salvo comprovada má-fé dos beneficiários, hipótese em que a ilegalidade poderá ser pronunciada a qualquer tempo.

A instituição de um prazo legal decorre do Princípio da Segurança Jurídica, haja vista que o administrado não poderá ficar sujeito indefinidamente à anulação do ato ilegítimo, desde que não concorra maliciosamente para a sua prática.

5. DECADÊNCIA DECENAL PARA A REVISÃO OU IMPUGNAÇÃO DE ATO DE INDEFERIMENTO DE BENEFÍCIO PREVIDENCIÁRIO E PRESCRIÇÃO QUINQUENAL

A legislação previdenciária instituiu um prazo supostamente decadencial para a revisão de ato de concessão de benefício previdenciário ou impugnação de decisão de indeferimento definitivo administrativo, a teor do texto anterior artigo 103, da Lei 8.213/91 antes do advento da Lei 13.846/2019:

"Art. 103. É de **dez anos** o prazo de **decadência** de todo e qualquer direito ou ação do segurado ou beneficiário para a **revisão do ato de concessão de benefício**, a contar do dia primeiro do mês seguinte ao do recebimento da primeira prestação ou, quando for o caso, do dia em que tomar conhecimento da **decisão indeferitória definitiva no âmbito administrativo**".

Logo, o prazo decadencial de 10 anos aplicar-se-á nas seguintes hipóteses:

A) **Decadência decenal para a revisão de benefício concedido**, *a contar do dia primeiro do mês seguinte ao do recebimento da primeira parcela*. Esta hipótese foi inserida no artigo 103, da Lei 8.213/91, através da Medida Provisória 1.523-9, de 27.06.1997, convertida na Lei 9.528/97. Posteriormente, a Lei 9.711/98 reduziu o prazo para 05 anos, que novamente foi fixado em 10 anos, através da Lei 10.839/2004;

STF

O Supremo Tribunal Federal (STF) decidiu no dia 16/10/2013 (RE 626.489) que o prazo de dez anos para a revisão de benefícios previdenciários é aplicável aos benefícios concedidos antes da Medida Provisória (MP) 1.523-9/1997, que o instituiu. Por unanimidade, o Plenário deu provimento ao Recurso Extraordinário (RE) 626489, interposto pelo Instituto Nacional do Seguro Social (INSS), para reformar acórdão de Turma Recursal dos Juizados Especiais Federais da Seção Judiciária do Estado de Sergipe que entendeu inaplicável o prazo decadencial para benefícios anteriores à vigência da MP. A decisão estabeleceu também que, no caso, o prazo de dez anos para pedidos de revisão passa a contar a partir da vigência da MP, e não da data da concessão do benefício. "A jurisprudência do Supremo Tribunal Federal assentou entendimento, com repercussão geral, no sentido de que o prazo decadencial de dez anos, instituído pela Medida Provisória nº 1.523, de 28.06.1997, incide, inclusive, sobre benefícios concedidos anteriormente, sem que isso importe em retroatividade vedada pela Constituição (RE 626.489 – Tema 313). Agravo regimental a que se nega provimento" (ARE 794713 AgR, de 13/5/2014).

No caso de revisão de pensão por morte oriunda de aposentadoria, o STJ possui entendimento de que o prazo revisional conta a partir da concessão da aposentadoria, e não da pensão por morte , revertendo anterior posicionamento.

STJ

Em 27/2/2019, no julgamento do EREsp 1605554, a 1ª Seção do STJ pacificou o tema, definindo que a decadência deverá ser computada a partir da aposentadoria, e não da pensão por morte precedida de aposentadoria.

De acordo com o Decreto 10.410/2020, nas hipóteses de requerimento de revisão de benefício em manutenção ou de recurso de decisão do INSS com apresentação de novos elementos extemporaneamente ao ato concessório, os efeitos financeiros serão fixados na data do pedido de revisão ou do recurso.

Registre-se que o direito de pedir a revisão da renda mensal de benefício concedido é que decairá em 10 anos, se não exercido, **mas o direito em se requerer pela primeira vez um benefício previdenciário poderá ser exercido a qualquer tempo**, pois não sujeito a prazo prescricional ou decadencial.

No caso de pensão por morte precedida de aposentadoria, a renda da pensão é a mesma da aposentadoria, devendo a decadência decenal ser contar a partir da aposentadoria, que é o fato originário do cálculo da renda mensal.

STJ

A Primeira Seção do Superior Tribunal de Justiça (STJ) definiu que a concessão da pensão por morte, embora legitime o pensionista a pedir a revisão da aposentadoria do falecido, não tem como efeito reabrir o prazo decadencial para essa discussão. Assim, caso já tenha decorrido o prazo de dez anos para a revisão do benefício originário, a contagem não pode ser reaberta para a parte dependente, beneficiária da pensão. **EREsp 1.605.554, de 19/3/2019.**

B) **Decadência decenal para impugnar ato administrativo que indeferiu requerimento de benefício**, *a contar do dia da cientificação.* Esta hipótese também foi inserida no artigo 103, da Lei 8.213/91, através da Medida Provisória 1.523-9, de 27.06.1997, convertida na Lei 9.528/97. Posteriormente, a Lei 9.711/98 reduziu o prazo para 05 anos, que novamente foi fixado em 10 anos, através da Lei 10.839/2004.

Logo, se o INSS indeferiu um benefício previdenciário, terá o requerente o prazo de dez anos para solicitar a revisão judicial desse ato, a contar do dia da notificação do indeferimento, caso permaneça a mesma situação fática original.

> Por força da Lei 13.846/2019, o artigo 103 da Lei 8.213/91 foi reformulado, passando a contar com a seguinte redação: "Art. 103. O prazo de decadência do direito ou da ação do segurado ou beneficiário para a revisão do ato de concessão, **indeferimento, cancelamento ou cessação de benefício**, do ato de deferimento, indeferimento ou não concessão de revisão de benefício é de dez anos, contado: I – do dia primeiro do mês subsequente ao do recebimento da primeira prestação **ou da data em que a prestação deveria ter sido paga com o valor revisto**; ou II – do dia em que o segurado tomar conhecimento da decisão de indeferimento, cancelamento ou cessação do seu pedido de benefício ou da decisão de deferimento ou indeferimento de revisão de benefício, no âmbito administrativo".

O texto é bem confuso. Mas é possível apontar as **seguintes novidades**, observada a regra intertemporal:

a) Agora está claro que o ato de indeferimento de benefício previdenciário também está sujeito ao prazo de decadência de 10 anos, afastando a Súmula 81 da TNU;

b) A pretensão de restabelecimento de benefício previdenciário também se sujeita à decadência de 10 anos;

c) Caso o pedido revisional se dê por fato superveniente, a exemplo de ulterior modificação normativa, o termo inicial da decadência será a data em que a prestação deveria ter sido paga com o valor revisto.

É certo que os pontos de inovação serão aplicados aos benefícios anteriores, conforma anterior decisão do STF em caso análogo, mas o termo inicial da decadência revisional será o dia 1º de março de 2019 (primeiro dia do mês seguinte à competência fevereiro).

> **STF**
>
> **No entanto, o STF rejeitou as alterações feitas no artigo 103 da Lei 8.213/91 pelo artigo 24 da Lei 13.846/2019 em sede de controle abstrato de constitucionalidade, ao argumento de que não há base constitucional para a incidência de decadência sobre o ato de indeferimento, cancelamento e cessação do benefício previdenciário.**
>
> **Cuida-se de ADI 6.096 com votação concluída em 05/10/2020 em que prevaleceu por 6 x 5 o voto do Ministro Fachin com a seguinte conclusão:**
>
> ***"Do exposto, voto no sentido de conhecer parcialmente a ação direta e, na parte remanescente, pela procedência em parte do pedido****, declarando a inconstitucionalidade do art. 24 da Lei 13.846/2019 no que deu nova redação ao art. 103 da Lei 8.213/1991".*

Eis os principais fundamentos do voto vencedor:

> ***"Entendo que este Supremo Tribunal Federal admitiu a instituição de prazo decadencial para a revisão do ato concessório porque atingida tão somente a pretensão de rediscutir a graduação pecuniária do benefício, isto é, a forma de cálculo ou o valor final da prestação, já que, concedida a pretensão que visa ao recebimento do benefício, encontra-se preservado o próprio fundo do direito.***
>
> ***No caso dos autos, ao contrário, admitir a incidência do instituto para o caso de indeferimento, cancelamento ou cessação importa ofensa à Constituição da República e ao que assentou esta Corte em momento anterior, porquanto, não preservado o fundo de direito na hipótese em que negado o benefício, caso inviabilizada pelo decurso do tempo a rediscussão da negativa, é comprometido o exercício do direito material à sua obtenção.***
>
> ***Em outras palavras: na medida em que modificadas as condições fáticas que constituem requisito legal quando da entrada de um novo requerimento administrativo para a concessão do benefício negado ou de novo benefício que possa depender da reconsideração fática da negativa, a revisão do ato administrativo que indeferiu, cancelou ou cessou o benefício é mecanismo de acesso ao direito à sua obtenção, motivo pelo qual o prazo decadencial, ao fulminar a pretensão de revisar a negativa, compromete o núcleo essencial do próprio fundo do direito".***

Desta forma, resta repristinada a anterior redação do artigo 103 da Lei 8.213/91, prevendo a decadência decenal somente para a revisão do ato de concessão de benefício previdenciário.

A prescrição alcança a pretensão que nasce do direito subjetivo não realizado, após transcorrido *in albis* o lapso temporal legal. Em termos de Regime Geral de Previdência Social, o INSS tem o dever de deferir os benefícios previdenciários requeridos por seus segurados e dependentes, desde que tenha se realizado a hipótese legal de concessão.

Tradicionalmente, no Brasil, a prescrição das parcelas devidas pelo Poder Público ocorre em cinco anos. O lustro prescricional já era previsto desde o vetusto e vigente Decreto 20.910/1932, sendo esse prazo mantido para a Previdência Social, nos termos do artigo 103, parágrafo único, da Lei 8.213/91:

> **"Parágrafo único. Prescreve em cinco anos, a contar da data em que deveriam ter sido pagas, toda e qualquer ação para haver prestações vencidas ou quaisquer restituições ou diferenças devidas pela Previdência Social, salvo o direito dos menores, incapazes e ausentes, na forma do Código Civil".**

6. REAJUSTAMENTO DA RENDA MENSAL DOS BENEFÍCIOS

De acordo com o regramento atual, contido no artigo 41-A, da Lei 8.213/91, o valor dos benefícios em manutenção será reajustado, anualmente, na mesma data do reajuste do salário mínimo, ***pro rata***, de acordo com suas respectivas datas de início ou do último reajustamento, **com base no Índice Nacional de Preços ao Consumidor - INPC**, apurado pela Fundação Instituto Brasileiro de Geografia e Estatística - IBGE, que toma por base o rendimento de famílias com renda de um a oito salários mínimos, nas regiões metropolitanas do país, sendo o índice legal utilizado desde 2003.

Assim, se uma pessoa se aposentou no meio do ano, apenas terá direito ao primeiro reajuste subsequente **proporcionalmente** ao INPC acumulado a partir da sua aposentação, e não integralmente.

Logo, na atualidade, este é o reajuste mínimo garantido por lei aos aposentados, pensionistas e demais segurados do RGPS, consistente na variação do INPC. Todavia, considerando que nenhum benefício que objetive substituir a remuneração do trabalhador ou o salário de contribuição poderá ser inferior a um salário mínimo, muitos segurados vêm se beneficiando de reajustes acima do INPC.

Insta salientar que **desde a promulgação da Lei 8.213/91 a renda mensal inicial dos benefícios previdenciários foi desvinculada do salário mínimo**, à exceção dos benefícios substitutivos da remuneração do segurado no valor mínimo.

7. DESCONTOS LEGALMENTE AUTORIZADOS NOS BENEFÍCIOS

Apenas poderão ser abatidos dos benefícios previdenciários os débitos do segurado ou dependentes autorizados pela legislação previdenciária.

De acordo com o artigo 115, da Lei 8.213/91, poderão ser descontados: I - **contribuições devidas pelo segurado à Previdência Social**; **II - pagamento administrativo ou judicial de benefício previdenciário ou assistencial indevido**, ou além do devido, inclusive na hipótese de cessação do benefício pela revogação de **decisão judicial**, em valor que não exceda **30%** da sua importância, nos termos do regulamento; *(redação dada pela Lei 13.846/2019)*; III - **Imposto de Renda** retido na fonte; IV - **pensão de alimentos** decretada em sentença judicial; V - **mensalidades de associações** e demais entidades de aposentados legalmente reconhecidas, desde que autorizadas por seus filiados (a autorização do desconto deverá ser revalidada a cada 3 (três) anos, a partir de 31 de dezembro de 2021); VI - **pagamento de empréstimos, financiamentos, cartões de crédito e operações de arrendamento mercantil** concedidos por instituições financeiras e sociedades de arrendamento mercantil, públicas e privadas, quando expressamente autorizado pelo beneficiário, até o limite de 35% (trinta e cinco por cento) do valor do benefício, sendo 5% (cinco por cento) destinados exclusivamente para: a) a amortização de despesas contraídas por meio de cartão de crédito; ou b) a utilização com a finalidade de saque por meio do cartão de crédito (Lei 13.172/2015).

Com o advento da **MP 1.106/2022**, passou a ser possível a concessão do crédito consignado sobre o **BPC/LOAS**, assim como a margem de desconto foi elevada de 35% para **40%**.

Em caso de concorrência, vale ressaltar que os débitos do beneficiário em decorrência do pagamento de benefício além do devido terão preferência sobre os créditos consignados em favor de instituições financeiras em razão de empréstimos contratados pelo aposentado ou pensionista.

Caso o pagamento do benefício além do devido tenha decorrido de erro da Previdência Social, será feito o parcelamento em favor do beneficiário, não podendo cada parcela ultrapassar 30% do valor do benefício, no número de meses necessário ao pagamento do débito.

Outrossim, antes de efetuar o referido desconto, deverá o INSS instaurar processo administrativo em que seja assegurada ampla defesa do titular do benefício, sob pena de ilegalidade dos descontos.

Por força da Lei 13.494/2017, que inseriu o parágrafo terceiro no artigo 115, da Lei 8.213/91, a legislação previdenciária passou a prever expressamente que serão inscritos em dívida ativa pela Procuradoria-Geral Federal os créditos constituídos pelo INSS em razão de benefício previdenciário ou assistencial pago indevidamente ou além do devido, hipótese em que se aplica o disposto na Lei no 6.830, de 22 de setembro de 1980, para a execução judicial. Logo, o fundamento da transcrita decisão do STJ encontra-se superado, pois agora há base legal para a aludida inscrição em Dívida Ativa.

Em seguida, a Lei 13.846/2019 estendeu esse regramento à hipótese de revogação de tutela judicial: "§ 3º Serão inscritos em dívida ativa pela Procuradoria-Geral Federal os créditos constituídos pelo INSS em decorrência de benefício previdenciário ou assistencial pago indevidamente ou além do devido, **inclusive na hipótese de cessação do benefício pela revogação de decisão judicial**, nos termos do disposto na Lei nº 6.830, de 22 de setembro de 1980, para a execução judicial".

Outrossim, será objeto de inscrição em dívida ativa, em conjunto ou separadamente, o terceiro beneficiado que sabia ou deveria saber da origem do benefício pago indevidamente em razão de fraude, dolo ou coação, desde que devidamente identificado em procedimento administrativo de responsabilização.

A novidade sobre o tema foi a alteração normativa promovida pela Lei 13.846/2019, pois agora a Lei 8.213/91 prevê expressamente que é devido o desconto administrativo no benefício previdenciário ou assistencial decorrente de recebimento de parcela indevida, inclusive na hipótese de cessação do benefício pela revogação de decisão judicial.

8. DÉBITO DE CONTRIBUIÇÕES PREVIDENCIÁRIAS E A CONCESSÃO DE BENEFÍCIOS

De efeito, conquanto eventualmente exista a dívida, se o segurado ou dependente já preencheu todos os requisitos para a concessão do benefício, deverá o INSS deferi-lo.

É que a legislação previdenciária não prevê a inexistência de débitos previdenciários como condição para a concessão de benefícios.

Assim, deverá o INSS pagar o benefício e, se regularmente constituído e não prescrito o débito, descontar mensalmente da sua renda os valores devidos à guisa de contribuições previdenciárias inadimplidas.

9. DIREITO ADQUIRIDO

O direito adquirido é um dos temas mais relevantes em termos de legislação previdenciária, tendo em conta as inúmeras alterações feitas nas normas ao longo das últimas décadas.

Considera-se como direito adquirido o que se incorpora de maneira lícita ao patrimônio do seu titular, uma vez preenchidos todos os pressupostos legais para a sua concessão.

Com efeito, em termos de benefícios previdenciários, **caso preenchidos todos os requisitos para a sua concessão**, restará assegurado ao beneficiário a aplicação do regime jurídico do dia do nascimento do direito, mesmo que o segurado ou dependente não tenha requerido a prestação, não sendo aplicável o novo regramento, salvo por expressa possibilidade legal e por opção do beneficiário.

Destarte, cuida-se de instituto que tem nexo direto com o Princípio do *Tempus Regit Actum*. É dessa forma que tem sido traçado os contornos do direito adquirido no Brasil em termos de Regime Geral de Previdência Social, em especial à luz da Emenda 20/1998, que o previu no seu artigo 3º:

> "Art. 3º – É assegurada a concessão de aposentadoria e pensão, a qualquer tempo, aos servidores públicos e aos segurados do regime geral de previdência social, bem como aos seus dependentes, que, até a data da publicação desta Emenda, tenham cumprido os requisitos para a obtenção destes benefícios, com base nos critérios da legislação então vigente".

Logo, em que pese as importantes alterações perpetradas pela primeira reforma da previdência social, todos os segurados e dependentes do RGPS que tenham preenchido todos os requisitos legais para a concessão dos benefícios até 16.12.1998, terão direito adquirido à sua concessão, inclusive a fórmula de cálculo, ficando imunes à aplicação das novas regras.

Vale ressaltar que enquanto não completados os requisitos legais não há de se falar em direito adquirido, mas apenas em mera expectativa de direito. Apesar disso, as reformas costumam aprovar regras de transição para atenuar o novo regramento, em decorrência do Princípio da Segurança Jurídica, para aqueles já filiados ao RGPS na data da vigência das alterações.

Em termos de benefícios previdenciários, é comum que os segurados queiram adotar as regras que lhe são mais benéficas em mais de um regime jurídico, o que não é devido, pois importaria em cisão de normas.

> **STF**
>
> De acordo com a Suprema Corte, "inexiste direito adquirido a determinado regime jurídico, razão pela qual não é lícito ao segurado conjugar as vantagens do novo sistema com aquelas aplicáveis ao anterior. A superposição de vantagens caracteriza sistema híbrido, incompatível com a sistemática de cálculo dos benefícios previdenciários" (RE 575.089, de 10.09.2008).

Na mesma linha seguiu a **Emenda 103/2019**, que assegurou no artigo 3º a concessão de **aposentadoria** ao segurado do Regime Geral de Previdência Social e de **pensão por morte** aos respectivos dependentes, **a qualquer tempo, desde que tenham sido cumpridos os** requisitos **para obtenção destes**

benefícios até a data de entrada em vigor da Emenda Constitucional, observados os critérios da legislação vigente na data em que foram atendidos os requisitos para a concessão da aposentadoria ou da pensão por morte (publicada 13/11/2019, com vigência imediata, exceto os artigos 11, 28 e 32 que vigorarão a partir de 1/3/2020 e a ressalva do artigo 36, inciso II).

Ademais, o valor da aposentadoria e da pensão concedida desta forma para o segurado do Regime Geral de Previdência Social ou para seus dependentes será apurado de acordo com a legislação em vigor à época em que foram atendidos os requisitos nela estabelecidos para a concessão do benefício.

Desta forma, mesmo quem não requereu benefício antes do advento da reforma implementada pela EC 103/2019 tem assegurado o direito adquirido, se cumpridos integralmente os requisitos para aposentar ou o óbito do segurado tenha ocorrido até o dia da sua publicação.

10. RENÚNCIA DA APOSENTADORIA (DESAPOSENTAÇÃO)

A desaposentação é a **renúncia da aposentadoria** por requerimento do segurado, com o intuito de **obter alguma vantagem previdenciária**.

Com efeito, de acordo com o artigo 11, §3º, da Lei 8.213/91, o aposentado que desenvolver atividade remunerada será filiado obrigatório no que concerne a essa atividade, devendo pagar as respectivas contribuições previdenciárias.

Essa disposição foi incluída pela Lei 9.032/95, em decorrência do Princípio da Solidariedade, em que pese ser proibida a acumulação de duas aposentadorias dentro do Regime Geral de Previdência Social.

Há uma série de hipóteses em que a desaposentação será útil ao segurado. É possível que o pagamento de novas contribuições previdenciárias após a aposentadoria eleve a renda mensal inicial do benefício, a depender do seu valor, com a incidência mais tênue do fator previdenciário, havendo interesse em renunciar a aposentadoria e requerer uma nova.

Outrossim, poderá o segurado pedir a renúncia de uma aposentadoria por tempo de contribuição proporcional para, posteriormente, requerer uma integral, utilizando novos salários de contribuição após a primeira aposentadoria.

É também possível que um aposentado do RGPS queira aproveitar esse tempo de contribuição para ter direito a uma aposentadoria no RPPS, caso tenha sido aprovado em concurso público de provimento de cargo efetivo, pois sem esse período não preencheria os requisitos para se aposentar no regime dos servidores públicos.

Embora não seja comum, o servidor público de RPPS poderá renunciar ao seu benefício de aposentadoria para computar o tempo de contribuição no RGPS, através da contagem recíproca.

Todavia, é preciso salientar que **a desaposentação carece de previsão legal expressa, sendo indeferida administrativamente pelo INSS**, vez que a Administração Pública apenas poderá agir quando exista autorização legal, à luz do Princípio da Legalidade Administrativa.

> **STF**
> **No dia 26 de outubro de 2016, ao julgar os Recursos Extraordinários 381.367, 661.256 e 827.833, o Supremo Tribunal Federal rejeitou a tese da desaposentação.** Para a maioria dos ministros (7 votos), a desaposentação não possui previsão legal, cabendo ao Poder Legislativo a tarefa de instituí-la, se for o caso. Ademais, a concessão judicial da desaposentação sem previsão normativa viola a regra constitucional da contrapartida, pois aumenta as despesas previdenciárias sem a correspondente fonte de custeio. A tese foi firmada em repercussão geral no dia 27/10/2016.

Após a decisão do STF, o STJ reviu o seu posicionamento.

A única hipótese em que o INSS defere a desaposentação é na situação do artigo 181-B do Decreto 3.048/99, que pontifica que o segurado poderá desistir do seu pedido de aposentadoria desde que manifeste esta intenção e requeira o arquivamento definitivo do pedido antes da ocorrência do primeiro de um dos seguintes atos:

> I – recebimento do primeiro pagamento do benefício; ou (Incluído pelo Decreto nº 10.410, de 2020)
>
> II – efetivação do saque do FGTS ou do PIS. (Incluído pelo Decreto nº 10.410, de 2020)

11. IMPENHORABILIDADE, INALIENABILIDADE E INDISPONIBILIDADE DOS BENEFÍCIOS PREVIDENCIÁRIOS

De acordo com o artigo 114, da Lei 8.213/91, tendo em vista o seu caráter alimentar, salvo quanto a valor devido à Previdência Social e a desconto autorizado por esta Lei, ou derivado da obrigação de prestar alimentos reconhecida em sentença judicial, o benefício não pode ser objeto de penhora, arresto ou sequestro, sendo nula de pleno direito a sua venda ou cessão, ou a constituição de qualquer ônus sobre ele, bem como a outorga de poderes irrevogáveis ou em causa própria para o seu recebimento.

▶ CAPÍTULO 11 – PRINCIPAIS CRIMES PRATICADOS CONTRA A PREVIDÊNCIA SOCIAL

Objetiva este Capítulo analisar o conteúdo dos principais crimes praticados contra a Previdência Social, sendo selecionados os delitos de apropriação indébita previdenciária, sonegação de contribuição previdenciária, falsificação de documento público contra a Previdência Social e estelionato previdenciário.

1. APROPRIAÇÃO INDÉBITA PREVIDENCIÁRIA

Art. 168-A. Deixar de repassar à previdência social as contribuições recolhidas dos contribuintes, no prazo e forma legal ou convencional:

Pena – reclusão, de 2 (dois) a 5 (cinco) anos, e multa.

§ 1º Nas mesmas penas incorre quem deixar de:

I – recolher, no prazo legal, contribuição ou outra importância destinada à previdência social que tenha sido descontada de pagamento efetuado a segurados, a terceiros ou arrecadada do público;

II – recolher contribuições devidas à previdência social que tenham integrado despesas contábeis ou custos relativos à venda de produtos ou à prestação de serviços;

III – pagar benefício devido a segurado, quando as respectivas cotas ou valores já tiverem sido reembolsados à empresa pela previdência social.

§ 2º É extinta a punibilidade se o agente, espontaneamente, declara, confessa e efetua o pagamento das contribuições, importâncias ou valores e presta as informações devidas à previdência social, na forma definida em lei ou regulamento, antes do início da ação fiscal.

§ 3º É facultado ao juiz deixar de aplicar a pena ou aplicar somente a de multa se o agente for primário e de bons antecedentes, desde que:

I – tenha promovido, após o início da ação fiscal e antes de oferecida a denúncia, o pagamento da contribuição social previdenciária, inclusive acessórios; ou

II – o valor das contribuições devidas, inclusive acessórios, seja igual ou inferior àquele estabelecido pela previdência social, administrativamente, como sendo o mínimo para o ajuizamento de suas execuções fiscais.

§ 4º A faculdade prevista no § 3º deste artigo não se aplica aos casos de parcelamento de contribuições cujo valor, inclusive dos acessórios, seja superior àquele estabelecido, administrativamente, como sendo o mínimo para o ajuizamento de suas execuções fiscais. *(Incluído pela Lei nº 13.606, de 2018)*

Trata-se de delito trasladado ao Código Penal por intermédio da Lei 9.983/2000, antes previsto no artigo 95, "d", da Lei 8.212/91, **sem qualquer descaracterização típica**, podendo ser classificado como de **ação múltipla alternativa**, pois existem vários núcleos do tipo, considerando a norma de equiparação do §1º, sendo realizada a tipicidade com qualquer um deles.

Deveras, com o advento do novo regramento, que atende ao Princípio da Reserva do Código, apenas houve uma redução da pena máxima de 06 para 05 anos, que deverá retroagir, pois favorável ao réu (*novatio legis in mellius*).

O tipo abarca as condutas dos responsáveis tributários que fazem o desconto das contribuições previdenciárias dos segurados que lhe são vinculados, mas não repassam os valores à Previdência Social ou o faz sem observar o prazo legal, a exemplo o empregador que desconta a contribuição previdenciária do seu empregado, mas não transfere a quantia à União, até o dia 20 do mês subsequente ao da competência, além de outras hipóteses similares previstas no artigo 30, I, da Lei 8.212/91.

Outrossim, o tipo engloba a conduta dos **agentes de instituições financeiras** que recebem as referidas contribuições previdenciárias e não fazem o citado repasse.

Também realiza o tipo a **pessoa física que não paga benefício devido a segurado, quando as respectivas cotas ou valores já tiverem sido reembolsados à empresa pela Previdência Social**, o que poderá ocorrer com o *salário-família* e o *salário-maternidade*, na forma do artigo 255, do RPS, pagos pelas empresas e reembolsados posteriormente pela União, através da compensação no pagamento das contribuições previdenciárias patronais devidas.

Fechando o tipo por equiparação, também cometerão este crime as pessoas físicas que deixarem de recolher contribuições devidas à previdência social e que tenham integrado nas despesas contábeis ou custos relativos à venda de produtos ou à prestação de serviços.

Conquanto se cuide de delito omissivo, a figura do *caput* necessariamente pressupõe conduta comissiva, consistente no desconto de contribuições previdenciárias por parte do responsável tributário sobre a remuneração do segurado contribuinte.

Assim sendo, caso a empresa não efetue o desconto da contribuição previdenciária do segurado empregado, avulso ou contribuinte individual que lhe preste serviço, não se consumará este delito.

Como as pessoas jurídicas não poderão ser responsabilizadas penalmente – exceto nos crimes ambientais – deverão responder as pessoas físicas que praticaram os atos configurados como apropriação indébita previdenciária, concorrendo para a sua prática, diretamente ou na condição de dominador do fato.

Logo, não basta ser sócio ou administrador do ente moral para ser autor deste crime. É imprescindível que haja a conduta omissiva dolosa, sob pena de inépcia da denúncia, que deverá descrever os fatos delituosos, não podendo apenas tentar responsabilizar uma pessoa por ser sócio ou gestor da pessoa jurídica.

Destaque-se que se cuida de **crime próprio**, pois apenas poderá ser cometido pelos representantes legais das empresas e entidades equiparadas, bem como pelos agentes das instituições financeiras responsáveis pelo repasse ao Erário das contribuições previdenciárias arrecadadas.

É doutrinariamente controverso se a apropriação indébita de contribuição previdenciária é crime permanente ou instantâneo de efeitos permanentes.

O crime será apurável via **ação penal pública incondicionada**, sendo de **competência da Justiça Federal**, por força do artigo 109, inciso IV, da Constituição Federal, pois atenta contra bens, serviços e interesses da União.

Há polêmica a respeito da natureza jurídica deste crime, se omissivo formal (não demanda resultado naturalístico para a sua consumação) ou material.

> A consumação da apropriação indébita das contribuições previdenciárias não exige o dolo específico, bastando o dolo genérico do agente, consistente no *animus* de assenhoramento (*rem sibi habendi*), ao contrário do que ocorre com a apropriação indébita comum, que é um delito comissivo.

> Ou seja, o STF o classifica como crime omissivo material, mas persiste afirmando que não se exige a intenção de assenhoramento dos recursos para a sua consumação, sendo possível haver prejuízos à Previdência Social sem a configuração do *animus rem sibi habendi*.

> O término do processo administrativo de lançamento em que se discute a legitimidade da cobrança do tributo figura condição objetiva de procedibilidade da ação penal, impedindo o início do curso prescricional, por se tratar de crime contra a ordem tributária.

O §2º prevê a **extinção da punibilidade**, na hipótese de o agente confessar e pagar as contribuições previdenciárias devidas, antes do início da ação fiscal. Sucede que há norma mais benéfica no artigo 9º, §2º, da Lei 10.684/2003, que não limita temporalmente a extinção da punibilidade, desde que se opere o pagamento integral do débito, mesmo depois do início da ação fiscal.

Frise-se que, durante o período do parcelamento do débito, restará suspenso o curso do prazo prescricional. Entretanto, vale lembrar que **não poderão ser objeto de parcelamento** as contribuições descontadas dos empregados, inclusive dos domésticos, dos trabalhadores avulsos, dos contribuintes individuais, as decorrentes da sub-rogação e as demais importâncias descontadas na forma da legislação previdenciária, a teor do artigo 7º, da Lei 10.666/03.

Por sua vez, a Portaria 75/2012 do Ministério da Fazenda determina a não inscrição na Dívida Ativa da União de débito de um mesmo devedor com a Fazenda Nacional de valor consolidado igual ou inferior a R$ 1.000,00 (mil reais) e o **não ajuizamento de execuções fiscais de débitos com a Fazenda Nacional**, cujo valor consolidado seja igual ou inferior a **R$ 20.000,00 (vinte mil reais).**

No entanto, por força da Lei 13.606/2018, a faculdade prevista no § 3º não se aplica aos casos de parcelamento de contribuições cujo valor, inclusive dos acessórios, seja superior àquele estabelecido, administrativamente, como sendo o mínimo para o ajuizamento de suas execuções fiscais (R$ 20.000,00).

O §3º prevê hipóteses de perdão judicial ou de mera aplicação de multa, se o réu for primário e gozar de bons antecedentes, desde que pague as contribuições previdenciárias após a ação fiscal e antes do oferecimento da denúncia.

Outrossim, poderá o juiz apenas aplicar apenas a pena de multa ou perdoar o réu se o valor das contribuições devidas, inclusive acessórios, for igual ou inferior àquele estabelecido pela Previdência Social, administrativamente, como sendo o mínimo para o ajuizamento de suas execuções fiscais, atualmente fixado em R$ 10.000,00 pelo artigo 20, da Lei 10.522/02.

Por sua vez, a Portaria 75/2012 do Ministério da Fazenda determina a não inscrição na Dívida Ativa da União de débito de um mesmo devedor com a Fazenda Nacional de valor consolidado igual ou inferior a R$ 1.000,00 (mil reais) e o **não ajuizamento de execuções fiscais de débitos com a Fazenda Nacional**, cujo valor consolidado seja igual ou inferior a **R$ 20.000,00 (vinte mil reais).**

No entanto, por força da Lei 13.606/2018, a faculdade prevista no § 3º não se aplica aos casos de parcelamento de contribuições cujo valor, inclusive dos acessórios, seja superior àquele estabelecido, administrativamente, como sendo o mínimo para o ajuizamento de suas execuções fiscais (R$ 20.000,00).

Assim, no caso de dívidas previdenciárias com valor consolidado acima de R$ 20.000,00, somente o pagamento em parcela única irá possibilidade o perdão judicial, e não o pagamento parcelado.

Tipo principal	Deixar de repassar à previdência social as contribuições recolhidas dos contribuintes, no prazo e forma legal ou convencional.
Norma de equiparação	Deixar de recolher, no prazo legal, contribuição ou outra importância destinada à previdência social que tenha sido descontada de pagamento efetuado a segurados, a terceiros ou arrecadada do público.
	Deixar de recolher contribuições devidas à previdência social que tenham integrado despesas contábeis ou custos relativos à venda de produtos ou à prestação de serviços.
	Deixar de pagar benefício devido a segurado, quando as respectivas cotas ou valores já tiverem sido reembolsados à empresa pela previdência social.
Pena	Reclusão, de 2 (dois) a 5 (cinco) anos, e multa.

Causa de extinção da punibilidade	Se o agente, espontaneamente, declara, confessa e efetua o pagamento das contribuições, importâncias ou valores e presta as informações devidas à previdência social, na forma definida em lei ou regulamento, antes do início da ação fiscal.
Possibilidade de perdão judicial ou de aplicação apenas de multa	Se o agente for primário e de bons antecedentes, desde que tenha promovido, após o início da ação fiscal e antes de oferecida a denúncia, o pagamento da contribuição social previdenciária, inclusive acessórios.
	Se o agente for primário e de bons antecedentes, desde que tenha o valor das contribuições devidas, inclusive acessórios, seja igual ou inferior àquele estabelecido pela previdência social, administrativamente, como sendo o mínimo para o ajuizamento de suas execuções fiscais.

2. SONEGAÇÃO DE CONTRIBUIÇÃO PREVIDENCIÁRIA

Art. 337-A. Suprimir ou reduzir contribuição social previdenciária e qualquer acessório, mediante as seguintes condutas:

I - omitir de folha de pagamento da empresa ou de documento de informações previsto pela legislação previdenciária segurados empregado, empresário, trabalhador avulso ou trabalhador autônomo ou a este equiparado que lhe prestem serviços;

II - deixar de lançar mensalmente nos títulos próprios da contabilidade da empresa as quantias descontadas dos segurados ou as devidas pelo empregador ou pelo tomador de serviços;

III - omitir, total ou parcialmente, receitas ou lucros auferidos, remunerações pagas ou creditadas e demais fatos geradores de contribuições sociais previdenciárias:

Pena - reclusão, de 2 (dois) a 5 (cinco) anos, e multa.

§ 1º É extinta a punibilidade se o agente, espontaneamente, declara e confessa as contribuições, importâncias ou valores e presta as informações devidas à previdência social, na forma definida em lei ou regulamento, antes do início da ação fiscal.

§ 2º É facultado ao juiz deixar de aplicar a pena ou aplicar somente a de multa se o agente for primário e de bons antecedentes, desde que:

I - vetado

II - o valor das contribuições devidas, inclusive acessórios, seja igual ou inferior àquele estabelecido pela previdência social, administrativamente, como sendo o mínimo para o ajuizamento de suas execuções fiscais.

§ 3º Se o empregador não é pessoa jurídica e sua folha de pagamento mensal não ultrapassa R$ 1.510,00 (um mil, quinhentos e dez reais), o juiz poderá reduzir a pena de um terço até a metade ou aplicar apenas a de multa.

§ 4º O valor a que se refere o parágrafo anterior será reajustado nas mesmas datas e nos mesmos índices do reajuste dos benefícios da previdência social.

Trata-se de delito inserido no Código Penal por intermédio da Lei 9.983/2000. Anteriormente, as condutas eram enquadradas no tipo do artigo 1º, da Lei 8.137/90, que é genérico, aplicando-se aos tributos em geral.

Para que haja conduta que constitua este crime, é preciso que ocorra a **supressão ou redução no pagamento de contribuição previdenciária ou acessórios**, mediante as seguintes condutas alternativas:

A) Omitir em folha de pagamento ou em outro documento previdenciário (a exemplo da GFIP) a existência de segurados empregados, trabalhadores avulsos ou contribuintes individuais prestadores de serviço à empresa, vez que a classes dos autônomos, equiparados a autônomos e empresários foram fundidas pela Lei 9.876/99, nascendo os contribuintes individuais;

B) Deixar de lançar mensalmente nos títulos da empresa as contribuições previdenciárias descontadas dos empregados, avulsos e contribuintes individuais;

C) Omitir receita, faturamento ou remunerações pagas ou creditas aos segurados que prestam serviços à empresa, bem como qualquer outro fato gerador de contribuição previdenciária.

De acordo com a literalidade do §1º, para a extinção da punibilidade, não é necessário o pagamento, mas apenas a declaração e confissão de débito, desde que operada antes da ação fiscal.

Para a consumação da sonegação de contribuição previdenciária, não é necessário o dolo específico, bastando o dolo genérico:

Após o início da ação fiscal, incidirá o artigo 9º, §2º, da Lei 10.684/2003, que não limita temporalmente a extinção da punibilidade, desde que se opere o pagamento integral do débito, mesmo depois do início da ação fiscal ou proposta a denúncia.

É possível o perdão judicial ou se aplicar apenas a multa, se o agente for primário e tiver bons antecedentes, desde que o valor não supere R$ 10.000,00, conforme previsto no artigo 20, da Lei 10.522/2002.

No entanto, a Portaria 75/2012 do Ministério da Fazenda determina a não inscrição na Dívida Ativa da União de débito de um mesmo devedor com a Fazenda Nacional de valor consolidado igual ou inferior a R$ 1.000,00 (mil reais) e o **não ajuizamento de execuções fiscais de débitos com a Fazenda Nacional**, cujo valor consolidado seja igual ou inferior a **R$ 20.000,00 (vinte mil reais).**

Há uma hipótese de redução de pena de 1/3 a 1/2 ou aplicação só de multa se o empregador não for pessoa jurídica, desde que o valor de sua folha mensal seja de até R$ 6.256,89 (valor atualizado para 2022).

Por se tratar de crime material, o término do processo administrativo onde se discute a legitimidade da cobrança do tributo figura condição objetiva de procedibilidade da ação penal, impedindo o início do curso prescricional.

É possível sustentar a tese da existência de crime continuado entre a apropriação indébita e a sonegação de contribuição previdenciária, pois ambos objetivam proteger a Previdência Social, embora haja divergência interna no STJ.

O crime será apurável via **ação penal pública incondicionada**, sendo de **competência da Justiça Federal**, por força do artigo 109, inciso IV, da Constituição Federal, pois atenta contra bens, serviços e interesses da União.

Tipo principal	Suprimir ou reduzir contribuição social previdenciária e qualquer acessório, mediante as seguintes condutas: I – omitir de folha de pagamento da empresa ou de documento de informações previsto pela legislação previdenciária segurados empregado, empresário, trabalhador avulso ou trabalhador autônomo ou a este equiparado que lhe prestem serviços; II – deixar de lançar mensalmente nos títulos próprios da contabilidade da empresa as quantias descontadas dos segurados ou as devidas pelo empregador ou pelo tomador de serviços;
Tipo principal	III – omitir, total ou parcialmente, receitas ou lucros auferidos, remunerações pagas ou creditadas e demais fatos geradores de contribuições sociais previdenciárias.
Pena	Reclusão, de 2 (dois) a 5 (cinco) anos, e multa.
Causa de extinção da punibilidade	Se o agente, espontaneamente, declara e confessa as contribuições, importâncias ou valores e presta as informações devidas à previdência social, na forma definida em lei ou regulamento, antes do início da ação fiscal
Possibilidade de perdão judicial ou de aplicação apenas de multa	Se o agente for primário e de bons antecedentes, desde que o valor das contribuições devidas, inclusive acessórios, seja igual ou inferior àquele estabelecido pela previdência social, administrativamente, como sendo o mínimo para o ajuizamento de suas execuções fiscais.
Redução da pena de 1/3 até 1/2 ou de aplicação apenas de multa	Se o empregador não é pessoa jurídica e sua folha de pagamento mensal não ultrapassa R$ 6.256,89 (valor 2022), o juiz poderá reduzir a pena de um terço até a metade ou aplicar apenas a de multa.

3. FALSIFICAÇÃO OU ALTERAÇÃO DE DOCUMENTO PÚBLICO CONTRA A PREVIDÊNCIA SOCIAL

Art. 297 – Falsificar, no todo ou em parte, documento público, ou alterar documento público verdadeiro:

Pena – reclusão, de dois a seis anos, e multa.

§ 1º – Se o agente é funcionário público, e comete o crime prevalecendo-se do cargo, aumenta-se a pena de sexta parte.

§ 2º – Para os efeitos penais, equiparam-se a documento público o emanado de entidade paraestatal, o título ao portador ou transmissível por endosso, as ações de sociedade comercial, os livros mercantis e o testamento particular.

§ 3º – Nas mesmas penas incorre quem insere ou faz inserir:

I – na folha de pagamento ou em documento de informações que seja destinado a fazer prova perante a previdência social, pessoa que não possua a qualidade de segurado obrigatório;

II – na Carteira de Trabalho e Previdência Social do empregado ou em documento que deva produzir efeito perante a previdência social, declaração falsa ou diversa da que deveria ter sido escrita;

III – em documento contábil ou em qualquer outro documento relacionado com as obrigações da empresa perante a previdência social, declaração falsa ou diversa da que deveria ter constado.

§ 4º – Nas mesmas penas incorre quem omite, nos documentos mencionados no § 3º, nome do segurado e seus dados pessoais, a remuneração, a vigência do contrato de trabalho ou de prestação de serviços.

A falsificação ou alteração de documento público é um delito originário do Código Penal. No ano de 2000, através da Lei 9.983, foram inseridos os §§ 3º e 4º no artigo 297, com o intuito de proteger a Previdência Social contra as falsificações e alterações de documentos públicos.

A norma de equiparação do §3º é comissiva e formal, se consumando mediante as seguintes condutas alternativas:

A) Incluir em folha de pagamento ou outro documento a ser apresentado à Previdência Social pessoa que não é segurado obrigatório do RGPS:

Lamentavelmente, não é raro que os representantes de empresas insiram ilegalmente em suas folhas de pagamentos pessoas que não eram prestadores de serviços, normalmente com o propósito de instituir benefícios previdenciários, em especial a aposentadoria por invalidez e a pensão por morte.

B) Inserir na Carteira de Trabalho do empregado ou outro documento para fins previdenciários, declaração falsa ou diversa da que deveria der aposta:

Também é comum esta ilegalidade, em que a CTPS é anotada com informações falsas visando conferir a cobertura previdenciária, cabendo ao INSS fazer as pesquisas, quando verificada que os registros não constam dos seus cadastros, em especial do CNIS.

C) **For feita declaração falsa ou diversa da que deveria ser anotada em documento contábil ou qualquer outro a ser apresentado à Previdência.**

Já a norma de equiparação do §4º é omissiva e formal, se consumando quando são omitidos nos citados documentos o nome do segurado, os seus dados pessoais, a sua remuneração, a vigência do contrato de trabalho ou de prestação de serviços.

Por exemplo, é comum que as empresas declarem uma remuneração inferior a real, com o propósito de reduzir o pagamento das contribuições previdenciárias patronais ou mesmo os direitos trabalhistas.

Insta destacar que este crime exige a intenção de fraudar. Como exemplo, a simples omissão em preenchimento na CTPS não realiza o tipo, caso inexista o dolo de lesar a Previdência Social ou os direitos trabalhistas.

É possível que este delito seja absorvido por outros, quando enquadrado como crime-meio, a exemplo da sua consunção pelo estelionato ou apropriação indébita previdenciária.

4. ESTELIONATO CONTRA A PREVIDÊNCIA SOCIAL

O estelionato é capitulado no artigo 171, do Código Penal, se consumando quando o agente obtém para si ou outrem vantagem ilícita, induzindo ou mantendo alguém em erro, através do manejo de algum meio fraudulento, **sendo necessariamente doloso**.

Nesta passagem da obra não se objetiva analisar detidamente este delito, mas apenas a sua repercussão contra os bens, serviços ou interesses da Administração Pública Previdenciária, abordagem que realmente interessa.

É possível que a Previdência Social seja vítima de estelionato por atos comissivos ou omissivos das pessoas, especialmente dos segurados e representantes de empresas.

Ocorrerá o crime, por exemplo, quando um segurado frauda documento que registra tempo de serviço, ampliando o período de trabalho, logrando êxito na concessão do benefício de aposentadoria, sendo o falso absorvido pelo estelionato, se não restar mais nenhuma potencialidade lesiva.

Neste caso, o delito será consumado no momento da percepção da primeira parcela do benefício previdenciário pago indevidamente. Obviamente, por carência de previsão legal, inexiste estelionato culposo, ao contrário do que ocorre com o peculato.

A apuração do estelionato previdenciário independe da instauração de processo administrativo, que não é condição de procedibilidade da ação penal.

PARTE II – DIREITO ASSISTENCIAL

CAPÍTULO 1 – DIREITO ASSISTENCIAL

1. ASSISTÊNCIA SOCIAL

1.1. EVOLUÇÃO E DEFINIÇÃO

No Brasil, assim como na maioria dos países, o assistencialismo é anterior à criação da previdência social, sendo esta consequência da transição do estado absolutista ao social, passando pelo liberal, até chegar à seguridade social, com o advento da Constituição Federal de 1988, sistema tripartite que engloba a assistência, a previdência social e a saúde pública.

Nos estados liberais, a proteção estatal se dava especialmente através de tímidas medidas assistencialistas aos pobres, que figuravam mais como liberalidades governamentais do que como direito subjetivo do povo, uma postura típica do absenteísmo da época (liberdades negativas – direitos fundamentais de primeira dimensão). A Lei dos Pobres, na Inglaterra, em 1601, trouxe a primeira disciplina jurídica da assistência social ao criar o dever estatal aos necessitados.

Mas com o advento do estado providência, de meras liberalidades estatais, as medidas de assistência social passaram à categoria de mais um dever governamental, pois o Poder Público passou a obrigar-se a prestá-las a quem delas necessitar.

Na Constituição Federal de 1988, a assistência social vem disciplinada nos artigos 203 e 204, destacando-se, em termos infraconstitucionais, a Lei 8.742/93 (LOAS – Lei Orgânica da Assistência Social).

De acordo com o artigo 203, da Constituição, a assistência social será prestada a quem dela necessitar, **independentemente de contribuição à seguridade social**.

Importante tentativa de incrementar as medidas assistencialistas foi dada pela Emenda 42/2003 (inseriu o parágrafo único, no artigo 204, da Constituição Federal), que facultou aos estados e ao Distrito Federal vincular a programa de apoio à inclusão e promoção social até 0,5% de sua receita tributária líquida, vedada a aplicação desses recursos no pagamento despesas com pessoal, serviço da dívida ou outra despesa corrente não vinculada diretamente aos investimentos ou ações apoiados, mas que depende da vontade política legiferante desses entes federados.

Vale advertir que as medidas assistenciais devem ser aplicadas na medida certa pelo Estado, de acordo com os recursos públicos disponíveis e as necessidades sociais de época, sob pena de prejuízo ao interesse público primário, na hipótese de exagero ou timidez na atuação do Poder Público.

Realmente, se os benefícios e serviços assistenciais não forem suficientes para suprir as necessidades básicas dos carentes, é sinal de que urgem reformas nas políticas públicas, pois a crescente legião de desamparados sem dignidade humana porá em risco a paz social.

Ao revés, o pagamento prolongado e excessivo de prestações assistenciais poderá gerar a acomodação dos beneficiários, pois receberão recursos sem qualquer contraprestação à sociedade, em que muitos não sentirão necessidade de se integrar ao mercado de trabalho.

Por tudo isso, é preciso bom senso dos Poderes da República na instituição, revisão e efetivação das políticas assistenciais, para não se pecar pelo excesso ou pela negligência governamental.

É possível **definir a assistência social** como *as medidas públicas (dever estatal) ou privadas a serem prestadas a quem delas precisar, para o atendimento das necessidades humanas essenciais, de índole não contributiva direta, normalmente funcionando como um complemento ao regime de previdência social, quando este não puder ser aplicado ou se mostrar insuficiente para a consecução da dignidade humana.*

De acordo com o artigo 1º, da Lei 8.742/93, "a assistência social, direito do cidadão e dever do Estado, é Política de Seguridade Social não contributiva, que provê os mínimos sociais, realizada através de um conjunto integrado de ações de iniciativa pública e da sociedade, para garantir o atendimento às necessidades básicas".

Com arrimo no artigo 3º, da Lei 8.742/93, "consideram-se **entidades e organizações de assistência social** aquelas sem fins lucrativos que, isolada ou cumulativamente, prestam *atendimento* e **assessoramento** aos beneficiários abrangidos por esta Lei, bem como as que atuam **na defesa e garantia de direitos"**.

> Em nosso país, um dos traços característicos da assistência social é o seu caráter não contributivo, bem como a sua função de suprir as necessidades básicas das pessoas, como alimentação, moradia básica e vestuário.

Em regra, apenas as pessoas não cobertas por um regime previdenciário ou pela família farão jus às medidas assistencialistas, justamente porque já gozam de uma proteção que ensejará o pagamento de prestações previdenciárias ou alimentares, salvo se também preencherem os requisitos para as benesses assistenciais, a exemplo do Programa Bolsa-família, que beneficia vários segurados da previdência com baixa renda.

1.2. OBJETIVOS, PRINCÍPIOS E DIRETRIZES

Os **objetivos da assistência social** brasileira estão consignados nos artigos 203, da Constituição Federal:

> I – a proteção à família, à maternidade, à infância, à adolescência e à velhice;
>
> II – o amparo às crianças e adolescentes carentes;
>
> III – a promoção da integração ao mercado de trabalho;
>
> IV – a habilitação e reabilitação das pessoas portadoras de deficiência e a promoção de sua integração à vida comunitária;
>
> V – a garantia de um salário mínimo de benefício mensal à pessoa portadora de deficiência e ao idoso que comprovem não possuir meios de prover à própria manutenção ou de tê-la provida por sua família, conforme dispuser a lei.

Por seu turno, **os princípios informadores da assistência social** foram postos no artigo 4º, da Lei 8.742/93, que mais se parecem com objetivos:

> I – supremacia do atendimento às necessidades sociais sobre as exigências de rentabilidade econômica;
>
> II – universalização dos direitos sociais, a fim de tornar o destinatário da ação assistencial alcançável pelas demais políticas públicas;
>
> III – respeito à dignidade do cidadão, à sua autonomia e ao seu direito a benefícios e serviços de qualidade, bem como à convivência familiar e comunitária, vedando-se qualquer comprovação vexatória de necessidade;
>
> IV – igualdade de direitos no acesso ao atendimento, sem discriminação de qualquer natureza, garantindo-se equivalência às populações urbanas e rurais;
>
> V – divulgação ampla dos benefícios, serviços, programas e projetos assistenciais, bem como dos recursos oferecidos pelo Poder Público e dos critérios para sua concessão.

Já as **diretrizes da assistência social** constam do artigo 5º, da Lei 8.742/93:

> I – descentralização político-administrativa para os Estados, o Distrito Federal e os Municípios, e comando único das ações em cada esfera de governo;

> II – participação da população, por meio de organizações representativas, na formulação das políticas e no controle das ações em todos os níveis;
>
> III – primazia da responsabilidade do Estado na condução da política de assistência social em cada esfera de governo.

1.3. O SISTEMA ÚNICO DE ASSISTÊNCIA SOCIAL (SUAS)

A coordenação da Política Nacional de Assistência Social competirá ao **Ministério da Cidadania** (após a reforma ministerial de 2019), cabendo ao **Conselho Nacional de Assistência Social (CNAS)** – órgão superior de deliberação colegiada, vinculado à estrutura do referido órgão da Administração Pública federal, composto por 18 membros, sendo nove representantes do Poder Público e outros nove da sociedade civil – aprovar a Política Nacional de Assistência Social.

O CNAS é presidido por um de seus integrantes, eleito dentre seus membros, para mandato de um ano, permitida uma única recondução por igual período, contando com a seguinte composição:

> I – 9 (nove) representantes governamentais, incluindo 1 (um) representante dos Estados e 1 (um) dos Municípios;
>
> II – 9 (nove) representantes da sociedade civil, dentre representantes dos usuários ou de organizações de usuários, das entidades e organizações de assistência social e dos trabalhadores do setor, escolhidos em foro próprio sob fiscalização do Ministério Público Federal.

Competirá ao CNAS, dentre outras competências previstas no artigo 18, da Lei 8.742/93, normatizar as ações e regular a prestação de serviços de natureza pública e privada no campo da assistência social, acompanhar e fiscalizar o processo de certificação das entidades e organizações de assistência social no Ministério da Cidadania e apreciar e aprovar a proposta orçamentária da Assistência Social a ser encaminhada pelo órgão da Administração Pública Federal responsável pela coordenação da Política Nacional de Assistência Social.

Também é da competência do CNAS apreciar relatório anual que conterá a relação de entidades e organizações de assistência social certificadas como beneficentes e encaminhá-lo para conhecimento dos Conselhos de Assistência Social dos Estados, Municípios e do Distrito Federal e aprovar critérios de transferência de recursos para os Estados, Municípios e Distrito Federal, considerando, para tanto, indicadores que informem sua regionalização mais equitativa, tais como: população, renda per capita, mortalidade infantil e concentração de renda, além de disciplinar os procedimentos de repasse de recursos para as entidades e organizações de assistência social, sem prejuízo das disposições da Lei de Diretrizes Orçamentárias.

Ainda competirá ao CNAS, a partir da realização da II Conferência Nacional de Assistência Social em 1997, convocar ordinariamente a cada quatro anos a Conferência Nacional de Assistência Social, que terá a atribuição de avaliar a situação da assistência social e propor diretrizes para o aperfeiçoamento do sistema.

Um importante passo para a melhoria da assistência social no Brasil foi o nascimento do **Sistema Único de Assistência Social – SUAS**, que ocorreu com a edição da Resolução 130, de 15.07.2005, do Conselho Nacional de Assistência Social, que aprovou a Norma Operacional Básica do SUAS.

Com o advento da Lei 12.435/2011, que alterou vários artigos da Lei 8.742/93, o SUAS passou a ter previsão legal na Lei Orgânica da Assistência Social, tendo por objetivo a proteção à família, à maternidade, à infância, à adolescência e à velhice e, como base de organização, o território, integrado pelos entes federativos, pelos respectivos conselhos de assistência social e pelas entidades e organizações de assistência social.

Nos termos do artigo 6º, da Lei 8.742/93, com redação dada pela Lei 12.435/2011, são objetivos do SUAS:

> I – consolidar a gestão compartilhada, o cofinanciamento e a cooperação técnica entre os entes federativos que, de modo articulado, operam a proteção social não contributiva;
>
> II – integrar a rede pública e privada de serviços, programas, projetos e benefícios de assistência social, na forma do art. 6º-C;
>
> III – estabelecer as responsabilidades dos entes federativos na organização, regulação, manutenção e expansão das ações de assistência social;
>
> IV – definir os níveis de gestão, respeitadas as diversidades regionais e municipais;
>
> V – implementar a gestão do trabalho e a educação permanente na assistência social;
>
> VI – estabelecer a gestão integrada de serviços e benefícios; e
>
> VII – afiançar a vigilância socioassistencial e a garantia de direitos.

De acordo com o Ministério da Cidadania, o Sistema Único de Assistência Social (SUAS), cujo modelo de gestão é descentralizado e participativo, constitui-se na regulação e organização em todo território nacional dos serviços, programas, projetos e benefícios socioassitenciais, de caráter continuado ou eventual, executados e providos por pessoas jurídicas de direito público sob critério universal e lógica de ação em rede hierarquizada e em articulação com iniciativas da sociedade civil.

Além disso, o SUAS define e organiza os elementos essenciais e imprescindíveis à execução da política pública de assistência social, possibilitando a normatização dos padrões nos serviços, qualidade no atendimento aos usuários, indicadores de avaliação e resultado, nomenclatura dos serviços e da rede prestadora de serviços socioassistenciais.

O SUAS será composto pela **Proteção Social Especial**, destinada a famílias e indivíduos que se encontram em situação de risco pessoal e social, por ocorrência de abandono, maus tratos físicos e/ou psíquicos, abuso sexual, uso de substâncias psicoativas, cumprimento de medidas socioeducativas, situação de rua, situação de trabalho infantil, entre outras situações de violação dos direitos.

Ainda haverá a **Proteção Social Básica**, que se destina à população que vive em situação de vulnerabilidade social decorrente da pobreza, privação (ausência de renda, precário ou nulo acesso aos serviços públicos, dentre outros) e/ ou fragilização de vínculos afetivos – relacionais e de pertencimento social (discriminações etárias, étnicas, de gênero ou por deficiências, dentre outras).

A Proteção Social Especial e a Proteção Social Básica passaram a integrar o texto da Lei 8.742/93, com a inserção do artigo 6º-A, por intermédio da Lei 12.435/2011, sendo criados o Serviço de Proteção e Atendimento Integral à Família (PAIS) e o Serviço de Proteção e Atendimento Especializado a Famílias e Indivíduos (PAEFI).

As proteções sociais, básica e especial, serão ofertadas precipuamente no **Centro de Referência de Assistência Social (CRAS)** e no **Centro de Referência Especializado de Assistência Social (CREAS)**, respectivamente, e pelas entidades sem fins lucrativos de assistência social.

O **CRAS** é a unidade pública municipal, de base territorial, localizada em áreas com maiores índices de vulnerabilidade e risco social, destinada à articulação dos serviços socioassistenciais no seu território de abrangência e à prestação de serviços, programas e projetos socioassistenciais de proteção social básica às famílias.

Já o **CREAS** é a unidade pública de abrangência e gestão municipal, estadual ou regional, destinada à prestação de serviços a indivíduos e famílias que se encontram em situação de risco pessoal ou social, por violação de direitos ou contingência, que demandam intervenções especializadas da proteção social especial.

Os CRAS e os CREAS são unidades públicas estatais instituídas no âmbito do Suas, que possuem interface com as demais políticas públicas e articulam, coordenam e ofertam os serviços, programas, projetos e benefícios da assistência social, devendo possuir instalações compatíveis com os serviços neles ofertados, com espaços para trabalhos em grupo e ambientes específicos para recepção e atendimento reservado das famílias e indivíduos, assegurada a acessibilidade às pessoas idosas e com deficiência.

Ainda foi criado pela Lei 12.345/2011 o Programa de Erradicação do Trabalho Infantil (PETI), de caráter intersetorial, integrante da Política Nacional de Assistência Social, que, no âmbito do SUAS, compreende transferências de renda, trabalho social com famílias e oferta de serviços socioeducativos para crianças e adolescentes que se encontrem em situação de trabalho.

Competirá à União, aos estados, ao Distrito Federal e aos municípios fixar as suas respectivas Políticas de Assistência Social, devendo ser observado o regramento geral traçado pela Lei 8.742/93.

As **instâncias deliberativas do SUAS**, de caráter permanente e composição paritária entre governo e sociedade civil, são:

> I – o Conselho Nacional de Assistência Social;
>
> II – os Conselhos Estaduais de Assistência Social;
>
> III – o Conselho de Assistência Social do Distrito Federal;
>
> IV – Estados, o Distrito Federal e os municípios deverão instituir Conselhos de Assistência Social, que formarão as instâncias deliberativas do sistema descentralizado e participativo de assistência social juntamente com o Conselho Nacional de Assistência Social.

Os Conselhos de Assistência Social estão vinculados ao órgão gestor de assistência social, que deve prover a infraestrutura necessária ao seu funcionamento, garantindo recursos materiais, humanos e financeiros, inclusive com despesas referentes a passagens e diárias de conselheiros representantes do governo ou da sociedade civil, quando estiverem no exercício de suas atribuições.

Por seu turno, a fiscalização e o funcionamento das entidades e organizações de assistência social dependerá de prévia inscrição no respectivo Conselho Municipal de Assistência Social, ou no Conselho de Assistência Social do Distrito Federal, conforme o caso.

De acordo com o artigo 3º, da Lei 8.742/93, "consideram-se **entidades e organizações de assistência social** aquelas sem fins lucrativos que, isolada ou cumulativamente, prestam atendimento e assessoramento aos beneficiários abrangidos por esta Lei, bem como as que atuam na defesa e garantia de direitos".

Assim, as entidades e organizações assistenciais foram divididas em três categorias, definidas pela Lei 12.435/2011:

- **De atendimento** – São aquelas entidades que, de forma continuada, permanente e planejada, prestam serviços, executam programas ou projetos e concedem benefícios de prestação social básica ou especial, dirigidos às famílias e indivíduos em situações de vulnerabilidade ou risco social e pessoal, nos termos desta Lei, e respeitadas as deliberações do Conselho Nacional de Assistência Social (CNAS);
- **De assessoramento** – São aquelas que, de forma continuada, permanente e planejada, prestam serviços e executam programas ou projetos voltados prioritariamente para o fortalecimento dos movimentos sociais e das organizações de usuários, formação e capacitação de lideranças, dirigidos ao público da política de assistência social, nos termos desta Lei, e respeitadas as deliberações do CNAS;
- **De defesa e garantia de direitos** – São aquelas que, de forma continuada, permanente e planejada, prestam serviços e executam programas e projetos voltados prioritariamente para a defesa e efetivação dos direitos socioassistenciais, construção de novos direitos, promoção da cidadania, enfrentamento das desigualdades sociais, articulação com órgãos públicos de defesa de direitos, dirigidos ao público da política de assistência social, nos termos desta Lei, e respeitadas as deliberações do CNAS.

Para se vincularem ao SUAS, as entidades e organizações de assistência social precisarão ser reconhecidas pelo Ministério da Cidadania de que a entidade de assistência social integra a rede socioassistencial, devendo cumprir as exigências do artigo 6º-B, da Lei 8.742/93.

Para a efetivação da Política Nacional de Assistência Social, é competência da **União**:

> I – responder pela concessão e manutenção dos benefícios de prestação continuada definidos no art. 203 da Constituição Federal;
>
> II – cofinanciar, por meio de transferência automática, o aprimoramento da gestão, os serviços, os programas e os projetos de assistência social em âmbito nacional;
>
> III – atender, em conjunto com os Estados, o Distrito Federal e os Municípios, às ações assistenciais de caráter de emergência;
>
> IV – realizar o monitoramento e a avaliação da política de assistência social e assessorar Estados, Distrito Federal e Municípios para seu desenvolvimento.

Competirá aos **estados**:

> I – destinar recursos financeiros aos Municípios, a título de participação no custeio do pagamento dos benefícios eventuais, mediante critérios estabelecidos pelos Conselhos Estaduais de Assistência Social;
>
> II – cofinanciar, por meio de transferência automática, o aprimoramento da gestão, os serviços, os programas e os projetos de assistência social em âmbito regional ou local;
>
> III – atender, em conjunto com os Municípios, às ações assistenciais de caráter de emergência;
>
> IV – estimular e apoiar técnica e financeiramente as associações e consórcios municipais na prestação de serviços de assistência social;
>
> V – prestar os serviços assistenciais cujos custos ou ausência de demanda municipal justifiquem uma rede regional de serviços, desconcentrada, no âmbito do respectivo Estado.

Competirá ao **Distrito Federal:**

> I – destinar recursos financeiros para custeio do pagamento dos benefícios eventuais, mediante critérios estabelecidos pelos Conselhos de Assistência Social do Distrito Federal;
>
> II – efetuar o pagamento dos auxílios natalidade e funeral;
>
> III – executar os projetos de enfrentamento da pobreza, incluindo a parceria com organizações da sociedade civil;
>
> IV – atender às ações assistenciais de caráter de emergência;
>
> V – prestar os serviços assistenciais consistentes nas atividades continuadas que visem à melhoria de vida da população e cujas ações, voltadas para as necessidades básicas, observem os objetivos, princípios e diretrizes estabelecidas nesta lei;
>
> VI – cofinanciar o aprimoramento da gestão, os serviços, os programas e os projetos de assistência social em âmbito local;

VII – realizar o monitoramento e a avaliação da política de assistência social em seu âmbito.

Competirá aos **municípios**:

I – destinar recursos financeiros para custeio do pagamento dos benefícios eventuais, mediante critérios estabelecidos pelos Conselhos Municipais de Assistência Social;

II – efetuar o pagamento dos auxílios natalidade e funeral;

III – executar os projetos de enfrentamento da pobreza, incluindo a parceria com organizações da sociedade civil;

IV – atender às ações assistenciais de caráter de emergência;

V – prestar os serviços assistenciais consistentes nas atividades continuadas que visem à melhoria de vida da população e cujas ações, voltadas para as necessidades básicas, observem os objetivos, princípios e diretrizes estabelecidas nesta lei;

VI – cofinanciar o aprimoramento da gestão, os serviços, os programas e os projetos de assistência social em âmbito local;

VII – realizar o monitoramento e a avaliação da política de assistência social em seu âmbito.

A Lei 8.742/93 ainda prevê os **projetos de enfrentamento da pobreza,** que compreendem a instituição de investimento econômico-social nos grupos populares, buscando subsidiar, financeira e tecnicamente, iniciativas que lhes garantam meios, capacidade produtiva e de gestão para melhoria das condições gerais de subsistência, elevação do padrão da qualidade de vida, a preservação do meio-ambiente e sua organização social.

Foi instituído pela Lei 8.742/93 o **Fundo Nacional de Assistência Social**, mediante transformação do Fundo Nacional de Ação Comunitária, sendo administrado pelo Ministério da Cidadania, sob orientação e controle do Conselho Nacional de Assistência Social.

O referido Fundo tem por objetivo proporcionar recursos e meios para financiar o benefício de prestação continuada e apoiar os serviços, programas e projetos de assistência social, sendo composto por recursos da União destinados à assistência social.

Para que os estados, o Distrito Federal e os municípios recebam repasses da União destinados aos benefícios e serviços assistenciais, é indispensável à prévia criação de um Conselho de Assistência Social, de composição paritária entre governo e sociedade civil; de um Fundo de Assistência Social, com orientação e controle dos respectivos Conselhos de Assistência Social e de um Plano de Assistência Social.

1.4. BENEFÍCIO DO AMPARO ASSISTENCIAL AO IDOSO OU DEFICIENTE CARENTE (BPC/LOAS)

Conforme acima visto, é objetivo da assistência social brasileira a garantia de um **salário mínimo** de benefício mensal à **pessoa portadora de deficiência e ao idoso** que comprovem não possuir meios de prover à própria manutenção ou de tê-la provida por sua família, conforme dispuser a lei, nos termos do artigo 203, inciso V, da Constituição Federal.

É conhecido como o benefício de prestação continuada da Lei Orgânica de Assistência Social (BPC/LOAS). A regulamentação deste benefício assistencial foi promovida pelos artigos 20 e 21, da Lei 8.742/93, pelo artigo 34, da Lei 10.741/2003 (Estatuto do Idoso) e pelo Decreto 6.214/2007, tendo o Estatuto do Idoso reduzido a idade mínima de concessão para os **65 anos de idade** (no caso dos idosos).

O Benefício de Prestação Continuada integra a proteção social básica no âmbito do Sistema Único de Assistência Social, instituído pelo Ministério da Cidadania, em consonância com o estabelecido pela Política Nacional de Assistência Social.

Competirá ao Ministério da Cidadania a implementação, a coordenação-geral, a regulação, o financiamento, o monitoramento e a avaliação da prestação deste benefício, sem prejuízo das iniciativas compartilhadas com Estados, Distrito Federal e Municípios, em consonância com as diretrizes do SUAS e da descentralização político-administrativa, cabendo ao INSS a processamento e concessão administrativa.

A redução da idade mínima para a concessão deste benefício assistencial (de 70 para 67 anos e agora para 65 anos) decorre de concretização do Princípio da Universalidade da Cobertura e do Atendimento, pois apesar do crescimento da expectativa de vida dos brasileiros, houve uma extensão da proteção social em favor dos necessitados, na medida em que surgiram mais recursos públicos disponíveis.

Por força do Decreto 8.805/2016, são requisitos para a concessão, a manutenção e a revisão do benefício as inscrições no **Cadastro de Pessoas Físicas – CPF** e no **Cadastro Único para Programas Sociais do Governo Federal – CadÚnico**, sendo que o beneficiário que não realizar a inscrição ou a atualização no CadÚnico, no prazo estabelecido em convocação a ser realizada pelo Ministério da Cidadania, terá o seu benefício suspenso.

Posteriormente, para respeitar o Princípio da Legalidade, coube à Lei 13.846/2019 inserir essa regra no artigo 20 da Lei 8.742/93: "§ 12. São requisitos para a concessão, a manutenção e a revisão do benefício as inscrições no Cadastro de Pessoas Físicas – CPF e no Cadastro Único para Programas Sociais do Governo Federal – Cadastro Único, conforme previsto em regulamento".

Para fazer jus ao amparo de um salário mínimo, o idoso ou deficiente deverão comprovar o seu estado de miserabilidade. Pelo critério legal, considera-se incapaz de prover a sua própria manutenção a pessoa portadora de deficiência ou idosa, em que a **renda mensal** per capita **familiar seja de até 1/4 (um quarto) de salário mínimo.**

A Lei 13.982/2020 limitou a vigência do critério da renda per capita familiar de **ATÉ** ¼ do salário mínimo até 31/12/2020. Daí adviria uma lacuna normativa a contar de 01/01/2021, diante do veto presidencial ao inciso II, pois inexistiria critério objetivo a contar de 2021.

IMPORTANTE:

Nesse sentido, foi publicada em **31/12/2020 a MP 1.023**, fixando como critério permanente de miserabilidade a contar de 2021 a renda per capita familiar **INFERIOR** a ¼ do salário mínimo, impedindo a concretização da citada lacuna normativa.

Houve um injustificável retrocesso em comparação ao critério anterior, pois a MP 1.023/2020 deveria ter conservado por segurança jurídica o mesmo critério anterior (**até** ¼ do salário mínimo) e não retrocedido (**inferior** a ¼ do salário mínimo), mesmo porque este último parâmetro objetivo de aferição de miserabilidade já havia sido pronunciado inconstitucional pelo STF em controle difuso de constitucionalidade.

Com o advento da Lei 14.176, em vigor desde 23 de junho de 2021, o legislador restabeleceu o critério de miserabilidade para o BPC/LOAS que voltou a ser a renda familiar mensal per capita <u>**igual**</u> ou inferior a 1/4 (um quarto) do salário-mínimo.

A grande inovação foi a previsão legal de que o Regulamento (decreto presidencial, em cuja edição deverá ser comprovado o atendimento aos requisitos fiscais) <u>**poderá**</u> ampliar o limite de renda mensal familiar per capita **para até 1/2 (meio) salário-mínimo**, para fins de regulamentação da regra do §11 do artigo 20 da Lei 8.742/93, introduzido pelo Estatuto da Pessoa com Deficiência, que previu que poderão ser utilizados **outros elementos probatórios** da condição de miserabilidade do grupo familiar e da situação de vulnerabilidade. Mas esta regra somente tem **vigência** para **1/1/2022**.

Dessa forma, conquanto a citada ampliação seja uma faculdade do Presidente da República, é possível que seja ampliado o acesso social ao BPC/LOAS, a exemplo da adoção do critério de 1/3 ou de ½ do salário mínimo para a renda mensal familiar per capita.

Nesse sentido, serão considerados os seguintes aspectos para ampliação do critério de aferição da renda familiar mensal per capita, que, se realizada deverá ser progressiva (por causa dos cursos bilionários):

> I – o grau da deficiência; (pessoas com deficiência e idosos)
>
> II – a dependência de terceiros para o desempenho de atividades básicas da vida diária; e (idosos)
>
> III – o comprometimento do orçamento do núcleo familiar exclusivamente com gastos médicos, com tratamentos de saúde, com fraldas, com alimentos especiais e com medicamentos do idoso ou da pessoa com deficiência não disponibilizados gratuitamente pelo SUS, ou com serviços não prestados pelo SUAS, desde que comprovadamente necessários à preservação da saúde e da vida (pessoas com deficiência e idosos).

O valor do **auxílio-inclusão** percebido por um membro da família não será considerado no cálculo da renda familiar mensal per capita para aferição de miserabilidade do BPC/LOAS, para fins de concessão e de manutenção de outro auxílio-inclusão no âmbito do mesmo grupo familiar.

Logo, a norma instituiu um critério objetivo para a aferição do estado de carência do idoso ou do deficiente: renda per capita familiar de até ¼ de salário mínimo, ressaltando-se que se entendia como família o conjunto de pessoas elencadas no artigo 16, da Lei nº 8.213/91, desde que vivessem sob o mesmo teto:

> I – o cônjuge, a companheira, o companheiro e o filho não emancipado, de qualquer condição, menor de 21 (vinte e um) anos ou inválido;
>
> II – os pais;
>
> III – o irmão não emancipado, de qualquer condição, menor de 21 (vinte e um) anos ou inválido.

Todavia, com o advento da Lei 12.435/2011, foi alterado o artigo 20, §1º, da Lei 8.742/93, considerando-se que a família é composta pelo requerente, o cônjuge ou companheiro, os pais e, na ausência de um deles, a madrasta ou o padrasto, os irmãos solteiros, os filhos e enteados solteiros e os menores tutelados, desde que vivam sob o mesmo teto.

Assim, **como inovação, foram coerentemente inseridos a madrasta ou o padrasto (na falta dos pais) na composição da família. Da mesma forma, os irmãos solteiros e os filhos de qualquer idade passaram a entrar na formação do grupo familiar, não existindo mais a idade limite de 21 anos, desde que vivam sob o mesmo teto.**

Entende-se que a Lei 12.435/2011 poderia ter ido mais longe, a fim de inserir todos os parentes do requerente, desde que vivam sob o mesmo teto, pois nem mesmo o Código Civil teve a ousadia de definir a família, não podendo o legislador desconsiderar a realidade brasileira dos mais pobres.

A grande polêmica que persistiu durante anos foi saber se o critério da renda individual dos membros da família poderia ser flexibilizado em situações concretas, com o manejo de outros critérios a serem considerados mais adequados pelo julgador, a exemplo do abatimento da renda familiar das despesas com medicamentos não disponibilizados pelo SUS.

> **STF**
>
> A questão foi parcialmente levada ao STF através da ADI 1.232, julgada em 27.08.1998, **tendo o STF validado abstratamente o critério de ¼ de salário mínimo**, pois a Constituição Federal delegou ao legislador infraconstitucional a competência para fixar os critérios de concessão do benefício. Conquanto a Suprema Corte tenha pronunciado a constitucionalidade do referido critério objetivo, não houve manifestação expressa sobre a possibilidade da utilização de outros critérios, sendo um tema ainda pendente de julgamento final no STF.
>
> **A questão foi finalmente decidida pela Suprema Corte no julgamento dos Recursos Extraordinários 567.985 e 580.963, julgados conjuntamente em 17 e 18 de abril de 2013. Por maioria de votos, o STF pronunciou a incostitucionalidade material incidental do §3º, do artigo 20, da Lei 8.742/93, que prevê o critério legal da renda per capita familiar inferior a ¼ do salário mínimo para a caracterização da miserabilidade.**
>
> De acordo com o STF, verificou-se um **processo de inconstitucionalização** do critério legal da renda per capita menor que um ¼ do salário mínimo, que havia sido fixado há 20 anos (1993), especialmente pela adoção superveniente de outros critérios mais favoráveis aos necessitados em leis assistenciais posteriores, como no Programa Bolsa-Família.
>
> Assim, caberia ao Poder Legislativo da União deliberar acerca de um novo critério legal aferidor da miserabilidade do idoso ou deficiente considerando a realidade atual, tendo em conta as mutações sociais dos últimos vinte anos, mormente as melhorias econômicas do país.
>
> Conquanto a pronúncia de nulidade do §3º do artigo 20, da Lei 8.742/93 tenha se dado incidentalmente, e não abstratamente, buscou-se no STF a modulação da sua eficácia para 31/12/2015, a fim de conferir prazo razoável ao Congresso Nacional para aprovar nova regra sem o afastamento imediato da anterior. No entanto, não restou alcançado o quórum de 2/3 (oito votos) para aprovar a referida modulação.

Vale registrar que a decisão do STF não é vinculante, vez que não tomada em controle abstrato de constitucionalidade, razão pela qual o INSS continua a adotar na via administrativa o critério da renda per capita familiar inferior a ¼ do salário mínimo.

Aliás, se o INSS afastasse o critério legal invalidado pelo STF, não haveria outro critério legal a adotar, haja vista a sua não aprovação pelo Congresso Nacional, sendo válida a postura da autarquia previdenciária até que haja novidade legislativa sobre o tema.

Para conferir um mínimo de segurança jurídica ao INSS ou ao Poder Judiciário na aferição concreta da miserabilidade, é necessário que o Congresso Nacional atue rapidamente na votação de um novo critério para substituir o §3º, do artigo 20, da lei 8.742/93, observados os limites orçamentários da União à Luz do Princípio da Precedência da Fonte de Custeio.

> Por força da Lei 13.146, publicada em 7 de julho de 2015, que aprovou o Estatuto da Pessoa com Deficiência e entrou **em vigor em 180 dias após a sua publicação (início de janeiro de 2016 - DIA 3)**, a Lei 8.742/93 passará a prever expressamente que para concessão deste benefício poderão ser utilizados outros elementos probatórios da condição de miserabilidade do grupo familiar e da situação de vulnerabilidade, sendo uma flexibilização feita pelo próprio legislador do critério da renda mensal familiar inferior a ¼ do salário mínimo.

> **STJ**
>
> O STJ vem decidindo pela possibilidade da utilização de outros critérios para a aferição do estado de miserabilidade do idoso ou deficiente.
>
> No julgamento do AgRg no REsp 94.6253, de 16.10.2008, decidiu a Corte Superior que "o preceito contido no art. 20, § 3º, da Lei nº 8.742/93 não é o único critério válido para comprovar a condição de miserabilidade.A renda familiar per capita inferior a 1/4 do salário-mínimo deve ser considerada como um limite mínimo, um quantum objetivamente considerado insuficiente à subsistência do portador de deficiência e do idoso, o que não impede que o julgador faça uso de outros fatores que tenham o condão de comprovar a condição de miserabilidade do autor". O mesmo entendimento foi adotado pela Corte Superior no julgamento do AGA 1.164.582, de 26.10.2010 e no AgRg no AREsp 379927, de 15/10/2013.

Por força do artigo 34, parágrafo único, do Estatuto do Idoso, "o benefício já concedido a qualquer membro da família nos termos do caput não será computado para os fins do cálculo da renda familiar per capita a que se refere a LOAS".

Logo, se um casal de idosos carentes reside sozinho, o benefício assistencial percebido por um deles será desconsiderado como renda familiar, o que permite a concessão de dois amparos, ante a expressa determinação legal. Caso contrário, a renda per capita seria de ½ salário mínimo, o que impediria a concessão da segunda prestação.

Por Isonomia, existem precedentes jurisprudenciais estendendo analogicamente a excepcional disposição do Estatuto do Idoso a qualquer benefício previdenciário no valor de um salário mínimo percebido por pessoa do grupo familiar, conquanto não haja qualquer prévia fonte de custeio.

STJ

No dia 10 de agosto de 2011, no julgamento da petição 7.203, a 3ª Seção do STJ firmou entendimento no sentido de admitir que também o benefício previdenciário no valor de um salário mínimo recebido por maior de 65 anos deve ser afastado para fins de apuração da renda mensal per capita objetivando a concessão de benefício de prestação continuada. Outrossim, em 25 de fevereiro de 2015, no julgamento do REsp 1.355.052, decidiu em repetitivo a 1ª Seção do STJ que aplica-se o parágrafo único do art. 34 do Estatuto do Idoso (Lei 10.741/2003), por analogia, a pedido de benefício assistencial feito por pessoa com deficiência a fim de que benefício previdenciário recebido por idoso, no valor de um salário mínimo, não seja computado no cálculo da renda per capita prevista no art. 20, § 3º, da Lei 8.742/1993.

STF

No entanto, no julgamento do Recurso Extraordinário 580.963, de 17 de 18/04/2013, o parágrafo único do artigo 34 do Estatuto do Idoso foi declarado inci dentalmente inconstitucional pelo STF por violação ao Princípio da Isonomia: "4. A inconstitucionalidade por omissão parcial do art. 34, parágrafo único, da Lei 10.741/2003. O Estatuto do Idoso dispõe, no art. 34, parágrafo único, que o benefício assistencial já concedido a qualquer membro da família não será computado para fins do cálculo da renda familiar per capita a que se refere a LOAS. Não exclusão dos benefícios assistenciais recebidos por deficientes e de previdenciários, no valor de até um salário mínimo, percebido por idosos. Inexistência de justificativa plausível para discriminação dos portadores de deficiência em relação aos idosos, bem como dos idosos beneficiários da assistência social em relação aos idosos titulares de benefícios previdenciários no valor de até um salário mínimo. Omissão parcial inconstitucional. 5. Declaração de inconstitucionalidade parcial, sem pronúncia de nulidade, do art. 34, parágrafo único, da Lei 10.741/2003".

A pronúncia de inconstitucionalidade teve por objetivo estender o artigo 34, parágrafo único, do Estatuto do Idoso por isonomia. Logo, para o STF, a mesma regra deve ser aplicada aos benefícios assistenciais recebidos por deficientes e de previdenciários, no valor de até um salário mínimo, percebido por idosos.

Posteriormente, o artigo 20 da Lei 8.742/93 foi alterado pela Lei 13.982/2020:

> § 14. O benefício de prestação continuada ou o benefício previdenciário no valor de até 1 (um) salário-mínimo concedido a idoso acima de 65 (sessenta e cinco) anos de idade ou pessoa com deficiência não será computado, para fins de concessão do benefício de prestação continuada a outro idoso ou pessoa com deficiência da mesma família, no cálculo da renda a que se refere o § 3º deste artigo. (Incluído pela Lei nº 13.982, de 2020)
>
> § 15. O benefício de prestação continuada será devido a mais de um membro da mesma família enquanto atendidos os requisitos exigidos nesta Lei. (Incluído pela Lei nº 13.982, de 2020)"

Dessa forma, **restou legalmente excluída da renda per capita familiar qualquer benefício previdenciário recebido por idoso maior de 65 anos ou pessoa com deficiência desde que com renda de 1 salário mínimo.**

Inicialmente, a Lei 13.982/2020 optou por adotar critério de miserabilidade quando a "renda mensal per capita seja: igual ou inferior a 1/4 (um quarto) do salário-mínimo, até 31 de dezembro de 2020".

Houve, portanto, **a substituição do critério de ½ introduzido pela Lei 13.981/2020, que já havia sido suspenso pelo STF na ADPF 662 até a adoção das exigências para cumprimento da regra de contrapartida**.

A inovação é que o critério originário previa a renda per capita familiar **inferior** a ¼ do salário mínimo e agora o novel critério é para a renda familiar per capita **igual ou inferior** a ¼ do salário mínimo.

Desta forma, o requerente idoso ou deficiente de longo prazo com renda per capita familiar com valor equivalente a ¼ do salário mínimo passou a fazer jus ao BPC/LOAS até 31/12/2020.

A Lei 13.982/2020 limitou a vigência do critério da renda per capita familiar de **ATÉ** ¼ do salário mínimo até 31/12/2020. Daí adviria uma lacuna normativa a contar de 01/01/2021, diante do veto presidencial ao inciso II, pois inexistiria critério objetivo a contar de 2021.

IMPORTANTE!

Nesse sentido, foi publicada em **31/12/2020** a **MP 1.023**, fixando como critério permanente de miserabilidade a contar de 2021 a renda per capita familiar **INFERIOR** a ¼ do salário mínimo, impedindo a concretização da citada lacuna normativa.

Houve um injustificável retrocesso em comparação ao critério anterior, pois a MP 1.023/2020 deveria ter conservado por segurança jurídica o mesmo critério anterior (**até** ¼ do salário mínimo) e não retrocedido (**inferior** a ¼ do salário mínimo), mesmo porque este último parâmetro objetivo de aferição de miserabilidade já havia sido pronunciado inconstitucional pelo STF em controle difuso de constitucionalidade.

Com o advento da Lei 14.176 , em vigor desde 23 de junho de 2021, o legislador restabeleceu o critério de miserabilidade para o BPC/LOAS que voltou a ser a renda familiar mensal per capita **igual** ou inferior a 1/4 (um quarto) do salário-mínimo.

Outrossim, o artigo 20 da Lei 8.742/93 ganhou um novo parágrafo com redação dada pela Lei 13.982/2020:

> **"§ 14. O benefício de prestação continuada ou o benefício previdenciário no valor de até 1 (um) salário-mínimo concedido a idoso acima de 65 (sessenta e cinco) anos de idade ou pessoa com deficiência não será computado, para fins de concessão do benefício de prestação continuada a outro idoso ou pessoa com deficiência da mesma família, no cálculo da renda a que se refere o § 3º deste artigo. (Incluído pela Lei nº 13.982, de 2020)".**
>
> § 15. O benefício de prestação continuada será devido a mais de um membro da mesma família enquanto atendidos os requisitos exigidos nesta Lei. (Incluído pela Lei nº 13.982, de 2020)"

Dessa forma, **restou legalmente excluída da renda per capita familiar qualquer benefício previdenciário recebido por idoso maior de 65 anos ou pessoa com deficiência desde que com renda de 1 salário mínimo.**

> **Por sua vez, com o advento da Lei 12.470, de 31.08.2011, foi inserido o §9º, no artigo 20, da Lei 8.742/93, que prevê que a remuneração da pessoa com deficiência na condição de aprendiz não será considerada para fins do cálculo da renda** per capita **familiar.** Por força da Lei 13.146, publicada em 7 de julho de 2015, que aprovou o Estatuto da Pessoa com Deficiência e entrou **em vigor em 180 dias após a sua publicação (início de janeiro de 2016 – DIA 3)**, os rendimentos decorrentes de estágio supervisionado também serão desconsiderados.

Outrossim, a contratação de pessoa com deficiência como aprendiz não acarretará a suspensão do benefício de prestação continuada, **limitado a 2 (dois) anos o recebimento concomitante da remuneração e do benefício**.

Logo, após o biênio, será possível que o deficiente aprendiz tenha a suspensão do amparo assistencial, pois a remuneração percebida como aprendiz será considerada no cálculo da renda per capita familiar. No que concerne ao **deficiente**, era assim considerada a **pessoa incapacitada para a vida independente e para o trabalho**, na forma do art. 20, § 2º, da Lei 8.742/93, em sua redação original.

Entretanto, com o advento da Convenção sobre os Direitos das Pessoas com Deficiência, ratificada pelo Brasil pelo Decreto-legislativo 186/2008, tendo sido promulgada pelo Decreto presidencial 6.949/2009, o INSS vem trabalhando administrativamente com a definição de deficiência desse tratado, que considerada que as "pessoas com deficiência são aquelas que têm impedimentos de natureza física, intelectual ou sensorial, os quais, em interação com diversas barreiras, podem obstruir sua participação plena e efetiva na sociedade com as demais pessoas".

Frise-se que a citada Convenção foi inspirada na nova classificação internacional da Organização Mundial da Saúde: CIF – Classificação Internacional de Incapacidade, Funcionalidade e Saúde. Ademais, esse tratado tem força de norma constitucional, pois ratificado nos termos do artigo 5º, § 3º, da CF, pois seguiu o rito de aprovação das emendas constitucionais.

Nesse caminho, já observando a nova classificação, dispõe o artigo 16, do Decreto 6.214/2007, que a concessão do benefício à pessoa com deficiência ficará sujeita à avaliação da deficiência e do grau de incapacidade, com base nos princípios da Classificação Internacional de Funcionalidades, Incapacidade e Saúde – CIF, estabelecida pela Resolução da Organização Mundial da Saúde nº 54.21, aprovada pela 54ª Assembleia Mundial da Saúde, em 22 de maio de 2001.

Ademais, a avaliação médica da deficiência e do grau de incapacidade considerará as deficiências nas funções e nas estruturas do corpo, e a avaliação social considerará os fatores ambientais, sociais e pessoais, e ambas considerarão a limitação do desempenho de atividades e a restrição da participação social, segundo suas especificidades.

Logo, houve uma mudança de paradigma dentro do INSS para a concessão do amparo assistencial ao deficiente, pois apreciadas as deficiências corporais, os fatores ambientais, sociais e corporais, bem como a limitação no desenvolvimento de atividades e o patamar de restrição social, o que levou à Advocacia-Geral da União a revogar a sua Súmula 30, em 31.01.2011.

De acordo com a Lei 8.742/93, fundamentado na Convenção Internacional dos Direitos das Pessoas com Deficiência e seu Protocolo Facultativo, apenas será concedido o benefício no caso de **impedimento de longo prazo**, assim considerado aquele que incapacita a pessoa com deficiência para a vida independente e para o trabalho pelo **prazo mínimo de dois anos**.

Logo, o benefício será indeferido sempre que os impedimentos incapacitantes forem classificados como de curto ou médio prazo, independentemente do grau de incapacidade existente no momento da avaliação, reconhecido nas conclusões técnicas das avaliações social e médico-pericial.

> Finalmente, no dia 07/07/2011, foi publicada a Lei 12.435, que alterou a redação do § 2º, artigo 20, da Lei 8.742/93, que sofreu leves modificações pela Lei 12.470, de 31/08/2011, passando a considerar a pessoa com deficiência como aquela que tem impedimentos de longo prazo de natureza física, mental, intelectual ou sensorial, os quais, em interação com diversas barreiras, podem obstruir sua participação plena e efetiva na sociedade em igualdade de condições com as demais pessoas, assim como impedimentos de longo prazo como aqueles que aqueles que produzam os efeitos referidos pelo prazo mínimo de 02 anos.

> Por força da Lei 13.146, publicada em 7 de julho de 2015, que aprovou o Estatuto da Pessoa com Deficiência e entrou em vigor em 180 dias após a sua publicação (início de janeiro de 2016), a definição de deficiente foi sutilmente alterada, considerando-se a partir de janeiro de 2016 "pessoa com deficiência aquela que tem impedimento de longo prazo de natureza física, mental, intelectual ou sensorial, o qual, em interação com uma ou mais barreiras, pode obstruir sua participação plena e efetiva na sociedade em igualdade de condições com as demais pessoas", bastando a partir da sua vigência uma barreira para obstruir a participação social, e não apenas diversas barreiras.

Vale ressaltar que o desenvolvimento das capacidades cognitivas, motoras ou educacionais e a realização de atividades não remuneradas de habilitação e reabilitação, entre outras, não constituem motivo de suspensão ou cessação do benefício da pessoa com deficiência.

Ademais, a condição de acolhimento em instituições de longa permanência não prejudica o direito do idoso ou da pessoa com deficiência ao benefício de prestação continuada.

Outrossim, o amparo assistencial não poderá ser acumulado pelo beneficiário com qualquer outro no âmbito da seguridade social ou de outro regime, salvo o da assistência médica ou pensão especial de natureza indenizatória (artigo 5º, do Decreto 6.214/07).

Ademais, a concessão do benefício de prestação continuada independerá da interdição judicial do idoso ou da pessoa com deficiência, ao passo que a interdição, por si só, não vinculará o INSS, haja vista as suas causas não serem exatamente idênticas aos pressupostos do benefício, não tendo o condão de vincular a autarquia federal previdenciária, que não foi parte no processo gracioso de interdição.

Esse benefício **não gerará gratificação natalina nem instituirá pensão por morte**, tendo índole personalíssima, devendo ser revisto, pelo menos, a cada dois anos, para ser verificada se as condições de concessão persistem, podendo ser cassado a qualquer momento, desde que não mais satisfeitas às condições legais (caráter precário).

Entretanto, a cessação do benefício de prestação continuada concedido à pessoa com deficiência não impede nova concessão do benefício, desde que atendidos os requisitos definidos em regulamento. De seu turno, conforme previsto no artigo 21-A, da Lei 8.742/93, inserido pela Lei 12.470/2011, o benefício de prestação continuada será suspenso pelo órgão concedente quando a pessoa com deficiência exercer atividade remunerada, inclusive na condição de microempreendedor individual.

Com o advento da **MP 1.106/2022**, passou a ser possível a concessão do crédito consignado sobre o **BPC/LOAS**, assim como a margem de desconto foi elevada de 35% para **40%**.

Por força de regra expressa na **Lei 14.176/2021**, o beneficiário em gozo de benefício de prestação continuada concedido judicial ou administrativamente poderá ser convocado para avaliação das condições que ensejaram sua concessão ou manutenção, sendo-lhe exigida a presença dos requisitos previstos na legislação.

Contudo, uma vez extinta a relação trabalhista ou a atividade empreendedora referida e, quando for o caso, encerrado o prazo de pagamento do seguro-desemprego e não tendo o beneficiário adquirido direito a qualquer benefício previdenciário, poderá ser requerida a continuidade do pagamento do benefício suspenso, sem necessidade de realização de perícia médica ou reavaliação da deficiência e do grau de incapacidade para esse fim, desde que respeitado o prazo da revisão bienal.

De acordo com o Decreto 8.805/2016, "o Benefício de Prestação Continuada é devido ao brasileiro, nato ou naturalizado, e às pessoas de nacionalidade portuguesa, em consonância com o disposto no Decreto nº 7.999, de 8 de maio de 2013, desde que comprovem, em qualquer dos casos, residência no Brasil e atendam a todos os demais critérios estabelecidos neste Regulamento". Esta previsão decorre de Tratado de Seguridade Social Brasil/Portugal.

A Lei 8.742/93 não trata da concessão do BPC/LOAS aos estrangeiros, que têm o benefício negado pelo INSS, salvo o português equiparado em razão de tratado. Mas a posição do INSS foi rejeitada no STF, que estendeu o benefício aos estrangeiros residentes.

> **STF**
>
> Informativo 861 – Os estrangeiros residentes no País são beneficiários da assistência social prevista no art. 203, V, da Constituição Federal (CF), uma vez atendidos os requisitos constitucionais e legais. Asseverou que a óptica veiculada na regra infralegal (Lei 8.742/1993), ao silenciar quanto aos estrangeiros residentes no País, não se sobrepõe à revelada na CF, que estabeleceu, sem restringir os beneficiários somente aos brasileiros natos ou naturalizados, que "a assistência social será prestada a quem dela necessitar". A Corte afirmou que, ao delegar ao legislador ordinário a regulamentação do benefício, a CF o fez apenas quanto à forma de comprovação da renda e das condições específicas de idoso ou portador de necessidades especiais hipossuficiente. Dessa forma, não houve delegação relativamente à definição dos beneficiários, já estabelecida. No confronto de visões, deve, portanto, prevalecer aquela que melhor concretiza o princípio constitucional da dignidade humana, cuja observância surge prioritária no ordenamento jurídico. **RE 587970/SP, rel. Min. Marco Aurélio, julgamento em 19 e 20.4.2017.**

Apesar de ser um benefício assistencial, é gerido pelo Instituto Nacional do Seguro Social – INSS, por questões de conveniência administrativa, competindo à União arcar com o seu pagamento, conforme previsto no artigo 29, parágrafo único, da Lei 8.742/93.

Importante:

A MP 894, de 4/9/2019, criou a **pensão especial destinada a crianças com microcefalia decorrente do Zika Vírus**, nascidas entre 1º de janeiro de 2015 e 31 de dezembro de 2018, beneficiárias do Benefício de Prestação Continuada, de natureza vitalícia, intransferível e no valor de um salário mínimo, não gerando abono anual ou pensão por morte por ser benefício assistencial e não previdenciário.

Por sua vez, a MP 894/2019 foi convertida na **Lei 13.985/2020** com alterações. A pensão especial agora se destina à **Síndrome Congênita do Zika Vírus**, expressão mais ampla que a microcefalia, pois existem outras síndromes oriundas do Zika Vírus que geram o direito ao benefício.

Este benefício veio substituir o BPC/LOAS que havia sido concedido de modo temporário pelo artigo 18 da Lei 13.301/2016, sendo instituída em favor das crianças com Síndrome Congênita do Zika Vírus, nascidas entre 1º de janeiro de 2015 e 31 de dezembro de 2019, beneficiárias do Benefício de Prestação Continuada (BPC) de que trata o art. 20 da Lei nº 8.742, de 7 de dezembro de 1993.

Dessa forma, a lei de regência exige a prévia percepção do BPC/LOAS como pressuposto de sua concessão. A pensão especial será **mensal, vitalícia e intransferível** e terá o valor de **um salário mínimo**, não podendo ser acumulada com indenizações pagas pela União em razão de decisão judicial sobre os mesmos fatos ou com o BPC de que trata o art. 20 da Lei nº 8.742, de 7 de dezembro de 1993.

A pensão especial não poderá ser acumulada com indenizações pagas pela União em razão de decisão judicial sobre os mesmos fatos ou com o Benefício de Prestação Continuada de que trata o art. 20 da Lei nº 8.742, de 7 de dezembro de 1993, ficando o deferimento condicionado à desistência de ação judicial que tenha por objeto pedido idêntico sobre o qual versa o processo administrativo.

1.5. AUXÍLIO-INCLUSÃO

O Estatuto da Pessoa com Deficiência (Lei 13.146/2019), previu (art. 94) a criação de um benefício denominado **AUXÍLIO-INCLUSÃO** em favor das pessoas com **deficiência moderada ou grave** que:

> I – recebam o BPC/LOAS e que passem a exercer atividade remunerada que as enquadre como segurados obrigatórios do RGPS;
>
> II – tenham recebido, nos últimos 5 (cinco) anos, o BPC/LOAS e que exerçam atividade remunerada que as enquadre como segurados obrigatórios do RGPS.

Dessa forma, talvez pela primeira vez no ordenamento jurídico brasileiro, foi criado um **benefício híbrido**, que ao mesmo tempo que detém **natureza previdenciária** e **assistencial**.

Isso porque requer a qualidade de segurado da previdência e a percepção do BPC/LOAS ao menos dos últimos 5 anos, sendo que a sua regulamentação de deu dentro da LOAS, através da **Lei 14.176/2021**, com vigência para o benefício em questão em **outubro de 2021**.

Compete ao **Ministério da Cidadania** a gestão do auxílio-inclusão, e ao **INSS** a sua operacionalização e pagamento. As despesas decorrentes do pagamento do auxílio-inclusão correrão à conta do orçamento do Ministério da Cidadania.

Nos termos da Lei 14.176/2021, terá direito à concessão do auxílio-inclusão a pessoa com deficiência moderada ou grave que, cumulativamente:

> I – receba o BPC/LOAS e passe a exercer atividade:
>
> a) que tenha remuneração limitada a 2 (dois) salários-mínimos; e
>
> b) que enquadre o beneficiário como segurado obrigatório do Regime Geral de Previdência Social ou como filiado a regime próprio de previdência social da União, dos Estados, do Distrito Federal ou dos Municípios;
>
> II – tenha inscrição atualizada no CadÚnico no momento do requerimento do auxílio-inclusão;
>
> III – tenha inscrição regular no CPF; e
>
> IV – atenda aos critérios de manutenção do BPC/LOAS, incluídos os critérios relativos à renda familiar mensal per capita exigida para o acesso ao benefício (serão desconsideradas as remunerações obtidas pelo requerente em decorrência de exercício de atividade laboral, desde que o total recebido no mês seja igual ou inferior a 2 (dois) salários-mínimos e a as rendas oriundas dos rendimentos decorrentes de estágio supervisionado e de aprendizagem).

Dessa forma, a Lei 14.176/2021 ampliou o benefício para os segurados do RPPS das entidades federativas e passou a exigir que a pessoa com deficiência moderada ou grave estivesse com o BPC/LOAS ativo.

Não haverá direito ao auxílio-inclusão quando a remuneração da atividade laboral superar a 2 salários mínimos ou quando a renda per capita familiar não indicar miserabilidade.

Ademais, o auxílio-inclusão poderá ainda ser concedido, mediante requerimento e sem retroatividade no pagamento, **ao beneficiário que tenha recebido o benefício de prestação continuada nos 5 (cinco) anos imediatamente anteriores** ao exercício da atividade remunerada ou ainda na situação de suspensão quando a pessoa com deficiência exercer atividade remunerada, inclusive na condição de microempreendedor individual.

O valor do auxílio-inclusão percebido por um membro da família não será considerado no cálculo da renda familiar mensal per capita para aferição de miserabilidade do BPC/LOAS, para fins de concessão e de manutenção de outro auxílio-inclusão no âmbito do mesmo grupo familiar.

Outrossim, o valor do auxílio-inclusão e o da remuneração do beneficiário do auxílio-inclusão percebidos por um membro da família não serão considerados no cálculo da renda familiar mensal per capita para fins de manutenção de BPC/LOAS concedido anteriormente a outra pessoa do mesmo grupo familiar.

O auxílio-inclusão **será devido a partir da data do requerimento** (DER), e o seu valor corresponderá a 50% (cinquenta por cento) do valor do benefício de prestação continuada em vigor (**renda de metade do salário mínimo**), caracterizando autorização para a suspensão do BPC/LOAS, nos termos do art. 21-A da Lei 8.742/93.

O pagamento do auxílio-inclusão não será acumulado com o pagamento do BPC/LOAS, prestações a título de aposentadoria, de pensões ou de benefícios por incapacidade pagos por qualquer regime de previdência social, bem como com o seguro-desemprego.

O auxílio-inclusão não está sujeito a desconto de qualquer contribuição e não gera direito a pagamento de abono anual.

1.6. SEGURO-DEFESO

O pescador profissional que exerça sua atividade exclusiva e ininterruptamente, de forma artesanal, individualmente ou em regime de economia familiar, fará jus ao benefício de seguro-desemprego custeado com recursos do Fundo de Amparo ao Trabalhador (FAT), no valor de **um salário-mínimo mensal**, durante o período de defeso de atividade pesqueira para a preservação da espécie, **não podendo exceder a 05 meses**.

O período de defeso de atividade pesqueira é o fixado pelo Instituto Brasileiro do Meio Ambiente e dos Recursos Naturais Renováveis - IBAMA, em relação à espécie marinha, fluvial ou lacustre a cuja captura o pescador se dedique.

Considera-se **ininterrupta a atividade** exercida durante o período compreendido entre o defeso anterior e o em curso, ou nos doze meses imediatamente anteriores ao do defeso em curso, o que for menor.

O pescador profissional artesanal não fará jus a mais de um benefício de seguro-desemprego no mesmo ano decorrente de defesos relativos a espécies distintas, sendo o benefício do seguro-desemprego pessoal e intransferível.

Somente terá direito ao seguro-desemprego o segurado especial pescador artesanal que não disponha de outra fonte de renda diversa da decorrente da atividade pesqueira.

A concessão do benefício não será extensível às atividades de apoio à pesca e nem aos familiares do pescador profissional que não satisfaçam os requisitos e as condições estabelecidas na Lei 10.779/2003.

Para fazer jus ao benefício, o pescador não poderá estar em gozo de nenhum benefício decorrente de benefício previdenciário ou assistencial de natureza continuada, exceto pensão por morte e auxílio-acidente.

A competência administrativa para processar e deferir o seguro-defeso passou a ser do INSS com o advento da Lei 13.134/2015, devendo o pescador deverá apresentar à autarquia previdenciária os seguintes documentos:

> I – registro como Pescador Profissional, categoria artesanal, devidamente atualizado no Registro Geral da Atividade Pesqueira – RGP, emitido pelo Ministério da Pesca e Aquicultura, **com antecedência mínima de um ano,** contados da data do requerimento do benefício;
>
> II – cópia do documento fiscal de venda do pescado a empresa adquirente, consumidora ou consignatária da produção, em que conste, além do registro da operação realizada, **o valor da respectiva contribuição previdenciária**, de que trata o § 7º do art. 30 da Lei nº 8.212, de 24 de julho de 1991, **ou comprovante do recolhimento da contribuição previdenciária, caso tenha comercializado sua produção a pessoa física**; e
>
> III – outros estabelecidos em ato do Ministério Previdência Social (atualmente existe uma Secretaria de Previdência, e não mais ministério) que comprovem:
>
> a) o exercício da profissão;
>
> b) que se dedicou à pesca, em caráter ininterrupto, assim considerada a atividade exercida durante o período compreendido entre o defeso anterior e o em curso, ou nos doze meses imediatamente anteriores ao do defeso em curso, o que for menor;
>
> c) que não dispõe de outra fonte de renda diversa da decorrente da atividade pesqueira.

A Lei 13.134/2015 determina que o INSS, no ato da habilitação ao benefício, deverá verificar a condição de segurado pescador artesanal **e o pagamento da contribuição previdenciária, nos termos da Lei**

nº 8.212, de 1991, nos últimos doze meses imediatamente anteriores ao requerimento do benefício ou desde o último período de defeso até o requerimento do benefício, o que for menor.

Desde que atendidos os demais requisitos previstos neste artigo, o benefício de seguro-desemprego será concedido ao pescador profissional artesanal cuja família seja beneficiária de programa de transferência de renda com condicionalidades, e caberá ao órgão ou à entidade da administração pública federal responsável pela manutenção do programa a suspensão do pagamento pelo mesmo período da percepção do benefício de seguro-desemprego.

O seguro-defeso será cancelado nas seguintes hipóteses:

I – início de atividade remunerada;

II – início de percepção de outra renda;

III – morte do beneficiário;

IV – desrespeito ao período de defeso; ou

V – comprovação de falsidade nas informações prestadas para a obtenção do benefício.

Por força da Lei Complementar 155/2016, o registro como Microempreendedor Individual não comprovará renda própria suficiente à manutenção da família, exceto se demonstrado na declaração anual simplificada da microempresa individual.

Por sua vez, a Secretaria Especial de Previdência e Trabalho do Ministério do Trabalho e Previdência fica obrigada a **reter as contribuições** dos beneficiários do Seguro-Desemprego (e seguro-defeso) e recolhê-las ao Fundo do Regime Geral de Previdência Social.

Português

Duda Nogueira

✦ QUESTÕES

APRESENTAÇÃO

O capítulo de Língua Portuguesa contém questões comentadas das últimas provas de Técnico. O objetivo é direcionar seu estudo, focando nos principais assuntos exigidos pelas bancas.

Não confira o gabarito antes de resolver as questões. O segredo é resolver várias questões por assuntos separados para que seu treino fique completo.

Sugestão: acrescentar o estudo resolvendo questões recentes (e comentadas) da banca. Nossa matéria é muito importante para que você obtenha êxito.

Excelsos estudos.

PARTE I
FONOLOGIA E SEMÂNTICA

Houve apenas uma questão de semântica nas provas dos últimos cinco anos. Na "parte IV" (coesão, coerência e reescrita de frases), você encontrará questões em que os assuntos foram exigidos mesclados com outros.

Sugestão: siga a ordem dos capítulos e faça as questões após resolver as das partes anteriores, pois um assunto depende do outro.

Texto I

Naquele novo apartamento da rua Visconde de Pirajá pela primeira vez teria um escritório para trabalhar. Não era um cômodo muito grande, mas dava para **armar ali a minha tenda** de reflexões e leitura: uma escrivaninha, um sofá e os livros. Na parede da esquerda ficaria a grande e sonhada estante onde caberiam todos os meus livros. Tratei de encomendá-la a seu Joaquim, um marceneiro que tinha oficina na rua Garcia D'Ávila com Barão da Torre.

O apartamento não ficava tão perto da oficina. Era quase em frente ao prédio onde morava Mário Pedrosa, entre a Farme de Amoedo e a antiga Montenegro, hoje Vinicius de Moraes. Estava ali havia uma semana e nem decorara ainda o número do prédio. Tanto que, quando seu Joaquim, ao preencher a nota de encomenda, perguntou-me onde seria entregue a estante, tive um **momento de hesitação**. Mas foi só um momento. Pensei rápido: "Se o prédio do Mário é 228, o meu, que fica quase em frente, **deve** ser 227". Mas lembrei-me de que, ao ir ali pela primeira vez, observara que, apesar de ficar em frente ao do Mário, havia uma diferença na numeração.

— Visconde de Pirajá, 127 — respondi, e seu Joaquim **desenhou o endereço na nota**.

— Tudo bem, seu Ferreira. Dentro de um mês estará lá sua estante.

— Um mês, seu Joaquim! Tudo isso? Veja se reduz esse prazo.

— A estante é grande, **dá muito trabalho**... Digamos, três semanas.

Ferreira Gullar. A estante.
In: A estranha vida banal.
Rio de Janeiro: José Olympio, 1989
(com adaptações).

---

01. (Cespe – Técnico do Seguro Social – INSS/2016) A expressão "armar ali a minha tenda" foi empregada no texto em sentido figurado.

( ) Certo

( ) Errado

COMENTÁRIOS

No sentido denotativo (sentido do dicionário), "tenda" é sinônimo de *bodega* (pequeno armazém), *locanda* (lojinha, casa de venda), *taberna* (estabelecimento onde se vendem bebidas alcoólicas), *tasca* (taberna, taverna). No texto, possui sentido figurado (seu significado é ampliado, alterado) por se tratar de um escritório para trabalhar, sentido de "cantinho" para refletir e ler – possui *uma escrivaninha, um sofá e os livros*.

Resposta: certo

PARTE II
MORFOLOGIA

1. VERBO

Consulte, conjugue, veja as relações entre tempos e modos verbais. Relembre os tempos compostos.

Fragmento de texto para responder à próxima questão.

Como nasce uma história

(...)

Desde o meu tempo de ginásio sei que se trata de problema complicado, este do infinito pessoal. Prevaleciam então duas regras mestras que deveriam ser rigorosamente obedecidas. Uma afirmava que o sujeito, sendo o mesmo, impedia que o verbo se flexionasse. Da outra infelizmente já não me lembrava. (...)

Fernando Sabino. A volta por cima. Rio de Janeiro: Record, 1995, p. 137-140 (com adaptações).

---

02. (Cespe – Técnico do Seguro Social – INSS/2008) A regra gramatical enunciada pelo autor em "Uma afirmava que o sujeito, sendo o mesmo, impedia que o verbo se flexionasse" aplica-se aos verbos subir e descer no seguinte exemplo: Se os funcionários querem subir, não devem descer.

( ) Certo

( ) Errado

COMENTÁRIOS

✪ **Nota da autora:** Questão de verbo, análise sintática e concordância.

Traduzindo a questão, considerada confusa por muitos: o verbo deve concordar com o sujeito e, no caso do enunciado, usaram-se dois verbos como *peguinha*.

Obtemos facilmente as seguintes formas: os funcionários (sujeito plural) querem subir e os funcionários (sujeito plural) devem descer.

A concordância está correta. É apenas isso.

Resposta: certo

Fragmento de texto para responder à próxima questão.

Os impactos sociais da velhice

(...) Nós não estamos mais no mundo do trabalho estável, não temos mais o pleno emprego e as relações de trabalho hoje passam pela flexibilização. E a tão falada flexibilização significa informalização. A nossa política social é toda ligada ao trabalho. A Constituição de 1988 mudou um pouco, mas até então só tinha direito ao benefício da previdência quem trabalhava. Era uma cidadania ligada ao trabalho e, não, ao benefício do trabalhador. E isso não é mais possível. Nós estamos caminhando para um mundo sem trabalho.

Internet: <www.techway.com.br> (com adaptações).

---

03. (Cespe – Técnico do Seguro Social – INSS/2008) Se o trecho "mudou um pouco" for substituído por **modificou-se pouco,** preservam-se as relações textuais e o sentido original do texto.

( ) Certo

( ) Errado

COMENTÁRIOS

Em primeiro lugar, houve alteração dos vocábulos mudou para modificou; em segundo lugar, passou-se a oração da voz ativa para a passiva sintética (verbo transitivo direto + se); em terceiro lugar, alterou-se, também, a locução adverbial um pouco por pouco.

Alteram-se o sentido original do texto e as relações textuais.

Resposta: errado

PARTE III
SINTAXE

2. ANÁLISE SINTÁTICA

---

04. (FCC – Técnico do Seguro Social – INSS/2012) Na frase O compositor dedicava inteiramente à criação musical os meses de verão, o termo sublinhado exerce a mesma função sintática que o termo em destaque na frase:

a) A visão de mundo de uma geração mais jovem teve influência central aqui.

b) Intérpretes conhecidos e pesquisadores descobriram o compositor.

c) Em vida, Mahler foi alvo de intensas polêmicas.

d) Mahler empreendia longas caminhadas que lhe proporcionaram inspiração para grandiosas sinfonias.

e) Essas casinhas das alturas alpinas hoje se transformaram em memoriais.

COMENTÁRIOS

✪ **Nota da autora:** O verbo **dedicar** é transitivo direto e indireto: os meses de verão = objeto direto; à criação musical = objeto indireto; i. nteiramente: adjunto adverbial.

Alternativa "a": o verbo **ter** é transitivo direto e possui o termo influência central como complemento = objeto direto.

Alternativa "b": Sujeito (quem descobriram o compositor?).

Alternativa "c": Adjunto adverbial de tempo (quando foi alvo de intensas polêmicas?).

Alternativa "d": Complemento nominal do objeto direto inspiração (proporciona inspiração **para algo**).

Alternativa "e": Sujeito (o que se transformaram em memoriais?).

Alternativa correta: letra "a".

Atenção: o texto abaixo refere-se à próxima questão

Procura-se uma casa

Admiro as pessoas que vivem a vida inteira na mesma casa. Tenho almejado isso secretamente, mas por uma fatalidade estou sempre mudando. Quando me mudo para uma nova casa, tenho a sensação de que vou ficar ali pra sempre. E é nesse estado de espírito que vivo nas casas.

A casa precisa ser natural, cair bem, como um paletó cortado no alfaiate. Precisamos nos sentir bem dentro dela, ainda mais agora, que as autoridades admitiram a nossa cotidiana guerrinha civil.(...)

Estou de mudança. Mais uma vez, na minha vida, estou de mudança. A perspectiva da mudança causa em mim sentimentos indefinidos, uma mistura de medo, euforia, excitação, coragem. Há o sentimento de perda, claro, vou perder a minha vista para as ilhas, para as chuvas que vêm do infinito, para a imensidão oceânica, vou perder o meu jornaleiro, o Dinho, vou perder os meus porteiros a quem tanto me afeiçoei, o seu Jonas, que lava meu carro, o seu Expedito, o Pará, a escadaria que dá nas figueiras seculares, o barulho do vento, a serena ordem da minha biblioteca, o Corcovado, e tudo o que construí pra sempre agora naufraga no irremissível. Mas assim é a vida.

E tenho de decidir para onde me mudarei. Vou botar um anúncio no jornal: Procura-se uma casa com janelas, vizinhos discretos, clara e arejada, com sol da manhã no pé da cama, um sótão de onde se possa ver a lua em fevereiro (mas também em agosto e dezembro), e as estrelas por uma claraboia. Procura-se uma casa em que caibam os meus livros, tantos e tão poucos, as minhas velhas cadeiras de vime, os meus castiçais acesos, e vinhos, o meu silêncio e o meu amor, a minha insuportável queda para a felicidade, o tédio, a insatisfação e a melancolia. Uma casa com uma boa cozinha onde se possa conversar sussurrando com o homem amado, uma janela dando para o quintal, onde eu possa ver as crianças correndo, crescendo, e o tempo passando como sempre, inexorável e eterno.

MIRANDA, Ana. O Dia – Rio, 14 ago. 1999.

---

05. (Cesgranrio – Técnico Previdenciário – INSS/ 2005) Assinale a única oração sem sujeito.

a) "A casa precisa ser natural," (segundo parágrafo)

b) "Precisamos nos sentir bem dentro dela," (segundo parágrafo)

c) "Há o sentimento de perda," (terceiro parágrafo)

d) "Mas assim é a vida." (terceiro parágrafo)

e) "Procura-se uma casa..." (último parágrafo)

COMENTÁRIOS

Alternativa "a": Sujeito: a casa (o que precisa ser natural?).

Alternativa "b": Sujeito simples e elíptico (ou desinencial): nós.

Alternativa "c": Haver é impessoal, pois pode ser substituído por **existir**.

Dica importantíssima:

Há	o sentimento	= oração sem sujeito
V.T.D	O.D.	–

Existe	o sentimento
V.I.	sujeito

Alternativa "d": Sujeito: a vida. Na ordem direta: A vida é assim.

Alternativa "e": Sujeito paciente: uma casa.

DICA:

Verbo transitivo direto (ou transitivo direto e indireto) + se	=	Voz passiva sintética e admite plural
Procura-se uma casa	=	Uma casa é procurada.
Procuram-se algumas casas	=	Algumas casas são procuradas.

Alternativa correta: letra "c".

3. PERÍODO COMPOSTO

Atenção: o texto abaixo refere-se à próxima questão

O pior era um aluno grandalhão – iria pelos 14 anos – que não acertava nunca. Chegando a vez dele, a roda cantava: "8x7?" A roda esperava e ele gaguejava, ficava da cor de um pimentão e começava a chorar.

QUEIROZ, Rachel de. As terras ásperas – Crônicas. S. Paulo: Ed. Siciliano, 1993.

06. (Cesgranrio – Técnico Previdenciário – INSS/2005) "Chegando a vez dele, a roda cantava: '8x7?'". A oração em destaque exprime ideia de:

a) causa.
b) concessão.
c) tempo.
d) finalidade.
e) consequência.

COMENTÁRIOS

Nota da autora: Para saber a exata circunstância expressa pela oração subordinada adverbial, é necessário fazer pergunta à oração principal (não possui conjunção): **Quando** a roda cantava? Quando chegava a vez dele – tempo.

Confira, na lista abaixo, as demais conjunções das alternativas a, b, d e e.

Relembrando a lista conjunções subordinadas adverbiais mais utilizadas em provas INSS.	
Causais:	porque, que, como (= porque, no início da frase), pois que, visto que, uma vez que, porquanto, já que desde que, etc.
Concessivas:	embora, ainda que, apesar de que, se bem que, mesmo que, por mais que, posto que, conquanto etc.
Condicionais:	se, caso, contanto que, salvo se, a não ser que, desde que, a menos que, sem que etc.
Conformativas:	conforme, como (= conforme), segundo, consoante etc.
Finais:	para que, a fim de que, que, porque (= para que), que etc.
Proporcionais:	à medida que, à proporção que, ao passo que e as combinações quanto mais...(mais), quanto menos...(menos), quanto menos ...(mais), quanto menos...(menos) etc.
Temporais:	quando, enquanto, antes que, depois que, logo que, todas as vezes que, desde que, sempre que, assim que, agora que, mal (= assim que) etc.
Comparativas:	como, assim como, tal como, como se, (tão)...como, tanto como, tanto quanto, do que, quanto, tal, qual, tal qual, que nem, que (combinado com menos ou mais) etc.
Consecutivas:	de sorte que, de modo que, sem que (= que não), de forma que, de jeito que, que (tendo como antecedente na oração principal uma palavra como tal, tão, cada, tanto, tamanho) etc.
***. Fonte: http://www.soportugues.com.br/**	

Alternativa correta: letra "c".

07. (Cesgranrio – Técnico Previdenciário – INSS/2005) "Tenho almejado isso secretamente, mas por uma fatalidade estou sempre mudando." Entre as orações do período acima existe uma relação de:

a) oposição.
b) tempo.
c) explicação.
d) causa e consequência.
e) consequência e finalidade.

COMENTÁRIOS

Mas é uma conjunção coordenada adversativa e indica oposição de ideias.

Relembrando a lista conjunções coordenadas mais utilizadas em provas INSS.	
Aditivas	e, nem (= e não), não só...mas também, não só... como também, bem como, não só...mas ainda.
Adversativas	mas, porém, contudo, todavia, entretanto, no entanto, não obstante.
Alternativas	ou, ou...ou, ora, já...já, quer...quer, seja...seja, talvez...talvez.
Conclusivas	logo, pois, portanto, por conseguinte, por isso, assim.
Explicativas	que, porque, pois, porquanto.
Fonte http://www.soportugues.com.br/	

Alternativa correta: letra "a".

4. CONCORDÂNCIA

FRAGMENTO DE TEXTO PARA RESPONDER À QUESTÃO.

Naquele novo apartamento da rua Visconde de Pirajá pela primeira vez teria um escritório para trabalhar. (...)

Ferreira Gullar. A estante. In: A estranha vida banal. Rio de Janeiro: José Olympio, 1989 (com adaptações).

08. (Cespe – Técnico do Seguro Social – INSS/2016 – adaptada) A forma verbal "teria" está flexionada na terceira pessoa do singular, para concordar com "apartamento, núcleo do sujeito da oração em que ocorre.

COMENTÁRIOS

✪ **Nota da autora:** Questão de concordância e análise sintática.

Sujeito simples e implícito (ou elíptico): eu. Na continuidade do trecho, fica evidente o uso da primeira pessoa ao usar o pronome possessivo *minha* – em *minha tenda. Naquele novo **apartamento** da rua Visconde de Pirajá* possui sentido de adjunto adverbial de lugar; *escritório* é objeto direto do verbo "ter" (teria algo). Na ordem direta e com o sujeito explícito: Eu teria um escritório para trabalhar naquele novo apartamento da rua Visconde de Pirajá.

Resposta: ERRADO

09. (FCC – Técnico do Seguro Social – INSS/2012) As normas de concordância estão plenamente atendidas em:

a) Sempre houveram pessoas sensíveis o suficiente para perceberem a enorme riqueza e a profundidade que poderiam atingir a música de Mahler.
b) Entre os que reconheceram o talento de Mahler em vida está o escultor francês Auguste Rodin, que esculpiu, em 1909, vários bustos do compositor.
c) Prematuramente falecido, Mahler não chegou a usufruir do prestígio que lhe dedicaram, anos depois de sua morte, a geração seguinte.
d) Mahler foi regente titular da Ópera Imperial de Viena, da qual se tornou diretor artístico em 1897, sendo que, depois de anos no cargo, certas perseguições os fizera abandonar a função.
e) Não couberam aos contemporâneos de Mahler prestar-lhe as justas homenagens que cabem a um gênio artístico de sua envergadura.

COMENTÁRIOS

Alternativa "a": houve. O verbo haver, quando impessoal (sem sujeito e no sentido de existir), deve ficar no singular.

Alternativa "b": Reconheceram concorda com os que (pronome demonstrativo + pronome relativo); esculpiu concorda com o escultor francês.

Alternativa "c": dedicou = a geração seguinte lhe **dedicou**.

Alternativa "d": Certas perseguições **fizeram** Mahler (**o**) abandonar a função: certas perseguições **o fizeram** abandonar a função.

Alternativa "e": Não **coube** prestar-lhe as justas homenagens. Há um **sujeito oracional** (por possuir verbo) e o **verbo da oração principal** deve, obrigatoriamente, manter-se **no singular**.

DICA:

sujeito oracional	=	verbo no singular

Alternativa correta: letra "b".

Atenção: o texto abaixo refere-se à próxima questão

Como nasce uma história

(...) Desde o meu tempo de ginásio sei que se trata de problema complicado, este do infinito pessoal. Prevaleciam então duas regras mestras que deveriam ser rigorosamente obedecidas. Uma afirmava que o sujeito, sendo o mesmo, impedia que o verbo se flexionasse. Da outra infelizmente já não me lembrava (...)

Fernando Sabino. A volta por cima. Rio de Janeiro: Record, 1995, p. 137-140 (com adaptações).

10. (Cespe – Técnico do Seguro Social – INSS/2008) A regra gramatical enunciada pelo autor em "Uma afirmava que o sujeito, sendo o mesmo, impedia que o verbo se flexionasse" aplica-se aos verbos **subir** e **descer** no seguinte exemplo: Se os funcionários querem subir, não devem descer.

( ) Certo

( ) Errado

COMENTÁRIOS

Aplicando a regra, a concordância permanece correta: os funcionários (sujeito plural) querem subir (verbo flexionado) e deve descer (verbo não flexionado).

Resposta: certo

11. (Cesgranrio – Técnico Previdenciário – INSS/2005) Assinale a frase correta quanto à concordância verbal.

a) Existe ambientes escolares bem acolhedores.
b) Evoluiu pouco a pouco as escolas e o sistema de avaliação.
c) Por muito tempo ainda persistiu certos costumes.
d) Haviam alunos que conseguiram superar dificuldades.
e) Castigavam-se as crianças que não sabiam a tabuada.

COMENTÁRIOS

✪ **Nota da autora:** Por se tratar de voz passiva sintética, é preciso ter cuidado.

DICA: 1: admitem plural os **verbos transitivos diretos** ou **transitivos diretos e indiretos seguidos de SE** (pronome apassivador) por possuírem sujeito. Para facilitar e evitar erros, **transponha a oração para a voz passiva analítica** (ser + particípio).

Castigavam-se as crianças = Crianças eram castigadas.

Exemplo de transitivo direto e indireto: Entregaram-se os prêmios aos vencedores = Os prêmios foram entregues aos vencedores.

a) **Existem** ambientes. Ordem direta = Ambientes existem.
b) **Evoluíram** as escolas e o sistema. Ordem direta = As escolas e o sistema evoluíram.
c) **Persistiram** certos costumes. Ordem direta = Certos costumes persistiram.
d) **Havia** alunos. Se pode ser substituído por **existiram**, o verbo haver deve ficar no singular.

DICA 2: em *havia alunos* além de o verbo permanecer no singular o termo posposto a ele possui função de **objeto direto** e o classificamos como **transitivo direto**. Em *existiam alunos* o sujeito é o substantivo plural **alunos** e o verbo *existir* é **intransitivo**.

Alternativa correta: letra "e".

---

12. (Cesgranrio – Técnico Previdenciário – INSS/2005) As formas verbais que preenchem, correta e respectivamente, as frases abaixo são:

I. Sensações diversas ________________seu pensamento distante por alguns momentos.
II. Já morou em uma casa onde os livros não ____________________.

a) manteem – couberam.
b) manteem – caberam.
c) mantém – caberam.
d) mantêm – couberam.
e) mantem – couberão.

COMENTÁRIOS

✪ **Nota da autora:** Quando o verbo for derivado de outro (acrescentou-se o prefixo), conjugue o verbo primitivo.

Manter é conjugado como o verbo **ter**: sensações diversas **têm = mantêm**.

Eliminadas as alternativas a, b, c e e.

DICA: Os verbos que dobram o **e** no plural são: **crer, dar, ler e ver** e seus derivados.

Os livros não **couberam**.

Alternativa correta: letra "d".

5. REGÊNCIA

FRAGMENTO DE TEXTO PARA RESPONDER À QUESTÃO.

> (...) Pensei rápido: "Se o prédio do Mário é 228, o meu, que fica quase em frente, deve ser 227". Mas lembrei-me de que, ao ir ali pela primeira vez, observara que, apesar de ficar em frente ao do Mário, havia uma diferença na nume-ração. (...)
>
> Ferreira Gullar. A estante. In: A estranha vida banal. Rio de Janeiro: José Olympio, 1989 (com adaptações).

---

13. (Cespe – Técnico do Seguro Social – INSS/2016 – adaptada) Seriam preservados, caso se substituísse o trecho por *lembrei que*.

( ) Certo
( ) Errado

COMENTÁRIOS

Há duas observações a serem feitas.

1. O verbo *lembrar*, assim como o *esquecer*, possui regência peculiar: com pronome = com preposição; sem pronome = sem preposição. Lembrei que havia uma diferença; lembrei-me (pronome) de (preposição) que havia uma diferença;
2. Em orações subordinadas substantivas objetivas indiretas e completivas nominais, a preposição é facultativa.

Resposta: CERTO

FRAGMENTO DE TEXTO PARA RESPONDER À QUESTÃO.

> (...) Naquele novo apartamento da rua Visconde de Pirajá pela primeira vez teria um escritório para trabalhar. Não era um cômodo muito grande, mas dava para

armar ali a minha tenda de reflexões e leitura: uma escrivaninha, um sofá e os livros. Na parede da esquerda ficaria a grande e sonhada estante onde caberiam todos os meus livros. (...)

Ferreira Gullar. A estante. In: A estranha vida banal. Rio de Janeiro: José Olympio, 1989 (com adaptações).

---

14. (Cespe – Técnico do Seguro Social – INSS/2016) Seria mantida a correção do texto caso o trecho "onde caberiam" fosse substituído por "que caberia".

( ) Certo

( ) Errado

COMENTÁRIOS

✪ **Nota da autora:** Questão de regência e pronome relativo.

Façamos o passo a passo para não haver engano:

1. "Onde" é pronome relativo e retoma o substantivo "estante";
2. Ordem direta: todos os meus livros caberiam na estante;
3. A preposição em foi exigida e poderiam ser usadas as formas: em que, na qual ou onde (por retomar lugar).

No comando da questão, foi retirada a preposição "em", aqui está o erro.

Resposta: ERRADO

---

15. (FCC – Técnico do Seguro Social – INSS/2012) Está adequado o emprego do elemento sublinhado em:

a) Mahler, compositor a quem as gerações seguintes fizeram justiça, foi muito incompreendido em vida.

b) A obra de Mahler, na qual tantos manifestaram incompreensão, acabou marcando o século XX.

c) Visitando Steinbach, aonde Mahler tanto se inspirou musicalmente, o turista reconhecerá a paz de que se beneficiou o compositor.

d) Mahler amava a paz da natureza, em cuja se valeu para concentrar-se e compor.

e) O século XX, ao qual sobressaíram grandes compositores, como Mahler, foi marcado por criações bastante polêmicas.

COMENTÁRIOS

✪ **Nota da autora:** Siga as etapas abaixo:

1) Ver a qual termo o pronome relativo de refere (compositor);

2) Montar oração na ordem direta – iniciando com o sujeito – com as informações pospostas ao relativo até encaixar a palavra retomada (as gerações seguintes fizeram justiça **ao compositor** = a quem, a que ou ao qual).

b) Tantos manifestaram incompreensão **da obra** = de que, da qual.

c) Mahler se inspirou tanto **em Steinbach** = em que, no qual.

d) Valeu-se para concentrar-se e compor **na paz da natureza** = em que, na qual.

e) Grandes compositores sobressaíram **no século XX** = em que, no qual.

Alternativa correta: letra "a".

ATENÇÃO: CONSIDERANDO OS SENTIDOS E ASPECTOS LINGUÍSTICOS DO TEXTO ABAIXO, JULGUE AS QUESTÕES.

De tanta simplicidade, atingi a síntese perfeita do que Nelson Rodrigues chamava de óbvio ululante, ou seja, a enunciação de algo que não quer dizer absolutamente nada:

Se quiser descer, não suba.

Fernando Sabino. A volta por cima. Rio de Janeiro: Record, 1995, p. 137-140 (com adaptações).

---

16. (Cespe – Técnico do Seguro Social – INSS/2008) O sentido do período seria mantido, mas a correção gramatical seria prejudicada, caso se substituísse "atingi a síntese perfeita" por **cheguei à síntese perfeita**.

( ) Certo

( ) Errado

COMENTÁRIOS

✪ **Nota da autora:** Questão de regência verbal e crase.

– Atingir e chegar são sinônimos. Regência: atinge **algo** = verbo transitivo direto; chega **a algo** = verbo transitivo indireto.

Dica de crase: trabalhar por substituição:

– cheguei à síntese perfeita = **ao resumo perfeito** (substitua por qualquer substantivo masculino, resultou em AO = crase).

Resposta: ERRADO

---

17. (Cesgranrio – Técnico Previdenciário – INSS/2005) Marque a opção em que o termo entre parênteses NÃO preenche corretamente a lacuna, pois não atende à regência do verbo da frase.

a) O emprego aspirava requeria mais preparo. (a que)
b) Muitos alunos frequentavam a escola se formaram. (que)
c) A palmatória era a razão os meninos temiam as sabatinas. (com que)
d) Mesmo nas escolas de antigamente havia aulas _________ os alunos gostavam. (de que)
e) Os jogos a menina assistia lhe pareciam emocionantes. (a que)

COMENTÁRIOS

a) Aspirava **ao emprego** = a que ou ao qual.
b) Quem frequentam a escola? Os alunos = que ou as quais.

Sempre que o pronome relativo retomar o sujeito, não poderá estar acompanhado por preposição.

c) Os meninos temiam às sabatinas **por** causa da palmatória: pela palmatória = pela qual ou por que.

Dica: Aproveitemos para relembrar os empregos dos porquês.

Por que	Porque	Porquê	Por quê
equivale a pelo qual, vem acompanhado pela palavra razão (mesmo que subentendida)	é uma explicação, equivale a pois.	é um substantivo, ou seja, nomeia. Admite plural.	segue a regra da palavra que: quando utilizada no fim de uma frase, será sempre acentuada.
Ex: Este é o caminho por que passo. Por que você foi embora logo?	Ex: Fui embora logo porque estava muito cansado.	Ex: Não sei o porquê de sua demora. O estudo da palavra porquê.	Ex: Ele faltou, mas não sei por quê.

d) Os alunos gostavam **da aula** = de que ou das quais.
e) A menina assistia **aos jogos** = a que ou aos quais.

Alternativa correta: letra "c".

6. CRASE

Crase nada mais é que regência. Evitando erros, trabalhemos com o "macete" de substituição.

18. (**FCC – Técnico do Seguro Social – INSS/2012**) Consta que, durante o verão, em meio ____ beleza das montanhas dos Alpes, Mahler buscava ____ inspiração necessária para compor sinfonias que, felizmente, foram legadas __________ gerações futuras.

Preenchem corretamente as lacunas da frase acima, na ordem dada:

a) à – à – as
b) a – a – às
c) à – a – às
d) a – à – às
e) à – a – as

COMENTÁRIOS

Nota da autora: Trabalhemos por substituição e relembrando as regras fundamentais.

- em meio **à** beleza: em meio **ao** cenário. Substitua o vocábulo posposto ao a por um masculino que pertença à mesma classe gramatical, não havendo necessidade de ser o masculino da palavra (como feito anteriormente). Se resultar em AO significa que receberá o acento indicativo de crase, já que há junção de preposição + artigo. Eliminadas alternativas b e d.
- buscava **a** inspiração: buscava **o** resultado = não houve a combinação AO, logo não há crase. Eliminada alternativa a.
- foram legadas **às** gerações: foram legadas **aos** homens. Usa-se a crase. Eliminada alternativa e.

Alternativa correta: letra "c".

19. (Cesgranrio – Técnico Previdenciário – INSS/2005) Coloque C ou I nos parênteses, conforme esteja correto ou incorreto o uso do acento indicativo da crase.

( ) Dona Maria José dirigia-se à cada criança e perguntava.
( ) O bonde elétrico já chegara àquela cidade.
( ) À custa de muito empenho, os alunos aprendiam.

A sequência correta é:

a) C – C – I.
b) C – I – C.
c) I – C – I.
d) I – C – C.
e) I – I – C.

COMENTÁRIOS

I. ...dirigia-se **a** cada criança: dirigia-se **a** cada menino. Regra: não se usa crase antes de pronome indefinido.
II. ... chegava **àquela** cidade. Há duas opções: 1. Verificar a regência do verbo chegar (quem chega, chega **a** algum lugar: a + aquela = **àquela**); para evitar erro, sugiro a dica 2: substitua o próprio pronome demonstrativo por um substantivo masculino qualquer = chegara **ao** mar. Resultando em **ao**, significa que haverá crase **no pronome demonstrativo**.
III. **À custa de** é uma locução prepositiva formada com palavra feminina = crase. Regra: usa-se crase

em locuções prepositivas e conjuntivas que não são compostas por palavras masculinas (exemplo: saiu a pé).

Alternativa correta: letra "d".

7. PONTUAÇÃO

20. (Cespe - Técnico do Seguro Social - INSS/2016 - adaptada) No período "Tanto que, quando seu Joaquim, ao preencher a nota de encomenda, perguntou-me onde seria entregue a estante, tive um momento de hesitação", o emprego de todas as vírgulas deve-se à mesma regra de pontuação.

( ) Certo

( ) Errado

COMENTÁRIOS

✪ **Nota da autora:** Questão de pontuação e período composto.

- As vírgulas intercalam orações subordinadas adverbiais:

1. **Oração subordinada adverbial temporal:** quando seu Joaquim perguntou-me onde seria entregue a estante;
2. **Oração subordinada adverbial temporal reduzida de infinitivo** (sem conjunção)**:** ao preencher a nota de encomenda.

A oração reduzida foi intercalada dentro da oração desenvolvida (com conjunção).

Observação: *onde seria entregue a estante* é classificada como oração subordinada substantiva objetiva direta, pois completa o verbo "perguntar" (perguntou-me isto). "Onde" é conjunção integrante e o pronome "me" é objeto indireto - verbo transitivo direto e indireto).

Oração subordinada adverbial consecutiva: *Tanto que* tive um momento de hesitação. Como não existe oração sem conjunção, não há oração principal e isso é comum ocorrer em textos.

Resposta: CERTO

21. (Cespe - Técnico do Seguro Social - INSS/2016 - adaptada) O sinal de dois-pontos empregado imediatamente após "biblioteca" (terem erguido uma grande biblioteca: a Real Livraria) introduz um termo de natureza explicativa.

( ) Certo

( ) Errado

COMENTÁRIOS

O sinal de dois-pontos separa um aposto explicativo, isso significa que introduz um termo de natureza explicativa. Basta lembrar que termos especificativos não possuem pontuação e que termos explicativos possuem pontuação.

Resposta: CERTO

PARTE IV
COESÃO, COERÊNCIA E REESCRITA DE FRASES

8. COESÃO, COERÊNCIA E REESCRITA DE FRASES

Hora de revisar todo o conteúdo gramatical. Nesta parte, há questões que abrangem morfologia e sintaxe, além da avaliação da clareza da frase, do sentido.

FRAGMENTO DE TEXTO PARA RESPONDER À QUESTÃO.

Bibliotecas sempre deram muito o que falar. Grandes monarquias jamais deixaram de possuir as suas, e cuidavam delas estrategicamente. Afinal, dotes de princesas foram negociados tendo livros como objetos de barganha; trata-dos diplomáticos versaram sobre essas coleções. (...)

Internet: <http://observatoriodaimprensa.com.br> (com adaptações).

22. (Cespe - Técnico do Seguro Social - INSS/2016 - adaptada) A expressão "essas coleções" retoma, por coesão, o termo "Bibliotecas".

( ) Certo

( ) Errado

COMENTÁRIOS

Questão que gerou muita polêmica sem ter motivo plausível. Trata-se de coesão textual e há vários elementos anafóricos (retomam termo) no trecho que reforçam a ideia. Leia:

Bibliotecas sempre deram muito o que falar. Grandes monarquias jamais deixaram de possuir as suas **(bibliotecas)**, e cuidavam delas **(das bibliotecas)** estrategicamente. Afinal, dotes de princesas foram negociados tendo livros como objetos de barganha; tratados diplomáticos versaram sobre **essas coleções (as bibliotecas)**.

O pronome possessivo **sua**, o pronome pessoal **elas** e o pronome demonstrativo **essas** retoma, sem dúvida alguma, **as bibliotecas**.

Resposta: CERTO

23. (FCC - Técnico do Seguro Social - INSS/2012) Considerando-se a frase, o elemento grifado foi substituído de maneira INADEQUADA em:

a) o acompanhariam postumamente... = após a morte
b) uma era de sucessos sem precedentes... = inéditos
c) O amor incondicional de Mahler... = irrestrito
d) despojados retiros musicais... = singelos
e) O mundo onírico dos Alpes... = nebuloso

COMENTÁRIOS

Alternativa "a": Postumamente: *de uma maneira póstuma, depois da morte.**

Alternativa "b": Inédito: *diz-se do que não se publicou, do que não foi exibido ou apresentado.**

Alternativa "c": Incondicional: *que não está sujeito a qualquer tipo de condição ou não depende das circunstâncias; INTEGRAL; IRRESTRITO.**

Alternativa "d": Despojado: *despido de ambição; DESPRENDIDO.**

**Fonte: Dicionário Digital Aulete.*

Alternativa "e": Onírico: *que é próprio do sonho ou da natureza do sonho*; nebuloso: *sombrio, ameaçador.**

Por eliminação, chegar-se-ia à resposta.

Alternativa correta: letra "e".

FRAGMENTO DE TEXTO PARA RESPONDER À QUESTÃO

Os impactos sociais da velhice

(...) Nós não estamos mais no mundo do trabalho estável, não temos mais o pleno emprego e as relações de trabalho hoje passam pela flexibilização. E a tão falada flexibilização significa informalização. A nossa polí-tica social é toda ligada ao trabalho. A Constituição de 1988 mudou um pouco, mas até então só tinha direito ao benefício da previdência quem trabalhava. Era uma cidadania ligada ao trabalho e, não, ao benefício do trabalhador. E isso não é mais possível. Nós estamos caminhando para um mundo sem trabalho.

Internet: <www.techway.com.br>
(com adaptações).

24. (Cespe – Técnico do Seguro Social – INSS/2008) Se o trecho "mudou um pouco" for substituído por modificou-se pouco, preservam-se as relações textuais e o sentido original do texto.

( ) Certo
( ) Errado

COMENTÁRIOS

Em primeiro lugar, houve alteração dos vocábulos mudou para modificou; em segundo lugar, passou-se a oração da voz ativa para a passiva sintética (verbo transitivo direto + se); em terceiro lugar, alterou-se, também, a locução adverbial um pouco por pouco. Alteram-se o sentido original do texto e as relações textuais.

Resposta: ERRADO

Atenção: o texto abaixo refere-se às próximas questões

Como nasce uma história (fragmento)[1]

Quando cheguei ao edifício, tomei o elevador que serve do primeiro ao décimo quarto andar. Era pelo menos o que dizia a tabuleta no alto da porta.

– Sétimo – pedi.

A porta se fechou e começamos a subir. Minha atenção se fixou num aviso que dizia:

É expressamente proibido os funcionários, no ato da subida, utilizarem os elevadores para descerem.

Desde o meu tempo de ginásio sei que se trata de problema complicado, este do infinito pessoal. Prevaleciam então duas regras mestras que deveriam ser rigorosamente obedecidas. Uma afirmava que o sujeito, sendo o mesmo, impedia que o verbo se flexionasse. Da outra infelizmente já não me lembrava.

Mas não foi o emprego pouco castiço do infinito pessoal que me intrigou no tal aviso: foi estar ele concebido de maneira chocante aos delicados ouvidos de um escritor que se preza.

Qualquer um, não sendo irremediavelmente burro, entenderia o que se pretende dizer neste aviso. Pois um tijolo de burrice me baixou na compreensão, fazendo com que eu ficasse revirando a frase na cabeça: descerem, no ato da subida? Que quer dizer isto? E buscava uma forma simples e correta de formular a proibição:

É proibido subir para depois descer.

É proibido subir no elevador com intenção de descer.

1. Fernando Sabino. A volta por cima. Rio de Janeiro: Record, 1995, p. 137-140 (com adaptações).

É proibido ficar no elevador com intenção de descer, quando ele estiver subindo.

Se quiser descer, não tome o elevador que esteja subindo.

Mais simples ainda:

Se quiser descer, só tome o elevador que estiver descendo.

De tanta simplicidade, atingi a síntese perfeita do que Nelson Rodrigues chamava de óbvio ululante, ou seja, a enunciação de algo que não quer dizer absolutamente nada:

Se quiser descer, não suba.

---

25. (Cespe – Técnico do Seguro Social – INSS/2008) O trecho do quarto parágrafo pode ser reescrito, com correção gramatical, da seguinte maneira: É expressamente proibido a utilização dos elevadores que tiverem subindo pelos funcionários que desejarem descer.

( ) Certo

( ) Errado

COMENTÁRIOS

✪ **Nota da autora:** Questão de coesão e concordância.

Opções de correção: É proibid**a a** utilização dos elevadores. É proibid**o** utilização dos elevadores.

Dica: O artigo manda na concordância, caso haja verbo. A entrada é proibida. Entrada é proibido. Sem verbo: Proibido (ou proibida) utilização dos elevadores.

Resposta: ERRADO

---

26. (Cespe – Técnico do Seguro Social – INSS/2008) O gênero textual apresentado permite o emprego da linguagem coloquial, como ocorre, por exemplo, em "Qualquer um, não sendo irremediavelmente burro" e "um tijolo de burrice" (sexto parágrafo).

( ) Certo

( ) Errado

COMENTÁRIOS

Permite linguagem coloquial por se tratar de uma crônica (características citadas abaixo). Tal linguagem é utilizada em textos de jornais, revistas e em alguns textos literários.

"Crônica é o único gênero literário produzido essencialmente para ser veiculado na imprensa, seja nas páginas de uma revista, seja nas de um jornal. Quer dizer, ela é feita com uma finalidade utilitária e pré-determinada: agradar aos leitores dentro de um espaço sempre igual e com a mesma localização, criando-se assim, no transcurso dos dias ou das semanas, uma familiaridade entre o escritor e aqueles que o leem. (...) A crônica não tem estrutura fixa, **predomínio da linguagem coloquial**, dialogismo com o leitor, que conferem ao texto um tom de conversa íntima."[2]

Resposta: CERTO

Atenção: os textos a seguir se referem às próximas questões

Texto I – Envelhecimento, pobreza e proteção social na América Latina[3]

O processo de envelhecimento populacional, no seu primeiro estágio, resulta em um aumento, pelo menos relativo, da oferta da força de trabalho. Nas etapas posteriores, a proporção desse grupo no total da população diminui e, eventualmente, diminuirá em termos absolutos, como é a situação atual do Japão e de vários países europeus. Por outro lado, o segmento com idade avançada passa a ser o que mais cresce. Esse crescimento acentuado do segmento que demanda maiores recursos monetários e cuidados humanos, afetivos e psicológicos, em face da redução do contingente populacional em idade ativa, fez com que o envelhecimento populacional entrasse na agenda das políticas públicas pelo lado negativo, ou seja, ele é visto como "um problema".

Texto II – Os impactos sociais da velhice[4]

Idade Ativa – No caso da previdência, os idosos são o grande problema?

Ana Amélia Camarano – Eu acho que esse é outro engano. Claro que você tem mais gente idosa e gente vivendo mais. Agora, o que acontece é que o nosso modelo de previdência é o mesmo da Europa Ocidental, dos EUA, modelos desenhados no pós-guerra, quando havia emprego, as pessoas se aposentavam e

---

2. Fonte: http://www.webartigos.com/artigos/cronica-reflexiva-de-rubem-braga/3063/.
3. Camarano e M.T. Pasinato. Texto para discussão. Brasília. IPEA, 2007.
4. Internet: <www.techway.com.br> (com adaptações).

ficavam pouco tempo aposentadas porque morriam logo. Então, esse modelo está falido. Esse cenário mudou. Nós não estamos mais no mundo do trabalho estável, não temos mais o pleno emprego e as relações de trabalho hoje passam pela flexibilização. E a tão falada flexibilização significa informalização. A nossa política social é toda ligada ao trabalho. A Constituição de 1988 mudou um pouco, mas até então só tinha direito ao benefício da previdência quem trabalhava. Era uma cidadania ligada ao trabalho e, não, ao benefício do trabalhador. E isso não é mais possível. Nós estamos caminhando para um mundo sem trabalho.

---

27. (Cespe – Técnico do Seguro Social – INSS/2008) Como os textos tratam da mesma temática, a resposta de Ana Amélia Camarano, no texto II, poderia dar continuidade ao texto I, sem prejuízo da estrutura textual e respeitando-se a linguagem utilizada, desde que a oração "Eu acho que esse é outro engano" (início do texto II) fosse substituída por **Essa percepção, entretanto, revela-se equivocada.**

( ) Certo

( ) Errado

COMENTÁRIOS

Embora os dois textos tratem do envelhecimento populacional, a junção seria descabida porque o texto I termina com: *fez com que o envelhecimento populacional entrasse na agenda das políticas públicas pelo lado negativo, ou seja, ele é visto como "um problema"* e o texto II inicia com a resposta do seguinte questionamento: *No caso da* **previdência***, os idosos são o grande problema?*. Ocorre alteração do assunto, além de o texto II estar no discurso direto.

Resposta: ERRADO

---

28. (Cespe – Técnico do Seguro Social – INSS/2008) De acordo com o desenvolvimento e a organização das ideias do texto I, depreende-se que "segmento que demanda maiores recursos monetários e cuidados humanos, afetivos e psicológicos" e "segmento com idade avançada" referem-se ao mesmo conjunto de indivíduos.

( ) Certo

( ) Errado

COMENTÁRIOS

Os dois segmentos referem-se ao conjunto de pessoas que envelhecem (processo de envelhecimento populacional).

Resposta: CERTO

Atenção: o texto abaixo refere-se à próxima questão

Procura-se uma casa[5]

(...)

Estou de mudança. Mais uma vez, na minha vida, estou de mudança. <u>A perspectiva da mudança causa em mim sentimentos</u> indefinidos, uma mistura de medo, euforia, excitação, coragem. Há o sentimento de perda, claro, vou perder a minha vista para as ilhas, para as chuvas que vêm do infinito, para a imensidão oceânica, vou perder o meu jornaleiro, o Dinho, vou perder os meus porteiros a quem tanto me afeiçoei, o seu Jonas, que lava meu carro, o seu Expedito, o Pará, a escadaria que dá nas figueiras seculares, o barulho do vento, a serena ordem da minha biblioteca, o Corcovado, e tudo o que construí pra sempre agora naufraga no irremissível. Mas assim é a vida.(...)

---

29. (Cesgranrio – Técnico Previdenciário – INSS/2005) "A <u>perspectiva</u> da mudança causa em mim sentimentos indefinidos,". A palavra que, conforme o sentido do texto, NÃO equivale à destacada no trecho acima é:

a) decisão.

b) esperança.

c) expectativa.

d) possibilidade.

e) probabilidade.

COMENTÁRIOS

Perspectiva é esperança (b), expectativa (c), possibilidade (d) e probabilidade (e), mas não **decisão**:

1) Ação ou resultado de decidir
2) Resolução que se toma a respeito de alguma coisa; DELIBERAÇÃO.
3) Julgamento, sentença, veredicto.
4) Capacidade de decidir com firmeza; DETERMINAÇÃO; CORAGEM.[6]

Alternativa correta: letra "a".

5. MIRANDA, Ana. O Dia – Rio, 14 ago. 1999.
6. Fonte: Dicionário Digital Aulete.

PARTE V INTERPRETAÇÃO E COMPREENSÃO TEXTUAL

9. INTERPRETAÇÃO E COMPREENSÃO TEXTUAL

Texto I

Naquele novo apartamento da rua Visconde de Pirajá pela primeira vez teria um escritório para trabalhar. Não era um cômodo muito grande, mas dava para **armar ali a minha tenda** de reflexões e leitura: uma escrivaninha, um sofá e os livros. Na parede da esquerda ficaria a grande e sonhada estante onde caberiam todos os meus livros. Tratei de encomendá-la a seu Joaquim, um marceneiro que tinha oficina na rua Garcia D'Ávila com Barão da Torre.

O apartamento não ficava tão perto da oficina. Era quase em frente ao prédio onde morava Mário Pedrosa, entre a Farme de Amoedo e a antiga Montenegro, hoje Vinicius de Moraes. Estava ali havia uma semana e nem decorara ainda o número do prédio. Tanto que, quando seu Joaquim, ao preencher a nota de encomenda, perguntou-me onde seria entregue a estante, tive um **momento de hesitação**. Mas foi só um momento. Pensei rápido: "Se o prédio do Mário é 228, o meu, que fica quase em frente, **deve** ser 227". Mas lembrei-me de que, ao ir ali pela primeira vez, observara que, apesar de ficar em frente ao do Mário, havia uma diferença na numeração.

— Visconde de Pirajá, 127 — respondi, e seu Joaquim **desenhou o endereço na nota**.

— Tudo bem, seu Ferreira. Dentro de um mês estará lá sua estante.

— Um mês, seu Joaquim! Tudo isso? Veja se reduz esse prazo.

— A estante é grande, **dá muito trabalho**... Digamos, três semanas.

Ferreira Gullar. A estante.
In: A estranha vida banal.
Rio de Janeiro: José Olympio, 1989
(com adaptações).

30. (Cespe – Técnico do Seguro Social – INSS/2016) O trecho "dá muito trabalho" constitui uma referência de seu Joaquim à confecção da estante, tarefa que, segundo ele, seria trabalhosa.

( ) Certo

( ) Errado

COMENTÁRIOS

O diálogo no final do texto evidencia, já que precisa de trinta dias e menciona ser grande a estante:

- Tudo bem, seu Ferreira. Dentro de um mês estará lá sua estante.
- Um mês, seu Joaquim! Tudo isso? Veja se reduz esse prazo.
- **A estante é grande, dá muito trabalho**... Digamos, três semanas.

Resposta: CERTO

---

31. (Cespe – Técnico do Seguro Social – INSS/2016) De acordo com as informações do texto, é correto inferir que seu Joaquim era analfabeto, uma vez que ele "desenhou o endereço na nota".

( ) Certo

( ) Errado

COMENTÁRIOS

Em hipótese alguma pode haver essa inferência, tanto que no segundo parágrafo afirma: *quando seu Joaquim, **ao preencher a nota** de encomenda, perguntou-me onde seria entregue a estante.* Ao mencionar que "desenhou o endereço na nota", a personagem utiliza linguagem conotativa (sentido figurado).

Resposta: ERRADO

---

32. (Cespe – Técnico do Seguro Social – INSS/2016) De acordo com as informações do texto, Vinicius de Moraes passou a morar no apartamento onde antes residia Mário Pedrosa.

( ) Certo

( ) Errado

COMENTÁRIOS

Refere-se ao nome da rua: *entre a* (rua) *Farme de Amoedo e a antiga* (rua) *Montenegro, hoje* (rua) *Vinicius de Moraes.*

Resposta: ERRADO

---

33. (Cespe – Técnico do Seguro Social – INSS/2016) O "momento de hesitação" vivido pelo narrador deveu-se ao medo de informar o endereço a um desconhecido.

( ) Certo

( ) Errado

COMENTÁRIOS

A hesitação – indecisão, dúvida – ocorreu devido ao fato de não se lembrar do número do prédio: "Se o prédio do Mário é 228, o meu, que fica quase em frente, **deve ser** 227".

Resposta: ERRADO

---

34. (Cespe - Técnico do Seguro Social - INSS/2016) O verbo *dever* foi empregado no sentido de ser provável.

( ) Certo

( ) Errado

COMENTÁRIOS

✪ **Nota da autora:** Questão de interpretação e semântica.

"Se o prédio do Mário é 228, o meu, que fica quase em frente, **deve ser** 227" = "Se o prédio do Mário é 228, o meu, que fica quase em frente, **é provável** que seja 227".

Resposta: CERTO

Texto para responder às questões.

Bibliotecas sempre deram muito o que falar. Grandes monarquias jamais deixaram de possuir as suas, e cuidavam delas estrategicamente. Afinal, dotes de princesas foram negociados tendo livros como objetos de barganha; tratados diplomáticos versaram sobre essas coleções. Os monarcas portugueses, após o terremoto que dizimou Lisboa, se orgulhavam de, a despeito dos destroços, terem erguido uma grande biblioteca: a Real Livraria. D. José chamava-a de joia maior do tesouro real. D. João VI, mesmo na correria da partida para o Brasil, não se esqueceu dos livros. Em três diferentes levas, a Real Biblioteca aportou nos trópicos, e foi até mesmo tema de disputa.

Internet: <http://observatoriodaimprensa.com.br> (com adaptações).

---

35. (Cespe - Técnico do Seguro Social - INSS/2016) Princesas e diplomatas eram valorados conforme a qualidade das bibliotecas que seus países possuíam e a parcela dos livros que estavam dispostos a ceder em negociações diversas.

( ) Certo

( ) Errado

COMENTÁRIOS

Quanta extrapolação! Extrapolação nada mais é do que *exceder, ultrapassar* as ideias expostas no texto.

O texto não menciona que os diplomatas em valorados conforme a qualidade das bibliotecas. Afirma-se que *dotes de princesas foram negociados tendo livros como objetos de barganha* (e não cita a qualidade); a seguir, cita que *tratados diplomáticos versaram sobre essas coleções*; não relação alguma com os diplomatas.

Resposta: ERRADO

---

36. (Cespe - Técnico do Seguro Social - INSS/2016) A Real Livraria foi erguida com os destroços resultantes do terremoto que atingiu Lisboa, como símbolo da força de Portugal na superação da tragédia que acabava de assolar o país.

( ) Certo

( ) Errado

COMENTÁRIOS

Os monarcas portugueses se orgulhavam de, a despeito dos destroços, terem erguido uma grande biblioteca após o terremoto que dizimou Lisboa. *A despeito de* indica concessão (apesar de, embora) e em hipótese alguma podemos afirmar que a biblioteca foi erguida com os destroços. Foi erguida a biblioteca, apesar do s destroços do terremoto que atingiu Lisboa.

Resposta: ERRADO

Atenção: o texto abaixo refere-se à próxima questão

A CRIAÇÃO DE UM ÍCONE[7]

Em vida, Gustav Mahler (1860-1911), tanto por sua personalidade artística como por sua obra, foi alvo de intensas polêmicas – e de desprezo por boa parte da crítica. A incompreensão estética e o preconceito antissemita também o acompanhariam postumamente e foram raros os maestros que, nas décadas que se seguiram à sua morte, se empenharam na apresentação de suas obras. Durante os anos 60, porém, uma virada totalmente

7. Adaptado: Klaus Billand. Gustav Mahler: a criação de um ícone. Revista 18. Ano IV, n. 15, março/abril/ maio de 2006, p. 52-53. <http.//www.cebrap.org.br/v1/upload/bibliotecavirtual/GIANNOTTI_Tolerancia%20maxima.pdf> Acesso em: 22 dez. 2011.

inesperada levou a obra de Mahler ao início de uma era de sucessos sem precedentes, que perdura até hoje. Intérpretes conhecidos e pesquisadores descobriram o compositor, enquanto gravações discográficas divulgavam uma obra até então desconhecida do grande público.

Há uma série de fatores envolvidos na transformação de Mahler em figura central da história da música do século XX. A visão de mundo de uma geração mais jovem certamente teve influência central aqui: o dilaceramento interior de Mahler, seu interesse pelos problemas fundamentais da existência humana, seu pacifismo, seu engajamento contra a opressão social e seu posicionamento em favor do respeito à integridade da natureza – tudo isso se tornou, subitamente, muito atual para a geração que nasceu no pós-guerra.

O amor incondicional de Mahler pela natureza sempre esteve presente em sua obra. O compositor dedicava inteiramente à criação musical os meses de verão, recolhendo – se em pequenas cabanas na paz dos Alpes austríacos. Em Steinbach, Mahler empreendia longas caminhadas que lhe proporcionaram inspiração para sinfonias.

Comparar a simplicidade espartana dessas casinhas com a enorme complexidade das obras ali criadas diz muito sobre a genialidade do compositor – e, sobretudo, sobre a real origem de sua musicalidade. Totalmente abandonadas e esquecidas na Áustria no pós-guerra, essas casinhas de Mahler hoje se transformaram em memoriais, graças à ação da Sociedade Internacional Gustav Mahler. O mundo onírico dos Alpes do início do século XX certamente voltará à memória de quem, tendo uma imagem desses despojados retiros musicais de Mahler, voltar a ouvir sua música grandiosa.

37. (FCC – Técnico do Seguro Social – INSS/2012) Segundo o autor, o reconhecimento da grandeza artística de Mahler ao longo dos anos 60 deve-se, em larga medida,

a) à beleza única de suas obras, para a qual contribuíram largamente o amor incondicional do compositor pelos sons e pela musicalidade da natureza.

b) à harmonia do conjunto de sua obra, que, por sua simplicidade intrínseca, pôde ser amplamente compreendida pelas gerações seguintes.

c) ao advento de uma geração cujos valores, apesar da distância temporal, correspondiam aos defendidos pelo compositor.

d) ao reconhecimento, ainda que tardio, de sua originalidade por maestros e grandes intérpretes da música clássica com quem o compositor convivera.

e) à ação de organizações culturais que se dispuseram a divulgar a obra do compositor, mesmo correndo o risco de sofrer represálias por parte do público.

COMENTÁRIOS

Alternativa "a": Não cita sons e musicalidade da natureza.

Alternativa "b": Não cita simplicidade, ao contrário: *incompreensão estética*.

Alternativa "c": Informação citada no segundo parágrafo e resumida na frase: *tudo isso se tornou, subitamente, muito atual para a geração que nasceu no pós-guerra.*

Alternativa "d": Nada garante que o compositor tenha convivido com grandes intérpretes.

Alternativa "e": Não há menção alguma no texto sobre tais informações.

Alternativa correta: letra "c".

Atenção: OS TEXTOS A SEGUIR SE REFEREM à próxima questão

Texto I – Envelhecimento, pobreza e proteção social na América Latina

O processo de envelhecimento populacional, no seu primeiro estágio, resulta em um aumento, pelo menos relativo, da oferta da força de trabalho. Nas etapas posteriores, a proporção desse grupo no total da população diminui e, eventualmente, diminuirá em termos absolutos, como é a situação atual do Japão e de vários países europeus. Por outro lado, o segmento com idade avançada passa a ser o que mais cresce. Esse crescimento acentuado do segmento que demanda maiores recursos monetários e cuidados humanos, afetivos e psicológicos, em face da redução do contingente populacional em idade ativa, fez com que o envelhecimento populacional entrasse na agenda das políticas públicas pelo lado negativo, ou seja, ele é visto como "um problema".

Camarano e M.T. Pasinato. Texto para discussão. Brasília: IPEA, 2007.

Texto II – Os impactos sociais da velhice[8]

IdadeAtiva – No caso da previdência, os idosos são o grande problema?

Ana Amélia Camarano – Eu acho que esse é outro engano. Claro que você tem mais gente idosa e gente vivendo mais. Agora, o que acontece é que o nosso modelo de previdência é o mesmo da Europa Ocidental, dos EUA, modelos desenhados no pós-guerra, quando havia emprego, as pessoas se aposentavam e ficavam pouco tempo aposentadas porque morriam logo. Então, esse modelo está falido. Esse cenário mudou. Nós não estamos mais no mundo do trabalho estável, não temos mais o pleno emprego e as relações de trabalho hoje passam pela flexibilização. E a tão falada flexibilização significa informalização. A nossa política social é toda ligada ao trabalho. A Constituição de 1988 mudou um pouco, mas até então só tinha direito ao benefício da previdência quem trabalhava. Era uma cidadania ligada ao trabalho e, não, ao benefício do trabalhador. E isso não é mais possível. Nós estamos caminhando para um mundo sem trabalho.

38. (Cespe – Técnico do Seguro Social – INSS/2008) De acordo com o texto I, é correto afirmar que há países europeus em que a força de trabalho, em relação ao total da população, já se reduziu.

( ) Certo

( ) Errado

COMENTÁRIOS

Nas etapas posteriores, a proporção desse grupo no total da população diminui e, eventualmente, diminuirá em termos absolutos, como é a situação atual do Japão e de **vários países europeus**.

Resposta: CERTO

Atenção: A IMAGEM A SEGUIR SE REFERE à próxima QUESTÃO.

Julgue o item que se segue.

39. (Cespe – Técnico do Seguro Social – INSS/2008) A frase **A saúde do povo é objeto de inequívoca responsabilidade social** constitui título adequado para a mudança que, nessas imagens, se expressa.

( ) Certo

( ) Errado

COMENTÁRIOS

Verifiquemos o significado de inequívoco, segundo o Dicionário Digital Aulete: *não equívoco; que não admite dúvida(s), equívoco(s).* Na primeira imagem, há rua sem infraestrutura, crianças brincando próximo ao esgoto; na segunda imagem, a rua é pavimentada e as casas foram reformadas. Assim, certificamo-nos de que a saúde do povo é responsabilidade social, não havendo dúvidas disso.

Resposta: CERTO

8. Internet: <www.techway.com.br> (com adaptações).

Atenção: o texto abaixo refere-se às próximas questões

Texto I – A escola então era risonha e franca?[9]

Naquele ano de 1919, em Fortaleza, a nossa rua se chamava do Alagadiço: era larguíssima, uma longa sucessão de chácaras com jardim à frente, imenso quintal atrás. (...)

Do outro lado da rua, defronte ao poste do bonde, ficava a escola pública da Dona Maria José. (...) Nela estudava o meu tio Felipe, que era quase da minha idade. (...) E eu, que chegara um mês antes do Pará, tinha loucura pra frequentar a escola, mas ninguém consenso tia. Minha mãe e meu pai alimentavam ideias particulares a respeito de educação formal: desde que eu já sabia ler – aprendi sozinha pelos cinco anos – e tinha livros em casa, jornais, revistas (O Tico-Tico!), o resto ficava para mais tarde. Eu então fugia, atravessava o trilho para espiar a escola. Principalmente nos dias de sabatina, quando a meninada toda formava uma roda, cantando a tabuada, a professora com a palmatória na mão. Primeiro era em coro, seguido: "6+6, 12! 6+7, 13!" O mais difícil era a tabuada de multiplicar, principalmente nas casas de sete pra cima e entrando no salteado: "7x9, 56; 8x9, 72!" Aí a palmatória comia e os bolos eram dados pelo aluno que acertava, corrigindo o que errava. E eram aplicados na proporção do erro. Tabuada de sete a nove era fogo. O pior era um aluno grandalhão – iria pelos 14 anos – que não acertava nunca. Chegando a vez dele, a roda cantava: "8x7?" A roda esperava e ele gaguejava, ficava da cor de um pimentão e começava a chorar. Palmatória nele. Eu, que espionava da janela e já tinha aprendido a tabuada, de tanto ver sabatina, soprava de lá: "56!" Dona Maria José, se ouvia, levantava os olhos pra cima e até sorria. Mas o pobre nunca entendia o sopro. Uma vez caiu de joelhos. Mas não perdoavam: bolo nele! E no dia seguinte ele vinha pra aula de mão amarrada num pano, sempre sujo.

As pessoas são cruéis. Menino é muito cruel. Agora me lembrei que chamavam o coitado de Zé Grandão. Nunca deu pra nada, nem pra caixeiro de bodega – não conseguia anotar direito as compras no borrador. Ele mesmo, mais tarde, nos contou isso.

(...)

Por isso me ficou a convicção, lá no fundo da alma: só se pode mesmo vencer na vida aprendendo tabuada de cor e salteado. Principalmente as casas altas de multiplicar.

9. QUEIROZ, Rachel de. As terras ásperas – Crônicas. S. Paulo: Ed. Siciliano, 1993.

40. (Cesgranrio – Técnico Previdenciário – INSS/2005) O título do Texto I faz referência a uma idealização da escola que a crônica:

a) corrobora.

b) complementa.

c) questiona.

d) retrata.

e) reforça.

COMENTÁRIOS

✪ **Nota da autora:** Pelo fato de haver um ponto de interrogação no título, chega-se facilmente à resposta.

Alternativa "a": Corroborar é confirmar, comprovar, ratificar e isso não acontece no decorrer do texto.

Alternativa "b": Não complementa.

Alternativa "c": Questiona a consequência da sabatina (recapitulação oral das lições da semana por meio de perguntas e respostas), a quem errava: a palmatória (instrumento usado para castigar alguém com golpes na palma da mão).

Alternativa "d": Não retrata.

Alternativa "e": Não reforça.

Alternativa correta: letra "c".

41. (Cesgranrio – Técnico Previdenciário – INSS/2005) Considerando-se o resultado da aprendizagem de Zé Grandão, verifica-se que o uso da palmatória como recurso pedagógico era:

a) doloroso mas indispensável.

b) cruel mas criativo.

c) estranho e eficaz.

d) humilhante e ineficaz.

e) emocionante e inovador.

COMENTÁRIOS

✪ **Nota da autora:** Importante salientar que a resposta desta questão, ajuda-nos a desvendar a resposta da próxima.

Alternativa "a": Não se afirma que a palmatória era indispensável.

Alternativa "b": A palmatória não era criativa.

Alternativa "c": Nada indica que era eficaz.

Alternativa "d": Trechos que confirmam o que foi mencionado na alternativa d: *A roda esperava e ele gaguejava, ficava da cor de um pimentão e começava a chorar. Palmatória nele. Uma vez caiu de joelhos. Mas não perdoavam: bolo nele! E no dia seguinte ele vinha pra aula de mão amarrada num pano, sempre sujo.*

As pessoas são cruéis. Menino é muito cruel. Agora me lembrei que chamavam o coitado de Zé Grandão.

Alternativa "e": Nem emocionante nem inovador.

Alternativa correta: letra "d".

---

42. (Cesgranrio – Técnico Previdenciário – INSS/ 2005) Marque a passagem em que a narradora se revela autodidata.

a) "tinha loucura para frequentar a escola," (segundo parágrafo)

b) "– aprendi sozinha pelos cinco anos –" (segundo parágrafo)

c) "Eu então fugia, ... para espiar a escola." (segundo parágrafo)

d) "O mais difícil era a tabuada de multiplicar," (segundo parágrafo)

e) "só se pode mesmo vencer na vida aprendendo tabuada ..." (último parágrafo)

COMENTÁRIOS

Alternativa "a": Demonstra apenas um desejo da personagem.

Alternativa "b": Autodidata: que aprende por si mesmo, sem a ajuda de professor. Na resposta precisaria estar clara a ideia de sozinha.

Alternativa "c": A personagem apenas espiava a escola, isso não indica que tenha aprendido sozinha.

Alternativa "d": Nenhuma menção que possa revelá-la autodidata.

Alternativa "e": Nenhuma menção que possa revelá-la autodidata.

Alternativa correta: letra "b".

Atenção: o texto abaixo refere-se às próximas questões

Texto II – Procura-se uma casa[10]

Admiro as pessoas que vivem a vida inteira na mesma casa. Tenho almejado isso secretamente, mas por uma fatalidade estou sempre mudando. Quando me mudo para uma nova casa, tenho a sensação de que vou ficar ali pra sempre. E é nesse estado de espírito que vivo nas casas.

A casa precisa ser natural, cair bem, como um paletó cortado no alfaiate. Precisamos nos sentir bem dentro dela, ainda mais agora, que as autoridades admitiram a nossa cotidiana guerrinha civil.(...)

Estou de mudança. Mais uma vez, na minha vida, estou de mudança. A perspectiva da mudança causa em mim sentimentos indefinidos, uma mistura de medo, euforia, excitação, coragem. Há o sentimento de perda, claro, vou perder a minha vista para as ilhas, para as chuvas que vêm do infinito, para a imensidão oceânica, vou perder o meu jornaleiro, o Dinho, vou perder os meus porteiros a quem tanto me afeiçoei, o seu Jonas, que lava meu carro, o seu Expedito, o Pará, a escadaria que dá nas figueiras seculares, o barulho do vento, a serena ordem da minha biblioteca, o Corcovado, e tudo o que construí pra sempre agora naufraga no irremissível. Mas assim é a vida.

E tenho de decidir para onde me mudarei. Vou botar um anúncio no jornal: Procura-se uma casa com janelas, vizinhos discretos, clara e arejada, com sol da manhã no pé da cama, um sótão de onde se possa ver a lua em fevereiro (mas também em agosto e dezembro), e as estrelas por uma claraboia. Procura-se uma casa em que caibam os meus livros, tantos e tão poucos, as minhas velhas cadeiras de vime, os meus castiçais acesos, e vinhos, o meu silêncio e o meu amor, a minha insuportável queda para a felicidade, o tédio, a insatisfação e a melancolia. Uma casa com uma boa cozinha onde se possa conversar sussurrando com o homem amado, uma janela dando para o quintal, onde eu possa ver as crianças correndo, crescendo, e o tempo passando como sempre, inexorável e eterno.

---

43. (Cesgranrio – Técnico Previdenciário – INSS/ 2005) A cronista inclui no rol das perdas que a mudança lhe trará:

a) os gatos dos telhados vizinhos.

b) o sol da manhã no pé da cama.

c) seus livros e seus amigos.

d) seus amigos e seu lazer.

e) sua paisagem e seu cotidiano.

10. MIRANDA, Ana. O Dia – Rio, 14 ago. 1999.

COMENTÁRIOS

Alternativa "a": Não cita gatos.

Alternativa "b": Procura-se uma casa com janelas, vizinhos discretos, clara e arejada, com sol da manhã no pé da cama. A cronista não perderá o sol da manhã.

Alternativa "c": Não perderá os livros e amigos.

Alternativa "d": Não perderá amigos nem seu lazer.

Alternativa "e": Paisagem: vou perder a minha vista para as ilhas, para as chuvas que vêm do infinito, para a imensidão oceânica. A escadaria que dá nas figueiras seculares, o barulho do vento, a serena ordem da minha biblioteca, o Corcovado, e tudo o que construí pra sempre agora naufraga no irremissível; **cotidiano**: vou perder o meu jornaleiro, o Dinho, vou perder os meus porteiros a quem tanto me afeiçoei, o seu Jonas, que lava meu carro, o seu Expedito, o Pará.

Alternativa correta: letra "e".

---

44. (Cesgranrio – Técnico Previdenciário – INSS/2005) "E é nesse estado de espírito que vivo nas casas." (primeiro parágrafo) O estado de espírito a que se refere a narradora é um sentimento de:

a) permanente insegurança.
b) suposta estabilidade.
c) constante mobilidade.
d) ansiosa expectativa.
e) grande inquietação.

COMENTÁRIOS

Alternativa "a": Insegurança é quando precisa mudar.

Alternativa "b": O que nos remete à suposta estabilidade são os trechos, também no primeiro parágrafo: *Admiro as pessoas que vivem a vida inteira na mesma casa. Quando me mudo para uma nova casa, tenho a sensação de que vou ficar ali pra sempre.*

Alternativa "c": Não vive em constante mobilidade.

Alternativa "d": Expectativa por mudar, mas não vive nesse estado de espírito.

Alternativa "e": Não vive inquieta.

Alternativa correta: letra "b".

---

45. (Cesgranrio – Técnico Previdenciário – INSS/2005) No anúncio do jornal seriam enumerados os requisitos da casa. Assinale aquele que revela o propósito da narradora de morar na casa por muito tempo ("para sempre").

a) Claraboia para ver as estrelas.
b) Sótão de onde se possa ver a lua.
c) Boa cozinha onde se possa conversar.
d) Espaço bastante para os livros.
e) Quintal onde possa ver as crianças crescendo.

COMENTÁRIOS

Alternativa "a": A claraboia não se remete a tempo.

Alternativa "b": O sótão não se remete a tempo.

Alternativa "c": A cozinha, também, não se remete a tempo.

Alternativa "d": Espaço com livros não se refere a tempo.

Alternativa "e": uma janela dando para o <u>quintal, onde eu possa ver as crianças correndo, crescendo,</u> **e o tempo passando como sempre, inexorável e eterno.**

Alternativa correta: letra "e".

---

46. (Cesgranrio – Técnico Previdenciário – INSS/2005) "uma casa em que caibam os meus livros, tantos e tão poucos," (último parágrafo)

Com a expressão em destaque, a cronista quer dizer que tem:

a) apenas os livros necessários.
b) muitos livros, mas não todos os que deseja.
c) muitos livros, mas de pouco valor.
d) grande quantidade de livros, mas só lê alguns.
e) uma quantidade razoável de livros, nem muitos nem poucos.

COMENTÁRIOS

Alternativa "a": Nada indica se são necessários ou não.

Alternativa "b": <u>Tantos</u> livros: muitos livros; <u>tão poucos</u> livros: desejo de ter mais, ou seja, não tem todos os que deseja.

Alternativa "c": Não cita valores.

Alternativa "d": Não menciona os lidos e não lidos.

Alternativa "e": Não é razoável.

Alternativa correta: letra "b".

PARTE VI
REDAÇÃO OFICIAL

10. REDAÇÃO OFICIAL

Caro(a) leitor(a), foi lançada, em dezembro de 2018, a terceira edição do Manual de Redação da Presidência da República – revista, atualizada e ampliada.

As questões anteriores a essa data estão desatualizadas. É imprescindível ler as modificações no final do capítulo e resolver questões de 2019, 2020.

Atenção! Como as questões foram elaboradas antes da atualização, as modificações foram comentadas para que você comece a se familiarizar com o novo Manual.

Com base no disposto no Manual de Redação da Presidência da República, julgue o próximo item.

47. (Cespe - Técnico do Seguro Social - INSS/2016) O trecho seguinte é adequado para compor a parte inicial de um memorando.

Brasília, 2 de fevereiro de 2016.

À Senhora

Ana Silva

INSS

CEP 70070-946 – Brasília/DF

Assunto: Curso de aperfeiçoamento em atendimento ao público

( ) Certo

( ) Errado

COMENTÁRIOS

O *aviso*, o *ofício* e o ***memorando*** devem conter as seguintes partes:

a) **tipo e número do expediente, seguido da sigla do órgão que o expede**:

Exemplos:

Mem. 123/2002-MF Aviso 123/2002-SG Of. 123/2002-MME

b) **local e data** em que foi assinado, por extenso, com alinhamento à direita:

Exemplo:

Brasília, 15 de março de 1991.

c) **assunto:** resumo do teor do documento

Exemplos:

Assunto: **Produtividade do órgão em 2002**.

d) **destinatário:** o nome e o cargo da pessoa a quem é dirigida a comunicação. No caso do ofício deve ser incluído também o *endereço*.

e) **texto:** [...]

f) **fecho;**

g) **assinatura do autor da comunicação**; e

h) **identificação do signatário**.

Gabarito: ERRADO

- **Após a atualização:** foram abolidos o aviso e o memorando.

Quanto ao padrão ofício (substitui o aviso e o memorando), deve conter estas partes:

Cabeçalho;

Identificação do expediente;

Local e data;

Endereçamento;

Assunto;

Texto do documento;

Fechos;

Identificação do signatário;

Numeração das páginas.

Observação: confira todas as partes no final do capítulo – em "Partes do documento no padrão ofício".

Português

Duda Nogueira

O PARTE I – FONOLOGIA E SEMÂNTICA

CAPÍTULO 1 – ORTOGRAFIA

1. INTRODUÇÃO

Ortografia deriva das palavras gregas *ortho* que significa "correto" e *graphos* que significa "escrita". Assim sendo, trata-se da **escrita correta das palavras**.

Torna-se importante seu estudo por ser um tópico pedido em concursos. **Dicas** para facilitar o estudo, já que não é aconselhável ler todas as regras:

1) Ao se deparar com **palavras novas**, ou seja, desconhecidas, procure o significado no dicionário e anote para que fixe melhor.
2) **Faça muitos testes de concursos**, pois as palavras exigidas pelas bancas repetem.

2. O ALFABETO

O alfabeto da língua portuguesa é formado por 26 letras (21 consoantes e 5 vogais). Cada letra apresenta uma forma minúscula e outra maiúscula. Veja:

a A (á)	**g G** (gê ou guê)	**m M**(eme)	**s S** (esse)	**y Y** (ípsilon)
b B (bê)	**h H** (agá)	**n N** (ene)	**t T** (tê)	**z Z**(zê)
c C (cê)	**i I**(i)	**o O** (ó)	**u U** (u)	
d D (dê)	**j J** (jota)	**p P** (pê)	**v V** (vê)	
e E (é)	**k K** (cá)	**q Q**(quê)	**w W** (dáblio)	
f F (efe)	**l L** (ele)	**r R** (erre)	**x X** (xis)	

Observação: emprega-se também o **ç**, que representa o fonema /s/ diante das letras: ***a, o,* e *u*** em determinadas palavras.

3. EMPREGO DAS LETRAS K, W E Y

REGRA	EXEMPLO
Em nomes de pessoas originários de outras línguas e seus derivados.	Kant, kantismo; Darwin, darwinismo; Taylor, taylorista.
Em nomes próprios de lugar originários de outras línguas e seus derivados.	Kuwait, kuwaitiano.
Em siglas, símbolos, e mesmo em palavras adotadas como unidades de medida de curso internacional.	K (Potássio), W (West), kg (quilograma), km (quilômetro), Watt.

4. EMPREGO DE X E CH

4.1. EMPREGA-SE O X

REGRA	EXEMPLO	EXCEÇÃO
Após um ditongo.	caixa, frouxo, peixe	**recauchutar** e seus derivados guache, caucho
Após a sílaba inicial "en".	enxame, enxada, enxaqueca	palavras iniciadas por **ch** que recebem o prefixo **en-:** encharcar (de charco), enchiqueirar (de chiqueiro), encher e seus derivados (enchente, enchimento, preencher)
Após a sílaba inicial "me-".	mexer, mexerica, mexicano, mexilhão	mecha
Em vocábulos de origem indígena ou africana e nas palavras inglesas aportuguesadas.	abacaxi, xavante, orixá, xará, xerife, xampu	chapecó, alcachofra, chafariz, cachaça, cochicho, cochilar
Nas seguintes palavras	bexiga, bruxa, coaxar, faxina, graxa, lagartixa, lixa, lixo, puxar, rixa, oxalá, praxe, roxo, vexame, xadrez, xarope, xaxim, xícara, xale, xingar, etc.	

4.2. EMPREGA-SE O DÍGRAFO CH

REGRA	EXEMPLO
Ao passar do latim para o português, as sequências "cl", "pl" e "fl", transformaram-se em "**ch**"	• *afflare* → a**ch**ar • *clamare* → **ch**amar • *planus* → **ch**ão
Em palavras com origem francesa.	• Avalan**ch**e (Avalón**ch**), Ca**ch**ê (Ca**ch**et) • Ca**ch**ecol (Ca**ch**er), **Ch**alé (**Ch**alet) • **Ch**assi (**Ch**ânssis), **Ch**ampanhe (**Ch**ampagne) • **Ch**ampignon (**Ch**ampignon), **Ch**antilly (**Ch**antilly) • **Ch**ance (**Ch**ance), **Ch**apéu (**Ch**apeau) • **Ch**antagem (**Ch**antage)

5. EMPREGA-SE O G

REGRA	EXEMPLO	EXCEÇÃO
Nos substantivos terminados em *–**agem, –igem, –ugem***	barra**g**em, mira**g**em, via**g**em, ori**g**em, ferru**g**em	pajem
Nas palavras terminadas em –***ágio, –égio, –ígio, –ógio, –úgio***	est**ágio**, privil**égio**, pres**tígio**, rel**ógio**, ref**úgio**	

REGRA	EXEMPLO	EXCEÇÃO
Nas palavras derivadas de outras que se grafam com ***g***	en**g**essar (de gesso), massa**g**ista (de massagem), verti**g**inoso (de vertigem)	
Nos vocábulos	al**g**ema, au**g**e, be**g**e, estran**g**eiro, **g**eada, **g**en**g**iva, **g**ibi, **g**ilete, he**g**emonia, here**g**e, me**g**era, mon**g**e, rabu**g**ento, va**g**em.	

6. EMPREGA-SE O J

REGRA	EXEMPLO
Nas formas dos verbos terminados em ***-jar* ou *–jear***	• arran**jar** – arran**j**o, arran**j**e, arran**j**em • despe**jar**– despe**j**o, despe**j**e, despe**j**em • gor**jear**– gor**j**eie, gor**j**eiam, gor**j**eando • enferru**jar**– enferru**j**e, enferru**j**em • via**jar**– via**j**o, via**j**e, via**j**em
Nas palavras de **origem tupi, africana, árabe ou exótica**	bi**j**u**, j**iboia, can**j**ica, pa**j**é, **j**erico, man**j**ericão, Mo**j**i
Nas palavras derivadas de outras que já apresentam ***j***	laranja– laran**j**eira, loja– lo**j**ista, lisonja– lison**j**eador, nojo–no**j**eira, cereja– cere**j**eira, varejo– vare**j**ista, rijo– enri**j**ecer, jeito–a**j**eitar.
Nos vocábulos	berin**j**ela, cafa**j**este, **j**eca, **j**egue, ma**j**estade, **j**eito, **j**e**j**um, la**j**e, tra**j**e, pega**j**ento

7. EMPREGO DAS LETRAS S E Z

7.1. EMPREGA-SE O S

REGRA	EXEMPLO
Nas palavras derivadas de outras que já apresentam ***s*** no radical	análi**s**e– anali**s**ar, catáli**s**e– catali**s**ador, ca**s**a– ca**s**inha, ca**s**ebre, li**s**o– ali**s**ar
Nos sufixos-***ês*** e ***–esa****, ao indicarem nacionalidade, título ou origem*	burgu**ês**– burgu**esa,** ingl**ês**– ingl**esa,** chin**ês**– chin**esa,** mila**nês**– milan**esa**
Nos sufixos formadores de adjetivos ***–ense, –oso*** e ***–osa***	catarin**ense,** gost**oso**– gost**osa,** amor**oso**– amor**osa,** palmei**rense,** gas**oso**– gas**osa,** teim**oso**– teim**osa**
Nos sufixos gregos ***–ese, –isa, –osa***	catequ**ese**, dioc**ese**, poet**isa**, profet**isa**, sacerdot**isa**, glic**ose**, metamorf**ose**, vir**ose**
Após **ditongos**	coi**s**a, pou**s**o, lou**s**a, náu**s**ea
Nas formas dos verbos ***pôr*** e ***querer***, bem como em seus derivados	pu**s**, pô**s**, pu**s**emos, pu**s**eram, pu**s**era, pu**s**esse, pu**s**éssemos qui**s**, qui**s**emos, qui**s**eram, qui**s**er, qui**s**era, qui**s**éssemos repu**s**, repu**s**era, repu**s**esse, repu**s**éssemos

REGRA	EXEMPLO
Em nomes próprios personativos (de pessoas)	Balta**s**ar, Heloí**s**a, Inê**s**, I**s**abel, Luí**s**, Luí**s**a, Re**s**ende, Sou**s**a, Tere**s**a, Tere**s**inha, Tomá**s**
Nos vocábulos	abu**s**o, a**s**ilo, atravé**s**, avi**s**o, be**s**ouro, bra**s**a, corte**s**ia, deci**s**ão, despe**s**a, empre**s**a, fregue**s**ia, fu**s**ível, mai**s**ena, me**s**ada, paisa-gem, paraí**s**o, pê**s**ames, pre**s**épio, pre**s**ídio, quero**s**ene, rapo**s**a, surpre**s**a, te**s**oura, u**s**ura, va**s**o, vigé**s**imo, vi**s**ita, etc.

7.2. EMPREGA-SE O Z

REGRA	EXEMPLO
Nas palavras derivadas de outras que já apresentam **z** no radical	desli**z**e– desli**z**ar, ra**z**ão– ra**z**oável, va**z**io– esva**z**iar, rai**z**– enrai**z**ar, cru**z**-cru**z**eiro
Nos sufixos ***-ez, -eza***, ao formarem substantivos abstratos a partir de adjetivos	inválido– invalid**ez,** limpo-limp**eza,** macio– maci**ez,** rígido-rigid**ez,** frio– fri**eza,** nobre– nobr**eza,** pobre-pobr**eza,** surdo-surd**ez**
Nos sufixos ***-izar***, ao formar verbos e ***-ização***, ao formar substantivos	civil**izar**– civilização, hospital**izar**– hospital**ização,** colon**izar**– colonização, real**izar**– real**ização**
Nos derivados em ***-zal, -zeiro, -zinho, -zinha, -zito, -zita***	cafe**zal,** cafe**zeiro,** cafe**zinho,** arvore**zinha,** cão**zito,** ave**zita**
Nos vocábulos	a**z**ar, a**z**eite, a**z**edo, ami**z**ade, bu**z**ina, ba**z**ar, catequi**z**ar, chafari**z**, cicatri**z**, coali**z**ão, cuscu**z**, proe**z**a, vi**z**inho, xadre**z**, verni**z**, etc.
Nos **vocábulos homófonos** (mesmo som), estabelecendo distinção no contraste entre o ***S*** e o ***Z***	co**z**er (cozinhar) e co**s**er (costurar) pre**z**ar (ter em consideração) e pre**s**ar (prender) tra**z** (forma do verbo trazer) e trá**s** (parte posterior)

Observação: em muitas palavras, a letra ***X*** soa como ***Z***: exame, exato, exausto, exemplo, existir, exótico, inexorável.

8. EMPREGO DE S, Ç, X E DOS DÍGRAFOS SC, SÇ, SS, XC, XS

8.1. EMPREGA-SE O S

REGRA	EXEMPLO
Nos substantivos derivados de verbos terminados em ***"andir","ender", "verter"*** e ***"pelir"***	exp**andir**– expan**s**ão, pret**ender**– preten**s**ão, **verter**– ver**s**ão, ex**pelir**– expul**s**ão, est**ender**– exten**s**ão, susp**ender**– suspen**s**ão, con**verter** – conver**s**ão, re**pelir**– repul**s**ão

8.2. EMPREGA-SE Ç

REGRA	EXEMPLO
Nos substantivos derivados dos verbos **ter** e **torcer**	a**ter**– aten**ç**ão, **torcer**– tor**ç**ão, de**ter**– deten**ç**ão, dis**torcer**-distor**ç**ão, man**ter**– manuten**ç**ão, con**torcer**– contor**ç**ão

8.3. EMPREGA-SE O X

REGRA	EXEMPLO
Em alguns casos, a letra **X** soa como **Ss**	au**x**ílio, e**x**pectativa, e**x**perto, e**x**troversão, se**x**ta, sinta**x**e, te**x**to, trou**x**e

8.4. EMPREGA-SE SC

REGRA	EXEMPLO
Nos **termos eruditos**	acré**sc**imo, a**sc**ensorista, con**sc**iência, de**sc**ender, di**sc**ente, fa**sc**ículo, fa**sc**ínio, impre**sc**indível, mi**sc**igenação, mi**sc**ível, plebi**sc**ito, re**sc**isão, sei**sc**entos, tran**sc**ender, etc.

8.5. EMPREGA-SE SÇ

REGRA	EXEMPLO
Na conjugação de alguns verbos	• nascer → na**sç**o, na**sç**a • crescer → cre**sç**o, cre**sç**a • descer → de**sç**o, de**sç**a

8.6. EMPREGA-SE SS

REGRA	EXEMPLO
Nos substantivos derivados de verbos terminados em ***gredir, mitir, ceder*** e ***cutir***	a**gredir**– agre**ss**ão, de**mitir**– demi**ss**ão, **ceder**– ce**ss**ão, dis**cutir**– discu**ss**ão, pro**gredir**– progre**ss**ão, trans**mitir**– transmi**ss**ão, ex**ceder**– exce**ss**o, reper**cutir**– repercu**ss**ão

8.7. EMPREGA-SE O XC E O XS

REGRA	EXEMPLO
Em dígrafos que soam como ***Ss***	e**xc**eção, e**xc**êntrico, e**xc**edente, e**xc**epcional, e**xs**udar

Observações sobre o uso da letra *X*

REGRA	EXEMPLO
O **X** pode representar os seguintes fonemas	/ch/ – **x**arope, ve**x**ame /cs/ – a**x**ila, ne**x**o /z/ – e**x**ame, e**x**ílio /ss/ – má**x**imo, pró**x**imo /s/ – te**x**to, e**x**tenso
Não soa nos grupos internos **–*xce*– e –*xci*-**	e**xce**lente, e**xci**tar

9. EMPREGO DAS LETRAS E E I

9.1. EMPREGA-SE O E

REGRA	EXEMPLO
Em sílabas finais dos verbos terminados em –***oar***, –***uar***	mag**oar** – mago**e**, mago**e**s contin**uar**– continu**e**, continu**e**s

Em palavras formadas com o prefixo ***ante*– (antes, anterior)**	ant**e**braço, ant**e**cipar
Nos vocábulos	cad**e**ado, confet**e**, dis**e**nteria, **e**mpecilho, irr**e**quieto, m**e**x**e**rico, orquíd**e**a, etc.

9.2. EMPREGA-SE O I

REGRA	EXEMPLO
Em sílabas finais dos verbos terminados em *–**air**, –**oer**, –**uir****	c**air**– ca**i** d**oer**– dó**i** infl**uir**– influ**i***
Em palavras formadas com o prefixo ***anti*– (contra)**	Ant**i**cristo, ant**i**tetânico
Nos vocábulos	aborí**gi**ne, art**i**manha, chef**i**ar, d**i**glad**i**ar, pen**i**c**i**l**i**na, pr**i**v**i**lég**i**o, etc.

***Regra MUITO pedida em provas da Fundação Carlos Chagas.**

10. EMPREGO DAS LETRAS O E U

REGRA	EXEMPLO
A oposição **o/u** é responsável pela diferença de significado de algumas palavras.	c**o**mprimento (extensão) e c**u**mprimento (saudação, realização) s**o**ar (emitir som) e s**u**ar (transpirar)
Grafam-se com a letra ***O***	*b**o**lacha, búss**o**la, c**o**stume, m**o**leque.*
Grafam-se com a letra ***U***	*cam**u**ndongo, jab**u**ti, Man**u**el, táb**u**a*

11. EMPREGO DA LETRA H

Esta letra, em início ou fim de palavras, não tem valor fonético. Conservou-se apenas como símbolo, por força da etimologia e da tradição escrita. A palavra ***hoje,*** por exemplo, grafa-se desta forma devido a sua origem na forma latina ***hodie.***

11.1. EMPREGA-SE O H

REGRA	EXEMPLO
Inicial, quando etimológico	**h**ábito**, h**esitar**, h**omologar**, H**orácio
Medial, como integrante dos dígrafos ***ch, lh, nh***	fle**ch**a, te**lh**a, compa**nh**ia
Final* e *inicial, em certas interjeições	a**h**!, i**h**!, e**h**!, o**h**!, **h**em?, **h**um! etc.
Em **compostos unidos por *hífen***, no início do segundo elemento, se etimológico	anti-**h**igiênico, pré-**h**istórico, super-**h**omem etc.
Observações:	
1) No substantivo ***Bahia***, o ***h*** sobrevive por tradição. 2) Os vocábulos ***erva, Espanha*** e ***inverno*** não possuem a letra **h** na sua composição. No entanto, seus derivados eruditos sempre são grafados com ***h***.	1) Note que nos substantivos derivados, como ***baiano* e *baianinha***, ele não é utilizado. 2) ***herbívoro, hispânico, hibernal.***

12. EM CONCURSOS

12.1. EMPREGO DOS PORQUÊS

	Regras	Exemplos
Por que	equivale a **pelo qual**	Este é o caminho **por que** passo.
	vem acompanhado pela palavra **razão** *(mesmo que subentendida)*	**Por que** você foi embora logo?
Porque	é uma explicação, equivale a **pois.**	Fui embora logo **porque** estava muito cansado.
Porquê	é um substantivo, ou seja, nomeia.	Não sei o **porquê** de sua demora.
	Admite PLURAL	O estudo da palavra **porquê**.
Por quê	Segue a regra da palavra **que**: quando utilizada no fim de uma frase, será sempre acentuada.	Ele faltou, mas não sei **por quê.**

Em concurso:

Faltou ontem e não sabemos **por quê.** Regra: final de frase.

Faltou ontem e não sabemos o **porquê**. Regra: admite plural = não sabemos **os porquês**.

12.2. MAL E MAU

	Regras	Exemplos
Mal	**substantivo** (nomeia)	O **mal** que a televisão me fez.
	advérbio (indica circunstância)	Dormi **mal** a semana toda.
Mau	é um **adjetivo** (qualifica)	Ele é um **mau** aluno.

Facilitando: em provas fáceis, pode pensar na antiga dica de antônimos.

Mal	**x**	**Bem**
Mau	**x**	**Bom**

12.3. VIAGEM E VIAJEM

	Regras	Exemplos
Viagem	**substantivo** (nomeia)	A **viagem** que farão.
Viajem	**verbo** (pode ser conjugado)	Que eles **viajem** bem.

12.4. CESSÃO, SESSÃO E SEÇÃO (OU SECÇÃO)

	Regras	Exemplos
Cessão	Ato de **ceder**	A **cessão** de terras não será feita pelo governo.
Sessão	reunião	A **sessão** de cinema começará às oito horas.
Seção ou secção	parte, divisão	Li a notícia na **seção** (ou **secção**) de esportes.

12.5. ONDE E AONDE

	Regras	Exemplos
Onde	Significa **no lugar** e equivale a em que, no(a) qual	O bairro **onde** fica a editora. = A editora fica **no** bairro.
Aonde	Significa **ao lugar**	A casa **aonde** iremos. = Iremos a casa.

12.6. SE NÃO E SENÃO

	Regras	Exemplos
Se não	Equivale a **caso não, quando não** ou no caso de o **se** ser conjunção integrante.	**Se não** fossem meus amigos, não seria quem sou. Perguntei aos alunos **se não** gostariam de estudar.
Senão	Equivale a **caso contrário, do contrário, de outro modo, a não ser, mas sim**	Estude bastante, **senão** não conseguirá aprender o suficiente.

12.7. TÃO POUCO E TAMPOUCO

	Regras	Exemplos
Tão pouco	muito pouco, curto, pouca coisa, algo pequeno, escasso	Estudei **tão pouco** que nem vou fazer a prova.
Tampouco	**também não** ou **nem**	Não estudou, **tampouco** trabalhou.

12.8. DE ENCONTRO A E AO ENCONTRO DE

	Regras	Exemplos
De encontro a	contra, em oposição a, para chocar-se com	A decisão foi **de encontro a** nossos ideais.
Ao encontro de	estar de acordo com, em direção a, favorável a, para junto de	Minha nota veio **ao encontro do** que desejava.

12.9. EM VEZ DE E AO INVÉS DE

	Regras	Exemplos
Em vez de	Em lugar de	**Em vez de** estudar, foi ao cinema.
Ao invés de	**Ao contrário de, lado oposto**. Utilizada para indicar ideias opostas, ideias contrárias.	**Ao invés de** rir, chorou muito.

12.10. ACERCA DE, A CERCA DE E HÁ CERCA DE

	Regras	Exemplos
Acerca de	**a respeito de** ou **sobre**	**Acerca do** fato, não darei minha opinião.
A cerca de	perto de, aproximadamente, próximo de	O mar fica **a cerca de** 50 metros da pousada.
Há cerca de	tempo decorrido	**Há cerca de** 10 anos, foi aprovado.

12.11. MAS E MAIS

	Regras	Exemplos
Mas	• **substantivo comum** = um defeito, um senão • **conjunção** = adversativa tem sentido de uma oposição ou limitação, podendo ser substituído por porém, todavia, contudo • **advérbio** = enfatiza uma afirmação	• Nem **mas** nem meio mas, faça já o que mandaram. • Não estudou, **mas** foi aprovado. • Ele é bom aluno, **mas** tão bom aluno que tem sempre nota máxima nas provas.
Mais	Pode ser **substantivo, conjunção, advérbio de intensidade, preposição, pronome indefinido** indicando noção de maior quantidade ou intensidade. Significa também **ainda os outros, os demais, os restantes**.	• Ela é a menina **mais** inteligente da turma. • Dois **mais** dois são quatro. • Isto é o **mais** que ele consegue fazer. • Não faço **mais** nada do que pensar. • Vou embora, os **mais** que se decidam.

12.12. A FIM E AFIM

	Regras	Exemplos
A fim	Locução de finalidade, equivale a **para**	Estudou **a fim de** ter salário fixo.
Afim	**Semelhante**, que tem afinidade	Nossos valores sempre foram **afins**.

12.13. SE QUER E SEQUER

	Regras	Exemplos
Se quer	Conjunção **se** + verbo **querer** = se desejar	**Se quer** ter sucesso, trabalhe.
Sequer	Ao menos = advérbio	Estava doente e **sequer** tinha remédio em casa.

CAPÍTULO 2 – ACENTUAÇÃO

1. INTRODUÇÃO

Acentuação gráfica é a aplicação de sinais gráficos nas palavras e entre esses sinais estão os acentos gráficos (acento agudo, acento circunflexo, acento grave, til, apóstrofo, cedilha e hífen).

2. REGRAS DE ACENTUAÇÃO GRÁFICA

Em algumas provas de concursos, é comum ser cobrada a matéria acerca de acento diferencial em verbos (singular e plural) – exemplo: o verbo manter (mantém/mantêm).

Iniciemos com exemplo de uma simples tabela para facilitar a classificação dos vocábulos.

1) Separe as sílabas. Lembre-se de que em cada sílaba, há **uma vogal**.
2) A última coluna deve estar sempre preenchida (como o exemplo da palavra **hífen**).
3) Não colocar na tabela: hiato, monossílabo e ditongos abertos (eu, oi, ei), por não seguirem as classificações mencionadas a seguir.

Proparoxítona	Paroxítona	Oxítona
crí	ti	co
	hí	fen
	ca	**fé**

Facilitou?

- **Crítica** é uma proparoxítona; **hífen** é paroxítona e **café é oxítona.**

2.1. PROPAROXÍTONAS

Sílaba tônica: antepenúltima.

As proparoxítonas são **todas** acentuadas graficamente: **trá**gico, pa**té**tico, **ár**vore.

2.2. PAROXÍTONAS

Sílaba tônica: penúltima.

Acentuam-se as PAROXÍTONAS terminadas em	EXEMPLO
l	**fá**cil
n	**pó**len
r	ca**dá**ver
ps	**bí**ceps
x	**tó**rax
us	**ví**rus
i, is	**jú**ri, **lá**pis
om, ons	**iân**dom, **í**ons
um, uns	**ál**bum, **ál**buns
ã(s), ão(s)	**ór**fã, **ór**fãs, **ór**fão, **ór**fãos
ditongo oral (seguido ou não de s)	**jó**quei, **tú**neis

2.2.1. OBSERVAÇÕES

As paroxítonas terminadas em ***n*** são acentuadas (hífen), mas as que terminam em ***ens***, não.	hifens, jovens
Não são acentuados os prefixos terminados em ***i*** e ***r***.	semi, super
Acentuam-se as paroxítonas terminadas em ditongos crescentes: ***ea(s), oa(s), eo(s), ua(s), ia(s), ue(s), ie(s), uo(s), io(s).***	várzea, mágoa, **óleo, régua, férias, tênue,** cárie, ingênuo, início

2.3. OXÍTONAS

Sílaba tônica: última

Acentuam-se as OXÍTONAS terminadas em	EXEMPLO
a(s)	sof**á**, sof**ás**
e(s)	jacar**é**, voc**ês**
o(s)	palet**ó**, av**ós**
em, ens	ningu**ém**, armaz**éns**

2.4. MONOSSÍLABOS

2.4.1. MONOSSÍLABOS TÔNICOS

Possuem **uma sílaba** e são pronunciados fortemente.

Acentuam-se os MONOSSÍLABOS terminados em	EXEMPLO
a(s)	lá, cá
e(s)	pé, mês
o(s)	só, pó, nós, pôs

2.4.2. MONOSSÍLABOS ÁTONOS

Não possuem autonomia fonética, sendo proferidos **fracamente,** como se fossem sílabas átonas do vocábulo a que se apoiam: o(s), a(s), um, uns, me, te, se, lhe nos, de, em, e, que, etc.

2.4.3. OBSERVAÇÕES

Os monossílabos átonos são palavras vazias de sentido, vindos representados por artigos, pronomes oblíquos, elementos de ligação (preposições, conjunções).	
Há monossílabos que são tônicos numa frase e átonos em outras.	Você trouxe sua mochila para ***quê***? (tônico) ***Que*** tem dentro da sua mochila? (átono) Há sempre um ***mas*** para questionar. (tônico) Eu sei seu nome, ***mas*** não me recordo agora. (átono)
Muitos verbos, ao se combinarem com pronomes oblíquos, produzem formas oxítonas ou monossilábicas que devem ser acentuadas por acabarem assumindo alguma das terminações contidas nas regras.	beijar + a = beijá-la fez + o = fê-lo dar + as = dá-las fazer + o = fazê-lo

2.5. REGRAS ESPECIAIS

Estas regras não podem ser encaixadas na tabela de dica mencionada no início do capítulo.

2.5.1. DITONGOS ABERTOS

Os ditongos **éi, éu** e **ói**, sempre que tiverem pronúncia aberta em palavras **oxítonas** (éi e não êi), são acentuados.	***éi(s):*** an**éi**s, fi**éi**s, pap**éi**s ***éu(s):*** trof**éu**, c**éu**s ***ói(s):*** her**ói**, constr**ói**, caub**ói**s
Os ditongos abertos ocorridos em palavras paroxítonas NÃO são acentuados.	assembleia, boia, colmeia, Coreia, estreia, heroico, ideia, jiboia, joia, paranoia, plateia, etc.
A palavra destróier é acentuada por ser uma paroxítona terminada em "r" (e não por possuir ditongo aberto **oi).**	–

2.5.2. HIATOS

REGRA	EXEMPLO
Acentuam-se o **i** e **u** tônicos quando formam hiato com a vogal anterior, estando eles sozinhos na sílaba ou acompanhados apenas de **"s"**, desde que não sejam seguidos por –**nh.**	sa **– í** – da e – go **– í**s –mo sa **– ú** – de
Não se acentuam, portanto, hiatos como os das palavras seguintes	ju –**i**z, ra – **i**z, ru – **i**m, ca – **i**r
Motivo: –**i** ou –**u** não estão sozinhos nem acompanhados de –**s** na sílaba.	
Cabe esclarecer que existem hiatos acentuados não por serem hiatos, mas por outras razões	po-é-ti-co: proparoxítona bo-ê-mio: paroxítona terminada em ditongo crescente. ja-ó: oxítona terminada em "o".

2.5.3. VERBOS TER E VIR

REGRA	EXEMPLO
Acentua-se com circunflexo a 3ª pessoa do plural do presente do indicativo dos verbos **ter** e **vir**, bem como nos seus compostos (*deter, conter, reter, advir, convir, intervir*, etc.).	Ele tem – Eles têm Ele vem – Eles vêm Ele retém – Eles retêm Ele intervém – Eles intervêm
– Nos verbos compostos de ter e vir, o acento ocorre obrigatoriamente, mesmo no singular. Distingue-se o plural do singular mudando o acento de agudo para circunflexo	ele *detém* – eles *detêm* ele *advém* – eles *advêm*

CAPÍTULO 3 – REFORMA ORTOGRÁFICA

1. MUDANÇAS NO ALFABETO

O alfabeto passa a ter 26 letras. Foram reintroduzidas as letras **k**, **w** e **y**:

A B C D E F G H I J **K** L M N O P Q R S T U V **W** X **Y** Z

Usadas em	Exemplos
símbolos de unidades de medida	km (quilômetro), kg (quilograma), W (watt)
palavras e nomes estrangeiros (e seus derivados)	show, playboy, playground, windsurf, kung fu, yin, yang, William, kaiser, Kafka, kafkiano

2. TREMA

Não se usa mais o trema (¨), sinal colocado sobre a letra **u** para indicar que ela deve ser pronunciada nos grupos **gue**, **gui**, **que**, **qui**.

Em provas, a exceção	o trema permanece apenas nas palavras estrangeiras e em suas derivadas: Müller, mülleriano.

3. MUDANÇAS NAS REGRAS DE ACENTUAÇÃO

	O que mudou	Exemplos	Exceções
1	Não se usa mais o acento dos **ditongos abertos éi** e **ói** das palavras paroxítonas (palavras que têm acento tônico na penúltima sílaba).	alcaloide, alcateia, androide, apoia (verbo apoiar), apoio (verbo apoiar), asteroide, boia, celuloide, claraboia, colmeia, Coreia	Essa regra é válida somente para palavras paroxítonas. Continuam a ser acentuadas as palavras oxítonas e os monossílabos tônicos terminados em **éis** e **ói(s)**: papéis, herói, heróis, dói (verbo doer), sóis.
2	Nas palavras **paroxítonas**, não se usa mais o acento no **i** e no **u** tônicos quando vierem depois de um ditongo.	baiuca, bocaiuva (tipo de palmeira), cauila (avarento).	1. se a palavra for oxítona e o **i** ou o **u** estiverem em posição final (ou seguidos de **s**), o acento permanece: tuiuiú, tuiuiús, Piauí. 2. se o **i** ou o **u** forem precedidos de ditongo crescente, o acento permanece: guaíba, Guaíra.
3	Não se usa mais o acento das palavras terminadas em **êem** e **ôo(s)**.	abençoo, creem, deem, doo, enjoo.	
4	Não se usa mais o **acento diferencial** os pares pára – para, péla(s) – pela(s), pêlo(s) – pelo(s), pólo(s) – polo(s) e pêra – pera.	Ele não para de falar. Foram para Londres.	1. Permanece o acento diferencial em **pôde** e **pode**: Ontem, ele não **pôde** sair mais cedo, mas hoje ele **pode**. 2. Permanece o acento diferencial em **pôr** (verbo) e **por** (preposição): Vou **pôr** o livro na estante que foi feita **por** mim. 3. Permanecem os acentos que diferenciam o singular do plural dos verbos **ter** e **vir**, assim como de seus derivados (manter, deter, reter, conter, convir, intervir, advir etc.): Ele **tem** – Eles **têm;** Ele **vem** – Eles **vêm;** Ele **mantém** – Eles **mantêm;** Ele **convém** – Eles **convêm.** 4. Acento facultativo – o uso do acento circunflexo para diferenciar as palavras **forma** e **fôrma**. Em alguns casos, o uso do acento deixa a frase mais clara: Qual é a **forma** da **fôrma** do bolo?
5	Não se usa mais o acento agudo no u tônico das formas (tu) arguis, (ele) argui, (eles) arguem, do presente do indicativo dos verbos arguir e redarguir.	*João argui Pedro sobre sua ausência na reunião. Pedro redargui: Por acaso isso te interessa?*	

	O que mudou	Exemplos	Exceções
6	Há uma variação na pronúncia dos verbos terminados em **guar**, **quar** e **quir**, como aguar, averiguar, apaziguar, desaguar, enxaguar, obliquar, delinquir etc. Esses verbos admitem duas pronúncias em algumas formas do presente do indicativo, do presente do subjuntivo e também do imperativo. 1. se forem pronunciadas com **a** ou **i** tônicos, essas formas devem ser acentuadas. 2. se forem pronunciadas com **u** tônico, essas formas deixam de ser acentuadas.	1. verbo enxaguar: enxáguo, enxáguas, enxágua, enxáguam; enxágue, enxágues, enxáguem. verbo delinquir: delínquo, delínques, delínque, delínquem; delínqua, delínquas, delínquam. 2. (a vogal sublinhada é tônica, isto é, deve ser pronunciada mais fortemente que as outras): verbo enxaguar: enxag**u**o, enxag**u**as, enxag**u**a, enxag**u**am; enxag**u**e, enxag**u**es, enxag**u**em. verbo delinquir: delinq**u**o, delinq**u**es, delinq**u**e, delinq**u**em; delinq**u**a, delinq**u**as, delinq**u**am.	No Brasil, a pronúncia mais corrente é a primeira, aquela com **a** e **i** tônicos.

4. USO DO HÍFEN COM COMPOSTOS

	Usa-se hífen	Exemplos	Exceções
1	nas palavras compostas que não apresentam elementos de ligação.	guarda-chuva, arco-íris, boa-fé, segunda-feira, mesa-redonda, vaga-lume, joão-ninguém, porta-malas, porta-bandeira, pão-duro, bate-boca	Não se usa o hífen em certas palavras que perderam a noção de composição, como girassol, madressilva, mandachuva, pontapé, paraquedas, paraquedista, paraquedismo.
2	em compostos que têm palavras iguais ou quase iguais, sem elementos de ligação.	reco-reco, blá-blá-blá, zum-zum, tico-tico, tique-taque, cri-cri, glu-glu, rom-rom, pingue-pongue, zigue-zague, esconde-esconde, pega-pega, corre-corre	
3	nos compostos entre cujos elementos há o emprego do apóstrofo.	gota-d'água, pé-d'água	
4	nas palavras compostas derivadas de topônimos (nomes próprios de lugares), com ou sem elementos de ligação.	belo-horizontino, porto-alegrense, mato-grossense-do-sul, rio-grandense-do-norte, sul-africano	

	Usa-se hífen	Exemplos	Exceções
5	nos compostos que designam espécies animais e botânicas (nomes de plantas, flores, frutos, raízes, sementes), tenham ou não elementos de ligação.	bem-te-vi, peixe-espada, peixe-do-paraíso, mico-leão-dourado, andorinha-da-serra, lebre-da-patagônia, erva-doce, ervilha-de-cheiro, pimenta-do-reino, peroba-do-campo, cravo-da-índia.	não se usa o hífen quando os compostos que designam espécies botânicas e zoológicas são empregados fora de seu sentido original. Observe a diferença de sentido entre os pares: a) bico-de-papagaio (espécie de planta ornamental); bico de papagaio (deformação nas vértebras). b) olho-de-boi (espécie de peixe); olho de boi (espécie de selo postal).

Não se usa hífen	Exemplos	Exceções
em compostos que apresentam elementos de ligação.	pé de moleque, pé de vento, pai de todos, dia a dia, fim de semana, cor de vinho, ponto e vírgula, camisa de força, cara de pau, olho de sogra.	água-de-colônia, arco-da-velha, cor-de-rosa, mais-que-perfeito, pé-de-meia, ao deus-dará, à queima-roupa.
Complemento: incluem-se nesse caso os compostos de base oracional.	maria vai com as outras, leva e traz, diz que diz que, deus me livre, deus nos acuda, cor de burro quando foge, bicho de sete cabeças, faz de conta.	

5. USO DO HÍFEN COM PREFIXOS

As observações a seguir referem-se ao uso do hífen em palavras formadas por prefixos (anti, super, ultra, sub etc.) ou por elementos que podem funcionar como prefixos (aero, agro, auto, eletro, geo, hidro, macro, micro, mini, multi, neo etc.).

	Casos gerais	Exemplos	Exceções
1	Usa-se o hífen diante de palavra iniciada por **h**.	anti-higiênico, anti-histórico, macro-história, mini-hotel, proto-história, sobre-humano, super-homem, ultra-humano	Quando o segundo elemento perdeu o H inicial: desumano, desumidificar, inábil.
2	Usa-se o hífen se o prefixo terminar com a mesma letra com que se inicia a outra palavra. micro-ondas, anti-inflacionário, sub-bibliotecário, inter-regional		Prefixo CO-: coordenar, cooperar, cooperação, cooptar, coocupante. Prefixo RE-: reeleger, reenviar, reescrever
3	Não se usa o hífen se o prefixo terminar com letra diferente daquela com que se inicia a outra palavra.	autoescola, antiaéreo, intermunicipal, supersônico, superinteressante, agroindustrial, aeroespacial, semicírculo	Prefixos que sempre levam hífen: sota-, soto-, vice-, vizo-. **Observação**: Se o prefixo terminar por vogal e a outra palavra começar por r ou s, dobram-se essas letras: minissaia, antirracismo, ultrassom, semirreta

5.1. CASOS PARTICULARES

	Casos particulares	Exemplos
1	Com os prefixos sub e sob, usa-se o hífen também diante de palavra iniciada por r.	sub-região, sub-reitor, sub-regional, sob-roda
2	Com os prefixos circum e pan, usa-se o hífen diante de palavra iniciada por m, n e vogal.	circum-murado, circum-navegação, pan-americano
3	Usa-se o hífen com os prefixos **ex, sem, além, aquém, recém, vice.**	além-mar, além-túmulo, aquém-mar, ex-aluno, ex-diretor, ex-hospedeiro, ex-prefeito, ex-presidente, recém-casado, recém-nascido, sem-terra, vice-rei
4	Usa-se o hífen com os prefixos **pós, pré, pró.**	pós-graduação, pré-história, pré-vestibular, pró-europeu. **Observação**: Se os prefixos não forem autônomos, não haverá hífen: predeterminado, pressupor, pospor, propor.
5	O prefixo co junta-se com o segundo elemento, mesmo quando este se inicia por o ou h. Neste último caso, corta-se o h. Se a palavra seguinte começar com r ou s, dobram-se essas letras.	coobrigação, coedição, coeducar, cofundador, coabitação, coerdeiro, corréu, corresponsável, cosseno
6	Com o prefixo re não se usa o hífen, mesmo diante de palavras começadas por e.	reescrever, reedição
7	Na formação de palavras com ab, ob e ad, usa-se o hífen diante de palavra começada por b, d ou r.	ad-digital, ad-renal, ob-rogar, ab-rogar

5.2. OUTROS CASOS DO USO DO HÍFEN

	Outros casos do uso do hífen	Exemplos
1	Não se usa o hífen na formação de palavras com não e quase.	(acordo de) não agressão, (isto é um) quase delito
2	Com mal*, usa-se o hífen quando a palavra seguinte começar por vogal, h ou l.	mal-entendido, mal-estar, mal-humorado, mal-limpo **Observação:** Quando mal significa doença, usa-se o hífen se não houver elemento de ligação. Exemplo: mal-francês. Se houver elemento de ligação, escreve-se sem o hífen. Exemplos: mal de lázaro, mal de sete dias.
3	Usa-se o hífen com sufixos de origem tupi-guarani que representam formas adjetivas, como açu, guaçu, mirim.	capim-açu, amoré-guaçu, anajá-mirim
4	Usa-se o hífen para ligar duas ou mais palavras que ocasionalmente se combinam, formando não propriamente vocábulos, mas encadeamentos vocabulares.	ponte Rio-Niterói, eixo Rio-São Paulo

	Outros casos do uso do hífen	Exemplos
5	Para clareza gráfica, se no final da linha a partição de uma palavra ou combinação de palavras coincidir com o hífen, ele deve ser repetido na linha seguinte.	Na cidade, conta-se que ele foi viajar. O diretor foi receber os ex--alunos.

Pesquisa realizada em: Guia Nova Ortografia Michaelis e umportugues.com.

CAPÍTULO 4 – SEMÂNTICA

1. INTRODUÇÃO

Semântica é o estudo do significado. Incide sobre a relação entre significantes palavras, frases, sinais e símbolos, e o que eles representam.

A semântica opõe-se à sintaxe, caso em que a primeira se ocupa do que algo significa, enquanto a segunda refere-se as estruturas ou padrões formais do modo como esse algo é expresso (por exemplo, escritos ou falados). Dependendo da concepção de significado que se tenha, existem diferentes semânticas. A semântica formal, a semântica da enunciação ou argumentativa e a semântica cognitiva, fenômeno, mas com conceitos e enfoques diferentes.

2. SINONÍMIA

É a relação que se estabelece entre duas palavras ou mais que apresentam significados iguais ou semelhantes, ou seja, os sinônimos: cômico – engraçado; débil – fraco, frágil; distante – afastado, remoto.

3. ANTONÍMIA

É a relação que se estabelece entre duas palavras ou mais que apresentam significados diferentes, contrários, isto é, os antônimos: economizar – gastar; bem – mal; bom – ruim.

4. HOMONÍMIA

É a relação entre duas ou mais palavras que, apesar de possuírem significados diferentes, possuem a mesma estrutura fonológica, ou seja, os homônimos. As homônimas podem ser classificadas em:

4.1. HOMÓGRAFAS

Palavras iguais na escrita e diferentes na pronúncia: gosto (substantivo) – gosto (1ª pessoa singular presente indicativo do verbo gostar); conserto (substantivo) – conserto (1ª pessoa singular presente indicativo do verbo consertar).

4.2. HOMÓFONAS

Palavras iguais na pronúncia e diferentes na escrita: cela (substantivo) – sela (verbo); cessão (substantivo) – sessão (substantivo); cerrar (verbo) – serrar (verbo).

4.3. PERFEITAS – HOMÓFONAS E HOMÓGRAFAS

Palavras iguais na pronúncia e na escrita: cura (verbo) – cura (substantivo); verão (verbo) – verão (substantivo); cedo (verbo) – cedo (advérbio).

5. PARONÍMIA

É a relação que se estabelece entre duas ou mais palavras que possuem significados diferentes, mas são muito parecidas na pronúncia e na escrita, isto é, os parônimos: cavaleiro – cavalheiro, absolver – absorver, comprimento – cumprimento.

6. POLISSEMIA

É a propriedade que uma mesma palavra tem de apresentar vários significados: Ele ocupa um alto **posto** na empresa. Abasteci meu carro no **posto** da esquina. Os convites eram de **graça**. Os fiéis agradecem a **graça** recebida.

7. CONOTAÇÃO E DENOTAÇÃO

7.1. CONOTAÇÃO

É o uso da palavra com um significado diferente do original, criado pelo contexto: Você tem um coração de **pedra**.

7.2. DENOTAÇÃO

É o uso da palavra com o seu sentido original: **Pedra** é um corpo duro e sólido, da natureza das rochas. A construção de um muro de **pedras**.

8. AMBIGUIDADE

À duplicidade de sentido, seja de uma palavra ou de uma expressão, dá-se o nome de ambiguidade. Ocorre, geralmente, nos seguintes casos:

Casos	Exemplos	Ambiguidade	Eliminando a ambiguidade
Má colocação do Adjunto Adverbial	Crianças que recebem leite materno frequentemente são mais sadias.	As crianças são mais sadias porque recebem leite frequentemente ou são frequentemente mais sadias porque recebem leite?	Crianças que recebem frequentemente leite materno são mais sadias. Crianças que recebem leite materno são frequentemente mais sadias.
Uso Incorreto do Pronome Relativo	Gabriela pegou o estojo vazio da aliança de diamantes que estava sobre a cama.	O que estava sobre a cama: o estojo vazio ou a aliança de diamantes?	Gabriela pegou o estojo vazio da aliança de diamantes a qual estava sobre a cama. Gabriela pegou o estojo vazio da aliança de diamantes o qual estava sobre a cama. Observação: Neste exemplo, pelo fato de os substantivos estojo e aliança pertencerem a gêneros diferentes, resolveu-se o problema substituindo os substantivos por o qual/a qual. Se pertencessem ao mesmo gênero, haveria necessidade de uma reestruturação diferente.
Má Colocação de Pronomes, Termos, Orações ou Frases	Aquela velha senhora encontrou o garotinho em seu quarto.	O garotinho estava no quarto dele ou da senhora?	Aquela velha senhora encontrou o garotinho no quarto dela. Aquela velha senhora encontrou o garotinho no quarto dele.
	Sentado na varanda, o menino avistou um mendigo.	Quem estava sentado na varanda: o menino ou o mendigo?	O menino avistou um mendigo que estava sentado na varanda. O menino que estava sentado na varanda avistou o mendigo.[2]

✦ PARTE II – MORFOLOGIA

CAPÍTULO 1 – SUBSTANTIVO

1. DEFINIÇÃO

Substantivo é a classe gramatical variável que denomina os seres. Além de objetos, pessoas e fenômenos, os substantivos também nomeiam:

Lugares	Alemanha, Porto Alegre.
Sentimentos	amor, raiva.
Estados	alegria, tristeza.
Qualidades	honestidade, sinceridade.
Ações	corrida, pescaria.

1.1. EM CONCURSOS – MORFOSSINTAXE

Na análise sintática, o substantivo pode ser núcleo de vários termos.

núcleo	do **sujeito**
	do **complemento verbal** – objeto direto e objeto indireto
	do **agente da passiva**
	do **complemento nominal**
	do **aposto**
	do **predicativo** – do sujeito ou do objeto
	do **vocativo**
	do **adjunto adnominal**
	do **adjunto adverbial**

2. CLASSIFICAÇÃO DO SUBSTANTIVO

2.1. SUBSTANTIVOS COMUNS E PRÓPRIOS

comum	designa os seres de uma mesma espécie de forma genérica	menino, cidade, mulher, cachorro
próprio	designa os seres de uma mesma espécie de forma particular	Brasil, Grécia, Luciana, Pedro

2.2. SUBSTANTIVOS CONCRETOS E ABSTRATOS

concreto	designa o ser que existe, independentemente de outros seres
abstrato	designa seres que dependem de outros para se manifestar ou existir

2.2.1. EM CONCURSOS

Os substantivos concretos designam seres do mundo real e do mundo imaginário.

Seres do mundo real: homem, mulher, cadeira, cobra, Brasília, etc.

Seres do mundo imaginário: saci, mãe-d'água, fantasma, etc.

Os substantivos abstratos designam estados, qualidades, ações e sentimentos dos seres, dos quais podem ser abstraídos, e sem os quais não podem existir: vida (estado), rapidez (qualidade), viagem (ação), saudade (sentimento).

3. FORMAÇÃO DO SUBSTANTIVO

3.1. SUBSTANTIVOS SIMPLES E COMPOSTOS

Substantivo simples é formado por um único elemento; substantivo composto é formado por dois ou mais elementos.

simples	sol, poesia, livro, lua
composto	girassol, beija-flor, guarda-sol

3.2. SUBSTANTIVOS PRIMITIVOS E DERIVADOS

Substantivo primitivo não deriva de nenhuma outra palavra da própria língua portuguesa; o substantivo derivado se origina de outra palavra.

primitivo	terra, luz, fogo, feudo
derivado	território, luzeiro, fogueira, feudalismo

4. FLEXÃO DO SUBSTANTIVO

4.1. FLEXÃO DE GÊNERO

Gênero é a propriedade que as palavras têm de indicar sexo real ou fictício dos seres. São dois gêneros: **masculino** e **feminino.**

4.1.1. SUBSTANTIVOS BIFORMES E SUBSTANTIVOS UNIFORMES

Atente-se ao que facilita: uni = uma; bi = duas.

BIformes: possuem duas formas, uma para o masculino e outra para o feminino.

masculino	feminino
menino	menina
amigo	amiga
gato	gata
candidato	candidata

Uniformes: possuem uma única forma e são classificados em:

4.1.2. EPICENOS

Têm um só gênero e nomeiam bichos.

onça macho	onça fêmea
jacaré macho	jacaré fêmea
foca macho	foca fêmea

4.1.3. SOBRECOMUNS

Têm um só gênero e nomeiam pessoas.

a criança	a testemunha	o cônjuge	o carrasco	o ídolo

Observação: Há substantivos que, variando de gênero, variam em seu significado:

- o rádio (aparelho receptor) e a rádio (estação emissora)
- o capital (dinheiro) e a capital (cidade)

4.1.4. COMUNS DE DOIS GÊNEROS

Indicam o sexo das pessoas por meio do artigo.

o dentista	a dentista
um jovem	uma jovem
o imigrante	a imigrante

4.1.5. FORMAÇÃO DOS SUBSTANTIVOS BIFORMES E UNIFORMES

4.1.5.1. SUBSTANTIVOS BIFORMES

<table>
<tr><td>Regra geral</td><td>troca-se a terminação –o por a-</td><td colspan="2">aluno – aluna</td></tr>
<tr><td>Substantivos terminados em –ês</td><td>acrescenta-se -a ao masculino</td><td colspan="2">freguês – freguesa</td></tr>
<tr><td rowspan="6">Substantivos terminados em –ão</td><td rowspan="6">fazem o feminino de três formas</td><td>troca-se –ão por –oa.</td><td>patrão – patroa</td></tr>
<tr><td>troca se –ão por –ã.</td><td>campeão – campeã</td></tr>
<tr><td rowspan="2">troca-se –ão por ona.</td><td>solteirão – solteirona</td></tr>
<tr><td>barão – baronesa</td></tr>
<tr><td rowspan="2">Exceções:</td><td>• ladrão– ladra</td></tr>
<tr><td>• sultão – sultana</td></tr>
<tr><td rowspan="2">Substantivos terminados em –or</td><td>1. acrescenta-se -a ao masculino</td><td colspan="2">doutor – doutora</td></tr>
<tr><td>2. troca-se -or por –triz</td><td colspan="2">imperador – imperatriz</td></tr>
<tr><td rowspan="3">Substantivos com feminino em -esa, –essa, –isa</td><td>-esa</td><td colspan="2">cônsul – consulesa</td></tr>
<tr><td>-essa</td><td colspan="2">conde – condessa</td></tr>
<tr><td>-isa</td><td colspan="2">poeta – poetisa</td></tr>
<tr><td>Substantivos que formam o feminino trocando o –e final por –a</td><td colspan="3">elefante – elefanta</td></tr>
<tr><td>Substantivos que têm radicais diferentes no masculino e no feminino</td><td colspan="3">bode – cabra / boi – vaca</td></tr>
</table>

Substantivos que formam o feminino de maneira especial, isto é, não seguem nenhuma das regras anteriores:	czar – czarina / réu – ré

4.1.5.2. UNIFORMES

<table>
<tr><td rowspan="2">Epicenos</td><td>Alguns nomes de animais apresentam uma só forma para designar os dois sexos. Esses substantivos são chamados de epicenos. No caso dos epicenos, quando houver a necessidade de especificar o sexo, utilizam-se palavras macho e fêmea.</td></tr>
<tr><td>o jacaré (gênero masculino) – o macho do jacaré / o jacaré macho – a fêmea do jacaré / o jacaré fêmea ou fêmeo.
a mosca (gênero feminino) – o macho da mosca/ a mosca macho ou macha – a fêmea da mosca/ o mosca fêmea.</td></tr>
<tr><td rowspan="2">Sobrecomuns</td><td>O substantivo sobrecomum, que se refere aos seres humanos, tem a mesma forma genérica para o masculino ou feminino. Nem os artigos e adjetivos que acompanham o substantivo sobrecomum variam.</td></tr>
<tr><td>O algoz / O apóstolo / A criança / A pessoa / A vítima / O cônjuge / O verdugo / A criatura</td></tr>
<tr><td rowspan="2">Comuns de Dois Gêneros</td><td>A distinção de gênero pode ser feita através da análise do artigo ou adjetivo, quando acompanharem o substantivo.</td></tr>
<tr><td>o colega – a colega / o imigrante – a imigrante / um jovem – uma jovem / artista famoso – artista famosa / repórter francês – repórter francesa</td></tr>
</table>

4.2. FLEXÃO DE NÚMERO DO SUBSTANTIVO

4.2.1. PLURAL DOS SUBSTANTIVOS SIMPLES

<table>
<tr><td rowspan="7">Os substantivos terminados em</td><td>vogal, ditongo oral e n fazem o plural pelo acréscimo de s.</td><td colspan="2">pai – pais / ímã – ímãs
hífen – hifens (sem acento, no plural)
Exceção: cânon – cânones.</td></tr>
<tr><td>m fazem o plural em ns.</td><td colspan="2">homem – homens</td></tr>
<tr><td>r e z fazem o plural pelo acréscimo de es.</td><td colspan="2">revólver – revólveres / raiz – raízes
Atenção: O plural de caráter é caracteres.</td></tr>
<tr><td>al, el, ol, ul flexionam-se no plural, trocando o l por is.</td><td colspan="2">quintal – quintais / caracol – caracóis / hotel – hotéis
Exceções: mal e males, cônsul e cônsules.</td></tr>
<tr><td rowspan="3">il fazem o plural de duas maneiras:</td><td>Quando oxítonos, em is.</td><td>canil – canis</td></tr>
<tr><td>Quando paroxítonos, em eis.</td><td>míssil – mísseis.</td></tr>
<tr><td colspan="2">Obs.: a palavra réptil pode formar seu plural de duas maneiras: répteis ou reptis (pouco usada).</td></tr>
</table>

<table>
<tr><td rowspan="6">Os substantivos terminados em</td><td rowspan="2">s fazem o plural de duas maneiras:</td><td>Quando monossilábicos ou oxítonos, mediante o acréscimo de es.</td><td>ás – ases
retrós – retroses</td></tr>
<tr><td>Quando paroxítonos ou proparoxítonos, ficam invariáveis.</td><td>o lápis – os lápis
o ônibus – os ônibus.</td></tr>
<tr><td rowspan="3">ão fazem o plural de três maneiras.</td><td>substituindo o –ão por –ões</td><td>ação – ações</td></tr>
<tr><td>substituindo o –ão por –ães</td><td>cão – cães</td></tr>
<tr><td>substituindo o –ão por –ãos</td><td>grão – grãos</td></tr>
<tr><td>x ficam invariáveis.</td><td colspan="2">o látex – os látex.</td></tr>
</table>

4.2.2. PLURAL DOS SUBSTANTIVOS COMPOSTOS

A formação do plural dos substantivos compostos depende da forma como são grafados, do tipo de palavras que formam o composto e da relação que estabelecem entre si. Aqueles que são grafados sem hífen comportam-se como os substantivos simples

aguardente e aguardentes	pontapé e pontapés	girassol e girassóis	malmequer e malmequeres

O plural dos substantivos compostos cujos elementos são ligados por hífen costuma provocar muitas dúvidas e discussões. Vamos a elas.

<table>
<tr><td rowspan="4">1. Flexionam-se os dois elementos, quando formados de</td><td>substantivo
+
substantivo</td><td>couve-flor e couves-flores</td></tr>
<tr><td>substantivo
+
adjetivo</td><td>amor-perfeito e amores-perfeitos</td></tr>
<tr><td>adjetivo
+
substantivo</td><td>gentil-homem e gentis-homens</td></tr>
<tr><td>numeral
+
substantivo</td><td>quinta-feira e quintas-feiras</td></tr>
<tr><td rowspan="3">2. Flexiona-se somente o segundo elemento, quando formados de</td><td>verbo
+
substantivo</td><td>guarda-roupa e guarda-roupas</td></tr>
<tr><td>palavra invariável
+
palavra variável</td><td>alto-falante e alto-falantes</td></tr>
<tr><td>palavras repetidas ou imitativas</td><td>reco-reco e reco-recos</td></tr>
</table>

3. Flexiona-se somente o primeiro elemento, quando formados de	substantivo + preposição clara + substantivo	água-de-colônia e águas-de-colônia
	substantivo + preposição oculta + substantivo	cavalo-vapor e cavalo**s**-vapor
	substantivo + substantivo que funciona como determinante do primeiro, ou seja, especifica a função ou o tipo do termo anterior.	palavra-chave – palavras-chave bomba-relógio – bombas-relógio notícia-bomba – notícias-bomba homem-rã – homens-rã peixe-espada – peixes-espada
4. Permanecem invariáveis, quando formados de	verbo + advérbio	o bota-fora e os bota-fora
	verbo + substantivo no plural	o saca-rolhas e os saca-rolhas
5. Casos Especiais	o louva-a-deus e os louva-a-deus o bem-te-vi e os bem-te-vis o bem-me-quer e os bem-me-queres o joão-ninguém e os joões-ninguém	

4.2.3. PLURAL DAS PALAVRAS SUBSTANTIVADAS

As palavras substantivadas, isto é, palavras de outras classes gramaticais usadas como substantivo, apresentam, no plural, as flexões próprias dos substantivos.

os **prós**	os contras	prova dos **noves**	os **sins**	os **nãos**

4.2.4. PLURAL DOS DIMINUTIVOS

Flexiona-se o substantivo no plural, retira-se o s final e acrescenta-se o sufixo diminutivo.

pãe(s) + zinhos	pãezinhos	**colhere(s) + zinhas**	colherezinhas	**túnei(s) + zinhos**	tuneizinhos
animai(s) + zinhos	animaizinhos	**flore(s) + zinhas**	florezinhas	**pai(s) + zinhos**	paizinhos
botõe(s) + zinhos	botõezinhos	**mão(s) + zinhas**	mãozinhas	**pé(s) + zinhos**	pezinhos
chapéu(s) + zinhos	chapeuzinhos	**papéi(s) + zinhos**	papeizinhos	**pé(s) + zitos**	pezitos
farói(s) + zinhos	faroizinhos	**nuven(s) + zinhas**	nuvenzinhas		
tren(s) + zinhos	trenzinhos	**funi(s) + zinhos**	funizinhos		

CAPÍTULO 2 – ADJETIVO

1. DEFINIÇÃO

É a palavra que caracteriza o substantivo e lhe atribui qualidade, estado, aparência, aspectos gerais, característica e modo de ser.

substantivo	adjetivo
candidato	competente
aluno	estudioso
aluna	estudiosa
servidor	aprovado
servidora	aprovada

1.1. EM CONCURSOS – MORFOSSINTAXE

Na análise sintática, pode ser:

adjunto adnominal	predicativo do sujeito	predicativo do objeto

2. CLASSIFICAÇÃO DO ADJETIVO

Explicativo	Exprime qualidade própria do ser.	fogo **quente**, neve **fria**, céu **azul**
Restritivo	Exprime qualidade que não é própria do ser.	fruta **madura**, homem **baixo**, céu **alaranjado**

3. FORMAÇÃO DO ADJETIVO

3.1. SIMPLES E COMPOSTO

Simples	formado por um radical.	claro, escuro
Composto	formado por mais de um radical.	azul-claro, verde-escuro

3.2. PRIMITIVO E DERIVADO

Primitivo	não se origina de outra palavra.	bom, feliz
Derivado	deriva de substantivos ou verbos.	bondoso, amado

4. ADJETIVO PÁTRIO

Indica nacionalidade ou origem do ser. Refere-se a países, regiões, continentes, estados, povos, raças.

5. LOCUÇÃO ADJETIVA

Locução é o conjunto de duas ou mais palavras que portam significado distinto daquele que advém da consideração das palavras isoladamente, isto é, locução adjetiva é mais de uma palavra com valor de substantivo. Normalmente é formada por preposição + substantivo.

Exemplos: de águia = aquilino; de fogo = ígneo; de pato = anserino.

6. FLEXÕES DO ADJETIVO

6.1. FLEXÃO DE GÊNERO

Os adjetivos concordam com o substantivo a que se referem (masculino e feminino).

6.1.1. ADJETIVOS UNIFORMES E BIFORMES

Biformes	têm duas formas, sendo uma para o masculino e outra para o feminino.	estudioso, estudiosa, vencedor, vencedora
Uniformes	têm uma só forma tanto para o masculino como para o feminino.	feliz, confiante, contente

6.2. FLEXÃO DE NÚMERO

6.2.1. PLURAL DOS ADJETIVOS SIMPLES

Os adjetivos simples flexionam-se no plural de acordo com as regras estabelecidas para a flexão numérica dos substantivos simples.

mau e maus	feliz e felizes	ruim e ruins	boa e boas

6.2.1.1. EM CONCURSOS

Caso o adjetivo seja uma palavra que também exerça função de substantivo, ficará invariável. Facilitando: se a palavra que qualifica um elemento for, originalmente, um substantivo, ela manterá sua forma primitiva (singular).

A palavra **violeta** é um substantivo, porém, se estiver qualificando um elemento, funcionará como adjetivo. Ficará invariável. Ex.: camisas **violeta**, ternos **violeta**.

Comparando	
Blusas **vinho** – substantivo adjetivado = singular	Blusas **verdes** – adjetivo = plural
Tetos **musgo** – substantivo adjetivado = singular	Tetos **azuis** – adjetivo = plural
Livros **monstro** – substantivo adjetivado = singular	Livros **grandiosos** – adjetivo = plural

6.2.2. PLURAL DOS ADJETIVOS COMPOSTOS

Adjetivo composto é formado por dois ou mais elementos. Normalmente, esses elementos são ligados por hífen.

Regra: apenas o último elemento concorda com o substantivo a que se refere; os demais ficam na forma masculina, singular.	camisas **verde-claras**

6.2.2.1. EM CONCURSOS

Caso um dos elementos que forma o adjetivo composto seja um substantivo adjetivado, todo o adjetivo composto ficará invariável.

As palavras **ouro e café** são originalmente substantivos, porém, se estiverem qualificando um elemento, funcionarão como adjetivos. Caso se ligue a outra palavra por hífen, formará um adjetivo composto; como é um substantivo adjetivado, o adjetivo composto inteiro ficará invariável. Ex.: 1) Camisas **amarelo-ouro.** 2) Telhados **marrom-café.**

Observações importantes	**Azul-marinho, azul-celeste, ultravioleta e qualquer adjetivo composto iniciado por cor-de-...** são sempre invariáveis.	Blusas **azul-marinho** Blusas **azul-celeste** Blusas **cor-de-rosa**
	Os adjetivos compostos **surdo-mudo e pele-vermelha** têm os dois elementos flexionados.	Meninos **surdos-mudos** Crianças **peles-vermelhas**

6.3. FLEXÃO DE GRAU

Os adjetivos flexionam-se em grau para indicar a intensidade da qualidade do ser. São dois os graus do adjetivo: o **comparativo** e o **superlativo**.

6.3.1. GRAU COMPARATIVO

Igualdade	...	tão	...	como (quanto)	...
Superioridade	...	mais	...	(do que)	...
Inferioridade	...	menos	...	(do que)	...

6.3.1.1. EM CONCURSOS

Na comparação, a preposição é facultativa**: mais que** ou **mais do que, menos que** ou **menos do que.**

6.3.2. GRAU SUPERLATIVO

Expressa qualidade num grau muito elevado ou em grau máximo. O grau superlativo pode ser **absoluto** ou **relativo**.

Absoluto		**Relativo**	
ocorre quando a qualidade de um ser é intensificada, sem relação com outros seres.		ocorre quando a qualidade de um ser é intensificada em relação a um conjunto de seres.	
Analítico	**Sintético**	**Superioridade**	**Inferioridade**
a intensificação se faz com o auxílio de palavras que dão ideia de intensidade (advérbios. O secretário é **muito inteligente.**	a intensificação se faz por meio do acréscimo de sufixos. O secretário é **inteligentíssimo**.	Clara é **a mais** bela da sala.	Clara é **a menos** bela da sala.

CAPÍTULO 3 – ARTIGO

1. DEFINIÇÃO

É a palavra que acompanha o substantivo e indica a forma que está sendo empregado – definindo ou indefinindo. Indica, também, o gênero e o número dos substantivos.

2. CLASSIFICAÇÃO DO ARTIGO

Definido	individualiza e se refere a um ser conhecido	o, a, os, as	**O** presidente viajou.
Indefinido	generaliza e se refere a um ser desconhecido	um, uma, uns, umas	**Um** aluno faltou hoje.

3. COMBINAÇÃO DO ARTIGO

Os artigos definidos e indefinidos podem combinar com preposições.

Preposição	**Artigo**			
	o, os	a, as	um, uns	uma, umas
a	ao, aos	à, às	-	-
de	do, dos	da, das	dum, duns	duma, dumas
em	no, nos	na, nas	num, nuns	numa, numas
por (per)	pelo, pelos	pela, pelas	-	-

4. EMPREGO DO ARTIGO

NÃO SE USA o artigo definido	
Em Provérbios e Comparações	Cão que ladra não morde. Amor com amor se paga. Amor e tosse na dá para esconder.
Depois de Cujo e o Substantivo Imediato	Era o homem cujo pai procurávamos. Há animais cujo pelo é liso.
Antes de Palavras que Designam Matérias de Estudo, usadas com os verbos ensinar, aprender, estudar e equivalentes	Estudava Literatura. Lecionava Português. Já não se estuda Latim nas escolas.
Antes de Nomes de Sentido Generalizado – antes de substantivos usados de uma maneira geral	Amor é sacrifício. Avareza não é economia. Escrever certo é difícil. Sal, pimenta e açúcar devem ser usados em quantidades moderadas.
Antes de Palavras que se Referem à Mesma Pessoa	Diretor da empresa e funcionário público.
Antes de Pronomes Tratamento	Sua Alteza casou com Dona Teresa Cristina. Espero não ter interrompido Vossa Excelência.
→ **EXCEÇÃO:** senhor, senhora e senhorita admitem artigo.	Falei com a senhorita Ana. O senhor João morreu ontem.
→ **Cuidado:** não quando nos dirigimos à própria pessoa	Adeus, senhor Antônio.
Antes dos Adjetivos São, Santo e Santa, quando acompanhados de nome próprio, assim como Nosso Senhor e Nossa Senhora	Santo Antônio é seu padroeiro e confidente
Antes de Pronome Possessivo usado em expressões com o valor de alguns	Quem não tem suas (algumas) dificuldades?
Com Nomes Próprios de Pessoas Usados Por Inteiro (famosos ou não)	João Figueiredo pediu para ser esquecido.
→ **Observações:** Com nomes de pessoas, geralmente, não se usa artigo	Rita não compareceu à cerimônia.
→ **Cuidado:** na linguagem coloquial de alguns Estados brasileiros, é frequente a anteposição de artigo a nomes de pessoas, a fim de indicar afetividade ou familiaridade	O Édson é meu irmão. A Sandra não quis sair comigo.
Antes das palavras Casa e Terra, quando não especificadas.	Eles estavam em casa. Voltou para casa mais tarde do que de hábito. Os marinheiros permaneciam em terra.

NÃO SE USA o artigo definido	
→ **Cuidado: usa-se artigo antes das palavras Casa e Terra,** quando especificadas.	Ele estava na casa do amigo. Voltou para a casa dos pais. Os marinheiros permaneceram na terra dos anões.
Antes de Outro em sentido indeterminado	Uns estavam atentos, outros não. Um entrou no banco, outro no carro.
Com Ambos (ambas) é obrigatório o emprego do artigo definido. Coloque-o entre o numeral ambos e o substantivo a que se refere	O juiz solicitou a presença de ambos os cônjuges. Ambas as partes chegaram a um acordo.
Com Cujo (e flexões) não usamos artigo	Este é o homem cujo amigo desapareceu. Este é o autor cuja obra conheço.
Não se combina com preposição o artigo que faz parte do nome de revistas, jornais e obras literárias	Li a notícia em O Estado de São Paulo. A notícia foi publicada em O Globo.

USA-SE o artigo definido	
Nomes próprios geográficos Dica: use **voltei do, da** = com artigo	A Bahia = voltei da O Rio de Janeiro = voltei do A Amazônia = voltei da
Qualificando o lugar, haverá também o artigo	O velho Portugal = voltei do A Atenas de Péricles = voltei da A antiga Grécia = voltei da
→ **Cuidado:** **voltei de** = sem artigo	Portugal = voltei de Roma = voltei de Atenas = voltei de Curitiba = voltei de São Paulo = voltei de Paris = voltei de
Uso FACULTATIVO antes de pronomes possessivos	Foi rápida a sua entrevista. Foi rápida sua entrevista.

Artigo indefinido	
Transmite ao substantivo grande força expressiva	*Estou com* **uma sede***!* O artigo indefinido denota a grande intensidade da sede que o emissor da frase sente.
Antepõe-se ao numeral quando não se pode precisá-lo	*Ela deve ter* **uns 15** *anos.*
Antes de nomes próprios para acentuar a semelhança de alguém com um personagem célebre. Nesse caso o nome próprio passa a ser um nome comum	*Revelou-se* **um Pavarotti**. (um grande cantor)

4.1. EM CONCURSOS – PEGADINHA DE CESPE

PARALELISMO: quando há vários substantivos, usa-se o artigo em todos ou em nenhum.

1) Estudou livros, apostilas, tópicos e testes.

2) Estudou os livros, as apostilas, os tópicos e os testes.

Surge, assim, questão de crase:

Entregou o prêmio **a** aluna, professora e diretora. = O **a** é preposição.

Entregou o prêmio à aluna, à professora e **à** diretora. = Há artigo + preposição, ou seja, há o sinal indicativo de crase.

A	**artigo**	admite plural	**As** apostilas estão prontas.
	preposição	**não** admite **plural**	Fomos **a** Londres.
	Pronome pessoal	sentido de **algo, alguém**	Convidei-**a** para jantar
	Pronome demonstrativo	sentido de **esta, essa, aquela**	Ela foi **a** que mais conversou.

CAPÍTULO 4 – NUMERAL

1. DEFINIÇÃO

É a palavra que atribui quantidade aos seres ou os situa em determinada sequência.

Os **quatro** últimos ingressos foram vendidos há pouco.	**quatro:** numeral = atributo numérico de "ingresso".
Eu quero café **duplo.**	**duplo:** numeral = atributo numérico de "café".
A **primeira** pessoa da fila pode entrar.	**primeira:** numeral = situa o ser "pessoa" na sequência de «fila».

Os **numerais** traduzem, em palavras, o que os números indicam em relação aos seres. Assim, quando a expressão é colocada em números (1, 1º, 1/3, etc.) não se trata de numerais, mas sim de algarismos. Estes últimos são uma classe gramatical específica às palavras (um, primeiro, terça parte, etc.).

Além dos numerais mais conhecidos, já que refletem a ideia expressa pelos números, existem mais algumas palavras consideradas numerais porque denotam quantidade, proporção ou ordenação. São alguns exemplos**:** **década, dúzia, par, ambos(as), novena**.

2. CLASSIFICAÇÃO DO NUMERAL

De acordo com suas funções, os numerais são classificados em:

Cardinais, ordinais, fracionários, multiplicativos e coletivos.

Nº	Cardinais	Ordinais	Multiplicativos	Fracionários	Coletivos
1	um	**primeiro**			
2	dois	**segundo**	duplo ou dobro	**meio ou metade**	duo, dueto, dupla
3	três	**terceiro**	triplo ou tríplice	**terço**	trio
4	quatro	**quarto**	quádruplo	**quarto**	quarteto
5	cinco	**quinto**	quíntuplo	**quinto**	quinteto

3. LEITURA DOS NUMERAIS

Separando os números em centenas, de trás para frente, obtêm-se conjuntos numéricos, em forma de centenas e, no início, também de dezenas ou unidades. Entre esses conjuntos usa-se vírgula; as unidades ligam-se pela conjunção **e**.

1.203.726	um milhão, duzentos **e** três mil, setecentos **e** vinte **e** seis.
45.520	quarenta **e** cinco mil, quinhentos **e** vinte.

4. EMPREGO DOS NUMERAIS

<table>
<tr><td>Não se deve usar o numeral um antes de mil</td><td colspan="2">Ganhei mil reais.</td></tr>
<tr><td>Em relação ao primeiro dia do mês</td><td colspan="2">Fortaleza, 1º de dezembro de 2014.
Com relação ao primeiro dia, há gramáticos respeitados, como Evanildo Bechara, que defendem tanto o uso do ordinal como do cardinal. O emprego do ordinal, todavia, parece ter maior aceitação e, portanto, deve receber prioridade.</td></tr>
<tr><td>Com relação às datas - Uso de AOS, A e EM</td><td>É facultativo.
Assim, posso empregar qualquer uma das três opções.</td><td>– Aos 18 dias de março foi prolatada a sentença.
– A 18 de março foi prolatada a sentença.
– Em 18 de março foi prolatada a sentença.
– No dia 23 de março foi prolatada a sentença.</td></tr>
<tr><td>Os numerais milhares, milhões e bilhões exigem o artigo no masculino</td><td colspan="2">– Os milhares de mulheres compareceram à passeata.
– Os três milhões de árvores plantadas cresceram devagar.
– Não há oferta de trabalho para os dois bilhões de pessoas ociosas.</td></tr>
<tr><td rowspan="2">Na designação de artigos, capítulos e parágrafos, usam-se os ordinais de um a nove e os cardinais de dez em diante</td><td colspan="2">– Capítulo VII (sétimo)
– Capítulo X (dez)
– Artigo IX (nono)
– Artigo X (dez)
– Parágrafo X (dez)
– Parágrafo XI (onze)
– Oficialmente o fim do Império Romano se deu no século V. (século quinto)
– A Reforma Protestante e a Contrarreforma ocorreram no século XVI. (século dezesseis)
– Pio X e Pio XII foram dois papas da Igreja Católica. (respectivamente Pio décimo e Pio doze)
– Dom Pedro II era maçom. (Pedro Segundo)</td></tr>
<tr><td>Observação:
usar-se-ão, todavia, os ordinais em frases como:</td><td>No décimo quarto século depois do fim do Império Romano nasceu Nietzsche, o filósofo que mais perseguiu o cristianismo.</td></tr>
</table>

<table>
<tr><td rowspan="2">Na designação de páginas de um livro e nos endereços de apartamentos e casas de uma vila usam-se os cardinais</td><td colspan="2">Carla abriu o livro na página 5. (cinco)
Carla mora no apartamento 203. Casa 3. (três)</td></tr>
<tr><td>Observação:
Se o numeral anteceder o substantivo, o ordinal deve ser usado.</td><td>- Carla abriu o livro na 5ª página. (quinta)
- Carla abriu o livro na quinta página.</td></tr>
<tr><td rowspan="2">Não se usa o ponto entre os numerais, quando estes designam datas</td><td colspan="2">Hoje é dia 18 de agosto de 2013.</td></tr>
<tr><td>Observação:
Nos demais casos, o ponto deve ser colocado entre as centenas e milhares.</td><td>- Ele ganhou R$ 1.250.350,18 de prêmio.
- O juiz de Direito fez menção ao art. 1.184 do Código de Processo Civil.</td></tr>
<tr><td>Uso de sinais gráficos entre as datas: três opções, sendo a primeira mais aceita</td><td colspan="2">- / 12 / 2013
-.12.2013
- - 12 - 2013</td></tr>
<tr><td>Quantidade de dígitos em relação aos dias, meses e anos</td><td colspan="2">- Escrita: 18/01/2014
- No preenchimento de campos, seja em papéis, seja nos meios eletrônicos: 18/01/2014 ou 18/01/14
- no computador: O fato aconteceu a 20 de dezembro de 2013.
- O fato aconteceu a 20/12/2013.
- Ribeirão Preto, 26 de janeiro de 2014. (por causa do nome geográfico, no caso Ribeirão Preto)</td></tr>
<tr><td>Uso de sinais gráficos entre a data, o nome geográfico e entre este e a sigla correspondente ao estado ou país</td><td colspan="2">- Ribeirão preto, SP, 26 de janeiro de 2014.
- Ribeirão Preto-SP, 26 de janeiro de 2016.
- Ribeirão Preto (SP), 26 de janeiro de 2016.</td></tr>
</table>

CAPÍTULO 5 - PRONOME

1. INTRODUÇÃO

Os pronomes mais pedidos em provas são: pessoais, demonstrativos e relativos.

2. DEFINIÇÃO

Pronome é a palavra usada no lugar do nome, pode referir-se ao nome ou simplesmente o acompanhar, dando-lhe uma qualidade.

3. PRONOME ADJETIVO E SUBSTANTIVO

Pronome adjetivo: acompanha o substantivo.

Pronome substantivo: substitui o nome (substantivo).

Exemplos:

- **Nós** viajaremos em **seu** carro.
- **Nós**: pronome substantivo
- **Seu**: pronome adjetivo

4. CLASSIFICAÇÃO DOS PRONOMES

4.1. PRONOME PESSOAL

Substitui os substantivos, indicando diretamente as pessoas do discurso. O emissor (quem fala ou escreve) assume os pronomes **eu** ou **nós**, usam-se os pronomes **tu, vós, você** ou **vocês** para designar o receptor (a quem se dirige) e **ele, ela, eles** ou **elas** para designar o referente (pessoa ou pessoas de quem fala).

RETOS	OBLÍQUOS	
	Átonos	Tônicos
EU	me	mim, comigo
TU	te	ti, contigo
ELE	o, a, lhe, se	si, consigo, ele, ela
NÓS	nos	conosco, nós
VÓS	vos	convosco, vós
ELES	os, as, lhes, se	si, consigo, eles, elas

Pessoas do discurso		
Emissor	quem fala	eu, nós
Receptor	com quem se fala	tu, vós
Referente	de quem se fala	ele, ela, eles, elas

4.1.1. EM CONCURSOS

Cuidado com o emprego dos pronomes nas frases a seguir:

Ana, preciso falar **com você.**

Estás calado demais hoje, quero falar **contigo** depois.

No primeiro caso, usa-se **com você**, já que não há referência da 2ª pessoa. No segundo caso, há referência do sujeito tu, usa-se **contigo**.

4.1.2. EMPREGO DOS PRONOMES PESSOAIS

Pronomes	Funções	Exemplos	Perguntas	Respostas
Retos	sujeito	**Nós** viajaremos no fim de semana.	quem?	Nós
		Eles estudaram para a prova.	quem?	Eles

Pronomes	Funções	Quando é usado	Dica	São eles
Oblíquos	Objeto Direto	vem após um verbo transitivo direto, ou seja, **não** pede preposição.	**sem** preposição	o, a, os, as
	Objeto Indireto	vem após verbo transitivo indireto, ou seja, pede preposição.	**com** preposição	lhe, lhes

Objeto Direto:

Eles	compraram	alguns livros.	*compra algo*
	↓ V.T.D.	↓ O.D.	

Objeto Indireto:

Todos	necessitam	de felicidade.	*necessita de algo*
	↓ V.T.I.	↓ O.I.	

Entregaram	o prêmio	ao vencedor.	*entregaram algo a alguém*
↓ V.T.D.I	↓ O.D	↓ O.I.	

Sendo assim, teremos:

- **O.D: o(s), a(s)**
- **O.I: lhe(s)**

Convidei	-o	para jantar.	convida alguém
↓ V.T.D	↓ O.D.		

O filho	obedece	-lhe.	*obedece a alguém*
	↓ V.T.I.	↓ O.I.	

Verbos terminados em	r, s, z	+ o, a	= lo, la	Quis + o Fiz + a Amar + o	= qui-lo = fi-la = amá-lo
	m, ão, õe	+ o, a	= no, na	fizeram + o põe + a dão + o	= fizeram-no = põe– na = dão-no

Uso de MIM e EU

Usa-se EU apenas quando o pronome possuir função de SUJEITO.

Para que isso aconteça, é necessário haver um verbo posposto ao pronome:

Este exercício é para MIM.

Este exercício é para EU resolver.

quem irá resolver? **Eu**: sujeito do verbo posposto =

forma reta.

Não houve intrigas entre MIM e TI (você, ele, ela).

É difícil para mim **acreditar** no Brasil.

Temos aqui um caso típico de inversão e uma grande "pegadinha" de concurso.

Oração iniciada por VERBO SER (ou qualquer verbo de ligação) + _______ + PARA = MIM.

Uso de SE, SI, CONSIGO: usamos em voz reflexiva, ou seja, quando o sujeito praticar e sofrer a ação. Exemplos:

Ele feriu-se com a faca.

O aluno trouxe o livro consigo.

Pense em ele MESMO.

ele PRÓPRIO

4.2. PRONOMES DE TRATAMENTO

Chamados também de segunda pessoa indireta. O pronome de tratamento faz parte da divisão dos pronomes pessoais por fazerem referência a pessoas que são consideradas como autoridades.

EMPREGO DOS PRONOMES DE TRATAMENTO – PODER EXECUTIVO

Destinatário	Tratamento	Abrev	Vocativo	Envelope
Presidente da República	Vossa Excelência	Não se usa	Excelentíssimo Senhor Presidente da República,	Excelentíssimo Senhor Fulano de Tal Presidente da República Endereço
Vice-Presidente da República	Vossa Excelência	V.Exa.	Senhor Vice-Presidente,	Excelentíssimo Senhor Fulano de Tal Vice-Presidente da República
Ministros de Estado	Vossa Excelência	V.Exa.	Senhor Ministro,	Excelentíssimo Senhor Fulano de Tal Ministro...
Secretário-Geral da Presidência da República	Vossa Excelência	V.Exa.	Senhor Secretário,	Excelentíssimo Senhor Fulano de Tal Secretário-Geral da Presidência
Consultor-Geral da República	Vossa Excelência	V.Exa.	Senhor Consultor,	Excelentíssimo Senhor Fulano de Tal Consultor-Geral da República
Chefe do Estado-Maior das Três Armas	Vossa Excelência	V.Exa.	Senhor Chefe,	Excelentíssimo Senhor Fulano de Tal Chefe do Estado-Maior das Três Armas
Oficiais-Generais das Forças Armadas	Vossa Excelência	V.Exa.	Senhor + Cargo respectivo,	Excelentíssimo Senhor Fulano de Tal Oficial-General das Forças Armadas
Chefe do Gabinete Militar da Presidência da República	Vossa Excelência	V.Exa.	Senhor Chefe,	Excelentíssimo Senhor Fulano de Tal Chefe do Gabinete Militar da Presidência da República
Chefe do Gabinete Pessoal da Presidência da República	Vossa Excelência	V.Exa.	Senhor Chefe,	Excelentíssimo Senhor Fulano de Tal Chefe do Gabinete Pessoal da Presidência da República
Secretários da Presidência da República	Vossa Excelência	V.Exa.	Senhor Secretário	Excelentíssimo Senhor Fulano de Tal Secretário da Presidência da República
Secretário Executivo e Secretário Nacional de Ministérios	Vossa Excelência	V.Exa.	Senhor Secretário	Excelentíssimo Senhor Fulano de Tal Secretário Executivo ou Secretário Nacional de Ministérios
Procurador-Geral da República	Vossa Excelência	V.Exa.	Senhor Procurador,	Excelentíssimo Senhor Fulano de Tal Procurador-Geral da República

Destinatário	Tratamento	Abrev	Vocativo	Envelope
Governador de Estado	Vossa Excelência	V.Exa.	Senhor Governador,	Excelentíssimo Senhor Fulano de Tal Governador do Estado
Vice-Governador de Estado	Vossa Excelência	V.Exa.	Senhor Vice--Governador,	Excelentíssimo Senhor Fulano de Tal Vice-Governador do...
Secretário de Estado dos Governos Estaduais	Vossa Excelência	V.Exa.	Senhor Secretário,	Excelentíssimo Senhor Fulano de Tal Secretário de Estado de
Prefeitos Municipais	Vossa Excelência	V.Exa.	Senhor Prefeito,	Excelentíssimo Senhor Fulano de Tal Prefeito do Município
Embaixador	Vossa Excelência	V.Exa.	Senhor Embaixador,	Excelentíssimo Senhor Fulano de Tal Embaixador do...

EMPREGO DOS PRONOMES DE TRATAMENTO – PODER LEGISLATIVO

Destinatário	Tratamento	Abrev	Vocativo	Envelope
Presidente do Congresso Nacional	Vossa Excelência	Não se usa	Excelentíssimo Senhor Presidente do Congresso Nacional,	Excelentíssimo Senhor Fulano de Tal Presidente do Congresso Nacional
Presidente da Câmara	Vossa Excelência	V.Exa.	Senhor Presidente,	Excelentíssimo Senhor Fulano de Tal Presidente da Câmara
Vice-Presidente da Câmara	Vossa Excelência	V.Exa.	Senhor Vice--Presidente,	Excelentíssimo Senhor Fulano de Tal Vice-Presidente da Câmara
Membros da Câmara dos Deputados	Vossa Excelência	V.Exa.	Senhor Deputado,	Excelentíssimo Senhor Fulano de Tal Deputado
Membros do Senado Federal	Vossa Excelência	V.Exa.	Senhor Senador,	Excelentíssimo Senhor Senador Fulano de Tal Senado Federal endereço
Presidente e Membros do Tribunal de Contas da União e dos Tribunais de Contas Estaduais	Vossa Excelência	V.Exa.	Senhor + cargo respectivo,	Excelentíssimo Senhor Fulano de Tal cargo respectivo,
Presidente e Membros das Assembleias Legislativas Estaduais	Vossa Excelência	V.Exa.	Senhor + cargo respectivo,	Excelentíssimo Senhor Fulano de Tal cargo respectivo,
Presidentes das Câmaras Municipais	Vossa Excelência	V.Exa.	Senhor + cargo respectivo,	Excelentíssimo Senhor Fulano de Tal cargo respectivo,

EMPREGO DOS PRONOMES DE TRATAMENTO – PODER JUDICIÁRIO

Destinatário	Tratamento	Abrev	Vocativo	Envelope
Presidente do Supremo Tribunal Federal	Vossa Excelência	Não se usa	Excelentíssimo Senhor Presidente do Supremo Tribunal Federal	Excelentíssimo Senhor Fulano de Tal Presidente Supremo Tribunal Federal
Membros do Supremo Tribunal Federal	Vossa Excelência	V.Exa.	Senhor + cargo respectivo,	Excelentíssimo Senhor Fulano de Tal Cargo respectivo
Presidente e Membros do Superior Tribunal de Justiça	Vossa Excelência	V.Exa.	Senhor + cargo respectivo,	Excelentíssimo Senhor Fulano de Tal Cargo respectivo
Presidente e Membros do Tribunal Superior Militar	Vossa Excelência	V.Exa.	Senhor + cargo respectivo,	Excelentíssimo Senhor Fulano de Tal Cargo respectivo
Presidente e Membros do Tribunal Superior Eleitoral	Vossa Excelência	V.Exa.	Senhor + Cargo respectivo,	Excelentíssimo Senhor Fulano de Tal Cargo respectivo
Presidente e Membros do Tribunal Superior do Trabalho	Vossa Excelência	V.Exa.	Senhor + Cargo respectivo,	Excelentíssimo Senhor Fulano de Tal Cargo respectivo
Presidente e Membros dos Tribunais de Justiça	Vossa Excelência	V.Exa.	Senhor + Cargo respectivo,	Excelentíssimo Senhor Fulano de Tal Cargo respectivo
Presidente e Membros do Tribunais Regionais Federais	Vossa Excelência	V.Exa.	Senhor + Cargo respectivo,	Excelentíssimo Senhor Fulano de Tal Cargo respectivo
Presidente e Membros dos Tribunais Regionais Eleitorais	Vossa Excelência	V.Exa.	Senhor + Cargo respectivo,	Excelentíssimo Senhor Fulano de Tal Cargo respectivo
Presidentes e Membros dos Tribunais Regionais do Trabalho	Vossa Excelência	V.Exa.	Senhor + Cargo respectivo,	Excelentíssimo Senhor Fulano de Tal Cargo respectivo
Juízes	Vossa Excelência	V.Exa.	Senhor Juiz,	Excelentíssimo Senhor Fulano de Tal Cargo respectivo
Desembargadores	Vossa Excelência	V.Exa.	Senhor Desembargador,	Excelentíssimo Senhor Fulano de Tal Cargo respectivo
Auditores da Justiça Militar	Vossa Excelência	V.Exa.	Senhor + cargo respectivo,	Excelentíssimo Senhor Fulano de Tal Cargo respectivo

EMPREGO DOS PRONOMES DE TRATAMENTO – OUTROS CASOS

Destinatário	Tratamento	Abrev	Vocativo	Envelope
Reitor de Universidade	Vossa Magnificência	Não se usa	Magnífico Reitor,	A vossa Magnificência o Senhor Fulano de Tal Reitor da Universidade
Presidentes e diretores de empresas	Vossa Senhoria	V.Sa.	Senhor Fulano de Tal ou Senhor + cargo respectivo,	Ao Senhor Fulano de Tal Cargo Respectivo
Cônsul	Vossa Senhoria	V.Sa.	Senhor Cônsul,	Ao Senhor Fulano de Tal Cônsul da Embaixada Local
Outras autoridades	Vossa Senhoria	V.Sa.	Senhor + cargo respectivo,	Ao Senhor Fulano de Tal Cargo respectivo Endereço

EMPREGO DOS PRONOMES DE TRATAMENTO – HIERARQUIA ECLESIÁSTICA

Destinatário	Tratamento	Abrev	Vocativo	Envelope
Papa	Vossa Santidade	Não existe	Santíssimo Padre,	Santíssimo Padre Fulano de Tal Endereço
Cardeais	Vossa Eminência ou Vossa Eminência Reverendíssima	Não existe	Eminentíssimo Senhor Cardeal, ou Eminentíssimo e Reverendíssimo Senhor Cardeal,	Senhor Cardeal Fulano de Tal Endereço
Arcebispos e Bispos	Vossa Excelência Reverendíssima	Não existe	Excelentíssimo e Reverendíssimo Senhor Arcebispo (ou Bispo),	Senhor Arcebispo (ou Bispo) Fulano de Tal Endereço
Monsenhores, Cônegos e superiores religiosos	Vossa Reverendíssima ou Vossa Senhoria Reverendíssima	Não existe	Reverendíssimo Monsenhor (ou Cônegos, etc.), ou Reverendíssimo Senhor Cônego,	Senhor Monsenhor (ou Cônego, etc.) Fulano de Tal Endereço
Sacerdotes, Cléricos e demais religiosos	Vossa Reverência	Não existe	Reverendo Sacerdote (ou Clérico, etc.),	Senhor Sacerdote (ou Clérico, etc.) Fulano de Tal Endereço

Fonte: <http://www.casacivil.pr.gov.br/modules/conteudo/>.

4.2.1. EM CONCURSOS

O senhor, a senhora e você, vocês são pronomes de tratamento. "O senhor" e **"a senhora"** são empregados no tratamento cerimonioso; **"você"** e **"vocês"**, no tratamento familiar. **Você** e **vocês** são empregados no português do Brasil; em algumas regiões, a forma **tu** é de uso frequente, em outras, é muito pouco empregada. Já a forma **vós** tem uso restrito à linguagem litúrgica, ultraformal ou literária.

Vossa Excelência e **Sua Excelência:** os pronomes de tratamento que possuem "Vossa(s)" são empregados em relação à pessoa **a quem** nos dirigimos.

3ª pessoa: a concordância deve ser feita com a 3ª pessoa. Assim, os verbos, os pronomes possessivos e os pronomes oblíquos empregados em relação a eles devem ficar na 3ª pessoa.

Uniformidade de Tratamento: quando escrevemos ou nos dirigimos a alguém, não é permitido mudar, ao longo do texto, a pessoa do tratamento escolhida inicialmente. Se usa a terceira pessoa (você), não pode usar oblíquos **te**, **ti, contigo**, nem os possessivos **teu, tua**, por exemplo.

4.3. PRONOME POSSESSIVO

Indica posse das pessoas do discurso.

<table>
<tr><th>Pessoa</th><th>Número</th><th>Pronome</th></tr>
<tr><td rowspan="2">Primeira</td><td>singular</td><td>meu(s), minha(s)</td></tr>
<tr><td>plural</td><td>nosso(s), nossa(s)</td></tr>
<tr><td rowspan="2">Segunda</td><td>singular</td><td>teu(s), tua(s)</td></tr>
<tr><td>plural</td><td>vosso(a), vos-sos(as)</td></tr>
<tr><td rowspan="2">Terceira</td><td>singular</td><td>seu(s), sua(s)</td></tr>
<tr><td>plural</td><td>seu(s), sua(s)</td></tr>
</table>

4.3.1. MORFOSSINTAXE DO PRONOME POSSESSIVO

O pronome possessivo, quando adjetivo, ou seja, acompanhado por substantivo, exerce função de adjunto adnominal.

Entregou **seu** gabarito ao fiscal.

- Morfologia: pronome adjetivo (acompanha o substantivo **gabarito**).
- Sintaxe: adjunto adnominal do objeto direto **seu gabarito**.

Pode possuir função sintática de: núcleo do sujeito, do complemento verbal, do predicativo, etc. Normalmente ocorre em estruturas paralelísticas – o substantivo representado já foi mencionado anteriormente, acompanhado por um pronome possessivo adjetivo.

Este é o **meu** concurso. O **seu**, o edital nem foi publicado.

4.3.2. EM CONCURSOS

<table>
<tr><td rowspan="6">Pronomes possessivos que possuem outros valores</td><td>Afetividade</td><td>Não faça assim, minha criança.</td></tr>
<tr><td>Proximidade</td><td>Ele tem seus quarenta anos.</td></tr>
<tr><td>Hábito</td><td>Vai começar com sua tosse?</td></tr>
<tr><td>Desprezo</td><td>Ela está namorando aquilo?</td></tr>
<tr><td>Surpresa</td><td>Esta é aquela?</td></tr>
<tr><td>Intensidade</td><td>Aonde você vai com essa pose?</td></tr>
<tr><td>Não é pronome possessivo quando possui sentido de Senhor</td><td colspan="2">Obrigada, Seu Jorge.
= Obrigada, Senhor Jorge.</td></tr>
<tr><td>Em frases com pronome de tratamento, o pronome possessivo concorda com a terceira pessoa.</td><td colspan="2">Vossa Excelência leu todo o seu livro?</td></tr>
<tr><td>Pronomes pessoais oblíquos podem assumir valor de posse.</td><td colspan="2">Ajeitou-lhe a coberta.
= Ajeitou sua coberta.</td></tr>
</table>

4.4. PRONOME DEMONSTRATIVO

O pronome demonstrativo é utilizado em três situações. Pode se referir a espaço, ideias ou elementos. São eles:

Pessoa	Variáveis	Invariáveis
primeira	este, esta, estes, estas	isto
segunda	esse, essa, esses, essas	isso
terceira	aquele, aquela, aqueles, aquelas	aquilo

4.4.1. EMPREGO DO PRONOME DEMONSTRATIVO

Para demonstrar no espaço		
pronome	**usado para**	**dica**
Este(s), esta(s), isto	o que está próximo a mim	AQUI
Esse(s), essa(s), isso	o que está próximo a você	AÍ
Para demonstrar no espaço		
pronome	**usado para**	**dica**
Aquele(s), aquela(s), aquilo	o que está distante	LÁ

Exemplos:

Este livro em minhas mãos foi escrito por **aquele** autor sentado na sexta fileira.

Essa aliança é de qual casamento seu?

Para retomar elementos (pessoas ou coisas)	
pronome	**usado para**
Este(s), esta(s)	retomar o elemento mais próximo do pronome
Aquele(s), aquela(s)	retomar o elemento mais distante do pronome

Exemplo:

Matemática e **literatura** me agradam: **esta** desenvolve a sensibilidade; **aquela**, o raciocínio.

Percebam que, se caso a ordem for alterada, os pronomes, obrigatoriamente, serão alterados também. Dependerá sempre do contexto. Exemplo:

Literatura e **matemática** me agradam: **aquela** desenvolve a sensibilidade; **esta**, o raciocínio.

Para ideias		
pronome	**usado para**	**dica**
Esse (a), isso	para retomar ideia	anáfora
Este (a), isto	para citar ideia	catáfora

Pronome anafórico: retoma ideia do período anterior ou do parágrafo anterior.

Pronome catafórico: cita ideia. Associe o **c** no início dos dois vocábulos.

Exemplos:

Espero sinceramente **isto**: que se procedam as reformas.

Que as reformas sejam efetuadas logo; é **isso** que desejo.

4.5. PRONOME RELATIVO

Representa nomes já mencionados anteriormente e com os quais se relaciona. Inicia as orações subordinadas adjetivas. São eles:

Variáveis	Invariáveis
o qual, a qual, os quais, as quais	que
cujo, cuja, cujos, cujas	quem
quanto, quanta, quantos, quantas	onde

Observações importantes:

- Os vocábulos **como** e **quanto**, quando retomam termos anteriormente mencionados, possuem função de pronome relativo.
- Para evitar erros, ao aparecer a palavra **que**, tente substituí-la por **o qual, a qual, os quais, as quais**.

4.5.1. EMPREGO DO PRONOME RELATIVO

Um dos tópicos mais pedidos em concursos por fazer, também, de regência. Muitas teorias não valem a pena ser mencionadas porque as instituições pedem o emprego da mesma forma.

Atenção, em primeiro lugar, ao quadro-resumo a seguir.

Quem	Cujo	Onde
usado apenas para pessoas.	concorda com o termo posterior e indica posse da anterior e não admite artigo, apenas preposição.	usado para retomar lugar e pode ser substituído por **em que, na qual, no qual, nas quais, nos quais**.

Siga o passo a passo:

1) Encontre o pronome relativo;

2) Veja a qual termo o pronome relativo se refere.

3) Construa outra oração com os termos posteriores ao pronome relativo e encaixe o vocábulo que o relativo retoma.

Sempre mantenha a informação, atente-se aos exemplos a seguir.

- **Não conheço o lugar onde você mora.**

1) Onde	2) Retoma **lugar**	3) Você mora **no** lugar

*Quem mora, mora **em** algum lugar.*

A preposição **em *é pedida.***

Assim, teremos:

Não conheço o lugar **em que** você mora.

Não conheço o lugar **no qual** você mora.

- **Conheço a garota de quem você falou.**

1) Quem	2) Retoma **garota**	3) Você falou **da** garota

Quem fala, fala **de** alguém.

A preposição **de *é pedida.***

Assim, teremos:

Conheço a garota **da qual** você falou.

Conheço a garota **de que** você falou.

- **Este é o autor a cuja obra me referi.**

1) Cuja	2) Refere-se a **autor**	3) Eu me referi à obra do autor (posse do anterior)

Quem se refere, refere-se **a** algo.

A preposição **a** foi pedida.

Atenção: não existem as formas cujo o, cuja a e o cuja, mas a cujo(a) existe = preposição e não artigo.

- **Estas são as pessoas com cujas ideias concordo.**

1) Cujas	2) Refere-se a **ideias**	3) Eu concordo **com** as ideias do autor

Quem concorda, concorda **com** algo.

A preposição **com** foi pedida.

4.6. PRONOME INDEFINIDO

Designa o referente, isto é, a terceira pessoa do discurso e possui sentido vago.

Classificam-se em:

Pronomes Indefinidos Substantivos: assumem o lugar do ser ou da quantidade aproximada de seres na frase. São eles: **algo, alguém, fulano, sicrano, beltrano, nada, ninguém, outrem, quem, tudo.**

Pronomes Indefinidos Adjetivos: qualificam um ser expresso na frase, conferindo-lhe a noção de quantidade aproximada. São eles: **cada, certo(s), certa(s).**

Variáveis				**Invariáveis**
Singular		**Plural**		
Masculino	**Feminino**	**Masculino**	**Feminino**	
algum	alguma	alguns	algumas	alguém
nenhum	nenhuma	nenhuns	nenhumas	ninguém
todo	toda	todos	todas	outrem
muito	muita	muitos	muitas	tudo
pouco	pouca	poucos	poucas	nada
vário	vária	vários	várias	algo
tanto	tanta	tantos	tantas	cada
outro	outra	outros	outras	
quanto	quanta	quantos	quantas	
qualquer		quaisquer		

Locuções pronominais indefinidas: cada qual, cada um, qualquer um, quantos quer(que), quem quer(-que), seja quem for, seja qual for, todo aquele(que), tal qual(= certo), tal e qual, tal ou qual, um ou outro, uma ou outra, etc.

4.6.1. EM CONCURSOS

Sentido negativo	nenhum, ninguém, nada
Sentido afirmativo	algum, alguém, algo
Totalidade negativa	nenhum, nada
Totalidade afirmativa	todo, tudo
Particulariza	certo
Generaliza	qualquer
Pessoa	alguém, ninguém
Coisa	algo, nada

4.7. PRONOME INTERROGATIVO

Os pronomes **que, quem, qual e quanto**, na teoria indefinidos, são classificados particularmente como interrogativos porque são empregados para formular interrogações diretas ou indiretas:

Que *foi isso?*

Quero saber que foi isso.

Quem é esse rapaz?

5. COLOCAÇÃO PRONOMINAL

Os pronomes oblíquos átonos (**o, a, os, as, lhe, lhes, me, te, se, nos, vos**) podem ocupar três posições diferentes em relação ao verbo: **próclise, mesóclise e ênclise**.

Dica: a fonética (a sonoridade) ajuda a resolver as questões. Pronuncie e perceba se a dicção está perfeita. Em casos de colocação errada, a fala soa mal.

6. PRÓCLISE

O pronome oblíquo surge **antes do verbo**, isto é, **proclítico**.

Ocorre em orações nas quais antes do verbo haja:

Palavra ou expressão de **valor negativo**.	**Nunca me** revelaram os motivos. **Não me** conte seus problemas.
Advérbios e pronomes indefinidos, sem que haja pontuação.	**Tudo se** acaba um dia. **Assim se** resolveram as questões. Havendo pontuação, ocorrerá ênclise: Assim, **resolvem-se** os problemas.
Pronomes e advérbios interrogativos.	**Quem te** chamou aqui? **Por que a** avisaram apenas agora?
Orações exclamativas e optativas (indicam desejo).	**Deus te** abençoe. **Como a** admiro!
Conjunções subordinativas.	**É necessário que se** faça a reforma. Comprei o livro **que me** será útil.

Gerúndio + em (preposição)	**Em se tratando** de provas, é melhor fazer muitos exercícios.
Advérbio <u>só</u> e **conjunção coordenada alternativa.**	**Só me** lembrou disso hoje. = só: somente **Ou se** afaste, **ou me** ame.
Pronome relativo	Foi o seu irmão **que me** ensinou a matéria.

7. MESÓCLISE

O pronome oblíquo surge **no meio do verbo**, ou seja, **mesoclítico**. É empregada, exclusivamente na linguagem culta ou literária.

Ocorrências:

Verbo no futuro do presente ou futuro do pretérito do indicativo.	**Convidar-me-ão** para a festa. **Convidar-te-ia** para a reunião.
NÃO OCORRERÁ se houver justificativa para próclise, como estudamos no tópico anterior:	**Amanhã o** convidarão para a festa. **Todos te** convidariam para a reunião.

8. ÊNCLISE

O pronome oblíquo surge **depois do verbo**, isto é, **enclítico**. É a colocação básica do pronome, a mais utilizada e ocorre quando não há palavras que atraem o oblíquo. Utilizada em:

Verbo no início da frase.	Comenta-se que ele foi aprovado.
Verbo no imperativo afirmativo.	Alunos, apressem-se.
Verbo no gerúndio.	Mudou o texto, acrescentando-lhe explicação.
Verbo no infinitivo impessoal.	Leia os testes antes de resolvê-los.

9. EM LOCUÇÕES VERBAIS

<table>
<tr><td rowspan="3">Verbo principal no infinitivo ou gerúndio</td><td>Pronome depois do verbo auxiliar ou do verbo principal</td><td>Quero-lhe apresentar a meus amigos.
Quero apresentar-lhe a meus amigos.
Ia-lhe dizendo o gabarito inteiro.
Ia dizendo-lhe o gabarito inteiro.</td></tr>
<tr><td>Com palavra que exija próclise: pronome antes do verbo auxiliar ou depois do principal</td><td>Não lhe quero apresentar a meus amigos.
Não quero apresentar-lhe a meus amigos.
Alguém lhe ia dizendo o gabarito.
Alguém ia dizendo-lhe o gabarito.</td></tr>
<tr><td>Preposição entre o verbo auxiliar e o infinitivo: duas formas.</td><td>Seu artigo há de encontrar-se no jornal de ontem.
Seu artigo há de se encontrar no jornal de ontem.</td></tr>
<tr><td>Verbo principal no infinitivo ou gerúndio</td><td>Preposição a e o pronome oblíquo o = pronome depois do infinitivo.</td><td>Voltou a cumprimentá-los pela aprovação.</td></tr>
<tr><td rowspan="2">Verbo Principal no Particípio</td><td>O pronome oblíquo átono não poderá vir depois dele.</td><td>Os poemas tinham-se perdido no vazio do tempo.</td></tr>
<tr><td>Havendo fator que justifique a próclise, o pronome ficará antes da locução.</td><td>Não me haviam consultado sobre a data da prova.</td></tr>
</table>

CAPÍTULO 6 – VERBO

1. INTRODUÇÃO

Verbo, além de ser um tópico extenso, é o mais pedido nas provas de concursos. Iniciaremos do zero para que não fique dúvida, pois não se trata de um assunto difícil, mas sim repleto de detalhes.

2. DEFINIÇÃO

Verbo é palavra variável que indica ação (caminhar), estado (ser), fenômeno da natureza (amanhecer), processos naturais (morrer), processos mentais (estudar) etc.

3. CLASSIFICAÇÃO VERBAL

Regulares	possuem as desinências normais de sua conjugação e cuja **flexão não provoca alterações no radical**.	**cant**o, **cant**ei, **cant**arei, **cant**ava, **cant**asse.
Irregulares	a **flexão provoca alterações no radical** ou nas desinências.	faço, fiz, farei, fizesse.
Anômalos	incluem **mais de um radical** em sua conjugação.	Ir, pôr, ser, saber.
Defectivos	**não** apresentam **conjugação completa**.	colorir, computar, falir.
Auxiliares	fazem parte da formação dos tempos compostos e das locuções verbais.	ser, estar, ter e haver.
Abundantes	possuem **mais de uma forma com o mesmo valor**. Geralmente, esse fenômeno costuma ocorrer no particípio, em que, além das formas regulares terminadas em –**ado** ou –**ido**, surgem as chamadas **formas curtas** (particípio irregular).	fritar: frito, fritado; prender: preso, prendido
Pronominais	São aqueles verbos que **se conjugam com os pronomes oblíquos átonos me, te, se, nos, vos, se**, na mesma pessoa do sujeito, expressando reflexibilidade.	abster-se, ater-se, apiedar-se, atrever-se, dignar-se, arrepender-se.

3.1. DEFECTIVOS

Verbos que não apresentam conjugação completa. Classificam-se em **impessoais**, **unipessoais** e **pessoais**.

IMPESSOAIS	Não possuem sujeito. Normalmente, são usados na terceira pessoa do singular.	Os principais são: • **haver**, quando sinônimo de existir, acontecer, realizar-se ou fazer (em orações temporais). • **fazer, ser e estar** (quando indicam tempo) • Todos os verbos que indicam fenômenos da natureza são impessoais: **chover, ventar, nevar, gear, trovejar, amanhecer, escurecer,** etc. **Outros verbos impessoais** • o verbo **passar** (seguido de preposição), indicando tempo. • os verbos **bastar e chegar**, seguidos da preposição **de**, indicando suficiência. • os verbos **estar e ficar** em orações tais como **Está bem, Está muito bem assim, Não fica bem, Fica mal,** sem referência a sujeito expresso anteriormente. • o verbo **deu + para** da língua popular, equivalente de **"ser possível"**.

UNIPESSOAIS	Possuem sujeito e são conjugados apenas nas terceiras pessoas, do singular e do plural.	Entre os unipessoais estão os verbos que significam vozes de animais: **bramar**: tigre; **bramir**: crocodilo; **cacarejar**: galinha; **coaxar**: sapo; **cricrilar**: grilo **Outros verbos unipessoais** 1) **cumprir, importar, convir, doer, aprazer, parecer, ser** (preciso, necessário, etc.). 2) **fazer** e **ir**, em orações que dão ideia de tempo, seguidos da conjunção **que.**
PESSOAIS	Não apresentam algumas flexões por motivos morfológicos ou eufônicos.	Exemplo: **falir, computar.**

3.2. ABUNDANTES

São verbos que possuem duas formas no particípio: formas regulares (terminação:**-ado** e –**ido**: formas longas) e formas irregulares (curtas).

INFINITIVO	PARTICÍPIO REGULAR	PARTICÍPIO IRREGULAR
Anexar	Anexado	Anexo
Dispersar	Dispersado	Disperso
Eleger	Elegido	Eleito
Envolver	Envolvido	Envolto
Imprimir	Imprimido	Impresso
Matar	Matado	Morto
Morrer	Morrido	Morto
Pegar	Pegado	Pego
Soltar	Soltado	Solto

Como utilizá-las?

1) **Ao lado de SER ou ESTAR,** usamos as formas **curtas (irregulares).**

2) **Ao lado de TER ou HAVER,** usamos as formas **longas (regulares).**

Exemplos:

- O vereador **estava** (ou **foi) eleito** pelo povo.
- O ladrão **foi** (ou **estava) preso** pelo policial.
- Alguém **havia** (ou **tinha) fritado** o bife.
- Ele **tinha** (ou **havia) prendido** o corrupto.

VERBOS QUE EXIGEM MUITA ATENÇÃO:

1) Ao lado de TER e HAVER admitem as duas formas (regular e irregular).

	PAGAR	GASTAR	GANHAR
TER	Tinha pago	Tinha gasto	Tinha ganho
	Tinha pagado	Tinha gastado	Tinha ganhado
HAVER	Havia pago	Havia gasto	Havia ganho
	Havia pagado	Havia gastado	Havia ganhado

2) **PEGAR passou a ser aceito como abundante**

Ele **foi** pego.

Alguém **tinha** pegado o sujeito.

3) **CHEGAR: não** existe a forma chego!

3.3. ANÔMALOS

São aqueles que incluem mais de um radical em sua conjugação. Os clássicos são os verbos SER e IR, acrescentemos o PÔR e SABER

Ir	Pôr	Ser	Saber
vou	ponho	sou	sei
vais	pus	és	sabes
ides	pôs	fui	soube
fui	punha	foste	saiba
foste	–	seja	–

3.3.1. EM CONCURSOS

Os verbos **ir** e **ser** possuem a mesma conjugação no pretérito perfeito do indicativo: fui, foste, foi, fomos, fostes, foram. Exemplos:

Eu **fui** aluna. = ser.

Eu **fui à Grécia.** = ir.

3.4. AUXILIARES

São aqueles que entram na formação dos tempos compostos e das locuções verbais. O verbo principal, quando acompanhado de verbo auxiliar, é expresso numa das formas nominais: **infinitivo, gerúndio** ou **particípio.**

Dica: os dois verbos podem ser substituídos por um e o verbo que desaparece é o auxiliar.

Exemplos:

Farei		prova
Vou	**fazer**	prova.
verbo auxiliar	*verbo principal no infinitivo*	

Chega		a hora da aula.
Está	**chegando**	a hora da aula.
verbo auxiliar	*verbo principal no gerúndio*	

Nós	**cumprimentamos**		os aprovados
Os aprovados	**foram**	**cumprimentados**	por nós.
	verbo auxiliar	*verbo principal no particípio*	

No último exemplo, há voz passiva analítica (ser + particípio) e na ativa equivale a: Nós cumprimentamos os aprovados.

3.5. PRONOMINAIS

São aqueles verbos que se conjugam com os pronomes oblíquos átonos **me, te, se, nos, vos, se**, na mesma pessoa do sujeito, expressando reflexibilidade (pronominais acidentais) ou apenas reforçando a ideia já implícita no próprio sentido do verbo (reflexivos essenciais).

Essenciais	sempre se conjugam com os pronomes oblíquos me, te, se, nos, vos, se.	abster-se, ater-se, apiedar-se, atrever-se, dignar-se, arrepender-se, etc.
Acidentais	verbos transitivos diretos em que a ação exercida pelo sujeito recai sobre o objeto representado por pronome oblíquo da mesma pessoa do sujeito; assim, o sujeito faz uma ação que recai sobre ele mesmo. Em geral, forma a voz reflexiva.	eu me arrependo; tu te arrependes; ele se arrepende; nós nos arrependemos; vós vos arrependeis; eles se arrependem.
	Observação: A reflexibilidade se diz acidental, pois a ação reflexiva pode ser exercida também sobre outra pessoa.	Ele se penteava. Ele me penteou.

3.5.1. CONJUGAÇÃO

Pessoas	Presente do indicativo	Pretérito Imperfeito do indicativo	Futuro do presente do indicativo
EU	eu ME sento	Me sentava	ME sentarei
TU	tu TE sentas	TE sentavas	TE sentarás
ELE	ele SE senta	SE sentava	SE sentará
NÓS	NOS sentamos	NOS sentávamos	NOS sentaremos
VÓS	VOS sentais	VOS sentáveis	VOS sentareis
ELES	SE sentam	SE sentavam	SE sentarão

3.5.2. EM CONCURSOS

- Os pronomes oblíquos átonos dos verbos pronominais não possuem função sintática, pois são parte integrante do verbo.
- Verbos reflexivos não são essencialmente pronominais e os pronomes possuem função sintática: Ele se feriu. O verbo ferir é transitivo direto e o objeto direto é o pronome **se**.

4. MODO VERBAL

Modo são as formas assumidas pelo verbo na expressão de um fato. Há três:

Indicativo	certeza	estudo, estudei, estudarei.
Subjuntivo	dúvida, hipótese	que eu estude, se ele estudasse, quando você estudar.
Imperativo	ordem, desejo	estuda tu, estude você, estudemos nós, estudai vós, estudem vocês.

4.1. FORMAS NOMINAIS

São formas que não possuem noção de tempo, mas sim de nomes – substantivo, adjetivo e advérbio.

Infinitivo	exprime a significação do verbo de modo vago e indefinido, podendo ter valor e função de **substantivo**.	cantar, fazer, partir
Gerúndio	o gerúndio pode funcionar como adjetivo ou **advérbio**.	**Saindo** da escola, encontrei alguns amigos. (função de advérbio) No parque, havia crianças **vendendo** doces. (função adjetivo)
Particípio	se não for empregado na formação dos tempos compostos, o particípio indicará ação terminada.	cantado, feito, partido

4.1.1. EM CONCURSOS

O **infinitivo impessoal** não possui sujeito. O **infinitivo pessoal** possui sujeito e assume a forma do impessoal. Flexiona-se assim:

2ª pessoa do singular: Radical + ES	cantares(tu)
1ª pessoa do plural: Radical + MOS	cantarmos (nós)
2ª pessoa do plural: Radical + DES	cantardes (vós)
3ª pessoa do plural: Radical + EM	cantarem (eles)

Na primeira e terceira pessoas do singular, assumem a forma do impessoal: cantar (sem desinência).

O **gerúndio**, na forma simples, expressa uma ação em curso; na forma composta, uma ação concluída: **Estudando**, entenderá o valor da vida. **Tendo estudado**, entendeu o valor da vida.

O **particípio** pode exprimir somente estado, sem nenhuma relação temporal, e assumir verdadeiramente a função de adjetivo (adjetivo verbal): Ele foi o estudante **escolhido** para organizar a palestra.

5. TEMPO VERBAL

Antes de nos aprofundarmos nas conjugações dos tempos, vamos às dicas do que indica cada tempo. O intuito é tornar o verbo uma matéria prazerosa de ser estudada, já que é a classe gramatical mais usada em nosso dia a dia. Relembrando os modos: indicativo = certeza; subjuntivo = dúvida, hipótese.

Dica

1) **PRESENTE**

- **do indicativo**: indica ação que acontece no momento da fala; hábito.

  Ele estuda de manhã e trabalha à tarde.

  Canto, cantas, canta, cantamos, cantais, cantam

- **do subjuntivo**: indica hipótese, dúvida.

  Que nós estudemos todas as manhãs.

  Que eu cante, cantes, cante, cantemos, canteis, cantem

2) **FUTURO**

- **do presente do indicativo**: ação futura certa (amanhã)

  Estarei no local marcado à tarde.

  Cantarei, cantarás, cantará, cantaremos, cantareis, cantarão

- **do pretérito do indicativo**: tempo condicional

  Nós *cantaríamos* se houvesse público.

  Cantaria, cantarias, cantaria, cantaríamos, cantaríeis, cantariam

- **do subjuntivo**: ação futura duvidosa
  Quando *fizer* o trabalho, darei os parabéns.
  (quando/se) eu cantar, cantares, cantar, cantarmos, cantardes, cantarem

3) **PRETÉRITO**

- **Perfeito do indicativo**: ação concluída (ontem)
  Fizemos tudo certo naquele dia.
  Cantei, cantaste, cantou, cantamos, cantastes, cantaram
- **Imperfeito do indicativo**: ação prolongada, contínua
  Passeava de moto quando o guarda o multou.
  Cantava, cantavas, cantava, cantávamos, cantáveis, cantavam
- **Mais-que-perfeito do indicativo**: ação passada em relação a outra ação também passada.
  Fez os exercícios e **aprendera** toda a matéria.
  Cantara, cantaras, cantara, cantáramos, cantáreis, cantaram
  Perceba que para ter o mais– que– perfeito é necessário o perfeito.
- **Imperfeito do subjuntivo**: tempo condicional
  Se fizesse todas as tarefas, poderia viajar.
  Se cantasse, cantasses, cantasse, cantássemos, cantásseis, cantassem
  Normalmente usado junto com o futuro do pretérito para enfatizar a condição.

5.1. TEMPOS PRIMITIVOS

Presente do Indicativo

1ª conjugação	2ª conjugação	3ª conjugação	Desinência pessoal
CANTAR	VENDER	PARTIR	
cantO	vendO	partO	O
cantaS	vendeS	parteS	S
canta	vende	parte	-
cantaMOS	vendeMOS	partiMOS	MOS
cantaIS	vendeIS	partIS	IS
cantaM	vendeM	parteM	M

Pretérito Perfeito do Indicativo

1ª conjugação	2ª conjugação	3ª conjugação	Desinência pessoal
CANTAR	VENDER	PARTIR	
canteI	vendI	partI	I
cantaSTE	vendeSTE	partISTE	STE
cantoU	vendeU	partiU	U
cantaMOS	vendeMOS	partiMOS	MOS
cantaSTES	vendeSTES	partISTES	STES
cantaRAM	vendeRAM	partiRAM	RAM

Infinitivo Impessoal

Não indica tempo e não possui sujeito.

1ª conjugação	2ª conjugação	3ª conjugação
CANTAR	VENDER	PARTIR

5.2. TEMPOS DERIVADOS DO PRESENTE DO INDICATIVO

Presente do Subjuntivo

Substitui-se a desinência –**o** da primeira pessoa do singular do presente do indicativo pela desinência –**e** (nos verbos de 1ª conjugação) ou pela desinência –**a** (nos verbos de 2ª e 3ª conjugação).

1ª conjugação	2ª conjugação	3ª conjugação	Des. temporal	Des. temporal	Desinência pessoal
			1ª conj.	2ª/3ª conj.	
CANTAR	VENDER	PARTIR			
cantE	vendA	partA	E	A	Ø
cantES	vendAS	partaAS	E	A	S
cantE	vendA	partaA	E	A	Ø
cantEMOS	vendAMOS	partAMOS	E	A	MOS
cantEIS	vendAIS	partAIS	E	A	IS
cantEM	vendAM	partAM	E	A	M

Imperativo

Imperativo Afirmativo

Tira-se do presente do indicativo a 2ª pessoa do singular (tu) e a segunda pessoa do plural (vós) eliminando-se o "S" final. As demais pessoas são retiradas, sem alteração, do presente do subjuntivo.

Presente do Indicativo	Imperativo Afirmativo	Presente do Subjuntivo
Eu canto	–	Que eu cante
Tu cantas	**CantA tu**	Que tu cantes
Ele canta	Cante você	Que ele cante
Nós cantamos	Cantemos nós	Que nós cantemos
Vós cantais	**CantAI vós**	Que vós canteis
Eles cantam	Cantem vocês	Que eles cantem

Imperativo Negativo

Forma-se o imperativo negativo, inserindo a negação às formas do presente do subjuntivo. Muito simples.

Presente do Subjuntivo	Imperativo Negativo
Que eu cante	–
Que tu cantes	Não cantes tu
Que ele cante	Não cante você
Que nós cantemos	Não cantemos nós
Que vós canteis	Não canteis vós
Que eles cantem	Não cantem eles

IMPORTANTE:

O verbo SER, no imperativo (segundas pessoas) = sê (tu), sede (vós).

5.3. TEMPOS DERIVADOS DO PRETÉRITO PERFEITO DO INDICATIVO

Pretérito mais-que-perfeito

Formação: elimina-se a desinência –**STE** da 2ª pessoa do singular do pretérito perfeito, acrescenta-se a esse tema a desinência temporal –**RA** mais a desinência de número e pessoa correspondente.

1ª conjugação	2ª conjugação	3ª conjugação	Des. temporal	Desinência pessoal
			1ª/2ª e 3ª conj.	
CANTAR	VENDER	PARTIR		
cantaRA	vendeRA	partiRA	RA	Ø
cantaRAS	vendeRAS	partiRAS	RA	S
cantaRA	vendeRA	partiRA	RA	Ø
cantáRAMOS	vendêRAMOS	partíRAMOS	RA	MOS
cantáREIS	vendêREIS	partíREIS	RE	IS
cantaRAM	vendeRAM	partiRAM	RA	M

Pretérito Imperfeito do Subjuntivo

Formação: tema + –**sse, –sses, –sse, –ssemos, –sseis, –ssem** (1ª, 2ª e 3ª conj.)

1ª conjugação	2ª conjugação	3ª conjugação	Des. temporal	Desinência pessoal
			1ª /2ª e 3ª conj.	
CANTAR	VENDER	PARTIR		
cantaSSE	vendeSSE	partiSSE	SSE	Ø
cantaSSES	vendeSSES	partiSSES	SSE	S
cantaSSE	vendeSSE	partiSSE	SSE	Ø
cantáSSEMOS	vendêSSEMOS	partíSSEMOS	SSE	MOS
cantáSSEIS	vendêSSEIS	partíSSEIS	SSE	IS
cantaSSEM	vendeSSEM	partiSSEM	SSE	M

Futuro do Subjuntivo

Formação: tema + –**r, –res, –r, –rmos, –rdes, –rem** (1ª, 2ª e 3ª conj.)

1ª conjugação	2ª conjugação	3ª conjugação	Des. temporal	Desinência pessoal
			1ª /2ª e 3ª conj.	
CANTAR	VENDER	PARTIR		
cantaR	vendeR	partiR	Ø	
cantaRES	vendeRES	partiRES	R	ES
cantaR	vendeR	partiR	R	Ø
cantaRMOS	vendeRMOS	partiRMOS	R	MOS
cantaRDES	vendeRDES	partiRDES	R	DES
cantaREM	VendeREM	PartiREM	R	EM

5.4. TEMPOS DERIVADOS DO INFINITIVO IMPESSOAL

Futuro do Presente do Indicativo

Formação: Infinitivo Impessoal + –**ei**, –**ás**, –**á**, –**emos**, –**eis**, –**ão** (1ª, 2ª e 3ª conj.)

1ª conjugação	2ª conjugação	3ª conjugação
CANTAR	VENDER	PARTIR
cantar ei	vender ei	partir ei
cantar ás	vender ás	partir ás
cantar á	vender á	partir á
cantar emos	vender emos	partir emos
cantar eis	vender eis	partir eis
cantar ão	vender ão	partir ão

Futuro do Pretérito do Indicativo

Formação: Infinitivo Impessoal + –**ia, –ias, –ia, –íamos, –íeis, –iam** (1ª, 2ª e 3ª conj.)

1ª conjugação	2ª conjugação	3ª conjugação
CANTAR	VENDER	PARTIR
cantarIA	venderIA	partirIA
cantarIAS	venderIAS	partirIAS
cantarIA	venderIA	partirIA
cantarÍAMOS	venderÍAMOS	partirÍAMOS
cantarÍEIS	venderÍEIS	partirÍEIS
cantarIAM	venderIAM	partirIAM

Infinitivo Pessoal

Formação: Infinitivo Impessoal + –**es** (2ª pessoa do singular), –**mos** (1ª pessoa do plural), –**des** (2ª pessoa do plural), –**em** (3ª pessoa do plural) (1ª, 2ª e 3ª conj.)

1ª conjugação	2ª conjugação	3ª conjugação
CANTAR	VENDER	PARTIR
cantar	vender	partir
cantarES	venderES	partirES
cantar	vender	partir
cantarMOS	venderMOS	partirMOS
cantarDES	venderDES	partirDES
cantarEM	venderEM	partirEM

5.5. TEMPOS COMPOSTOS

Composto por haver mais de um verbo. Os tempos compostos são formados por locuções verbais: verbo auxiliar **ter** ou **haver + verbo principal** (particípio). Vamos, agora, aos tempos.

Tempo	formação	exemplo	valor
Pretérito Perfeito Composto do Indicativo	auxiliar **ter** ou **haver** no Presente do Indicativo e o principal no particípio,	tenho estudado	indica uma ação repetida que tem ocorrido no passado, prolongando-se até ao presente.
Pretérito Perfeito Composto do Subjuntivo	auxiliar **ter** ou **haver** no **Presente do Subjuntivo** e o principal no particípio	tenha estudado	indica uma ação anterior já concluída, podendo se referir a um fato passado ou futuro.
Pretérito Mais-que-perfeito Composto do Indicativo	auxiliar **ter** ou **haver** no **Pretérito Imperfeito do Indicativo** e o principal no particípio	tinha estudado	indica uma ação que ocorreu antes de outra ação passada. Pode indicar também um acontecimento situado de forma incerta no passado.
Pretérito Mais-que-perfeito Composto do Subjuntivo	auxiliar **ter** ou **haver** no **Pretérito Imperfeito do Subjuntivo** e o principal no particípio	tivesse estudado	indica um fato anterior a outro fato passado. Pode se referir também a acontecimentos irreais do passado.
Futuro do Presente Composto do Indicativo	auxiliar **ter** ou **haver** no **Futuro do Presente simples do Indicativo** e o principal no particípio	terei estudado	refere-se a um fato futuro que estará terminado antes de outro fato futuro. Pode expressar tanto certeza como incerteza.
Futuro do Pretérito Composto do Indicativo	auxiliar **ter** ou **haver** no **Futuro do Pretérito simples do Indicativo** e o principal no particípio	teria estudado	indica uma ação que poderia ter acontecido posteriormente a uma situação passada, encontrando-se condicionada. Indica também a possibilidade de uma ação passada e transmite incerteza, surpresa e indignação.
Futuro Composto do Subjuntivo	auxiliar **ter** ou **haver** no **Futuro do Subjuntivo simples** e o principal no particípio	tiver estudado	ação futura que estará terminada antes de outra ação futura.
Infinitivo Pessoal Composto	auxiliar **ter** ou **haver** no **Infinitivo Pessoal simples** e o principal no particípio	ter estudado	fato passado já concluído.

Em Concursos

Há locuções formadas por verbos auxiliares + gerúndio ou infinitivo. Dica: os dois verbos poderão, sempre, ser substituídos por um verbo.

Estou viajando = viajo.

Correlação de tempos verbais

Por ser um assunto comum em várias provas, segue a lista das correlações mais exigidas.

Presente do indicativo + Presente do subjuntivo

Pretérito perfeito do indicativo + Pretérito imperfeito do subjuntivo

Presente do indicativo + Pretérito perfeito composto do subjuntivo

Pretérito imperfeito do indicativo + Mais-que-perfeito composto do subjuntivo

Futuro do subjuntivo + Futuro do presente do indicativo

Pretérito imperfeito do subjuntivo + Futuro do pretérito do indicativo

Pretérito mais-que-perfeito composto do subjuntivo + Futuro do pretérito composto do indicativo

Futuro do subjuntivo + Futuro do presente do indicativo

Futuro do subjuntivo + Futuro do presente composto do indicativo

6. ASPECTO VERBAL

É a referência ao desenrolar da ação, marcando-se o início, a **duração**, a **conclusão** ou o resultado de desenvolvimento processual.

Completamento do processo		
Aspecto perfectivo	O processo é apresentado em sua totalidade, com começo, meio e fim. Pode ser **durativo** ou **pontual**.	Estudou a matéria em duas horas = durativo. Correu ontem na competição = pontual.
Aspecto imperfectivo	O processo verbal é incompleto, prolongando-se por tempo não determinado. Não há enfoque do processo todo.	Ele era engraçado desde criança. Permanece a indisciplina naquela classe.

Duração do processo		
Aspecto durativo	O processo de duração contínua.	A nota de corte é 8. Estava estudando desde as 6 horas.
Aspecto pontual ou momentâneo	Não é apresentada a duração.	Viu o filme e devolveu ao dono. O aluno estuda a matéria e faz os testes.
Aspecto iterativo	Há uma ideia de repetição.	A primeira coisa que o professor de literatura faz é a chamada. = iteração pontual. Ela me beijou duas vezes. = iteração pontual. Tem evitado álcool. = iteração durativa.

DESENVOLVIMENTO DO PROCESSO		
Aspecto inceptivo	O processo é apresentado no seu início.	Ao tocar o sinal, os alunos entraram.
Aspecto cursivo	O processo é apresentado durante o seu desenvolvimento.	Durante a aula, dividia a atenção entre os alunos novos e antigos.
Aspecto terminativo ou cessativo	O processo é apresentado no seu término.	Fnfim, o que os "concurseiros" mais esperavam: a aprovação e o começo do trabalho.

7. INFINITIVO PESSOAL E IMPESSOAL

Verbo no infinitivo significa que apresenta sentido genérico ou indefinido. O infinitivo impessoal não se relaciona à pessoa – não possui sujeito e sua forma é invariável. Considera-se apenas o processo verbal. O infinitivo pessoal apresenta desinências de número e pessoa.

	–	Eu
cantar	-es	Tu
oferecer	–	Ele
partir	-mos	Nós
	-des	Vós
	-em	Eles

7.1. EMPREGO DO INFINITIVO IMPESSOAL

O infinitivo impessoal é usado:

Quando apresenta uma ideia vaga, genérica, sem haver sujeito.	**Beber** prejudica o fígado. É desnecessário **reclamar.**
Quando tiver o valor de Imperativo.	Alunos, **estudar**! = Estudem!
Quando é regido de preposição e funciona como complemento de um substantivo, adjetivo ou verbo da oração anterior.	Ele não os convenceu **a aceitar**. Eles não têm o direito **de chorar** assim. Os candidatos foram impedidos **de participar** do jogo.
Importante: na voz passiva dos verbos **contentar**, **tomar** e **ouvir**, o infinitivo (verbo auxiliar) deve ser flexionado.	Aqueles refrigerantes não são ruins de **serem** tomados. Eram leitores difíceis de **serem** contentados. Os MP3 que ela me emprestou são agradáveis de **serem** ouvidos.
Nas locuções verbais.	Precisamos **dormir** bem cedo amanhã. Podiam **reclamar** da instituição. Vou **pensar** em você sempre.
Quando o sujeito do infinitivo é o mesmo do verbo da oração anterior.	Devemos sorrir ao invés de **chorar**. Tenho ainda alguns livros por (para) **publica**r. Eles foram condenados a **pagar** pesadas multas.
Importante: quando o infinitivo preposicionado, ou não, preceder ou estiver distante do verbo da oração principal (verbo regente), pode ser flexionado para melhor clareza do período e também para se enfatizar o sujeito (agente) da ação verbal.	Foram dois amigos à casa de outro, a fim **de jogarem** basquete. Na esperança **de sermos** aprovados, estudaremos. **Para estudarmos**, estaremos sempre atentos.
Com os verbos causativos "deixar", "mandar" e "fazer" e seus sinônimos que não formam locução verbal com o infinitivo que os segue.	**Mandei**-os **sair** cedo hoje.

Com os verbos sensitivos "ver", "ouvir", "sentir" e sinônimos, deve-se também deixar o infinitivo sem flexão.	**Vi**-os **entrar**. **Ouvi**-as **dizer** que iriam à aula.
Importante: É inadequado o emprego da preposição **para** antes dos objetos diretos de verbos como **pedir**, **dizer**, **falar** e sinônimos.	Pediu **para** Fernanda entrar. = errado Pediu **para** que Fernanda entrasse. = errado Pediu que Fernanda entrasse. = correto

7.2. EMPREGO DO INFINITIVO PESSOAL

O infinitivo deve ser flexionado:

Quando o sujeito da oração estiver claramente expresso.	Se **tu perceberes** isto... Convém **vocês irem** depois. O bom é sempre **lembrarmos** desta matéria. = sujeito desinencial, sujeito implícito = **nós**
Quando tiver sujeito diferente daquele da oração principal.	**O professor** deu um prazo para **os alunos estudarem** bastante para a prova. Perdoo-**te** por me **traíres**. **O hotel** preparou tudo para **os turistas ficarem** à vontade.
Quando se quiser indeterminar o sujeito (utilizado na terceira pessoa do plural).	Têm de agir assim para se **promoverem**. Ela não sai sozinha à noite a fim de não **falarem** mal da sua conduta.
Quando apresentar reciprocidade ou reflexibilidade de ação.	Fizemos os adversários **cumprimentarem-se**. Mandei os homens **olharem-se** no espelho do banheiro.

8. VOZ VERBAL

Refere-se à forma como o agente e o paciente de uma oração são enquadrados nas funções gramaticais – sujeito e complementos verbais (especialmente o objeto direto).

Há duas vozes verbais principais, **voz ativa** e **voz passiva**. A diferença principal é que o sujeito da voz passiva tem o mesmo papel em relação ao verbo principal que o objeto da voz ativa. Há algumas variantes dessas duas vozes principais, como a **voz** (**ativa**) **reflexiva** (Eles se prepararam) e a **voz passiva sintética**. Há ainda uma outra voz na Língua Portuguesa, a **voz reflexiva**, na qual o sujeito sofre e efetua a ação ao mesmo tempo.

8.1. VOZ ATIVA

O sujeito pratica a ação. Exemplo:

V.A. =	Todos os alunos	ouviram	aquela música
	sujeito	*V.T.D.*	*objeto direto*

Para passar uma oração da voz ativa para a passiva, o objeto direto é obrigatório.

8.2. VOZ PASSIVA

o sujeito sofre a ação.

Há dois tipos de voz passiva:

8.2.1. PASSIVA ANALÍTICA

SER + PARTICÍPIO

V.P. =	Aquela música	foi ouvida	por todos os alunos
	sujeito paciente	*Ser + particípio*	*agente da passiva*

Dica 1: transpondo a oração da voz ativa para a passiva. Siga a numeração.

sujeito *V.T.D.* *objeto direto*

V.A. = Todos os alunos **ouviram** **aquela música**

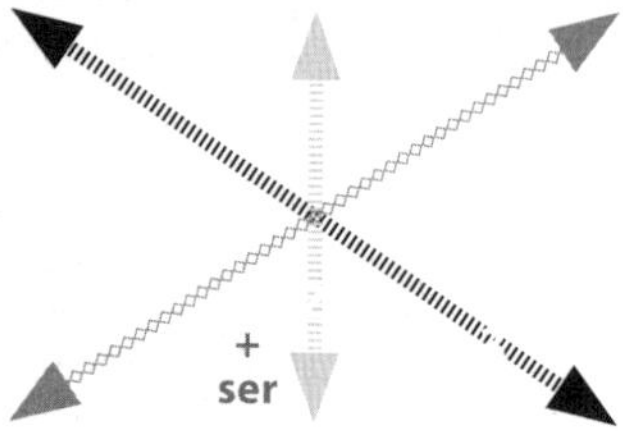

V.P. = Aquela música **foi ouvida** **por todos os alunos**

sujeito paciente *Ser + particípio* *agente da passiva*

8.2.2. PASSIVA SINTÉTICA

V.T.D.(I.) + SE = V.P. (sujeito)

Verbo transitivo direto ou transitivo direto e indireto + se = voz passiva e possui sujeito. O **se** é pronome aPASSIVAdor.

Vende-se livro. = V.P. sintética

V.T.D. + se = VP sujeito		
Entregou-se	**o prêmio ao vencedor.**	**= V.P. sintética**
V.T.D.I. + se = VP sujeito O.I.		

Equivalem a:

- Livro é vendido. = V.P. analítica
- O prêmio foi entregue ao vencedor. = V.P. analítica

Por isso, as formas corretas são:

- Vendem- se livros.
- Entregaram-se os prêmios aos vencedores.

Dica 1: Sujeito no plural = verbo no plural

Dica 2: Atente-se ao número de verbo.

Voz Ativa	Voz Passiva = + SER
1 verbo	1 verbo + SER = 2 verbos
2 verbos	2 verbos + SER = 3 verbos

Voz Passiva	Voz Ativa = - SER
2 verbos	2 verbos – SER = 1 verbos
3 verbos	3 verbos – SER = 2 verbos

CAPÍTULO 7 – ADVÉRBIO

1. INTRODUÇÃO

O Advérbio faz parte das classes gramaticais invariáveis e em concursos é pedido como adjunto adverbial – tópico que será estudado na parte IV, capítulo 6.

2. DEFINIÇÃO

Advérbio é uma palavra invariável que modifica o sentido do verbo, do adjetivo e do próprio advérbio. Esclareço: fazendo pergunta ao verbo, encontramos a circunstância expressa pelo advérbio. Modifica o adjetivo e o próprio advérbio através de intensidade.

3. FLEXÃO DO ADVÉRBIO

Embora seja invariável – não admite flexão de gênero e número –, alguns advérbios admitem variação de grau.

Comparativo	igualdade	tão	advérbio	tanto (como)	Ele fala tão **alto** quanto ela.
	superioridade	mais	advérbio	que (do que)	Ele fala mais **alto** (do) que ela.
	inferioridade	menos	advérbio	que (do que)	Ele fala menos **alto** (do) que ela.
Superlativo	analítico	acompanha outro advérbio			Ela fala **muito alto**.
	sintético	formado com sufixo			Ela fala **altíssimo**.

4. CLASSIFICAÇÃO DO ADVÉRBIO

Antes de listar os principais advérbios, aprendamos a diferença entre advérbio e locução adverbial. Sintaticamente, possuem função de adjunto adverbial, estudaremos na terceira parte.

4.1. ADVÉRBIO E LOCUÇÃO ADVERBIAL

Advérbio	uma palavra	ontem
Locução Adverbial	é um conjunto de palavras que pode exercer a função de advérbio.	de modo algum

4.2. LISTA DOS PRINCIPAIS ADVÉRBIOS, LOCUÇÕES ADVERBIAIS E PALAVRAS DENOTATIVAS

Como pedido nas últimas provas, houve acréscimo das **palavras denotativas** (palavras que, embora, em alguns aspectos (ser invariável, por exemplo), assemelhem-se a advérbios, não possuem, segundo a Nomenclatura Gramatical Brasileira, classificação especial. Do ponto de vista sintático, são expletivas, isto é, não assumem nenhuma função; do ponto de vista morfológico, são invariáveis (muitas delas vindas de outras classes gramaticais); do ponto de vista semântico, são inegavelmente importantes no contexto em que se encontram) à lista.

Modo	Bem, mal, assim, adrede, melhor, pior, depressa, acinte, debalde, devagar, ás pressas, às claras, às cegas, à toa, à vontade, às escondas, aos poucos, desse jeito, desse modo, dessa maneira, em geral, frente a frente, lado a lado, a pé, de cor, em vão e a maior parte dos que terminam em –mente: calmamente, tristemente, propositadamente, pacientemente, amorosamente, docemente, escandalosamente, bondosamente, generosamente.
Intensidade	Muito, demais, pouco, tão, menos, em excesso, bastante, pouco, mais, menos, demasiado, quanto, quão, tanto, assaz, que (equivale a quão), tudo, nada, todo, quase, de todo, de muito, por completo, bem (quando aplicado a propriedades graduáveis).
Tempo	Hoje, logo, primeiro, ontem, tarde outrora, amanhã, cedo, dantes, depois, ainda, antigamente, antes, doravante, nunca, então, ora, jamais, agora, sempre, já, enfim, afinal, amiúde, breve, constantemente, entrementes, imediatamente, primeiramente, provisoriamente, sucessivamente, às vezes, à tarde, à noite, de manhã, de repente, de vez em quando, de quando em quando, a qualquer momento, de tempos em tempos, em breve, hoje em dia.

Lugar	Aqui, antes, dentro, ali, adiante, fora, acolá, atrás, além, lá, detrás, aquém, cá, acima, onde, perto, aí, abaixo, aonde, longe, debaixo, algures, defronte, nenhures, adentro, afora, alhures, nenhures, aquém, embaixo, externamente, a distancia, à distancia de, de longe, de perto, em cima, à direita, à esquerda, ao lado, em volta.
Negação	Não, nem, nunca, jamais, de modo algum, de forma nenhuma, tampouco, de jeito nenhum.
Dúvida	Acaso, porventura, possivelmente, provavelmente, quiçá, talvez, casualmente, por certo, quem sabe.
Afirmação	Sim, certamente, realmente, decerto, efetivamente, certo, decididamente, realmente, deveras, indubitavelmente.
Exclusão	apesar, somente, só, salvo, unicamente, exclusive, exceto, senão, sequer, apenas, etc.
Inclusão	Ainda, até, mesmo, inclusivamente, também.
Ordem	Depois, primeiramente, ultimamente.
Designação	Eis.
Afastamento	Embora.
Adição	ainda, além disso, etc.
Afetividade	ainda bem, felizmente, infelizmente
Aproximação	quase, lá por, bem, uns, cerca de, por volta de, etc.
Explicação	isto é, por exemplo, a saber, etc.
Limitação	só, somente, unicamente, apenas, etc.
Realce	é que, cá, lá, não, mas, é porque, etc.
Retificação	aliás, isto é, ou melhor, ou antes, etc.
Situação	então, mas, se, agora, afinal, etc.

4.3. EM CONCURSOS

Diferença entre advérbio, pronome indefinido e adjetivo.

Advérbio	ligado ao verbo e invariável	Estudei **muito** = estudamos **muito**.
Adjetivo	qualifica e varia (gênero e número)	O livro é **caro** = os livros são **caros**.
Pronome indefinido	sentido vago	Estudamos **muitas** horas.

CAPÍTULO 8 – CONJUNÇÃO

1. DEFINIÇÃO

É a palavra invariável que liga duas orações ou dois termos semelhantes de uma mesma oração.

Aprofundaremos os estudos em sintaxe, no período composto. Facilitando: a conjunção é invariável e liga orações.

Na sintaxe, as conjunções, como as preposições, não exercem propriamente uma função sintática: são **conectivos**.

2. CLASSIFICAÇÃO

As conjunções podem ser **coordenativas** ou **subordinativas**. Coordenadas ligam orações independentes sintaticamente e subordinadas ligam orações que possuem dependência sintática.

Coordenadas	• aditivas • adversativas • alternativas • conclusivas • explicativas
Subordinadas	• integrantes • adverbiais

Observação

Aprofundaremos o estudo em sintaxe (período composto).

CAPÍTULO 9 – PREPOSIÇÃO

1. INTRODUÇÃO

Assim como o advérbio, a preposição faz parte das classes gramaticais invariáveis. Em provas de concursos públicos, é pedida a relação que a preposição indica e, na maioria das vezes, é a mesma circunstância expressa pela locução adverbial.

2. DEFINIÇÃO

É a palavra invariável que estabelece uma relação entre dois ou mais termos da oração. Essa relação é do tipo **subordinativa**, isto é, entre os elementos ligados pela preposição não há sentido separado, individualizado. O sentido da expressão é dependente da junção de todos os elementos que a preposição vincula.

Os candidatos **de** São Paulo falavam **sobre** a prova.

As preposições ligam termos, subordinam-nos. O termo que antecede a preposição é chamado de **regente** e o termo posposto é chamado de **regido**.

As preposições são palavras **invariáveis**, pois não sofrem flexão de gênero, número ou variação em grau como os nomes, nem de pessoa, número, tempo, modo, aspecto e voz como os verbos. Em diversas situações as preposições se **combinam** a outras palavras da língua (fenômeno da **contração**) e, assim, estabelecem uma relação de concordância em gênero e número com essas palavras às quais se ligam. Mesmo assim, não se trata de uma variação própria da preposição, mas sim da palavra com a qual ela se funde.

Combinação	não ocorre perda de som	
a	+ o (artigo)	ao
a	+ onde (advérbio ou pronome)	aonde
a	+ os (artigo)	aos

Contração	ocorre perda de som	
em	+ o (artigo)	no
por	+ a (artigo)	pela
de	+ isto (pronome)	disto

3. CLASSIFICAÇÃO DAS PREPOSIÇÕES

Essenciais	desempenham apenas o papel de preposição	a, ante, após, até, com, contra, de, desde, em, entre, para, per, perante, por, sem, sob, sobre, trás
Acidentais	palavras de outras classes gramaticais que são usadas como preposição	• como (= na qualidade de), • conforme (= de acordo com), • segundo (= conforme), • consoante (= conforme), • durante, salvo, fora, mediante, tirante, exceto, senão, • visto (=por)

4. LOCUÇÃO PREPOSITIVA

Como já visto em capítulos anteriores, locução é o conjunto de palavras. Assim, locução prepositiva é mais de uma palavra que possui a função de subordinar termos, ou seja, de ligar palavras. Facilitando: **p**reposição liga **p**alavras e conjunção liga orações.

abaixo de	acima de	acerca de
a fim de	além de	a par de
apesar de	antes de	depois de
ao invés de	diante de	em fase de
em vez de	graças a	junto a
junto com	junto de	à custa de
defronte de	através de	em via de
de encontro a	em frente de	em frente a
sob pena de	a respeito de	ao encontro de

5. RELAÇÕES DAS PREPOSIÇÕES

As preposições podem indicar relações. Faça, como no advérbio, a pergunta e encontre a relação.

Atenção: se estiver ligada ao verbo, a relação da preposição será a mesma circunstância da locução adverbial. A diferença entre preposição e locução adverbial é o fato de poder haver preposição que não faça parte da locução adverbial.

Caneta **de** Maria	posse	de quem?
Ver **de** perto	lugar	de onde?
Mesa **de** trabalho	finalidade	para que a mesa?
Morreu **de** felicidade	causa	morreu de quê?
Falava **de** amor	assunto	falava de quê?
Saiu **com** os amigos	companhia	saiu com quem?
Sou **de** Ribeirão	lugar (origem)	de onde?
Bola **de** couro	matéria	de que é feita a bola?

A música é **de** Caetano Veloso	autoria	de quem?
A escolha será **por** sorteio	modo ou conformidade	como?
Andaremos **a** cavalo	meio	de quê?
Palmeiras jogou **contra** Corinthians	oposição	contra quem?
Tomei um copo **de** vinho	conteúdo	de quê?
Vendeu o livro **(a)por** R$ 50,00	preço	por quanto?
Formou-se **em** medicina	especialidade	em quê?
Olhe **para** frente sempre	destino ou direção	para onde?
Foi **até** o fim	limite	
Está **sem** paciência	ausência, falta	
Saiu do palco **sob** muitos aplausos	**lugar conotativo** (sentido figurado)	

CAPÍTULO 10 – INTERJEIÇÃO

1. DEFINIÇÃO

Classe gramatical invariável que exprime emoções, sensações, estados de espírito, ou que procura agir sobre o interlocutor de forma sintetizada.

Exemplos:

Bravo! Bis!	Ai! Ai! Ai!	Ah	Hum!	Psiu!	Puxa!

2. FUNÇÕES

Sintetizar uma frase exclamativa, exprimindo alegria, tristeza, dor, etc.	Você faz o que no Brasil?
	Eu? Eu negocio com madeiras.
	Ah, deve ser muito interessante.
Sintetizar uma frase **apelativa**	**Cuidado**! Saia da minha frente.

3. FORMAÇÃO

simples sons vocálicos	Oh!, Ah!, Ó, Ô.
palavras	Oba!, Olá!, Claro!
grupos de palavras (locuções interjetivas)	Meu Deus!, Ora bolas!

4. CLASSIFICAÇÃO

Advertência	Cuidado!, Devagar!, Calma!, Sentido!, Atenção!, Olha!, Alerta!
Afugentamento	Fora!, Passa!, Rua!, Xô!
Alegria ou Satisfação	Oh!, Ah!, Eh!, Oba!, Viva!
Alívio	Arre!, Uf!, Ufa! Ah!
Animação ou Estímulo	Vamos!, Força!, Coragem!, Eia!, Ânimo!, Adiante!, Firme!, Toca!
Aplauso ou Aprovação	Bravo!, Bis!, Apoiado!, Viva!, Boa!
Concordância	Claro!, Sim!, Pois não!, Tá!, Hã-hã!
Repulsa ou Desaprovação	Credo!, Irra!, Ih!, Livra!, Safa!, Fora!, Abaixo!, Francamente!, Xi!, Chega!, Basta!, Ora!
Desejo ou Intenção	Oh!, Pudera!, Tomara!, Oxalá!
Desculpa	Perdão!
Dor ou Tristeza	Ai!, Ui!, Ai de mim!, Que pena!, Ah!, Oh!, Eh!
Dúvida ou Incredulidade	Qual!, Qual o quê!, Hum!, Epa!, Ora!
Espanto ou Admiração	Oh!, Ah!, Uai!, Puxa!, Céus!, Quê!, Caramba!, Opa!, Virgem!, Vixe!, Nossa!, Hem?!, Hein?, Cruz!, Putz!
Impaciência ou Contrariedade	Hum!, Hem!, Irra!, Raios!, Diabo!, Puxa!, Pô!, Ora!
Pedido de Auxílio	Socorro!, Aqui!, Piedade!
Saudação, Chamamento ou Invocação	Salve!, Viva!, Adeus!, Olá!, Alô!, Ei!, Tchau!, Ô, Ó, Psiu!, Socorro!, Valha-me, Deus!
Silêncio	Psiu!, Bico!, Silêncio!
Terror ou Medo	Credo!, Cruzes!, Uh!, Ui!, Oh!
Afetividade	oizinho, bravíssimo, até loguinho.

PARTE III – SINTAXE

CAPÍTULO 1 – TERMOS ESSENCIAIS DA ORAÇÃO

1. INTRODUÇÃO

Sintaxe é o cerne da língua portuguesa, o âmago do estudo para todas as provas de concursos públicos.

Para fazer a análise, precisa-se da morfologia – substantivo, adjetivo, pronome, verbo e outras classes gramaticais. Para entender os tópicos nela contidos, é necessário seguir o passo a passo.

2. DEFINIÇÃO

A sintaxe estuda a relação lógica das palavras na frase, no período e no texto. É preciso haver coerência para que uma mensagem seja compreendida; a combinação dos vocábulos e das orações nada mais é do que a sintaxe.

3. SINTAXE DE ORAÇÃO – TERMOS ESSENCIAIS

3.1. FRASE, ORAÇÃO E PERÍODO

3.1.1. FRASE

Frase é uma informação que possui sentido completo. Pode ser representada por uma palavra ou várias e o verbo não é obrigatório. Exprime ideias, emoções, ordens ou apelos.

3.1.1.1. TIPOS DE FRASE

Interrogativas	Uma pergunta é feita e se deseja obter alguma informação. A interrogação pode ser direta ou indireta.	Você estuda comigo domingo? = Interrogação direta Desejo saber se você estuda comigo domingo. = Interrogação indireta
Imperativas	O emissor da mensagem dá uma ordem, um conselho ou faz um pedido, utilizando o verbo no modo imperativo (afirmativo ou negativo).	Faça-o entrar no carro! = Afirmativa Não faça isso. = Negativa
Exclamativas	Possuem estado afetivo e apresentam entoação ligeiramente prolongada.	Que prova difícil! É uma delícia esse sanduíche!
Declarativas	É a constatação um fato. Informa ou declara alguma coisa. Podem ser afirmativas ou negativas.	Obrigaram o aluno a sair. = Afirmativa Ela não está na escola. = Negativa
Optativas	Usadas para exprimir um desejo.	Deus te abençoe! Bons ventos o tragam!

3.1.1.2. CONSTRUÇÃO DA FRASE

Frase Nominal	Não há verbo.	Socorro! Cuidado! Belo quadro o seu!
Frase Verbal	Possui verbo.	A lua ilumina a cidade e inspira os poetas. Os músicos saíram para o show.

3.1.2. ORAÇÃO

Oração possui estrutura sintática, ou seja, possui verbo.

Se a frase (precisa ter sentido completo) possuir verbo, será também uma oração.

A lua ilumina a cidade e inspira os poetas.	Oração = possui verbo. Frase = possui sentido.

3.1.3. PERÍODO

O período é formado por oração e pode ser classificado em simples ou composto.

Período Simples	Uma oração, um verbo.	A lua ilumina a cidade.
Período Composto	Mais de uma oração, mais de um verbo	A lua ilumina a cidade e inspira os poetas.

3.2. TERMOS ESSENCIAIS DA ORAÇÃO

São termos essenciais da oração: sujeito e predicado.

Sujeito é o ser de quem se declara algo e predicado é a declaração feita do sujeito.

3.2.1. SUJEITO

Para encontrar o sujeito faz-se a pergunta **o quê?** (para coisa) e **quem?** (para pessoa).

Atente-se: se há voz ativa, voz passiva e voz reflexiva, o sujeito não é apenas o ser que pratica ação. Pode praticar, sofrer ou praticar e sofrer a ação.

Classificam-se em:

Simples	um núcleo	Muitos **fatos** estranhos ocorriam naquela situação. = o que ocorriam?	
Composto	mais de um núcleo	**Música** e **literatura** fazem bem à alma. = o que fazem bem?	
Simples e implícito ou elíptico ou desinencial ou oculto	não está explícito na oração	Fez o texto ontem. = quem fez? Ele, mas o pronome não está explícito.	
Oracional	possui verbo	Convém **que estude mais.**	
Indeterminado	não se sabe quem é o sujeito. Pode ocorrer em duas situações:	1. Verbo na terceira pessoa do plural; 2. Verbo na terceira pessoa do singular + se (índice de indeterminação do sujeito)	**Fizeram** ótima prova. = quem fizeram? Não se sabe. **Necessita-se** de silêncio. = quem necessita, necessita de algo (V.T.I.) – de silêncio é O.I.
Oração sem sujeito	não há sujeito e pode ocorrer em três situações:	1. Verbo haver no sentido de existir ou ocorrer; 2. Verbos ser, estar e fazer indicando tempo ou fenômeno meteorológico; 3. Verbos que indicam fenômenos da natureza.	**Havia** pessoas. = existiam **São** duas horas. = ser indicando tempo **Está** muito calor. = estar indicando fenômeno meteorológico **Faz** três anos que não a vejo. = fazer indicando tempo decorrido Ontem **choveu** demais. = fenômeno da natureza

3.2.1.1. EM CONCURSOS

O que é pedido em concursos e pode gerar dúvidas:

– **Simples**: retirando o núcleo, o(s) termo(s) que resta(m) possui (possuem) função de adjunto adnominal.

Muitos **fatos** estranhos ocorriam naquela situação

A.A. núcleo A.A.

– **Composto**: o termo que liga os núcleos é chamado de conjunção ou conectivo.

Música e **literatura** fazem bem à alma.

E = conectivo ou conjunção

- **Simples e implícito ou elíptico** ou **desinencial** ou **oculto:** No singular, sujeito = ele; no plural, sujeito = indeterminado.

  Fez o texto ontem. = sujeito simples e implícito (ele) – Fora de contexto.

  Fizeram o texto ontem. = sujeito indeterminado (verbo no plural).

- **Indeterminado:** Sempre muito pedida a diferença do **SE**.

Índice de indeterminação do sujeito	Verbo no singular + se.	Intransitivo, transitivo indireto e verbo de ligação.	Dormiu-se bem. Precisa-se de livros.
Pronome apassivador	Verbo no singular ou no plural + se. Admite plural porque possui sujeito.	transitivo direto + se ou transitivo direto e indireto + se	Encontrou-se o local da prova = encontraram-se os locais da prova. Dão-se aulas aos necessitados = aulas são dadas aos necessitados.

- **Oração sem sujeito:** Há pouco tempo, acrescentou-se o verbo **bastar** seguido da preposição **de** = Basta de problemas: oração sem sujeito.

Fixando a concordância:

ORAÇÃO SEM SUJEITO **verbo no singular**	**SUJEITO** **verbo admite plural**
Havia alunos.	**Existiam** alunos.
Devia haver alunos.	**Deviam** existir alunos.
Havia de haver alunos.	**Haviam** de existir alunos.
Alunos: **objeto direto**	Alunos: **sujeito** *Por isso o verbo admite plural

Verbo **FAZER** indicando tempos decorrido: singular.

Faz dois anos. **Vai** fazer dois anos.

Em: **O dia amanheceu calmo**, embora o verbo indique fenômeno da natureza, **o dia** possui função de sujeito.

3.2.2. PREDICADO

Predicado é a declaração feita do sujeito, isto é, retirando-se o sujeito obtém-se o predicado. Pode haver oração sem sujeito, mas não há como existir oração sem predicado. São classificados em **verbal, nominal e verbo-nominal.**

Para classificá-lo, é necessário estudarmos os termos que fazem parte do predicado. Siga o passo a passo para evitar erros.

3.2.2.1. PREDICAÇÃO VERBAL

Predicação é a classificação do verbo. Vamos aprofundar:

Classificação	Teoria	Exemplo	Dica
Intransitivo	o verbo não exige complemento, por isso o prefixo IN.	O vulto desapareceu na planície.	Nunca caberão as palavras *algo* e *alguém* após o intransitivo.
Transitivo direto	o verbo exige complemento SEM preposição.	"Tenho duas mãos e o sentimento do mundo."	quem tem, tem **algo**
Transitivo indireto	o verbo exige complemento COM preposição.	Todos precisam de felicidade.	quem precisa, precisa **DE algo**

Classificação	Teoria	Exemplo	Dica
Transitivo direto e indireto	o verbo exige dois complementos: com e sem preposição	Alguém ofereceu flor à Iemanjá.	quem oferece, oferece **algo a alguém**
Verbo de ligação	liga o sujeito ao predicativo (termo que qualifica) e **não indica ação. Indica estado.**	Todos ficaram felizes.	Para haver verbo de ligação, é preciso haver **predicativo**.

3.2.2.1.1. ESTADOS DO VERBO DE LIGAÇÃO

Por não indicar ação (movimento), o verbo de ligação pode expressar diferentes estados.

Estado	Verbo	Exemplo
permanente	ser, viver	Ele é alegre. Ele vive alegre.
transitório	estar, andar, achar-se, encontrar-se	Nós estamos felizes. Eles andam felizes.
mutatório	ficar, virar, tornar-se, fazer-se	Ficaram cansados. Tornaram-se exaustos.
continuidade de estado	continuar, permanecer	Todos continuam desconfiados. Alguém permanece desatento.
estado aparente	parecer	Ela parece satisfeita.

3.2.2.1.2. EM CONCURSOS

Note a diferença entre as orações abaixo.

Lembre-se de que para haver verbo de ligação é preciso haver predicativo!

Eles estavam	exaustos.
V.L.	predicativo sujeito

Eles estavam	em Londres.
intransitivo	adjunto adverbial de lugar

Elas ficaram	nervosas.
V.L.	predicativo sujeito

Elas ficaram	na escola.
intransitivo	adjunto adverbial de lugar

3.2.2.2. PREDICATIVO

Predicativo é o termo que qualifica o sujeito ou o objeto.

Muito importante: para haver predicativo é necessário o verbo de ligação e para haver verbo de ligação é necessário o predicativo.

Fácil assim:

- **Predicativo** → Verbo de ligação
- **Verbo de ligação** → Predicativo

Predicativo do sujeito	**A plateia** aplaudiu o espetáculo **emocionada**.
A plateia (sujeito) aplaudiu o espetáculo (e estava = V.L.) emocionada.	

Predicativo do objeto	Encontrei **mortos os soldados**.
Encontrei (transitivo direto) os soldados (objeto direto) (e eles estavam) mortos.	

3.2.2.3.1. MORFOSSINTAXE DOS PREDICATIVOS

Predicativo do sujeito	**adjetivos ou locuções adjetivas**	A lua é branca.
	substantivos	Ele é engenheiro.
	pronomes substantivos	Para Vinícius de Moraes, a beleza era tudo.
	numerais substantivos	Os irresponsáveis eram cinco.
	palavra substantivada	A vida é um querer sem fim.
	oração subordinada substantiva	A verdade é que ele foi aprovado.
Predicativo do objeto	**adjetivo**	Todos consideraram a prova difícil.
	substantivo	Nomearam-no síndico.

3.2.2.3. CLASSIFICAÇÃO DO PREDICADO

PREDICADO	Teoria	Exemplo	Dica
Verbal	o núcleo é o verbo	Todos **CAMINHAVAM tranquilamente pela praia**.	menos o verbo de ligação
Nominal	o núcleo é o predicativo	Alguns **estavam FELIZES**.	há verbo de ligação
Verbo-nominal	há dois núcleos: verbo e predica-tivo	Todos **CAMINHAVAM FELIZES pela praia**.	verbo (+ V.L. oculto) + predicativo
	Todos **CAMINHAVAM (e estavam) FELIZES pela praia**.		

Facilitando:

predicados	verbo significativo	verbo de ligação	predicativo
P.V.	sim	não	não
P.N.	não	sim	sim
P.V.N.	sim	não explícito	sim

Verbos significativos são os intransitivos, transitivos diretos, transitivos indiretos, transitivos diretos e indiretos.

CAPÍTULO 2 – TERMOS INTEGRANTES DA ORAÇÃO

1. INTRODUÇÃO

Termos integrantes, como o próprio nome diz, integram o sentido de outros termos, completam. São eles: complementos verbais – objeto direto e objeto indireto –, complemento nominal e agente da passiva.

2. OBJETO DIRETO

Completa a significação de verbos transitivos diretos sem acompanhamento de preposição obrigatória.

Importante notar que dentro do objeto direto pode haver, também, o adjunto adnominal.

As mãos cálidas	encontram	**o estático olhar.**
sujeito	V.T.D.	**O.D.**

O estático olhar: objeto direto.

Núcleo: olhar (substantivo)

Adjunto Adnominal: o, estático.

Abriu	**os longos braços**	ao chegar.
V.T.D.	**O.D.**	

Os longos braços: objeto direto

Núcleo: braços (substantivo)

Adjunto adnominal: os, longos.

2.1. EM CONCURSOS

Verbos intransitivos aparecem, frequentemente, como verbos transitivos diretos. Facilite: verbos não são intransitivos, apenas estão, pois no contexto podem sofrer alterações na predicação.

"... me sorri **um sorriso** pontual..."

Viveu **uma vida** tranquila.

2.2. OBJETO DIRETO PREPOSICIONADO

Completa o sentido de um verbo transitivo direto (não exige preposição) e a preposição pode ser retirada sem que prejudique a estrutura. Pode ser preposicionado em algumas situações:

O pronome pessoal oblíquo tônico é objeto direto.	Ela amava **a si** mesma. Enganaram **a ti**.
Pronome relativo quem.	Era a moça **a quem** amava.
Evitar ambiguidade.	**Ao dono**, nenhum cão abandona.
Numeral ambos.	Aprovou **a ambos**.
Nomes próprios ou comuns.	Ele traiu **ao pai**.
Pronomes substantivos indefinidos ou demonstrativos.	Aprecio **a este**.
Reciprocidade.	Todos se odiavam uns **aos outros**.
Ênfase.	Pegou **da viola**. Bebeu **do vinho**. Comeu **do bolo**.

2.3. OBJETO DIRETO PLEONÁSTICO

Ocorre repetição do objeto direto através de um pronome oblíquo átono. O pronome tem de se referir ao objeto direto.

Estes livros,	**já**	**os**	**li.**
O.D.		**O.D. pleonástico**	V.T.D.

A mim,	ninguém	**me**	engana.
O.I. (tônico)		**O.I. pleonástico (átono)**	

3. OBJETO INDIRETO

Completa a significação de verbos transitivos indiretos, com acompanhamento de preposição obrigatória.

Importante notar que dentro do objeto direto pode haver, também, o adjunto adnominal e, claro, a preposição.

Desobedeço	**a meus patrões.**
V.T.I. a: preposição meus: adjunto adnominal	**O.I.**

- Desobedece A alguém.

Precisamos	**de silêncio**	para estudar.
V.T.I.	**O.I.**	

- Precisamos DE algo.

Enviou	**–lhe**	o livro.
V.T.D.I.	**O.I.**	O.D.

- Enviou algo A alguém.

3.1. OBJETO INDIRETO PLEONÁSTICO

Ocorre repetição do objeto indireto através de um pronome oblíquo átono. O pronome tem de se referir ao objeto indireto.

Aos pobres,	nega	**-lhes**	tudo.
O.I.	V.T.D.I.	**O.I. pleonástico**	O.D.

Ao estudante relapso,	nenhuma disciplina	**lhes**	interessa.
O.I.	SUJEITO	**O.I. pleonástico**	V.T.I.

4. MORFOSSINTAXE DOS COMPLEMENTOS VERBAIS

Os objetos podem ser representados por:

Substantivo	Leu **bons livros**. Gosta de **bons livros**.
Pronome Substantivo	Nunca li **aquilo**. Confiam **em mim**.
Numeral substantivo	– Quantos irmãos você tem? – Tenho **três**.
Palavra substantivada	Disse um sonoro "**sim**".
Oração subordinada	Espero **que você seja aprovado**.

5. AGENTE DA PASSIVA

É o termo da oração que pratica a ação verbal na voz passiva, sempre introduzido por preposição, com a finalidade de indicar o ser que pratica a ação verbal sofrida pelo sujeito.

Quanto à transposição da voz ativa para a passiva analítica (ser + particípio), já aprofundamos os estudos no capítulo 7 – Verbo.

A prova	foi adiada	**pela banca.**
sujeito paciente	*ser + particípio*	**agente da passiva**

Note que o agente da passiva passa a ser sujeito na voz ativa e que o sujeito paciente passa a objeto direto:

A banca	adiou	a prova.
sujeito ativo	*V.T.D.*	*O.D.*

Por isso é necessário o objeto direto para haver transposição da voz ativa para a passiva.

Exemplo com três verbos:

Os gabaritos	tinham sido encontrados	no pátio da escola	**pelos candidatos.**
sujeito paciente	ser particípio	adj. adverbial de lugar	**agente da passiva**

Se na voz passiva há três verbos, na ativa haverá dois: retira-se o **ser**.

Os candidatos	tinham encontrado	no pátio da escola	os gabaritos.
sujeito	= encontraram: V.T.D.	adj. adverbial de lugar	O.D.

5.1. EM CONCURSOS

Em provas recentes, a pegadinha das bancas é retirar o verbo **ser**, deixando explícito apenas o particípio.

Dica: tente transpor a oração para a voz ativa:

A passeata	feita	**por estudantes.**
sujeito paciente	(ser implícito) particípio	**agente da passiva**

Estudantes	fizeram	a passeata.
sujeito ativo	V.T.D.	objeto direto

5.2. MORFOSSINTAXE DO AGENTE DA PASSIVA

O agente da passiva é representado por um substantivo ou por uma palavra ou oração com valor de substantivo.

O poema	foi escrito	por um grande poeta.	núcleo: **poeta = substantivo**
O poema	foi escrito	**por ele.**	núcleo: **ele = pronome substantivado**
O poema	foi feito	**pelos três.**	núcleo: **três = numeral substantivado**

6. COMPLEMENTO NOMINAL

É o termo da oração que se liga a um nome – substantivo, adjetivo ou advérbio – sempre por meio de uma preposição. Possui a função de completar o sentido do nome.

O novo projeto	é	acessível	**aos membros do grupo.**
sujeito	V.L.	predicativo do sujeito	**C.N.**

Faz-se a pergunta ao nome (regência nominal): é **acessível a algo** = completa adjetivo.

Alguns	tinham	medo	**do futuro.**
sujeito	V.T.D.	O.D.	**C.N.**

Quem tem medo, tem **medo de algo** = completa substantivo.

Agiu	contrariamente	**ao esperado.**
I.	adj. adverbial de modo	**C.N.**

Agiu **contrariamente a algo** = completa advérbio.

6.1. MORFOSSINTAXE DO COMPLEMENTO NOMINAL

O complemento nominal possui função substantiva, isto é, será representado por um substantivo ou palavra ou oração com valor de substantivo.

<table>
<tr><td>A obediência às leis</td><td>é necessária.</td></tr>
<tr><td colspan="2">Leis: substantivo</td></tr>
<tr><td>A necessidade dela</td><td>era a mesma dos outros.</td></tr>
<tr><td colspan="2">Ela: pronome substantivo</td></tr>
<tr><td>A confiança nos dois</td><td>é fundamental para o futuro.</td></tr>
<tr><td colspan="2">Dois: numeral substantivado</td></tr>
<tr><td>Tinha necessidade</td><td>de que o ajudassem.</td></tr>
<tr><td colspan="2">De que o ajudasse: oração subordinada substantiva</td></tr>
<tr><td colspan="2">Caminhar a pé lhe era necessário.</td></tr>
<tr><td colspan="2">Lhe: pronome oblíquo = saudável a ele</td></tr>
<tr><td colspan="2">O remédio nos era prejudicial.</td></tr>
<tr><td colspan="2">Nos: pronome oblíquo = prejudicial a nós</td></tr>
</table>

7. DIFERENÇA ENTRE COMPLEMENTO NOMINAL E OBJETO INDIRETO

Muito fácil se pensar assim:

1. Os dois termos são preposicionados;
2. O objeto indireto vem após o verbo;
3. O complemento nominal vem após um nome (não pode ser conjugado).

Todos	gostaram	**do resumo.**
sujeito	V.T.I.	**O.I.**

- Quem gosta, gosta de algo = complementa o verbo.

Todos	tinham	receio	**da reprovação.**
sujeito	V.T.D.	O.D.	**C.N.**

- Quem tem receio, tem receio de algo = completa o substantivo.

E como diferenciar os dois termos em outra situação? Mais fácil ainda! Vamos lá:

Entregaram	o prêmio	**ao vencedor.**
V.T.D.I.	O.D.	**O.I.**
Retire o objeto direto: Entregaram ao vencedor.		

- Retirou-se o objeto direto e manteve o sentido. Significa que o termo preposicionado está ligado ao verbo, ou seja, é objeto indireto.

Tinham	medo	**da reprovação.**
V.T.D.	O.D.	**C.N.**
Não é possível retirar o objeto direto e continuar correta oração.		

- Se retirar o objeto direto e a frase ficar incoerente, significa que o termo preposicionado está ligado ao nome, isto é, trata-se de um complemento nominal.

8. DIFERENÇA ENTRE COMPLEMENTO NOMINAL E AGENTE DA PASSIVA

A dica é tentar transpor a oração para a voz ativa. Simples, não é?

Candidatos	foram inscritos	**pelos agentes.**
Sujeito paciente	ser + particípio	**agente da passiva**
Voz ativa = Os agentes inscreveram os candidatos.		

Candidatos	ficaram atentos	**ao resultado.**
sujeito	V.L + predicativo do sujeito	**complemento nominal**
A oração já se encontra na voz ativa!		

9. DIFERENÇA ENTRE COMPLEMENTO NOMINAL E ADJUNTO ADNOMINAL

Para que haja diferença entre os dois termos é necessário atentar-se a três itens:

1. O termo deve estar dentro do sujeito;
2. O termo é preposicionado;
3. O termo vem ligado a um substantivo.

Feitas as três análises, passemos ao segundo passo:

Sentido Ativo	**Adjunto Adnominal**
A resposta **DO ALUNO**	convenceu a classe.
O aluno respondeu: sentido ativo	

Sentido Passivo	**Complemento Nominal**
A resposta **AO ALUNO**	convenceu a classe.
O aluno recebeu a resposta: sentido passivo	

A crítica **DO TÉCNICO AOS JOGADORES** foi severa.
O técnico criticou: do técnico = adjunto adnominal
Os jogadores foram criticados: aos jogadores = complemento nominal

CAPÍTULO 3 – TERMOS ACESSÓRIOS DA ORAÇÃO

1. INTRODUÇÃO

Termos acessórios são dispensáveis na estrutura básica da oração, mas são importantes para a compreensão do enunciado. Podem caracterizar o ser, determinar os substantivos e exprimirem circunstâncias. São eles: adjunto adnominal, adjunto adverbial e aposto.

2. ADJUNTO ADNOMINAL

É o termo que **determina**, **especifica** ou **explica** um substantivo. Possui função adjetiva na oração, a qual pode ser desempenhada por adjetivos, locuções adjetivas, artigos, pronomes adjetivos enumerais adjetivos.

Agrupam-se ao redor dos substantivos dentro de qualquer termo da oração – essencial, integrante ou mesmo acessório (adjunto adverbial).

Aqueles dois rapazes **interessados**	estudaram	**toda a** matéria.
Sujeito. Núcleo: rapazes (substantivo)	V.T.D.	O.D. Núcleo: matéria
Aqueles, dois e interessados: adjunto adnominal		**Toda e a:** adjunto adnominal

2.1. MORFOSSINTAXE DO ADJUNTO ADNOMINAL

Artigo	**A** prova foi aplicada
Numeral adjetivo	**Três** candidatos chegaram.
Pronome adjetivo	**Aqueles** candidatos fizeram boa prova.
Pronome pessoal oblíquo (equivalendo a possessivo)	Roubaram-**me** a prova. – roubaram a minha prova Não **te** reconheci a voz. = a tua voz.

Adjetivo	Candidatos **insatisfeitos** faltaram.
Locução adjetiva	Candidatos **da capital** chegaram.
Oração subordinada	O aluno **que estuda** é aprovado.
	O aluno estudioso = oração subordinada adjetiva.

2.2. EM CONCURSOS

Predicativo e Adjunto Adnominal: para haver predicativo, obrigatoriamente haverá verbo de ligação (mesmo que implícito, como estudamos na parte I – termos essenciais da oração). O adjunto adnominal vem dentro de um termo da oração e não exige verbo de ligação.

3. ADJUNTO ADVERBIAL

É o termo da oração que indica **circunstância.** Pode modificar o sentido de um verbo (faz-se uma pergunta), de um adjetivo (intensidade) ou de um advérbio (intensidade).

Facilitando: indica circunstância do verbo e pode intensificar o sentido do adjetivo ou do próprio advérbio.

O verão	chegou	**cedo.**
	quando?	**tempo**

Leram	o livro	**na biblioteca.**
onde?		**lugar**

O verão	chegou	**muito**	**cedo.**
	quando?	**intensidade**	**tempo**

Ele	estava	**muito**	atrasado.
		intensidade	predicativo (adjetivo)

3.1. DIFERENÇA ENTRE ADJUNTO ADVERBIAL E PREDICATIVO

Para ser predicativo, precisa-se do verbo de ligação (mesmo que implícito) e para ser adjunto adverbial, deve-se fazer pergunta ao verbo para saber a circunstância ou deve indicar intensidade do adjetivo ou advérbio.

Facilitando:

predicativo	varia
adjunto adverbial	não varia

Ele estava muito **atrasado** = Ela estava muito **atrasada**.

3.2. CLASSIFICAÇÃO DO ADJUNTO ADVERBIAL

Circunstância	Exemplo	Dica
Acréscimo	**Além da alegria**, sentia cansaço.	+
Afirmação	**Certamente** será aprovado.	Não é necessário fazer pergunta.
Assunto	Falávamos **sobre política**.	Sobre o quê?
Causa	**Com o frio**, os animais morreram.	Por quê?
Companhia	**Com quem** você saiu ontem?	Com quem?

Circunstância	Exemplo	Dica
Concessão	**Apesar do nervosismo**, fez boa prova.	Embora, apesar de.
Condição	**Sem a autorização do fiscal**, você não poderá sair.	Se, caso.
Conformidade	Fez tudo **conforme o combinado.**	Regra.
Dúvida	**Quiçá** acertemos todas as questões.	Não é necessário fazer pergunta.
Fim, finalidade	Eles vivem **para estudar.**	Para quê?
Frequência	**Sempre** vêm aqui.	Quando?
Instrumento	Desenhava **a lápis**.	Com o quê?
Intensidade	Todos corriam **bastante.**	Não é necessário fazer pergunta.
Limite	Estudava **até cansar.**	Até.
Lugar	Nasceu **em Ribeirão Preto.**	Onde?
Matéria	Era feito **de ferro.**	De quê?
Meio	Foi **de avião.**	De quê?
Modo	Ficamos **à vontade.**	Como?
Negação	**Não** pode haver enganos.	Não é necessário fazer pergunta.
Preço	Os livros são vendidos **a preços baixos.**	Quanto?
Substituição ou troca	Abandonou os estudos **por trabalhos rentáveis.**	Por o quê?
Tempo	**Ontem à noite** saiu com amigos.	Quando?

3.3. MORFOSSINTAXE DO ADJUNTO ADVERBIAL

O adjunto adverbial é representado por um advérbio (invariável) ou por uma locução adverbial (variável).

4. APOSTO

É o termo explica ou especifica os substantivos e os pronomes. Pode vir separado dos demais termos da oração por vírgula, dois-pontos ou travessão.

Recentemente, o mais pedido em provas é o aposto especificativo – não possui sinal de pontuação. Compare:

Carlos Drummond de Andrade	**, grande poeta mineiro,**	escrevia sobre a arte de escrever.
	Aposto explicativo = com pontuação	

O poeta **Carlos Drummond de Andrade**	escrevia sobre a arte de escrever.
Aposto especificativo = sem pontuação	

4.1. MORFOSSINTAXE DO APOSTO

O aposto possui função substantiva na oração. Seu núcleo é representado por um substantivo ou palavra substantivada.

4.2. CLASSIFICAÇÃO DO APOSTO

Explicativo	Traduz, ou seja, dá significado a uma frase, geralmente vem entre vírgulas, dois pontos ou parênteses.	Foi aqui, **neste lugar tranquilo**, que o encontrei.
Enumerativo	É representado por dois pontos, e estabelece uma sequência de elementos que são usados para complementar a ideia fundamental da frase.	À tarde, irei à casa de dois amigos: **Fernando e Júnior**.
Resumidor ou Recapitulativo	É representado por um pronome que resume tudo o que foi expresso anteriormente.	Henrique, Adilson, Sten, Paulo, **todos** foram aprovados.
Comparativo	É usado para comparar.	Seus olhos, **lindos oceanos**, fazem-me acreditar no amor.
Distributivo	Distribui as informações de termos separadamente.	Marcelo e Adriano são amigos. **Este** é um baiano divertido, **aquele**, carioca.
Aposto de Oração	Usado para resumir termos anteriores.	Ele tem um único desejo: **que todos os candidatos sejam aprovados no concurso.**
Especificativo	Individualiza um substantivo de sentido genérico.	A rua **Garibaldi** está muito longe do bairro **Irajá**.

4.3. EM CONCURSOS

Não confunda aposto especificativo com adjunto adnominal.

A obra **de Machado de Assis** é símbolo da literatura brasileira.

- Obra de Machado de Assis = obra **machadiana** (adjetivo). Se possui função de adjetivo, é adjunto adnominal.

5. VOCATIVO

O vocativo é um termo independente dentro da oração. Não faz parte do sujeito, nem do predicado, nem dos termos integrantes ou acessórios da oração.

Possui função de chamar ou interpelar o interlocutor (é com quem se fala). Vem, sempre, separado por sinal de pontuação.

"**Pai**, afasta de mim esse cálice." (Chico Buarque de Holanda e Milton Nascimento).

Dica: o vocativo não pode ser confundido com o sujeito.

1. A pontuação é obrigatória no vocativo;
2. A pontuação nunca poderá separar o sujeito.

No exemplo citado anteriormente:

- Pai: vocativo.
- Sujeito: tu, pois o verbo está no imperativo afirmativo (afasta tu).

5.1. MORFOSSINTAXE DO VOCATIVO

Por se referir a um ser, o vocativo é representado por um substantivo ou por um pronome substantivo.

CAPÍTULO 4 – PERÍODO COMPOSTO

1. INTRODUÇÃO

Estudamos o período simples nos capítulos anteriores, ou seja, as relações que os termos (vocábulos) possuem dentro da oração. Agora estudaremos as relações estabelecidas entre as orações, é a vez da conjunção – termo que liga orações.

2. CONCEITOS

Período Simples	Possui uma oração.
Período Composto	Possui mais de uma oração.

Período Composto		
Coordenação	São orações que possuem independência sintática.	Ele estudou /e foi aprovado.
Subordinação	Há dependência sintática entre as orações, isto é, uma oração se subordina à outra.	Já que estudou, /foi aprovado.

3. COORDENAÇÃO

3.1. ASSINDÉTICAS

As orações coordenadas assindéticas não possuem conjunçao.

Importante: é preciso haver verbo em toda oração.

Acordou,	estudou,	viajou depois.
assindética	assindética	assindética

3.2. SINDÉTICAS

Possuem conjunção e são classificadas em:

Aditivas	Expressam ideia de **adição, acrescentamento**.	e, nem, não só... mas também, não só... como, assim... como.	Não só cantou como também dançou. Nem comprei o livro, nem estudei.
Adversativas	Exprimem fatos ou conceitos que se opõem ao que se declara na oração coordenada anterior, estabelecendo **contraste** ou **compensação**.	mas, contudo, todavia, entretanto, porém, no entanto, ainda, assim, senão.	Ficou muito cansada, contudo se divertiu. Não comprei o estudei, mas trabalhei.
Alternativas	Expressam ideia de **alternância de fatos** ou **escolha**.	ou... ou; ora...ora; quer...quer; seja...seja.	Ou usa o protetor solar, ou usa o óleo bronzeador. Quer eu durma quer eu fique acordada, estarei no quarto.

Conclusivas	Exprimem **conclusão** ou **consequência** referentes à oração anterior.	logo, portanto, por fim, por conseguinte, consequentemente.	Passou no concurso, portanto irá comemorar. Tomou muito sol, consequentemente ficou adoentado.
Explicativas	Indicam uma **justificativa** ou uma **explicação** referente ao fato expresso na declaração anterior.	que, porque, pois, isto é, ou seja, a saber, na verdade.	Passei na prova porque me esforcei. Não fui à aula pois merecia uma folga à noite.

3.3. EM CONCURSOS

- A conjunção **e** pode indicar oposição. A vírgula é obrigatória, mas é claro que as bancas a retiram: Exemplo: Estudou e não foi aprovado = conjunção adversativa.
- Embora algumas gramáticas abominem, em concursos é pedido: **mas também** indica adição. Exemplo: Estudou mas também foi aprovado.
- **Pois**: no sentido de porque = explicação; no sentido de logo = conclusão.
- **Explicação** e **causa**: Explicação é coordenada – orações independentes; causa é subordinada (estudaremos a seguir).

Explicação: O candidato devia estar doente, porque chorava muito.

O choro do candidato não poderia ser a causa de sua doença.

Causa: Ele está triste porque foi reprovado.

A reprovação é a causa da tristeza dele.

4. SUBORDINAÇÃO

4.1. INTRODUÇÃO

As orações subordinadas possuem estrutura distinta das orações coordenadas assindética e sindética. Veja:

Todos sabem	que é necessário ter coragem.
Oração principal	*Oração subordinada*

A oração principal rege a oração subordinada (possui conjunção ou verbo na forma nominal).

As orações subordinadas são divididas em três tipos:

Tipos	Definição	Dica
Substantivas	Possuem valor de **substantivo** e vêm introduzidas por conjunção integrante.	Encaixa-se **isto** ou **disto** antes da conjunção.
Adjetivas	Possui valor e função de **adjetivo** e vêm introduzidas por pronome relativo.	Que = **o qual** Cujo
Adverbiais	Exercem função de **adjunto adverbial** do verbo da oração principal e exprimem circunstâncias. São introduzidas por conjunções subordinativas – exceto as integrantes.	Indicam circunstâncias.

4.2. SUBORDINADA SUBSTANTIVA

A oração substantiva possui função de substantivo e dependendo da função sintática que exerce, classifica-se em:

<table>
<tr><td rowspan="4">Subjetiva</td><td colspan="2">Exerce a função sintática de sujeito do verbo da oração principal.</td></tr>
<tr><td>É preciso</td><td>que o grupo estude.</td></tr>
<tr><td>V.L. + predicativo</td><td>sujeito</td></tr>
<tr><td>Oração principal</td><td>oração subordinada substantiva subjetiva</td></tr>
<tr><td rowspan="4">Objetiva Direta</td><td colspan="2">Exerce função de objeto direto do verbo da oração principal
- que termina com V.T.D.</td></tr>
<tr><td>Os candidatos pediram</td><td>que a prova fosse adiada.</td></tr>
<tr><td>Sujeito + V.T.D</td><td>objeto direto</td></tr>
<tr><td>Oração principal</td><td>oração subordinada substantiva objetiva direta</td></tr>
<tr><td rowspan="4">Objetiva Indireta</td><td colspan="2">É objeto indireto do verbo da oração principal e vem precedida de preposição.
- a oração principal termina em V.T.I.</td></tr>
<tr><td>O autor precisa</td><td>de que alguém a ajude.</td></tr>
<tr><td>Sujeito + V.T.I.</td><td>Objeto indireto</td></tr>
<tr><td>Oração principal</td><td>oração subordinada substantiva objetiva indireta</td></tr>
<tr><td rowspan="4">Completiva Nominal</td><td colspan="2">Completa um nome que pertence à oração principal e possui preposição.
- a oração principal termina em NOME.</td></tr>
<tr><td>Tenho vontade</td><td>de que aconteça algo inesperado.</td></tr>
<tr><td>(eu) + V.T.D. + O.D.</td><td>Complemento nominal</td></tr>
<tr><td>Oração principal</td><td>oração subordinada substantiva completiva nominal</td></tr>
<tr><td rowspan="4">Predicativa</td><td colspan="2">Exerce papel de predicativo do sujeito do verbo da oração principal.
- a oração principal termina em VERBO DE LIGAÇÃO.</td></tr>
<tr><td>A verdade é</td><td>que você não virá.</td></tr>
<tr><td>Sujeito + V.L.</td><td>Predicativo do sujeito</td></tr>
<tr><td>Oração principal</td><td>oração subordinada substantiva predicativa</td></tr>
<tr><td rowspan="3">Apositiva</td><td colspan="2">Exerce função de aposto de algum termo da oração principal.
- normalmente há dois-pontos.</td></tr>
<tr><td>Toda a turma tem o mesmo objetivo:</td><td>que ele seja aprovado.</td></tr>
<tr><td>Oração principal</td><td>oração subordinada substantiva apositiva</td></tr>
</table>

4.2.1. EM CONCURSOS

- Certifique-se de que a oração é subordinada substantiva apenas encaixando o pronome demonstrativo **isto**. A conjunção que liga as orações é **conjunção integrante**.
- Expressões na voz passiva na oração principal = oração subjetiva: **Sabe-se, Soube-se, Conta-se, Diz-se, Comenta-se, É sabido, Foi anunciado, Ficou provado.**

4.3. SUBORDINADA ADJETIVA

As orações adjetivas exercem função sintática de adjunto adnominal do adjetivo. Relacionam-se a um nome da oração principal e são introduzidas por pronome relativo. Tópico muito exigido em questões de pontuação.

<table>
<tr><th>Conversei ontem com alunos</th><th>que estudam português.</th></tr>
<tr><td rowspan="3">Oração Principal</td><td>que = os quais</td></tr>
<tr><td>que estudam = estudiosos – adjetivo</td></tr>
<tr><td>oração subordinada adjetiva</td></tr>
</table>

<table>
<tr><th>Os escritores</th><th>que fizeram um ótimo trabalho</th><th>serão homenageados.</th></tr>
<tr><td rowspan="2">Oração Principal</td><td>que = os quais</td><td rowspan="2">Oração Principal</td></tr>
<tr><td>oração subordinada adjetiva</td></tr>
</table>

4.3.1. CLASSIFICAÇÃO DAS SUBORDINADAS ADJETIVAS

Classificação	Teoria	Dica
Explicativa	Explica, isto é, atribui característica própria e pode ser retirada do período sem que haja alteração no sentido.	Atente-se ao SENTIDO. Possui pontuação.
Restritiva	Restringe, ou seja, limita a significação do nome a que se refere e se retirada do período, altera o sentido, perde-se informação.	Atente-se ao SENTIDO. Não possui pontuação.

<table>
<tr><td rowspan="2">Explicativa</td><td>Capitu, que é uma personagem de Machado de Assis, tinha olhos de ressaca.</td><td>= a qual
A informação generaliza (Capitu é personagem)e pode ser retirada, explica.</td></tr>
<tr><td>O irmão dela, que era advogado, prestou <u>serviços</u> ao réu.</td><td>= o qual
A informação generaliza (o irmão era advogado) e pode ser retirada, explica.</td></tr>
<tr><td>Restritiva</td><td>Você é um dos poucos autores que conheço.</td><td>= os quais
Conheço alguns autores e não todos.
Não se pode retirar a informação da oração adjetiva.</td></tr>
<tr><td>Restritiva</td><td>Eles são um dos alunos que falaram conosco ontem.</td><td>= os quais
Conversamos com alguns alunos e não com todos.
Não se pode retirar a informação da oração adjetiva.</td></tr>
</table>

4.3.2. EM CONCURSOS

A pontuação, nas orações adjetivas explicativas, pode ser através de vírgula(s), travessão (final de frase) ou travessões (no meio da oração principal), ou parênteses.

4.3.3. FUNÇÕES SINTÁTICAS DO PRONOME RELATIVO

Nas orações adjetivas, o pronome relativo desempenha função sintática. Vamos às dicas.

SUJEITO	Os políticos **que** representaram o Brasil. = **Os políticos** representaram o Brasil: sujeito
OBJETO DIRETO	Entreguei o material **que** você pediu. Você pediu **o material** = O.D. Fernanda, a **quem** admiro, influenciou-me na decisão. Admiro **Fernanda**: a preposição pode ser retirada = objeto direto preposicionado.
OBJETO INDIRETO	O livro de **que** necessito hoje é este. Necessito **do livro** = O.I.
COMPLEMENTO NOMINAL	Eis as informações de **que** tem necessidade. Tem necessidade **das informações**. = C.N.
PREDICATIVO DO SUJEITO	Ele é o funcionário público **que** a maioria quer ser. A maioria quer ser **funcionário público**. = predicativo
AGENTE DA PASSIVA	Ele é o diretor por **quem** fui criticado. Fui criticado **pelo diretor**. = agente da passiva
ADJUNTO ADVERBIAL	Os fatos aconteceram no mês em **que** fez aniversário. Fez aniversário **no mês**. = adj. adverbial de tempo
ADJUNTO ADNOMINAL	Apenas o relativo **cujo** e suas variações podem possuir função de adjunto adnominal. Ele não consegue conviver com chefes **cujas** aspirações sejam apenas materiais. = Não conseguem conviver com chefes = As aspirações dos chefes são apenas materiais.

4.4. SUBORDINADA ADVERBIAL

A oração subordinada adverbial exerce a função de **adjunto adverbial** do verbo da oração principal. Indica circunstância.

4.4.1. CLASSIFICAÇÃO

Iniciam-se pelas conjunções subordinativas, exceto as integrantes, que fazem parte apenas das orações subordinadas substantivas. São elas:

	Definição	Conjunções	Exemplo	Dica
Causal	É a causa, o motivo da oração principal.	**porque, como, pois, pois que, já que, uma vez que, visto que.**	Ela foi aprovada **porque se dedicou aos estudos.**	Faz-se a pergunta **por quê?** À oração principal
Consecutiva	Indica a consequência da oração principal	**que, de forma que, de sorte que, tanto que,** etc., e pelas estruturas **tão... que, tanto...que, tamanho...que.**	Fiz o trabalho tão concentrada **que nem percebi sua presença.**	Encaixa-se sempre a expressão **de modo que.**

	Definição	Conjunções	Exemplo	Dica
Condicional	Algo que se impõe como necessário para a realização ou não de um fato.	**se, caso, contanto que, desde que, salvo se, exceto se, a não ser que, a menos que, sem que, uma vez que** – acompanhada de verbo no subjuntivo.	**Caso não se prepare com antecedência**, será difícil ser aprovado.	Substitua por **caso** e **se**.
Concessiva	Indica concessão em relação à oração principal, contraste, ideias opostas.	embora, conquanto, ainda que, ainda quando, mesmo que, se bem que, posto que, apesar de que.	**Embora a prova estivesse dificílima**, fui aprovado e convocado.	Encaixe **embora** e **apesar de**.
Comparativa	É uma comparação.	**como, tão...como** (quanto), **mais** (do) **que, menos** (do) **que.**	Estudou **como um louco.**	Normalmente há verbo implícito. No exemplo citado: como um louco (estuda).
Conformativa	Indica conformidade, regra.	**conforme**, **como, consoante** e **segundo**	**Conforme foi previsto**, houve atraso na entrega dos documentos.	Encaixe **conforme.**
Final	Indica finalidade da oração principal.	**a fim de que**, **que, porque** (= para que) e **para que.**	Estudaram de manhã **para depois irem ao cinema.**	Pergunta: **para quê?**
Proporcional	Indica proporcionalidade, ações simultâneas, acontecem ao mesmo tempo.	à proporção que, **à medida que**, **ao passo que, quanto maior...** (maior)**, quanto maior...**(menor)**, quanto menor...** (maior), **quanto menor...**(menor), **quanto mais...** (mais)**, quanto mais...**(menos)**, quanto menos...** (mais)**, quanto menos...**(menos).	À medida que estuda, aprende mais.	Encaixe: à medida que.
Temporal	Indica o tempo da oração principal.	**quando**, **enquanto**, **mal, assim que, logo que, todas as vezes que, antes que, depois que, sempre que, desde que** etc.	"**Quando você foi embora**, fez-se noite em meu viver..."	Pergunta: **quando?**

4.4.2. EM CONCURSOS

Observações importantes:

1. Onde há causa, há consequência. Associe assim:

Já que você não vai,	eu não vou
causa	por quê?
	consequência

A oração para que fazemos a pergunta **por quê?** indica a consequência, o efeito; enquanto a reposta indica causa.

2. À medida que indica proporção; **na medida em que** indica causa. Muito cuidado porque sempre é pedida a diferença.

3. As orações subordinadas e coordenadas podem vir mescladas. Fundamental resolver as últimas questões de concursos para saber como está sendo exigido o assunto.

4.5. ORAÇÕES REDUZIDAS

Orações reduzidas, como o próprio nome indica, são menores. Possuem duas características:

1. Apresentam o verbo em uma forma nominal.	gerúndio, particípio, infinitivo.
2. Não possuem conectivo.	conectivos: conjunções subordinativas ou pronomes relativas.

4.5.1. CLASSIFICAÇÃO

1. Subordinada Reduzida de Infinitivo	2. Subordinada Reduzida de Gerúndio	3. Subordinada Reduzida de Particípio

ORAÇÕES REDUZIDAS		
1 INFINITIVO	É necessário **estudar todas as matérias**. = que estude todas as matérias.	**Oração subordinada substantiva** (isto) **subjetiva** (possui função de sujeito) **reduzida de infinitivo**
	Ele assegurou **serem de boa qualidade as máquinas.** = que eram de boa qualidade as máquinas.	**Oração subordinada substantiva** (isto) **objetiva direta reduzida de infinitivo**
	Gosto **de estudar sozinha.** = que eu estude sozinha.	**Oração subordinada substantiva** (disto) **objetiva indireta reduzida de infinitivo**
	O melhor seria **fazerem a prova logo.** = que fizessem a prova logo.	**Oração subordinada substantiva** (isto) **predicativa reduzida de infinitivo**
	Ele estava disposto **a vender tudo.** = que ele vendesse tudo.	**Oração subordinada substantiva** (isto) **completiva nominal reduzida de infinitivo**

ORAÇÕES REDUZIDAS		
1 INFINITIVO	Ela nos fez um convite: **comparecermos à sua formatura.** = que comparecêssemos à sua formatura.	**Oração subordinada substantiva apositiva reduzida de infinitivo**
	Aquele, **a dançar**, é meu irmão. = que dança – o qual dança.	**Oração subordinada adjetiva** (cabe pronome relativo) **explicativa** (com pontuação) **reduzida de infinitivo**
	Ela foi a **primeira a reclamar**. = que reclamou – a qual reclamou.	**Oração subordinada adjetiva** (cabe pronome relativo) **restritiva** (sem pontuação) **reduzida de infinitivo**
	Lamentou **por ter chegado muito cedo**. = porque chegou muito cedo.	**Oração subordinada adverbial causal** (por quê?) **reduzida de infinitivo**
	Ao rever os pais, deu-lhes vários beijos. = quando viu os pais.	**Oração subordinada adverbial temporal** (quando?) **reduzida de infinitivo**
	Fiz um empréstimo **para pagar a faculdade**. = para que pagasse a faculdade.	**Oração subordinada adverbial final** (para quê?) **reduzida de infinitivo**
	Apesar de estar triste, sorri. = apesar de que esteja triste.	Oração subordinada adverbial concessiva reduzida de infinitivo
	Se cumprirem a promessa eu cumpro a minha. = caso cumpram a promessa.	Oração subordinada adverbial condicional reduzida de infinitivo
	Ela se distraiu tanto **a ponto de esquecer a briga**. = que esqueceu a briga.	Oração subordinada adverbial consecutiva reduzida de infinitivo
2 GERÚNDIO	Encontrei Fernanda, **saindo do hotel**. = que saía do hotel – a qual saía.	**Oração subordinada adjetiva** (cabe pronome relativo) **explicativa** (com pontuação) **reduzida de gerúndio**
	Gosto de bichos **correndo pelo quintal**. = que correm pelo quinta.	**Oração subordinada adjetiva** (cabe pronome relativo) **restritiva** (sem pontuação) **reduzida de gerúndio**
	Não cumprindo a promessa, sentiu remorsos. = porque não cumpriu a promessa	**Oração subordinada adverbial causal** (por quê?) **reduzida de gerúndio**
	Faltando alguns minutos para o final da avaliação, todos terminaram. = quando faltavam alguns minutos para o final da avaliação.	**Oração subordinada adverbial temporal** (quando?) **reduzida de gerúndio**

ORAÇÕES REDUZIDAS		
2 GERÚNDIO	**Mesmo estando doente** fiz a prova. = mesmo que estivesse doente	**Oração subordinada adverbial concessiva reduzida de gerúndio**
	Mentindo assim será pior. = caso minta assim.	**Oração subordinada adverbial condicional reduzida de gerúndio**
3 PARTICÍPIO	Fiquei surpresa com a escultura, **pintada de amarelo**. = que pintaram de amarelo - a qual	**Oração subordinada adjetiva** (cabe pronome relativo) **explicativa** (com pontuação) **reduzida de particípio**
	Têm apenas um livro **comprado**. = que comprou - que comprou	**Oração subordinada adjetiva** (cabe pronome relativo) **restritiva** (sem pontuação) **reduzida de particípio**
	Ferido no rosto, ele não pode mais trabalhar. = porque se feriu no rosto	**Oração subordinada adverbial causal** (por quê?) **reduzida de particípio**
	Concluída a prova, foi comemorar. = quando concluiu a prova	**Oração subordinada adverbial temporal** (quando?) **reduzida de particípio**
	Vencido o campeonato, permanecerão treinando. = mesmo que vençam o campeonato	**Oração subordinada adverbial concessiva reduzida de particípio**
	Excluídas as doações, como funcionaremos? =caso excluam as doações	**Oração subordinada adverbial condicional reduzida de particípio**

CAPÍTULO 5 - CONCORDÂNCIA

1. INTRODUÇÃO

Concordância é a correspondência de flexões existentes entre dois termos - ou mais - de uma oração, como entre verbo e sujeito, entre substantivo e adjetivo.

2. CONCORDÂNCIA VERBAL

REGRA GERAL

O verbo concorda com o sujeito em número e pessoa.

"Você	me	faz	feliz."
sujeito		**verbo**	
pronome terceira pessoa singular		***verbo terceira pessoa singular***	

Música e literatura	fazem	bem à alma.
sujeito composto	*verbo*	
dois núcleos: terceira pessoa do plural	***verbo terceira pessoa plural***	

2.1. CASOS PARTICULARES

<table>
<tr><td rowspan="2">**Expressão partitiva = parte de, uma porção de, o grosso de, metade de, a maioria de, a maior parte de, grande parte de...
+ substantivo ou pronome no plural**</td><td>o verbo pode ficar no **singular** ou no **plural**.</td><td>**A maioria** dos alunos **aprovou (aprovaram)** a equipe.</td></tr>
<tr><td colspan="2">**Coletivos**: Um bando de vândalos **destruiu** (**destruíram)** o jardim.</td></tr>
<tr><td rowspan="2">**Expressão que indica quantidade aproximada = cerca de, mais de, menos de, perto de...
+ numeral e substantivo**</td><td>o verbo **concorda com o substantivo**.</td><td>**Cerca de** mil pessoas **participaram** da manifestação.</td></tr>
<tr><td colspan="2">**mais de um** + verbos que exprimem **reciprocidade**, o plural é obrigatório: Mais de um colega se **abraçaram**.</td></tr>
<tr><td>**Nomes que só existem no plural, o artigo manda na concordância**</td><td>**Sem artigo:** verbo no **singular**. **Com artigo no plural**: verbo no **plural**.</td><td>**As** Minas Gerais **fazem** sonhos.
Minas Gerais **faz** poesia e bons sons.</td></tr>
<tr><td rowspan="2">**Pronome interrogativo ou indefinido plural = quais, quantos, alguns, poucos, muitos, quaisquer, vários
+ de nós ou de vós**</td><td>verbo concorda com o **primeiro pronome** –na terceira pessoa do plural– ou com o **pronome pessoal**.</td><td>**Quais** de **vós são (sois)** capazes?</td></tr>
<tr><td colspan="2">**Interrogativo** ou **indefinido estiver no singular:** verbo no **singular: Qual de nós é capaz?**</td></tr>
<tr><td rowspan="3">**Expressão que indica porcentagem + substantivo**</td><td>**Sem modificador** da porcentagem: facultativamente o verbo pode concordar com o **substantivo** ou com o **número** referente à porcentagem.</td><td>30% do **orçamento** da empresa **deve (ou devem)** destinar-se à Educação.
1% dos alunos **faltaram (ou faltou)** à prova.</td></tr>
<tr><td>**Com modificador** da porcentagem: o verbo concorda com o **modificador** que pode ser pronome demonstrativo, possessivo ou artigo.</td><td>**Os** 10% da classe estudam muito.
Este 1% dos alunos estuda mais.</td></tr>
<tr><td colspan="2">Expressão que indica porcentagem não é seguida de substantivo = verbo concorda com o número: 40% precisam de mudança.</td></tr>
<tr><td>**Pronome relativo QUE**</td><td>concordância em número e pessoa com o **antecedente do pronome**.</td><td>Fui **eu** que **paguei** o livro.
És **tu** que me fazes ver o sentido da vida.</td></tr>
<tr><td rowspan="2">**Um dos que**</td><td>verbo **plural**.</td><td>Você é **um dos que admiram** o livro.</td></tr>
<tr><td colspan="2">Ele foi **um dos** escritores **que** mais **fez** sucesso.
Ela é **uma das** alunas mais **brilhante** da sala.</td></tr>
<tr><td>**Quem**</td><td>verbo na terceira pessoa do singular
ou concordando com o antecedente do pronome.</td><td>Fui eu **quem pagou** o livro. Fui **eu** quem **paguei** o livro.</td></tr>
<tr><td>**Pronome de tratamento**</td><td>verbo na 3ª pessoa do singular ou plural.</td><td>Vossa Excelência **é** casado?
Vossas Excelências vão escrever?</td></tr>
</table>

<table>
<tr><td rowspan="2">Bater, dar e soar</td><td>verbo concorda com o numeral.</td><td>Deu uma hora no relógio da sala.
Deram cinco horas no relógio da sala.</td></tr>
<tr><td colspan="2">sujeito da oração = relógio, sino, torre, etc., o verbo concorda com o sujeito: O tradicional relógio da praça matriz dá nove horas.</td></tr>
<tr><td>Verbos Impessoais:
Haver no sentido de existir;
Fazer indicando tempo;
Indicam fenômenos da natureza.</td><td>verbo na 3ª pessoa do singular</td><td>Havia muitos alunos na sala.
Faz três anos que não viajamos.
Chovia ontem à tarde.</td></tr>
</table>

2.2. SUJEITO COMPOSTO

Sujeito é composto e **anteposto** ao verbo	verbo **plural** **Pai e filho conversavam.**
Sujeitos compostos formados por **pessoas gramaticais diferentes**: a primeira pessoa do plural prevalece sobre a segunda pessoa, que por sua vez, prevalece sobre a terceira.	Teus irmãos, tu e eu **tomaremos** a decisão. = nós Tu e teus irmãos **tomareis (tomarão)** a decisão. = vós (ou vocês)* *sujeito é composto, formado por um elemento da segunda pessoa e um da terceira, é possível empregar o verbo na terceira pessoa do plural. Pais e filhos **precisam** respeitar-se. = eles
Sujeito composto **posposto** ao verbo: em vez de concordar no plural com a totalidade do sujeito, o verbo pode estabelecer concordância com o **núcleo do sujeito mais próximo**. É uma opção, e não uma obrigação.	**Faltaram coragem e competência.** **Faltou coragem** e competência.
Quando ocorre ideia de **reciprocidade**, no entanto, a concordância é feita obrigatoriamente no **plural**.	Abraçaram-**se** vencedor e vencido. **Ofenderam-se** o jogador e o árbitro.

2.2.1. CASOS PARTICULARES

<table>
<tr><td>Sujeito composto por núcleos sinônimos ou quase sinônimos</td><td>verbo no plural ou no singular.</td><td>Descaso e desprezo marcam (marca) seu comportamento.</td></tr>
<tr><td>Sujeito composto por núcleos dispostos em gradação</td><td>verbo no plural ou concorda com o último núcleo do sujeito.</td><td>Com você, meu amor, uma hora, um minuto, um segundo me satisfazem (satisfaz).</td></tr>
<tr><td rowspan="2">Núcleos do sujeito composto são unidos por ou ou nem</td><td>verbo no plural se a declaração contida no predicado puder ser atribuída a todos os núcleos.</td><td>Drummond ou Bandeira representam a essência da poesia brasileira.
Nem o professor nem o aluno acertaram a resposta.</td></tr>
<tr><td>núcleos excludentes: verbo singular.</td><td>Roma ou Buenos Aires será a sede da próxima Olimpíada.
Você ou ele será escolhido.</td></tr>
</table>

Um e outro	verbo no singular ou no plural.	Um e outro **compareceu (compareceram)** à festa. Nem um nem outro **saiu (saíram)** do colégio.
Núcleos do sujeito são unidos por **com**	o verbo pode ficar no **plural:** com = e.	O pai **com** o filho **montaram** o brinquedo. O governador **com** o secretariado **traçaram** os planos para o próximo semestre.
Núcleos do sujeito são unidos por **expressões correlativas**: **não só...mas ainda**, **não somente...**, **não apenas...mas também**, **tanto...quanto**	verbo no **plural**.	**Não só** a seca, **mas também** o pouco caso **castigam** o Nordeste. **Tanto** a mãe **quanto** o filho **ficaram** surpresos com a notícia.
Elementos do sujeito composto resumidos por **aposto recapitulativo**	a concordância é feita com o termo resumidor.	Filmes, novelas, boas conversas, **nada** o **tirava** da apatia. Trabalho, diversão, descanso, **tudo é** muito importante na vida das pessoas.

2.2.2. VERBO + SE

Precisa-se de funcionários.

Alugam-se apartamentos à beira-mar.

Índice de indeterminação do sujeito	o **"se"** acompanha os verbos **intransitivos**, **transitivos indiretos** e de **ligação** = singular.	**Precisa-se** de governantes interessados em civilizar o país. **Confia-se** em teses absurdas. **Era-se** mais feliz no passado.
Pronome apassivador	acompanha verbos **transitivos diretos** e **indiretos** na formação da voz passiva sintética. O verbo deve concordar com o sujeito da oração.	**Construiu-se um posto** de saúde. **Construíram-se novos postos** de saúde. **Não se pouparam** esforços para despoluir o rio. **Não se devem poupar** esforços para despoluir o rio.

2.3. VERBO SER

O futuro	**é**	esperanças.
Sujeito	*Verbo **ser** concorda com o sujeito*	

O futuro	**são**	**esperanças.**
	*Verbo **ser** concorda com o predicativo do sujeito.*	**predicativo**

O VERBO SER CONCORDA COM O PREDICATIVO DO SUJEITO	
Sujeito representado pelos pronomes – isto, isso, aquilo, tudo, o – e o predicativo estiver no plural.	**Isso são lembranças** inesquecíveis. **Aquilo eram problemas** gravíssimos. **O** que eu admiro em você **são** os seus **cabelos** compridos.
Sujeito no singular – referindo-se a coisas – e o predicativo substantivo no plural.	**Nosso piquenique foram** só **guloseimas.** **Sua rotina eram só alegrias.**
Sujeito indicar pessoa, o verbo concorda com o sujeito.	Gustavo era só decepções. Minhas alegrias é esta criança. Admite-se a **concordância no singular** quando se deseja fazer prevalecer um elemento sobre o outro: **A vida é** ilusões.
Sujeito for pronome interrogativo que ou quem.	**Que são** esses papéis? **Quem são** aquelas crianças?
Impessoal na indicação de horas, dias e distâncias, o verbo ser concorda com o numeral.	**É uma** hora. **São três** da manhã. **Eram 25** de julho quando partimos. Daqui até a padaria **são dois** quarteirões. Hoje **é dia** quatro de março. Hoje **são quatro** de março.
Sujeito indicando peso, medida, quantidade + pouco, muito, menos de, mais de, etc. = verbo ser no singular.	Cinco quilos de açúcar **é mais do** que preciso. Três metros de tecido **é pouco** para fazer seu vestido. Duas semanas de férias **é muito** para mim.
Sujeito ou predicativo for pronome pessoal do caso reto, com este concordará o verbo.	No meu setor, **eu sou** a única mulher. Aqui os adultos **somos nós**. Ambos os termos representados por pronomes pessoais = verbo concorda com o pronome sujeito: Eu não sou ela. Ela não é eu.
Sujeito com sentido partitivo ou coletivo e o predicativo no plural = verbo ser concorda com o predicativo.	A grande maioria no protesto **eram jovens**. O resto **foram atitudes** imaturas.

2.4. VERBO PARECER

Ocorre variação do verbo parecer e não se flexiona o infinitivo.	Alguns colegas **pareciam chorar** naquele momento.
A variação do verbo parecer não ocorre, o infinitivo sofre flexão.	Alguns colegas **parecia chorarem** naquele momento.

2.5. HAJA VISTA

A expressão é invariável.	**Haja vista** as lições dadas por ele. = tendo em vista **Haja vista** aos fatos explicados por esta teoria. = tendo em vista
O verbo haver pode variar = se não seguido de preposição, considerando-se o termo posposto como sujeito.	**Hajam vista** os exemplos de sua dedicação. = vejam-se

3. CONCORDÂNCIA NOMINAL

<table>
<tr><th colspan="4">Regras gerais</th></tr>
<tr><td>O adjetivo concorda em gênero e número com o substantivo.</td><td colspan="3">As mãos trêmulas denunciavam o que sentia.</td></tr>
<tr><td rowspan="2">Adjetivo referindo-se a vários substantivos, a concordância varia</td><td rowspan="2">Adjetivo anteposto aos substantivos:</td><td>O adjetivo concorda em gênero e número com o substantivo mais próximo.</td><td>Encontramos caídas as roupas e os prendedores.
Encontramos caída a roupa e os prendedores.
Encontramos caído o prendedor e a roupa.</td></tr>
<tr><td>Substantivos como nomes próprios, adjetivo plural.</td><td>As adoráveis Fernanda e Cláudia vieram me visitar.
Encontrei os divertidos primos e primas na festa.</td></tr>
<tr><td rowspan="2">Adjetivo posposto aos substantivos</td><td colspan="2">O adjetivo concorda com o substantivo mais próximo ou com todos eles.</td><td>A indústria oferece localização e atendimento perfeito.
A indústria oferece atendimento e localização perfeita.
A indústria oferece atendimento e localização perfeitos.</td></tr>
<tr><td colspan="2">Substantivos possuindo mesmo gênero, adjetivo no singular ou plural.</td><td>A beleza e a inteligência feminina(s).
O carro e o iate novo(s).</td></tr>
<tr><td rowspan="2">Expressões formadas pelo verbo SER + adjetivo</td><td colspan="2">O adjetivo fica no masculino singular, se o substantivo não for acompanhado de nenhum modificador.</td><td>Água é bom para saúde.</td></tr>
<tr><td colspan="2">O adjetivo concorda com o substantivo, se este for modificado por um artigo ou qualquer outro determinativo.</td><td>Esta água é boa para saúde.</td></tr>
</table>

<table>
<tr><td>O adjetivo concorda em gênero e número com os pronomes pessoais a que se refere.</td><td colspan="2">Juliana as viu ontem muito felizes.</td></tr>
<tr><td>Nas expressões formadas por pronome indefinido neutro (nada, algo, muito, tanto, etc.) + preposição DE + adjetivo = adjetivo masculino singular.</td><td colspan="2">Os jovens tinham algo de misterioso.</td></tr>
<tr><td rowspan="2">A palavra só, quando equivale a "sozinho", tem função adjetiva e concorda com o nome a que se refere.</td><td colspan="2">Cristina saiu só.
Cristina e Débora saíram sós.</td></tr>
<tr><td colspan="2">só = somente ou apenas – função adverbial: invariável.
Eles só desejam uma palavra.</td></tr>
<tr><td rowspan="2">Um único substantivo modificado por dois ou mais adjetivos no singular</td><td>O substantivo permanece no singular e coloca-se o artigo antes do último adjetivo.</td><td>Admiro a cultura espanhola e a portuguesa.</td></tr>
<tr><td>O substantivo vai para o plural e o artigo antes do adjetivo é omitido.</td><td>Admiro as culturas espanhola e portuguesa.</td></tr>
</table>

3.1. CASOS PARTICULARES

<table>
<tr><th colspan="2">É proibido – É necessário – É bom – É preciso – É permitido</th></tr>
<tr><td>Formadas por verbo + adjetivo, ficam invariáveis se o substantivo a que se referem possuir sentido genérico (não vier precedido de artigo).</td><td>É proibido entrada de crianças.
Em certos momentos, é necessário atenção.
No verão, melancia é bom.
É preciso cidadania.
Não é permitido saída pelas portas laterais.</td></tr>
<tr><td>Sujeito dessas expressões estiver determinado por artigos, pronomes ou adjetivos, tanto o verbo como o adjetivo concordam com ele.</td><td>É proibida a entrada de crianças.
Esta salada é ótima.
A educação é necessária.
São precisas várias medidas na educação.</td></tr>
<tr><th colspan="2">Anexo – Obrigado – Mesmo – Próprio – Incluso – Quite</th></tr>
<tr><td>Concordam em gênero e número com o substantivo ou pronome a que se referem. São expressões adjetivas.</td><td>Seguem anexas as documentações requeridas.
A menina agradeceu:
– Muito obrigada.
Muito obrigadas, disseram as senhoras, nós mesmas faremos isso.
Seguem inclusos os papéis solicitados.
Já lhe paguei o que estava devendo: estamos quites.</td></tr>
</table>

Bastante – Caro – Barato – Longe	
Invariáveis quando advérbios. Concordam com o nome a que se referem quando funcionam como adjetivos, pronomes adjetivos, ou numerais.	**As jogadoras estavam bastante cansadas. = advérbio** Há **bastantes** pessoas insatisfeitas com o trabalho. = pronome adjetivo (muitos) Nunca pensei que o estudo fosse tão **caro**. = advérbio As casas estão **caras**. = adjetivo Achei **barato** este casaco. = advérbio Hoje as frutas estão **baratas**. = adjetivo "Vais ficando **longe** de mim como o sono, nas alvoradas." (Cecília Meireles) = advérbio "Levai-me a esses **longes** verdes, cavalos de vento!" (Cecília Meireles) = adjetivo)
Meio – Meia	
Quando adjetivo (metade), concorda com o nome a que se refere.	Pedi **meia** cerveja e **meia** porção de polentas.
Quando advérbio (modificando um adjetivo, sentido de um pouco) permanece invariável.	A noiva está **meio** nervosa.
Alerta – Menos	
Essas palavras, normalmente, são advérbios e permanecem invariáveis.	Os escoteiros estão sempre **alerta**. Carolina tem **menos** bonecas que sua amiga.

CAPÍTULO 6 – REGÊNCIA

1. INTRODUÇÃO

Regência trata das relações entre os termos da frase, estabelecendo a dependência entre eles.

Regente é o termo que exige complemento e **regido** é o termo complementar.

Ninguém	**assistiu**	**à palestra.**
	termo regente	**termo regido**

Necessidade	**de ser fera.**
termo regente	**termo regido**

Regência	
Verbal	**Nominal**
• V.T.D. • V.T.I. • V.T.D.I. • I.	• admiração a, por • doutor em • diferente de • suspeito de • longe de

2. REGÊNCIA VERBAL

Com o intuito de facilitar, vamos dividir o estudo de regência em:

1. Verbos que apresentam uso popular em desacordo com a norma culta;
2. Verbos que possuem mais de uma regência;
3. Lista de verbos notáveis.

2.1. VERBOS QUE APRESENTAM USO POPULAR EM DESACORDO COM A NORMA CULTA

<table>
<tr><th>Verbo</th><th>Sentido</th><th>Regência</th><th>Exemplo</th></tr>
<tr><td>Custar</td><td>ser difícil</td><td>V.T.I.</td><td>Custou ao candidato aceitar a nota.</td></tr>
<tr><td>Implicar</td><td>acarretar</td><td>V.T.D.</td><td>Sua atitude implicará demissão.</td></tr>
<tr><td>Namorar</td><td>–</td><td>V.T.D.</td><td>Ela namora o advogado há alguns meses.</td></tr>
<tr><td>Obedecer e desobeceder</td><td>–</td><td>V.T.I.</td><td>Ele obedece ao patrão.
Ela desobedece ao pai.</td></tr>
<tr><td colspan="4">Admitem voz passiva, embora sejam transitivos indiretos:
O patrão é obedecido por ele. O pai era desobedecido por ela.</td></tr>
<tr><td>Pedir</td><td>–</td><td>V.T.D. (coisa)
V.T.I. (pessoa)</td><td>Pediu licença e saiu.
Pediu ao professor que lhe entregasse o gabarito.</td></tr>
<tr><td colspan="2">Pede a preposição para quando subentendida a palavra licença</td><td>V.T.D.</td><td>Pediu (licença) para sair.</td></tr>
<tr><td>Preferir</td><td>–</td><td>V.T.D.I. (algo a algo)</td><td>Prefere cinema a teatro.</td></tr>
<tr><td rowspan="2">Responder</td><td>quando declaração da resposta</td><td>V.T.D.</td><td>Respondeu que não sabia o segredo.</td></tr>
<tr><td>quando nomeia a coisa ou a pessoa a quem se dá a resposta</td><td>V.T.I.</td><td>Ele respondeu a todas as perguntas.</td></tr>
<tr><td>Simpatizar e antipatizar</td><td>–</td><td>V.T.I.</td><td>Simpatiza com ela.</td></tr>
<tr><td colspan="4">Não admite o pronome oblíquo, por não ser pronominal.</td></tr>
</table>

2.2. VERBOS QUE POSSUEM MAIS DE UMA REGÊNCIA

<table>
<tr><th>Verbo</th><th>Sentido</th><th>Regência</th><th>Exemplo</th></tr>
<tr><td rowspan="3">Aspirar</td><td>respirar, sorver (perfume, ar)</td><td>V.T.D.</td><td>Aspirou um ar venenoso.</td></tr>
<tr><td>pretender/ desejar</td><td>V.T.I. (a)</td><td>Os candidatos aspiram a aprovações.</td></tr>
<tr><td colspan="3">O verbo aspirar não aceita os pronomes lhe, lhes como objeto indireto, por isso devemos substituí-los por a ele, a ela, a eles, a elas.</td></tr>
</table>

<table>
<tr><th>Verbo</th><th>Sentido</th><th>Regência</th><th>Exemplo</th></tr>
<tr><td rowspan="4">Assistir</td><td>ver</td><td>V.T.I. (a)</td><td>Assistiu ao jogo.</td></tr>
<tr><td colspan="3">Usado nesse sentido, “assistir” não aceita lhe, lhes, como objeto indireto; por isso, quando necessário, deveremos trocá-lo por a ele, a ela, a eles, a elas.</td></tr>
<tr><td>socorrer, ajudar</td><td>V.T.D.</td><td>O amigo assistiu o doente.</td></tr>
<tr><td>caber, pertencer</td><td>V.T.I. (a)</td><td>O poder de resolver assiste a ele apenas.</td></tr>
<tr><td rowspan="2">Chamar</td><td>mandar vir, solicitar a presença</td><td>V.T.D.</td><td>A professora chamou os alunos.</td></tr>
<tr><td>chamar pelo nome, apelidar</td><td>há quatro construções</td><td>Chamaram a menina de balão. Chamaram a menina balão. Chamaram à menina de balão. Chamaram à menina balão.</td></tr>
<tr><td rowspan="3">Esquecer e lembrar</td><td>não pronominais: sem preposição</td><td colspan="2">Esqueceu o caderno.</td></tr>
<tr><td>pronominais: com preposição (de)</td><td colspan="2">Ele se esqueceu do caderno.</td></tr>
<tr><td colspan="3">Se a coisa esquecida possuir função de sujeito, sofre alteração:
Esqueceu-me o ocorrido. Lembrou-me o assunto.</td></tr>
<tr><td>Informar</td><td>Admite duas construções</td><td>V.T.D.I.</td><td>Informei a data ao aluno
(algo a alguém).
Informei o aluno da data (alguém de algo).</td></tr>
<tr><td rowspan="2">Pagar e perdoar</td><td>Para coisa</td><td>V.T.D.</td><td>Paguei o DVD. Perdoei seus erros.</td></tr>
<tr><td>Para pessoa</td><td>V.T.I.</td><td>Paguei a você. Perdoei a você.</td></tr>
<tr><td rowspan="2">Proceder</td><td>ter fundamento</td><td>I.</td><td>Os boatos não procediam.</td></tr>
<tr><td>executar</td><td>V.T.I. (a)</td><td>Procederemos ao inquérito.</td></tr>
<tr><td rowspan="2">Querer</td><td>desejar</td><td>V.T.D.</td><td>“A gente quer dinheiro e felicidade.”</td></tr>
<tr><td>estimar</td><td>V.T.I. (a)</td><td>Quero a meus amigos.</td></tr>
<tr><td rowspan="4">Visar</td><td>mirar</td><td>V.T.D.</td><td>Visou o alvo.</td></tr>
<tr><td>vistar</td><td>V.T.D.</td><td>Visou o cheque.</td></tr>
<tr><td>ter em vista</td><td>V.T.I. (a)</td><td>Visam a aprovações.</td></tr>
<tr><td colspan="3">O verbo visar não aceita os pronomes lhe, lhes como objeto indireto, por isso devemos substituí-los por a ele, a ela, a eles, a elas.</td></tr>
</table>

2.3. LISTA DE VERBOS NOTÁVEIS

Verbo	Sentido	Regência	Exemplo
Abraçar	cingir com os braços, *ocupar-se de*, seguir	V.T.D.	Muitos abraçam as ideias comunistas.
	adotar como sua	V.T.D.	Abraçou nossa causa.
Agradar	fazer agrados, *mimar*, acaricia	V.T.D.	Ele agrada seu cão.
	ser agradável, *contentar*, satisfazer, sendo o sujeito da oração nome de **coisa**.	V.T.I. (a)	A música agradou **a**o público.
	ser agradável, *contentar*, satisfazer, quando o sujeito é nome de **pessoa**.	V.T.D.	Ela não consegue agradar o chefe.
	ser agradável, *contentar*, satisfazer	I.	A apresentação não agradou.
	gostar: pronominal	V.T.I. (de)	Agradou-**se** muito **d**o rapaz.
Agradecer	objeto direto de coisa e indireto de pessoa	V.T.I. (a)	Agradeci o presente **a** meu pai.
Ajudar	transitivo direto ou indireto	V.T.D. ou V.T.I. (a)	Ajudei este homem nos seus estudos. Ajudei **a** este homem nos seus estudos.
	Seguido de infinitivo	V.T.D.I.	Ajudei este homem **a** estudar.
Atender	acolher ou receber alguém com atenção, responder a alguém que se dirige a nós, ouvir, conceder, deferir um pedido	V.T.D.	O diretor atendeu os alunos. Deus atendeu a súplica de seu servo.
	dar atenção a alguém, ouvir-lhe os conselhos, levar em consideração, atentar, prestar atenção a, satisfazer	V.T.I. (a)	A mãe não atendia **a**os apelos do filho. Atenderemos **a**o chamado do cliente.
Chegar	aparece modificado por adjunto adverbial de lugar (rege a preposição **a**)	I.	Chegamos **a** São Paulo pela manhã.
Ensinar	objeto direto de coisa e indireto de pessoa ou objeto direto de pessoa e indireto no infinitivo (rege a preposição **a**)	V.T.D.I.	Ensino a dança **a** João. Ensina-o a converter cada espinho em flor.
Residir	aparece modificado por adjunto. Rege a preposição **em**	I.	Reside **n**a rua Garibaldi.

3. REGÊNCIA NOMINAL

É a relação existente entre um **nome** (substantivo, adjetivo ou advérbio) e os termos regidos por esse nome. Essa relação é sempre intermediada por uma **preposição**.

– alheio **a, de**	– liberal **com**
– ambicioso **de**	– apto **a, para**
– análogo **a**	– grato **a**
– bacharel **em**	– indeciso **em**
– capacidade **de, para**	– natural **de**
– contemporâneo **a, de**	– nocivo **a**
– contíguo **a**	– paralelo **a**
– curioso **a, de**	– propício **a**
– falto **de**	– sensível **a**
– incompatível **com**	– próximo **a, de**
– inepto **para**	– satisfeito **com, de, em, por**
– misericordioso **com, para com**	– suspeito **de**
– preferível **a**	– longe **de**
– propenso **a, para**	– perto **de**
– hábil **em**	

CAPÍTULO 7 – CRASE

1. INTRODUÇÃO

A palavra *crase* significa fusão, junção, mistura. Ocorre com vogais idênticas e o primeiro **a** sempre será uma preposição.

2. REGRA GERAL

Haverá crase quando o termo regente exigir a preposição **a** e o tremo regido admitir o artigo **a** ou **as.**

Referi-me	**à autora.**
Referi-me **a** (preposição)	+ **a** (artigo) = **à**

Ficou insensível	**à dor.**
Insensível **a** algo (preposição)	+ **a** (artigo) = **à**

Chegamos	**às sete horas.**
Chegamos **a** (preposição)	+ **as** (artigo) = **às**

Dica

Nos casos mencionados, basta trocar a o regido por um masculino correlato, ou seja, que pertença à mesma classe gramatical. Se obtiver a combinação **ao (preposição a + artigo o)**, haverá crase.

Referi-me	à autora. (substantivo feminino)
	ao autor. (substantivo masculino) = à

Ficou insensível	à dor. (substantivo feminino)
	ao sofrimento. (substantivo masculino) = à

Chegamos	à**s** sete horas. (numeral indicando hora)
	ao meio-dia. (substitua por meio-dia)= às

3. CASOS EM QUE SEMPRE HAVERÁ CRASE

Diante de palavras femininas – Substitua sempre por uma masculina	
• Sou grata **à** aluna. • Álcool é prejudicial **à** saúde. • Este texto é posterior **à** invenção do conto.	• Sou grata **ao aluno**. • Álcool é prejudicial **ao organismo**. • Este texto é posterior **ao problema** do conto.
Diante da palavra moda = à moda de (mesmo que a expressão moda de fique subentendida)	
• O jogador fez um gol **à** (moda de) Romarinho. • Usava sapatos **à** (moda de) Luís XV.	
Na indicação de horas	
• Acordamos **às** seis horas. = **ao** meio-dia • Elas chegaram **às** dez horas. = **ao** meio-dia • Foram dormir **à** meia-noite. = **ao** meio-dia	
Em locuções adverbiais, prepositivas e conjuntivas formadas por palavras femininas.	
• à tarde, às ocultas, às pressas, à medida que, • à noite, às claras, às escondidas, à força, • à vontade, à beça, à larga, à escuta, às avessas, à revelia, à exceção de, à imitação de, à esquerda, às turras, às vezes, à chave, • à direita, à procura, à deriva, à toa, à luz, • à sombra de, à frente de, à proporção que, • à semelhança de, às ordens, à beira de	

4. DIANTE DE NOMES DE LUGAR

Substitua o termo regente por um verbo que peça a preposição **de.**

Resultando na contração **da** significa que esse nome de lugar aceita o artigo e haverá crase.

- Vou **à** França. = Vim **da** França.
- Cheguei **à** Grécia. = Vim **da** Grécia.
- Retornarei **à** Itália. = Vim **da** Itália.

Observação: **Se especificar o nome do lugar, haverá crase.**

- Retornarei **à** São Paulo dos bandeirantes. = Vim **da** São Paulo dos bandeirantes.
- Irei **à** Salvador de Jorge Amado. = Vim **da** Salvador de Jorge Amado.

5. DIANTE DE PRONOME DEMONSTRATIVO

Haverá crase diante desses pronomes sempre que o termo regente exigir a preposição a.

Refiro-me	**a aquele**	livro
	Preposição a + pronome demonstrativo aquele = àquele	
Dediquei	**a aquele**	aluno o meu livro.
	Preposição a + pronome demonstrativo aquele = àquele	

Não haverá crase	
Se o termo regente não pedir preposição	Aluguei aquele apartamento. = Aluguei algo

6. COM PRONOME RELATIVO

A QUAL	
Dependerá da regência do verbo – se exige ou não a preposição –, mas trabalharemos com dicas para que não ocorra erro.	A apostila **<u>à</u> qual** me referi. 1. O relativo retoma um substantivo feminino (apostila); 2. Substitua-o por um substantivo masculino: **<u>O livro</u> ao qual** me referi. Resultou em **ao**, há crase.
	A sessão à qual assisti foi muito rápida. 1. O relativo retoma um substantivo feminino (sessão); 2. Substitua-o por um substantivo masculino: **<u>O filme</u> ao qual** assisti. Resultou em ao, há crase.
Não resultando em **ao**, não há crase.	A propaganda **a qual** vi. = O filme **o qual** vi.

QUE	
Algumas gramáticas alegam não haver o acento indicativo de crase antes do **que**, mas há exceção e é pedido em concursos (comparação que está ligada ao pronome demonstrativo – estudaremos abaixo).	Sua caneta é igual à que comprei. 1. O relativo retoma um substantivo feminino (caneta); 2. Substitua-o por um substantivo masculino: Seu lápis é igual **ao que comprei**. Resultou em ao, há crase.

QUEM e CUJO	
Não há crase anteposta a quem e cujo por repelirem o artigo. Em caso de dúvida, substitua.	A mulher **a quem** obedeço. = O homem a quem obedeço. A autora **a cuja** obra me referi. = A autora a cujo livro me referi. *O **a** que acompanha o relativo *cujo* é preposição e não artigo: refiro-me à obra.

7. COM PRONOME DEMONSTRATIVO

Façamos, mais uma vez a substituição.

Sua ideia é ligada **à** de seus professores.	= Sua ideia é ligada àquela. = Seu dever é ligado **ao** de seus professores.

8. ANTES DA PALAVRA DISTÂNCIA

Se especificada, haverá crase.	A rua fica **à** distância de 50 Km daqui. Fiquem **à** distância de 100 metros do palco.	= Determina-se a distância. = A palavra distância está especificada.
Sem especificar = sem crase.	Ficaram a distância. Ensinou a distância. Foi reconhecido a distância.	
Observação: para evitar ambiguidade, pode-se usar a crase. Ensinou à distância. Ela o curou à distância.		

9. CRASE FACULTATIVA

Diante de nomes próprios femininos	Enviei o e-mail **a** Fernanda. Enviei o e-mail à Fernanda.	Facultativo porque o artigo pode ou não acompanhar o nome próprio.
Diante de pronome possessivo feminino	Referi-me **a** sua ideia. Referi-me à sua ideia.	Facultativo porque o artigo pode ou não acompanhar o pronome possessivo.
Após preposição até	Fui até **a** esquina. Fui até à esquina. O curso vai até **as** oito horas. O curso vai até à**s** oito horas.	

10. NÃO SE USA CRASE

Diante de substantivos masculinos	Fizeram o teste **a** lápis. Comprei o carro **a** prazo.
Diante de verbos	Estavam **a** estudar. Nada tem **a** dizer.
Diante de pronomes e das expressões de tratamento	Fez referência **a** Vossa Excelência. Peço **a** Vossa Senhoria que entenda.
	Exceção: diante de pronomes de tratamento que se referem à mulher: **senhora, dona, senhorita e madame**. Entregou o livro à senhorita (à madame) (à senhora) (à dona)
Diante de numerais cardinais	Chegou a cinquenta o número de aprovados. Daqui **a** duas semanas será a avaliação.
Singular + plural	Não vou **a** festas. Não se pode usar crase porque o **a** é apenas uma preposição.
Entre palavras repetidas dentro do adjunto adverbial	Ficaram frente **a** frente. Exceção: em palavras que façam parte de complemento verbal (objeto indireto) = Prefere guerra à guerra.

CAPÍTULO 8 – PONTUAÇÃO

1. INTRODUÇÃO

São sinais gráficos da linguagem escrita que indicam a entoação da leitura. Servem para compor a coesão e a coerência textual além de ressaltar especificidades semânticas e pragmáticas.

2. VÍRGULA

A vírgula é empregada para separar termos de uma oração, ou orações de um período. É uma questão de sintaxe – período simples e período composto – e por esse motivo separaremos nosso estudo em dois tópicos: vírgula dentro da oração e vírgula entre as orações.

O poder da vírgula

"Se o homem soubesse o valor
que tem a mulher andaria
de quatro a sua procura"

Se você for mulher, certamente colocou
a vírgula depois de mulher.
Se for homem, certamente colocou
a vírgula depois de tem.

2.1. VÍRGULA NO INTERIOR DA ORAÇÃO

Iniciemos pela **ordem direta** da oração: **sujeito + verbo + complemento verbal + adjunto adverbial ou predicativo ou complemento nominal**.

Se a oração estiver na ordem apresentada, não se usa a vírgula.

Os poetas	escreveram	os textos	com entusiasmo.
sujeito	*V.T.D.*	*O.D.*	*adj. adv. modo*

A vírgula é usada para separar:

	Exemplo	Dica
Termos intercalados	Trabalharam muito, **logo,** merecem descansar.	Intercala conjunção
	Nossos alunos, **certamente,** serão aprovados.	Intercala adjunto adverbial
	Estudem, concurseiros, pois chegou a hora.	Intercala vocativo
Termos intercalados	Mary, **aluna da turma top,** foi empossada.	Intercala aposto
	A música, **isto é,** o alimento da alma encanta a humanidade há séculos.	Intercala expressões explicativas: **isto é, a saber, por exemplo, ou melhor, ou antes, etc.**
Termos deslocados = normalmente, a oração não se inicia com o sujeito.	**Naquele dia,** muitos faltaram.	Adjunto adverbial anteposto. Em locução adverbial, a vírgula é obrigatória.
	Hoje, muitos faltaram.	Em advérbio anteposto, a vírgula é dispensável.
	Este assunto, já o li em uma revista.	Objeto direto pleonástico anteposto.
Palavras omitidas	A turma 1 estudou português e a turma 2, informática.	Zeugma ou elipse
Vocativo = a quem se dirige	**Alunos**, estudem mais. "**Deus! ó Deus!** onde estás que não respondes?" (Castro Alves)	Pode estar no início, meio ou final da frase.
Termos coordenados ligados por e, ou, nem	E o namorado, **e** os amigos, **e** os irmãos magoaram-no. Não andou por montanhas, **ou** florestas, **ou** cavernas.	Repetindo a conjunção coordenada indica ênfase (polissíndeto).
Datas	**Ribeirão Preto,** 26 de janeiro de 2014.	Separa o local.
Advérbios sim ou não	- Você leu o livro? - **Sim,** inteiro.	Usados como resposta.
Saudação	Com muito amor, Respeitosamente,	Em correspondência comercial ou social.
Termos de mesma função sintática	Leu o livros, **a apostila, os contos** e as poesias.	Objeto direto
Elementos paralelos	Tal pai, tal filho.	Em provérbios.

Para **FGV**, a inversão só exigirá vírgula se houver mais de três palavras na locução adverbial. Atente-se a esse detalhe.

2.2. VÍRGULA ENTRE AS ORAÇÕES

As orações, compondo um período, podem possuir vírgula ou não. Estudemos os casos.

<table>
<tr><th></th><th>Exemplo</th><th>Dica</th></tr>
<tr><td>Orações subordinadas adjetivas explicativas</td><td>O homem, que é um ser racional, aprende com os erros.</td><td>Sempre possuirão vírgula, ou travessão ou parênteses.</td></tr>
<tr><td rowspan="2">Orações subordinadas adjetivas restritivas</td><td>O aluno que estuda é aprovado.</td><td>Restringe (apenas o que estuda): sem pontuação.</td></tr>
<tr><td colspan="2">Observação: com verbos seguidos, pode-se inserir a vírgula.
O homem que fuma, adoece rápido.</td></tr>
<tr><td>Orações subordinadas adverbiais</td><td>Quando entrou na sala de aula, todos aplaudiram.</td><td>Oração deslocada: não se inicia com a oração principal.</td></tr>
<tr><td>Orações subordinadas substantivas</td><td>Espero que me telefone logo.
O remédio era esperar.</td><td>Não se separa da principal, exceto a apositiva.</td></tr>
<tr><td rowspan="4">Orações coordenadas</td><td>Chegou, ficou em silêncio, aguardou alguns minutos e aplicou a prova.</td><td>Separam-se por vírgula. Exceto as aditivas.</td></tr>
<tr><td>Os ignorantes falam muito, e os sábios se calam.</td><td>Sujeitos distintos: com vírgula.</td></tr>
<tr><td>E estuda, e enlouquece, e fica bravo, e será aprovado.</td><td>Polissíndeto (a conjunção indica ênfase): com vírgula.</td></tr>
<tr><td>Não estudou, e foi aprovado.</td><td>Conjunção e com valor adversativo: com vírgula.</td></tr>
<tr><td>Orações intercaladas</td><td>Eu, disse o candidato, preciso do voto de vocês.</td><td>Sempre serão separadas por vírgulas, travessões ou parênteses.</td></tr>
</table>

3. PONTO E VÍRGULA

É um sinal intermediário entre a vírgula e o ponto e não indica o término do período. Usa-se para separar:

- **Orações coordenadas não unidas por conjunção.**

  Ex.: Ele saiu tarde; chegou atrasado.

- **Orações coordenadas, quando pelo menos uma delas possui elementos separados por vírgula.**

  Ex.: O resultado foi: dois alunos foram a favor; quinze, contra.

- **Itens de uma enumeração.**

  Ex.: Considerando: 1) A alta taxa de desemprego; 2) A elevação da taxa de juros; 3) A recessão; solicitamos atenção.

- **Substituir a vírgula em conjunções adversativas.**

  Ex.: Gostaria de encontrar você hoje**;** todavia, a vida impede.

- **Orações coordenadas adversativas quando a conjunção aparecer no meio da oração.**

  Ex.: Esperava receber todos os livros**;** recebi, porém, apenas dois.

4. DOIS-PONTOS

Introduzem algo importante. Utilizam-se:

para anunciar a fala de personagens nas histórias de ficção	"A porta abriu-se, um brado ressoou: – Até que enfim, meu rapaz!" (Eça de Queirós)
para anunciar uma citação	Assim escreveu Vinícius de Moraes**:** "Tristeza não tem fim, Felicidade sim."
para anunciar uma enumeração	Os alunos aprovados são**:** Júlia, Renata, Paulo e Marcos.
antes de orações apositivas	Só aceito com esta condição**:** *Irá casar comigo.*
para indicar um esclarecimento, resultado ou resumo do que se disse	Em síntese**:** estudou, foi aprovado e viajou em férias.
em invocação das correspondências	Prezados Senhores**:**

5. PONTO FINAL

Usado para fechar o período de frases declarativas e imperativas e em abreviaturas.

6. PONTO DE INTERROGAÇÃO

O ponto de interrogação é usado ao final de qualquer interrogação direta, ainda que a pergunta não exija resposta. Exemplos:

- Onde você comprou este curso**?**
- Quais seriam as causas de tantas discussões**?**

7. PONTO DE EXCLAMAÇÃO

O ponto de exclamação é utilizado após as interjeições, frases exclamativas e imperativas. Pode exprimir surpresa, espanto, susto, indignação, piedade, ordem, súplica, etc. Possui entoação descendente. Exemplos:

- "Como as mulheres são lindas**!**" (Manuel Bandeira)
- Pare, por favor**!**

8. RETICÊNCIAS

As reticências marcam uma interrupção da sequência lógica da frase. Podem ser usadas para:

indicar continuidade de uma ação ou fato	A vida passa...
indicar suspensão ou interrupção do pensamento	Acreditei que...
representar, na escrita, hesitações comuns na língua falada	Não vou estudar agora...porque...porque não consigo pensar.
realçar uma palavra ou expressão	Para que tanto...desespero?
realizar citações incompletas	"No meio do caminho tinha uma pedra, tinha..."

transmitir mais emoção e subjetividade para quem lê	(...) 'Stamos em pleno mar... Dois infinitos Ali se estreitam num abraço insano, Azuis, dourados, plácidos, sublimes... Qual dos dous é o céu? qual o oceano?... 'Stamos em pleno mar... Abrindo as velas Ao quente arfar das virações marinhas, Veleiro brigue corre à flor dos mares, Como roçam na vaga as andorinhas... (...) (Navio Negreiro – Castro Alves)

9. PARÊNTESES

Isolam explicações, indicações, orações de caráter explicativo, palavras ou comentários acessórios.

Podem ser substituídos por vírgulas ou travessões.

10. TRAVESSÃO

O travessão simples (–) serve para dar início à fala de um personagem; indicar mudança do interlocutor nos diálogos; unir grupos de palavras que indicam itinerário.

O duplo travessão (– –) pode substituir dupla vírgula ou parênteses.

11. ASPAS

Destacam uma parte do texto. São usadas:

antes e depois de citações ou transcrições textuais	**para representar nomes de livros ou legendas**	**para assinalar estrangeirismos, neologismos, gírias, expressões populares, ironia**	**para realçar uma palavra ou expressão**
"Ia viajar! Viajei. Trinta e quatro vezes, às pressas, bufando, com todo o sangue na face, desfiz e refiz a mala". *(O prazer de viajar – Eça de Queirós)*	*Machado escreveu "Dom Casmurro".*	*Conversando com meu superior, dei a ele um "feedback" do serviço a mim requerido.*	*Você foi o "esperto" que respondeu a questão?*

12. COLCHETES

Os colchetes, assim como os parênteses, isolam explicações, indicações, orações de caráter explicativo, palavras ou comentários acessórios. Seu uso normalmente se restringe aos escritos de cunho didático, filológico, científico.

13. ASTERISCO

O asterisco (*) é usado nas remissões a notas ou explicações contidas em pé de páginas ou ao final de capítulos e nas substituições de nomes próprios não mencionados.

PARTE IV - COESÃO, COERÊNCIA EREESCRITA DE FRASES

CAPÍTULO 1 - COESÃO, COERÊNCIA E REESCRITA DE FRASES

1. INTRODUÇÃO

Coesão relaciona-se com o microtexto, ou seja, com as palavras que estabelecem as ligações das ideias. É importante para estabelecer a coerência do texto.

Coerência textual é a relação lógica entre as ideias, pois essas devem se complementar, é o resultado da não contradição entre as partes do texto. Inclui fatores como o conhecimento que o produtor e o receptor têm do assunto abordado no texto, conhecimento de mundo, o conhecimento que esses têm da língua que usam e intertextualidade. Por isso, refere-se ao nível semântico e cognitivo, isto é, as informações de um texto possuem um fundo de verdade em relação ao próprio texto e em relação ao mundo real.

Em provas de CESPE, ocorre junção de toda a teoria gramatical que até aqui estudamos mais noções das teorias a seguir. As questões exigem várias avalições. Fundamental saber as funções das palavras QUE, SE e COMO.

2. COESÃO REFERENCIAL

Ocorre quando determinado elemento textual se remete a outro, substituindo-o. A **referência**, inicialmente, pode ser em relação a um dado **externo** ou **interno** ao texto.

Coesão por Referência exofórica	Refere-se a um elemento *fora do texto.*
Coesão por Referência endofórica	Faz referência a algo *dentro do texto.*

Exemplo de coesão por referência **exofórica**:

> *"A gente era pequena **naquele** tempo. E **aquele** era um tempo em que ainda se apregoava nas ruas. Não em todas as ruas, mas **naquela** onde vivíamos. **Naquela** rua, que tinha por nome a data de um santo, o tempo passava mais lentamente do que no resto da cidade de Porto Alegre."*
>
> *(Trecho inicial de uma crônica, postada no site http://revistagloborural.globo.com, por Letícia Wierzchowski)*

A coesão por referência **endofórica** ocorre por intermédio de: pronomes (pessoais, possessivos, demonstrativos, indefinidos, interrogativos e relativos), numerais (ambos, primeiro, segundo), advérbios pronominais (lá, aí, aqui, onde, aqui), elipse (omissão de um termo facilmente perceptível), sinonímia (substituição lexical) e metonímia (parte pelo todo).

3. COESÃO SEQUENCIAL

É obtida por meio dos elementos de ligação que proporcionam as relações necessárias à integração harmoniosa de orações e parágrafos em torno de um mesmo assunto. Elementos de coesão mais utilizados:

Prioridade, relevância	principalmente, primordialmente, sobretudo, em primeiro lugar, antes de mais nada, primeiramente, acima de tudo.
Tempo (ordem, sucessão, anterioridade, posterioridade)	finalmente, agora, atualmente, hoje, frequentemente, constantemente, às vezes, eventualmente, por vezes, ocasionalmente, sempre, raramente, não raro, ao mesmo tempo, simultaneamente, a princípio, pouco antes, pouco depois, anteriormente, posteriormente, em seguida, afinal, por fim.
Semelhança, comparação	igualmente, da mesma forma, assim também, do mesmo modo, similarmente, analogamente, por analogia, de maneira idêntica.
Conformidade	conformidade com, de acordo com, segundo, conforme, sob o mesmo ponto de vista, tal qual, tanto quanto, como, assim como, bem como.
Condição, hipótese	se, caso, salvo se, contanto que, desde que, a menos que, a não ser que etc.

Adição, continuação	e, além disso, ademais, por sua vez, outro ponto, mais (grave) ainda, ainda mais, também, mas também, constata-se também, vale frisar ainda, vale lembrar também.
Dúvida	provavelmente, possivelmente, é provável.
Certeza, ênfase	de fato, por certo, certamente, indubitavelmente, inquestionavelmente, sem dúvida, obviamente.
Ilustração, exemplificação, esclarecimento	por exemplo, isto é, em outras palavras, ou por outra, a saber, haja vista.
Propósito, intenção, finalidade	com o fim de, a fim de, com o propósito de, para que, afim de que.
Resumo, recapitulação, conclusão	em suma, em síntese, enfim, em resumo, portanto, assim, dessa forma, dessa maneira, logo, afinal, está claro que.
Causa	em virtude de, por causa de, devido a, é resultado de.
Consequência	consequentemente, por consequência, como resultado, por isso, assim, como efeito, de sorte que, de modo que, de forma que, de maneira que.
Explicação	porque, porquanto, pois, já que, uma vez que, visto que.
Contraste, oposição	por outro lado, paradoxalmente, pelo contrário, caso contrário, em contraste com, mas, porém, contudo, todavia, entretanto, no entanto.
Restrição, ressalva	embora, apesar de, ainda que, mesmo que, posto que, conquanto, se bem que, por mais que, por menos que, não obstante.

3.1. PARÁFRASE

A Paráfrase é um texto que procura tornar mais claro e objetivo aquilo que se disse em outro texto. Portanto, é sempre a reescritura de um texto já existente, uma espécie de *tradução* dentro da própria língua.

O autor da paráfrase deve demonstrar que entendeu claramente a ideia do texto. Além disso, são exigências de uma boa paráfrase:

1. Utilizar a mesma ordem de ideias que aparece no texto original.
2. Não omitir nenhuma informação essencial.
3. Não fazer qualquer comentário acerca do que se diz no texto original.
4. Utilizar construções que não sejam uma simples repetição daquelas que estão no original e, sempre que possível, um vocabulário também diferente.

3.2. PERÍFRASE

Trata-se de uma expressão que designa um ser através de alguma de suas características ou atributos, ou de um fato que o celebrizou.

Exemplo: A Cidade Maravilhosa (= Rio de Janeiro) continua atraindo visitantes do mundo todo.

Observação: quando a perífrase indica uma pessoa, recebe o nome de *antonomásia*. Exemplos:

- O Divino Mestre (= Jesus Cristo) passou a vida praticando o bem.
- O Poeta dos Escravos (= Castro Alves) morreu muito jovem.
- O Poeta da Vila (= Noel Rosa) compôs lindas canções.

4. TIPOS DE INCOERÊNCIA

Semântica	O significado das palavras não se completa.	"A televisão **transmite** lazer." O verbo transmitir significa "fazer passar de um lugar a outro, comunicar". Nesse sentido, o lazer não é algo que venha de um ponto para outro, mas algo que é "proporcionado".
Sintática	Não são utilizados corretamente os meios sintáticos para expressar a coerência semântica, ou seja, empregam-se conectivos, pronomes (etc.) inadequadamente.	Pessoas ricas procuram o ensino particular. **Onde** os métodos, equipamentos e professores são melhores.
Incoerência Estilística	Ocorre quando se misturam registros linguísticos.	Observe a mudança "de tom" no discurso que se segue: "Venho diante de vossa Magnificência manifestar meu repúdio ao fato de uma instituição pública querer subtrair da população um espaço de lazer. Francamente, achei *a* **maior sujeira, sacanagem, nada a ver**."
Pragmática	O sentido de uma sequência de atos de fala é quebrado.	A: "Achei difícil compreender o tópico dois do capítulo três." B: "**O céu está maravilhoso com as nuvens escuras de chuva**."

5. ESTUDO DOS VOCÁBULOS QUE, SE E COMO

5.1. A PALAVRA QUE

Interjeição	exprime espanto, admiração, surpresa	**Quê!** Você ainda não está pronto?
Substantivo	equivale a **alguma coisa**	Ele tem certo **quê** misterioso.
Preposição	liga dois verbos de uma locução verbal em que o auxiliar é o verbo **ter**. Equivale a **de**	Tenho **que** sair agora. = Tenho de sair.
Partícula expletiva ou de realce	pode ser retirada da frase, sem prejuízo algum para o sentido.	Quase **que** não consigo chegar a tempo.
Advérbio	modifica um adjetivo ou um advérbio. Equivale a **quão**.	**Que** lindas flores!
Pronome	pronome relativo	retoma um termo e **o qual** e flexões. Não encontramos as pessoas **que** saíram.
	pronome indefinido	pode funcionar como pronome substantivo ou pronome adjetivo.
	pronome substantivo	equivale a **que coisa.** **Que** aconteceu com você?
	pronome adjetivo	determina um substantivo – função sintática: adjunto adnominal. **Que** vida é essa?

<table>
<tr><td rowspan="2">Conjunção</td><td rowspan="2">relaciona entre si duas orações</td><td>Quando funciona como conjunção coordenativa ou subordinativa, a palavra que recebe o nome da oração que introduz.
Venha logo, que é tarde.
= conjunção coordenativa explicativa
Falou tanto que ficou rouco.
= conjunção subordinativa consecutiva</td></tr>
<tr><td>Quando inicia uma oração subordinada substantiva, a palavra que recebe o nome de conjunção subordinativa integrante.
Desejo que você venha logo.</td></tr>
</table>

5.1.1. FUNÇÕES SINTÁTICAS DA PALAVRA QUE

O pronome relativo [que] se refere a um termo da oração anterior (antecedente) projetando-o na oração seguinte, subordinada a esse antecedente. Veja:

- Mudei para *a casa* / que eu mesmo construí.

Na frase acima, a palavra [que] se relaciona com o antecedente [a casa]. A oração que se subordina a esse antecedente é: *que eu mesmo construí.* Para melhor compreendermos qual o papel desempenhado pelo pronome relativo [que], vamos desdobrar o período composto em duas orações: Mudei para a casa. Eu mesmo construí a casa.

Não é difícil perceber, agora, que o relativo [que], introduz a segunda oração e, ao mesmo tempo, substitui [casa] na segunda oração. Observe que [casa], na segunda oração, exerce a função sintática de objeto direto. Como [que] a substitui, essa será a função sintática do pronome [que]. Portanto, [que] cumpre uma dupla função: substitui, na segunda oração, o termo antecedente (a casa) e ao mesmo tempo introduz a oração subordinada adjetiva.

O pronome relativo que pode ter *por antecedente* o demonstrativo [o, a, os, as]: Olha o (= isto) que esse menino fez na prova!

- Falo o (= aquilo) que sinto.

Lembro-lhe que é fundamental diferenciar o relativo [que] da conjunção integrante [que], que introduz uma oração subordinada substantiva. Para reconhecer o relativo [que] substitua-o por *o/a qual, os/as quais:*

- Comprei a casa que você indicou => [...] a qual você indicou.
- Você me deu um presente que me agradou => o qual me agradou.

O pronome relativo, que sempre tem uma função na oração adjetiva, a saber: *sujeito, predicativo do sujeito, objeto direto, objeto indireto, complemento nominal, agente da passiva e adjunto adverbial.*

Conscientemente falando, não é tão simples descobrir essas funções sem a ajuda de um "macete". Um muito usado é este:

1° Substitua o pronome relativo pelo seu antecedente;

2° Observe a função sintática do antecedente na nova posição que assumiu no lugar do pronome relativo.

3° A função do antecedente, em sua nova posição, será a mesma do pronome relativo [que] (substituído).

4° Em muitos casos, será necessário colocar a nova frase em ordem direta para maior clareza da função do antecedente.

Exemplos:

- O povo chorou os soldados que morreram em combate.
  Substituindo: os soldados morreram em combate.
  Função sintática: os soldados = objeto direto = que.
- Aqui está o livro que lerei nas férias.
  Substituindo: o livro lerei nas férias. => lerei o livro nas férias.
  Função Sintática: o livro = objeto direto = que.

- Comprei a casa a que você se referiu.

  Substituindo: a casa você se referiu => você se referiu a casa.

  Função sintática: a casa = objeto indireto = que.
- Este é o remédio de que tenho necessidade.

  Substituindo: do remédio tenho necessidade => Tenho necessidade do remédio.

  Função sintática: do remédio = complemento nominal = que.
- A casa em que moro é bem cuidada.

  Substituindo: Na casa moro é bem cuidada. => moro na casa...

  Função Sintática: na casa = adjunto adverbial = que.
- Ignoras o cínico que ele é.

  Substituindo: o cínico ele é. => ele é o cínico.

  Função Sintática: o cínico = predicativo do sujeito = que.
- Era venenosa a aranha por que você foi picado.

  Substituindo: Era venenosa pela aranha você foi picado. => você foi picado pela aranha.

  Função Sintática: foi picado pela aranha = agente da passiva = que.

  Os Pronomes Relativos **onde, como e cujo** exercem sempre as funções sintáticas de: adjunto adverbial de lugar, de modo e adjunto adnominal, respectivamente:
- O salão do clube onde passamos o réveillon estava repleto

  Substituindo: passamos o réveillon no salão do clube (adj. adv. de lugar)
- A foto cujo negativo lhe enviei ficou ótima.

  Substituindo: o negativo da foto (adjunto adnominal) ficou ótima.
- A maneira firme como defendeu o rapaz causou admiração.

  Substituindo: defendeu de maneira firme (adj. adv. de modo) o rapaz.[1]

5.2. A PALAVRA SE

Conjunção	a conjunção relaciona entre si duas orações.	
	conjunção subordinativa integrante: inicia uma oração subordinada substantiva.	Perguntei **se** ele estava feliz.
	conjunção subordinativa condicional: inicia uma oração adverbial condicional (equivale a **caso**).	**Se** todos tivessem estudado, as notas seriam boas.
Partícula expletiva ou de realce	pode ser retirada da frase sem prejuízo algum para o sentido.	Passavam-**se** os dias e nada acontecia.
Pronome apassivador	ligada a verbo que pede objeto direto, caracteriza as orações que estão na voz passiva sintética. É também chamada de pronome apassivador.	Vendem-**se** livros. Aluga-**se** piano.
Índice de indeterminação do sujeito	vem ligando a um verbo que não é transitivo direto ou transitivo direto e indireto, tornando o sujeito indeterminado. O verbo deverá estar na terceira pessoa do singular.	Trabalha-**se** de dia. Precisa-**se** se apoio.

1 Fonte: RECANTO DAS LETRAS. Escrito por Ricardo Sérgio. Disponível em <http://www.recantodasletras.com.br/gramatica/2530513>.

<table>
<tr><td rowspan="4">Pronome reflexivo</td><td colspan="2">quando a palavra se é pronome pessoal, ela deverá estar sempre na mesma pessoa do sujeito da oração de que faz parte. Por isso o pronome oblíquo se sempre será reflexivo (equivalendo a a si mesmo), podendo assumir as seguintes funções sintáticas:</td></tr>
<tr><td>objeto direto</td><td>Ele cortou-se com o facão.</td></tr>
<tr><td>objeto indireto</td><td>Ele se atribui muito valor.</td></tr>
<tr><td>sujeito de um infinitivo</td><td>"Sofia deixou-se estar à janela."</td></tr>
</table>

5.2.1. PRONOME REFLEXIVO E PARTE INTEGRANTE DO VERBO

Verbos pronominais são aqueles verbos que se conjugam com os pronomes oblíquos átonos **me, te, se, nos, vos, se,** na mesma pessoa do sujeito, expressando reflexibilidade (pronominais acidentais) ou apenas reforçando a ideia já implícita no próprio sentido do verbo (reflexivos essenciais).

- ➢ São verbos intransitivos ou transitivos indiretos ou verbos de ligação.

Essenciais – sempre se conjugam com os pronomes oblíquos me, te, se, nos, vos, se.

Exemplos: abster-se, ater-se, apiedar-se, atrever-se, dignar-se, arrepender-se etc.

Acidentais – verbos transitivos diretos em que a ação exercida pelo sujeito recai sobre o objeto representado por pronome oblíquo da mesma pessoa do sujeito; assim, o sujeito faz uma ação que recai sobre ele mesmo. Em geral, forma a voz reflexiva.

Exemplos: eu me arrependo; tu te arrependes; ele se arrepende; nós nos arrependemos; vós vos arrependeis; eles se arrependem.

Observação: a reflexibilidade se diz acidental, pois a ação reflexiva pode ser exercida também sobre outra pessoa.

Ele se penteava. Ele me penteou.

- ➢ Os pronomes oblíquos átonos dos VERBOS PRONOMINAIS NÃO POSSUEM FUNÇÃO SINTÁTICA, pois são parte integrante do verbo.

Ele suicidou-se. = verbo intransitivo (não há como suicidar alguém).

- ➢ VERBOS REFLEXIVOS não são essencialmente pronominais e OS PRONOMES POSSUEM FUNÇÃO SINTÁTICA: Ele se matou. O verbo matar é transitivo direto e o objeto direto é o pronome **se**.

Ele matou alguém. = objeto direto. A ideia é: "A SI MESMO".

- ➢ São verbos transitivos diretos, transitivos indiretos ou transitivos diretos e indiretos.[2]

5.3. A PALAVRA COMO

Substantivo	aparece antecedido de um determinante ou especificando outro termo.	Estamos analisando a palavra "como".
Interjeição	expressa um espanto ou admiração.	Como! Não sabia que iríamos viajar?!
Preposição	Ocorre quando houver a possibilidade de se subentender o gerúndio (sendo) depois do termo em estudo, ou ainda se puder ser substituído pela locução "na qualidade de".	Na maioria dos concursos, ele atua como fiscal. = na qualidade de

2. NOGUEIRA, Duda. Língua Portuguesa para concursos. 7. ed. Salvador: Juspodivm, 2020.

Advérbio	Relaciona-se a um verbo ou a um adjetivo, exprimindo circunstância de intensidade ou modo. Sintaticamente: adjunto adverbial de intensidade ou modo.	Como suporta conviver com essa angústia?
Conjunção	introduz uma oração subordinada adverbial, levando-se em conta as respectivas circunstâncias expressas pelo fato verbal. Assim classificadas:	
	Causal – equivale-se a "porque", "já que", "uma vez que".	Como não tinha interesse, nem olhou a mercadoria.
	Conformativa – apresenta-se passível de ser substituída por "conforme", "segundo".	Como já imaginávamos, não concluiu o trabalho.
	Comparativa – pode ser substituída pela expressão "tal qual", representando o segundo elemento da comparação.	Dormia como um anjo. = tal qual um anjo
Pronome relativo	Assumindo tal função, aparece sempre antecedida de um substantivo, equivalendo-se a "com o(a) qual, pelo(a) qual" e demais variações. Nesse caso, exerce a função de adjunto adverbial de modo.	Esse foi o modo como fui recebido. = pelo qual

PARTE V – INTERPRETAÇÃO E COMPREENSÃO TEXTUAL

CAPÍTULO 1 – INTERPRETAÇÃO E COMPREENSÃO TEXTUAL

1. INTRODUÇÃO

A maioria dos candidatos possui dificuldade ao interpretar texto. Por quê? Simplesmente porque você não está habituado a ler. Para se criar o gosto pela leitura e eliminar a palavra medo, comece a ler revistas e jornais; assim, estará se preparando para duas matérias ao mesmo tempo: português e atualidades. Leia um texto, feche a revista e tente resumi-lo mentalmente. Analise: para que o autor escreveu? Qual o objetivo? Qual o tema (assunto) do texto? Note que o tema se repete na introdução (primeiro parágrafo) e na conclusão (último parágrafo).

Para obter domínio sobre a leitura, precisamos aprofundar, ou melhor, esclarecer alguns importantes tópicos. Vamos a eles:

Texto	É um **conjunto de palavras e frases** encadeadas que permitem interpretação e **transmitem uma mensagem**. É qualquer obra escrita em versão original e que constitui um livro ou um documento escrito. Um texto é uma unidade linguística de extensão superior à frase.
Contexto	É a relação entre o texto e a situação em que ele ocorre dentro do texto. É o conjunto de circunstâncias em que se produz a mensagem que se deseja emitir lugar e tempo, cultura do emissor e do receptor etc. – e que permitem sua correta compreensão.
Intertexto	Os textos podem apresentar referências diretas ou indiretas a outros autores através de citações. É um texto dentro de outro texto.

Interpretação de texto	A primeira leitura deve ser feita cuidadosamente por ser o primeiro contato com o texto, extraindo-se informações e se preparando para a leitura interpretativa. Sublinhe palavras-chave e ideias importantes; encontre a ideia central de cada parágrafo. O segundo nível de leitura concentra-se nas perguntas e opções de respostas. Atente-se às palavras NÃO, EXCETO, RESPECTIVAMENTE, INCORRETO, SEMPRE, TODOS, NUNCA etc., pois fazem diferença na escolha adequada. Retorne ao texto sempre que necessário. Leia a frase anterior e posterior para ter ideia do sentido global proposto pelo autor. A banca nos oferece um texto completo e, nas questões, extrai uma parte do texto para pedir a análise. O segredo é voltar ao texto e ler as informações anteriores e posteriores à parte mencionada. Se fosse para analisar apenas o trecho, não haveria motivo para mencionar o texto completo. Aqui mora o grande segredo.

2. TIPOLOGIA TEXTUAL

TIPOS	DEFINIÇÃO	EXEMPLOS
Narração	Modalidade em que se conta um fato, fictício ou não, que ocorreu num determinado tempo e lugar, envolvendo certos personagens. Refere-se a objetos do mundo real. Há uma relação de anterioridade e posterioridade. **O tempo verbal predominante é o passado**.	Conto, fábula, crônica, romance, novela, depoimento, piada, relato etc.
Descrição	Um texto em que se faz um retrato por escrito de um lugar, uma pessoa, um animal ou um objeto. **A classe de palavras mais utilizada nessa produção é o adjetivo**, pela sua função caracterizadora. Numa abordagem mais abstrata, pode-se até descrever sensações ou sentimentos. Não há relação de anterioridade e posterioridade. Significa "criar" com palavras a imagem do objeto descrito. É fazer uma descrição minuciosa do objeto ou da personagem a que o texto se Pega. É um tipo textual que se agrega facilmente aos outros tipos em diversos gêneros textuais.	Cardápio, folheto turístico, anúncio classificado etc.
Dissertação	Dissertar é o mesmo que **desenvolver ou explicar um assunto**, discorrer sobre ele. Dependendo do objetivo do autor, pode ter caráter expositivo ou argumentativo.	
	Dissertação-Exposição: Apresenta um saber já construído e legitimado, ou um saber teórico. Apresenta informações sobre assuntos, expõe, reflete, explica e avalia ideias de modo objetivo. O texto expositivo apenas expõe ideias sobre um determinado assunto. A intenção é informar, esclarecer.	Aula, resumo, textos científicos, enciclopédia, textos expositivos de revistas e jornais, etc.
	Dissertação-Argumentação: Um texto dissertativo-argumentativo faz a defesa de ideias ou um ponto de vista do autor. O texto, além de explicar, também persuade o interlocutor, objetivando convencê-lo de algo. Caracteriza-se pela progressão lógica de ideias. Geralmente utiliza linguagem denotativa.	Sermão, ensaio, monografia, dissertação, tese, ensaio, manifesto, crítica, editorial de jornais e revistas.

TIPOS	DEFINIÇÃO	EXEMPLOS
Outros Tipos Textuais	Dialogal / Conversacional	Entrevista, conversa telefônica, chat etc.
	Injunção/Instrucional	Ordens; pedidos; súplica; desejo; manuais e instruções para montagem ou uso de aparelhos e instrumentos; textos com regras de comportamento; textos de orientação; receitas, cartões com votos e desejos.
	Predição	Previsões astrológicas, previsões meteorológicas, previsões escatológicas/apocalípticas.

3. GÊNEROS TEXTUAIS

Os gêneros textuais são as estruturas com que se compõem os textos, sejam orais ou escritos. Essas estruturas são muito parecidas, com características comuns, procuram atingir intenções comunicativas semelhantes e ocorrem em situações específicas. São variadas formas de linguagem que circulam na sociedade, formais ou informais. Cada gênero textual tem seu estilo próprio, podendo ser identificado e diferenciado dos demais através de suas características.

Notícia	Possui características narrativas: o fato ocorrido que se deu em um determinado momento e em um determinado lugar, envolvendo determinadas personagens. Características do lugar, bem como dos personagens envolvidos são, muitas vezes, minuciosamente descritos.
Reportagem	Gênero textual jornalístico de caráter dissertativo-expositivo. A reportagem tem, por objetivo, informar e levar os fatos ao leitor de uma maneira clara, com linguagem direta.
Carta ao leitor	Gênero dissertativo-argumentativo e possui linguagem pessoal e leve.
Propaganda	Gênero textual dissertativo-expositivo. Há o intuito de propagar informações sobre algo, buscando sempre atingir e influenciar o leitor apresentando, na maioria das vezes, mensagens que despertam as emoções e a sensibilidade do mesmo.
Bula de remédio	Gênero textual descritivo, dissertativo-expositivo e injuntivo. Fornece as informações necessárias para o correto uso do medicamento.
Receita	Gênero textual descritivo e injuntivo. Objetivo: informar a fórmula para preparar tal comida, descrevendo os ingredientes e o preparo destes, com verbos no imperativo, dado o sentido de ordem, para que o leitor siga corretamente as instruções.
Editorial	Gênero textual dissertativo-argumentativo. Expressa o posicionamento da empresa sobre determinado assunto, sem a obrigação da presença da objetividade.

Tutorial	Gênero injuntivo. É um guia que tem por finalidade explicar ao leitor, passo a passo e de maneira simplificada, como fazer algo.
Entrevista	Gênero textual dialogal e dissertativo-expositivo. Representado pela conversação de duas ou mais pessoas, o entrevistador e o(s) entrevistado(s), para obter informações sobre ou do entrevistado ou de algum outro assunto.
História em quadrinhos	Gênero narrativo. Consiste em enredos contados em pequenos quadros através de diálogos diretos entre seus personagens, gerando uma espécie de conversação.
Charge	Gênero textual narrativo onde se faz uma espécie de ilustração cômica, através de caricaturas, com o objetivo de realizar uma sátira, crítica ou comentário sobre algum acontecimento atual, em sua grande maioria.

3.1. GÊNEROS LITERÁRIOS

<table>
<tr><td rowspan="9">Gênero Narrativo</td><td colspan="2">Na Antiguidade Clássica: épico, lírico e dramático.
Épico passou a ser considerado apenas uma variante do gênero literário narrativo, devido ao surgimento de concepções de prosa com características diferentes: o romance, a novela, o conto, a crônica, a fábula. Todas as obras narrativas possuem elementos estruturais e estilísticos em comum e devem responder a questionamentos, como: quem? o quê? quando? onde? por quê?</td></tr>
<tr><td>Épico (ou Epopeia)</td><td>Textos épicos são longos e narram histórias de um povo ou de uma nação, envolvem aventuras, guerras, viagens, gestos heroicos, etc. Apresentam um tom de exaltação, valorização de seus heróis e seus feitos.</td></tr>
<tr><td>Romance</td><td>É um texto completo, com tempo, espaço e personagens bem definidos e de caráter mais verossímil. Conta as façanhas de um herói, mas principalmente uma história de amor vivida por ele e uma mulher, muitas vezes, "proibida" para ele. Apesar dos obstáculos que o separam, o casal vive sua paixão proibida, física, adúltera, pecaminosa e, por isso, costuma ser punido no final. É o tipo de narrativa mais comum na Idade Média.</td></tr>
<tr><td>Novela</td><td>Texto caracterizado por ser intermediário entre a longevidade do romance e a brevidade do conto. O Alienista, de Machado de Assis, e A Metamorfose, de Kafka são exemplos.</td></tr>
<tr><td>Conto</td><td>Texto narrativo breve, e de ficção, geralmente em prosa, que conta situações rotineiras, anedotas e até folclores (conto popular). Caracteriza-se por personagens previamente retratados.</td></tr>
<tr><td>Fábula</td><td>Texto de caráter fantástico que busca ser inverossímil. As personagens principais são não humanos e a finalidade é transmitir alguma lição de moral.</td></tr>
<tr><td>Crônica</td><td>Narrativa informal, breve, ligada à vida cotidiana, com linguagem coloquial. Pode ter um tom humorístico ou um toque de crítica indireta.</td></tr>
<tr><td>Crônica narrativo-descritiva</td><td>Há alternância entre os momentos narrativos e manifestos descritivos.</td></tr>
</table>

Gênero Narrativo	**Ensaio**	Texto literário breve, situado entre o poético e o didático, expondo ideias, críticas e reflexões morais e filosóficas a respeito de certo tema. É menos formal e mais flexível que o tratado. Há defesa de um ponto de vista pessoal e subjetivo sobre um tema sem que se paute em formalidades.

3.2. GÊNEROS DRAMÁTICOS

Por serem pouco exigidos em concursos, apenas citaremos os tipos: tragédia, farsa, comédia, tragicomédia e poesia de cordel.

3.3. GÊNEROS LÍRICOS

Outro tópico pouco pedido. São eles: elegia, epitalâmia, ode, idílio, sátira, acalanto, acróstico, balada, canção, gazal, haicai, soneto, vilancete.

4. DICAS PARA INTERPRETAR

As dicas abaixo devem ser seguidas para treinar, para exercitar em questões de concursos. Treine a fim de que, no dia da prova, consiga não perder muito tempo.

1	Ler todo o texto: tenha uma visão geral do assunto;
2	se encontrar palavras desconhecidas, não interrompa a leitura;
3	ler, ler bem, ler profundamente, ou seja, ler o texto pelo menos duas vezes;
4	inferir (concluir ou deduzir a partir de exame dos fatos e de raciocínio);
5	voltar ao texto tantas quantas vezes precisar;
6	não permitir que prevaleçam suas ideias sobre as do autor;
7	fragmentar o texto (parágrafos, partes) para melhor compreensão;
8	verificar, com atenção e cuidado, o enunciado de cada questão;
9	o autor defende ideias e você deve percebê-las.

4.1. INTERPRETAR E COMPREENDER

Interpretar consiste em saber a conclusão do que está escrito. Os comandos de interpretação (está fora do texto) são: depreende-se/infere-se/conclui-se do texto; o texto permite deduzir; é possível subentender a partir do texto; qual a intenção do autor quando afirma; o texto possibilita o entendimento; com o apoio do texto, infere-se; o texto encaminha o leitor para; pretende o texto mostrar que o leitor...; o texto possibilita deduzir.

Compreender consiste em analisar o que realmente está escrito, é necessário coletar dados do texto. Os comandos de compreensão (está no texto) são: segundo o texto; o autor/narrador do texto diz; o texto informa; no texto; tendo em vista o texto; de acordo com o texto; o autor sugere; o autor afirma; na opinião do autor do texto.

5. ARGUMENTAÇÃO[3]

A argumentação é um recurso que tem o propósito de convencer alguém, alterando sua opinião ou seu comportamento.

Os argumentos, na construção textual, são essenciais.

Há diferentes tipos de argumentos e a escolha certa consolida o texto.

3. Cabral, Marina. Brasil Escola. Disponível em <http://brasilescola.uol.com.br/redacao/a-argumentacao.htm>. Com alterações. Acesso em 14 agosto 2017.

5.1. ARGUMENTAÇÃO POR CITAÇÃO

Sempre que queremos defender uma ideia, procuramos pessoas "consagradas", que pensam como nós acerca do tema em evidência.

Apresentamos no corpo de nosso texto a menção de uma informação extraída de outra fonte.

A citação pode ser apresentada assim:

Assim parece ser porque, para Piaget, "toda moral consiste num sistema de regras e a essência de toda moralidade deve ser procurada no respeito que o indivíduo adquire por essas regras" (Piaget, 1994, p.11). A essência da moral é o respeito às regras. A capacidade intelectual de compreender que a regra expressa uma racionalidade em si mesma equilibrada.

O trecho citado deve estar de acordo com as ideias do texto, assim, tal estratégia poderá funcionar bem.

5.2. ARGUMENTAÇÃO POR COMPROVAÇÃO

A sustentação da argumentação se dará a partir das informações apresentadas (dados, estatísticas, percentuais) que a acompanham. Esse recurso é explorado quando o objetivo é contestar um ponto de vista equivocado.

O ministro da Educação, Cristovam Buarque, lança hoje o Mapa da Exclusão Educacional. O estudo do Inep, feito a partir de dados do IBGE e do Censo Educacional do Ministério da Educação, mostra o número de crianças de sete a catorze anos que estão fora das escolas em cada estado. Segundo o mapa, no Brasil, 1,4 milhão de crianças, ou 5,5 % da população nessa faixa etária (sete a catorze anos), para a qual o ensino é obrigatório, não frequentam as salas de aula. O pior índice é do Amazonas: 16,8% das crianças do estado, ou 92,8 mil, estão fora da escola. O melhor, o Distrito Federal, com apenas 2,3% (7 200) de crianças excluídas, seguido por Rio Grande do Sul, com 2,7% (39 mil) e São Paulo, com 3,2% (168,7 mil).

(Mônica Bergamo. Folha de S. Paulo, 3.12.2003)

Nesse tipo de citação o autor precisa de dados que demonstrem sua tese.

5.3. ARGUMENTAÇÃO POR RACIOCÍNIO LÓGICO

A criação de relações de causa e efeito é um recurso utilizado para demonstrar que uma conclusão (afirmada no texto) é necessária, e não fruto de uma interpretação pessoal que pode ser contestada.

"O fumo é o mais grave problema de saúde pública no Brasil. Assim como não admitimos que os comerciantes de maconha, crack ou heroína façam propaganda para os nossos filhos na TV, todas as formas de publicidade do cigarro deveriam ser proibidas terminantemente. Para os desobedientes, cadeia."

VARELLA, Drauzio. In: Folha de S. Paulo, 20 de maio de 2000.

Para a construção de um bom texto argumentativo faz-se necessário o conhecimento sobre a questão proposta, fundamentação para que seja realizado com sucesso.

6. PRESSUPOSTOS E SUBENTENDIDOS[4]

Pressupostos e subentendidos são informações implícitas num texto, não expressas formalmente, apenas sugeridas por marcas linguísticas ou pelo contexto. Cabe ao leitor, numa leitura proficiente, ir além da informação que se encontra explícita, identificando e compreendendo as informações implícitas, ou seja, lendo nas entrelinhas.

Os pressupostos são de mais fácil identificação, estando sugeridos no texto. Os subentendidos são deduzidos pelo leitor, sendo da sua responsabilidade.

Entenda melhor:

- Heloísa está cansada de ser professora.

Pressuposto: Heloísa é professora.

Subentendido: Talvez porque o salário é baixo ou há muita indisciplina.

- Infelizmente, meu marido continua trabalhando fora do país.

Pressuposto: O marido está trabalhando fora do país e a mulher não está satisfeita com essa situação.

4. Norma Culta. Disponível em <https://www.normaculta.com.br/pressuposto-e-subentendido/>. Acesso em 14 agosto 2017.

Subentendido: Talvez por ter melhor salário fora do país ou por não encontrar trabalho no seu país.

6.1. PRESSUPOSTOS

Os pressupostos são informações implícitas adicionais, facilmente compreendidas devido a palavras ou expressões presentes na frase que permitem ao leitor compreender essa informação implícita. O enunciado depende dessa pressuposição para que faça sentido. Assim, o pressuposto é verdadeiro e irrefutável.

Exemplos de pressupostos:

- Decidi deixar de comer carne.

Pressuposto: A pessoa comia carne antes.

- Finalmente acabei minha monografia.

Pressuposto: Demorou algum tempo para terminar a monografia.

- Alunos que estudam de manhã costumam ter melhor rendimento.

Pressuposto: Há alunos que não estudam de manhã.

- Desde que ela mudou de casa, nunca mais a vi.

Pressuposto: Costumava vê-la antes dela mudar de casa.

Marcas linguísticas que facilitam a identificação de pressupostos:

Verbos que indicam fim, continuidade, mudança e implicações: começar, continuar, parar, deixar, acabar, conseguir, ...

Advérbios: felizmente, finalmente, ainda, já, depois, antes, ...

Pronome introdutório de orações subordinadas adjetivas: que

Locuções que indicam circunstâncias: depois que, antes que, desde que, visto que, ...

6.2. SUBENTENDIDOS

Os subentendidos são insinuações, informações escondidas, dependentes da interpretação do leitor. Não possuem marca linguística, sendo deduzidos através do contexto comunicacional e do conhecimento que os destinatários têm do mundo. Podem ser ou não verdadeiros e podem ser facilmente negados, visto serem unicamente da responsabilidade de quem interpreta a frase.

Exemplos de subentendidos:

- Quando sair de casa, não se esqueça de levar um casaco.

Subentendido: Está frio lá fora.

- Já tenho a garganta seca de tanto falar.

Subentendidos: Quero beber um copo de água ou quero parar de falar neste momento.

- Você vai a pé para casa agora?

Subentendidos: Eu posso lhe dar uma carona ou é perigoso andar a pé na rua a estas horas.

7. NÍVEIS DE LINGUAGEM[5]

A interação verbal entre os sujeitos é possível por meio das palavras e pode ser realizada por meio da fala e/ou da escrita. Dependendo da situação comunicativa, os usuários das línguas podem eleger qualquer um dos diferentes níveis de linguagem para interagir verbalmente com os outros. Isso significa que existem linguagens diferentes para ocasiões distintas, ou seja, em toda situação comunicativa, os falantes elegem o nível de linguagem mais adequado para que tanto o emissor quanto o receptor das mensagens possam compreender e ser compreendidos.

NÍVEL 1: NORMA CULTA/PADRÃO

Cada língua possui sua estrutura e muitas delas possuem um conjunto de regras responsável pelo funcionamento dos elementos linguísticos. Esse conjunto de regras é conhecido como gramática normativa. Nela, os usuários da língua encontram a norma-padrão de funcionamento da língua chamada de "padrão ou culta", a

5. Mundo Educação. Disponível em <http://mundoeducacao.bol.uol.com.br/redacao/niveis-linguagem.htm>. Acesso em 14 agosto 2017.

qual deve, ou pelo menos deveria, ser de conhecimento e acessível a todos os falantes da mesma comunidade linguística.

Utilizar a norma culta da língua portuguesa não significa comunicar-se de maneira difícil e rebuscada. Embora à língua padrão seja atribuído certo prestígio cultural e status social, o uso da linguagem culta está menos relacionado à questão estética e muito mais associado à sua democratização, já que esse é o nível de linguagem ensinado nas escolas, nos manuais didáticos, cartilhas e dicionários das línguas etc.

NÍVEL 2: LINGUAGEM COLOQUIAL/INFORMAL/POPULAR

A linguagem coloquial é aquela utilizada de maneira mais espontânea e corriqueira. Esse nível de linguagem não segue a rigor todas as regras da gramática normativa, pois está mais preocupado com a função da linguagem do que com a forma. Ao utilizar a linguagem coloquial, o falante está mais preocupado em transmitir o conteúdo da mensagem do que como esse conteúdo vai ser estruturado.

De maneira geral, os falantes utilizam a linguagem coloquial nas situações comunicativas mais informais, isto é, nos diálogos entre amigos, familiares etc.

NÍVEL 3: LINGUAGEM REGIONAL/REGIONALISMO

A linguagem regional está relacionada com as variações ocorridas, principalmente na fala, nas mais variadas comunidades linguísticas. Essas variações são também chamadas de dialetos. O Brasil, por exemplo, apresenta uma imensa variedade de regionalismos na fala dos usuários nativos de cada uma de suas cinco regiões.

NÍVEL 4: GÍRIAS

A gíria é um estilo associado à linguagem coloquial/popular como meio de expressão cotidiana. Ela está relacionada ao cotidiano de certos grupos sociais e podem ser incorporadas ao léxico de uma língua conforme sua intensidade e frequência de uso pelos falantes, mas, de maneira geral, as palavras ou expressões provenientes das gírias são utilizadas durante um tempo por um certo grupo de usuários e depois são substituídas por outras por outros usuários de outras gerações. É o caso, por exemplo, de uma gíria bastante utilizada pelos falantes nas décadas de 80 e 90: "chuchu, beleza", mas que, atualmente, está quase obsoleta.

NÍVEL 5: LINGUAGEM VULGAR

A linguagem vulgar é exatamente oposta à linguagem culta/padrão. As estruturas gramaticais não seguem regras ou normas de funcionamento. O mais interessante é que, mesmo de maneira bem rudimentar, os falantes conseguem compreender a mensagem e seus efeitos de sentido nas trocas de mensagens. Podemos considerar a linguagem vulgar como sendo um vício de linguagem. Veja alguns exemplos bastante recorrentes em nossa língua: "Nóis vai", "Pra mim ir", "Vamo ir".

8. DISCURSO DIRETO E INDIRETO[6]

Discurso direto é a transcrição exata da fala das personagens, sem participação do narrador.

Discurso indireto é a intervenção do narrador no discurso ao utilizar as suas próprias palavras para reproduzir as falas das personagens.

DICAS de transposição do discurso direto para o indireto

1. Mudança das pessoas do discurso:

Discurso direto	Discurso indireto
primeira pessoa	terceira pessoa
eu, me, mim, comigo	ele, ela, se, si, consigo, o, a, lhe
nós, nos, conosco	eles, elas, os, as, lhes
meu, meus, minha, minhas, nosso, nossos, nossa, nossas	seu, seus, sua e suas

6. Norma Culta. Disponível em <https://www.normaculta.com.br/discurso-direto-e-indireto/>. Acesso em 14 agosto 2017.

2. Mudança de tempos verbais:

Discurso direto	Discurso indireto
Presente do indicativo	*pretérito imperfeito do indicativo*
Pretérito perfeito do indicativo	*pretérito mais-que-perfeito do indicativo*
Futuro do presente do indicativo	*futuro do pretérito do indicativo*
Presente do subjuntivo	*pretérito imperfeito do subjuntivo*
Futuro do subjuntivo	
Imperativo	

3. Mudança na pontuação das frases:

Discurso direto	Discurso indireto
Frases interrogativas, exclamativas e imperativas	*frases declarativas* (o emissor constata um fato – informa ou declara alguma coisa)

4. Mudança dos advérbios e adjuntos adverbiais:

Discurso direto	Discurso indireto
Ontem	*no dia anterior*
Hoje	*naquele dia e naquele momento*
Amanhã	*no dia seguinte*
Aqui, aí, cá	*ali e lá*
Este, esta e isto	*aquele, aquela, aquilo*

PARTE VI – REDAÇÃO OFICIAL

CAPÍTULO 1 – REDAÇÃO OFICIAL

1. INTRODUÇÃO

Caro(a) leitor(a), foi lançada, no final de 2018, a terceira edição do **Manual de Redação da Presidência da República** – revista, atualizada e ampliada.

Com o intuito de facilitar seu estudo, foram disponibilizadas aqui as mudanças ocorridas e que podem (devem) ser exigidas nas próximas provas. Ficou mais fácil consultar e entender o MRPR.

A principal alteração foi a **EXTINÇÃO** dos documentos **MEMORANDO** e **AVISO**.

Os **ATRIBUTOS** também foram alterados. *A redação oficial deve caracterizar-se por: clareza e precisão; objetividade; concisão; coesão e coerência; impessoalidade; formalidade e padronização; e uso da norma padrão da língua portuguesa.*

A **FONTE** usada alterou de *Times New Roman* (em 2002) para **Calibri** ou **Carlito**.

Houve importantes **acréscimos: SIGNATÁRIOS** – cargos interinos e substitutos, signatárias do sexo feminino , **GRAFIA DE CARGOS COMPOSTOS**, emprego do **VOCATIVO** e **VARIAÇÕES DOS DOCUMENTOS OFICIAIS.**

2. PANORAMA DA COMUNICAÇÃO OFICIAL[7]

A finalidade da língua é comunicar, quer pela fala, quer pela escrita. Para que haja comunicação, são necessários:

a) alguém que comunique;

b) algo a ser comunicado;

c) alguém que receba essa comunicação.

No caso da redação oficial, **quem comunica é** sempre **o serviço público** (este/esta ou aquele/aquela Ministério, Secretaria, Departamento, Divisão, Serviço, Seção); **o que se comunica é** sempre **algum assunto relativo às atribuições do órgão que comunica**; e **o destinatário** dessa comunicação **é o público, uma instituição privada ou outro órgão ou entidade pública**, do Poder Executivo ou dos outros Poderes. Além disso, deve-se considerar a intenção do emissor e a finalidade do documento, para que o texto esteja adequado à situação comunicativa.

A necessidade de empregar determinado nível de linguagem nos atos e nos expedientes oficiais decorre, de um lado, do próprio caráter público desses atos e comunicações; de outro, de sua finalidade. Os atos oficiais, aqui entendidos como atos de caráter normativo, ou estabelecem regras para a conduta dos cidadãos, ou regulam o funcionamento dos órgãos e entidades públicos, o que só é alcançado se, em sua elaboração, for empregada a linguagem adequada. O mesmo se dá com os expedientes oficiais, cuja **finalidade precípua é a de informar com clareza e objetividade.**

3. O QUE É REDAÇÃO OFICIAL[8]

Em uma frase, pode-se dizer que redação oficial é a maneira pela qual o Poder Público redige comunicações oficiais e atos normativos. Neste Manual, interessa-nos tratá-la do ponto de vista da administração pública federal.

A redação oficial não é necessariamente árida e contrária à evolução da língua. É que **sua finalidade básica – comunicar com objetividade e máxima clareza – impõe certos parâmetros ao uso que se faz da língua**, de maneira diversa daquele da literatura, do texto jornalístico, da correspondência particular etc.

Apresentadas essas características fundamentais da redação oficial, passemos à análise pormenorizada de cada um de seus atributos.

4. ATRIBUTOS DA REDAÇÃO OFICIAL[9]

A redação oficial deve caracterizar-se por:

- **clareza e precisão;**
- **objetividade;**
- **concisão;**
- **coesão e coerência;**
- **impessoalidade;**
- **formalidade e padronização; e**
- **uso da norma padrão da língua portuguesa.**

Fundamentalmente, esses atributos decorrem da Constituição, que dispõe, no art. 37: "A administração pública direta, indireta, de qualquer dos Poderes da União, dos Estados, do Distrito Federal e dos Municípios obedecerá aos princípios de legalidade, impessoalidade, moralidade, publicidade e eficiência (...)". Sendo a publicidade, a impessoalidade e a eficiência princípios fundamentais de toda a administração pública, devem igualmente nortear a elaboração dos atos e das comunicações oficiais.

---

7. Presidência da República 3ª edição, revista, atualizada e ampliada pela Subchefia para Assuntos Jurídicos da Casa Civil da Presidência da República.

8. Presidência da República 3ª edição, revista, atualizada e ampliada pela Subchefia para Assuntos Jurídicos da Casa Civil da Presidência da República.

9. Presidência da República 3ª edição, revista, atualizada e ampliada pela Subchefia para Assuntos Jurídicos da Casa Civil da Presidência da República.

4.1. CLAREZA E PRECISÃO

CLAREZA

A clareza deve ser a qualidade básica de todo texto oficial. Pode-se definir como claro aquele texto que possibilita imediata compreensão pelo leitor. Não se concebe que um documento oficial ou um ato normativo de qualquer natureza seja redigido de forma obscura, que dificulte ou impossibilite sua compreensão. A transparência é requisito do próprio Estado de Direito: **é inaceitável que um texto oficial ou um ato normativo não seja entendido pelos cidadãos**. O princípio constitucional da publicidade não se esgota na mera publicação do texto, estendendo-se, ainda, à necessidade de que o texto seja claro.

Para a obtenção de clareza, sugere-se:

a) utilizar palavras e expressões simples, em seu sentido comum, salvo quando o texto versar sobre assunto técnico, hipótese em que se utilizará nomenclatura própria da área;

b) usar frases curtas, bem estruturadas; apresentar as orações na ordem direta e evitar intercalações excessivas. Em certas ocasiões, para evitar ambiguidade, sugere-se a adoção da ordem inversa da oração;

c) buscar a uniformidade do tempo verbal em todo o texto;

d) não utilizar regionalismos e neologismos;

e) pontuar adequadamente o texto;

f) explicitar o significado da sigla na primeira referência a ela; e

g) utilizar palavras e expressões em outro idioma apenas quando indispensáveis, em razão de serem designações ou expressões de uso já consagrado ou de não terem exata tradução. Nesse caso, grafe-as em itálico.

PRECISÃO

O atributo da precisão **complementa a clareza** e caracteriza-se por:

a) articulação da linguagem comum ou técnica para a perfeita compreensão da ideia veiculada no texto;

b) manifestação do pensamento ou da ideia com as mesmas palavras, evitando o emprego de sinonímia com propósito meramente estilístico; e

c) escolha de expressão ou palavra que não confira duplo sentido ao texto.

É indispensável, também, a releitura de todo o texto redigido. A ocorrência, em textos oficiais, de trechos obscuros provém principalmente da falta da releitura, o que tornaria possível sua correção. Na revisão de um expediente, deve-se avaliar se ele será de fácil compreensão por seu destinatário. O que nos parece óbvio pode ser desconhecido por terceiros. O domínio que adquirimos sobre certos assuntos, em decorrência de nossa experiência profissional, muitas vezes, faz com que os tomemos como de conhecimento geral, o que nem sempre é verdade. Explicite, desenvolva, esclareça, precise os termos técnicos, o significado das siglas e das abreviações e os conceitos específicos que não possam ser dispensados.

A revisão atenta exige tempo. A pressa com que são elaboradas certas comunicações quase sempre compromete sua clareza. "Não há assuntos urgentes, há assuntos atrasados", diz a máxima. Evite-se, pois, o atraso, com sua indesejável repercussão no texto redigido.

A clareza e a precisão não são atributos que se atinjam por si sós: elas dependem estritamente das demais características da redação oficial, apresentadas a seguir.

4.2. OBJETIVIDADE

Ser objetivo é ir diretamente ao assunto que se deseja abordar, sem voltas e sem redundâncias. Para conseguir isso, é fundamental que o redator saiba de antemão qual é a ideia principal e quais são as secundárias.

Procure perceber certa hierarquia de ideias que existe em todo texto de alguma complexidade: as fundamentais e as secundárias. Essas últimas podem esclarecer o sentido daquelas, detalhá-las, exemplificá-las; mas existem também ideias secundárias que não acrescentam informação alguma ao texto, nem têm maior relação com as fundamentais, podendo, por isso, ser dispensadas, o que também proporcionará mais objetividade ao texto.

A objetividade conduz o leitor ao contato mais direto com o assunto e com as informações, sem subterfúgios, sem excessos de palavras e de ideias. É errado supor que a objetividade suprime a delicadeza de expressão ou torna o texto rude e grosseiro.

4.3. CONCISÃO

A concisão é antes uma qualidade do que uma característica do texto oficial. **Conciso é o texto que consegue transmitir o máximo de informações com o mínimo de palavras.** Não se deve de forma alguma entendê-la como economia de pensamento, isto é, não se deve eliminar passagens substanciais do texto com o único objetivo de reduzi-lo em tamanho. Trata-se, exclusivamente, de excluir palavras inúteis, redundâncias e passagens que nada acrescentem ao que já foi dito.

Detalhes irrelevantes são dispensáveis: o texto deve evitar caracterizações e comentários supérfluos, adjetivos e advérbios inúteis, subordinação excessiva.

4.4. COESÃO E COERÊNCIA

É indispensável que o texto tenha coesão e coerência. **Tais atributos favorecem a conexão, a ligação, a harmonia entre os elementos de um texto.** Percebe-se que o texto tem coesão e coerência quando se lê um texto e se verifica que as palavras, as frases e os parágrafos estão entrelaçados, dando continuidade uns aos outros.

Alguns mecanismos que estabelecem a coesão e a coerência de um texto são: **referência, substituição, elipse e uso de conjunção**.

A referência diz respeito aos termos que se relacionam a outros necessários à sua interpretação. Esse mecanismo pode dar-se por retomada de um termo, relação com o que é precedente no texto, ou por antecipação de um termo cuja interpretação dependa do que se segue.

Exemplos:

O Deputado evitou a instalação da CPI da corrupção. Ele aguardou a decisão do Plenário.

O TCU apontou estas irregularidades: falta de assinatura e de identificação no documento.

A substituição é a colocação de um item lexical no lugar de outro(s) ou no lugar de uma oração.

Exemplos:

O Presidente assinou o acordo. O Chefe do Poder Executivo federal propôs reduzir as alíquotas. O ofício está pronto. O documento trata da exoneração do servidor.

Os governadores decidiram acatar a decisão. Em seguida, os prefeitos fizeram o mesmo.

A elipse consiste na omissão de um termo recuperável pelo contexto.

Exemplos:

O decreto regulamenta os casos gerais; a portaria, os particulares. **(Na segunda oração, houve a omissão do verbo "regulamenta").**

Outra estratégia para proporcionar coesão e coerência ao texto é utilizar conjunção para estabelecer ligação entre orações, períodos ou parágrafos.

Exemplos:

O Embaixador compareceu à reunião, pois identificou o interesse de seu Governo pelo assunto.

4.5. IMPESSOALIDADE

A impessoalidade decorre de princípio constitucional (Constituição, art. 37), e seu significado remete a dois aspectos: o primeiro é a obrigatoriedade de que a administração pública proceda de modo a não privilegiar ou prejudicar ninguém, de que o seu norte seja, sempre, o interesse público; o segundo, a abstração da pessoalidade dos atos administrativos, pois, apesar de a ação administrativa ser exercida por intermédio de seus servidores, é resultado tão-somente da vontade estatal.

A redação oficial é elaborada sempre em nome do serviço público e sempre em atendimento ao interesse geral dos cidadãos. Sendo assim, os assuntos objetos dos expedientes oficiais não devem ser tratados de outra forma que não a estritamente impessoal.

Percebe-se, assim, que o tratamento impessoal que deve ser dado aos assuntos que constam das comunicações oficiais decorre:

a) **da ausência de impressões individuais de quem comunica**: embora se trate, por exemplo, de um expediente assinado por Chefe de determinada Seção, a comunicação é sempre feita em nome do serviço público. Obtém-se, assim, uma desejável padronização, que permite que as comunicações elaboradas em diferentes setores da administração pública guardem entre si certa uniformidade;

b) **da impessoalidade de quem recebe a comunicação**: ela pode ser dirigida a um cidadão, sempre concebido como público, ou a uma instituição privada, a outro órgão ou a outra entidade pública. Em todos os casos, temos um destinatário concebido de forma homogênea e impessoal; e

c) **do caráter impessoal do próprio assunto tratado**: se o universo temático das comunicações oficiais se restringe a questões que dizem respeito ao interesse público, é natural não caber qualquer tom particular ou pessoal.

Não há lugar na redação oficial para impressões pessoais, como as que, por exemplo, constam de uma carta a um amigo, ou de um artigo assinado de jornal, ou mesmo de um texto literário. A redação oficial deve ser isenta da interferência da individualidade de quem a elabora. **A concisão, a clareza, a objetividade e a formalidade** de que nos valemos para elaborar os expedientes oficiais **contribuem**, ainda, **para que seja alcançada a necessária impessoalidade**.

4.6. FORMALIDADE E PADRONIZAÇÃO

As comunicações administrativas devem ser sempre formais, isto é, obedecer a certas regras de forma (BRASIL, 2015a). Isso é válido tanto para as comunicações feitas em meio eletrônico (por exemplo, o e-mail , o documento gerado no SEI!, o documento em html etc.), quanto para os eventuais documentos impressos.

É imperativa, ainda, certa formalidade de tratamento. Não se trata somente do correto emprego deste ou daquele pronome de tratamento para uma autoridade de certo nível, mais do que isso: a formalidade diz respeito à civilidade no próprio enfoque dado ao assunto do qual cuida a comunicação.

A formalidade de tratamento vincula-se, também, à necessária uniformidade das comunicações. Ora, se a administração pública federal é una, é natural que as comunicações que expeça sigam o mesmo padrão. O estabelecimento desse padrão, uma das metas deste Manual, exige que se atente para todas as características da redação oficial e que se cuide, ainda, da apresentação dos textos.

A digitação sem erros, o uso de papéis uniformes para o texto definitivo, nas exceções em que se fizer necessária a impressão, e a correta diagramação do texto são indispensáveis para a padronização.

Em razão de seu caráter público e de sua finalidade, os atos normativos e os expedientes oficiais requerem o uso do padrão culto do idioma, que acata os preceitos da gramática formal e emprega um léxico compartilhado pelo conjunto dos usuários da língua. O uso do padrão culto é, portanto, imprescindível na redação oficial por estar acima das diferenças lexicais, morfológicas ou sintáticas, regionais; dos modismos vocabulares e das particularidades linguísticas.

Recomendações:

- a língua culta é contra a pobreza de expressão e não contra a sua simplicidade;
- o uso do padrão culto não significa empregar a língua de modo rebuscado ou utilizar figuras de linguagem próprias do estilo literário;
- a consulta ao dicionário e à gramática é imperativa na redação de um bom texto.

Pode-se concluir que não existe propriamente um padrão oficial de linguagem, o que há é o uso da norma padrão nos atos e nas comunicações oficiais. É claro que haverá preferência pelo uso de determinadas expressões, ou será obedecida certa tradição no emprego das formas sintáticas, mas isso não implica, necessariamente, que se consagre a utilização de uma forma de linguagem burocrática. O jargão burocrático, como todo jargão, deve ser evitado, pois terá sempre sua compreensão limitada.

5. AS COMUNICAÇÕES OFICIAIS[10]

A redação das comunicações oficiais deve, antes de tudo, seguir os preceitos explicitados no Capítulo I, "Aspectos gerais da redação oficial". Além disso, há características específicas de cada tipo de expediente, que serão tratadas em detalhe neste capítulo. Antes de passarmos à sua análise, vejamos outros aspectos comuns a quase todas as modalidades de comunicação oficial.

---

10. Presidência da República 3ª edição, revista, atualizada e ampliada pela Subchefia para Assuntos Jurídicos da Casa Civil da Presidência da República.

5.1. PRONOMES DE TRATAMENTO

Tradicionalmente, o emprego dos pronomes de tratamento adota a segunda pessoa do plural, de maneira indireta, para referenciar atributos da pessoa à qual se dirige. Na redação oficial, é necessário atenção para o uso dos pronomes de tratamento em três momentos distintos: no endereçamento, no vocativo e no corpo do texto. No vocativo, o autor dirige-se ao destinatário no início do documento. No corpo do texto, pode-se empregar os pronomes de tratamento em sua forma abreviada ou por extenso. O endereçamento é o texto utilizado no envelope que contém a correspondência oficial.

A seguir, alguns exemplos de utilização de pronomes de tratamento no texto oficial.

Autoridade	Endereçamento	Vocativo	Tratamento no corpo do texto	Abreviatura
Presidente da República	A Sua Excelência o Senhor	Excelentíssimo Senhor Presidente da República	Vossa Excelência	Não se usa
Presidente do Congresso Nacional	A Sua Excelência o Senhor	Excelentíssimo Senhor Presidente do Congresso Nacional	Vossa Excelência	Não se usa
Presidente do Supremo Tribunal Federal	A Sua Excelência o Senhor	Excelentíssimo Senhor Presidente do Supremo Tribunal Federal	Vossa Excelência	Não se usa
Vice-Presidente da República	A Sua Excelência o Senhor	Senhor Vice-Presidente da República	Vossa Excelência	V. Exa
Ministro do Estado	A Sua Excelência o Senhor	Senhor Ministro	Vossa Excelência	V. Exa
Secretário-Executivo de Ministério e demais ocupantes de cargos de natureza especial	A Sua Excelência o Senhor	Senhor Secretário-Executivo	Vossa Excelência	V. Exa
Embaixador	A Sua Excelência o Senhor	Senhor Embaixador	Vossa Excelência	V. Exa
Oficial-General das Forças Armadas	A Sua Excelência o Senhor	Senhor + Posto	Vossa Excelência	V. Exa
Outros postos militares	A Sua Excelência o Senhor	Senhor + Posto	Vossa Senhoria	V. Sa
Senador da República	A Sua Excelência o Senhor	Senhor Senador	Vossa Excelência	V. Exa
Deputado Federal	A Sua Excelência o Senhor	Senhor Deputado	Vossa Excelência	V. Exa
Ministro do Tribunal de Contas da União	A Sua Excelência o Senhor	Senhor Ministro do Tribual de Contas da União	Vossa Excelência	V. Exa
Ministro dos Tribunais Superiores	A Sua Excelência o Senhor	Senhor Ministro	Vossa Excelência	V. Exa

5.2. SIGNATÁRIO

5.2.1. CARGOS INTERINO E SUBSTITUTO

Na identificação do signatário, depois do nome do cargo, é possível utilizar os termos interino e substituto, conforme situações a seguir: interino é aquele nomeado para ocupar transitoriamente cargo público durante a vacância; substituto é aquele designado para exercer as atribuições de cargo público vago ou no caso de afastamento e impedimentos legais ou regulamentares do titular. Esses termos devem ser utilizados depois do nome do cargo, sem hífen, sem vírgula e em minúsculo. Exemplos: Diretor-Geral interino, Secretário-Executivo substituto.

5.2.2. SIGNATÁRIAS DO SEXO FEMININO

Na identificação do signatário, o cargo ocupado por pessoa do sexo feminino deve ser flexionado no gênero feminino. Exemplos: Ministra de Estado, Secretária-Executiva interina, Técnica Administrativa, Coordenadora Administrativa.

5.3. GRAFIA DE CARGOS COMPOSTOS

Escrevem-se com hífen:

a) cargos formados pelo adjetivo "geral": **diretor-geral, relator-geral, ouvidor-geral**;

b) postos e gradações da diplomacia: **primeiro-secretário, segundo-secretário**;

c) postos da hierarquia militar: **tenente-coronel, capitão-tenente**;

Atenção: nomes compostos com elemento de ligação preposicionado ficam sem hífen: general de exército, general de brigada, tenente-brigadeiro do ar, capitão de mar e guerra;

d) cargos que denotam hierarquia dentro de uma empresa: **diretor-presidente, diretor-adjunto, editor-chefe, editor-assistente, sócio-gerente, diretor-executivo**;

e) cargos formados por numerais: **primeiro-ministro, primeira-dama**;

f) cargos formados com os prefixos "ex" ou "vice": **ex-diretor, vice-coordenador**.

O novo Acordo Ortográfico tornou opcional o uso de iniciais maiúsculas em palavras usadas reverencialmente, por exemplo para cargos e títulos (exemplo: o Presidente francês ou o presidente francês). Porém, em palavras com hífen, após se optar pelo uso da maiúscula ou da minúscula, deve-se manter a escolha para a grafia de todos os elementos hifenizados: pode-se escrever "Vice-Presidente" ou "vice-presidente", mas não "Vice-presidente".

5.4. VOCATIVO

O vocativo é uma invocação ao destinatário. Nas comunicações oficiais, o vocativo será sempre seguido de vírgula. Em comunicações dirigidas aos **Chefes de Poder, utiliza-se a expressão Excelentíssimo Senhor ou Excelentíssima Senhora e o cargo respectivo**, seguidos de vírgula. Exemplos: Excelentíssimo Senhor Presidente da República, Excelentíssimo Senhor Presidente do Congresso Nacional, Excelentíssimo Senhor Presidente do Supremo Tribunal Federal.

As **demais autoridades**, mesmo aquelas tratadas por Vossa Excelência, receberão o vocativo **Senhor ou Senhora** seguido do **cargo respectivo**. Exemplos: Senhora Senadora, Senhor Juiz, Senhora Ministra.

Na hipótese de comunicação com particular, pode-se utilizar o **vocativo Senhor ou Senhora** e a forma utilizada pela instituição para referir-se ao interlocutor: **beneficiário, usuário, contribuinte, eleitor** etc. Exemplos: Senhora Beneficiária, Senhor Contribuinte.

Ainda, quando o destinatário for um particular, no vocativo, pode-se utilizar Senhor ou Senhora seguido do nome do particular ou pode-se utilizar o vocativo "Prezado Senhor" ou "Prezada Senhora".

Em comunicações oficiais, **está abolido o uso de Digníssimo (DD) e de Ilustríssimo (Ilmo.).** Evite-se o uso de "doutor" indiscriminadamente. O tratamento por meio de Senhor confere a formalidade desejada.

6. O PADRÃO OFÍCIO

Até a segunda edição deste Manual, havia três tipos de expedientes que se diferenciavam antes pela finalidade do que pela forma: o ofício, o aviso e o memorando. **Com o objetivo de uniformizá-los, deve-se adotar nomenclatura e diagramação únicas, que sigam o que chamamos de padrão ofício.**

A distinção básica anterior entre os três era:

a) aviso: era expedido exclusivamente por Ministros de Estado, para autoridades de mesma hierarquia;

b) ofício: era expedido para e pelas demais autoridades; e

c) memorando: era expedido entre unidades administrativas de um mesmo órgão.

Atenção:
Nesta nova edição ficou abolida aquela distinção e passou-se a utilizar o termo ofício nas três hipóteses.

A seguir, será apresentada a estrutura do padrão ofício, de acordo com a ordem com que cada elemento aparece no documento oficial.

6.1. PARTES DO DOCUMENTO NO PADRÃO OFÍCIO

6.1.1. CABEÇALHO

O cabeçalho é utilizado apenas na primeira página do documento, centralizado na área determinada pela formatação (ver subitem "5.2 Formatação e apresentação"). No cabeçalho deverão constar os seguintes elementos:

a) **brasão de Armas da República**[11]: no topo da página. Não há necessidade de ser aplicado em cores. O uso de marca da instituição deve ser evitado na correspondência oficial para não se sobrepor ao Brasão de Armas da República.

b) nome do órgão principal;

c) nomes dos órgãos secundários, quando necessários, da maior para a menor hierarquia; e

d) **espaçamento**: entrelinhas simples (1,0).

Os dados do órgão, tais como endereço, telefone, endereço de correspondência eletrônica, sítio eletrônico oficial da instituição, podem ser informados no rodapé do documento, centralizados.

6.1.2. IDENTIFICAÇÃO DO EXPEDIENTE

Os documentos oficiais devem ser identificados da seguinte maneira:

a) **nome do documento**: tipo de expediente por extenso, com todas as letras maiúsculas;

b) **indicação de numeração**: abreviatura da palavra "número", padronizada como Nº;

c) **informações do documento**: número, ano (com quatro dígitos) e siglas usuais do setor que expede o documento, da menor para a maior hierarquia, separados por barra (/); e d) **alinhamento**: à margem esquerda da página.

Exemplos:
OFÍCIO Nº 652/2018/SAA/SE/MT

6.1.3. LOCAL E DATA DO DOCUMENTO

Na grafia de datas em um documento, o conteúdo deve constar da seguinte forma:

a) **composição**: local e data do documento;

b) **informação de local**: nome da cidade onde foi expedido o documento, seguido de vírgula. Não se deve utilizar a sigla da unidade da federação depois do nome da cidade;

c) **dia do mês**: em numeração ordinal se for o primeiro dia do mês e em numeração cardinal para os demais dias do mês. Não se deve utilizar zero à esquerda do número que indica o dia do mês;

d) **nome do mês**: deve ser escrito com inicial minúscula;

e) **pontuação**: coloca-se ponto-final depois da data; e

---

11. O desenho oficial atualizado do Brasão de Armas da República pode ser localizado no sítio eletrônico da Presidência da República, na seção Símbolos Nacionais. Disponível em: <http://www2.planalto.gov.br/acervo/simbolosnacionais/brasao/brasao-da-republica>. No caso de documento a ser impresso, exclusivamente quando o signatário for o Presidente da República, Ministro de Estado ou a autoridade máxima de autarquia, será utilizado timbre em relevo branco, nos termos do disposto no Decreto nº 80.739, de 14 de novembro de 1977.

f) **alinhamento**: o texto da data deve ser alinhado à margem direita da página.

Exemplo: Brasília, 2 de fevereiro de 2018.

6.1.4. ENDEREÇAMENTO

O endereçamento é a parte do documento que informa quem receberá o expediente. Nele deverão constar os seguintes elementos:

a) **vocativo**: na forma de tratamento adequada para quem receberá o expediente (ver subitem "4.1 Pronomes de tratamento");

b) **nome**: nome do destinatário do expediente;

c) **cargo**: cargo do destinatário do expediente;

d) **endereço**: endereço postal de quem receberá o expediente, dividido em duas linhas: primeira linha: informação de localidade/logradouro do destinatário ou, no caso de ofício ao mesmo órgão, informação do setor; segunda linha: CEP e cidade/unidade da federação, separados por espaço simples. Na separação entre cidade e unidade da federação pode ser substituída a barra pelo ponto ou pelo travessão. No caso de ofício ao mesmo órgão, não é obrigatória a informação do CEP, podendo ficar apenas a informação da cidade/unidade da federação; e

e) **alinhamento**: à margem esquerda da página.

O pronome de tratamento no endereçamento das comunicações dirigidas às autoridades tratadas por Vossa Excelência terá a seguinte forma: "A Sua Excelência o Senhor" ou "A Sua Excelência a Senhora".

Quando o tratamento destinado ao receptor for Vossa Senhoria, o endereçamento a ser empregado é "Ao Senhor" ou "À Senhora". Ressalte-se que não se utiliza a expressão "A Sua Senhoria o Senhor" ou "A Sua Senhoria a Senhora".

6.1.5. ASSUNTO

O assunto deve dar uma ideia geral do que trata o documento, de forma sucinta.

Ele deve ser grafado da seguinte maneira:

a) **título**: a palavra Assunto deve anteceder a frase que define o conteúdo do documento, seguida de dois-pontos;

b) **descrição do assunto**: a frase que descreve o conteúdo do documento deve ser escrita com inicial maiúscula, não se deve utilizar verbos e sugere-se utilizar de quatro a cinco palavras;

c) **destaque**: todo o texto referente ao assunto, inclusive o título, deve ser destacado em negrito;

d) **pontuação**: coloca-se ponto-final depois do assunto; e

e) **alinhamento**: à margem esquerda da página.

6.1.6. TEXTO DO DOCUMENTO

O texto do documento oficial deve seguir a seguinte padronização de estrutura:

I - nos casos em que não seja usado para encaminhamento de documentos, o expediente deve conter a seguinte estrutura:

a) **introdução**: em que é apresentado o objetivo da comunicação. Evite o uso das formas: Tenho a honra de, Tenho o prazer de, Cumpre-me informar que. Prefira empregar a forma direta: Informo, Solicito, Comunico;

b) **desenvolvimento**: em que o assunto é detalhado; se o texto contiver mais de uma ideia sobre o assunto, elas devem ser tratadas em parágrafos distintos, o que confere maior clareza à exposição; e

c) **conclusão**: em que é afirmada a posição sobre o assunto.

II - quando forem usados para encaminhamento de documentos, a estrutura é modificada:

a) **introdução**: deve iniciar com referência ao expediente que solicitou o encaminhamento. Se a remessa do documento não tiver sido solicitada, deve iniciar com a informação do motivo da comunicação, que é encaminhar, indicando a seguir os dados completos do documento encaminhado (tipo, data, origem ou signatário e assunto de que se trata) e a razão pela qual está sendo encaminhado; e

b) **desenvolvimento**: se o autor da comunicação desejar fazer algum comentário a respeito do documento que encaminha, poderá acrescentar parágrafos de desenvolvimento. Caso contrário, não há parágrafos de desenvolvimento em expediente usado para encaminhamento de documentos.

III – tanto na estrutura I quanto na estrutura II, o texto do documento deve ser formatado da seguinte maneira:

a) **alinhamento**: justificado;

b) **espaçamento entre linhas**: simples;

c) **parágrafos**:

i espaçamento entre parágrafos: de 6 pontos após cada parágrafo;

ii recuo de parágrafo: 2,5 cm de distância da margem esquerda;

iii numeração dos parágrafos: apenas quando o documento tiver três ou mais parágrafos, desde o primeiro parágrafo. Não se numeram o vocativo e o fecho;

d) **fonte: Calibri ou Carlito**;

i corpo do texto: tamanho 12 pontos;

ii citações recuadas: tamanho 11 pontos; e

iii notas de Rodapé: tamanho 10 pontos;

e) **símbolos**: para símbolos não existentes nas fontes indicadas, pode-se utilizar as fontes *Symbol* e *Wingdings*;

6.1.7. FECHOS PARA COMUNICAÇÕES

O fecho das comunicações oficiais objetiva, além da finalidade óbvia de arrematar o texto, saudar o destinatário. Os modelos para fecho anteriormente utilizados foram regulados pela Portaria no 1, de 1937, do Ministério da Justiça, que estabelecia quinze padrões. Com o objetivo de simplificá-los e uniformizá-los, este Manual estabelece o emprego de somente dois fechos diferentes para todas as modalidades de comunicação oficial:

a) Para autoridades de hierarquia superior a do remetente, inclusive o Presidente da República:

Respeitosamente,

b) Para autoridades de mesma hierarquia, de hierarquia inferior ou demais casos: Atenciosamente,

Ficam excluídas dessa fórmula as comunicações dirigidas a autoridades estrangeiras, que atendem a rito e tradição próprios.

O fecho da comunicação deve ser formatado da seguinte maneira:

a) **alinhamento**: alinhado à margem esquerda da página;

b) **recuo de parágrafo**: 2,5 cm de distância da margem esquerda;

c) **espaçamento entre linhas**: simples;

d) **espaçamento entre parágrafos**: de 6 pontos após cada parágrafo; e

e) **não deve ser numerado**.

6.1.8. IDENTIFICAÇÃO DO SIGNATÁRIO

Excluídas as comunicações assinadas pelo Presidente da República, todas as demais comunicações oficiais devem informar o signatário segundo o padrão:

a) **nome**: nome da autoridade que as expede, grafado em letras maiúsculas, sem negrito. Não se usa linha acima do nome do signatário;

b) **cargo**: cargo da autoridade que expede o documento, redigido apenas com as iniciais maiúsculas. As preposições que liguem as palavras do cargo devem ser grafadas em minúsculas; e

c) **alinhamento**: a identificação do signatário deve ser centralizada na página. Para evitar equívocos, recomenda-se não deixar a assinatura em página isolada do expediente. Transfira para essa página ao menos a última frase anterior ao fecho.

6.1.9. NUMERAÇÃO DAS PÁGINAS

A numeração das páginas é obrigatória apenas a partir da segunda página da comunicação. Ela deve ser centralizada na página e obedecer à seguinte formatação:

a) **posição**: no rodapé do documento, ou acima da área de 2 cm da margem inferior; e

b) fonte: **Calibri ou Carlito**.

6.2. FORMATAÇÃO E APRESENTAÇÃO

Os documentos do padrão ofício devem obedecer à seguinte formatação:

a) **tamanho do papel**: A4 (29,7 cm x 21 cm);

b) **margem lateral esquerda**: no mínimo, 3 cm de largura;

c) **margem lateral direita**: 1,5 cm;

d) **margens superior e inferior**: 2 cm;

e) **área de cabeçalho**: na primeira página, 5 cm a partir da margem superior do papel;

f) **área de rodapé**: nos 2 cm da margem inferior do documento;

g) **impressão**: na correspondência oficial, a impressão pode ocorrer em ambas as faces do papel. Nesse caso, as margens esquerda e direita terão as distâncias invertidas nas páginas pares (margem espelho);

h) **cores**: os textos devem ser impressos na cor preta em papel branco, reservando-se, se necessário, a impressão colorida para gráficos e ilustrações;

i) **destaques**: para destaques deve-se utilizar, sem abuso, o negrito. Deve-se evitar destaques com uso de itálico, sublinhado, letras maiúsculas, sombreado, sombra, relevo, bordas ou qualquer outra forma de formatação que afete a sobriedade e a padronização do documento;

j) **palavras estrangeiras**: palavras estrangeiras devem ser grafadas em itálico;

k) **arquivamento**: dentro do possível, todos os documentos elaborados devem ter o arquivo de texto preservado para consulta posterior ou aproveitamento de trechos para casos análogos. Deve ser utilizado, preferencialmente, formato de arquivo que possa ser lido e editado pela maioria dos editores de texto utilizados no serviço público, tais como DOCX, ODT ou RTF.

l) **nome do arquivo**: para facilitar a localização, os nomes dos arquivos devem ser formados da seguinte maneira:

tipo do documento + número do documento +
ano do documento (com 4 dígitos) + palavras-chaves do conteúdo

7. TIPOS DE DOCUMENTOS[12]

7.1. VARIAÇÕES DOS DOCUMENTOS OFICIAIS

Os documentos oficiais podem ser identificados de acordo com algumas possíveis variações:

a) **[NOME DO EXPEDIENTE] + CIRCULAR**: Quando um órgão envia o mesmo expediente para mais de um órgão receptor. A sigla na epígrafe será apenas do órgão remetente.

b) **[NOME DO EXPEDIENTE] + CONJUNTO**: Quando mais de um órgão envia, conjuntamente, o mesmo expediente para um único órgão receptor. As siglas dos órgãos remetentes constarão na epígrafe.

c) **[NOME DO EXPEDIENTE] + CONJUNTO CIRCULAR**: Quando mais de um órgão envia, conjuntamente, o mesmo expediente para mais de um órgão receptor. As siglas dos órgãos remetentes constarão na epígrafe.

Nos expedientes circulares, por haver mais de um receptor, o órgão remetente poderá inserir no rodapé as siglas ou nomes dos órgãos que receberão o expediente.

12. Presidência da República 3ª edição, revista, atualizada e ampliada pela Subchefia para Assuntos Jurídicos da Casa Civil da Presidência da República.

7.2. EXPOSIÇÃO DE MOTIVOS

7.2.1. DEFINIÇÃO E FINALIDADE

Exposição de motivos (EM) é o expediente dirigido ao Presidente da República ou ao Vice-Presidente para:

a) propor alguma medida;

b) submeter projeto de ato normativo à sua consideração; ou

c) informá-lo de determinado assunto.

A exposição de motivos é dirigida ao Presidente da República por um Ministro de Estado. Nos casos em que o assunto tratado envolva mais de um ministério, a exposição de motivos será assinada por todos os ministros envolvidos, sendo, por essa razão, chamada de interministerial.

Independentemente de ser uma EM com apenas um autor ou uma EM interministerial, a sequência numérica das exposições de motivos é única. A numeração começa e termina dentro de um mesmo ano civil.

7.2.2. FORMA E ESTRUTURA

As exposições de motivos devem, obrigatoriamente:

a) apontar, na introdução: o problema que demanda a adoção da medida ou do ato normativo proposto; ou informar ao Presidente da República algum assunto;

b) indicar, no desenvolvimento: a razão de aquela medida ou de aquele ato normativo ser o ideal para se solucionar o problema e as eventuais alternativas existentes para equacioná-lo; ou fornecer mais detalhes sobre o assunto informado, quando for esse o caso; e

c) na conclusão: novamente, propor a medida a ser tomada ou o ato normativo a ser editado para solucionar o problema; ou apresentar as considerações finais no caso de EMs apenas informativas.

As Exposições de Motivos que encaminham proposições normativas devem seguir o prescrito no Decreto nº 9.191, de 1º de novembro de 2017. Em síntese, elas devem ser instruídas com parecer jurídico e parecer de mérito que permitam a adequada avaliação da proposta.

O atendimento dos requisitos do Decreto nº 9.191, de 2017, nas exposições de motivos que proponham a edição de ato normativo, tem como propósito:

a) permitir a adequada reflexão sobre o problema que se busca resolver;

b) ensejar avaliação das diversas causas do problema e dos efeitos que podem ter a adoção da medida ou a edição do ato, em consonância com as questões que devem ser analisadas na elaboração de proposições normativas no âmbito do Poder Executivo;

c) conferir transparência aos atos propostos;

d) resumir os principais aspectos da proposta; e

e) evitar a devolução a proposta de ato normativo para complementação ou reformulação da proposta.

A exposição de motivos é a principal modalidade de comunicação dirigida ao Presidente da República pelos ministros. Além disso, pode, em certos casos, ser encaminhada cópia ao Congresso Nacional ou ao Poder Judiciário.

7.2.3. SISTEMA DE GERAÇÃO E TRAMITAÇÃO DE DOCUMENTOS OFICIAIS (SIDOF)

O Sistema de Geração e Tramitação de Documentos Oficiais (Sidof) é a ferramenta eletrônica utilizada para a elaboração, a redação, a alteração, o controle, a tramitação, a administração e a gerência das exposições de motivos com as propostas de atos a serem encaminhadas pelos Ministérios à Presidência da República.

Ao se utilizar o Sidof, a assinatura, o nome e o cargo do signatário são substituídos pela assinatura eletrônica que informa o nome do ministro que assinou a exposição de motivos e do consultor jurídico que assinou o parecer jurídico da Pasta.

7.3. MENSAGEM

7.3.1. DEFINIÇÃO E FINALIDADE

A Mensagem é o instrumento de comunicação oficial entre os Chefes dos Poderes Públicos, notadamente as mensagens enviadas pelo Chefe do Poder Executivo ao Poder Legislativo para informar sobre fato da administração pública; para expor o plano de governo por ocasião da abertura de sessão legislativa; para submeter ao Congresso Nacional matérias que dependem de deliberação de suas Casas; para apresentar veto; enfim, fazer comunicações do que seja de interesse dos Poderes Públicos e da Nação.

Minuta de mensagem pode ser encaminhada pelos ministérios à Presidência da República, a cujas assessorias caberá a redação final.

As mensagens mais usuais do Poder Executivo ao Congresso Nacional têm as seguintes finalidades:

a) **Encaminhamento de proposta de emenda constitucional, de projeto de lei ordinária, de projeto de lei complementar e os que compreendem plano plurianual, diretrizes orçamentárias, orçamentos anuais e créditos adicionais**:

Os projetos de lei ordinária ou complementar são enviados em regime normal (Constituição, art. 61) ou de urgência (Constituição, art. 64, §§ 1º a 4º). O projeto pode ser encaminhado sob o regime normal e, mais tarde, ser objeto de nova mensagem, com solicitação de urgência.

Em ambos os casos, a mensagem se dirige aos membros do Congresso Nacional, mas é encaminhada com ofício do Ministro de Estado Chefe da Casa Civil da Presidência da República ao Primeiro-Secretário da Câmara dos Deputados, para que tenha início sua tramitação (Constituição, art. 64, *caput*).

Quanto aos projetos de lei que compreendem plano plurianual, diretrizes orçamentárias, orçamentos anuais e créditos adicionais, as mensagens de encaminhamento dirigem-se aos membros do Congresso Nacional, e os respectivos ofícios são endereçados ao Primeiro-Secretário do Senado Federal. A razão é que o art. 166 da Constituição impõe a deliberação congressual em sessão conjunta, mais precisamente, "na forma do regimento comum". E, à frente da Mesa do Congresso Nacional, está o Presidente do Senado Federal (Constituição, art. 57, § 5º), que comanda as sessões conjuntas.

b) **Encaminhamento de medida provisória:**

Para dar cumprimento ao disposto no art. 62 da Constituição, o Presidente da República encaminha Mensagem ao Congresso, dirigida a seus Membros, com ofício para o Primeiro-Secretário do Senado Federal, juntando cópia da medida provisória.

c) **Indicação de autoridades:**

As mensagens que submetem ao Senado Federal a indicação de pessoas para ocuparem determinados cargos (magistrados dos tribunais superiores, ministros do Tribunal de Contas da União, presidentes e diretores do Banco Central, Procurador Geral da República, chefes de missão diplomática, diretores e conselheiros de agências etc.) têm em vista que a Constituição, incisos III e IV do *caput* do art. 52, atribui àquela Casa do Congresso Nacional competência privativa para aprovar a indicação.

O *curriculum vitae* do indicado, assinado, com a informação do número de Cadastro de Pessoa Física, acompanha a mensagem.

d) **Pedido de autorização para o Presidente ou o Vice-Presidente da República se ausentarem do país por mais de 15 dias:**

Trata-se de exigência constitucional (Constituição, art. 49, *caput*, inciso III e art. 83), e a autorização é da competência privativa do Congresso Nacional. O Presidente da República, tradicionalmente, por cortesia, quando a ausência é por prazo inferior a 15 dias, faz uma comunicação a cada Casa do Congresso, enviando-lhes mensagens idênticas.

e) **Encaminhamento de atos de concessão e de renovação de concessão de emissoras de rádio e TV:**

A obrigação de submeter tais atos à apreciação do Congresso Nacional consta no inciso XII do *caput* do art. 49 da Constituição. Somente produzirão efeitos legais a outorga ou a renovação da concessão após deliberação do Congresso Nacional (Constituição, art. 223, § 3º). Descabe pedir na mensagem a urgência prevista na Constituição, art. 64, uma vez que o § 1º do art. 223 já define o prazo da tramitação. Além do ato de outorga ou renovação, acompanha a mensagem o correspondente processo administrativo.

f) **Encaminhamento das contas referentes ao exercício anterior:**

O Presidente da República tem o prazo de 60 dias após a abertura da sessão legislativa para enviar ao Congresso Nacional as contas referentes ao exercício anterior (Constituição, art. 84, *caput*, inciso XXIV), para exame e parecer da Comissão Mista permanente (Constituição, art. 166, § 1º), sob pena de a Câmara dos Deputados realizar a tomada de contas (Constituição, art. 51, *caput*, inciso II) em procedimento disciplinado no art. 215 do seu Regimento Interno.

g) **Mensagem de abertura da sessão legislativa:**

Deve conter o plano de governo, exposição sobre a situação do País e a solicitação de providências que julgar necessárias (Constituição, art. 84, inciso XI). O portador da mensagem é o Chefe da Casa Civil da Presidência da República. Esta mensagem difere das demais, porque vai encadernada e é distribuída a todos os congressistas em forma de livro.

h) **Comunicação de sanção (com restituição de autógrafos):**

Esta mensagem é dirigida aos Membros do Congresso Nacional, encaminhada por ofício ao Primeiro-Secretário da Casa onde se originaram os autógrafos. Nela se informa o número que tomou a lei e se restituem dois exemplares dos três autógrafos recebidos, nos quais o Presidente da República terá aposto o despacho de sanção.

i) **Comunicação de veto:**

Dirigida ao Presidente do Senado Federal (Constituição, art. 66, § 1º), a mensagem informa sobre a decisão de vetar, se o veto é parcial, quais as disposições vetadas, e as razões do veto. Seu texto é publicado na íntegra no Diário Oficial da União, ao contrário das demais mensagens, cuja publicação se restringe à notícia do seu envio ao Poder Legislativo.

j) **Outras mensagens remetidas ao Legislativo:** Apreciação de intervenção federal (Constituição, art. 36, § 2º); encaminhamento de atos internacionais que acarretam encargos ou compromissos gravosos (Constituição, art. 49, *caput*, inciso I); pedido de estabelecimento de alíquotas aplicáveis às operações e prestações interestaduais e de exportação (Constituição, art. 155, § 2º, inciso IV); proposta de fixação de limites globais para o montante da dívida consolidada (Constituição, art. 52, *caput*, inciso VI); pedido de autorização para operações financeiras externas (Constituição, art. 52, *caput*, inciso V); convocação extraordinária do Congresso Nacional (Constituição, art. 57, § 6º); pedido de autorização para exonerar o Procurador-Geral da República (Constituição, art. 52, inciso XI, e art. 128, § 2º); pedido de autorização para declarar guerra e decretar mobilização nacional (Constituição, art. 84, inciso XIX); pedido de autorização ou referendo para celebrar a paz (Constituição, art. 84, inciso XX); justificativa para decretação do estado de defesa ou de sua prorrogação (Constituição, art. 136, § 4º); pedido de autorização para decretar o estado de sítio (Constituição, art. 137); relato das medidas praticadas na vigência do estado de sítio ou de defesa (Constituição, art. 141, parágrafo único); proposta de modificação de projetos de leis que compreendem plano plurianual, diretrizes orçamentárias, orçamentos anuais e créditos adicionais (Constituição, art. 166, § 5º); pedido de autorização para utilizar recursos que ficarem sem despesas correspondentes, em decorrência de veto, emenda ou rejeição do projeto de lei orçamentária anual (Constituição, art. 166, § 8º); pedido de autorização para alienar ou conceder terras públicas com área superior a 2.500 ha (Constituição, art. 188, § 1º).

7.3.2. FORMA E ESTRUTURA

As mensagens contêm:

a) **brasão:** timbre em relevo branco

b) **identificação do expediente:** MENSAGEM No, alinhada à margem esquerda, no início do texto;

c) **vocativo**: alinhado à margem esquerda, de acordo com o pronome de tratamento e o cargo do destinatário, com o recuo de parágrafo dado ao texto;

d) **texto**: iniciado a 2 cm do vocativo; e

e) **local e data**: posicionados a 2 cm do final do texto, alinhados à margem direita.

f) A mensagem, como os demais atos assinados pelo Presidente da República, não traz identificação de seu signatário.

7.4. CORREIO ELETRÔNICO (E-MAIL)

7.4.1. DEFINIÇÃO E FINALIDADE

A utilização do *e-mail* para a comunicação tornou-se prática comum, não só em âmbito privado, mas também na administração pública. O termo *e-mail* pode ser empregado com três sentidos. Dependendo do contexto, pode significar gênero textual, endereço eletrônico ou sistema de transmissão de mensagem eletrônica.

Como gênero textual, o *e-mail* pode ser considerado um documento oficial, assim como o ofício. Portanto, deve-se evitar o uso de linguagem incompatível com uma comunicação oficial.

Como endereço eletrônico utilizado pelos servidores públicos, o *e-mail* deve ser oficial, utilizando-se a extensão ".gov.br", por exemplo.

Como sistema de transmissão de mensagens eletrônicas, por seu baixo custo e celeridade, transformou-se na principal forma de envio e recebimento de documentos na administração pública.

7.4.2. VALOR DOCUMENTAL

Nos termos da Medida Provisória nº 2.200-2, de 24 de agosto de 2001, para que o *e-mail* tenha valor documental, isto é, para que possa ser aceito como documento original, é necessário existir certificação digital que ateste a identidade do remetente, segundo os parâmetros de integridade, autenticidade e validade jurídica da Infraestrutura de Chaves Públicas Brasileira – ICP-Brasil.

O destinatário poderá reconhecer como válido o *e-mail* sem certificação digital ou com certificação digital fora ICP-Brasil; contudo, caso haja questionamento, será obrigatório a repetição do ato por meio documento físico assinado ou por meio eletrônico reconhecido pela ICP-Brasil.

Salvo lei específica, não é dado ao ente público impor a aceitação de documento eletrônico que não atenda os parâmetros da ICP-Brasil.

7.4.3. FORMA E ESTRUTURA

Um dos atrativos de comunicação por correio eletrônico é sua flexibilidade. Assim, não interessa definir padronização da mensagem comunicada. No entanto, devem-se observar algumas orientações quanto à sua estrutura.

- **Campo "Assunto"**

O assunto deve ser o mais claro e específico possível, relacionado ao conteúdo global da mensagem. Assim, quem irá receber a mensagem identificará rapidamente do que se trata; quem a envia poderá, posteriormente, localizar a mensagem na caixa do correio eletrônico.

Deve-se assegurar que o assunto reflita claramente o conteúdo completo da mensagem para que não pareça, ao receptor, que se trata de mensagem não solicitada/lixo eletrônico. Em vez de "Reunião", um assunto mais preciso seria "Agendamento de reunião sobre a Reforma da Previdência".

- **Local e data**

São desnecessários no corpo da mensagem, uma vez que o próprio sistema apresenta essa informação.

- **Saudação inicial/vocativo**

O texto dos correios eletrônicos deve ser iniciado por uma saudação. Quando endereçado para outras instituições, para receptores desconhecidos ou para particulares, deve-se utilizar o vocativo conforme os demais documentos oficiais, ou seja, "Senhor" ou "Senhora", seguido do cargo respectivo, ou "Prezado Senhor", "Prezada Senhora".

Exemplos:

Senhor Coordenador,

Prezada Senhora,

- **Fecho**

Atenciosamente é o fecho padrão em comunicações oficiais. Com o uso do *e-mail*, popularizou-se o uso de abreviações como "Att.", e de outros fechos, como "Abraços", "Saudações", que, apesar de amplamente usados, não são fechos oficiais e, portanto, não devem ser utilizados em *e-mails* profissionais.

O correio eletrônico, em algumas situações, aceita uma saudação inicial e um fecho menos formais. No entanto, a linguagem do texto dos correios eletrônicos deve ser formal, como a que se usaria em qualquer outro documento oficial.

- **Bloco de texto da assinatura**

Sugere-se que todas as instituições da administração pública adotem um padrão de texto de assinatura. A assinatura do *e-mail* deve conter o nome completo, o cargo, a unidade, o órgão e o telefone do remetente.

Exemplo:

Maria da Silva

Assessora

Subchefia para Assuntos Jurídicos da Casa Civil

(61)XXXX-XXXX

7.4.4. ANEXOS

A possibilidade de anexar documentos, planilhas e imagens de diversos formatos é uma das vantagens do *e-mail*. A mensagem que encaminha algum arquivo deve trazer informações mínimas sobre o conteúdo do anexo.

Antes de enviar um anexo, é preciso avaliar se ele é realmente indispensável e se seria possível colocá-lo no corpo do correio eletrônico.

Deve-se evitar o tamanho excessivo e o reencaminhamento de anexos nas mensagens de resposta.

Os arquivos anexados devem estar em formatos usuais e que apresentem poucos riscos de segurança. Quando se tratar de documento ainda em discussão, os arquivos devem, necessariamente, ser enviados, em formato que possa ser editado.

7.4.5. RECOMENDAÇÕES

Sempre que necessário, deve-se utilizar recurso de confirmação de leitura. Caso não esteja disponível, deve constar da mensagem pedido de confirmação de recebimento; apesar da imensa lista de fontes disponíveis nos computadores, mantêm-se a recomendação de tipo de fonte, tamanho e cor dos documentos oficiais: Calibri ou Carlito, tamanho 12, cor preta; fundo ou papéis de parede eletrônicos não devem ser utilizados, pois não são apropriados para mensagens profissionais, além de sobrecarregar o tamanho da mensagem eletrônica; a mensagem do correio eletrônico deve ser revisada com o mesmo cuidado com que se revisam outros documentos oficiais; o texto profissional dispensa manifestações emocionais. Por isso, ícones e *emoticons* não devem ser utilizados; os textos das mensagens eletrônicas não podem ser redigidos com abreviações como "vc", "pq", usuais das conversas na internet, ou neologismos, como "naum", "eh", "aki"; não se deve utilizar texto em caixa alta para destaques de palavras ou trechos da mensagem pois denota agressividade de parte do emissor da comunicação. Evite-se o uso de imagens no corpo do *e-mail*, inclusive das Armas da República Federativa do Brasil e de logotipos do ente público junto ao texto da assinatura. Não devem ser remetidas mensagem com tamanho total que possa exceder a capacidade do servidor do destinatário.

Para ter acesso ao MANUAL DE REDAÇÃO DA PRESIDÊNCIA DA REPÚBLICA atualizado, basta acessar este link: www4.planalto.gov.br/centrodeestudos/assuntos/manual-de-redacao-da-presidencia-da-republica/manual-de-redacao.pdf

REFERÊNCIAS

CONTEÚDO GRAMATICAL

NOGUEIRA, Duda. Língua Portuguesa para concursos. 8ª. ed. Salvador, Editora Juspodivm, 2020.

ALI, M. Said. Gramática secundária da língua portuguesa. 7.ª ed. São Paulo: Editora Melhoramentos, 1966.

ALMEIDA, Napoleão Mendes de. Gramática metódica da língua portuguesa. 46.ª ed. revista. São Paulo: Saraiva, 2009.

BAGNO, Marcos. A norma oculta: língua e poder na sociedade brasileira. São Paulo: Parábola Editorial, 2003.

BECHARA, Evanildo. Moderna Gramática Portuguesa. 32ª edição, São Paulo, Companhia Editora Nacional, 1988.

BECHARA, Evanildo. Lições de Português pela Análise Sintática. Editora Lucema. Rio de Janeiro, RJ. 2001.

CARVALHO, José Augusto. Gramática superior da língua portuguesa. 2.ª ed. Brasília: Centro Editorial / Thesaurus, 2011.

CEGALLA, Domingos Paschoal. Novíssima Gramática da Língua Portuguesa. 48.ª ed. São Paulo: Companhia Editora Nacional, 2008.

CIPRO NETO, Pasquale e INFANTE, Ulisses. Gramática da Língua Portuguesa. Editora Scipione. São Paulo, SP. 2003.

CUNHA, Celso e CINTRA, Luiz F. Lingley. Nova Gramática do Português Contemporâneo. Editora Nova Fronteira. Rio de Janeiro, RJ. 2001.

FARACO&MOURA. Gramática Nova. São Paulo: Ática, 1993.

GARCIA, Othon M. Comunicação em prosa moderna: aprenda a escrever, aprendendo a pensar. 13ª edição, Rio de Janeiro, Ed. da Fundação Getúlio Vargas, 1986.

HENRIQUES, Claudio Cezar. Morfologia: usos, normas e exercícios com respostas. 2.ª ed. Rio de Janeiro: Elsevier, 2007 – 2.ª reimpressão.

HILDEBRANDO, André A de. Gramática ilustrada. 4. ed. São Paulo: Moderna, 1990.

INFANTE, Ulisses. Curso de gramática aplicadas aos textos. São Paulo: Ed. Scipione, 1997.

INFANTE, Ulisses; CIPRO Neto, Pasquale. Gramática da Língua Portuguesa. São Paulo: Ed. Scipione, 2010.

JORDÃO, Rose e OLIVEIRA, Clenir Bellezi de. Linguagens, estrutura e arte. São Paulo: Moderna, 1999.

KOCH, Ingedore G.V. A coesão textual. 2ª edição. São Paulo, Contexto, 1990.

KOCH, Ingedore G. V. e TRAVAGLIA, Luiz C. Texto e coerência. São Paulo, Cortex, 1989.

KURY, Adriano da Gama. Novas lições de análise sintática. 9.ª ed. São Paulo: Editora Ática, 2000.

LIMA, Carlos Henrique da Rocha. Gramática normativa da língua portuguesa. 42ªed. Rio de Janeiro, José Olympio, 2002.

LUFT, Celso Pedro. Grande manual de ortografia globo. 5ª edição, São Paulo, Globo, 1997.

MOREIRA, A., ARAÚJO, D, 1977, *Português e Literatura – Visão Atual*, 2 ed., Record Cultural, Rio de Janeiro, RJ.

PERINI, A. Mário. Sofrendo a gramática. São Paulo: Ática, 1997.

ROCHA LIMA, C. H., 1999, *Gramática Normativa da Língua Portuguesa*, 37 ed., José Olympio Editora, Rio de Janeiro, RJ.

TERRA, Ernani. Gramática de Hoje /Ernani&Nicola. São Paulo: Scipione, 1999.

TRAVAGLIA, Luiz Carlos. Gramática e interação: uma proposta para o ensino de gramática. 9.ª ed. revista. São Paulo: Cortez Editora, 2003.

TUFANO, Douglas. Estudos da Língua Portuguesa: Gramática – São Paulo: Moderna, 1995.

VASCONCELOS, Viveiros de. Verbos portugueses e rudimentos de análise léxica. 113ª ed. Rio de Janeiro: Editores e Distribuidores, 1994.

DICIONÁRIOS

HOLANDA, A. B., 1988, *Dicionário Aurélio Escolar da Língua Portuguesa*, 1 ed., Editora Nova Fronteira, Rio de Janeiro, RJ.

NASCENTES, Antenor. Dicionário Etimológico da Língua Portuguesa. Rio de Janeiro, Francisco Alves, Acadêmicos, São José e Livros de Portugal, 1955.

SARAIVA, F. R. dos Santos. Novíssimo Dicionário Latino-Português. 10ª edição, Rio de Janeiro, Livraria Garnier, 1993.

FERREIRA, Aurélio Buarque de Holanda. Novo dicionário da língua portuguesa. 2ª ed. Rio de Janeiro: Nova Fronteira, 1986.

HOUAISS, Antônio. Dicionário Houaiss da língua portuguesa. Rio de Janeiro: Objetiva, 2009 – 1ª edição.

SITES – TEORIA E DICIONÁRIO

Acessos: de janeiro de 2011 a junho de 2022

BRASIL ESCOLA Exercício. Disponível em <http://exercicios.brasilescola.com>

BRASIL ESCOLA. Disponível em <http://www.brasilescola.com>

CASA CIVIL. Disponível em <http://www.casacivil.pr.gov.br/modules/conteudo>

DICIONÁRIO AULETE. Disponível em <http://aulete.uol.com.br>

EDUCAÇÃO UOL. Disponível em <http://educacao.uol.com.br>

FATIMA LP. Disponível em <http://fatimalp.blogspot.com.br>

INFO ESCOLA. Disponível em <http://www.infoescola.com>

NA LÍNGUA PORTUGUESA. Disponível em <http://nalinguaportuguesa.wordpress.com>

PORTAL 3. Disponível em <http://www.portal3.com.br>

PORTUGUÊS CONCURSO. Disponível em <http://www.portuguesconcurso.com>

PORTUGUÊS X CONCURSOS. Disponível em <http://portuguesxconcursos.blogspot.com.br>

PRIBERAM. Disponível em <http://www.priberam.pt>

RECANTO DAS LETRAS. Disponível em <http://www.recantodasletras.com.br>

SIMPLESMENTE PORTUGUÊS. Disponível em <http://www.simplesmenteportugues.com.br>

SÓ LINGUAGEM. Disponível em <http://solinguagem.blogspot.com.br>

SÓ PORTUGUÊS. Disponível em <http://www.soportugues.com.br>

TUDO DE CONCURSOS E VESTIBULARES. Disponível em <http://tudodeconcursosevestibulares.blogspot.com.br>

UM PORTUGUÊS. Disponível em <http://umportugues.com>

WIKIPEDIA. Disponível em <https://pt.wikipedia.org/wiki/Wikipédia:Página_principal>

Noções de Direito Administrativo

Larissa Mercês

✦ QUESTÕES

1. INTRODUÇÃO AO DIREITO ADMINISTRATIVO E REGIME JURÍDICO ADMINISTRATIVO

01. (Cespe – Técnico do Seguro Social – INSS/2016) Julgue os itens que se seguem, acerca da administração pública.

Em decorrência do princípio da impessoalidade, as realizações administrativo-governamentais são imputadas ao ente público e não ao agente político.

COMENTÁRIOS

O princípio da impessoalidade, expressamente previsto no *caput* do artigo 37, da Constituição Federal, estatui que as condutas da Administração Pública não podem ser imputadas ao administrador público, já que este é um mero gestor dos bens, direitos e interesses coletivos. Neste sentido, o parágrafo 1º, do mesmo artigo, determina que "a publicidade dos atos, programas, obras, serviços e campanhas dos órgãos públicos deverá ter caráter educativo, informativo ou de orientação social, dela não podendo constar nomes, símbolos ou imagens que caracterizem promoção pessoal de autoridades ou servidores públicos."

Resposta: certo

2. ATOS ADMINISTRATIVOS

02. (Cespe – Técnico do Seguro Social – INSS/2016) Julgue os próximos itens, a respeito dos atos administrativos.

A autoexecutoriedade é atributo restrito aos atos administrativos praticados no exercício do poder de polícia.

COMENTÁRIOS

A autoexecutoriedade permite à Administração executar o ato direta e imediatamente, sem necessidade de intervenção do Poder Judiciário, não sendo qualidade de todos os atos administrativos, a exemplo das penalidades de natureza pecuniária. A doutrina elenca como atributo do poder de polícia da Administração a autoexecutoriedade.

Resposta: errado

03. (Cespe – Técnico do Seguro Social – INSS/2016) Julgue os próximos itens, a respeito dos atos administrativos.

Em decorrência do princípio da autotutela, não há limites para o poder da administração de revogar seus próprios atos segundo critérios de conveniência e oportunidade.

COMENTÁRIOS

Em decorrência do princípio da autotutela, a Administração pode revogar seus próprios atos segundo critérios de conveniência e oportunidade, respeitados os direitos adquiridos, nos termos do artigo 53, da Lei nº 9.784/99.

Resposta: errado

04. (Cespe – Técnico do Seguro Social – INSS/2016) Julgue os próximos itens, a respeito dos atos administrativos.

O ato praticado por agente não competente para fazê-lo poderá ser convalidado discricionariamente pela autoridade competente para sua prática, caso em que ficará sanado o vício de incompetência.

COMENTÁRIOS

✪ **Nota da autora: Abuso de poder** é o gênero do qual são espécies o excesso de poder e o desvio de poder, e ambos invalidam o ato administrativo.

O ato praticado por agente não competente para fazê-lo padece de vício de competência (excesso de poder) e poderá ser convalidado discricionariamente pela autoridade competente para sua prática, desde que não acarrete lesão ao interesse público nem prejuízo a terceiros, nos termos do artigo 55, da Lei nº 9.784/99.

Resposta: certo

05. (Cespe - Técnico do Seguro Social - INSS/2016) Julgue os itens que se seguem, acerca da administração pública.

Na análise da moralidade administrativa, pressuposto de validade de todo ato da administração pública, é imprescindível avaliar a intenção do agente.

COMENTÁRIOS

A violação à moralidade independe da avaliação da intenção do agente, de modo que, ainda sem intenção, o administrador pode editar um ato que viole à moralidade administrativa.

Resposta: errado

3. SERVIÇO PÚBLICO

06. (Cespe - Técnico do Seguro Social - INSS/2016) Julgue os seguintes itens, acerca da concessão de serviço público.

A encampação, que consiste em rescisão unilateral da concessão pela administração antes do prazo acordado, dá ao concessionário o direito a ressarcimento de eventual prejuízo por ele comprovado.

COMENTÁRIOS

✪ **Nota da autora:** Nos termos do artigo 37, da Lei nº 8.987/95, "considera-se encampação a retomada do serviço pelo poder concedente durante o prazo da concessão, por motivo de interesse público, mediante lei autorizativa específica e após prévio pagamento da indenização." Ou seja, a encampação é uma das formas de extinção do contrato de concessão e ocorre no interesse público, sem que a concessionária tenha descumprido o contrato de concessão.

Como visto, a encampação, que consiste em rescisão unilateral da concessão pela administração antes do prazo acordado, dá ao concessionário (que não deu causa à extinção do contrato) o direito a ressarcimento, com o pagamento prévio de indenização, de eventual prejuízo por ele comprovado.

Resposta: certo

07. (FCC - Técnico do Seguro Social - INSS/2012) Em relação à extinção do contrato de concessão é correto afirmar que

a) caducidade é a resilição unilateral antes de findo o prazo de concessão, que se consubstancia na retomada do serviço pelo poder concedente por razões de interesse público.
b) reversão é a resilição unilateral da concessão que se consubstancia na retomada do serviço pelo poder concedente por razões de interesse público.
c) encampação é a extinção unilateral da concessão por motivo de inadimplemento contratual, não cabendo, portanto, indenização ao concessionário pelos prejuízos que sofrer.
d) reversão é a rescisão unilateral da concessão por motivo de inadimplemento contratual do concessionário, cabendo indenização pela interrupção do contrato antes de findo seu prazo.
e) encampação é a retomada do serviço pelo poder concedente por razões de interesse público, durante o prazo de concessão, mediante lei autorizadora específica.

COMENTÁRIOS

✪ **Nota da autora:** O contrato de concessão de serviço público pode ser extinto, durante sua vigência, dentre outras razões, por iniciativa do poder concedente. Esta extinção pode ser motivada pelo inadimplemento das obrigações pelo concessionário, após regular processo administrativo, que á a chamada caducidade, mas também pode ocorrer por razões de interesse público, que é a denominada encampação. Nesta última hipótese, é necessária a existência de lei autorizadora e o pagamento prévio de indenização, já que o concessionário não deu causa à extinção do contrato. Já a caducidade não depende de lei, mas poderá ensejar o pagamento de indenização, a qual não precisará ser prévia. Ademais, finalizado o contrato, poderão ser revertidos ao poder público os bens necessários a garantir a continuidade e atualidade do serviço concedido.

Alternativa "a": A caducidade também é uma forma de extinção do contrato de concessão, que consiste na retomada do serviço pelo poder concedente durante o prazo da concessão, por conta da inexecução total ou parcial do contrato pelo concessionário, nos moldes do artigo 38, da Lei nº 8.987/95.

Alternativa "b": A reversão consiste na transferência dos bens aplicados ao serviço ao poder concedente, quando extinta a concessão, conforme previsão do artigo 36, da Lei nº 8.987/95.

Alternativa "c": A encampação, conforme já comentado, é forma de extinção do contrato de concessão por razões de interesse público e garante ao concessionário o pagamento de prévia indenização pelo poder concedente.

Alternativa "d": Vide comentários das alternativas "b" e "e".

Alternativa "e": A encampação é uma forma de extinção do contrato de concessão pelo poder concedente, que consiste na retomada do serviço concedido, por razões de interesse público, durante o prazo de concessão, mediante lei autorizativa específica, nos termos do artigo 37, da Lei nº 8.987/95.

Alternativa correta: letra "e".

4. SERVIDORES PÚBLICOS

08. (Cespe – Técnico do Seguro Social – INSS/2016) Julgue os itens subsecutivos conforme o disposto na Lei n.° 8.112/1990.

Como medida que contribui para a melhoria da qualidade de vida do servidor público, é-lhe facultado optar pela acumulação de períodos de licença-capacitação, caso não seja possível usufruí-los após cada período aquisitivo.

COMENTÁRIOS

Nos termos do artigo 87, da Lei nº 8.112/90, após cada quinquênio de efetivo exercício, o servidor poderá, no interesse da Administração, afastar-se do exercício do cargo efetivo, com a respectiva remuneração, por até três meses, para participar de curso de capacitação profissional, sendo que tais períodos de licença de não são acumuláveis.

Resposta: errado

---

09. (Cespe – Técnico do Seguro Social – INSS/2016) Julgue os itens que se seguem, acerca da administração pública.

No cômputo do limite remuneratório (chamado de teto constitucional), devem ser consideradas todas as parcelas percebidas pelo agente público, incluídas as de caráter indenizatório.

COMENTÁRIOS

No cômputo do limite remuneratório (chamado de teto constitucional), devem ser consideradas todas as parcelas percebidas pelo agente público, excluídas as de caráter indenizatório, já que estas se destinam a recompor o patrimônio do servidor.

Sobre o tema, o Plenário do STF aprovou a seguinte tese para efeito de repercussão geral, em abril de 2017, sugerida pelo relator da matéria, ministro Marco Aurélio: "Nos casos autorizados, constitucionalmente, de acumulação de cargos, empregos e funções, a incidência do artigo 37, inciso XI, da Constituição Federal, pressupõe consideração de cada um dos vínculos formalizados, afastada a observância do teto remuneratório quanto ao somatório dos ganhos do agente público".

Resposta: errado

---

10. (Cespe – Técnico do Seguro Social – INSS/2016) Julgue os itens subsecutivos conforme o disposto na Lei n.° 8.112/1990.

Em conformidade com a Lei n.° 8.112/1990, o servidor público poderá ser afastado do Brasil para missão oficial por tempo indeterminado.

COMENTÁRIOS

✪ **Nota da autora:** De acordo com o artigo 95, da Lei nº 8.112/90, O servidor não poderá ausentar-se do País para estudo ou missão oficial, sem autorização do Presidente da República, Presidente dos Órgãos do Poder Legislativo e Presidente do Supremo Tribunal Federal.

A ausência do servidor público do país para estudo ou missão oficial não excederá a 4 (quatro) anos, e finda a missão ou estudo, somente decorrido igual período, será permitida nova ausência, nos termos do artigo 95, § 1º, da Lei nº 8.112/90.

Resposta: errado

---

11. (Cespe – Técnico do Seguro Social – INSS/2016) Considerando que determinado servidor público federal tenha sido removido para outra sede, situada em outro município, para acompanhar sua esposa, que também é servidora pública federal e foi removida no interesse da administração, julgue os itens seguintes à luz do disposto na Lei n.° 8.112/1990.

Ainda que o servidor e sua esposa sejam integrantes de órgãos pertencentes a poderes distintos da União, a remoção do servidor poderia ser concedida.

COMENTÁRIOS

✪ **Nota da autora.** Remoção é o deslocamento do servidor, a pedido ou de ofício, no âmbito do mesmo quadro, com ou sem mudança de sede, e pode ocorrer de três maneiras: de ofício, no interesse da Administração; a pedido, a critério da Administração; ou a pedido, para outra localidade, independentemente do interesse da Administração.

Nos termos do artigo 36, parágrafo único, III, da Lei nº 8.112/90, a remoção a pedido, para outra localidade, independentemente do interesse da Administração ocorre para acompanhar cônjuge ou companheiro, também servidor público civil ou militar, de qualquer dos Poderes da União, dos Estados, do Distrito Federal e dos Municípios, que foi deslocado no interesse da Administração.

Resposta: certo

---

12. (Cespe – Técnico do Seguro Social – INSS/2016) Considerando que determinado servidor público federal tenha sido removido para outra sede, situada em outro município, para acompanhar sua esposa, que também é servidora pública federal e foi removida no interesse da administração, julgue os itens seguintes à luz do disposto na Lei n.° 8.112/1990.

É correto inferir que houve interesse da administração na remoção do servidor, pois esse é um dos requisitos para sua concessão.

COMENTÁRIOS

No caso em análise, a remoção ocorreu a pedido, independentemente do interesse da Administração, para acompanhar cônjuge.

Resposta: errado

13. (Cespe - Técnico do Seguro Social - INSS/2016) Considerando que determinado servidor público federal tenha sido removido para outra sede, situada em outro município, para acompanhar sua esposa, que também é servidora pública federal e foi removida no interesse da administração, julgue os itens seguintes à luz do disposto na Lei n.° 8.112/1990.

A referida remoção pressupõe o deslocamento do cargo ocupado pelo servidor para outro órgão ou entidade do mesmo poder.

COMENTÁRIOS

Remoção é o deslocamento do servidor, a pedido ou de ofício, no âmbito do mesmo quadro, com ou sem mudança de sede. A seu turno, a redistribuição é o deslocamento de cargo de provimento efetivo, ocupado ou vago no âmbito do quadro geral de pessoal, para outro órgão ou entidade do mesmo Poder.

Resposta: certo

14. (Cespe - Técnico do Seguro Social - INSS/2016) Considerando que determinado servidor público federal tenha sido removido para outra sede, situada em outro município, para acompanhar sua esposa, que também é servidora pública federal e foi removida no interesse da administração, julgue os itens seguintes à luz do disposto na Lei n.° 8.112/1990.

O período de afastamento do servidor para o deslocamento e para a retomada do exercício do cargo no novo município, observados os limites legais, é considerado como de efetivo exercício.

COMENTÁRIOS

De acordo com o artigo 102, IX, da Lei n.° 8.112/1990, é considerado como de efetivo exercício o deslocamento do servidor para a nova sede, em razão de ter sido removido, redistribuído, requisitado, cedido ou posto em exercício provisório.

Resposta: certo

15. (Cespe - Técnico do Seguro Social - INSS/2008) Em cada um dos itens a seguir, é apresentada uma situação hipotética envolvendo servidores públicos, seguida de uma assertiva a ser julgada com base na Lei n.° 8.112/1990.

Mara, jornalista, dirigiu-se a determinada repartição pública e solicitou, com o objetivo de preparar matéria para o jornal do bairro onde trabalha, informações sobre uma lista de itens, que incluía dados sobre o efetivo policial e nomes de policiais da área de inteligência que trabalham sem uniforme no bairro em questão. O servidor atendeu-a rápida e polidamente, mas negou-se a fornecer-lhe informações sobre os referidos itens, pois tratava-se de dados sigilosos. Nessa situação, a atitude do servidor está correta, pois é seu dever atender com presteza ao público em geral, prestando as informações requeridas, ressalvadas aquelas protegidas por sigilo.

COMENTÁRIOS

O artigo 116, V, "a", estabelece ser dever dos servidores atender com presteza ao público em geral, prestando as informações requeridas, ressalvadas as protegidas por sigilo. Com o advento da Lei nº 12.527/11, a informação sigilosa passou a ser definida como sendo "aquela submetida temporariamente à restrição de acesso público em razão de sua imprescindibilidade para a segurança da sociedade e do Estado", nos termos do seu artigo 4º. Por estes motivos, na situação em apreço, razão assiste ao servidor.

Resposta: certo

16. (Cespe - Técnico do Seguro Social - INSS/2008) Em cada um dos itens a seguir, é apresentada uma situação hipotética envolvendo servidores públicos, seguida de uma assertiva a ser julgada com base na Lei n.° 8.112/1990.

Joaquim, após demanda judicial, obteve sentença favorável ao recebimento de indenização a qual, esperava ele, seria incorporada ao seu vencimento. Entretanto, no mês posterior à publicação da sentença, verificou, no contracheque, não ter havido alteração em seu vencimento. Nessa situação, o setor de pagamentos agiu corretamente, pois verbas de natureza indenizatória não podem ser incorporadas ao vencimento.

COMENTÁRIOS

✪ **Nota da autora:** Verba indenizatória tem por fim a recomposição patrimonial do servidor, ou seja, independentemente do nome que possua (auxílio-moradia ou diária, por exemplo), apenas indeniza o servidor por um gasto realizado. Já o vencimento é uma contraprestação pecuniária fixa, devida aos servidores pelo desempenho de suas atribuições inerentes ao cargo público ocupado, estabelecida por lei.

Na situação em apreço, o setor de pagamentos agiu corretamente, pois verbas de natureza indenizatória não podem ser incorporadas ao vencimento, já que se destinaram a ressarcir Joaquim por algum gasto realizado por ele.

Resposta: certo

17. (Cespe - Técnico do Seguro Social - INSS/2008) Em cada um dos itens a seguir, é apresentada uma situação hipotética envolvendo servidores públicos, seguida de uma assertiva a ser julgada com base na Lei n.° 8.112/1990.

Decorridos cinco anos de sua posse, Mônica, com o intuito de aperfeiçoar sua qualificação profissional, solicitou licença para terminar curso de pós-graduação que deixara incompleto. Ao receber resposta negativa, Mônica decidiu apresentar recurso, alegando que a licença capacitação é direito subjetivo do servidor e que, em situações como a sua, é dever da administração concedê-la. Nesse caso, a legislação apoia todos os argumentos apresentados por Mônica.

COMENTÁRIOS

De acordo com o artigo 87, da Lei nº 8.112/90, a licença para capacitação será concedida no interesse da Administração Pública e, por esta razão, Mônica não encontra guarida da legislação.

Resposta: errado

---

18. (Cespe – Técnico do Seguro Social – INSS/2008) Em cada um dos itens a seguir, é apresentada uma situação hipotética envolvendo servidores públicos, seguida de uma assertiva a ser julgada com base na Lei n.° 8.112/1990.

Renato, servidor de órgão público federal e estudante, constatou, no início do ano letivo, incompatibilidade entre seu horário escolar e o da repartição onde trabalha. Depois de explicar sua situação ao chefe, foi por este informado de que teria direito a horário especial, desde que compensasse o tempo não trabalhado. Renato contra-argumentou dizendo que era impossível compensar o tempo de afastamento do trabalho, pois, além de assistir às aulas, precisava estudar muito e fazer as tarefas escolares. Nessa situação, os argumentos de Renato não têm amparo legal.

COMENTÁRIOS

✪ **Nota da autora:** O artigo 98, da Lei nº 8.112/90 possibilita a concessão de horário especial ao servidor público federal estudante, quando comprovada a incompatibilidade entre o seu horário escolar e o da repartição, sem prejuízo do exercício do cargo, sendo exigida a compensação de horário no órgão ou entidade que tiver exercício, respeitada a duração semanal do trabalho.

Os argumentos de Renato não têm amparo legal, já que a concessão do mencionado horário especial está condicionada à compensação da jornada de trabalho do servidor.

Resposta: certo

---

19. (Cespe – Técnico do Seguro Social – INSS/2008) Em cada um dos itens a seguir, é apresentada uma situação hipotética envolvendo servidores públicos, seguida de uma assertiva a ser julgada com base na Lei n.° 8.112/1990.

Antônio, após ter sido aposentado por invalidez, iniciou tratamento que implicou a cura da doença que o afastara do serviço público. Após avaliação da junta médica oficial, que aprovou seu retorno às atividades das quais se afastara, Antônio requereu a readaptação ao cargo ocupado e o cômputo do tempo de afastamento para fins de promoção na carreira. Nessa situação, os pedidos de Antônio devem ser atendidos, por estarem amparados na legislação do servidor público.

COMENTÁRIOS

✪ **Nota da autora:** Readaptação é uma forma de provimento derivado (porque já existe um vínculo entre o servidor e a Administração Pública) que consiste na investidura do servidor em cargo de atribuições e responsabilidades compatíveis com a limitação que tenha sofrido em sua capacidade física ou mental verificada em inspeção médica, nos termos do artigo 24, da Lei nº 8.112/90. Já a reversão é o retorno à atividade de servidor aposentado por invalidez, quando junta médica oficial declarar insubsistentes os motivos da aposentadoria, ou, ainda, no interesse da administração, em consonância com o artigo 25, da mesma lei. A reversão far-se-á no mesmo cargo ou no cargo resultante de sua transformação (encontrando-se provido o cargo, o servidor exercerá suas atribuições como excedente, até a ocorrência de vaga).

Na hipótese em questão, Antônio deveria ter requerido a reversão de sua aposentadoria, com seu respectivo retorno ao cargo anteriormente ocupado, sendo certo que o período em que esteve afastado não será contado como tempo de serviço, razão pela qual não poderá ser utilizado para fins de promoção na carreira.

Resposta: errado

---

20. (FCC – Técnico do Seguro Social – INSS/2012) João, servidor público federal, é membro de Comissão de Ética de determinado órgão do Poder Executivo Federal e foi acusado do cometimento de infração de natureza ética. Nesta hipótese, a infração ética será apurada

a) pelo Ministério da Justiça.
b) pelo Presidente da República.
c) pelo Ministro Chefe da Casa Civil.
d) pela Comissão de Ética Pública.
e) pela própria Autarquia Federal a que está vinculado.

COMENTÁRIOS

De acordo com o artigo 4º, "c", do Decreto nº 6.029/2007, compete à Comissão de Ética Pública apurar, mediante denúncia, ou de ofício, condutas em desacordo com as normas nele previstas, quando praticadas pelas autoridades a ele submetidas. Desse modo, a suposta infração ética cometida por João deverá ser apurada por tal Comissão. **Este comentário serve para todas as alternativas, pois todas elas tratam do mesmo assunto.**

Alternativa correta: letra "d"

---

21. (FCC – Técnico do Seguro Social – INSS/2012) Sérgio, servidor público federal, teve ciência de irregularidades ocorridas no âmbito da Administração Pública Federal, em razão do cargo que ocupa. Por medo de retaliação, não relatou os fatos de que teve conhecimento.

Nos termos da Lei nº 8.112/1990, Sérgio

a) não descumpriu dever legal.

b) deveria ter levado os fatos ao conhecimento da autoridade superior.

c) agiu corretamente, pois omitiu-se para a salvaguarda de seus direitos.

d) deveria obrigatoriamente ter levado os fatos ao conhecimento do Poder Judiciário.

e) agiu expressamente nos termos da lei.

COMENTÁRIOS

Alternativa "a": Como comentado na assertiva anterior, Sergio tinha dever de levar tal fato a conhecimento da autoridade superior, nos termos do artigo 116, VI, da Lei nº 8.112/90, razão pela qual descumpriu dever legal.

Alternativa "b": De acordo com o artigo 116, VI, da Lei nº 8.112/90, é dever do servidor público federal "levar as irregularidades de que tiver ciência em razão do cargo ao conhecimento da autoridade superior ou, quando houver suspeita de envolvimento desta, ao conhecimento de outra autoridade competente para apuração." Desta feita, era dever de Sérgio, na condição de servidor público federal, ter levado os fatos a conhecimento da autoridade superior.

Alternativa "c": Sérgio descumpriu dever legal, insculpido no artigo 116, VI, da Lei nº 8.112/90.

Alternativa "d": Sérgio deveria obrigatoriamente ter levado os fatos ao conhecimento da autoridade superior ou, em havendo suspeita de envolvimento desta, ao conhecimento de outra autoridade competente para apuração.

Alternativa "e": Sérgio descumpriu dever legal, conforme já demonstrado precedentemente.

Alternativa correta: letra "b".

5. RESPONSABILIDADE CIVIL DO ESTADO

---

22. (FCC – Técnico do Seguro Social – INSS/2012) Expedida certidão falsa por uma repartição pública federal, não foi possível esclarecer qual servidor cometeu o ato ilícito, mas graves prejuízos sofreram algumas pessoas, em razão dele. Neste caso, a União

a) responde objetivamente pelos prejuízos causados, desde que demonstrado o nexo causal entre esse ato e os danos sofridos.

b) responde objetivamente pelos prejuízos causados, independentemente da demonstração de nexo causal entre esse fato e os danos sofridos.

c) responde subjetivamente pelos prejuízos causados, desde que demonstrado o nexo causal entre esse fato e os danos sofridos e a conduta culposa do servidor.

d) não responde pelos prejuízos causados, porque a hipótese configura conduta dolosa de servidor público.

e) não responde pelos prejuízos causados, até que seja apurada a autoria do ato ilícito, ainda que comprovado ter sido a certidão expedida pela repartição pública.

COMENTÁRIOS

✪ **Nota da autora:** Para se falar em responsabilidade, necessariamente devem estar presentes três elementos, quais sejam: a conduta, o dano e o nexo de causalidade. Ausente qualquer um destes elementos, não é possível haver responsabilização. Ademais, a responsabilidade do Estado, prevista no artigo 37, §6º, da Constituição, é objetiva, ou seja, independe da comprovação de dolo ou culpa do agente pelo lesado. Outrossim, para que o agente causador do dano responda regressivamente perante o Poder Público, é necessário a comprovação daqueles elementos (dolo ou culpa), vez que sua responsabilidade é subjetiva.

Alternativa "a": Na situação em exame, a União responde objetivamente pelos prejuízos causados, desde que demonstrado o nexo causal entre esse ato e os danos sofridos, nos termos do § 6º, do artigo 37, da Constituição da República. O nexo de causalidade, por sua vez, nada mais é que o liame entre a conduta lesiva e o dano causado.

Alternativa "b": Como já comentado, para se falar em responsabilidade é necessária a presença do nexo de causalidade entre a conduta e o dano.

Alternativa "c": A responsabilidade da União é objetiva, nos termos do § 6º, do artigo 37, da Constituição da República.

Alternativa "d": A União responderá independentemente de dolo ou culpa, já que sua responsabilidade é objetiva.

Alternativa "e": A responsabilidade da União é objetiva, como já consignado precedentemente. Desse modo, não é preciso que se apure a responsabilidade de quem deu causa ao ato ilícito, para que o lesado seja ressarcido.

Alternativa correta: letra "a".

Noções de Direito Administrativo

Larissa Mercês

✦ DICAS

CAPÍTULO 1 – INTRODUÇÃO AO DIREITO ADMINISTRATIVO E REGIME JURÍDICO ADMINISTRATIVO

1.1. INTRODUÇÃO

O vocábulo "Estado" apareceu pela primeira vez na obra de Maquiavel, intitulado "O Príncipe", escrito em 1513. Desse modo, temos que o Estado corresponde a um conjunto de pessoas politicamente organizadas num dado território (para alguns, com objetivos comuns).

Assim, o conceito de Estado engloba a presença de três elementos: povo, território e poder político, sendo que há quem acrescente um quarto elemento, que seria a busca de objetivos comuns. Assim, o território é a parte física do Estado, que compreende a área de terra em que o Estado exerce seu poder político. Este pode ser definido como a possibilidade de imposição da violência legítima. Por fim, o povo é o elemento humano e compreende o conjunto de pessoas unidas ao Estado pelo vínculo político da nacionalidade.

De logo, é preciso registrar que o conceito de Estado não se confunde com o conceito de governo, eis que este corresponde ao poder político estatal, ou seja, um dos seus elementos.

Dito isso, é preciso voltar a traçar a evolução do Estado, que nos conduz à lógica do próprio Direito Administrativo. Com o fim do feudalismo, passamos ao surgimento do Estado Absoluto, onde o rei não se submetia às regras legais. Os Estados Monárquicos na Idade Média são marcados pela ausência do Direito Administrativo, eis que o Estado se confundia com a figura do monarca absoluto, o qual não estava sujeito às leis, portanto prevalecia a ideia de irresponsabilidade do Estado. Nas relações de poder os membros da sociedade eram súditos e não cidadãos.

Com a Revolução Francesa (1791), a Europa atravessava mudanças e, nas Américas, vimos a independência das colônias do Norte, que logo se apressaram em elaborar sua constituição. Nasceu na Europa, então, no fim do século XVIII, um movimento denominado Constitucionalismo, que foi muito além de conferir constituições aos Estados.

Em verdade, com as novas Constituições, os Estados deixaram de estar acima do Direito e passaram a se submeter a ele. Constituição, pois, na sua acepção moderna, é o conjunto de normas que estrutura e organiza o Estado, mas também limita o poder os governantes. Também é a constituição que estabelece um rol de direitos e garantias aos cidadãos.

Nesse contexto, tivemos uma mudança brusca de um Estado que não se submetia às suas leis para um Estado que passa a ser responsável pelos seus atos.

Acontece que os direitos instituídos nessas constituições eram os direitos atualmente denominados de direitos de primeira dimensão, que correspondem aos direitos civis e políticos, ligados à esfera da liberdade. Esses direitos imputam ao Estado uma conduta negativa, ou seja, um não fazer.

Com o passar do tempo, a Europa começou a passar por um processo de industrialização que culminou com a Revolução Industrial, sendo que o Estado deixou de lado sua conduta passiva e passou a agir concretamente na vida das pessoas. Foi aí que surgiram os direitos de segunda dimensão, ligados à esfera social.

E, por fim, com o término da Segunda Guerra Mundial, voltou-se para os direitos de terceira dimensão, ligados à coletividade. Já se defende outras dimensões do Direito, ligadas ao meio ambiente, direito cibernético, entre outros.

Atualmente, fala-se em Neoconstitucionalismo ou Constitucionalismo Contemporâneo, que data das últimas décadas do século XX e que reforça o Princípio da Constitucionalidade, dando-lhe máxima força expansiva e normativa, incidindo sobre todo o Direito, inclusive o privado, estabelecendo deveres de atuação para os órgãos políticos. É a constitucionalização do Direito, que dá ênfase a nova hermenêutica constitucional e a jurisdição constitucional.

O nascimento do Direito Administrativo está, portanto, ligado ao nascimento dos estados modernos e data do fim do século XVIII, como ramo autônomo, com o nascimento do Estado de Direito, na França (Lei de 28 pluvioso do ano de 1800 – organização da Administração Pública na França). Só aumentou sua importância e abrangência após o Estado Liberal, com o Estado Social.

No Brasil, com as capitanias hereditárias, o poder era dos donatários. Com o Império (Poder Moderador, Executivo, Legislativo e Judiciário), já existia uma Administração Pública organizada, mas regida pelo direito privado. Havia um Conselho de Estado na área.

Apenas com a Constituição de 1934 o Direito Administrativo brasileiro começa a ganhar corpo, com a previsão de atividades sociais e econômicas pelo Estado, criando-se, inclusive, um Tribunal Administrativo Federal.

Já o conceito de Administração Público engloba dois sentidos: um subjetivo (grafado em maiúsculo), que diz respeito ao conjunto de pessoas jurídicas, órgãos e agentes responsável pelo desempenho da atividade administrativa; e outro objetivo (grafado em minúsculo), que representa a própria atividade administrativa.

Em suma, o Direito Administrativo nasceu com o Estado de Direito, eis que é o direito que regula o comportamento da Administração. É ele que disciplina as relações entre Estado e administrados e só poderia mesmo existir a partir do instante em que o Estado estivesse no contexto da ordem jurídica e sujeito ao mesmo regramento normativo estabelecido genericamente. Portanto, o Direito Administrativo surge exatamente para regular a conduta do Estado e mantê-lo sujeito às disposições legais, no espírito protetor do cidadão contra desmandos dos detentores do Poder Estatal.

1.2. CONCEITO

O Direito é uno. Acontece que, para fins didáticos, ele é dividido e cada parte estrutural que o compõe pode ser estudada separadamente. Essas divisões são denominadas ramos da ciência jurídica.

Assim, temos a divisão do Direito em dois grandes ramos: o público e o privado. No público, temos o direito constitucional, administrativo, econômico, financeiro, tributário, processual, penal, internacional, entre outros. Dentre os ramos do Direito Privado, temos o Direito Civil e comercial.

Desse modo, podemos de antemão afirmar que o Direito Administrativo é um ramo do Direito Público, na medida em que rege os órgãos, os agentes e as atividades públicas, tendentes a realizar concreta, direta e imediatamente os fins desejados pelo Estado.

1.3. FONTES

Quando se fala em fonte, refere-se àquilo que leva ao surgimento de uma norma de Direito Administrativo. A enumeração das fontes dessa disciplina é um assunto divergente, sendo que nem todos os doutrinadores cuidam do tema. As principais fontes apontadas são as seguintes:

- Lei: seria a lei em sentido amplo, ou seja, todas as espécies normativas, compreendendo, pois, qualquer norma posta coercitivamente pelo Estado.
- Doutrina: corresponde às lições dos mestres e estudiosos do Direito.
- Jurisprudência- é a reiteração de julgados dos órgãos do Judiciário, sempre num mesmo sentido.
- Costumes: representa a prática habitual de um determinado grupo, acreditando ser ela obrigatória, também denominado direito consuetudinário.

1.4. REGIME JURÍDICO ADMINISTRATIVO

Para o estabelecimento de uma disciplina como autônoma, é necessária a definição do conjunto sistematizado de princípios e normas que lhe dá identidade para diferenciá-la das demais ramificações do direito. O regime jurídico administrativo corresponde ao conjunto de princípios que dão identidade ao Direito Administrativo e funda-se em dois princípios basilares, quais sejam a Supremacia do Interesse Público e a Indisponibilidade do Interesse Público. Pelo primeiro, tem-se que a Administração Pública está numa posição de privilégio em face dos particulares, já que se encontra na condição de gestora dos bens, direitos e interesses coletivos.

Essa posição de privilégio da Administração confere-lhe algumas prerrogativas para que consiga gerir de forma adequada os interesses da sociedade, o que esbarra, por vezes, em limitações e restrições ao direito individual do particular. Daí que a Administração pode, por exemplo, impor ao particular a construção de um passeio, ou limitar a altura da construção de um prédio, ou desapropriar um imóvel para construir uma creche, ou embargar uma obra irregular, ou ainda estabelecer critérios e restrições para o exercício de uma determinada atividade ou funcionamento de um estabelecimento comercial.

Todas essas limitações e restrições que a Administração pode impor ao particular para salvaguardar o interesse público, aqui colocadas a título de exemplo, estão amparadas pelo Princípio da Supremacia do Interesse Público.

Acontece que o segundo princípio basilar do Direito Administrativo, que é a Indisponibilidade do Interesse Público, vem estabelecer limitações à atuação do administrador público, na medida em que condiciona seu desempenho aos limites legais, não o possibilitando dispor dos bens, direitos e interesses coletivos, dos quais possui apenas gestão (e não disposição).

Ou seja, pelo Princípio da Indisponibilidade do Interesse Público, a Administração Pública não pode dispor dos bens, direitos e interesses coletivos, á que eles lhe são dados apenas para gestão. Isso justifica o fato, por exemplo, da Administração ter que licitar para contratar, realizar concurso público para prover os cargos públicos ou não poder vender um bem público sem autorização legislativa.

Assim, é preciso sempre que haja o equilíbrio na atuação da Administração Pública, o que a doutrina nomeia de prerrogativas e sujeições, ou seja, prerrogativas que possui a Administração decorrentes do Princípio da Supremacia do Interesse Público e sujeições a que se sujeita pelo Princípio da Indisponibilidade do Interesse Público.

Ademais, a Constituição Republicana, no *caput* do artigo 37, enumera princípios de observância obrigatória pela Administração Pública, quais sejam: a Legalidade, a Impessoalidade, a Publicidade, a Moralidade e a Eficiência. Para fins de memorização, o *caput* do 37 traz o LIMPE, que corresponde a inicial de cada um desses princípios.

A Lei nº 9.784/99, que regula o processo administrativo no âmbito federal, também enumera princípios a serem seguidos pela Administração, quais sejam a legalidade, a finalidade, a motivação, a razoabilidade, a proporcionalidade, a moralidade, a ampla defesa, o contraditório, a segurança jurídica, o interesse público e a eficiência.

1.5. PRINCÍPIOS EM ESPÉCIE

1.5.1. LEGALIDADE

Indubitavelmente, a **legalidade** erige-se como princípio de destaque, na medida em que condiciona a atuação da Administração aos comandos normativos, de modo que seu atuar está limitado pela autorização legal. Isso decorre do próprio Estado de Direito, em que os administradores estão submetidos à lei.

Diferentemente do que ocorre em relação ao Direito Privado, em que as pessoas podem fazer tudo aquilo que a lei não as proíbe, à Administração Pública somente é dado fazer o que a lei previamente autoriza. É a chamada **legalidade estrita** que impõe observância em todas as áreas submetidas ao regime jurídico administrativo.

Desse modo, pode-se afirmar que os atos administrativos gozam de presunção de legitimidade e veracidade, eis que a atuação da Administração deve sempre estar pautada em lei. Neste ponto específico, vale deixar registrado que essa presunção é relativa ou *juris tantum*, eis que admite prova em contrário.

Vale também registar que a Administração está sujeito à autotutela de seus atos, na medida em que tem o dever de invalidar o ato ilegal de ofício, respeitando, de todo modo, o contraditório, caso tenha gerado direitos favoráveis aos administrados.

1.5.2. IMPESSOALIDADE

O princípio da **impessoalidade** decorre do princípio da isonomia e traduz uma atuação impessoal do gestor, no exercício da função administrativa, e ainda prevê uma atuação igualitária, sem privilégios e perseguições para todos os administrados que se encontram na mesma situação jurídica.

É bom lembrar que a atividade administrativa é um *munus* público, ou seja, é um encargo, e não pode ser atribuída ao gestor. Desta feira, o parágrafo 1º, do artigo 37, da Constituição de 1988, estabelece que "a publicidade dos atos, programas, obras, serviços e campanhas dos órgãos públicos deverá ter caráter educativo, informativo ou de orientação social, dela não podendo constar nomes, símbolos ou imagens que caracterizem promoção pessoal de autoridades ou servidores públicos". Assim, a Constituição vedou expressamente a imputação da atuação da Administração ao administrador, que tem apenas o papel de gestão.

1.5.3. MORALIDADE

O princípio da **moralidade** administrativa exige do administrador público uma atuação ética, honesta, de lealdade e probidade em relação aos administrados. Assim, o Princípio da Moralidade Administrativa, que tem previsão expressa no artigo 2º, da Lei nº 9.784/99, envolve três dimensões: a legal (legalidade estrita), a moral (honestidade, ética, lealdade) e a finalidade (conveniente ao interesse público).

1.5.4. PUBLICIDADE

Já o princípio da **publicidade** determina que a atuação da Administração Pública seja publicizada, ou seja, tornada pública, já que interessa a todos os administrados. A publicidade traduz ainda uma ideia de controle dos atos administrativos.

O art. 2º, parágrafo único, inciso V, da Lei 9.784/99 determina a *divulgação oficial dos atos administrativos, ressalvadas as hipóteses de sigilo previstas na Constituição*. Logo, a regra da publicidade somente pode encontrar ressalva nas hipóteses legais de sigilo ou quando imprescindível à segurança da sociedade e do Estado (CF, art. 5º, XXXIII). Destacam-se ainda, com exceção à regra, os atos e atividades "ligados a certas investigações, a exemplo dos processos disciplinares, de determinados inquéritos policiais (art. 20 do CPP) e dos pedidos de retificação de dados (art. 5º, LXXII, *b*, da CF), desde que prévia e justificadamente sejam assim declarados pela autoridade competente. Para esses pode-se falar em sigilo."

É bom registrar que a publicidade não é sinônimo de publicação, esta é apenas uma das formas de efetivá-la.

O atendimento ao princípio da publicidade garante ainda o direito de petição e certidão, também previsto constitucionalmente. Nos contratos administrativos, a publicidade é condição de eficácia.

O princípio da publicidade pode ser reclamado através de 02 instrumentos básicos: o direito de petição, pelo qual os indivíduos poderão dirigir-se aos órgãos administrativos para formular qualquer tipo de postulação, e pelo direito a certidões, que, expedidas por tais órgãos, registram a verdade de fatos administrativos, cuja publicidade permite aos administrados a defesa de seus direitos ou esclarecimento de certas situações.

Negado o exercício de tais direitos, ou ainda não veiculada a informação, ou veiculada incorretamente, terá o prejudicado os instrumentos constitucionais para garantir a restauração da legalidade: o mandado de segurança e o *habeas data*. Registre-se que o *habeas data* só é utilizado quando se tratar de informação relativas à pessoa do impetrante, constantes de registro ou banco de dados de entidades governamentais ou de caráter público. Se a informação for do seu interesse, mas não for sobre sua pessoa, o remédio adequado é o Mandado de Segurança.

1.5.5. EFICIÊNCIA

O princípio da **eficiência**, acrescido ao artigo 37 da Constituição pela Emenda nº 19/98, exige uma atuação de resultados positivos pela Administração, fruto de uma gestão moderna, extraindo-se mais com o menos. Diz respeito a uma gestão atualizada, com servidores capacitados e modernidade das técnicas, equipamentos e instalações.

Trata-se de princípio intimamente relacionado ao *modelo gerencial* adotado na administração pública moderna, no qual se priorizam os resultados e qualidade dos serviços prestados pelo Estado. Impõe-se a todo agente realizar suas atribuições com presteza, perfeição e rendimento funcional, tendo em meta resultados positivos e satisfatório atendimento das necessidades coletivas.

A Lei nº 14.129/21 dispõe sobre o aumento da eficiência pública, prevendo a utilização de soluções digitais para a gestão de políticas finalísticas e administrativas e para o trâmite de processos administrativos eletrônicos, a prestação digital dos serviços públicos, e a possibilidade de criação de redes de conhecimento.

1.5.6. MOTIVAÇÃO

O princípio da motivação está expressamente previsto no artigo 2º, da Lei nº 9.784/99 e exige que os atos administrativos sejam motivados, ou seja, exponham as razões de fato e de direito que levaram à edição do ato. Trata-se de formalidade necessária para se permitir o controle de legalidade.

A regra geral é a motivação dos atos administrativos, entretanto, alguns atos a dispensam, a exemplo da exoneração para cargo em comissão, que é a chamada exoneração *ad nutum*. Contudo, ainda que não esteja obrigado, se o administrador optar por expor tais razões, vincula-se a elas, incidindo a TEORIA DOS MOTIVOS DETERMINANTES.

Assim, segundo a **teoria dos motivos determinantes**, o motivo dado para a prática do ato tem que coincidir com a verdade dos fatos, sob pena de invalidação do ato por vício de motivo. A título de exemplo, imagine que uma licitação para reforma de uma escola tenha restado deserta, ou seja, não compareceu qualquer interessado. O artigo 24, da Lei nº 8.666/93 autoriza a contratação direta nesta situação, se a licitação não puder ser repetida sem prejuízo para a Administração, mantidas, neste caso, todas as condições preestabelecidas. Assim, fundado em tal dispositivo legal, o gestor opta pela contratação direta, ao argumento de que a repetição do procedimento licitatório inviabilizaria o cumprimento do calendário letivo. Só que o gestor só deu a ordem de serviço para o início da reforma três meses depois. Neste contexto, a contratação direta está eivada de nulidade por vício de motivo, já que o fundamento que a lastreou (falta de tempo para realizar o licitatório) não traduz a verdade dos fatos.

Nos atos inteiramente vinculados, ou seja, aqueles em que o administrador não tem liberdade de escolha, a exemplo da aposentadoria compulsória dos servidores aos 75 anos, basta a menção à lei.

De acordo com o artigo 50, da Lei 9.784/99, devem ser motivados:

> ***"Art. 50. Os atos administrativos deverão ser motivados, com indicação dos fatos e dos fundamentos jurídicos, quando:***
>
> *I – neguem, limitem ou afetem direitos ou interesses;*
>
> *II – imponham ou agravem deveres, encargos ou sanções;*
>
> *III – decidam processos administrativos de concurso ou seleção pública;*
>
> *IV – dispensem ou declarem a inexigibilidade de processo licitatório;*
>
> *V – decidam recursos administrativos;*
>
> *VI – decorram de reexame de ofício;*
>
> *VII – deixem de aplicar jurisprudência firmada sobre a questão ou discrepem de pareceres, laudos, propostas e relatórios oficiais;*
>
> *VIII – importem anulação, revogação, suspensão ou convalidação de ato administrativo.*
>
> *§ 1º A motivação deve ser explícita, clara e congruente, podendo consistir em declaração de concordância com fundamentos de anteriores pareceres, informações, decisões ou propostas, que, neste caso, serão parte integrante do ato.*
>
> *§ 2º Na solução de vários assuntos da mesma natureza, pode ser utilizado meio mecânico que reproduza os fundamentos*

> *das decisões, desde que não prejudique direito ou garantia dos interessados.*
>
> *§ 3º A motivação das decisões de órgãos colegiados e comissões ou de decisões orais constará da respectiva ata ou de termo escrito."*

Vale registrar que a situação descrita no § 1º do artigo supratranscrito é denominada de **motivação aliunde**, que é quando o fundamento de um ato leva em consideração um parecer, informação, decisão ou proposta anterior à prática daquele ato.

1.5.7. PRINCÍPIOS DA AMPLA DEFESA E DO CONTRADITÓRIO

Os Princípios da Ampla defesa e do Contraditório devem ser observados em todos os processos administrativos em que haja disputa de interesses, mais intensamente nos punitivos (defesa, intimação, impugnação, influência na decisão, produção de provas, advogado, alegações finais, recursos), e tem expressa previsão constitucional (art. 5º, LV).

Eles exigem que a Administração possibilite a parte contraditá-la, valendo-se de todos os meios de defesa a ela inerentes.

Sobre a matéria, confira-se as Súmulas Vinculantes que seguem:

> **Súmula Vinculante nº 03** – Nos processos perante o tribunal de contas da união asseguram-se o contraditório e a ampla defesa quando da decisão puder resultar anulação ou revogação de ato administrativo que beneficie o interessado, excetuada a apreciação da legalidade do ato de concessão inicial de aposentadoria, reforma e pensão.
>
> **Súmula vinculante nº 5** – A falta de defesa técnica por advogado no processo administrativo disciplinar não ofende a constituição.
>
> **Súmula vinculante nº 21** – É inconstitucional a exigência de depósito ou arrolamento prévios de dinheiro ou bens para admissibilidade de recurso administrativo.

1.5.8. PRINCÍPIO DA AUTOTUTELA

A autotutela diz respeito ao controle exercido pela Administração sobre os seus próprios atos. A Súmula 473 do STF assim dispõe:

> "A Administração pode anular seus próprios atos, quando eivados dos vícios que os tornem ilegais, porque deles não se originam direitos; ou revogá-los, por motivo de conveniência e oportunidade, respeitados os direitos adquiridos, e ressalvada, em todos os casos, a apreciação judicial".

Em verdade, a Administração tem o dever de rever os atos ilegais por ela praticados, eis que sua atuação está sujeita à legalidade estrita.

1.5.9. PRINCÍPIO DA CONTINUIDADE

Continuidade significa ausência de interrupção, sequência, ação incessante. O princípio da continuidade nada mais é do que a exigência da atividade administrativa de forma contínua. Como as necessidades públicas são contínuas, as funções essenciais à coletividade não podem parar.

1.5.10. PRINCÍPIO DA RAZOABILIDADE

O princípio da razoabilidade impõe que os atos administrativos sejam praticados atentos aos limites de atuação do administrador. Assim sendo, o princípio da razoabilidade impõe limitações à discricionariedade administrativa, traduzindo o controle de decisões manifestamente inadequadas para alcançar a finalidade legal.

A razoabilidade também está abrangida pela moralidade, traduzindo a expectativa de conduta civilizada, do homem comum, da parte do agente público.

1.5.11. PRINCÍPIO DA PROPORCIONALIDADE

Já a proporcionalidade está contida na razoabilidade; é um de seus elementos, especificamente no tocante à relação entre meios e fins.

Nos termos do art. 2º, parágrafo único, VI, da Lei 9784/99, a Administração deve buscar a adequação entre meios e fins, vedada a imposição de obrigações, restrições e sanções em medida superior àquelas estritamente necessárias ao atendimento do interesse público.

CAPÍTULO 2 – ORGANIZAÇÃO DA ADMINISTRAÇÃO PÚBLICA

2.1. ADMINISTRAÇÃO DIRETA E INDIRETA: CONCEITOS INICIAIS

A Administração Pública, que pode ser definida como o conjunto de órgãos, agentes e pessoas jurídicas responsáveis pelo desempenho da atividade administrativa, atua de forma **direta ou centralizada**, através de seus órgãos, ou de forma **indireta ou descentralizada,** quando cria ou autoriza a criação de outras pessoas jurídicas para lhe auxiliarem em tal tarefa.

Assim, os entres políticos (União, Estados, DF e Municípios), através de seus órgãos (a exemplo dos Ministérios e Secretarias), desempenham a atividade administrativa diretamente, atuando nas mais diversas áreas (como saúde, educação, esporte, infraestrutura, transporte, habitação), visando satisfazer as necessidades sociais.

Essa atuação DIRETA do ente político, através de seus órgãos, é o que chamamos de atuação CENTRALIZADA. Os órgãos, por sua vez, são centros de atribuições, não possuindo personalidade jurídica própria, já que a manifestação de sua vontade corresponde à vontade da pessoa jurídica da qual faz parte. Desta feita, os atos praticados pelo Ministério da Saúde, por exemplo, são atos imputáveis à União, pois o Ministério é um órgão, que não possui personalidade jurídica própria, o qual integra a estrutura da Administração Direta da União.

Os órgãos são fruto da DESCONCENTRAÇÃO administrativa, que consiste na divisão interna de competências, que ocorre no âmbito de uma pessoa jurídica, fruto de poder hierárquico. Assim, o ente político (União, Estado, DF ou Município) divide entre seus órgãos as mais diversas competências, a fim de melhor desempenhar a atividade administrativa, que visa satisfazer as necessidades e comodidades sociais.

A desconcentração, assim, é um fenômeno interno de divisão de competências, que ocorre no âmbito de uma mesma pessoa jurídica, estabelecendo-se, portanto, relações de chefia e subordinação, em decorrência da hierarquia.

Por outro lado, essa divisão interna de competências, que é nominada de DESCONCENTRAÇÃO, não é suficiente, por vezes, para operacionalizar o desempenho da atividade administrativa pelo ente político, sendo necessária a criação de outros entes para auxiliá-lo nessa tarefa. A criação de outras pessoas jurídicas para o desempenho da atividade administrativa é o que se denomina DESCENTRALIZAÇÃO.

As entidades integrantes da Administração Indireta (ou descentralizada), nos termos do artigo 37, XIX, da Constituição da República, são criadas ou têm sua criação autorizada por lei específica e possuem personalidade jurídica própria, ou seja, são sujeitos de direito e obrigações. Nesta perspectiva, possuem autonomia administrativa, orçamentária e financeira e estão sujeitas à tutela ou controle do ente central (e não à hierarquia). Dito controle é denominado finalístico ou meritório e diz respeito à fiscalização acerca do desempenho das atividades para as quais foram criadas. No âmbito federal, esse controle é intitulado de "supervisão ministerial".

Desta feita, denomina-se descentralização a criação de novas pessoas jurídicas, diversas do ente central, para o desempenho da atividade administrativa. Isto é fruto do Princípio da Especialidade, que estabelece que a atividade administrativa deve ser desempenhada de maneira especializada, específica. Como exemplo, no âmbito da União, pode-se citar a título de exemplo as universidades federais, o INSS, o IBAMA, a FUNAI, a ANTT, o Banco do Brasil e a Caixa Econômica Federal.

Dentre as pessoas jurídicas que integram a Administração Pública Indireta estão as **autarquias e fundações públicas, as empresas públicas e sociedades de economia mista**. Também se inserem neste rol, as **associações públicas**, as **agências reguladoras**, que são autarquias de regime especial e as **agências executivas**, que são autarquias ou fundações públicas que recebem este *status*, nos termos dos artigos 51 e 52 da Lei nº 9.649/98.

2.2. ÓRGÃOS PÚBLICOS

A doutrina denomina os órgãos públicos como centros de competências integrantes da estrutura de uma pessoa jurídica de direito público, sem personalidade jurídica, que manifestam a vontade estatal. A Lei 9784/99, em seu artigo 1º, §2º, assim os definem: *"a unidade de atuação integrante da estrutura da Administração Direta e da Indireta".*

A criação dos órgãos públicos só pode ser feita por lei.

Por não possuírem personalidade jurídica própria, os órgãos públicos não podem demandar nem serem demandados em juízo. Entretanto, é importante destacar que, em situações específicas, a jurisprudência reconhece a possibilidade da atuação dos órgãos em juízo, mesmo estes não possuindo personalidade jurídica própria (não sendo sujeitos de direitos e obrigações), para a defesa de suas prerrogativas e competências. Ou seja, excepcionalmente é possível um órgão demandar ou ser demandado em juízo, garantindo o exercício de suas prerrogativas institucionais, de forma a proteger suas atividades, autonomia e independência.

> PROCESSUAL CIVIL – **CÂMARA MUNICIPAL – PERSONALIDADE JUDICIÁRIA.** A Câmara Municipal não tem personalidade jurídica e sim judiciária, e pode estar em Juízo defendendo os seus interesses. Tendo o Município interesse a defender na lide, deve ele figurar em seu pólo passivo. ***(RESP 241.637)*** *– Há controvérsia sobre a formação de litisconsórcio entre órgão e pessoa jurídica.*
>
> 7. Na situação examinada não se trata de se enquadrar o fenômeno processual em debate no círculo da substituição processual ou da legitimidade extraordinária. O que há de se investigar é se a Assembléia Legislativa está a defender interesses institucionais próprios e vinculados ao exercício de sua independência e funcionamento, como de fato, "in casu", está. A ciência processual, em face dos fenômenos contemporâneos que a cercam, tem evoluído a fim de considerar como legitimados para estar em juízo, portanto, com

capacidade de ser parte, entes sem personalidade jurídica, quer dizer, possuidores, apenas, de personalidade judiciária.

8. No rol de tais entidades estão, além do condomínio de apartamentos, da massa falida, do espólio, da herança jacente ou vacante e das sociedades sem personalidade própria e legal, todos por disposição de lei, hão de ser incluídos a massa insolvente, o grupo, classe ou categoria de pessoas titulares de direitos coletivos, o PROCON ou órgão oficial do consumidor, o consórcio de automóveis, as Câmaras Municipais, as Assembléias Legislativas, a Câmara dos Deputados, o Poder Judiciário, **quando defenderem, exclusivamente, os direitos relativos ao seu funcionamento e prerrogativas.** ***(RMS 8967, STJ).***

A doutrina costuma apresentar uma **classificação dos órgãos públicos**, que pode assim ser resumida:

- Quanto à ESFERA DE AÇÃO: federais, estaduais e municipais;
- Quanto à POSIÇÃO ESTATAL: independentes (tem berço constitucional e representam poder político, a exemplo da Presidência); autônomos (estão na cúpula da Administração, apenas subordinados aos independentes, a exemplo dos Ministérios); superiores (são órgãos de direção, mas sujeitos ao controle hierárquico de uma chefia, a exemplo das Secretarias) e subalternos (são órgãos de execução);
- Quanto à ESTRUTURA: simples (constituído por um único centro de atribuições, sem divisões internas) ou compostos (constituídos por vários outros órgãos);
- Quanto à FUNÇÃO: ativos, os que expressam decisões estatais para o cumprimento dos fins; de controle, os fiscalizatórios; consultivos, os que emitem opinião técnica por pareceres.

2.3. ADMINISTRAÇÃO DIRETA

É composta exclusivamente pelas entidades políticas que compõem a federação, ou seja, pela União, Estados, DF e Municípios, que atuam por intermédio de seus órgãos e agentes públicos, para o desenvolvimento exclusivo de atividades administrativas de maneira centralizada, abarcando, inclusive, órgãos do Judiciário e do Legislativo quanto desempenhem função administrativa.

No âmbito federal, a definição de Administração Direta é dada pelo art. 4º do Decreto-lei 200/67. *"I – A Administração Direta, que se constitui dos serviços integrados na estrutura administrativa da Presidência da República e dos Ministérios".*

2.4. ADMINISTRAÇÃO INDIRETA

A Administração Indireta corresponde às pessoas jurídicas administrativas ou predominantemente privadas criadas pela entidade política para o desempenho de determinada atividade administrativa delegada ou, excepcionalmente (relevante interesse público ou segurança nacional), para a exploração direta de atividade econômica (descentralização legal).

De acordo com o artigo 37, XIX, da Constituição de 1988, *"somente por lei específica poderá ser criada autarquia e autorizada a instituição de empresa pública, de sociedade de economia mista e de fundação, cabendo à lei complementar, neste último caso, definir as áreas de sua atuação".* De acordo com o inciso XX, a criação de subsidiárias das estatais também depende de autorização legal expressa, mas pode ser genérica de acordo com o STF:

> **ADI 1649 – EMENTA: AÇÃO DIRETA DE INCONSTITUCIONALIDADE. LEI 9478/97. AUTORIZAÇÃO À PETROBRÁS PARA CONSTITUIR SUBSIDIÁRIAS. OFENSA AOS ARTIGOS 2º E 37, XIX E XX, DA CONSTITUIÇÃO FEDERAL. INEXISTÊNCIA. ALEGAÇÃO IMPROCEDENTE. 1. A Lei 9478/97 não autorizou a instituição de empresa de economia mista, mas sim a criação de subsidiárias distintas da sociedade-matriz, em consonância com o inciso XX, e não com o XIX do artigo 37 da Constituição Federal. 2. É dispensável a autorização legislativa para a criação de empresas subsidiárias, desde que haja previsão para esse fim na própria lei que instituiu a empresa de economia mista matriz, tendo em vista que a lei criadora é a própria medida autorizadora.**

Os entes da administração indireta são autônomos, sujeitando-se, contudo, à supervisão do Ministério respectivo (ou Secretaria), através de uma série de medidas, como indicação ou nomeação dos dirigentes da entidade (CONTROLE POLÍTICO), aprovação de suas contas e finanças (CONTROLE FINANCEIRO), controle quanto aos fins (CONTROLE FINALÍSTICO), não significando, contudo que estejam hierarquicamente subordinados à administração direta. Este controle é chamado de finalístico ou meritório ou ainda de supervisão ministerial e diz respeito ao à fiscalização acerca do desempenho das atividades para as quais foram criados, não havendo, portanto, hierarquia entre o ente político e as pessoas jurídicas integrantes da Administração Indireta.

2.4.1. AUTARQUIAS

As autarquias são pessoas jurídicas de direito público, criadas por lei específica, para o desempenho de atividades típicas da Administração Pública. Possuem capital exclusivamente público e têm autonomia administrativa, orçamentária e financeira.

A Autarquia nasce com a vigência de sua lei específica, sendo de iniciativa do Chefe do Executivo (art. 61, §1º, II, "e", CF), só podendo ser extinta por lei (Princípio da Simetria das Formas).

No julgamento da Ação Direta de Inconstitucionalidade n. 1.717, de relatoria do ministro Sydney Sanches (aposentado), o STF concluiu pela impossibilidade de delegar a entidade privada atividade típica de Estado, que abrange também o poder de polícia, o de tributar e de punir, no que tange ao exercício de atividades profissionais.

Vale registrar que a OAB não integra a Administração Indireta; não está sujeita ao Tribunal de Contas; seus funcionários estão sujeitos à CLT; não realiza licitações e concurso público; as contribuições dos advogados não são tributos. **Veja-se a ADI 3.026 (08/06/2006):**

> EMENTA: AÇÃO DIRETA DE INCONSTITUCIONALIDADE. § 1º DO ARTIGO 79 DA LEI N. 8.906, 2ª PARTE. "SERVIDORES" DA ORDEM DOS ADVOGADOS DO BRASIL. PRECEITO QUE POSSIBILITA A OPÇÃO PELO REGIME CELETISTA. COMPENSAÇÃO PELA ESCOLHA DO REGIME JURÍDICO NO MOMENTO DA APOSENTADORIA. INDENIZAÇÃO. IMPOSIÇÃO DOS DITAMES INERENTES À ADMINISTRAÇÃO PÚBLICA DIRETA E INDIRETA. CONCURSO PÚBLICO (ART. 37, II DA CONSTITUIÇÃO DO BRASIL). INEXIGÊNCIA DE CONCURSO PÚBLICO PARA A ADMISSÃO DOS CONTRATADOS PELA OAB. AUTARQUIAS ESPECIAIS E AGÊNCIAS. CARÁTER JURÍDICO DA OAB. ENTIDADE PRESTADORA DE SERVIÇO PÚBLICO INDEPENDENTE. CATEGORIA ÍMPAR NO ELENCO DAS PERSONALIDADES JURÍDICAS EXISTENTES NO DIREITO BRASILEIRO. AUTONOMIA E INDEPENDÊNCIA DA ENTIDADE. PRINCÍPIO DA MORALIDADE. VIOLAÇÃO DO ARTIGO 37, CAPUT, DA CONSTITUIÇÃO DO BRASIL. NÃO OCORRÊNCIA. 1. A Lei n. 8.906, artigo 79, § 1º, possibilitou aos "servidores" da OAB, cujo regime outrora era estatutário, a opção pelo regime celetista. Compensação pela escolha: indenização a ser paga à época da aposentadoria. **2. Não procede a alegação de que a OAB sujeita-se aos ditames impostos à Administração Pública Direta e Indireta. 3. A OAB não é uma entidade da Administração Indireta da União. A Ordem é um serviço público independente, categoria ímpar no elenco das personalidades jurídicas existentes no direito brasileiro. 4. A OAB não está incluída na categoria na qual se inserem essas que se tem referido como "autarquias especiais" para pretender-se afirmar equivocada independência das hoje chamadas "agências". 5. Por não consubstanciar uma entidade da Administração Indireta, a OAB não está sujeita a controle da Administração, nem a qualquer das suas partes está vinculada. Essa não-vinculação é formal e materialmente necessária. 6. A OAB ocupa-se de atividades atinentes aos advogados, que exercem função constitucionalmente privilegiada, na medida em que são indispensáveis à administração da Justiça [artigo 133 da CB/88]. É entidade cuja finalidade é afeita a atribuições, interesses e seleção de advogados. Não há ordem de relação ou dependência entre a OAB e qualquer órgão público. 7. A Ordem dos Advogados do Brasil, cujas características são autonomia e independência, não pode ser tida como congênere dos demais órgãos de fiscalização profissional. A OAB não está voltada exclusivamente a finalidades corporativas. Possui finalidade institucional. 8. Embora decorra de determinação legal, o regime estatutário imposto aos empregados da OAB não é compatível com a entidade, que é autônoma e independente**. 9. Improcede o pedido do requerente no sentido de que se dê interpretação conforme o artigo 37, inciso II, da Constituição do Brasil ao caput do artigo 79 da Lei n. 8.906, que determina a aplicação do regime trabalhista aos servidores da OAB. 10. Incabível a exigência de concurso público para admissão dos contratados sob o regime trabalhista pela OAB. 11. Princípio da moralidade. Ética da legalidade e moralidade. Confinamento do princípio da moralidade ao âmbito da ética da legalidade, que não pode ser ultrapassada, sob pena de dissolução do próprio sistema. Desvio de poder ou de finalidade. 12. Julgo improcedente o pedido.

Os bens das autarquias são públicos, nos termos do artigo 98, do Código Civil, normalmente transferidos pela pessoa política criadora. O regime jurídico de seus servidores é estatutário.

Se a autarquia for federal, competente será a Justiça Federal para processar e julgar as ações nas quais figura como parte, salvo se envolver litígio que envolva relação de emprego. O STF deu liminar na ADI 3.395 para dar interpretação conforme ao artigo 114, I, da CF, visando excluir da competência da JT relações estatutárias.

2.4.2. AGÊNCIAS REGULADORAS

As agências reguladoras são autarquias em regime especial, responsáveis pela regulamentação, controle e fiscalização dos serviços públicos, atividades e bens transferidos ao setor privado. Surgiram em razão do fim do monopólio estatal na prestação dos serviços públicos, fruto do Plano Nacional de Desestatização, onde se convolou a descentralização legal em negocial, revendo a posição do Estado na exploração de atividades econômicas ou mesmo na prestação de serviços públicos.

De acordo com o artigo 3º, da Lei nº 13.848/2019, a natureza especial conferida às agências reguladora é caracterizada pela ausência de tutela ou de subordinação hierárquica do ente central ao qual estão vinculadas, pela autonomia funcional, decisória, administrativa e financeira e pela investidura por prazo determinado (a termo) de seus dirigentes e sua estabilidade durante os mandatos.

Assim, pode-se enumerar as principais características das agências: **exercem função regulatória** sobre determinado setor da atividade econômica, ou concernente a determinadas relações jurídicas decorrentes das atividades econômicas em geral; atuam na solução administrativa dos conflitos na sua área de atuação; contam com instrumentos, previstos em lei, que asseguram sua **relativa independência** perante o Poder Executivo; possuem um amplo **poder normativo** no que concerne às áreas de sua competência; e submetem-se, como qualquer outra entidade integrante da Administração Pública, aos **controles judicial e parlamentar**, muito embora não estejam subordinada hierarquicamente ao ente central.

Os mais importantes instrumentos assecuratórios da autonomia ampliada das agências reguladoras são: a nomeação de seus dirigentes sujeita à aprovação prévia pelo Senado; a nomeação de seus dirigentes para o exercício de mandatos fixos (somente perderão o mandato em caso de renúncia, de condenação judicial transitada em julgado ou de processo administrativo disciplinar). Objetiva uma gestão mais técnica e livre de influências políticas; seus dirigentes sujeitam-se a "quarentena" quando deixam seus cargos; inexistência, como regra geral, de revisão hierárquica de seus atos (recurso hierárquico impróprio); e a celebração de contrato de gestão (regra geral).

Por tudo quanto dito, os servidores das agências devem se submeter ao regime de cargo público (estatutário) e não ao regime de emprego público. Neste diapasão, o art. 1º, da Lei nº 9.986/00, que estabelecia este regime às agências, teve sua eficácia suspensa, por concessão de liminar, na ADIN 2.310. Posteriormente, o artigo 37, da Lei nº 10.871/04, que "dispõe sobre a criação de carreiras e organização de cargos efetivos das autarquias especiais denominadas Agências Reguladoras, e dá outras providências", revogou expressamente, os artigos 1º, 12 e 13, o parágrafo único do artigo 14, os artigos 15, 20, 21, 24, 27, 30, 33 e 34 da Lei nº 9.986/2000 e, em seu artigo 6º, estabeleceu que "o regime jurídico dos cargos e carreiras referidas no art. 1º desta Lei é o instituído na Lei nº 8.112, de 11 de dezembro de 1990, observadas as disposições desta Lei".

2.4.3. AGÊNCIAS EXECUTIVAS

Agências executivas são autarquias ou fundações públicas que, por iniciativa da Administração Direta, recebem o status de agência, desde que preenchidas algumas condições, visando a uma maior eficiência e redução de custos.

Não são espécies de autarquias e sim um título concedido mediante decreto do Presidente da República às autarquias ou fundações públicas que tenham celebrado contrato de gestão com o respectivo Ministério (Lei 9.649/98), desde que tenham plano estratégico de reestruturação e desenvolvimento institucional em andamento. Por meio do contrato de gestão, a autarquia ou fundação compromete-se a proceder a uma reestruturação da gestão para tornar-se mais eficiente, otimizando recursos para implementação de suas metas, o que terá prazo mínimo de um ano.

Atualmente, só há um benefício, que é o dobro do valor para a dispensa de licitação.

2.4.4. ASSOCIAÇÕES PÚBLICAS

As associações públicas são espécies de autarquias (art. 41, IV, do CC) que nascem com a celebração de contrato de consórcios públicos (art. 241, CF e Lei 11.107/2005) entre entidades políticas. Assim, quando uma associação pública for formalizada com personalidade jurídica de direito público, ela será parte integrante da Administração Indireta de cada um dos entres federativos consorciados e terá qualificação jurídica de autarquia.

2.4.5. FUNDAÇÕES

O Estado pode criar, quando autorizado por lei, uma fundação, a partir de uma personalização de um patrimônio público que destaca e afeta a um determinado fim público. O Decreto-Lei 200/67 define a fundação pública como a entidade dotada de personalidade jurídica de direito privado, sem fins lucrativos, criada em virtude de autorização legislativa, para o desenvolvimento de atividades que não exijam execução por órgãos ou entidades de direito público, com autonomia administrativa, patrimônio próprio gerido pelos respectivos órgãos de direção, e funcionamento custeado por recursos da União e de outras fontes.

A doutrina e a jurisprudência admitem a existência de duas espécies de fundações públicas: a fundação pública de direito público (ou fundação autárquica) e a fundação pública de direito privado (ou fundação governamental). Ambas constituem um patrimônio afetado a um fim público, cujas atividades estão voltadas à pesquisa, à cultura e ao ensino, não possuindo finalidade lucrativa. Assim, a fundação pública de direito público, a exemplo do IBGE, tem regime similar ao das autarquias, devendo sua criação ser feita por lei específica. Já a fundação pública de direito privado tem regime jurídico híbrido (similar ao das empresas estatais), a exemplo da Fundação de Previdência Complementar do Servidor Público Federal- FUNPRESP. Neste sentido, confira-se a ementa que segue:

> EMENTA: – ACUMULAÇÃO DE CARGO, FUNÇÃO OU EMPREGO. FUNDAÇÃO INSTITUÍDA PELO PODER PÚBLICO. -**NEM TODA FUNDAÇÃO INSTITUÍDA PELO PODER PÚBLICO E FUNDAÇÃO DE DIREITO PRIVADO**. – ÀS FUNDAÇÕES, INSTITUÍDAS PELO PODER PÚBLICO, QUE ASSUMEM A GESTÃO DE SERVIÇO ESTATAL E SE SUBMETEM A REGIME ADMINISTRATIVO PREVISTO, NOS ESTADOS-MEMBROS, POR LEIS ESTADUAIS SÃO FUNDAÇÕES DE DIREITO PÚBLICO, E, PORTANTO, PESSOAS JURÍDICAS DE DIREITO PÚBLICO. – **TAIS FUNDAÇÕES SÃO ESPÉCIE DO GÊNERO AUTARQUIA**, APLICANDO-SE A ELAS A VEDAÇÃO A QUE ALUDE O PARÁGRAFO. 2. DO ART. 99 DA CONSTITUIÇÃO FEDERAL. – SÃO, PORTANTO, CONSTITUCIONAIS O ART. 2º, PARÁGRAFO 3º DA LEI 410, DE 12 DE MARCO DE 1981, E O ART. 1º. DO DECRETO 4086, DE 11 DE MAIO DE 1981, AMBOS DO ESTADO DO RIO DE JANEIRO.

A fundação pública é criada por lei específica, enquanto a fundação governamental privada tem a sua autorização em lei, sendo criada com o registro do estatuto no Cartório de Pessoas Jurídicas. As fundações públicas têm o regime público, enquanto as governamentais privadas são híbridas, não sendo consideradas Poder Público para as prerrogativas processuais. Ambas possuem imunidade tributária específica, nos termos do artigo 150, §2º, da Constituição de 1988. As fundações públicas têm bens públicos, enquanto as privadas não. As fundações autárquicas têm o mesmo regime de pessoal das autarquias, enquanto as governamentais privadas há apenas relação celetista, mas exige-se concurso público e veda-se a acumulação de cargos e empregos públicos. Ambas têm os controles político, administrativo e financeiro.

2.4.6. EMPRESAS PÚBLICAS

Empresa pública é a entidade dotada de personalidade jurídica de direito privado, com criação autorizada por lei e com patrimônio próprio, cujo capital social é integralmente detido pela União, pelos Estados, pelo Distrito Federal ou pelos Municípios, que tem por fim a prestação de serviço público ou a exploração da atividade econômica. Desde que a maioria do capital votante permaneça em propriedade do ente político, é admitida, no capital da empresa pública, a participação de outras pessoas jurídicas de direito público interno, bem como de entidades da administração indireta desses entes. No âmbito federal, são exemplos a Caixa Econômica Federal e os CORREIOS.

Tais entidades, nos termos do artigo 37, XIX, da Constituição da República, têm sua criação autorizada por lei específica (sendo criadas na forma da lei civil) e possuem personalidade jurídica própria, ou seja, são sujeitos de direito e obrigações. Nesta perspectiva, possuem autonomia administrativa, orçamentária e financeira e estão sujeitas à tutela ou controle do ente central. Dito controle é denominado finalístico ou meritório, que diz respeito à fiscalização acerca do desempenho das atividades para as quais foram criadas.

A criação de subsidiárias depende de autorização legislativa, assim como a participação de qualquer delas em empresa privada, cujo objeto social deve estar relacionado ao da investidora.

Por expressa previsão constitucional, inserta do artigo 173, § 2º, as empresas públicas não poderão gozar de privilégios fiscais não extensivos às do setor privado. Além disso, seus bens são privados, sujeitando-se às regras do Código Civil. Entretanto, no que diz respeito aos CORREIOS, o entendimento jurisprudencial é diverso, com fundamento na prestação obrigatória e exclusiva do serviço prestado.

O regime de pessoal das empresas públicas é celetista, considerados empregados púbicos, muito embora não possam acumular seus empregos com cargos ou funções públicas (art. 37, XVII, CF), tendo que prestar concurso, estando sujeitos ao teto do funcionalismo público, sendo equiparados a funcionários públicos para fins penais e sujeitos à lei de improbidade administrativa. Nesta última hipótese, desde que receba subvenção, benefício ou incentivo, fiscal ou creditício, de entes públicos ou governamentais. Ademais, exige-se que a demissão dos servidores estatais seja motivada, conforme segue:

> "Em atenção (...) aos princípios da impessoalidade e isonomia, que regem a admissão por concurso público, a dispensa

do empregado de empresas públicas e sociedades de economia mista que prestam serviços públicos deve ser motivada, assegurando-se, assim, que tais princípios, observados no momento daquela admissão, sejam também respeitados por ocasião da dispensa. A motivação do ato de dispensa, assim, visa a resguardar o empregado de uma possível quebra do postulado da impessoalidade por parte do agente estatal investido do poder de demitir. Recurso extraordinário parcialmente provido para afastar a aplicação, ao caso, do art. 41 da CF, exigindo-se, entretanto, a motivação para legitimar a rescisão unilateral do contrato de trabalho." (**RE 589.998**, rel. min. **Ricardo Lewandowski**, julgamento em 20-3-2013, Plenário, *DJE* de 12-9-2013, com repercussão geral.)

2.4.7. SOCIEDADES DE ECONOMIA MISTA

Sociedade de economia mista é a entidade dotada de personalidade jurídica de direito privado, com criação autorizada por lei, sob a forma de sociedade anônima, cujas ações com direito a voto pertençam em sua maioria à União, aos Estados, ao Distrito Federal, aos Municípios ou a entidade da administração indireta, que tem por finalidade a prestação de um serviço público ou a exploração da atividade econômica. A pessoa jurídica que controla a sociedade de economia mista tem os deveres e as responsabilidades do acionista controlador e deverá exercer o poder de controle no interesse da companhia, respeitado o interesse público que justificou sua criação. Em âmbito federal, são exemplos o Banco do Brasil e a Petrobrás.

Tal qual as empresas públicas, as sociedades de economia mista exploram a atividade econômica ou prestam serviços públicos, distinguindo-se pela forma de organização e a composição do seu capital. No mais, todo regime jurídico das empresas públicas é idêntico ao regime das sociedades de economia mista.

A Lei nº 13.303/16 preocupou-se com questões de transparência na gestão das empresas públicas e sociedades de economia mista, estabelecendo que elas deverão observar, no mínimo, os seguintes requisitos: elaboração de carta anual, subscrita pelos membros do Conselho de Administração, com a explicitação dos compromissos de consecução de objetivos de políticas públicas pela empresa pública, pela sociedade de economia mista e por suas subsidiárias, em atendimento ao interesse coletivo ou ao imperativo de segurança nacional que justificou a autorização para suas respectivas criações, com definição clara dos recursos a serem empregados para esse fim, bem como dos impactos econômico-financeiros da consecução desses objetivos, mensuráveis por meio de indicadores objetivos; adequação de seu estatuto social à autorização legislativa de sua criação; divulgação tempestiva e atualizada de informações relevantes, em especial as relativas a atividades desenvolvidas, estrutura de controle, fatores de risco, dados econômico-financeiros, comentários dos administradores sobre o desempenho, políticas e práticas de governança corporativa e descrição da composição e da remuneração da administração; elaboração e divulgação de política de divulgação de informações, em conformidade com a legislação em vigor e com as melhores práticas; elaboração de política de distribuição de dividendos, à luz do interesse público que justificou a criação da empresa pública ou da sociedade de economia mista; divulgação, em nota explicativa às demonstrações financeiras, dos dados operacionais e financeiros das atividades relacionadas à consecução dos fins de interesse coletivo ou de segurança nacional; elaboração e divulgação da política de transações com partes relacionadas, em conformidade com os requisitos de competitividade, conformidade, transparência, equidade e comutatividade, que deverá ser revista, no mínimo, anualmente e aprovada pelo Conselho de Administração; ampla divulgação, ao público em geral, de carta anual de governança corporativa; e divulgação anual de relatório integrado ou de sustentabilidade.

Além disso, estabelece que a empresa pública e a sociedade de economia mista adotarão regras de estruturas e práticas de gestão de riscos e controle interno que abranjam ação dos administradores e empregados, por meio da implementação cotidiana de práticas de controle interno, área responsável pela verificação de cumprimento de obrigações e de gestão de riscos, e auditoria interna e Comitê de Auditoria Estatutário. Determina, ainda, que seja elaborado e divulgado Código de Conduta e Integridade e que elas deverão divulgar toda e qualquer forma de remuneração dos administradores e adequar constantemente suas práticas ao Código de Conduta e Integridade e a outras regras de boa prática de governança corporativa, na forma estabelecida na regulamentação.

Além disso, a referida Lei nº 13.303/16 dedicou-se a disciplinar a contratação a ser realizadas pelas estatais (empresas públicas e sociedades de economia mista), prevendo que os contratos por elas realizados com terceiros destinados à prestação de serviços, inclusive de engenharia e de publicidade, à aquisição e à locação de bens, à alienação de bens e ativos integrantes do respectivo patrimônio ou à execução de obras a serem integradas a esse patrimônio, bem como à implementação de ônus real sobre tais bens, serão precedidos de licitação, cujos procedimentos foram por ela disciplinados.

Segue abaixo um quadro comparativo com as principais características dos entes da Administração Indireta ou Descentralizada:

	Autarquia	Fundação Pública	Empresa Pública	Sociedade de Economia Mista
Definição	Pessoa jurídica de direito público, criada por lei específica, para o desempenho de atividades típicas da Administração Pública. Possui capital exclusivamente público e tem autonomia administrativa, orçamentária e financeira. Ex.: INSS, IBAMA, Universidades Federais.	A doutrina as divide em fundação pública de direito público (ou fundação autárquicas) e fundação pública de direito privado (ou fundação governamental). Ambas constituem um patrimônio afetado a um fim público, cujas atividades estão voltadas à pesquisa, ensino e cultura. Ex. fundação autárquica: IBGE. Ex. fundação Governamental: FUNPRESP.	Pessoas jurídica, com criação autorizada por lei e com patrimônio próprio, cujo capital social é integralmente detido pela União, pelos Estados, pelo Distrito Federal ou pelos Municípios. Ex.: Caixa Econômica Federal e CORREIOS.	Pessoa jurídica de direito privado, com criação autorizada por lei, sob a forma de sociedade anônima, cujas ações com direito a voto pertençam em sua maioria à União, aos Estados, ao Distrito Federal, aos Municípios ou a entidade da administração indireta. Ex.: Banco do Brasil e PETROBRÁS.
Controle	Sujeita-se a controle do ente central (não há relação de hierarquia).	Sujeita-se a controle do ente central (não há relação de hierarquia).	Sujeita-se a controle do ente central (não há relação de hierarquia).	Sujeita-se a controle do ente central (não há relação de hierarquia).
Criação e Extinção (art. 37, XIX, da CRFB)	Lei especifica para criar.	Lei específica cria a fundação autárquica e autoriza a criação da fundação governamental.	Lei específica autoriza sua criação que se efetiva com registro dos atos constitutivos. (É dispensável a autorização legislativa para a criação de subsidiárias, se houver previsão para esse fim na lei instituidora.)	Lei específica autoriza sua criação que se efetiva com registro dos atos constitutivos. (É dispensável a autorização legislativa para a criação de subsidiárias, se houver previsão para esse fim na lei instituidora.)
Privilégios tributários e processuais	Possuem imunidade tributária específica para pagamento de impostos (art. 150, §2º, CRFB). Possuem prazo em dobro para todas as suas manifestações processuais, cuja contagem terá início a partir da intimação pessoal (art. 183, CPC).	As fundações autárquicas possuem os mesmos privilégios das autarquias, enquanto as fundações governamentais não os possuem.	Não possuem privilégios tributários ou processuais, nos termos do art. 173, §2º e art. 150, §3º da CRFB, salvo aqueles extensivos ao setor privado. Obs.: Os CORREIOS têm privilégios tributários da Fazenda Pública, dada a exclusividade para prestação dos serviços postais (STF).	Não possuem privilégios tributários ou processuais, nos termos do art. 173, §2º e art. 150, §3º da CRFB, salvo aqueles extensivos ao setor privado.
Licitação (art. 1º, p. único, da Lei nº 8.666/93) e art. 1º, caput, da Lei nº 14.133/2021	Está sujeita.	Está sujeita.	Está sujeita. Regras próprias na Lei nº 13.303/2016.	Está sujeita. Regras próprias na Lei nº 13.303/2016.
Regime de pessoal	Estatutário.	Fund. autárquicas: estatutário. Fund. Governamentais: celetista, mas sujeitos a concurso público, às regras constitucionais de não acumulação e ao teto remuneratório.	Celetista, mas sujeitos a concurso público, às regras constitucionais de não acumulação e ao teto remuneratório (exceção no art. 37, §9º, da CRFB). (Não possuem estabilidade, mas sua dispensa precisa ser motivada- STF/RE 589998/PI.)	Celetista, mas sujeitos a concurso público, às regras constitucionais de não acumulação e ao teto remuneratório (exceção no art. 37, §9º, da CRFB). (Não possuem estabilidade, mas sua dispensa precisa ser motivada – STF/RE 589998/PI.)

	Autarquia	Fundação Pública	Empresa Pública	Sociedade de Economia Mista
Bens	São públicos, estando sujeitos à impenhorabilidade, a inalienabilidade relativa e a imprescritibilidade.	Fund. autárquicas: mesmo regime das autarquias. Fund. Governamentais: regime das empresas estatais.	Há divergência, mas a maioria entende que se o bem da prestadora de serviço público estiver afetado à prestação do serviço, terá o regime dos bens públicos.	Há divergência, mas a maioria entende que se o bem da prestadora de serviço público estiver afetado à prestação do serviço, terá o regime dos bens públicos.
Falência	Não está sujeita à falência, concordata ou inventário.	Não se sujeita à falência.	Há divergência, mas nos termos do artigo 2º, da Lei nº 11.101/05, não se sujeitam à falência. (Para alguns, se exploradora da atividade econômica, é possível a falência.).	Há divergência, mas nos termos do artigo 2º, da Lei nº 11.101/05, não se sujeitam à falência. (Para alguns, se exploradora da atividade econômica, é possível a falência).

CAPÍTULO 3 – ATOS ADMINISTRATIVOS

3.1. CONCEITO

Os atos administrativos são manifestações de vontade da Administração Pública, ou de quem lhe faça as vezes (como, por exemplo, as concessionárias de serviço público), no exercício de prerrogativas públicas, manifestadas através de comandos complementares à lei e sujeitos ao regime jurídico administrativo e a controle pelo Judiciário.

É necessário registrar que os atos administrativos não se confundem com os atos da Administração. Estes últimos compreendem todas as manifestações de vontade do Estado, ainda que não submetidas ao regime jurídico administrativo, ou seja, ainda que não editados em posição de privilégio em face do particular.

3.2. ELEMENTOS

A maioria da doutrina reconhece cinco **elementos** ou requisitos, que são: o sujeito (competente), a forma (prescrita em lei), o motivo, o objeto (lícito e determinado ou determinável) e a finalidade (pública).

A **competência** diz respeito às atribuições definidas por lei a serem exercidas pelos agentes públicos, no exercício da atividade administrativa. A competência tem por características a *inderrogabilidade*, já que o Administrador ou o órgão não transfere a competência para outro, salvo previsão legal expressa; e a *improrrogabilidade*, já que a incompetência não se transmuda em competência, salvo lei expressa.

A lei nº 9.784/99 prevê as hipóteses de delegação e avocação de competências, senão vejamos:

*** AVOCAÇÃO NO ÂMBITO FEDERAL (ART. 15, LEI 9.784/99)**

Art. 15. Será permitida, em caráter excepcional e por motivos relevantes devidamente justificados, a avocação temporária de competência atribuída a órgão hierarquicamente inferior.

*** DELEGAÇÃO NO ÂMBITO FEDERAL (ART. 12 e 13, LEI 9784/99)**

Art. 12. Um órgão administrativo e seu titular poderão, se não houver impedimento legal, delegar parte da sua competência a outros órgãos ou titulares, ainda que estes não lhe sejam hierarquicamente subordinados, quando for conveniente, em razão de circunstâncias de índole técnica, social, econômica, jurídica ou territorial.

Parágrafo único. O disposto no caput deste artigo aplica-se à delegação de competência dos órgãos colegiados aos respectivos presidentes.

Art. 13. Não podem ser objeto de delegação:

I – a edição de atos de caráter normativo;

II – a decisão de recursos administrativos;

III – as matérias de competência exclusiva do órgão ou autoridade

A seu turno, a forma diz respeito à exteriorização do ato administrativo. Em regra, os atos administrativos são escritos e submetem-se ao princípio da solenidade das formas, ao contrário do direito civil. Contudo, o artigo 22, da Lei 9.784/99 consagrou, em regra, o Princípio da Liberalidade das Formas.

O **motivo** compreende as razões de fato e de direito que levaram à edição do ato. Já a motivação é a justificativa do pronunciamento tomado.

Neste sentido, confira-se a ementa do julgado que segue:

MS 9944 – ADMINISTRATIVO. MANDADO DE SEGURANÇA. INDEFERIMENTO DE AUTORIZAÇÃO PARA FUNCIONAMENTO

DE CURSO SUPERIOR. AUSÊNCIA DE MOTIVAÇÃO DO ATO ADMINISTRATIVO. NULIDADE.

1. A margem de liberdade de escolha da conveniência e oportunidade, conferida à Administração Pública, na prática de atos discricionários, não a dispensa do dever de motivação. O ato administrativo que nega, limita ou afeta direitos ou interesses do administrado deve indicar, de forma explícita, clara e congruente, os motivos de fato e de direito em que está fundado (art. 50, I, e § 1º da Lei 9.784/99). **Não atende a tal requisito a simples invocação da cláusula do interesse público ou a indicação genérica da causa do ato.**

2. No caso, ao fundamentar o indeferimento da autorização para o funcionamento de novos cursos de ensino superior na "evidente desnecessidade do mesmo", a autoridade impetrada não apresentou exposição detalhada dos fatos concretos e objetivos em que se embasou para chegar a essa conclusão. A explicitação dos motivos era especialmente importante e indispensável em face da existência, no processo, de pareceres das comissões de avaliação designadas pelo próprio Ministério da Educação, favoráveis ao deferimento, além de manifestações no mesmo sentido dos Poderes Executivo e Legislativo do Município sede da instituição de ensino interessada. 3. Segurança parcialmente concedida, para declarar a nulidade do ato administrativo.

O **objeto** corresponde ao efeito jurídico imediato do ato, diz respeito àquilo sobre o que o ato dispõe. Como já mencionado, ele tem que ser lícito (em conformidade com a lei), possível (passível de realização) e determinado ou determinável (individualizado ou passível de individualização).

Por fim, o último elemento do ato é a **finalidade**, que corresponde ao efeito jurídico imediato de ato, a qual tem que ser pública, já que os atos administrativos devem perseguir o interesse público.

Nesse sentido, vale registrar que o interesse público buscado na atuação administrativa é o interesse público primário, ou seja, a satisfação das necessidades coletivas. O interesse público secundário corresponde ao interesse da Administração (como a compra de computadores, ou a contratação de servidores, por exemplo) mas que tem por fim último o atendimento ao interesse primário, dos administrados.

3.3. ATRIBUTOS

Além disso, também enumera alguns **atributos**, como a presunção de legitimidade, a imperatividade, a exigibilidade, a executoriedade e a tipicidade. A imperatividade permite que os atos sejam impostos aos administrados, independentemente de sua vontade ou aquiescência; a presunção de legitimidade é verificada na medida em que são exarados por sujeitos competentes, cujas atribuições foram fixadas em lei; a tipicidade se refere ao fato de os atos administrativos corresponderem a figuras previstas em lei, sendo também uma decorrência do Princípio da Legalidade; e a executoriedade permite à Administração executá-lo direta e imediatamente, sem necessidade de intervenção do Poder Judiciário, não sendo qualidade de todos os atos administrativos, a exemplo das penalidades de natureza pecuniária.

3.4. PERFEIÇÃO, VALIDADE E EFICÁCIA

Denomina-se o ato administrativo de **perfeito** quando este concluiu o seu ciclo de formação. Já a **validade** do ato diz respeito ao cumprimento da lei. Por fim, a **eficácia** corresponde à aptidão do ato administrativo produzir efeitos jurídicos, que normalmente acontece com a sua publicação. Daí é possível concluir que o ato administrativo pode ser perfeito, válido e ineficaz, quando embora esteja formado e de acordo com a legislação ainda não possui aptidão para produzir efeitos, a exemplo do edital do INSS validado pela Procuradoria Federal, mas ainda não publicado. O ato também poderá ser perfeito, inválido e eficaz, quando embora formado e produzindo efeitos contraria a ordem jurídica, a exemplo do mesmo edital publicado com alguma uma restrição de participação a mulheres, que viola a isonomia. O ato administrativo só não pode ser imperfeito, pois este é um não ato.

Vale registar que os atos administrativos possuem efeitos próprios e impróprios. Os efeitos próprios são aqueles inerente ao próprio ato, a exemplo de um edital de licitação que se presta a cientificar possíveis interessados da necessidade de a Administração vir a contatar.

Já os efeitos impróprios são aqueles que decorrem da prática do ato e se dividem em reflexo, quando atinge uma relação jurídica estranha àquela tratada no âmago da conduta estatal, e prodrômico ou preliminar, que é aquele que impõe uma nova atuação administrativa diante do início do ato praticado.

3.5. CLASSIFICAÇÃO DE ATOS ADMINISTRATIVOS QUANTO À FORMA

- Decreto: é o ato administrativo formal pelo qual são veiculadas as manifestações do Chefe do Executivo (Presidente, Governador ou Prefeito), podendo ser individuais ou gerais.

- Resoluções: são atos individuais ou normativos oriundos de autoridades do alto escalão (ministros, por exemplo), sendo de natureza derivada. Não se confundem com as resoluções constitucionais (Senado e CNJ), que são autônomos. Alguns autores apontam que as resoluções são típicas de órgãos colegiados.
- Instruções, circulares, portarias, ordens de serviço, provimentos e avisos: são atos ordinatórios da Administração Pública, devendo ter seu conteúdo verificado de acordo com a legislação de cada Administração.
- Alvarás: são atos administrativos formais nos quais são veiculadas as licenças ou autorizações.
- Ofícios: São atos formais de comunicação da Administração.
- Pareceres: são opiniões dos agentes da Administração sobre uma questão técnica. Há autonomia técnica. Na Administração Federal, são obrigatórios e vinculantes ou obrigatórios e não-vinculantes, devendo ser exarados em até 15 dias, conforme dispõe o artigo 42, da Lei 9.784/99).

  > Art. 42. Quando deva ser obrigatoriamente ouvido um órgão consultivo, o parecer deverá ser emitido no prazo máximo de quinze dias, salvo norma especial ou comprovada necessidade de maior prazo.
  >
  > § 1º Se um parecer obrigatório e vinculante deixar de ser emitido no prazo fixado, o processo não terá seguimento até a respectiva apresentação, responsabilizando-se quem der causa ao atraso.
  >
  > § 2º Se um parecer obrigatório e não vinculante deixar de ser emitido no prazo fixado, o processo poderá ter prosseguimento e ser decidido com sua dispensa, sem prejuízo da responsabilidade de quem se omitiu no atendimento.

- Certidões: são meros atos declaratórios. Em que pese a Constituição não limitar o direito a certidões, a Lei 9.051/95 exige os fins e as razões do pedido.
- Despachos: são atos praticados pela Administração dentro de processos administrativos.

3.6. CLASSIFICAÇÃO GERAL DOS ATOS ADMINISTRATIVOS

3.6.1. QUANTO AOS SEUS DESTINATÁRIOS

Atos gerais ou regulamentares: são atos de comando abstrato e impessoal, revogáveis, a todo tempo pela Administração, e inalteráveis pelo Judiciário, salvo na hipótese de inconstitucionalidade. Exemplos: regulamentos, circulares de serviço e instruções normativas.

Atos individuais ou especiais: são os dirigidos a destinatários certos ou determinados, conferindo-lhes direitos ou impondo-lhes encargos. Exemplos: atos de desapropriação, de nomeação, de exoneração etc.

3.6.2. QUANTO AO SEU ALCANCE

Atos internos: destinam-se à produção de efeitos dentro das repartições, de tal modo que incidem, em regra, sobre os órgãos e agentes da Administração que os expediu. Exemplos: Portarias e instruções ministeriais que disponham só para os seus funcionários.

Atos externos ou de efeitos externos: são os que alcançam os administrados, os contratantes e, em certas hipóteses, até os próprios servidores, provendo sobre seus direitos, negócios, obrigações ou condutas perante o Poder Público.

3.6.3. QUANTO AO SEU OBJETO

Atos de império ou de autoridade: são todos aqueles que a Administração pratica usando de sua supremacia sobre o administrado ou servidor e lhe impõe obrigatório atendimento. Exemplos: desapropriações, interdições de atividade, ordens estatutárias.

Atos de gestão: correspondem aos que a Administração pratica sem fazer uso de sua supremacia sobre os destinatários. Não são atos administrativos propriamente ditos.

Atos de expediente: são os que se destinam a dar andamento aos processos e papéis que tramitam pelas repartições públicas, preparando-os para a decisão de mérito a ser proferida pela autoridade competente.

3.6.4. QUANTO AO GRAU DE LIBERDADE DA ADMINISTRAÇÃO PARA A SUA PRÁTICA

Atos vinculados: São aqueles para os quais a lei estabelece os requisitos e condições de sua realização. Nessa categoria de atos, as imposições legais absorvem, quase que por completo, a liberdade do administrador, uma vez que sua ação fica adstrita aos pressupostos estabelecidos pela norma legal, para a validade da atividade administrativa. (Ex.: aposentadoria compulsória do servidor aos 75 anos).

Atos discricionários: são os que a Administração pode praticar com liberdade de escolha de seu conteúdo, de seu destinatário, de sua conveniência, de sua oportunidade e do modo de sua realização. Não se deve confundir discricionariedade com arbitrariedade. A primeira é a ação do administrador dentro dos limites legais, ao passo que a segunda consiste em atitude contrária ou excedente à previsão legal.

3.6.5. QUANTO À FORMAÇÃO

Ato simples: ato que emana de um só órgão (ainda que colegiado) ou autoridade.

Atos complexo: ato que exige a conjugação de vontades, de órgãos distintos de mesma hierarquia. A concessão de aposentadoria é ato complexo, razão pela qual descabe falar em prazo decadencial para a Administração revisá-lo antes da manifestação do Tribunal de Contas, a qual é necessária à formação do ato. Vale ressaltar o conteúdo da Súmula Vinculante nº 3, conforme segue: "Nos processos perante o Tribunal de Contas da União asseguram-se o contraditório e a ampla defesa quando da decisão puder resultar anulação ou revogação de ato administrativo que beneficie o interessado, excetuada a apreciação da legalidade do ato de concessão inicial de aposentadoria, reforma e pensão."

Ato composto: há mais de uma manifestação de vontade, sendo uma delas principal e a outra acessória.

3.6.6. QUANTO AOS EFEITOS

Atos constitutivos: criam, modificam ou extinguem direitos.

Atos declaratórios: se limitam a declarar situações.

Atos enunciativos: apenas espelham juízos de valores (não espelham verdadeiros atos administrativos), a exemplo dos pareceres.

3.6.7. QUANTO AO CONTEÚDO

a) A licença é ato administrativo unilateral e vinculado pelo qual a Administração Pública possibilita ao particular o uso de um bem público ou o desempenho de uma determinada atividade, a exemplo da licença para dirigir.

Sendo a licença ato vinculado, o particular adquire o direito quando preenche os requisitos legais, daí afirmar-se que se trata de ato meramente declaratório da Administração.

> **RE 105.634- LICENÇA PARA CONSTRUIR. REVOGAÇÃO. OBRA NÃO INICIADA. LEGISLAÇÃO ESTADUAL POSTERIOR. I. COMPETÊNCIA DO ESTADO FEDERADO PARA LEGISLAR SOBRE ÁREAS E LOCAIS DE INTERESSE TURÍSTICO, VISANDO A PROTEÇÃO DO PATRIMÔNIO PAISAGÍSTICA (C.F., ART. 180). INOCORRÊNCIA DE OFENSA AO ART. 15 DA CONSTITUIÇÃO FEDERAL; II. ANTES DE INICIADA A OBRA, A LICENÇA PARA CONSTRUIR PODE SER REVOGADA POR CONVENIÊNCIA DA ADMINISTRAÇÃO PÚBLICA, SEM QUE VALHA O ARGUMENTO DO DIREITO ADQUIRIDO. PRECEDENTES DO SUPREMO TRIBUNAL. RECURSO EXTRAORDINÁRIO NÃO CONHECIDO.**

b) **Permissão**: é o ato administrativo discricionário e precário pelo qual a Administração permite o uso de bem público em razão de interesse público. Caso a permissão tenha prazo desaparece a sua precariedade. Se for serviço público, a permissão não será ato administrativo, e sim contrato, nos termos do artigo 175, da Constituição.

c) **Autorização**: A autorização é ato administrativo unilateral, discricionário e precário pelo qual a Administração Pública possibilita ao particular o uso de um bem público ou o desempenho de uma determinada atividade.

Tanto a licença quanto a autorização são manifestações do poder de polícia (consentimento de polícia), que pode compreender atuação discricionária ou vinculada da Administração Pública, na medida em que esta aquiesce acerca do desempenho de uma determinada atividade ou da utilização de um determinado bem. Assim, uma licença para construir é exemplo de atuação vinculada e a autorização para funcionamento de uma banca de acarajé numa praça é exemplo de atuação discricionária, sendo ambas manifestações do poder de polícia, na medida em possibilitam os particulares ao exercício de determinada atividade.

d) **Admissão**: A admissão é ato administrativo vinculado pelo qual a Administração Pública possibilita ao particular o acesso a determinado estabelecimento público para fruição de um serviço público, como ocorre nas universidades públicas.

e) **Aprovação**: A aprovação é ato administrativo unilateral de natureza discricionária, pelo qual se exerce o controle a priori (prévia) ou a posteriori (posterior) de outro ato administrativo.

f) **Homologação**: A homologação é ato administrativo unilateral e vinculado, pelo qual a Administração atesta a legalidade de outro ato praticado anteriormente, como ocorre nos concursos e licitações.

3.7. EXTINÇÃO

Os atos administrativos podem ser extintos das seguintes formas: por cumprimento dos seus efeitos jurídicos (esgotamento do conteúdo jurídico, execução material ou implemento de condição resolutiva), pelo desaparecimento da pessoa ou coisa objeto da relação jurídica, ou ainda pela retirada do ato pelo Poder Público, que são as hipóteses de revogação, anulação, cassação, caducidade e contraposição.

A cassação é um exemplo de ato vinculado e sancionatório, que consiste na retirada de um ato válido em virtude de o destinatário do ato ter desatendido condições que garantiam a sua continuidade, a exemplo da cassação da licença para dirigir ou da cassação da licença para exercer determinada atividade profissional.

A contraposição é a retirada do ato pelo Poder Público, diante da edição de um outro ato com conteúdo diverso àquele anteriormente praticado.

A caducidade, enquanto exemplo de extinção do ato administrativo, decorre da superveniência de norma jurídica que tornou inadmissível situação jurídico-administrativa anteriormente permitida. No âmbito dos contratos de concessão de serviço público a caducidade é também forma de extinção deste, mas decorre da inadimplência contratual da concessionária de serviços públicos, conforme hipóteses previstas no § 1º, do artigo 38, da Lei nº 8.987/95.

O enunciado da Súmula 473, do STF, trata da possibilidade de anulação dos atos administrativos ilegais e de revogação daqueles legais, por razão de conveniência e oportunidade. Saliente-se, apenas, que a doutrina aponta não se tratar de uma mera prerrogativa a possibilidade de a Administração anular seus atos, já que, pelo Princípio da Indisponibilidade do Interesse Público, o gestor não tem outra alternativa senão a de anular os atos ilegais, daí porque, segundo a redação do artigo 53, da Lei 9.784/99, a Administração tem o dever de anular os atos eivados de vício de legalidade e o poder de revogar os atos que se tornaram inconvenientes ou inoportunos ao interesse público.

A revogação é uma forma de extinção do ato administrativo, que consiste em sua retirada pela Administração Pública, por razões de conveniência e oportunidade. Recai, portanto, sobre atos discricionários, licitamente editados, cuja manutenção deixou de ser conveniente ou oportuna para a Administração, operando, portanto, efeitos ***ex nunc*** (não retroativos).

Caso haja a revogação de ato administrativo revogador, não poderão ser aproveitados os efeitos produzidos no período em que vigorava o primeiro ato revogador, exceto se houver disposição expressa em contrário. Este é posicionamento doutrinário majoritário acerca da impossibilidade de repristinação do ato administrativo.

A seu turno, a anulação constitui um dever da Administração Pública, decorrente do Princípio da Autotutela da Administração, e consiste na retirada do ato eivado de vício de legalidade. Em regra, opera efeitos *ex tunc*, ou seja, que retroagem à origem do ato, eis que viciado desde a origem. A seguir, confira-se tabela distintiva:

	Atos	**Razões**	**Sujeito competente**	**Efeitos**
Revogação	Discricionários	Conveniência e oportunidade	Administração Pública	Ex nunc
Anulação	Vinculados ou discricionários	Ilegalidade	Administração Pública e Poder Judiciário	Em regra, ex tunc

Ademais, é preciso estar atento ao prazo para a Administração realizar a extinção de seus atos. De acordo com o artigo 54, da Lei nº 9.784/99, "o direito da Administração de anular os atos administrativos de que decorram efeitos favoráveis para os destinatários decai em cinco anos, contados da data em que foram praticados, salvo comprovada má-fé." Nesta senda, a Administração pode anular a qualquer tempo os atos ilegais restritivos de direitos (como a negativa a uma gratificação que o servidor fazia *jus*) ou praticados com má-fé pelo beneficiário (como a nomeação em um concurso em que o candidato foi aprovado por conta de uma fraude no concurso). O parágrafo 1º, do mencionado artigo, estabelece que no caso de efeitos patrimoniais contínuos, o prazo de decadência contar-se-á da percepção do primeiro pagamento.

Vale registrar que a Súmula 633, do STJ, possibilita a utilização dos prazos do supramencionado artigo 54, da Lei nº 9.784/99 pelos Estados e Municípios que não possuam lei de processo administrativo.

Saliente-se, por fim, que é possível a convalidação dos atos que apresentarem defeitos sanáveis (vícios de competência ou de forma), em decisão na qual se evidencie não acarretarem lesão ao interesse público nem prejuízo a terceiros, nos termos do artigo 54, da supradita Lei. Assim, entende-se que um ato praticado por um sujeito incompetente, por exemplo, pode vir a ser convalidado por quem tem competência para sua prática.

CAPÍTULO 4 – SERVIÇOS PÚBLICOS

4.1. CONCEITO

O conceito de serviço público é variável no tempo, de acordo com a mudança das necessidades sociais. Ele pode ser definido como atividade administrativa desempenhada pelo Estado ou por seus delegatários, sob o regime inteiramente ou parcialmente público, destinada a atender concretamente os interesses da coletividade.

4.2. ELEMENTOS CONCEITUAIS

- Elemento subjetivo: diz respeito ao sujeito quem cria e presta o serviço público. É o Estado que cria, por lei, os serviços públicos. A Constituição já se antecipou e o fez em alguns artigos (Art. 21, X, XI e XII e art. 25, § 2º). Nos termos do artigo 175, da Constituição, a prestação do serviço deve ser feita diretamente pelo Estado, através dos seus órgãos, ou indiretamente pelos entes que integram a Administração Indireta ou pelas concessionárias, permissionárias ou autorizatárias.
- Elemento material: leva em conta a atividade desempenhada. Por este elemento, sempre se entendeu que o serviço público é uma atividade administrativa que tem por finalidade atender às necessidades ou comodidades coletivas.
- Elemento formal: diz respeito ao regime jurídico a que se submete o serviço público. A regra é que o regime jurídico seja público, mas também poderá ser privado, derrogado, para mais ou para menos, por regras de direito público.

4.3. PRINCÍPIOS

A prestação do serviço público está sujeita a alguns princípios, a saber: continuidade, atualização, universalidade, modicidade das tarifas, igualdade dos usuários e mutabilidade do regime.

O **Princípio da continuidade** significa que, em regra, não poderão os serviços públicos, em especial os essenciais, sofrer interrupção.

Em decorrência desse princípio, os contratos administrativos obrigam os particulares a manterem-se adimplentes pelo prazo de até noventa dias, mesmo diante da inadimplência da Administração, para garantir, assim, a continuidade da prestação do serviço público. É o que se chama de mitigação à regra da "exceptio non adimplenti contractus". A título exemplificativo, um contrato para fornecimento de medicamentos não pode ser rescindido por falta de pagamento pela Administração ao particular durante o período de 90 dias, garantindo, assim, a continuidade do serviço de saúde.

A lei nº 9.784/99 prevê a possibilidade de, ao final de um contrato de concessão, o Poder Público vir a utilizar equipamentos do particular (antigo concessionário) em caráter provisório ou revertê-los para si, mediante indenização, para garantir a continuidade da prestação dos serviços.

Mas é preciso registrar que os serviços públicos delegados aos particulares poderão ter sua execução suspensa em situação de emergência ou após prévio aviso, quando motivada por razões de ordem técnica ou de segurança das instalações e por inadimplemento do usuário, considerado o interesse da coletividade. De acordo com o § 4º, acrescentado ao artigo 6º, da Lei nº 8.987/95, pela Lei nº 14.015/2020, a interrupção, nesses casos, não pode iniciar-se na sexta-feira, no sábado ou no domingo, nem em feriado ou no dia anterior a feriado.

O **Princípio da Generalidade** ou universalidade determina que os serviços públicos devem estar disponíveis para todos, nas mesmas condições, salvo se alguém estiver em condição especial que exija e justifique um tratamento diferenciado, à luz do Princípio da Isonomia.

O **Princípio da Atualidade** na prestação do serviço público exige que a prestação do serviço seja realizada de forma moderna e eficiente. Assim, de acordo com a Lei nº 8.987/95, serviço adequado é o que satisfaz as condições de regularidade, continuidade, eficiência, segurança, atualidade, generalidade, cortesia na sua prestação e modicidade das tarifas.

O **Princípio da Modicidade das Tarifas** exige que as tarifas a serem pagas pelo usuário pela prestação do serviço público sejam módicas, ou seja, tenham valores acessíveis. Visando garantir o atendimento a este princípio, a Lei nº 9.784/99, que trata da delegação dos serviços públicos, determina que a tarifa do serviço concedido seja fixada pelo preço da proposta vencedora da licitação, cabendo ao poder concedente a homologação dos reajustes e suas revisões.

De acordo com o Princípio da Mutabilidade do Regime Jurídico, pode haver mudança na execução para a melhor adaptação do serviço ao interesse público, não existindo direito adquirido a novo regime jurídico instituído por lei.

4.4. CLASSIFICAÇÃO

- Quanto à adequação: podem ser próprios quando correspondem a serviços públicos prestados pelo Estado, pela Administração Indireta ou por particulares; e impróprios quando autorizados, fiscalizados e regulamentados pelo Estado.
- Quanto ao objeto: podem ser administrativos, que são aqueles que a Administração Pública executa para atender às suas necessidades internas ou para preparar outros serviços que são prestados para o público (a exemplo da imprensa oficial), comerciais ou industriais, quando se prestam a atender necessidades de ordem econômica (a exemplo da energia elétrica, gás, telecomunicações); e sociais, que são aqueles que atendem às necessidades coletivas e convivem com a iniciativa privada (a exemplo da saúde e educação).

- Quanto aos destinatários: podem ser *uti singuli* (ou individuais) quando puderem ser usufruídos direta e individualmente pelos administrados (a exemplo do transporte coletivo, da energia elétrica e de telecomunicações); e *uti universi* (ou gerais) que se prestam a atender a coletividade em geral, sem destinatários individuais (a exemplo da coleta domiciliar de lixo e da iluminação pública).
- Quanto à maneira que concorrem para satisfazer ao interesse social: exclusivos do Estado que correspondem àqueles que só podem ser prestados pelo Estado, quer diretamente, quer indiretamente pela Administração Indireta ou por delegatárias; e os não exclusivos do Estado, que são todos os serviços públicos sociais, cuja prestação é feita pelo Estado e por particulares, nesta última hipótese sujeitos apenas a controle e autorização do Estado.

4.5. DELEGAÇÃO

4.5.1. CONCEITO

Como dito, é preciso ter sempre em mente que o titular do serviço público é o ente estatal, sendo que, por razões de interesse público, ele pode delegar a um particular (consórcio de empresas ou pessoa jurídica, se concessão; ou pessoa física ou jurídica, se permissão) a sua prestação, mediante contrato, por prazo determinado: são as hipóteses de concessão e permissão de serviço público. A maioria dos serviços públicos podem ser prestados por todos os entes políticos, a teor do federalismo de cooperação adotado pelo Brasil. **São os serviços comuns**. Por outro lado, **certos serviços são privativos**, a exemplo do serviço postal (União) e do gás canalizado (Estados).

Delegação é, pois, a transferência da execução (e não da titularidade) de um serviço público feita pelo ente político titular deste a um particular, para que o faça por sua conta e risco, durante um prazo determinado. Assim, a titularidade permanece com o Poder Público (concedente), que tem a função de regulamentar, fiscalizar e zelar pela qualidade da prestação do serviço público delegado.

4.5.2. CONCESSÃO E PERMISSÃO

A Lei nº 9.784/99 trata de duas modalidades de delegação: a concessão e a permissão de serviço público.

Segundo definição do inciso II, do artigo 2º, da Lei nº 8.987/95, a concessão de serviço público é a delegação de sua prestação, feita pelo poder concedente, mediante licitação, na modalidade de concorrência ou diálogo competitivo (esta última modalidade prevista na Lei nº 14.133/21), à pessoa jurídica ou consórcio de empresas que demonstre capacidade para seu desempenho, por sua conta e risco e por prazo determinado, mediante a celebração de contrato administrativo.

Já o inciso III, do referido dispositivo legal, estabelece como permissão de serviço público, a delegação, a título precário, mediante licitação (em qualquer modalidade), da prestação de serviços públicos, feita pelo poder concedente à pessoa física ou jurídica que demonstre capacidade para seu desempenho, por sua conta e risco.

Ao contrário da permissão de uso de bem público, a **permissão de serviço público é contrato administrativo de adesão**, por força do artigo 175, da Constituição, de acordo com a ADIN 1.491/98, pouco se distinguindo da concessão.

> Retomado o julgamento da medida liminar requerida na ação direta requerida pelo Partido Democrático Trabalhista-PDT e pelo Partido dos Trabalhadores-PT, contra a Lei 9.295/96, que dispõe sobre serviços de telecomunicações e sua organização (v. Informativo 116). O Tribunal, por maioria de votos, indeferiu o pedido de suspensão cautelar da eficácia do art. 4º e seu parágrafo único da referida Lei, que autoriza o Poder Executivo a transformar em concessões de Serviço Móvel Celular, as permissões do Serviço de Radiocomunicação Móvel Terrestre Público-Restrito outorgadas anteriormente à vigência desta Lei. **O Min. Sydney Sanches proferiu voto de desempate, acompanhando o entendimento do Min. Carlos Velloso, relator, no sentido de que o art. 175, parágrafo único, I da CF ("A lei disporá sobre: I – o regime das empresas concessionárias e permissionárias de serviços públicos, o caráter especial de seu contrato e de sua prorrogação, bem como as condições de caducidade, fiscalização e rescisão da concessão ou permissão.") afastou qualquer distinção conceitual entre permissão e concessão, ao conferir àquela o caráter contratual próprio desta**. Vencidos os Ministros Marco Aurélio, Sepúlveda Pertence, Néri da Silveira, Moreira Alves e Celso de Mello, que deferiam a medida cautelar por entenderem que os conceitos de "permissão" e "concessão" não são sinônimos e que a utilização, pelo referido art. 175, § único, I, da CF/88, da expressão "o caráter especial de seu contrato" para ambos os institutos, traduz mera impropriedade e não equiparação. Quanto ao § 2º do art. 8º da mesma Lei, o julgamento continua suspenso em virtude do pedido

de vista do Min. Nelson Jobim, formulado na sessão do dia 26.6.98 (v. Informativo 116). **ADInMC 1.491-DF, rel. Min. Carlos Velloso, 1º.7.98.**

Assim, aponta-se duas diferenças entre a permissão e a concessão: a permissão poderá ser firmada com pessoa física (enquanto a concessão apenas por pessoa jurídica ou consorcio de empresas) e é precedida por licitação em qualquer modalidade (e na concessão apenas por concorrência). Assim, entende-se ser se aplica a contratos menos onerosos e teoricamente é mais precária que a concessão. No mais, tudo se aplica.

4.5.3. DIREITOS E DEVERES DO CONCEDENTE, DO CONCESSIONÁRIO E DOS USUÁRIOS DE SERVIÇO PÚBLICO

Como mencionado, ao delegar a prestação de um serviço público, ao contrário do que possa parecer, o Poder público continua sendo o titular do serviço e, por esta razão, incumbe-lhe: regulamentar o serviço concedido e fiscalizar permanentemente a sua prestação; aplicar as penalidades regulamentares e contratuais; intervir na prestação do serviço, nos casos e condições previstos em lei; extinguir a concessão, nos casos previstos nesta Lei e na forma prevista no contrato; homologar reajustes e proceder à revisão das tarifas na forma desta Lei, das normas pertinentes e do contrato; cumprir e fazer cumprir as disposições regulamentares do serviço e as cláusulas contratuais da concessão; zelar pela boa qualidade do serviço, receber, apurar e solucionar queixas e reclamações dos usuários, que serão cientificados, em até trinta dias, das providências tomadas; declarar de utilidade pública os bens necessários à execução do serviço ou obra pública, promovendo as desapropriações, diretamente ou mediante outorga de poderes à concessionária, caso em que será desta a responsabilidade pelas indenizações cabíveis; declarar de necessidade ou utilidade pública, para fins de instituição de servidão administrativa, os bens necessários à execução de serviço ou obra pública, promovendo-a diretamente ou mediante outorga de poderes à concessionária, caso em que será desta a responsabilidade pelas indenizações cabíveis; estimular o aumento da qualidade, produtividade, preservação do meio-ambiente e conservação; incentivar a competitividade; e estimular a formação de associações de usuários para defesa de interesses relativos ao serviço.

Incumbe à concessionária e à permissionária a execução do serviço delegado, pelo prazo estabelecido em contrato, cabendo-lhe responder por todos os prejuízos causados ao poder concedente, aos usuários ou a terceiros, sem que a fiscalização exercida pelo órgão competente exclua ou atenue essa responsabilidade. Ademais, ela também é responsável por prestar serviço adequado, na forma prevista nesta Lei, nas normas técnicas aplicáveis e no contrato; manter em dia o inventário e o registro dos bens vinculados à concessão; prestar contas da gestão do serviço ao poder concedente e aos usuários, nos termos definidos no contrato; cumprir e fazer cumprir as normas do serviço e as cláusulas contratuais da concessão; permitir aos encarregados da fiscalização livre acesso, em qualquer época, às obras, aos equipamentos e às instalações integrantes do serviço, bem como a seus registros contábeis; promover as desapropriações e constituir servidões autorizadas pelo poder concedente, conforme previsto no edital e no contrato; zelar pela integridade dos bens vinculados à prestação do serviço, bem como segurá-los adequadamente; e captar, aplicar e gerir os recursos financeiros necessários à prestação do serviço.

Por fim, os usuários, que são os destinatários dos serviços públicos, terão os seguintes direitos e obrigações: receber serviço adequado; receber do poder concedente e da concessionária informações para a defesa de interesses individuais ou coletivos; obter e utilizar o serviço, com liberdade de escolha entre vários prestadores de serviços, quando for o caso, observadas as normas do poder concedente; levar ao conhecimento do poder público e da concessionária as irregularidades de que tenham conhecimento, referentes ao serviço prestado; comunicar às autoridades competentes os atos ilícitos praticados pela concessionária na prestação do serviço; e contribuir para a permanência das boas condições dos bens públicos através dos quais lhes são prestados os serviços.

4.5.4. FORMAS DE EXTINÇÃO DO CONTRATO DE CONCESSÃO/PERMISSÃO

Dentre as formas de extinção do contrato de concessão e de permissão está o advento do termo contratual, já que tanto ambas são materializadas por contrato administrativo por prazo determinado.

Além desta, tem-se a encampação, que consiste na retomada do serviço pelo poder concedente durante o prazo da concessão ou permissão, por motivo de interesse público, mediante lei autorizativa específica e após prévio pagamento da indenização, nos termos do artigo 37, da Lei nº 8.987/95.

A caducidade também é uma forma de extinção do contrato de concessão ou permissão e consiste na retomada do serviço pelo poder concedente durante o prazo da concessão ou permissão, por conta da inexecução total ou parcial do contrato pelo concessionário ou permissionário, nos moldes do artigo 38, da Lei nº 8.987/95.

O artigo 39, da Lei nº 8.987/95 prevê ainda a possibilidade de rescisão do contrato de concessão ou permissão, por iniciativa da concessionária ou permissionária, no caso de descumprimento das normas contratuais pelo poder concedente, mediante ação judicial especialmente intentada para esse fim.

4.5.5. AUTORIZAÇÃO

A autorização, por sua vez, seria o ato administrativo unilateral e precário no qual um particular estaria autorizado a prestar o serviço público. A doutrina questiona sobremaneira esta forma de delegação do serviço público, que seria efetivada diante de um interesse particular, sem prejudicar, entretanto, o interesse público, notadamente diante do disposto no artigo 175, da Constituição.

CAPÍTULO 5 - PODERES ADMINISTRATIVOS

Os Poderes Administrativos são prerrogativas que possui a Administração Pública para o desempenho da atividade administrativa. Saliente-se, de logo, que tais prerrogativas não ensejam faculdades à Administração, mas obrigação de agir, daí porque são intituladas de poderes-deveres.

O **poder normativo** possibilita a Administração editar atos abstratos e gerais complementares à lei, regulamentando-a. Assim, como a norma jurídica não poderia se ater a determinadas minúcias, deixa a cargo do administrador a possibilidade de melhor disciplinar determinadas questões.

O artigo 20, da Lei nº 8.112/90, por exemplo, trata do estágio probatório, determinando que durante este período de prova, o servidor nomeado para o exercício de um cargo público efetivo seja avaliado no que tange à assiduidade, disciplina, capacidade de iniciativa, produtividade e responsabilidade. Cabe, portanto, ao administrador público, regulamentar o estágio, explicitando como serão as avaliações, a periodicidade, o modo pelo qual ocorrerá, as pessoas competentes para realizá-las, a forma e o prazo dos eventuais recursos, entre outras questões não disciplinadas na lei.

No Brasil, o exercício do poder normativo é materializado através da edição de **regulamentos executivos**, os quais se prestam a complementar a lei, não inovando na ordem jurídica, por conter normas para a fiel execução da lei. Isso se justifica pelo mandamento do artigo 5º, II, da Constituição da República, que assim determina "ninguém será obrigado a fazer ou deixar de fazer alguma coisa senão em virtude de lei."

Em condição inversa aos regulamentos executivos, estão os **regulamentos autônomos**, que inovam na ordem jurídica, extrapolando os ditames legais. A doutrina admite apenas uma hipótese de edição de regulamento autônomo no Brasil, que estaria no artigo 84, VI, da Constituição da República, ao permitir que o presidente da República disponha, mediante decreto, sobre a Administração Federal, desde que não implique em aumento de despesa, não crie nem extinga órgão público ou cargo público (permitindo apenas a extinção do cargo vago).

Já o **poder hierárquico** possibilita a Administração Pública distribuir e escalonar as funções de seus órgãos, ordenar e rever a atuação de seus agentes, estabelecendo a relação de subordinação entre os servidores do seu quadro de pessoal. Vale registrar que a competência é, em regra, irrenunciável, exceto nos casos de delegação e avocação legalmente admitidos, nos termos do artigo 11 e seguintes da Lei nº 9.784/99, que regula o processo administrativo em âmbito Federal.

A **delegação** consiste na transferência de competência para alguém de mesmo nível hierárquico ou de mesma hierarquia, quando for conveniente, em razão de circunstâncias de índole técnica, social, econômica, jurídica ou territorial. Acontece que, por conta do artigo 13, da Lei nº 9.784/99, não podem ser objeto de delegação a edição de atos de caráter normativo, a decisão de recursos administrativos e as matérias de competência exclusiva do órgão ou autoridade.

A Súmula 510, do Supremo Tribunal Federal disciplina que "Praticado o ato por autoridade, no exercício de competência delegada, contra ela cabe mandado de segurança ou a medida judicial."

Já a **avocação** é o movimento inverso, e consiste na chamada de competência por um superior, em face do subalterno, em caráter excepcional e por motivos relevantes devidamente justificados.

O **poder disciplinar**, a seu turno, decorre do poder hierárquico e consiste na prerrogativa que tem a Administração Pública de apurar e punir aqueles sujeitos diretamente ao regime jurídico administrativo, a exemplo de seus servidores e daqueles por ela contratados.

Por fim, o **poder de polícia**, que tem definição no artigo 78, do Código Tributário Nacional, consiste na prerrogativa que tem a Administração Pública de limitar e condicionar a liberdade e a propriedade dos administrados, visando à satisfação do interesse público. Um dos fundamentos do poder de polícia é o princípio da supremacia do interesse público sobre o particular, que justifica o sacrifício do individual em prol do geral.

A atuação da Administração Pública, no exercício do poder de polícia, pode ser preventiva ou repressiva, de modo que estes elementos não podem ser levados em consideração para diferenciá-la da atuação da polícia judiciária, que também atua de ambas as formas. Em verdade, na atuação lastreada em seu poder de polícia, a Administração impede ou paralisa atuações danosas à coletividade, enquanto nas atuações da polícia judiciária, o Poder Público atua na persecução penal.

A investigação de fato criminoso, oitiva de testemunha, inspeções e perícias não são atos próprios do poder de polícia da administração pública, mas sim da polícia judiciária, responsável pela persecução penal. A atuação da polícia administrativa não compreende a aplicação de pena criminal, limitando-se a Administração Pública, no exercício de tal competência, à aplicação de sanções administrativas, como por exemplo a cobrança de multa, ou a apreensão de mercadorias, ou o embargo de uma obra.

Ao exercer o poder de polícia, o agente público percorre determinado ciclo até a aplicação da sanção, também chamado ciclo de polícia, que compreende ordens de polícia, fiscalização de polícia e sanção de polícia. A ordem de polícia caracteriza-se por ordens e proibições, decorrentes do poder regulamentar da Administração, por meio das quais são veiculadas limitações e sanções às condutas individuais dos administrados, integrando, portanto, o ciclo de polícia. A fiscalização de polícia deve estar sempre presente na atuação da polícia administrativa e é necessária à aplicação de eventual sanção. Só ao fiscalizar o cumprimento das ordens de polícia é que será possível a aplicação das correspondentes sanções. Por fim, a sanção de polícia corresponde à penalidade aplicada pela Administração Pública ao particular, notadamente quando, no exercício de sua ação fiscalizadora, averigua o descumprimento das ordens de polícia. Na atuação da polícia administrativa também é possível haver consentimentos de polícia, que consistem em autorizações da Administração Pública acerca do desempenho de uma determinada atividade ou da utilização de um determinado bem, como a licença para construir, por exemplo. Acontece que, nem toda atuação do particular exigirá da Administração Pública seu consentimento, o qual não fará parte, necessariamente, do denominado ciclo de polícia.

Com a ampliação do campo de incidência do poder de polícia, chega-se hoje a utilizar esse poder até para a preservação da segurança nacional, que é, em última análise, a situação da tranquilidade e garantia que o Estado oferece ao indivíduo e à coletividade, para a consecução dos objetivos do cidadão e da nação em geral.

A doutrina elenca como características do poder de polícia a coercibilidade, a autoexecutoriedade e a proporcionalidade, esta considerada como a relação entre a limitação ao direito individual e o dano a ser prevenido.

No julgamento do Recurso Extraordinário nº 633.782, com repercussão geral reconhecida (Tema 532), o STF fixou a seguinte tese: "É constitucional a delegação do poder de polícia, por meio de lei, a pessoas jurídicas de direito privado integrantes da Administração Pública indireta de capital social majoritariamente público que prestem exclusivamente serviço público de atuação própria do Estado e em regime não concorrencial". Ou seja, admitiu com isso a delegação do poder de polícia às pessoas jurídicas de direito privado integrantes da Administração Indireta (empresas públicas ou sociedades de economia mista), que possuam capital majoritariamente público, a exemplo dos serviços de trânsito. Assim, o STF deixou claro que o poder de polícia não se confunde com a segurança pública, de modo que seu exercício não é prerrogativa exclusiva das entidades policiais.

Os poderes administrativos devem ser utilizados nos estritos limites legais, já que a atuação da atividade administrativa está sujeita à lei. O **abuso de poder** (atuação em desconformidade com o direito) é gênero, do qual o **desvio e o excesso de poder** são espécies. Assim, o abuso do poder administrativo pode decorrer do excesso de poder, caracterizado quando o agente atua fora dos limites de sua competência, bem como pelo desvio de poder, que ocorre quando o agente, embora dentro de sua competência, afasta-se do interesse público que deve nortear o desempenho administrativo.

A título de exemplo, a remoção de servidor público, *ex officio*, com o intuito de afastar o removido da sede do órgão, localidade onde também funciona a associação sindical da qual o referido servidor faz parte é exemplo de **desvio de poder**, já que a remoção de servidor público *ex officio* deve ocorrer no interesse da Administração (artigo 36, parágrafo único, I, da Lei nº 8.112/90), buscando a satisfação do interesse público. Ao inobservar dito interesse público, utilizando-se da remoção para finalidade diversa da prevista em lei, o agente incorreu em desvio de poder.

Ainda com intuito exemplificativo, a aplicação de penalidade de advertência por comissão disciplinar constituída para apurar eventual prática de infração disciplinar caracteriza-se como **excesso de poder**, já que consiste numa atuação fora dos limites de suas atribuições, que está limitada à emissão de relatório conclusivo acerca da inocência ou responsabilidade do servidor, nos termos dos artigos 165 e 166, da Lei nº 8.112/90.

CAPÍTULO 6 – SERVIDORES PÚBLICOS

6.1. ESPÉCIES E CLASSIFICAÇÃO

Agente público constitui uma categoria genérica de pessoas físicas que, de algum modo ou a qualquer título, exercem funções estatais, independentemente da natureza ou do tipo de vínculo que possuem com o Estado. Assim, pouco importa se o vínculo é transitório ou permanente, remunerado ou não, se institucional ou contratual.

O conceito de agente público está, pois, ligado ao exercício de uma função pública, ainda que transitoriamente ou sem remuneração, por eleição, nomeação, designação, contratação ou qualquer outra forma de investidura ou vínculo, nos termos do artigo 2º, da Lei de Improbidade Administrativa (Lei nº 8.429).

Agente político, a seu turno, é todo aquele que exerce função política do Estado e titulariza um cargo ou mandato de altíssimo escalão, subordinando-se à Constituição da República. Nesta categoria encontram-se os membros do Judiciário e do Ministério Público, por exemplo.

Agente delegado é aquele que exerce atividade pública por delegação do poder público.

Particulares em colaboração com o poder público são aqueles que têm um vínculo transitório e sem remuneração com o poder público. Dividem-se em agentes honoríficos ou convocados, que exercem função de representação na sociedade na atividade do Estado, como os mesários e jurados; e em agentes necessários, que são voluntários que auxiliam o Estado em situações de emergência, a exemplo dos voluntários da defesa civil. É importante registrar que a Lei nº 8.112/90 proíbe a prestação de serviços gratuitos, salvo os casos previstos em lei.

Agente de fato ou putativo é aquele que aparentemente é um agente público, mas que em verdade não ostenta esta condição, eis que não está legalmente investido em cargo, emprego ou função pública.

Agentes administrativos são aqueles que exercem atividade pública, mantendo com o poder público um vínculo de subordinação às ordens do agente político e oneroso ao Estado. Dividem-se em servidores público, empregados públicos e agentes temporários.

- Servidores públicos (em sentido estrito) são os titulares de cargo público e submetem-se ao regime estatutário.
- Empregados públicos são os titulares de emprego público e submetem-se ao regime celetista (da CLT- Consolidação das Leis Trabalhistas). São denominados servidores públicos em sentido amplo.
- Agentes temporários são contratados com base no artigo 37, IX, da Constituição da República, por tempo determinado, para atender a necessidades temporárias de excepcional interesse público. É o regime especial de direito administrativo (REDA).

6.2. PODERES, DEVERES E PRERROGATIVAS

Os poderes públicos, conforme já visto, podem ser definidos como o conjunto de prerrogativas de conferidas aos agentes administrativos para lhes permitir o desempenho da atividade administrativa. Desta feita, importam em dever de atuação, de acordo com as competências que lhe são atribuídas por lei.

De outro modo, o servidor possui deveres também inerentes ao cargo público ocupado e estão previstos, em regra, nos estatutos funcionais de cada ente federado. No âmbito federal, o artigo 116, da Lei nº 8.112/90 enumera os seguintes deveres do servidor: exercer com zelo e dedicação as atribuições do cargo; ser leal às instituições a que servir; observar as normas legais e regulamentares; cumprir as ordens superiores, exceto quando manifestamente ilegais; atender com presteza ao público em geral, prestando as informações requeridas, ressalvadas as protegidas por sigilo, à expedição de certidões requeridas para defesa de direito ou esclarecimento de situações de interesse pessoal e às requisições para a defesa da Fazenda Pública; levar as irregularidades de que tiver ciência em razão do cargo ao conhecimento da autoridade superior ou, quando houver suspeita de envolvimento desta, ao conhecimento de outra autoridade competente para apuração; zelar pela economia do material e a conservação do patrimônio público; guardar sigilo sobre assunto da repartição; manter conduta compatível com a moralidade administrativa; ser assíduo e pontual ao serviço; tratar com urbanidade as pessoas; representar contra ilegalidade, omissão ou abuso de poder

O servidor público goza ainda de prerrogativas em razão do cargo por ele titularizado. A primeira delas é a estabilidade ou a vitaliciedade, a depender do cargo ocupado, que lhe garante permanência no cargo, só podendo vir a perdê-lo em situações específicas, como será adiante tratado. Ademais, possui uma série de direitos e vantagens, que serão estudadas em tópico próprio no presente capítulo.

Cumpre-se mencionar neste tópico acerca do Direito de Greve dos servidores público, previsto no parágrafo único do artigo 8º, da Constituição Federal, pendente, ainda de regulamentação específica, conforme segue:

> Art. 8º, parágrafo único. As disposições deste artigo aplicam-se à organização de sindicatos rurais e de colônias de pescadores, atendidas as condições que a lei estabelecer.

O STF, no julgamento do Mandado de Injunção nº 708/DF, considerando que a mora legislativa a respeito da omissão legislativa em regulamentar o direito de greve dos servidores públicos já havia sido, por diversas vezes, declarada por aquela Corte, reconheceu que é possível o exercício do direito de greve por parte dos servidores públicos civis, com a aplicação da Lei nº 7.783, de 28 de junho de 1989, no que couber.

No julgamento do mencionado mandado de injunção, o STF determinou que o exercício do direito de greve pelos servidores públicos civis deve observar a Lei n° 7.783/1989, com as necessárias adaptações à luz do princípio da continuidade do serviço público, considerando-se, por exemplo, que o rol de atividades essenciais previstos naquela lei seria exemplificativo para os fins de sua aplicação à greve dos servidores públicos civis.

Ainda no julgamento do MI 708/DF, o STF asseverou que os parâmetros normativos adotados por aquela Corte para delimitar a possibilidade do exercício do direito de greve dos servidores públicos civis na ausência de regulamentação não impedem que, futuramente, o legislador infraconstitucional confira novos contornos acerca da adequada configuração da disciplina desse direito constitucional.

Vale registrar que a Lei nº 13.300/2016, que disciplina o processo e o julgamento dos mandados de injunção individual e coletivo, em seu artigo 8º, passou a dispor o seguinte:

> "Art. 8º Reconhecido o estado de mora legislativa, será deferida a injunção para: I – determinar prazo razoável para que o impetrado promova a edição da norma regulamentadora; II – estabelecer as condições em que se dará o exercício dos direitos, das liberdades ou das prerrogativas reclamados ou, se for o caso, as condições em que poderá o interessado promover ação própria visando a exercê-los, caso não seja suprida a mora legislativa no prazo determinado. Parágrafo único. Será dispensada a determinação a que se refere o inciso I do caput quando comprovado que o impetrado deixou de atender, em mandado de injunção anterior, ao prazo estabelecido para a edição da norma." A inovação legislativa seguiu a tendência de alguns julgados do próprio STF, inclusive o mencionado MI nº 708/DF, em que a Corte conferiu o chamado "efeito concretista", para possibilitar o exercício do direito reclamado.

6.3. CARGO, EMPREGO E FUNÇÃO PÚBLICOS

Cargo é o lugar dentro da organização funcional da Administração pública que é ocupado por servidor público e tem funções e remunerações previstas em lei. Nos termos do artigo 3º, da Lei nº 8.112/90, cargo público é o conjunto de atribuições e responsabilidades previstas na estrutura organizacional que devem ser cometidas a um servidor e são acessíveis a todos os brasileiros, são criados por lei, com denominação própria e vencimento pago pelos cofres públicos, para provimento em caráter efetivo ou em comissão.

- Cargo de provimento efetivo: é aquele que depende de concurso público para seu provimento e assegura estabilidade para o seu titular, que só poderá vir a perde-lo por sentença judicial transitada em julgado, processo administrativo assegurado o contraditório e a ampla defesa ou por reprovação na avaliação periódica de desempenho, nos termos de lei complementar.
- Cargo em comissão: é aquele de ocupação transitória (de livre nomeação e exoneração), que não possibilita a aquisição de estabilidade por seu titular e diz respeito a atribuições de direção, chefia e assessoramento.
- Cargo de provimento vitalício: é aquele que oferece maior garantia de permanência a seu ocupante, que só poderá vir a perdê-lo por processo judicial (salvo no período do estágio probatório). A vitaliciedade tem previsão constitucional e compreende os magistrados, membros do Ministério Público e dos Tribunais de Contas.

Em face dos cargos em comissão, a Súmula vinculante nº 13 veda o nepotismo, nos seguintes termos:

> A nomeação de cônjuge, companheiro ou parente em linha reta, colateral ou por afinidade, até o terceiro grau, inclusive, da autoridade nomeante ou de servidor da mesma pessoa jurídica investido em cargo de direção, chefia ou assessoramento, para o exercício de cargo em comissão ou de confiança ou, ainda, de função gratificada na administração pública direta e indireta em qualquer dos poderes da União, dos Estados, do Distrito Federal e dos Municípios, compreendido o ajuste mediante designações recíprocas, viola a Constituição Federal.

Função pública é a atividade em si mesma, ou seja, são as atribuições que constituem o objeto dos serviços prestados pelos servidores públicos. A **função temporária** é aquela exercida pelos servidores temporários. Já a **função de confiança** corresponde à atribuição de direção, chefia e assessoramento e é exercida exclusivamente pelos servidores públicos titulares de cargos efetivos.

É importante assinalar que a função de confiança não se confunde com o cargo em comissão, muito embora ambos digam respeito a atribuições de direção, chefia e assessoramento, já que aquela é exercida apenas por servidor efetivo, enquanto este é titularizado por qualquer pessoa.

Emprego público é a relação funcional trabalhista estabelecida entre a Administração Pública e os seus agentes regidos pela Consolidação das Leis trabalhistas.

6.4. REGIME JURÍDICO ÚNICO: PROVIMENTO, VACÂNCIA, REMOÇÃO, REDISTRIBUIÇÃO E SUBSTITUIÇÃO

6.4.1. REGIME JURÍDICO

Regime jurídico é o conjunto de regras de direito que regula determinada relação jurídica.

O **regime estatutário** é o conjunto de regras que regula a relação jurídica funcional entre o servidor público estatutário e o Estado. Tem por principais características a pluralidade normativa e a natureza não contratual. A pluralidade normativa indica que os estatutos funcionais são diversos, já que cada ente da Federação tem competência para editar normas acerca dos seus servidores. Já a natureza não contratual decorre do fato de que o vínculo entre o ente público e o servidor não decorre de contrato, mas sim da lei.

O **regime trabalhista** estatal é o conjunto de regras que regula a relação jurídica funcional entre o servidor público empregado e o Estado. Tem por características a unicidade normativa, já que são regulados pela Consolidação das Leis Trabalhistas-CLT, e natureza contratual, eis que é celebrado contrato de trabalho entre as partes.

O **regime jurídico único**, a seu turno, é o regime escolhido pelo Estado brasileiro para regular sua relação funcional com seus servidores, que, nos termos do artigo 39, caput, da Constituição de 1988, é o regime estatutário. Desta feita, a Constituição definiu que esse regime seria o mesmo (único) para todos os entes da federação:

> Art. 39. A União, os Estados, o Distrito Federal e os Municípios instituirão, no âmbito de sua competência, regime jurídico único e planos de carreira para os servidores da administração pública direta, das autarquias e das fundações públicas.

Acontece que, com o advento da Emenda Constitucional nº 19/98, a redação do caput do artigo 39 foi alterada, tendo sido suprimida a obrigatoriedade do regime jurídico único, de modo que se passou a possibilitar a adoção de outro regime, no caso o trabalhista, pela Administração Pública. Mas, em sede de liminar no bojo de uma ADIN, no ano de 2008, o STF suspendeu a eficácia do dispositivo alterado, conferindo efeitos *ex nunc* à decisão, respeitando, assim, a validade dos atos anteriormente praticados com base em legislações eventualmente editadas durante a vigência do dispositivo suspenso.

Ou seja, atualmente e até o julgamento definitivo da ADIN, continua sendo exigido constitucionalmente a adoção do regime jurídico único para os entes da Administração Pública de qualquer esfera de Governo, sendo que entre a vigência da EC 19/98 e a decisão liminar proferida na mencionada ação, possibilitou-se no Brasil mais de um regime jurídico para os servidores estatais.

6.4.2. PROVIMENTO

O **Provimento** é o ato pelo qual se efetiva o preenchimento de um cargo público, podendo ser originário (ou autônomo) e derivado.

O **provimento originário ou autônomo** é aquele que não decorre de anterior vínculo da pessoa com a Administração Pública, ou quando é iniciada uma nova relação estatutária.

A **nomeação** é a única forma de provimento originário e será em caráter efetivo, quando se tratar de cargo isolado de provimento efetivo ou de carreira, ou em comissão, inclusive na condição de interino, para cargos de confiança vagos.

Além do provimento originário, existem formas de **provimento derivado**, quando o cargo é preenchido por alguém que já possui um vínculo com outro cargo, sujeito ao mesmo estatuto. A Lei nº 8.112/90, que regula os servidores públicos federais, enumera as seguintes formas de provimento derivado: promoção, readaptação, reversão, aproveitamento, reintegração e recondução.

Promoção é movimentação do servidor dentro da carreira, em razão do decurso do tempo ou merecimento.

Readaptação é o provimento do servidor em cargo de atribuições e responsabilidades compatíveis com a limitação que tenha sofrido em sua capacidade física ou mental verificada em inspeção médica. Será efetivada em cargo de atribuições afins, respeitada a habilitação exigida, nível de escolaridade e equivalência de vencimentos e, na hipótese de inexistência de cargo vago, o servidor exercerá suas atribuições como excedente, até a ocorrência de vaga.

Reversão é o retorno à atividade de servidor aposentado por invalidez, quando junta médica oficial declarar insubsistentes os motivos da aposentadoria ou no interesse da administração, desde que tenha solicitado a reversão, a aposentadoria tenha sido voluntária, estável quando na atividade, aposentadoria tenha ocorrido nos cinco anos anteriores à solicitação, ou haja cargo vago.

Quando o retorno decorrer do julgamento da insubsistência dos motivos da aposentadoria por invalidez, encontrando-se provido o cargo, o servidor exercerá suas atribuições como excedente, até a ocorrência de vaga. Já o servidor que retornar à atividade por interesse da administração perceberá, em substituição aos proventos da aposentadoria, a remuneração do cargo que voltar a exercer, inclusive com as vantagens de natureza pessoal que percebia anteriormente à aposentadoria.

A **reintegração** é o retorno do servidor estável no cargo anteriormente ocupado, ou no cargo resultante de sua transformação, quando invalidada a sua demissão por decisão administrativa ou judicial, com ressarcimento de todas as vantagens, já que sua demissão foi julgada ilegal. Se cargo estiver extinto, o servidor ficará em disponibilidade. Encontrando-se provido o cargo, o seu eventual ocupante será reconduzido ao cargo de origem, sem direito à indenização ou aproveitado em outro cargo, ou, ainda, posto em disponibilidade.

A **recondução** é o retorno do servidor estável ao cargo anteriormente ocupado e decorrerá de inabilitação em estágio probatório relativo a outro cargo ou reintegração do anterior ocupante. Encontrando-se provido o cargo de origem, o servidor será aproveitado em outro

O **aproveitamento** é o retorno do servidor em disponibilidade por ter sido extinto o cargo ou declarada a sua desnecessidade.

6.4.3. VACÂNCIA

A **vacância** é o ato oposto ao de provimento, que torna vago o cargo anteriormente ocupado. A vacância do cargo público em âmbito federal decorrerá de exoneração, demissão, promoção, readaptação, aposentadoria, posse em outro cargo inacumulável e falecimento, nos termos do artigo 33, da Lei nº 8.112/90.

A **exoneração** é a forma de vacância do cargo sem caráter punitivo e poderá ser a pedido do servidor, ou de ofício pela própria Administração.

A exoneração de ofício poderá ocorrer nas seguintes hipóteses: quando não satisfeitas as condições do estágio probatório; quando, tendo tomado posse, o servidor não entrar em exercício no prazo estabelecido; por reprovação em processo de avaliação periódica de desempenho, na forma de lei complementar (ainda não há lei regulando a matéria); e em razão da adequação das despesas aos limites de gastos com pessoal estabelecido na Lei de Responsabilidade Fiscal, na forma do artigo 169, § 4º, da Constituição de 1988.

A exoneração de cargo em comissão (em razão da nomeação) e a dispensa de função de confiança (em razão da designação de um servidor) ocorrerá a juízo da autoridade competente e a pedido do próprio servidor.

Já a **demissão**, muito embora seja uma forma de vacância, não se confunde com a exoneração, eis que tem caráter punitivo. É uma penalidade disciplinar, aplicável aos servidores ativos titulares de cargo efetivo, mediante regular processo administrativo disciplinar – PAD, em que seja assegurado o contraditório e a ampla defesa. Se o servidor for titular de cargo em comissão, será aplicada a correspondente pena de destituição do cargo em comissão e se este for aposentado, a pena é de cassação de aposentadoria.

A **promoção** e a **readaptação** são formas de provimento e vacância.

A **aposentadoria** é a passagem do servidor definitivamente para a inatividade remunerada. Ela pode ocorrer por três formas: por invalidez permanente, compulsoriamente aos 75 anos e voluntariamente.

A **posse em outro cargo público inacumulável** é forma de vacância do cargo originário, enquanto perdurar o estágio probatório do novo cargo.

Por fim, o **falecimento** do servidor, por óbvio, torna vago o cargo por ele até então ocupado.

6.4.4. REMOÇÃO

A remoção é o deslocamento do servidor, a pedido ou de ofício, no âmbito do mesmo quadro, com ou sem mudança de sede e poderá ocorrer de ofício, no interesse da Administração, a pedido, a critério da Administração e a pedido, para outra localidade, independentemente do interesse da Administração.

Nesta última situação, a remoção poderá ocorrer para acompanhar cônjuge ou companheiro, também servidor público civil ou militar, de qualquer dos Poderes da União, dos Estados, do Distrito Federal e dos Municípios, que foi deslocado no interesse da Administração, ou por motivo de saúde do servidor, cônjuge, companheiro ou dependente que viva às suas expensas e conste do seu assentamento funcional, condicionada à comprovação por junta médica oficial, ou ainda em virtude de processo seletivo promovido, na hipótese em que o número de interessados for superior ao número de vagas, de acordo com normas preestabelecidas pelo órgão ou entidade em que aqueles estejam lotados.

Assim, a remoção não é forma de provimento nem de vacância pois consiste apenas no deslocamento do servidor, com mudança do local de lotação.

Vale registar que, nos termos do artigo 99, da Lei nº 8.112/90, ao servidor estudante que mudar de sede no interesse da administração é assegurada, na localidade da nova residência ou na mais próxima, matrícula em instituição de ensino congênere, em qualquer época, independentemente de vaga. Esta garantia é estendida também ao seu cônjuge ou companheiro, aos filhos, ou enteados que vivam na sua companhia, bem como aos menores sob sua guarda, com autorização judicial.

6.4.5. REDISTRIBUIÇÃO

A redistribuição é o deslocamento do cargo de provimento efetivo, ocupado ou vago no âmbito do quadro geral de pessoal, para outro órgão ou entidade do mesmo Poder e será sempre no interesse da Administração. Possui como requisitos a equivalência de vencimentos, a manutenção da essência das atribuições do cargo, a vinculação entre os graus de responsabilidade e complexidade das atividades, mesmo nível de escolaridade, especialidade ou habilitação profissional, além da compatibilidade entre as atribuições do cargo e as finalidades institucionais do órgão ou entidade.

A redistribuição ocorrerá de ofício para ajustamento de lotação e da força de trabalho às necessidades dos serviços, inclusive nos casos de reorganização, extinção ou criação de órgão ou entidade. Nos casos de reorganização ou extinção de órgão ou entidade, extinto o cargo ou declarada sua desnecessidade no órgão ou entidade, o servidor estável que não for redistribuído será colocado em disponibilidade, até seu aproveitamento, ou poderá ser mantido sob responsabilidade do órgão central do SIPEC, e ter exercício provisório, em outro órgão ou entidade, até seu adequado aproveitamento.

6.4.6. SUBSTITUIÇÃO

Os servidores investidos em cargo ou função de direção ou chefia e os ocupantes de cargo de Natureza Especial terão substitutos indicados no regimento interno ou, no caso de omissão, previamente designados pelo dirigente máximo do órgão ou entidade.

O substituto assumirá automática e cumulativamente, sem prejuízo do cargo que ocupa, o exercício do cargo ou função de direção ou chefia e os de Natureza Especial, nos afastamentos, impedimentos legais ou regulamentares do titular e na vacância do cargo, hipóteses em que deverá optar pela remuneração de um deles durante o respectivo período.

O substituto fará jus à retribuição pelo exercício do cargo ou função de direção ou chefia ou de cargo de Natureza Especial, nos casos dos afastamentos ou impedimentos legais do titular, superiores a trinta dias consecutivos, paga na proporção dos dias de efetiva substituição, que excederem o referido período.

O disposto no artigo anterior aplica-se aos titulares de unidades administrativas organizadas em nível de assessoria.

6.5. DIREITOS E VANTAGENS

O tema será aqui abordado de forma sintética, estando melhor detalhado no capítulo próprio destinado à Lei nº 8.112/90.

6.5.1. VENCIMENTO E REMUNERAÇÃO

A remuneração é expressão ampla que abarca toda contraprestação percebida por servidor público em decorrência do seu labor, abrangendo vencimentos (específico do cargo) e vantagens pecuniárias (a exemplos das gratificações).

Já o subsídio é uma espécie de remuneração obrigatória dos agentes públicos mais importantes, em parcela única, apenas acumulável com verbas indenizatória, devida aos titulares de mandato eletivo, membros da magistratura e MP, Defensoria, Advocacia Pública e Polícias (artigos 39, §4º, 135 e 144, §9º, da Constituição). Com relação aos demais servidores, será facultativo o estabelecimento de subsídio.

A remuneração do servidor público é irredutível (37, XV, da Constituição), mas esta irredutibilidade refere-se apenas ao vencimento e as gratificações permanentes.

É assegurada a isonomia de vencimentos para cargos de atribuições iguais ou assemelhadas do mesmo Poder, ou entre servidores dos três Poderes, ressalvadas as vantagens de caráter individual e as relativas à natureza ou ao local de trabalho.

6.5.2. VANTAGENS

Além do vencimento, poderão ser pagas ao servidor as seguintes vantagens: indenizações, gratificações e adicionais. Essas vantagens, não serão computadas, nem acumuladas, para efeito de concessão de quaisquer outros acréscimos pecuniários ulteriores, sob o mesmo título ou idêntico fundamento.

As indenizações não se incorporam ao vencimento ou provento para qualquer efeito, já que se prestam a recompor o patrimônio do servidor. As gratificações e os adicionais incorporam-se ao vencimento ou provento, nos casos e condições indicados em lei.

A Lei nº 8.112/90 enumera quatro modalidades de indenizações, que são: ajuda de custo, diárias, transporte e auxílio-moradia.

6.5.3. GRATIFICAÇÕES E ADICIONAIS

Além do vencimento e das vantagens, serão deferidos aos servidores as seguintes retribuições, gratificações e adicionais retribuição pelo exercício de função de direção, chefia e assessoramento; gratificação natalina; adicional pelo exercício de atividades insalubres, perigosas ou penosas; adicional pela prestação de serviço extraordinário; adicional noturno; adicional de férias; outros, relativos ao local ou à natureza do trabalho; e gratificação por encargo de curso ou concurso.

6.5.4. FÉRIAS

O servidor público federal fará jus a trinta dias de férias, que podem ser acumuladas, até o máximo de dois períodos, no caso de necessidade do serviço, ressalvadas as hipóteses em que haja legislação. Já o servidor que opera direta e permanentemente com Raios X ou substâncias radioativas gozará vinte dias consecutivos de férias, por semestre de atividade profissional, proibida em qualquer hipótese a acumulação específica.

Para o primeiro período aquisitivo de férias serão exigidos doze meses de exercício. As férias somente poderão ser interrompidas por motivo de calamidade pública, comoção interna, convocação para júri, serviço militar ou eleitoral, ou por necessidade do serviço declarada pela autoridade máxima do órgão ou entidade, devendo o restante do período aquisitivo ser gozado de uma só vez.

6.5.5. LICENÇAS

Nos termos do artigo 81, da Lei nº 8.112/90, conceder-se-á ao servidor licença: por motivo de doença em pessoa da família; por motivo de afastamento do cônjuge ou companheiro; para o serviço militar; para atividade política; para capacitação; para tratar de interesses particulares; para desempenho de mandato classista.

6.5.6. AFASTAMENTOS

São três as hipóteses de afastamentos previstas na Lei 8.112/12 para os servidores públicos federais: para ter exercício em outro órgão ou entidade de qualquer ente político, para exercício de mandato eletivo, para **estudo ou missão no Exterior** e para Participação em Programa de Pós-Graduação Stricto Sensu no País.

6.5.7. CONCESSÕES

A Lei nº 8.112/90 ainda prevê algumas concessões aos servidores federais, admitindo a falta ao serviço, nas hipóteses sintetizadas a seguir:

Período de ausências	Motivo
01 dia	Doação de sangue
Período comprovadamente necessário, limitado a dois dias	Alistamento ou recadastramento eleitoral
08 dias consecutivos	Casamento Falecimento do cônjuge, companheiro, pais, madrasta ou padrasto, filhos, enteados, menor sob guarda ou tutela e irmãos

Ainda será concedido horário especial ao servidor estudante, quando comprovada a incompatibilidade entre o horário escolar e o da repartição, sem prejuízo do exercício do cargo, sendo exigida a compensação de horário, respeitada a duração semanal do trabalho. Também será concedido horário especial ao servidor portador de deficiência, ou que possua cônjuge, filho ou dependente com deficiência, quando comprovada a necessidade por junta médica oficial, independentemente de compensação de horário. Será igualmente concedido horário especial, vinculado à compensação de horário a ser efetivada no prazo de até um ano, ao servidor que desempenhe atividade gratificada por encargo de curso ou concurso.

Por fim, ao servidor estudante que mudar de sede no interesse da administração é assegurada, na localidade da nova residência ou na mais próxima, matrícula em instituição de ensino congênere, em qualquer época, independentemente de vaga. Tal direito estende-se ao cônjuge ou companheiro, aos filhos, ou enteados do servidor que vivam na sua companhia, bem como aos menores sob sua guarda, com autorização judicial.

6.5.8. TEMPO DE SERVIÇO

A Lei nº 8.112/90 prevê a contagem para todos os efeitos do tempo de serviço público federal, inclusive o prestado às Forças Armadas. A apuração do tempo de serviço será feita em dias, que serão convertidos em anos, considerado o ano como de trezentos e sessenta e cinco dias. A Lei nº 8.112/90 prevê como de efetivo exercício algumas ausências, conforme segue:

> Art. 102. Além das ausências ao serviço previstas no art. 97, são considerados como de efetivo exercício os afastamentos em virtude de:
>
> I – férias;
>
> II – exercício de cargo em comissão ou equivalente, em órgão ou entidade dos Poderes da União, dos Estados, Municípios e Distrito Federal;
>
> III – exercício de cargo ou função de governo ou administração, em qualquer parte do território nacional, por nomeação do Presidente da República;
>
> IV – participação em programa de treinamento regularmente instituído ou em programa de pós-graduação stricto sensu no País, conforme dispuser o regulamento;
>
> V – desempenho de mandato eletivo federal, estadual, municipal ou do Distrito Federal, exceto para promoção por merecimento;
>
> VI – júri e outros serviços obrigatórios por lei;
>
> VII – missão ou estudo no exterior, quando autorizado o afastamento, conforme dispuser o regulamento;
>
> VIII – licença:
>
> a) à gestante, à adotante e à paternidade;
>
> b) para tratamento da própria saúde, até o limite de vinte e quatro meses, cumulativo ao longo do tempo de serviço público prestado à União, em cargo de provimento efetivo;
>
> c) para o desempenho de mandato classista ou participação de gerência ou admi-

nistração em sociedade cooperativa constituída por servidores para prestar serviços a seus membros, exceto para efeito de promoção por merecimento;

d) por motivo de acidente em serviço ou doença profissional;

e) para capacitação, conforme dispuser o regulamento;

f) por convocação para o serviço militar;

IX – deslocamento para a nova sede de que trata o art. 18;

X – participação em competição desportiva nacional ou convocação para integrar representação desportiva nacional, no País ou no exterior, conforme disposto em lei específica;

XI – afastamento para servir em organismo internacional de que o Brasil participe ou com o qual coopere.

6.5.9. DIREITO DE PETIÇÃO

É assegurado ao servidor o direito de requerer aos Poderes Públicos, em defesa de direito ou interesse legítimo, cujo requerimento deve ser dirigido à autoridade competente para decidi-lo e encaminhado por intermédio daquela a que estiver imediatamente subordinado o requerente. A lei 8.112/90 prevê ainda a possibilidade de ser interposto pedido de reconsideração à autoridade que houver expedido o ato ou proferido a primeira decisão, não podendo ser renovado. Ambos deverão ser despachados no prazo de cinco dias e decididos dentro de trinta dias.

Ao servidor público federal também é assegurado o direito de interpor recurso do indeferimento do pedido de reconsideração e das decisões sobre os recursos sucessivamente interpostos. Este recurso será dirigido à autoridade imediatamente superior à que tiver expedido o ato ou proferido a decisão, e, sucessivamente, em escala ascendente, às demais autoridades, devendo ser encaminhado por intermédio da autoridade a que estiver imediatamente subordinado o requerente.

O prazo para interposição de pedido de reconsideração ou de recurso é de trinta dias, a contar da publicação ou da ciência, pelo interessado, da decisão recorrida. O recurso em regra terá efeito devolutivo, podendo ser recebido com efeito suspensivo, a juízo da autoridade competente. Em caso de provimento do pedido de reconsideração ou do recurso, os efeitos da decisão retroagirão à data do ato impugnado.

6.6. REGIME DISCIPLINAR

O regime disciplinar dos servidores públicos federais está previsto a partir do artigo 116 da Lei nº 8.112/90. A Lei determina que a autoridade que tiver ciência de irregularidade no serviço público é obrigada a promover a sua apuração imediata, mediante sindicância ou processo administrativo disciplinar, assegurada ao acusado ampla defesa.

As denúncias sobre irregularidades serão objeto de apuração, desde que contenham a identificação e o endereço do denunciante e sejam formuladas por escrito, confirmada a autenticidade. Nesta senda, é importante consignar que a Lei nº 8.112/90 prevê duas formas de apuração de responsabilidade de servidor por infração praticada no exercício de suas atribuições, ou que tenha relação com as atribuições do cargo em que se encontre investido, que são a sindicância e o processo administrativo disciplinar (PAD).

A **sindicância** é um meio de apuração sumário que pode implicar na instauração do PAD ou na aplicação das sanções de advertência ou suspensão até 30 dias. Assim, ela pode ser preparatória, quando reúne elementos acerca da autoria e materialidade do ilícito funcional, culminando na abertura do PAD, ou ainda pode ser instrutória, quando tem cunho punitivo, implicando na aplicação das penalidades mencionadas. Da sindicância poderá ainda resultar ainda arquivamento do processo, quando não houver indícios de autoria e materialidade do ilícito funcional.

O prazo para conclusão da sindicância será de até trinta dias, podendo ser prorrogado por igual período, a critério da autoridade superior. Sempre que o ilícito praticado pelo servidor ensejar a imposição de penalidade de suspensão por mais de trinta dias, de demissão, cassação de aposentadoria ou disponibilidade, ou destituição de cargo em comissão, será obrigatória a instauração de processo disciplinar, ou seja, tais penalidades necessariamente dependem de apuração mais acurada. Nesta situação, os autos da sindicância integrarão o processo disciplinar, como peça informativa da instrução.

O **processo administrativo disciplinar** será conduzido por comissão composta de três servidores estáveis designados pela autoridade competente, que indicará, dentre eles, o seu presidente, que deverá ser ocupante de cargo efetivo superior ou de mesmo nível, ou ter nível de escolaridade igual ou superior ao do indiciado. Não poderá participar de comissão de sindicância ou de inquérito, cônjuge, companheiro ou parente do acusado, consanguíneo ou afim, em linha reta ou colateral, até o terceiro grau.

O processo disciplinar se desenvolve nas seguintes fases: instauração, com a publicação do ato que constituir a comissão, inquérito administrativo, que compreende instrução, defesa e relatório e julgamento. O prazo para a conclusão do processo disciplinar não excederá sessenta dias, contados da data de publicação do ato que constituir a comissão, admitida a sua prorrogação por igual prazo, quando as circunstâncias o exigirem.

De acordo com a Súmula 641, do STJ, a portaria de instauração do processo administrativo disciplinar prescinde da exposição detalhada dos fatos a serem apurados. Ou seja, não é necessário que ela descreva detalhadamente os fatos, formule a acusação e mencione os dispositivos legais que teriam sido violados, considerando que se presta, tão somente, a iniciar a apuração dos fatos.

Como medida cautelar e a fim de que o servidor acusado não venha a influir na apuração da irregularidade, é possível seu **afastamento preventivo** do exercício do cargo, pela autoridade instauradora do PAD, pelo prazo de até sessenta dias, sem prejuízo da sua remuneração. Este afastamento poderá ser prorrogado por igual prazo, findo o qual cessarão os seus efeitos, ainda que não concluído o processo.

Após a **instauração** do PAD com a publicação da portaria designando a comissão processante, passe-se a fase de instrução, que é denominada **inquérito administrativo**, o qual obedecerá ao princípio do contraditório, assegurada ao acusado ampla defesa, com a utilização dos meios e recursos admitidos em direito. Na fase do inquérito, a comissão promoverá a tomada de depoimentos, acareações, investigações e diligências cabíveis, objetivando a coleta de prova, recorrendo, quando necessário, a técnicos e peritos, de modo a permitir a completa elucidação dos fatos, já que o PAD submete-se ao princípio da verdade real.

Colhidas as provas, inquiridas testemunhas, ouvido o acusado e após a apresentação da defesa, a Comissão irá apreciá-la e elaborará relatório minucioso, onde resumirá as peças principais dos autos e mencionará as provas em que se baseou para formar a sua convicção. Este será sempre conclusivo quanto à inocência ou à responsabilidade do servidor e, acaso reconhecida a responsabilidade do servidor, a comissão indicará o dispositivo legal ou regulamentar transgredido, bem como as circunstâncias agravantes ou atenuantes.

O processo disciplinar, com o relatório conclusivo da comissão, será remetido à autoridade que determinou a sua instauração, para julgamento, que é sua última fase. Este deverá ocorrer no prazo de vinte dias, contados do recebimento do processo. Trata-se de prazo impróprio, de modo que o julgamento fora do prazo legal não implica nulidade do processo, muito embora possa acarretar na responsabilização da autoridade julgadora, se esta der causa à prescrição.

O julgamento acatará o relatório da comissão, salvo quando contrário às provas dos autos. Reconhecida pela comissão a inocência do servidor, a autoridade instauradora do processo determinará o seu arquivamento, salvo se flagrantemente contrária à prova dos autos.

As penas a serem aplicadas ao servidor são as seguintes: advertência, suspensão, demissão, cassação de aposentadoria ou disponibilidade, destituição de cargo em comissão e destituição de função comissionada, as quais estão a seguir descritas num quadro sinótico. Na aplicação das penalidades serão consideradas a natureza e a gravidade da infração cometida, os danos que dela provierem para o serviço público, as circunstâncias agravantes ou atenuantes e os antecedentes funcionais. Ademais, o ato de imposição da penalidade mencionará sempre o fundamento legal e a causa da sanção disciplinar.

O processo disciplinar poderá ser revisto, a qualquer tempo, a pedido ou de ofício, quando se aduzirem fatos novos ou circunstâncias suscetíveis de justificar a inocência do punido ou a inadequação da penalidade aplicada. Desse modo, o ônus da prova cabe ao requerente, não constituindo fundamento para a revisão a simples alegação de injustiça da penalidade.

Aplicam-se aos trabalhos da comissão revisora, no que couber, as normas e procedimentos próprios da comissão do processo disciplinar, cabendo seu julgamento à autoridade que aplicou a penalidade, no prazo de vinte dias, contados do recebimento do processo, no curso do qual a autoridade julgadora poderá determinar diligências.

A revisão do processo não poderá resultar agravamento de penalidade. Se esta for julgada procedente, será declarada sem efeito a penalidade aplicada, restabelecendo-se todos os direitos do servidor, exceto em relação à destituição do cargo em comissão, que será convertida em exoneração.

6.7. RESPONSABILIDADE CIVIL, CRIMINAL E ADMINISTRATIVA

Nos termos do artigo 121, da Lei nº 8.112/90, o servidor responde civil, penal e administrativamente pelo exercício irregular de suas atribuições, de modo que um único ato pode ensejar sua condenação em todas estas três esferas, de forma independente. A exceção vale para sua absolvição no processo penal por inexistência do fato ou negativa de autoria, que constituem hipóteses que implicam em sua absolvição também nos processos civil e administrativo, considerando que o direito penal se ocupa com os bens mais importantes da vida e que na condução do processo há obediência ao princípio da verdade material ou substancial.

A título de exemplo, pode ser citado um acidente causado por uma viatura dirigida por um policial que invade um sinal, por distração, e causa um acidente de trânsito, chocando-se com outro veículo. Ele pode vir a responder administrativamente pela atuação displicente, pode responder civilmente pelos danos causados ao veículo do terceiro e da viatura e ainda pode responder por lesão corporal causada ao motorista do outro veículo. Ou seja, sua responsabilização tem consequências administrativa, civil e penal.

A condenação criminal implica, automaticamente, no reconhecimento das responsabilidades civil e administrativa do servidor, já que o processo penal está sujeito ao Princípio da Verdade Material, além de cuidar dos bens mais importantes da vida, presumindo-se, portanto, que a decisão lá prolatada está cercada de maior cuidado, tendo sido assegurado, da melhor forma possível, os princípios do contraditório e da ampla defesa.

A responsabilidade civil de reparar o dano causado decorre da ação ou omissão, dolosa (com intenção) ou culposa (negligência, imprudência ou imperícia), que resulte em prejuízo ao erário ou a terceiros. Tal obrigação estende-se aos sucessores e contra eles será executada, até o limite do valor da herança recebida.

A pena administrativa pode ser perdoada pela Administração, em havendo previsão legal na legislação da respectiva entidade política.

Nenhum servidor poderá ser responsabilizado civil, penal ou administrativamente por dar ciência à autoridade superior ou, quando houver suspeita de envolvimento desta, a outra autoridade competente para apuração de informação concernente à prática de crimes ou improbidade de que tenha conhecimento, ainda que em decorrência do exercício de cargo, emprego ou função.

CAPÍTULO 7 – RESPONSABILIDADE CIVIL DO ESTADO

7.1. CONCEITO E MODALIDADES

A noção de responsabilidade está ligada a resposta por um ato praticado. Desta feita, a responsabilidade extracontratual do Estado corresponde à obrigação de reparar danos causados a terceiros em decorrência de comportamentos comissivos ou omissivos, materiais ou jurídicos, lícitos ou ilícitos, imputáveis aos agentes públicos, nesta condição.

7.2. BREVE HISTÓRICO

Nos Estados absolutos, a figura do rei correspondia ao próprio Estado, na medida em que um ato estatal era considerado ato do próprio soberano. Desse modo, inadmitia-se a possibilidade de erro por parte do soberano e, por conseguinte, o Estado não errava, logo, não indenizava por eventuais lesões que causasse a terceiros: era a chamada Teoria Regalista, que consagrava, pois, esse momento de irresponsabilidade estatal.

Assim, vigia a máxima *The King can do no wrong*, até que essa absurda ideia foi cedendo espaço, ainda no século XIX, à responsabilização do Estado pelos atos dos seus agentes. Podemos atribuir a tal fato o aparecimento das constituições escritas, que passaram a obrigar o soberano à sua observância, na medida em que passaram a limitar seu poder e, de outro modo, a consagrar direitos e garantias individuais.

A ideia inicial da responsabilização estatal teve como ponto de partida a culpa civil, de tal modo que a doutrina elenca duas teorias civilistas que consagraram pioneiramente, e sucessivamente, essa responsabilidade: são elas a teoria dos atos de império e de gestão e a teoria da culpa civil, também conhecida como teoria da responsabilidade subjetiva, que exige a culpa (negligência, imprudência ou imperícia) do agente para fins de responsabilização.

A primeira teoria publicista da responsabilidade civil do Estado foi a da culpa anônima ou culpa do serviço público, que passou a não mais exigir a identificação do agente causador do dano para fins de responsabilização estatal. Ou seja, a vítima se desincumbiu da tarefa de provar a culpa individual do agente estatal para ser reparada por eventual lesão causada por este no desempenho de sua função.

Na evolução histórica do tema em apreço, temos, por fim, o surgimento da teoria da responsabilidade objetiva do Estado (Teoria do Risco Administrativo), momento em que se deixou de lado a necessidade de prova da culpa, quer do agente público, quer do próprio serviço, exigindo-se apenas para a responsabilização do Estado, a prova do dano e do nexo de causalidade. Essa Teoria divide-se na Teoria do Rico Administrativo, que admite excludentes de responsabilidade e na Teoria do Risco Integral, que não admite excludentes de Responsabilidade.

7.3. ELEMENTOS

Para que se possa falar em responsabilidade, necessário se faz a presença de três elementos: conduta, dano e nexo de causalidade.

Nao é qualquer conduta (comissiva ou omissiva) que enseja a responsabilização estatal. Necessário se faz que esta conduta viole a órbita de direitos de outrem, ou seja, cause um dano efetivo a alguém. Esta pode decorrer da atuação lícita ou ilícita da Administração Pública.

O segundo elemento da responsabilidade é o dano, o qual, para além de econômico, precisa ser jurídico, ou seja, tem que corresponder a uma lesão à esfera de direitos de outrem, podendo ser material ou moral.

Por fim, tem-se o nexo de causalidade, que pode ser definido como o liame entre a conduta estatal e o resultado danoso. Desse modo, não basta a existência de uma conduta por parte de um agente estatal, nem de um dano a um particular, para que o Estado venha a ser responsabilizado, que preciso ainda mais: a conexão entre a dita conduta com o dano.

Neste sentido, confira-se os interessantes julgados que seguem, que dão conta da necessidade da atualidade do dano:

*"Responsabilidade civil do Estado: fuga de preso – atribuída à incúria da guarda que o acompanhava ao consultório odontológico fora da prisão – preordenada ao assassínio de desafetos a quem atribuía a sua condenação, na busca dos quais, no estabelecimento industrial de que fora empregado, veio a matar o vigia, marido e pai dos autores: indenização deferida sem ofensa ao **art. 37**, § 6º, da Constituição." (**RE 136.247**, Rel. Min. **Sepúlveda Pertence**, julgamento em 20-6-2000, Primeira Turma, DJ de 18-8-2000.)*

*"Latrocínio praticado por preso foragido, meses depois da fuga. Fora dos parâmetros da causalidade não é possível impor ao Poder Público uma responsabilidade ressarcitória sob o argumento de falha no sistema de segurança dos presos. Precedente da Primeira Turma: RE 130.764, Rel. Min. **Moreira Alves." (RE 172.025**, Rel. Min. **Ilmar Galvão**, julgamento em 8-10-1996, Primeira Turma, DJ de 19-12-1996.)*

7.4. RESPONSABILIDADE DO ESTADO NO BRASIL

7.4.1. REGRAMENTO CONSTITUCIONAL

A base da responsabilidade civil do Estado brasileiro está no artigo 37, § 6º, da Constituição da República, que consigna que as pessoas jurídicas de direito público e as de direito privado prestadoras de serviço público responderão objetivamente (independentemente de dolo ou culpa - negligência, imprudência ou imperícia) pelos danos que seus agentes, nesta qualidade, causarem a terceiros.

Embora com algumas dissidências, é sedimentado o entendimento, tanto no âmbito doutrinário, como no jurisprudencial, de que a mencionada regra constitucional apenas incide nas condutas comissivas do Estado, de tal modo que a responsabilidade deste nas condutas omissivas depende da demonstração de culpa, ou seja, é uma responsabilidade subjetiva. Algumas situações são excetuadas, entretanto, pela doutrina e jurisprudência.

Assim sendo, as pessoas jurídicas de direito público (entes políticos, autarquias, fundações públicas e associações públicas) e as de direito privado prestadoras de serviço público (empresas públicas e sociedades de economia mista prestadoras de serviço público) responderão independentemente de dolo ou culpa do agente público causador do dano, desde que restem presentes os elementos da responsabilidade, quais sejam a conduta, o dano e o nexo de causalidade entre eles.

7.4.2. USUÁRIOS E NÃO USUÁRIOS DO SERVIÇO PÚBLICO

No que toca às estatais prestadoras de serviço público, tem-se que sua responsabilidade engloba os usuários e os não usuários do serviço público, conforme segue:

*"A responsabilidade civil das pessoas jurídicas de direito privado prestadoras de serviço público é objetiva relativamente a terceiros usuários, e não usuários do serviço, segundo decorre do art. 37, § 6º, da CF. A inequívoca presença do nexo de causalidade entre o ato administrativo e o dano causado ao terceiro não usuário do serviço público é condição suficiente para estabelecer a responsabilidade objetiva da pessoa jurídica de direito privado." (**RE 591.874**, Rel. Min. **Ricardo Lewandowski**, julgamento em 26-8-2009, Plenário, DJE de 18-12-2009, com repercussão geral.)*

7.4.3. CONDUTAS OMISSIVAS

Para que o Estado seja responsabilizado por uma conduta omissiva, não é necessária apenas a prova do dano e do nexo de causalidade, como acontece no desempenho de suas demais atividades. Exige-se que ele tenha quedado inerte, em face de dever jurídico de agir para impedir o resultado danoso. Só existe responsabilidade do Estado, insista-se, quando houver uma correlativa obrigação de agir (há, em contrapartida, um dever de agir do Estado para evitar o dano). A omissão do Estado gera uma *responsabilidade subjetiva por culpa anônima,* caracterizada pela *faute du service.* Deve-se, portanto, demonstrar a culpa administrativa ou do serviço (mas não é a culpa ou o dolo individual do agente).

Os acontecimentos suscetíveis de acarretar responsabilidade estatal por omissão ou atuação insuficiente são os seguintes: *ato da natureza* a cuja lesividade o Poder Público não obstou, embora devesse fazê-lo; *comportamento material de terceiros* cuja atuação lesiva não foi impedida pelo Poder Público, embora pudesse e devesse fazê-lo; e *danos de situação dependentes de situação produzida pelo Estado diretamente propiciatória de risco (compreendendo a guarda de pessoas ou coisas perigosas, que, neste caso, gerará responsabilidade objetiva).*

Ora, a omissão do Estado é anônima, posto que se traduz em algo que a própria Administração não fez, quando devia fazer. Não tomou providências quando estas eram exigidas. Omitiu-se, danosamente, quando exigia um comportamento ativo. O serviço falhou sem que houvesse a participação direta de qualquer agente público. Se assim é, o comportamento omissivo do próprio Poder Público não se encaixa nem no art. 37, § 6º, da Constituição Federal, nem no art. 43 do Código Civil e, portanto, empenha responsabilidade subjetiva. Confira-se o julgado que segue:

> 2. No que tange ao dever de indenizar, a Corte local se baseou nas provas carreadas aos autos para concluir que houve nexo de causalidade entre a existência do **buraco** perfurado pela recorrente e os danos causados pela queda sofrida pela parte recorrida. Revisar tal entendimento demanda reavaliação de fatos e provas, o que é vedado, em recurso especial, ante o óbice contido na Súmula 7/STJ.
>
> (STJ. AgRg no AREsp 558850 / RJ AGRAVO REGIMENTAL NO AGRAVO EM RECURSO ESPECIAL 2014/0197649-2. Ministro BENEDITO GONÇALVES. DJe 03/02/2015)

Em âmbito de repercussão geral constitucional, o STF assentou a tese de que, em caso de inobservância do seu dever específico de proteção previsto no art. 5º, XLIX, da CF, o Estado é responsável pela morte do detento, ainda que decorrente suicídio, desde que não haja rompimento do nexo de causalidade da sua omissão com o óbito ocorrido. De outro modo, a Corte Suprema entende que não se caracteriza a responsabilidade civil objetiva do Estado por danos decorrentes de crime praticado por pessoa foragida do sistema prisional, quando não demonstrado o nexo causal direto entre o momento da fuga e a conduta praticada.

7.4.4. RESPONSABILIDADE DO AGENTE PÚBLICO

Advirta-se que a mencionada regra constitucional ainda estabelece que o agente público responde subjetivamente em face do ente estatal. Ou seja, o agente público causador do dano somente será demandado regressivamente, se tiver agido com dolo ou culpa em face da pessoa jurídica a que estiver vinculado. Desta feita, se eventualmente for proposta ação de indenização por danos contra o agente público, não é o caso de denunciação à lide da pessoa jurídica responsável, mas sim de extinção do processo por ilegitimidade passiva, já que prevalece o entendimento em âmbito jurisprudencial de que a obrigação de indenizar é da pessoa jurídica a que pertence o agente.

O agente público fora das funções, mas que se aproveita da qualidade de agente, também pode causar dano ensejador de responsabilidade do Estado. Vejamos:

> "Responsabilidade civil objetiva do Estado. **Art. 37**, § 6º, da Constituição. Crime praticado por policial militar durante o período de folga, usando arma da corporação. Responsabilidade civil objetiva do Estado. Precedentes." (**RE 418.023-AgR**, Rel. Min. **Eros Grau**, julgamento em 9-9-2008, Segunda Turma, *DJE* de 17-10-2008.) **No mesmo sentido**: RE 213.525-AgR, Rel. Min. **Ellen Gracie**, julgamento em 9-12-2008, Segunda Turma, *DJE* de 6-2-2009.

O artigo 22 da lei 8.935/1994, com redação dada pela Lei nº 13.286/16, cessa a polêmica quanto à responsabilidade pessoal do oficial de registro e notário: *"Os notários e oficiais de registro são civilmente responsáveis por todos os prejuízos que causarem a terceiros,* ***por culpa ou dolo,*** *pessoalmente, pelos substitutos que designarem ou escreventes que autorizarem, assegurado o direito de regresso".*

Ademais, no julgamento do Recurso Extraordinário nº 1027633, que corresponde ao tema 940 de repercussão geral, *o STF* fixou a seguinte tese: "A teor do disposto no artigo 37, parágrafo 6º, da Constituição Federal, a ação por danos causados por agente público deve ser ajuizada contra o Estado ou a pessoa jurídica de direito privado, prestadora de serviço público, sendo parte ilegítima o autor do ato, assegurado o direito de regresso contra o responsável nos casos de dolo ou culpa". Com isso, resta consolidado que a ação de indenização deve ser proposta contra a pessoa jurídica e não contra o agente público.

7.4.5. EXCLUDENTES DA RESPONSABILIDADE CIVIL DO ESTADO

As excludentes de responsabilidade civil do Estado são situações que interrompem o nexo causal **e, por essa razão, importam na não responsabilização do Estado** São as hipóteses de caso fortuito (se o fortuito for interno, ou seja, guardar relação com a atividade desenvolvida), a força maior e de culpa exclusiva da vítima.

Confira-se os julgados que seguem, que bem elucidam o tema:

> Nessa seara, RESPONDE O TRANSPORTADOR PELA explosão de pacote contendo artefatos pirotécnicos dentro de ônibus, assim a de assalto, de pedras atiradas contra o veículo e, ainda, a de assassino que, dissimulados de passageiros, praticam atos de violência no interior do transporte coletivo (STJ REsp 78458); INCÊNDIO OCORRIDO NO INTERIOR DO COLETIVO derivado da combustão de material explosivo carregado por passageira que adentrou o ônibus conduzindo pacote de volume expressivo, cujo ingresso se deu, excepcionalmente, pela porta da frente, mediante prévia autorização do motorista (STJ REsp 168.985); o fato de terceiro, motorista de outro veículo, após

discussão provocada pelo condutor do coletivo, disparar sua arma contra este e atingir o passageiro (STF RE 73.294); a existência de assaltos diuturnos a coletivos, na região em que a firma explora sua atividade lucrativa (STF RE 88.407); motorista do caminhão, que empurrou o carro para baixo do ônibus e fez com que este atropelasse os pedestres, causando-lhes morte e ferimentos severos (STJ REsp 469.867).

Por outro lado, constitui causa excludente da responsabilidade da empresa transportadora: a ocorrência de assalto em interior de ônibus, por tratar-se de fato de terceiro inteiramente estranho à atividade de transporte (STJ AGREsp 620.259); o assalto à mão armada no interior de ônibus coletivo (STJ REsp 726.371); pedra atirada contra composição férrea, por ser ato de terceiro, estranho ao contrato de transporte (STJ AgRg no REsp 1.060.288); o roubo, por ser equiparado ao fortuito externo, visto que a segurança é dever do Estado (STJ REsp 927.148)

"A discussão relativa à responsabilidade extracontratual do Estado, referente ao suicídio de paciente internado em hospital público, no caso, foi excluída pela culpa exclusiva da vítima, sem possibilidade de interferência do ente público" (**RE 318.725-AgR**, Rel. Min. **Ellen Gracie**, julgamento em 16-12-2008, Segunda Turma, *DJE* de 27-2-2009.)

7.4.6. DIREITO DE REGRESSO

Da leitura do artigo 37, § 6º, da Constituição, verifica-se que muito embora a responsabilidade do Estado seja objetiva (independentemente de dolo ou culpa), o agente causador do dano responde forma subjetiva, ou seja, se houver prova da sua atuação danosa (com intenção) ou culposa (agir negligente, imprudente ou imperito).

Assim, para o STF, o dispositivo constitucional cria uma blindagem para o servidor, de modo que é o Estado e não o agente que responde perante o lesado, conforme segue:

> "Consoante dispõe o § 6º do **art. 37** da Carta Federal, respondem as pessoas jurídicas de direito público e as de direito privado prestadoras de serviços públicos pelos danos que seus agentes, nessa qualidade, causarem a terceiros, descabendo concluir pela legitimação passiva concorrente do agente, inconfundível e incompatível com a previsão constitucional de ressarcimento – direito de regresso contra o responsável nos casos de dolo ou culpa." (**RE 344.133**, Rel. Min. **Marco Aurélio**, julgamento em 9-9-2008, Primeira Turma, *DJE* de 14-11-2008.)

Nesse sentido, confira-se o julgado que segue, em que o STF reafirma sua posição de que a ação de reparação deve ser proposta em face do Estado ou da pessoa jurídica de direito privado prestadora de serviço público:

> A teor do disposto no artigo 37, § 6º, da Constituição Federal, a ação por danos causados por agente público deve ser ajuizada contra o Estado ou a pessoa jurídica privada prestadora de serviço público, sendo parte ilegítima passiva o autor do ato.
>
> [**RE 1.027.633**, voto do rel. min. Marco Aurélio, j. 14-8-2019, P, *DJE* de 6-12-2019, Tema 940]

Assim, o Estado responde perante o lesado e, ato contínuo, buscará a responsabilização do agente, exercitando o seu direito de regresso.

7.4.7. RESPONSABILIDADE POR ATOS LEGISLATIVOS

Há que se entender por leis todas as espécies normativas elencadas no artigo 59, da Constituição pátria a seguir transcrito: I- emendas à Constituição; II- leis complementares; III- leis ordinárias; IV- leis delegadas; V- medidas provisórias; VI- decretos legislativos; VII- resoluções. A regra é da irresponsabilidade estatal pela atuação legislativa, em face dos seguintes argumentos: o Poder Legislativo atua no exercício da soberania, podendo alterar, revogar, criar ou extinguir situações, sem qualquer limitação que não decorra da própria constituição; o Poder Legislativo edita normas gerais e abstratas dirigidas a toda coletividade; os ônus dela decorrentes são iguais para todas as pessoas que se encontram na mesma situação, não quebrando o princípio da igualdade de todos perante os ônus e encargos sociais; e os cidadãos não podem responsabilizar o Estado por atos de parlamentares por eles mesmos eleitos.

Exceções à irresponsabilidade da atuação legislativa estaria nas seguintes hipóteses: leis inconstitucionais declaradas em controle concentrado pelo STF; leis de efeitos concretos (materialmente ato administrativo- individual e concreto); ou omissão legislativa diante do dever de legislar.

7.4.8. RESPONSABILIDADE POR ATOS JUDICIAIS

Quanto aos atos dos juízes e membros do Ministério Público, prevalece o entendimento de que o Estado não responde por eles. Neste sentido:

*"O Supremo Tribunal já assentou que, salvo os casos expressamente previstos em lei, a responsabilidade objetiva do Estado não se aplica aos atos de juízes." (**RE 553.637-ED**, Rel. Min. **Ellen Gracie**, julgamento em 4-8-2009, Segunda Turma, DJE de 25-9-2009.)*

Exceções à irresponsabilidade da atuação judicial estaria nas seguintes hipóteses: quando há previsão normativa expressa (CF, art. 5º, LXXV: preso por erro judiciário e além do tempo fixado em sentença ou quando há erro grosseiro ou culpa grave).

7.4.9. COMPETÊNCIA

As ações indenizatórias (como as demais ações ordinárias) não têm prerrogativa de foro, ou seja, em Processo Civil, nestes casos, não há prerrogativa de foro, de acordo com o réu da ação. Então, independente de quem seja o autor ou o réu, a ação tramita sempre em juízo singular.

Ou seja, existem duas únicas possibilidades: ou a ação é proposta na justiça estadual, ou a ação é proposta na justiça federal. A justiça estadual é regra. A justiça federal é exceção, nas hipóteses previstas no art. 109 da CF/88.

Normalmente, o que interessa, para fins de prova, é o art. 109, I, da CF/88. Esse dispositivo define que: compete à justiça federal julgar as ações em que esteja no polo ativo ou passivo a União, suas autarquias, suas fundações públicas e suas empresas públicas. As outras pessoas integrantes da administração pública não deslocam competência para a justiça federal. Então, nas ações contra estados, municípios e Sociedades de economia mista (mesmo que federal), a competência é da justiça estadual.

A competência da vara da fazenda pública ou vara cível varia de acordo com a organização judiciária de cada estado e não se pode exigir, em provas de exame de ordem, esse conhecimento do candidato. Sendo assim, para fins de padronização, se orienta o aluno a sempre propor a ação na vara da Fazenda Pública.

7.4.10. PRESCRIÇÃO

De acordo com o artigo 1º-C, da Lei 9.494/97, prescreverá em cinco anos o direito de obter indenização dos danos causados por agentes de pessoas jurídicas de direito público e de pessoas jurídicas de direito privado prestadoras de serviços públicos. O Decreto 20.910/32 também prevê o prazo de cinco anos.

No Código Civil de 1916 a ação de reparação civil tinha prazo de prescrição de 10 anos, sendo essa regra mais benéfica para o Estado. Com o advento do Código Civil de 2002, art. 206, estabeleceu-se que a reparação civil prescreve em 03 anos. Então aquilo que era um benefício para o Estado, passou a ser automaticamente prejudicial. Daí, parte da doutrina passou a entender que o Código Civil de 2002 por ser lei posterior e mais benéfica se aplica ao Estado, já que o próprio Decreto diz que é 5 anos, salvo lei mais benéfica (2ª turma do STJ). Já a 1ª turma do STJ entende ser de 5 anos, eis que considera que lei geral não pode revogar lei específica. Confira-se o julgado que segue:

> PROCESSUAL CIVIL E ADMINISTRATIVO. AGRAVO REGIMENTAL NO RECURSO ESPECIAL. RESPONSABILIDADE CIVIL DO **ESTADO.** DANOS MORAIS. FALECIMENTO DE INDÍGENA. DEMORA NO TRASLADO DO CORPO. **PRESCRIÇÃO** INDENIZATÓRIA CONTRA A FAZENDA PÚBLICA. CINCO ANOS. RECURSO ESPECIAL REPETITIVO 1.251.993/PR. INTERRUPÇÃO DA **PRESCRIÇÃO** DECORRENTE DA INSTAURAÇÃO DE INQUÉRITO CIVIL. IMPOSSIBILIDADE.
>
> 1. A Primeira Seção dessa Corte Superior, no julgamento do REsp 1.251.993/PR, de minha relatoria, submetido ao rito do art. 543-C do CPC, firmou entendimento no sentido de que é quinquenal o prazo prescricional para propositura de ação indenizatória contra a Fazenda Pública, a teor do art. 1º do Decreto n. 20.910/32, afastada a aplicação do Código Civil.
>
> 2. O pedido de providências ao Ministério Público Federal, ou mesmo a instauração de inquérito civil, não ilidem a ocorrência da **prescrição.** Isso porque, ainda que a parte interessada tenha realizado diligências em busca da solução da lide, o curso do prazo prescricional somente é interrompido nas hipóteses legais e suspenso quando se verificar a pendência de um acontecimento que impossibilite o interessado de agir, o que não se verifica na hipótese dos autos.
>
> 3. Outrossim, a jurisprudência do STJ encontra-se consolidada no sentido que o termo inicial do prazo prescricional para o ajuizamento de ação de **indenização** contra ato do **Estado** ocorre no momento em que constatada a lesão e os seus efeitos, conforme o princípio da actio nata. Nesse sentido: AgRg no REsp 1.333.609/PB, Segunda Turma, Rel. Min. Humberto Martins, DJe 30/10/2012; AgRg no REsp 1248981/RN, Segunda Turma, Rel. Min Mauro Campbell Marques ,DJe 14/9/2012; AgRg no AgRg no Ag 1.362.677/PR, Primeira Turma, Rel. Min. Benedito Gonçalves, DJe 07/12/2011.
>
> 4. Agravo regimental não provido.
>
> (AgRg no REsp 1384087 / RS AGRAVO REGIMENTAL NO RECURSO ESPECIAL

2013/0157565-0. Ministro MAURO CAMPBELL MARQUES. T2 - SEGUNDA TURMA. DJe 25/03/2015)

Assim, o STJ, sob o rito dos Recursos Repetitivos, pacificou o entendimento de que a prescrição quinquenal prevista no art. 1º, do Decreto 20.910/1932 deve ser aplicada a todo e qualquer direito ou ação contra a Fazenda Pública, seja ela federal, estadual ou municipal, independentemente da natureza da relação jurídica.

CAPÍTULO 8 - PROCESSO ADMINISTRATIVO

8.1. CONCEITO

O processo administrativo pode ser definido como um conjunto de atos ordenados praticados pela Administração Pública, no exercício da função administrativa, podendo ter a participação de particulares, com ou sem lide, tendo sempre uma finalidade pública.

São requisitos do processo administrativo a autonomia dos atos, a ligação e nexo de causalidade entre eles. Ele tem como objetivos resguardar os administrados e concorrer para uma atuação administrativa clara; documentar atos, facilitar a fiscalização etc.

8.2. PROCESSO E PROCEDIMENTO

A distinção entre processo e procedimento é controversa, mas pode-se afirmar que o procedimento é rito que norteia a prática dos atos processuais.

8.3. COMPETÊNCIA LEGISLATIVA

São competentes as entidades políticas para legislar sobre procedimentos em matéria processual, nos termos do artigo 24, XI, da CF/1988. No âmbito federal, foi editada a Lei 9.784/99, lei geral de aplicação supletiva, que estabelece normas básicas sobre o processo administrativo no âmbito da Administração Federal direta e indireta.

A Súmula 633, do STJ, entretanto, admite a aplicação, de forma subsidiária, aos Estados e Municípios, se inexistente norma local e específica que regule a matéria, especialmente no que diz respeito ao prazo decadencial para a revisão de atos administrativos no âmbito da administração pública federal.

8.4. ESPÉCIES

- Quanto à amplitude: os atos podem ser internos, quando só envolvem a administração, sem a participação de particulares; e externos, quando envolvem particulares, servidores ou não.
- Quanto aos resultados na esfera jurídica dos administrados: restritivos ou ablatórios, quando restringem um direito do administrado, a exemplo do poder de polícia; e ampliativos, que são aqueles que concedem direitos, a exemplo de uma licença.
- Quanto à iniciativa: de ofício, quando a iniciativa do processo é da administração pública ou por provocação de um particular, quando o particular provoca a administração.
- Quanto à existência de caráter competitivo: concorrencial, quando envolvem uma competição, a exemplo do concurso público; e simples ou não concorrencial, quando não envolve competição, a exemplo de um pedido de licença.

8.5. PRINCÍPIOS DO PROCESSO ADMINISTRATIVO

8.5.1. PRINCÍPIO DA AUDIÊNCIA DO INTERESSADO

Decorre do direito ao contraditório, inserto no artigo 5º, LV, da Constituição de 1988. Significa oportunizar ao administrado se manifestar, sempre que se fizer necessário, ser cientificado e influir na decisão.

8.5.2. PRINCÍPIO DA ACESSIBILIDADE AOS ELEMENTOS DO EXPEDIENTE

É o direito da parte de examinar toda a documentação constante dos autos. É o direito de vista, que há de ser completo e sem cerceios. Encontra respaldo no direito assegurado a todos de receber dos órgãos públicos informações (art. 5º, XXXIII, CF), de obter certidões (art. 5º, XXXIV, "b", CF), de conhecer dados em poder da administração (*habeas data,* art. 5º, LXXII, CF), bem como no **Princípio da Publicidade** (art. 37, CF), ressalvadas as hipóteses de sigilo, quando indispensável ao interesse público.

O art. 2º, parágrafo único, inc. V, lei 9.784/99, prevê a: "divulgação oficial dos atos administrativos, ressalvadas as hipóteses de sigilo previstas na Constituição". Além disso, o art. 46, do mesmo diploma, consagra o direito de vista e de obtenção de certidões e cópias dos dados e documentos do processo, ressalvando as informações de terceiros protegidas pelo sigilo ou pelo direito à privacidade, honra e imagem.

8.5.3. PRINCÍPIO DA AMPLA INSTRUÇÃO PROBATÓRIA

Significa não apenas o direito de oferecer e produzir provas, mas também o de fiscalizar a produção de provas da Administração, isto é, o de estar presente, se necessário, a fim de verificar se efetivamente se efetuaram com correção ou adequação técnica devidas.

O art. 2º, parágrafo único, inciso X, Lei 9.784/99, estabelece como critério a ser observado no processo administrativo: "garantia dos direitos à comunicação, à apresentação de alegações finais, à produção de provas e à interposição de recursos, nos processos de que possam resultar sanções e nas situações de litígio".

Contudo, a Administração poderá motivadamente indeferir a produção de provas ilícitas, impertinentes, protelatórias ou desnecessárias, nos termos do artigo 38, §2º, da Lei 9.784/99.

8.5.4. PRINCÍPIO DA MOTIVAÇÃO

Consubstancia-se na obrigatoriedade de explicitar tanto os fundamentos normativos, quanto os fáticos das decisões, de modo a assegurar a transparência da Administração Pública. O artigo 2º, parágrafo único, inciso VII, da Lei 9.784/99, prevê a: "indicação dos pressupostos de fato e de direito que determinarem a decisão".

O art. 50, lei 9.784/99 contempla tal princípio, dispondo que a motivação deve ser explícita, clara e congruente. Tal dispositivo, todavia, reduz o âmbito de incidência obrigatória desse princípio, pois arrola as hipóteses em que os atos administrativos deverão ser motivados, com indicação dos fatos e fundamentos jurídicos. Conclui-se, *a contrariu sensu,* que afora tais hipóteses, o ato administrativo prescinde de motivação, o que é controverso em âmbito doutrinário.

8.5.5. PRINCÍPIO DA REVISIBILIDADE

Indica ser direito do administrado recorrer da decisão que lhe seja desfavorável. Só não será possível quando o processo for iniciado em autoridade do mais alto escalão, quando só restará a possibilidade de se socorrer do judiciário. Encontra arrimo no direito de petição (art. 5º, XXXIV, "a", da Constituição), assim também no final do art. 5º, LV, da Constituição, que assegura o contraditório e a ampla defesa, com os meios e recursos a ela inerentes.

8.5.6. PRINCÍPIO DA LEALDADE E BOA-FÉ

A Administração, em todo o transcurso do processo, está adstrita a agir de maneira sincera, ficando, evidentemente, interditos quaisquer comportamentos astuciosos, ardilosos, ou que, por vias transversas, concorram para entravar a exibição das razões ou direitos do administrado. O art. 2º, parágrafo único, IV, da Lei nº 9.784/99 prevê a atuação segundo padrões éticos de probidade, decoro e boa fé.

8.5.7. PRINCÍPIO DA VERDADE MATERIAL

Em face do dever administrativo de realizar o interesse público, a Administração deve perseguir sempre a verdade substancial, independentemente do que haja sido aportado aos autos do processo.

8.5.8. PRINCÍPIO DA OFICIALIDADE

Significa que o processo administrativo pode ser iniciado independentemente de provocação do administrado. Além disso, a mobilização do processo, uma vez desencadeado, é encargo da própria administração – cumpre-lhe impulsioná-lo de ofício. O art. 2º, parágrafo único, inciso XII, da Lei 9.784/99 prevê a impulsão, de ofício, do processo administrativo, sem prejuízo da atuação dos interessados. Disso decorre a irrelevância de prazos preclusivos ou de caducidade para o administrado, porque a própria administração tem de conduzir o procedimento até o seu termo final.

8.5.9. PRINCÍPIO DA GRATUIDADE

Segundo o artigo 2º, parágrafo único, inciso XI, da Lei 9.784/99, fica consagrada a proibição de cobrança de despesas processuais, ressalvadas as previstas em lei. O direito de petição aos poderes públicos é gratuito, de acordo com o artigo 5º, XXXIV, da Constituição de 1988.

Neste sentido, confira-se o conteúdo da Súmula Vinculante nº 21:

> **Súmula vinculante nº 21 –** É inconstitucional a exigência de depósito ou arrolamento prévios de dinheiro ou bens para admissibilidade de recurso administrativo.

8.5.10. PRINCÍPIO DO INFORMALISMO

O processo administrativo não poderá ater-se a rigorismos formais. Isto não significa a ausência absoluta de forma, pois forma sempre há, até porque o processo é escrito. Mas o formalismo só deve existir quando indispensável para atender o interesse público e proteger o interesse dos particulares. Consagrou-se o Princípio da Instrumentalidade das Formas.

8.6. DIREITOS E DEVERES DOS ADMINISTRADOS

A Lei nº 8.987/99 prevê nos seus artigos 3º e 4º os direitos e deveres dos administrados. Assim, o administrado tem os seguintes direitos perante a Administração, sem prejuízo de outros que lhe sejam assegurados: ser tratado com respeito pelas autoridades e servidores, que deverão facilitar o exercício de seus direitos e o cumprimento de suas obrigações; ter ciência da tramitação dos processos administrativos em que tenha a condição de interessado, ter vista dos autos, obter cópias de documentos neles contidos e conhecer as decisões proferidas; formular alegações e apresentar documentos antes da decisão, os quais serão objeto de consideração pelo órgão competente; fazer-se assistir, facultativamente, por advogado, salvo quando obrigatória a representação, por força de lei.

Possuem ainda alguns deveres, sem prejuízo de outros previstos em ato normativo: expor os fatos conforme a verdade; proceder com lealdade, urbanidade e boa-fé; não agir de modo temerário; e prestar as informações que lhe forem solicitadas e colaborar para o esclarecimento dos fatos.

8.7. FASES

8.7.1. FASE DE INSTAURAÇÃO, PROPULSÓRIA OU DE INICIATIVA

É a fase por meio da qual se inicia o processo. Este pode se iniciar *de ofício* ou *a pedido do interessado* (art. 5º, lei 9.784/99). Em regra, o requerimento inicial do interessado deve ser escrito, salvo nos casos em que for admitida solicitação oral, e deve conter os seguintes dados (art. 6º, da Lei 9.784/99): órgão ou autoridade a que se dirige; identificação do interessado ou quem o represente; domicílio ou local para recebimento das comunicações; formulação do pedido com exposição dos fatos e seus fundamentos; e data ou assinatura do requerente ou de quem o represente.

Inexistindo competência legal específica, o processo administrativo deverá ser iniciado perante a autoridade de menor grau hierárquico para decidir. A competência é irrenunciável e se exerce pelos órgãos administrativos a que foi atribuída como própria, salvo os casos de delegação e avocação legalmente admitidos.

Os atos do processo não dependem de forma determinada, senão quando a lei o exigir (art. 22, da Lei 9.784/99). Assim, devem ser escritos, em vernáculo, com a data e o local de sua realização e assinatura da autoridade responsável (art. 22, § 1º, lei 9.784/99); e devem realizar-se em dias úteis, no horário normal de funcionamento da repartição, podendo ser concluídos depois do horário os atos já iniciados, cujo adiamento resulte em prejuízo ou dano às partes (art. 23 e parágrafo único, da Lei 9.784/99).

O processo deverá ter suas páginas numeradas sequencialmente e rubricadas (art. 22, §4º, da Lei 9.784/99). É vedada à Administração a recusa imotivada de recebimento de documentos, devendo o servidor orientar o interessado quanto ao suprimento de eventuais falhas (art. 6º, parágrafo único, da Lei 9.784/99). E se houver pluralidade de interessados com pedidos idênticos, estes poderão ser feitos em um único requerimento, salvo vedação legal (art. 8º, da Lei 9.784/99).

São legitimados como interessados no processo administrativo: as pessoas físicas ou jurídicas que o iniciem como titulares de direitos ou interesses individuais ou no exercício do direito de representação; aqueles que, sem terem iniciado o processo, têm direitos ou interesses que possam ser afetados pela decisão a ser adotada; as organizações e associações representativas, no tocante a direitos e interesses coletivos; e as pessoas ou as associações legalmente constituídas quanto a direitos ou interesses difusos.

8.7.2. FASE DE INSTRUÇÃO

Esta fase objetiva investigar e comprovar os dados necessários à tomada de decisão. A instrução pode se realizar de ofício, mas fica resguardado o direito dos interessados de propor atuações probatórias, sendo que os atos de instrução devem se realizar do modo menos oneroso para estes (art. 29 e §2º, da Lei 9.784/99).

O interessado poderá, nesta fase, juntar documentos, pareceres, requerer diligências e perícias, bem como aduzir alegações. Os elementos probatórios deverão ser considerados na motivação do relatório. As provas propostas pelos interessados só podem ser recusadas, fundamentadamente, quando sejam ilícitas, impertinentes, desnecessárias ou protelatórias (art. 38, §§ 1º e 2º, lei 9.784/99). O art. 30 dispõe expressamente que são inadmissíveis no processo administrativo as provas obtidas por meios ilícitos.

8.7.3. RELATÓRIO

O órgão de instrução que não for competente para emitir a decisão final (comissão processante), elaborará um relatório indicando tudo o que ficou apurado e formulará uma proposta de decisão (conclusão), objetivamente justificada, encaminhando o processo à autoridade competente (art. 47, da Lei 9.784/99). Em muitos processos não haverá relatório.

8.7.4. PARECER

São opiniões dos agentes da Administração sobre uma questão técnica. Há autonomia técnica. Na Administração Federal, são facultativos, obrigatórios e vinculantes ou obrigatórios e não vinculantes, devendo ser exarados em até 15 dias, nos termos do artigo 42, da Lei 9.784/99, conforme segue:

> Art. 42. Quando deva ser obrigatoriamente ouvido um órgão consultivo, o parecer deverá ser emitido no prazo máximo de quinze dias, salvo norma especial ou comprovada necessidade de maior prazo.
>
> § 1º Se um parecer obrigatório e vinculante deixar de ser emitido no prazo fixado, o processo não terá seguimento até a respectiva apresentação, responsabilizando-se quem der causa ao atraso.
>
> § 2º Se um parecer obrigatório e não vinculante deixar de ser emitido no prazo fixado, o processo poderá ter prosseguimento e ser decidido com sua dispensa, sem prejuízo da responsabilidade de quem se omitiu no atendimento.

8.7.5. DECISÃO OU FASE DISPOSITIVA

A Administração tem o dever de decidir. Concluída a instrução, a Administração tem o prazo de até 30 dias para decidir, salvo prorrogação por igual período, expressamente motivada (artigos 48 e 49, da Lei 9.784/99). É possível que a decisão faça remissão aos fundamentos do parecer ou do relatório.

A jurisprudência do STJ fixou tese no sentido de que o referido prazo previsto no art. 49 da Lei n. 9.784/1999, de até 30 dias para decidir, é impróprio, visto que ausente qualquer penalidade ante o seu descumprimento.

No âmbito da Administração Pública federal, as decisões administrativas que exijam a participação de três ou mais setores, órgãos ou entidades poderão ser tomadas mediante decisão coordenada, sempre que for justificável pela relevância da matéria e houver discordância que prejudique a celeridade do processo administrativo decisório. As decisões coordenadas correspondem à instância de natureza interinstitucional ou intersetorial que atua de forma compartilhada com a finalidade de simplificar o processo administrativo mediante participação concomitante de todas as autoridades e agentes decisórios e dos responsáveis pela instrução técnico-jurídica, observada a natureza do objeto e a compatibilidade do procedimento e de sua formalização com a legislação pertinente.

A mencionada decisão coordenada obedecerá aos princípios da legalidade, da eficiência e da transparência, com utilização, sempre que necessário, da simplificação do procedimento e da concentração das instâncias decisórias. Não se aplica esse tipo de decisão aos processos administrativos de licitação, relacionados ao poder sancionador ou em que estejam envolvidas autoridades de Poderes distintos.

8.8. RECURSO ADMINISTRATIVO E REVISÃO

Das decisões administrativas cabe recurso, independentemente de caução (salvo exigência legal), em face de razões de legalidade e de mérito. O recurso será dirigido à autoridade que proferiu a decisão, a qual, se não a reconsiderar no prazo de cinco dias, o encaminhará à autoridade superior.

Se o recorrente alegar que a decisão administrativa contraria enunciado da súmula vinculante, caberá à autoridade prolatora da decisão impugnada, se não a reconsiderar, explicitar, antes de encaminhar o recurso à autoridade superior, as razões da aplicabilidade ou inaplicabilidade da súmula, conforme o caso.

O recurso administrativo tramitará no máximo por três instâncias administrativas, sendo de dez dias o prazo para sua interposição, contado a partir da ciência ou divulgação oficial da decisão recorrida, salvo disposição legal diversa. Quando a lei não fixar prazo diferente, o recurso administrativo deverá ser decidido no prazo máximo de trinta dias, a partir do recebimento dos autos pelo órgão competente, podendo ser prorrogado por igual período, ante justificativa explícita.

O recurso interpõe-se por meio de requerimento no qual o recorrente deverá expor os fundamentos do pedido de reexame, podendo juntar os documentos que julgar convenientes. São legitimados para interpô-lo: os titulares de direitos e interesses que forem parte no processo; aqueles cujos direitos ou interesses forem indiretamente afetados pela decisão recorrida; as organizações e associações representativas, no tocante a direitos e interesses coletivos; e os cidadãos ou associações, quanto a direitos ou interesses difusos.

Salvo disposição legal em contrário, o recurso não tem efeito suspensivo, mas havendo justo receio de prejuízo de difícil ou incerta reparação decorrente da execução, a autoridade recorrida ou a imediatamente superior poderá, de ofício ou a pedido, dar efeito suspensivo ao recurso.

Interposto o recurso, este pode não ser conhecido se tiver sido interposto fora do prazo, perante órgão incompetente (neste caso será indicada ao recorrente a autoridade competente, sendo-lhe devolvido o prazo para recurso).

No âmbito do processo administrativo, em âmbito recursal, é permitida a *reformatio in pejus,* podendo a decisão recorrida ser confirmada, modificada, anulada ou revogada, total ou parcialmente. Entretanto, na hipótese de reforma gravosa, o recorrente deverá ser cientificado para que formule suas alegações antes da decisão.

Já a revisão possibilita que os processos administrativos de que resultem sanções possam ser revistos, a qualquer tempo, a pedido ou de ofício, quando surgirem fatos novos ou circunstâncias relevantes suscetíveis de justificar a inadequação da sanção aplicada. Nesta situação, entretanto, não poderá resultar agravamento da sanção.

CAPÍTULO 9 – IMPROBIDADE ADMINISTRATIVA

A Lei nº 8.429/92 disciplina a improbidade administrativa, sujeitando seus comandos a qualquer agente público, servidor ou não, que cometa ato de improbidade contra o patrimônio público e social dos Poderes Executivo, Legislativo e Judiciário, bem como da administração direta e indireta, no âmbito da União, dos Estados, dos Municípios e do Distrito Federal, ou contra o patrimônio de entidade privada que receba subvenção, benefício ou incentivo, fiscal ou creditício, de entes públicos ou governamentais.

Em seu artigo 2º, considera agente público o agente político, o servidor público e todo aquele que exerce, ainda que transitoriamente ou sem remuneração, por eleição, nomeação, designação, contratação ou qualquer outra forma de investidura ou vínculo, mandato, cargo, emprego ou função nas entidades anteriormente referidas.

São três as categorias de atos de improbidade, cujas sanções são diversas, quais sejam aqueles que importam em enriquecimento ilícito, tratados no artigo 9º, da Lei; os que causam lesão ao erário, descritos no artigo 10; e os que atentam contra os Princípios da Administração Pública, tratados no artigo 11.

As penalidades a serem impostas aos agentes podem ser sintetizadas no quadro que segue, sendo importante esclarecer que referidas sanções somente poderão ser executadas após o trânsito em julgado da sentença condenatória:

	Atos de improbidade		
PENAS*	Enriquecimento ilícito	Prejuízo ao Erário	Atenta contra princípios da Administração Pública
Perda dos bens ou valores acrescidos ilicitamente ao patrimônio	Sim	Sim, se concorrer essa circunstância	Não
Perda da função pública **	Sim	Sim	Não
Suspensão dos direitos políticos	Até 14 anos	Até 12 anos	Não
Multa civil ***	Sim, equivalente ao valor do acréscimo patrimonial	Sim, equivalente ao valor do dano	Sim, até 24 (vinte e quatro) vezes o valor da remuneração percebida pelo agente
Proibição de contratar com o Poder Público ou receber incentivos fiscais ou creditícios ****	Prazo não superior a 14 anos	Prazo não superior a 12 anos	Prazo não superior a 4 anos

* A aplicação das penas independe do ressarcimento integral do dano patrimonial, se efetivo, e das sanções penais comuns e de responsabilidade, civis e administrativas previstas na legislação específica.

** A sanção de perda da função pública atinge apenas o vínculo de mesma qualidade e natureza que o agente público ou político detinha com o poder público noa época do cometimento da infração, podendo o magistrado, na hipótese de atos de improbidade que importem em enriquecimento ilícito, e em caráter excepcional, estendê-la aos demais vínculos, consideradas as circunstâncias do caso e a gravidade da infração.

*** A multa pode ser aumentada até o dobro, se o juiz considerar que, em virtude da situação econômica do réu, o valor é ineficaz para reprovação e prevenção do ato de improbidade.

**** Em caráter excepcional e por motivos relevantes devidamente justificados, a sanção de proibição de contratação com o poder público pode extrapolar o ente público lesado pelo ato de improbidade, observados os impactos econômicos e sociais das sanções, de forma a preservar a função social da pessoa jurídica.

A Lei nº 14.230/2021 realizou significativas alterações na Lei 8.429/92, sendo a principal delas a exigência de dolo para a caracterização do ato de improbidade administrativa, ou seja, exige-se a prova da vontade livre e consciente do agente público em alcançar o resultado ilícito tipificado em lei. Assim, o mero exercício da função ou desempenho de competências públicas, sem comprovação de ato doloso com fim ilícito, afasta a responsabilidade por ato de improbidade administrativa.

A apuração da prática de ato de improbidade poderá ocorrer administrativamente ou judicialmente. Qualquer pessoa poderá representar à autoridade administrativa para que seja instaurada investigação destinada a apurar a prática de ato de improbidade. A representação, que será escrita ou reduzida a termo e assinada, conterá a qualificação do representante, as informações sobre o fato e sua autoria e a indicação das provas de que tenha conhecimento, podendo ser rejeitada se não contiver estas informações, em despacho fundamentado, o que não impede seu envio ao Ministério Público. Se forem atendidos os requisitos da representação, a autoridade determinará a imediata apuração dos fatos, observada a legislação que regula o processo administrativo disciplinar aplicável ao agente

A comissão processante dará conhecimento ao Ministério Público e ao Tribunal ou Conselho de Contas da existência de procedimento administrativo para apurar a prática de ato de improbidade, podendo estes órgãos, a requerimento, designar representante para acompanhar o procedimento administrativo.

Já ação de improbidade é repressiva, de caráter sancionatório, destinada à aplicação de sanções de caráter pessoal, não se constituindo ação civil, vedado seu ajuizamento para o controle de legalidade de políticas públicas e para a proteção do patrimônio público e social, do meio ambiente e de outros interesses difusos, coletivos e individuais homogêneos. Dita ação será proposta pelo Ministério Público, perante o foro do local onde ocorrer o dano ou da pessoa jurídica prejudicada, e seguirá o procedimento comum previsto no Código de Processo Civil. Havendo a possibilidade de solução consensual, poderão as partes requerer ao juiz a interrupção do prazo para a contestação, por prazo não superior a noventa dias. Para cada ato de improbidade administrativa, deverá necessariamente ser indicado apenas um tipo dentre aqueles previstos nos arts. 9º, 10 e 11 da Lei.

De acordo com o artigo 17-B, da Lei nº 8.429/92, o Ministério Público poderá, conforme as circunstâncias do caso concreto, celebrar acordo de não persecução civil, desde que dele advenham, ao menos, o integral ressarcimento do dano ou a reversão à pessoa jurídica lesada da vantagem indevida obtida, ainda que oriunda de agentes privados. Referido acordo poderá ser celebrado no curso da investigação de apuração do ilícito, no curso da ação de improbidade ou ainda no momento da execução da sentença condenatória. Havendo descumprimento do acordo, o investigado ou o demandado ficará impedido de celebrar novo acordo pelo prazo de cinco anos, contado do conhecimento pelo Ministério Público do efetivo descumprimento.

Por maioria de votos, o Plenário do Supremo Tribunal Federal, em 08/08/2018, reconheceu a imprescritibilidade de ações de ressarcimento de danos ao erário decorrentes de ato doloso de improbidade administrativa. Acontece que, com as alterações promovidas pela Lei 14.230/2021, exige-se o dolo para a caracterização de qualquer ato de improbidade administrativa. Desta feita, essa lei também definiu que o prazo para a aplicação das sanções nela previstas prescreve em oito anos, contados a partir da ocorrência do fato ou, no caso de infrações permanentes, do dia em que cessou a permanência.

CAPÍTULO 10 – CONTROLE DA ADMINISTRAÇÃO PÚBLICA

A Administração Pública, no desempenho da atividade administrativa, está sujeita a controle tanto interno, a ser exercido por seus órgãos, tanto externo, a ser exercido pelos cidadãos e por outros órgãos. Essa fiscalização garante uma prestação eficiente da Administração e condutas orientadas à observância do interesse público, sempre sujeitas ao princípio da legalidade.

A doutrina classifica o controle quanto à natureza do órgão controlador em: controle administrativo, realizado no âmbito do próprio ente administrativo, que decorre do poder de autotutela sobre seus atos; controle legislativo, executado pelo Poder Legislativo e que abrange o controle político e o controle financeiro; além do controle judicial, realizado pelo Judiciário, mediante provocação de qualquer interessado.

10.1. CONTROLE ADMINISTRATIVO

O controle administrativo é aquele exercido pela própria Administração Pública em face de seus atos, possuindo, portanto, caráter interno. Funda-se no princípio da Legalidade, que exige da atuação da Administração a estrita obediência aos comandos legais, além de englobar aspectos de conveniência e oportunidade. Além de realizar esse controle de ofício, a Administração também pode ser provocada por qualquer administrado.

O artigo 74, da Constituição de 1988 define algumas finalidades do controle interno, conforme segue:

> Art. 74. Os Poderes Legislativo, Executivo e Judiciário manterão, de forma integrada, sistema de controle interno com a finalidade de:
>
> I – avaliar o cumprimento das metas previstas no plano plurianual, a execução dos programas de governo e dos orçamentos da União;
>
> II – comprovar a legalidade e avaliar os resultados, quanto à eficácia e eficiência, da gestão orçamentária, financeira e patrimonial nos órgãos e entidades da administração federal, bem como da aplicação de recursos públicos por entidades de direito privado;
>
> III – exercer o controle das operações de crédito, avais e garantias, bem como dos direitos e haveres da União;
>
> IV – apoiar o controle externo no exercício de sua missão institucional.
>
> § 1º Os responsáveis pelo controle interno, ao tomarem conhecimento de qualquer irregularidade ou ilegalidade, dela darão ciência ao Tribunal de Contas da União, sob pena de responsabilidade solidária.
>
> § 2º Qualquer cidadão, partido político, associação ou sindicato é parte legítima para, na forma da lei, denunciar irregularidades ou ilegalidades perante o Tribunal de Contas da União.

10.2. CONTROLE LEGISLATIVO

Já o controle Legislativo é a prerrogativa conferida ao Poder Legislativo de fiscalizar a Administração Pública, independentemente de provocação do cidadão ou legitimado e sem necessidade de submissão prévia ao crivo do Judiciário. Tal controle está limitado às regras constitucionais e só é possível por conta disso, vez que, se assim não fosse, restaria violado o princípio da separação dos poderes, insculpido no artigo 2º, da Constituição de 1988.

Registre-se, ainda, que o controle legislativo da Administração é externo e político, motivo pelo qual se pode controlar os aspectos relativos à legalidade e à conveniência pública dos atos do Poder Executivo que estejam sendo controlados, nos termos do artigo 170, da Constituição da República. Exemplos do controle político exercido pelo Legislativo estão no artigo 49, III e XII e 52, V, da Constituição de 1988.

10.3. CONTROLE JUDICIAL

O controle judicial da Administração Pública, como o próprio nome indica, acontece no âmbito do Judiciário, com o manejo de ações que objetivam a fiscalização dos atos administrativos, a exemplo do *habeas data*, do mandado de segurança e de injunção e da ação popular.

O controle judicial dos atos administrativos é de legalidade, em face dos atos vinculados e discricionários. Deste modo, o Judiciário não pode exercer controle de mérito sobre eles, já que estaria violando o princípio da separação dos poderes, insculpido no artigo 60, III, da Constituição da República. A seguir, cita-se as ações judiciais mais importantes no controle da administração pública.

O habeas data é uma ação constitucional que tem por fim assegurar o conhecimento de informações relativas à pessoa do impetrante, constantes de registros ou bancos de dados de entidades governamentais ou de caráter público ou para a retificação de dados, quando não se prefira fazê-lo por processo sigiloso, judicial ou administrativo, nos termos do inciso LXXII, do artigo 5º, da Constituição da República.

O mandado de segurança também é uma ação constitucional, prevista no artigo 5º, LXIX, que visa à proteção de direito líquido e certo, não amparado por habeas corpus ou habeas data, quando o responsável pela ilegalidade ou abuso de poder for autoridade pública ou agente de pessoa jurídica no exercício de atribuições do Poder Público. Será coletivo quando puder ser impetrado por partido político com representação no Congresso Nacional ou organização sindical, entidade de classe ou associação legalmente constituída e em funcionamento há pelo menos um ano, em defesa dos interesses de seus membros ou associados.

O mandado de segurança é garantia constitucional que constitui meio ou instrumento de tutela de direito individual, próprio, líquido e certo, lesado ou ameaçado de lesão, por ato de autoridade pública ou agente de pessoa jurídica no exercício de suas funções, seja por ilegalidade, seja por abuso de poder. Pode ser tanto individual quanto coletivo, preventivo ou repressivo.

A autoridade coatora no mandado de segurança é a autoridade, seja de que categoria for e sejam quais forem as funções que exerça, que praticou, ou está na iminência de praticar o ato violador do direito. Equiparam-se às autoridades, os representantes ou órgãos de partidos políticos e os administradores de entidades autárquicas, bem como os dirigentes de pessoas jurídicas ou as pessoas naturais no exercício de atribuições do poder público, somente no que disser respeito a essas atribuições. Sobre o tema, confira-se a ementa de julgado que segue:

> "COMPETÊNCIA – MANDADO DE SEGURANÇA – DEFINIÇÃO. Define-se a competência para o julgamento do mandado de segurança a partir da autoridade ou órgão apontado como coator. DECADÊNCIA – TERMO INICIAL – MANDADO DE SEGURANÇA. O termo inicial do prazo decadencial relativo a mandado de segurança coincide com a data da ciência do ato atacado. PROCESSO ADMINISTRATIVO – SITUAÇÃO CONSTITUÍDA – INTERESSADO – AUDIÇÃO. Uma vez existente situação jurídica constituída, cumpre ouvir o respectivo beneficiário." *(MS 25399 / DF – DISTRITO FEDERAL. Rel. Min. Marco Aurélio. Julgamento: 15/10/2014)*

O mandado de Segurança protege o direito líquido do impetrante que é aquele que pode ser comprovado de plano. São os fatos que são líquidos e certos. Por isso, se os fatos não forem comprovados de forma prévia, juntamente com a petição inicial, o mandado de segurança não será o instrumento para proteção do direito invocado. É ação de uso residual, pois serve para amparar direito líquido e certo não amparado por *habeas corpus* ou *habeas data*.

O mandado de injunção é uma ação integrante do sistema de controle de constitucionalidade (concreto ou incidental), manejada sempre que a falta de norma regulamentadora torne inviável o exercício dos direitos e liberdades constitucionais e das prerrogativas inerentes à nacionalidade, à soberania e à cidadania, consoante dispõe o inciso LXXI, do artigo 5º, da Constituição da República.

A Lei nº 13.300/2016 regulamenta o processo e o julgamento dos mandados de injunção individual e coletivo. Conceder-se-á mandado de injunção sempre que a falta total ou parcial de norma regulamentadora torne inviável o exercício dos direitos e liberdades constitucionais e das prerrogativas inerentes à nacionalidade, à soberania e à cidadania.

Já a ação popular, nos moldes do inciso LXXIII, da Constituição pátria, objetiva a anulação de ato lesivo ao patrimônio público ou de entidade de que o Estado participe, à moralidade administrativa, ao meio ambiente e ao patrimônio histórico e cultural, ficando o autor, salvo comprovada má-fé, isento de custas judiciais e do ônus da sucumbência. É regulamentada pela Lei 4.717/65.

Noções de Direito Constitucional

Orman Ribeiro

✦ QUESTÕES

1. DIREITOS E DEVERES INDIVIDUAIS E COLETIVOS

01. (Cespe – Técnico do Seguro Social – INSS/2016) O direito à vida desdobra-se na obrigação do Estado de garantir à pessoa o direito de continuar viva e de proporcionar-lhe condições de vida digna.

COMENTÁRIOS

✪ **Nota do autor:** A questão envolve não apenas a literalidade da Constituição, mas também noções doutrinárias sobre o direito à vida. Possui, assim, nível intermediário.

É consenso atualmente na doutrina que o ***direito à vida*** não deve ser entendido apenas como o direito de sobreviver, abrangendo também o direito de possuir condições dignas de sobrevivência. Lembre-se que um dos Fundamentos da República Federativa do Brasil é a ***dignidade da pessoa humana*** (Art. 1º, III da CF), que influencia os mais variados temas das diversas disciplinas jurídicas. Em especial os direitos fundamentais devem, portanto, ser lidos à luz desse grande valor constitucional. **CERTO**

02. (Cespe – Técnico do Seguro Social – INSS/2016) Em decorrência do princípio da igualdade, é vedado ao legislador elaborar norma que dê tratamento distinto a pessoas diversas.

COMENTÁRIOS

✪ **Nota do autor:** Esta questão possui nível intermediário e envolve o conhecimento doutrinário do direito de IGUALDADE.

Ao contrário do que muitos pensam, o direito de IGUALDADE não proíbe qualquer *discriminação* entre pessoas, mas sim as que não se fundarem em desigualdades pré-existentes, hipótese em que serão indevidas. Haverá, portanto, ofensa a esse direito quando houver tratamento diferenciado (discriminação) àqueles que estiverem em igual situação (*"desigualação"* dos *"iguais"*), ou ainda quando houver mesmo tratamento aos que se encontrarem em situações distintas (*"igualação"* dos *"desiguais"*).

Lembre-se que *discriminar* significa *separar, distinguir, diferenciar*, o que por vezes é não apenas possível, mas necessário à preservação dos interesses das pessoas. O direito de igualdade é prestigiado quando pessoas que se encontram na mesma situação são tratadas da mesma forma (*"igualação"* dos *"iguais"*) e também quando pessoas que se encontram em situações distintas são tratadas de forma diferenciada (*"desigualação"* dos *"desiguais"*).

Dessa maneira, a lei pode perfeitamente estabelecer tratamento distinto entre pessoas que se encontrem em situações diferentes. **ERRADO**

03. (FCC – Técnico do Seguro Social – INSS/2012) A garantia individual adequada para alguém que sofrer ou se achar ameaçado de sofrer violência ou coação em sua liberdade de locomoção, por ilegalidade ou abuso de poder, é

a) o mandado de segurança.

b) o habeas data.

c) a ação civil pública.

d) o habeas corpus.

e) o mandado de injunção.

COMENTÁRIOS

✪ **Nota do autor:** A questão tem nível fácil e trata dos remédios constitucionais, tema sempre cobrado em qualquer concurso. Exige o conhecimento superficial do art. 5º da Constituição Federal.

Alternativa "a": O Mandado de Segurança está previsto no artigo 5º, LIX, da CF, e protege direitos líquidos e certos não amparados pelo *habeas corpus* (liberdade de locomoção) e *habeas data* (liberdade de informação pessoal). Pode ser impetrado por pessoas físicas e jurídicas, exigindo prova documental pré-constituída.

Alternativa "b": O *habeas data* está previsto no art. 5º, LXXII, da CF, e protege especificamente a liberdade de informação pessoal. Visa assegurar o conhecimento, pelo Impetrante, de informações pessoais constantes de bancos de dados mantidos por entidades governamentais ou de caráter púbico, como também retificar tais informações.

Alternativa "c": A *ação civil pública* encontra-se referida pelo art. 129, da CF, e serve para proteger direitos difusos e coletivos, a exemplo do direito ao meio ambiente ecologicamente equilibrado, direitos do consumidor, entre outros pertencentes a coletividades indeterminadas de indivíduos.

Alternativa "d": A situação mencionada pelo enunciado se enquadra no quanto previsto pelo art. 5º, LXVIII, da Constituição Federal, que trata do *habeas corpus*. Um dos *remédios constitucionais*, este instrumento se presta à defesa da liberdade de locomoção, quando desrespeitada ou ameaçada por ilegalidade ou abuso de poder. Pode ser preventivo (quando utilizado diante da simples ameaça) ou repressivo / liberatório (quando utilizado após o efetivo desrespeito ao direito de locomoção).

Alternativa "e": O *mandado de injunção* é cabível quando a omissão legislativa inviabiliza o exercício de direitos e liberdades previstas na CF, além das prerrogativas inerentes à nacionalidade, soberania e cidadania. Está prevista pelo art. 5º, LXXI, e é um instrumento de controle da inconstitucionalidade por omissão.

Alternativa correta: letra "d".

---

04. (FCC – Técnico do Seguro Social – INSS/2012) Cinco amigos, moradores de uma favela, decidem criar uma associação para lutar por melhorias nas condições de saneamento básico do local. Um político da região, sabendo da iniciativa, informa-lhes que, para tanto, será necessário obter, junto à Prefeitura, uma autorização para sua criação e funcionamento. Nesta hipótese,

a) os cinco amigos não conseguirão criar a associação, pois a Constituição Federal exige um número mínimo de dez integrantes para essa iniciativa.
b) a informação que receberam está errada, pois a Constituição Federal estabelece que a criação de associações independe de autorização.
c) após a criação da associação, os moradores da favela serão obrigados a se associarem.
d) o estatuto da associação poderá prever atividades paramilitares, caso essa medida seja necessária para a proteção de seus integrantes.
e) para iniciar suas atividades, a associação precisará, além da autorização da prefeitura, de um alvará judicial.

COMENTÁRIOS

✪ **Nota do autor:** O tema "associações" é um dos mais frequentes em meio às questões sobre os direitos e deveres individuais e coletivos. Esta questão tem nível fácil, já que pode ser respondida com o conhecimento puro e simples do texto da Constituição Federal (Art. 5º, XVII a XXI).

Alternativa "a": Não há na Constituição Federal qualquer exigência quanto ao número mínimo de membros que a associação deva ter, sendo plenamente possível a sua criação pelos 05 (cinco) amigos.

Alternativa "b": O art. 5º, XVII, é expresso ao dizer que a criação de associações não pode estar condicionada à prévia autorização estatal, sendo suficiente a manifestação de vontade dos associados. Ademais, o texto constitucional assegura a autonomia para o funcionamento das associações, sem interferências estatais.

Alternativa "c": O texto constitucional é expresso ao dizer que ninguém será obrigado a associar-se ou a permanecer associado (art. 5º, XX).

Alternativa "d": A Constituição Federal proíbe textualmente que a associação atue de maneira paramilitar, ou seja, com armas, utilizando-se de força, intimidação e ameaça como mecanismos de ação (5º, XVII).

Alternativa "e": Vide comentário à **alternativa "b".**

Alternativa correta: letra "b".

2. NACIONALIDADE

---

05. (Cespe – Técnico do Seguro Social – INSS/2016) A respeito dos direitos fundamentais, julgue os itens a seguir.

Basta que a pessoa nasça no território brasileiro para que seja considerada brasileiro nato, independentemente da nacionalidade dos seus pais, a não ser que algum deles, ou ambos, esteja(m) no Brasil a serviço de seu país.

COMENTÁRIOS

✪ **Nota do autor:** Esta questão foi mal formulada e admite diferentes interpretações e, por essa razão, foi anulada pela banca organizadora.

ANULADA. Em regra, a pessoa que nasce em território brasileiro adquire nacionalidade originária no Brasil, se tornando BRASILEIRO NATO, ainda que os pais sejam estrangeiros. Tem-se presente na hipótese o critério do *jus solis / territorialidade* a determinar a nacionalidade brasileira. Existe, no entanto, uma exceção à regra, sujeita a dois requisitos cumulativos:

1) Ambos os pais devem ser estrangeiros;
2) Pelo menos um deles (pai ou mãe) deverá estar a serviço de seu país.

Apenas se estiverem presentes ambas as condições é que o filho nascido no Brasil não será brasileiro nato. Assim, se um dos pais for brasileiro (a), deixará de estar presente o primeiro requisito e o filho será necessariamente brasileiro nato.

A questão, inicialmente, foi considerada CERTA de forma equivocada, já que não mencionou o primeiro requisito acima, ou seja, a necessidade de ambos os pais serem estrangeiros para que a exceção se configure.

3. ADMINISTRAÇÃO PÚBLICA

06. (FCC - Técnico do Seguro Social - INSS/2012) Cargos públicos, segundo a Constituição Federal,

a) são preenchidos apenas por candidatos aprovados em concurso público de provas e títulos.
b) podem ser acumulados, inclusive de forma remunerada, na hipótese de serem dois cargos de professor com outro, técnico ou científico, desde que haja compatibilidade de horários.
c) impedem que o servidor público civil exerça o direito à livre associação sindical.
d) em nenhuma hipótese são acessíveis a estrangeiros.
e) proporcionam estabilidade ao servidor nomeado em caráter efetivo, após três anos de efetivo exercício e mediante avaliação especial de desempenho por comissão instituída para essa finalidade.

COMENTÁRIOS

✪ **Nota do autor:** A questão trata do tema "Administração Pública", que é cobrado em concursos tanto em Direito Constitucional quanto em Direito Administrativo. Para as questões da disciplina Direito Constitucional, é suficiente que o candidato conheça e esteja familiarizado com os arts. 37 a 41 da Constituição Federal. Já em Direito Administrativo, as questões podem cobrar também a legislação comum sobre o tema, a exemplo da Lei nº 8.112/90 (Estatuto dos Servidores Públicos Civis da União), entre outras.

Alternativa "a": Embora a regra seja a de que somente os aprovados em concursos públicos poderão ocupar cargos públicos, a Constituição prevê algumas exceções, a exemplo dos cargos em comissão, de livre nomeação e livre exoneração. Estes poderão ser ocupados por pessoas de fora da administração pública, conforme o art. 37, II e V.

Alternativa "b": O art. 37, XVI, da Constituição Federal, estabelece como regra a impossibilidade de acumulação remunerada de cargos públicos, com algumas poucas exceções, válidas apenas se houver compatibilidade de horários. Entre elas, existe a possibilidade de acumulação de dois cargos de professor, **ou** a acumulação de um cargo de professor com outro, técnico ou científico. Não é possível, portanto, a acumulação de três cargos públicos, sendo dois de professor e outro técnico ou científico, como afirmou a alternativa.

Alternativa "c": O direito à livre associação sindical está expressamente assegurado pela Constituição Federal ao servidor público civil. Veja o art. 37, VI.

Alternativa "d": Estrangeiros também podem ocupar cargos públicos no Brasil, na forma da lei. Veja o que prevê o art. 37, I, da Constituição Federal.

Alternativa "e": Segundo o art. 41 da Constituição Federal, a garantia da estabilidade somente é adquirida após 03(três) anos de efetivo exercício pelos servidores públicos ocupantes de cargo efetivo, provido através de concurso público. No referido dispositivo constitucional, há ainda a regra de que é condição para a aquisição da estabilidade a criação de uma comissão especial de avaliação do servidor.

Alternativa correta: letra "e".

Noções de Direito Constitucional

Orman Ribeiro

✦ DICAS

1. DIREITOS E GARANTIAS FUNDAMENTAIS

1.1. DIREITOS E DEVERES INDIVIDUAIS E COLETIVOS

- O **banimento**, previsto como uma das penalidades proibidas pela CF/88 (Art. 5º, XLVII), é também chamado de **degredo** e obrigar um *brasileiro* a deixar o país, o que é inadmissível em tempos de democracia.
- Acerca dos tratados internacionais celebrados pelo Brasil, questão polêmica reside na análise da hierarquia daqueles que versarem sobre direitos humanos, mas não forem aprovados por 3/5 (três quintos) dos membros da Câmara dos Deputados e do Senado Federal, em 2 (dois) turnos em cada Casa. Embora haja entendimentos divergentes, hoje o STF entende que os mesmo possuem *status* ***supra legal***, ou seja, estão hierarquicamente superiores aos demais tratados e leis infraconstitucionais, sem, contudo, possuírem hierarquia de emendas constitucionais.

Veja a ilustração abaixo:

- Costuma-se chamar de *"remédios constitucionais"* os instrumentos postos pela Carta Magna à disposição dos cidadãos para solucionar situações de eventual desrespeito a direitos fundamentais. São os seguintes:

REMÉDIO CONSTITUCIONAL	FINALIDADE
Habeas Corpus (Art. 5º, LXVIII)	**Proteção da liberdade de locomoção**
Habeas Data (Art. 5º, LXXII)	**Proteção da liberdade de informação pessoal**
Mandado de Segurança (Art. 5º, LXIX e LXX)	**Proteção de direitos líquidos e certos, exceto "locomoção" e "informação pessoal"**
Ação Popular (Art. 5º, LXXIII)	**Fiscalização do Poder Público quanto aos valores moralidade administrativa, patrimônio público, patrimônio histórico / cultural e meio ambiente**
Mandado de Injunção (Art. 5º, LXXI)	**Controle da inconstitucionalidade por omissão, quando a falta de lei inviabilizar o exercício de direitos previstos pela CF**
Direito de Petição (Art. 5º, XXXIV, a)	**Formulação de pedido ao Poder Público denunciando ilegalidade ou para a defesa de direitos**
Direito de Certidão (Art. 5º, XXXIV, b)	**Esclarecimento de situação de interesse pessoal em repartições públicas ou para a defesa de direitos**

- Quase todos os remédios constitucionais são utilizados perante o Poder Judiciário, assumindo a forma de processos judiciais. As exceções são o ***Direito de Petição*** e o ***Direito de Certidão***, ambos utilizados perante a Administração Pública, não sendo ações judiciais.
- A maior parte dos direitos elencados pelo art. 5º da CF possui aplicabilidade imediata, ou seja, não dependem de leis regulamentadoras para que produzam seus efeitos essenciais.
- Os direitos fundamentais possuem as seguintes características;

  a) **Relatividade** – não existem direitos fundamentais absolutos na Constituição, já que o exercício de qualquer direito estará sempre limitado aos direitos alheios;

b) Imprescritibilidade – são imprescritíveis, já que estão sujeitos a prazos para o seu exercício;

c) Historicidade – possuem caráter histórico, já que foram sendo consolidados ao longo de toda a evolução histórica das sociedades mundiais;

d) Irrenunciabilidade – não se pode renunciar a um direito fundamental, embora o seu titular possa resolver não exercê-lo, hipótese em que o direito continuará à sua disposição. A renúncia seria irretratável e definitiva;

e) Inalienabilidade – não são passíveis de negociação. Não se pode vender um direito fundamental;

f) Indisponibilidade – são indisponíveis, já que ninguém pode dispor de um direito fundamental alheio.

- Pessoa jurídicas (inclusive as de direito público) podem ser titulares de direitos fundamentais, desde que compatíveis com sua natureza (Ex. direito de informação perante órgãos públicos).
- Estrangeiros não residentes no país também são titulares de direitos fundamentais no Brasil.

1.2. DIREITOS SOCIAIS

- Quase todos os direitos sociais surgiram no momento histórico do Estado Social (fim do século XIX e início do século XX), cuja principal característica era o fato de praticar atos de intervenção nas relações sociais privadas, ao contrário do Estado Liberal (século XVIII). Por tal razão, o conteúdo dos direitos sociais é positivo, ou seja, consistem em ações do Estado em benefício dos cidadãos.
- A Emenda Constitucional nº 114/2021 acrescentou ao artigo 6º da Constituição Federal o parágrafo único, que veio para assegurar a todo brasileiro em situação de vulnerabilidade renda básica familiar, a ser proporcionada pelo Poder Público. Importante atentar para o texto do novo dispositivo, muito provável na próxima prova:

> "Art. 6º (...).
>
> Parágrafo único. Todo brasileiro em situação de vulnerabilidade social terá direito a uma renda básica familiar, garantida pelo poder público em programa permanente de transferência de renda, cujas normas e requisitos de acesso serão determinados em lei, observada a legislação fiscal e orçamentária."

- Em 2017, entrou em vigor a Lei 13.467, que ficou conhecida como "Reforma Trabalhista". A mesma não promoveu alterações na Constituição Federal, o que só seria possível por meio de emenda constitucional. Dessa maneira, as provas de Direito Constitucional não podem cobrar o conteúdo da Reforma.
- O art. 7º da Constituição Federal, que elenca os direitos sociais referentes ao trabalhador, não estabelece qualquer distinção entre trabalhadores urbanos e rurais. Portanto, ambos possuem os mesmos direitos ali anunciados.
- O art. 7º, § único, da CF, elenca os direitos sociais assegurados à categoria dos ***trabalhadores domésticos***, o que é sempre cobrado em provas de concursos. Vale atentar para a Emenda Constitucional nº 72/2013, que ampliou substancialmente este rol. Veja o quadro a seguir:

DIREITOS SOCIAIS ASSEGURADOS AOS TRABALHADORES DOMÉSTICOS (ART. 7º, § ÚNICO):
I – relação de emprego protegida contra despedida arbitrária ou sem justa causa, nos termos de lei complementar, que preverá indenização compensatória, dentre outros direitos;
II – seguro-desemprego, em caso de desemprego involuntário;
III – fundo de garantia do tempo de serviço;
IV – **salário mínimo**, fixado em lei, nacionalmente unificado, capaz de atender às suas necessidades vitais básicas e às de sua família com moradia, alimentação, educação, saúde, lazer, vestuário, higiene, transporte e previdência social, com reajustes periódicos que lhe preservem o poder aquisitivo, sendo vedada sua vinculação para qualquer fim;
VI – **irredutibilidade do salário**, salvo o disposto em convenção ou acordo coletivo;
VII – garantia de salário, nunca inferior ao mínimo, para os que percebem remuneração variável;
VIII – **décimo terceiro salário** com base na remuneração integral ou no valor da aposentadoria;
IX – remuneração do trabalho noturno superior à do diurno;
X – proteção do salário na forma da lei, constituindo crime sua retenção dolosa;
XII – salário-família pago em razão do dependente do trabalhador de baixa renda nos termos da lei;
XIII – duração do trabalho normal não superior a oito horas diárias e quarenta e quatro semanais, facultada a compensação de horários e a redução da jornada, mediante acordo ou convenção coletiva de trabalho;
XV – **repouso semanal remunerado**, preferencialmente aos domingos;
XVI – remuneração do serviço extraordinário superior, no mínimo, em cinquenta por cento à do normal;
XVII – **gozo de férias anuais remuneradas** com, pelo menos, um terço a mais do que o salário normal;
XVIII – **licença à gestante**, sem prejuízo do emprego e do salário, com a duração de cento e vinte dias;
XIX – **licença-paternidade**, nos termos fixados em lei;
XXI – aviso prévio proporcional ao tempo de serviço, sendo no mínimo de trinta dias, nos termos da lei;
XXII – redução dos riscos inerentes ao trabalho, por meio de normas de saúde, higiene e segurança;

DIREITOS SOCIAIS ASSEGURADOS AOS TRABALHADORES DOMÉSTICOS (ART. 7º, § ÚNICO):
XXIV – **aposentadoria**;
XXV – assistência gratuita aos filhos e dependentes desde o nascimento até 5 (cinco) anos de idade em creches e pré-escolas;
XXVI – reconhecimento das convenções e acordos coletivos de trabalho;
XXVIII – seguro contra acidentes de trabalho, a cargo do empregador, sem excluir a indenização a que este está obrigado, quando incorrer em dolo ou culpa;
XXX – proibição de diferença de salários, de exercício de funções e de critério de admissão por motivo de sexo, idade, cor ou estado civil;
XXXI – proibição de qualquer discriminação no tocante a salário e critérios de admissão do trabalhador portador de deficiência;
XXXIII – proibição de trabalho noturno, perigoso ou insalubre a menores de dezoito e de qualquer trabalho a menores de dezesseis anos, salvo na condição de aprendiz, a partir de quatorze anos;
E mais a **integração à Previdência Social.**

- O art. 8º da Constituição prevê a criação de sindicatos representativos dos interesses das diversas categorias profissionais, estando assentado que a lei não pode exigir autorização do Estado para tal criação. De igual modo, uma vez criado, o sindicato terá autonomia para regrar sua própria rotina e para estabelecer suas próprias prioridades, sendo vedado ao Estado interferir no seu funcionamento.
- O direito de greve dos trabalhados da iniciativa privada está previsto no art. 9º, da CF, e já foi devidamente regulamentado pela Lei nº 7.783/89. Conforme entendimento do STF, esta norma vem sendo usada, por analogia, para reger a greve do setor público, prevista no art. 37, VII, da CF, e ainda não regulamentada por lei.

1.3. NACIONALIDADE

- Atenção para a relação de cargos privativos de brasileiros natos, tema sempre presente em concursos. Veja o quadro:

CARGOS PRIVATIVOS DE BRASILEIROS NATOS (ART. 12, §3º, DA CF):
I – de Presidente e Vice-Presidente da República;
II – de Presidente da Câmara dos Deputados;
III – de Presidente do Senado Federal;
IV – de Ministro do Supremo Tribunal Federal;
V – da carreira diplomática;
VI – de oficial das Forças Armadas;
VII – de Ministro de Estado da Defesa

- O art. 103-B, §1º, da CF, estabelece que o Presidente do STF – Supremo Tribunal Federal será o Presidente do CNJ – Conselho Nacional de Justiça. Por consequência, é correto afirmar que o cargo de Presidente do CNJ é também privativo de brasileiro nato.
- Na mesma linha de raciocínio, o art. 119, §único, da CF, estabelece que o Presidente e o Vice-Presidente do TSE – Tribunal Superior Eleitoral devem ser escolhidos, necessariamente, entre Ministros do STF. Portanto, são também cargos privativos de brasileiros natos.
- A seguir, um quadro-resumo das formas de aquisição da nacionalidade brasileira:

Nacionalidade	**Brasileiro Nato Nacionalidade Originária** (nascimento)	*Jus solis* ou territorialidade	Nascidos no Brasil, ainda que de pais estrangeiros, desde que estes não estejam a serviço de seu país
		Jus sanguinis	Nascidos no estrangeiro de pai ou mãe brasileiro, desde que sejam registrados em repartição brasileira competente ou venham a residir no Brasil e optem, em qualquer tempo, depois de atingida a maioridade, pela nacionalidade brasileira
	Brasileiro Naturalizado Nacionalidade Secundária (ato de vontade ao longo da vida)	Naturalização Ordinária	Concedida a estrangeiros que, na forma da lei, adquiriram a nacionalidade brasileira
		Naturalização Extraordinária	Concedida ao estrangeiro residente no País há mais de 15 (quinze) anos ininterruptos e sem condenação penal, desde que requeiram a nacionalidade brasileira

1.4. DIREITOS POLÍTICOS

- O Art. 14, §3º, da CF, elenca as condições de elegibilidade, sempre cobradas em provas de concursos. Veja o quadro:

Condições de Elegibilidade	
	Nacionalidade brasileira
	Idade mínima exigida para cada cargo
	Pleno exercício dos direitos políticos
	Alistamento eleitoral
	Filiação partidária
	Domicílio eleitoral na circunscrição

Vamos memorizar a idade mínima exigida para cada cargo eletivo:

Idade	Cargo
35 anos	Presidente da República
	Vice-Presidente da República
	Senador
30 anos	Governador de Estado e DF
	Vice-Governador de Estado e DF
21 anos	Deputado Federal
	Deputado Estadual ou Distrital
	Prefeito
	Vice-Prefeito
	Juiz de Paz
18 anos	Vereador

- O art. 14, §4º, da CF, traz as *inelegibilidades absolutas*, que são situações que retiram do indivíduo a possibilidade de se eleger para qualquer cargo político. Trata-se dos ***inalistáveis*** (estrangeiros e conscritos) e dos ***analfabetos***.
- Os analfabetos e os maiores de dezesseis e menores de dezoito anos possuem o alistamento eleitoral e o voto facultativos, conforme o disposto no art. 14, §1º, da CF. Portanto, possuem a ***cidadania ativa*** (direito de votar), mas não possuem a ***cidadania passiva*** (direito de serem votados).
- Os chefes de Poder Executivo (Presidente da República, Governadores de Estados, do Distrito Federal e Prefeitos) podem ser reeleitos uma única vez para o período imediatamente subsequente (art. 14, §5º, da CF). O mesmo não se aplica aos Deputados, Senadores e Vereadores, para os quais não há qualquer limite constitucional quanto à quantidade de reeleições consecutivas.
- Além das inelegibilidades trazidas pela Constituição Federal, o art. 14, §9º, permite expressamente que lei complementar traga outros casos, a fim de proteger a moralidade administrativa e a probidade para o exercício do mandato, considerada a vida pregressa do candidato. Foi o que ocorreu com o advento da lei da ficha limpa (LC 135/2010).
- O art. 15 da Constituição Federal expressamente veda a ***cassação*** de direitos políticos, mas permite a sua ***perda*** ou ***suspensão***, nas seguintes hipóteses:

PERDA DOS DIREITOS POLÍTICOS	SUSPENSÃO DOS DIREITOS POLÍTICOS
I – cancelamento da naturalização por sentença transitada em julgado;	II – incapacidade civil absoluta;
IV – recusa de cumprir obrigação a todos imposta ou prestação alternativa, nos termos do art. 5º, VIII; Observação: Embora esta hipótese seja por vezes apontada por parte da doutrina do direito eleitoral como causa de suspensão dos direitos políticos, tal entendimento não encontra respaldo na maior parte da doutrina constitucionalista. O CESPE/CEBRASPE cobrou o tema no concurso do TRE-BA em 2017, quando, na justificativa para a anulação de determinada questão, assentou o seguinte: "De fato, perderá os direitos políticos o cidadão que alegar convicções políticas para deixar de prestar o serviço militar obrigatório e que se recusar a cumprir prestação alternativa fixada em lei."	III – condenação criminal transitada em julgado, enquanto durarem seus efeitos;
	V – improbidade administrativa, nos termos do art. 37, § 4º.

1.5. PARTIDOS POLÍTICOS

- Partidos políticos são agrupamentos de indivíduos, unidos por uma mesma ideologia política, que se organizam juridicamente para a participação na vida política do país. Têm como objetivo a propagação de ideias e a conquista do poder político.
- No Brasil, não é possível a existência de candidaturas avulsas, razão pela qual se costuma afirmar que os partidos políticos possuem o monopólio das candidaturas.

- Possuem natureza jurídica de direito privado, como determina a Lei nº 9.096/95, que regulamenta sua organização e funcionamento, logo no seu art. 1º:

  "Art. 1º O partido político, pessoa jurídica de direito privado, destina-se a assegurar, no interesse do regime democrático, a autenticidade do sistema representativo e a defender os direitos fundamentais definidos na Constituição Federal."

- Existem três modelos possíveis de organização partidária: *Unipartidarismo, Bipartidarismo* e *Pluripartidarismo.*

  A) ***Unipartidarismo*** – É o modelo político em que há um partido político único. Típico de regimes autoritários, em que só se admite um partido, que defende e divulga a ideologia do grupo político dominante.

  B) ***Bipartidarismo*** – Modelo em que há dois grandes partidos políticos, com programas bem definidos e distintos, e que se revezam na titularidade do poder político. Este modelo admite a presença de outros partidos políticos, mas sem qualquer representatividade política. Ex. EUA

  C) ***Pluripartidarismo*** ou ***Multipartidarismo*** – É o modelo onde existe o princípio da *ampla liberdade partidária*, que admite a coexistência de inúmeros partidos políticos, representantes de todas as correntes político-ideológicas da sociedade. Adotado no Brasil em decorrência direta do art. 1º, V (pluralismo político).

2. ADMINISTRAÇÃO PÚBLICA

- Os princípios básicos da administração pública encontram-se previstos no art. 37, da Constituição Federal, e são os seguintes:

  a) **LEGALIDADE –** Chamado também de *legalidade administrativa*, é uma decorrência do princípio do *Estado de Direito*. Significa que a Administração Pública deve realizar suas atividades com a estrita observância da lei. O administrador público não pode praticar qualquer ato que não esteja autorizado pela lei, sendo ela o seu limite. Trata-se de uma garantia do cidadão contra atos arbitrários que poderiam ser praticados pelo detentor do poder, se não estivesse limitado pela lei. Note que a lógica do princípio da legalidade administrativa é invertida em relação à legalidade aplicada aos particulares. Para estes a lei tem o papel de proibir, e não o de autorizar. Já para o Poder Público, a lei surge para autorizar, e não para proibir. Se para o particular a regra é a liberdade, para a Administração Pública a regra é a proibição.

  b) **IMPESSOALIDADE –** O princípio da impessoalidade parte da premissa de que a atuação da Administração Pública deve visar o interesse de toda a coletividade, e não de alguém em particular. Por isso, não se concebem atos pessoais, dirigidos a alguém em particular. Os atos do Poder Público devem, ao contrário, beneficiar direta ou indiretamente a todos. Ademais, quando um agente público pratica um ato administrativo, não se tem um ato praticado pela pessoa, mas sim pelo Poder Público, através da pessoa. O agente é apenas um instrumento. Por tal razão, a CF proíbe que, na publicidade oficial do Poder Público, constem nomes, símbolos ou imagens que caracterizem promoção pessoal da autoridade ou agente público, para que os mesmos não capitalizem para si vantagens pessoais a partir de algo que fazem na qualidade de instrumentos do Estado.

     Art. 37. § 1º. A publicidade dos atos, programas, obras, serviços e campanhas dos órgãos públicos deverá ter caráter educativo, informativo ou de orientação social, dela não podendo constar nomes, símbolos ou imagens que caracterizem promoção pessoal de autoridades ou servidores públicos.

  c) **MORALIDADE –** Este princípio impõe a observância de princípios éticos no desempenhar da atividade administrativa. Não se admite a imoralidade, a falta de ética, a deslealdade nos atos praticados pelo poder público. Detalhe importante é o fato de que também os particulares que estejam se relacionando com o Poder Público estão submetidos a este princípio.

  d) **PUBLICIDADE –** O princípio da publicidade tem como principal objetivo assegurar a transparência da atividade administrativa. Parte da premissa de que o agente público lida com interesses de toda a coletividade, daí resultando o seu dever de portar-se com a mais absoluta transparência, possibilitando aos administrados, cidadãos em geral, o conhecimento pleno de todas as condutas administrativas. Por isso não se admite a existência de segredos entre os atos praticados pela Administração, salvo em situações excepcionais, autorizadas pela própria Constituição ou pela lei, e que também visam proteger o interesse público. Em decorrência deste princípio, a maior parte dos atos administrativos só tem validade e eficácia após a sua publicação, normalmente feita no Diário Oficial, a partir do que se presume o seu conhecimento pelos cidadãos.

e) **EFICIÊNCIA** – O último dos princípios previstos no art. 37 da Constituição, *caput*, é o da eficiência, que impõe a realização da atividade administrativa com presteza, agilidade, modernidade, perfeição e rendimento funcional. Como diz Hely Lopes Meirelles, *"é o mais moderno princípio da função administrativa, que já não se contenta em ser desempenhada apenas com legalidade, exigindo resultados positivos para o serviço público e satisfatório atendimento das necessidades da comunidade e de seus membros."* Relaciona-se diretamente com a maneira de atuação dos agentes públicos e com o modo de organização, estruturação e disciplina da Administração Pública.

- Tais princípios são conhecidos como **L.I.M.P.E.**, em razão das suas iniciais, e são muito cobrados em concursos. Além deles, outros princípios também regem a administração pública, muitos dos quais encontram-se implícitos no texto constitucional ou na legislação específica.

✦ SÚMULAS APLICÁVEIS

1. DIREITOS E GARANTIAS FUNDAMENTAIS

1.1. DIREITOS E DEVERES INDIVIDUAIS E COLETIVOS

- **STF Vinculante 1.** Ofende a garantia constitucional do ato jurídico perfeito a decisão que, sem ponderar as circunstâncias do caso concreto, desconsidera a validez e a eficácia de acordo constante de termo de adesão instituído pela Lei Complementar 110/2001.
- **STF Vinculante 11.** Só é lícito o uso de algemas em casos de resistência e de fundado receio de fuga ou de perigo à integridade física própria ou alheia, por parte do preso ou de terceiros, justificada a excepcionalidade por escrito, sob pena de responsabilidade disciplinar, civil e penal do agente ou da autoridade e de nulidade da prisão ou do ato processual a que se refere, sem prejuízo da responsabilidade civil do Estado.
- **STF Vinculante 14.** É direito do defensor, no interesse do representado, ter acesso amplo aos elementos de prova que, já documentados em procedimento investigatório realizado por órgão com competência de polícia judiciária, digam respeito ao exercício do direito de defesa.
- **STF Vinculante 21.** É inconstitucional a exigência de depósito ou arrolamento prévios de dinheiro ou bens para admissibilidade de recurso administrativo.
- **STF Vinculante 25.** É ilícita a prisão civil de depositário infiel, qualquer que seja a modalidade do depósito.
- **STF Vinculante 28.** É inconstitucional a exigência de depósito prévio como requisito de admissibilidade de ação judicial na qual se pretenda discutir a exigibilidade de crédito tributário.
- **STF 654.** A garantia da irretroatividade da lei, prevista no art. 5º, XXXVI, da Constituição da República, não é invocável pela entidade estatal que a tenha editado.
- **STF 395.** Não se conhece de recurso de "habeas corpus" cujo objeto seja resolver sobre o ônus das custas, por não estar mais em causa a liberdade de locomoção.
- **STF 692.** Não se conhece de "habeas corpus" contra omissão de relator de extradição, se fundado em fato ou direito estrangeiro cuja prova não constava dos autos, nem foi ele provocado a respeito.
- **STF – 693.** Não cabe "habeas corpus" contra decisão condenatória a pena de multa, ou relativo a processo em curso por infração penal a que a pena pecuniária seja a única cominada.
- **STF – 694.** Não cabe "habeas corpus" contra a imposição da pena de exclusão de militar ou de perda de patente ou de função pública.
- **STF – 266.** Não cabe mandado de segurança contra lei em tese.
- **STF -267.** Não cabe mandado de segurança contra ato judicial passível de recurso ou correição.
- **STF – 268.** Não cabe mandado de segurança contra decisão judicial com trânsito em julgado.
- **STF nº 269**. O mandado de segurança não é substitutivo de ação de cobrança.
- **STF nº 270**. Não cabe mandado de segurança para impugnar enquadramento da Lei nº 3.780, de 12/7/1960, que envolva exame de prova ou de situação funcional complexa.
- **STF nº 271**. Concessão de mandado de segurança não produz efeitos patrimoniais em relação a período pretérito, os quais devem ser reclamados administrativamente ou pela via judicial própria.
- **STF nº 429**. A existência de recurso administrativo com efeito suspensivo não impede o uso do mandado de segurança contra omissão da autoridade.
- **STF nº 430.** Pedido de reconsideração na via administrativa não interrompe o prazo para o mandado de segurança.

- **STF nº 510**. Praticado o ato por autoridade, no exercício de competência delegada, contra ela cabe o mandado de segurança ou a medida judicial.
- **STF nº 512**. Não cabe condenação em honorários de advogado na ação de mandado de segurança.
- **STF nº 623**. Não gera por si só a competência originária do supremo tribunal federal para conhecer do mandado de segurança com base no art. 102, I, "n", da constituição, dirigir-se o pedido contra deliberação administrativa do tribunal de origem, da qual haja participado a maioria ou a totalidade de seus membros.

1.2. DIREITOS SOCIAIS

- **Súmula Vinculante 4** – Salvo nos casos previstos na Constituição, o salário mínimo não pode ser usado como indexador de base de cálculo de vantagem de servidor público ou de empregado, nem ser substituído por decisão judicial.

1.3. DIREITOS POLÍTICOS

- **STF Vinculante 18.** A dissolução da sociedade ou do vínculo conjugal, no curso do mandato, não afasta a inelegibilidade prevista no § 7º do artigo 14 da Constituição Federal.

2. ADMINISTRAÇÃO PÚBLICA

- **Súmula Vinculante 13:** A nomeação de cônjuge, companheiro ou parente em linha reta, colateral ou por afinidade, até o terceiro grau, inclusive, da autoridade nomeante ou de servidor da mesma pessoa jurídica investido em cargo de direção, chefia ou assessoramento, para o exercício de cargo em comissão ou de confiança ou, ainda, de função gratificada na administração pública direta e indireta em qualquer dos Poderes da União, dos Estados, do Distrito Federal e dos Municípios, compreendido o ajuste mediante designações recíprocas, viola a Constituição Federal.
- **Súmula Vinculante 33:** Aplicam-se ao servidor público, no que couber, as regras do regime geral da previdência social sobre aposentadoria especial de que trata o artigo 40, § 4º, inciso III da Constituição Federal, até a edição de lei complementar específica.
- **Súmula Vinculante 42:** É inconstitucional a vinculação do reajuste de vencimentos de servidores estaduais ou municipais a índices federais de correção monetária.
- **Súmula Vinculante 43:** É inconstitucional toda modalidade de provimento que propicie ao servidor investir-se, sem prévia aprovação em concurso público destinado ao seu provimento, em cargo que não integra a carreira na qual anteriormente investido.
- **Súmula Vinculante 44:** Só por lei se pode sujeitar a exame psicotécnico a habilitação de candidato a cargo público.
- **Súmula Vinculante 51:** O reajuste de 28,86%, concedido aos servidores militares pelas Leis 8622/1993 e 8627/1993, estende-se aos servidores civis do poder executivo, observadas as eventuais compensações decorrentes dos reajustes diferenciados concedidos pelos mesmos diplomas legais.
- **Súmula Vinculante 55:** O direito ao auxílio-alimentação não se estende aos servidores inativos.

2.1. SERVIDORES PÚBLICOS

- **Súmula Vinculante nº 5:** A falta de defesa técnica por advogado no processo administrativo disciplinar não ofende a **Constituição.**
- **Súmula Vinculante 16**: Os artigos 7º, IV, e 39, § 3º (redação da EC 19/98), da Constituição, referem-se ao total da remuneração percebida pelo servidor público.

Ética na Administração Pública

João Paulo Oliveira

✦ QUESTÕES

1. DECRETOS 1.171/94 E 6.029/07

01. (Cespe - Técnico do Seguro Social - INSS/2008) Considere a seguinte situação hipotética.

Natália e sua equipe de servidores do setor de comunicação de um ministério foram encarregadas de preparar folheto destinado a divulgar as atividades da Comissão de Ética Pública (CEP) e de explicar, em particular, as relações entre o presidente da República, os ministros de Estado e a referida Comissão.

A partir dessa situação, julgue os próximos itens, de acordo com o disposto nos decretos n.os 6.029/2007 e 1.171/1994.

I. Suponha-se que o folheto preparado pela equipe de Natália explicasse que as decisões tomadas pela CEP não precisariam ser, necessariamente, seguidas pelo presidente da República, visto que a Comissão se caracteriza apenas como um órgão de aconselhamento. Nesse caso, a informação do folheto estaria correta, pois, em matéria de ética pública, a CEP é, de fato, instância consultiva do presidente da República e dos ministros de Estado.

II. Suponha-se ter havido um episódio, largamente noticiado pela imprensa, em que a votação de matéria polêmica houvesse terminado empatada e o presidente da CEP houvesse desempatado em favor de uma das partes. Nessa situação, seria correto a equipe de Natália explicar que o presidente da CEP tem voto de qualidade nas deliberações do colegiado.

III. Considere-se que, durante os trabalhos, Natália tenha orientado sua equipe para traçar um perfil do público que iria receber o folheto e, depois, selecionar diagramas e fotografias adequados para esse público. Considere-se, ainda, que um colega da equipe tenha argumentado, em conversa com Natália, que a equipe não deveria gastar tempo e recursos nessa tarefa, a seu ver desnecessária. Nesse caso, a decisão de Natália é a mais adequada, pois é dever do servidor público ter cuidado ao tratar os usuários do serviço, aperfeiçoando os processos de comunicação e contato com o público.

IV. Considere-se que a versão inicial do folheto preparado pela equipe de Natália contivesse diagrama no qual a CEP e sua Secretaria-Executiva estivessem diretamente ligadas ao ministro da Justiça, por ser esse ministério o mais antigo. Nesse caso, o folheto deveria ser corrigido, pois a CEP e sua Secretaria-Executiva são vinculadas diretamente ao presidente da República.

COMENTÁRIOS

✪ **Nota do autor:** As normas sobre ética na Administração Pública Federal estão materializadas em dois decretos: Decreto 1.171/94 e Decreto 6.029/2007. As questões sobre tal assunto dependem, normalmente, de simples conhecimento dessas duas normas, principalmente no que se trata dos itens I a XV do Código de Ética do Servidor do Poder Executivo federal e arts. 4° e 7° do Decreto 6.029/2007.

Item I: Sempre houve uma grande preocupação da doutrina com a ética no serviço público. Com a Constituição Federal de 1988, o Princípio da Moralidade passou a ser trazido como Princípio Básico da Administração Pública em seu art. 37. Segundo José Roberto Nalini (p. 22), Ética é a ciência do comportamento moral dos homens em sociedade.

O objeto de estudo da Ética é a moral, que pode ser conceituada, como o faz também o citado autor (p. 22), como o conjunto de regras de comportamento e formas de vida através das quais tende o homem a realizar o valor do bem. A moral a ser aplicada à Administração Pública é a moral administrativa, através dela o Administrador, mero gestor de coisa alheia, deve atuar sempre buscando a melhor administração possível, tendo por finalidade sempre o bem comum.

Dentre outras normas, o Governo Federal publicou dois decretos (Decreto 1.171/94 e Decreto

6.029/2007) que dispõem sobre a Ética aplicada ao Poder Executivo Federal. Sobre a aplicabilidade dessas duas normas, vale ressaltar que se aplicam apenas para o Poder Executivo. Isso ocorre pelo Mandamento Constitucional previsto no art. 2º da Constituição Federal, segundo o qual os Poderes da República são independentes e harmônicos entre si.

Por isso, não é possível que um Decreto do Executivo (que estabeleça um Código de Ética para seus servidores) seja aplicado sobre os Poderes Legislativo e Judiciário, salvo, por autorização expressa através de ato do Legislativo ou do Judiciário. Por outro lado, as normas precitadas só são aplicadas em nível federal. O Decreto 1.171 possui uma aplicação material, ao estabelecer, em regra, são os deveres e proibições dos servidores públicos em atuação. Por sua vez, o Decreto 6.029/2007 estabelece a estrutura de órgãos responsáveis pelo aconselhamento das Autoridades referentes, bem como o procedimento para os processos éticos perante os Órgãos do Executivo.

Pelo Decreto 6.029/2007, foi criado o Sistema de Gestão de Ética do Poder Executivo Federal. Basicamente, tal sistema é formado por três espécies distintas de órgãos. A CEP (Comissão de Ética Pública), as Comissões de Ética previstas pelo Decreto 1.171/94 (para cada órgão e entidade haverá uma comissão de ética) e as demais comissões de ética e equivalentes nas entidades e órgãos do Poder Executivo Federal, conforme prevê o art. 2º do Decreto 6.029/2007.

A questão comentada é referente a Comissão de Ética Pública e sua competência, normas essa prevista no art. 4º do Decreto 6.029/2007. Segundo tal dispositivo legal, cabe à CEP:

> "I – atuar como instância consultiva do Presidente da República e Ministros de Estado em matéria de ética pública;
>
> II – administrar a aplicação do Código de Conduta da Alta Administração Federal, devendo:
>
> a) submeter ao Presidente da República medidas para seu aprimoramento;
>
> b) dirimir dúvidas a respeito de interpretação de suas normas, deliberando sobre casos omissos;
>
> c) apurar, mediante denúncia, ou de ofício, condutas em desacordo com as normas nele previstas, quando praticadas pelas autoridades a ele submetidas;
>
> III – dirimir dúvidas de interpretação sobre as normas do Código de Ética Profissional do Servidor Público Civil do Poder Executivo Federal de que trata o Decreto nº 1.171, de 1994;
>
> IV – coordenar, avaliar e supervisionar o Sistema de Gestão da Ética Pública do Poder Executivo Federal;
>
> V – aprovar o seu regimento interno; e
>
> VI – escolher o seu Presidente."

Como se observa, a atuação da CEP frente ao Presidente da República é de instância consultiva. Isso significa que a resposta emitida pela Comissão de Ética Pública não tem o condão de obrigar o Presidente da República ou os Ministros de Estado. Por isso, a questão está correta.

Resposta: certo

Item II: A Comissão de Ética Pública, instância superior do Sistema de Ética do Poder Executivo Federal, é formada por 7 brasileiros, que preencham os requisitos de idoneidade moral, reputação ilibada e notória experiência em Administração Pública, nomeados pelo Presidente da República, para mandatos de 3 anos, não coincidentes, permitida uma única recondução. Cabe à própria CEP escolher o seu presidente. A atuação como membro da CEP não trará qualquer remuneração, mas será tida como relevante prestação de serviço público para todos os fins.

Como visto a CEP, portanto é órgão colegiado, assim considerado porque formado por mais de um agente público com poder de decisão. Segundo leciona Hely Lopes Meirelles (p. 75): **"Órgãos colegiados ou pluripessoais são todos aqueles que atuam e decidem pela manifestação conjunta e majoritária da vontade de seus membros. Nos órgãos colegiados não prevalece a vontade individual de seu Chefe ou Presidente, nem a de seus integrantes isoladamente: o que se impõe e vale juridicamente é a decisão da maioria, expressa na forma legal, regimental ou estatutária."**

Dessa forma, as decisões da CEP devem ser tomadas pela maioria dos membros que as compõe. Ocorre, no entanto, que segundo o art. 3º, parágrafo 2º, do Decreto 6.029/2007, o Presidente da CEP possui o voto de qualidade, também chamado de voto de minerva, o que significa que a aludida Autoridade apenas vota nas reuniões do Colegiado, quando isso se fizer necessário. Ou seja, o Presidente da CEP só vota nos casos em que houver empate. Dessa maneira, então, está previsto naquela norma que: **"O Presidente terá o voto de qualidade nas deliberações da Comissão."** Vale a pena ressaltar que o voto de qualidade para o presidente é aplicado apenas à CEP e não às demais comissões de ética do Poder Executivo Federal. Por isso, correta está a questão.

Resposta: certo

Item III: O Decreto 1.171/94 estabeleceu o Código de Ética do Servidor Público do Poder Executivo Federal. Tal norma traça regras de conduta para os servidores, estabelecendo os deveres que cabem para os mesmos. Vale ressaltar que segundo as regras deontológicas previstas no Código de Ética o servidor público deve sempre atuar tendo por finalidade o bem comum. As regras deontológicas trazem, na realidade, o conjunto de deveres que devem ser cumpridos em uma atuação ética. Como afirma José Renato Nalini (p.328), **"deontologia é a teoria dos deveres. Deontologia profissional se chama o complexo de princípios e regras que disciplinam particulares comportamentos do integrante de determinada profissão."**

Nesse ponto, o Código de Ética do Servidor Público do Poder Executivo Federal acabou sendo redundante. Isso porque, além de estabelecer as regras deontológicas, trouxe também enumerados os deveres dos servidores públicos. Esses deveres estão previstos no item XIV do aludido Código.

Tais deveres estão previstos em um rol exemplificativo. Por isso, outros deveres que não estão numerados podem também ser exigidos, desde que relacionados a uma conduta ética e moral do servidor. Tal fato é claro a ponto do item XIV prescrever que aqueles enumerados são os principais deveres do servidor. Ou seja, são principais, mas não são únicos.

Dentre tais deveres, para a solução da questão, chama a atenção o previsto na alínea *e* do item XVI do Código, que dispõe expressamente que é dever do servidor: **"tratar cuidadosamente os usuários do serviço aperfeiçoando o processo de comunicação e contato com o público."** Vale ressaltar que tratar mal uma pessoa que paga seus tributos, segundo o item IX do Código, significa infringir-lhe **dano moral**. Por isso, correta está a questão.

Resposta: certo

Item IV: Trata-se de mais uma questão acerca do Decreto 6.029/2007, na parte que trata da estruturação da CEP (Comissão de Ética Pública). Como já visto, a CEP ocupa o topo na organização da gestão de ética da Administração Pública Federal.

A CEP tem atuação essencial no que tange à manutenção da conduta ética nas atividades realizadas pelos órgãos a ela vinculada. Para isso, como é óbvio, ela necessita de uma estrutura de apoio. Exatamente por isso, a CEP contará com uma Secretaria – Executiva, vinculada à Casa Civil da Presidência da República. Compete a essa Secretaria-Executiva prestar o apoio técnico e administrativo aos trabalhos da comissão.

Por isso, a questão comentada está errada. O vínculo da secretaria-executiva não ocorre diretamente ao Presidente da República, mas sim à Casa Civil da Presidência da República, como bem afirma o parágrafo único do art. 4º do Decreto 6.029/2007. Por outro lado, a Comissão de Ética Pública (CEP) encontra-se vinculada ao Presidente da República, conforme previsto em Decreto (sem número) datado de 30 de agosto de 2000.

Resposta: errado

Questão 1.1 Sabe-se que uma proposição na forma "Ou A ou B" tem valor lógico falso quando A e B são ambos falsos; nos demais casos, a proposição é verdadeira. Portanto, a proposição composta "Ou A ou B", em que A e B são as proposições referidas acima, é verdadeira.

Questão 1.2 A proposição composta "Se A então B" é necessariamente verdadeira.

Alternativa Correta: letra "d". (texto deve entrar depois de : DICA: Raul é filho natural de Luís, logo Raul é mais novo que Luís.)

DICA: Raul é filho natural de Luís, logo Raul é mais novo que Luís.

Alternativa Correta: letra "d".

---

02. (Cespe – Técnico do Seguro Social – INSS/2008) Acerca do Código de Ética Profissional do Servidor Público Civil do Poder Executivo Federal, julgue os próximos itens.

I. O código de ética se caracteriza como decreto autônomo no que concerne à lealdade à instituição a que o indivíduo serve.

II. Órgãos que exercem atribuições delegadas do poder público devem criar comissões de ética.

III. Age de modo equivocado o servidor público que, ao reunir documentos para fundamentar seu pedido de promoção, solicita a seu chefe uma declaração que ateste a lisura de sua conduta profissional. O equívoco refere-se ao fato de que, nessa situação, o pedido deveria ser feito não ao chefe, mas à comissão de ética, que tem a incumbência de fornecer registros acerca da conduta ética de servidor para instruir sua promoção.

IV. Na estrutura da administração, os integrantes de comissão de ética pública têm cargo equivalente ao de ministro de Estado no que se refere a hierarquia e remuneração.

V. Caso um servidor público tenha cometido pequenos deslizes de conduta comprovados por comissão de sindicância que recomende a pena de censura, o relatório da comissão de sindicância deve ser encaminhado para a comissão de ética, pois é esta que tem competência para aplicar tal pena ao servidor.

COMENTÁRIOS

✪ **Nota do autor:** A atuação do agente público deve sempre ser ética. A moralidade, objeto de estudo da ética, é Princípio Constitucional, previsto no art. 37 da Constituição Federal. A atuação ética pode ser considerada aquela que respeita as diversas normas estabelecidas e segue a finalidade prevista para tal atuação, que deve ser sempre o bem comum. Se houver choque entre o interesse da Administração Pública e o bem comum, a atuação do agente deve ser voltada para esse último. Por isso, costuma-se dividir o interesse público primário (interesse da sociedade), do interesse público secundário (interesse do Estado). Entre o primeiro e o segundo, o primeiro deverá sempre prevalecer.

Item I: Poder Regulamentar é o nome que se dá à prerrogativa que tem o chefe do Executivo de editar atos que complementam leis, permitindo assim a sua fiel execução, ou de editar normas autônomas, nas exceções previstas em lei. O regulamento é exteriorizado através de um ato denominado de decreto. Este, por sua vez, pode ser conceituado como sendo o ato privativo do chefe do executivo, através do qual são emanados regulamentos, dentre outros atos administrativos.

Por isso, considera-se decreto executivo aquele que veicula regulamento que tem por finalidade especificar o conteúdo de uma lei, visando a sua fiel execução. Por exemplo, o decreto que traz regulamento que dispõe sobre o valor das diárias devidas ao servidor público é decreto executivo. Ele vem, obrigatoriamente, precedido por lei, uma vez que deve lhe possibilitar fiel execução. No exemplo dado, sem o decreto, as diárias não poderiam ser concedidas, nos termos do art. 58 da Lei 8.112/90, uma vez que a norma legal não traz o valor das citadas indenizações.

O outro decreto é conhecido como autônomo. Discute-se no Direito Brasileiro a sua existência. Na realidade, segundo doutrina corrente, só uma única hipótese de decreto autônomo no Direito Brasileiro, previsto no art. 84, VI, a, da Constituição Federal. Segundo a Constituição Federal, compete ao Presidente da República, dispor mediante decreto sobre "**organização e funcionamento da administração federal, quando não implicar aumento de despesa nem criação ou extinção de órgãos públicos**."

O Regulamento autônomo, pois, tem aplicação restrita no Direito Brasileiro. O decreto 1.171/94 surge como uma regulamentação das normas legais que dispõem sobre os deveres dos servidores. Regulamenta, a referida norma, a Lei 8.112/90, no que diz respeito ao aprofundamento da disciplina das relações do servidor com o público e com os outros agentes públicos, estabelecendo, pois, que a principal finalidade da atuação da Administração é o respeito ao interesse coletivo, ou seja, o bem comum. Por ser o regulamento executivo e não autônomo, como afirmado no enunciado, a questão está errada.

Resposta: errado.

Item II: As comissões de ética devem estar presentes em todos os órgãos e entidades que estejam vinculados ao Poder Executivo Federal. Por isso, dispõe o item XVI do Código de Ética do servidor do Poder Executivo Federal que: **"Em todos os órgãos e entidades da Administração Pública Federal direta, indireta autárquica e fundacional, ou em qualquer órgão ou entidade que exerça atribuições delegadas pelo poder público, deverá ser criada uma Comissão de Ética, encarregada de orientar e aconselhar sobre a ética profissional do servidor, no tratamento com as pessoas e com o patrimônio público, competindo-lhe conhecer concretamente de imputação ou de procedimento susceptível de censura."**

Dessa forma, a obrigação de criação de comissão de ética em tais órgãos é bastante ampla, como já visto. Está correta, portanto, a questão.

Vale ressaltar que, como já visto, o item XVI deixa bem claro que a comissão tem prerrogativa de impor penalidade, desde que respeitados a ampla defesa e o contraditório. A única penalidade que pode ser aplicada pela comissão de ética é a pena de censura. Dessa forma, caso a comissão entenda que uma penalidade mais grave deve ser aplicada, compete a ela comunicar tal fato às Autoridades Administrativas competentes, para que seja instaurado o processo administrativo disciplinar, conforme determinado pela Lei 8.112/90.

Resposta: certo

Item III: As comissões de ética possuem papel importantíssimo para a manutenção da atuação esperada no âmbito da Administração Pública. O princípio da moralidade está previsto expressamente na Constituição Federal, como regente de toda a atividade da Administração Pública. Assim, faz necessária a avaliação da conduta do servidor no tocante às promoções a serem realizadas, bem como em relação àqueles que venham a ser nomeados para cargos de provimento em comissão.

Tais cargos, como se sabe, são de livre nomeação e exoneração, necessitando, pois, de um maior cuidado da autoridade nomeante, no que tange à vida pregressa do nomeando. Nesse particular, as comissões de Ética podem trazer informações importantíssimas acerca dos requisitos exigidos tanto para a promoção quanto para a nomeações em comissão ocorridas. Neste sentido, dispõe o item XVIII do Código de Ética do Servidor do Poder Executivo Federal que: **"À Comissão de Ética incumbe fornecer, aos organismos encarregados da execução do quadro de carreira dos servidores, os registros sobre sua conduta ética, para o efeito de instruir e fundamentar promoções e para todos os demais procedimentos próprios da carreira do servidor público."** Está correta, portanto, a questão.

Resposta: certo

Item IV: A atuação na comissão de Ética não traz qualquer tipo de remuneração para o servidor. Aliás, tal dispositivo encontra-se de acordo com o quanto previsto no art. 120 da Lei 8.112/90, segundo o qual o servidor não será remunerado pela participação em órgão de deliberação coletiva. A Comissão de Ética Pública, como já visto é formada por sete brasileiros, nomeados pelo Presidente da República, para mandatos de 3 anos.

Órgão de deliberação coletiva é aquele cuja manifestação depende da maioria dos agentes que o compõem. É exatamente o que ocorre com a CEP. A atuação nela e nas demais comissões de ética dos demais órgãos e entidades da Administração Pública não enseja o pagamento de remuneração, embora sejam consideradas como atividade de relevante interesse público. Exatamente neste sentido, no que toca à CEP, está redigido o parágrafo primeiro do art. 3º do Decreto 6.029/2007: **"A atuação no âmbito da CEP não enseja qualquer remuneração para seus membros e os trabalhos nela desenvolvidos são considerados prestação de relevante serviço público."**

Por outro lado, em nenhum momento as normas que regem as comissões de ética, dentre elas a CEP, afirmam que seus membros são equiparados a ministros de Estado, apesar de se tratar a CEP de órgão vinculado à Presidência da República. Por conta disso, a questão está errada.

ERRADA

Item V: Como já afirmado, a única penalidade que as comissões de ética podem aplicar é a pena de censura. Tal pena está prevista no Decreto 1.171/94. Por outro lado, tal competência não é atribuída às comissões responsáveis pela realização de sindicância, nos termos da Lei 8.112/90. A sindicância poderá ser arquivada, ou ainda, indicar a necessidade de instauração de processo administrativo disciplinar, ou aplicar penas leves ao servidor. Para a Lei 8.112/90, consideram-se penas leves a advertência e a suspensão de até 30 dias.

Por isso, não tendo a comissão de sindicância, juntamente com as autoridades administrativas, competência para aplicação da pena de censura, caso seja identificado que o servidor cometeu alguns deslizes de conduta, que são pequenos o suficiente para que o servidor não sofra qualquer das penalidades previstas na Lei 8.112/90, deverá, nesses casos, a comissão de sindicância enviar o relatório produzido para a comissão de ética, para que seja aplicada a pena de censura. É lógico que a pena de censura produzirá efeitos posteriores, principalmente no que diz respeito à nomeação e exoneração de cargos em comissão e os critérios utilizados para promoção. Por isso mesmo, a comissão de ética fornece uma série de dados, para que as autoridades competentes, deles tendo ciência, possam decidir melhor no que tange aos cargos de confiança e as promoções. A questão analisada está certa.

Resposta: certo

---

03. (FUNRIO – Analista do Seguro Social – INSS/2013) De acordo com o Decreto Federal nº 6.029, de 1º de fevereiro de 2007, a Comissão de Ética Pública será integrada por sete brasileiros que preencham os requisitos de idoneidade moral, reputação ilibada e notória experiência em administração pública, sendo eles designados pelo

a) Advogado Geral da União.
b) Controlador Geral da União.
c) Secretário de Assuntos Estratégicos.
d) Presidente da República.
e) Ministro da Justiça.

COMENTÁRIOS

A questão sob comento volta a tratar da Comissão de Ética Pública. Como já visto, trata-se do órgão central do sistema de gestão de ética do poder Executivo Federal. É órgão colegiado, composto por sete membros, todos brasileiros, com os requisitos de idoneidade moral, reputação ilibada e notória experiência em administração pública. A formação do órgão está citada no art. 3º do Decreto 6.029/2007.

Os membros da CEP são nomeados pelo Presidente da República, para mandatos de 3 anos, não coincidentes. Permite-se uma recondução. Vale ressaltar, no entanto, que o presidente da CEP será escolhido pelos membros da própria CEP.

Dessa maneira, estabelece o art. 3º, do Decreto 6.029/2007 que: **"A CEP será integrada por sete brasileiros que preencham os requisitos de idoneidade moral, reputação ilibada e notória experiência em administração pública, designados pelo Presidente da República, para mandatos de três anos, não coincidentes, permitida uma única recondução."**

Trata-se de questão extremamente comum em provas de concurso, em que se cobra ética na Administração Pública. A resposta certa, portanto, é a letra "d".

Alternativa correta: letra "d".

Alternativa correta: letra "d".

---

04. (FUNRIO – Analista do Seguro Social – INSS/2013) A atuação da Comissão de Ética Pública, com vistas à apuração de infração ética imputada a agente público, órgão ou setor específico de ente estatal, poderá ser provocada

a) por qualquer cidadão.
b) somente pelo dirigente máximo da entidade.

c) somente por agente público.

d) somente por agente público e por entidade de classe.

e) somente por membros de comissões setoriais de ética.

COMENTÁRIOS

✪ **Nota do autor.** A atuação ética do servidor interessa a toda a comunidade. Isso porque faz parte da atuação ética sempre buscar o interesse comum. Assim, a ausência de ética na atuação do agente público acaba por ofender, diretamente, o próprio interesse público e, portanto, da comunidade.

Como a atuação do agente interessa a comunidade, qualquer cidadão poderá provocar a atuação da Comissão de ética. Cidadão aqui deve ser considerado em seu sentido sociológico, para significar toda pessoa vinculada à sociedade. Neste mesmo sentido, estabelece o art. 11 do Decreto 6.029/2007:

> "Qualquer cidadão, agente público, pessoa jurídica de direito privado, associação ou entidade de classe poderá provocar a atuação da CEP ou de Comissão de Ética, visando à apuração de infração ética imputada a agente público, órgão ou setor específico de ente estatal."

A resposta certa é a letra "a". As demais alternativas apresentadas na questão tornam-se incorretas, por limitar a legitimidade da provocação indicada.

Alternativa correta: letra "a"

---

05. (FUNRIO – Analista do Seguro Social – INSS/2013) É vedado ao servidor público

a) facilitar a fiscalização de todos atos ou serviços por quem de direito.

b) deixar de utilizar os avanços técnicos e científicos ao seu alcance ou do seu conhecimento para atendimento do seu ou do mister.

c) exercer com estrita moderação as prerrogativas funcionais que lhe sejam atribuídas, abstendo-se de fazê-lo contrariamente aos legítimos interesses dos usuários do serviço público.

d) comunicar imediatamente a seus superiores todo e qualquer ato ou fato contrário ao interesse público.

e) participar dos movimentos e estudos que se relacionem com a melhoria do exercício de suas funções, tendo por escopo a realização do bem comum.

COMENTÁRIOS

Trata-se de outra questão comum em concursos públicos, nos quais se cobra a parte de ética aplicada ao serviço público. O Decreto 1.171 traz, como já afirmado, o Código de ética aplicado ao Servidor Público Civil do Poder Executivo Federal. O item XIV da aludida norma estabelece os deveres fundamentais, enquanto que o item XV traz as vedações aos servidores.

A questão pede que se marque alternativa que traz vedação e que, portanto, está prevista no item XV do Decreto 1.171/1994.

Alternativa "a": traz o dever previsto na alínea *s*.

Alternativa "b": Ao tomar conhecimento de avanços técnicos e científicos que estejam atrelados à melhoria da prestação de serviços, é dever do servidor utilizá-los. Ora, deixar de utilizar técnicas e avanços de que tem conhecimento constitui-se, pelo contrário, em proibição aplicada ao servidor.

É o que se percebe da alínea *e* do item XV do Código de Ética, que afirma ser vedado ao servidor: "deixar de utilizar os avanços técnicos e científicos ao seu alcance ou do seu conhecimento para atendimento do seu mister."

As demais alternativas da questão mostram deveres e não proibições. Os deveres estão previstos no item XIV do Código de Ética. Valer ressaltar que esses deveres são fundamentais.

Alternativa "c": está prevista na alínea *t*.

Alternativa "d": está prevista na alínea *m*.

Alternativa "e": está prevista na alínea *o*.

Alternativa correta: letra "b".

---

06. (FUNRIO – Analista do Seguro Social – INSS/2013) Constitui, dentre outros, dever fundamental do servidor público

a) tratar cuidadosamente os usuários dos serviços aperfeiçoando o processo de comunicação e contato com o público.

b) alterar ou deturpar o teor de documentos que deva encaminhar para providências.

c) tentar iludir qualquer pessoa que necessite do atendimento em serviços públicos.

d) usar de artifícios para procrastinar o exercício regular de direito por qualquer pessoa, causando-lhe dano moral.

e) fazer uso de informações privilegiadas obtidas no âmbito interno de seu serviço em benefício próprio.

COMENTÁRIOS

A presente questão traz situação exatamente inversa à anterior. Com efeito, o que se pede agora é que se marque a alternativa que traga dever fundamental ao servidor público, nos termos do Código de Ética. Então, o que se pede é assinalar o que está contido no item XIV do Código citado.

Alternativa "a": É dever fundamental, e que está previsto no item XIV, alínea *e*, que dispõe ser dever fundamental o de: **"tratar cuidadosamente os usuários dos serviços aperfeiçoando o processo de comunicação e contato com o público."**

O cuidado no trato do usuário do serviço público é exigido, pois toda atividade exercida por servidor deve ter por finalidade o bem comum. Vale ressaltar que tratar mal qualquer pessoa que pague direta ou indiretamente seus tributos significa causar-lhe dano moral, como bem aponta o item IX do Código de Ética que, por sua vez, dispõe que: **"A cortesia, a boa vontade, o cuidado e o tempo dedicados ao serviço público caracterizam o esforço pela disciplina. Tratar mal uma pessoa que paga seus tributos direta ou indiretamente significa causar-lhe dano moral. Da mesma forma, causar dano a qualquer bem pertencente ao patrimônio público, deteriorando-o, por descuido ou má vontade, não constitui apenas uma ofensa ao equipamento e às instalações ou ao Estado, mas a todos os homens de boa vontade que dedicaram sua inteligência, seu tempo, suas esperanças e seus esforços para construí-los."**

Assim, tratar bem a pessoa que necessita dos serviços públicos impede que seja cometido dano moral contra o usuário, sendo, assim, evidentemente, dever fundamental do servidor público tratar bem o cidadão, aperfeiçoando a comunicação com o público o que, por certo, fará com o serviço seja prestado cada vez mais de forma eficaz.

As demais alternativas não trazem deveres, mas sim proibições. Sendo proibições, estão previstas no item XV.

Alternativa "b": está prevista na alínea *h*.

Alternativa "c": está prevista na alínea *i*.

Alternativa "d": está prevista na alínea *d*.

Alternativa "e": está prevista na alínea *m*.

Alternativa correta: letra A

---

07. (FUNRIO – Analista do Seguro Social – INSS/2013) Coordenar, avaliar e supervisionar o Sistema de Gestão da Ética Pública do Poder Executivo Federal constitui competência da

a) Coordenadoria Superior de Ética Governamental.
b) Comissão de Ética Pública.
c) Subsecretaria de Direitos Humanos.
d) Controladoria Geral da União.
e) Comissão Especial de Avaliação Institucional.

COMENTÁRIOS

Como já visto, foi instituído um sistema de gestão de ética no Poder Executivo Federal. Conforme previsto pelo Decreto 6.029/2007, o órgão central desse sistema é a Comissão de Ética Pública (CEP). Por isso, dentre as suas competências, percebe-se, por óbvio, a de coordenar, avaliar e supervisionar o sistema de gestão de ética pública do Poder Executivo Federal, conforme determina o art. 4, IV, do Decreto 6.029/2007.

Alternativa correta: letra "b".

---

08. (FUNRIO – Analista do Seguro Social – INSS/2014) Quanto à Comissão de Ética Pública, nos termos do Decreto n° 6.029, de 1° de fevereiro de 2007, é correto afirmar que

a) É composta 9 (nove) por brasileiros que preencham os requisitos de idoneidade moral, reputação ilibada e notória experiência em administração pública.
b) É assegurada remuneração a todos os membros, a qual será variável em razão do número de reuniões de que participarem.
c) Seu Presidente não terá direito de manifestar-se nas deliberações da Comissão, nem mesmo com voto de qualidade.
d) Seus membros possuem mandatos de 5 (cinco) anos, permitidas até duas reconduções.
e) A atuação no âmbito da Comissão de Ética Pública não enseja qualquer remuneração para seus membros.

COMENTÁRIOS

A referida questão está relacionada ao Decreto 6.029/2007.

Alternativa "a": Fala acerca da Comissão de Ética Pública (CEP). Como já visto anteriormente, a CEP é formada por 7 (sete) membros, como, inclusive, afirma expressamente o art. 3° da aludida norma. Por isso, a letra a está errada.

Alternativa "b": Todos os membros da CEP são remunerados. A alternativa encontra-se errada. A atuação nas comissões de ética, incluindo a CEP e as demais comissões dos órgãos e entidades da Administração Pública Federal não enseja remuneração a seus membros, embora seja considerada como relevante prestação de serviços públicos. É o que determina o § 1° do art. 3°, do Decreto 6.029/2007: **"A atuação no âmbito da CEP não enseja qualquer remuneração para seus membros e os trabalhos nela desenvolvidos são considerados prestação de relevante serviço público."**

Alternativa "c": Segundo ela, o presidente da CEP não poderia se manifestar, ainda que através de voto de qualidade. Em verdade, o presidente da CEP é escolhido entre seus membros, pela própria comissão. Ele tem o voto de qualidade, o que significa que se manifesta apenas quando há empate, na votação dos outros membros. Neste sentido, encontra-se o § 2°, do art. 3°, do Decreto 6.029/2007, que afirma: **"O**

Presidente terá o voto de qualidade nas deliberações da Comissão."

Alternativa "d": dispõe sobre a duração dos mandatos dos membros da CEP. Em verdade, os membros da CEP exercem um mandato de 3 (três) anos, e não de 5 (cinco) como proposto na questão. Esses mandatos são não coincidentes. Por outro lado, admite-se apenas uma recondução e não duas, como visto na questão.

Nestes termos, encontra-se o art. 3° do Decreto 6.029/2007: **"A CEP será integrada por sete brasileiros que preencham os requisitos de idoneidade moral, reputação ilibada e notória experiência em administração pública, designados pelo Presidente da República, para mandatos de três anos, não coincidentes, permitida uma única recondução."**

Alternativa "e": que os membros da CEP não são remunerados, como afirmado no § 1°, do art. 3°, do Decreto 6.029/2007, já citado.

Alternativa correta: letra "e"

---

09. (FUNRIO – Analista do Seguro Social – INSS/2014) Atuar como instância consultiva do Presidente da República e Ministros de Estado em matéria de ética pública constitui competência da

a) Secretaria Executiva de Ética Pública.
b) Comissão de Avaliação Institucional.
c) Coordenadoria de Ética Profissional.
d) Comissão Permanente de Avaliação Ética
e) Comissão de Ética Pública.

COMENTÁRIOS

Trata-se de questão acerca de competência, nos termos do Decreto 6.029/2007. A questão, em verdade, não guarda qualquer dificuldade. Como afirmado previamente, a CEP é o órgão central do Sistema de Ética do Poder Executivo Federal. Em assim sendo, é natural que funcione como instância consultiva (que é uma das atribuições das comissões de ética em geral) das altas autoridades do poder executivo.

Por isso, a CEP é instância consultiva do Presidente da República e dos Ministros de Estado, como, aliás, dispõe o art. 4°, I, do Decreto 6.029/2007: **"À CEP compete: I – atuar como instância consultiva do Presidente da República e Ministros de Estado em matéria de ética pública."**

Alternativa correta: letra "e".

---

10. (FUNRIO – Analista do Seguro Social – INSS/2014) De acordo com o Decreto n° 6.029, de 1° de fevereiro de 2007, os trabalhos das comissões de ética devem ser desenvolvidos com celeridade e com observância, dentre outros, do princípio da

a) independência e parcialidade de seus membros na apuração dos fatos.
b) exposição indiscriminada da pessoa investigada.
c) conclusão abreviada da investigação, independentemente do contraditório e da ampla defesa.
d) divulgação imediata da identidade do denunciante.
e) proteção à honra e à imagem da pessoa investigada.

COMENTÁRIOS

✪ **Nota do autor:** No que tange a penalidades, segundo o Decreto 1.171/1994, as comissões de ética só podem aplicar a pena de CENSURA. Mesmo assim, antes da aplicação de qualquer penalidade, é necessário o respeito à ampla defesa e ao contraditório. Essa é exigência da Constituição Federal, que não pode, por isso, ser desprezada por parte dos membros da comissão.

Alternativa "a": Vale ressaltar que os membros das comissões de ética devem agir com independência e imparcialidade. Aliás, essa exigência vem da Constituição Federal, que afirma em seu art. 37 ser a impessoalidade um dos princípios aplicados à Administração Pública. A impessoalidade leva à independência e a imparcialidade. Assim, a letra "a" está errada por afirmar que os membros das comissões atuariam com parcialidade, o que não corresponde à realidade. Assim, dispõe o art. 10, III, do Decreto 6.029/2007, ser um dos princípios a ser seguido pelas comissões de ética: **"independência e imparcialidade dos seus membros na apuração dos fatos, com as garantias asseguradas neste Decreto."**

Alternativa "b": De outro lado, o processo de apuração de conduta ética é sigiloso. Em assim sendo, não se pode expor o investigado, enquanto o processo ainda está em curso. Mas, é importante ressaltar, que o resultado do julgamento da comissão será público e, caso ocorra condenação, essa será pública também. Assim, é evidente que a letra "b" também está errada. Nestes termos, dispõe o art. 13 do Decreto 6.029/2007: **"Será mantido com a chancela de "reservado", até que esteja concluído, qualquer procedimento instaurado para apuração de prática em desrespeito às normas éticas."**

Por outro lado, o § 1°, do art. 13 do aludido decreto, ainda afirma que: **"Concluída a investigação e após a deliberação da CEP ou da Comissão de Ética do órgão ou entidade, os autos do procedimento deixarão de ser reservados."**

O sigilo citado acima, surge em virtude de um princípio que deve ser seguido pela comissão de ética, apontado no art. 10, I, do Decreto 6.029/2007, nos seguintes termos: **"Os trabalhos da CEP e das demais Comissões de Ética devem ser desenvolvidos com celeridade e observância dos seguintes**

princípios: I – proteção à honra e à imagem da pessoa investigada."

Alternativa "c": A exigência da ampla defesa e do contraditório é constitucional. Está prevista no art. 5°, LV, da Constituição Federal. Se assim o é, não tem como ser desprezada pelos membros da comissão de ética. Assim, o Decreto 6.029/2007 estabelece que: **"O processo de apuração de prática de ato em desrespeito ao preceituado no Código de Conduta da Alta Administração Federal e no Código de Ética Profissional do Servidor Público Civil do Poder Executivo Federal será instaurado, de ofício ou em razão de denúncia fundamentada, respeitando-se, sempre, as garantias do contraditório e da ampla defesa, pela Comissão de Ética Pública ou Comissões de Ética de que tratam o incisos II e III do art. 2º, conforme o caso, que notificará o investigado para manifestar-se, por escrito, no prazo de dez dias."**

Alternativa "d": Não se admite denúncia anônima. Mas a identidade do denunciante pode ser protegida, se por ele assim for requerida. Dessa maneira, um dos princípios a ser respeitado pela comissão de ética, é aquele apontado no art. 10, II, do Decreto 6.029/2007, como sendo: **"proteção à identidade do denunciante, que deverá ser mantida sob reserva, se este assim o desejar."**

Alternativa "e": Como já afirmado, é princípio de ser respeitado pelas comissões de ética aquele apontado no inciso I, do art. 10. Como sendo: **"proteção à honra e à imagem da pessoa investigada."**

Alternativa correta: letra "e".

---

11. (FUNRIO – Analista do Seguro Social – INSS/2014) Segundo o Código de Ética Profissional do Servidor Público Civil do Poder Executivo Federal, constitui vedação ao servidor público

a) manter-se atualizado com as instruções, as normas de serviço e a legislação pertinentes ao órgão onde exerce suas funções.
b) ter consciência de que seu trabalho é regido por princípios éticos que se materializam na adequada prestação dos serviços públicos.
c) ser, em função de seu espírito de solidariedade, conivente com erro ou infração ao Código de Ética de sua profissão.
d) conservar limpo e em perfeita ordem o local de trabalho, seguindo os métodos mais adequados à sua organização e distribuição.
e) zelar, no exercício do direito de greve, pelas exigências específicas da defesa da vida e da segurança coletiva.

COMENTÁRIOS

Como já afirmado, o Código de Ética do servidor público civil do Poder Executivo Federal foi trazido pelo decreto 1.171/1994. Essa norma contém deveres e proibições para os servidores. Os deveres estão indicados no item XIV e as vedações no item XV. A questão pede para que se assinale a alternativa que mostra uma das proibições previstas no aludido Código.

Alternativa "a": traz dever previsto na alínea *q*.

Alternativa "b": traz dever previsto na alínea *f*.

Alternativa "c": Essa vedação encontra-se prevista no Código de Ética, no item XV, c, que afirma ser vedado: **"ser, em função de seu espírito de solidariedade, conivente com erro ou infração a este Código de Ética ou ao Código de Ética de sua profissão."**

Ora, não se haveria de admitir que, tendo o servidor uma profissão específica, e que possua um código de ética próprio, que ele pudesse desrespeitar esse. O código de ética aplicada ao Poder Executivo e o código de ética de sua profissão não se excluem. Pelo contrário, são complementares e servem para auxiliar o servidor a buscar sempre o que for mais valioso e necessário à sociedade.

As demais alternativas estão erradas, pois trazem deveres, ao invés de vedações. Os deveres estão previstos no item XIV do Código de Ética.

Alternativa "d": traz dever previsto na alínea *n*.

Alternativa "e": traz dever previsto na alínea *j*.

Alternativa correta: letra C

---

12. (FUNRIO – Analista do Seguro Social – INSS/2014) O Sistema de Gestão da Ética do Poder Executivo Federal foi instituído com a finalidade de promover atividades que dispõem sobre a conduta ética no âmbito do Executivo Federal, possuindo, dentre outras, a competência de

a) implementar políticas públicas onde a transparência e o acesso à informação são instrumentos dispensáveis ao exercício de gestão da ética pública.
b) articular ações com vistas a estabelecer e efetivar procedimentos de incentivo e incremento ao desempenho institucional na gestão da ética pública do Estado brasileiro.
c) permitir a utilização de artifícios destinados a procrastinar o exercício de direito por qualquer cidadão.
d) utilizar meios que impeçam a compatibilização e a interação de normas e procedimentos relativos à ética pública.
e) discriminar e segregar os órgãos, programas e ações relacionados com a ética pública.

COMENTÁRIOS

A questão diz respeito ao sistema de ética do Poder Executivo Federal, instituído pelo Decreto 6.029/2007. O art. 1° da norma estabelece o que compete ao sistema de ética criado pelo Decreto. A questão, em verdade, é bastante simples. Apenas se trocou alguns termos, com o objetivo de confundir o candidato.

Alternativa "a": implementar políticas públicas onde a transparência e o acesso à informação são instrumentos dispensáveis ao exercício de gestão da ética pública, quando, em verdade, a transparência e a informação são INDISPENSÁVEIS. Aliás, são decorrência do princípio constitucional da Publicidade.

Dessa forma, o art. 1°, II, do Decreto 6.029/2007 estabelece que compete ao sistema de ética **"contribuir para a implementação de políticas públicas tendo a transparência e o acesso à informação como instrumentos fundamentais para o exercício de gestão da ética pública."**

Alternativa "b": afirma que compete ao sistema de ética do Poder Executivo Federal articular ações com vistas a estabelecer e efetivar procedimentos de incentivo e incremento ao desempenho institucional na gestão de ética pública do Estado Brasileiro. Esse dispositivo está expresso no art. 1°, IV, do Decreto 6.029/2007.

Alternativa "c": declara que competiria ao sistema de ética permitir a utilização de artifícios destinados a procrastinar o exercício de direito por qualquer cidadão. Ora, questão completamente equivocada. Quando se estudou o decreto 1.171/1994, ficou claro que a utilização de artifícios para procrastinar o exercício de direito por qualquer cidadão seria proibida, como se percebe do seu item XV, *d*. E o que é ainda pior, poderia causar dano moral aos usuários do serviço, em virtude da demora excessiva e desnecessária.

Se a procrastinação no trato dos direitos dos usuários do serviço é atividade proibida para o servidor, jamais poderia competir ao sistema de ética. Por isso, o dispositivo está claramente errado.

Alternativa "d": informa que utilizar meios que impeçam a compatibilização e a interação de normas e procedimentos relativos à ética pública competiria ao sistema de gestão de ética. Evidentemente, quando se cria um sistema de gestão, o que se pretende, por obvio, é a compatibilização e a integração das normas. Pensar o contrário seria negar a criação do próprio sistema. Nestes termos, o art. 1°, III, do Decreto 6.029/2007, afirma competir ao sistema de gestão de ética: **"promover, com apoio dos segmentos pertinentes, a compatibilização e interação de normas, procedimentos técnicos e de gestão relativos à ética pública."** Por isso, errada a alternativa citada.

Alternativa "e": afirma competir ao sistema de gestão de ética: discriminar e segregar os órgãos, programas e ações relacionados com a ética pública. O equívoco da alternativa é evidente. Com efeito, da mesma forma que se falou antecedentemente, de nada adiantaria criar um sistema de gestão de ética, se fosse para segregar os órgãos. A ideia é exatamente o oposto. É criar uma rede de ética, na qual fosse constante o aprimoramento das regras éticas a serem cumpridas pelos agentes públicos. E tanto é assim, que o Decreto 6.029/2007 determina a existência de, pelo menos, uma reunião anual com os representantes da CEP e das demais comissões de ética, conforme determina o art. 9°, e seu parágrafo único.

Exatamente por isso, é que afirma o art. 1°, I, do Decreto 6.029/2007, estabelece que compete ao sistema de gestão de ética: **"integrar os órgãos, programas e ações relacionadas com a ética pública."**

Alternativa correta: letra "b".

2. ÉTICA E CIDADANIA

13. (Cespe – Técnico do Seguro Social – INSS/2008) Acerca de aspectos relacionados à ética e à cidadania, julgue os itens que se seguem.

I. A responsabilidade social de uma corporação restringe-se aos funcionários de suas empresas.

II. Suponha-se que uma empresa tenha conseguido a certificação SA 8.000, norma internacional que garante a responsabilidade trabalhista. Nesse caso, é correto afirmar que esse fato não garante que a empresa seja ética, pois a ética não se limita a aspectos isolados da conduta empresarial.

III. Considere-se que uma empresa prestadora de serviços na área de turismo e hotelaria tenha incluído, em seu plano de expansão, o propósito de contratar pessoas portadoras de necessidades especiais e igual proporção de homens e mulheres. Nessa situação, ao oferecer igualdade de oportunidades de emprego, a empresa demonstra ter preocupações éticas.

COMENTÁRIOS

✪ **Nota do autor:** Não se pode confundir o conceito jurídico de cidadania com o conceito social da mesma. A cidadania considerada juridicamente significa a capacidade de exercer direitos políticos, ou seja, a capacidade que possui o nacional alistado eleitoralmente de decidir os rumos da Nação, seja através da escolha de representantes no poder, seja, por outro lado, através dos mecanismos previstos pela Constituição Federal, como, o plebiscito, o refendo, a iniciativa popular, dentre outros. Quando, no entanto, fala-se em cidadania em seu aspecto sociológico, está-se diante da integração da pessoa humana à sociedade. Alguns conceitos como igualdade, se respeitados, integrarão o respeito à pessoa enquanto cidadã, ou seja, enquanto membro de determinada sociedade.

Item I: A empresa forma um grupamento humano, cuja união é realizada para a consecução de objetivos comuns, que se tornariam inatingíveis se tentados por apenas uma daquelas pessoas. A atuação da empresa deve respeitar, e disso não se tem dúvida, a ética em sua atuação. Essa ética deve ser respeitada no trato com os empregados, bem como no trato com os fornecedores, clientes e a própria sociedade. Uma empresa poluidora, por exemplo, deve atuar de forma a dar a sociedade uma compensação pelos males causados.

A ética na atuação da empresa é tema atual e cada vez mais discutido, quando se verifica que os consumidores, e a própria sociedade, têm mais prestado atenção não apenas nos produtos e serviços fornecidos, mas principalmente na atuação da empresa.

Por isso, atualmente, a atuação ética da empresa é questão básica para a sobrevivência da própria corporação. Leciona, sobre o assunto, José Renato Nalini (p. 304): **"A empresa contemporânea ou assume a ética - denominada responsabilidade social - ou talvez venha a colher fracassos que podem leva-la ao desaparecimento. As reputações se constroem, mas também podem ser demolidas. Há exemplos recentes de empresas que não cuidaram de sua credibilidade e foram expelidas do mercado."**

O enunciado da questão traz uma aplicação ética muito restrita, pois assim, como o ambiente de trabalho deve ser ético, também o deve ser o relacionamento com clientes, fornecedores e a sociedade, de maneira que a atuação se dê sempre com responsabilidade social, que é a conduta ética aplicada às empresas. Ou seja, o relacionamento da empresa deve ser ético com todos os chamados *stakeholders*. Traz, ainda, José Renato Nalini, o conceito de *stakeholders* (p. 305): **"São as partes interessadas, aqueles que têm real empenho em que a empresa tenha um percurso exitoso e não se resumem aos consumidores. São os acionistas, os empregados, os clientes, os parceiros, os fornecedores, a comunidade, os governos, os órgãos reguladores e, com intensidade cada maior, os grupos com preocupações específicas, como os ambientalistas. O principal é que esses personagens têm sido ouvidos e atendidos em suas expectativas."** Assim, está errada a questão.

Resposta: errado

Item II: A questão trazida está relacionada diretamente com o que já foi visto anteriormente. A responsabilidade social da empresa está relacionada a todos os aspectos de sua atuação. Com isso, não pode observar apenas uma relação isoladamente, o que ocorre, por exemplo, com o ambiente de trabalho, sem deixar de observar a atitude da corporação com todos os *Stakeholders*, como já visto.

Como afirma, mais uma vez, José Renato Nalini (p. 314): **"Numa vertente microeconômica, as empresas conscientes sabem do retorno efetivo ante um ética diferente do mero *marketing*. O lucro virá por acréscimo se elas forem reconhecidas como empreendimentos humanos, sérios, idôneos e sensíveis a tudo aquilo que realmente importa e que não se resume ao produto que fabricam ou ao serviço que prestam."**

Por isso, como já afirmado, a ética da empresa deve ser feita em relação a todos os aspectos de sua atuação e não um outro aspecto isoladamente. A questão, portanto, está correta.

Resposta: certo

Item III: A cidadania está relacionada à integração da pessoa com a sociedade. Para isso, portanto, é necessário que ocorram uma séria de atos concretos visando a efetivação da cidadania, considerada em seu conteúdo sociológico.

A igualdade é característica própria da cidadania, uma vez que possui um conteúdo material. É Princípio Constitucional e está trazido pelo art. 5° da Constituição Federal. Na verdade, a doutrina distingue entre igualdade de direito (também chamada de igualdade civil) e a igualdade de fato (ou igualdade real). Explica Manoel Gonçalves Ferreira Filho (p. 280) que: **"Aquela é a forma de igualdade consagrada constitucionalmente nas democracias ocidentais. Mantém aberta a possibilidade de distinções, mas de distinções que decorram do valor pessoal. De fato, a igualdade civil rejeita os privilégios de raça, cor, religião, sexo e nascimento. A última forma de igualdade é a prometida nas democracias marxistas para o paraíso comunista. Para o atendimento dessa promessa, se possível, não se lhe nega até o sacrifício da liberdade."**

A atuação feita com igualdade respeita à ética, bem como a democracia, sendo um dos seus princípios basilares. A questão apresentada é bastante lógica, até mesmo porque não se poderia pensar diferente do quanto afirmado pela mesma. Evidentemente, a igualdade é critério de cidadania, de moral e de ética. Certa, portanto, é a questão.

Resposta: certo

Ética na Administração Pública

João Paulo Oliveira

✦ DICAS

1. DECRETOS 1.171/94 E 6.029/2007

- O Decreto 1.171/1994 estabelece o Código de Ética do Servidor Público do Poder Executivo Federal. Por outro lado, o Decreto 6.029/2007 prevê o sistema de gestão de ética na Administração Pública Federal.
- Atenção na prova para as normas deontológicas (itens I a XIII); os deveres (item XIV) e as proibições (item XV). São os assuntos mais cobrados do Decreto 1.171/1994.
- Atenção para Comissão de Ética Pública – CEP e as comissões de ética dos demais órgãos e entidades da Administração Pública.

	Comissão de Ética Pública (CEP)	**Comissões de Ética**
Número de membros	7 membros	3 membros
Requisitos	Brasileiros de moral ilibada e experiência em Administração Pública	Ocupantes de cargos ou empregos efetivos
mandato	3 anos	3 anos

- A única penalidade que pode ser aplicada pelas comissões de ética é a pena de censura.
- A principal finalidade na atuação do servidor deve sempre ser o bem comum, mesmo que ele conflite com algum interesse do Estado.
- O Servidor deverá manter conduta ética ainda que fora do serviço.
- O servidor deve ser visto como cidadão, ou seja, como parte integrante da sociedade. Com isso, o bom serviço prestado beneficiará o próprio servidor, como membro da comunidade.
- A longa espera à solução de problemas, a formação de longas filas e o tratamento com preconceito por parte do servidor são tidos como fatos geradores de dano moral para o usuário do serviço.
- O trabalho nas comissões de ética, assim como na CEP não é remunerado, mas se considera como de relevante prestação de serviço público.
- Haverá uma reunião anual, com os representantes da CEP e das demais comissões de ética, que formam o Sistema de Gestão de Ética do Poder Executivo Federal.
- Os processos de apuração de conduta ética são mantidos em sigilo, "reservados", até a sua decisão final. Sempre é obrigatório o respeito à ampla defesa e ao contraditório.

2. ÉTICA E CIDADANIA

- Não se pode confundir o conceito jurídico com o social de ética. O conceito social mostra a pessoa integra à sociedade em que vive.
- O tratamento em respeito à igualdade é aplicação direta do conceito social de cidadania.
- O conceito atual de ética exige que qualquer empresa, pública ou particular, atue com responsabilidade social.
- A responsabilidade social, por sua vez, pode auxiliar o ente empresarial à obtenção de suas finalidades, que não podem envolver apenas o lucro. Este deve vir por acréscimo.
- A atuação ética da empresa deve envolver além dos consumidores, também seus empregados, fornecedores e a própria sociedade.

✦ REFERÊNCIAS BIBLIOGRÁFICAS

- FERREIRA FILHO, Manoel Gonçalves. *Curso de direito constitucional.* 32 ed. São Paulo: Saraiva, 2006.
- MEIRELLES, Hely Lopes. *Direito administrativo brasileiro.* 38 ed. São Paulo: Malheiros Editores, 2012.
- NALINI, José Renato. *Ética geral e profissional.* 8 ed. São Paulo: Editora Revista dos Tribunais, 2011.

Informática

Tales Ferreira da Costa

✦ QUESTÃO

1. APLICATIVOS PARA ESCRITÓRIO

01. (Cesgranrio – Técnico Previdenciário – INSS/2005) Assinale a opção que apresenta o botão da barra de ferramentas do Word 2000 que permite copiar o formato de um texto selecionado sem copiar o texto propriamente dito.

a) 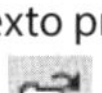

b) 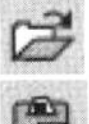

c) 

d) 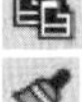

e) 

COMENTÁRIOS

✪ **Nota do autor:** Além da área de transferência do Windows, que guarda cada item copiado, um de cada vez, existe também a ferramenta Área de transferência do Office. Ela permite que você colete textos e itens gráficos de qualquer quantidade de documentos do Office ou outros programas para, em seguida, colá-los em qualquer documento do Office. Você pode copiar parte do texto do Microsoft Word, alguns dados do Microsoft Excel, uma lista com marcadores do Microsoft PowerPoint ou do Microsoft Internet Explorer e uma folha de dados do Microsoft Access, voltando para o Word e organizando alguns ou todos os itens coletados em seu documento do Word. Os itens coletados permanecerão na Área de Transferência do Office até que você saia dele, ou exclua-os, respeitando os limites que ela comporta. Para acessar a Área de Transferência, na Página Inicial, selecione o iniciador de caixa de diálogo parágrafo :

Alternativa "a": O botão  (abrir) executa o comando que abre a janela para que se possa abrir um documento do Word já existente. No **Microsoft Word 2010/2013/2016/2019 e 365**, esse botão encontrasse na guia Arquivo. No Word, também se pode usa a tecla de atalho "Ctrl + A" para acessar a janela abrir.

Alternativa "b": O botão  (colar) executa o comando colar, que cola, no local que está o cursor, o que está salvo na área de transferência. A combinação das teclas "Ctrl+V" também executa a mesma função. No **Microsoft Word 2010/2013/2016/2019 e 365**, esse botão encontra-se na guia Página Inicial, grupo Área de Transferência e, inclusive, clicando na seta logo abaixo dele, pode-se acessar opções de colar especial e definições de colagem padrão, como definir que todo texto será colado sem formatação, ou seja, ele seguirá a formatação que do documento onde estiver sendo colado.

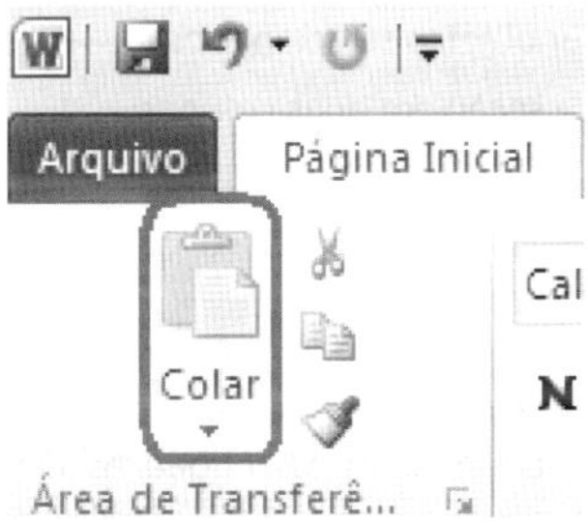

Alternativa "c": O botão  copiar, copia o texto selecionado para ser colado posteriormente, utilizando botão Colar, ou "Ctrl+v". Ele localiza-se no grupo Área de transferência, guia Página Inicial do Word **2010/2013/2016/2019 e 365**.

Alternativa "d": Utilizando a ferramenta pincel pode-se, facilmente, formatar um texto seguindo um padrão já utilizado em outra parte desde documento, ou mesmo de outro documento em edição. Bastando, para tanto, selecionar o texto de onde se queira copiar a formatação (ou somente posicionar o cursor no local, clicar no botão pincel ) e, então, aplicar a formatação no texto que se deseja ter a formatação alterada. O pincel  tem a função de copiar a formatação do texto selecionado, para que, posteriormente, onde se queira empregar a mesma formatação, possa-se aplicar esta mesma formatação marcando com o ponteiro do mouse a parte do texto desejada. A partir do Microsoft Office 2007, o botão foi substituído pelo botão Pincel de Formatação, que fica localizado na aba início(página inicial do Word **2010/2013/2016/2019 e 365**). No Word, pode-se usar, ainda, as teclas de atalho **"CRT+Shift+C"** e **"CRT+Shift+V"**, para, respectivamente, copiar e colar a formatação do texto selecionado. Mas **atenção**, estas teclas de atalho não estão disponíveis para o MS Excel. Utilizando as teclas de atalho não há a necessidade de ir ao texto de origem toda às vezes, já que o Word grava a última formatação copiada, basta selecionar o texto de destino e, então, o colar ("CRT+Shift+V") a última formatação copiada, opção não possível utilizando somente o botão .

Alternativa "e": O botão recortar recorta o texto selecionado salvando-o na área de transferência para, posteriormente ser colado, ou seja, ele retira o trecho selecionado do texto e salva-o na área de transferência.

Alternativa correta letra "d".

---

02. (Cesgranrio – Técnico Previdenciário – INSS/2005) No Word 2000 em Português as teclas de atalho "Ctrl + B" são utilizadas para:

a) repetir a última ação.

b) salvar o documento aberto.

c) remover objetos selecionados.

d) dividir a seção em duas colunas.

e) justificar o texto pré-selecionado.

COMENTÁRIOS

Nota do autor: Com relação às teclas de atalhos utilizadas para a suíte Office da Microsoft, elas pouco se alteram com as mudanças e implementações das novas versões. Dificilmente existe uma prova para concursos, com a matéria informática, que não tenha pelo menos uma questão sobre as teclas de atalho. É essencial ao candidato o conhecimento das principais teclas de atalho dos principais programas. Confira na seção dicas, ao final da matéria final da matéria informática, um resumo das principais teclas de atalho.

Alternativa "a": No Word, a tecla de atalho que executa o comando de repetir a última ação, ou seja, refazer é a combinação das teclas "Ctrl+R", o mesmo que clicar em . No MS Word, o botão desfazer fica desativado quando não há alterações no documento, por exemplo, quando ele acabou de ser aberto. A partir do Microsoft Office 2007, foi criado o botão Repetir , o qual permite repetir a última operação. Ele é sobreposto pelo botão refazer quando se aciona o botão desfazer:

Alternativa "b": Diferentemente da maioria dos aplicativos de edição de documentos, como o Libre Office (BrOffice), na suíte de aplicativos Microsoft Office, a tecla de atalho que executa o comando para salvar documentos é o "Ctrl + B", ao contrário que se possa pensar que seja no CTRL + S ("s" de save, salvar em inglês).

Alternativa "c": Há várias formas de retirar um objeto selecionado, como deletando ou recortando. Para tanto, podemos utilizar as teclas "Ctrl+X" (recortar) ou e, ainda, podemos deletar, utilizando as teclas Delete ou mesmo Backspace, dependendo da posição do cursor em relação ao trecho que se deseja excluir.

Alternativa "d": Não existem no Word teclas de atalho para dividir a seção em duas colunas. Para tanto, deve-se acessar o menu Formatar ou clicar no botão Colunas e, então, selecionar o número de colunas que se deseja aplicar. No **MS Word 2010**, o botão Colunas faz parte do grupo Configurar Página, guia LAYOUT DA PÁGINA (ou apenas Layout para **2013/2016/2019 e 365**):

Alternativa "d": Não existem no Word teclas de atalho para dividir a seção em duas colunas. Para tanto, deve-se acessar o menu Formatar ou clicar no botão Colunas e, então, selecionar o número de colunas que se deseja aplicar. No **MS Word 2010**, o botão Colunas faz parte do grupo Configurar Página, guia LAYOUT DA PÁGINA (ou apenas Layout para **2013/2016/2019 e 365**):

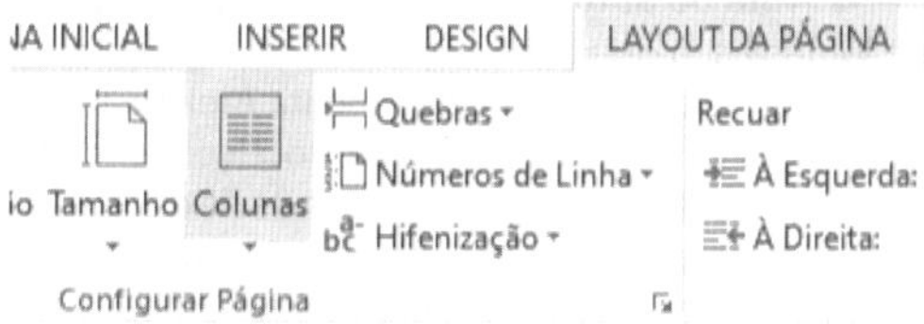

Alternativa "e": A tecla de atalho para justificar o texto selecionado é a combinação de "Ctrl+J".

Alternativa correta: letra "b".

---

03. (Cesgranrio – Técnico Previdenciário – INSS/2005) Em uma planilha do Excel 2000 as células apresentam os seguintes valores: A1 = 1, A2 = 2, A3 = 3 e A4 = 2. Se a célula B1 possuir a fórmula **=A1+A2^A3*A4**, então o valor da célula B1 será:

a) 17

b) 36

c) 54

d) 65

e) 78

COMENTÁRIOS

✪ **Nota do autor:** A localização de uma célula em uma fórmula é identificada por uma referência. Por exemplo, na fórmula =A1+A2,"A1"faz referência a célula que se localiza na coluna "A", linha 1, da mesma planilha que está em edição. As letras e números usados na referência são chamados de cabeçalhos de linhas e colunas. Com as referências pode-se usar dados contidos na mesma planilha, em outras planilhas da mesma pasta de trabalho ou mesmo em outra pasta de trabalho (arquivo), o que chamamos de vínculos. Exemplos =Plan2!C1(mesma pasta, mas em outra planilha), = 'C:\[Pasta1.xls]Plan1'!A (outra pasta de trabalho, outro arquivo do Excel), onde "Pasta1.xls" faz referência ao nome do arquivo. Podemos fazer referência a uma determinada célula(ex.: A1), a um intervalo de células (ex.: A1:A20, ou A1:B50), a todas as células de uma coluna (ex.: B:B), até todas as células de uma determinada linha (ex.: 2:2), todas as células de duas colunas, ou seja, um intervalo de colunas (ex.: A:B). E ainda não é tudo! Temos três tipos de referências no Excel: A relativa, a Absoluta e as Mistas. Na referência Relativa, ao se copiar a célula e colá-la em outra célula (ou utilizar a alça de preenchimento) o Excel ajusta as referências da fórmula para onde ela foi colada:

	A	B	C	D
1	10		1	
2	20		2	
3	30		3	
4	10		4	
5	=SOMA(A1:A4)		=SOMA(C1:C4)	
6				

Na referência absoluta, o uso do "$" (cifrão) indica que aquele termo da referência, linha ou coluna, foi fixado e que, quando copiada a célula e colado (ou usado a alça de preenchimento, que é na prática a mesma coisa), este termo permanecerá fixo:

C1 = =$A$1+$B$1

	A	B	C
1	1	10	=$A$1+$B$1
2	2	11	=$A$1+$B$1
3	3	12	=$A$1+$B$1
4			
5		Alça de preenchimento	
6			

Já a referência mista é usada quando precisamos fixar uma referência de uma determinada célula e utilizar o auto preenchimento do Excel nas demais:

C1 = =A1+$B$1

	A	B	C
1	1	10	=A1+$B$1
2	2	11	=A2+$B$1
3	3	12	=A3+$B$1

Alternativa "a": Primeiro entrave da questão seria conhecer a aplicação do símbolo "^" para o Excel, que indica uma potenciação, ou seja, =2^2 é mesmo que 2 elevado ao quadrado. Posto isto, o resto é apenas matemática. Vamos lá: temos a fórmula **=A1+A2^A3*A4** e os valores a serem utilizados A1 = 1, A2 = 2, A3 = 3 e A4 = 2, então, substituindo temos: =1+2^3*4, seguindo as regras de matemática temos 1+8*2, que é igual a 17. **Atenção,** se tivéssemos em B1 a mesma fórmula acrescida do parêntese em A3*A4, ou seja, **=A1+A2^(A3*A4)**, então, primeiro teríamos que multiplicar o expoente de A2 e, só então, seguir com o cálculos que resultariam em 65. Para facilitar a resolução deste tipo de questão e evitar que o candidato cometa algum erro simples, sugerimos que desenhe uma tabela com as células do enunciado para facilitar a visualização, já que a questão não apresenta uma representação gráfica.

Alternativa "b", "c" e "e": Não são valores possíveis a partir dos dados apresentados no enunciado.

Alternativa "d": Se tivéssemos em B1 a fórmula acrescida do parêntese em A3*A4, ou seja, **=A1+A2^(A3*A4)**, então, primeiro teríamos que multiplicar o expoente de A2 e, só então, seguir com o cálculos, chegando ao valore de 65.

Alternativa correta letra "a".

---

04. (Cesgranrio – Técnico Previdenciário – INSS/2005) A célula F3 de uma planilha Excel contém e apresenta o valor 1,56. Se esta célula for selecionada e, em seguida, o botão  for pressionado, a célula F3 passará a conter o valor:

a) 1,5 e exibir 1,5

b) 1,5 e exibir 1,6

c) 1,6 e exibir 1,6

d) 1,56 e exibir 1,5

e) 1,56 e exibir 1,6

COMENTÁRIOS

✪ **Nota do autor:** Novamente uma questão que o candidato deve ter conhecimentos do programa de edição de planilhas MS Excel, em especial os botões que são padrões, os quais dever ser estudados, já que sempre são alvos de questões nos certames.

Alternativa "a" e "b" e "c": O botão , não altera o conteúdo da célula.

Alternativa "d": Esta alternativa está errada apenas pelo fato do Excel arredondar os valores das casas decimais, quando da aplicação de formatação que oculte casas decimais dos valores contidos nas células.

Alternativa "e": Como poderia ser de esperar, as figuras dos botões dos aplicativos, geralmente, tentam ser o mais explicativo possível. Se o candidato prestar atenção, verá que o botão exibido indica que antes existiam duas casas decimais ",00" e logo em seguida apenas uma, 0, podemos, então, deduzir que está sendo editada a formatação da célula, neste caso reduzindo em 1 o número de casas decimais depois da vírgula. Temos, ainda, o botão "Aumentar casas decimais". Ele altera a formatação da célula, alterando a exibição, mas não seu conteúdo. Exibir o valor de 1,6 e não 1,5 deve-se ao fato do Excel arredondar valores apresentados que ocultam casas decimais, se o valor inicial fosse 1,54, então, o valor exibido seria 1,5 e o valor contido seria 1,54. Outra dedução possível é a de que o valor estaria sendo multiplicado por 10, mas, convenhamos, não faz muito sentido.

Alternativa correta letra "e".

---

05. (Cesgranrio – Técnico Previdenciário – INSS/2005) O botão da barra de ferramentas Padrão do Word 2000 permite:

a) centralizar o texto pré-selecionado.

b) criar uma lista numerada.

c) criar um novo documento.

d) desfazer a última ação.

e) inserir um hyperlink.

COMENTÁRIOS

Nota do autor: Mais uma questão sobre os botões contidos em aplicativos da suíte Office. Portanto, é muito importante que o candidato estude os botões padrões destes aplicativos. Os **Hiperlinks** são links que contêm instruções do local, ou seja, da URL onde estão estes dados (URL – Uniform Resource Locator, em português Localizador Padrão de Recursos: todo recurso, seja ele site ou mesmo uma impressora, possui um URL, uma espécie de endereço virtual), o Windows verifica-o e se identificar que é um endereço da Web, imediatamente inicia a navegação pelo navegador padrão (geralmente o Internet Explorer). É como se em um livro pudéssemos "clicar" numa certa palavra, ou frase, e formos remetidos à outra página, ou mesmo outro livro. Portanto, esta ligação de informação é uma das propriedades do **hipertexto**.

Alternativa "a": Para se centralizar um texto pré-selecionado deve acionar o botão "Centralizar" do grupo Paragrafo, guia Página Inicial.

Alternativa "b": A opção de criar uma lista numera não existe entre as ferramentas do Word. Existe sim a opção do usuário criar um documento em forma de lista e aplicar marcação de numeração nesta lista, usando as diversas opções de marcação e numeração: Botão ; Menu Formatar; Botão direito do mouse, Marcadores e numeração... .

Alternativa "c": Para criar um novo documento pode ser utilizado o botão "Novo...", do Menu Arquivo (guia arquivo do **Word 2010**) ou ainda pela tecla de atalho "Ctrl +o".

Alternativa "d": Para desfazer a última ação, pode-se usar a tecla de atalho "Ctrl+Z", o menu Editar ou, ainda, o botão da barra de ferramentas. No MS Word o botão desfazer fica desativado quando não há alterações no documento, por exemplo, quando ele acabou de ser aberto. A partir do Microsoft Office 2007, foi criado o botão Repetir, o qual permite repetir a última operação. Ele é sobreposto pelo botão refazer quando se aciona o botão desfazer:

Alternativa "e": O botão Inserir Hiperlink abre uma janela para que se possa inserir um hiperlink no texto selecionado ou no onde o curso está (criando um texto novo, então). O botão Inserir Hiperlink abre uma janela para que se possa inserir um Hiperlink no texto selecionado ou no onde o curso está (criando um texto novo, então). No Word 2013/2016/2019 e 365, esse botão Hiperlink faz parte do grupo Link, na guia INSERIR. Também é possível acessar essa janela pelas teclas de atalho "Ctrl+K" ou, ainda, clicando com o botão direito e, na lista de opções, clicando em Hiperlink.

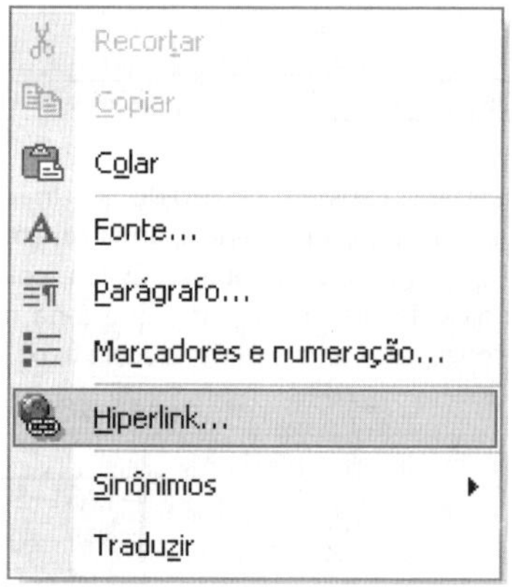

Alternativa correta: letra "e".

---

06. (Cesgranrio – Técnico Previdenciário – INSS/2005) O botão da barra de ferramentas Formatação do Excel 2000 permite:

a) aplicar o efeito negrito.

b) definir a borda da célula.

c) incluir o separador de milhares.

d) mesclar e centralizar células.

e) selecionar a cor de fundo da célula.

COMENTÁRIOS

✪ **Nota do autor:** Muito interessante é o detalhe que este botão possui duas funções. Ele tanto executa o comando de mesclar como de centralizar na horizontal, mas poucos se atentam a esse fato. Mas, o próprio nome do botão "Mesclar e centralizar" indica as funcionalidades. Veja, se duas células, ou mais, estão selecionadas e clicarmos em , então, elas serão mesclas e também serão formatadas com o centralizar e, caso se tenha uma única célula selecionada, nela será aplicada a formatação de centralizar. Mas observe o detalhe, no botão existem duas setas apontando respectivamente para esquerda e direita, isto indica que a centralização ocorrerá somente no sentido horizontal. Caso o usuário queira centralizar na vertical deverá: selecionar as células que deseja alinhar, ir ao menu Formatar e clicar na opção células Células... Ctrl+1, ou usar a tecla de atalho "Ctrl+1", clicar na aba alinhamento e selecionar o alinhamento desejado. Outro ponto interessante é quando as células a serem mescladas já tiverem conteúdo, então, o Excel irá emitir a mensagem que somente será mantido os dados da célula superior esquerda. E, também, o botão tem a função de retirar a mesclagem de células já mescladas, além de retornarem ao alinhamento padrão(esquerdo).

A partir do **Microsoft Excel 2007**, o botão Mesclar e centralizar é encontrado na guia Início (Página Inicial do word 2010/2013/2016/2019 e 365), grupo Alinhamento, onde nota-se, ainda, uma pequena alteração no botão: , assim como novas opções foram incluídas, exibidas ao se clicar na seta para baixo ao lado do botão ("Mesclar e Centralizar", "Mesclar através", "Mesclar Células" e "Desfazer Mesclagem de Células):

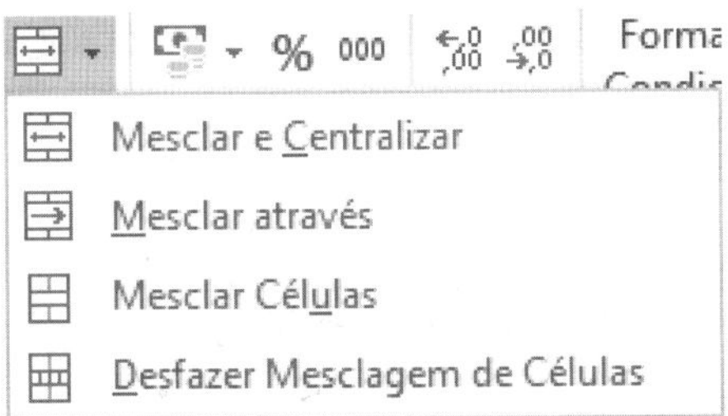

Note que, após selecionar as células desejadas e clicando somente no botão "principal" (não clicando na se-ta), então, a ação executada será ação original deste botão: "Mesclar e centralizar".

Alternativa "a": No Excel, pode se aplicar negrito em células selecionadas de várias formas: Clicando sobre o botão **N**; Acessando o menu Formatar e clicando em Células... Ctrl+1; Para Excel 2016/2019/365, acessando o botão Formatar, opção "Formatar Células...", no grupo Células da "Página Inicial"; Clicando sobre a célula com o botão direito do mouse e depois em formatar células guia Fonte; Teclas de atalho "Ctrl + N".

Alternativa "b": Para definir as bordas das células marcadas use o botão Bordas, ou acesse a formatação da célula, clique na aba Borda. No Word 2010/2013/2016/2019 e 365, acesse o grupo Fonte da guia Página inicial. .

Alternativa "c": Até o MS Word 2003, para incluir o separador de milhares na célula marcada é usado o botão 000, já para o Word 2010 esse botão é encontrado no grupo Número da guia Página inicial.

Alternativa "d": Como já dito na **nota do autor**, o botão tem a função de mesclar e centralizar.

Alternativa "e": Para alterar a cor de fundo (ou de preenchimento) das células selecionadas, utilize o botão , que no Word 2010/2013/2016 encontra-se na aba PÁGINA INICIAL, grupo Fonte.

Alternativa correta: letra "d".

---

07. (Cesgranrio – Técnico Previdenciário – INSS/2005) Entre as teclas abaixo, assinale aquela que deve estar pressionada para permitir a seleção de mais de um arquivo no Windows Explorer através de cliques do mouse.

a) Alt

b) Ctrl

c) Tab

d) Insert

e) Caps Lock

COMENTÁRIOS

✪ **Nota do autor:** Por mais básico que se possa parecer, questões como esta, que exige do candidato um conhecimento sobre teclas do teclado são comuns e, muitas vezes pegam muita gente de surpresa. Sendo assim, bom mesmo é dar uma estudada no que cada uma faz.

Alternativa "a": A tecla **Alt** (Alternate) funciona como uma segunda tecla de controle(Ctrl) de seu micro. Ela também gera caracteres de especial significado em alguns programas.

Alternativa "b": A tecla **Ctrl** (Control) sempre é utilizada em conjunto com alguma outra para gerar controles especiais. As funções destes controles especiais dependem do programa em uso. O procedimento de uso é análogo ao da tecla Shift. Uma das suas principais funções é permitir a seleção ou marcação de mais de um item, clicando sobre os itens ao mesmo tempo em que se mantém a tecla Ctrl pressionada.

Alternativa "c": O **TAB** tem a função de aplicar avanços de tabulação, principalmente em programas de edição de textos. Sempre está relacionada com movimentação, seja no texto, seja através dos programas ou entre programas, ou navegando por pastas ou arquivos no Windows Explorer.

Alternativa "d": A tecla **Insert** funciona como ativador do modo de inserção. Ao pressioná-la, pode-se digitar qualquer caractere a fim de inseri-lo no meio de um texto deslocando todos os caracteres seguintes. Para desativá-la, basta pressioná-la novamente. **Atenção: A partir do Word 2007**, você deve habilitar a opção "Usar a tecla Insert para controlar modo Sobrescrever", para que o Insert tenha a função que tinha até o Word 2003, par isso, clique no botão Office – > Opções do Word.

Alternativa "e": O **Caps Lock** quando acionada fará a CPU interpretar qualquer letra como Maiúscula. Para desativar o Caps Lock comando, basta acioná-lo novamente.

Alternativa correta: letra "b".

---

08. (Cespe – Técnico do Seguro Social – INSS/2008) Considere-se que, em uma planilha do Excel 2003 na qual todas as células estejam formatadas como números, a célula B2 contenha o saldo de uma conta de poupança em determinado mês do ano. Considere-se, também, que, sobre esse saldo incidam juros compostos de 2% ao mês, e que o titular não realize, nessa conta, operações de depósito ou retirada. Nessa situação, julgue o item seguinte.

O valor do saldo da referida conta de poupança, após duas incidências sucessivas de juros sobre o saldo mostrado na célula B2, pode ser calculado e apresentado na célula B4 por meio da seguinte sequência de ações: clicar a célula B4; digitar =B2*1,02^2 e, em seguida, teclar Enter.

COMENTÁRIOS

Nota do autor: Uma vez mais, e nunca é demais, precisamos lembrar que todas as questões devem ser lidas com atenção em todos os detalhes. No mais, esta questão exige do candidato conhecimentos de matemática financeira básica, muito comum em concursos. Sobre o Excel, acredito que a única dificuldade poderia ser o símbolo "^", que representa potenciação, ou seja, =2^2 é mesmo que 2 elevado ao quadrado. Ainda sobre o Excel, temos as **referências**: A localização de uma célula em uma fórmula é identificada por uma **referência**, por exemplo, na fórmula =A1+A2, "A1" faz referência a célula que se localiza na coluna A, linha 1, da mesma planilha que está em edição. As letras e números usados na referência são chamados de cabeçalhos de linhas e colunas. Com as referências pode-se usar dados contidos na mesma planilha, em outras planilhas da mesma pasta de trabalho ou mesmo em outra pasta de trabalho (arquivo), o que chamamos de vínculos. Exemplos =Plan2!C1(-mesma pasta, mas em outra planilha, ='C:\[Pasta1.xls]Plan1'!$A$1(outra pasta de trabalho, outro arquivo do Excel), onde Pasta1.xls faz referência ao nome do arquivo. Podemos fazer referência a uma determinada célula(ex.: A1), a um intervalo de células (ex.: A1:A20, ou A1:B50), a todas as células de uma coluna(ex.: B:B), a todas as células de uma determinada linha(ex.: 2:2), todas as células de duas colunas, ou seja, um intervalo de colunas (ex.: A:B). E ainda não é tudo! Temos três tipos de referências no Excel: A relativa, a Absoluta e as Mistas. Na referência Relativa, ao se copiar a célula e colá-la em outra célula (ou utilizar a alça de preenchimento) o Excel ajusta as referências da fórmula para onde ela foi colada:

	A	B	C	D
1	10		1	
2	20		2	
3	30		3	
4	10		4	
5	=SOMA(A1:A4)		=SOMA(C1:C4)	
6				

Na referência absoluta, o uso do "$" (cifrão) indica que aquele termo da referência, linha ou coluna, foi fixado e que, quando copiada a célula e colado (ou usado a alça de preenchimento, que é na prática a mesma coisa), este termo permanecerá fixo:

C1 = =$A$1+$B$1

	A	B	C
1	1	10	=$A$1+$B$1
2	2	11	=$A$1+$B$1
3	3	12	=$A$1+$B$1
4			
5			
6			

Alça de preenchimento

Já a referência mista é usada quando precisamos fixar uma referência de uma determinada célula e utilizar o auto preenchimento do Excel nas demais:

C1 = =A1+$B$1

	A	B	C
1	1	10	=A1+$B$1
2	2	11	=A2+$B$1
3	3	12	=A3+$B$1

Posto isto, o resto é matemática, sendo necessário saber **a ordem de execução das operações**: =B2*1,02^2 nesta questão, primeiro se executa a potência, depois a multiplicação. Não foi alvo desta questão, mas é muito importante que o candidato tenha em mente todo conceito das ordens de execução das operações (precedência), inclusive quanto da utilização de parênteses. Veja, se tivéssemos, nesta questão, a fórmula =(B2*1,02)^2, o resultado seria outro.

Em matemática, 2% de algo é o mesmo que multiplicarmos o valor total por 0,02 (2/100). Quando temos cálculo de juros, então, o cálculo do acréscimo de 2% pode ser representado pela fórmula: "valor atual"= (valor anterior)*1,02. Como temos 2 meses, então: valor atual =(valor anterior)*1,02*1,02, o que equivale a (valor anterior)*1,02^2. Portanto: =B2*1,02^2, onde B2 é o valor atual, é o mesmo que aplicarmos juros compostos de 2% ao mês por dois meses. **CERTO.**

09. (Cespe – Técnico do Seguro Social – INSS/2008) Com relação ao Word 2003 e a outros aplicativos utilizados em computadores pessoais, julgue os itens a seguir.

No Word 2003, ao se clicar o menu Editar, é exibida uma lista de comandos, entre os quais se inclui o comando Dicionário de Sinônimos, que possui funcionalidades que permitem ao usuário procurar por palavras sinônimas a uma palavra selecionada. O uso desse comando contribui, em muitos casos, para a melhoria da qualidade de um texto editado.

COMENTÁRIOS

✪ **Nota do autor:** No menu editar, sempre teremos ações de copiar, colar, selecionar, localizar, marcar, mover e outras peculiares ao aplicativo. No MS Word 2007 e 2010, os grupos Edição e Área de transferência possuem as opções do antigo menu Editar. Suas ferramentas podem ser encontradas, além de outras novas, nos grupos Área de Transferência e Edição da guia início. Assim como o menu Formatar, a o menu Editar foi absorvido pela guia Início (Página inicial Word 2010/2013/2016/2019 e 365).

O Dicionário de Sinônimos não pode ser encontrado no Menu Editar do MS Word 2003. Ele está no Menu Ferramentas. Usando um atalho de teclado, esta opção de Dicionário de Sinônimos pode ser acessada através da combinação de teclas "SHIFT+F7". Pode também ser acessada clicando com o botão direito do mouse sobre a palavra desejada e, na lista que é exibida, clicar na opção sinônimos. Já no **Word 2010/2013/2016/2019 e 365** o dicionário de sinônimos está na guia REVISÃO.

10. (Cespe – Técnico do Seguro Social – INSS/2016) Em um texto ou imagem contido em eslaide que esteja em edição no programa Libre Office Impress, é possível, por meio da opção Hyperlink, criar um link que permita o acesso a uma página web.

COMENTÁRIOS

✪ **Nota do autor:** Pode parecer apenas um detalhe, imperceptível para maioria das pessoas, mas, na nossa opinião, deveria esta questão ter sido anulada quando da apresentação do gabarito final. Note que não existe nenhuma opção para se inserir Hyperlink (com Y) no LibreOffice (assim como não há no MS Office), há sim, a opção **Hiperlink**. Contudo, parece que este detalhe foi irrelevante para a banca.

Os **Hiperlinks** são links que contêm instruções do local, ou seja, da URL onde estão estes dados. É como se em um livro pudéssemos "clicar" numa certa palavra, ou frase, e formos remetidos à outra página, ou mesmo outro livro. O Windows verifica-o e, se identificar que é um endereço da Web, imediatamente inicia a navegação pelo navegador padrão (geralmente o Internet Explorer).

Superada a questão do H**y**perlink (ou Hiperlink), a afirmativa, de resto, está correta. Assim como no Writer, ou mesmo no Word ou PowerPoint, é possível sim inserir Hiperlinks em documentos e eslaides (ou slides) em edição nestes aplicativos. No Impress, o botão Hiperlink  abre a janela Hiperlink, para que se possa inserir um Hiperlink no texto selecionado ou onde o cursor está (criando um texto novo, então). Também é possível acessar essa janela pelas teclas de atalho "Ctrl+K" ou utilizar o menu Inserir>Hiperlink. Os Hiperlinks são links que contêm instruções do local, ou seja, da URL onde estão estes dados. É como se em um livro pudéssemos "clicar" numa certa palavra, ou frase, e formos remetidos à outra página, ou mesmo outro livro. Ou seja, eles permitem o acesso a uma página web. **CERTO.**

11. (Cespe – Técnico do Seguro Social – INSS/2016) Para se editar o cabeçalho de um documento no Writer, deve-se clicar o topo da página para abrir o espaço para edição. Por limitações técnicas desse editor de textos, não é possível colar textos ou imagens nesse espaço.

COMENTÁRIOS

✪ **Nota do autor:** Itens muito importantes nos processadores de texto (Word, Write etc.), bem como outros softwares de escritório, como Calc, Exel e Impress, os Cabeçalhos e Rodapés devem ser estudados pelos pretendentes às vagas do serviço público, uma vez que são frequentes as questões sobre estes itens. Vale a pena navegar nas suas opções, simular ações e inserções nestes campos etc. No Writer (LibreOffice 6), para inserir o cabeçalho, deve-se clicar o topo da página e depois no botão "Cabeçalho" que será exibido:

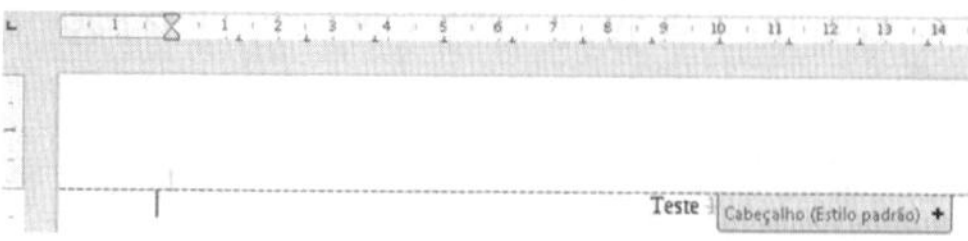

Outra forma de inserir o Cabeçalho (assim como o Rodapé) é por meio do menu Inserir>Cabeçalho e rodapé. Uma vez inseridos no Write, para editá-los basta clicar nos respectivos campos, cabeçalho ou Rodapé.

Vamos ao erro: Não faz nenhum sentido que haja limitações que nos impeçam de colarmos textos nos cabeçalhos, assim como é perfeitamente possível colarmos imagens neste espaço (imagine um logotipo de uma corporação que precise constar em todas as páginas de um documento). Agora, voltemos à primeira parte da afirmativa: para se editar o cabeçalho no Writer (editar, não inserir), de fato devemos clicar no topo da página, onde está o cabeçalho, supondo que ele já tenha sido inserido (para inserir: menu Inserir>Cabeçalho ou clicando no "+" do botão Cabeçalho (Estilo padrão) +, que é exibido quando clicamos no espeço reservado para o cabeçalho, se ele ainda não foi criado). De forma análoga, temos as mesmas opções para Rodapé. **ERRADO.**

2. SISTEMA OPERACIONAL

12. (Cesgranrio – Técnico Previdenciário – INSS/2005) No Windows 2000 o menu Iniciar da barra de tarefas pode ser aberto a partir teclado pressionando-se o conjunto de teclas:

a) Alt + F1

b) Alt + F4

c) Ctrl + Esc

d) Ctrl + Shift

e) Ctrl + Alt + Del

COMENTÁRIOS

✪ **Nota do autor:** Importante o estudo das principais teclas de atalhos dos aplicativos citados no edital, principalmente Word, Excel e o próprio Windows. Confira no final da matéria Informática, na seção **DICAS**, uma lista das principais teclas e suas respectivas funções.

Alternativa "a": A combinação "Alt + F1", no ambiente Windows, não tem nenhuma função, contudo, em outros aplicativos sim, por exemplo, no Word se pressionarmos "Alt + F1" seremos remetidos ao hiperlink mais próximo. **Atenção**, se pressionarmos apenas a tecla F1, então, será aberta a janela de ajuda do Windows. F1 também é tecla padrão de ajuda na maioria dos programas para ambiente Windows.

Alternativa "b": A combinação "Alt + F4", no ambiente Windows, tem a função de fechar, é como se clicássemos em iniciar e depois em desligar. A combinação "Alt + F4" também tem a função, na maioria dos aplicativos Windows, de fechar o programa.

Alternativa "c": A combinação de teclas "Ctrl + Esc" exibe o menu iniciar, ou seja, é como se clicássemos no botão Iniciar, isto vale, também para as outras versões do Windows, inclusive o Windows 7 e Windows 10 .

Alternativa "d": A combinação "Ctrl + Shift", no ambiente Windows, não tem nenhuma função.

Alternativa "e": O Ctrl+Alt+Del é uma combinação especial de teclas na maioria dos sistemas operacionais. Esta combinação de teclas "ctrl+alt+Del" executa um comando presente em microcomputadores desde a década de 1980. No Windows, este comando abre uma janela que permite acessar opções para gerenciar os processos em execução, trocar de usuário (fazer log-off), trocar senha, desligar, bloquear o computador. Em alguns sistemas, ao ser pressionado duas vezes a combinação de teclas "ctrl+alt+Del", o sistema é reiniciado. Ela também é usada para abrir a tela de log-on em computadores pertencentes a um ambiente de domínio, geralmente em empresas, logo após a inicialização.

Alternativa correta: letra "c".

13. (Cesgranrio – Técnico Previdenciário – INSS/2005) No Windows Explorer, após selecionar um arquivo e pressionar a tecla F2, obtemos acesso ao comando:

a) renomear.

b) excluir.

c) mover.

d) recortar.

e) copiar.

COMENTÁRIOS

✪ **Nota do autor:** Novamente mais uma questão sobre teclas de atalho, questão típica da matéria informática. Ao final da matéria Informática, na seção DICAS, confira as principais teclas de atalho e suas respectivas funções.

Alternativa "a": No Windows Explorer, bem como em outros aplicativos de navegação, como por exemplo, na própria janela de abrir ou salvar como do Word, a tecla F2 abre a edição do nome do item selecionado.

Alternativa "b": Para se excluir um item selecionado deve ser usada a tecla delete Del.

Alternativa "c": Não há uma única tecla que, sozinha, mova um item selecionado. Pode-se clicar com o mouse e, mantendo-se pressionado o botão do mouse, arrastar para outra pasta (quando para mover para outro disco é preciso, também, pressionar simultaneamente a tecla Shift), ou ainda, usar as opções de recortar e colar.

Alternativa "d": Para recortar um item selecionado no Windows Explore, pode ser usada a tecla de atalho "Ctrl+x", ou clicar sobre o item com o botão direito do mouse e, então, em recortar.

Alternativa "e": Para copiar um item selecionado no Windows Explore, pode ser usada a teclas de atalho "Ctrl+c", ou clicar sobre o item com o botão direito do mouse e, então, em copiar.

Alternativa correta letra "a".

---

14. (Cesgranrio – Técnico Previdenciário – INSS/2005) Assinale a opção que apresenta um formato de arquivo de imagem gráfica muito utilizado para armazenar imagens na Internet.

a) FTP

b) GIF

c) ISP

d) MP3

e) HTML

COMENTÁRIOS

✪ **Nota do autor:** Questão que exige conhecimentos gerais de informática básica, pois relaciona vários termos deste campo de conhecimento. Contudo, de fácil solução, já que os termos contidos nas alternativas incorretas não guardam relação nenhuma com imagens. No mais, é importante o candidato ter em mente o conceito de **extensões**: Para que o Windows identifique qual aplicação irá abrir os arquivos, foi criada a noção de extensão do nome de um arquivo, definida inicialmente pelos sistemas DOS. A extensão nada mais é que 3 (ou 4) caracteres no final do nome, logo após um "."(ponto), que separa o nome do arquivo à sua extensão. Por padrão, o Windows oculta do usuário as extensões dos arquivos, de forma que ele não visualiza o ".", nem os caracteres posteriores, isso por segurança, evitando que o usuário altere indevidamente a extensão dos arquivos. A opção para visualizar as extensões dos arquivos pode ser acessada clicando no menu Ferramentas, "Opções de pasta..." e acessando a aba "Modo de exibição" no Windows Explorer. É também chamado de extensão pequenos programas que, ao serem incorporados aplicativo principal (Thunderbird e Firefox, por exemplo), fundem-se a ele para fornecer algum serviço que não é padrão ao aplicativo. Veja o porquê logo abaixo.

Alternativa "a": FTP (File Transfer Protocol ou Protocolo de Transferência de Arquivos). Muito usado na Internet e intranet por quem disponibiliza arquivos a outros usuários. É o protocolo padrão da pilha de protocolos TCP/IP para transferir arquivos e é um protocolo genérico, ou seja, independente de hardware e do sistema operacional.

Alternativa "b": Gif de Graphics Interchange Format, que se pode traduzir para "formato para intercâmbio de gráficos", é o formato **(extensão ".gif")** de arquivos de imagem comprimidos. Editável com qualquer software de edição de imagem. É um formato de imagem de mapa de bits muito usado na World Wide Web, quer para imagens fixas, quer para imagens animadas. **Não confunda WWW** (World Wide Web, em português, "Rede de alcance mundial"), também conhecida como **Web**, que é um sistema de documentos em hipermídia interligados e executados na Internet, intranet ou outra rede de computadores, com a **Internet** propriamente dita, que é um conglomerado mundial de redes interligadas.

Alternativa "c": A sigla ISP de Internet Services Provider, em português provedor de serviços (ou acesso) à Internet, está relacionada às empresas provedoras de Internet, que oferecem o acesso agregando a outros serviços relacionados, tais como "e-mail", "hospedagem de sites" ou blogs, entre outros.

Alternativa "d": MP3 é o formato de áudio que aceita compressão em vários níveis. O reprodutor mais famoso para estes arquivos é o Winamp, ainda que também se possa utilizar o Windows Media Player, ou outros players.

Alternativa "e": HTML (HyperText Markup Language) é uma linguagem de marcação de dados, a qual provê um formato para descrever dados estruturados, tendo como principal fim facilitar a troca de informações na Internet e intranet. O HTML é uma linguagem básica para a criação de documentos hiper texto para a Web. Todas as páginas são estruturadas com essa linguagem e, por mais que o site tenha recursos, a base de tudo é sempre o HTML. Contudo, não pode ser considerada uma linguagem de programação, mas sim linguagem de marcação.

Alternativa correta letra "b".

---

15. (Cesgranrio – Técnico Previdenciário – INSS/2005) Na janela Painel de Controle do Windows 2000, NÃO encontramos o ícone:

a) Adicionar ou Remover Hardware.

b) Ferramentas Administrativas.

c) Meus Documentos.

d) Opções de Pasta.

e) Tarefas Agendadas.

COMENTÁRIOS

✪ **Nota do autor:** É no painel de controle onde são feitas as configurações de seu computador. Esta opção de acesso alterou-se um pouco a partir do Windows XP, onde clicando no menu iniciar, já se visualiza a opção de acesso ao painel de controle, salvo se personalizarmos o menu iniciar para clássico (Windows XP), opção não disponível no Windows 7 que, por sua vez, possui diversos recursos de personalização apresentados ao clicarmos com o botão direito sobre o botão iniciar e, então, em propriedades. No painel de controle são vários os ícones e formas de acesso e, é preciso notar que no Windows 7 (e XP Também), o painel de controle foi reestruturado, criando-se categorias de configurações e que, em ambos, é possível utilizar a opção de exibição por categorias, quanto como em modo clássico(XP) ou ícones(Windows 7), ou seja, todos os ícones em uma mesma página. Uma grande facilidade implementada no Windows 7 é o botão de busca Pesquisar Painel de Co... no painel de controle, que facilita muito encontrarmos, dentre as muitas, a opção de configuração desejada.

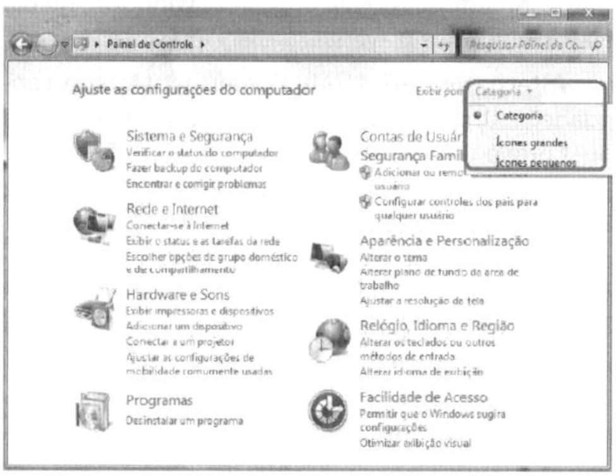

Alternativa "a": No Windows XP, temos no painel de controle o ícone Adicionar ou Remover Hardware, já no Windows 7 (categoria) temos a opção Adicionar um dispositivo, em Hardware e Sons ou, que permitem adicionar um novo dispositivo de hardware que já esteja conectado ao computado. Já no modo ícones do Windows 7 deve ser acessada o Gerenciador de Dispositivos. Essas opções nos permitem incluir e gerenciar hardwares. No Windows 10, pode-se digitar "Gerenciador de Dispositivos" na caixa de pesquisa (após clicar no botão iniciar ou pressionando a tecla do Windows, que possui a mesma imagem), ou acessar o Painel de Controle e, então, a categoria "Hardware e Sons" e clicar na opção "Gerenciador de Dispositivos".

Alternativa "b": Ferramentas Administrativas é um ícone no Painel de Controle que contém ferramentas para administradores de sistema e usuários avançados. As Ferramentas Administrativas podem variar em função da versão do Windows que você está usando. Para acessar as **Ferramentas Administrativas**, clique no botão Iniciar, Painel de Controle, em Sistema e Manutenção e, depois, em Ferramentas Administrativas. Veja algumas das ferramentas administrativas comuns no Windows 7: Gerenciamento do Computador; Fontes de Dados; Visualizar Eventos; Iniciador ISCSI; Diretiva de segurança local; Ferramenta de Diagnóstico de Memória; Gerenciamento de Impressão; Monitor de Confiabilidade e Desempenho; Serviços; Configuração do Sistema; Agendador de Tarefas; Firewall do Windows; No Windows XP, as ferramentas administrativas também são acessadas pelo painel de controle, entretanto, elas são: Desempenho, Diretiva de segurança local, Fontes de dados, Gerenciamento do computador, Serviços e Visualizador de eventos.

Alternativa "c": Tendo em mente que o painel de controle é um local definido para que o usuário configure e personalize seu computador, é fácil chegar à conclusão que a pasta Meus Documentos não faz parte do painel de controle. Pode, também, ser verificado na imagem anterior, quando da exibição por ícones (ou modo clássico no XP), que não há a opção Meus documentos no Painel de Controle do Windows.

Alternativa "d": Nas opções de pasta, pode-se realizar uma série de configurações. Podemos, por exemplo, definir como as pastas serão exibidas, o que será exibido em uma pasta e como as pastas serão abertas. As opções de pastas podem ser acessadas pelo painel de controle. No Windows XP, a janela "Opções de pasta", também é acessada pelo Windows Explorer clicando em Opções do menu Ferramentas. Já no Windows 7, pode-se acessar clicando em Opções de pasta e pesquisa no botão Organizar ou, no Painel de Controle, em Aparência e Personalização, Opções de Pasta.

Alternativa "e": Com as Tarefas agendadas, é possível agendar a execução de qualquer script, programa ou documento em data definida. O serviço de Tarefas agendadas inicia sempre que o Windows XP é iniciado e executa a tarefa agendada na hora especificada na criação da tarefa, claro se o Windows estiver ligado. Quando **hibernado**, também é possível iniciar uma tarefa, desde que esteja marcada está opção na tarefa. No Windows 7, o nome foi alterado para Agendador de Tarefas e pode ser acessado pelas Ferramentas Administrativas, em Sistemas e Manutenção(ou Sistema e Segurança, depende da versão do Windows) do Painel de controle. **No Windows 10,** no Explorador de Arquivos, selecione Exibir > Opções > Alterar opções de pasta e pesquisa.

Alternativa correta: letra "c".

16. (Cesgranrio – Técnico Previdenciário – INSS/2005) No Windows 2000 o ícone Opções Regionais do Painel de Controle permite:

a) adicionar usuários e configurar senhas.

b) agendar programas para rodar automaticamente.

c) configurar a aparência e funcionamento do mouse.

d) configurar padrões para números de moeda e data.

e) instalar impressoras locais e de rede.

COMENTÁRIOS

✪ **Nota do autor:** No Windows XP o nome do ícone Opções Regionais do Painel de Controle foi mantido, já no Windows 7 e 10 foi alterado para Região e Idioma, contudo, suas funções básicas são as mesmas desde o Windows 2000.

Alternativa "a": Para configurar contas de usuários e senhas no Windows pode-se acessar o ícone Contas de usuários (Windows XP, 7 ou 10) no painel de controle do Windows.

Alternativa "b": A função de agendar programas para rodar automaticamente é realizada através das tarefas agendadas, também no painel de controle do Windows. No Windows 7, o nome foi alterado para **Agendador de Tarefas** e pode ser acessado pelas Ferramentas Administrativas, em Sistemas e Manutenção (ou Sistema e Segurança, depende da versão do Windows) do Painel de controle.

Alternativa "c": As configurações de funcionamento e aparência do mouse são permitidas acessando o ícone Mouse do painel de controle. No Windows 7, para abrir Mouse, clique no botão Iniciar , em Painel de Controle, em Hardware e, depois, em Mouse. Você pode alterar como os botões do mouse funcionam, a aparência do ponteiro do mouse, alterar como o ponteiro do mouse funciona e alterar como a roda do mouse funciona. No Windows 10, pode-se digitar "Mouse" na caixa de pesquisa (após clicar no botão iniciar ou pressionando a tecla do Windows, que possui a mesma imagem). Uma vez na janela de Configurações do Mouse, a janela de "Propriedades de Mouse" pode ser acessada clicando em "Opções adicionais de mouse".

Alternativa "d": As Opções regionais foram uma forma, definida pela Microsoft, de adaptar algumas variáveis que podem ser distintas aos diversos locais do mundo, mesmo dentro de um mesmo país, ou mesmo nas diferentes aplicações a serem utilizadas pelo usuário, por exemplo, formato de datas e horas, formatos de moedas, formatos de negativos, números de casas depois da vírgula etc. **Importante:** Alguns programas que utilizam determinados formatos de data, hora, moeda etc. Esses programas, por exemplo, podem exigir que o usuário personalize estes formatos nas Opções regionais e de idioma antes de utilizá-lo. Podem utilizar diferentes formatos de data, a exemplo: DDMMAA ou DDMMAAAA ou AAAAMMDD.

Alternativa "e": No painel de controle de todas as versões do Windows há um ícone impressoras, onde se pode gerenciar as impressoras e do computador, sejam elas locais ou de rede.

Alternativa correta letra "d".

17. (Cespe – Técnico do Seguro Social – INSS/2016) A ferramenta OneDrive do Windows 10 é destinada à navegação em páginas web por meio de um browser interativo.

COMENTÁRIOS

✪ **Nota do autor:** O **OneDrive** funciona integrado ao Explorador de Arquivos do Windows 10. Ele, assim como o Google Drive, Dropbox, Box e iCoud, é uma ferramenta destinada ao armazenamento em nuvem.

O **OneDrive** (antes chamado de Sky Drive) é o serviço em nuvem da Microsoft, que permite ao usuário salvar virtualmente seus documentos, em uma nuvem (independentemente da infraestrutura e sem conhecê-la), online, para acesso de qualquer local com acesso à Internet. Já para a navegação em páginas da web, no Windows 10, temos o Microsoft Edge, que é o novo navegador criado para este sistema operacional, assim como ainda podemos utilizar o Internet Explorer. Quanto a um navegador ser interativo, certamente todos são interativos, uma vez que o usuário interage diretamente ao definir quais sites quer acessar, qual conteúdo quer ver e em que momento o quer dentre muitas outras interações possíveis. **ERRADO.**

3. INTERNET, INTRANET, REDE DE COMPUTADORES, SEGURANÇA E CORREIO ELETRÔNICO

18. (Cesgranrio – Técnico Previdenciário – INSS/2005) Ao se clicar o botão da barra de ferramentas do Internet Explorer 6 será exibido(a) o(a):

a) histórico de páginas visitadas.

b) versão do navegador.

c) lista de links favoritos.

d) página inicial.

e) janela de propriedades do navegador.

COMENTÁRIOS

✪ **Nota do autor:** Nas versões mais recentes, o botão histórico só pode ser acessado se primeiro clicarmos no botão , OU pela tecla de atalho "CrtL+H".

Alternativa "a": O botão dá acesso as informações salvas no histórico de seu navegador, neste caso o IE6. O histórico contém a lista das páginas acessadas pelo computador. Ele pode ser limpo a qualquer momento, pode-se, inclusive, excluir dados sobre alguma página especifica, mantendo o restante dos dados. É possível também configurar o IE para não salvar o histórico, ou mesmo determinar por quanto tempo as informações permanecerão salvas. Há uma pequena incoerência nesta questão, o botão é encontrado na versão IE6 do Windows XP, já na versão IE6 instalado no Windows 2000 o botão seria , o que poderia induzir a um erro do candidato que conheça o IE6 apenas do Windows 2000.

Alternativa "b": A versão do navegador pode ser visualizada acessando o menu Ajuda do Internet Explorer e clicando em Sobre o Internet Explorer. Esta opção de Sobre, no menu ajuda, está presente na maioria dos programas para ambiente Windows.

Alternativa "c": A lista pode ser acessada pelo menu Favoritos ou pelo botão . Um detalhe, os favoritos também podem ser identificados como bookmarks.

Alternativa "d": A página inicial do navegador pode ser aberta clicando no botão , quando há mais de uma página inicia, pode-se usar a seta ao lado deste botão: .

Alternativa "e": A janela de propriedades do Windows 8 pode ser acessada clicando no menu Arquivo e, logo em seguida, em Propriedades.

Alternativa correta letra "a".

---

19. (Cespe - Técnico do Seguro Social - INSS/2008) Diversos programas de computador disponibilizam o menu denominado Ajuda, por meio do qual um usuário pode ter acesso a recursos que lhe permitem obter esclarecimentos sobre comandos e funcionalidades dos programas. Atualmente, há programas em que é necessário que o computador esteja conectado à Internet para que funcionalidades do menu Ajuda possam ser usadas de forma efetiva.

COMENTÁRIOS

Nota do autor: Questão de fácil interpretação e resposta. Pode ser facilmente respondida se lida com atenção e tendo o candidato o mínimo de familiaridade com o uso dos programas atuais.

Esta questão trata da chamada "Ajuda online" que, por consequência, dependente de uma conexão com a Internet. A "ajuda online" é cada vez mais usada, já que permite que as informações mais recentes sejam acessadas de forma independente da instalação do programa, evitando que o usuário tenha uma "ajuda" desatualizada. **CERTO.**

---

20. (Cesgranrio - Técnico Previdenciário - INSS/2005) Dos recursos disponibilizados pelo Outlook 2000, fazem parte:

I. Calendário;

II. Contatos;

III. Tarefas;

IV Notas.

Estão corretos os itens:

a) I e II, apenas.

b) I e III, apenas.

c) II e IV, apenas.

d) II, III e IV, apenas.

e) I, II, III e IV.

COMENTÁRIOS

Nota do autor: O software descrito, Outlook 2000 (parte integrante do pacote Office), é uma agenda eletrônica, além de um cliente de correio eletrônico. A questão não está tratando Outlook Express, que é um software para gerenciamento de e-mails que não contêm ferramentas de agenda. A partir do Windows Vista, a Microsoft descontinuou o aplicativo Outlook Express. O Windows 7 não traz nenhum cliente de correio, uma opção é instalar o Windows Live Mail ou Microsoft Outlook, que é o cliente de e-mail integrante da suíte Microsoft Office. No MS Word 2007, o botão Enviar está disponível acessando o Botão Microsoft Office . Já no MS Word 2010/2013/2016/2019 e 365, temos a opção de Enviar acessando a guia Arquivo. **Atenção:** Outlook Express é um programa e o Outlook é outro, o Outlook faz parte da suíte de aplicativos para escritório Microsoft Office 2010, versão Professional.

Alternativa "a", "b", "c" e "d": Todas estas alternativas não contêm combinações possíveis.

Alternativa "e": Por se tratar de uma agenda, o Outlook disponibiliza todas as opções descritas nos itens apresentados pela questão, que facilmente podem ser identificados como características intrínsecas às agendas eletrônicas.

Alternativa correta: letra "e".

---

21. (Cesgranrio - Técnico Previdenciário - INSS/2005) O endereço do servidor através do qual o Outlook 2000 envia mensagens é o do servidor de:

a) OLE.

b) Bcc.

c) SMTP.

d) POP3.

e) Telnet.

COMENTÁRIOS

✪ **Nota do autor:** Certamente esta é uma questão muito mal elaborada, pois o que se espera na resposta é o protocolo usado pelo outlook para o envio de mensagens, que por sinal é o protocolo padrão do modelo TCP/IP para envio de mensagens. Contudo, o enunciado pede ao pé da letra o endereço do servidor. Em informática, o endereço de um servidor pode ser interpretado de mais uma maneira. Podemos tratar do endereço lógico (geralmente endereço IP), tratarmos do endereço físico da camada de enlace de rede (MAC) ou, ainda o próprio endereço físico de um equipamento. Portanto, se levarmos ao pé da letra, a questão deveria, ter sido anulada, já que cada servidor tem seu endereço de rede.

Alternativa "a": OLE é a abreviatura de Object Linking and Embbeding ou, em português, Vinculação e Incorporação de Objetos. É um padrão do ambiente Windows que permite que um trabalho criado em um determinado programa, seja inserido em um documento criado em outro aplicativo, mantendo os vínculos entre o trabalho e o programa no qual foi criado, permitindo a atualização do documento inserido no documento. É um sistema de objetos distribuídos e um protocolo desenvolvido pela Microsoft. Permite, portanto, a um editor disponibilizar parte de um documento para outro editor, como inserir uma planilha do Excel no Word e manter a ligação entre os dois documentos, de forma que quando se atualiza a planilha, os dados inseridos no Word também serão atualizados.

Alternativa "b": Bcc de blind carbon copy (traduzindo: cópia oculta) é o mesmo que Cco, que é a abreviatura de "com cópia oculta". Destinatários que tiverem seus endereços incluídos nesta opção receberão uma cópia da mensagem, mas os demais destinatários não saberão que este destinatário também foi incluído, ou seja, o destinatário em Cco não é visível aos demais destinatários, inclusive outros que estiverem em Cco. Destinatários do campo "Para" e do "Cc" serão exibidos a todos os que receberem a mensagem.

Alternativa "c": O protocolo SMTP, de Simple Mail Transfer Protocol, é um protocolo da camada de aplicação do modelo OSI. Ele é o protocolo padrão para envio de e-mails através de computadores na Internet. Quando você envia e-mails, o programa de e-mails se comunica com o protocolo SMTP (camada de aplicação), enviando o e-mail para ele. O protocolo SMTP, por sua vez, processa o e-mail recebido do programa de e-mail e o envia para a camada inferior (camada de Transporte), onde os dados serão processados pelo protocolo TCP. O TCP insere seu cabeçalho no segmento (espécie de carta ou envelope onde os dados são encapsulados). Já com o cabeçalho TCP, o segmento com dados do e-mail segue para a camada logo abaixo, a camada de rede, onde recebe do protocolo IP o endereçamento lógico (IP), passando a se chamar datagrama e, depois, segue para a camada de Enlace que, por sua vez, insere o endereçamento físico transformando o datagrama em quadros (em inglês, frames), de forma a adaptar-se ao tipo de tecnologia a ser utilizada e, finalmente, o pacote chega à camada física, onde o quadro é convertido na forma de sinais elétricos(ou ópticos, ou ondas magnéticas, depende do meio de transmissão) e o dado, então, é transmitido até o seu destino, onde ele faz o sentido inverso, subindo as camadas até a camada de apresentação, onde o usuário pode visualizar a informação de forma compreensível por ele. Confira na seção DICAS uma descrição dos modelos OSI e Internet (TCP/IP). Confira na figura a seguir como o dado vai recebendo informações à medida que vai "descendo" pelas camadas e o inverso, quando chego ao destino. E também um comparativo entre modelo OSI e modelo Internet (TCP).

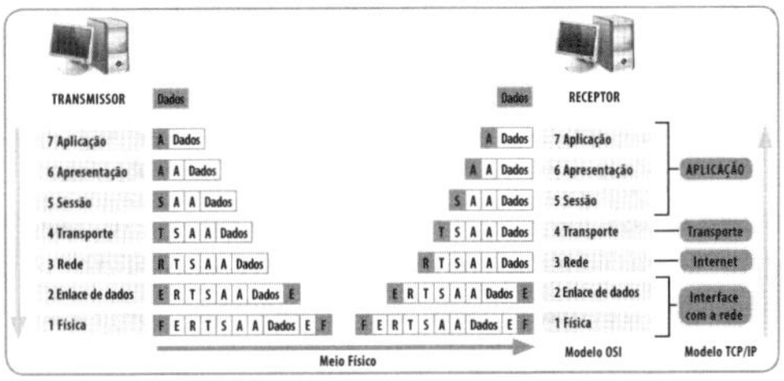

Alternativa "d": Existem dois protocolos de rede utilizados por padrão para recebimento de mensagens. Tanto o POP (Post Office Protocol), quanto o IMAP (Internet Message Access Protocol), são utilizados por leitores de e-mail para buscarem mensagens no servidor de e-mails, com a principal diferença, dentre outras, que com o uso do POP as mensagens podem ser lidas off-line.

Alternativa "e": Telnet é um protocolo que permite emular um terminal à distância, isto significa que permite executar comandos escritos no teclado em uma máquina remota. Ele é suportado por várias plataformas operacionais, como o Windows e o Linux. Existem muitos clientes Telnet disponíveis para sistemas Linux, Windows, Mac OS X e muitos dispositivos embarcados, como roteadores e servidores de impressão, que já possuem uma interface Telnet disponível, sendo, portanto, outro cliente Telnet desnecessário.

Alternativa correta: letra "c".

22. (Cespe – Técnico do Seguro Social – INSS/2008) Com relação a mensagens de correio eletrônico e a conceitos relacionados a Internet e intranet, julgue os itens seguintes:

É comum, mediante o uso de programas de computador que utilizam o Windows XP como sistema operacional, o recebimento de mensagens de texto por meio de correio eletrônico. Entretanto, é possível a realização dessa mesma tarefa por meio de programas de computador adequados que utilizam o sistema operacional Linux.

COMENTÁRIOS

✪ **Nota do autor:** O sistema operacional Linux é muito comum em questões de concursos públicos. O Estado, sentindo-se na obrigação de mitigar a dependência de apenas uma empresa (Microsoft) e como fomentador de novas tecnologias, adota em muitos órgãos públicos a política do software livre. Para os concurseiros, então, fica a necessidade de estudar, pelo menos, o básico dos sistemas Linux e os principais aplicativos utilizados nas distribuições Linux, como BrOffice (LibreOffice), Mozilla Firefox, Mozilla Thunderbird etc.

Temos vários exemplos de programas que realizam esta tarefa, no Windows: Outlook, Outlook Express, Mozilla Thunderbird etc. No Linux Evolution, Mozilla Thunderbird etc. **CERTO.**

---

23. (Cespe - Técnico do Seguro Social - INSS/2008) Para se enviar uma mensagem confidencial de correio eletrônico, cujo conteúdo não deva ser decifrado caso essa mensagem seja interceptada antes de chegar ao destinatário, é suficiente que o computador a partir do qual a mensagem seja enviada tenha, instalados, um programa antivírus e um firewall e que esse computador não esteja conectado a uma intranet.

COMENTÁRIOS

✪ **Nota do autor:** Para que se garanta que uma mensagem seja lida apenas pelo destinatário é necessário algum tipo criptografia ou uso de bloqueio de conteúdo por meio de senha. A **Criptografia** é o ato de codificar dados em forma informações aparentemente sem sentido, para que outras pessoas não consigam acessá-las, de forma que só quem tenha a chave para decodificar estas informações possa ler estes dados. Há vários usos para a criptografia em nosso dia-a-dia: proteger documentos secretos, transmitir informações etc. **Firewall** é como uma barreira de proteção, que controla o tráfego de dados entre dois pontos, seja entre seu computador e a internet, ou entre dois pontos de uma mesma rede, por exemplo. Seu objetivo é permitir somente a transmissão e a recepção de dados previamente autorizados. Portanto, pode ser implementado em qualquer instância ou ponto da rede, seja num servidor, ou em apenas em uma estação de trabalho. Existem firewalls baseados na combinação de hardware e software e firewalls baseados somente em software.

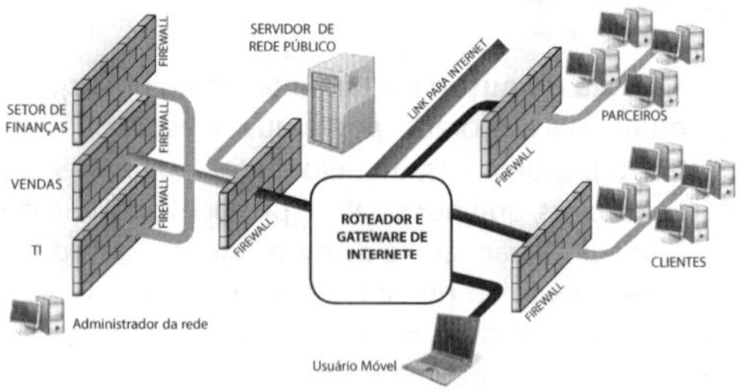

O antivírus não possui a função de criptografar dados e sim de proteger contra vírus, malwares e outras pragas virtuais. Já o Firewall, que protege o computador de invasões indevidas, não trata das mensagens que são enviadas pelo correio eletrônico. Uma forma de mandar uma mensagem confidencial é usando da criptografia ou enviar a mensagem em um arquivo compactado com senha. O destinatário precisa ter a chave privada para descriptografar ou a senha do arquivo, a fim de que somente ele possa ler a mensagem. **ERRADO.**

---

24. (FCC - Técnico do Seguro Social - INSS/2012) Paulo trabalha na área administrativa da Empresa XPT. Realiza boa parte do seu trabalho por meio do seu e-mail corporativo. Com o crescimento da empresa, a demanda de trabalho de Paulo aumentou, mas sua caixa de e-mail continuou com a mesma capacidade, 100 MB. Frequentemente a caixa de e-mail de Paulo enche e ele tem que parar suas atividades profissionais para excluir os e-mails maiores e menos importantes, liberando assim espaço para novas mensagens.

Certo dia, em um procedimento para liberar espaço na sua caixa de e-mail corporativo, Paulo apagou, por engano, diversos e-mails importantes, necessários para fechar a folha de pagamento de funcionários do mês. Como não tinha uma cópia desses e-mails, teve que solicitar aos emissores que enviassem os e-mails novamente.

Para tentar resolver o problema de espaço em sua caixa de e-mail, Paulo abriu uma Ordem de Serviço para a área de TI, pedindo o aumento de sua caixa de e-mail para 200 MB. A TI negou o pedido, argumentando limitações de espaço em seus servidores.

Como solução alternativa, para a cópia de segurança de seus e-mails corporativos, reduzindo dessa forma os riscos relacionados às exclusões que deverá fazer periodicamente devido a essa limitação de espaço e considerando que as políticas da empresa não impõem nenhuma restrição para o acesso e guarda dos e-mails em outros computadores ou ambientes, Paulo pensou em realizar as seguintes ações:

I. Criar um e-mail pessoal em um servidor de e-mail da Internet, com capacidade de armazenamento suficiente para manter uma cópia de seus e-mails corporativos por um tempo maior que os limitados pelo tamanho de sua caixa de e-mail corporativo e estabelecer regras na sua caixa de e-mails corporativo para enviar uma cópia automática de todos os e-mails recebidos para este novo endereço.

II. Instalar o Microsoft Office Outlook no computador que utiliza na empresa (caso não esteja instalado), criar seu perfil (caso não exista), fazer as configurações necessárias no Outlook para baixar os e-mails de sua caixa de e-mail corporativo para o computador e, por fim, baixar os e-mails.

III. Criar pastas na sua caixa de entrada do e-mail corporativo e separar os e-mails recebidos entre essas pastas.

IV. Criar regras na sua caixa de e-mail corporativo para excluir automaticamente todas as mensagens que chegarem trazendo arquivos anexados.

As possíveis ações que podem resolver o problema de Paulo, evitando que ele perca e-mails importantes, estão presentes em

a) I, II, III e IV.
b) II e III, apenas.
c) I e II, apenas.
d) I, apenas.
e) II, apenas.

COMENTÁRIOS

✪ **Nota do autor:** Questão longa que deve, assim como todas, ser lida com muita atenção. Contudo, esta questão não traz nenhuma "pegadinha", e sua resolução é praticamente intuitiva. Todo e-mail necessariamente precisa ter um servidor para gerenciá-lo, seja webmail ou um e-mail do tipo cliente servidor, que utiliza clientes como o MS Outlook. Neste servidor encontram-se configuradas todas as contas de e-mails a ele vinculadas. È nele que todas as informações das contas ficam salvas, inclusive as mensagens, até que dele sejam retiradas. Portando, assim que uma determinada caixa de correio recebe uma mensagem eletrônica de outro e-mail, esta mensagem fica armazenada na caixa de entrada da conta de e-mail que, por sua vez, está no **servidor recebimento**, até que esta mensagem seja apagada ou movida para outro local, como o computador local do usuário, o que pode ser feito, inclusive, automaticamente por filtros. O **servidor de saída** de e-mail é o responsável pelo envio das mensagens para outros servidores até que esta mensagem chegue ao seu destino. Os e-mails armazenados em servidores de e-mails podem ser acessados via Webmail ou através do Gerenciador de E-mail. No Webmail, os e-mails são acessados através de navegadores web (Internet Explorer, Firefox, Chorme), após serem inseridas informações como usuário e senha. Exemplos: Hotmail, Gmail, UOL etc. No gerenciador de e-mails(ou cliente local de e-mails) os e-mails são acessados através do software instalado no computador do usuário. Exemplo: Microsoft Office Outlook, Mozilla Thunderbird, Windows Live Mail.

Item I: Apesar de não ser uma opção das mais indicadas, já que pode expor dados corporativos a terceiros (empresa de e-mail gratuito), realmente, se o funcionário encaminhar os e-mails para outra conta e retirá-los da conta corporativa pode ser uma solução de contorno do problema.

Item II: Por meio da utilização do cliente de correio eletrônico Microsoft Office Outlook, é possível realizar o armazenamento local e retirar do servidor corporativos as mensagens.

Item III: A criação de pastas na sua caixa de entrada não aumenta o tamanho dessa caixa de correio, é apenas uma forma de organizar as mensagens, já que estas novas pastas estariam, ainda, dentro da caixa de entrada.

Item IV: Bem, não parece inteligente excluir mensagens com anexo, já que, por motivos óbvios, podem conter dados importantes, além de que as outras mensagens sem anexo também irão encher a caixa de entrada.

Alternativa "a", "b", "d" e "e": Estas alternativas não contêm combinações possíveis dos itens corretos apresentados.

Alternativa "c": Apenas os itens I e II são opções para que o funcionário contorne o problema da caixa de entrada ficar cheia.

Alternativa correta letra "c".

25. (FCC – Técnico do Seguro Social – INSS/2012) Pedro trabalha em uma pequena imobiliária cujo escritório possui cinco computadores ligados em uma rede com topologia estrela. Os computadores nessa rede são ligados por cabos de par trançado a um switch (concentrador) que filtra e encaminha pacotes entre os computadores da rede, como mostra a figura abaixo.

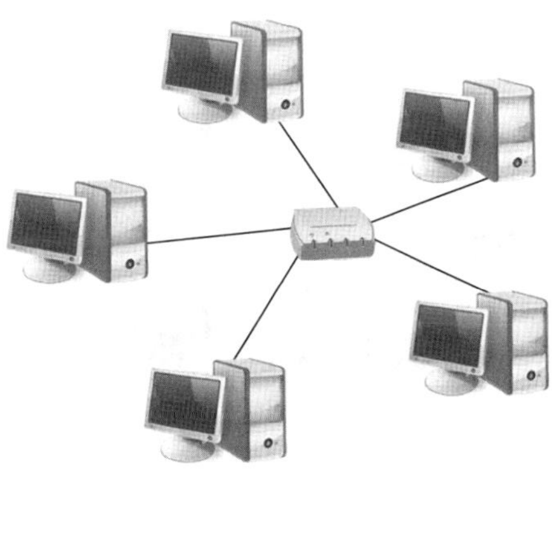

Certo dia, Pedro percebeu que não conseguia mais se comunicar com nenhum outro computador da rede. Vários são os motivos que podem ter causado esse problema, EXCETO:

a) O cabo de rede de um dos demais computadores da rede pode ter se rompido.
b) A placa de rede do computador de Pedro pode estar danificada.
c) A porta do switch onde o cabo de rede do computador de Pedro está conectado pode estar danificada.
d) O cabo de rede que liga o computador de Pedro ao switch pode ter se rompido.
e) Modificações nas configurações do computador de Pedro podem ter tornado as configurações de rede incorretas.

COMENTÁRIOS

✪ **Nota do autor:** A topologia da rede representa como os computadores e os demais equipamentos de rede estão conectados fisicamente, por meio da conexão dos dispositivos de rede. As mais utilizadas e conhecidas são as topologias do tipo ponto-a-ponto, estrela, barramento, anel, árvore e a mais comum, que é a topologia mista.

PONTO A PONTO

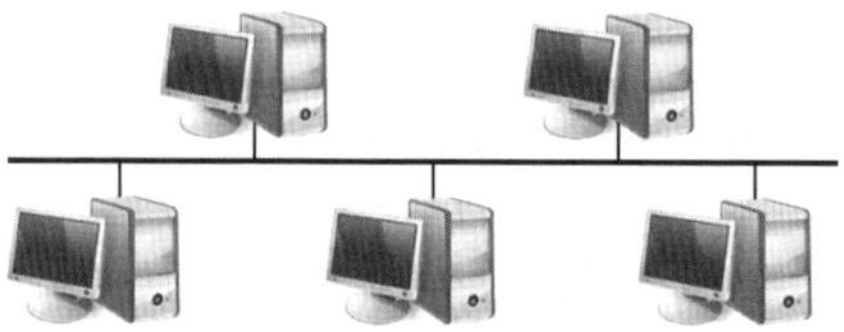

BARRAMENTO

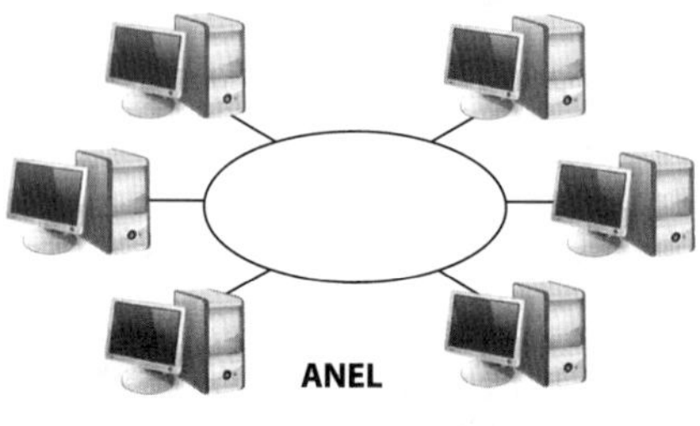

ANEL

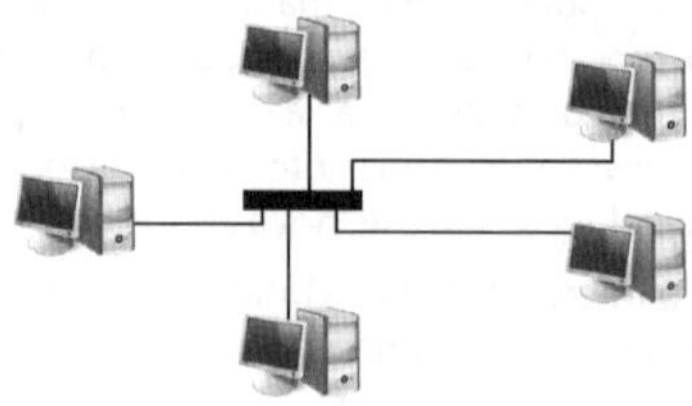

ESTRELA

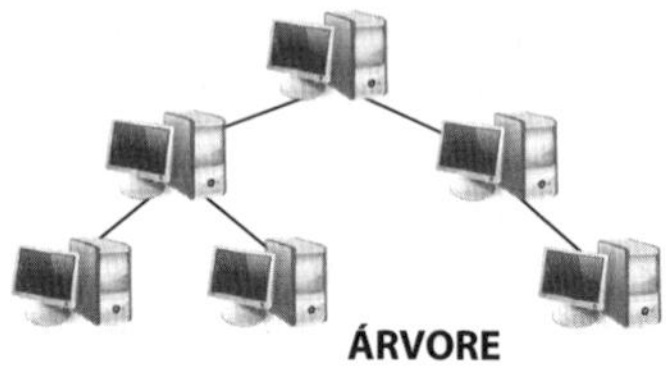

ÁRVORE

Na topologia em estrela, todos os computadores são ligados a um concentrador de rede, geralmente um switch, um nó central, que recebe os dados dos computadores e os encaminha as demais portas de conexão. No caso de um **switch**, o encaminhamento é feito seguindo sua tabela de endereçamento físico (MAC – camada 2 do modelo OSI), que é preenchida por ele por meio de autoaprendizagem, na qual ele encontra a porta onde está conectado o equipamento de destino, evitando tráfego desnecessário nas demais portas, limitando, desta forma os domínios de colisão (colisão é quando pacotes de dados colidem em uma rede, causando lentidão e perca de dados). Na **topologia em estrela**, cada computador conectado ao concentrador de rede é independente, de forma que independentemente do funcionamento dos demais. Um computador poderá trocar dados com o concentrador de rede e outros equipamentos a ele conectados, como um roteador que dá acesso à Internet, por exemplo.

Há, ainda, menos comum, a topologia "Estrela Estendida":

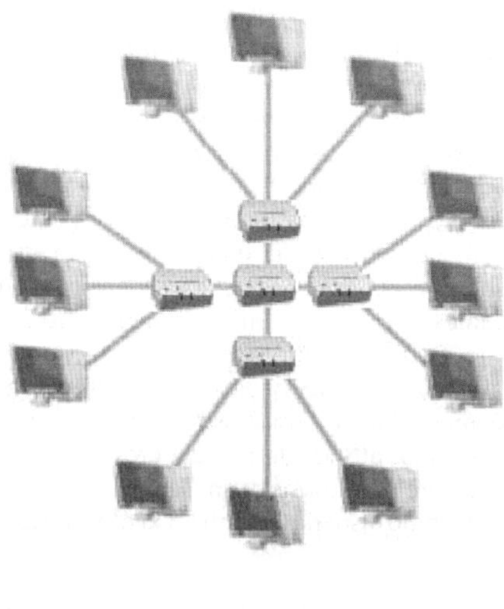

Alternativa "a": Entendido o conceito da topologia, fica fácil perceber qual a topologia apresentada, bem como seu esquema de funcionamento e é fácil entender que em se tratando de em uma rede estrela, se um dos demais comutadores tem seu cabo de rede rompido, isto não afetará a comunicação entre demais equipamentos interligados nesta rede.

Alternativa "b": A placa de rede, também chamada de NIC, do acrônimo inglês Network Interface Card, é o hardware responsável por converter os sinais elétricos binários (linguagem de computador) vindos da CPU para sinais elétricos analógicos, e vise versa, para serem transmitidos pelos cabos de rede, ar ou seja qual for o meio de transmissão, de acordo com as especificações físicas do tipo de rede utilizada (arquitetura). Ela trabalha na mais baixa camada de rede dos modelos OSI (camada física) e TCP/IP (camada de interface de rede). Portanto, sem que ela funcione adequadamente, não é possível que um equipamento se comunique em uma rede de computadores.

Alternativa "c": Assim, da mesma forma que quando a placa de rede do computador está danificada não há conexão de rede, se a porta do switch onde essa placa estiver conectada estiver com problemas, também não haverá troca de dados.

Alternativa "d": Da mesma forma, se o cabo de rede estiver rompido, não há o meio pelo qual os sinais elétricos irão transitar e, também, não haverá troca de dados.

Alternativa "e": Para que um computador faça parte de uma rede, não basta ele estar conectado a esta rede fisicamente, ele precisa ser corretamente configurado, haja vista que há diversos parâmetros de configuração que devem ser definidos, para que os participantes desta rede troquem dados. E, portanto, um erro nestas configurações, pode impedir a comunicação em rede.

Alternativa correta: letra "a".

---

26. (FCC – Técnico do Seguro Social – INSS/2012) O gráfico a seguir foi extraído da pesquisa TIC empresas 2009 (Pesquisa Sobre uso das Tecnologias da Informação e da Comunicação no Brasil), realizado pelo CETIC (Centro de Estudos Sobre as Tecnologias da Informação e da Comunicação).

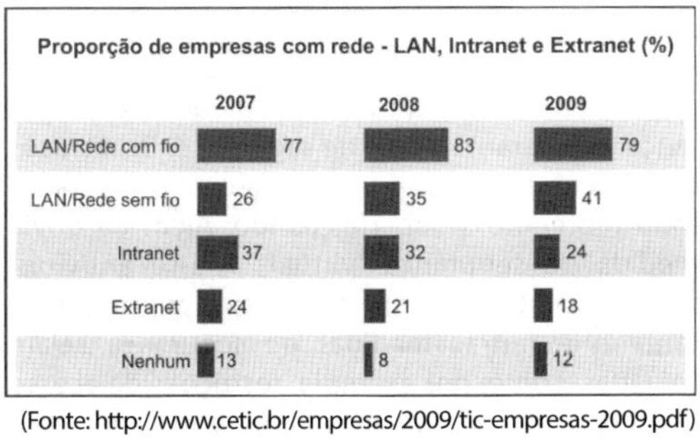

(Fonte: http://www.cetic.br/empresas/2009/tic-empresas-2009.pdf)

Considerando redes de computadores e com base no gráfico, analise:

I. O acesso sem fio à Internet e Intranets está crescendo à medida que surgem mais instrumentos de informação capazes de operar em rede. Telefones inteligentes, pagers, PDAs e outros dispositivos portáteis de comunicação tornam-se clientes nas redes sem fios.

II. O uso de redes sem fio tem crescido rapidamente à medida que novas tecnologias de alta velocidade são implementadas, como a Wi-Fi, que pode ser mais barata que o padrão Ethernet e diversas outras tecnologias LAN com fios.

III. Com as Intranets, a comunicação interna nas empresas ganha mais agilidade, dinamismo, integra e aproxima seus colaboradores, independente da localização de cada um. Agiliza a disseminação de informações, visando à integração interdepartamental e intradepartamental.

IV. A tendência é que cada vez mais as redes sem fio sejam substituídas pelas redes com fio, pois as tecnologias sem fio estão sujeitas a inúmeros tipos de interferência e interceptação que comprometem seu desempenho e segurança.

Está correto o que se afirma em:

a) I, II, III e IV.

b) I e III, apenas.

c) I e II, apenas.

d) I, II e III, apenas.

e) III e IV, apenas.

COMENTÁRIOS

✪ **Nota do autor:** Certamente mais uma das muitas questões controvérsias, que geram muitas dúvidas. Em nosso entendimento, por ter sido mal elaborada, deveria ter sido anulada. Veja por que: pelo gráfico, é possível notar que as intranets vêm diminuindo, ao passo que as redes sem fio estão crescendo, mas este gráfico não trata os dados correlacionados, não sendo, portanto, possível dizer se o uso de redes sem fio, especificamente nas intranets, diminui ou cresce.

O **item I** diz "O acesso sem fio à Internet e Intranets está crescendo". Veja: o acesso sem fio cresce, mas as Intranets decrescem. Contudo, somente com esses dados, não é possível dizer se, especificamente, o acesso sem fio às Intranets cresce ou decresce, pois o uso de redes sem fio pode ter crescido (tanto valores absolutos como relativos) nas intranets, apesar das Intranets terem encolhidas ou, ainda, o acesso sem fio em Intranets podem ter diminuído percentualmente mais que o encolhimento destas redes, já que os dados do uso de redes sem fio não dizem se são nas Intranets ou na Internet, ao passo que podem ter diminuído na Intranet e aumentado na Internet, mas, no fim, a soma de ambos ser maior que a soma anterior. Concluímos, portanto, que a questão deveria ter sido anulada, pois sendo ao item I incorreto, não há opção de resposta possível. Mas, certamente, o entendimento da banca é exclusivamente de que, se as redes sem fio aumentaram, logo, elas tentem a ter crescido também dentre as Intranets.

Item II: As redes sem fio crescem à medida que sua velocidade se compatibiliza com as necessidades atuais. E, por esta tecnologia utilizar o ar como meio de transmissão, por via de regra, tende a ser mais barata que as redes cabeadas.

Item III: Uma **Intranet** é uma rede privada de computadores baseada nos padrões de comunicação da Internet, a pilha de protocolos TCP/IP. É uma versão reduzida da Internet, onde somente os membros de uma organização e pessoas autorizadas podem acessar. A Intranet é uma forma de tornar as informações mais acessíveis aos membros da corporação, ela pode, também, trazer reduções de custo, como o de papel, uso de telefones entre outros.

Item IV: O gráfico traz dados que indicam o crescimento das redes sem fio e, praticamente, uma estagnação das redes com fio, de forma que não se pode dizer, pelos números apresentados, que as redes com fio tendem a substituir as redes sem fio. Ademais, com o avanço das tecnologias de redes sem fio, cada vez mais são mitigados problemas como interferências e segurança, que eram os principais entraves das redes sem fio.

Alternativa "a", "b", "c" e "e": Não apresentam respostas possíveis.

Alternativa "d": Esta é a única alternativa que mais se aproxima da combinação dos itens corretos apresentados.

Alternativa correta: letra "d".

---

27. O URL www.google.com identifica a página da Web do serviço conhecido como enciclopédia livre, no qual colaboradores voluntários de todo o mundo escrevem e submetem artigos sobre determinado tema. Esses artigos são revisados por outros colaboradores voluntários e, finalmente, são aprovados para publicação online. Essa enciclopédia livre pode ser acessada de forma gratuita por qualquer usuário com acesso à Internet.

COMENTÁRIOS

✪ **Nota do autor:** É muito comum, nos certames dos concursos atuais, a exigência sobre os recursos mais utilizados pelos internautas no dia a dia. Sites e serviços de destaque sempre podem se tornar alvos de questões. Desta forma, se o candidato pretende um bom resultado nas questões de informática básica, é bom se inteirar com as ferramentas mais comuns da Web. **URL**, de Uniform Resource Locator, em português Localizador Padrão de Recursos, é um endereço virtual, ou seja, um caminho que indica onde está um arquivo, um computador, uma impressora, uma página, um site, uma pasta etc. URL é normalmente um link, contendo o endereço de um site http://www.editorajuspodivm.com.br ou uma imagem na web, ou até mesmo de um arquivo no seu computador, por exemplo c:\arquivo\arquivo.doc, indica que o arquivo "arquivo.doc" está localizado dentro da pasta 'arquivo", que por sua vez está contida na unidade "C:\";

O site www.google.com é, na verdade, um buscador, ou motor de busca, pesquisa e, não tem relação com nenhuma enciclopédia, pelo menos até agora, a não ser pelo fato de pesquisas indicarem links para enciclopédias. A página da Web que contém o serviço conhecido com enciclopédia livre é pt.wikipedia.org (site brasileiro). O restante da afirmativa está correto. A Wikipédia é uma enciclopédia multilíngue, online, livre e colaborativa, ou seja, escrita internacionalmente por várias pessoas de diversas regiões do mundo. Contudo, o usuário deve ter cuidado com os dados por ela fornecidos (assim como toda fonte de pesquisa) e sempre comparar com outras fontes de pesquisa, pois, encontrar erros não é muito incomum, apesar de cada dia mais ser uma fonte de pesquisa utilíssima. **ERRADO.**

---

28. (Cespe – Técnico do Seguro Social – INSS/2016) Com relação a informática, julgue os itens que se seguem.

A infecção de um computador por vírus enviado via correio eletrônico pode se dar quando se abre arquivo infectado que porventura esteja anexado à mensagem eletrônica recebida.

COMENTÁRIOS

✪ **Nota do autor:** Uma das maiores preocupações atuais das companhias é a com a segurança da informação, desta forma, é muito importante que seus colaboradores saibam como evitar a propagação de pragas virtuais, bem como utilizar de forma segura os recursos tecnológicos da corporação. Ainda assim, nem todas as medidas de segurança irão garantir 100% de segurança. Os intrusos em potencial possuem muitos recursos e estão a todo momento se aperfeiçoando. Além da óbvia medida de segurança "virtual", leia-se antivírus, firewall, criptografia entre outras, é muito importante que outras medidas de segurança sejam tomadas, como, por exemplo, restrições de acesso a setores que contenham computadores com acessos à rede da empresa, mesa limpa, controle de níveis de acesso etc. Dentre as mais importantes medidas de segurança, é de suma importância não abrir e-mails suspeitos, principalmente seus anexos, pois, quando se abre algum arquivo anexado à mensagem eletrônica recebida, que porventura esteja infectado, é muito grande a chance de ocorrer infecção do computador por algum malware (digo grande, porque pode, por exemplo, o um antivírus bloquear).

Esta é, inclusive, talvez a forma mais comum de infecção. Mesmo estando o vírus no arquivo em anexo, se ele não for aberto, ou seja, não for salvo em seu computador (até então ele estará apenas no servidor de e-mail ou encapsulada na mensagem) e executado (rodado no computador, seja intencionalmente pelo usuário, pelo sistema, ou por algum programa), em tese, ele não representa perigo, mesmo tendo o usuário lido a mensagem. Contudo, há scripts (programas, códigos) embutidos no corpo de e-mail, especialmente em imagens ou códigos HTML, nos quais o simples processo de abrirmos o e-mail, para lermos, irá executar este script e comprometer a segurança. Esses scripts também podem ser encontrados em algumas páginas da web. Por esse motivo, é importante que as empresas possuam ferramentas de segurança que vão além do antivírus, como AntiSpans, filtros e soluções do tipo Internet Security Systems (sistema de segurança para Internet). Há, atualmente, ferramentas Anti-Maware que incorporam várias aplicações de segurança em uma única solução. **CERTO.**

29. (Cespe – Técnico do Seguro Social – INSS/2016) Na Internet, os endereços IP (Internet Protocol) constituem recursos que podem ser utilizados para identificação de microcomputadores que acessam a rede.

COMENTÁRIOS

✪ **Nota do autor:** O Protocolo IP (Internet Protocol, em português: Protocolo de Internet) é responsável pela comunicação entre os equipamentos de uma rede TCP/IP. Ele provê requisitos para a comunicação entre cada elemento ativo da rede, de forma a viabilizar o transporte de uma mensagem da origem até o destino. As mais importantes funções desempenhadas pelo protocolo IP são a atribuição de uma estrutura de endereçamento independente do endereçamento da rede utilizada abaixo e da própria topologia da rede utilizada.

Um endereço IPV4 é um identificador único para certa interface de rede de uma máquina (único em uma mesma rede ou segmento). Este endereço é composto por 32 bits divididos em 4 octetos (4 bytes, 4 octetos). Destes 32 bits, uma parte identifica a rede da qual a interface faz parte e outra parte identifica o equipamento nesta rede. **Provê, desta forma, o endereçamento lógico dos equipamentos, o endereço IP, permitindo a identificação única destes na rede.** É muito importante saber que, dentro de um mesmo segmento de rede, não pode haver repetições do IP, senão irão ocorrer conflitos de endereçamento lógico, e os pacotes de dados não teriam um destino certo, identificável de forma única. **CERTO.**

Informática

Tales Ferreira da Costa

✦ DICAS

1. TECLAS DE ATALHO

Principais teclas de atalho da suíte MS Office, principalmente do Word e Excel

- Ctrl+b: salvar o documento.
- Ctrl+c: copiar o texto selecionado.
- Ctrl+v: colar o texto copiado.
- Ctrl+l: localizar palavras no texto.
- Ctrl+u: localizar e substituir palavras no texto.
- Ctrl+t: selecionar tudo do documento.
- Ctrl+n: colocar texto selecionado em negrito.
- Ctrl+i: colocar texto selecionado em itálico.
- Ctrl+s: colocar texto selecionado em sublinhado.
- Ctrl+j: justificar o texto selecionado.
- Ctrl+e: centralizar o texto selecionado.
- Ctrl+q: alinhar à esquerda o texto selecionado.
- Ctrl+z: desfazer a última ação.
- Shift + F3: Aplica letras maiúsculas em todo o texto selecionado.
- Shift + F7: Abre dicionário de sinônimos.
- Ctrl + Home: vai para o início do documento em edição.
- Ctrl+End: Move o cursor para o fim do documento.
- Ctrl + Del ou backspace: Apaga a palavra seguinte ou a anterior.
- Windows + Shift + C: copiar formatos do texto selecionado.
- Windows + Shift + V: cola formados copiados.
- Alt + Ctrl + F: Insere nota de rodapé, aquela com o número 1 sobrescrito no texto e a referência no pé da página.
- Alt + Ctrl + I, O, P ou N: Muda estilo de visualização da página.
- Alt + Ctrl + Y: Vai para início da página seguinte.
- Alt + Ctrl + M: Insere comentário.
- Ctrl + [ou]: Diminui ou aumenta tamanho da fonte em um ponto.
- Ctrl + =: aplica subscrito exemplo.
- Ctrl + Shift + =: aplica sobrescrito exemplo.
- Ctrl+d: abre a caixa de formatação de fonte.
- F4: Repete a última ação.
- F7: Verifica ortografia e gramática.
- F12: Abre a janela Salvar como

Teclas de atalho que podem ser na manipulação do Windows

- Alt + Enter: Exibe propriedades de arquivo.
- Alt + Esc: Alterna entre janelas na ordem em que foram abertas.
- Alt + F4: Fecha programa.
- Alt + Tab: Alterna entre janelas de programas abertos.
- Alt + espaço, depois N ou X: Minimiza ou maximiza janela.
- Ctrl + Esc: Abre menu Iniciar.
- Ctrl + F4: Fecha janela de programa.
- Ctrl + Z: Desfaz última ação.
- F1: Abre a ajuda.
- F2: Renomeia o item selecionado.
- F3: Realiza pesquisa.
- Print Screen: Captura tela, para colar em programas como o "Paint", ou Word.
- Alt + Print Screen: Captura somente janela ativa.
- Shift + Del: Exclui um item sem armazená-lo na lixeira.
- Shift + F10: Equivale ao clique com o botão direito do mouse.
- Shift + Tab: Retrocede. Faz o inverso do tab.
- Windows + E: Abre o Windows Explorer.
- Windows + F: Abre o Pesquisar para arquivos.
- Windows + R: Mostra a janela Executar.
- Windows + CTRL + F: Mostra o Pesquisar computadores.
- Windows + M: Minimiza todas as janelas.
- Windows + Shift + M: Desfaz minimizar todas as janelas.
- Windows + BREAK: Mostra as Propriedades de Sistema.

Principais teclas de atalho Internet Explorer

- Alt + seta para a direita: Avança para página seguinte.
- Backspace ou Alt + seta para a esquerda: Volta para página anterior.

- Alt + Home: Abre página inicial do Internet Explorer.
- Ctrl + B: Abre janela para organizar Favoritos.
- Ctrl + D: Adiciona a página atual à pasta Favoritos.
- Ctrl + F: Localiza palavra na página.
- Ctrl + H: Ativa barra com histórico.
- Ctrl + I: Ativa barra com sites favoritos.
- Ctrl + N: Abre nova janela do navegador.
- F5: Atualiza página recarregando-a.

2. MODELOS DE REFERÊNCIA OSI, TCP/IP E PROTOCOLOS DE REDE

Um dos primeiros conceitos que deve ser estudado em redes de computadores são os conceitos sobre protocolos e os modelos de referência.

Durante o surgimento das primeiras redes de computadores, cada fabricante buscou desenvolver uma tecnologia própria para conectar seus equipamentos, ou seja, tecnologia proprietária. Desta forma, tecnologias de fabricantes distintos não se comunicariam. E pior, cada um deveria desenvolver uma tecnologia completa, gerando custos excessivos, o que certamente não seria a melhor solução.

Pensando na necessidade de interconexão de redes com tecnologias distintas, verifica-se que é preciso que todos respeitem as mesmas regras, um mesmo padrão, um mesmo modelo de referência. Pensando nisto e, assim, facilitar a interconectividade de sistemas computacionais de diferentes fabricantes, a ISO (International Standards Organization, ou organização internacional para padronização), uma das mais importantes entidades de padronização no âmbito mundial, desenvolveu um modelo de referência chamado OSI (Open Systems Interconnection, ou sistema de interconexão aberto),o qual define maneiras de sistemas heterogêneos se comunicarem, bem como diretivas genéricas para a elaboração de redes de computadores independente da tecnologia utilizada. E muito importante, um padrão aberto, que pode ser utilizado por qualquer empresa.

O modelo OSI é subdivido em camadas (ou níveis), interfaces e protocolos. As camadas são processos, implementados por hardware ou software, que se comunicam com processos da mesma camada equivalente no equipamento da outra ponta da comunicação. Cada camada oferece serviços ao nível adjacente superior, usando funções do próprio nível e serviços de níveis inferiores. E as interfaces fazem o meio de campo entre as camadas adjacentes.

Nesta estrutura de níveis, os dados transferidos em uma comunicação de um determinado nível não são enviados diretamente ao processo do nível equivalente no outro equipamento, mas descem, através de cada camada logo abaixo da estação transmissora até o nível físico, onde é transmitido, para depois subir através de cada camada do equipamento receptor. Ao receber um dado da camada logo acima, a camada encapsula o dado e insere um cabeçalho (header), que contém informações como origem e destino e informações de controle, e remete a camada inferior. Esse processo se repete até a camada física, que transforma o dado em sinais elétricos os envia. De maneira que ao receber, a estação de destino vai desempacotando os dados à medida que estes sobem pelas camadas.

Esse modelo de camadas permite a visualização das funções de rede de cada camada. Decompõe o complexo processo de comunicação em processos menores, tornando mais simples sua compreensão e padroniza os componentes, permitindo que tecnologias diferentes usem as camadas adjacentes. Também evita que alterações necessárias em uma camada afetem os demais níveis.

Entretanto, o fato de cada camada inserir seu cabeçalho, cria um excesso de informações não relativas ao dado efetivo a ser transmitido que, agregado à necessidade de tratar esse cabeçalho, torna o processo de comunicação mais lento.

Há, ainda, além de outros, a pilha de protocolos TCP/IP, que é um conjunto de protocolos de comunicação para computadores em rede e também pode ser identificado como um modelo em camadas. De forma que cada camada possuir tarefas distintas e fornece serviços definidos para os protocolos da camada logo acima. Mas não confunda, TCP/IP é o nome da pilha de protocolos, já TCP é um protocolo e IP é outro protocolo de rede.

O modelo que predominou na literatura da década de 1990 foi o modelo OSI. Entretanto, ele não foi totalmente implementado. O conjunto de protocolos TCP/IP tornou-se de fato a arquitetura comercial predominante, o qual foi usado de forma intensiva na Internet e hoje toma conta das literaturas.

Em computação, protocolo é um conjunto de regras, procedimentos e convenções que definem a maneira com que dois ou mais equipamentos de rede irão trocar dados.

Ambos os modelos são modelos teóricos, e ambos não contemplam toda necessidade dos desenvolvedores, ao ponto que certos protocolos, em especial os mais recentes, não se enquadram categoricamente em uma ou outra camada, sendo necessária a criação de subcamadas para seu enquadramento.

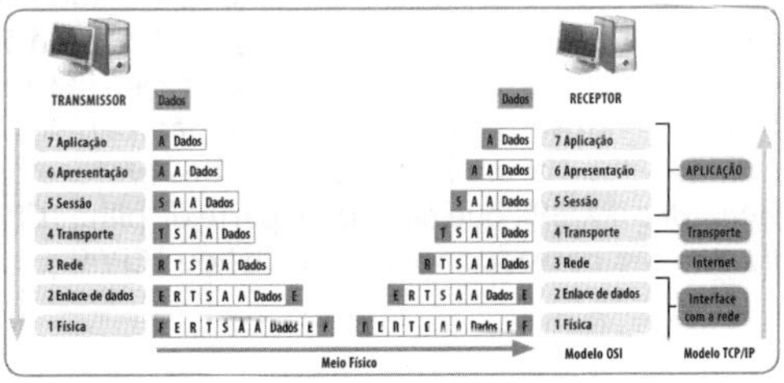

O **modelo OSI** possui 7 camadas: Aplicação, Apresentação, Sessão, Transporte, Rede, Enlace e Física, ao passo que o **modelo TCP/IP** possui 5(inicialmente eram 4, mas foi necessária a criação de uma 5 camada, a física. De certa forma, há uma equivalência, as 3 primeiras camadas do modelo OSI correspondem a camada de Aplicação do TCP/IP(apesar de oferecerem vários serviços distintos), já a camada de transporte e Rede tem papéis muito semelhantes as camadas transporte e Internet, respectivamente, do modelo TCP/IP. E, por fim, a camada de Enlace e a Física do modelo OSI "equivalem" à camada de Interface de Rede do modelo TCP/IP (já existem biografias que dão conta de uma 5 camada no TCP/IP, a camada física). A pilha de protocolos, ou modelo TCP/IP também é chamada de modelo Internet.

Abaixo, um resumo dos protocolos de rede em suas respectivas camadas.

CAMADAS OSI	CAMADAS TPC/IP	PROTOCOLOS
APLICAÇÃO	APLICAÇÃO	HTTP, SMTP, FTP, DHCP, DNS, SSH, RTP, Telnet,
APRESENTAÇÃO		
SESSÃO		SIP, RDP, IRC, SNMP, NNTP, POP3, IMAP, BitTorrent, Ping, Jabber, NTP, OSCAR
TRANSPORTE	TRANSPORTE	TCP, UDP, SCTP, DCCP
REDE	INTERNET	IPv6, Ipv4, ICMP, IPSec, MPLS, IGMP, OSPF
ENLACE	ACESSO À REDE	802.11 WiFi, IEEE 802.1Q, 802.11g, HDLC, Token ring, FDDI, PPP,Switch, ARP, RARP, Ethernet, FDDI, RDIS, Frame Relay, 802.x, STP, PAP, CHAP, PPP, LCP, IPCP, CSMA
FÍSICA	FÍSICA	Modem, RDIS, RS-232, EIA-422, RS-449, Bluetooth, USB

Ainda, sobre a tabela acima, podemos citar controvérsias sobre o protocolo ARP, que certos autores consideram da camada de Rede, já outros consideram suas funções correspondentes à camada de Enlace. Controvérsia que comprova a não perfeição nos modelos. Há, ainda, que se falar dos protocolos NetBEUI e IPX/SPX que não fazem parte da pilha TCP/IP, nem são baseados no modelo OSI ou TCP/IP, pois são protocolos proprietários, mas podem ser enquadrados dentro do modelo OSI, assim fariam parte da camada de Transporte, Rede e de Enlace.

A seguir, uma tabela resumo de alguns protocolos e suas respectivas funções:

Protocolo	Função
IP (Internet Protocol)	Recebe segmentos de dados da camada de transporte e os encapsula em datagramas e os transporta de uma rede a outra na Internet. Ele é um protocolo de transmissão não orientada à conexão. Provê o endereçamento lógico dos equipamentos (o endereço IP), permitindo a identificação destes equipamentos.
TCP (Transmission Control Protoco)	Objetivo de realizar a comunicação entre aplicações de dois hosts diferentes. É um protocolo orientado a conexão com detecção e correção de erros fim-a-fim.
UDP (User Datagram Protocol)	É um protocolo não orientado a conexão e não confiável, sendo, portanto, utilizados transmissões de taxas mais altas, mas que não exijam garantia de entrega.
SMTP (Simple Mail Transfer Protocol)	Protocolo padrão para envio de e-mails através de computadores na Internet.
FTP (File Transfer Protocol)	Protocolo padrão para transferência de arquivos.
DNS (Domain Name System ou Sistema de Nomes de Domínios)	Serviço de tradução de nomes de hosts em endereços IP. Como todo endereço de sites na Internet são, na verdade, números(IP) é necessário que sejam traduzidos e é esse o papel do DNS
SNMP (Simple Network Management Protocol)	Protocolo que define a estrutura e identificação para as informações dos equipamentos de gerencia de rede, é o meio pelo qual as estações de gerenciamento e os elementos de rede se comunicam.
POP (Post Office Protocol)	Utilizado por leitores de e-mail para buscarem mensagens no servidor de e-mails.
http (HyperText Transfer Protocol)	Protocolo de Transferência de Hipertexto
ICMP (Internet Control Message Protocol)	Fornece mecanismos de controle que emitem mensagens quando acontece algum erro. O serviço ping, que testa conectividade, utiliza os serviços deste protocolo.
IMAP (Internet Message Access Protocol)	Utilizado por leitores de e-mail para buscarem mensagens no servidor de e-mails.

Raciocínio Lógico

Bruno Villar

✦ QUESTÕES

1. LÓGICA PROPOSICIONAL E OPERADORES

01. (Cespe – Técnico do Seguro Social – INSS/2008) Proposições são sentenças que podem ser julgadas como verdadeiras ou falsas, mas não admitem ambos os julgamentos. A esse respeito, considere que A represente a proposição simples "É dever do servidor apresentar-se ao trabalho com vestimentas adequadas ao exercício da função", e que B represente a proposição simples "É permitido ao servidor que presta atendimento ao público solicitar dos que o procuram ajuda financeira para realizar o cumprimento de sua missão".

Considerando as proposições A e B acima, julgue os itens subsequentes, com respeito ao Código de Ética Profissional do Servidor Público Civil do Poder Executivo Federal e às regras inerentes ao raciocínio lógico.

Item I: Sabe-se que uma proposição na forma "Ou A ou B" tem valor lógico falso quando A e B são ambos falsos; nos demais casos, a proposição é verdadeira. Portanto, a proposição composta "Ou A ou B", em que A e B são as proposições referidas acima, é verdadeira.

COMENTÁRIOS

✪ **Nota do autor:** Uma proposição é toda sentença declarativa (com sujeito e predicado) á qual pode se atribuir, sem ambiguidade, apenas um do valor lógico: verdadeiro (V) ou falso (F).

Na banca CESPE a forma "ou...ou" é lida como uma disjunção inclusiva (ou).

A proposição A é Verdadeira e a proposição B é falsa.

"ou A ou B" = "A ou B" (apenas na banca CESPE, ok?)

V F = V (na disjunção inclusiva)

Podemos afirmar que a proposição " A ou B" é verdadeira.

Resposta: certo

Item II: A proposição composta "Se A então B" é necessariamente verdadeira.

COMENTÁRIOS

✪ **Nota do autor:** Precisamos encontrar o valor lógico da proposição "Se A então B"

A proposição A é Verdadeira e a proposição B é falsa.

V F = F (condicional)

Resposta: errado

02. (FCC – Técnico do Seguro Social – INSS/2012) Abaixo estão listadas cinco proposições a respeito de Maria, Luís, Paula e Raul, sendo que, entre parênteses, está indicado se a proposição é verdadeira (V), ou falsa (F).

- Maria tem 20 anos de idade (F).
- Luís é marido de Maria (V).
- Paula é irmã caçula de Maria (F).
- Raul é filho natural de Luís (V).
- Luís já foi casado duas vezes (V).

Das informações do enunciado, é correto afirmar que

a) Paula é tia de Raul.

b) Luís é mais novo do que Maria.

c) Paula tem mais do que 20 anos.

d) Raul é mais novo do que Luís.

e) Luís é mais velho do que Maria.

COMENTÁRIOS

✪ **Nota do autor:** Vamos utilizar como referência as proposições verdadeiras.

DICA: Raul é filho natural de Luís, logo Raul é mais novo que Luís.

Proposições são sentenças que podem ser julgadas como verdadeiras — V — ou falsas — F —, mas não como ambas. Se P e Q são proposições, então a proposição "Se P então Q", denotada por P¬Q, terá valor lógico F quando P for V e Q for F, e, nos demais casos, será V. Uma expressão da forma ¬P, a negação da proposição P, terá valores lógicos contrários aos de P. PVQ, lida como "P ou Q", terá valor lógico F quando P e Q forem, ambas, F; nos demais casos, será V.

Considere as proposições simples e compostas apresentadas abaixo, denotadas por A, B e C, que podem ou não estar de acordo com o artigo 5º da Constituição Federal.

A: A prática do racismo é crime afiançável.

B: A defesa do consumidor deve ser promovida pelo Estado.

C: Todo cidadão estrangeiro que cometer crime político em território brasileiro será extraditado.

---

03. (Cespe - Técnico do Seguro Social - INSS/2016) A sentença "Bruna, acesse a Internet e verifique a data da aposentadoria do Sr. Carlos!" e uma proposição composta que pode ser escrita na forma p q.

COMENTÁRIOS

✪ **Nota do autor:** A questão cobrou o conhecimento sobre classificação das proposições

A sentença "Bruna, acesse a Internet e verifique a data da aposentadoria do Sr. Carlos!" não é uma proposição lógica. A sentença para ser uma proposição tem que ser uma frase declarativa e no exemplo apresentado na questão, temos um caso de frase imperativa.

Resposta: errado

---

04. (Cespe - Técnico do Seguro Social - INSS/2016) Para quaisquer proposições p e q, com valores lógicos quaisquer, a condicional $p \Rightarrow q \Rightarrow p)$ será, sempre, uma tautologia.

COMENTÁRIOS

✪ **Nota do autor:** A questão cobrou o conhecimento sobre tautologia.

A forma $p \Rightarrow (q \Rightarrow p)$ é uma exemplo clássico de tautologia, por isso item correto.

Resposta: certo

---

05. (Cespe - Técnico do Seguro Social - INSS/2016) Caso a proposição simples "Aposentados são idosos" tenha valor logico falso, então o valor logico da proposição "Aposentados são idosos, logo eles devem repousar" será falso.

COMENTÁRIOS

✪ **Nota do autor:** A questão cobrou o conhecimento sobre operador lógico condicional.

A proposição "Aposentados são idosos, logo eles devem repousar" pode ser escrita da seguinte forma: Se Aposentados são idosos então eles devem repousar". A primeira proposição (aposentados são idosos) tem o valor falso. Na condiciona, quando a primeira proposição for falsa, então o resultado final será sempre verdadeiro, independente da segunda proposição.

Resposta: errado

---

06. (Cespe - Técnico do Seguro Social - INSS/2016) Dadas as proposições simples p: "Sou aposentado" e q: "Nunca faltei ao trabalho", a proposição composta "Se sou aposentado e nunca faltei ao trabalho, então não sou aposentado" deverá ser escrita na forma $(p \wedge q) \Rightarrow \sim p$, usando-se os conectivos lógicos.

COMENTÁRIOS

✪ **Nota do autor:** A questão cobrou o conhecimento sobre operadores lógicos.

A proposição "Se sou aposentado e nunca faltei ao trabalho, então não sou aposentado" pode ser escrita na seguinte forma $(p \wedge q) \Rightarrow \sim p$, logo item correto.

Resposta: certo

2. EQUIVALÊNCIA LÓGICA

---

07. (Cespe - Técnico do Seguro Social - INSS/2008) Represente-se por ¬ A a proposição composta que é a negação da proposição A, isto é, ¬ A é falso quando A é verdadeiro e ¬ A é verdadeiro quando A é falso. Desse modo, as proposições "Se ¬ A então ¬ B" e "Se A então B" têm valores lógicos iguais.

COMENTÁRIOS

✪ **Nota do autor:** Proposições apresentam os mesmos valores lógicos quando são equivalentes.

As proposições "Se ¬ A então ¬ B" e "Se A então B" não são equivalentes.

A equivalência de $A \rightarrow B$ é $\neg B \rightarrow \neg A$.

Resposta: errado

3. QUANTIFICADORES

---

08. (Cespe - Técnico do Seguro Social - INSS/2008) Texto para a questão e os itens subsequentes.

Algumas sentenças são chamadas abertas porque são passíveis de interpretação para que possam ser julgadas como verdadeiras (V) ou falsas (F). Se a sentença aberta for uma expressão da forma VxP(x), lida como "para todo x, P (x)", em que x é um elemento qualquer de um conjunto U, e P(x) é uma propriedade a respeito dos elementos de U, então é preciso explicitar U e P para que seja possível fazer o julgamento como V ou como F.

A partir das definições acima, julgue os itens a seguir.

Considere-se que U seja o conjunto dos funcionários do INSS, P(x) seja a propriedade "x é funcionário do INSS" e Q(x) seja a propriedade "x tem mais de 35 anos de idade". Desse modo, é correto afirmar que duas das formas apresentadas na lista abaixo simbolizam a proposição Todos os funcionários do INSS têm mais de 35 anos de idade.

I. $\forall x$ (se Q(x) então P(x))

II. $\forall x$ (P(x) ou Q(x))

III. $\forall x$ (se P(x) então Q(x))

COMENTÁRIOS

✪ **Nota do autor:** A proposição "Todo A é B" possui a seguinte forma simbólica $\forall x$ (A(x) → B(x))

A proposição "Todos os funcionários do INSS têm mais de 35 anos de idade" tem a forma simbólica

$\forall x$ (se P(x) entao Q(x))

DICA: A proposição Se p então q é equivalente as seguintes proposições

1: Se não q então não p

2: p ou não q.

Podemos observar que apenas a frase (iii) representa a proposição "Todos os funcionários do INSS têm mais de 35 anos de idade".

Resposta: errado

Se U for o conjunto de todos os funcionários públicos e P(x) for à propriedade "x é funcionário do INSS", então é falsa a sentença $\forall x$ P(x).

COMENTÁRIOS

✪ **Nota do autor:** A proposição $\forall x$ P(x) é lida da seguinte forma: "Para todo funcionário público é funcionário do INSS".

Agora, é necessário julgar a proposição "Para todo funcionário público é funcionário do INSS". Essa proposição é falsa.

A questão informou que a sentença é falsa, por isso a afirmativa está correta.

CORRETO

4. CONJUNTOS

09. (Cespe – Técnico do Seguro Social – INSS/2016) Se A, B e C forem conjuntos quaisquer tais que

A, B $\subset$ C, então (C \ A) $\cap$ (A $\cup$ B) = C $\cap$ B.

COMENTÁRIOS

✪ **Nota do autor:** A questão tem como objetivo medir o seu conhecimento na operação entre conjuntos, sendo uma questão de nível difícil.

A questão informou que A, B e C são conjuntos quaisquer m sendo B subconjunto de C.

(C \ A) = C – A

Temos duas situações:

1° Caso) A e B não são disjuntos, ou seja, A $\cap$ B = Não vazio

A: 1,2

B: 2,3

C: 1,2,3,4

C/A $\cap$ (A U B) = (C $\cap$ B)

(3,4) $\cap$ (1,2,3) = (2,3)

(3) = (2,3). Nesse caso, -> Assertiva ERRADA

2° Caso) A e B são disjuntos, ou seja, A $\cap$ B = { }

A: 1

B: 2,3

C: 1,2,3,4

C/A $\cap$ (A U B) = (C $\cap$ B)

(2,3,4) $\cap$ (1,2,3) = (2,3)

(2,3) = (2,3) . Nesse caso, a assertiva seria certa.

Logo, o item está errado pois existem situações contraditórias e com isso não é possível garantir a igualdade da expressão.

Resposta: errado

5. PORCENTAGEM

10. (Cesgranrio – Técnico Previdenciário – INSS/2005) Um aparelho de som pode ser comprado em 4 prestações de R$ 150,00 ou à vista com 10% de desconto. Quanto será pago, em reais, se a compra for feita à vista?

a) 480,00

b) 500,00

c) 520,00

d) 540,00

e) 560,00

COMENTÁRIOS

✪ **Nota do autor:** A questão é sobre porcentagem. Porcentagem é o valor obtido ao aplicarmos uma taxa percentual a um determinado valor. Exemplo: 5% = 5/100 ou 0,05

20% de 80

$$\frac{20}{100}.80 = \frac{20 \cdot 80}{100} = \frac{1600}{100} = 16$$

Resolução:

1ª etapa: Encontrar o valor pago.

Preço pago = 4 · 150 = 600

2ª etapa: Encontrar o desconto.

DICA: O desconto será sobre o valor pago.

10% de 600

$$\frac{10}{100}.600 = \frac{6000}{100} = 60$$

3ª etapa: Valor à vista

O valor à vista = 600- 60 (desconto) = 540

Alternativa correta: letra "d"

11. (Cesgranrio – Técnico Previdenciário – INSS/2005) Do total de funcionários da empresa Fios S/A, 20% são da área de Informática e outros 14% ocupam os 21 cargos de chefia. Quantos funcionários dessa empresa NÃO trabalham na área de Informática?

a) 30
b) 99
c) 110
d) 120
e) 150

COMENTÁRIOS

✪ **Nota do autor:** Nessa questão iremos utilizar o conhecimento básico de regra de três. O número base, que utilizamos como referência, sempre será igual a 100%.

Resolução:

20% são da área de informática, logo 80% não são da área de informática.

Base: 14% do total = 21 pessoas

Agora, vamos encontrar o número de funcionários que não são da área de informática.

Número ------- %

21 -------------- 14

X --------------- 80

14x = 21. 80

$$X = \frac{1680}{14} = 120$$

Alternativa correta: letra "d"

Texto para as questões 3 e 4.

Um dos indicadores de saúde comumente utilizados no Brasil é a esperança de vida ao nascer, que corresponde ao número de anos que um indivíduo vai viver, considerando-se a duração média da vida dos membros da população. O valor desse índice tem sofrido modificações substanciais no decorrer do tempo, à medida que as condições sociais melhoram e as conquistas da ciência e da tecnologia são colocadas a serviço do homem.

A julgar por estudos procedidos em achados fósseis e em sítios arqueológicos, a esperança de vida do homem pré-histórico ao nascer seria extremamente baixa, em torno de 18 anos; na Grécia e na Roma antigas, estaria entre 20 e 30 anos, pouco tendo se modificado na Idade Média e na Renascença. Mais recentemente, têm sido registrados valores progressivamente mais elevados para a esperança de vida ao nascer. Essa situação está ilustrada no gráfico abaixo, que mostra a evolução da esperança de vida do brasileiro ao nascer, de 1940 a 2000.

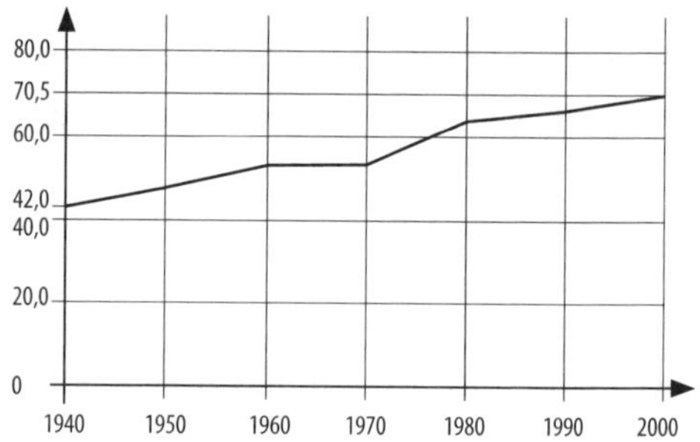

M. Z. Rouquayrol e N. de Almeida Filho. In: Epidemiologia e saúde. Rio de Janeiro: MEDSI, 2003, p. 68 (com adaptações).

Com base nas informações do texto e considerando os temas a que ele se reporta, julgue os itens seguintes.

12. (Cespe – Técnico do Seguro Social – INSS/2008) Sabendo-se que, em 1910, a esperança de vida do brasileiro ao nascer era de 34 anos, conclui-se que o valor desse indicador aumentou em mais de 100% em 90 anos, isto é, de 1910 a 2000.

COMENTÁRIOS

✪ **Nota do autor:** A questão tem como objetivo verificar o seu conhecimento de cálculo percentual.

Aumento de x% = número base + x% do número base. Esse número base é fornecido na questão.

Resolução:

Valor inicial = 34

Valor final = 70,5

Aumento de 36,5

Número --- %

34 ------------ 100

36,5 --------- x

34x = 36,5 · 100

34 x = 3650

$$X = \frac{3650}{34} = 107{,}35\% \text{ de aumento}$$

Resposta: certo

---

13. (Cespe – Técnico do Seguro Social – INSS/2008) Se for mantida, durante o período de 2000-2020, a tendência observada, no gráfico mostrado, no período 1980-2000, a esperança de vida do brasileiro ao nascer será, em 2020, superior a 85 anos.

COMENTÁRIOS

✪ **Nota do autor:** Em porcentagem temos dois fatores: aumento e redução.

1ª Relação: Aumento.

Exemplo: b% de aumento = número base + b% do número base.

Obs.: Esse número base é fornecido na questão.

2ª Relação: Redução;

Exemplo: b% de redução = número base – b% do número base.

Resolução:

Considerando o ano de 1980 com 60 anos e ano de 2000 com 70,5 temos um crescimento de 10,5.

Número --- %

60 ---------- 100

10,5 --------- x

60x = 10,5 · 100

$$X = \frac{1050}{60} = 17{,}5\% \text{ de aumento}$$

Agora, vamos dar um aumento de 17,5% sobre o valor corresponde ao ano de 2000.

70,5 + 17,5% de 70,5

70,5 + 12, 33 = 82,33

Resposta: errado

---

14. (FCC – Técnico do Seguro Social – INSS/2012) Em dezembro, uma loja de carros aumentou o preço do veículo A em 10% e o do veículo B em 15%, o que fez com que ambos fossem colocados a venda pelo mesmo preço nesse mês. Em janeiro houve redução de 20% sobre o preço de A e de 10% sobre o preço de B, ambos de dezembro, o que fez com que o preço de B, em janeiro, superasse o de A em

a) 11,5%.

b) 12%.

c) 12,5%.

d) 13%.

e) 13,5%.

COMENTÁRIOS

✪ **Nota do autor:** Vamos utilizar o cálculo dos fatores de redução e aumento.

Resolução:

1ª etapa: "... uma loja de carros aumentou o preço do veículo A em 10% e o do veículo B em 15%, o que fez com que ambos fossem colocados a venda pelo mesmo preço nesse mês"

A : 10% de aumento = 1,1 A

Obs.: 10% de aumento = 100 + 10 = 110% = 1,1 (forma decimal)

B: 15% de aumento = 1,15 B

Obs.: 10% de aumento = 100 + 15 = 115% = 1,15 (forma decimal)

Conclusão: 1,1A = 1,15B

2ª etapa: "...redução de 20% sobre o preço de A e de 10% sobre o preço de B, ambos de dezembro"

A: Redução de 20%

1,1A – 20% de 1,1A

1,1A -0,22A = 0,88A (valor final de A)

B: Redução de 10%

Cuidado, pois precisamos de uma referência, por isso vamos utilizar o valor de 1,1A no lugar do 1,15B.

Obs.: **1,15B=1,1A**

1,1A – 10% de 1,1A

1,1A -0,11A = 0,99A (valor final de B, como base em A)

Valor base: 0,88A

Valor final : 0,99A

Aumento de 0,11A

Número --------------- %

0,88 -------------------- 100

0,11 -------------------- x

0,88x = 0,11.100

X =11/0,88 = 1100/88 = 12,5% (Resposta letra C)

2ª opção de resolução:

No mês de dezembro temos o valor para A e B.

A = 100 (escolha)

B = 100 (escolha)

A: Redução de 20%

100 – 20% de 100

100 – 20 = 80

B : Redução de 10%

100 – 10% de 100

100 – 10 = 90

Agora, que percentual 10 (diferença de A e B) é de 80?

Número ---------- percentual

80 ----------------- 100

10 ----------------- x

80 x = 100.10

$X = \frac{10000}{80} = 12{,}5\%$ de diferença.

---

15. (FCC – Técnico do Seguro Social – INSS/2012) Em uma turma de 100 alunos, 63 sabem escrever apenas com a mão direita, 5 não sabem escrever, 25% dos restantes sabem escrever tanto com a mão direita quanto com a esquerda, e os demais alunos sabem escrever apenas com a mão esquerda. Dessa turma, a porcentagem de alunos que sabe escrever com apenas uma das duas mãos é de

a) 86%.

b) 87%.

c) 88%.

d) 89%.

e) 90%.

COMENTÁRIOS

✪ **Nota do autor:** Questão de nível médio, porém era necessário um conhecimento básico de operações entre conjuntos.

Resolução:

1ª etapa: Em uma turma de 100 alunos, 63 sabem escrever apenas com a mão direita, 5 não sabem escrever.

Apenas mão direita = 63

Não sabem escrever = 5

2ª etapa: 25% dos restantes sabem escrever tanto com a mão direita quanto com a esquerda, e os demais alunos sabem escrever apenas com a mão esquerda.

Obs.: Restante = 100 – 63-5 = 32

Esquerda e direita (intersecção) = 25% de 32 = 8
Apenas mão esquerda = 24 (32 – 8= 24)

Número de alunos que utilizam apenas uma mão: 63 + 24= 87.

DICA: Devemos somar os alunos que utilizam **somente a mão direita** e **somente a mão esquerda**.

Total de pessoas = 100, logo 87% utiliza apenas uma mão.

Obs.: 87% de 100 = 87.

Alternativa correta: letra "b".

---

16. (Cespe – Técnico do Seguro Social – INSS/2016) Art. 21. A alíquota de contribuição dos segurados contribuinte individual e facultativo será de vinte por cento sobre o respectivo salário-de-contribuição.

Considerando o art. 21 da Lei n.° 8.212/1991, acima reproduzido, julgue o item seguinte.

Se o valor da contribuição de um segurado contribuinte individual for superior a R$ 700,00, então o salário-de-contribuição desse indivíduo é superior a R$ 3.500,00.

COMENTÁRIOS

✪ **Nota do autor:** Questão de nível fácil, sendo necessário apenas realizar o cálculo percentual solicitado.

Alternativa correta: Item Certo

Resolução:

Você pode tomar como base o valor de R$ 3500,00.

20% de 3500 = 20/100 . 3500 = 70000/100 = 700

Para 3500 temos uma alíquota de 700, logo se o valor base for superior a 3500 então o valor da alíquota será superior a 700.

Alternativa correta: letra "b". (Certo)

✦ DICAS

INTRODUÇÃO

O conteúdo de Raciocínio Lógico é dividido em dois segmentos: Lógica proposicional e Matemática.

A parte de lógica proposicional é formada pelos tópicos: conceitos básicos de raciocínio lógico: proposições; valores lógicos das proposições; sentenças abertas; número de linhas da tabela verdade; conectivos; proposições simples; proposições compostas e Tautologia. A parte Matemática é composta pelos seguintes temas: operação com conjuntos e cálculos com porcentagens. O nosso projeto editorial é teórico, entretanto na parte de Matemática serão expostas questões com intuito de ampliar seu conhecimento teórico sobre os temas matemáticos apresentados. Para concluir, gostaria de fornecer a seguinte dica de como estudar Lógica proposicional: "lógica proposicional é apenas uma aplicação de regras e fórmulas" (Bruno Villar).

1. LÓGICA PROPOSICIONAL E OPERADORES

1.1. PROPOSIÇÃO

A proposição lógica é o alicerce na construção do conhecimento da lógica proposicional. Para entendermos o conceito de proposição logica é necessário ter uma noção básica de frases. Vamos relembrar juntos?

Definição: Frase é qualquer enunciado (curto ou longo) que estabelece uma comunicação. As frases são divididas em cincos tipos, de acordo com a gramática tradicional.

- **Declarativa**: O enunciado é afirmativo ou negativo; termina em ponto(.) ou reticências (...).

Exemplos:

- A lua é um satélite natural. (Frase declarativa afirmativa)
- Jorge não é paraibano. (Frase declarativa negativa)

- **Imperativa**: O enunciado apresenta um tom de ordem, pedido, súplica, exortação, advertência etc.; verbos no imperativo (afirmativo ou negativo) marcam tal tipo de frase; termina em ponto, ponto de exclamação ou reticências.

Exemplos:

- Faça seu trabalho corretamente.
- Quando for à Salvador, visite o pelourinho.

- **Interrogativa**: O enunciado apresenta um questionamento direto ou indireto; termina em ponto de interrogação (?) se a indagação for direta: em ponto, se for indireta.

Exemplos:

- Qual o melhor livro de Raciocínio Lógico?
- Não sei onde ele pode estar.

Dica: O exemplo acima é uma interrogativa indireta, pois é possível realizar uma pergunta direta com a frase "onde ele pode estar (?)".

- **Exclamativa**: O enunciado exprime um sentimento e uma altissonância (Produz um som alto ou intenso); termina em ponto de exclamação(!)

Exemplos:

- Que alegria!
- Meus pêsames!

- **Optativa**: O enunciado exprime um desejo; termina em ponto ou ponto de exclamação.

Exemplos:

- Sucesso, viu!
- Deus te ouça, meu amor!

Proposição lógica

Definição: Proposição é toda sentença declarativa (com sujeito e predicado) à qual pode se atribuir, sem ambiguidade, apenas um valor lógico: verdadeiro (V) ou falso (F).

Exemplos:

O sol é uma estrela.

8 é divisível por 4.

João é paulista.

As proposições lógicas se dividem em: "proposição fechada" (proposição lógica) e "proposição aberta" ("sentença aberta"). A proposição logica é chamada de proposição fechada, pois o valor do enunciado está definido.

Condições para uma frase ser classificada como uma proposição lógica:

1) Frase declarativa com sujeito e predicado (ou sentido de declaração)

2) Não pode ser uma sentença aberta

3) Não é um paradoxo.

"Proposição Aberta" ou "Sentença aberta"

Definição: Sentença aberta é uma sentença cujo resultado (falso ou verdadeiro) é desconhecido, por conter pelo menos um elemento indefinido.

Temos dois casos de sentença aberta

Caso1: Variável Matemática

Exemplo:

$x + 2 = 5$

Caso 2: Pronome (Não são todos, os utilizados são: ele, ela, aquele, aquela)

Ele é alto.

Paradoxo

Definição: É uma declaração aparentemente verdadeira que leva a uma contradição lógica, ou a uma situação que contradiz a intuição comum. Em termos simples, um paradoxo é "o oposto do que alguém pensa ser a verdade". O paradoxo representa a ausência de nexo ou lógica numa frase.

Exemplos: – Eu sou mentiroso. – Essa frase é falsa.

Cuidado!

A frase "Há vida no planeta Marte" é uma proposição. Como é, professor?

A frase está declarando que "Existe vida no planeta marte".

Certo, mas verbo haver no sentido de existir não torna o sujeito indeterminado?

Na lógica não temos esse olhar, o que importa é o sentido de declaração.

Exemplo: Qual das frases abaixo representa uma proposição?

(I) A sede do TRT/ES localiza-se no município de Cariacica.

(II) Por que existem juízes substitutos?

(III) Ele é um advogado talentoso.

Resolução:

(I) A sede do TRT/ES localiza-se no município de Cariacica.

Essa frase é uma proposição lógica.

(II) Por que existem juízes substitutos?

Frase interrogativa não representa uma proposição lógica.

(III) Ele é um advogado talentoso.

Essa frase é uma sentença aberta, pois quem é "ele"?

Resumo:

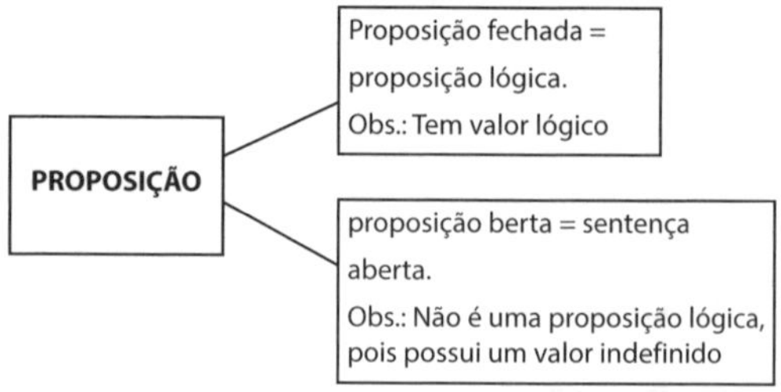

1.2. PRINCÍPIOS FUNDAMENTAIS DA LÓGICA

Introdução:

Os princípios são as bases para construção de um modelo lógico formal. Os princípios lógicos fundamentais, pela lógica Aristotélica, são três: Identidade, Não Contradição e Terceiro Excluído.

Princípio da Identidade:

Todo objeto é idêntico a si mesmo, isto é, uma proposição verdadeira é sempre verdadeira e uma proposição falsa é sempre falsa.

Princípio da Não contradição

Uma proposição não pode ser simultaneamente verdadeira e falsa.

Princípio do Terceiro Excluído

Toda proposição ou é só verdadeira ou é só falsa, nunca ocorrendo um terceiro caso.

Resumo:

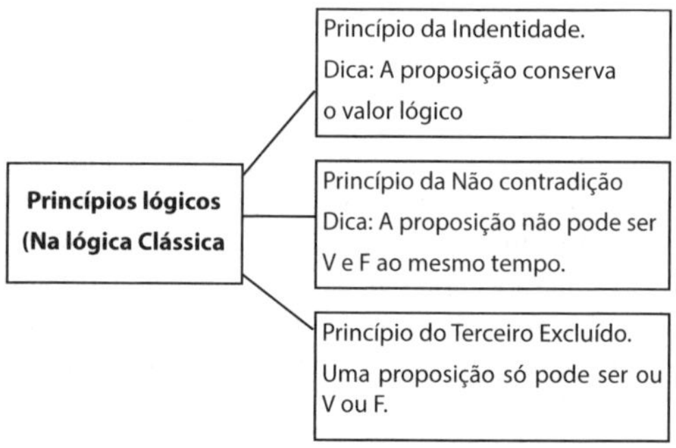

1.3. CLASSIFICAÇÃO DAS PROPOSIÇÕES LÓGICAS

As proposições lógicas se classificam em simples ou compostas.

Proposição simples ou atômica

Definição: é uma frase declarativa que expressa um pensamento completo acerca de um objeto, isto é, possui um único objeto de estudo. Indicaremos tais proposições por letras minúsculas do nosso alfabeto. Exemplos:

p: O México fica na América do Norte.

q: o número 25 é quadrado perfeito.

r: João é menino de rua.

Comentário: as bancas de concursos não têm respeitado o critério de letras minúsculas para proposições simples, por isso o leitor pode ficar tranquilo em relação a essa exigência. Quaisquer mudanças desse entendimento serão informadas no meu canal no YouTube (Bruno Villar) ou nas minhas redes sociais, ok? Vamos continuar!

Proposição composta ou molecular

Definição: é formada por duas ou mais proposições relacionadas pelos conectivos lógicos. Serão indicadas por letras maiúsculas do nosso alfabeto. Notação: P (p, q, r...) indica que a proposição composta P é formada pelas proposições simples p, q, r, ... Exemplos:

P: João é alto e André e baixo.

Q: Se Joana é economista, então ela não entende de políticas públicas.

★ Se ligue!

A banca de cursos CESPE (CESBRASPE), nos concursos do SEBRAE e do STF, ano de 2008, considerou proposições simples as frases:

Pedro e Paulo são analistas do SEBRAE.

O orgulho e a vaidade são as portas de entrada da ruína do homem.

Fique esperto: a banca CESPE, quando a frase tem dois sujeitos e o mesmo predicado, a considera como sendo uma proposição simples, até a presente data.

Comentário: confesso que demorei em compreender o motivo que permitia a estimada examinadora considerar que a proposição "Pedro e Paulo são analistas do SEBRAE" é um exemplo de proposição simples. No livro *Órganon*, de Aristóteles, temos uma definição de proposição simples da seguinte forma:

> "As proposições simples são as que indicam um fato singular (uno) ou que são singulares (unas) em virtude de uma conjunção. Proposições múltiplas ou compostas são as que indicam não unidade, mas multiplicidade, ou que apresentam suas partes sem conjunção." (p. 85)

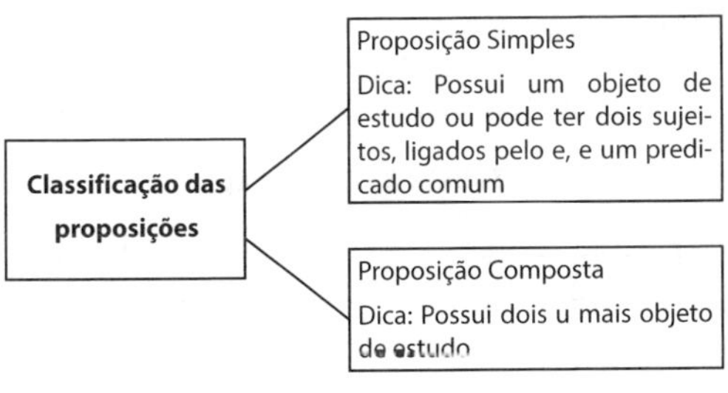

1.4. NEGAÇÃO DE UMA PROPOSIÇÃO SIMPLES

Introdução

Existe uma discussão se a negação é um operador lógico ou conectivo lógico, na minha opinião é um operador lógico. Por isso, pode acontecer de outro professor chamar de conectivo lógico.

Definição:

A negação de uma proposição lógica é a mudança do seu valor lógico, sem perder o sentido (a perda do sentido ocorre quando não seguimos as regras que serão desenvolvidas adiante).

A forma simbólica da negação é ~p .

p	~p
V	F
F	V

O CESPE utiliza o símbolo ¬ para representar a negação.

<u>Vamos estudar os cinco casos de negação de uma proposição simples.</u>

<u>Caso 01:</u> A frase não possui o advérbio não, logo colocamos o advérbio antes do verbo de ligação.

¬ p: Salvador tem praia.

p : Salvador não tem praia.

Outras formas de negar essa mesma proposição é:

Não é verdade que Salvador tem praia.

É falso que Salvador tem praia.

<u>Caso 02:</u> A frase possui o advérbio não, nesse caso é só retirar o advérbio não.

q: O Brasil não é um país do continente americano.

¬ q : O Brasil é um país do continente americano.

<u>Caso 03:</u> Utilização de antônimos.

p : Mário é alto.

¬ p: Mário não é alto.

¬ p : Mario é baixo.

<u>Caso 04:</u> Negação dos símbolos matemáticos

p	¬ p
=	≠
≥	<
≤	>
>	≤
<	≥

$p: 2 + 3 = 5$

$\neg\, p: 2 + 3 \neq 5.$

Caso 5: Negação de proposições contendo quantificador ou 2ª lei de Morgan.

1ª situação: Quantificador Universal Afirmativo (Todo)

A regra é mudar o "todo" pelo algum (existe ou pelo menos um) e negar a frase.

p: Todo homem é mortal.

~p: Algum um homem não é mortal.

Outras opções:

~p: Pelo menos um homem não é mortal.

~p: Existe um homem que não é mortal.

Obs.: Outra possibilidade de negar o "todo" é colocar o termo "nem" antes da frase.

p: Todo homem é mortal.

~p: Nem todo homem é mortal.

2ª situação: Quantificador Existencial (algum = existe = pelo menos um)

A negação do algum possui duas possibilidades:

1) usar o todo e negar a frase

2) usar o nenhum e manter a frase.

P: Existem homens que são sábios.

~p: Todos os homens não são sábios.

~P: Nenhum homem é sábio.

3ª situação: Quantificador Universal Negativo (Nenhum)

A regra da negação é trocar o "algum" pelo "nenhum"

P: Nenhum A é B.

~p: Algum A é B.

Resumo da negação dos quantificadores

Todo	⟷	Algum	Processo: Troca um pelo outro e nega a sentença.
Nenhum	⟷	Algum	Processo: Troca um pelo outro e mantém a sentença.

1.5. OPERADORES LÓGICOS

Operadores lógicos ou conectivos lógicos são termos que unem duas ou mais proposições.

A função do operador lógico é fornecer um valor lógico para essa junção de conectivos.

★ **Se ligue!**

Os operadores lógicos são apenas regras de um modelo filosófico, por isso é preciso decorar!

1.5.1. DISJUNÇÃO INCLUSIVA OU DISJUNÇÃO

Definição: Dadas duas proposições *p* e *q*, chama-se "disjunção de *p* e *q*" a proposição "$p \vee q$" (lê-se: p ou q).

★ **Se ligue!**

Em concurso público, são cobradas duas partes do operador lógico: a linguagem escrita e a tabela verdade. Por isso, vamos começar o estudo pela linguagem escrita da disjunção.

Exemplo:

r: Catarina é ocupante de cargo em comissão Cj3.

s: Catarina é ocupante de cargo em comissão Cj4.

r ∨ s: Catarina é ocupante de cargo em comissão Cj3 ou Catarina é ocupante de cargo em comissão Cj4.

Dica: Nesse caso, como as duas frases possuem o mesmo sujeito (Catarina) e uma parte do predicado (ocupante de cargo em comissão) comum, podemos fazer uma junção dos termos comuns, sem causar prejuízo à proposição.

r ∨ s: Catarina é ocupante de cargo em comissão Cj3 ou Cj4. (Proposição composta)

★ **Se ligue!**

Seguem abaixo outras maneiras de escrever a forma $p \vee q$.

$p \vee q$: p ou q

P ou q ou ambos

P e/ou q (documentos legais).

Cuidado!!

O CESPE não faz distinção entre "ou" e "ou... ou"; em provas antigas.

$p \vee q$ – disjunção inclusiva.

$p \veebar q$ – disjunção exclusiva.

O CESPE considera certo, até o ano de 2012, a forma $p \vee q$ escrita na forma "ou p ou q".

Fique atento ao texto explicativo da questão do CESPE, pois se o texto não mencionar sobre a diferença das disjunções então a expressão $p \vee q$ pode ser escrita nas formas "p ou q" ou "ou p ou q".

Agora, esse entendimento tem sido diferente em provas recentes (referência ano de 2013). A banca CESPE tem entendido o "ou... ou" como sendo uma disjunção exclusiva. Infelizmente, iremos notar em provas antigas a opção "ou" e "ou... ou" como representação escrita da disjunção inclusiva, mas não estranhe, ok? "Coisas do CESPE"!!!

Tabela da Disjunção

p	q	$p \vee q$
V	V	V
V	F	V
F	V	V
F	F	F

Dica de memorização: no "ou", se pelo menos uma proposição for verdadeira, o resultado é verdadeiro.

Aplicação da tabela: qual o valor lógico da proposição "4 + 3 = 9 ou 2 + 5 = 7"?

1ª etapa: determinar o valor lógico de 4 + 3 = 9

Valor lógico: (F)

2ª etapa: determinar o valor lógico de 2 + 5 = 7

Valor lógico: (V)

3ª etapa: montar a dupla

FV= V, na disjunção inclusiva.

Propriedades da disjunção

• **Idempotente**

p V p ⇔ p

Dica: o símbolo ⇔ significa uma equivalência lógica, que a grosso modo pode ser compreendida como igualdade.

Conclusão: são idênticas as tabelas-verdade das proposições p V p e p.

A proposição "Maria é baiana ou Maria é baiana" é equivalente à proposição "Maria é baiana".

A finalidade dessa propriedade é dizer que a expressão "p ou p" = p.

• **Comutativa**

p V q ⇔ q V p

Conclusão: são idênticas as tabelas-verdade das proposições p V q e q V p.

A proposição "p ou q" é igual a "q ou p".

Exemplo: a proposição "O quadro é branco ou o céu é azul" é igual a "O céu é azul ou o quadro é branco". Mudamos a posição das proposições, mas não mudamos o sentido.

• **Associativa**

(p V q) V r ⇔ p V (q V r)

Conclusão: são idênticas as tabelas-verdade das proposições (p V q) V r e p V (qV∧ r).

Essa propriedade será utilizada quando tivermos três proposições unidas pela conjunção.

Exemplo: qual o valor lógico da proposição "4 = 1 ou 2 + 7 = 9 ou 3 + 7 = 10"?

1ª hipótese: "4 = 1 ou 2 + 7 = 9 ou 3 + 7 = 10".

Dica: a propriedade associativa permite uma liberdade de escolha para a primeira e a segunda proposições, por isso teremos duas opções (hipóteses).

1ª proposição: "4 = 1 ou 2 + 7 = 9" (FV = V, na disjunção).

2ª proposição "3 + 7 = 10" (V).

VV = V (disjunção).

2ª hipótese: "4 = 1 ou 2 + 7 = 9 ou 3 + 7 = 10".

1ª proposição: 4 = 1 (F).

2ª proposição "2 + 7 = 9 ou 3 + 7 = 10" (VV = V, na disjunção).

FV = V, na disjunção.

É possível afirmar que, independentemente da escolha da primeira proposição ou segunda proposição, o resultado final será igual, pois as proposições (p V q) V r e p V (q V r) são equivalentes.

1.5.2. DISJUNÇÃO EXCLUSIVA

Definição: dadas duas proposições *p* e *q*, chama-se "disjunção de *p* e *q*" a proposição "*p* ⊻ *q*" (lê-se: ou p ou q).

★ **Se ligue!**

Transmite uma ideia de exclusão, isto é, conjuntos disjuntos (sem elementos comuns).

Exemplo: Ou Bruno é baiano ou Bruno é paraibano.

Comentário: Bruno não pode ser baiano e paraibano ao mesmo tempo, pois uma característica exclui a outra.

Tabela da disjunção Exclusiva

p	q	p⊻q
V	V	F
V	F	V
F	V	V
F	F	F

Dica de memorização: com símbolos diferentes (VF ou FV), o resultado é V.

• **Comutativa**

p ∨ q ⇔ q ∨ p

A propriedade comutativa permite afirmar que não existe relação de ordem na disjunção exclusiva. A forma "ou p ou q" é equivalente a forma "ou q ou p".

• **Associativa**

(p ∨ q) ∨ r ⇔ p ∨ (q ∨ r)

A propriedade associativa permite afirmar que você tem liberdade para escolher a ordem da proposição, ou seja, quem será a primeira e segunda proposição. Exemplo:

Caso 1: (p ∨ q) ∨ r

1ª proposição: (p ∨ q)

2ª proposição: r

Caso 2: p ∨ (q ∨ r)

1ª proposição: p

2ª proposição: (q ∨ r)

1.5.3. CONJUNÇÃO

Dadas duas proposições p e q, chama-se "conjunção de p e q" a proposição "p ∧ q" (lê-se: p e q).

Exemplo:

1) p: O sol é uma estrela.

q: A lua é um satélite.

p ∧ q: O sol é uma estrela **e** a lua é um satélite.

★ **Se ligue!**

A expressão p ∧ q também pode ser escrita nas seguintes formas:

p e q p, mas q p, porém q Tanto p como q p, apesar de q p, q (sentido de "mas")

A expressão "O sol é uma estrela **e** a lua é um satélite" pode ser escrita também nas seguintes formas, do ponto de vista lógico:

O sol é uma estrela, mas a lua é um satélite.

Tanto o sol é uma estrela como a lua é um satélite.

O sol é uma estrela, embora a lua seja um satélite.

O sol é uma estrela, apesar de a lua ser um satélite.

p, q (sentido de "mas"), como assim ?

Exemplo: A sentença " Não sou traficante, sou usuário" é uma conjunção.

Tabela da Conjunção

p	q	p ∧ q
V	V	V
V	F	F
F	V	F
F	F	F

Dica: no "e", se pelo menos uma proposição for falsa, o resultado é F.

Aplicação

p: Salvador é a capital da Bahia e a lua é uma estrela. (VF = F)

Logo, a proposição é falsa, pois, no conectivo "e", VF = F.

q: Salvador é a capital do estado da Bahia e João Pessoa é a capital do estado da Paraíba. (VV = V).

Logo, a proposição é verdadeira, pois, no conectivo "e", VV = V.

Propriedades da conjunção

• **Idempotente**

p ∧ p ⇔ p

Conclusão: são idênticas as tabelas-verdade das proposições p ∧ p e p.

A proposição "Bruno é baiano e Bruno é baiano" é equivalente à proposição "Bruno é baiano".

Parece um pouco louco, né? A finalidade dessa propriedade é dizer que a expressão "p e p" = p.

• **Comutativa**

p ∧ q ⇔ q ∧ p

Conclusão: são idênticas as tabelas-verdade das proposições p ∧ q e q ∧ p.

A proposição "p e q" é igual a "q e p".

Exemplo: a proposição "O quadro é branco e o céu é azul" é igual a "O céu é azul e o quadro é branco". Mudamos a posição das proposições, mas não mudamos o sentido.

• **Associativa**

(p ∧ q) ∧ r ⇔ p ∧ (q ∧ r)

Conclusão: são idênticas as tabelas-verdade das proposições (p ∧ q) ∧ r e p ∧ (q ∧ r).

Essa propriedade será utilizada quando tivermos três proposições unidas pela conjunção.

Exemplo: qual o valor lógico da proposição "4 = 3 e 2 + 7 = 9 e 3 + 7 = 10"?

1ª hipótese: "4 = 3 e 2 + 7 = 9 e 3 + 7 = 10".

1ª proposição: "4 = 3 e 2 + 7 = 9" (FV = F, na conjunção).

2ª proposição "3 + 7 = 10" (V).

FV = F (na conjunção)

2ª hipótese: "4 = 3 e 2 + 7 = 9 e 3 + 7 = 10".

1ª proposição: 4 = 3 (F).

2ª proposição "2 + 7 = 9 e 3 + 7 = 10" (VV = V, na conjunção).

FV = F, na conjunção.

É possível observar que, independentemente da ordem da primeira e da segunda proposição, as proposições (p ∧ q) ∧ r e p ∧ (q ∧ r) são equivalentes.

1.5.4. CONDICIONAL

Definição: Dadas duas proposições *p* e *q*, a proposição **se *p*, então *q***, que será indicada por "*p* → *q*", é chamada de **condicional**.

p → q (lê-se: se p, então q).

causa (p) → q (efeito).

Dica: A condicional tem várias formas de escrita, por isso fique atento ao sentido da frase. Se a frase expressar uma ideia de "causa e consequência, então teremos uma condicional.

Exemplo:

1) p: Estou em paz.

q: Sou feliz.

p → q: **Se** estou em paz **então** sou feliz.

Se estou em paz, sou feliz.

Quando estou em paz, sou feliz.

Sempre que estou em paz, sou feliz.

Estou em paz **consequentemente** sou feliz.

Toda vez que estou em paz sou feliz.

Sou feliz , **desde que** esteja em paz.

No caso de estar em paz, sou feliz

★ **Se ligue!**

As outras formas de escrever a condicional são:

Se p, então q.

q é necessário para p.

No caso de p, q.

q, no caso de p.

p implica q.

p consequentemente q.

q, contanto p.

Todo p é q.

p é suficiente para q.

Quando p, q.

q, se p.

Uma questão clássica é mudança da forma " se p então q" para " condição suficiente" ou "condição necessária"

Na expressão: **Se corro, então canso.**

Temos "**corro" sendo a causa** e **"canso" sendo o efeito**.

Caso 1: a causa é condição suficiente para o efeito (p é suficiente para q).

Por isso podemos escrever a expressão da seguinte forma:

"Corro" é condição suficiente para "canso".

Obs.:! A forma simbólica $p \to q$ (causa → efeito) não muda a posição.

Caso 2: o efeito é condição necessária para a causa.

Logo, podemos escrever a expressão da seguinte forma:

"Canso" é condição necessária para "corro".

★ **Se ligue!**

Causa - suficiente - efeito Efeito - necessária - causa.

Tabela da condicional

p	q	$p \to q$
V	V	V
V	F	F
F	V	V
F	F	V

Dica: na condicional, é falso quando for VF, nessa ordem. (VF) é falso.

★ **Se ligue!**

Na condicional sempre que a primeira proposição for falsa, independentemente do valor lógico da segunda proposição, a condicional será verdadeira.

Exemplo: F ? = V

Na condicional sempre que a segunda proposição for verdadeira, independentemente do valor lógico da segunda proposição, a condicional será verdadeira.

Exemplo: ? V = V

Propriedades da condicional

- Proposição recíproca de p —> q é q —> p
- Proposição contrária de p —> q é ~p —> ~q
- Proposição contrapositiva de p —> q é ~q —> ~p

1.5.5. BICONDICIONAL

Definição: Dadas duas proposições *p* e *q*, a proposição "*p* se, e somente se, *q*", que será indicada por "$p \leftrightarrow q$", é chamada de **bicondicional**.

$p \leftrightarrow q$ (lê-se: p se e somente se q).

Exemplo:

1) p: Perereca se transforma em sapo.

q: Sapo se transforma em perereca.

$p \leftrightarrow q$: Perereca se transforma em sapo se e somente se o sapo se transforma em perereca.

Perereca se transformar em sapo é condição suficiente e necessária para o sapo se transformar em perereca.

Sapo se transformar em perereca é condição suficiente e necessária para perereca se transformar em sapo.

A bicondicional pode ser escrita nas seguintes formas:

P se e somente se q.

P é condição suficiente e necessária para q.

Q é condição suficiente e necessária para p.

Tabela da bicondicional

p	q	$p \leftrightarrow q$
V	V	V
V	F	F
F	V	F
F	F	V

Resumo – forma simbólica e escrita

Conectivo	Símbolo	Forma simbólica	Sentido
Disjunção inclusiva	$\vee$	$p \vee q$	Ocorre p ou ocorre q ou ambos
Disjunção exclusiva	$\vee$	$p \veebar q$	Ocorre p ou ocorre q, mas não ocorrem ambos
Conjunção	$\wedge$	$p \wedge q$	Ocorrem p e q
Condicional	$\rightarrow$	$p \rightarrow q$	Se ocorre p, então q também ocorre
Bicondicional	$\leftrightarrow$	$p \leftrightarrow q$	Ou ocorrem p e q, ou não ocorrem p e q

Resumo – tabela de valoração

Conectivo	Forma simbólica	Dica
Disjunção inclusiva	$p \vee q$	1 V = V
Disjunção exclusiva	$p \vee q$	Símbolos diferentes (VF ou FV) = V
Conjunção	$p \wedge q$	1 F = F
Condicional	$p \rightarrow q$	VF = F
Bicondicional	$p \leftrightarrow q$	Símbolos iguais (VV ou FF) = V

1.6. NEGAÇÃO DE UMA PROPOSIÇÃO COMPOSTA

Comentário: No caso das proposições compostas, devemos utilizar as fórmulas de negação, isto é, expressões equivalentes à negação das proposições.

1.6.1. NEGAÇÃO DA DISJUNÇÃO

Fórmula: $\sim(p \vee q) \equiv \sim p \wedge \sim q$

★ **Se ligue!**

As expressões: $\sim(p \vee q)$ e $\sim p \vee q$ não representam a mesma coisa. A primeira expressão representa a negação da conjunção e a segunda proposição é a "negação de p ou q".

Método passo a passo

1º passo: negar a primeira proposição.

2º passo: colocar o conectivo da conjunção (e, mas, tanto... como)

3º Passo: negar a segunda proposição.

Exemplo:

P: Salvador tem praia ou Santos não tem praia.

Vamos negar a proposição P?

1º passo: negar a proposição "Salvador tem praia".

A negação da proposição "Salvador tem praia" é "Salvador não tem praia".

2º passo: colocar o conectivo da conjunção(e).

3º passo: negar a proposição "Santos não tem praia".

A negação da proposição "Santos não tem praia" é "Santos tem praia".

Conclusão: ~P: Salvador não tem praia e Santos tem praia.

Q: Catarina é ocupante de cargo de chefia ou diretoria.

~Q: Catarina não é ocupante de cargo de chefia e não é ocupante de cargo de diretoria.

A expressão "nem", na lógica, significa a união do conectivo da conjunção com o não, ou seja, nem = e + não. Logo, temos outra opção para negar a disjunção.

Método passo a passo

1º passo: negar a primeira proposição.

2º passo: colocar a expressão nem.

3º passo: manter a segunda proposição.

Obs.: o nem realiza ao mesmo tempo a função de conjunção e de negação da segunda proposição. Por isso, não negamos a segunda proposição quando utilizamos o nem.

~ Q: Catarina não é ocupante de cargo de chefia nem de diretoria.

Dica: nem = e +não.

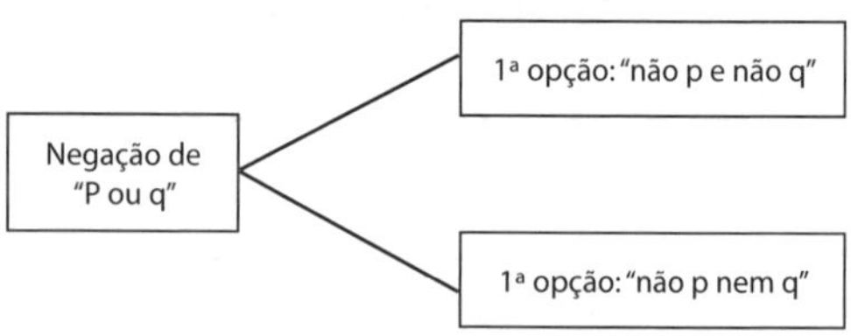

1.6.2. NEGAÇÃO DA CONJUNÇÃO

Fórmula: $\sim(p \wedge q) \equiv \sim p \vee \sim q$

Método passo a passo

1º passo: negar a primeira proposição.

2º passo: colocar o conectivo da disjunção inclusiva (ou).

3º Passo: negar a segunda proposição.

P: Mário é alto e Jorge é culpado.

1º passo: negar a primeira proposição.

A negação da proposição "Mário é alto" é "Mário não é alto".

Obs.: podemos utilizar os antônimos na negação.

A proposição "Mário não é alto" é equivalente a "Mário é baixo".

2º passo: colocar o conectivo da disjunção inclusiva (ou).

3º passo: negar a segunda proposição.

A negação da proposição "Jorge é culpado" é "Jorge não é culpado".

Obs.: a proposição "Jorge não é culpado" é equivalente a "Jorge é inocente".

A negação da proposição P é:

~ P: Mário não é alto ou Jorge não é culpado.

~ P: Mário é baixo ou Jorge é inocente.

Q: João Pessoa é a capital da Paraíba e Sergipe é a capital de Brasília.

~ Q: João Pessoa não é a capital da Paraíba ou Sergipe não é a capital de Brasília.

1.6.3. NEGAÇÃO DA CONDICIONAL

Fórmula: $\sim (p \rightarrow q) \equiv p \wedge \sim q$.

Método passo a passo

1º passo: manter a primeira proposição.

2º passo: colocar o conectivo da conjunção (e).

3º passo: negar a segunda proposição.

Exemplo:

P: Se corro, então canso.

Vamos ao passo a passo

1º passo: manter a primeira proposição.

Dica: a primeira proposição é toda a sentença depois do "se" e antes do "então".

Primeira proposição é "corro".

2º passo: colocar o conectivo da conjunção (e).

3º passo: negar a segunda proposição.

Dica: a segunda proposição é toda sentença depois do "então".

A segunda proposição é canso.

A negação de "canso" é "não canso".

~ P: Corro e não canso.

1.6.4. NEGAÇÃO DA BICONDICIONAL

Fórmula: $\sim (p \leftrightarrow q) = \sim p \leftrightarrow q$ outra opção $p \leftrightarrow \sim q$.

Método passo a passo

1ª opção: Negando apenas a primeira proposição

1º passo: negar a primeira proposição.

2º passo: colocar o conectivo da bicondicional (se e somente se).

3º passo: manter a segunda proposição.

Dica:

A primeira proposição é toda a sentença antes da expressão "se e somente se".

A segunda proposição é toda sentença depois da expressão "se e somente se".

2ª opção: Negando apenas a segunda proposição

1º passo: manter a primeira proposição.

2º passo: colocar o conectivo da bicondicional (se e somente se).

3º passo: negar a segunda proposição.

Cuidado! Você não pode negar as duas simultaneamente.

P: 2 é par se e somente se 3 é ímpar.

1ª opção: negando apenas a primeira proposição.

~P: 2 não é par se e somente se 3 é ímpar.

2ª opção: negando apenas a segunda proposição.

~P: 2 é par se e somente se 3 não é ímpar.

A negação da bicondicional ainda possui uma terceira opção, isso mesmo, uma terceira forma. Vamos lá, falta pouco!!!

Fórmula: $\sim (p \leftrightarrow q) = p \underline{\vee} q$.

Dica: manter as proposições e colocar o conectivo "ou... ou".

Método passo a passo

1º passo: manter a primeira proposição.

2º passo: colocar o conectivo da disjunção exclusiva (ou... ou).

3º passo: manter a segunda proposição.

P: 2 é par se e somente se 3 é ímpar.

~P: Ou 2 é par ou 3 é ímpar.

1.6.5. NEGAÇÃO DA DISJUNÇÃO EXCLUSIVA

Fórmula: $\sim (p \underline{\vee} q) = \sim p \underline{\vee} q$ outra opção $p \underline{\vee} \sim q$.

Método passo a passo

1ª opção: Negando apenas a primeira proposição

1º passo: negar a primeira proposição.

2º passo: colocar o conectivo da disjunção exclusiva (ou... ou).

3º passo: manter a segunda proposição.

2ª opção: Negando apenas a segunda proposição

1º passo: manter a primeira proposição.

2º passo: colocar o conectivo da disjunção exclusiva (ou... ou).

3º passo: negar a segunda proposição.

P: Ou João é baiano ou João é amazonense.

1ª opção de negação: negando a primeira e mantendo operador.

~P: Ou João não é baiano ou João é amazonense.

2ª opção de negação: negando a segunda e mantendo operador.

~P: Ou João é baiano ou João não é amazonense.

A negação da disjunção exclusiva ainda possui uma terceira opção, isso mesmo, uma terceira forma. Vamos lá, avante!!!

Fórmula: $\sim (p \underline{\vee} q) = p \leftrightarrow q$.

Dica: mantemos as proposições e colocamos o conectivo "se e somente se".

Método passo a passo

1º passo: manter a primeira proposição.

2º passo: colocar o conectivo da bicondicional (se e somente se).

3º passo: manter a segunda proposição.

Exemplo:

A: ou 2 é par ou 2 é ímpar.

~A: 2 é par se e somente se 2 é ímpar.

1.7. TABELA VERDADE

Definição: É uma maneira prática de organizar os valores lógicos de uma proposição simples ou composta.

O número de linhas de uma tabela verdade é fornecido pela expressão 2n, onde o n é o número de proposições simples (distintas) componentes e o 2 representa o número de valores lógicos possíveis (V ou F).

Dica: A fórmula 2^n será usada para descobrir o total de linhas ou saber a quantidade de valorações de uma proposição lógica.

1.8. CLASSIFICAÇÃO DAS TABELAS VERDADES

1.8.1. TAUTOLOGIA

Definição: Uma proposição composta representa uma tautologia quando o seu valor lógico é sempre verdade, independentemente dos valores das proposições componentes da proposição composta.

Exemplo:

Chove ou não chove ($p \vee \sim p$)

A tabela verdade é:

p	~p	p V ~p
V	F	V
F	V	V

1.8.2. CONTRADIÇÃO

Definição: Uma proposição composta representa uma contradição quando o seu valor lógico é sempre falso, independentemente dos valores das proposições componentes da proposição composta.

Exemplo:

Chove e não chove ($p \wedge \sim p$)

A tabela verdade é:

p	~p	p ∧ ~p
V	F	F
F	V	F

1.8.3. INDETERMINAÇÃO OU CONTINGÊNCIA

Definição: Uma proposição (simples ou composta) representa uma indeterminação quando os valores da proposição apresentam dois resultados V e F.

Exemplo:

Fulano é culpado (V ou F)

Maria é alta ou Mário é baixo. (V ou F)

2. EQUIVALÊNCIA LÓGICA

Definição; As proposições P e Q são equivalentes quando apresentam tabelas-verdade idênticas.

Indicamos que p é equivalente a q do seguinte modo: $p \Leftrightarrow q$.

★ Se ligue!

Para confirmar a equivalência lógica, deve-se construir as tabelas-verdade das proposições e, se apresentarem a mesma valoração (na ordem das linhas correspondentes), então as proposições serão equivalentes.

"A equivalência lógica permite dizer a mesma proposição com outras palavras".

Obs.: Nem todos os operadores lógicos possuem fórmulas especificas de equivalência.

2.1. EQUIVALÊNCIA DA CONDICIONAL

A condicional possui duas expressões equivalentes:

$p \rightarrow q \equiv \neg q \rightarrow \neg p \equiv \neg p \vee q$.

1ª forma: $p \rightarrow q \equiv \neg q \rightarrow \neg p$ (contrapositiva).

Obs.: Essa expressão foi comentada no Capítulo 1 na parte de propriedades da condicional.

Método passo a passo

1º passo: negar a primeira proposição.

Dica: a primeira proposição está depois do "se" e antes do "então".

2º passo: negar a segunda proposição.

A segunda proposição está depois do "então".

3º passo: inverter as proposições e manter o conectivo da condicional.

Exemplo: determine uma proposição equivalente à afirmação "se corro, então canso".

Se corro, então canso ($p \rightarrow q$).

Dica: primeira proposição é corro e a segunda é canso.

1º passo: negar a primeira proposição.

A negação de corro é não corro.

2º passo: negar a segunda proposição.

A negação de canso é não canso.

3º passo: inverter as proposições e manter o conectivo da condicional.

Se não canso, então não corro ($\neg q \rightarrow \neg p$).

As proposições "Se corro, então canso" e "Se não canso, então não corro" são equivalentes.

2ª forma: $p \rightarrow q \equiv \neg p \vee q$ (a negação da negação da condicional).

Método passo a passo

1º passo: negar a primeira proposição.

2º passo: colocar o conectivo ou.

3º passo: manter a segunda proposição.

Exemplo: determine uma proposição equivalente à afirmação "se corro, então canso".

Agora, iremos montar a equivalência usando a segunda opção.

Se corro, então canso ($p \rightarrow q$).

1º passo: negar a primeira proposição.

A negação de corro é não corro.

2º passo: colocar o conectivo ou.

3º passo: manter a segunda proposição.

A segunda proposição é canso.

A frase equivalente é Não corro ou canso ($\neg p \vee q$).

Dica 1: as proposições "$\neg p \vee q$" são equivalentes "$q \vee \neg p$". O conectivo "ou" permite a inversão, ou seja, "A ou B" = "B ou A".

Dica 2: a proposição $\neg p \vee q$ representa a negação da negação da condicional.

$\neg p \vee q$ pode ser escrita da seguinte forma: não é verdade que + negação da condicional.

$\neg p \vee q = \neg (p \wedge \neg q)$

A: Se corro então canso.

A NEGAÇÃO de "Se corro então canso" é "Corro e não canso".

$\neg p \vee q$ Não é verdade que, corro e não canso.

★ **Se ligue!**

Temos outra opção para escrever a proposição $\neg p \vee q$: não é verdade que, + negação de "$p \rightarrow q$"

> Resumo:
>
> Se corro, então canso. ($p \rightarrow q$)
>
> Se não canso, então não corro. ($\neg q \rightarrow \neg p$)
>
> Não corro ou canso. ($\neg p \vee q$)
>
> Canso ou não corro. ($q \vee \neg p$)
>
> Não é verdade que, corro e não canso. $\neg (p \wedge \neg q)$
>
> *Essas cinco frases, do ponto de vista lógico, representam a mesma coisa.*

2.2. EQUIVALÊNCIA DA BICONDICIONAL

Fórmula: $(p \leftrightarrow q) \equiv (p \rightarrow q) \wedge (q \rightarrow p)$.

Método passo a passo

1º passo: observar quem é a primeira proposição e segunda.

Dica: a primeira proposição está antes da expressão se e somente se e a segunda proposição está depois da expressão se e somente se.

2º passo: escrever a proposição "Se p então q".

3º passo: escrever a proposição "Se q então p".

4º passo: escrever a proposição "Se p então q + conectivo da conjunção + se q então p".

Exemplo: determine uma afirmação equivalente à frase "6 é par se e somente se 6 for um múltiplo de 2".

1ª proposição: 6 é par.

2ª proposição: 6 for um múltiplo de 2.

A: se 6 é par, então 6 é um múltiplo de 2, e se 6 é um múltiplo de 2, então 6 é par (proposição equivalente à proposição 6 é par se e somente se 6 for um múltiplo de 2).

★ **Se ligue!**

A proposição bicondicional tem outras duas formas de equivalência:

$(p \leftrightarrow q) = \sim p \vee q = p \vee \sim q$.

Nesse caso, mudamos para o conectivo da disjunção exclusiva e negamos apenas uma proposição, que pode ser ou a primeira ou a segunda.

A: 6 é par se e somente se 6 for um múltiplo de 2.

1ª opção: negando apenas a primeira proposição.

A negação de 6 é par é 6 não é par.

Resultado: ou 6 não é par ou 6 é um múltiplo de 2.

2ª opção: negando a segunda proposição.

A negação de 6 é um múltiplo de 2 é 6 não é um múltiplo de 2.

Resultado: ou 6 é par ou 6 não é um múltiplo de 2.

2.3. EQUIVALÊNCIA DA DISJUNÇÃO INCLUSIVA

Fórmula: $p \vee q \equiv \neg p \rightarrow q$.

Método passo a passo

1ª etapa: negar à primeira.

2ª etapa: manter a segunda proposição.

3ª etapa: colocar o operador da condicional. Não se esqueça de colocar o "se" antes da frase.

Exemplo: determine uma proposição equivalente à afirmação "O sol é uma estrela ou a lua é um satélite".

1ª etapa: negar à primeira.

A negação de O sol é uma estrela é O sol não é uma estrela.

2ª etapa: manter a segunda proposição.

A segunda proposição é a Lua é um Satélite.

3ª etapa: colocar o operador da condicional. Não se esqueça de colocar o "se" antes da frase.

Resultado: Se o sol não é uma estrela então lua é um satélite.

2.4. EQUIVALÊNCIA DA DISJUNÇÃO EXCLUSIVA

Fórmula: $(p \vee q) = \sim p \leftrightarrow q = p \leftrightarrow \sim q$.

Nesse caso, mudamos para o conectivo da bicondicional e negamos apenas uma proposição, que pode ser ou a primeira ou a segunda.

Método passo a passo

1ª etapa: escolher a proposição que será negada: ou primeira ou a segunda.

2ª etapa: colocar o conectivo da bicondicional.

Exemplo: determine uma proposição equivalente à afirmação "Ou 2 é par ou 2 é ímpar".

A: Ou 2 é par ou 2 é ímpar.

1ª opção: negando apenas a primeira proposição.

A negação de 2 é par é 2 não é par.

Resultado: 2 não é par se e somente se 2 é ímpar.

2ª opção: negando a segunda proposição.

A negação de 2 é ímpar é 2 não é ímpar.

Resultado: 2 é par se e somente se 2 não é ímpar.

3. QUANTIFICADORES

Definição: É um termo utilizado para quantificar uma expressão. Os quantificadores são utilizados para transformar uma sentença aberta ou proposição aberta em uma proposição lógica.

★ Se ligue!

Chama se de Lógica de primeira ordem toda proposição que contém pelo menos um quantificador.

3.1. QUANTIFICADOR UNIVERSAL (∀)

O símbolo ∀ pode ser lido das seguintes formas:

$$\text{mas:}\begin{cases} todo \\ para \quad todo \\ qualquer \quad que \quad seja \end{cases}$$

Exemplo: Todo homem é mortal.

A conclusão dessa afirmação é: se você é homem, então será mortal.

Na representação do diagrama lógico, seria:

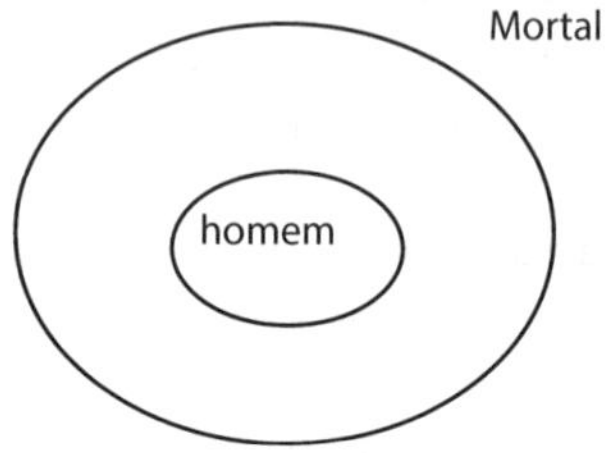

★ Se ligue!

Todo homem é mortal, mas nem todo mortal é homem.

A forma "Todo A é B" pode ser escrita na forma: *Se A então B.*

A forma simbólica da expressão "Todo A é B" é a expressão (∀ (x) (A (x) → B).

Talvez você tenha ficado na dúvida sobre como o todo é colocado na forma da condicional.

A palavra todo representa uma relação de inclusão de conjuntos, por isso está associada ao operador da condicional.

"Todo gato é cachorro" representa o seguinte diagrama:

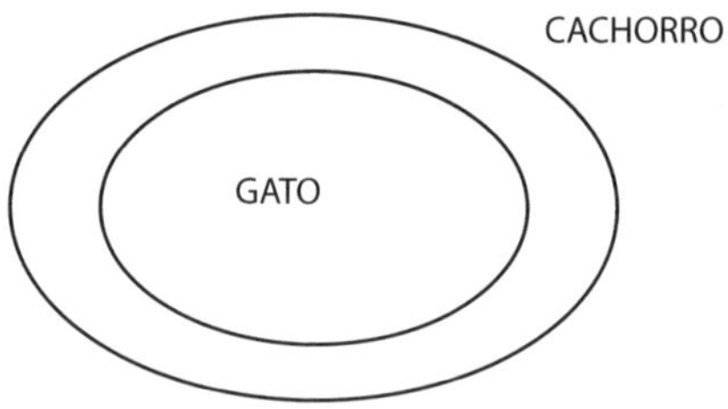

3.2. QUANTIFICADOR EXISTENCIAL (∃)

O símbolo ∃ pode ser lido das seguintes formas: pelo menos um/ existe / algum

Exemplo: "Algum matemático é filósofo". O diagrama lógico dessa frase é:

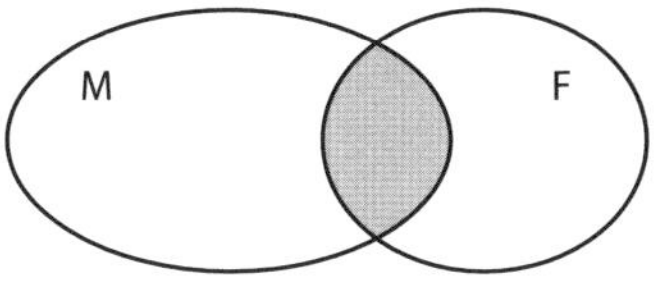

O quantificador existencial tem a função de elemento comum. A palavra algum, do ponto de vista lógico, representa termos comuns, por isso "Algum A é B" possui a seguinte forma simbólica: $(\exists (x)) (A (x) \wedge B)$.

★ **Se ligue!**

Parte 1: A palavra *todo* não permite inversão dos termos. Como assim?

Exemplo: "Todo A é B" é diferente de "Todo B é A".

A palavra *algum* permite a inversão dos termos. Como assim?

Exemplo: "Algum A é B" é a mesma coisa que "Algum B é A".

Parte 2: A frase "todo homem é mortal" possui as seguintes conclusões:

1ª) Algum mortal é homem ou algum homem é mortal.

2ª) Se José é homem, então José é mortal.

Forma simbólica dos quantificadores

Todo A é B = $(\forall (x) (A (x) \rightarrow B)$.

Alqum A é B = $(\exists (x)) (A (x) \wedge B)$.

Nenhum A é B = $(\sim \exists (x)) (A (x) \wedge B)$.

Algum A não é B= $(\exists (x)) (A (x) \wedge \sim B)$.

Nomenclatura dos quantificadores

Todo A é B : frase universal afirmativa

Nenhum A é B: frase universal negativa

Algum A é B: frase particular afirmativa

Algum A não é B: frase particular negativa

3.3. TIPOS DE PROPOSIÇÕES CATEGÓRICAS

Chama-se de *proposições categóricas* proposições simples e diretas na forma de sujeito-predicado. Elas apresentam quatro tipos:

A: Todo M é N.

B: Nenhum M é N (todo M não é N).

C: Algum M é N.

D: Algum M não é N.

Caso 1: Todo M é N

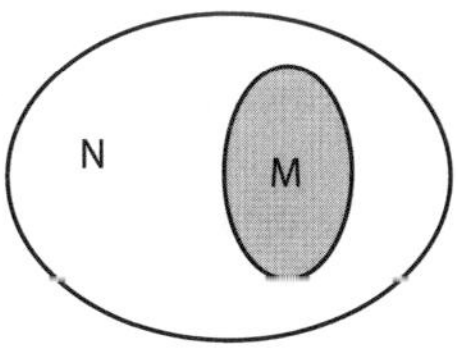

Essa relação mostra que o conjunto M está dentro do conjunto N. Logo, M é subconjunto de N.

Exemplo: Todo homem é sábio.

O conjunto "homem" está dentro do conjunto "sábio".

Caso 2: Nenhum M é N

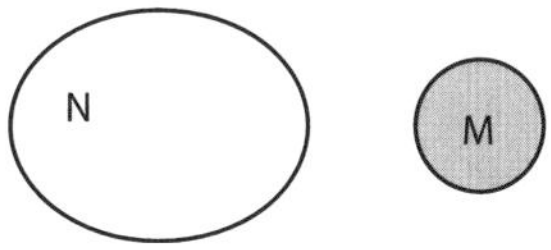

O termo *nenhum* tem a função de exclusão, por isso os conjuntos não possuem elementos comuns. Logo, M e N são conjuntos distintos.

Exemplo: Nenhum gato é cachorro.

Nesse caso, não existe animal que seja gato e cachorro, isto é, ou é gato ou é cachorro.

A expressão Nenhum M é N também pode ser escrita na forma Todo M não é N.

A expressão Nenhum M é N é equivalente é a Nenhum N é M.

Caso 3: Algum M é N

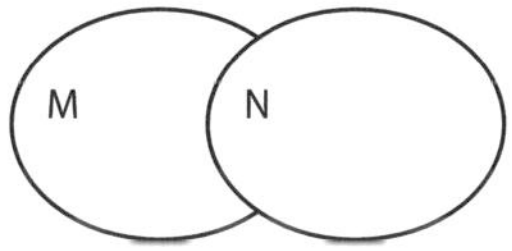

A palavra *algum* representa elemento comum, isto é, que pertence aos dois conjuntos ao mesmo tempo. Logo, $M \cap N$ (intersecção de conjuntos).

Caso 4: Algum M não é N

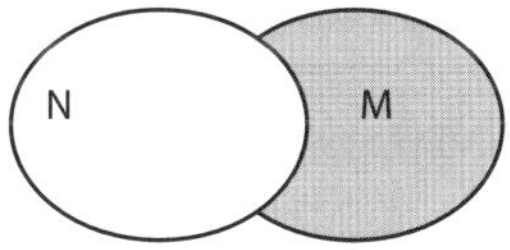

Nesse caso, a expressão *algum* representa um elemento que pertence ao conjunto M, mas não pertence ao conjunto N. Logo, M – N (diferença de conjuntos).

Cuidado! "Algum M não é N" é equivalente a "Algum não N é M". Agora, "Algum M não é N" é diferente de "Algum N não é M". Conforme vemos no diagrama abaixo:

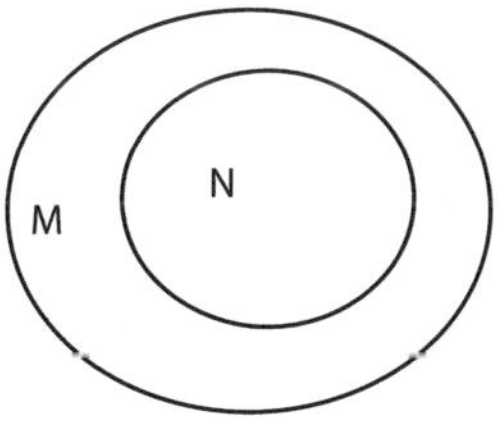

"Algum M não é N" é verdadeira, mas não posso afirmar que "Algum N não é M", devido a essa possibilidade de o conjunto N estar dentro do conjunto M.

4. CONJUNTOS

★ **Se ligue!**

Não existe uma definição de conjunto, pois se trata de um conceito primitivo. Mas podemos dizer que conjunto é uma reunião de elementos que possuem uma propriedade comum.

4.1. REPRESENTAÇÃO DE UM CONJUNTO

1. Enumeração dos elementos

Exemplo: A = {0, 1, 2, 3, 4}.

2. Diagrama de Venn

Exemplo:

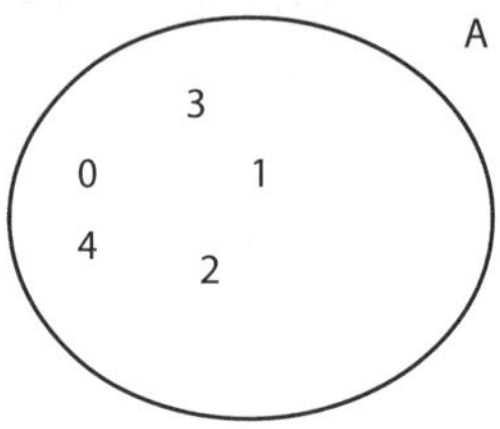

3. Uso de uma propriedade

Exemplo: o conjunto A = {janeiro, junho, julho} pode ser representado da seguinte forma A = {x / x é mês do ano cujo nome começa pela letra j}.

Essa propriedade usada deve ser uma propriedade comum e que permita a outra pessoa descobrir os elementos.

Conjunto vazio: é um conjunto que não possui elementos. O conjunto vazio é representado por { } ou ∅.

Cuidado: {∅} essa forma representa um conjunto unitário.

Conjunto unitário: é um conjunto que possui apenas um elemento.

4.2. RELAÇÃO DE PERTINÊNCIA

Essa relação é utilizada para sabermos se um elemento pertence ou não a um conjunto qualquer.

Símbolos: ∈ pertence e ∉ não pertence.

Esses símbolos só podem ser usados na relação de elementos.

Exemplo:

Dado o conjunto A = {0, 1, 2, 3, 4, 5}. Temos as seguintes relações:

$1 \in A$ $7 \notin A$

A ordem é elemento – símbolo – conjunto ($1 \in A$).

★ **Se ligue!**

A = {a, b, {c}}.

$a \in A$

$c \notin A$

Obs.: o elemento que pertence ao conjunto A é {c}.

Uma forma de visualizar os elementos que pertencem a determinado conjunto, é imaginá-lo sem "as chaves". Exemplo: Os elementos do conjunto A são: a, b, {c}.

Essa é uma pegadinha clássica da teoria de pertinência! Ufa, essa pegadinha não será mais problema. Vamos caminhando!

4.3. RELAÇÃO DE INCLUSÃO

Essa relação é usada para saber se um conjunto está contido no outro.

Símbolos: ⊂ está contido e ⊄ não está contido.

⊃ contém e ⊅ não contém.

$A \subset B$ ou $B \supset A$.

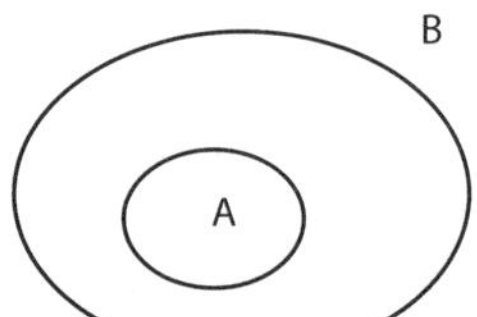

Dica: a "boca" é voltada para o conjunto maior.

Essa relação é usada somente para relação de conjuntos, por isso:

1 ⊂ *A* não existe, pois o símbolo de inclusão não pode ser usado na relação de elemento e conjunto.

{1} ⊂ *A* – essa é a relação verdadeira.

4.4. SUBCONJUNTO

Subconjuntos: quando todos os elementos de um conjunto A qualquer pertencem a um outro conjunto B, diz-se, então, que A é um subconjunto de B, ou seja, $A \subset B$.

Observações:

- Todo o conjunto A é subconjunto dele próprio, ou seja, $A \subset A$.
- O conjunto vazio, por convenção, é subconjunto de qualquer conjunto, ou seja, { } ⊂ A.

O número de subconjuntos de um conjunto A é dado pela fórmula: 2n, em que n representa a quantidade de elementos distintos de um conjunto A.

Determine a quantidade de subconjuntos que podemos formar a partir do conjunto A = {a, b, c, d}.

RESOLUÇÃO:

O conjunto A possui quatro elementos distintos, logo: $2^4 = 2 . 2 . 2 . 2 = 16$ subconjuntos.

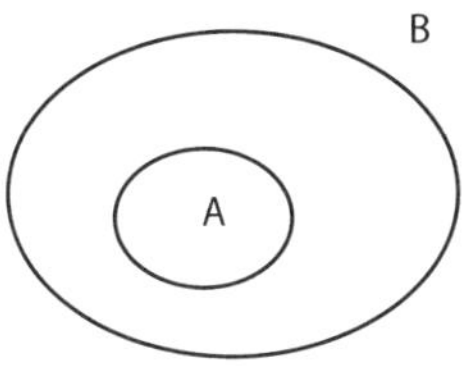

★ **Se ligue!**

O número de subconjuntos não vazios é expresso pela fórmula 2n-1.

4.5. OPERAÇÕES ENTRE CONJUNTOS

4.5.1. UNIÃO

Dados os conjuntos A e B, define-se como união dos conjuntos A e B o conjunto representado por $A \cup B$, formado por todos os elementos pertencentes a A ou B, ou seja: $A \cup B = \{x / x \in A \text{ ou } x \in B\}$.

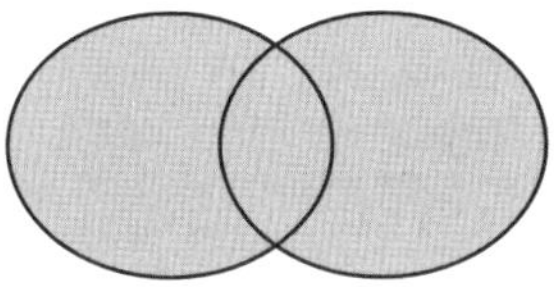

$A \cup B$

Considere o conjunto A {1, 2, 3} e o conjunto B {3, 4, 5}. Determine o conjunto $A \cup B$.

Resposta: $A \cup B = \{1, 2, 3, 4, 5\}$.

4.5.2. INTERSECÇÃO OU INTERSEÇÃO

Curiosidade!

Interseção (português brasileiro) ou intersecção (português europeu).

Dados os conjuntos A e B, define-se como intersecção dos conjuntos A e B o conjunto representado por $A \cap B$, formado por todos os elementos pertencentes a A e B, simultaneamente, ou seja: $A \cap B = \{x / x \in A \text{ e } x \in B\}$.

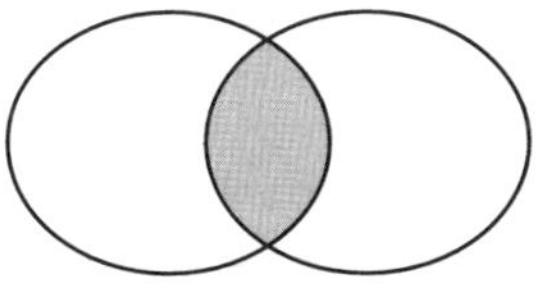

$A \cap B$

Considere o conjunto A {1, 2, 3} e o conjunto B {3, 4, 5}. Determine o conjunto $A \cap B$.

$A \cap B = \{3\}$.

4.5.3. DIFERENÇA

Dados os conjuntos A e B, define-se como diferença entre A e B (nesta ordem) o conjunto representado por A-B, formado por todos os elementos pertencentes a A, mas que não pertencem a B, ou seja, $A - B = \{x / x \in A \text{ e } x \notin B\}$.

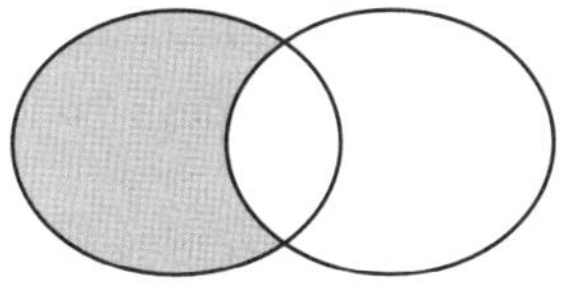

A – B

Considere o conjunto A {1, 2, 3} e o conjunto B {3, 4, 5}. Determine o conjunto A – B.

Resposta: $A - B = \{1, 2\}$.

Diferença simétrica

Definição: É a união das duas diferenças.

$A \Delta B = (A - B) \cup (B - A)$.

Obs.: $(A - B) \cup (B - A) = (A \cup B) - A \cap B$.

4.6. REUNIÃO DE ELEMENTOS

Fique esperto!

Esse tema é o mais cobrado nas provas de concursos e afins.

As questões sobre reuniões de elementos podem ser respondidas de duas formas: uso da fórmula da reunião ou uso dos diagramas de Venn.

Qual a melhor opção?

Situação 1: quando conhecemos a totalidade (Total de elementos de um determinado conjunto) dos conjuntos, então o uso da fórmula é a melhor opção desde que a pergunta não remeta a uma região específica. A ideia é simples: Temos o total de elementos dos conjuntos e a pergunta é sobre a totalidade de um conjunto? Se a resposta for *sim*, então o uso a da fórmula é a melhor opção.

Exemplo dessa situação: questão 1 do treinamento proposto.

Situação 2: quando a pergunta é sobre uma região específica ou quando são informados os valores de regiões específicas, então o uso do diagrama é a melhor opção, na minha opinião.

Exemplo dessa situação: questão 3 do treinamento proposto.

1ª opção: uso da fórmula

Caso 1: dois conjuntos

$n(A \cup B) = n(A) + n(B) - n(A \cap B)$.

Caso 2: três conjuntos

$n(A \cup B \cup C) = n(A) + n(B) + n(C) - n(A \cap B) - n(B \cap C) - n(A \cap C) + n(A \cap B \cap C)$

Obs.: esse tipo de questões pode ser respondido pelo diagrama lógico.

★ **Se ligue!**

A fórmula pode ser utilizada para um determinado conjunto. O seu processo de desenvolvimento é fácil de perceber.

Vamos começar com o caso com três conjuntos, ok?

1º passo: conjuntos individuais (positivos)

$n(A) + n(B) + n(C)$

2º passo: a menor interseção (negativo)

$- n(A \cap B) - n(B \cap C) - n(A \cap C)$

3º passo: a próxima interseção (positivo)

$n(A \cap B \cap C)$

Pronto? Vamos montar a fórmula para 4 conjuntos relacionados.

1º passo: Conjuntos individuais (positivos)

$n(A) + n(B) + n(C) + n(D)$

2º passo: a menor interseção (negativo)

$- n(A \cap B) - n(A \cap C) - n(A \cap D) - n(B \cap C) - n(B \cap D) - n(C \cap D)$

3º passo: a próxima interseção (positivo)

$n(A \cap B \cap C) + n(A \cap B \cap D) + n(B \cap C \cap D)$

4º passo: a próxima interseção (negativo)

$n(A \cap B \cap C \cap D)$

A fórmula com quatro conjuntos está pronta.

$n(A) + n(B) + n(C) + n(D) - n(A \cap B) - n(A \cap C) - n(A \cap D) - n(B \cap C) - n(B \cap D) - n(C \cap D) + n(A \cap B \cap C) + n(A \cap B \cap D) + n(B \cap C \cap D) - n(A \cap B \cap C \cap D)$

<u>2º opção: uso do diagrama de Venn</u>

Conhecendo as regiões dos conjuntos!

Caso 1: dois conjuntos

Nesse caso, temos três regiões formadas.

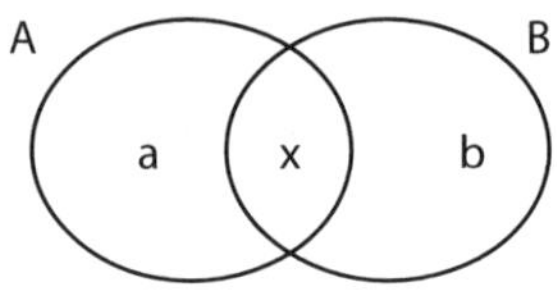

Vamos conhecer as regiões!

a: região do somente A.

Obs.: a região somente A corresponde à região que possui apenas elementos do conjunto A, ou seja, a região de elementos do conjunto A que não realiza intersecção com nenhum outro conjunto.

b: região do somente B.

x: $n(A \cap B)$.

$a = n(A) - x$.

$b = n(B) - x$.

Caso 2: três conjuntos

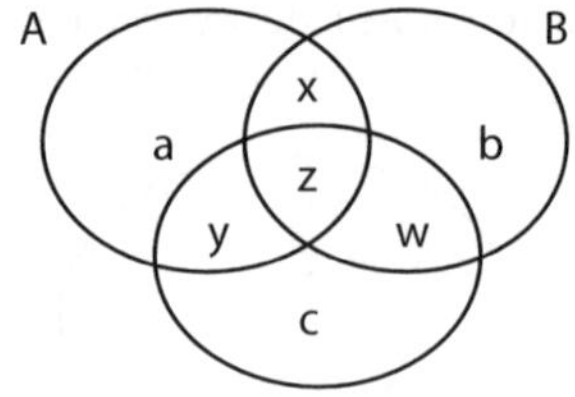

Vamos conhecer as regiões!

a: região do somente A.

b: região do somente B.

c: região do somente C.

x: região do somente $(A \cap B)$.

y: região do somente $(A \cap C)$.

w: região do somente $(B \cap C)$.

z :região de $(A \cap B \cap C)$.

Agora, vamos descobrir os valores!

$z = n(A \cap B \cap C)$.

$x = n(A \cap B) - z$.

$y = n(A \cap C) - z$.

$w = n(B \cap C) - z$.

$a = n(A) - x - y - z$.

$b = n(B) - x - w - z$.

$x = n(C) - y - w - z$.

Comentário: durante as questões vamos compreender melhor todas as regiões.

4.7. EXEMPLOS COMENTADOS

1. Uma empresa divide-se unicamente em dois departamentos A e B. Sabe-se que 19 funcionários trabalham em A, 13 funcionários trabalham em B e existem 4 funcionários que trabalham em ambos os departamentos. O total de funcionários dessa empresa é:

(A) 24.

(B) 28.

(C) 30.

(D) 34.

(E) 38.

Resolução:

1º degrau: resumo do enunciado.

A = 19, B = 13 e A e B = 4.

2º degrau: montagem do diagrama.

Dica: sempre começar pela intersecção.

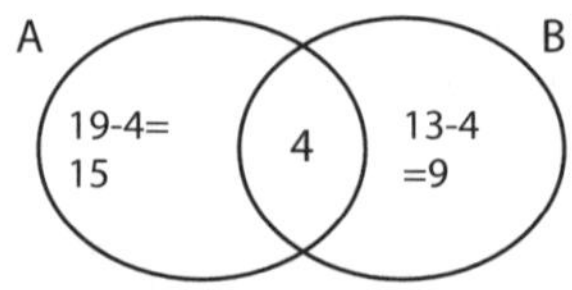

Conclusão:

Somente A = 15.

Somente B = 9.

A e B ao mesmo tempo = 4.

Total: 15 + 9 + 4 = 28.

Resposta: letra B.

2. (FCC) Uma pesquisa com os funcionários de uma empresa sobre a disponibilidade de horário para um dia de jornada extra (sábado e/ou domingo) é mostrada na tabela abaixo:

Disponibilidade quantidade de funcionários

Apenas sábado 25

No sábado 32

No domingo 37

Dentre os funcionários pesquisados, o total dos que manifestaram jornada extra "apenas" no domingo é igual a:

(A) 7.

(B) 14.

(C) 27.

(D) 30.

(E) 37.

Resolução:

Resumo do enunciado.

Apenas no sábado, 25, no sábado, 32, e no domingo, 37.

Como no sábado são 32 e apenas no sábado, 25, logo, 7 trabalham sábado e domingo.

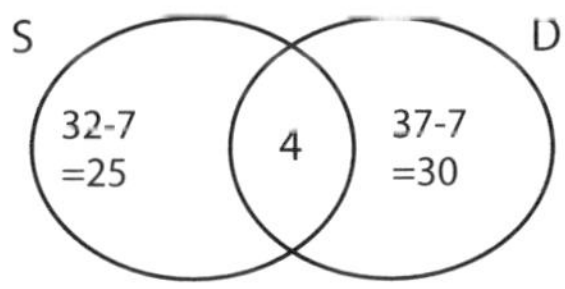

Ou seja, somente no domingo são 30.

Resposta: letra D.

3. (CESPE) Considere que os livros L, M e N foram indicados como referência bibliográfica para determinado concurso. Uma pesquisa realizada com 200 candidatos que se preparam para esse concurso usando esses livros revelou que:

10 candidatos utilizaram somente o livro L;

20 utilizaram somente o livro N;

90 utilizaram o livro L;

20 utilizaram os livros L e M;

25 utilizaram os livros M e N;

15 utilizaram os três livros.

Considerando esses 200 candidatos e os resultados da pesquisa, julgue os itens seguintes.

3) Mais de 6 candidatos se prepararam para o concurso utilizando somente os livros L e M.
4) Mais de 100 candidatos se prepararam para o concurso utilizando somente um desses livros.
5) 90 candidatos se prepararam para o concurso utilizando pelos menos dois desses livros.
6) O número de candidatos que se prepararam para o concurso utilizando o livro M foi inferior a 105.

Resolução:

1º degrau: resumo do enunciado.

10 candidatos utilizaram somente o livro L.

20 utilizaram somente o livro N.

90 utilizaram o livro L.

20 utilizaram os livros L e M.

25 utilizaram os livros M e N.

15 utilizaram os três livros.

2º degrau: construção do diagrama.

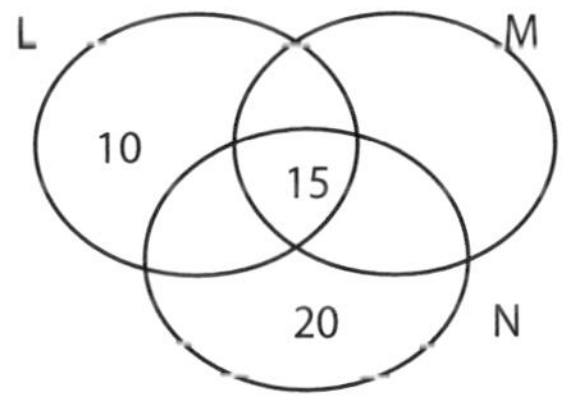

Vamos agora encontrar a intersecção dos conjuntos.

Podemos observar que o espaço L e N não foram fornecidos, mas podemos calcular a partir da subtração de todos os elementos de L pelos que já foram utilizados.

L e N = 90 – 15 – 5 – 10 = 60.

Falta encontrar o espaço somente M. Agora, iremos subtrair o total de elementos pelos elementos utilizados. 200 escolheram pelo menos um livro.

M = 200 – 15 – 60 – 10 – 5 – 10 – 20 = 80.

Conclusão:

Somente L = 10.

Somente M = 80.

Somente N = 20.

Somente L e M = 5.

Somente L e N = 60.

Somente M e N = 10.

Os três livros = 15.

3) Mais de 6 candidatos se prepararam para o concurso utilizando somente os livros L e M.

Foram 5.

Resposta: item ERRADO.

4) Mais de 100 candidatos se prepararam para o concurso utilizando somente um desses livros.

Nesse caso, devemos somar todos que usaram somente L ou somente M ou somente N.

Resultado: 10 + 80 + 20 = 110.

Resposta: item CERTO.

5) Noventa candidatos se prepararam para o concurso utilizando pelos menos dois desses livros.

Nesse caso, pelo menos 2, pode ser 2 ou 3 livros.

Resultado: 5 + 60 + 10 + 15 = 90.

Resposta: item CERTO.

6) O número de candidatos que se prepararam para o concurso utilizando o livro M foi inferior a 105.

Nesse caso, todos que usaram o livro M, se fosse somente M a resposta seria 80.

Resultado: 80 + 5 + 10 + 15 = 110.

Resposta: item ERRADO.

5. PORCENTAGEM

5.1. NOÇÃO DE PORCENTAGEM

A porcentagem é muito utilizada no nosso cotidiano, porém muitas pessoas ainda têm dificuldades com porcentagem.

★ **Se ligue!**

A porcentagem é índice (referencial) que depende de uma base (número)

A noção de porcentagem:

$a\,\% = \frac{a}{100}$ ou 0,0a

Exemplos:

$5\% = \frac{5}{100}$ ou 0,05 (corre a vírgula duas casa para esquerda) Cálculo de porcentagem

a) 40% de 120

1ª opção: $\frac{40}{100} \,.\, 120 = \frac{40.120}{100} = \frac{4800}{100} = 48.$

2ª opção: utilizando o método da regra de três simples.

O número 120 é base, logo corresponde a 100%.

Valor	Percentual (%)
120	100
x	40

100 . x = 120 . 40

100 . x = 4.800

$x = \frac{4800}{100} = 48.$

5.2. OPERAÇÕES COMERCIAS

Para iniciar os estudos sobre lucro ou prejuízo, deve estar atento que o preço inicial sempre corresponde a 100% (ou preço base).

Primeiro vamos estudar o lucro ou ágio.

Essas palavras representam o aumento do percentual.

Exemplo:

10 % de lucro = 100 + 10 = 110%

Agora, vamos estudar o desconto ou prejuízo.

10% de desconto = 100 - 10 = 90%

25% de prejuízo = 100 - 25 = 75%.

Dica: Preço inicial ---------- 100%

Preço de venda ----------% da venda (lucro ou prejuízo)

5.3. EXEMPLOS COMENTADOS

01. (Analista Judiciário – TRT 9ª Região 2010/FCC) A tabela abaixo apresenta as frequências das pessoas que participaram de um programa de recuperação de pacientes, realizado ao longo de cinco dias sucessivos.

	1º dia	2º dia	3º dia	4º dia	5º dia
Quantidade de pessoas presentes	79	72	75	64	70

Considerando que cada um dos participantes faltou ao programa em exatamente 2 dias, então, relativamente ao total de participantes, a porcentagem de pessoas que faltaram no terceiro dia foi

(A) 40%

(B) 38,25%

(C) 37,5%

(D) 35,25%

(E) 32,5%

Resolução:

Total de frequências: 79 + 72 + 75 + 64 + 70 = 360

X = número de pessoas por dia

Total de faltas= 2x (cada pessoa faltou 2 dias)

A soma do total de frequências mais o total de faltas corresponde ao total de pessoas (considerando a soma dos cinco dias).

5x = 360 + 2x

5x - 2x = 360

3x = 360

$X = \frac{360}{3}$

X = 120 (quantidade de pessoas por dia)

O percentual de pessoas que faltaram no 3º dia é igual a

$$\frac{45}{120} \cdot 100 = \frac{4500}{120} = 37,5\%$$

Obs.: o total de pessoas é 120, sendo 75 pessoas presente. Conclusão: 120 - 75 = 45 pessoas ausente.

Resposta: letra C

02. (TRT PR FCC 2013) Atendendo ao pedido de um cliente, um perfumista preparou 200 mL da fragrância X. Para isso, ele misturou 20% da essência A, 25% da essência B e 55% de veículo. Ao conferir a fórmula da fragrância X que fora encomendada, porém, o perfumista verificou que havia se enganado, pois ela deveria conter 36% da essência A, 20% da essência B e 44% de veículo. A quantidade de essência A, em mL, que o perfumista deve acrescentar aos 200 mL já preparados, para que o perfume fique conforme a especificação da fórmula é igual a

(A) 50.

(B) 45.

(C) 40.

(D) 36.

(E) 32.

Resolução:

Mistura inicial:

A: 20% de 200 ml = 40 ml

Mistura desejada:

A: 36% do total

Obs.: A quantidade da essência A será 40 (mistura anterior) + x (quantidade de essência A acrescentada).

A mistura total será igual a 200 + x (quantidade de essência A acrescentada).

Número --- %

200+ x 100

40 + x 36

100 (40+ x) = 36 (200 + x)

4000 + 100 x = 7200 + 36x

100x – 36x = 7200 - 4000

64x = 3200

x = 3200/64 = 50

Resposta: letra A.

03. (TRT RJ FCC 2013) A etiqueta de um produto indica que seu preço é R$ 160. No sistema da loja, porém, um de seus três dígitos foi registrado errado, gerando um valor x% maior do que o da etiqueta. Apenas com essas informações, conclui-se que x pode valer, no máximo,

(A) 5.

(B) 6.

(C) 19.

(D) 500.

(E) 600

Resolução:

Valor mínimo = 160

Valor máximo = 960 (colocando o algarismo 9 no lugar do algarismo 1)

Aumento de 800 (960 - 160)

Número --- %

160 100

800 x

160x = 800.100

X = 80000/160 = 500% de aumento

Resposta: letra D.

04. (TRT PE FCC 2012) Em um edifício, 40% dos condôminos são homens e 60% são mulheres. Dentre os homens, 80% são favoráveis à construção de uma quadra de futebol. Para que a construção seja aprovada, pelo menos a metade dos condôminos deve ser a favor. Supondo que nenhum homem mude de opinião, para que a construção seja aprovada, o percentual de mulheres favoráveis deve ser, no mínimo,

(A) 20%.

(B) 25%.

(C) 30%.

(D) 35%.

(E) 50%.

Resolução:

Total de pessoas = 100 (suposição)

Homens = 40 (40% de 100)

Mulheres = 60 (60% de 100)

Homens que são favoráveis a construção: 32 (80% de 40)

São necessárias 18 mulheres, pois precisamos de, pelo menos, 50% (50% de 100 = 50) dos moradores.

Agora, encontrar a o percentual de mulheres favoráveis.

Mulheres---------------%

60 100

18 x

60x = 18 . 100

X = 1800/60

X = 30%

Resposta: letra C.

05. (TRT RJ FCC 2013) Um investidor comprou um apartamento X e revendeu-o em seguida, conseguindo lucro nessa transação. Com a totalidade do dinheiro obtido, comprou um apartamento Y e revendeu-o por um valor 40% maior do que o que havia comprado. Considerando o dinheiro investido no apartamento X e o valor pelo qual foi vendido o apartamento Y, o investidor obteve 61% de lucro. Dessa forma, o lucro obtido na venda do apartamento X foi de

(A) 10%.

(B) 12%.

(C) 15%.

(D) 18%.

(E) 21%.

Resolução:

X = 100%

Y: ?

Valor final de Y = 140% (40% de aumento)

X para o valor final de Y = 161% (61% de lucro ou aumento)

161/140 = 115% (15% de aumento ou lucro)

Comentário: Y = 115% do valor de X.

Resposta: letra C.

06. (TRT RJ FCC 2013) Em uma escola privada, 22% dos alunos têm bolsa de estudo, sendo os demais pagantes. Se 2 em cada 13 alunos pagantes ganharem bolsa de estudo, a escola passará a contar com 2.210 alunos bolsistas. Dessa forma, o número atual de alunos bolsistas é igual a

(A) 1.430.

(B) 340.

(C) 910.

(D) 1.210.

(E) 315.

Resolução:

Temos 22% bolsistas, logo 78% são pagantes.

Se 2 em cada 13 alunos pagantes ganharem bolsa de estudo.

Conclusão:

Total de partes = 13

Bolsistas = 2 partes e Pagantes = 11 partes.

$$\frac{78}{2+11} = \frac{78}{13} = 6$$

Bolsistas = 2. 6 = 12% (aumentos dos bolsistas)

Nova quantidade de bolsistas = 22 + 12 = 34% do total (esse valor corresponde a 2210)

Quantidade inicial de bolsistas = 22%

Agora, vamos montar a regra de três.

Número --- %

2210 34

X 22

34x = 2210.22

$$x = \frac{48620}{34} = 1430$$

Resposta: letra A.

07. (TRT RS FCC 2009) Jeová comprou dois automóveis, um para seu próprio uso e o outro para dar de presente à sua esposa, e, após um ano, vendeu cada um deles por R$ 39.100,00. Sabendo que, relativamente aos custos de tais veículos, um automóvel foi vendido com um lucro de 15% e o outro com um prejuízo de 15%, é correto afirmar que, com a venda dos dois automóveis, Jeová

(A) teve um prejuízo de R$ 1.800,00.

(B) lucrou R$ 2.500,00.

(C) teve um prejuízo de R$ 2.000,00.

(D) lucrou R$ 3.000,00.

(E) não teve lucro nem prejuízo.

Resolução:

Obs.: Questão clássica de concurso!

Comentário: O lucro e prejuízo são calculados de bases distintas, por isso devemos calcular. Não confunda valor final com o valor base. Nessa questão tem o valor final de cada venda, porém não temos valores bases de cada venda.

1ª etapa: lucro de 15%

Valor final = 39100

15% de lucro (lucro = aumento) = 100 + 15 = 115%

Valor inicial = x

Número ----------- %

x 100

39100 115

115 x = 39100. 100

X = 3910000/115

X = 34000

Lucro = receita – custo

Lucro = 39100 - 34000 = 5100

2ª etapa: prejuízo de 15%

Valor final = 39100

15% de prejuízo (prejuízo=redução) = 100 - 15 = 85%

Valor inicial = x

Número ----------- %

x 100

39100 85

85 x = 39100. 100

X = 3910000/85

X = 46000

Prejuízo = receita – custo

Prejuízo = 39100 - 46000 = -6900

Resultado: = - 6900 + 5100 = -1800

Resposta: letra A.

08. (TRT Campinas FCC 2009) Uma pesquisa revelou que, nos anos de 2006, 2007 e 2008, os totais de processos que deram entrada em uma Unidade do TRT aumentaram, respectivamente, 10%, 5% e 10%, cada qual em relação ao ano anterior. Isso equivale a dizer que, nessa Unidade, o aumento cumulativo das quantidades de processos nos três anos foi de

(A) 25%

(B) 25,25%

(C) 26,15%

(D) 26,45%

(E) 27,05%

Resolução:

Tema: aumentos sucessivos

Valor final = (1 + i1) (1 + i2) (1 + i3)...

i1 = 10% = 10/100 =0,1

i2 = 5% = 5/100 = 0,05

i3 = 10% = 10/100 = 0,1

(1 + 0,1)(1+0,05) (1 + 0,1)

(1,1) (1,05) (1,1)

(1,155) (1,1) = 1,27 05 (valor final na forma decimal, por isso deve se multiplicar por 100 para retornar a forma percentual)

1,2705. 100 = 127,05% (valor final)

Valor inicial = 100% (valor fixo, ou seja, valor inicial sempre será igual a 100%)

Valor final = 127,05%

127,05 100 = 27,05% de aumento

Resposta: letra E.

Regime Jurídico Único

Larissa Mercês

✦ DICAS

CAPÍTULO 1 – REGIME JURÍDICO ÚNICO: LEI 8.112/1990 E ALTERAÇÕES

1.1. REGIME JURÍDICO

Regime jurídico é o conjunto de regras de direito que regula determinada relação jurídica.

O **regime estatutário** é o conjunto de regras que regula a relação jurídica funcional entre o servidor público estatutário e o Estado. Tem por principais características a pluralidade normativa e a natureza não contratual. A pluralidade normativa indica que os estatutos funcionais são diversos, já que cada ente da Federação tem competência para editar normas acerca dos seus servidores. Já a natureza não contratual decorre do fato de que o vínculo entre o ente público e o servidor não decorre de contrato, mas sim da lei.

O **regime trabalhista** estatal é o conjunto de regras que regula a relação jurídica funcional entre o servidor público empregado e o Estado. Tem por características a unicidade normativa, já que são regulados pela Consolidação das Leis Trabalhistas-CLT, e natureza contratual, eis que é celebrado contrato de trabalho entre as partes.

O regime jurídico único, a seu turno, é o regime escolhido pelo Estado brasileiro para regular sua relação funcional com seus servidores, que, nos termos do artigo 39, caput, da Constituição de 1988, é o regime estatutário. Desta feita, a Constituição definiu que esse regime seria o mesmo (único) para todos os entes da federação:

> Art. 39. A União, os Estados, o Distrito Federal e os Municípios instituirão, no âmbito de sua competência, regime jurídico único e planos de carreira para os servidores da administração pública direta, das autarquias e das fundações públicas.

Acontece que, com o advento da Emenda Constitucional nº 19/98, a redação do *caput* do artigo 39 foi alterada, tendo sido suprimida a obrigatoriedade do regime jurídico único, de modo que se passou a possibilitar a adoção de outro regime, no caso o trabalhista, pela Administração Pública. Mas, em sede de liminar no bojo de uma ADIN, no ano de 2008, o STF suspendeu a eficácia do dispositivo alterado, conferindo efeitos *ex nunc* à decisão, respeitando, assim, a validade dos atos anteriormente praticados com base em legislações eventualmente editadas durante a vigência do dispositivo suspenso.

Ou seja, atualmente e até o julgamento definitivo da ADIN, continua sendo exigido constitucionalmente a adoção do regime jurídico único para os entes da Administração Pública de qualquer esfera de Governo, sendo que entre a vigência da EC 19/98 e a decisão liminar proferida na menciona ação, possibilitou-se no Brasil mais de um regime jurídico para os servidores estatais.

A Lei nº 8.112/90 regula, em âmbito federal, o regime jurídico dos servidores públicos civis da União, das autarquias e das fundações públicas federais.

1.2. CONCURSO

A Constituição de 1988, em seu artigo 37, II, estabelece que a investidura em cargo ou emprego público depende de aprovação prévia em concurso público de provas ou de provas e títulos, de acordo com a natureza e a complexidade do cargo ou emprego, na forma prevista em lei, ressalvadas as nomeações para cargo em comissão declarado em lei de livre nomeação e exoneração.

Neste sentido, a Súmula Vinculante nº 43 preceitua o seguinte:

> **Súmula vinculante nº 43 –** É inconstitucional toda modalidade de provimento que propicie ao servidor investir-se, sem prévia aprovação em concurso público destinado ao seu provimento, em cargo que não integra a carreira na qual anteriormente investido.

De acordo com o artigo 11, da Lei nº 8.112/90, o concurso será de provas ou de provas e títulos, podendo ser realizado em duas etapas, conforme dispuserem a lei e o regulamento do respectivo plano de carreira, condicionada a inscrição do candidato ao pagamento do valor fixado no edital, quando indispensável ao seu custeio, e ressalvadas as hipóteses de isenção nele expressamente previstas.

O concurso público terá validade de até dois anos, podendo ser prorrogado uma única vez, por igual período. Assim, se tiver vigência inferior aos dois anos, a prorrogação será por igual período ao inicialmente previsto. O prazo de validade do concurso e as condições de sua realização serão fixados em edital, que será publicado no Diário Oficial da União e em jornal diário de grande circulação.

Em que pese a Constituição não proíba a realização de novo concurso público enquanto houver candidato aprovado no anterior, somente proibindo a nomeação dos novos aprovados em detrimento dos antigos, a Lei nº 8.112/90, Art. 12, § 2º, proíbe a abertura de novo concurso enquanto houver candidato aprovado em concurso anterior com prazo de validade não expirado.

Outra questão que merece ser debatida, diz respeito ao direito à nomeação dos aprovados em concurso. O STF, no julgamento do RE 598.099, com repercussão geral, reconheceu ser a nomeação direito do candidato aprovado dentro do número de vagas disponível no edital, dentro do prazo de validade do concurso. De todo modo, restou consignado que a Administração poderá escolher o momento no qual se realizará a nomeação, embora, como dito, não possa dispor sobre a própria nomeação, a qual constitui-se direito do aprovado. Num segundo momento, no julgamento do RE 837311, também com repercussão geral, o STF assentou a tese "de que o surgimento de novas vagas ou a abertura de novo concurso para o mesmo cargo, durante o prazo de validade do certame anterior, não gera automaticamente o direito à nomeação dos candidatos aprovados fora das vagas previstas no edital, ressalvadas as hipóteses de preterição arbitrária e imotivada por parte da administração, caracterizadas por comportamento tácito ou expresso do Poder Público capaz de revelar a inequívoca necessidade de nomeação do aprovado durante o período de validade do certame, a ser demonstrada de forma cabal pelo candidato. Assim, a discricionariedade da Administração quanto à convocação de aprovados em concurso público fica reduzida ao patamar zero (*Ermessensreduzierung auf Null*), fazendo exsurgir o direito subjetivo à nomeação, verbi gratia, nas seguintes hipóteses excepcionais: i) Quando a aprovação ocorrer dentro do número de vagas dentro do edital (RE 598.099); ii) Quando houver preterição na nomeação por não observância da ordem de classificação (Súmula 15 do STF); iii) Quando surgirem novas vagas, ou for aberto novo concurso durante a validade do certame anterior, e ocorrer a preterição de candidatos aprovados fora das vagas de forma arbitrária e imotivada por parte da administração nos termos acima." (Fonte STF. (RE 837311, Relator Ministro Luiz Fux, Tribunal Pleno, julgamento em 9.12.2015, DJe de 18.4.2016, com repercussão geral – tema 784))

Por fim, no que diz respeito às exigências quanto aos requisitos de participação em concurso público, pode-se afirmar que, em regra, o requisito deve estar previsto em lei e guardar relação com as atribuições do cargo a ser preenchido. Neste sentido, confira-se as súmulas e julgados que seguem:

Súmula vinculante nº 44 – Só por lei se pode sujeitar a exame psicotécnico a habilitação de candidato a cargo público.

Súmula nº 683, do STF – O LIMITE DE IDADE PARA A INSCRIÇÃO EM CONCURSO PÚBLICO SÓ SE LEGITIMA EM FACE DO ART. 7º, XXX, DA CONSTITUIÇÃO, QUANDO POSSA SER JUSTIFICADO PELA NATUREZA DAS ATRIBUIÇÕES DO CARGO A SER PREENCHIDO.

Súmula nº 684, do STF – É INCONSTITUCIONAL O VETO NÃO MOTIVADO À PARTICIPAÇÃO DE CANDIDATO A CONCURSO PÚBLICO.

Editais de concurso público não podem estabelecer restrição a pessoas com tatuagem, salvo situações excepcionais em razão de conteúdo que viole valores constitucionais. (RE 898450. Data do julgamento: 17/08/2016)

"Concurso público. Lei 7.289/1984 do DF. Limitação de idade apenas em edital. Impossibilidade. A fixação do limite de idade via edital não tem o condão de suprir a exigência constitucional de que tal requisito seja estabelecido por lei." (**RE 559.823-AgR**, Rel. Min. **Joaquim Barbosa**, julgamento em 27-11-2007, Segunda Turma, *DJE* de 1º-2-2008.) **No mesmo sentido**: **ARE 667.309-AgR**, Rel. Min. **Cármen Lúcia**, julgamento em 20-3-2012, Primeira Turma, *DJE* de 9-4-2012; **RE 599.171-AgR**, Rel. Min. **Cármen Lúcia**, julgamento em 27-10-2009, Primeira Turma, *DJE* de 20-11-2009. **Vide: RE 523.737-AgR**, Rel. Min. **Ellen Gracie**, julgamento em 22-6-2010, Segunda Turma, *DJE* de 6-8-2010; **RE 558.833-AgR**, Rel. Min. **Ellen Gracie**, julgamento em 8-9-2009, Segunda Turma, *DJE* de 25-9-2009.

"A jurisprudência do Supremo Tribunal Federal firmou-se no sentido de que os editais de concursos públicos são inalteráveis no decorrer dos certames, salvo quando alguma alteração se fizer necessária por imposição de lei ou para sanar erro material contido no texto. Permite-se ainda a correção de ambiguidade textual, nos termos da jurisprudência firmada acerca dos erros meramente materiais, desde que o sentido adotado tenha por base deliberação tomada prévia e publicamente pela comissão organizadora, em momento anterior ao início do próprio certame." (**AI 332.312-AgR**, Rel. Min. **Joaquim Barbosa**, julgamento em 1º-3-2011,

Segunda Turma, *DJE* de 6-4-2011.) **No mesmo sentido**: **RE 604.498**, Rel. Min. **Dias Toffoli**, decisão monocrática, julgamento em 12-4-2012, *DJE* de 17-4-2012.

1.3. PROVIMENTO

O **Provimento** é o ato pelo qual se efetiva o preenchimento de um cargo público, podendo ser originário (ou autônomo) e derivado.

1.3.1. PROVIMENTO ORIGINÁRIO, POSSE E EXERCÍCIO

O **provimento originário ou autônomo** é aquele que não decorre de anterior vínculo da pessoa com a Administração Pública, ou quando é iniciada uma nova relação estatutária.

A **nomeação** é a única forma de provimento originário e será em caráter efetivo, quando se tratar de cargo isolado de provimento efetivo ou de carreira, ou em comissão, inclusive na condição de interino, para cargos de confiança vagos.

Assim, a nomeação pode ser definida como o provimento autônomo de um servidor em um cargo público e depende, a exceção daquela referente aos cargos em comissão, da prévia aprovação em concurso público. Acontece que, não basta a nomeação para que se aperfeiçoe a relação entre o Estado e o nomeado, sendo necessário que este tome **posse**, que é o ato de aceitação de aceitação do cargo. Com a posse é que ocorre a **investidura** do servidor.

A investidura, portanto, é um ato que depende de duas manifestações: da Administração Pública, com o provimento do cargo, e do servidor, com a posse.

O nomeado deve tomar posse em 30 dias contados da data de publicação do ato de provimento, sob pena de ser tornado sem efeito o ato de provimento, já que o servidor não foi regularmente investido. Em se tratando de servidor no gozo de licença ou afastamento, o prazo para posse inicia-se após o seu término.

A posse concretiza-se com a assinatura do respectivo termo, no qual deverão constar as atribuições, os deveres, as responsabilidades e os direitos inerentes ao cargo ocupado, podendo ser realizada por procuração específica para tal fim.

Só haverá posse nos casos de provimento de cargo por nomeação. Caso o nomeado não tome posse, será tornado sem efeito o ato de nomeação.

A posse em cargo público dependerá de prévia inspeção médica oficial, só podendo ser empossado aquele que for julgado apto física e mentalmente para o exercício do cargo. No ato da posse, o servidor apresentará declaração de bens e valores que constituem seu patrimônio e declaração quanto ao exercício ou não de outro cargo, emprego ou função pública.

Sobre o tema, confira-se as Súmulas 16 e 17 do STF:

> Súmula 16 – Funcionário nomeado por concurso tem direito à posse.
>
> Súmula 17 – A nomeação de funcionário sem concurso pode ser desfeita antes da posse.

O exercício é o efetivo desempenho das atribuições do cargo público (ou da função de confiança). É de quinze dias o prazo para o servidor empossado em cargo público entrar em exercício, contados da data da posse. Se o servidor nomeado e empossado não entrar em exercício, será exonerado do cargo.

O servidor que deva ter exercício em outro município em razão de ter sido removido, redistribuído, requisitado, cedido ou posto em exercício provisório terá, no mínimo, dez e, no máximo, trinta dias de prazo, contados da publicação do ato, para a retomada do efetivo desempenho das atribuições do cargo, incluído nesse prazo o tempo necessário para o deslocamento para a nova sede, sendo-lhe facultado declinar destes prazos. Na hipótese de o servidor encontrar-se em licença ou afastado legalmente, o prazo será contado a partir do término do impedimento.

1.3.2. ESTÁGIO PROBATÓRIO E ESTABILIDADE

Estágio probatório é o período de tempo durante o qual será avaliada a capacidade do servidor para o exercício do cargo, sendo observados, dentre outros, os critérios de assiduidade, disciplina, produtividade, responsabilidade e capacidade de iniciativa (art. 20, da Lei nº 8.112/90). Só há estágio probatório quando da nomeação para cargo de provimento efetivo.

Como condição para a aquisição da estabilidade, é obrigatória a avaliação especial de desempenho por comissão instituída para essa finalidade.

Quatro meses antes de findo o período do estágio probatório, será submetida à homologação da autoridade competente a avaliação do desempenho do servidor, realizada por comissão constituída para essa finalidade, de acordo com o que dispuser a lei ou o regulamento da respectiva carreira ou cargo, sem prejuízo da continuidade de apuração dos fatores enumerados nos incisos I a V do caput deste artigo. O servidor reprovado no estágio probatório será exonerado ou, se estável, reconduzido ao cargo anteriormente ocupado.

O servidor em estágio probatório poderá exercer quaisquer cargos de provimento em comissão ou funções de direção, chefia ou assessoramento no órgão ou entidade de lotação, e somente poderá ser cedido a outro órgão ou entidade para ocupar cargos de Natureza Especial, cargos de provimento em comissão do Grupo-Direção e Assessoramento Superiores – DAS, de níveis 6, 5 e 4, ou equivalentes.

Nos termos da Súmula 22, do STF, o estágio probatório não protege o funcionário contra a extinção do cargo. Nesta hipótese, ele seria exonerado.

A estabilidade, a seu turno, é a garantia constitucional de permanência no serviço público assegurada ao servidor público nomeado para cargo de provimento efetivo, em virtude de concurso público, que tenha cumprido o período de prova, após transcurso do prazo de três anos.

Na redação original do artigo 41, da Constituição da República, o prazo para aquisição da estabilidade era de dois anos e, assim, coincidia com aquele previsto na lei 8.112/90 para o estágio probatório (que é de 24 meses, nos termos do seu artigo 20). A Emenda 19/98 alterou a redação do dispositivo constitucional, para o prazo de três anos, passando assim a doutrina e jurisprudência a entender que o prazo do artigo 20, da Lei 8.112/90 não restou recepcionado, devendo ser entendido como três anos também, não obstante tratarem-se de institutos diferentes. Neste sentido, confira-se o trecho da ementa do julgado o STJ abaixo:

> PROCESSUAL CIVIL E ADMINISTRATIVO. EMBARGOS DE DECLARAÇÃO NO MANDADO DE SEGURANÇA. ART. 535 DO CPC. VÍCIO. OCORRÊNCIA. PROCURADOR FEDERAL. PROMOÇÃO. PORTARIA PGF N. 468/2005. CONCLUSÃO DO **ESTÁGIO PROBATÓRIO. PRAZO** TRIENAL. REQUISITO NÃO CUMPRIDO. DIREITO LÍQUIDO E CERTO. AUSÊNCIA. EFEITOS INFRINGENTES. POSSIBILIDADE. EMBARGOS ACOLHIDOS, COM EFEITOS MODIFICATIVOS.
>
> 1. Os embargos de declaração, a teor do art. 535 do Código de Processo Civil, não são meio próprio ao reexame da causa, devendo limitar-se ao esclarecimento de obscuridade, contradição ou omissão.
>
> 2. A possibilidade de atribuição de efeitos infringentes ou modificativos aos embargos de declaração sobrevém como resultado da presença dos vícios que ensejam sua interposição, o que se verifica na espécie. Precedentes do STJ.
>
> 3. O acórdão embargado, baseado em entendimento anterior da Terceira Seção, concluiu que a **estabilidade** no serviço público e o **estágio probatório** são institutos distintos, motivo porque incabível a exigência de cumprimento do **prazo** constitucional de três anos para que o servidor figure em lista de promoção na carreira.
>
> 4. Hipótese em que a Terceira Seção, ao julgar o MS 12.523/DF, da relatoria do em. Ministro Felix Fischer, que tratava de hipótese idêntica a destes autos, adotou novo posicionamento, desta feita para, sem negar a distinção entre os mencionados institutos, reconhecer a existência de vinculação entre eles, ao menos no tocante ao **prazo** comum de 3 (três) anos, fixado pelo constituinte derivado (EC n. 19/1998).
>
> (...)
>
> (EDcl no MS 12508 / DF EMBARGOS DE DECLARAÇÃO NO MANDADO DE SEGURANÇA 2006/0281300-8. Rel. Min. RIBEIRO DANTAS. DJe 29/11/2016)

1.3.3. PROVIMENTO DERIVADO

Além do provimento originário, existem formas de **provimento derivado**, quando o cargo é preenchido por alguém que já possui um vínculo com outro cargo, sujeito ao mesmo estatuto. A Lei nº 8.112/90, que regula os servidores públicos federais, enumera as seguintes formas de provimento derivado: promoção, readaptação, reversão, aproveitamento, reintegração e recondução.

Promoção é movimentação do servidor dentro da carreira, em razão do decurso do tempo ou merecimento.

Readaptação é o provimento do servidor em cargo de atribuições e responsabilidades compatíveis com a limitação que tenha sofrido em sua capacidade física ou mental verificada em inspeção médica. Será efetivada em cargo de atribuições afins, respeitada a habilitação exigida, nível de escolaridade e equivalência de vencimentos e, na hipótese de inexistência de cargo vago, o servidor exercerá suas atribuições como excedente, até a ocorrência de vaga.

Reversão é o retorno à atividade de servidor aposentado por invalidez, quando junta médica oficial declarar insubsistentes os motivos da aposentadoria ou no interesse da administração, desde que tenha solicitado a reversão, a aposentadoria tenha sido voluntária, estável quando na atividade, aposentadoria tenha ocorrido nos cinco anos anteriores à solicitação, ou haja cargo vago.

Quando o retorno decorrer do julgamento da insubsistência dos motivos da aposentadoria por invalidez, encontrando-se provido o cargo, o servidor exercerá suas atribuições como excedente, até a ocorrência de vaga. Já o servidor que retornar à atividade por interesse da administração perceberá, em substituição aos proventos da aposentadoria, a remuneração do cargo que voltar a exercer, inclusive com as vantagens de natureza pessoal que percebia anteriormente à aposentadoria.

A **reintegração** é o retorno do servidor estável no cargo anteriormente ocupado, ou no cargo resultante de sua transformação, quando invalidada a sua demissão por decisão administrativa ou judicial, com ressarcimento de todas as vantagens, já que sua demissão foi julgada ilegal. Se cargo estiver extinto, o servidor ficará em disponibilidade. Encontrando-se provido o cargo, o seu eventual ocupante será reconduzido ao cargo de origem, sem direito à indenização ou aproveitado em outro cargo, ou, ainda, posto em disponibilidade.

A **recondução** é o retorno do servidor estável ao cargo anteriormente ocupado e decorrerá de inabilitação em estágio probatório relativo a outro cargo ou reintegração do anterior ocupante. Encontrando-se provido o cargo de origem, o servidor será aproveitado em outro

O **aproveitamento** é o retorno do servidor em disponibilidade por ter sido extinto o cargo ou declarada a sua desnecessidade.

1.4. VACÂNCIA

A **vacância** é o ato oposto ao de provimento, que torna vago o cargo anteriormente ocupado. A vacância do cargo público em âmbito federal decorrerá de exoneração, demissão, promoção, readaptação, aposentadoria, posse em outro cargo inacumulável e falecimento, nos termos do artigo 33, da Lei nº 8.112/90.

A **exoneração** é a forma de vacância do cargo sem caráter punitivo e poderá ser a pedido do servidor, ou de ofício pela própria Administração.

A exoneração de ofício poderá ocorrer nas seguintes hipóteses: quando não satisfeitas as condições do estágio probatório; quando, tendo tomado posse, o servidor não entrar em exercício no prazo estabelecido; por reprovação em processo de avaliação periódica de desempenho, na forma de lei complementar (ainda não há lei regulando a matéria); e em razão da adequação das despesas aos limites de gastos com pessoal estabelecido na Lei de Responsabilidade Fiscal, na forma do artigo 169, § 4º, da Constituição de 1988.

A exoneração de cargo em comissão (em razão da nomeação) e a dispensa de função de confiança (em razão da designação de um servidor) ocorrerá a juízo da autoridade competente e a pedido do próprio servidor.

Já a **demissão**, muito embora seja uma forma de vacância, não se confunde com a exoneração, eis que tem caráter punitivo. É uma penalidade disciplinar, aplicável aos servidores ativos titulares de cargos efetivos, mediante regular processo administrativo disciplinar- PAD, em que seja assegurado o contraditório e a ampla defesa. Se o servidor for titular de cargo em comissão, será aplicada a correspondente pena de destituição do cargo em comissão e se este for aposentado, a pena é de cassação de aposentadoria.

A **promoção** e a **readaptação** são formas de provimento e vacância.

A **aposentadoria** é a passagem do servidor definitivamente para a inatividade remunerada. Ela pode ocorrer por três formas: por invalidez permanente, compulsoriamente aos 75 anos e voluntariamente.

A **posse em outro cargo público inacumulável** é forma de vacância do cargo originário, enquanto perdurar o estágio probatório do novo cargo.

Por fim, o **falecimento** do servidor, por óbvio, torna vago o cargo por ele até então ocupado.

1.5. REMOÇÃO

A remoção é o deslocamento do servidor, a pedido ou de ofício, no âmbito do mesmo quadro, com ou sem mudança de sede e poderá ocorrer de ofício, no interesse da Administração, a pedido, a critério da Administração e a pedido, para outra localidade, independentemente do interesse da Administração.

Nesta última situação, a remoção poderá ocorrer para acompanhar cônjuge ou companheiro, também servidor público civil ou militar, de qualquer dos Poderes da União, dos Estados, do Distrito Federal e dos Municípios, que foi deslocado no interesse da Administração, ou por motivo de saúde do servidor, cônjuge, companheiro ou dependente que viva às suas expensas e conste do seu assentamento funcional, condicionada à comprovação por junta médica oficial, ou ainda em virtude de processo seletivo promovido, na hipótese em que o número de interessados for superior ao número de vagas, de acordo com normas preestabelecidas pelo órgão ou entidade em que aqueles estejam lotados.

Assim, a remoção não é forma de provimento nem de vacância pois consiste apenas no deslocamento do servidor, com mudança do local de lotação.

Vale registar que, nos termos do artigo 99, da Lei nº 8.112/90, ao servidor estudante que mudar de sede no interesse da administração é assegurada, na localidade da nova residência ou na mais próxima, matrícula em instituição de ensino congênere, em qualquer época, independentemente de vaga. Esta garantia é estendida também ao seu cônjuge ou companheiro, aos filhos, ou enteados que vivam na sua companhia, bem como aos menores sob sua guarda, com autorização judicial.

1.6. REDISTRIBUIÇÃO

A redistribuição é o deslocamento do cargo de provimento efetivo, ocupado ou vago no âmbito do quadro geral de pessoal, para outro órgão ou entidade do mesmo Poder e será sempre no interesse da Administração. Possui como requisitos a equivalência de vencimentos, a manutenção da essência das atribuições do cargo, a vinculação entre os graus de responsabilidade e complexidade das atividades, mesmo nível de escolaridade, especialidade ou habilitação profissional, além da compatibilidade entre as atribuições do cargo e as finalidades institucionais do órgão ou entidade.

A redistribuição ocorrerá de ofício para ajustamento de lotação e da força de trabalho às necessidades dos serviços, inclusive nos casos de reorganização, extinção ou criação de órgão ou entidade. Nos casos de reorganização ou extinção de órgão ou entidade, extinto o cargo ou declarada sua desnecessidade no órgão ou entidade, o servidor estável que não for redistribuído será colocado em disponibilidade, até seu aproveitamento, ou poderá ser mantido sob responsabilidade do órgão central do SIPEC, e ter exercício provisório, em outro órgão ou entidade, até seu adequado aproveitamento.

1.7. SUBSTITUIÇÃO

Os servidores investidos em cargo ou função de direção ou chefia e os ocupantes de cargo de Natureza Especial terão substitutos indicados no regimento interno ou, no caso de omissão, previamente designados pelo dirigente máximo do órgão ou entidade.

O substituto assumirá automática e cumulativamente, sem prejuízo do cargo que ocupa, o exercício do cargo ou função de direção ou chefia e os de Natureza Especial, nos afastamentos, impedimentos legais ou regulamentares do titular e na vacância do cargo, hipóteses em que deverá optar pela remuneração de um deles durante o respectivo período.

O substituto fará jus à retribuição pelo exercício do cargo ou função de direção ou chefia ou de cargo de Natureza Especial, nos casos dos afastamentos ou impedimentos legais do titular, superiores a trinta dias consecutivos, paga na proporção dos dias de efetiva substituição, que excederem o referido período.

O disposto no artigo anterior aplica-se aos titulares de unidades administrativas organizadas em nível de assessoria.

1.8. DIREITOS E VANTAGENS

1.8.1. VENCIMENTO E REMUNERAÇÃO

A remuneração é expressão ampla que abarca toda contraprestação percebida por servidor público em decorrência do seu labor, abrangendo vencimentos (específico do cargo) e vantagens pecuniárias (a exemplos das gratificações).

Já o subsídio é uma espécie de remuneração obrigatória dos agentes públicos mais importantes, em parcela única, apenas acumulável com verbas indenizatórias, devida aos titulares de mandato eletivo, membros da magistratura e MP, Defensoria, Advocacia Pública e Polícias (artigos 39, §4º, 135 e 144, §9º, da Constituição). Com relação aos demais servidores, será facultativo o estabelecimento de subsídio.

A remuneração do servidor público é irredutível (37, XV, da Constituição), mas esta irredutibilidade refere-se apenas ao vencimento e às gratificações permanentes.

É assegurada a isonomia de vencimentos para cargos de atribuições iguais ou assemelhadas do mesmo Poder, ou entre servidores dos três Poderes, ressalvadas as vantagens de caráter individual e as relativas à natureza ou ao local de trabalho.

1.8.2. VANTAGENS

Além do vencimento, poderão ser pagas ao servidor as seguintes vantagens: indenizações, gratificações e adicionais. Essas vantagens, não serão computadas, nem acumuladas, para efeito de concessão de quaisquer outros acréscimos pecuniários ulteriores, sob o mesmo título ou idêntico fundamento.

As indenizações não se incorporam ao vencimento ou provento para qualquer efeito, já que se prestam a recompor o patrimônio do servidor. As gratificações e os adicionais incorporam-se ao vencimento ou provento, nos casos e condições indicados em lei.

A Lei nº 8.112/90, em seu art. 51, enumera quatro modalidades de indenizações, que são: ajuda de custo, diárias, transporte e auxílio-moradia.

A ajuda de custo destina-se a compensar as despesas de instalação do servidor que, no interesse do serviço, passa a ter exercício em nova sede, com mudança de domicílio em caráter permanente, vedado o duplo pagamento de indenização, a qualquer tempo, no caso de o cônjuge ou companheiro que detenha também a condição de servidor, vier a ter exercício na mesma sede.

A ajuda de custo é calculada sobre a remuneração do servidor, conforme se dispuser em regulamento, não podendo exceder a importância correspondente a três meses, ficando este obrigado a restituí-la quando, injustificadamente, não se apresentar na nova sede no prazo de trinta dias.

Já o pagamento de diárias destina-se ao servidor que, a serviço, afastar-se da sede em caráter eventual ou transitório para outro ponto do território nacional ou para o exterior, a fim de indenizá-lo pelas despesas extraordinária com hospedagem, alimentação e locomoção urbana.

A diária será concedida por dia de afastamento, sendo devida pela metade quando o deslocamento não exigir pernoite fora da sede, ou quando a União custear, por meio diverso, as despesas extraordinárias cobertas por diárias. Não fará jus a diárias o servidor que se deslocar dentro da mesma região metropolitana, aglomeração urbana ou microrregião, constituídas por municípios limítrofes e regularmente instituídas, ou em áreas de controle integrado mantidas com países limítrofes, cuja jurisdição e competência dos órgãos, entidades e servidores brasileiros considera-se estendida, salvo se houver pernoite fora da sede.

Também é prevista a indenização de transporte ao servidor que realizar despesas com a utilização de meio próprio de locomoção para a execução de serviços externos, por força das atribuições próprias do cargo.

Por fim, o auxílio-moradia consiste no ressarcimento das despesas comprovadamente realizadas pelo servidor com aluguel de moradia ou com meio de hospedagem administrado por empresa hoteleira, no prazo de um mês após a comprovação da despesa pelo servidor.

Só será concedido auxílio-moradia ao servidor se atendidos os seguintes requisitos: não exista imóvel funcional disponível para uso pelo servidor; o cônjuge ou companheiro do servidor não ocupe imóvel funcional; o servidor ou seu cônjuge ou companheiro não seja ou tenha sido proprietário, promitente comprador, cessionário ou promitente cessionário de imóvel no Município aonde for exercer o cargo, incluída a hipótese de lote edificado sem averbação de construção, nos doze meses que antecederem a sua nomeação; nenhuma outra pessoa que resida com o servidor receba auxílio-moradia; o servidor tenha se mudado do local de residência para ocupar cargo em comissão ou função de confiança do Grupo-Direção e Assessoramento Superiores – DAS, níveis 4, 5 e 6, de Natureza Especial, de Ministro de Estado ou equivalentes; o Município no qual assuma o cargo em comissão ou função de confiança não se enquadre nas hipóteses do art. 58, § 3º, em relação ao local de residência ou domicílio do servidor (seja dentro da mesma região metropolitana, aglomeração urbana ou microrregião, constituídas por municípios limítrofes e regularmente instituídas, ou em áreas de controle integrado mantidas com países limítrofes); o servidor não tenha sido domiciliado ou tenha residido no Município, nos últimos doze meses, aonde for exercer o cargo em comissão ou função de confiança, desconsiderando-se prazo inferior a sessenta dias dentro desse período; o deslocamento não tenha sido por força de alteração de lotação ou nomeação para cargo efetivo; e o deslocamento tenha ocorrido após 30 de junho de 2006.

O valor mensal do auxílio-moradia é limitado a 25% (vinte e cinco por cento) do valor do cargo em comissão, função comissionada ou cargo de Ministro de Estado ocupado, não podendo superar vinte e cinco por cento da remuneração de Ministro de Estado. Mas, independentemente do valor do cargo em comissão ou função comissionada, fica garantido a todos os que preencherem os requisitos o ressarcimento até o valor de R$ 1.800,00 (mil e oitocentos reais).

1.8.3. GRATIFICAÇÕES E ADICIONAIS

Além do vencimento e das vantagens, serão deferidos aos servidores as seguintes retribuições, gratificações e adicionais retribuição pelo exercício de função de direção, chefia e assessoramento; gratificação natalina; adicional pelo exercício de atividades insalubres, perigosas ou penosas; adicional pela prestação de serviço extraordinário; adicional noturno; adicional de férias; outros, relativos ao local ou à natureza do trabalho; e gratificação por encargo de curso ou concurso.

O servidor público efetivo que vier a ocupar uma função de confiança ou um cargo de provimento em comissão fará jus à retribuição pelo seu exercício.

A gratificação natalina (conhecida como 13º salário), por sua vez, corresponde a um doze avos da remuneração a que o servidor fizer jus no mês de dezembro, por mês de exercício no respectivo ano, sendo que a fração igual ou superior a 15 (quinze) dias será considerada como mês integral. Será paga até o dia 20 (vinte) do mês de dezembro de cada ano e não será considerada para cálculo de qualquer vantagem pecuniária.

A seu turno, os servidores que trabalhem com habitualidade em locais insalubres ou em contato permanente com substâncias tóxicas, radioativas ou com risco de vida, fazem jus a um adicional sobre o vencimento do cargo efetivo, que deixa de ser devido com a eliminação das condições ou dos riscos que deram causa a sua concessão. Ditos adicionais não são acumuláveis, ou seja, caso faça jus a ambos, o servidor terá que optar por um deles.

Já os servidores em exercício em zonas de fronteira ou em localidades cujas condições de vida o justifiquem, nos termos, condições e limites fixados em regulamento terão direito à percepção do adicional por atividades penosas.

O serviço extraordinário, permitido apenas atender a situações excepcionais e temporárias, no limite máximo de duas horas por jornada, será remunerado com acréscimo de 50% em relação à hora normal de trabalho. Vale lembrar que o ocupante de cargo em comissão ou função de confiança submete-se a regime de integral dedicação ao serviço, podendo ser convocado sempre que houver interesse da Administração.

O serviço noturno, prestado em horário compreendido entre 22 horas de um dia e 5 horas do dia seguinte, terá o valor-hora acrescido de 25% da remuneração, computando-se cada hora como cinquenta e dois minutos e trinta segundos.

Independentemente de solicitação, será pago ao servidor, por ocasião das férias, um adicional correspondente a 1/3 da remuneração do período das férias.

Por fim, a Lei nº 8.112/90 prevê o pagamento de Gratificação por Encargo de Curso ou Concurso, que é devida ao servidor que, em caráter eventual atuar como instrutor em curso de formação, de desenvolvimento ou de treinamento regularmente instituído no âmbito da administração pública federal; participar de banca examinadora ou de comissão para exames orais, para análise curricular, para correção de provas discursivas, para elaboração de questões de provas ou para julgamento de recursos intentados por candidatos; participar da logística de preparação e de realização de concurso público envolvendo atividades de planejamento, coordenação, supervisão, execução e avaliação de resultado, quando tais atividades não estiverem incluídas entre as suas atribuições permanentes; ou participar da aplicação, fiscalizar ou avaliar provas de exame vestibular ou de concurso público ou supervisionar essas atividades. Esta gratificação por encargo de curso ou concurso somente será paga se as atividades forem exercidas sem prejuízo das atribuições do cargo de que o servidor for titular, devendo ser objeto de compensação de carga horária quando desempenhadas durante a jornada de trabalho.

1.8.4. FÉRIAS

O servidor público federal fará jus a trinta dias de férias, que podem ser acumuladas, até o máximo de dois períodos, no caso de necessidade do serviço, ressalvadas as hipóteses em que haja legislação. Já o servidor que opera direta e permanentemente com Raios X ou substâncias radioativas gozará vinte dias consecutivos de férias, por semestre de atividade profissional, proibida em qualquer hipótese a acumulação específica.

Para o primeiro período aquisitivo de férias serão exigidos doze meses de exercício. As férias somente poderão ser interrompidas por motivo de calamidade pública, comoção interna, convocação para júri, serviço militar ou eleitoral, ou por necessidade do serviço declarada pela autoridade máxima do órgão ou entidade, devendo o restante do período aquisitivo ser gozado de uma só vez.

O STF, no julgamento do Tema 30, decidiu com repercussão geral que o direito individual às férias é adquirido após o período de doze meses trabalhados, sendo devido o pagamento do terço constitucional independente do exercício desse direito e, ainda, que a ausência de previsão legal não pode restringir o direito ao pagamento do terço constitucional aos servidores exonerados de cargos comissionados que não usufruíram férias.

1.8.5. LICENÇAS

Nos termos do artigo 81, da Lei nº 8.112/90, conceder-se-á ao servidor licença: por motivo de doença em pessoa da família; por motivo de afastamento do cônjuge ou companheiro; para o serviço militar; para atividade política; para capacitação; para tratar de interesses particulares; para desempenho de mandato classista.

As licenças previstas na Lei nº 8.112/90 podem ser resumidas na tabela que segue:

Licença	Conteúdo	Requisitos	Prazo e Remuneração	Pode ser concedida no estágio probatório?
Por motivo de doença em pessoa da família	Por motivo de doença do cônjuge ou companheiro, dos pais, dos filhos, do padrasto ou madrasta e enteado, ou dependente	Pessoa da família doente, o doente depende da assistência direta do servidor e impossibilidade de o servidor, ao mesmo tempo, prestar a assistência ao familiar enfermo e exercer sua função pública. (Todos comprovados por junta médica)	Até 60 dias com remuneração, limite este que inclui as prorrogações necessárias. Terminado este período, pode prorrogar por até 90 dias, sem remuneração.	Sim, mas suspende o estágio

Licença	Conteúdo	Requisitos	Prazo e Remuneração	Pode ser concedida no estágio probatório?
Por motivo de afastamento do cônjuge ou companheiro	Para acompanhar cônjuge ou companheiro	Que o companheiro tenha sido deslocado para outro ponto do território nacional, para o exterior ou para o exercício de mandato eletivo dos Poderes Executivo e Legislativo.	Por prazo indeterminado e sem remuneração.	Sim, mas suspende o estágio.
Para o serviço militar	Para desempenhar serviço militar.	Ter sido convocado para o serviço militar.	Na forma e condições previstas na legislação específica. Concluído o serviço militar, o servidor terá até trinta dias sem remuneração para reassumir o exercício do cargo.	Sim e não suspende o estágio.
Para atividade política	Concedida ao servidor que quer participar das eleições na qualidade de candidato.	Ter sido o servidor escolhido em convenção partidária, como candidato a cargo eletivo. Ter o servidor registrado a sua candidatura.	Durante o período que mediar entre a sua escolha em convenção partidária, como candidato a cargo eletivo, e a véspera do registro de sua candidatura perante a Justiça Eleitoral, sem remuneração. A partir do registro da candidatura e até o décimo dia seguinte ao da eleição, com vencimento do cargo efetivo, pelo período de três meses.	Sim, mas suspende o estágio.
Para capacitação	Permite ao servidor participar de curso de capacitação profissional, no interesse da Administração Pública	Pode ser concedida cada 5 (cinco) anos de efetivo exercício no serviço público.	Até 3 meses, com remuneração.	**Não**
Para tratar de interesses particulares	Para o trato de assuntos particulares	Após adquirida a estabilidade	Até três anos consecutivos, sem remuneração.	**Não**
Para desempenho de mandato classista	Para o desempenho de mandato em confederação, federação, associação de classe de âmbito nacional, sindicato representativo da categoria ou entidade fiscalizadora da profissão ou, ainda, para participar de gerência ou administração em sociedade cooperativa constituída por servidores públicos para prestar serviços a seus membros	Servidores estáveis eleitos para os cargos de direção ou representação em entidades de classe dos servidores	Não é remunerada e dura o tempo do mandato classista, sendo que a lei permite a prorrogação se houver reeleição	**Não**

1.8.6. AFASTAMENTOS

São três as hipóteses de afastamentos previstas na Lei 8.112/12 para os servidores públicos federais: para ter exercício em outro órgão ou entidade de qualquer ente político, para exercício de mandato eletivo, para estudo ou missão no Exterior e para Participação em Programa de Pós-Graduação *Stricto Sensu* no País.

O servidor poderá ser cedido para ter exercício em outro órgão ou entidade dos Poderes da União, dos Estados, ou do Distrito Federal e dos Municípios para exercício de cargo em comissão ou função de confiança e em casos previstos em leis específicas, mediante Portaria publicada no Diário Oficial da União. Na primeira hipótese, o ônus da remuneração será do órgão ou entidade cessionária, mantido o ônus para o cedente nos demais casos.

Na hipótese de o servidor cedido a empresa pública ou sociedade de economia mista, nos termos das respectivas normas, optar pela remuneração do cargo efetivo ou pela remuneração do cargo efetivo acrescida de percentual da retribuição do cargo em comissão, a entidade cessionária efetuará o reembolso das despesas realizadas pelo órgão ou entidade de origem.

Ao servidor investido em mandato eletivo aplicam-se as seguintes disposições: tratando-se de mandato federal, estadual ou distrital, ficará afastado do cargo; investido no mandato de Prefeito, será afastado do cargo, sendo-lhe facultado optar pela sua remuneração; ou investido no mandato de vereador, havendo compatibilidade de horário, perceberá as vantagens de seu cargo, sem prejuízo da remuneração do cargo eletivo e em não havendo compatibilidade de horário, será afastado do cargo, sendo-lhe facultado optar pela sua remuneração.

O servidor poderá, ainda, ausentar-se do País para estudo ou missão oficial, desde que haja autorização do Presidente da República, Presidente dos Órgãos do Poder Legislativo e Presidente do Supremo Tribunal Federal pelo prazo de até quatro anos, e finda a missão ou estudo, somente decorrido igual período, será permitida nova ausência. O servidor beneficiado por este afastamento não será exonerado ou poderá gozar de licença para tratar de interesse particular antes de decorrido período igual ao do afastamento, ressalvada a hipótese de ressarcimento da despesa havida com seu afastamento.

O afastamento de servidor para servir em organismo internacional de que o Brasil participe ou com o qual coopere dar-se-á com perda total da remuneração.

Por fim, o servidor público federal poderá, no interesse da Administração, e desde que a participação não possa ocorrer simultaneamente com o exercício do cargo ou mediante compensação de horário, afastar-se do exercício do cargo efetivo, com a respectiva remuneração, para participar em programa de pós-graduação stricto sensu em instituição de ensino superior no País.

Os afastamentos para realização de programas de pós-doutorado somen te serão concedidos aos servidores titulares de cargos efetivo no respectivo órgão ou entidade há pelo menos quatro anos, incluído o período de estágio probatório, e que não tenham se afastado por licença para tratar de assuntos particulares ou com fundamento neste artigo, nos quatro anos anteriores à data da solicitação de afastamento.

Os servidores beneficiados por esse afastamento terão que permanecer no exercício de suas funções após o seu retorno por um período igual ao do afastamento concedido. Caso venham a requerer a exoneração do cargo ou aposentadoria, antes de cumprido o período de permanência, deverá ressarcir o órgão ou entidade, na forma os gastos com seu aperfeiçoamento.

1.8.7. CONCESSÕES

A Lei nº 8.112/90 ainda prevê algumas concessões aos servidores federais, admitindo a falta ao serviço, nas hipóteses sintetizadas a seguir:

Período de ausências	Motivo
01 dia	Doação de sangue
Período comprovadamente necessário, limitado a dois dias	Alistamento ou recadastramento eleitoral
08 dias consecutivos	Casamento Falecimento do cônjuge, companheiro, pais, madrasta ou padrasto, filhos, enteados, menor sob guarda ou tutela e irmãos

Ainda será concedido horário especial ao servidor estudante, quando comprovada a incompatibilidade entre o horário escolar e o da repartição, sem prejuízo do exercício do cargo, **sendo exigida a compensação de horário**, respeitada a duração semanal do trabalho. Será igualmente concedido horário especial, **vinculado à compensação de horário** a ser efetivada no prazo de até um ano, ao servidor que desempenhe atividade gratificada por encargo de curso ou concurso.

Também será concedido horário especial ao servidor portador de deficiência, ou que possua cônjuge, filho ou dependente com deficiência, quando comprovada a necessidade por junta médica oficial, **independentemente de compensação de horário**. Esse é um avanço da legislação federal que salvaguarda direito da pessoa com deficiência, na medida em que lhe assegura a chance de, por exemplo, destinar parte de seu tempo a tratamentos, concretizando assim a igualdade material.

Por fim, ao servidor estudante que mudar de sede no interesse da administração é assegurada, na localidade da nova residência ou na mais próxima, matrícula em instituição de ensino congênere, em qualquer época, independentemente de vaga. Tal direito estende-se ao cônjuge ou companheiro, aos filhos, ou enteados do servidor que vivam na sua companhia, bem como aos menores sob sua guarda, com autorização judicial.

1.9. REGIME DISCIPLINAR

1.9.1. CONCEITO

O regime disciplinar dos servidores públicos federais está previsto a partir do artigo 116 da Lei nº 8.112/90. A Lei determina que a autoridade que tiver ciência de irregularidade no serviço público é obrigada a promover a sua apuração imediata, mediante sindicância ou processo administrativo disciplinar, assegurada ao acusado ampla defesa.

As denúncias sobre irregularidades serão objeto de apuração, desde que contenham a identificação e o endereço do denunciante e sejam formuladas por escrito, confirmada a autenticidade. Nesta senda, é importante consignar que a Lei nº 8.112/90 prevê duas formas de apuração de responsabilidade de servidor por infração praticada no exercício de suas atribuições, ou que tenha relação com as atribuições do cargo em que se encontre investido, que são a sindicância e o processo administrativo disciplinar (PAD).

1.9.2. SINDICÂNCIA

A **sindicância** é um meio de apuração sumário que pode implicar na instauração do PAD ou na aplicação das sanções de advertência ou suspensão até 30 dias. Assim, ela pode ser **preparatória**, quando reúne elementos acerca da autoria e materialidade do ilícito funcional, culminando na abertura do PAD, ou ainda pode ser **instrutória**, quando tem cunho punitivo, implicando na aplicação das penalidades mencionadas. Da sindicância poderá ainda resultar ainda arquivamento do processo, quando não houver indícios de autoria e materialidade do ilícito funcional.

O **prazo para conclusão da sindicância será de até trinta dias, podendo ser prorrogado por igual período**, a critério da autoridade superior. **Sempre que o ilícito praticado pelo servidor ensejar a imposição de penalidade de suspensão por mais de trinta dias, de demissão, cassação de aposentadoria ou disponibilidade, ou destituição de cargo em comissão, será obrigatória a instauração de processo disciplinar**, ou seja, tais penalidades necessariamente dependem de apuração mais acurada. Nesta situação, os autos da sindicância integrarão o processo disciplinar, como peça informativa da instrução.

1.9.3. PROCEDIMENTO SUMÁRIO PARA APURAÇÃO DE ACUMULAÇÃO IRREGULAR DE CARGOS PÚBLICOS

Ressalvados os casos previstos no artigo 37, XVI, da Constituição, é vedada a acumulação remunerada de cargos, empregos e funções em autarquias, fundações públicas, empresas públicas, sociedades de economia mista da União, do Distrito Federal, dos Estados, dos Territórios e dos Municípios.

> Art. 37, XVI – é vedada a acumulação remunerada de cargos públicos, exceto, quando houver compatibilidade de horários, observado em qualquer caso o disposto no inciso XI:
>
> a) a de dois cargos de professor
>
> b) a de um cargo de professor com outro técnico ou científico;
>
> c) a de dois cargos ou empregos privativos de profissionais de saúde, com profissões regulamentadas;

A Emenda Constitucional 101/2019 acrescentou o § 3º ao artigo 42 da Constituição, aplicando aos militares dos Estados, do Distrito Federal e dos Territórios o disposto no art. 37, inciso XVI, com prevalência da atividade militar. Assim, é possível, caso haja compatibilidade de horários e sem prejuízo da atividade militar, que o policial militar ou bombeiro militar exerça os mencionados cargos acumuláveis.

A acumulação de cargos, ainda que lícita, fica condicionada à comprovação da compatibilidade de horários. O servidor público federal que acumular licitamente dois cargos efetivos, quando investido em cargo de provimento em comissão, ficará afastado de ambos os cargos efetivos, salvo na hipótese em que houver compatibilidade de horário e local com o exercício de um deles.

O STF, no julgamento do tema 1081, fixou a seguinte tese com repercussão geral: "As hipóteses excepcionais autorizadoras de acumulação de cargos públicos previstas na Constituição Federal sujeitam-se, unicamente, a existência de compatibilidade de horários, verificada no caso concreto, ainda que haja norma infraconstitucional que limite a jornada semanal."

Detectada a qualquer tempo a acumulação ilegal de cargos, empregos ou funções públicas, a autoridade competente notificará o servidor para apresentar opção no prazo improrrogável de dez dias, contados da data da ciência e, na hipótese de omissão, adotará procedimento sumário para a sua apuração e regularização imediata, cujo processo administrativo disciplinar se desenvolverá nas seguintes fases: instauração, com a publicação do ato que constituir a comissão, a ser composta por dois servidores estáveis, e simultaneamente indicar a autoria e a materialidade da transgressão objeto da apuração; instrução sumária, que compreende indiciação, defesa e relatório; e julgamento.

Ainda que a opção do servidor por um dos cargos ilicitamente acumulados não seja feita no prazo acima descrito, se vier a ser feita até o último dia de prazo para apresentação da sua defesa, restará configurada a sua boa-fé, hipótese em que se converterá automaticamente em pedido de exoneração do outro cargo.

Esse procedimento sumário de apuração de acumulação ilegal de cargos não excederá trinta dias, contados da data de publicação do ato que constituir a comissão, admitida a sua prorrogação por até quinze dias, quando as circunstâncias o exigirem. Assim, nomeada a comissão, em até três dias será lavrado por esse termo de indiciação com elementos de autoria e materialidade, bem como promoverá a citação pessoal do servidor indiciado, para, no prazo de cinco dias, apresentar defesa escrita, assegurando-lhe vista do processo na repartição. Apresentada a defesa, a comissão elaborará relatório conclusivo quanto à inocência ou à responsabilidade do servidor, em que resumirá as peças principais dos autos, opinará sobre a licitude da acumulação em exame, indicará o respectivo dispositivo legal e remeterá o processo à autoridade instauradora, para julgamento. No prazo de cinco dias, contados do recebimento do processo, a autoridade julgadora proferirá a sua decisão.

Caracterizada a acumulação ilegal e provada a má-fé, aplicar-se-á a pena de demissão, destituição ou cassação de aposentadoria ou disponibilidade em relação aos cargos, empregos ou funções públicas em regime de acumulação ilegal, hipótese em que os órgãos ou entidades de vinculação serão comunicados.

1.9.4. PROCESSO ADMINISTRATIVO DISCIPLINAR

O **processo administrativo disciplinar** será conduzido por comissão composta de três servidores estáveis designados pela autoridade competente, que indicará, dentre eles, o seu presidente, que deverá ser ocupante de cargo efetivo superior ou de mesmo nível, ou ter nível de escolaridade igual ou superior ao do indiciado. Não poderá participar de comissão de sindicância ou de inquérito, cônjuge, companheiro ou parente do acusado, consanguíneo ou afim, em linha reta ou colateral, até o terceiro grau.

O processo disciplinar se desenvolve nas seguintes fases: instauração, com a publicação do ato que constituir a comissão, inquérito administrativo, que compreende instrução, defesa e relatório e julgamento. O prazo para a conclusão do processo disciplinar não excederá sessenta dias, contados da data de publicação do ato que constituir a comissão, admitida a sua prorrogação por igual prazo, quando as circunstâncias o exigirem.

De acordo com a Súmula 641, do STJ, a portaria de instauração do processo administrativo disciplinar prescinde da exposição detalhada dos fatos a serem apurados. Ou seja, não é necessário que ela descreva detalhadamente os fatos, formule a acusação e mencione os dispositivos legais que teriam sido violados, considerando que se presta, tão somente, a iniciar a apuração dos fatos.

Como medida cautelar e a fim de que o servidor acusado não venha a influir na apuração da irregularidade, é possível seu **afastamento preventivo** do exercício do cargo, pela autoridade instauradora do PAD, pelo prazo de até sessenta dias, sem prejuízo da sua remuneração. Este afastamento poderá ser prorrogado por igual prazo, findo o qual cessarão os seus efeitos, ainda que não concluído o processo.

Após a **instauração** do PAD com a publicação da portaria designando a comissão processante, passe-se a fase de instrução, que é denominada **inquérito administrativo**, o qual obedecerá ao princípio do contraditório, assegurada ao acusado ampla defesa, com a utilização dos meios e recursos admitidos em direito. Na fase do inquérito, a comissão promoverá a tomada de depoimentos, acareações, investigações e diligências cabíveis, objetivando a coleta de prova, recorrendo, quando necessário, a técnicos e peritos, de modo a permitir a completa elucidação dos fatos, já que o PAD se submete ao princípio da verdade real.

É assegurado ao servidor o direito de acompanhar o processo pessoalmente ou por intermédio de procurador, arrolar e reinquirir testemunhas, produzir provas e contraprovas e formular quesitos, quando se tratar de prova pericial.

As testemunhas serão intimadas a depor mediante mandado expedido pelo presidente da comissão – sendo elas servidores públicos, a expedição do mandado será imediatamente comunicada ao chefe da repartição onde serve, com a indicação do dia e hora marcados para inquirição. Os depoimentos serão prestados oralmente e reduzidos a termo, não sendo lícito às testemunhas trazê-lo por escrito.

Concluída a inquirição das testemunhas, a comissão promoverá o interrogatório do acusado. Igualmente como ocorre com as testemunhas, havendo mais de um acusado, cada um deles será ouvido separadamente, e sempre que divergirem em suas declarações sobre fatos ou circunstâncias, será promovida a acareação entre eles.

Após, tipificada a infração disciplinar pela comissão, será formulada a indiciação do servidor, com a especificação dos fatos a ele imputados e das respectivas provas. Só então o servidor indiciado será citado por mandado expedido pelo presidente da comissão para apresentar defesa escrita, no prazo de dez dias, ou de vinte dias, se houver dois ou mais indiciados. A lei ainda prevê a possibilidade de prorrogação pelo dobro do prazo de defesa, para diligências reputadas indispensáveis.

Se o indiciado se encontrar em lugar incerto e não sabido, será citado por edital, publicado no Diário Oficial da União e em jornal de grande circulação na localidade do último domicílio conhecido, para apresentar defesa, no prazo de quinze dias. A revelia, neste caso, será declarada nos autos e devolverá o prazo para a defesa por defensor dativo, que será designado pela autoridade instauradora do PAD e terá que ser ocupante de cargo efetivo superior ou de mesmo nível, ou ter nível de escolaridade igual ou superior ao do indiciado. Ou seja, considerando que o PAD se sujeita ao Princípio da verdade real, a revelia neste caso não tem o condão de presunção de veracidade das alegações.

Após a apresentação da defesa, a Comissão irá apreciá-la e elaborará relatório minucioso, onde resumirá as peças principais dos autos e mencionará as provas em que se baseou para formar a sua convicção. Este será sempre conclusivo quanto à inocência ou à responsabilidade do servidor e, acaso reconhecida a responsabilidade do servidor, a comissão indicará o dispositivo legal ou regulamentar transgredido, bem como as circunstâncias agravantes ou atenuantes.

O processo disciplinar, com o relatório conclusivo da comissão, será remetido à autoridade que determinou a sua instauração, para **julgamento**, que é sua última fase. Este deverá ocorrer no prazo de vinte dias, contados do recebimento do processo. Trata-se de prazo impróprio, de modo que o julgamento fora do prazo legal não implica nulidade do processo, muito embora possa acarretar na responsabilização da autoridade julgadora, se esta der causa à prescrição.

Se a penalidade a ser aplicada exceder a alçada da autoridade instauradora do processo, este será encaminhado à autoridade competente, que decidirá em igual prazo. Havendo mais de um indiciado e diversidade de sanções, o julgamento caberá à autoridade competente para a imposição da pena mais grave.

O julgamento acatará o relatório da comissão, salvo quando contrário às provas dos autos. Reconhecida pela comissão a inocência do servidor, a autoridade instauradora do processo determinará o seu arquivamento, salvo se flagrantemente contrária à prova dos autos.

As penas as serem aplicadas ao servidor são as seguintes: advertência, suspensão, demissão, cassação de aposentadoria ou disponibilidade, destituição de cargo em comissão e destituição de função comissionada, as quais estão a seguir descritas num quadro sinótico. Na aplicação das penalidades serão consideradas a natureza e a gravidade da infração cometida, os danos que dela provierem para o serviço público, as circunstâncias agravantes ou atenuantes e os antecedentes funcionais. Ademais, o ato de imposição da penalidade mencionará sempre o fundamento legal e a causa da sanção disciplinar.

PENAS (Lei nº 8.112/90)	ADVERTÊNCIA	SUSPENSÃO* OU DESTITUIÇÃO DE CARGO EM COMISSÃO	DEMISSÃO, CASSAÇÃO DE APOSENTADORIA OU DISPONIBILIDADE OU DESTITUIÇÃO DE CARGO EM COMISSÃO
Hipóteses	– Violação das seguintes proibições funcionais (art. 117): I – ausentar-se do serviço durante o expediente, sem prévia autorização do chefe imediato;	– Violação das seguintes proibições funcionais (art. 117): XVII – cometer a outro servidor atribuições estranhas ao cargo que ocupa, exceto em situações de emergência e transitórias;	- Violação das seguintes proibições funcionais (art. 117): IX – valer-se do cargo para lograr proveito pessoal ou de outrem, em detrimento da dignidade da função pública;
Hipóteses	II – retirar, sem prévia anuência da autoridade competente, qualquer documento ou objeto da repartição; III – recusar fé a documentos públicos; IV – opor resistência injustificada ao andamento de documento e processo ou execução de serviço; V – promover manifestação de apreço ou desapreço no recinto da repartição;	XVIII – exercer quaisquer atividades que sejam incompatíveis com o exercício do cargo ou função e com o horário de trabalho; - E em caso de reincidência das faltas punidas com advertência.	X – participar de gerência ou administração de sociedade privada, personificada ou não personificada, exercer o comércio, exceto na qualidade de acionista, cotista ou comanditário; XI – atuar, como procurador ou intermediário, junto a repartições públicas, salvo quando se tratar de benefícios previdenciários ou assistenciais de parentes até o segundo grau, e de cônjuge ou companheiro;

PENAS (Lei nº 8.112/90)	ADVERTÊNCIA	SUSPENSÃO* OU DESTITUIÇÃO DE CARGO EM COMISSÃO	DEMISSÃO, CASSAÇÃO DE APOSENTADORIA OU DISPONIBILIDADE OU DESTITUIÇÃO DE CARGO EM COMISSÃO
Hipóteses	VI – cometer a pessoa estranha à repartição, fora dos casos previstos em lei, o desempenho de atribuição que seja de sua responsabilidade ou de seu subordinado; VII – coagir ou aliciar subordinados no sentido de filiarem-se a associação profissional ou sindical, ou a partido político; VIII – manter sob sua chefia imediata, em cargo ou função de confiança, cônjuge, companheiro ou parente até o segundo grau civil; XIX – recusar-se a atualizar seus dados cadastrais quando solicitado		XII – receber propina, comissão, presente ou vantagem de qualquer espécie, em razão de suas atribuições; XIII – aceitar comissão, emprego ou pensão de estado estrangeiro; XIV – praticar usura sob qualquer de suas formas; XV – proceder de forma desidiosa; XVI – utilizar pessoal ou recursos materiais da repartição em serviços ou atividades particulares; – Cometimento dos seguintes atos (art. 132): I – crime contra a administração pública; II – abandono de cargo; III – inassiduidade habitual; IV – improbidade administrativa; V – incontinência pública e conduta escandalosa, na repartição; VI – insubordinação grave em serviço; VII – ofensa física, em serviço, a servidor ou a particular, salvo em legítima defesa própria ou de outrem; VIII – aplicação irregular de dinheiros públicos; IX – revelação de segredo do qual se apropriou em razão do cargo;
Hipóteses			X – lesão aos cofres públicos e dilapidação do patrimônio nacional; XI – corrupção; XII – acumulação ilegal de cargos, empregos ou funções públicas;
Cancelamento do registro da pena no cadastro funcional (art. 131)	3 anos	5 anos, para a hipóteses de suspensão.	Não há cancelamento, já que o servidor encerra seu vínculo funcional com a Administração Pública.
Prescrição (art. 142)	180 dias, da data em que o fato se tornou conhecido.	2 anos, da data em que o fato se tornou conhecido.	5 anos, da data em que o fato se tornou conhecido.
Meio de apuração	Sindicância	Sindicância, para a pena de suspensão até 30 dias e PAD nas demais situações.	Processo administrativo disciplinar (PAD), precedido ou não de sindicância.
Autoridade competente para aplicação da pena (art. 141)	Pelo chefe da repartição e outras autoridades na forma dos respectivos regimentos ou regulamentos.	Pelo chefe da repartição e outras autoridades na forma dos respectivos regimentos ou regulamentos, nos casos de suspensão de até 30 (trinta) dias. – Pelas autoridades administrativas de hierarquia imediatamente inferior àquelas mais altas de cada órgão ou Poder, quando se tratar de suspensão superior a 30 (trinta) dias.	Pelo Presidente da República, pelos Presidentes das Casas do Poder Legislativo e dos Tribunais Federais e pelo Procurador-Geral da República, quando se tratar de demissão e cassação de aposentadoria ou disponibilidade de servidor vinculado ao respectivo Poder, órgão, ou entidade. – Pela autoridade que houver feito a nomeação, quando se tratar de destituição de cargo em comissão.

* Quando houver conveniência para o serviço, a penalidade de suspensão poderá ser convertida em multa, na base de 50% (cinquenta por cento) por dia de vencimento ou remuneração, ficando o servidor obrigado a permanecer em serviço.

De acordo com a Súmula 635, do STJ, os prazos prescricionais previstos no art. 142 da Lei nº 8.112/1990 iniciam-se na data em que a autoridade competente para a abertura do procedimento administrativo toma conhecimento do fato, interrompem-se com o primeiro ato de instauração válido – sindicância de caráter punitivo ou processo disciplinar – e voltam a fluir por inteiro, após decorridos 140 dias desde a interrupção.

Na verdade, 140 dias é o prazo máximo fixado pela lei para conclusão e julgamento do PAD a partir de sua instauração. Ou seja, 60 dias para a conclusão do PAD, que pode ser prorrogado por mais 60 dias, acrescido de 20 dias para julgamento, totalizando 140 dias. Com a interrupção decorrente da atuação da Administração, o prazo é zerado e volta a correr após o período que deveria ter sido concluído o PAD (140 dias).

1.9.5. REVISÃO

O processo disciplinar poderá ser revisto, a qualquer tempo, a pedido ou de ofício, quando se aduzirem fatos novos ou circunstâncias suscetíveis de justificar a inocência do punido ou a inadequação da penalidade aplicada. Desse modo, o ônus da prova cabe ao requerente, não constituindo fundamento para a revisão a simples alegação de injustiça da decisão.

O requerimento de revisão do processo será dirigido ao Ministro de Estado ou autoridade equivalente, que, se autorizar a revisão, encaminhará o pedido ao dirigente do órgão ou entidade onde se originou o processo disciplinar e será processada por comissão designada para este fim, que correrá em processo apenso ao processo originário, no prazo de sessenta dias.

Aplicam-se aos trabalhos da comissão revisora, no que couber, as normas e procedimentos próprios da comissão do processo disciplinar, cabendo seu julgamento à autoridade que aplicou a penalidade, no prazo de vinte dias, contados do recebimento do processo, no curso do qual a autoridade julgadora poderá determinar diligências.

A revisão do processo não poderá resultar agravamento de penalidade. Se esta for julgada procedente, será declarada sem efeito a penalidade aplicada, restabelecendo-se todos os direitos do servidor, exceto em relação à destituição do cargo em comissão, que será convertida em exoneração.

1.10. DA SEGURIDADE SOCIAL DO SERVIDOR (ITEM EM COAUTORIA COM O PROF. FREDERICO AMADO)

Muitas regras previdenciárias do servidor federal constantes da Lei 8.112/90 já não haviam sido recebidas pelas Emendas 20, 41, 47, 70 e 88. Isso se agravou com o advento da Emenda 103/2019, que deve ser a fonte das questões a respeito da seguridade socia do servidor público federal em termos de benefícios previdenciários.

Este item objetiva apenas analisar as normas gerais dos regimes de previdência social dos servidores públicos efetivos da União, dos estados, do Distrito Federal e dos municípios, assim como dos militares dos estados e do Distrito Federal, intitulados de **Regimes Próprios de Previdência Social**, cuja base normativa fundamental se encontra no **artigo 40, da Constituição Federal**.

O Regime Próprio de Previdência Social – RPPS é o regime de previdência, estabelecido no âmbito da União, dos Estados, do Distrito Federal e dos Municípios que assegura, por lei, aos servidores titulares de cargos efetivos, pelo menos, os benefícios de aposentadoria e pensão por morte previstos no art. 40 da Constituição Federal.

O tema ganhou extrema complexidade com a publicação da **Emenda 103/2019**. A fim de já ir familiarizando o leitor com a **nova previdência do servidor público**, vamos listar de modo superficial as **principais mudanças** realizadas pela Reforma Constitucional:

- A competência para legislar sobre regras gerais de **inatividade remunerada** de policiais militares e bombeiros dos estados e Distrito Federal passou a ser **privativa da União**;
- Restou inserido o instituto da **readaptação**, permitindo que o servidor público titular de cargo efetivo possa ser readaptado para exercício de cargo cujas atribuições e responsabilidades sejam compatíveis com a limitação que tenha sofrido em sua capacidade física ou mental, enquanto permanecer nesta condição, desde que possua a habilitação e o nível de escolaridade exigidos para o cargo de destino, mantida a remuneração do cargo de origem;
- A concessão de **aposentadoria no RGPS** passa a gerar a **extinção da relação de trabalho com a Administração Pública**, quer celetista ou mesmo estatutária, o que atinge servidores efetivos de municípios que não criaram RPPS;
- **Vedou-se que o complemento de aposentadorias e pensões por morte** do RPPS seja feito pelos entes políticos, salvo no caso de regime de previdência complementar e de lei de extinção de RPPS que poderão prever os complementos;
- Afastou-se uma garantia do titular de mandato eletivo que possui cargo efetivo no serviço

público, de modo que a Constituição não mais garante que os valores das remunerações para fins previdenciários sejam conservados como se o servidor estivesse no exercício do cargo efetivo, podendo agora ser considerados os valores das remunerações do mandato eletivo;

- **Vedou-se a incorporação de vantagens** de caráter temporário ou vinculadas ao exercício de função de confiança ou de cargo em comissão à remuneração do cargo efetivo;
- Não mais são citados no caput do artigo 40 da Constituição todos os entes políticos, de modo que não há mais imposição constitucional para que todos os entes políticos constituam RPPS, sendo o grande foco os municípios brasileiros;
- A aposentadoria por invalidez do servidor efetivo passa a se chamar de **aposentadoria por incapacidade permanente**, sendo necessário para a sua concessão um requisito adicional: não cabimento da readaptação;
- A renda mensal da aposentadoria por incapacidade permanente e das demais aposentações foi desconstitucionalizada, cabendo a aplicação da regra de transição do artigo 26 da Emenda;
- A aposentadoria por incapacidade por doenças graves, contagiosas ou incuráveis **não mais possui garantia de proventos integrais**;
- Fixou-se como regra permanente para os **servidores federais efetivos** a seguinte idade mínima para o deferimento de aposentadoria voluntária: **a) 65 anos, homens; b) 62 anos, mulheres;**
- O teto da aposentadoria passa a ser o teto do RGPS para os novos servidores públicos empossados no novo regime, respeitado o valor mínimo de um salário mínimo;
- Caberá ao ente federativo aprovar lei ordinária para regular o valor dos proventos de aposentadoria do seu servidor efetivo, quebrando a uniformidade nacional, o que será uma lástima e com enorme insegurança jurídica;
- As **aposentadorias especiais** no RPPS eram uma determinação constitucional. Agora passaram a ser um **ato discricionário do legislador**, ao inserir expressamente no texto constitucional a expressão "poderão", via lei complementar da entidade política;
- Os **professores** do ensino infantil, fundamental e média conservaram o direito de **reduzir 5 anos na idade** no benefício de aposentadoria por idade em relação às regras ordinárias, que no serviço público federal são de 65 anos para os homens e 62 para as mulheres, reduzindo na área federal para 60 anos para os professores e 57 anos de idade para as professoras;
- Possibilita que a **pensão por morte do servidor público possa ter renda inferior a um salário mínimo**, desde que o dependente seja beneficiário de **renda formal**, a exemplo de salário ou de aposentadoria;
- A regra permanente não mais trata da renda da pensão por morte, fazendo remissão à lei do respectivo ente federativo, que necessariamente terá que tratar de modo diferenciado a morte dos policiais, agentes penitenciários e agentes socioeducativos por agressão em decorrência da sua função de risco;
- Passa a ser **obrigatória** a criação do regime de **previdência complementar** pelas entidades federativas que possuam RPPS (era facultativo);
- Abriu-se em favor das entidades abertas de previdência complementar (EAPC's) a possibilidade de gerir planos de previdência complementar dos servidores públicos;
- O **abono de permanência** em serviço passa a ser de pagamento **facultativo**;
- O valor do abono não mais é fixado no valor da contribuição previdenciária devida pelo servidor público, podendo ser inferior a esse valor, não tendo sido previsto sequer um limite mínimo;
- Exige que a **União** edite uma **lei complementar** estabelecendo normas gerais sobre os Regimes Próprios de Previdência Social.

No âmbito dos **Estados, do Distrito Federal e dos Municípios**, a aposentadoria voluntária com modificação de na idade mínima, dependerá de emenda às respectivas Constituições e Leis Orgânicas, sendo conservado o antigo regime constitucional provisoriamente. O mesmo se aplica ao benefício de pensão por morte.

Dessa forma, existem regras da Emenda 103/2019 que se aplicam aos servidores de todas as esferas de governo. Por outro lado, existem regras que somente serão aplicáveis aos servidores dos estados, Distrito Federal e municípios se a legislação local for ulteriormente modificada, como os requisitos/renda para as aposentadorias e valor da pensão por morte.

Foram preservados sem alteração somente os seguintes parágrafos do artigo 40 da Constituição:

> **§ 1º, inciso II** – compulsoriamente, com proventos proporcionais ao tempo de contribuição, aos 70 (setenta) anos de idade, ou aos 75 (setenta e cinco) anos de idade, na forma de lei complementar; *(Inciso com redação dada pela Emenda Constitucional nº 88, de 2015)*

§ 8º – É assegurado o reajustamento dos benefícios para preservar-lhes, em caráter permanente, o valor real, conforme critérios estabelecidos em lei. (*Parágrafo com redação dada pela Emenda Constitucional nº 41, de 2003*)

§ 10 – A lei não poderá estabelecer qualquer forma de contagem de tempo de contribuição fictício. (*Parágrafo com redação dada pela Emenda Constitucional nº 20, de 1998*)

§ 11 – Aplica-se o limite fixado no art. 37, XI, à soma total dos proventos de inatividade, inclusive quando decorrentes da acumulação de cargos ou empregos públicos, bem como de outras atividades sujeitas a contribuição para o regime geral de previdência social, e ao montante resultante da adição de proventos de inatividade com remuneração de cargo acumulável na forma desta Constituição, cargo em comissão declarado em lei de livre nomeação e exoneração, e de cargo eletivo. (*Parágrafo com redação dada pela Emenda Constitucional nº 20, de 1998*)

§ 16 – Somente mediante sua prévia e expressa opção, o disposto nos §§ 14 e 15 poderá ser aplicado ao servidor que tiver ingressado no serviço público até a data da publicação do ato de instituição do correspondente regime de previdência complementar. (*Parágrafo com redação dada pela Emenda Constitucional nº 20, de 1998*)

§ 17 – Todos os valores de remuneração considerados para o cálculo do benefício previsto no § 3° serão devidamente atualizados, na forma da lei. (*Parágrafo acrescido pela Emenda Constitucional nº 41, de 2003*)

§ 18[1] – Incidirá contribuição sobre os proventos de aposentadorias e pensões concedidas pelo regime de que trata este artigo que superem o limite máximo estabelecido para os benefícios do regime geral de previdência social de que trata o art. 201, com percentual igual ao estabelecido para os servidores titulares de cargos efetivos. (*Parágrafo acrescido pela Emenda Constitucional nº 41, de 2003*)

Algumas regras se aplicam aos servidores públicos de todos os entes federativos. Outras normas são aplicáveis, de início, apenas aos servidores federais, cabendo a edição de emenda às respectivas Constituições e Leis Orgânicas para a sua aplicação no âmbito dos Estados, do Distrito Federal e dos Municípios.

Dessa forma, de modo não isonômico, os servidores federais passaram a ter novas regras previdenciárias quase todas mais restritivas de direitos, que somente serão aplicáveis aos servidores dos demais entes políticos por alteração na legislação local.

Nitidamente houve o endurecimento das regras de custeio e de benefícios para os servidores públicos e seus dependentes, o que sempre é indesejável, pois não há felicidade na restrição de direitos sociais.

De acordo com o novel *caput* do artigo 40 da Constituição, "o regime próprio de previdência social dos servidores titulares de **cargos efetivos** terá caráter **contributivo** e **solidário**, mediante contribuição do respectivo **ente federativo, de servidores ativos, de aposentados e de pensionistas**, observados critérios que preservem o **equilíbrio financeiro e atuarial**.

Com a alteração do caput do artigo 40 da Constituição, agora o dispositivo nomina o regime previdenciário básico dos servidores públicos efetivos de RPPS – Regime Próprio de Previdência Social.

Mas a grande modificação, que certamente passará despercebida por muitos, é que **não são citados todos os entes políticos**, de modo que não há mais imposição constitucional para que todos os entes políticos constituam RPPS, sendo o grande foco os municípios brasileiros.

Considera-se **equilíbrio financeiro** a garantia de equivalência entre as receitas auferidas e as obrigações do RPPS em cada exercício financeiro, ao passo que **equilíbrio atuarial** a garantia de equivalência, a valor presente, entre o fluxo das receitas estimadas e das obrigações projetadas, apuradas atuarialmente, a longo prazo, devendo os RPPS passar por avaliações e reavaliações atuariais com o objetivo de dimensionar os compromissos do Plano de Benefícios e estabelecer o Plano de Custeio para a observância do equilíbrio financeiro e atuarial.

É vedado o pagamento de benefícios, mediante convênios ou consórcios entre Estados, entre Estados e Municípios e entre Municípios, por força do artigo 1º, inciso V, da Lei 9.717/98.

Importante:

Por força da Emenda Constitucional 20/98, ao servidor ocupante, exclusivamente, de cargo em comissão declarado em lei de livre nomeação e exoneração, bem como de outro cargo temporário ou de emprego público, aplicar-se-á o Regime Geral de Previdência Social.

Em razão da Emenda 103/2019, aplica-se ao agente público ocupante, exclusivamente, de cargo em comissão declarado em lei de livre nomeação e exoneração, de outro cargo temporário, inclusive aos detentores de mandato eletivo, ou de emprego público, o Regime Geral de Previdência Social.

1. Este parágrafo seria revogado, mas o Senado barrou.

Houve uma ampliação do conteúdo desde parágrafo. A expressão "servidor" foi substituída por "agente público", de maior abrangência, assim como foi inserido o detentor de mandato eletivo.

Dessa forma, apesar de já previsto pelas Leis 9.506/97 e 10.887/2004, agora consta expressamente do texto constitucional que o titular de mandato eletivo será segurado do Regime Geral de Previdência Social.

Por outro lado, registre-se que o titular de mandado eletivo que é servidor efetivo amparado por RPPS permanecerá vinculado ao RPPS, conforme expressamente consignado no texto constitucional[2] e na Lei 8.213/91[3].

Qual o entendimento do STF sobre o assunto?

"O sistema previdenciário dos ocupantes de cargos comissionados foi regulado pela Lei 8.647/1993. Posteriormente, com a EC 20/1998, o art. 40, § 13, da CF determinou a filiação obrigatória dos servidores sem vínculo efetivo ao regime geral de previdência. Como os detentores de cargos comissionados desempenham função pública a título precário, sua situação é incompatível com o gozo de quaisquer benefícios que lhes confira vínculo de caráter permanente, como é o caso da aposentadoria. Inadmissível, ainda, o entendimento segundo o qual, à míngua de previsão legal, não se deva exigir o preenchimento de requisito algum para a fruição da aposentadoria por parte daqueles que desempenham a função pública a título precário, ao passo que, para os que mantêm vínculo efetivo com a administração, exige-se o efetivo exercício no cargo por cinco anos ininterruptos ou dez intercalados (art. 193 da Lei 8.112/1990)." (RMS 25.039, Rel. Min. Joaquim Barbosa, julgamento em 14-2-2006, Segunda Turma, DJE de 18-4-2008.)

De efeito, em termos de RPPS, a competência legislativa é concorrente, competindo a União editar normas gerais, cabendo aos demais entes políticos instituir os seus respectivos regimes de previdência para os servidores públicos efetivos e militares.

Importante:

Na hipótese de municípios que não instituíram o seu RPPS, os seus servidores efetivos vinculam-se obrigatoriamente ao RGPS, na condição de segurados empregados, sendo a entidade política enquadrada como empresa para fins previdenciários.

Por força da Emenda 103/2019, restou mantida a vedação de criação de mais de um RPPS em cada entidade federativa e de mais de um órgão ou unidade gestora de Regime Próprio, restando inserido que este regramento se aplica a todos os Poderes dos entes federativos.

Entende-se por unidade gestora a entidade ou órgão integrante da estrutura da Administração Pública de cada ente federativo, que tenha por finalidade a administração, o gerenciamento e a operacionalização do RPPS, incluindo a arrecadação e gestão de recursos e fundos previdenciários, a concessão, o pagamento e a manutenção dos benefícios[4], facultada aos entes federativos a constituição de fundos integrados de bens, direitos e ativos com finalidade previdenciária.

O artigo 12 da EC 103/2019 previu que a União instituirá **sistema integrado de dados** relativos às remunerações, proventos e pensões dos segurados dos regimes de previdência de que tratam os arts. 40, 201 e 202 da Constituição Federal, aos benefícios dos programas de assistência social de que trata o art. 203 da Constituição Federal e às remunerações, proventos de inatividade e pensão por morte decorrentes das atividades militares de que tratam os arts. 42 e 142 da Constituição Federal, em interação com outras bases de dados, ferramentas e plataformas, para o fortalecimento de sua gestão, governança e transparência e o cumprimento das disposições estabelecidas nos incisos XI e XVI do art. 37 da Constituição Federal.

Por sua vez, atribuiu-se a cada Poder o custeio das suas despesas com RPPS, cabendo a uma lei complementar nacional fixar os parâmetros.

Ademais, retirou-se a ressalva de que o dispositivo não se aplica na situação do disposto no art. 142, § 3º, X[5], pois caberá a uma lei complementar da União reger o tema.

Na esfera federal, essa unidade gestora será composta por um colegiado, com participação paritária de representantes e servidores dos Poderes da União, cabendo-lhes acompanhar e fiscalizar a sua administração.

---

2. Art. 38. Ao servidor público da administração direta, autárquica e fundacional, no exercício de mandato eletivo, aplicam-se as seguintes disposições: IV – em qualquer caso que exija o afastamento para o exercício de mandato eletivo, seu tempo de serviço será contado para todos os efeitos legais, exceto para promoção por merecimento.
3. Art. 11. São segurados obrigatórios da Previdência Social as seguintes pessoas físicas: I – como empregado: j) o exercente de mandato eletivo federal, estadual ou municipal, desde que não vinculado a regime próprio de previdência social; (Incluído pela Lei nº 10.887, de 2004)
4. Artigo 10, §1º, da Portaria MPS 402/2008.
5. § 3º Os membros das Forças Armadas são denominados militares, aplicando-se-lhes, além das que vierem a ser fixadas em lei, as seguintes disposições: X – a lei disporá sobre o ingresso nas Forças Armadas, os limites de idade, a estabilidade e outras condições de transferência do militar para a inatividade, os direitos, os deveres, a remuneração, as prerrogativas e outras situações especiais dos militares, consideradas as peculiaridades de suas atividades, inclusive aquelas cumpridas por força de compromissos internacionais e de guerra. (Incluído pela Emenda Constitucional nº 18, de 1998)

Importante:

Há uma tendência política de aproximar as normas dos Regimes Próprios às do Regime Geral de Previdência Social, sendo esse movimento visível na redação do §12, do artigo 40, da CRFB, ao prever que o regime de previdência dos servidores públicos titulares de cargo efetivo observará, no que couber, os requisitos e critérios fixados para o regime geral de previdência social. Logo, em caso de omissão, se houver compatibilidade, foi autorizada pela Constituição a utilização das normas das Leis 8.212/91 e 8.213/91 ao RPPS.

Por força do artigo 8º da Lei 9.717/98, com redação dada pela Lei 13.846/2019, os responsáveis pelos poderes, órgãos ou entidades do ente estatal, os dirigentes da unidade gestora do respectivo regime próprio de previdência social e os membros dos seus conselhos e comitês **respondem diretamente por infração ao disposto nesta legislação**, sujeitando-se, no que couber, ao regime disciplinar estabelecido na Lei Complementar nº 109, de 29 de maio de 2001, e seu regulamento, e conforme diretrizes gerais.

Ademais, os dirigentes do ente federativo instituidor do regime próprio de previdência social e da unidade gestora do regime e os demais responsáveis pelas ações de investimento e aplicação dos recursos previdenciários, inclusive os consultores, os distribuidores, a instituição financeira administradora da carteira, o fundo de investimentos que tenha recebido os recursos e seus gestores e administradores serão **solidariamente responsáveis**, na medida de sua participação, pelo ressarcimento dos prejuízos decorrentes de aplicação em desacordo com a legislação vigente a que tiverem dado causa.

Ainda de acordo com as mudanças perpetradas pela Lei 13.846/19, os **dirigentes da unidade gestora do regime próprio de previdência social** deverão atender aos seguintes requisitos mínimos:

> I – não ter sofrido condenação criminal ou incidido em alguma das demais situações de inelegilidade previstas no inciso I do caput do art. 1º da Lei Complementar nº 64, de 18 de maio de 1990, observados os critérios e prazos previstos na referida Lei Complementar;
>
> II – possuir certificação e habilitação comprovadas, nos termos definidos em parâmetros gerais;
>
> III – possuir comprovada experiência no exercício de atividade nas áreas financeira, administrativa, contábil, jurídica, de fiscalização, atuarial ou de auditoria;
>
> IV – ter formação superior.

O artigo 94, da Lei 8.213/91, assegura a contagem ao RPPS do tempo de contribuição prestado no RGPS e vice-versa (contagem recíproca). Contudo, não será considerado no RPPS o tempo de contribuição do contribuinte individual que trabalhe por conta própria e do segurado facultativo que recolham 11% ou 5% sobre o salário mínimo, salvo se houver a complementação com os encargos legais, bem como o período prestado pelo trabalhador rural antes da Lei 8.213/91, salvo se indenizado, nos termos nos termos do artigo 127, V, do RPS.

Qual o entendimento do STJ sobre o assunto?

A jurisprudência da Terceira Seção do Superior Tribunal de Justiça é firme no sentido de que ser imperiosa a indenização ao Regime Geral de Previdência Social do período exercido na atividade rural, anterior à filiação obrigatória, para cômputo em regime próprio de servidor público (AGREsp 958.190, de 04.08.2008).

Importante:

O tempo de contribuição federal, estadual ou municipal será contado para efeito de aposentadoria e o tempo de serviço correspondente para efeito de disponibilidade, sendo vedada qualquer contagem de tempo de contribuição fictício.

Qual o entendimento do STF sobre o assunto?

A vedação à contagem do tempo de contribuição ficto foi instituída pela Emenda 20/1998, não tendo eficácia retroativa de acordo com o STF: "De acordo com a orientação firmada neste Tribunal, o servidor que completou o tempo de serviço para usufruir da licença-prêmio em momento anterior à vigência da EC 20/1998, e não o fez, tem direito a computar em dobro o tempo correspondente à licença para fins de aposentadoria." (AI 725.444-AgR, Rel. Min. Joaquim Barbosa, julgamento em 7-2-2012, Segunda Turma, DJE de 23-2-2012.)

São segurados do RPPS os servidores titulares de **cargo de provimento efetivo**, bem como os militares estaduais e distritais, sendo que a cessão de servidor ou militar dos Estados e do Distrito Federal (com ou sem ônus) não o retira do seu RPPS.

Importante:

Ou seja, desde a Emenda 20/1998, foram excluídos do RPPS os ocupantes de cargo em comissão sem vínculo efetivo, os titulares de mandato eletivo, os contratados por regime especial por excepcional interesse público e os empregados públicos.

É necessário que a entidade federativa tenha aprovado lei constituindo o RPPS, como ocorre com a União, todos os estados e o Distrito Federal. No que tange aos **Municípios**, uma parcela significativa não possui RPPS criado, razão pela qual o servidor efetivo municipal será segurado empregado do RGPS até que o ente local crie o seu RPPS. Na esfera federal, os titulares de cargo em comissão já eram vinculados ao RGPS desde o advento da Lei 8.647/93, o que foi estendido aos demais entes políticos pela referida reforma constitucional.

No caso dos militares da União, serão aplicáveis as disposições da Lei 6.880/80, que aprovou o Estatuto dos Militares, e não da Lei 9.717/98.

De acordo com o novel §22 do artigo 40 da Constituição Federal, vedada a instituição de novos regimes próprios de previdência social, **lei complementar federal** estabelecerá, para os que já existam, normas gerais de organização, de funcionamento e de responsabilidade em sua gestão, dispondo, entre outros aspectos, sobre:

> I - requisitos para sua extinção e consequente migração para o Regime Geral de Previdência Social;
>
> II - modelo de arrecadação, de aplicação e de utilização dos recursos;
>
> III - fiscalização pela União e controle externo e social;
>
> IV - definição de equilíbrio financeiro e atuarial;
>
> V - condições para instituição do fundo com finalidade previdenciária de que trata o art. 249 e para vinculação a ele dos recursos provenientes de contribuições e dos bens, direitos e ativos de qualquer natureza;
>
> VI - mecanismos de equacionamento do déficit atuarial;
>
> VII - estruturação do órgão ou entidade gestora do regime, observados os princípios relacionados com governança, controle interno e transparência;
>
> VIII - condições e hipóteses para responsabilização daqueles que desempenhem atribuições relacionadas, direta ou indiretamente, com a gestão do regime;
>
> IX - condições para adesão a consórcio público;
>
> X – parâmetros para apuração da base de cálculo e definição de alíquota de contribuições ordinárias e extraordinárias"

Trata-se de um novo parágrafo inserido no artigo 40 da Constituição, que exige que a **União** edite uma lei complementar estabelecendo normas gerais sobre os Regimes Próprios de Previdência Social.

Atualmente, cabe a Lei 9.717/98 fazer a função de lei geral da União a respeito dos Regimes Próprios de Previdência Social.

Curioso que há **expressa vedação de criação de novos RPPS**, de modo que os municípios não poderão criar Regimes Próprios de Previdência Social a partir da data da publicação da **Emenda 103/2019**, considerando que a União, todos os estados federados e o Distrito Federal já possuem RPPS constituídos.

O dispositivo já fixa os temas mínimos que deverão constar da futura LC nacional de RPPS, chamando a atenção que **agora há previsão constitucional para a Fiscalização e controle externo pela União** sobre RPPS de estados, Distrito federal e municípios.

Embora a Lei 9.717/98[6] já preveja esse controle externo, este vinha sendo repelido pelo STF por afrontar a autonomia dos demais entes federativos.

Nesse sentido, o STF analisou a inconstitucionalidade do artigo 9º, da Lei 9.717/98, entendendo que houve quebra de autonomia dos estados, Distrito Federal e municípios, pois os subordinou ao Ministério da Previdência Social (competência atual do Ministério da Economia), havendo clara ingerência administrativa indevida, afastando o dispositivo liminarmente no caso concreto, em ação proposta pelo Estado do Paraná e pela Paranaprevidência.

Com propriedade, liminarmente, entendeu a Suprema Corte que a União ultrapassou a sua competência para editar normas gerais sobre a previdência dos servidores públicos, determinando a expedição do Certificado de Regularidade Previdenciário pelo MPS e dos respectivos repasses a título de compensação previdenciária[7].

Agora que é regra constitucional, resta saber se o STF irá rever a sua jurisprudência ou reafirmá-la, pro-

---

6. Art. 9º Compete à União, por intermédio da Secretaria Especial de Previdência e Trabalho do Ministério da Economia, em relação aos regimes próprios de previdência social e aos seus fundos previdenciários: (Redação dada pela Lei nº 13.846, de 2019)

   I – a orientação, a supervisão, a fiscalização e o acompanhamento; (Redação dada pela Lei nº 13.846, de 2019)

   II – o estabelecimento e a publicação de parâmetros, diretrizes e critérios de responsabilidade previdenciária na sua instituição, organização e funcionamento, relativos a custeio, benefícios, atuária, contabilidade, aplicação e utilização de recursos e constituição e manutenção dos fundos previdenciários, para preservação do caráter contributivo e solidário e do equilíbrio financeiro e atuarial; (Redação dada pela Lei nº 13.846, de 2019)

   III – a apuração de infrações, por servidor credenciado, e a aplicação de penalidades, por órgão próprio, nos casos previstos no art. 8º desta Lei; (Redação dada pela Lei nº 13.846, de 2019)

   IV – a emissão do Certificado de Regularidade Previdenciária (CRP), que atestará, para os fins do disposto no art. 7º desta Lei, o cumprimento, pelos Estados, Distrito Federal e Municípios, dos critérios e exigências aplicáveis aos regimes próprios de previdência social e aos seus fundos previdenciários. (Incluído pela Lei nº 13.846, de 2019)

   Parágrafo único. A União, os Estados, o Distrito Federal e os Municípios encaminharão à Secretaria Especial de Previdência e Trabalho do Ministério da Economia, na forma, na periodicidade e nos critérios por ela definidos, dados e informações sobre o regime próprio de previdência social e seus segurados. (Redação dada pela Lei nº 13.846, de 2019)
7. ACO-TAR 830, de 29.10.2007, Relator Ministro Marco Aurélio.

nunciado (ou não) inconstitucional esta passagem da Emenda que pode afrontar a autonomia federativa.

Por força do **artigo 9º da Emenda 103/2019**, eis as **regras da transição** até a edição da LC nacional sobre RPPS's:

a) Prova de equilíbrio financeiro e atuarial mediante garantia de equivalência;

b) Restrição aos benefícios de aposentadorias e pensões por morte, devendo a maternidade e a incapacidade temporária serem tuteladas por licenças remuneradas;

c) Alíquota dos servidores estaduais, distritais e municipais não inferiores à alíquota dos servidores federais (artigo 11[8] da Emenda), salvo se o RPPS não possuir déficit atuarial[9], aplicando neste caso como piso as alíquotas do RGPS (artigo 28[10] da Emenda);

d) Prazo de 2 anos para a criação do regime de previdência complementar nos casos dos entes que ainda não o constituíram;

e) Possibilidade de celebrar empréstimos consignados com os segurados;

f) Possibilidade de aprovar lei para a criação de contribuição extraordinária por até 20 anos, na hipótese de déficit atuarial;

g) Parcelamento de dívidas por até 60 meses;

h) O rol de benefícios dos regimes próprios de previdência social fica limitado às aposentadorias e à pensão por morte.

O custeio dos Regimes Próprios é feito por contribuições previdenciárias dos servidores públicos efetivos e dos militares, assim como dos recursos das respectivas entidades políticas, devendo ser observados critérios que preservem o equilíbrio financeiro e atuarial do sistema.

Com o advento da Emenda Constitucional 41/2003, o artigo 40 da Constituição Federal foi alterado a fim de permitir a incidência de contribuições previdenciárias a serem pagas pelos aposentados e pensionistas do RPPS, tendo em vista que apenas com o advento da Emenda 03/1993 todos os servidores (ativos) passaram a contribuir ao sistema.

> **Importante:**
> De efeito, há autorização constitucional para que os aposentados e pensionistas do RPPS paguem contribuições previdenciárias sobre os seus proventos e pensões, mas apenas sobre a parcela que exceda ao teto do RGPS, com a mesma alíquota dos ativos.

Assim sendo, os beneficiários de aposentadorias e pensões em RPPS cuja renda não ultrapasse o teto do salário de contribuição do RGPS têm **imunidade** ao pagamento dos referidos tributos (§18, art. 40, CF).

Na hipótese de aposentado ou pensionista **portador de doença incapacitante**, apenas incidia a contribuição previdenciária sobre o seu benefício

8. Art. 11. Até que entre em vigor lei que altere a alíquota da contribuição previdenciária de que tratam os arts. 4º, 5º e 6º da Lei nº 10.887, de 18 de junho de 2004, esta será de quatorze por cento.

§ 1º A alíquota prevista no *caput* será reduzida ou majorada, considerado o valor da base de contribuição ou do benefício recebido, de acordo com os seguintes parâmetros:

I – até um salário-mínimo, redução de seis inteiros e cinco décimos pontos percentuais;

II – acima de um salário-mínimo até R$ 2.000,00 (dois mil reais), redução de cinco pontos percentuais;

III – de R$ 2.000,01 (dois mil reais e um centavo) até R$ 3.000,00 (três mil reais), redução de dois pontos percentuais;

IV – de R$ 3.000,01 (três mil reais e um centavo) até R$ 5.839,45 (cinco mil oitocentos e trinta e nove reais e quarenta e cinco centavos), sem redução ou acréscimo;

V – de R$ 5.839,46 (cinco mil oitocentos e trinta e nove reais e quarenta e seis centavos) até R$ 10.000,00 (dez mil reais), acréscimo de meio ponto percentual;

VI – de R$ 10.000,01 (dez mil reais e um centavo) até R$ 20.000,00 (vinte mil reais), acréscimo de dois inteiros e cinco décimos pontos percentuais;

VII – de R$ 20.000,01 (vinte mil reais e um centavo) até R$ 39.000,00 (trinta e nove mil reais), acréscimo de cinco pontos percentuais; e

VIII – acima de R$ 39.000,01 (trinta e nove mil reais e um centavo), acréscimo de oito pontos percentuais.

9. Não será considerada como ausência de déficit a implementação de segregação da massa de segurados ou a previsão em lei de plano de equacionamento de déficit. Na hipótese da avaliação apontar déficit atuarial, deverá ser apresentado no Parecer Atuarial **plano de amortização** para o seu equacionamento, ou então o ente federativo poderá optar pelo equacionamento do déficit atuarial do seu RPPS por intermédio de **segregação da massa de seus segurados**, assim considerada a separação dos segurados vinculados ao RPPS em grupos distintos que integrarão o Plano Financeiro e o Plano Previdenciário, o que foi feito no RPPS do Estado do Rio Grande do Norte (2005) e da Bahia (2009).

10. Art. 28. Até que lei altere a alíquota da contribuição de que trata a Lei nº 8.212, de 24 de julho de 1991, devida pelo segurado empregado, inclusive o doméstico, e pelo trabalhador avulso, esta será de:

I – até um salário-mínimo, sete inteiros e cinco décimos por cento;

II – acima de um salário-mínimo até R$ 2.000,00 (dois mil reais), nove por cento;

III – de R$ 2.000,01 (dois mil reais e um centavo) até R$ 3.000,00 (três mil reais), de doze por cento; e

IV – de R$ 3.000,01 (três mil reais e um centavo) até o limite do salário de contribuição, de quatorze por cento.

se ele ultrapassasse o **dobro** do teto do RGPS (imunidade dobrada), nos termos do artigo 40, §21, da Constituição. **No entanto, essa regra foi revogada pela Emenda 103/2019.**

Restou modificado e adicionado o regramento do **artigo 149 da Constituição**, que disciplina as contribuições para a seguridade social, dentre outras contribuições sociais.

Retirou-se do regramento permanente constitucional que a alíquota dos servidores estaduais, distritais e municipais não poderão ser inferiores à alíquota dos servidores federais, ressalvando o regramento de transição do artigo 9º, §4º[11], da **Emenda 103/2019**, até a edição da lei complementar nacional com regras gerais sobre RPPS.

Ademais, restou inserida previsão expressa no texto constitucional para a **progressividade das contribuições previdenciárias** de ativos, inativos e pensionistas de todas as esferas de governo, de acordo com o valor da base de contribuição ou do benefício recebido.

No entanto, por força do artigo 36, inciso II, letra A, da **Emenda 103/2019**, a alteração promovida pelo art. 1º no art. 149 da Constituição Federal somente será aplicável ao RPPS dos Estados, do Distrito Federal e dos Municípios na data de publicação de lei de iniciativa privativa do respectivo Poder Executivo, que referende integralmente.

Pelo texto transcrito, seria possível no caso de **déficit atuarial** incidir contribuição previdenciária sobre os proventos de aposentadoria e de pensões por morte que **superem a um salário mínimo**.

No entanto, considerando que o Senado rejeitou a revogação do §18 do artigo 40 da Constituição, entende-se ser absoluta a imunidade tributária do servidor federal sobre aposentadorias e pensões por morte até o teto do RGPS, havendo uma antinomia constitucional por esse motivo.

Essa regra se aplica a todas as esferas de governo e não há uma limitação expressa do percentual dessa alíquota extra.

Especificamente para o servidor ativo, inativo e pensionista do **serviço público federal**, acaso a medida de tributação suso referida não restar suficiente para equilibrar o *déficit* atuarial, será possível a criação de **contribuição extraordinária por prazo determinado**, que o artigo 149 da Constituição **não fixa o limite máximo temporal**, devendo ser adotadas medidas paralelas de combate ao déficit atuarial que o texto constitucional também não enumera.

Esse regramento em aberto poderá ser deveras gravoso especialmente ao ativo, inativo e pensionista do RPPS federal, que poderá ser compelido a arcar com uma alíquota de contribuição previdenciária extraordinária por prazo não limitado e alíquota também não limitada pelo novel texto constitucional.

Não incidirá contribuição previdenciária sobre as seguintes parcelas recebidas pelo servidor federal, tais parcelas estão previstas no §1º do art. 4º da Lei mencionada:

> I – as diárias para viagens;
>
> II – a ajuda de custo em razão de mudança de sede;
>
> III – a indenização de transporte;
>
> IV – o salário-família;
>
> V – o auxílio-alimentação;
>
> VI – o auxílio-creche;
>
> VII – as parcelas remuneratórias pagas em decorrência de local de trabalho;
>
> VIII – a parcela percebida em decorrência do exercício de cargo em comissão ou de função comissionada ou gratificada;
>
> IX – o abono de permanência de que tratam o § 19 do art. 40 da Constituição Federal, o § 5º do art. 2º e o § 1º do art. 3º da Emenda Constitucional nº 41, de 19 de dezembro de 2003;
>
> X – o adicional de férias;
>
> XI – o adicional noturno;
>
> XII – o adicional por serviço extraordinário;
>
> XIII – a parcela paga a título de assistência à saúde suplementar;
>
> XIV – a parcela paga a título de assistência pré-escolar;
>
> XV – a parcela paga a servidor público indicado para integrar conselho ou órgão deliberativo, na condição de representante do governo, de órgão ou de entidade da administração pública do qual é servidor;
>
> XVI – o auxílio-moradia;
>
> XVII – a Gratificação por Encargo de Curso ou Concurso, de que trata o art. 76-A da Lei no 8.112, de 11 de dezembro de 1990;
>
> XVIII – a Gratificação Temporária das Unidades dos Sistemas Estruturadores da Administração Pública Federal (GSISTE), instituída pela Lei no 11.356, de 19 de outubro de 2006;

11. § 4º Os Estados, o Distrito Federal e os Municípios **não poderão estabelecer alíquota inferior à da contribuição dos servidores da União**, exceto se demonstrado que o respectivo regime próprio de previdência social não possui déficit atuarial a ser equacionado, hipótese em que a alíquota não poderá ser inferior às alíquotas aplicáveis ao Regime Geral de Previdência Social.

XIX – a Gratificação Temporária do Sistema de Administração dos Recursos de Informação e Informática (GSISP), instituída pela Lei no 11.907, de 2 de fevereiro de 2009;

XX – a Gratificação Temporária de Atividade em Escola de Governo (GAEG), instituída pela Lei nº 11.907, de 2 de fevereiro de 2009;

XXI – a Gratificação Específica de Produção de Radioisótopos e Radiofármacos (GEPR), instituída pela Lei nº 11.907, de 2 de fevereiro de 2009;

XXII – a Gratificação de Raio X;

XXIII – a parcela relativa ao Bônus de Eficiência e Produtividade na Atividade Tributária e Aduaneira, recebida pelos servidores da carreira Tributária e Aduaneira da Receita Federal do Brasil;

XXIV – a parcela relativa ao Bônus de Eficiência e Produtividade na Atividade de Auditoria-Fiscal do Trabalho, recebida pelos servidores da carreira de Auditoria-Fiscal do Trabalho;

XXV – (Incluído Medida Provisória nº 805, de 2017) (Vigência encerrada)

XXVI – o Bônus de Desempenho Institucional por Perícia Médica em Benefícios por Incapacidade (BPMBI); e (Incluído pela Lei nº 13.846, de 2019)

XXVII – o Bônus de Desempenho Institucional por Análise de Benefícios com Indícios de Irregularidade do Monitoramento Operacional de Benefícios (BMOB). (Incluído pela Lei nº 13.846, de 2019)

Por outro lado, o servidor federal ocupante de cargo efetivo poderá optar pela inclusão, na base de cálculo da contribuição, de parcelas remuneratórias percebidas em decorrência de local de trabalho e do exercício de cargo em comissão ou de função comissionada ou gratificada, da Gratificação Temporária das Unidades dos Sistemas Estruturadores da Administração Pública Federal (GSISTE), da Gratificação Temporária do Sistema de Administração dos Recursos de Informação e Informática (GSISP), da Gratificação Temporária de Atividade em Escola de Governo (GAEG), da Gratificação Específica de Produção de Radioisótopos e Radiofármacos (GEPR), da Gratificação de Raio X e daquelas recebidas a título de adicional noturno ou de adicional por serviço extraordinário, para efeito de cálculo do benefício a ser concedido com fundamento no art. 40 da Constituição Federal e no art. 2º da Emenda Constitucional nº 41, de 19 de dezembro de 2003, respeitada, em qualquer hipótese, a limitação estabelecida no § 2º do art. 40 da Constituição Federal.

Importante:

No entanto, a jurisprudência se consolidou que **não incide contribuição previdenciária sobre o adicional de férias percebido pelo servidor**, por se tratar de parcela não incorporável à aposentadoria.

Qual o entendimento do STF sobre o assunto?

No julgamento do AI 603.537/AgR, em 27.02.2007, aduziu a 2ª Turma do STF que "somente as parcelas incorporáveis ao salário do servidor sofrem a incidência da contribuição previdenciária", razão pela qual declarou a inexigibilidade da contribuição previdenciária sobre o adicional de férias.

Não incide contribuição previdenciária sobre verba não incorporável aos proventos de aposentadoria do servidor público, tais como terço de férias, serviços extraordinários, adicional noturno e adicional de insalubridade. Com base nesse entendimento, o Plenário, por maioria e em conclusão de julgamento, ao apreciar o **Tema 163 da repercussão geral**, deu parcial provimento ao recurso extraordinário no qual servidora pública federal postulou o afastamento dos descontos previdenciários sobre aquelas verbas e quaisquer outras de caráter transitório que viesse a receber, diante da impossibilidade de incorporá-las aos proventos de aposentadoria. **RE 593068/SC, rel. Min. Roberto Barroso, julgamento em 11.10.2018.**

O **artigo 11 da Emenda 103/2019** constituiu regra de transição para regular a contribuição previdenciária do servidor federal, até que sejam alterados os artigos 4º, 5º e 6º da Lei nº 10.887/2004, que fixavam em 11% a alíquota de contribuição do servidor federal, respeitado o Princípio da Anterioridade Nonagesimal, na hipótese de elevação tributária.

De efeito, **a alíquota é elevada para 14%,** mas com faixas de redução e elevação (progressividade extrafiscal), a depender do valor da remuneração, aposentadoria ou pensão por morte.

Essa regra **poderá refletir nas demais entidades políticas**, pois o artigo 9º, §4º, da Emenda prevê que "até que entre em vigor lei complementar que discipline o § 22 do art. 40 da Constituição Federal, aplicam-se aos regimes próprios de previdência social o disposto na Lei nº 9.717, de 27 de novembro de 1998 e o disposto neste artigo", estatuindo que "os Estados, o Distrito Federal e os Municípios ***não poderão estabelecer alíquota inferior à da contribuição dos servidores da União***, exceto se demonstrado que o respectivo regime próprio de previdência social não possui déficit atuarial a ser equacionado, hipótese em que a alíquota não poderá ser inferior às alíquotas aplicáveis ao Regime Geral de Previdência Social".

Desta forma, **as faixas de contribuição de que trata este artigo 11 da Emenda passam a constituir o piso para as contribuições de servidores estaduais, distritais e municipais**, exceto se o RPPS não possuir déficit atuarial a ser equacionado.

Entende-se que se trata de regra com efeitos imediatos para estados, Distrito Federal e municípios, pois não exige regulamentação "na forma da lei" e já possui elementos suficientes de autoaplicabilidade, conquanto se presuma que muitos estados e municípios irão advogar a tese da não aplicação imediata, o que pode gerar descumprimento constitucional indesejado por omissão, pois bastaria que o ente estadual ou municipal nunca editasse lei de regulamentação.

Com esta nova regra, os servidores federais passam a ter alíquotas progressivas por faixas de remuneração, respeitada a noventena nos casos de elevação do valor do tributo, tomando por base progressiva e regressiva a alíquota de 14%, e não mais a incidência da alíquota de 11% linear para todos os servidores da União, autarquias e fundações.

Haverá redução de contribuição previdenciária para os servidores federais que ganham pouco, e, do outro lado, elevação para os que recebem as maiores remunerações, como membros da AGU, DPU, MPF, juízes federais, delegados federais e Auditores da Receita Federal.

Eis as faixas que vão incidir sobre remunerações, aposentadorias e pensões por morte:

ALÍQUOTA	FAIXA DE RENDA
7,5%	Até 1 salário mínimo
9%	Acima de 1 salário até R$ 2.000,00
12%	De R$ 2.001,00 até R$ 3.000,00
14%	De 3.00,01 até R$ 5.839,45
14,5%	De R$ 5.839,46 até R$ 10.000,00
16,5%	De R$ 10.00,01 até R$ 20.000,00
19%	De R$ 20.000,01 até R$ 39.000,00
22%	Acima de R$ 39.000,00

CENÁRIO 1

O servidor federal que ganha R$ 998,00 terá redução de alíquota de 11% para 7,5% (pagava uma contribuição de R$ 109,78 passando para R$ 74,85).

CENÁRIO 2

Um servidor federal que ganha R$ 30.000,00 pagava uma contribuição de 11% linear (R$ 3.300,00). Agora, com a aplicação das faixas, passará a pagar uma alíquota efetiva de 16,11% (R$ 4.835,83), o que importa em um aumento de R$ 1.535,83, respeitada a anterioridade nonagesimal.

Eis as faixas já atualizadas para o exercício de 2021 pela Portaria SEPRT/ME 636, de 13/01/2021, da lavra da Secretaria de Previdência e Trabalho do Ministério da Economia:

> "Art. 1º Os valores previstos nos incisos II a VIII do § 1º do art. 11 da Emenda Constitucional nº 103, de 12 de novembro de 2019, ficam reajustados a partir de 1º de janeiro de 2021 em 5,45% (Cinco inteiros e quarenta e cinco décimos por cento), índice aplicado aos benefícios do Regime Geral de Previdência Social, nos termos do § 3º do mesmo artigo.
>
> § 1º Em razão do reajuste previsto no caput, a alíquota de 14% (quatorze por cento) estabelecida no caput do art. 11 da Emenda Constitucional nº 103, de 2019, será reduzida ou majorada, considerado o valor da base de contribuição ou do benefício recebido, de acordo com os seguintes parâmetros:
>
> I – até 1 (um) salário-mínimo, redução de seis inteiros e cinco décimos pontos percentuais;
>
> II – acima de 1 (um) salário-mínimo até R$ 2.203,48 (dois mil, duzentos e três reais e quarenta e oito centavos), redução de cinco pontos percentuais;
>
> III – de R$ 2.203,49 (dois mil, duzentos e três reais e quarenta e nove centavos) até R$ 3.305,22 (Três mil, trezentos e cinco reais e vinte e dois centavos), redução de dois pontos percentuais;
>
> IV – de R$ 3.305,23 (Três mil, trezentos e cinco reais e vinte e três centavos) até R$ 6.433,57 (Seis mil, quatrocentos e trinta e três reais e cinquenta e sete centavos), sem redução ou acréscimo;
>
> V – de R$ 6.433,58 (Seis mil, quatrocentos e trinta e três reais e cinquenta e oito centavos) até R$ 11.017,42 (Onze mil, dezessete reais e quarenta e dois centavos), acréscimo de meio ponto percentual;
>
> VI – de R$ 11.017,43 (Onze mil, dezessete reais e quarenta e três centavos) até R$ 22.034,83 (Vinte e dois mil, trinta e quatro reais e oitenta e três centavos), acréscimo de dois inteiros e cinco décimos pontos percentuais;
>
> VII – de R$ 22.034,84 (Vinte e dois mil, trinta e quatro reais e oitenta e quatro centavos) até R$ 42.967,92 (Quarenta e dois mil, novecentos e sessenta e sete reais e noventa e dois centavos), acréscimo de cinco pontos percentuais; e
>
> VIII – acima de R$ 42.967,92 (Quarenta e dois mil, novecentos e sessenta e sete reais e noventa e dois centavos), acréscimo de oito pontos percentuais".

Eis os valores atualizados para o exercício de 2022:

TABELA DE CONTRIBUIÇÃO DOS SEGURADOS E BENEFICIÁRIOS DO REGIME PRÓPRIO DE PREVIDÊNCIA SOCIAL DA UNIÃO A PARTIR DE 1º DE JANEIRO DE 2022

BASE DE CONTRIBUIÇÃO (R$)	ALÍQUOTA PROGRESSIVA INCIDINDO SOBRE A FAIXA DE VALORES
até 1.212,00	7,5%
de 1,212,01 até 2.427,35	9%
de 2.427,36 até 3.641,03	12%
de 3.641,04 até 7.087,22	14%
de 7.087,23 até 12.136,79	14,5%
de 12.136,80 até 24.273,57	16,5%
de 24.273,58 até 47.333,46	19%
acima de 47.333,46	22%

Ademais, caberá à respectiva entidade política cobrir a insuficiência de recursos para o pagamento de benefícios previdenciários, sendo que as contribuições previdenciárias irão para um Fundo Previdenciário, afetado ao pagamento dos benefícios, exceto despesas administrativas (taxa de administração).

Com o advento da Emenda 41/2003, que alterou o §3º, do artigo 40, da CRFB, foi **extinta a integralidade remuneratória entre ativos e inativos**, ou seja, os novos servidores públicos perderam o direito de se aposentar com a mesma remuneração percebida no cargo efetivo que ocupavam, salvo os beneficiados pela regra de transição da Emenda 47/2005.

Assim, a renda das aposentadorias e consequentemente das pensões por morte considerarão as remunerações utilizadas como base para as contribuições previdenciárias do servidor, similarmente como ocorre no RGPS.

Importante:

Determina o artigo 1º, da Lei 10.887/04, que seja promovida a **média aritmética simples das maiores remunerações, utilizadas como base para as contribuições do servidor aos regimes de previdência a que esteve vinculado, correspondentes a 80% de todo o período contributivo desde a competência julho de 1994 ou desde a do início da contribuição**, se posterior àquela competência, atualizadas pelo índice do RGPS, que atualmente é o INPC.

Essas regras não mais se aplicam aos servidores federais, pois o artigo 26 da Emenda 103/2019 trouxe nova fórmula de cálculo das aposentadorias dos servidores federais (100% da média desde Julho/1994). No âmbito dos **estados, do Distrito Federal e dos municípios** continua sendo aplicável o artigo 1º, da Lei 10.887/04, pois dependerá de emenda às respectivas Constituições e Leis Orgânicas a extensão da fórmula de cálculo da Emenda 103/2019, sendo conservado o antigo regime constitucional provisoriamente.

Vale ressaltar que a base de cálculo não poderá ser inferior a um salário mínimo nem superior ao teto do RGPS, se houver período fora do serviço público, garantindo-se a aposentadoria em, pelo menos, um salário mínimo.

Por outro lado, os proventos de aposentadorias e pensões, por ocasião de sua concessão, não podiam exceder a remuneração do respectivo servidor, no cargo efetivo em que se deu a aposentadoria ou que serviu de referência para a concessão da pensão. **Mas isso mudou com a Emenda 103/2019**.

Considerando que a **Emenda 103/2019** determina a criação obrigatória do regime de previdência complementar (§ 14 do artigo 40 da Constituição, alterado pela reforma em comento), **o teto da aposentadoria passa a ser o teto do RGPS para os novos servidores públicos empossados no novo regime**, respeitado o valor mínimo de um salário mínimo.

No entanto, não vejo como aplicar esse dispositivo enquanto estados e municípios, que ainda não possuem, não constituírem um regime de previdência complementar, de modo que somente pode ser aplicado de modo compulsório aos servidores que ingressarem após o funcionamento da previdência complementar nesses entes políticos.

O reajuste dos benefícios será anual e pelo índice utilizado no RGPS, que é o INPC, salvo os servidores que tiverem paridade assegurada, na forma do artigo 15, da Lei 10.887/2004, com redação da Lei 11.784/2008.

1.10.1. APOSENTADORIA COMPULSÓRIA

A aposentadoria compulsória do servidor público efetivo teve o seu regramento modificado pela Emenda Constitucional 88, de 7 de maio de 2015. Passou a ser prevista obrigatoriamente ao servidor efetivo, homem ou mulher, com proventos proporcionais ao tempo de contribuição, **aos 70 (setenta) anos de idade, ou aos 75 (setenta e cinco) anos de idade, na forma de lei complementar.**

Por sua vez, a Emenda 88/2015 criou regra de transição até a edição da mencionada lei complementar, prevendo que os Ministros do Supremo Tribunal Federal, dos Tribunais Superiores e do Tribunal de Contas da União aposentar-se-ão, compulsoriamente, aos 75 (setenta e cinco) anos de idade, nas condições do art. 52 da Constituição Federal.

A aposentadoria será compulsória quando o servidor completar setenta anos de idade, homem ou mulher, salvo Ministros do Supremo Tribunal Federal, dos Tribunais Superiores e do Tribunal de Contas da União, que será aos 75 anos de idade, com **proventos proporcionais** ao tempo de contribuição, garantindo-se o benefício ao menos no valor de um salário mínimo, devendo a Administração Pública aposentar o servidor, independentemente da sua vontade.

> **Importante:**
> Com o advento da Lei Complementar 152, que iniciou vigência em 4 de dezembro de 2015, a aposentadoria compulsória aos 75 anos de idade foi estendida aos demais servidores efetivos e agentes políticos, inclusive os policiais civis (para estes a idade era de 65 anos de idade).

De efeito, serão aposentados compulsoriamente, com proventos proporcionais ao tempo de contribuição, aos 75 (setenta e cinco) anos de idade: **I** - os servidores titulares de cargos efetivos da União, dos Estados, do Distrito Federal e dos Municípios, incluídas suas autarquias e fundações; **II** - os membros do Poder Judiciário; **III** - os membros do Ministério Público; **IV** - os membros das Defensorias Públicas; **V** - os membros dos Tribunais e dos Conselhos de Contas.

Somente no caso dos servidores do Serviço Exterior Brasileiro foi criada uma espécie de regra de transição, pois será aplicado progressivamente à razão de 1 (um) ano adicional de limite para aposentadoria compulsória ao fim de cada 2 (dois) anos, a partir de 4 de dezembro de 2015, até o limite de 75 (setenta e cinco) anos.

O Serviço Exterior Brasileiro, essencial à execução da política exterior do Brasil, constitui-se do corpo de servidores, ocupantes de cargos de provimento efetivo, capacitados profissionalmente como agentes do Ministério das Relações Exteriores, no Brasil e no exterior, organizados em carreiras definidas e hierarquizadas. É composto da Carreira de Diplomata, da Carreira de Oficial de Chancelaria e da Carreira de Assistente de Chancelaria.

> **Importante:**
> Para a aposentadoria compulsória não se exige 10 anos da carreira e 05 anos no cargo público efetivo em que se der a aposentação.

1.10.2. APOSENTADORIA POR IDADE COM PROVENTOS PROPORCIONAIS

De acordo com o art. 40, § 1º, da Constituição, na redação anterior à EC 103/2019, será deferida voluntariamente ao servidor que complete **65 anos de idade, se homem, ou 60 anos de idade, se mulher**, com **proventos proporcionais ao tempo de contribuição**, desde que conte com **10 anos de efetivo exercício no serviço público e 05 anos no cargo efetivo em que se der a aposentadoria**.

De efeito, para o cálculo do valor inicial dos proventos proporcionais ao tempo de contribuição, será utilizada fração cujo numerador será o total desse tempo e o denominador, o tempo necessário à respectiva aposentadoria voluntária com proventos integrais.

Ademais, a fração será aplicada sobre o valor inicial do provento calculado pela média das contribuições, observando-se previamente a aplicação do limite de remuneração do cargo efetivo, não podendo a renda ser inferior a um salário mínimo, sendo os períodos de tempo utilizados no cálculo considerados em número de dias.

1.10.3. APOSENTADORIAS DO SERVIDOR FEDERAL APÓS A EMENDA 103/2019

A aposentadoria por invalidez do servidor efetivo passa a se chamar de **aposentadoria por incapacidade permanente**, sendo necessário para a sua concessão um requisito adicional: **não cabimento da readaptação**.

Ademais, a **revisão periódica da incapacidade permanente** passou a ter previsão constitucional, cabendo a cada esfera de governo edital norma sobre o procedimento das perícias de revisão.

Outrossim, a regra constitucional permanente não mais dispõe sobre os proventos da aposentadoria por incapacidade permanente, cabendo a lei do ente federativo a regulação (parágrafo 3º, a ser estudado).

Assim, a renda mensal da aposentadoria por incapacidade permanente e das demais aposentações foi desconstitucionalizada, cabendo a aplicação da regra de transição do **artigo 26 da Emenda 103/2019**, conforme será estudado abaixo, até que cada ente federativo regule o tema.

Restou mantido o inciso II, que prevê a aposentadoria compulsoriamente, com proventos proporcionais ao tempo de contribuição, aos 70 (setenta) anos de idade, ou aos 75 (setenta e cinco) anos de idade, na forma de lei complementar, conforme Emenda 88/2015.

Dessa forma, os requisitos da LC 152/2015[12] foram recebidos pela Emenda da reforma previdenciária, ao fixar a idade de 75 anos, salvo regra de transição em favor dos servidores do Serviço Exterior Brasileiro.

O inciso III também foi modificado, fixando como regra permanente para os **servidores federais efeti-**

---

12. Art. 2º Serão aposentados compulsoriamente, com proventos proporcionais ao tempo de contribuição, aos 75 (setenta e cinco) anos de idade:

    I – os servidores titulares de cargos efetivos da União, dos Estados, do Distrito Federal e dos Municípios, incluídas suas autarquias e fundações;

    II – os membros do Poder Judiciário;

    III – os membros do Ministério Público;

    IV – os membros das Defensorias Públicas;

    V – os membros dos Tribunais e dos Conselhos de Contas.

    Parágrafo único. Aos servidores do Serviço Exterior Brasileiro, regidos pela Lei nº 11.440, de 29 de dezembro de 2006, o disposto neste artigo será aplicado progressivamente à razão de 1 (um) ano adicional de limite para aposentadoria compulsória ao fim de cada 2 (dois) anos, a partir da vigência desta Lei Complementar, até o limite de 75 (setenta e cinco) anos previsto no caput.

vos a seguinte idade mínima para o deferimento de aposentadoria voluntária:

a) 65 anos, homens;

b) 62 anos, mulheres.

No âmbito dos **Estados, do Distrito Federal e dos Municípios**, na idade mínima estabelecida mediante emenda às respectivas **Constituições e Leis Orgânicas**, razão pela qual estes entes passaram a possuir autonomia para a fixação da idade mínima, quebrando a isonomia dos servidores públicos, que poderão ter idades diferentes para a aposentação, o que é um verdadeiro absurdo constitucional, pois injustificável.

Assim, a priori, salvo incorporação por norma local, as regras constitucionais anteriores à EC 103/2019 a respeito das aposentadorias voluntárias constantes do artigo 40[13] da Constituição serão aplicáveis aos servidores dos estados, Distrito Federal e municípios.

Ademais, o inciso III não mais trata do tempo mínimo de serviço público e de ocupação do cargo, cabendo a **lei complementar do respectivo ente federativo** dispor sobre o tempo de contribuição e os demais requisitos.

No âmbito do RPPS dos **servidores federais**, até que haja lei ordinária federal sobre o tema, será aplicado o artigo 10 da Emenda 103/2019 aos novos servidores.

Dessa forma, para os **servidores federais efetivos**, até que haja lei federal sobre o tema, as regras permanentes de aposentadorias deverão observar o artigo 10 da Emenda 103/2019 com requisitos cumulativos:

A) HOMENS, 65 anos de idade;

B) MULHERES, 62 anos de idade;

C) 25 anos de tempo de contribuição;

D) 10 anos de efetivo exercício no serviço público;

E) 5 anos no cargo efetivo de concessão da aposentadoria.

Por outro lado, o §4º do artigo 10 da Emenda 103/2019 não chegou a fixar o valor dos proventos de aposentadorias, devendo ser feito para os novos servidores por intermédio de lei federal ulterior.

Enquanto não editada a lei complementar federal, os proventos de aposentadoria dos servidores federais observarão a regra de transição do **artigo 26** da Emenda, que será em breve estudada (item 5.4.1).

Ademais, para os servidores do **Distrito Federal, estados e municípios**, o **regramento constitucional anterior permanecerá em vigor**, enquanto não promovidas alterações na legislação interna relacionada ao respectivo regime próprio de previdência social (art. 10, §7º).

Trata-se de um tremendo absurdo, pois as regras gerais de aposentação deveriam ser fixadas para todos os servidores públicos, independentemente da esfera de governo a que pertença.

Vale registrar que, por questões didáticas, os §§ 2º, 3º, 5º e 6º serão estudados no momento oportuno quando formos tratar das regras especiais de aposentadorias voluntárias.

As regras para cálculo de proventos de aposentadoria serão disciplinadas em **lei do respectivo ente federativo**.

Até que haja uma lei ordinária para os servidores federais, o cálculo dos benefícios do RPPS irá observar as regras do artigo 26 da Emenda 103/2019:

Desta forma, para os servidores federais, será feita média aritmética simples de **100% do período contributivo** desde a competência **julho de 1994** ou desde o início da contribuição, se posterior àquela competência, não se aplicando mais a média aritmética simples dos 80% maiores, prevista no artigo 1º da Lei 10.887/2004[14].

O valor do benefício de aposentadoria corresponderá a **sessenta por cento da média aritmética das 100% das remunerações/salários de contribuição desde Julho de 1994, com acréscimo de 2% para cada ano que ultrapassar os 20 anos de contribuição para homens e mulheres:**

13. III – voluntariamente, desde que cumprido tempo mínimo de dez anos de efetivo exercício no serviço público e cinco anos no cargo efetivo em que se dará a aposentadoria, observadas as seguintes condições: (Redação dada pela Emenda Constitucional nº 20, de 15/12/98)

a) sessenta anos de idade e trinta e cinco de contribuição, se homem, e cinqüenta e cinco anos de idade e trinta de contribuição, se mulher; (Redação dada pela Emenda Constitucional nº 20, de 15/12/98)

b) sessenta e cinco anos de idade, se homem, e sessenta anos de idade, se mulher, com proventos proporcionais ao tempo de contribuição. (Redação dada pela Emenda Constitucional nº 20, de 15/12/98)

14. Art. 1º No cálculo dos proventos de aposentadoria dos servidores titulares de cargo efetivo de qualquer dos Poderes da União, dos Estados, do Distrito Federal e dos Municípios, incluídas suas autarquias e fundações, previsto no § 3º do art. 40 da Constituição Federa l e no art. 2º da Emenda Constitucional nº 41, de 19 de dezembro de 2003, será considerada a média aritmética simples das maiores remunerações, utilizadas como base para as contribuições do servidor aos regimes de previdência a que esteve vinculado, correspondentes a 80% (oitenta por cento) de todo o período contributivo desde a competência julho de 1994 ou desde a do início da contribuição, se posterior àquela competência.

TEMPO DE CONTRIBUIÇÃO	COEFICIENTE
Até 20 Anos	60%
21 Anos	62%
22 Anos	64%
23 Anos	66%
24 Anos	68%
25 Anos	70%
26 Anos	72%
27 Anos	74%
28 Anos	76%
29 Anos	78%
30 Anos	80%
31 Anos	82%
32 Anos	84%
33 Anos	86%
34 Anos	88%
35 Anos	90%
36 Anos	92%
37 Anos	94%
38 Anos	96%
39 Anos	98%
40 Anos	100%
E assim sucessivamente	E assim sucessivamente

Desta forma, conforme tabela supra, em regra, a aposentadoria do servidor federal variará de 60% a 100% (ou mais de 100%) da média de todas as remunerações desde 7/1994, somente atingindo a 100% da média quando o servidor federal possuir 40 anos de tempo de contribuição.

Curioso notar que, **intencionalmente**, o artigo 26 da Emenda 103/2019 não limita a média de todas as remunerações do servidor a 100%, de modo que o servidor federal que possuir mais de 40 anos de tempo de contribuição poderá ter proventos que ultrapassem a 100% (**proventos ultra integrais**), a exemplo:

41 Anos	102%
42 Anos	104%
43 Anos	106%
44 Anos	108%
45 Anos	110%
E assim sucessivamente	E assim sucessivamente

Ademais, **poderão ser excluídas da média as contribuições que resultem em redução do valor do benefício**, desde que mantido o tempo mínimo de contribuição exigido, vedada a utilização do tempo excluído para qualquer finalidade, para a averbação em outro regime previdenciário ou para a obtenção dos proventos de inatividade dos militares.

Por força da remissão feita no §2º, inciso II, este artigo 26 da Emenda 103/2019 será aplicável às aposentadorias do servidor federal disciplinadas no artigo 10 da Emenda.

Por exceção, no caso de **aposentadoria por incapacidade permanente**, quando decorrer de **acidente de trabalho, de doença profissional e de doença do trabalho**, os proventos corresponderão a 100% da média de todas as remunerações.

Nota-se que a aposentadoria por invalidez do servidor federal quando decorrente de **doença grave, contagiosa ou incurável**, na forma da lei, lastimavelmente não mais tem a garantia dos proventos integrais, devendo ser feita a média supra.

No que concerne à **aposentadoria compulsória do servidor federal**, esta corresponderá ao resultado do tempo de contribuição dividido por vinte anos, limitado a um inteiro, multiplicado pelo valor apurado na forma do caput do § 2º do artigo 10 da Emenda 103/2019, ressalvado o caso de cumprimento de critérios de acesso para aposentadoria voluntária que resulte em situação mais favorável.

Assim, um servidor federal que for se aposentar de modo compulsório aos 75 anos de idade, sem ainda preencher os requisitos da aposentadoria idade voluntária, e que tenha 10 anos de tempo de contribuição, necessário dividir 10 por 20, chegando a ½ de 60%, com proventos à razão de 30% da média de todas as remunerações desde Julho de 1994, assegurado ao menos um salário mínimo de renda mensal.

Vale registrar que se o servidor federal possuir remunerações muito baixas, quer do RGPS ou do próprio RPPS, estas poderão ser excluídas da média as contribuições que resultem em redução do valor do benefício, desde que mantido o tempo mínimo de contribuição exigido, vedada a utilização do tempo excluído para qualquer finalidade.

Os benefícios serão reajustados pelo índice legal de correção monetária do Regime Geral, que atualmente é o INPC, nos termos do artigo 41-A da Lei 8.213/91[15].

Os professores do ensino infantil, fundamental e médio conservaram o direito de **reduzir 5 anos na**

15. Art. 41-A. O valor dos benefícios em manutenção será reajustado, anualmente, na mesma data do reajuste do salário mínimo, pro rata, de acordo com suas respectivas datas de início ou do último reajustamento, com base no Índice Nacional de Preços ao Consumidor – INPC, apurado pela Fundação Instituto Brasileiro de Geografia e Estatística – IBGE. (Incluído pela Lei nº 11.430, de 2006)

idade no benefício de aposentadoria por idade em relação às regras ordinárias, que no serviço público federal são de 65 anos para os homens e 62 para as mulheres, reduzindo na área federal para **60 anos para os professores e 57 anos de idade para as professoras.**

Em relação aos estados, Distrito Federal e municípios, após as Constituições e Leis Orgânicas fixarem a idade mínima para os servidores comuns, deverá ser editada lei complementar reduzindo em 5 anos para os professores.

Nos termos do artigo 10, §7º, da Emenda 103/2019, aplicável a este dispositivo, **"aplicam-se às aposentadorias dos servidores dos Estados, do Distrito Federal e dos Municípios as normas constitucionais e infraconstitucionais anteriores à data de entrada em vigor desta Emenda Constitucional, enquanto não promovidas alterações na legislação interna relacionada ao respectivo regime próprio de previdência social".**

Deste modo, a redação revogada continuará em vigor em favor de professores do ensino básico dos estados, Distrito Federal e municípios até que o tema seja regulamentado pela legislação local.

Por outro lado, **não mais há garantia de redução em 5 anos no tempo de contribuição**. Ademais, cada ente federativo deverá aprovar **lei complementar** de regulamentação fixando o tempo de efetivo exercício das funções de magistério na educação infantil e no ensino fundamental e médio que dará direito a esta regra especial.

A regra especial do professor trata-se de **norma impositiva** e não discricionária, pois o dispositivo utilizou a expressão "terão", diferentemente do §4º anteriormente estudado.

O artigo 10 da Emenda 103/2019 constituiu regras de transição até que entre em vigor lei federal que discipline os benefícios do regime próprio de previdência social dos servidores da União.

Dessa forma, os servidores federais ocupantes de cargo de professor do ensino básico poderão se aposentar com os seguintes requisitos:

a) sessenta anos de idade, homens e cinquenta e sete anos, mulheres;

b) vinte e cinco anos de tempo de contribuição em cargo com efetivo exercício de funções no ensino básico;

c) dez anos de efetivo exercício no serviço público;

d) cinco anos no cargo em que irá se dar a aposentadoria.

Até que haja uma lei ordinária para os servidores federais, o cálculo dos benefícios do RPPS irá observar as regras do artigo 26 da Emenda 103/2019.

Desta forma, para os professores federais, será feita média aritmética simples de **100% do período contributivo** desde a competência julho de 1994 ou desde o início da contribuição, se posterior àquela competência, não se aplicando mais a média aritmética simples dos 80% maiores, prevista no artigo 1º da Lei 10.887/2004[16].

O valor do benefício de aposentadoria corresponderá a **sessenta por cento da média aritmética das 100% das remunerações/salários de contribuição desde Julho de 1994, com acréscimo de 2% para cada ano que ultrapassar os 20 anos de contribuição**, para homens e mulheres:

TEMPO DE CONTRIBUIÇÃO	COEFICIENTE
Até 20 Anos	60%
21 Anos	62%
22 Anos	64%
23 Anos	66%
24 Anos	68%
25 Anos	70%
26 Anos	72%
27 Anos	74%
28 Anos	76%
29 Anos	78%
30 Anos	80%
31 Anos	82%
32 Anos	84%
33 Anos	86%
34 Anos	88%
35 Anos	90%
36 Anos	92%
37 Anos	94%
38 Anos	96%
39 Anos	98%
40 Anos	100%

Desta forma, somente chegará a 100% da citada média quando o professor atingir a 40 anos de tempo de contribuição.

16. Art. 1º No cálculo dos proventos de aposentadoria dos servidores titulares de cargo efetivo de qualquer dos Poderes da União, dos Estados, do Distrito Federal e dos Municípios, incluídas suas autarquias e fundações, previsto no § 3º do art. 40 da Constituição Federal e no art. 2º da Emenda Constitucional nº 41, de 19 de dezembro de 2003, será considerada a média aritmética simples das maiores remunerações, utilizadas como base para as contribuições do servidor aos regimes de previdência a que esteve vinculado, correspondentes a 80% (oitenta por cento) de todo o período contributivo desde a competência julho de 1994 ou desde a do início da contribuição, se posterior àquela competência.

Curioso notar que, **intencionalmente**, o artigo 26 da Emenda 103/2019 não limita a média de todas as remunerações do servidor a 100%, de modo que o servidor federal que possuir mais de 40 anos de tempo de contribuição poderá ter proventos que ultrapassem a 100% (**proventos ultra integrais**), a exemplo:

41 Anos	102%
42 Anos	104%
43 Anos	106%
44 Anos	108%
45 Anos	110%
E assim sucessivamente	E assim sucessivamente

Ademais, **poderão ser excluídas da média as contribuições que resultem em redução do valor do benefício**, desde que mantido o tempo mínimo de contribuição exigido, vedada a utilização do tempo excluído para qualquer finalidade, para a averbação em outro regime previdenciário ou para a obtenção dos proventos de inatividade dos militares.

O reajuste da aposentadoria observará a variação anual do INPC, índice utilizado para o reajuste anual dos benefícios do RGPS, nos termos do artigo 41-A[17] da Lei 8.213/91.

As **aposentadorias especiais no RPPS** eram uma determinação constitucional. Agora passaram a ser um **ato discricionário do legislador**, ao inserir expressamente no texto constitucional a expressão **"poderão"**, o que é um lamentável retrocesso.

E agora cabe a **cada ente federativo** aprovar uma **lei complementar** com as regras especiais, **discricionariamente**, não sendo mais necessário que haja uma lei complementar nacional, quebrando a isonomia entre servidores das esferas de governo.

Em relação aos servidores que laboram expostos a agentes nocivos à saúde, nunca foi editada lei complementar em RPPS, razão pela qual o STF determinava a aplicação da legislação do RGPS, no que couber:

Qual o entendimento do STF sobre o assunto?

Súmula Vinculante 33

Aplicam-se ao servidor público, no que couber, as regras do regime geral da previdência social sobre aposentadoria especial de que trata o artigo 40, § 4º, inciso III da Constituição Federal, até a edição de lei complementar específica.

Precedentes Representativos

A aposentadoria especial de servidor público portador de deficiência é assegurada mediante o preenchimento dos requisitos previstos na legislação aplicável à aposentadoria especial dos segurados do Regime Geral de Previdência Social, até que seja editada a lei complementar exigida pelo art. 40, § 4º, II, da CF/1988. (...) 2. A eficácia do direito à aposentadoria especial objeto do art. 40, § 4º, da CF/1988 exige regulamentação mediante lei complementar de iniciativa privativa do presidente da República, de modo que cabe ao Supremo Tribunal Federal, ex vi do art. 102, I, **q**, da Lei Maior, o julgamento do mandado de injunção impetrado com o objetivo de viabilizar o seu exercício. [**MI 4.158 AgR-segundo, rel. min. Luiz Fux**, P, j. 18-12-2013, **DJE** 34 de 19-2-2014.]

MANDADO DE INJUNÇÃO. APOSENTADORIA ESPECIAL DO SERVIDOR PÚBLICO. ART. 40, § 4º, DA CF/1988. AUSÊNCIA DE LEI COMPLEMENTAR A DISCIPLINAR A MATÉRIA. NECESSIDADE DE INTEGRAÇÃO LEGISLATIVA. 1. Servidor público. Investigador da polícia civil do Estado de São Paulo. Alegado exercício de atividade sob condições de periculosidade e insalubridade. 2. Reconhecida a omissão legislativa em razão da ausência de lei complementar a definir as condições para o implemento da aposentadoria especial. 3. Mandado de injunção conhecido e concedido para comunicar a mora à autoridade competente e determinar a aplicação, no que couber, do art. 57 da Lei 8.213/1991. **MI 795**, rel. min. **Cármen Lúcia**, P, j. 15-4-2009, DJE 94 de 22-5-2009.]

O tema é regulamentado pela Instrução Normativa MPS/SPS 01, de 22.07.2010, que estabelece instruções para o reconhecimento do tempo de serviço público exercido sob condições especiais que prejudiquem a saúde ou a integridade física pelos regimes próprios de previdência social para fins de concessão de aposentadoria especial aos servidores públicos amparados por Mandado de Injunção.

Como agora inexiste uma determinação constitucional de regulamentação, entende-se que não mais caberá ao STF determinar a aplicação das regras do RGPS para os **novos servidores**.

Vale registrar que dentro do RPPS (não em contagem recíproca) o Supremo Tribunal Federal passou a admitir a conversão do tempo especial em comum até o advento da EC 103/2019, ao julgar o RE 1.014.286, em 31/08/2020, Tema 942 em Repercussão Geral:

Qual o entendimento do STF sobre o assunto?

Tese firmada: "Até a edição da Emenda Constitucional nº 103/2019, o direito à conversão, em tempo comum, do prestado sob condições especiais que prejudiquem a saúde ou a integridade física de servidor público decorre da previsão de adoção de requisitos e critérios diferenciados para a jubilação daquele enquadrado na hipótese prevista no então vigente inciso III do § 4º do art. 40 da Constituição da República, devendo ser aplicadas as normas do regime geral de previdência social relativas à aposentadoria especial contidas na Lei 8.213/1991 para viabilizar sua concretização enquanto não sobrevier lei complementar disciplinadora da matéria. Após a vigência da EC n.º 103/2019, o direito à conversão em tempo comum, do prestado sob condições especiais pelos servidores obedecerá à legislação complementar dos entes federados, nos termos da competência conferida pelo art. 40, § 4º-C, da Constituição da República".

17. Art. 41-A. O valor dos benefícios em manutenção será reajustado, anualmente, na mesma data do reajuste do salário mínimo, pro rata, de acordo com suas respectivas datas de início ou do último reajustamento, com base no Índice Nacional de Preços ao Consumidor - INPC, apurado pela Fundação Instituto Brasileiro de Geografia e Estatística - IBGE. (Incluído pela Lei nº 11.430, de 2006)

Ademais, havia vedação expressa à caracterização por categoria profissional ou ocupação e o enquadramento por periculosidade, a exemplo de **vigilantes** e **eletricitários**, buscando barrar a jurisprudência do STJ no RGPS que se aplicava ao RPPS em razão da súmula vinculante 33.

Após um acordo no Senado na votação em segundo turno, a vedação de enquadramento de tempo especial por periculosidade foi retirada do texto da Emenda 103/2019, o que, em tese, conserva a jurisprudência do STJ pelo enquadramento.

Ficou acordado que haverá uma lei complementar para regulamentar o tema, a fim de beneficiar os vigilantes que laboram com o uso de arma de fogo. Não se sabe, por hora, se outras categorias que laboram com atividades de risco serão inseridas no texto final da citada lei complementar, a exemplo dos eletricitários com labor em altas tensões.

Restou mantida a previsão de aposentadoria especial para a **pessoa com deficiência**, previamente submetidos à avaliação biopsicossocial realizada por equipe multiprofissional e interdisciplinar, mas agora passa a ser um **ato discricionário do legislador** de cada esfera de governo, mediante lei complementar, o que é lamentável, pois julgamos que a pessoa com deficiência deveria sempre ter o direito às regras especiais de aposentação.

Por sua vez, a Constituição deixa de se referir a atividades de risco, agora elencando as carreiras que **poderão ter direito a uma aposentadoria especial**, se aprovada lei complementar no âmbito da respectiva esfera de governo:

A) agente penitenciário;

B) agente socioeducativo;

C) policial civil dos estados e do Distrito Federal;

D) policiais federais, policiais rodoviários federais e policiais ferroviários federais;

E) policiais da Câmara dos Deputados e do Senado.

Dessa forma, ao listar as carreiras do serviço público que possuirão direito à aposentadoria especial, a Emenda 103/2019 enterra pleitos de outras categorias que buscavam a especialidade de aposentação, a exemplo dos oficiais de justiça e guardas municipais.

Essas são as regras permanentes sobre as aposentadorias especiais aplicáveis aos **novos servidores**, ressalvada a existência de regra de transição nos artigos 5º e 10 da Emenda para os antigos servidores, que serão estudadas.

No entanto, o artigo 10 da Emenda constituiu regras de transição até que entre em vigor **lei federal** que discipline os benefícios do regime próprio de previdência social dos servidores da União.

Até que a União edite uma lei para disciplinar as regras especiais de aposentadorias dos servidores federais, deverá ser observado o regramento de transição do artigo 10 da Emenda 103/2019 **(regra de transição a uma regra permanente).**

De efeito, para os **policiais civis do Distrito Federal, policiais da Câmara dos Deputados, policiais do Senado, policiais federais, policiais rodoviários federais e policiais ferroviários federais, agentes penitenciários federais e agentes federais socioeducativos**, assegurou-se a concessão de aposentadoria observados os seguintes requisitos para ambos os sexos:

a) cinquenta e cinco anos de idade;

b) trinta anos de contribuição;

c) vinte e cinco anos de efetivo exercício em cargo destas carreiras.

Para o **servidor federal** efetivamente exposto a **agentes nocivos à saúde, vedada a concessão por profissão**, assegurou-se a concessão de aposentadoria observados os seguintes requisitos para ambos os sexos:

a) sessenta anos de idade;

b) vinte e cinco anos de efetiva exposição;

c) dez anos de efetivo exercício no serviço público;

d) cinco anos no cargo em que for concedida a aposentadoria.

Ademais, a aferição deve observar (no que couber) as complexas regras dos artigos 57 e 58 da Lei 8.213/91, tendo sido vedada a **conversão de tempo especial em comum.**

No âmbito da Administração Pública federal, o extinto Ministério do Planejamento, Orçamento e Gestão (MPOG), através da sua Secretaria de Gestão Pública, publicou a Orientação Normativa 16, de 23 de dezembro de 2013, que estabelece orientações aos órgãos e entidades integrantes do Sistema de Pessoal Civil da Administração Federal – SIPEC quanto aos procedimentos necessários à análise dos processos de aposentadoria especial com fundamento no art. 57 da Lei nº 8.213, de 24 de julho de 1991, dos servidores públicos federais amparados por decisão judicial em mandado de injunção julgado pelo Supremo Tribunal Federal.

Caberá à Administração Pública federal produzir laudo técnico de condições ambientais (LTCAT) elaborado por médico ou engenheiro do trabalho para, em seguida, preencher o formulário denominado perfil profissiográfico previdenciário (PPP), observado o regime de presunção por categoria profissional até 28/4/1995 (Lei 9.032/95).

Este regramento é **exclusivo para os servidores federais**. Nos termos do artigo 10, §7º, da Emenda, "aplicam-se às aposentadorias dos servidores dos Estados, do Distrito Federal e dos Municípios as normas constitucionais e infraconstitucionais anteriores à data de entrada em vigor desta Emenda Constitucional, enquanto não promovidas alterações na legislação interna relacionada ao respectivo regime próprio de previdência social".

Dessa forma, para policiais civis dos estados da federação ainda devem ser aplicadas as regras de aposentação constantes da Lei Complementar 51/1985.

1.10.4. PENSÃO POR MORTE

Por força da Emenda 103/2019, observado o disposto no § 2º do art. 201[18] **quando se tratar da única fonte de renda formal auferida pelo dependente**, o benefício de **pensão por morte** será concedido nos termos de **lei do respectivo ente federativo**, a qual tratará de **forma diferenciada** a hipótese de morte dos servidores de que trata o **§ 4º-B** decorrente de agressão sofrida no exercício ou em razão da função.

Este parágrafo foi reformulado, possibilitando que a pensão por morte do servidor público possa ter **renda inferior a um salário mínimo**, desde que o dependente seja beneficiário de **renda formal**, a exemplo de salário ou de aposentadoria.

Foi retirado do RGPS e mantido no RPPS com evidente quebra de isonomia. Não há razão para essa diferenciação de dois pensionistas, um podendo ter pensão abaixo de um salário mínimo (RRPS) e o outro não (RGPS).

Ademais, o critério é injusto. Se a renda do dependente for informal, a exemplo do labor autônomo de R$ 5.000,00 por mês, a pensão por morte não poderá ser inferior a um salário mínimo.

Mas se o dependente tiver emprego ou renda de outro benefício previdenciário a sua pensão por morte poderá ser inferior a um salário mínimo. Esdrúxulo o fator de discrímen.

Ademais, a regra permanente não mais trata da renda da pensão por morte, fazendo remissão à **lei do respectivo ente federativo**, que necessariamente terá que tratar de modo diferenciado a morte dos **policiais, agentes penitenciários e agentes socioeducativos** por agressão em decorrência da sua função de risco.

Essa regra deveria ser estendida por isonomia a todos os servidores públicos que são agredidos e morrem no exercício da função, a exemplo do assassinato de um perito médico previdenciário durante atendimento na agência do INSS.

Por força do artigo 23, §8º, da Emenda 103/2019, "aplicam-se às pensões concedidas aos dependentes de **servidores dos Estados, do Distrito Federal e dos Municípios** as normas constitucionais e infraconstitucionais **anteriores à data de entrada em vigor desta Emenda Constitucional**, enquanto não promovidas alterações na legislação interna relacionada ao respectivo regime próprio de previdência social"[19].

1.10.5. ABONO DE PERMANÊNCIA

Por força do §19 do artigo 40 da Constituição, modificado pela Emenda 103/2019, observados critérios a serem estabelecidos em **lei do respectivo ente federativo**, o servidor titular de cargo efetivo que tenha completado as exigências para a aposentadoria voluntária e que opte por permanecer em atividade poderá fazer jus a um **abono de permanência** equivalente, no máximo, ao valor da sua contribuição previdenciária, até completar a idade para aposentadoria compulsória.

Trata-se do **regramento permanente** do **abono de permanência em serviço**. Eis as modificações:

A) O abono de permanência em serviço passa a ser de pagamento facultativo;

B) O valor do abono não mais é fixado no valor da contribuição previdenciária devida pelo servidor público, podendo ser inferior a esse valor, não tendo sido previsto sequer um limite mínimo.

Logo, de obrigatório e de valor fixo para a ser facultativo e com valor aberto, limitado ao valor da contribuição previdenciária descontada do servidor, cabendo a sua **regulação de acordo com cada lei local do ente político**.

Para os **servidores federais** existem na Emenda 103/2019 três regras de transição para o abono de permanência em serviço:

18. § 2º Nenhum benefício que substitua o salário de contribuição ou o rendimento do trabalho do segurado terá valor mensal inferior ao salário mínimo. (Redação dada pela Emenda Constitucional nº 20, de 1998)

19. § 7º Lei disporá sobre a concessão do benefício de pensão por morte, que será igual: (Redação dada pela Emenda Constitucional nº 41, 19.12.2003)

I – ao valor da totalidade dos proventos do servidor falecido, até o limite máximo estabelecido para os benefícios do regime geral de previdência social de que trata o art. 201, acrescido de setenta por cento da parcela excedente a este limite, caso aposentado à data do óbito; ou (Incluído pela Emenda Constitucional nº 41, 19.12.2003)

II – ao valor da totalidade da remuneração do servidor no cargo efetivo em que se deu o falecimento, até o limite máximo estabelecido para os benefícios do regime geral de previdência social de que trata o art. 201, acrescido de setenta por cento da parcela excedente a este limite, caso em atividade na data do óbito. (Incluído pela Emenda Constitucional nº 41, 19.12.2003)

a) artigo 3, §3º;

b) artigo 8º;

c) artigo 10, §5º.

Por outro lado, **não há regra de transição na Emenda no que concerne ao abono de permanência para servidores estaduais, distritais e municipais**, sendo razoável, por integração constitucional, manter a aplicação da regra anterior até ulterior deliberação por lei local das citadas entidades políticas.

1.11. BENEFÍCIOS E SERVIÇOS DO PLANO DE SEGURIDADE SOCIAL DOS SERVIDORES PÚBLICOS FEDERAIS EFETIVOS

De acordo com o artigo 184, da Lei 8.112/90, o **Plano de Seguridade Social** visa a dar cobertura aos riscos a que estão sujeitos o servidor e sua família, e compreende um conjunto de benefícios e ações que atendam às seguintes finalidades: garantir meios de subsistência nos eventos de doença, invalidez, velhice, acidente em serviço, inatividade, falecimento e reclusão; proteção à maternidade, à adoção e à paternidade e assistência à saúde.

Os *servidores efetivos federais* terão direito aos seguintes benefícios do Plano de Seguridade Social:

a) **aposentadoria;**

b) **auxílio-natalidade;**

c) **salário-família;**

d) **licença para tratamento de saúde;**

e) **licença à gestante, à adotante e licença-paternidade;**

f) **licença por acidente em serviço;**

g) **assistência à saúde;**

h) **garantia de condições individuais e ambientais de trabalho satisfatórias**[20]**.**

Já os *dependentes* terão direito aos seguintes benefícios de seguridade social:

a) **pensão por morte;**

b) **auxílio-funeral;**

c) **auxílio-reclusão;**

d) **assistência à saúde.**

1.11.1. AUXÍLIO-NATALIDADE

O auxílio-natalidade é devido à servidora por motivo de nascimento de filho, em quantia equivalente ao menor vencimento do serviço público, inclusive no caso de natimorto, sendo pago ao cônjuge ou companheiro servidor público, quando a parturiente não for servidora. Na hipótese de parto múltiplo, o valor será acrescido de 50% (cinquenta por cento), por nascituro.

1.11.2. SALÁRIO-FAMÍLIA

O salário-família é devido ao servidor ativo ou ao inativo, por dependente econômico[21], assim considerado, para fins de percepção deste benefício: o cônjuge ou companheiro e os filhos, inclusive os enteados até 21 (vinte e um) anos de idade ou, se estudante, até 24 (vinte e quatro) anos ou, se inválido, de qualquer idade; o menor de 21 (vinte e um) anos que, mediante autorização judicial, viver na companhia e às expensas do servidor, ou do inativo; a mãe e o pai sem economia própria.

Quando o pai e mãe[22] forem servidores públicos e viverem em comum, o salário-família será pago a um deles; quando separados, será pago a um e outro, de acordo com a distribuição dos dependentes.

O salário-família **não está sujeito a qualquer tributo**, nem servirá de base para qualquer contribuição, inclusive para a Previdência Social, sendo que **o afastamento do cargo efetivo, sem remuneração, não acarreta a suspensão do pagamento do salário-família.**

O valor deste benefício não foi fixado diretamente pela Lei 8.112/90, e sim em ato normativo regulamentador, sendo que após o advento da Emenda 20/1998[23], apenas os servidores de **baixa renda** terão direito a este benefício.

1.11.3. LICENÇA PARA TRATAMENTO DE SAÚDE

No RPPS da União ainda não foi instituído o auxílio-doença, ao contrário do que prevê várias leis estaduais e municipais, razão pela qual a própria entidade política central arca com o pagamento da remuneração do servidor doente e incapacitado de trabalhar, não sendo utilizado o fundo previdenciário.

Deveras, será concedida ao servidor licença para tratamento de saúde, a pedido ou de ofício, com base em perícia médica oficial, sem prejuízo da remuneração a que fizer jus, sendo realizada, se necessário, na

20. Não se trata de um benefício previdenciário, pois inexiste obrigação de pagar, sendo uma atecnia da Lei 8.112/90.

21. Não se configura a dependência econômica quando o beneficiário do salário-família perceber rendimento do trabalho ou de qualquer outra fonte, inclusive pensão ou provento da aposentadoria, em valor igual ou superior ao salário-mínimo.

22. Ao pai e à mãe equiparam-se o padrasto, a madrasta e, na falta destes, os representantes legais dos incapazes.

23. Art. 13 – Até que a lei discipline o acesso ao salário-família e auxílio-reclusão para os servidores, segurados e seus dependentes, esses benefícios serão concedidos apenas àqueles que tenham renda bruta mensal igual ou inferior a R$ 360,00 (trezentos e sessenta reais), que, até a publicação da lei, serão corrigidos pelos mesmos índices aplicados aos benefícios do regime geral de previdência social.

residência do servidor ou no estabelecimento hospitalar onde se encontrar internado, podendo ser feitas perícias periódicas.

Vale destacar que **a licença para tratamento de saúde inferior a 15 dias, dentro de 01 ano, poderá ser dispensada de perícia oficial**, na forma definida em regulamento, aprovado pelo Decreto 7.003, de 09.11.2009[24].

O atestado e o laudo da junta médica não se referirão ao nome ou natureza da doença, salvo quando se tratar de lesões produzidas por acidente em serviço, doença profissional ou qualquer das doenças especificadas no artigo 186, §1º, da Lei 8.112/90.

1.11.4. LICENÇA À GESTANTE

De acordo com o artigo 207, da Lei 8.112/90, será concedida licença à servidora gestante por **120 (cento e vinte) dias consecutivos**, sem prejuízo da remuneração.

Contudo, com o advento do Decreto 6.690/2008, que regulamentou a Lei 11.770/08, a licença à gestante poderá ser **prorrogada em 60 dias**, pois criado no RPPS da União o Programa de Prorrogação da Licença à Gestante e à Adotante, **desde que haja requerimento de prorrogação até o final do primeiro mês após o parto**[25].

Contudo, no período de prorrogação da licença à gestante as servidoras públicas não poderão exercer qualquer atividade remunerada e a criança não poderá ser mantida em creche ou organização similar, sob pena de perder o direito à prorrogação e ressarcir os cofres públicos.

Frise-se que para amamentar o próprio filho, até a idade de seis meses, a servidora lactante terá direito, durante a jornada de trabalho, a uma hora de descanso, que poderá ser parcelada em dois períodos de meia hora.

No caso de **aborto** atestado por médico oficial, a servidora terá direito a **30 (trinta) dias de repouso remunerado.**

1.11.5. LICENÇA À ADOTANTE

Na hipótese de servidora que **adotar ou obtiver guarda judicial de criança até um ano de idade, serão concedidos 90 dias de licença remunerada, ou de 30 dias, se a criança contar com mais de um ano de idade.**

No caso de adoção ou guarda judicial para adoção, de acordo com o Decreto 6.690/08, é prevista uma prorrogação, que poderá ocorrer nos seguintes prazos:

a) quarenta e cinco dias, no caso de criança de até um ano de idade;

b) quinze dias, no caso de criança com mais de um ano de idade[26].

Ressalte-se que no período de prorrogação da licença à adotante as servidoras públicas não poderão exercer qualquer atividade remunerada e a criança não poderá ser mantida em creche ou organização similar, sob pena de perder o direito à prorrogação e ressarcir os cofres públicos.

1.11.6. LICENÇA-PATERNIDADE

Pelo nascimento ou adoção de filhos, o **servidor terá direito à licença-paternidade de 05 dias consecutivos.**

Com o advento do Decreto 8.737/2016, foi instituído o Programa de Prorrogação da Licença – Paternidade para os servidores para os servidores federais regidos pela Lei 8.112/90, podendo agora a licença alcançar a vinte dias no total.

De efeito, a prorrogação da licença – paternidade será concedida ao servidor público que requeira o benefício **no prazo de dois dias úteis após o nascimento ou a adoção e terá duração de quinze dias**, além dos cinco dias concedidos pelo art. 208 da Lei nº 8.112, de 1990.

Por outro lado, o beneficiado pela prorrogação da licença – paternidade não poderá exercer qualquer atividade remunerada durante a prorrogação da licença – paternidade.

1.11.7. LICENÇA POR ACIDENTE DE SERVIÇO

Se vitimado por acidente em serviço que o impeça de desenvolver as funções do seu cargo, o servidor público federal efetivo terá direito a uma licença com remuneração integral, pois inexistente o auxílio-doença no RPPS da União.

Configura acidente em serviço o dano físico ou mental sofrido pelo servidor, que se relacione, mediata ou imediatamente, com as atribuições do cargo exercido, devendo ser comprovado em 10 dias, prorrogável conforme as peculiaridades concretas.

O servidor acidentado em serviço que necessite de tratamento especializado poderá ser tratado em instituição privada, à conta de recursos públicos, mas

24. Art. 4º A perícia oficial poderá ser dispensada para a concessão de licença para tratamento de saúde, desde que:

I – não ultrapasse o período de cinco dias corridos; e

II – somada a outras licenças para tratamento de saúde gozadas nos doze meses anteriores, seja inferior a quinze dias.

25. De acordo com a Nota Técnica nº 201/2010-COGES/DENOP/SRH, não haverá direito de prorrogação de licença gestante fora do prazo de 30 dias após o parto.

26. Considera-se criança a pessoa de até doze anos de idade incompletos, nos termos do art. 2º da Lei nº 8.069, de 13 de julho de 1990.

o tratamento recomendado por junta médica oficial constitui medida de exceção e somente será admissível quando inexistirem meios e recursos adequados em instituição pública.

São equiparados a acidente em serviço o dano decorrente de agressão sofrida e não provocada pelo servidor no exercício do cargo ou sofrido no percurso da residência para o trabalho e vice-versa (acidente *in itinere*).

De acordo com a Lei 6.782/80, as doenças profissionais também foram equiparadas a acidente em serviço para fins de concessão de pensão, sendo aplicável este entendimento para a concessão desta licença.

1.11.8. ASSISTÊNCIA À SAÚDE DO SEGURADO E DE SEUS DEPENDENTES

De acordo com o artigo 230, da Lei 8.112/90, a assistência à saúde do servidor, ativo ou inativo, e de sua família compreende assistência médica, hospitalar, odontológica, psicológica e farmacêutica, terá como diretriz básica o implemento de ações preventivas voltadas para a promoção da saúde e será prestada pelo Sistema Único de Saúde – SUS, diretamente pelo órgão ou entidade ao qual estiver vinculado o servidor, **ou mediante convênio ou contrato, ou ainda na forma de *auxílio*, mediante ressarcimento parcial do valor despendido pelo servidor, ativo ou inativo, e seus dependentes ou pensionistas com planos ou seguros privados de assistência à saúde**, na forma estabelecida em regulamento.

A União, suas autarquias e fundações públicas poderão celebrar convênios exclusivamente para a prestação de serviços de assistência à saúde para os seus servidores ou empregados ativos, aposentados, pensionistas, bem como para seus respectivos grupos familiares definidos, com entidades de autogestão por elas patrocinadas por meio de instrumentos jurídicos efetivamente celebrados e publicados até 12 de fevereiro de 2006 e que possuam autorização de funcionamento do órgão regulador, sendo certo que os convênios celebrados depois dessa data somente poderão sê-lo na forma da regulamentação específica sobre patrocínio de autogestões, a ser publicada pelo mesmo órgão regulador, no prazo de 180 (cento e oitenta) dias da vigência desta Lei, normas essas também aplicáveis aos convênios existentes até 12 de fevereiro de 2006.

Outrossim, será possível a contratação, por licitação, de operadoras de planos e seguros privados de assistência à saúde que possuam autorização de funcionamento do órgão regulador.

De arremate, **o valor do ressarcimento fica limitado ao total despendido pelo servidor ou pensionista civil com plano ou seguro privado de assistência à saúde**, tendo natureza indenizatória, sendo regulado pela Portaria Normativa 05/2010, da lavra do Secretário de Recursos Humanos do Ministério do Planejamento, variando entre R$ 72,00 e R$ 129,00 por pessoa, a depender da remuneração do servidor e da sua faixa etária.

1.11.9. PENSÃO POR MORTE VITALÍCIA E TEMPORÁRIA

A renda mensal da pensão por morte do **servidor federal** cujo óbito foi posterior ao advento da Emenda 103/2019 será calculada com arrimo no artigo 23, exceto a regra especial anteriormente a ser estudada no artigo 10, §6º, da Emenda.

Em regra, haverá um valor básico de 50% da aposentadoria recebida pelo inativo ou 50% da aposentadoria por incapacidade que teria direito na data do óbito, acrescido de 10% por dependente até o limite de 100%:

COEFICIENTE	DEPENDENTES
60%	1 dependente
70%	2 dependentes
80%	3 dependentes
90%	4 dependentes
100%	5 ou mais dependentes

Dessa forma, para o servidor ativo que vem a óbito, será necessário calcular os proventos da aposentadoria por incapacidade permanente para em seguida calcular o valor da pensão por morte.

Por força do artigo 26 da Emenda 103/2019, o valor do benefício de aposentadoria por incapacidade permanente corresponderá a **sessenta por cento da média aritmética das 100% das remunerações/salários de contribuição, com acréscimo de 2% para cada ano que ultrapassar os 20 anos de contribuição:**

TEMPO DE CONTRIBUIÇÃO	COEFICIENTE
Até 20 Anos	60%
21 Anos	62%
22 Anos	64%
23 Anos	66%
24 Anos	68%
25 Anos	70%
26 Anos	72%
27 Anos	74%
28 Anos	76%
29 Anos	78%
30 Anos	80%

TEMPO DE CONTRIBUIÇÃO	COEFICIENTE
31 Anos	82%
32 Anos	84%
33 Anos	86%
34 Anos	88%
35 Anos	90%
36 Anos	92%
37 Anos	94%
38 Anos	96%
39 Anos	98%
40 Anos	100%

Assim, se um servidor federal morrer com até 20 anos de tempo de contribuição, o valor da aposentadoria por incapacidade permanente será de 60% da média de todas as remunerações desde Julho de 1994, sendo este o valor base para o cálculo da pensão por morte que será incidirá à razão de 60, 70, 80, 90 ou 100% sobre 60% de toda a média contributiva do servidor federal.

Suponha-se um servidor federal tenha morrido com 10 anos de tempo de contribuição, de modo que os proventos de aposentadoria por incapacidade que ele teria direito seriam de 60% da média das remunerações.

Se ele possuir dois dependentes habilitados à pensão, o valor da pensão por morte será de 70% multiplicado por 60% da média das remunerações do servidor federal a partir de 7/1994 (7 x 6 = 42) chegando a apenas 42% da média das remunerações desde o Plano Real (não é 42% do último salário).

Curioso notar que, **intencionalmente**, o artigo 26 da Emenda 103/2019 não limita a média de todas as remunerações do servidor a 100%, de modo que o servidor federal que possuir mais de 40 anos de tempo de contribuição poderá gerar pensão que ultrapassem a 100%, a exemplo:

41 Anos	102%
42 Anos	104%
43 Anos	106%
44 Anos	108%
45 Anos	110%
E assim sucessivamente	E assim sucessivamente

Por outro lado, existe uma regra especial muito justa em favor do **dependente inválido ou com deficiência intelectual, mental ou grave (filhos, cônjuges/companheiros, pais e irmãos),** pois neste caso a renda da pensão por morte será equivalente a:

I – **100%** da aposentadoria recebida pelo segurado ou servidor ou daquela a que teriam direito se fossem aposentados por incapacidade permanente na data do óbito, **até o limite máximo de benefícios do Regime Geral de Previdência Social**; e

II – a uma cota familiar de **50%** acrescida de **cotas de dez pontos percentuais por dependente**, até o máximo de cem por cento, **para o valor que supere o limite máximo de benefícios do Regime Geral de Previdência Social.**

Neste caso, o cálculo será feito em duas etapas, exceto se a aposentadoria recebida ou a aposentadoria por incapacidade permanente que o servidor teria direito não superarem ao teto do teto do RGPS em vigor no ano do óbito.

IMPORTANTE!

Excepcionalmente, no caso de morte por acidente de trabalho do servidor federal, se o segurado falecido não estava aposentado, a base de cálculo da pensão por morte deve ser 100% da média, pois essa seria a base da aposentadoria por incapacidade permanente decorrente de acidente de trabalho.

Ademais, **é vedada a reversão de cotas de pensão entre dependentes**. Dessa forma, para os novos óbitos após a vigência da Emenda 103/2019, o artigo 223 da Lei 8.212/90 não foi recebido pelo novel regramento constitucional:

> "Art. 223. Por morte ou perda da qualidade de beneficiário, a respectiva cota reverterá para os cobeneficiários. (Redação dada pela Lei nº 13.135, de 2015)"

Por sua vez, o tempo de duração da pensão por morte e das cotas individuais por dependente até a perda desta qualidade, o rol de dependentes, a sua qualificação e as condições necessárias para enquadramento serão aqueles estabelecidos na Lei nº 8.213, de 24 de julho de 1991.

Considerando que as regras da pensão por morte do servidor federal foram aproximadas ao regramento do RGPS pelas Leis 13.135/2015 e 13.846/2019 não se trata propriamente de uma novidade.

Em regra, se o óbito ocorrer sem que o servidor federal tenha vertido 18 (dezoito) contribuições mensais ou se o casamento ou a união estável tiverem sido iniciados em menos de 2 (dois) anos antes do óbito do segurado, a pensão por morte será paga por apenas 4 (quatro) meses ao cônjuge, companheiro ou companheira, salvo se o óbito do segurado decorrer de acidente de qualquer natureza ou de doença profissional ou do trabalho.

A Lei 13.135/2015 admitiu expressamente que o tempo de contribuição a Regime Próprio de Previdência Social (RPPS) ou RGPS será considerado na contagem das 18 (dezoito) contribuições mensais, acaso o servidor não possua 18 recolhimentos no RPPS federal.

Por sua vez, transcorridos os seguintes períodos, estabelecidos de acordo com a idade do beneficiário na data de óbito do segurado, se o óbito ocorrer depois de vertidas 18 (dezoito) contribuições mensais e pelo menos 2 (dois) anos após o início do casamento ou da união estável, ou se então o óbito do segurado decorrer de acidente de qualquer natureza ou de doença profissional ou do trabalho, a pensão terá a seguinte duração, sendo vitalícia apenas se o pensionista tiver 44 anos de idade no dia da morte:

1) 3 (três) anos, com menos de 21 (vinte e um) anos de idade;
2) 6 (seis) anos, entre 21 (vinte e um) e 26 (vinte e seis) anos de idade;
3) 10 (dez) anos, entre 27 (vinte e sete) e 29 (vinte e nove) anos de idade;
4) 15 (quinze) anos, entre 30 (trinta) e 40 (quarenta) anos de idade;
5) 20 (vinte) anos, entre 41 (quarenta e um) e 43 (quarenta e três) anos de idade;
6) vitalícia, com 44 (quarenta e quatro) ou mais anos de idade.

No entanto, há uma regra especial para o pensionista inválido ou com deficiência cônjuge ou companheiro(a), pois neste caso a pensão por morte apenas será cancelada pela cessação da invalidez ou pelo afastamento da deficiência. Se não houver recuperação do pensionista, portanto, será vitalícia, mesmo que o segurado não tenha vertido 18 (dezoito) contribuições mensais ou se o casamento ou a união estável tiverem menos de 2 (dois) anos antes do óbito do segurado. Caso o pensionista inválido ou deficiente se recupere, serão respeitados, ao menos, os prazos anteriores apresentados.

PARA ÓBITOS OCORRIDOS A PARTIR DE 1/1/2021, as faixas etárias foram elevadas em 1 ano pela Portaria ME 424, de 29/12/2020:

> **"PORTARIA ME Nº 424, DE 29 DE DEZEMBRO DE 2020**
>
> Fixa as novas idades de que tratam a alínea "b" do inciso VII do art. 222 da Lei nº 8.112, de 11 de dezembro de 1990, e a alínea "c" do inciso V do § 2º do art. 77 da Lei nº 8.213, de 24 de julho de 1991.
>
> O MINISTRO DE ESTADO DA ECONOMIA, SUBSTITUTO, no uso da atribuição que lhe foi conferida pelo § 3º do art. 222 da Lei nº 8.112, de 11 de dezembro de 1990, e pelo § 2º-B do art. 77 da Lei nº 8.213, de 24 de julho de 1991, resolve:
>
> Art. 1º O direito à percepção de cada cota individual da pensão por morte, nas hipóteses de que tratam a alínea "b" do inciso VII do art. 222 da Lei nº 8.112, de 11 de dezembro de 1990, e a alínea "c" do inciso V do § 2º do art. 77 da Lei nº 8.213, de 24 de julho de 1991, cessará, para o cônjuge ou companheiro, com o transcurso dos seguintes períodos, estabelecidos de acordo com a idade do beneficiário na data de óbito do segurado, se o óbito ocorrer depois de vertidas dezoito contribuições mensais e pelo menos dois anos após o início do casamento ou da união estável:
>
> **I – três anos, com menos de vinte e dois anos de idade;**
>
> **II – seis anos, entre vinte e dois e vinte e sete anos de idade;**
>
> **III – dez anos, entre vinte e oito e trinta anos de idade;**
>
> **IV – quinze anos, entre trinta e um e quarenta e um anos de idade;**
>
> **V – vinte anos, entre quarenta e dois e quarenta e quatro anos de idade;**
>
> **VI – vitalícia, com quarenta e cinco ou mais anos de idade.**
>
> **Art. 2º Esta Portaria entra em vigor em 1º de janeiro de 2021".**

Logo, para fins de cumprimento da regra do artigo 222, §3º, da Lei 8.112/90, houve uma elevação de 1,7 ano na expectativa de sobrevida do brasileiro ao nascer comparado as tábuas do IBGE em vigor na data de publicação da Lei 13.135/2018 e da Portaria ME 424/2020.

Dessa forma, a concessão de pensão por morte vitalícia aos cônjuges e companheiros para a exigir deste a idade mínima de 45 anos de idade do dia do óbito do segurado, para as mortes ocorridas as partir do ano de 2021, conservando a idade de 44 anos apenas para os óbitos até 31/12/2020.

Isso se a atual expectativa de sobrevida ao nascer, que é de 77,6 anos, caia para menos de 75,9 anos, pois a expectativa de sobrevida que vigorava na vigência da Lei 13.135/2015 era de 74,9 anos e a elevação da idade em um ano nas faixas exige que "se verifique o incremento mínimo de um ano inteiro na média nacional única, para ambos os sexos, correspondente à expectativa de sobrevida da população brasileira ao nascer", nos termos do artigo 222, §3º, da Lei 8.112/90, preservadas as faixas mínimas fixadas no citado artigo.

Regra de grande impacto é a que prevê que se equiparam a filho, para fins de recebimento da

pensão por morte, exclusivamente o enteado e o menor tutelado, desde que comprovada a dependência econômica.

O objetivo desta regra foi reverter a posição repetitiva do STJ que equipara ao filho o menor sob guarda, inclusive no RPPS, nos termos do artigo 33, §3º, do ECA – REsp 1.411.258-RS, Rel. Min. Napoleão Nunes Maia Filho, Primeira Seção, por unanimidade, julgado em 11/10/2017, DJe 21/02/2018. (Tema 732).

Este artigo, de início, não será aplicável à pensão por morte dos servidores estaduais, distritais e municipais, enquanto não promovidas alterações na legislação interna relacionada ao respectivo regime próprio de previdência social.

Em 8 de junho de 2021, por 6 x 5, no julgamento das **ADI's 4.878 e 5.083** o Tribunal, por maioria, julgou procedente a ação, de modo a **conferir interpretação conforme ao § 2º do art. 16 da Lei nº 8.213/1991, para contemplar, em seu âmbito de proteção, o "menor sob guarda"**, nos termos do voto do Ministro Edson Fachin, Redator para o acórdão, vencidos os Ministros Gilmar Mendes (Relator), Alexandre de Moraes, Marco Aurélio, Nunes Marques e Luiz Fux (Presidente), que julgavam improcedente a ação. Falaram: pelo interessado Presidente da República, a Dra. Izabel Vinchon Nogueira de Andrade, Secretária-Geral de Contencioso da Advocacia-Geral da União; pelo amicus curiae Associação Nacional de Entidades de Previdência dos Estados e Municípios – ANEPREM, o Dr. Bruno Sá Freire Martins; pelo amicus curiae Defensoria Pública da União – DPU, o Dr. Antonio Ezequiel Inácio Barbosa, Defensor Público Federal; e, pelo amicus curiae Instituto Nacional do Seguro Social – INSS, a Dra. Bruna Maria Palhano Medeiros, Procuradora Federal. Plenário, Sessão Virtual de 28.5.2021 a 7.6.2021.

Prevaleceu o voto do Ministro Fachin com os seguintes fundamentos:

> *"A justificativa normativa para a exclusão do " menor sob guarda " do rol de dependentes para fins previdenciários calcava-se na afirmação de que haveria muitas fraudes em processo de guarda, nos quais os avós requereriam a guarda de seus netos apenas para fins de concessão do direito à pensão. O e. Ministro Relator, em seu voto, faz referência a tais fatos, invocando não apenas a doutrina da Professora Maria Berenice Dias nesse sentido, mas também o Parecer nº 53 de 1997. Ano LII, nº 219, do Senado Federal. Tal argumento, contudo, não deve ser acolhido.*
>
> *Sublinho, neste passo, os relevantes fundamentos aduzidos pelo Dr. Antonio Ezequiel Inacio Barbosa, na sustentação oral que fez aportar, em via eletrônica. Não se trata de chancelar qualquer tipo de fraude, ao revés. Em primeiro lugar, porque o argumento pauta-se na presunção de má-fé. Em segundo lugar, porque pretensas fraudes supostamente ocorridas em processos de guarda não são justificativa para impedir o acesso de crianças e adolescentes a seus direitos previdenciários, assegurados tanto pelo art. 227, CRFB, quanto pelo art. 33, do Estatuto da Criança e do Adolescente. Há, como ressaltou a Defensoria Pública da União, meios de combater as fraudes sem que, com isso, haja privação de direitos.*
>
> *O Estatuto da Criança e do Adolescente (Lei 8069/1990), a seu turno, dispõe que guarda pode ser conferida, nos termos do art. 33, § 1º, no trâmite de processo judicial de adoção ou tutela, regularizando-se, assim, a situação de quem já está, na prática, atuando como guardião. Há também a hipótese do § 2º do art. 33, quando se defere guarda fora dos casos de tutela e de adoção para atender a situações excepcionais ou suprir a falta eventual dos pais ou responsável, como se vê*
>
> *A interpretação que assegura ao " menor sob guarda " o direito à proteção previdenciária deve prevalecer, não apenas porque assim dispõe o Estatuto da Criança e do Adolescente, mas porque direitos fundamentais devem observar o princípio da máxima eficácia. Assegura-se, assim, a prevalência do compromisso constitucional contido no art. 227, § 3º, VI da Constituição.*
>
> *Vale ressaltar que, nos termos do texto constitucional, assegurar à criança e ao adolescente, com absoluta prioridade, seus direitos fundamentais é dever que se impõe não apenas ao Estado, mas também à família e à sociedade. A interpretação conforme a ser conferida ao art. 16, § 2º, da Lei 8213 /1991, portanto, deve contemplar os " menores sob guarda" na categoria de dependentes do Regime Geral de Previdência Social, em consonância com o princípio da proteção integral e da prioridade absoluta, nos termos do art. 227 da Constituição da República, desde que comprovada a dependência econômica, nos termos em que exige a legislação previdenciária (art. 16, § 2º, Lei 8.213/1991 e Decreto 3048/1999).*
>
> *Não se ignora, ademais, a recente alteração promovida pela Emenda Constitucional n.º 103/2019, conhecida como "reforma previdenciária", que, no art. 23, repetiu, como salientou o e. Ministro Relator, a redação*

conferida ao art. 16 da Lei 8.213/1991, mantendo-se, desta forma, a exclusão do " menor sob guarda" do rol de dependentes do segurado, nos seguintes termos:

"Art. 23. A pensão por morte concedida a dependente de segurado do Regime Geral de Previdência Social ou de servidor público federal será equivalente a uma cota familiar de 50% (cinquenta por cento) do valor da aposentadoria recebida pelo segurado ou servidor ou daquele a que teria direito se fosse aposentado por incapacidade permanente na data do óbito, acrescida de cotas de 10 (dez) pontos percentuais por dependente, até o máximo de 100% (cem por cento). (...)

§ 6º Equiparam-se a filho, para fins de recebimento da pensão por morte, exclusivamente o enteado e o menor tutelado, desde que comprovada a dependência econômica

Os pedidos formulados nas ADIs 5083 e 4878, contudo, não contemplaram a redação do art. 23 da EC 103/2019, razão pela qual, ao revés do e. Ministro Relator, não procedo à verificação da constitucionalidade do dispositivo, em homenagem ao princípio da demanda. De toda sorte, os argumentos veiculados na presente manifestação são em todo aplicáveis ao art. 23 referido.

Diante do exposto, homenageando conclusões diversas, julgo procedente a ADI 4878 e parcialmente procedente a ADI 5083, de modo a conferir interpretação conforme ao § 2º do art. 16, da Lei 8.213/1991, para contemplar, em seu âmbito de proteção, o " menor sob guarda ".

Dessa forma, **para os óbitos até a vigência da Emenda 103 (13/11/2019)** a decisão do STF vincula o INSS (controle abstrato de constitucionalidade com eficácia vinculante perante a Administração Pública), garantindo a inserção do menor sob guarda como equiparado a filho, desde que provada a dependência econômica, prevalecendo o ECA sobre a exclusão perpetrada pela Lei 9.528/97.

Por outro lado, considerando que o STF rejeitou a aferição de constitucionalidade do artigo 23, §6º, da EC 103/2019, conquanto em *obiter dictum* o Ministro Fachin aduziu que os mesmos argumentos seriam válidos para a extensão da tese, **a decisão não vincula o INSS para os óbitos a contar de 14/11/2019**.

Considerando a amplitude da regra do artigo 33, §3º, do ECA, a decisão da Suprema Corte também se aplica aos Regimes Próprios de Previdência Social, sendo que no RPPS federal se limita às mortes até 13/11/2019, considerando que o artigo 23 da EC 103/2019 não se aplica ao RPPS dos estados, Distrito Federal e municípios, sendo que nestes regimes locais a aplicação da decisão do STF é temporalmente irrestrita.

Excepcionalmente, até a aprovação da lei federal sobre benefícios do RPPS, deve ser observado o artigo 10, §6º, da Emenda 103/2019.

Deste modo, a pensão por morte decorrente de agressão no exercício ou em razão da função dos seguintes cargos irá gerar **pensão por morte vitalícia** para cônjuge ou companheiro (independentemente da idade do pensionista, tempo de casamento e período de ocupação do cargo até a data do óbito) e equivalerá à remuneração total do cargo (pensão com integralidade):

A) agente penitenciário federal;

B) agente socioeducativo federal;

C) policial civil do Distrito Federal;

D) policiais federais, policiais rodoviários federais e policiais ferroviários federais;

E) policiais da Câmara dos Deputados e do Senado.

Essa regra também deveria ser estendida por isonomia a todos os servidores públicos federais que são agredidos e morrem no exercício da função.

Ademais, o **artigo 24 da Emenda 103/2019** traz regras de vedação ou com restrição de acumulação entre pensões e aposentadoria com pensão, se aplicando de imediato a todos os regimes público de previdência, inclusive dos **estados, Distrito Federal e municípios**, determinado a **redução em faixas do menor benefício**.

Restou **vedada a acumulação de mais de uma pensão por morte deixada por cônjuge ou companheiro**, no âmbito do mesmo regime de previdência social, **ressalvadas** as pensões do mesmo instituidor decorrentes do exercício de **cargos acumuláveis** na forma do art. 37 da Constituição Federal, o que já existia no RGPS e RPPS federal, mas não existia em alguns estados e municípios por falta de previsão da lei local.

Admitiu-se a acumulação com a redução em faixas do menor benefício nos seguintes casos:

a) **pensão por morte** deixada por cônjuge ou companheiro de um regime de previdência social com **pensão por morte** concedida por outro regime de previdência social ou com pensões decorrentes das atividades militares;

b) **pensão por morte** deixada por cônjuge ou companheiro de um regime de previdência social com **aposentadoria** concedida no âmbito do Regime Geral de Previdência Social ou de regime próprio de previdência social ou com proventos de inatividade decorrentes das atividades militares;

c) de **aposentadoria** concedida no âmbito do Regime Geral de Previdência Social ou de regime próprio de previdência social com **pensões decorrentes das atividades militares.**

Neste caso, é assegurada a percepção do valor integral do benefício mais vantajoso e de uma parte de cada um dos demais benefícios, apurada cumulativamente de acordo com as **seguintes faixas**:

PERCENTUAL PAGO	FAIXA DO BENEFÍCIO	REDUTOR
100%	Até 1 salário mínimo	–
60%	Acima de 1 até 2 salários mínimos	40%
40%	Acima de 2 até 3 salários mínimos	60%
20%	Acima de 3 até 4 salários mínimos	80%
10%	Acima de 4 salários mínimos	90%

Vamos simular uma situação considerando o salário mínimo de **R$ 998,00** em 2019 e uma pensão por morte no valor de **R$ 5.000,00** que será reduzida por ser o menor benefício.

PERCENTUAL PAGO	FAIXA DO BENEFÍCIO	VALOR DEVIDO
100%	Até R$ 998,00	R$ 998,00
60%	Acima de R$ 998,00 até R$ 1.996,00	R$ 598,80
40%	R$ 1.996,00 até R$ 2.994,00	R$ 399,20
20%	Acima de R$ 2.994,00 até R$ 3.992,00	R$ 199,60
10%	Acima de R$ 3.992,00 até R$ 5.000,00	R$ 100,80
–	–	Total de R$ 2.296,40

Destarte, no caso simulado, a pensão por morte será reduzida de **R$ 5.000,00** para **R$ 2.296,40.**

Essas faixas deverão ser modificadas anualmente, pois o salário mínimo sofre atualização monetária todo ano.

Se o salário mínimo for reajustado acima do INPC (índice legal de reajuste dos benefícios, salvo beneficiários pela integralidade), o recálculo das faixas irá beneficiar o beneficiário da previdência social, pois irá elevar as faixas e a renda mensal.

No entanto, o artigo 24 é omisso a respeito, silenciando a respeito da revisão anual das faixas e consequentemente do redutor acaso o salário mínimo tenha reajuste real acima da inflação nos anos seguintes ao ano da concessão.

Não há restrição para a acumulação de aposentadorias em mais de um regime público de previdência, de modo que é possível **acumular sem redução**, por exemplo, duas aposentadorias do RPPS (cargos legitimamente permitidos na Constituição) e uma aposentadoria no RGPS.

Vale registrar que o novo regramento preserva o **direito adquirido**, quando o fato gerador da aposentadoria ou pensão por morte ocorreu até a data da publicação da Emenda 103/2019 (morte e requisitos para aposentar), mesmo que o requerimento seja ofertado ulteriormente.

Pelo novo artigo 217, da Lei 8.112/90, reformado pela Lei 13.135/2015, são dependentes habilitados à pensão por morte do servidor federal efetivo:

> I – o cônjuge;
>
> II – o cônjuge divorciado ou separado judicialmente ou de fato, com percepção de pensão alimentícia estabelecida judicialmente;
>
> III – o companheiro ou companheira que comprove união estável como entidade familiar;
>
> IV – o filho de qualquer condição que atenda a um dos seguintes requisitos:
>
> a) seja menor de 21 (vinte e um) anos;
>
> b) seja inválido;
>
> c) tenha deficiência grave; ou
>
> d) tenha deficiência intelectual ou mental;
>
> V – a mãe e o pai que comprovem dependência econômica do servidor; e
>
> VI – o irmão de qualquer condição que comprove dependência econômica do servidor e atenda a um dos requisitos previstos no inciso IV.

Os dependentes previstos nos incisos I a IV são preferenciais, afastando os dependentes arrolados nos incisos V e VI. Por sua vez, os dependentes do inciso V preferem aos dependentes do inciso VI. Por sua vez, o enteado e o menor tutelado equiparam-se a filho mediante declaração do segurado e desde que comprovada a dependência econômica na forma estabelecida no Regulamento.

1.11.10. AUXÍLIO-FUNERAL

É um benefício devido à família do servidor falecido na atividade ou aposentado, em valor equivalente a um mês da remuneração ou provento, equivalendo a maior remuneração, na hipótese de acumulação legal de cargos, que objetiva auxiliar nas despesas de funeral.

Se uma terceira pessoa não integrante da família do servidor falecido custear as despesas de funeral, este terá direito ao benefício.

Caso o falecimento de servidor em serviço fora do local de trabalho, inclusive no exterior, as despesas de transporte do corpo correrão à conta de recursos da União, autarquia ou fundação pública.

De acordo com o entendimento do Tribunal de Contas de União, o auxílio-funeral não ostenta a natureza de benefício previdenciário, e assim assistencialista[27], mesmo porque os Regimes Próprios de Previdência Social não poderão conceder benefícios diversos do RGPS.

1.11.11. AUXÍLIO-RECLUSÃO

Os familiares do servidor federal encarcerado terão direito à percepção do auxílio-reclusão, **equivalente a dois terços da remuneração**, quando afastado por motivo de prisão, em flagrante ou preventiva, determinada pela autoridade competente, enquanto perdurar a prisão, tendo direito o servidor à integralização posterior da remuneração se for absolvido.

Na hipótese de condenação transitada em julgado, se não houver perda do cargo público, equivalerá a metade da remuneração do servidor.

O benefício cessará a partir do livramento, mesmo que condicional.

Com o advento da Emenda 20/98[28], apenas os servidores presos de baixa renda instituirão o auxílio-reclusão aos seus dependentes, devendo ser considerada a última remuneração.

Por fim, vale frisar que o auxílio-reclusão será devido, nas mesmas condições da pensão por morte, aos dependentes do segurado servidor federal recolhido à prisão.

Deste modo, as regras da pensão por morte serão aplicáveis ao auxílio-reclusão no que for compatível, tendo havido a comunicação das regras inauguradas pela Lei 13.135/2015.

27. Acórdão 346/2006 – Plenário.
28. Art. 13 – Até que a lei discipline o acesso ao salário-família e auxílio-reclusão para os servidores, segurados e seus dependentes, esses benefícios serão concedidos apenas àqueles que tenham renda bruta mensal igual ou inferior a R$ 360,00 (trezentos e sessenta reais), que, até a publicação da lei, serão corrigidos pelos mesmos índices aplicados aos benefícios do regime geral de previdência social.

1.12. O SERVIDOR PÚBLICO COMO AGENTE DE DESENVOLVIMENTO SOCIAL

Cabe ao Estado Social de Direito garantir direitos sociais à sua população, a fim de realizar a dignidade humana. É nesse sentido que se insere a seguridade social brasileira, em que setor público e privado se unem para realizar os direitos à seguridade social, através da prestação de benefícios e serviços da saúde, previdência e assistência social.

É nesta linha que se insere o servidor público e, no caso deste concurso, o Técnico do Seguro Social, agente dos quadros da autarquia federal INSS, que atua na realização dos direitos sociais previdenciários de segurados e dependentes do Regime Geral de Previdência Social, além da concessão do seguro-desemprego ao pescador artesanal e do amparo assistencial de um salário mínimo devido ao idoso e deficiente carente.

Destarte, os servidores efetivos do INSS são importantes agentes para viabilizar o desenvolvimento social dos beneficiários da previdência e da assistência social, devendo atendê-los com urbanidade e esclarecer todos os seus direitos objetivando a concessão do melhor benefício.

1.13. SAÚDE E QUALIDADE DE VIDA NO SERVIÇO PÚBLICO

A A3P (Agenda Ambiental da Administração Pública) pontifica que a administração pública deve buscar permanentemente uma melhor Qualidade de Vida no Trabalho promovendo ações para o desenvolvimento pessoal e profissional de seus servidores.

Para tanto, as instituições públicas devem desenvolver e implantar programas específicos que envolvam o grau de satisfação da pessoa com o ambiente de trabalho, melhoramento das condições ambientais gerais, promoção da saúde e segurança, integração social e desenvolvimento das capacidades humanas, entre outros fatores.

Tal qualidade de vida visa facilitar e satisfazer as necessidades do trabalhador ao desenvolver suas atividades na organização tendo como ideia básica o fato de que as pessoas são mais produtivas quanto mais satisfeitas e envolvidas com o próprio trabalho.

Portanto, a ideia principal é a conciliação dos interesses dos indivíduos e das organizações, ou seja, ao melhorar a satisfação do trabalhador dentro de seu contexto laboral, melhora-se consequentemente a produtividade.

Também se faz necessário avaliar, de forma sistemática, a satisfação dos servidores, pois, nesse processo de autoconhecimento, as sondagens de opinião interna são uma importante ferramenta para detectar a percepção dos funcionários sobre os fatores intervenientes na qualidade de vida e na organização do trabalho.

No que concerne às **práticas internas de trabalho**, considerando a proteção constitucional ao meio ambiente do trabalho prevista no artigo 200, inciso VIII, da Constituição, deverão promover a elaboração de suas políticas próprias, devendo garantir a melhoria efetiva da qualidade de vida no trabalho, atendendo às seguintes diretrizes em práticas internas de trabalho: promover a saúde ocupacional e prevenir riscos e doenças relacionados ao trabalho; valorizar o corpo funcional, promovendo o seu desenvolvimento pessoal e de suas competências profissionais de forma equânime; estabelecer critérios objetivos para lotação e ocupação de funções com base nas competências do servidor; prevenir e coibir o assédio moral e sexual, garantindo relações de trabalho nas quais predominem a dignidade, o respeito e os direitos do cidadão; proporcionar condições de trabalho que permitam equilíbrio entre trabalho e vida pessoal e fornecer aos magistrados e servidores, de forma acessível, clara, compreensível e antecipada, todas as informações sobre os atos administrativos que possam afetá-los.

Outrossim, devem ser atendidas as seguintes diretrizes em termos de **meio ambiente**:

> I – Identificar riscos, potenciais e efetivos, e promover ações que objetivem evitar e mitigar impactos ambientais negativos, provocados por suas atividades;
>
> II – Realizar contratações de bens e serviços que atendam a critérios e práticas de sustentabilidade;
>
> III – Construir, reformar e manutenir as edificações atendendo a critérios e práticas de sustentabilidade;
>
> IV – Elaborar plano de gerenciamento de resíduos sólidos em conformidade com a Política Nacional dos Resíduos Sólidos;
>
> V – Promover a gestão sustentável dos recursos naturais, mediante redução do consumo, uso eficiente de insumos e materiais, bem como minimizar a geração de resíduos e poluentes;
>
> VI – Promover práticas que incentivem o transporte compartilhado, não motorizado ou não poluente, disponibilizando estrutura adequada, conforme o caso.

As medidas de sustentabilidade também deverão preservar o meio ambiente do trabalho, devendo compreender a valorização, satisfação e inclusão do capital humano das instituições, em ações que estimulem o seu desenvolvimento pessoal e profissional, assim como a melhoria das condições das instalações físicas.

ANOTAÇÕES

ANOTAÇÕES

ANOTAÇÕES

ANOTAÇÕES

ANOTAÇÕES

ANOTAÇÕES

ANOTAÇÕES

EDITORA
JusPODIVM
www.editorajuspodivm.com.br
Impressão e acabamento:
impress
gráfica e editora